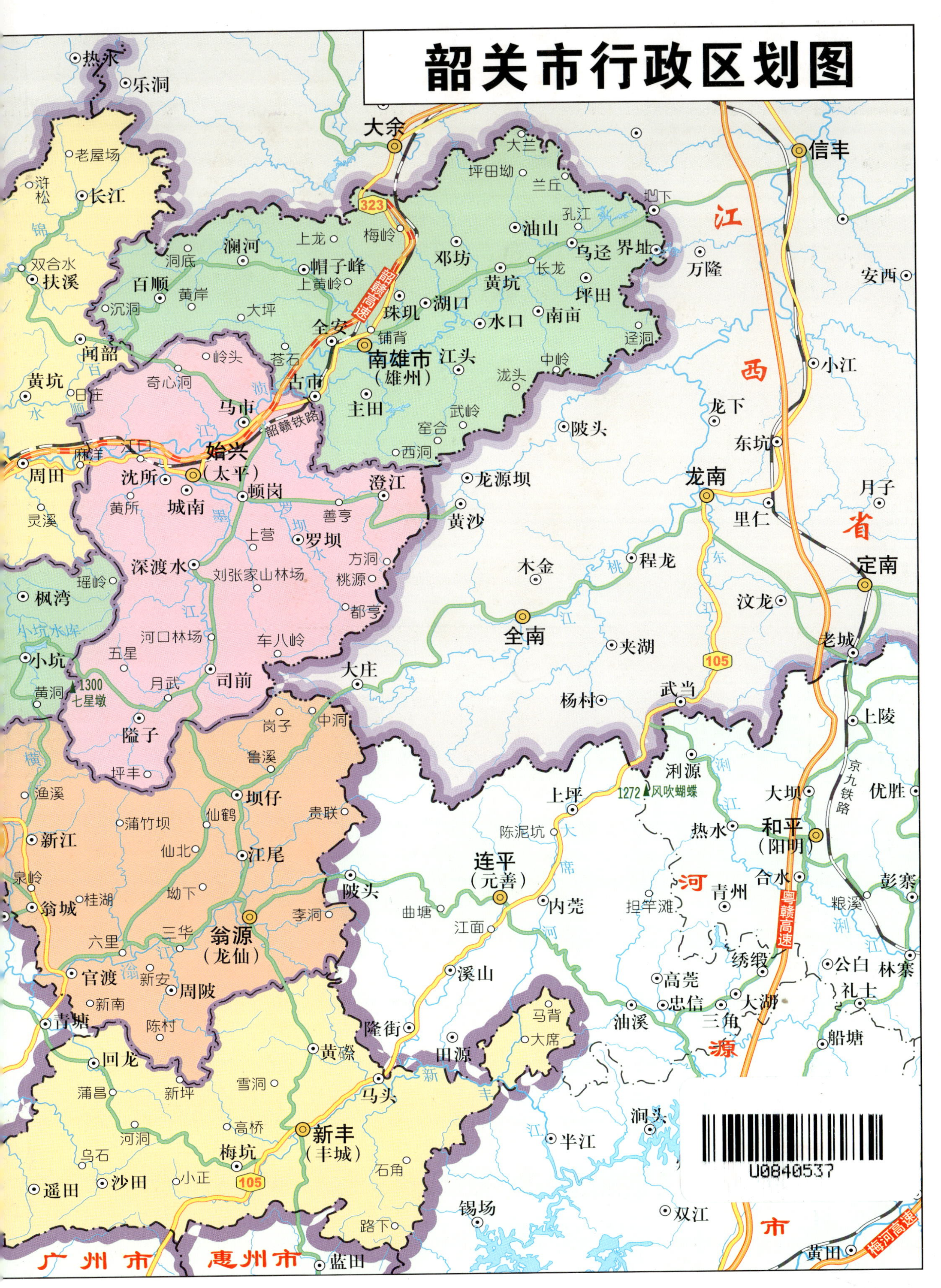

韶关市行政区划图
大余
信丰
江西省
南雄市（雄州）
始兴（太平）
龙南
全南
定南
连平（元善）
和平（阳明）
翁源（龙仙）
新丰（丰城）
河源市
广州市
惠州市
梅河高速
粤赣高速
韶赣高速
韶赣铁路
京九铁路
1300 七星墩
1272 风吹蝴蝶
小坑水库
乌迳
界址
坪田
油山
邓坊
黄坑
湖口
珠玑
水口
南亩
江头
主田
古市
全安
帽子峰
百顺
澜河
马市
沈所
城南
顿岗
罗坝
深渡水
司前
隘子
澄江
坝仔
江尾
官渡
周陂
新江
翁城
青塘
回龙
遥田
沙田
梅坑
马头
黄磜
隆街
溪山
田源
陂头
内莞
青州
上坪
利源
热水
大坝
合水
绣缎
高莞
忠信
大湖
油溪
三角
半江
洞头
双江
锡场
蓝田
黄田
优胜
彭寨
林寨
公白
礼士
船塘
上陵
老城
汶龙
月子
小江
东坑
里仁
龙下
万隆
安西
程龙
木金
夹湖
杨村
武当
大庄
黄沙
龙源坝
陂头
周田
枫湾
小坑
扶溪
长江
闻韶
黄坑

韶关年鉴

2012

《韶关年鉴》编纂委员会 编

方志出版社

图书在版编目（CIP）数据

韶关年鉴. 2012 /《韶关年鉴》编纂委员会编. -- 北京：方志出版社，2012. 10
ISBN 978-7-5144-0624-5

Ⅰ. ①韶… Ⅱ. ①韶… Ⅲ. ①韶关市—2012—年鉴
Ⅳ. ①Z526.53

中国版本图书馆 CIP 数据核字(2012)第 234032 号

韶关年鉴(2012)

编　　者：《韶关年鉴》编纂委员会
责任编辑：刘方圆
出 版 者：方 志 出 版 社
（北京市东城区夕照寺 14 号院富瑞苑公寓 6 层）
邮编　100061
网址　http://www.fzph.org
发　　行：方志出版社发行部
(010)67120966-6008
经　　销：新华书店总店北京发行所
法律顾问：北京市大禹律师事务所
印　　刷：韶关市鑫粤彩印有限公司
开　　本：889×1194　　1/16
印　　张：44
字　　数：1202 千
版　　次：2012 年 10 月第 1 版　　2012 年 10 月第 1 次印刷
印　　数：0001~3000 册
ISBN　978-7-5144-0624-5/K·509　　定价：230.00 元

· 版权所有　翻印必究 ·

编辑说明

一、《韶关年鉴》是由中共韶关市委领导、市人民政府主持、市史志办公室组织实施、各承编单位共同参与编纂的综合年鉴，该年鉴全面、系统地载录本行政区域年度内自然、政治、经济、文化、社会等方面基本面貌和发展情况，为全市年度资料性文献，每年编纂出版一卷。

二、《韶关年鉴（2012)》收集2011年韶关市各项事业发展的基本情况。年鉴分正文和彩页两大部分，彩页主要反映年内全市政务活动、行业成就、城乡新貌；正文内容由特载、大事记、行业专文、县（市、区）概况、人物、社会经济统计资料、附录、索引等组成。专文内容按类目、分目、条目三级结构层次，以条目为记述内容的基本形式，条目的标题以黑体字加【 】表示，少数包含多方面内容的条目则在文内用楷体标题标示各段内容的主题。全书共33个类目、240个分目和1781个条目，计1202千字。

三、本卷年鉴编目设计根据实际需要，在上年编目的基础上，对个别栏目的编排进行适当的调整，并新增设了一些栏目，使其更加完善、科学。

四、本年鉴所录用资料分别由全市各相关部门负责提供，并经各提供单位领导审核；统计数据以韶关市统计局提供的数据为依据，个别内容有区别的应以此为准。

五、本年鉴各单位撰稿人在文末右下方用（ ）标著，特载、附录等部分作者在标题下方标出。

六、因市人大、市政协换届会议于2012年1月上旬召开，本年鉴所录市人大、市政府、市政协领导班子成员名单适当下延。

七、本卷年鉴的编辑出版工作得到各级领导和撰稿人员的大力支持，在此谨表谢意。书中疏漏和差错之处，敬请批评指正。

韶关年鉴编纂委员会

名誉主任：郑振涛　市委书记、市人大常委会主任

主　　任：艾学峰　市委副书记、市长

副 主 任：陈　波　市委常委、秘书长、办公室主任

　　　　　邹永松　副市长

成　　员：江少强　陶学权　于莉莉　文火玉　冯政文　巫育明　梁　锋

　　　　　李维员　刘德泉　曾凤保　李卫忠　王克勇　何正平　邓小杰

　　　　　高冬瑞　吴土清　卢中强　钟　曦　胡烈峰

韶关年鉴编辑部

主　　编：吴土清(~2012.6)　丁伟志(2012.6~)

执行主编：殷南光

执行副主编：邓培雄

编　　辑：殷南光　邓培雄　朱彩云　童铜韶(特邀)

目 录

特 载

大 事 记

全市概况

中共韶关市委员会

韶关市人民代表大会及其常务委员会

韶关市人民政府

政协韶关市委员会

纪检监察

民主党派·工商联

群团组织

军　事

政 法

人事·劳动·社保

经济管理

工　业

农·林·水·气象

商业·贸易

财政·金融·保险

旅游·服务业

交　通

邮政·电信

城乡建设·环保

教 育

科 技

文 化

卫生·体育

社会生活

重点企业

市(县、区)概况

人　物

统计资料

附　录

索　引

数字韶关·2011

发展速度加快

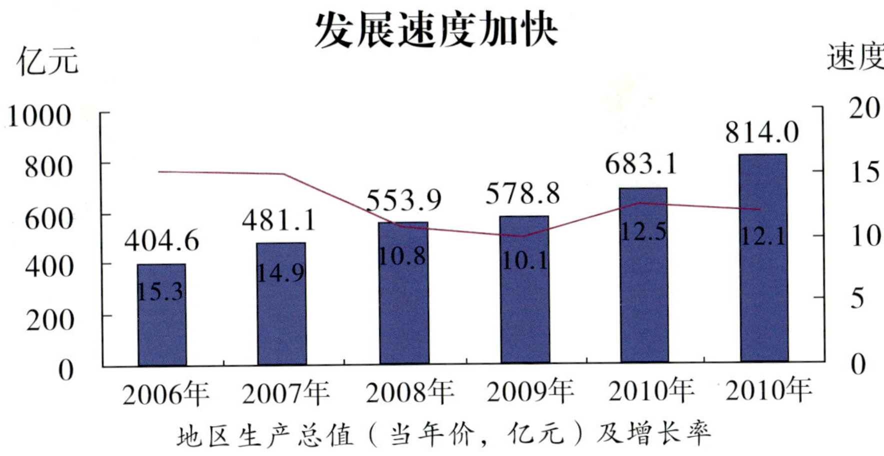

地区生产总值（当年价，亿元）及增长率

区域经济发展协调

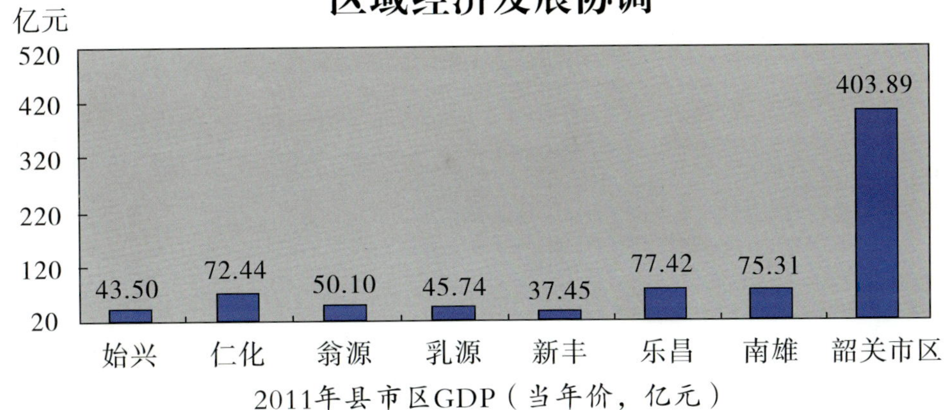

2011年县市区GDP（当年价，亿元）

经济结构明显优化

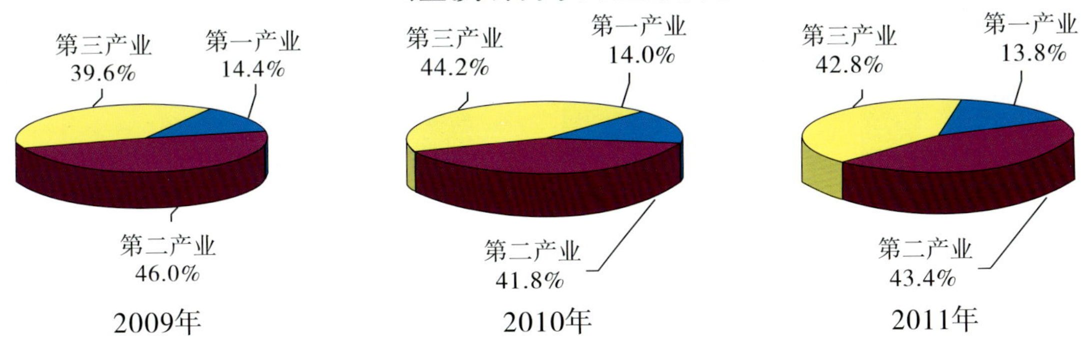

人口增长得到有效控制

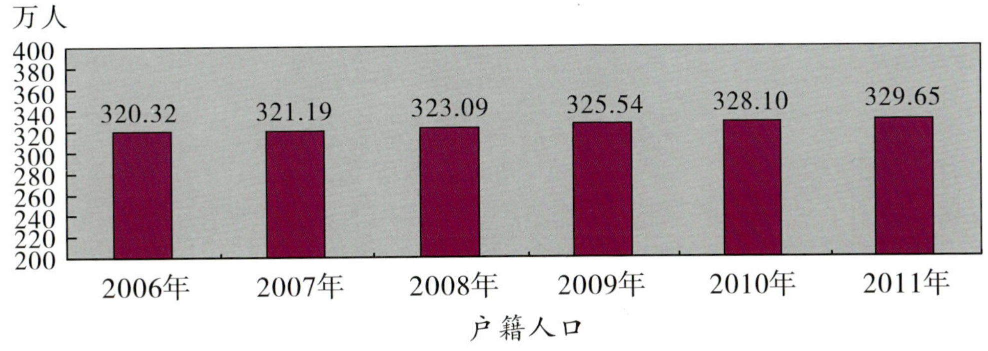

户籍人口

发展后劲增强

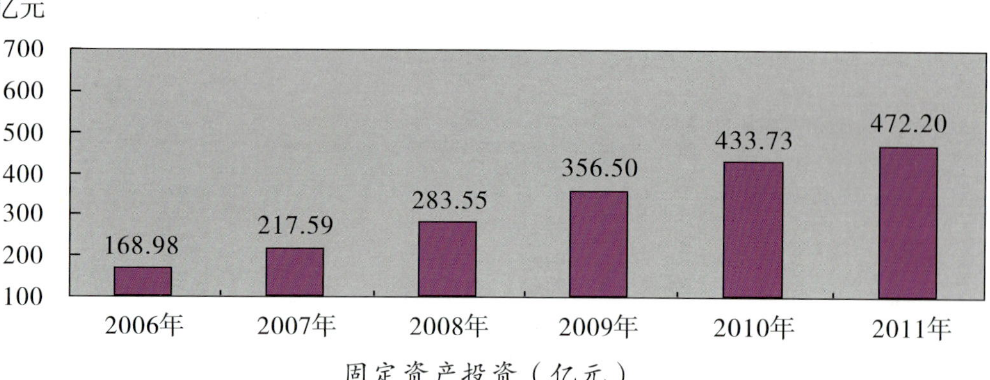

固定资产投资（亿元）

生活质量提高

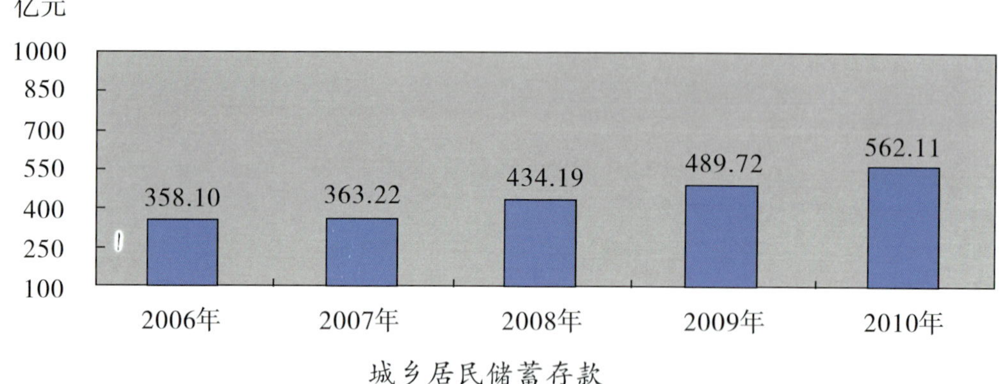

城乡居民储蓄存款

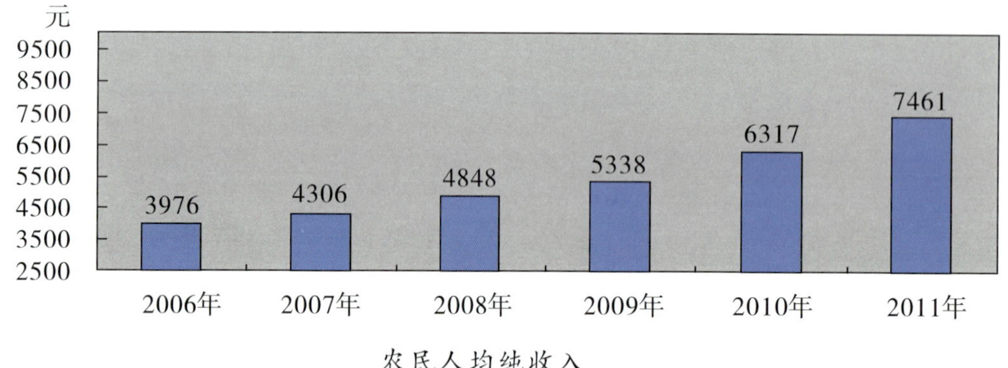

农民人均纯收入

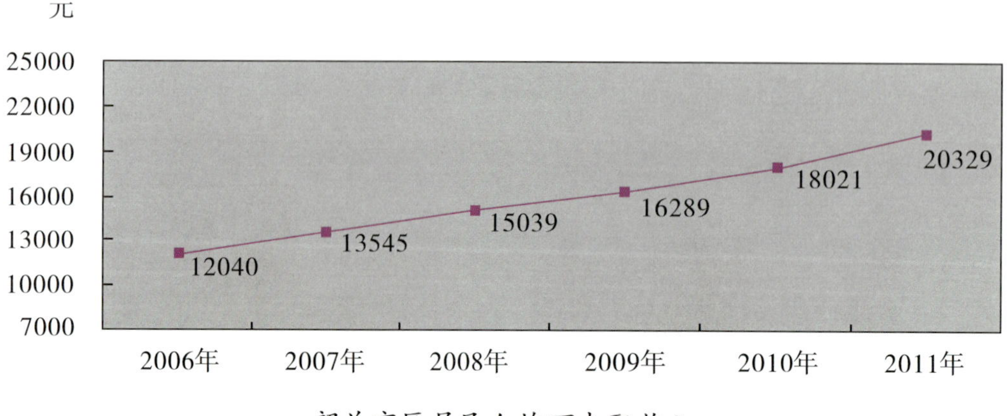

韶关市区居民人均可支配收入

◀郑振涛在第十一次党代会上作报告
（童铜韶 摄）

▶12月3日~6日，中共韶关市第十一次党代会召开。在市委十一届一次全会上，郑振涛、艾学峰、林耀明、陈向新、张志才、段宇飞、赖日先、肖怀跃、李建华、许红、陈波等当选为新一届市委常委。
（童铜韶 摄）

▶市长艾学峰在十二届人大六次会议作报告。
（童铜韶 摄）

◀2月22日，韶关市十二届人大六次会议召开。
（童铜韶 摄）

◀ 1月14日，市委十届九次全会在市区召开。（童铜韶 摄）

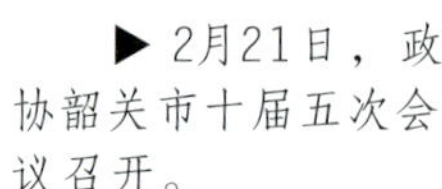

▶ 2月21日，政协韶关市十届五次会议召开。
（童铜韶 摄）

◀ 12月18日,全省党管武装工作会议在韶关召开，中共中央政治局委员、广东省委书记汪洋，广东省委副书记、省长朱小丹以及全省地级以上市委书记等出席会议。
（童铜韶 摄）

◀4月9日，中共中央政治局委员、省委书记汪洋在乐昌峡水利工程考察。 （童铜韶 摄）

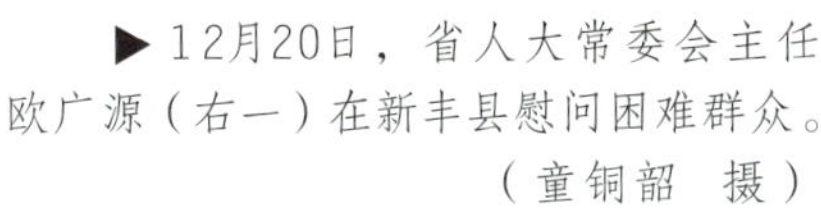

▶12月20日，省人大常委会主任欧广源（右一）在新丰县慰问困难群众。 （童铜韶 摄）

◀10月10日，省长黄华华（左三）在乐昌峡考察。（童铜韶 摄）

◀9月22日，韶关市市长艾学峰（前右）率代表团访问美国旧金山市，与旧金山市市长李孟贤共同签署《韶关市与旧金山市缔结友好合作城市关系协议书》。图为签字仪式。
（市外事侨务局　提供）

▶11月4日至6日，韩国荣州市市长金宙荣率代表团一行8人访问韶关。图为市长艾学峰、副市长陈秋彦及相关部门领导参加欢迎荣州市代表团会议。（市外事侨务局　提供）

▲10月31日，中国丹霞世界自然遗产授牌仪式举行。（童铜韶　摄）

◀乐昌峡水利工程，图为大坝雄姿。（童铜韶　摄）

▶10月10日，乐昌峡水利主体工程完工，图为完工庆典现场。（童铜韶　摄）

◀水上居民住上廉租房（童铜韶　摄）

▶建设中的韶赣铁路，图为浈江铁路桥一角。（童铜韶　摄）

◀风采楼（赖金棠 摄）

▶韶城夜景（赖金棠 摄）

▲中山公园（赖金棠 摄）

▶2月10日，市委指挥中心在市委大楼挂牌成立。（童铜韶 摄）

▼12月31日，韶关华强电子世界举行开业典礼。韶关市委书记郑振涛（中）、市委常委、市委宣传部部长许红（右四）、市委常委、市委秘书长陈波（左三）、副市长兰茵（右二）等市区领导及集团董事长、总裁梁光伟、副总裁张哲生等参加开业仪式。

▲5月18日，大宝山矿业有限公司隆重举行李屋拦泥库外排水综合治理工程竣工典礼。（大宝山矿业有限公司提供）

▲11月1日，韶关风度华美达广场酒店开业。（赖金棠 摄）

▲11月5日，2011广东国际旅游节在韶关举行。（童铜韶 摄）

▲11月5月，广东国际旅游节嘉年华。（童铜韶 摄）

▲▼ 旅游文化节系列活动花车巡游(邓培雄 摄)

赖金棠 摄

▲11月5月,广东国际旅游节嘉年华。(童铜韶 摄)

▲▼ 旅游文化节系列活动（赖金棠 摄）

▲乳源水源宫八一新村（童铜韶 摄）

▲扶贫双到农民住上新楼房（童铜韶 摄）

▲南雄烟叶丰收

▲扶贫工作队帮扶农民养黑山羊（童铜韶 摄）

▲新农村 新气象（童铜韶 摄）

韶关市粮食局

▲市粮食局领导班子召开务虚会，研究全市粮食管理工作

▲5月24日，广东省常务副省长肖志恒（左二）在市委书记郑振涛（右二）、市长艾学峰（右一）及局长蒋友明的陪同下，在韶关市军粮供应中心考察。

▲2011年7月26日，国家粮食局周康青处长（右二）、省军粮办主任林善为（右一），在韶关市副市长孔云龙（左二）的陪同下，到市军粮供应中心检查指导工作

►2011年12月6日，市委常委、常务副市长段宇飞（左一）在市粮食储备库调研成品粮油储备情况

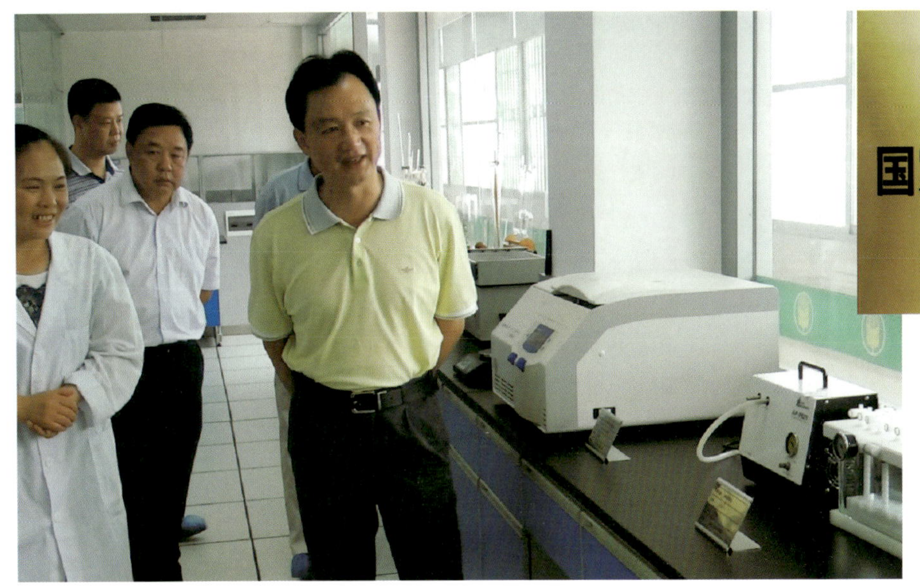

◀ 韶关国家粮食储备库是广东省重点储备库之一，具有较好的粮食储备和检测能力。图为市委常委、常务副市长段宇飞在该库粮食质量检测站调研。

◀ 2012年4月18日，广东省物价局局长林积（左一）在韶关市副市长兰茵（左二）的陪同下，在市军粮供应中心军供站调研平价粮食商店工作。

▼ 2011年5月10日，广东省粮食系统“创建全国百强军供站”考核组来韶关军粮供应中心检查考核创建工作

▲ 2011年9月8日，广东省粮食局副局长李敏（左一）在局长蒋友明（右一）的陪同下，在市军粮供应中心检查指导工作

韶关市粮食局是市政府主管全市粮食行政管理的职能部门。近年来，在粮食储备、军粮供应和粮食市场管理等方面取得优异成绩，先后多次被评为全国粮食系统、广东省粮食系统先进单位。

▲ 韶关市军粮供应中心获评“全国粮食系统百强军粮供应站”

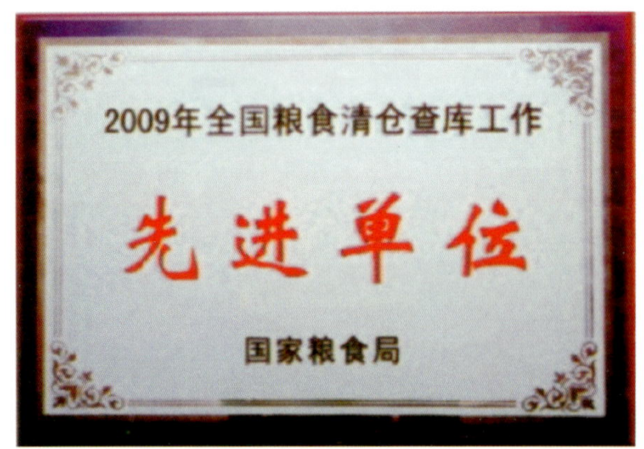

▲ 韶关市军粮供应中心获“全国粮食系统百强军粮供应站”。图为市军粮供应中心主任于颢利（右三）在全省军粮供应管理工作会议上领奖。

▲5月28日，韶关市龙舟赛。（赖金棠　摄）

▲6月23日，韶关举办纪念建党90周年革命史图片展览。（邓培雄　摄）

▲▶12月15日，石塘双峰寨“广东省中共党史教育基地”举行揭牌仪式。（邓培雄　摄）

▲纪念辛亥革命100周年活动（赖金棠　摄）

▲7月14日，在市碧桂园举行2001～2010年全市史志工作总结表彰会议图为会场一角。（邓培雄 摄）

▶广东省人民政府地方志办公室主任陈强（中）、韶关市人民政府副市长邹永松出席总结表彰会。（邓培雄 摄）

▲11月23日，《中国共产党韶关地方史》（第二卷）评议会在市区流花宾馆举行。（邓培雄 摄）

◀12月29日，《韶关市浈江区志》终审会。（邓培雄 摄）

▶11月11日，《翁源县志》终审会。（邓培雄 摄）

◀3月9日，《始兴县志》终审会。（邓培雄 摄）

▶至2011年底，韶关市全面完成第二轮修志，地方综合年鉴全面启动，图为志书和综合年鉴出版成果。（邓培雄 摄）

韶关市人民检察院

SHAOGUANSHIRENMINJIANCHAYUAN

强化法律监督　维护公平正义

省委副书记朱明国（中）、市委书记郑振涛（右三）出席廉政教育基地启动仪式

澳门廉政公署专员冯文庄（左）访问韶关市检察院

2011年，全市检察机关在市委和省检察院的正确领导下，坚持“强化法律监督，维护公平正义”的检察工作主题，围绕保增长、保民生、保稳定、促发展的工作大局，各项检察工作取得新的成效：在查办职务犯罪方面，继续推行侦查一体化办案机制，有力查处一批直接危害群众切身利益的职务犯罪。共立案查处贪污贿赂案件68件88人、渎职侵权案件19件22人。在职务犯罪预防工作方面，努力探索从源头上遏制职务犯罪的新路子，与市纪委、市委组织部联合建设的“韶关市党风廉政建设、干部任前法纪教育、预防职务犯罪教育基地”正式启动，被省纪委命名为第一批广东省廉政教育基地，共接待244家单位、近1.2万名党员干部接受警示教育；发起成立了韶关市预防职务犯罪协会，全市共有64家单位入会，逐步建立起全市预防工作网络体制；推行以侦促防“五个一”工作制度，及时向发案单位提出消除隐患、预防犯罪和建章立制的检察建议，促进社会管理创新。在队伍建设方面，结合“发扬传统、坚定信念、执法为民”主题实践活动，大力实施“文化育检”战略，提炼出“厚德、笃法、团结、进取”为韶关检察精神，重点开展重温经典等12项文化主题教育活动，市检察院政治处和翁源县、曲江区检察院被省检察院评为检察文化建设先进单位，加大了检务督察工作力度，严肃查办检察人员违纪违法案件。不断完善内部监督机制，市、县两级检察院全部完成案件管理中心建设，在加强业务管理、强化内部监督的同时，自觉接受人民群众和社会各界的监督，确保公正执法。

完成案件管理中心建设，加强业务管理

在全市范围内举办渎职犯罪图片巡展，促进国家机关工作人员依法行政

举办各类比赛，以赛促学提升检察队伍素质

聘任特约检察员、专家咨询委员、人民监督员，强化内部监督

举办各类文体活动，加强检察文化建设

韶关军分区

SHAOGUANSHIJUNFENQU

报效国家　忠诚于党　献身使命　热爱人民

2011年12月，广东省党管武装工作会议在韶关召开。中共中央政委局委员、广东省委书记汪洋亲切接见与会代表。

2011年12月，广东省党管武装工作会议军事科目表演现场。

2011年12月，中央政治局委员、广东省委书记汪洋到乳源水源宫瑶族新村看望瑶胞。

2011年6月，广州军区政治委员张阳上将亲切看望军分区部队。

广州军区司令员徐粉林中将（左二）到韶关军分区检查工作。

2011年12月，广东省党管武装工作会议在韶关召开。

"扶贫济困日"组织官兵捐款。

2011年"八一"期间，市委常委、军分区政治委员李建华（左）亲切看望干休所老干部。

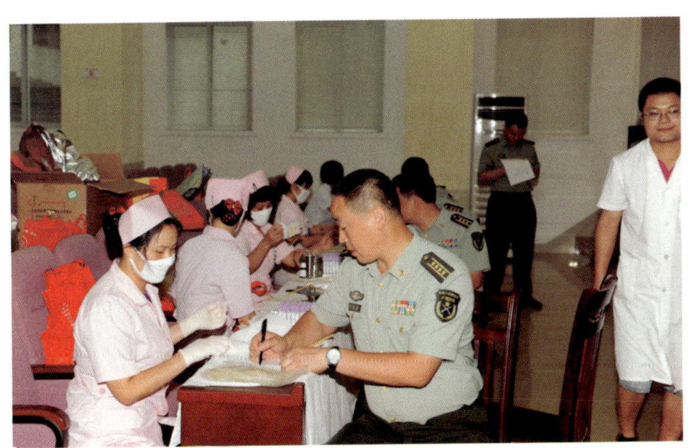

军分区官兵义务献血

应急分队训练

武警韶关市支队

WUJINGSHAOGUANSHIZHIDUI

2011年4月19日韶关市领导到新丰县和翁源县现场办公推进武警现代化建设（焦炎 摄）

7月6日，政委侯德祺在武警部队预防职务犯罪工作经验交流暨表彰会议上发言

中国人民武装警察部队广东省总队韶关市支队（简称韶关市支队）于2005年6月17日重新组建，由原广东省总队第三支队和原韶关市支队两个团级支队合编而成旅级支队。部队驻守在韶关市七县三区，主要担负看押、看守、守卫、守护、警卫、城市武装巡逻和处置突发事件等任务。

出席大会的领导

2011年7月20日韶关支队隆重举行作战指挥中心奠基仪式(焦炎 摄)

2011年11月24日韶关支队士官黄谭钢当选2011“感动韶关十佳道德模范”(焦炎 摄)

2011年11月5日韶关支队圆满2011广东国际旅游文化节暨旅游推介会安全保卫任务(焦炎 摄)

2011年9月30日武警韶关市支队圆满完成2011年长途武装押解任务(郁计东 摄)

2011年11月5日韶关支队官兵担纲国际旅游文化节开幕式节目表演 焦炎摄

韶关支队积极改善大瑶山部队官兵生活条件，重新选址新建大瑶山十六中队新营房(焦炎 摄)

2011年10月26日韶关支队举行跨区域地震应急救援拉动演练

武警韶关市消防支队

WUJINGSHAOGUANSHIXIAOFANGZHIDUI

武警韶关市消防支队，又称韶关市公安消防支队，成立于1987年1月1日，位于韶关市武江区工业东路23号，1992年9月加称韶关市公安消防局，下设司令部、政治处、后勤处、防火处4个部门，辖10个大队、13个中队。此外，全市有4个政府专职消防队、10个企业专职消防队，承担着韶关市各类火灾扑救和抢险救援任务。

2011年，韶关市公安消防部队在总队党委、市委市政府以及市公安局的正确领导下，坚持以胡锦涛总书记“三句话”总要求为统领，瞄准“平安大运”目标，以构筑“防火墙”工程为抓手，以深化“五大”活动和“清剿火患”战役、打造现代化公安消防铁军为着力点，攻坚克难，破解发展瓶颈，圆满完成了各项工作任务，实现了“十二五”良好开局，全市共接警出动3117起，出动消防车5798辆次，消防官兵32996人次，抢救被困人员409人，疏散人员3625人，抢救财产价值11.89亿元。出色完成仁化“5·1”丹霞山抢险救援、曲江“5·26”高架桥坍塌救援、曲江“6·24”高层火灾救援等急难险重任务，发挥主力军作用，得到各级党委、政府和公安机关的充分肯定，赢得广大群众的广泛赞誉。年内，支队先后获得先进支队党委、“三争优”先进支队、“五无”先进支队、全国安全工作先进支队等通令表彰，支队军政主官评为“军政一对好主官”。在全省铁军挑战赛中，名列团体总分第六名；在全省“清剿火患”战役第一、二、三阶段均列综合排名第一，支队被部局评为“全国火灾隐患排查整治工作突出支队”；支队被市委、市政府评为“五五”普法先进集体、行风评议群众满意单位、无偿献血工作先进单位；3个大队被评为“拥政爱民工作先进单位”，3个基层单位被评为“省级青年文明号”；3个中队荣立集体三等功，1人荣立个人二等功，48人次荣立个人三等功。

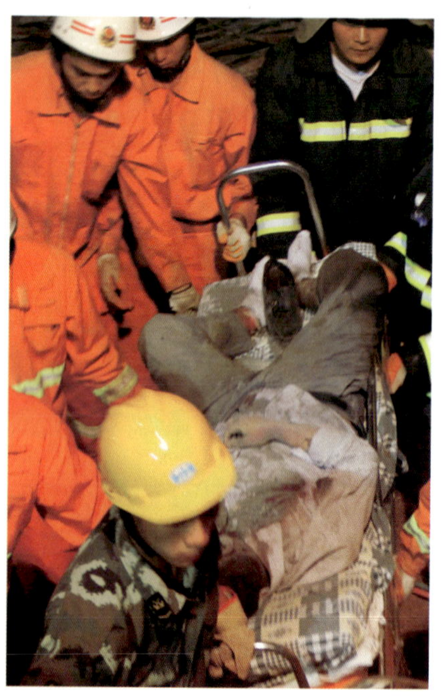
2011年曲江“5·26”高架桥坍塌抢险救援，消防官兵救出被埋压工人。

2011年3月2日广东省副省长佟星（右一）调研韶关消防部队

2011年11月23日广东省副省长陈云贤（中）调研韶关消防部队

消防连万家 平安你我他

2011年10月27日，韶关市委书记郑振涛（中）调研消防工作。

2011年5月12日，韶关市委常委、副市长张志才（中）出席全市消防工作会议。

2011年5月22日，省消防总队政委牛跃光少将（中）检查指导防火墙工程建设。

2011年10月9日,韶关市委、市政府授予消防支队“五五”普法先进集体称号。

2011年曲江“6·24”火灾，消防官兵扑救火灾

韶关市公安局

SHAOGUANSHI  GONGANJU

2011年6月15~16日，时任省委常委、政法委书记，公安厅长的梁伟发同志来韶调研

2011年，全市公安机关在市委、市政府的坚强领导下，紧紧围绕建设“幸福美好韶关”的目标，不断深化社会矛盾化解、社会管理创新、公正廉洁执法，大力加强信息化建设、执法规范化建设、和谐警民关系建设，迎难而上，连续作战，经受了一次次考验，打赢了一场场硬仗，有力地维护了全市社会和谐稳定。一是扎实推进了社会治安综合防控体系建设，圆满完成了“大运会”、2011广东国际旅游文化节主会场活动等安保任务，营造了良好的社会环境。二是取得了严打整治的累累硕果，公安机关“粤安11”、“断源”、“清网”、“打四黑除四害”等战役成效显著，有效遏制了各类违法犯罪。三是坚持实施科技强警战略，大力加强了公安信息化建设，提高了社会管理水平。四是积极改进了执法服务措施，实施了“阳光执法”制度，有力地服务了全市经济社会发展。五是加强了队伍教育管理，营造了风清气正的良好氛围，队伍综合素质不断提升。2011年，全市公众安全感和公安工作群众满意度两项得分进入了全省前10位。

公安民警开展街面巡逻

公安特警、武警开展反恐协同演练

侦破“5·13”特大跨国跨境电信诈骗案战果展

公安机关开展缉枪治爆宣传

公安机关开展2011广东国际旅游文化节主会场活动安保工作

公安机关开展清明祭奠英烈活动

公安机关举行建党90周年歌咏比赛

韶关市地方税务局

SHAOGUANSHIDIFANGSHUIWUJU

2011年是“十二五”的开局年，在省地税局和市委、市政府的正确领导下，全市地税系统面对诸多减收因素，始终坚持以组织收入为中心工作，紧紧围绕“查税源、严征管、挖潜力、保任务”的工作主线，强化重点税源管理，狠抓各项工作落实，圆满完成了全年各项工作任务，保持了税收事业平稳较快发展。全市全年税收收入和社保费等8项费金收入均实现了全面增长，收入规模进一步壮大，税费总量突破80亿大关，达85亿元，同比增收13.5亿元，增长18.8%。全市地税系统党风廉政建设和队伍建设进一步深化，精神文明建设取得丰硕成果，乳源县地方税务局和翁源县地方税务局被省委、省政府授予“广东省文明单位”，乳源县地税局乳城分局办税服务厅被省妇联授予“广东省巾帼文明岗”，仁化县地税局荣获广东省地税局授予的“行风建设先进单位”，乳源县地税局乳城分局被团省委授予“广东省青年文明号”。韶关市地税局班子被广东省地税局评为2011年度“团结、廉洁、开拓”好班子。

2011年4月1日，韶关市地税局局长王中高（右一）在“地税通”短信平台启动仪式上。

2011年4月25日，韶关市地税局举办《社会保险法》讲座。

2011年11月1日，韶关市地税局党组书记朱政（左二）在绩效管理试点工作动员大会上。

2011年8月29日，韶关市地税局举行POS直接入库系统启动仪式。

2011年4月1日，韶关市地税局举行“开放日”活动

纳税人在自助终端服务机上查询相关涉税信息

2011年6月29日，韶关市地税局召开庆祝建党90周年暨表彰大会

广东省韶关监狱

GUANGDONGSHENSHAOGUANJIANYU

建监60周年晚会

监狱警体馆

韶关监狱位于韶关市浈江区犁市镇东北约1公里处，离韶关市中心约13公里，占地117.08万平方米。监狱始建于1942年，是原国民党统治时期的广东省第二监狱所在地。在半个多世纪的时间里，监狱从小到大，发展成了广东省两个特大型监狱之一，多年来是全省唯一一所集中关押成年女犯的监狱。2003年，随着全体在押女犯搬迁广州女子监狱，才结束了韶关监狱关押女犯的历史。

2011年，韶关监狱在省司法厅、省监狱局党委的正确领导下，在监狱新一届领导班子的带领下，广大警察职工团结一致、锐意进取、扎实工作，作风建设、执法管理基本功、执法规范化建设、狱内安全基础和产业结构优化等工作上了新台阶，并被评为全国自学考试先进集体，是全国唯一一家获此荣誉的监狱单位。目前，监狱已连续17年实现了监管安全，生产稳定增长，队伍思想稳定，正在为建设现代化文明监狱而努力。

监狱米酒酿制车间

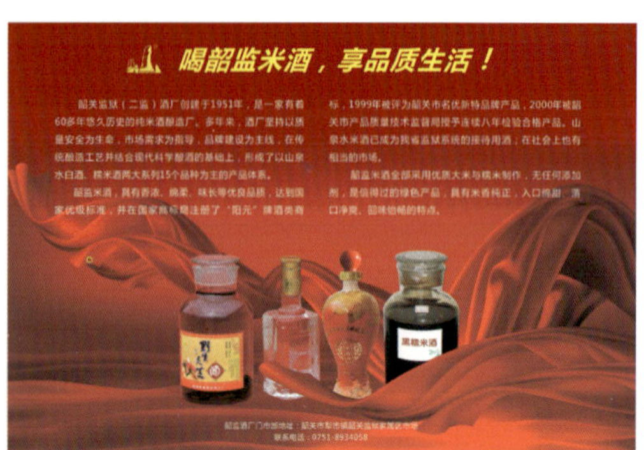

监狱自产米酒

韶关市人力资源和社会保障局

省长朱小丹到韶关市人力资源市场考察

举办《社会保险法》现场咨询日暨2011高校毕业生专场招聘活动

2011年，韶关市人社局坚持以“民生为本、人才优先”为主线，积极推动全市民生工程建设实现新突破。农村劳动力技能培训转移就业考核连续三年进入全省优秀行列。

就业再就业工作成效明显。全市城镇新增就业5.5万人，新增转移农业富余劳动力7.6万人，城镇登记失业率为2.86%，全市就业局势保持基本稳定。

社会保障体系进一步健全。积极推动新农保试点工作，出台新生儿参加城居保和一般诊疗费纳入医保报销政策，首创全国社保电子账单服务，进一步完善失业、工伤、生育保险。

人事人才工作取得新成绩。推动省市共建粤北现代技工教育基地，加强人才交流与培养，全面推进事业单位改革。完成农村劳动力技能培训3.2万，技校招生3.7万。

和谐劳动关系迈出新步伐。加强劳动合同管理，完善异地务工人员管理制度，实施劳动监督“两网化”试点，探索流动仲裁庭，全市劳动关系和谐稳定。

该局举行《颂歌献给党》文艺汇演庆祝建党90周年

珠三角百家名企与韶关市院校洽谈合作

启动社保权益电子账单发送服务

公务员面试考生抽签

韶关市农业局

SHAOGUANSHINONGYEJU

大力推进强农惠农政策深入落实

副省长刘昆在香港美食博览会参观韶关展区

市委书记郑振涛、市委常委张志才在全市农民专业合作社工作会议上参观合作社生产的农产品

市长艾学峰、市委常委张志才在广东国际旅游文化节上参观韶关市农特产品展区

韶关市农业局，加挂中共韶关市委农村工作办公室牌子，为市人民政府主管农业农村经济发展的工作部门。2011年，市农业局积极加快转变农业发展方式，大力推进各项强农惠农政策的深入落实，千方百计拓宽农民增收渠道，农业农村各项工作均取得明显成效。全年农业增加值112.3亿元，同比增长5.9%，农民人均纯收入7461元，同比增长18.1%。

2011年，全市粮食播种面积16.23万公顷、粮食总产89.71万吨，分别完成省下达的考核指标的104%和106%；全市市级以上农业龙头企业、农民专业合作社达到63家和695家，分别新增12家和198家；建设33.33公顷以上蔬菜基地48个，1万头以上生猪养殖场16家，规模肉鸡养殖场4家，鸡蛋生产基地3家,建设了水产良种基地；新增无公害农产品认证8个、绿色食品认证12 个、有机农产品认证30个，累计“三品”认证的农产品304个，认证有效期限内的企业168家；新建、扩建、跨年度建设项目共27个，计划投资额28.14亿元；现代农业全面推进，建设了6.67公顷以上现代农业园区58个，粤北现代农业示范园区农业部确认为第二批国家级现代农业示范区；农业基础不断夯实，全市共完成标准农田建设项目32个，整治农田面积2000公顷，测土配方施肥面积11.33万公顷。争取了中央和省农业建设专项资金4.12亿元，新增一个国家开发县（乐昌市）和一个省级开发县（曲江区）；扶贫开发成效显著，全市89%的贫困户年人均纯收入达到时2500元以上，355个贫困村集体经济收入均超过3万元。完成了20个市级示范点和100个县级示范点的村庄整治工作，山区县农村综合改革工作开局良好，名镇名村示范村建设加快推进。

全市农业产业化暨有机农业和有机认证工作会议

韶关市住房和城乡建设局

SHAOGUANSHIZHUFANGHECHENGXIANGJIANSHEJU

韶关市副市长尚伟（右四）、市住建局局长梁韶灵（右三）陪同省财政厅副厅长林楚欣（左二）调研城镇低收入家庭住房困难工作情况

7月14日，市政府副秘书长李德军（右一）、市住建局副局长王彦升（左一）陪同省住建厅总规划师章吉青（前排中）莅韶调研保障性住房建设

市住建局局长梁韶灵在廉租房交钥匙仪式上讲话

韶关市住房和城乡建设局成立于2009年，前身是韶关市建设局，为韶关市人民政府主管住房城乡建设的工作部门。行政编制36名，设办公室、法制科、住房保障与公积金监管科（市公积金管理委员会办公室）、住房发展与房地产业监管科、房地产产权户籍管理科、建筑业监管科、燃气与村镇建设管理科、建设工程招标投标监管科、人事科、监察室等10个内设机构。辖市建设工程交易中心、建筑工程质量安全监督站、工程造价管理站、住房公积金管理中心、房地产交易登记所、北江房管所、武江房管所、房产测绘管理所、白蚁防治所、建筑成人中专学校、散装水泥办公室、房屋租赁管理所、建筑设计院、住房保障中心、建工幼儿园、建设与房地产信息中心等16个直属单位。

2011年，全市住建系统贯彻落实科学发展观，局系统干部职工团结奋斗，开拓创新，围绕“推动经济社会发展、建设幸福美好韶关”这一核心任务，务实创新，攻坚克难，各项事业全面发展，成效显著。2011年，市住建局被评为“广东省住房和城乡建设系统精神文明建设示范单位”、“2011年广东国际旅游文化节主会场(韶关)工作先进集体”、“市直机关2009—2011年度先进基层党组织”、驻市行政服务中心窗口被评为“最佳标准化窗口”等称号。

建成的天子岭廉租房小区

水上居民入住廉租房交钥匙仪式

市住建局副局长王彦升率队上线民生热线

白云国际机场—韶关客运专线开通仪式剪彩

韶关市交通运输局

科学发展 惠民利民

2011年，韶关市交通运输局坚持以科学发展为主题，以加快转变发展方式为主线，紧紧围绕大交通发展目标，抢抓粤东西北交通建设大会战的机遇，大力推进交通枢纽建设进程，实现“十二五”规划良好开局。

——推进建设，构建体系

大力推进交通基础设施项目建设，突出高速公路为重点的公路建设，完善交通运输体系，基本形成以“二高二铁”为主骨架（京港澳、韶赣高速公路，京广铁路、武广高铁）的交通网。至2011年末，全市公路通车总里程13750公里，其中高速公路291公里，公路密度74.5公里／百平方公里。全市共有等级客运站47个。航道维护里程386公里。

——运输服务，惠民利民

开通韶关至广州白云机场客运专线。深入推进运输服务均等化，推动公交优先发展，在韶关市公交发展史上首次更新新能源公交车80辆（为2011年市政府承诺为民的8件实事之一）；扶持新农村交通发展，全市完成通自然村公路650公里，投资2亿元（2011年市政府承诺为民办的8件实事之一）。

市委书记郑振涛陪同省长朱小丹考察广乐高速公路建设情况

更新投放的市区新能源公交车（2011年市政府承诺为民办的8件实事之一）

——依法治交，规范管理

依法开展打击非法营运、整治出租车特别是武广火车站广场出租车专项行动；加快交通运输信息化建设，客货运重点车辆、教练车等全部安装GPS，公交IC卡、维修信息系统实现与全省联通、联网；加强安全保障体系建设，推进交通运输建设工程专项安全整治、“平安工地”达标创建。

——创先争优，硕果累累

加强廉政风险防控，实行交通执法同步送达“举报明白卡”及现场稽查和后台处理“双台帐”制；开展窗口单位“为民服务创先争优”及公交行业“抓行风、讲文明、树形象”活动，着力构建廉洁交通、文明交通。市交通运输局被评为全国文明单位，韶运集团客运西站被授予“全国工人先锋号”荣誉称号。

新建的市区公交候车亭（2011年市政府承诺为民办的8件实事之一）

新建通自然村公路（2011年市政府承诺为民办的8件实事之一）

韶关乌石港全貌

韶关市水务局

SHAOGUANSHISHUIWUJU

2011年10月8日，全市水利工作会议召开

2011年10月10日，省政府举行了乐昌峡水利枢纽主体工程完工典礼

2011年是中国水利发展史上具有里程碑意义的一年。中央1号文件将水利提升到关系经济安全、生态安全、国家安全的战略高度，吹响了新一轮加快水利改革发展的强劲号角。市委、市政府高度重视，相继召开了市政府常务会、市委常委会和全市最高规格的水利工作会议，对加快全市水利改革发展进行动员部署，并先后出台《中共韶关市委、韶关市人民政府关于加快水利改革发展的意见》和《韶关市百亿水利工程建设工作方案》，决定“十二五”期间在全市实施百亿水利工程建设，努力实现全市水利跨跃式发展。

“十二五”时期，全市水利工作指导思想和主要目标是：坚持以邓小平理论和“三个代表”重要思想为指导，深入学习实践科学发展观，全面贯彻落实2011年中央1号文件精神，按照市委、市政府推动经济社会跨越发展、建设幸福美好韶关的总体部署，把水利作为基础设施建设的优先领域，把农田水利作为农村基础设施建设的重点任务，把严格水资源管理作为加快转变经济发展方式的战略举措，大力发展民生水利，突出加强薄弱环节建设，进一步深化水利改革，推进水利可持续发展。力争通过5年到10年努力，基本建成人水和谐的水利工程体系，科学严格的水资源管理体系，良性发展的农村水利保障体系，统一高效的水利行业管理体系，有利于水利科学发展的制度体系，创新务实的科技信息化与人才队伍体系。到2015年，韶关市区防洪标准达到100年一遇，县级城市基本达到50年一遇，中心镇基本达到20年一遇，全市防灾减灾能力进一步提高，供水保证率进一步提高，农田灌溉水有效利用系数符合国家标准，主要江河水功能区水质达标率提高到76%以上，城镇供水水源地水质达标率96.4%以上，重点区域水土流失得到有效治理。到2020年，全市基本实现水利现代化。

2011年度韶关市实施最严格水资源制度在全省考核中得到优秀等次

韶关市人口和计划生育局

SHAOGUANSHIRENKOUHEJIHUASHENGYUJU

韶关市人口和计划生育综合改革示范市揭牌仪式在韶关市莱斯酒店举行，图为国家计生委办公厅副主任兼研究室主任姚宏文（左一）、省政府副秘书长、省计生委主任张枫（右二）、韶关市委书记、市人大主任郑振涛（左二）、韶关市政府副市长张志才（右一）一起为韶关市人口和计划生育综合改革示范市揭牌。

2011年3月14日，全市计生基层群众自治工作现场会在始兴县马市镇安水村召开，图为韶关市委常委、副市长张志才（前排右二）以及市政府副秘书长、市计生局局长邓阳秋（前排右三）在始兴县委书记许红的陪同下在安水村视察人口计生基层群众自治工作。

韶关市人口和计划生育局为韶关市人民政府主管人口和计划生育的工作部门，内设办公室、政策法规科、发展规划与信息科、流动人口服务管理科、宣传教育科、科学技术服务科、责任制考核科（市人口与计划生育目标管理责任制考核办公室）7个科（室），下设韶关市计划生育协会、韶关市计划生育药具管理站、韶关市计划生育服务中心等3个直属事业单位。2011年，该局以科学发展观为统领，紧紧围绕“稳定低生育水平，统筹解决人口问题，促进人的全面发展”这一核心任务，全面深入开展全国人口计生综合改革示范市建设，深入开展创建“乡镇（街道）无政策外多孩生育，村（居）无政策外生育”和“优质服务先进单位”两项活动，抓好基层计生例会制度、流动人口和人口信息化建设三项工作落实，全市人口计生工作发展稳定。

2011年，浈江区、武江区、仁化县为国优类地区，年度考评达标，成绩显著，被省委、省政府授予“广东省2011年度人口与计划生育先进单位称号”。全国计划生育优质服务先进单位有武江区、浈江区、仁化县、始兴县，广东省计划生育优质服务先进单位有南雄市、翁源县、曲江区、乳源瑶族自治县，其中，始兴县、翁源县人口计生工作进步较大，受到省委、省政府通报表扬，分别从省优类地区升为国优类地区管理、从创优类地区升为省优类地区管理。浈江区东河街道办事处荣获“第一批全国人口和计划生育依法行政示范乡镇（街道）”称号。仁化县大桥镇长坝村、始兴县澄江镇潭坑村、翁源县铁龙农场龙集村、浈江区乐园镇沙梨园村、新丰县马头镇雅盖村荣获“第二批全国人口和计划生育基层群众自治示范村”称号。

2012年韶关市人口计生工作电视电话会议现场。图片从右到左分别是市政府副秘书长、市人口计生局局长邓阳秋，韶关市副市长李安平，市委副书记、市长艾学峰，市委书记、市人大常委会主任郑振涛，市人大常委会副主任徐紫玲。

始兴县马市镇安水村人口计生修订村规民约表决通过大会现场。图为韶关市人大常委会副主任徐紫玲（前左二）、市政府副秘书长、市人口计生局局长邓阳秋（左三）出席大会。

韶关市城乡规划局

SHAOGUANSHICHENGXIANGGUIHUAJU

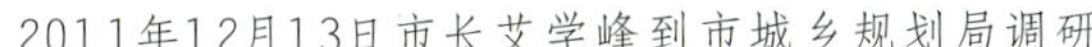
2011年12月13日市长艾学峰到市城乡规划局调研

韶关市城乡规划局务虚会

2011年，市城乡规划局在市委、市政府的坚强领导和省住建厅的正确指导下，以十七大精神和“三个代表”重要思想为指导，深入贯彻落实科学发展观，紧紧围绕市委、市政府决策部署，以“坚持走生态文明发展道路，推动经济社会跨越发展，建设幸福美好韶关”为目标，充分发挥规划引导和调控作用，切实加大规划编制和规划管理力度，不断优化城乡空间布局，全面推动城乡规划工作迈上新台阶。

2011年，市城乡规划局组织编制《韶关市近期建设规划》（2011-2015年）、《韶关市芙蓉新城发展战略规划与控制性详细规划整合》、《城市燃气工程规划》、《城市道路红线规划》、《韶关市绿道规划》、《韶关市区关键节点交通整治规划》、《莞韶产业园区扩园规划》等各项规划，并取得初步成果，进一步完善全市城市规划编制体系；积极推进名镇、名村、示范村和古村落保护规划编制工作，仁化石塘村获得中国历史文化名村称号，曲江曹角湾村、翁源湖心坝村、乐昌户昌山村获得第三批广东省历史文化名村称号，韶关市城乡规划编制覆盖率明显提高，为全市社会经济发展提供了强有力的规划保障。

2011年，市城乡规划局被评为韶关市爱国拥军模范单位，2011广东国际旅游文化节主会场（韶关）工作通报表彰单位，韶关市城市亮化工作先进集体，韶关市厉行节约工作先进单位、部门决算报表先进单位；开发建设的城市基础数据共享平台被住建部列入2011年科学技术项目计划，开发建设的“基于WebBOS的韶关市数字化城建档案管理系统”，由住建部推荐评为华夏建设科学技术二等奖；编辑制作的《回眸.展望——韶关市城市规划建设管理六十年》画册荣获广东省档案编研成果优秀奖。

2011年9月7日《韶关市芙蓉新城发展战略规划》专家评审会

韶关市第十期村镇管理人员培训班开班现场

“双抢”时节，市城乡规划局组织干部到结对帮扶村开展支农活动

坚持走生态文明发展道路　推动经济社会跨越发展　建设幸福美好韶关

2011年11月17日，韶关市科学技术奖励暨全市科技工作会议隆重召开，市委书记、市人大常委会主任郑振涛等市领导为获奖代表颁奖。

2012年1月12日，艾学峰市长到市科技局和高新技术企业调研

韶关市科学技术局

SHAOGUANSHIKEXUEJISHUJU

（韶关市知识产权局、韶关市地震局）

2011年，韶关市科学技术局（韶关市知识产权局、韶关市地震局）紧紧围绕市委、市政府的中心工作，积极倡导"耻于等、善于靠、敢于要、勇于闯"的12字进取精神，全力推进全市科技、知识产权、防震减灾工作实现新发展。年内成功申报"国家可持续发展实验区"1个，两个"国家科技富民强县"专项获批，韶关市"广东农业科技园"启动建设。全年共有415个科技项目立项（其中国家级项目8个、省级项目47个），项目总投资14.3亿元，新增产值134.7亿元。全市专利申请量1245件，同比增长33.8%；专利授权量668件，同比增长19.7%；拥有PCT国际专利申请累计达6件；专利申请量连续6年位居全省山区市第一。韶关市地震局荣膺2010年度广东省地级以上市防震减灾工作综合评比二等奖。

2011年，市本级和全市10县（市、区）全部通过2009～2010年度国家科技进步考核，高于全省75%的通过率，也是全省山区市唯一全部通过考核的地级市。

2011年9月29日，广州新诺专利商标事务所有限公司韶关分公司成立，至此，韶关市拥有两家专利事务所。

4月22日，市知识产权局与市工商局、文广新局、公安局等有关部门在市区联合开展知识产权执法专项行动。

2011年10月26~29日，市科技局组织液压机械装备产业产学研创新联盟企业负责人赴武汉大学、湖南大学等高校开展产学研对接活动。

2011年12月8日，韶关市行评团深入丽珠集团利民制药厂等3家企业考察了解科技服务企业创新工作情况。

10月10日，省科技厅副厅长刘炜在韶关市科技局局长张才明、副局长杨日葵陪同下到广东金友集团公司调研，并对广东金友现代农业科技特派员工作站的建立进行指导。

韶关市邮政局

SHAOGUANSHIYOUZHENGJU

韶关市邮政局是一家肩负着韶关市三区二市五县通信通邮、党报党刊征订、机要通信、邮政金融、速递物流等重要服务职能的国有公用型企业。2011年，韶关邮政在做好普遍服务的基础上，不断加快能力建设，创新服务项目，积极搭建服务民生平台，致力于当地便民惠农和文化旅游发展事业，邮政企业、邮政银行和邮政速递三大板块发展齐头并进，同比上年增长20%以上，全市邮政服务综合满意度为92.3分，超过全省考核指标值。

“新农保”服务贴民心。韶关邮政认真做好承办“新型农村社会养老保险”服务工作，全市94个邮政储蓄网点均办理“新农保”服务，2011年共办理参保农户50.67万户，覆盖率达到政府下达计划任务数的133.4%。图为邮政网点为群众办理“新农保”业务。

金融、保险和理财服务受社会肯定。94个邮政金融网点为市民提供储蓄、保险、基金、贷款、理财、行政事业性费用收缴发放等金融服务。图为金融理财讲座活动现场。

农资分销服务走进田间地头。2011年，韶关邮政农资配送服务上新台阶，完成县域“农资仓储配送中心”的建设，配送范围覆盖全市重点乡镇，实现更好、更快地将农资物料配送到田间地头。图为邮政投递员为村民配送化肥。

300多个邮政便民服务站建设完成。韶关邮政不断延深邮政服务窗口，提升便民利民形象。2011年全市建设了302家邮政便民服务站，为市民提供电费缴费、手机充值等代收代付服务，图为韶关碧桂园西区邮政便民服务站。

信报箱建设工作取得突破。2011年，韶关邮政在市委、市政府的大力支持下，出台了新建小区信报箱建设的有关政策，争取省财政补贴补建已建成小区信报箱2796（箱/户），图为投递员在信报箱群前为群众投送邮件。

邮政电子商务服务受欢迎。邮政网上购物平台“邮乐网”（www.Ule.com.cn），针对中高端消费人群，承诺只销售正品商品，成为网上购物新宠，并开通了土特产平台（http://store.Ule.tom.com/store/2751.Html），打造粤北韶关特产的网络宣传平台和销售平台。

广东省韶关市烟草专卖局（公司）

GUANGDONGSHENG SHAOGUANSHIYANCAOZHUANMAIJU(GONGSI)

2012年韶关市烟草专卖局（公司）"扶贫济困日"爱心募捐活动

韶关市烟草商业系统工作会议表彰先进集体

广东省韶关市烟草专卖局（公司）是韶关市卷烟和烟叶生产经营及对全市烟草市场实行专卖专营集中统一管理的机构，下辖始兴、曲江、乐昌、乳源、仁化、翁源、新丰7个县（市、区）烟草专卖局（分公司），现有员工938人，是"广东省先进集体"、"广东省文明单位"、韶关市模范纳税户、全省烟草商业系统精神文明建设先进单位。

近年来，韶关烟草狠抓"两烟"生产经营、专卖执法、现代管理和文化建设，内强素质、外塑形象，企业改革发展和"三个文明"建设成绩突出，经济效益和社会效益显著：2011年全市（不含南雄，下同）实现税利5.98亿元，同比增长13.25%；现代烟草农业建设稳步推进，全年公司投入3595.32万元，建成烟叶生产基础设施项目513项，总受益面积3233.3公顷；卷烟打假成效显著，全年查处案件882宗，案件总值1125.53万元；"一心服务"不断优化，扶贫济困共捐款50多万元，扶贫"双到"实现了省委省政府三年任务两年完成的目标。

烟站工作人员深入育苗大棚指导育苗户进行苗床管理

韶关市烟草商业系统举办"一心服务、和谐韶烟"趣味运动会

中国黄烟之乡

南雄烟草

NANXIONGYANCAO

位于梅岭南麓的广东南雄烟区有300多年的种烟历史，拥有生产浓香型特色优质烟叶所需的典型紫色土壤，被誉为“中国黄烟之乡”。南雄自上世纪80年代中期发展烤烟生产，20多年来，烟草支柱产业地位不断巩固和发展。目前，全市烟叶生产规模稳定在8000公顷、30万担左右。近年来，南雄借力现代烟草农业，加强烟叶生产基础设施建设，注重科技创新应用，开发浓香型特色优质烟叶，落实烟叶标准化生产，加强技术指导服务等，使烟叶生产整体水平大幅度提升，尤其是传统浓香型烟叶风格特色进一步彰显。烟叶种植作为壮大南雄地方经济名副其实的“黄金产业”和烟农脱贫致富的“当家产业”，为地方经济发展、新农村建设和农民致富奔康作出了贡献。

专业化服务

烟基建设

旱坡地改造

丰收的喜悦

中金岭南凡口铅锌矿 ZHONGJINLINGNAN FANKOUQIANXINKUANG

资源节约型、环境友好型

矿长姚曙（中）带班下井

党委书记骆建辉（右二）在井下与工人促膝谈心

2009、2010、2011连续三年超额完成18万吨铅锌金属量生产任务

深圳市中金岭南有色金属股份有限公司凡口铅锌矿位于广东省韶关市仁化县境内，西南距韶关市48公里，矿区面积约6.07平方公里。

按矿产资源种类划分，凡口铅锌矿是目前亚洲最大的铅锌银矿种生产基地之一，是集采、选于一体的综合性企业。

凡口铅锌矿资源丰富，品位高，储量大，矿石中除富含13%左右的铅锌金属外，还富含大量的银、锗、镓等稀散金属，铅锌银属超大型矿床，镓、锗构成大型矿床。

近几年，中金岭南公司凡口铅锌矿按照公司的总体部署开展工作，以“做不到，没有理由”的企业文化核心价值观统领矿山全局，努力践行科学发展观，坚持矿产资源可持续发展、人力资源优先发展、科技兴矿助推矿山全面发展战略，使矿山各项工作稳步前进。

认真贯彻执行“安全第一，预防为主，综合治理”的安全生产方针，严格执行国家的各项安全管理制度，建立“横到边、纵到底”的安全管理体系，形成了强有力的安全管理格局。至2012年7月18日，实现安全生产6周年。驻矿施工单位至2012年7月也实现安全生产两年11个月。

以履行社会责任为己任，以建设“资源节约型、环境友好型”企业为目标，坚持环保设施与生产设施同时设计、同时施工、同时投入使用的原则，建立健全了环境保护管理体系。同时着力于矿区绿化、美化工作，使矿区绿树成荫，鸟语花香，到处洋溢着浓浓的幸福生活气息。

新引进的井下天井钻机具有劳动强度低、掘进速度快、成井状好、安全快捷等特点

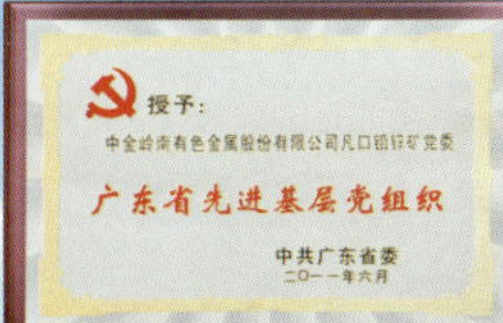

地质环境治理工作成效显著

选矿厂磨浮工段球磨系统

定期对矿区空气进行监测

积极寻找新的资源，增强矿山发展后劲

中金岭南丹霞冶炼厂 ZHONGJINLINGNAN DANXIAYELIANCHANG

2011年1月12日中金岭南公司总裁张水鉴到该厂检查指导

2011年6月23日，韶关市委常委、纪委书记段宇飞到该厂检查指导

2011年11月26日，中国有色金属工业协会副会长尚福山到该厂调研指导

2011年，中金岭南丹霞冶炼厂10万吨锌氧压浸出生产系统投入正式生产，是在2010年试生产的基础上，进一步完善生产流程，优化生产工艺，改进生产设备，锻炼职工队伍，提高生产能力的一年。

一年来，工厂加强生产管理，开展科技攻关，狠抓企业内部管理，推进人才队伍建设，全面实现10万吨系统达产目标，基本完成公司下达的各项任务。全年产出锌锭100486吨，为年计划的100.48%；锌电积电流效率为92.18%，比计划提高4.68%；完成锌锭销售102539吨，硫酸销售29325吨，实现销售总收入16.27亿元；实现“六无三减少”、千人负伤率4‰以下、粉尘合格率90%以上、“三废”综合排放达标的安全环保目标，顺利通过一期工程建设项目的环保、安全及职业病防护设施验收，完成生产经营所需各种证件的办理。

工厂大力实施科研技改，使科技进步工作渗透到生产经营的各个环节，推动生产技术水平的提升，硫热滤技改工程、硫酸锌结晶系统、污水综合治理技改工程等技改工程均取得阶段性的成果，“硫化钠、硫化铵浸出硫精矿、硫化物滤饼实验”、“硫精矿和二段浓密底流分选实验”等科研项目进展顺利。

大力加强技能人才队伍建设，先后完成41个职业工种共666名技能人才的考核与鉴定，初步建立与工人培训、考核、使用及工资分配相配套的技能等级考核评定制度。

深入开展党内创先争优活动，强力推进“做不到，没有理由”企业文化建设，广泛组织职工精神文明创建活动，为工厂的建设、发展提供了有力的保证。

中国农业银行
AGRICULTURAL BANK OF CHINA

韶关分行

中国农业银行股份有限公司韶关分行是中国农业银行辖属的一家二级分行。2011年，中国农业银行在《财富》世界500强企业中排名第127位；在《银行家》全球银行业1000强排名中位列第14名；品牌价值升至全球银行业第18位。

中国农业银行韶关分行内设16个部室，下辖14个一级支行和47个营业网点，在岗员工1010人。2011年，农行秉承"以市场为导向，以客户为中心，以效益为目标"的经营理念，依托覆盖广泛的网点网络和庞大的客户基础，充分发挥城乡联动的独特优势，深入推进结构调整和经营转型，通过提供全方位、一揽子金融服务，进一步提高品牌美誉度和忠诚度，各项业务快速增长，发展质量持续提升，财务实力明显增强。2011年末，农行资产总额186亿元，各项存款余额177.9亿元，各项贷款余额76.8亿元，实现拨备前利润2.7亿元。2010–2011年连续2年被省农行评为全省农行系统内控一类行、被韶关市委和市政府评为韶关市文明单位，为地方经济建设和社会发展做出了积极的贡献。

SHAOGUANSHI YONGWEIHUNNINGTUYOUXIANGONGSI

韶关市永威混凝土有限公司

永威

团结奋进的领导班子

52米泵车

韶关市永威混凝土有限公司位于韶关市莞韶产业转移工业园沐溪片区，总占地面积33300平方米，交通便捷、布局合理、能满足韶关市所有客户对混凝土的需求。公司成立于2010年，总投资8000万元，注册资金1000万元，是一家专业从事商品混凝土生产与销售的现代化大型企业。

公司配备4条由韶关市新宇建设机械有限公司采用德国技术生产的3立方米全自动化生产线，400吨水泥筒仓16座、100吨膨胀剂筒仓1座、180立方米骨料仓16座、混凝土泵车10台，搅拌运输车50台，大型装载机2台、年生产能力200万立方米以上。而且公司自有大型砂石场，材料储备充足，能确保全天候连续浇筑，可随时根据客户需求提供优良的服务。

公司拥有一批高素质的管理人才和一支训练有素纪律严明的员工队伍。设有400平方米实验室，技术力量雄厚，中专、大专毕业以上人员占职工总数的35%以上，实验室汇集了一批硅酸盐、工民建等专业技术人才。其中高级职称1名，中级职称2名，初级职称5名，分布在公司的设计、生产、检验岗位上。并由多年从事混凝土专业的技术人员担任公司的质量、技术负责人，同时聘请了本行业资深专家担任技术顾问。

公司本着“用最优的价格回报我们的客户”的经营理念，坚持“科学管理、严格检测、以质为本、竭诚服务”的质量方针，“爱岗敬业、创造精品”的生产理念，秉承“干一方工程、交一方朋友、铸一座丰碑”的服务宗旨，发扬“团结奋进、追求卓越”的企业精神，愿同客户一起合作，共同发展、共创优质工程！欢迎广大新老客户来电、来涵咨询。洽谈业务，我们真诚的期待与您合作！

全封闭骨料仓

特 载

韶关市国民经济和社会发展第十二个五年规划纲要

"十二五"时期（2011~2015年）是韶关实现跨越发展、全面建设小康社会的关键时期，是深入实施《珠江三角洲地区改革发展规划纲要（2008~2020年）》（以下简称《珠三角纲要》）和省委、省政府《关于促进粤北山区跨越发展的指导意见》（以下简称《指导意见》）的重要时期。科学编制和有效实施"十二五"规划，对于促进韶关加快转变经济发展方式，实现经济社会科学、跨越发展，跟上全省率先基本实现社会主义现代化步伐具有十分重要的意义。

本纲要根据《中共韶关市委关于制定韶关市国民经济和社会发展第十二个五年规划的建议》编制，主要明确政府工作要点，引导市场主体行为，是战略性、纲领性、综合性规划，是政府履行经济调节、市场监管、社会管理和公共服务职责的重要依据，是未来五年韶关经济社会发展的宏伟蓝图。

一、发展基础和发展环境

（一）发展基础。

"十一五"时期是韶关发展极不平凡和取得重大成就的五年。全市上下坚持以邓小平理论、"三个代表"重要思想为指导，以科学发展观统领经济社会发展全局，认真贯彻国家各项宏观调控政策，全面落实省委、省政府"三促进一保持"和"双转移"等战略部署，以建设经济发展、文明法治、和谐安康、环境优美的新韶关为目标，转变观念，完善思路，创新举措，励志图强，积极应对国际金融危机的冲击和各种自然灾害的影响，经受了经济社会转型时期矛盾凸显的严峻考验，胜利完成了"十一五"规划目标和任务，在推进科学发展新征程上迈出了重大步伐。

——综合经济实力进一步增强。据统计，2010年全市实现生产总值683亿元，年均增长12.7%，超过规划目标0.7个百分点；人均生产总值达到2.29万元，年均增长12.2%，超过规划目标1.2个百分点，与经济增长基本同步；地方财政一般预算收入达到47.8亿元，年均增长19.1%，超过规划目标9.1个百分点。"十一五"期间，全社会固定资产投资累计完成1460亿元，年均增长25%。2010年市区居民人均可支配收入18021元、农民人均纯收入6317元，五年年均增长分别为10.9%和11.1%（详见附表一）。2008年、2009年连续两年获得全省"双转移"考核双优，全省科学发展观评价体系考核分别名列第五位、第七位，为全市"十二五"时期经济社会跨越发展打下了坚实的基础。

——经济结构进一步优化。三次产业结构由2005年的16.4:42.6:41调整为2010年的13.7:42.6:43.7。农业经济稳步发展，农业增加值五年年均增长4.4%。产业结构高级化和适度重型化趋势明显，工业增加值和服务业增加值五年年均分别增长12.9%、14.9%，服务业对经济增长的贡献率提高到49%。2010年支柱工业增加值达155.7亿元，高技术制造业增加值达5.56亿元。民营经济、外资企业发展壮大。城镇化稳步推进，城镇化水平达48%。区域发展协调性增强，县域经济发展迅速，主要经济指标增速超过全市平均水平。

——基础设施进一步完善。综合交通运输网络建设全面推进，武广高速铁路全面营运，韶赣高速公路建成通车，广乐高速公路和赣韶铁路正抓紧建设，交通枢纽建设步伐加快。五年新增铁路118公里，新增高速公路125.3公里，改扩建一批国省道公路、县通镇和农村公路。2010年末，全市公路通车里程达到

1.319万公里，公路密度为每百平方公里72公里。坪B发电厂三期工程等项目相继建成，全市电源装机总容量达到338万千瓦；建成了坪B500千伏和一批220千伏、110千伏输变电工程，农村电网改造基本完成，实现城乡用电同网同价。水利设施建设日臻完善。规划中的全市城乡水利防灾减灾工程和大中型水库除险加固工程基本完成，乐昌峡水利枢纽完成截流，大坝施工进展顺利，湾头水利枢纽工程竣工运行，浈江、武江流域和市区防洪能力明显增强。

——生态环境进一步改善。注重资源和环境保护，生态文明建设步伐不断加快。“十一五”期间，淘汰落后水泥产能195万吨，关停落后钢铁产能83.3万吨、小火电73.2万千瓦，累计建成火电脱硫工程142.5万千瓦；环境质量有所改善，全市环境综合指标达到85分，空气质量达到国家优良标准，江河水质达到水环境功能目标；完成了省下达的“十一五”节能减排任务，万元地区生产总值能耗、二氧化硫排放量、化学需氧量排放量分别完成省下达的控制目标；2010年，城镇生活垃圾无害化处理率、县以上城镇生活污水处理率分别为77%和69.9%，森林覆盖率达71.5%。

——社会事业发展水平进一步提高。就业规模持续扩大，城镇居民基本养老和医疗保险制度全面推行，社会保障水平不断提高。2010年，城镇登记失业率为2.99%，控制在3%以内；城镇职工基本养老、医疗保险参保人数分别实现规划目标的117.4%和104.4%；新型农村合作医疗参合率达99.9%。城乡免费义务教育全面铺开，高中阶段教育毛入学率为90.3%，提前三年实现普及高中阶段教育目标，职业技术教育居全省前列，高等教育健康发展，教育事业不断进步。人口自然增长率控制在7‰以内。文化事业日益繁荣，群众精神文化生活更加丰富。成功创建全国双拥模范城、国家卫生城市、国家园林城市，城市竞争力不断提升。

——体制改革进一步深化。一些重要领域和关键环节改革迈出新的步伐。行政体制改革实现新突破，完成了新一轮市县政府机构改革，富县强镇事权改革积极推进，并深入开展了第五轮行政审批事项清理工作，建立了市级政府行政审批电子监察系统。经济领域改革取得新进展，投资管理体制、财政管理体制、金融市场改革创新稳妥推进，完善了部门预算编制制度，严格执行政府投资项目联席会议制度和政府投资项目公示制度，国有资产重组加快，国企监管机制逐步完善。社会领域改革有新探索，医药卫生体制和文化体制改革迈出实质性步伐，城镇居民基本医疗保险扩面工作有序展开。旅游管理体制和经营体制改革进一步深化，对旅游景区实行了所有权和经营权分开。

（二）发展环境。

科学分析世界经济格局深刻调整带来的新机遇、新挑战，准确把握发展面临的新情况和新问题，对韶关“十二五”发展至关重要。总体上看，既面临历史性机遇，也面临严峻的挑战。

1.发展机遇。

——总体有利的国内外形势为韶关跨越发展提供了相对稳定的外部环境。和平、发展、合作仍是时代潮流。世界进入后金融危机时代的再平衡期，经济全球化深入发展的大趋势没有改变，世界经济格局大调整催生了新的发展机遇；世界经济格局正朝着多极化以及有利于新兴市场和发展中经济体的方向发展，国际生产要素流动和产业转移步伐加快的趋势不会改变，为我们承接国际先进产业和高端科技人才转移、促进本土产业转型升级创造了条件。从国内环境看，我国成功应对国际金融危机冲击，经济发展基本面和长期趋势没有改变；我国仍处于重要战略机遇期，国家和省先后实施扩大内需和改善民生的系列政策，经济平稳增长的基础进一步巩固。

——《珠三角纲要》和《指导意见》为韶关跨越发展注入了新的活力和动力。“科学发展、先行先试”成为新时期韶关改革发展的宝贵精神财富和新的动力源泉；《珠三角纲要》的深入实施，将进一步凸显广东在全国经济发展格局中的战略地位，为韶关未来的发展拓展了新的空间；《指导意见》把粤北山区跨越发展提升到前所未有的高度，确立了区域协调发展的方针，提出把韶关建成粤北区域中心城市的战略定位，并给予含金量很足的扶持政策，为韶关实现跨越发展、后发崛起注入了强大动力。

——坚实的发展基础和良好的发展势头，为韶关跨越发展提供了重要保障。全市产业基础显著改善，经济结构持续优化，综合经济实力不断提高，重点项目支撑拉动作用日益突出。总的来说，经过30年的发展，韶关已具备较为坚实的物质基础，体制机制比较完善，城市集聚辐射能力增强，干部群众盼发展、谋发展、抓发展的热情空前高涨，加快发展的氛围已经形成，条件已经具备。随着主体功能区规划的实施，粤港澳联接内陆地区“桥头堡”地位的确立，韶关土地资源丰富、生态环境优良等比较优势将更加凸显。

——加快推动经济社会转型为韶关跨越发展提供了新的契机。“十二五”韶关将进入人均地区生产总值3000~5000美元发展时期，工业化、信息化、城镇化、市场化进程加快，经济发展模式将转换到经济增长内外需并重的轨道；发展动力将转换到科教引领、创新推动的轨道；发展重点将转换到统筹发展、缩小差距的轨道；社会建设将转换到完善公共服务、保障社会公平的轨道。这些都表明韶关经济社会进入了必须以转型促发展的新阶段。同时，扩大内需战略的实施，消费结构的优化升级，都将有利于创造巨大需求。

2.面临挑战。

国际金融危机使世界经济增长存在较大的不确定性，韶关长期积累的各种结构性、深层次问题进一步凸显，发展中积累的和新产生的矛盾及问题将会不断出现。

——转变经济发展方式任重道远。当前，韶关经济社会发展存在着经济总量偏小，城市化水平不高，产业集聚程度较低，自主创新能力不强，城乡区域发展不平衡，扶贫开发任务较重，社会建设、管理和服务有待加强等诸多深层次矛盾和问题。生态发展区的功能定位，使经济社会发展面临越来越大的资源环境压力及保增长、调结构等方面的难题。随着市场竞争的进一步加剧，韶关过多依赖传统产业、低端产业的粗放型增长模式将难以为继。

——外部不确定因素增多。国际金融危机的影响仍在继续，外需增长放缓，投资和贸易保护加剧，贸易摩擦纠纷增多，气候变化等问题的竞争和博弈更加激烈。韶关金融市场还处于发展阶段，融资渠道较为单一，加工贸易层次较低，出口商品结构有待优化，招商引资规模不大，缺乏战略性投资者，发展外向型经济面临不少困难和问题。

——改革攻坚进入“深水区”。制约科学、跨越发展的体制性障碍依然较多，特别是行政管理体制、社会管理体制等方面的改革任务仍然繁重。进一步改革涉及利益关系的深层次问题，调整既有利益格局的难度加大，改革攻坚更具复杂性和艰巨性。

——区域竞争更加激烈。近几年全国各地及相邻地区发展势头迅猛，尤其是省内同类地区后发优势开始显现。由于区位相近，交通、资源等已无明显比较优势，经济发展原有的一些优势已经弱化，韶关实现跨越发展并争当全省山区科学发展排头兵面临越来越大的竞争压力。因此，优化投资环境，完善产业布局，提升城市品位，提高综合竞争力显得尤为重要。

总体上看，“十二五”时期韶关面临的发展机遇大于挑战，是韶关经济社会发展的又一个关键阶段。我们一方面要认清形势，正视困难，努力寻找破解难题的方法和途径；另一方面必须坚定信心，抢抓机遇，以新的发展理念，新的发展模式，努力开创我市科学发展新局面。切实做到：一是把做强经济实力与转变经济发展方式紧密结合起来，走集约发展道路；二是把加快发展与保护环境紧密结合起来，走绿色发展道路；三是把对外引进对内提升自身发展能力紧密结合起来，走特色发展道路；四是把发展经济与改善民生紧密结合起来，走共享发展道路。

二、指导思想、发展原则和发展目标

（一）指导思想。

“十二五”经济社会发展的指导思想是：坚持以邓小平理论和“三个代表”重要思想为指导，深入贯彻落实科学发展观，顺应人民群众过上幸福美好生活新期待，以科学发展为主题，以加快转变经济发展方式为主线，坚定不移地走生态文明发展道路，大力推进新型工业化、新型城市化、特色资源产业化、生态建设系统化，加快建设粤北区域中心城市、广东先进制造业基地、优质农产品生产加工基地、全国生态旅游休闲重点地区、全国生态文明建设示范市，努力实现经济社会跨越发展，建设幸福美好韶关。

（二）发展原则。

以“推动生态跨越发展，建设幸福美好韶关”为指针，提高发展的全面性、协调性、可持续性，实现经济发展与社会和谐的有机统一。突出做到“五个注重”：

——必须注重保速度与提质量，构建粤北区域中心城市。为改变欠发达地区的现状，加快发展仍然是韶关今后一段时期的重要任务。在坚持科学发展的前提下，既要加快转变经济发展方式，优化经济结构，又要注重提高发展速度，增加经济总量。只有坚持加快发展，才能缩小与发达地区的差距，夯实粤北区域中心城市的发展基础，推动经济社会实现跨越发展。

——必须注重生态发展，打造生态文明示范市。走生态文明发展道路是省委、省政府对韶关的殷切期望。构建生态经济体系、生态文化体系、生态人居体系，形成生态发展格局，推进生态文明建设，有利于加强环境保护和资源有效利用，有利于建设资源节约型和环境友好型社会，全面提高经济社会可持续发展能力。

——必须注重区域协调，加快统筹城乡发展。统筹兼顾、协调发展是科学发展观的基本要求。优化生产力布局，优化行政资源配置，优化收入分配格局，有利于解决城乡之间、区域之间、各类社会群体之间发展差异较大的突出问题，整体提升全市经济发展速度与质量，加快全面建设小康社会步伐。

——必须注重开放创新，建立健全科学发展保障体系。开放创新是推动经济社会发展的根本动力。优化创新环境，培养创新意识，培育创新主体，建设创新平台，建设创新型韶关，推动科技、文化、管理和服务创新，有利于经济结构战略性调整，有利于整体提升产业素质，有利于改善经济运行质量，促进发展方式的根本性转变。

——必须注重民生优先，构建幸福美好韶关。改善和提高人民的生活水平，是经济社会发展的立足点和最终归宿。加强公共财政，建立健全社会保障体系，加快推进基本公共服务均等化，把发展的追求落实到惠民、富民、安民上，体现经济社会发展成果的普惠性，有利于创造人民群众安居乐业的良好环境，促进社会和谐稳定。

（三）发展目标。

通过五年的努力，经济实力进一步增强，基本形成现代产业体系，初步建成广东先进制造业基地、优质农产品生产加工基地、生态旅游休闲重点地区和省际边界物流中心；县域经济快速发展，城乡区域发展差距明显缩小；自主创新能力不断增强，科技对经济的贡献率明显提高；社会事业进一步发展，民生保障水平大幅提高；文化建设取得新进展，人民群众的文化需求得到较大满足；生态文明建设扎实推进，基本建成全国生态文明建设示范市，争创全国文明城市；城乡基本公共服务均等化体系不断完善，人民生活水平显著提高；民主政治建设得到加强，和谐社会建设步伐加快。

——夯实中心城市的经济基础。2015年，全市生产总值达到1200亿元，年均增长12%以上，人均生产总值达到3.85万元，年均增长11%以上；地方财政一般预算收入超过80亿元，全社会固定资产投资突破900亿元（详见附表二）。三次产业结构由2010年的13.7:42.6:43.7调整约为10:45:45，消费、投资、出口协调拉动，价格总水平基本稳定，经济结构不断优化，支柱产业更加突出，增长质量同步提高。

——完善自主创新的载体平台。到2015年，全市研究与发展经费支出占地区生产总值比重达2%，每百万人口发明专利申请量80件，高技术制造业增加值占工业增加值比重达4%，国家级高新技术企业数40家以上，拥有研发机构的科技型企业占比70%以上，组建产学研创新联盟或创新基地5个，引进高校研究院所、研发机构和技术服务中心5个。拥有来自高校研究院所的企业科技特派员200人以上。

——打造生态一流的人居环境。加快宜居城乡建设，初步建成人口均衡型、资源节约型和环境友好型社会。到2015年，单位生产总值能源消耗、耕地保有量等约束性指标全面完成省下达的任务。全市森林覆盖率达到72%，地表水水质达到优良，空气环境质量达到环境功能区划标准的比例超过95%，集中式饮用水水源地水质达标率100%，城市人均公园绿地面积达到12平方米，城镇生活污水集中处理率达到75%，城镇生活垃圾无害化处理率达到90%。

——构筑文化繁荣的魅力韶关。到2013年，全市全面普及从学前教育到高中的15年基础教育，建成广东省教育强市。2015年，小学适龄儿童入学率、初中毛入学率保持100%；高中阶段教育毛入学率达93%，新增劳动力人口平均受教育年限达到13年，主要劳动年龄人口（20–59岁）平均受教育年限达到12

年，基本满足社会继续教育和职业培训需求。文化建设取得新进展，形成韶关特色文化品牌，人民群众的文化需求得到较大满足，基本建成粤北教育文化中心、医疗服务中心。

——建设社会公平的和谐城市。基本公共服务均等化稳步推进，各项保障体系健全，社会稳定和谐发展。到2015年，全市城镇居民人均可支配收入和农村居民人均纯收入分别达到2.14万元和9500元；城镇居民恩格尔系数下降到39%；城镇化水平达55%；城镇登记失业率控制在3.5%以内；基本养老保险覆盖率达76%，基本医疗保险覆盖率达95%；人口自然增长率控制在8.0‰以内，全社会平均期望寿命达到76岁。

——争创体制机制的发展优势。到2015年，体制创新有突破性进展，建成比较完善的社会主义市场经济体制，形成更具活力、更加开放的经济体系，成为人力资源培训和配置体制机制创新先行地。精神文明和民主法制建设不断加强，人们的思想道德水平、法律素质进一步提高，努力把韶关建设成为法治理念深入人心、法规规章健全有效、市场运行规范有序、公共管理优质高效、社会环境安全稳定的法治城市。

三、主要任务

“十二五”时期，要从韶关的发展定位出发，探索一条生态文明发展路子，狠抓人力资源培训和配置、提高城市和产业聚集度两个关键，突出大交通、大旅游、大产业三大重点，加快推进新型工业化、新型城市化、特色资源产业化和生态建设系统化。

（一）推进城市集聚和产业集聚，建设粤北区域中心城市。

1.加快中心城市建设步伐。

围绕打造粤北区域中心城市的目标，坚持用先进理念引领城市发展，加快产业集聚、引导人口集聚，扩大城市规模，提高城市品位，提高区域综合竞争力和辐射带动力。全面实施《韶关城市总体规划（2006~2020年）》，统筹新老城区一体化建设，按照生态型定位，加快推进芙蓉新城城市建设，初步形成新城主干路网框架，即以韶关大道、芙蓉大道等构成纵贯南北，以百旺路、南华路和滨江路构成横贯东西的城市道路基本框架。完善芙蓉新城区主要路网、管网和电力等基础设施建设。建设新区行政服务中心和会展中心，加快营造芙蓉新城城市景观，结合北江河等自然水体，建设新城水系网络，形成“绿水绕城”的城市景观。建设“三大水系”、“一条文化长廊”，凸显新城生态型、文化性、景观类的城市特色。继续推进碧桂园太阳城的建设，加快推进韶关火车站站场片区项目开发，进一步形成商业氛围，为建设宜居、宜业、宜旅新城打好基础。完成芙蓉隧道建设，高标准建设图书馆、档案馆、群艺馆等文化设施。同步推进旧城区改造、马坝片区同城化，加快形成“一中心五组团”格局，优化城市空间布局。力争到2015年，市区常住人口达到100万人左右，建成区面积100平方公里左右，市区城镇化水平达到80%以上，形成集交通枢纽、产业集聚、物流商贸、旅游休闲、医疗服务、文化教育六大中心于一体的粤北区域中心城市。

2.提高城市品位和管理水平。

巩固提高国家卫生城市、国家园林城市的创建成果，积极推进全国文明城市、国家环保模范城创建活动，不断提升城市整体素质，力争2011年进入“全国创建文明城市工作先进城市”行列，实现创建全国文明城市目标。加快公路、铁路、水路等各种交通运输方式的“无缝衔接”，构建综合交通运输体系，建设交通枢纽城市。加强城市综合管理，不断理顺城市管理体制，推进数字化城管建设，探索精细化城管的工作模式。加强城市绿化建设，形成“绿在城中”的城市景观，进一步提高道路绿化水平，实施绿道、绿网规划，大力推进宜居城乡建设。全面建成韶关大道、芙蓉大道、滨江路为框架的道路绿化带，抓好广场绿化，重点建设好商务中心区及武广专线韶关站站前片区的大型绿色广场，建设公园、绿道等绿色、生态休闲场所。提高城市绿化率，优化城市人居环境，美化三江六岸，绿化“三山”和“四大”出口，彰显山水城市特色。到2015年，城市建成区绿地率36%，城市人均公园绿地面积达12平方米。加快建设与旅游发展相适应的商住、休闲等配套设施，提高旅游服务能力和水平，提高城市知名度和美誉度。深度挖掘城市文化，突出岭南历史文化名城风貌，完善北伐战争纪念馆、粤北省委机关旧址和韶阳楼的功能设施，加快建设张九龄纪念公园和城市特色文化标志，丰富城市内涵，提升城市品位。

3.大力引导产业集聚。

按照“布局集中、产业集聚、土地集约、生产环保”的原则，深入贯彻落实省产业转移相关政策，加快东莞（韶关）产业转移园基础设施建设，积极实施承接产业转移和产业聚集发展行动计划，在抓好省级高新技术产业开发区建设的基础上，促进市区工业向莞韶产业转移园集聚，着力培育中心城区主体产业集群，增强城市产业集聚度。到2015年，莞韶产业转移园区将发展2~3个年产值超50亿元、经济效益好的、具有带动作用的支柱型企业，工业总产值达到300亿元目标，年均增长30%，工业增加值70亿元，年均增长30%。把莞韶产业转移园打造成为市区主体产业集群的聚集区、省级示范性产业转移园，成为市区经济的增长极，示范带动全市园区产业发展，增强粤北区域中心城市的产业带动作用。加强城市主体产业集群载体和现代产业核心区建设，大力发展钢铁产业集群、有色冶金产品深加工产业集群、机械装备制造产业集群、电子原材料元器件产业集群、化工涂料产业集群、建材陶瓷产业集群、玩具产业集群。加快市区现代物流业发展，提高人流、物流、资金流和信息流聚集能力，打造粤湘赣省际边界物流中心。力争到2015年，韶关市区培育发展一批年销售收入超百亿元的企业集团，形成一批产值超百亿元的产业集群，生产总值突破600亿元。

4.有序引导人口集聚。

科学编制城市人口发展规划，优化劳动力资源配置，促进农村人口有序向城市集中。进一步深化户籍制度改革，制定引导人口有序转移的政策措施，吸引各类高端技术管理人才落户韶关；实行城乡居民户口统一登记管理制度，消除制约农民工市民化的体制性障碍，让符合条件的农民工在城镇就业和落户；落实促进就业和鼓励创业扶持政策，创造良好的务工经商环境，确保进城农民安居乐业。加快中心城镇交通、通讯、供水、供气、电力、污水处理等基础设施建设，进一步完善教育、医疗、社保、住房等方面的政策，增强城镇承载能力，就近吸纳更多的农村转移人口和富余劳动力，使之成为农村人口集聚的主要载体，推动城镇化水平快速提升。

（二）调整优化产业结构，构建生态型现代产业体系。

建设生态型现代产业体系，推动产业转型升级，是韶关产业发展的重中之重。“十二五”期间，要把提升特色工业、培育环境友好型产业、发展现代农业和现代服务业为突破口，着力发展战略性新兴产业，进一步优化产业结构、提升产业竞争力，打造广东先进制造业基地和生态旅游休闲重点地区。

1.构建现代工业产业体系。

改造提升优势传统工业。坚持信息化带动，运用高新技术、先进适用技术和现代管理技术，着力壮大支柱产业，大力支持企业加强制度创新、技术创新和管理创新，促进制造业产业链向高附加值、高技术含量环节延伸，提升产业层次，推动钢铁、有色金属、烟草、玩具等产业转型升级。

——发展壮大钢铁产业集群。全力组织实施韶钢节能减排项目，通过技术改造，淘汰落后产能，调整优化产品结构，重点发展船用板钢、石化用板和建筑精品钢材，培育发展汽车、家电用板，并以韶钢为龙头进行技术改造和填平补齐，发展正星、光达等钢铁深加工企业，以及利用炼钢废渣、矿渣生产水泥的建材产业，实现产业结构和产品结构优化升级，延伸钢铁产业链，发展钢铁产业集群，建设粤北钢铁生产基地。力争到2015年韶钢产值达400亿元以上，钢铁产业集群及相关产业配套项目年产值达到100亿元左右。

——做强做大有色金属产业。加快“中国锌都”建设步伐，推进丹霞冶炼厂二期、三期项目建设，建设省火炬计划韶关有色金属材料特色产业基地。扶持大宝山矿330万吨/年铜矿采选项目建设。支持银海、绿然等企业发展有色金属废料回收业；支持建涛、至卓飞高等企业发展铝箔、积层板、电路板、蓄电池、磁性材料、电容器、微型马达、变压器、电线电缆、高能电池材料等有色金属深加工产业；支持碧强立等企业发展锡、锌、铝、钨、镁合金制品产业；继续发展锆、钛化工制品产业；支持建设仁化周田有色金属产业基地；支持发展废气、污水治理等配套环保产业。力争到2015年，建成中金岭南100万吨铅锌冶炼基地，有色金属产业群年产值达到300亿元以上。

——稳定发展烟草产业。配合广东中烟集团500万大箱“双喜”发展规划的实施，提高韶关卷烟厂生产多个牌号香烟的生产能力，重点生产小批量、档次较高的“双喜”牌号香烟，稳定生产规模，提高单箱税利。争取广东省烟草专卖局（公司）和中烟公司支持，稳定烟草种植，发展集中烤烟，促进韶烟扩量提质和做大烟草薄片项目，力争到2015年烟草产业产值达到50亿元以上。

——继续发展玩具工业。以旭日、镇泰、万达等企业集团为龙头，重点发展塑胶、电子电动、模型、益智、合金、毛绒玩具等玩具产品。支持玩具企业抓住国内动漫产业崛起的机会，与国内动漫企业合作，开拓国内市场。力争到2015年玩具产业集群产值达到50亿元以上。

加快发展先进制造业。优化重大产业布局，实施大项目大企业战略，引导关联企业集聚发展，大力促进分工协作，构建竞争力强的优势产业链。重点发展资金技术密集、关联度高、带动性强的机械装备、汽车、液压油缸、金属铸锻等产业。继续支持矿山机械、建设机械、冶金机械、农业机械、电气设备、环保机械等产业发展。到2015年，先进制造业增加值占规模以上工业增加值的比重达35%，高技术制造业增加值占工业增加值的比重达4%以上。

——振兴装备制造业。完善装备制造业发展政策，整合机械装备工业资源，鼓励企业坚持引进和自主创新相结合，加大消化吸收再创新投入，推进关键技术创新和关键零部件研发，努力提高研发设计、核心元器件配套、加工制造和系统集成的整体水平，提升协作配套和整机生产能力，加快实现由零部件制造向整机产品制造的转变。依托韶铸集团、韶配动力、中机重工等企业，发展船用大型铸钢件、船用大功率柴油机特大型轴瓦、电站用超临界管件及动车机车齿轮坯等制造。依托韶关液压件厂等企业，重点发展冶金和工程机械液压缸。依托韶关众力发电设备公司发展大型低水头灯泡贯流式水轮发电机组生产。大力推进省市共建（韶关）装备基础零部件先进制造业基地建设，促进装备制造业由一般加工向高端制造提升、产品竞争向品牌竞争提升、韶关制造向韶关创造提升。力争到2015年机械装备产业群年产值达到200亿元以上。

——推进粤北汽车及零部件生产基地建设。依托韶关比亚迪汽车零部件、宏大齿轮、东南轴承、韶配动力、正星车轮等企业，积极发展汽车零部件制造产业。通过推动汽车零部件产业的集群发展，引导发展汽车整车装配制造。引导韶关起重机厂、新宇建机、力士通等企业发展特种车生产。鼓励、支持比亚迪公司在韶关研发和生产电动汽车，力争到2015年，韶关成为广东省生产和推广新能源汽车运营示范城市。

——发展建材和精细化工工业。大力发展新型干法水泥生产，推进曲江、新丰和南雄彤置富新型干法水泥项目建设，用5年时间，将韶关建设成为年产2000万吨以上的新型干法水泥生产基地。支持发展消化利用矿山采选尾矿、冶炼废渣、粉煤灰的水泥制品、混凝土砌块、墙体材料产业。支持新丰建筑陶瓷产业示范基地和南雄乐华陶瓷项目建设。加快推进南雄东莞大岭山（南雄）产业转移工业园建设，发展精细化工产业集群，力争五年内实现进入园区精细化工企业达到200家以上，投入生产企业120家以上，实现精细化工产业产值120亿元以上。

——加快乳源铝箔特色产业基地建设。完善提升省认定的乳源铝箔产业集群省级示范区，加快发展省市共建（韶关）装备基础零部件先进制造业基地第六板块铝箔产业，建成世界第一的化成箔生产基地，成为国际知名的铝加工业城。力争到2015年铝箔特色产业基地年产值达到100亿元以上。

培育战略性新兴产业。按照“有所为、有所不为”的原则，主要在电子信息技术的研究开发及应用、生物医药技术和现代中药技术研究与产业化、新材料、光机电一体化等领域，开发出一批拥有自主知识产权和竞争优势的高新技术产品，培育具有韶关特色的战略性新兴产业。

——生物医药产业。依托利民制药厂的中药研发和新药开发优势，推进中药数字化，发展中药注射制剂等新型中药，大力推进现代中药和生物医药产业基地建设。依托乳源东阳光公司、丹霞生物制药公司等企业，发展抗肿瘤和血液制品等药物。依托中健行集团公司等企业，发展保健食品。加快对接珠三角城市，着力建设乳源东阳光生物制药园和东莞（韶关）产业转移园医药科技园两大制药园区，发展医药制造产业集群。

——新能源产业。大力推进韶关核电厂建设，积极发展生物质能发电、太阳能光伏发电、生物燃气等新能源，配套发展新能源应用设备及零部件制造业。

——节能环保产业。围绕低碳经济和循环经济发展要求，重点发展节能照明、环保与资源综合利用等产业。积极支持曲江发光二极管（LED）器件生产、粤北危险废物处理处置中心等项目建设。

——新材料产业。面向现代产业发展需求，依托西格玛技术有限公司发展ITO粉材料，利用新丰县丰富的稀土资源，引进战略投资者，采用先进技术进行稀土矿分离，生产高性能稀土材料和深加工产品，发展稀土及镁制品产业。

2.建设生态型农业产业体系。

发展高效生态农业。着力调整农业结构，促进农业科技进步，加快粤北现代农业示范园区、粤台农业合作示范区等现代农业（林业）示范园区、现代农业生产基地建设，大力发展蔬菜、优质稻、优质畜禽、烟叶、优质鱼、特色水果等优势主导产业，提升发展花生、蚕桑等特色产业，优化发展园艺花卉等新兴产业，积极发展观光休闲农业。加快创建和培育农业品牌，提高无公害农产品、绿色食品、有机食品、地理标志产品市场份额。

扶持发展现代林业产业。大力发展良种油茶种植，建设全省重要的油茶生产加工基地。开发森林景观资源，以创建森林生态旅游示范基地为契机，以优质的森林生态资源为基础，以森林公园为重点，大力发展森林生态旅游，提升旅游品质。大力发展竹子、茶叶和优良乡土阔叶树种，引进、培育、推广效益好的经济林新品种，延长林业产业链，建设一批特色产业园区，培育一批以名牌产品为龙头、以资产为纽带，具有一定规模和影响力的技术、产业和市场集群。基本建成有粤北特色、优势突出、结构和布局合理、竞争力强、经济和生态效益“双赢”的现代林业产业体系，努力打造林业经济强市。

鼓励发展中药材种植业。引导有实力的企业投资中药材规范化种植，支持本地中药企业发展自己的规范化种植基地，加强对分散农户中药材种植的指导。积极推广应用生物技术和新型育种、栽培技术，发展名贵中药材种植，创建优质药材品牌。高度重视和支持规范化种植中药材的深加工，提高经营水平，打造一批中药材专业镇、村。支持南雄、乳源、翁源、新丰等地扩大田七、九节茶、甘木通、溪黄草、石斛等品种中药材种植规模，努力打造广东重要中药材集散地。

大力发展农林产品加工流通业。加大引进培育力度，重点抓好农产品加工流通中心和林产品加工流通中心建设，努力建设成为粤湘赣重要的农林产品深加工流通中心。加大政策扶持力度，提供优质服务，支持农林产品加工流通骨干企业建设基地，实行科研开发、生产加工、营销服务一体化经营。支持发展造纸、制糖、缫丝、人造板、林化工、家具、竹木制品、纸制品、米面制品、食用油、饮料、罐头、饲料、肉制品、蔬菜制品、茶叶、山货加工等农林产品加工产业。

培植休闲观光农业。重点发展从南华寺沿着106国道至丹霞山的农业生态旅游，利用突出的生态资源优势，以粤北客家农耕文化为主导，形成自然农耕休闲旅游生态园；打造乳源至桂头，以瑶族风情、禅耕文化等为主题，集特色农产品生产、营销、展示、休闲观光于一体的农业休闲游带。规划建设翁源县仙鹤花卉长廊、茧丝绸产业文化与产业体系、友丰观赏茶花生态旅游示范基地等集生产、观光、休闲、体验、教育于一体的农业项目。到2015年，全市基本形成种类丰富、档次适中、特色突出、发展规范的休闲观光农业新景区。

扩展农业产业化经营。大力培育发展农业龙头企业和农民专业合作组织。鼓励和促进土地、林地承包经营权流转，积极发展适度规模经营，扩大生产规模，加快优势农产品产业带建设。突出抓好100万亩优质蔬菜、100万亩优质稻、300万头生猪和1亿只家禽、300万亩竹子、150万亩乡土珍贵阔叶树、350万亩速生丰产林、100万亩以高产优质油茶为主的特色经济林、100万亩特色精品八大产业基地建设。力争五年内优质稻、优质蔬菜、生猪、家禽、优质鱼、优质水果、蚕桑、竹子、油茶、珍贵林木发展成为农业支柱产业，建成优质农产品生产加工基地和承接珠三角地区农业产业转移优选之地。加快发展农业龙头企业，推进农业产业化经营，实现“龙头带基地、基地连农户、产加销一条龙、贸工农一体化”的现代农业产业化经营模式。到2015

年，力争农业增加值达120亿元以上，全市农业龙头企业发展到80家以上，其中省重点农业龙头企业发展到10家以上，销售收入达到50亿元以上，带动全市60%以上农户发展。

3.构筑现代服务业产业体系。

按照生产服务集聚化、生活服务连锁化、基础服务网络化的思路，加强旅游景区、科技园区、物流园区和特色街区规划建设，引导和支持服务业集聚发展，创新现代服务业体制机制，改造提升传统服务业，推进服务业品牌建设，大力发展现代服务业，促进服务业扩量提质。

突出发展旅游经济。以韶关丹霞山申报世界自然遗产成功为契机，突出旅游特色，发挥自然人文资源优势，编制实施全市旅游总体规划，构建“大旅游”格局。加快旅游基础设施建设，新增五星级酒店5家，AAAAA级景区3家，AAAA级景区10家。整合全市旅游资源，大力发展以生态休闲为重点的旅游文化产业。深度挖掘城市历史文化内涵，设计旅游形象口号，打响九龄文化和禅宗文化等品牌。利用武广高速铁路建成和全国高速铁路逐步形成网络的机遇，引进战略投资者，全力推进“大丹霞、大南华、大南岭、大珠玑”四大景区和世界过山瑶祖居地建设，打造佛教文化旅游、户外运动和原生态地貌、民居民俗休闲旅游产业园。充分挖掘革命老区红色旅游资源优势，依托北伐战争纪念馆、省委机关旧址、南雄水口战役纪念园、梅关古道、仁化县双峰寨等红色旅游景点，设计红色旅游精品线路。加强大旅游体系建设，努力探索适合韶关旅游经济发展的管理体制机制，加快省级旅游信息化示范市建设步伐。构建城市、文化、旅游交通、旅游接待设施、旅游信息化建设与旅游景点开发相互配合、相互促进的大旅游格局，把市区建设成为粤北区域旅游服务中心，逐步将韶关创建成为国内一流、国际知名的世界级山水观光、生态休闲旅游胜地。“十二五”期间，接待游客人次年均增长15%以上，旅游收入年均增长20%以上。到2015年，力争全市接待游客达到2500万人次以上、旅游总收入达到180亿元以上，旅游总收入占地区生产总值比重达10%以上，率先实现旅游业的跨越发展。

加快发展现代物流业。依托韶关粤北区域交通枢纽中心的优势，加快推进韶关市雪印农产品冷链、华南农产品进出口加工、粤北国际物流中心、乐昌市粤湘仓储物流中心、南雄市粤赣仓储物流中心和物流项目建设。重点建设现代物流公共服务平台，引进大型商贸企业和知名物流企业，着力培育物流龙头企业，壮大提升专业市场，加快发展第三方物流业，发展若干个大型化、高档次的专业批发市场，打造区域性物流商贸中心。同时，深入推进万村千乡、农超对接工程，加快发展现代信息服务业，完善城乡市场网络。到2015年，全市物流服务供应能力和服务质量有较大提高，基本建立起设施先进、布局合理、运作顺畅、能力充足、服务质量良好、满足经济社会发展需求的物流服务系统，使韶关市基本形成面向世界，对接珠三角，服务于粤、湘、赣三地的华南区域性物流节点。

稳步发展金融产业。围绕争当山区金融排头兵的目标，继续改善金融生态环境，加快建立与现代产业发展相配套的专业化金融服务体系。积极发展资本市场，完善金融市场体系，创新发展金融业。积极发展现代金融，探索“物联网”金融应用。按照金融IC卡标准，推广实施“市民卡”，加快公共服务一卡通体系建设。努力扩大银行业经营规模，满足经济发展的信贷需求。支持银行业跨越发展，规范发展证券、保险、信托行业，拓展金融同业合作，建立金融机构之间全面合作关系，探索综合经营的新模式，提高金融综合服务水平。规划建设金融商务区，积极吸引金融机构落户韶关，完善现代金融服务组织体系，不断增强金融综合实力和竞争力。支持中小企业信用担保机构发展业务，增强担保能力，加快农村金融业发展，积极拓宽融资渠道，着力解决“三农”和中小企业融资难的问题。继续加强信用体系建设，推进金融生态环境建设，打造和谐诚信韶关。大力拓宽直接融资渠道，支持企业通过上市、发行债券等多种形式募集发展资金。鼓励企业通过配股增资、境外上市、发行境外债券、转让经营权等方式扩大利用外资规模。

积极发展新兴服务业。促进制造业与服务业相互融合、互动发展。加快发展会展、会计、审计、法律、咨询、评估等中介服务产业，不断拓展新型服务领域。突出发展会展业、社区服务业、养老服务业等。通过整合资源，成立专业会展机构，统一承办、组织各种会展活动，采取政府推动与市场主导结合，鼓励企业“走出去”和“请进来”，打造韶关特色的会展经济，培育新兴经济体和经济增长点，为企业提供宣传、拓展市场空间、沟通信息平台，加快经济发展转型升级，真正使会展经济起到“助推器”的作用。扩大教育培训、文化创意、体育、健康等服务性消费。培育发展社区服务业，重点发展医疗保健服务、家政服务、托幼服务和市政公用事业，满足居民生活多层次需求。加快老年人公共服务设施和服务网络建设，积极支持以公建民营、民办公助、购买服务等形式发展养老服务业。按照“谁投资、谁管理、谁受益”的原则，鼓励和支持不同所有制的单位和个人以独资、合资、合作、联营、参股等方式，兴办养老服务业。加快养老服务业标准体系建设，健全养老服务业市场准入，规范相关服务行为，提高服务质量，促进养老服务业的健康可持续发展。大力发展医药连锁、医药物流、医药名店，方便群众购药。逐步建立与经济社会发展阶段和收入层次相适应的住房供应体系，引导房地产行业健康平稳发展。

（三）提高自主创新能力，加快建设创新型韶关。

强化创新对经济社会发展的支撑引领作用，完善创新环境，加强创新主体建设，构建创新平台，加强创新型人才建设，促进创新成果产业化，提升企业创新主体的地位和作用，提高自主创新能力，建设创新型韶关。

1.提升科技创新能力。

完善开放型区域创新体系。加大科技投入，深入实施自主创新行动计划，加快自主创新产业化，建设创新型城市，不断增强科技创新对经济的驱动力。政府资源配置和公共服务向创新型企业和创新型项目倾斜，推动创新要素向企业集聚，支持企业技改、创新，让企业真正成为技术创新的主体、研发投入的主体和科技成果转化的主体。重点培育发展集研发、设计、制造于一体的创新型骨干企业，争创全省百强创新型企业。大力引导产学研深层次合作，加强液压件行业等产学研创新联盟建设，组织实施重大科技专项和科技创新工程，提高集成创新和引进消化吸收再创新的能力和水平。

突破关键领域核心技术。积极推动重大创新集群、重大科技基础设施以及重大创新平台建设。围绕建立生态型现代产业需求和关键领域，加强核心技术联合攻关。增强原始创新、集成创新的引进消化吸收再创新能力，重点突破掌握一批关键、集成、核心技术和行业共性技术，抢占产业技术创新制高点。制订重点产业发展技术路线图，组织实施重大科技专项成果应用，有效提升全市生产技术供给率。

推进创新成果产业化。实施高技术产业化，推动具有自主知识产权的创新成果实现产业化。加强科技成果孵化器建设，构建技术转移平台。重点加强生物技术、信息技术、设施农业技术、现代食品加工技术创新成果的转化，建设好综合科技示范园、农业园、养殖园和生态果业园，为现代产业集群化、平台园区化、生产特色化、功能生态化、经营产业化和产业高级化提供科技支撑，推动经济发展由主要依靠增加物质资源消耗向主要依靠科技进步转变。

2.打造创新人才高地。

加强引才引智工作。坚持把引进项目、技术和引进人才紧密结合起来，制定和实施引进高素质人才的配套政策，多渠道、宽领域、多形式引进高层次人才，广泛吸收各类学科带头人、管理专家和优秀青年人才。深入实施引进领军人才和创新型科研团队计划，全方位配置集聚创新人才，充分发挥各类人才的创业平台作用，鼓励国内外优秀人才来韶创业。到2015年，力争全市一、二、三产业中的人才结构由目前的7.6:30.9:61.5调整为6:37:57。

健全多层次的人才培养体系。统筹推进各类人才队伍建设，突出培养创新型高层次、高技能人才，大力培养经济社会发展重点领域的急需紧缺的专门人才。鼓励和引导高校和企业联合创建人才培养机构，重点加强研究团队和优势学科高级科技人才的培养。建立健全多层次的培训体系，加强与国内外高级人才的交流学习。

完善人才服务和管理机制。充分发挥市场在人力资源配置中的基础性作用，消除人才流动中的城乡、区域、部门、行业、身份和所有制限制，构建统一、开放、有序的人力资源市场。加大人力资源开发投入，建立健全科学的人才评价发现机制和激励机制。建立和完善人才交流合作服务平台。健全人才信息管理标准，建立人才资源动态预警机制。营造尊重人才的社会环境、平等公开和竞争择优的制度环境。

3.优化创新发展环境。

健全科技创新体制。完善“谁创新谁受益”的市场激励机制和创新要素自由流动的市场调节机制，整合科技资金、设备、人才、机构等创新资源，促进各类创新资源优化配置。建立健全自主创新配套政策，建立产业政策和科技政策协同机制，完善创新人才动态考核评价机制。深化科研机构和高校科技体制改革，加强科学研究与高等教育有机结合，探索大中型企业到高校、科研院所建立研发机构。建立和完善创新联盟运行和利益分配机制。

完善创新支撑体系。积极推进创新平台建设，完善特色产业基地、专业镇公共技术服务平台，加强成果交易、融资服务、人才服务等公共服务平台建设，建立健全科研设备和科技信息开放共享制度，强化创新平台的公共服务功能。推进中科院韶关产业技术创新与育成中心、中国科技开发院韶关高科技产业孵化基地和华南理工大学韶关技术研究院建设。推进国家铅锌产品质检中心、汽车零部件质检中心、精细化工产品省级质检站、粤北玩具检测中心省级重点实验室建设。加快科技企业创业园（孵化器）、省级产业集群升级示范区、省级高新区和中试基地建设。加快发展技术评估咨询、科技成果推广、技术产权交易等各类中介服务机构。鼓励企业工程技术研发中心、检测检验中心、各科研院所检测仪器设备向社会开放，为企业提供检测、咨询技术服务，建立技术服务公共平台。完善多元化科技投入体系，拓宽企业创新融资渠道。到2015年，全市研究与发展经费支出占地区生产总值比重达到2%，科技进步贡献率达到55%。

实施知识产权战略。深入实施知识产权战略，支持、引导企业和行业组织积极创建具有自主知识产权的品牌和服务。通过专利、商标等自主知识产权的注册使用与创建，强化对企业品牌和服务的保护，为今后韶关品牌和服务的输出奠定法律保护基础和保障，提升企业加强知识产权创建、保护的水平。引导企业和行业组织以品牌、标准、服务和效益为重点，深入实施品牌、标准、专利三大战略，参与商标、名牌创建和标准制订，开展发明专利和实用新型专利申请。加强集体商标工作，强化贯标认证，积极创建韶关液压油缸等区域品牌，加快知识产权的区域产业化进程。大力培育发展知识产权优势企业、名牌企业、名牌产品，提升企业核心竞争力。健全质量管理体系和监督管理体系，营造尊重知识产权的社会氛围。

（四）提高县域经济发展水平，统筹城乡区域协调发展。

加快县域基础设施建设，努力营造县域经济发展新环境，加大“双转移”战略的实施力度，加强区域经济合作，积极承接珠三角地区的产业转移，发展民营经济和园区经济，打造县域特色产业集群，全面繁荣农村经济，推动县域经济社会实现科学、跨越发展。力争到2015年实现县域经济总量占全市的50%。

1.优化县域经济发展环境。

进一步采取有力措施，加大对县域经济发展的支持力度，加强县域基础设施建设，推进赣韶铁路、西气东输、生活污水处理等重点项目建设，重点完善供水、供气、道路、绿化以及污水、垃圾处理等重大基础设施。深入推进富县强镇事权改革，按照责权利相统一的原则，扩大县域的管理权限，积极推进省直管县财政体制改革，改革和完善县域财政管理体制，推动政府职能转变，促进体制机制创新，继续实施乡镇管理体制改革，优化县域经济发展环境。鼓励和支持乳源加快大部制改革，争当全国一流少数民族自治县。大力支持南雄市争当全国原苏区县科学发展排头兵。完善县域经济社会科学发展绩效考核体系，充分发挥考核的导向作用，调动县域发展经济的积极性，推动县域经济社会实现科学、跨越发展。到2015年，全市县（市、区）域经济增长速度达到或超过全国县域经济平均水平。

2.大力发展园区经济。

继续实施“双转移”发展战略，突出“一园一业主”、“一园一特色”，实行项目向园区集聚、投入向园区集中、政策向园区倾斜，加快特色产业转移园区的建设。以产业转移园区为载体，积极承接珠三角等发达地区的产业转移，发展园区特色产业，培育若干重要经济增长极，提高县域工业化水平。乐昌市以东莞东坑（乐昌）产业转移工业园为载体，重点发展能源、建材、机械铸造、生物保键等特色产业；南雄市以东莞大岭山（南雄）产业转移园为载体，重点发展精细化工、建材、黄烟、造纸等特色产业；仁化县以有色金属循环经济基地为载体，重点发展有色金属、旅游、油茶等特色产业；始兴县以东莞石龙（始兴）产业转移工业园为载体，重点发展制笔、林产品加工、玩具等特色产业；翁源县以官渡经济开发区为载体，重点发展环保、涂料、电源电子产业，以粤台农业示范区为载体，重点发展花卉、水果、茶叶等特色产业；新丰县以丰城、回龙、马头工业园为载体，重点发展建材、环保涂料、稀土材料、食品饮料、陶瓷、水泥等特色产业；乳源以民族工业园为载体，重点发展铝箔、化工等特色产业。力争到2015年，形成包括有色金属、精细化工、铝箔、建材、农产品深加工等具有县域特色的若干产业集群，加快县域工业化进程。

3.推进新农村建设。

按照统筹城乡一体化要求，健全以工促农、以城带乡的长效机制，带动社会主义新农村建设。大力建设宜居村镇。建立健全新农村建设示范、扶持、激励机制，开展“万村百镇”整治，因地制宜拆除空心村、合并小型村，每年推进10%的自然村整治建设。按“同等优先”的原则，加快革命老区新农村建设。落实“以奖促治”政策，全面推进“五改”（改路、改水、改房、改厕、改灶）、“三清”（清理垃圾、清理河塘、清理乱堆放）和“五有”（有功能区的整治规划、有文体活动场地、有绿化美化、有垃圾收集屋、有污水处理简易设施）等整治和建设，扎实推进“乡村清洁美”工程。完成农村5万户以上住房改造任务，规范对农民自建房的建设管理。加大对农业农村基础设施和公共事业的投入力度。加快全市农村，特别是老区自然村的道路设施、饮水安全、农田水利、环境整治的建设，进一步改善农村生产生活条件。加快农村信息化建设，重点开发面向农村的科技、文化、卫生、教育培训、劳动力转移就业、农业生产流通与生态旅游等信息资源。加快城市公共服务向农村延伸，重点解决农村教育、公共卫生和社会保障问题。

4.提高城镇化水平。

统筹城乡规划建设，促进城乡规划全覆盖，统筹优化城乡生产、居住、生态和基础设施的空间布局。加快村镇规划编制，力争到2015年全市实现所有建制镇的总体规划和中心镇的控制性详细规划全覆盖，100%的村庄完成规划编制。积极引导社会资金投入中心镇开发建设，完善乡镇基础设施建设，提高中心镇的承载力，加快推进统筹城乡综合配套改革试点，优化乡镇管理资源，着力增强乡镇政府社会管理和公共服务职能，引导农村人口有序向小城镇聚集，力争到2012年县域城镇化水平达到50%以上。

扎实开展扶贫开发。坚持“政府主导、社会参与、自力更生、开发扶贫”方针，推行“一村一策、一户一法、整村推进”综合扶贫措施，落实责任，加大投入，整合资源，创新方式，全面推进扶贫开发“规划到户、责任到人”工作，着力改善贫困村的生产生活条件，提高贫困人口的自我发展能力，改善贫困地区的发展环境，加快脱贫致富奔康步伐。集中力量抓好355个贫困村、8万多户贫困户的定点帮扶工作，确保被帮扶的贫困户基本实现稳定脱贫、被帮扶的贫困村基本改变落后面貌。大力推进产业、科技、教育、劳务扶贫，增强贫困地区的“造血功能”。加强公共基础设施建设，加快原苏区县等革命老区、少数民族地区、边远山区和水库移民区建设发展。

促进城乡基本公共服务均等化。把实现城乡基本公共服务均等化作为城乡协调发展的主要目标。完善基本公共服务均等化绩效考核机制，建立多元化的供给制度。在增强欠发达城乡自我发展能力的同时，加大财政转移支付力度，有序引导人口转移，逐步缩小城乡教育、卫生、文化体育、交通、生活保障、住房保障、就业保障和医疗保障等基本公共服务的差距。

（五）实施主体功能区战略，推进生态文明示范市建设。

要以建设具有南岭生态特色的新经济区和广东最重要的生态屏障为目标，正确处理好保护与发展的关系，提升发展实力，改善人居环境，促进人与自然的和谐相处。

1.推进主体功能区建设。

按照国家、省主体功能区规划的要求，根据资源环境承载能力、现有开发密度和发展潜力，将全市的国土空间划分为重点开发、生态发展和禁止开发三类主体功能区（详见专栏2）。

实施分区域调控的配套政策，形成主体功能定位清晰，人口、经济、资源环境相互协调的空间发展格局。重点开发区域要推动经济较快发展，促进人口加快集聚，完善基础设施，保护生态环境，把握开发时序，成为推动全市经济持续增长的重要增长极。生态发展区域要严格控制开发强度，增强水源涵养、水土保持、维护生物多样性和提供主要农产品等能力，因地制宜发展资源环境可承载的特色产业，成为全省重要的生态屏障、人与自然和谐相处的示范区和保障农产品供给安全并在全国具有重要影响的农产品生产区域。禁止开发区要实行强制性保护，成为全省维护生态安全、保护自然资源、保全生物多样性、维护自然环境、促进人与自然和谐发展的核心区域。

2.强化生态发展示范区建设。

加大生态公益林建设和保护力度，综合治理水土流失，加快韶关市集中饮用水水源地环境保护、北江流域源头水源涵养和水土保持工程建设，切实保护饮用水源区、生态敏感区。扩大森林面积，重视森林抚育管理，提高森林质量，增加森林碳汇。加强森林防火工作，建立高效、快速、准确的森林防火预警监测系统，建立和完善森林防火预防、扑救、保障三大体系。继续实施乐昌、乳源石漠化治理工程，扩大岩溶地区石漠化综合治理范围，加大矿山地质环境恢复治理力度。全面启动林业生态文明万村绿行动，建设城市景观林、公共绿地和城（镇）郊围城防护绿化带，维护农田保护区、农田林网等绿色开敞空间。严格保护耕地，加快农村土地整理复垦。大规模启动南岭生物多样性建设和物种保护工程，加快粤北生态修复。建设林木种质资源库和树种基因库，建立濒危动物繁育中心。加强全市自然保护区、湿地和森林公园建设。以推进始兴、乳源广东省南岭山地森林生态及生物多样性功能区生态发展示点县建设为契机，建立完善生态补偿机制，加强重点生态功能区保护和管理，高水平发展生态旅游业，推动旅游业与生态农业、特色农产品加工业的融合发展。开展全国生态文明试点和国家级生态县建设，推动林业生态县再上新台阶。到2015年，全市10个县（市、区）均达到省林业生态县标准，建成全国生态示范县（市）1个，省级生态镇10个。

3.加大环境保护力度。

全力加强饮用水源地污染综合整治，统一规划并深入推进韶关市小流域综合治理工程、韶关市中小河流治理工程和韶关市市区城市供水工程建设，调整优化全市取排水格局。实施工业废水集中处理，合理规划建设城镇和农村生活污水和生活垃圾无害化处理设施，加快建设产业转移园污水处理工程、中心镇污水处理工程、城市截污管网改造和生活垃圾卫生填埋处置工程建设。继续推广农村沼气工程，开展农业污染源治理。实施大气污染联防联治，重点防治电力、钢铁、水泥等行业的污染排放，控制二氧化硫、氮氧化物、颗粒物和挥发性有机物的排放。继续推进粤北危险废物处理处置中心建设，加快医疗废物处理中心扩建工程建设，提高固体废物安全处理处置水平。统筹环境监管基础设施建设，提高环境监测能力和污染事故应急监测、处理能力，完善在线监控系统联网管理运行制度，健全监管减排责任体系，全面提升环境监管水平。到2015年，60%的县（市）级环境监测站实现达标建设，城镇生活垃圾无害化处理率达90%，危险废物处理处置率达到100%，工业固体废物综合利用处置率达到90%。全市城镇生活污水集中处理率达到75%，主要江河控制断面水质达标率达到90%以上。

4.加强节能减排和资源节约。

继续落实节能减排目标责任制，强化奖惩措施。进一步淘汰落后产能，抓好工业、建筑、交通运输等重点领域节能，实施十大重点节能工程和节能产品惠民工程。建立节电管理长效机制。建立能源和矿产资源稳定供给渠道及储备体系。加大开发补充耕地力度，建立和完善耕地和基本农田保护的经济激励机制，全市耕地保有量严格控制在21.1万公顷以上。加快推进“三旧”改造，盘活存量建设用地。大力节约原材料，鼓励生产和使用节能节水节材产品、再生产品，建设节水型社会，提高工业用水的重复利用率，推进农业节水和城市节水。积极推广新能源汽车和配套基础设施建设。

5.加快发展循环经济。

按照废物“减量化、再使用、再循环”的原则，围绕生产、流通、消费三个重点环节和企业、园区、社会三个重点领域，推进政府主导、市场调节、公众参与的节约型社会机制建设。加快发展资源节约型、环境友好型产业，探索建立资源节约型技术体系和生产体系。以节能、节水、节地、节材和资源综合利用为重点，着力提高资源能源使用效率，合理构建循环经济产业链。开展清洁生产示范项目建设，构建企业、园区、城市三个层面的循环经济框架，全面推进清洁生产。实施扶持低碳产业发展的政策，培育发展低碳产业和低碳技术，逐步形成产业链，探索建立韶关低碳交易市场。加快节能环保产业和绿色经济、低碳经济、循环经济发展。推进环境友好企业、生态经济园区和循环经济园区建设，努力把省级产业转移工业园建设成为循环型、低碳型示范园区。强化环境管理体系建设和环境标志产品认证工作。整合、规范和提升再生资源回收产业。

（六）实施扩大内需战略，促进内外需加快发展。

扩大内需和外需是韶关应对国际金融危机的有效举措，是韶关转变发展模式的迫切需要。全面实施扩大内需战略，加快外经贸战略转型，形成内需外需协调发展、互补相长的新格局。

1.有效扩大投资。

进一步优化投资结构。发挥政府投资导向作用，引导投资进一步向民生和社会事业、农业农村、科技创新、生态环保、资源节约等领域倾斜，加大公共服务设施建设力度。以基础设施、重大产业、基本民生为重点，有效扩大投资需求，通过增量投资促进结构调整。实施重大项目投资带动战略，谋划推动一批事关全局和未来发展的重大项目、重大科技专项、重大产业集聚区建设。规范房地产市场秩序，加大保障性住房建设力度，引导房地产投资合理增长。力争2015年全社会固定资产投资突破900亿元，年均增长16%以上。

大力激活民间投资。鼓励和引导民间投资健康发展，放宽市场准入，支持民间资本以投资、提供服务等形式进入战略性新兴产业及基础产业、基础设施、市政公用事业、社会事业、金融服务等领域。落实民间投资平等待遇，健全民间投资服务体系，为民间投资创造良好环境。加强特许经营管理，保护公共利益，维护民间资本投资合法权益。积极拓宽民间投资融资渠道，发展地方金融机构，稳步推进村镇银行、小额贷款公司的发展，有效增加地方金融供给。加大对融资性担保公司的支持，完善信用担保和再担保体系。

2.努力扩大消费。

拉动农村消费。增加农民收入、改善农村基础设施，推动农村消费量的扩张和质量升级。加快建设“万村千乡”市场工程，支持商贸、邮政、供销等企业向农村延伸服务，构筑城乡互动的现代流通网络。实施“农村消费升级行动计划”，开拓农村汽车消费市场，引导农村进行“居住革命”，继续实施信息兴农工程，继续加强农村文化体育市场建设，促进农村健康的精神文化消费。探索在农村开展消费信贷业务。

引导城市消费升级。改造升级传统商品市场，完善城市社区服务设施，发展连锁经营、城市配送、电子商务等现代商贸模式，进一步完善市场流通体系。积极促进住房、汽车消费，继续培育文化娱乐、体育健身、休闲旅游等消费热点，大力拓展绿色消费、健康消费、教育消费、保障消费等新兴消费。支持发展网络消费、理财服务、社区服务、节庆消费、租赁消费等新型消费业态，培育个性化、时尚化和品牌化的新兴消费群体。

改善消费环境。增加政府支出用于改善民生和社会事业比重，逐步完善基本公共服务体系，增强居民消费预期，释放城乡居民消费潜力。完善市场监管政策法规体系，依法保障消费者的合法权益，营造良好的消费法制环境。以完善信贷和产品质量信用记录为重点，提高消费信用。丰富消费品种，引领消费潮流。到2015年，全市居民消费率达40%。

3.着力提升外经贸水平。

全面加强招商引资工作。坚持引进外资与引进内资相结合，扩大引资规模与提高引资质量相结合，发挥政府引导作用与突出企业主体作用相结合，切实提高招商引资工作的针对性和有效性。加强产业园区建设，大力开展招商引资，狠抓主导产业和特色产业招商，着力引进大项目、好项目，加快产业优化升级。重点抓好钢铁及有色金属、机械装备及汽车零部件、电子信息、化工（含精细化工）、医药、农业及农产品加工、物流、旅游、生物工程等产业招商。创新利用外资方式，扩大招商引资主体，大力引进产业链项目和龙头项目。重视招才引智，积极引进先进技术、管理经验和智力资源。促进加工贸易企业转型升级和扩大内销，提高产品技术含量和附加值，建立健全招商引资责任机制和考核机制，提高项目工商注册率、资金到位率和开工投产率。鼓励企业增资扩产。实施“走出去”战略，健全对外投资服务促进机制，支持有条件的企业对外投资，推动利用外资和对外投资协调发展。

务实推进区域合作。搭建政府合作平台，创新区域合作方式，完善区域合作机制，促进实现优势互补、合作发展、互利共赢。加强与周边市在基础建设、产业发展、旅游文化等领域的合作联动，不断拓宽发展空间。大力推进与珠三角的观念、交通、产业、市场、人才“五大对接”，进一步对接广州融入珠三角，完善“双转移”合作机制，促进相关产业项目加速向韶关转移落户。加强与东莞市的对接合作，协力共建东莞（韶关）产业转移园等省级产业转移工业园。主动拓展红三角区域合作。不断深化与港澳的交流。积极参与泛珠三角区域经济合作。重视加强与长三角、环渤海、台湾、日本、韩国等发达地区经济技术合作。

转变外贸发展方式。壮大外贸经营主体，培育外贸龙头企业，不断提升对外贸易规模、质量和效益，促进对外贸易持续健康发展。调整优化出口商品结构，加大市场开拓力度，扩大出口规模。扩大玩具、机械装备、高新技术产品出口，促进农产品出口，培育外贸新增长点。支持企业加强自主营销网络建设，开展自营进出口业务，争创一批省级出口名牌。坚持把扩大进口与改造提升传统产业、缓解资源要素制约相结合，扩大关键设备、先进技术和资源性、原料性产品进口。加强口岸“大通关”建设，提升贸易便利化程度。

（七）推进基础设施现代化，进一步优化发展环境。

统筹规划，加强各类基础设施的协调衔接，突出优化布局和调整结构，促进实体设施与智能设施的融合，形成与国民经济和社会发展相适应的基础设施体系。

1.构建“大交通”现代综合运输格局。

围绕打造区域性交通枢纽城市的目标，超前规划交通基础设施建设，建设现代综合交通运输体系，全面建设以“六高四铁两站两航”为骨架，以国省道和县乡道为经络的综合交通网，将韶关建成连接南北、贯通东西的国家级交通枢纽城市。

公路建设。重点建设广乐高速、粤湘高速、汕昆高速、大广高速等一批高速公路，加快国省道主要公路干线的改造，2015 年初步实现韶关市公路网现代化，公路总里程达到约 13400 公里，公路密度达到约 73 公里/百平方公里。

铁路建设。加快建设赣韶铁路，力争 2012 年建成通车。积极推进韶柳铁路前期工作，力争“十二五”期间开工建设，形成“两纵一横”的铁路网络。“十二五”期间，新增铁路营运里程 118 公里。

航道与港口建设。加快与铁路、公路相连接的运输枢纽港口码头建设，推进北江按三级航道、浈江和武江按五级航道标准建设。

站场枢纽建设。重点建设芙蓉新城综合客运枢纽站、韶关南汽车客运站、扩建东河汽车客运站 3 个一级站和十里亭汽车客运站 1 个二级站。

机场建设。积极开展韶关机场项目前期工作，力争在“十二五”后期动工兴建，早日实现韶关机场复航，全力构筑集公、铁、水、空为一体的立体化交通枢纽。

2.加快能源基地建设。

以电力建设为中心，提升清洁能源比重，推进能源结构优化调整，多渠道开拓资源，建设清洁能源基地，提高能源保障能力。

打造广东重要清洁能源基地。利用韶关资源和能源产业基础优势，大力发展以核电、水电、生物质能发电为主的清洁能源产业，扩大能源产业规模，优化能源产业结构和布局。抓好韶关发电厂 2×60 万千瓦“上大压小”项目、华电 2×30 万千瓦热电冷联供项目、国电 2×30 万千瓦煤矸石综合利用发电项目和浈江生物质能发电项目。加快推进 500 万千瓦韶关核电项目，并规划配套建设 240 万千瓦抽水蓄能电站。积极开发太阳能等可再生能源，早日把韶关建设成为装机规模大、结构优化、供应稳定、清洁高效的广东清洁能源生产基地。力争到 2015 年，全市电源装机容量超过 500 万千瓦。

建设绿色电网。继续加大电网建设投入，加强市内各电压等级电网建设，促进农村电网升级改造，积极推广储能技术等新技术和新设备的应用，加快电动汽车充电网络建设。优化电网结构，提升输、变、配、用电侧智能化水平，提高供电可靠性，减少输电损耗，促进电源电网协调发展，提高电网承接各类型电源接入能力和抗灾减灾能力。到2015年，全市形成结构合理、安全可靠、先进节能、适度超前的现代化绿色电网。

3.建设完善水利基础设施体系。

以民生水利为目标，加快水利基础设施建设，强化水资源管理，构建城乡防洪治涝安全保障体系、水资源供给保障体系和水环境保护体系。

加快建设城乡水利防灾减灾体系。加快市区第三期防洪堤、市区和各县（市、区）城市防洪体系的排涝站工程、中心城镇的乡镇防洪堤建设，建成乐昌峡水利枢纽工程，继续推进病险水库除险加固、大型泵站更新改造工作，抓好中小流域综合治理和小型水利设施排查整修，积极开展流域防洪和水资源配置重大水利工程前期工作。到2015年，市区防洪标准达到100年一遇，县城达到50年一遇，重要堤围达到20~50年一遇，重点乡镇达到20年一遇。

保障城乡供水安全。着力加强水库库区的保护和综合治理，维持水库水质达标。调整部分水库功能和调度方式，逐步转为以防洪或供水为主。合理布局供水水源工程，注重构建应急供水备用体系。提高农村地区生产生活用水保障水平，继续开展灌区续建配套和节水改造，开展南水水库作为韶关市区第二饮用水源建设项目研究，分阶段实施南水水库向韶关市区供水的建设。基本完成农村饮水安全工程。实施新一轮水电新农村电气化建设。到2015年，城镇自来水普及率达到95%以上，农村自来水普及率力争达到90%以上。

加快水文及水利信息化建设。以水利工程自动化监控管理信息系统、信息网络管理中心、信息安全体系建设为重点，建立高效可靠的信息化保障管理体系，建立市及各县（市、区）信息采集、传输网络及业务应用系统。到2015年，建成水利信息网、全市水利数据中心和安全体系，全方位构建水利信息基础设施；完成三防指挥系统工程和水土保持监测与管理信息系统建设，基本建成水质监测与评价信息系统以及其他业务应用系统建设，基本形成水利信息化综合体系。

4.加快信息基础设施体系建设。

以信息资源整合共享为突破口，加快信息技术的应用，扩大信息消费，推进信息化和工业化深度融合。大力建设开放融合的信息网络体系和信息服务网络，积极推动电信网、广播电视网和互联网“三网融合”，加强“数字韶关”建设，加快省级旅游信息化示范市建设步伐。到2015年，力争将韶关基本建成全面网络化、高度信息化的“粤北数字中心”。

优化提升信息传输网络。加强各类信息网络统筹规划、建设和管理，强化网络与信息安全保障，探索有效的共建共享机制，提高互联互通水平。大力发展新一代移动通信网和下一代互联网，加快光纤宽带接入，优化提升通信网络。加快全市有线电视网络双向数字化改造和数字广播网建设，推动形成全市统一的有线数字广播电视网络。加快发展“物联网”，加快无线宽带网络基础设施建设，实现固网和移动网一体化，构建泛在网络体系，推进无线城市建设。到2015年，全市互联网普及率达63%以上，实现高清互动数字电视播出。

加快推进“三网融合”。加快“三网融合”试点区域建设，统一相关标准和技术规范，探索多种运营模式和试点组织方式，加快推进三网的高速互联以及业务应用的融合。构建开放式产业合作平台，促进“三网融合”新业务的开发和创新、试点及推广，积极打造“三网融合”和数字家庭产业发展示范区。

提高公共信息服务水平。加快信息技术在与民生相关的义务教育、医疗卫生、文化、体育、公交和环境保护等方面的深入应用，提高公共服务的信息化水平。加强信息资源共享，构建系统布局、层次分明的公共信息服务平台。实施商务电子化工程，建设便捷、高效的电子商务公共平台，推进电子商务在生产、流通和消费等领域的深入应用。实施电子政务畅通工程，建设政府信息资源共享平台，推进政府管理创新和公共服务创新。实施公共信息服务共享工程，完善人口、空间地理、科教等基础性信息资源平台，建设综合性信息共享基础平台，为公众提供公共信息服务。实施网络民生民情工程，逐步完善“社保通”、“交通信息化平台”等公共服务平台，推进公共服务在线化。到

2015年，全市信息化总体水平达到全省东西北地区先进水平。

（八）促进文化繁荣发展，提高文化软实力。

继续深化文化体制改革，把提高文化软实力摆在突出的战略位置，推进文化大发展大繁荣。培育发展文化产业，完善文化市场体系，健全公共文化服务体系，加强文化事业建设，加强思想道德建设，促进经济与文化的深度融合，加快建设文化事业、文化产业、文化辐射力和影响力较强、文化形象好的粤北区域文化中心。

1.健全基本公共文化服务体系。

按照“保基本、广覆盖、多层次、可持续”的原则，加快全市公共文化基础设施体系建设，以大型公共文化设施为骨干，以城市社区和基层农村文化设施为基础，推动各种文化设施互联互通、共建共享，形成覆盖城乡的公共文化设施网络。到2015年，全市文化建设各项主要指标达到全省平均水平以上，群众对政府保障人民基本文化权益满意度大于85%，全市每万人拥有公共文化设施面积（按常住人口计算，不含室外文化设施面积）800平方米以上；市区建成“十分钟文化圈”，农村建成“十里文化圈”。按照公益性、基本性、均等性、便利性的原则，加大公益性文化产品的生产，加强公共文化资源建设和服务供给，为群众提供丰富多样的公益文化产品和服务。采取政府购买、项目补贴、委托生产等形式，鼓励和支持文化企业生产质优价廉、安全适用的公共文化产品，满足群众多层次的文化需要。加强公共图书馆藏书和数字资源建设。推进图书馆、群艺馆和档案馆建设，不断丰富电子图书、舞台艺术、知识讲座和影视节目等数字资源。到2015年，市图书馆藏书总量达到80万册以上，全市人均公共藏书达到1.2册以上。丰富群众文化生活，开展“我们的节日”主题活动，组织好“三下乡”、“四进社区”、“送欢乐下基层”等公益性文化活动。推动“全民阅读工程”，组织开展“书香机关”、“书香企业”、“书香家庭”创建活动，办好“韶城书香节”，打造“韶关大讲坛”品牌。加大“农家书屋”工程实施力度，到2015年，农家书屋覆盖全市所有行政村。

2.加快发展文化产业。

大力发展文化产业，探索全市文化产业发展新路，壮大发展现有文化产业，培训发展特色文化产业，提升文化产业在全市服务业所占比重，使文化产业成为全市经济发展新的增长点。鼓励和培育一批具有竞争力的文化企业和文化产品，在市区规划建设粤北文化旅游创意产业园，建成岭南元素突出、粤北特色鲜明、韶关历史悠久、文化积淀厚重、风情浓郁，集文化、教育、旅游、休闲、创业、博览、商业、服务、交易、艺术表演为一体的复合型大型文化社区。创新发展思路，加速全市文化资源、生态资源与旅游开发的对接，把全市的历史文化资源优势转化成现实的产业优势和竞争优势，在各县（市、区）建成一批旅游文化项目，大力推动大南华文化创意产业园、丹霞山文化产业园、乳源瑶族文化生态保护区、中国（翁源县）兰花博览中心等项目建设，形成全市旅游文化的整体规模效应，开发和发展旅游文化产品和旅游文化服务，走出一条韶关文化产业发展的新路子，促进全市旅游文化产业的发展。力争到2015年，全市文化产业增加值占地区生产总值比重达到4.5%。

3.提升文化品位。

从打造城市风貌出发，在“创卫”、“创园”的基础上，以争创全国文明城市、建设区域文化中心为载体，加大人力、物力、财力的投入，打造文化品牌。继续抓好禅宗文化、丹霞文化、客属文化、珠玑文化、名人文化、史前文化、红色文化、矿冶文化等特色文化的挖掘、整理和提升。积极开发体现韶关文化底蕴、富有地方特色和民族特色的演艺、节庆等旅游文化产品。加强文化遗产保护，构建科学有效的文化遗产保护体系。加强以粤北采茶戏、“拜盘王”、“香火龙”、瑶族刺绣为代表的一批国家级、省级非物质文化遗产的保护，建立完善全市非物质文化遗产保护档案，开展韶关古籍保护和数字化建设。提高文化遗产保护开发水平，争创国家历史文化名城。

4.优化人文环境。

按照创建全国文明城市的总体目标要求，围绕建设廉洁高效的政务环境、民主公正的法制环境、规范守信的市场环境、健康向上的人文环境、有利于青少年健康成长的社会文化环境、合适便利的生活环境、安全稳定的社会环境、可持续发展的生态环境。大力培育以社会主义核心价值体系为灵魂、以韶州优秀历史文化传统为底蕴、以现代文明素质为特征的新时期韶关人文精神。加强精神文明建设，大力开展文明单位、文明行业、文明村镇、文明社区、文明窗口、文明家庭等基础性的全民创建工作。加强现代公民教育，大力弘扬爱国主义为核心的民族精神和以改革创新为核心的时代精神，倡导爱国守法、明礼诚信、团结友善、勤俭自强、敬业奉献的基本道德规范。广泛开展各类群众性精神文明创建活动，深入推进社会公德、职业道德、家庭美德、个人品德建设，强化公民的国家意识、社会责任意识和民主法治意识，推动公民自觉履行法定义务、社会责任、家庭责任，进一步提高社会文明水平。培育倡导科学精神，繁荣发展哲学社会科学。

（九）保障和改善民生，构建幸福美好韶关。

民生问题是韶关当前要着力解决的突出问题。“十二五”时期，要加快建设覆盖城乡、功能完善、分布合理、管理有效、水平适度的基本公共服务体系，切实维护社会和谐稳定。

1.提高城乡居民收入。

努力增加农民收入。推进农村劳动力技能培训及转移就业，不断提升农民职业技能和创收能力，提高农村劳动力工资性收入。落实财政支农惠农政策，完善农产品市场体系和价格形成机制，挖掘农业内部增收潜力，拓宽农民增收渠道，大幅提高农业生产性收入，逐步扩大扶贫开发范围，促进农民收入稳步增长。

保持居民收入持续稳定增长。完善机关事业单位收入分配制度，完善公务员职务与职级相结合的制度，建立公务员激励和保障机制，健全宏观调控机制，逐步实现收入分配的科学化和规范化。深化机关事业单位收入分配制度改革，适当提高机关事业单位工作人员的福利待遇。完善最低工资保障制度、企业工资内外收入监督检查制度以及工资指导线制度，构建和完善企业与职工内部协商制衡机制，实现职工工资稳步增长。建立健全企业职工工资正常增长机制，把劳动者收入的增长列入国民经济和社会发展主要预期目标，完善工资指导线、人力资源市场工资指导价位和人工成本信息指导等宏观调控制度，提高企业职工收入和福利水平。

改善工资收入分配格局。合理调整收入分配关系，逐步提高劳动报酬在初次分配中的比重，提高居民收入在国民收入中的比重，改善贫富差别，提高最低生活保障标准，加大对低收入群体的扶持力度。健全企业工资支付监控制度和欠薪保障制度，严格执行工资支付失信惩戒制度，加大对拖欠和克扣工资行为的执法监督检查力度。

2.积极扩大就业。

建立统筹城乡的就业促进体系。实行就业优先战略，构建经济增长与扩大就业的良性互动机制，提高城乡居民收入水平。把稳定和扩大就业作为经济社会发展的优先目标，建立健全公共投资带动就业增长机制，把促进就业与推进现代产业体系建设、“双转移”战略有机结合，努力扩大就业。实施更加积极的财政、税收、金融等就业援助政策。完善城乡统一的就业失业登记制度。实施城乡劳动者就业扶持政策普惠制。重点解决三类人群的就业问题，落实高校毕业生就业扶持政策，扎实开展促进高校毕业生就业专项活动。落实稳定农民工就业各项政策措施，健全服务、培训、维权三位一体的农村劳动力转移就业工作机制。实施城乡就业援助计划，加强就业困难人员的就业援助，建立和完善就业援助办法。开展农村劳动力转移就业示范县创建活动，总结推行农村劳动力转移就业新模式。全面推进农民工积分制进城入户工作，推动优秀农民工有序转变为城镇居民。到2015年，力争全市城镇新增就业25万人，城镇失业人员再就业18万人，就业困难对象实现再就业2万人，新增农村劳动力转移就业20万人，城镇登记失业率控制在3.5%以内。

调整优化就业结构。大力发展服务业，适度发展劳动密集型产业，支持中小企业和非公有制经济吸纳就业。大力发展产业集群增加就业机会，在三次产业协调发展的基础上努力拓展不同产业的就业空间。大力推动创业带动就业工作，完善创业政策，让更多的劳动者成为创业者。进一步加强区域劳务合作，扩大劳务输出规模。加强企业用工服务，努力保障本地企业用工需求。加快完善市、县（市、区）、乡镇（街道）、村（社区）四级公共就业服务平台和就业服务体系。完善城乡一体化的人力资源市场网络，破除影响城乡劳动者自由流动的体制机制，促进城乡劳动者合理有序流动，鼓励外出务工人员回乡就业。完善就业失业登记凭证管理制度，切实掌握就业信息和动态变化。健全人力资源调查统计和信息发布制度，及时准确掌握全市人力资源、就业和失业人口的总量和结构。建立失业预警制度，对失业源头进行及时合理调控。

加强职业技能培训。进一步健全职业培训制度，提升普惠制就业培训能力，建立健全劳动预备制度，加强技能人才培养体系建设，提升劳动者就业素质。稳步发展技工教育，打响“韶关技工”品牌。加快推进省市共建粤北现代技工教育基地建设，逐步建立起适应全市乃至全省经济社会发展需要，具有国际水平的现代技工教育与职业培训新体系。加强农村劳动力转移培训，整合各类培训资源，创新送教下乡、送教进厂、校企合作等培训方式，开展“订单式”培训，提高农村劳动力就业素质。加强公共培训体系建设，鼓励社会力量参与职业技能培训。积极实施大规模干部培训计划，着力解决干部知识与年龄同步老化的问题。强化在岗人员的就业能力培训，增强劳动者的可持续就业能力。加强对职业培训的规范管理和市场监督。力争到2015年，全市累计完成25万人次参加各工种和各层次的培训及技能鉴定。

3.健全社会保障体系。

加快推进统筹城乡社会保障体系建设。全面建立覆盖城乡的社会保险制度，统筹解决城镇居民、农村居民老有所养的问题。加快推进新型农村社会养老保险制度。探索建立城乡一体化的多层次医疗保障体系，提高医疗保障水平。做好失业、工伤、生育保险工作，完善多层次的社会保险体系，促进各种社会保险制度相互衔接、协调发展，满足参保人员多层次保障需求。稳步提高社会保障能力和水平，逐步缩小城乡、区域、群体之间的待遇差距。加强社会保险基金监督管理。大力调整和优化财政支出结构，探索建立与经济增长和财力增长相适应的财政投入稳定增长机制，多渠道筹集社会保障资金。优化社会保障管理服务，提高企业退休人员纳入社区管理服务率。基本建立起与经济发展水平相适应的覆盖城乡的居家、社区、机构养老和医疗服务体系。加强社会保险经办管理服务工作的规范化、标准化建设。着力构建互联互通、统一高效的社会保障信息对接管理系统。力争到2015年，覆盖城乡的社会保障体系更加完善，城镇基本养老保险覆盖率达到76%，失业保险力争参保缴费人数达到30万人以上。

4.坚持教育事业优先发展。

大力实施“科教兴市”战略，坚持教育事业优先发展、科学发展，全面完成创建广东省教育强市目标，加快推进教育现代化。调整优化财政支出结构，增加教育投入，改善办学条件。继续整合优化义务教育资源，推进义务教育规范化学校建设，实施教育信息化工程、义务教育学校安全卫生工程，促进义务教育均衡发展，提高义务教育发展水平。巩固“普高”成果，着力推进普通高中学校内涵发展，提高普通高中教育质量和办学水平；加快职业技术教育集团化发展，统筹规划职业技术教育专业设置、招生与就业，统筹协调职业教育和技工教育发展，打造职业技术教育品牌。实行学前三年行动计划，大力发展公办幼儿园，积极扶持民办幼儿园，注重保基本、广覆盖、多形式，不断满足适龄儿童入园的需要；完成市特殊学校新校、电大新校建设，重视发展民族教育、民办教育和成人、社区教育，促进各类教育协调发展；增加农村义务教育投入，提高教育质量。支持韶关学院、广东松山职业技术学院和市广播电视大学加快发展，提高韶关高等院校的综合办学水平和服务经济社会的能力。加强校长和教师队伍建设，加大教师教育和培训力度，提高教师的品德素质和教学能力；关心教师的工作和生活，落实教师待遇，维护教师合法权益。深入实施素质教育，推进教学改革，建立科学的学生评价制度。重视学校体育、艺术教育，提高教育教学质量。到2013年，全面普及从学前教育到高中的15年基础教育，建成广东省教育强市。到2015年，新增劳动力人口平均受教育年限达到13年，主要劳动年龄人口（20~59岁）平均受教育年限达到12年；3~5周岁幼儿毛入园率达到90%以上，小学适龄儿童入学率和初中毛入学率保持100%，高中阶段教育毛入学率达到93%，高等教育毛入学率达到40%，初步形成充满活力、富有效率的教育体制机制，努力实现基本公共教育服务均等化，全力推进“粤北区域职教中心”建设，为基本实现教育现代化打下良好基础。

5.提升医疗卫生服务能力。

坚持卫生事业公益性质，深化医改，建立与经济社会发展相适应的卫生财政投入增长机制，鼓励社会资本以多种形式举办新增大型医疗机构，满足群众多样化需求；全力推进基本公共卫生服务逐步均等化进程，加强公共卫生服务体系建设，大力落实基本公共卫生服务项目，防治重大传染病、慢性病、职业病、地方病和精神疾病；完善新型农村合作医疗制度，巩固提高新农合筹资和保障水平，加强资金管理，方便农民就医；加强农村医疗卫生服务网和城市社区卫生服务机构规范化建设。“十二五”期间，建设改造13个县级医疗卫生服务保健机构、40间乡镇卫生院、800个村卫生站、9个社区卫生服务中心，新建5个乡镇卫生院。开展卫生信息服务网络和县级应急救护体系建设，优先满足群众基本医疗服务；实施国家基本药物制度，推进基层医疗机构基本药物制度改革，保障群众用药安全；积极稳妥推进公立医院改革，加强医疗机构监管，提高服务质量和效率；推进中医药强市工作，促进中医药事业发展；落实《韶关市区域医疗卫生机构规划》，调整优化医疗机构布局，实施专科带动战略，强化13个重点学科和33个特色专科建设，落实粤北医院门急诊医技综合大楼、粤北三院住院大楼、中华健康快车白内障治疗中心、市心理卫生中心、市妇儿保健中心、市职业病防治康复中心、市中西医结合医院及“治未病”中心等工程建设。加强科教兴医工作，造就一批医学杰出骨干人才，提高医疗服务的区域示范力、带动力、竞争力，大力推进粤北区域医疗服务中心建设；加强各级领导班子建设，推进住院医师规划化培训和以全科医师为重点的基层卫生人才队伍建设；加强行业作风、医院文化、卫生信息、依法行政等建设，进一步树立卫生系统新形象。

6.加快安居工程建设。

建立健全住房保障体系，扩大安居工程覆盖面。强化各级政府的住房保障责任，落实土地、金融与财税等配套政策，支持保障性住房建设。进一步完善保障性住房申请、审核、公示、轮候、复核、退出制度，建立规范化的收入、财产和住房情况审查制度，形成科学有序、信息共享、办事高效、公开透明的工作机制。进一步完善住房公积金制度。多渠道筹措资金，把廉租住房保障资金纳入年度预算安排。积极筹措保障性住房房源。通过政府集中新建、在普通商品房项目中配建、政府收购空置房或二手房、破危直管公房改建、直管公房临时调剂补充等方式来增加廉租住房和经济适用住房房源，加大租赁住房补贴力度，着力解决城市低收入家庭的住房问题，加快发展公共租赁住房，积极稳妥推进限价商品房建设，解决城市中等偏下收入家庭的住房问题。继续推进棚户区和农村危旧房改造、安居工程建设。力争到2015年人均住房建筑面积13平方米以下的低收入家庭的住房基本得到保障。

7.进一步做好人口计生工作。

坚持计划生育基本国策，坚持党政一把手亲自抓，负总责，坚持齐抓共管，综合治理，从全面协调发展的高度，把统筹解决人口问题放在优先发展的战略位置，促进人口长期均衡发展。围绕“全国人口计生综合改革示范市”的要求，全面落实层级动态管理责任制，建立完善“统筹协调、科学管理、优质服务、利益导向、群众自治、人财保障”的长效工作机制，稳定低生育水平，改善出生人口素质，遏制出生人口性别比偏高趋势；建立以户况管理为特征，覆盖全市全员人口信息化工作平台，健全有利于稳定低生育水平的利益导向机制和养老保障政策体系。到2015年，年人口自然增长率控制在8.0‰以内，力争全市常住人口控制在308.9万以内。

8.大力发展体育等社会事业。

加强体育场馆和社区体育设施建设，开展全民健身运动，发展竞技体育，推动体育产品品牌建设，扩大和引导体育消费，推动体育产业与旅游、文化等相关产业的互动发展，将韶关打造成休闲旅游和户外运动基地。全面实施《广东省妇女儿童发展规划纲要（2011~2020)》，保障妇女儿童权益，加强妇幼保健工作。加强妇女卫生保健、扶贫减贫、劳动保护、法律援助等工作。改善儿童成长环境，促进儿童身心健康发展。积极应对人口老龄化，建立多层次的养老服务体系，弘扬敬老风尚，提高老年人生活质量。大力发展档案事业，逐步实现馆藏档案数字化，力争2015年前建立全文数据库系统。继续开展“双拥模范城”创建工作，推进民政、侨务、统计、保密等社会事业发展，努力做好社会优抚、残疾人、侨胞、统计、保密等工作。

9.保障社会公共安全。

完善公共突发事件应急处置体系。建立和完善以预防为主，预防、处置、救援相衔接，统一指挥、反应灵敏、系统有序、运转高效的预防预警和应急处置体系，提高政府应对事故灾难、公共卫生事件、食品安全事件、社会安全事件、重大环境污染事件等公共突发事件能力。加强对防洪体系、重点水土流失区、生态脆弱区等区域的综合治理。增强公共安全保障能力，建立应急联动机制。实施分级管理，明确各级政府的责任，进一步完善突发公共事件专项应急预案、部门应急预案和地方应急预案。强化公共场所应急体系建设。提高公众自救、互救和应对各类突发公共事件的综合能力。

提高安全生产水平。坚持“安全第一，预防为主，综合治理”，坚持以人为本，安全发展。倡导安全文化，健全安全法制，强化安全责任，加大安全投入，全面加强安全生产法制、体制及机制建设，落实安全目标考核与责任追究，严格安全许可和行业安全准入；监控重大危险源和治理重大事故隐患。强化安全生产宣传教育和培训，提高市民安全素质。加强安全生产社团组织建设。建立信息网络体系，提高协同监管能力。切实改善作业场所环境条件，防范治理重大职业危害。到2015年，亿元地区生产总值安全生产事故死亡率、工矿商贸企业10万人生产安全事故死亡率和道路交通万车死亡率均分别比2010年下降10%。

增强防灾减灾能力。加快防灾减灾体系现代化建设，提高防灾减灾和灾害治理能力。加快建成结构合理、布局适当、功能齐备的以公共气象服务、气象预报预测、综合气象观测为主要内容的现代气象业务体系，提高防灾减灾和灾害治理能力及气候资源开发利用能力和应对气候变化能力。加强气象、地震、地质和风暴潮等灾害监测预报工作，建立重大灾害监测预警和应急服务体系。加强人口和产业密集地区防灾减灾设施建设。建立完善的地质灾害群测群防体系，有针对性地开展地质灾害预报预警工作。加快建立地质灾害易发区调查评价体系，加大重点区域地质灾害治理力度。提高物资保障水平。推行自然灾害风险评估，科学安排生产生活设施布局。加强救援队伍建设，按照《韶关市综合应急救援队伍建设三年规划》落实经费、完成指挥中心、培训基地、装备等建设，确保应急救援队伍战斗力提升。创新社会消防安全管理，大力实施构筑社会消防安全“防火墙”工程，落实政府部门消防工作“四项责任”，及时编制修订消防规划，加强消防基础设施建设，结合“三旧”改造工程，完善公共消防设施。到2015年，实现对大范围灾害性天气监测率达98%以上，中小尺度突发灾害性天气监测率达85%以上；短期预报质量提高5%，预警信息覆盖率95%以上。

加强食品药品安全管理。全面落实食品药品安全责任，强化对食品药品安全的考核评价，推动形成责权对应的食品药品安全责任追究和惩治体系。推进省市共建韶关食品药品安全示范区，提高全市食品药品安全保障能力，打造民生保障品牌工程。深化食品药品安全专项整治，加强食品药品日常监管，进一步解决影响食品药品安全的深层次问题，推动食品药品安全秩序持续稳定好转。全面落实国家基本药物制度，加强基本药物质量监管，巩固提高农村药品监督网和供应网建设，到2015年，全市农村药品监督网覆盖率达到100%，供应网覆盖率达到98%，有效维护基层用药安全。

加强重要物资储备管理。健全重要物资储备及安全监管预测预警体系，确保关系国计民生的重要物资充足、安全供应。全面落实粮食和食用植物油储备，建立健全地方粮食储备和风险基金制度，完善粮油市场监测网络和应急体系，加强粮食基础设施建设，增强政府对粮食市场的调控能力。

加强国防动员和后备力量建设。加强国防教育，增强全面国防观念。贯彻执行国防建设与经济建设协调发展的方针，继续完善国民经济动员组织机构体系，大力推进国民经济动员常态化建设，提高平战转化能力。做好与国防密切相关的建设项目和重要产品的相关工作与军事需求的衔接。大力推进应战应急一体化建设。

努力维护国家安全和社会稳定。树立国家安全意识，完善市国家安全战略，健全市国家安全体制和机制，切实维护国家安全。加强社会治安综合治理，建设覆盖全市城乡的社会治安防控体系。严格防范、依法打击各种犯罪活动，切实保障人民生命财产安全。加强禁毒工作，健全互联网安全管理制度，防范和打击非法宗教活动和各类恐怖活动，贯彻落实《中华人民共和国人民调解法》，充分发挥人民调解在化解社会矛盾纠纷中的“第一道防线”作用。全面推进社区矫正工作，进一步加强刑释人员安置帮教工作，维护社会稳定。建立社会舆情汇集和分析机制，畅通和规范群众诉求利益协调、权益保障渠道，建立社会稳定风险评估机制。着力解决信访突出问题，完善领导下访、约访制度，积极预防和妥善处置各类群体性事件。

（十）创新体制机制，增强发展活力。

以深化重点领域和关键环节改革为重点，创新体制机制。“十二五”时期，要坚持先行先试，大胆改革，创新行政管理体制，深化经济体制改革，推进社会管理体制改革，健全民主法制，努力探索科学发展和和谐社会建设的新途径、新举措和新机制，为新一轮发展提供强大动力。

1.创新行政管理体制。

进一步转变政府职能。按照经济调节、市场监管、社会管理和公共服务的基本定位，遵循精简、统一、效能的改革原则，着力转变职能、理顺关系、优化结构，努力建设服务政府、责任政府、法治政府和廉洁政府。进一步扩大县、镇两级政府经济社会管理权限，深入推进县级行政管理体制改革，着力增强县镇经济社会管理自主权，实现权力与责任相统一。继续深化行政审批制度改革，进一步减少行政审批事项，建立行政审批项目动态评估、管理和调整制度，创新审批方式、提高审批效率、规范审批行为、改进审批方式。建立和完善行政审批信息公开制度、听证制度及重大行政审批决定备案制度，规范行政决策，精简会议文件，建立信用体系。完善行政效能制度体系，落实首问负责制、执行限时办结制度、绩效评估制度和责任追究制度。加快电子政务建设，优化政府各部门的运作方式，建立高效政务服务体系，提高政府服务水平。开展事业单位分类改革，创新事业单位管理体制和运行体制，全面推进事业单位岗位设置和人员聘用工作，深化事业单位人事制度改革。

2.深化经济体制改革。

按照基本公共服务均等化和主体功能区建设的要求，完善公共财政体系，推进预算制度改革，调整财政支出结构，健全转移支付办法，改革财政资金分配办法；建立和完善省直管县的财政管理体制，完善镇（乡）、村财政管理体制。深化投资体制改革，构建“政府权责明晰、调控有力，企业自主决策、平等竞争，市场开放公平、规范有序”的新型投资体制。借鉴先进地区国有企业治理经验，创新国有资产运营和监管模式；完善国有资本有进有退、合理流动的机制。探索发展多种形式的新型集体经济。健全现代市场体系，完善国有企业法人治理结构，支持和引导非公有制经济发展，积极完善金融、科技、土地、人力资源等要素市场运行机制。加快金融市场改革创新，稳步推进金融业综合经营试点；推进地方金融企业改革重组，建立若干具国际竞争力的金融控股集团，积极发展中小金融机构，完善农村金融服务体系；健全内部控制和风险防范机制，加强金融监管。改革土地供给制度，完善经营性用地土地使用权的招标、拍卖和挂牌制度。加快推进资源性产品及要素价格改革，完善重要商品、服务、要素价格形成机制和价格调控监管机制，稳定市场价格秩序。加快社会信用体系建设。

3.改革社会管理体制。

构建社会管理主体多元化的新格局，加强社会管理的体制和能力建设，着力构建政府、社会、公民共同参与的社会治理机制，发展培养社会组织，鼓励社会力量参与社会管理和服务。完善流动人口服务和管理，创新人口管理理念和机制。借鉴发达地区的先进经验，不断完善公共治理结构。整合社会管理资源，推进基层社会管理体制改革，理顺政府与城乡自治组织的关系，增强基层自治功能。完善社区管理体制，构建社区公共资源共享机制和综合治理机制。创新治安管理与城市管理、市场管理、行业管理等有机结合的新模式。深化公用事业改革，建立多元化的投资机制和规范高效的运营机制。全面完成事业单位分类改革。深化文化体制改革，创新文化服务提供方式，鼓励社会力量进入公共文化服务领域。采取政府直接提供、政府委托社会组织提供和政府购买等方式，形成多元化的公共服务供给模式，逐步建立起公益目标明确、投入机制完善、监管制度健全、治理结构规范、微观运行高效的公共服务管理体系。构建学校、家庭、社会联动工作机制，完善社会工作制度。简化社会组织注册登记办法。

4.健全民主法制。

深入开展“六五”普法教育，提高全民法律素质，着力构建法治政府，坚持依法行政，规范执法行为，全面落实行政执法责任制。加强政府的制度建设，重点加强有关完善经济体制、改善民生和发展社会事业以及政府自身建设方面的制度建设。加快推进政务公开，提高执法效能，强化执法监督，提高政府公信力。积极稳妥地推进司法体制改革和工作机制创新，推进司法公开，保证司法公正，加强司法救助和法律援助，注重社会各群体的法律保障，维护人民群众合法权益，营造民主、公正、高效的法治环境。探索从制度上完善规范性文件起草、咨询论证程序的有效途径。进一步提高政府的决策水平和施政能力，推进权力运行程序化和公开化。完善重大决策的规则和程序，健全重大决策征求民主党派和无党派人士意见的规则与程序。扩大公民有序的政治参与，引导公民依法行使权利和履行义务。健全和发展基层民主制度，切实保证城乡居民享有更多民主权利，实现政府行政与基层群众自治有效衔接和良性互动。加强村（居）委会自身建设，完善村务公开、财务公开、民主理财、民主评议村干部等各项制度。完善以职工代表大会为基本形式的企事业单位民主管理制度。全面贯彻党的民族和宗教政策。发挥工会、共青团、妇联等人民团体的桥梁纽带作用。加强新闻舆论监督，充分发挥互联网的监督作用。

四、重点建设项目

“十二五”规划，全市安排重点项目177项，估算总投资2822亿元，其中：“十二五”期间，估算投资1855亿元。项目涉及交通、能源、现代服务业、先进制造业、现代农业、水利、绿色环保、城乡建设、民生保障、文化事业等十个重点领域和重点行业（详见附表三）。初步安排开展前期工作的重点工程项目24项，估算总投资679亿元(详见附表四)。

（一）交通运输工程。

规划建设17项，估算投资523亿元，“十二五”计划投资445亿元。

重点建设广乐高速公路韶关段、赣韶铁路广东段、大广高速公路韶关段、汕昆高速公路韶关段、粤湘高速公路韶关段、韶关至柳州铁路韶关段、韶关市芙蓉新城综合客运枢纽、韶关机场改扩建、韶关市新能源汽车示范运营项目、曲江区韶钢嘉羊物流码头等项目。

（二）能源保障工程。

规划建设8项，估算投资548亿元，“十二五”计划投资254亿元。

重点建设韶关电网改造工程、韶关核电项目一期工程、韶能集团生物质发电项目、韶关发电厂“上大压小”燃煤机组扩建工程、华电南雄热电冷联供项目、国电粤华韶关（浈江）煤矸石综合利用发电项目、乳源生物燃气、韶关市管道燃气新气源配套工程等项目。

（三）现代服务业项目。

规划建设12项，估算投资214亿元，“十二五”计划投资115亿元。

重点建设大丹霞旅游综合开发、乳源南岭生态休闲旅游综合开发项目、粤北生态旅游休闲基地建设、韶关市雪印农产品冷链物流中心、华南大宗农产品物流交易中心、粤北国际物流中心、乐昌市粤湘仓储物流中心、东阳光产业研究院、丹霞山核心景区外围生态旅游保护开发、韶关现代物流中心等项目。

（四）先进制造业项目。

规划建设56项，估算投资792亿元，“十二五”计划投资537亿元。

重点建设粤北钢铁生产基地、大型高端铸锻件（韶关）生产基地技术改造项目、韶关比亚迪汽车基地建设项目、高端液压油缸制造基地技改项目、重型载货车关键零部件重型变速器总成开发和产业化、新丰环保涂料产业基地、深圳—韶关（曲江）LED产业基地、参芪扶正注射液生产安全过程质量控制先进技术的综合示范应用、东莞大岭山（南雄）产业转移工业园、仁化丹霞冶炼厂锌氧压浸出新工艺综合回收镓锗技改工程、韶关汉鸿木业高密度纤维板及家具制造基地、莞韶产业园韶关海粤能源生产设备制造等项目。

（五）现代农业项目。

规划建设15项，估算投资62亿元，“十二五”计划投资49亿元。

重点建设始兴县美青农业发展有限公司蔬菜生产基地、翁源县糖蔗产业化生产基地示范项目、韶关油茶产业化建设项目、南雄市广东金友粮油集团公司优质稻生产加工基地、南雄市国际烤烟型生产基地工程、广东信达(翁源)茧丝绸产业文化与产业体系建设项目、韶关市力冉优质鳗鱼现代工厂化循环水养殖项目、翁源仙鹤兰花长廊项目、现代标准农田建设项目、温氏生猪项目、农村新能源建设项目等项目。

(六)现代水利工程。

规划建设6项，估算投资122亿元，“十二五”计划投资74亿元。

重点建设乐昌峡水利枢纽工程、韶关市农村饮水安全工程、韶关市万亩以上灌区改造工程、韶关市小流域综合治理工程、韶关市中小河流治理工程、韶关市区第三期河堤防洪等项目。

(七)绿色生态工程。

规划建设15项，估算投资92亿元，“十二五”计划投资63亿元。

重点建设韶关市南岭山地森林生态及生物多样性功能区保护与建设项目、石漠化综合治理工程、粤北危险废物处理处置中心、广东凡口铅锌矿矿山地质环境治理项目、韶关市集中饮用水水源地环境保护工程、森林碳汇建设工程、粤北森林防护体系建设工程、电力行业降氮脱硝工程、城镇污水及垃圾处理项目、乡村整治工程、新丰遥田低中放处置场等项目。

(八)宜居城乡建设工程。

规划建设14项，估算投资305亿元，“十二五”计划投资176亿元。

重点建设莞韶工业园碧绿湖生活配套区、中国电信韶关光网络宽带城市建设项目、中国电信韶关3G移动互联网建设项目、中国电信平安韶关建设项目、莞韶工业园长湖生活配套区、曲仁矿棚户区改造、韶关市属“退出”企业棚户区改造、韶关市“三旧”改造项目、芙蓉新城基础设施建设、农村安居工程建设项目、联通综合办公楼、中国移动韶关GSM/TD/LTE无线网络建设及扩容工程、中国移动韶关本地传输网及重要节点建设、韶关市移动公司生产调度中心建设等项目。

(九)民生保障工程。

规划建设13项，估算投资45亿元，“十二五”计划投资41亿元。

重点建设粤北医疗服务中心、韶关市食品药品综合检验检测中心、义务教育规范化学校建设工程、韶关市劳教所整体搬迁、国家铅锌产品质检中心、中小学校舍安全工程、省市共建粤北现代技工教育基地、城乡基层医疗卫生服务体系工程、韶关市特殊教育学校建设、武警作战指挥中心、特警支队营房及武江分局110指挥中心、韶关市消防指挥中心和韶关市矿山救援基地等项目。

(十)文化强市工程。

规划建设21项，估算投资117亿元，“十二五”计划投资102亿元。

重点建设市区百年东街、乳源世界过山瑶民族风情园、始兴县丝绸文化产业创意园、大南华文化旅游创意产业园、广东富然油茶旅游文化科技园、仁化县石塘古村文化创意产业园、韶关市文化基础设施建设、生态农业文化创意产业基地、韶关市“两馆”建设项目、韶关市档案新馆(含数字档案馆前期)建设等项目。

重点预备项目：初步规划建设项目共24项，估算总投资679亿元。包括：韶关核电厂二期工程、光伏并网发电项目、韶关市(新丰)抽水蓄能电站、广东韶关镁工业基地项目、乐昌坪石B电厂新型干法旋转水泥项目、北江航道整治浈江、武江5级航道整治工程、韶关市城市供水工程、大宝山钼多金属矿采选工程、韶关市优质奶牛养殖基地、乐昌坪石B电厂四期、张九龄纪念公园、韶关市广播电视中心、韶关日报社报业大厦、韶关剧院演艺中心、韶关市文化艺术中心、汽车零部件检测中心、乳源抽水蓄能电站、乳源东阳光太阳能新型材料生产项目、三溪镇生态产业园、乐昌峡文化创意产业园、新丰华厦生态建陶示范基地、深圳南玻集团股份有限公司广州南玻公司高档玻璃项目和广东(新丰)云髻山奇石文化园等。

五、保障措施

充分发挥规划对经济社会发展的指导引领作用，明确规划对韶关建设粤北区域中心城市、实现韶关跨越发展的重大意义，建立行之有效的规划实施保障机制，以项目支撑规划，以资金保障规划，以政策配套规划，确保实现规划的预期目标和任务。

(一)完善规划实施机制。

完善规划体系，强化政策统筹协调，加强规划衔接，建立保障规划实施的长效机制。

1.加强衔接协调。

做好城乡规划、土地利用规划等规划与国民经济社会发展规划之间的衔接，做好专项规划、区域规划与总体规划的协调，确保总体要求一致，空间配置和时序安排协调有序，形成以国民经济和社会发展规划为统领，以主体功能区规划为基础，各类规划定位清晰、功能互补、统一衔接的规划体系。

2.加大政策保障力度。

按照规划纲要确定的目标和任务，研究制定规划实施的财政、金融、税收、价格、投资、产业、土地、人口、环保等相关配套政策，合理配置公共资源，有效引导社会资源。加强宏观经济监测预警，完善宏观调控政策，把短期调控政策和长期发展政策有机结合起来，加强各项政策协调配合，确保规划有效实施。

（二）彰显重大项目支撑。

以规划带动项目建设，以项目促进规划落实，确立中长期规划对重点项目布局的指导作用。

1.科学谋划重大项目。

实施重大项目带动战略，以增量投资促进结构调整。加强前期工作，健全重点项目储备库，将规划的重点项目具体落实到年度重点项目计划实施，形成竣工一批、启动一批、储备一批的滚动机制。

2.强化要素保障。

把重点项目列入政府重要议程，强化层级互动，集中力量保证重点项目需要，依法依规推进建设。加强与财政性资金、信贷资金的衔接和引导工作。优先保障重点项目环境容量。

3.加强项目管理。

强化项目建设全过程管理，严格建设程序。落实项目建设各项监管制度，确保安全生产，保障工程质量，保证建设工期，降低工程成本，提高投资效益。优化建设环境，继续实施重点项目建设工作责任制度，落实征地拆迁责任主体，实施考评和奖惩激励制度，排除影响项目建设进度的各种障碍。

（三）加强规划监督考评。

完善规划实施监督评估制度，强化组织实施，扩大公众参与，落实规划目标任务。

1.强化指标约束。

本规划确定的约束性指标要纳入各县（市、区）经济社会发展综合评价和绩效考核，并分解落实到相关部门，实行规划目标责任制。各县（市、区）政府及有关部门要将约束性指标和各项任务分解到年度，纳入经济社会发展年度计划。

2.加强评估考核。

各县（市、区）政府要制定加快转型升级、建设和谐韶关的指标体系和规划实施评价标准，并转化成约束性指标，分解到年度进行督促检查考核。要弱化对经济增长速度指标的评价考核，强化对结构优化、民生改善、资源节约、环境保护和基本公共服务等目标任务完成情况的综合评价考核。考核结果作为各级政府领导班子调整和领导班干部选拔任用、奖励惩戒的重要依据。完善规划年度考核和中期评估制度，检查规划落实情况，分析规划实施效果，找出规划实施中的问题，提出解决问题的对策建议。

3.强化社会监督。

采取多种形式、通过多种渠道，使公众深入了解规划确定的方针政策和发展蓝图。进一步完善规划实施的公众参与和民主监督机制，及时公开规划实施的相关信息，增进政府与公众的沟通互动，接受全社会监督。

附：1

关于印发韶关市国民经济和社会发展第十二个五年规划纲要的通知

(韶府〔2011〕15号)

各县（市、区）人民政府，市府直属各单位：

《韶关市国民经济和社会发展第十二个五年规划纲要》业经市第十二届人民代表大会第六次会议审议批准。现印发给你们，请认真组织实施。

韶关市人民政府

二〇一一年三月十九日

附：2

专栏1　韶关市主要工业园区

表1-1

六大省级经济开发区	广东韶关工业园区、广东曲江经济开发区、广东始兴工业园区、广东翁源官渡经济开发区、广东乐昌经济开发区、广东乳源经济开发区
四大省级产业转移园	东莞(韶关)产业转移工业园、东莞大岭山(南雄)产业转移工业园、东莞石龙(始兴)产业转移工业园、东莞东坑(乐昌)产业转移工业园

专栏2　韶关市域范围主体功能区划

表1-2

功能区分类	范　围
重点开发区域	浈江区、武江区、曲江区、翁源县
生态发展区域	国家南岭生态发展区：乐昌市、南雄市、仁化县、始兴县、乳源县(其中：始兴县、乳源县为省级生态发展试点县) 省级生态发展区：新丰县
禁止开发区域	依法设立的国家级、省级自然保护区、风景名胜区、森林公园、地质公园、世界自然文化遗产、湿地公园及国际重要湿地等区域

专栏3　韶关市交通网络“六高四铁两站两航”

表1-3

“六高”	京港澳(原京珠)高速、广乐高速、赣韶高速、大广高速、昆汕高速、粤湘高速
“四铁”	京广铁路、武广铁路客运专线、赣韶铁路、韶柳铁路
“两站”	芙蓉新城综合客运枢纽站、武广高铁新韶关站
“两航”	北江航道、韶关机场

专栏4　韶关市“十二五”重点专项规划名录

1.韶关市工业发展“十二五”规划
2.韶关市农业农村经济“十二五”发展规划
3.韶关市服务业发展“十二五”规划
4.韶关市社会发展“十二五”规划
5.韶关市环境保护和生态建设“十二五”规划
6.韶关市国土资源“十二五”规划
7.韶关市综合运输体系发展“十二五”规划
8.韶关市水利发展“十二五”规划
9.韶关市科学技术和产业发展“十二五”规
10.韶关市“十二五”电网发展规划
11.韶关市教育发展“十二五”规划
12.韶关市文化事业发展“十二五”规划
13.韶关市卫生发展“十二五”规划
14.韶关市人力资源和社会保障事业发展“十二五”规划
15.韶关市人口和计划生育“十二五”发展规划
16.韶关市城镇化发展“十二五”规划
17.韶关市国民经济和社会信息化“十二五”规划
18.韶关市金融改革发展“十二五”规划
19.韶关市经济体制改革“十二五”规划
20.韶关市民政事业“十二五”规划
21.韶关市防灾减灾“十二五”规划
22.韶关市地质勘查“十二五”规划
23.韶关市气象防灾减灾工程“十二五” 规划
24.韶关市安全生产“十二五”规划
25.韶关市档案事业发展“十二五”规划
26.韶关市食品药品安全“十二五”规划

中共韶关市第十一次代表大会胜利召开

2011年12月3日上午，中国共产党韶关市第十一次代表大会在市区隆重开幕。大会的主题是：认真总结我市第十次党代会以来的成就和经验，全面部署今后五年的工作任务，动员全市各级党组织、共产党员和广大干部群众，坚持绿色发展，振兴工业经济，加快建设粤北区域中心城市。

大会主席团常务委员会委员郑振涛、艾学峰、邓苏夏、林耀明、陈向新、张志才、段宇飞、赖日先、肖怀跃、李建华、李石保和其他市第十一次党代会代表出席会议。不是市第十一次党代会代表的十届市委委员、候补委员，市纪委委员；提名为十一届市委委员、候补委员和十一届市纪委委员候选人预备人选；市直及中省驻韶单位的党员主要负责同志；担任过市四套班子正职的部分老同志；驻韶部队有关负责同志列席了大会。

郑振涛同志代表中国共产党韶关市第十届委员会向大会作了题为《坚持绿色发展，振兴工业经济，加快建设粤北区域中心城市》的报告。报告全面回顾了市第十次党代会以来的工作：市第十次党代会以来，我市各级党组织团结带领广大党员干部和人民群众，锐意进取，奋力拼搏，在经济、政治、文化、社会、生态文明和党的建设各个领域都取得了丰硕成果。五年来，全市经济综合实力持续增强；城乡建设成效显著；社会文明程度不断提升；人民幸福指数明显提高；民主法制建设步伐加快；党的建设全面加强。报告总结了五年工作实践获得的经验和启示：必须坚持解放思想，增强跨越发展的精神动力；必须坚持改革创新，增强区域综合竞争实力；必须坚持改善民生，形成推动发展的强大合力；必须坚持艰苦创业，激发全社会的创造活力；必须坚持党的领导，不断提高党的执政能力。报告在深入分析当前我市面临的国际国内形势后，提出了今后五年的指导思想和奋斗目标。指导思想是：坚持以邓小平理论和“三个代表”重要思想为指导，以科学发展为主题，以加快转变经济发展方式为主线，坚定不移地走生态文明发展道路，正确处理加快发展与保护环境的关系，积极实施“绿色发展、工业强市、文化名城、人才优先、城乡统筹”五大战略，努力在经济建设、政治建设、文化建设、社会建设、生态文明建设和党的建设各个领域不断取得新成就，加快建设粤北区域中心城市，推动经济社会跨越发展，建设幸福美好韶关。奋斗目标是：经济综合实力再上新台阶；人民生活跃上新水平；社会事业开创新局面；城乡建设呈现新面貌；生态效益得到新提升；依法治市迈出新步伐；党的建设取得新成效。报告强调，要牢牢把握科学发展主题，全面完成经济社会建设各项任务。主要是建设“六个韶关”：一是构建以现代工业为核心的大产业体系，加快建设实力韶关；二是继续深化体制改革和扩大对外开放，加快建设活力韶关；三是充分发挥我市独特的生态资源优势，加快建设宜居韶关；四是积极推动文化繁荣发展，加快建设文明韶关；五是全面推进依法治市进程，加快建设法治韶关；六是大力发展以民生为重点的社会事业，加快建设和谐韶关。要坚持党要管党、从严治党的方针，全面加强党的建设，把党的政治、思想、组织、纪律和制度优势转化为推动跨越发展的强大力量。一是着力提高思想政治建设水平；二是着力提高领导班子建设水平；三是着力提高基层组织建设水平；四是着力提高人才队伍建设水平；五是着力提高党风廉政建设水平。

中共韶关市纪律检查委员会工作报告以书面形式提请大会审议。

大会选举产生中国共产党韶关市第十一届委员会委员63名、候补委员12名，市第十一届纪律检查委员会委员35名，韶关市出席省第十一次党代会代表42名。通过了关于十届市委报告和市纪委工作报告两个决议。大会于12月6日上午在市委会议中心胜利闭幕。

(廖文龙　冯方琴)

坚持绿色发展 振兴工业经济 加快建设粤北区域中心城市

——在中国共产党韶关市第十一次代表大会上的报告

(2011 年 12 月 3 日)

(中共韶关市委书记 郑振涛)

各位代表、同志们:

中国共产党韶关市第十一次代表大会今天隆重开幕。大会的主题是,认真总结我市第十次党代会以来的成就和经验,全面部署今后五年的工作任务,动员全市各级党组织、共产党员和广大干部群众,坚持绿色发展,振兴工业经济,加快建设粤北区域中心城市。

现在,我代表中国共产党韶关市第十届委员会向大会作报告,请予审议。

一、认真总结过去五年的成就和经验,进一步增强推动跨越发展的信心

第十次党代会以来,我市各级党组织团结带领广大党员干部和人民群众,锐意进取,奋力拼搏,在经济、政治、文化、社会、生态文明和党的建设各个领域都取得了丰硕成果。

经济综合实力持续增强。五年来,我们注重转变经济发展方式,调整优化经济结构,积极应对国际金融危机的冲击,战胜百年罕见的雨雪冰冻灾害和局部旱涝灾害,保持了经济平稳较快增长。预计 2011 年,全市实现生产总值 820 亿元,人均生产总值 2.8 万元,分别比 2006 年增长 76.6% 和 77.5%,五年平均增长 12% 和 13.4%;固定资产投资 471 亿元,年均增长 22.8%;实际利用外资 2.4 亿美元,年均增长 15%;地方财政一般预算收入 52.2 亿元,年均增长 18%。工业生产能力不断增强,技术水平不断提高,对经济增长的贡献率达到 41.3%。农业产业化、市场化、标准化进程加快,综合效益明显提高。丹霞山成功申报世界自然遗产,圆满承办了 2011 年广东国际旅游文化节主会场系列活动,推动以旅游业为龙头的服务业全面繁荣。县域经济增长提速,主要经济指标增速均高于全市平均水平。民营经济快速发展,增加值占生产总值的 50%。"双转移"工作连续三年获得全省"双优"。

城乡建设成效显著。老城区改造顺利进行,芙蓉新城建设有序推进,城镇化进程加快。完成了韶关大道、武广高铁韶关站、帽峰大桥和芙蓉山国家矿山公园等市政工程,城市功能日趋完善。武广高铁、韶赣高速公路建成通车,韶赣铁路和广乐高速公路建设进程加快,市到县公路全面达到二级以上水平,镇通行政村公路全面实现硬底化,北江航道韶关段通航标准和续航能力进一步提高,区域交通枢纽初步形成。湾头水利枢纽工程竣工运行,乐昌峡水利枢纽主体工程顺利完工,城乡水利防灾减灾工程体系基本建立。生态建设持续加强,森林覆盖率达到 71.5%,全市生态环境质量保持良好,初步建立起绿色生态体系。新农村建设扎实推进,乡村面貌有较大改观。

社会文明程度不断提升。公民道德宣传教育及实践活动广泛开展,市民道德素养和文明素质进一步提高。各项文明创建活动成绩突出,成功创建全国双拥模范城、国家卫生城市、国家园林城市,获得"全国文明城市"提名资格。文化体制改革不断深化,城乡公共文化设施日趋完善,社会文化生活更加丰富多彩。打造了一批在省内外有影响的文化品牌,地方特色文化得到张扬。科教兴市战略扎实推进,专利申请量、授权量连续多年居全省山区市首位;深入开展创建省教育强市工作,教育质量和办学水平不断提高,率先在全省山区市中普及15年基础教育。成功承办中国第十一届瑶族盘王节和广东省第四届少数民族传统体育运动会。城乡体育设施不断完善，群众性体育活动蓬勃发展。人口与计划生育工作态势良好，成为全国首批人口计生综合改革示范市。

人民幸福指数明显提高。注重稳定和扩大就业，城镇登记失业率控制在3.0%以内，“零就业”家庭实现动态归零。启动新型农村社会养老保险试点工作，社会保险覆盖面进一步扩大，低保和五保对象实现应保尽保。公共卫生服务和疾病防控能力不断增强，五年来未发生重大传染病暴发疫情和重大食物中毒事件。稳妥推进医药卫生体制改革，基层医疗卫生机构综合改革全面完成，社区卫生服务中心、新型农村合作医疗实现全覆盖。广泛开展慈善捐助活动，社会福利事业加快发展。积极推进保障性住房建设，基本解决了市区和县城“双困户”住房问题。扶贫开发“双到”工作成绩显著，脱贫任务按计划完成。预计2011年，城镇居民人均可支配收入16085元、农民人均纯收入7260元，五年平均分别增长10.9%和12.8%，人民群众的幸福感进一步增强。

民主法制建设步伐加快。支持人大依法履行职能，支持政协依章开展工作，民主党派、工商联和无党派人士参政议政渠道不断拓宽，统战、对台、侨务、民族、宗教政策有效落实，工青妇等群团组织的桥梁纽带作用得到充分发挥。依法治市进程加快，法治政府建设成效显著，基层民主政治建设进一步加强，人民群众的民主权利得到保障。全面完成市、县两级人民来访接待厅和县镇村三级综治信访维稳中心建设，社会矛盾纠纷排查调处机制有效运转，信访总量明显下降。社会治安综合治理深入推进，各类违法犯罪活动得到有效遏制；食品药品安全监管不断加强，安全生产形势良好，人民群众安全感明显增强。全民国防教育和国防后备力量建设取得新进展。

党的建设全面加强。圆满完成了先进性教育和深入学习实践科学发展观活动。党委（党组）理论中心组学习制度、“五个一”务虚研讨制度得到落实。大规模培训干部工作深入开展，党员干部素质明显提高。干部人事制度改革继续深化，公开选拔干部力度不断加大；县、镇、村集中换届工作全面完成，各级班子结构不断优化。干部监督工作持续加强，选人用人公信度不断提高。固本强基工程深入实施，创先争优活动扎实开展，基层党建水平不断提升。党风廉政建设责任制进一步落实，反腐倡廉工作不断深化，营造了风清气正的发展环境。

同志们，以上成绩的取得，是在省委、省政府正确领导下，全市广大党员干部和人民群众团结拼搏的结果，是历届领导班子打下良好基础和社会各界大力支持的结果。在此，我代表中共韶关市第十届委员会，向全市各级党组织、广大党员干部和人民群众，向各民主党派、工商联和无党派人士，向驻韶解放军和武警官兵，向广大离退休人员，以及所有为韶关发展作出贡献的同志们和朋友们，表示衷心的感谢，并致以崇高的敬意！

在总结成绩的同时，也要正视发展过程中存在的问题，主要是开放创新意识不够强，经济发展特别是工业经济发展不够快，体制机制运行不够活，城乡发展不够平衡，社会建设仍有不少薄弱环节，干部作风建设有待加强等。以上问题说明我们的工作与时代发展的要求、与人民群众的期盼仍有较大差距，必须引起高度重视，在今后的工作中认真加以解决。

在五年的工作实践中，我们经历了不少困难和严峻挑战，更获得了许多有益的经验和启示，主要是：

——必须坚持解放思想，增强跨越发展的精神动力。思想领先是最重要的领先，观念滞后是最致命的滞后。面对发展要求提高、发展约束力增强、各种新情况新问题层出不穷的新形势，只有敢于解放思想，敢于勇闯新路，敢于承担风险，用新的理念谋划新发展，用新的思维破解新难题，用新的举措应对新挑战，才能牢牢把握主动权，赢得跨越发展的先机。

——必须坚持改革创新，增强区域综合竞争实力。作为生态发展区，承担着加快发展和保护环境的双重使命，必须改变传统发展模式，加快转变发展方式，坚定不移地走生态文明发展道路，不断深化改革，破除阻碍发展的体制机制；必须推进自主创新，强化生产要素和社会资源的有效配置，提高发展的效率和质量，增强区域综合竞争力。

——必须坚持改善民生，形

成推动发展的强大合力。以人为本是我们党的执政理念。面对人民群众提高生活质量的迫切要求，必须把保障和改善民生摆上重要位置，致力改善人民群众的生产生活条件，做到发展为了人民、发展依靠人民、发展成果人民共享，使关心发展、维护发展、推动发展成为全民的自觉行动。

——必须坚持艰苦创业，激发全社会的创造活力。人民群众是经济社会建设的主体力量。要实现跨越发展，必须依靠广大干部群众艰苦创业，通过构建有利于创业的机制和载体，让各社会群体的创业积极性全面调动起来，让各种创业思想争相活跃起来，让各领域的创业潜能充分发挥出来，形成千帆竞发、百舸争流的全民创业氛围，增强经济社会发展活力。

——必须坚持党的领导，不断提高党的执政能力。事业成败，关键在党。要有效应对复杂多变的国内外形势，完成时代赋予我们的使命，党的领导是核心。必须坚持党要管党、从严治党方针，全面加强党的建设，不断提高党的执政能力和领导水平，永葆党的先进性，为经济社会发展提供坚强的政治和组织保障，确保我们的事业从胜利走向辉煌。

二、准确判断形势的发展变化，科学制定今后工作的指导思想和奋斗目标

当前，维护和平、促进发展和多边合作仍然是世界的主流，国家和地区之间的经济联系和互相依存空前紧密，我国在世界政治、经济、文化活动中发挥着越来越重要的作用，赢得了更为广阔的发展空间。我国工业化、信息化、城镇化、市场化、国际化进程加快，内部需求扩大，为加快发展提供了强大的内生动力。我省围绕"加快转型升级、建设幸福广东"这一核心任务，大力推进"区域协调发展"和"绿色发展"战略，将对生态发展区提供更多的政策支持和社会资源。我市经过多年的努力，水利、交通、通讯、能源等基础设施不断完善，推动发展的区位优势日益凸显；围绕新型工业化、新型城市化、特色资源产业化和生态建设系统化，初步建立了符合生态发展要求的产业体系，加快发展的后劲日益增强；广大人民群众摆脱贫穷落后、追求富裕生活的愿望十分迫切，投身发展实践的热情日益高涨，为实现跨越发展打下了坚实的基础。

但是，也必须清醒地认识到，我市加快发展还面临着不少困难和压力。从宏观发展形势看，国际金融危机的后续影响仍未消除，在保增长、调结构、管理通胀预期等方面的形势不容乐观；生态发展区的发展要求更高，各种制约因素增多，尤其是环境保护、节能降耗、治污减排的任务非常繁重，发展的难度不容低估；周边地区的发展态势逼人，各地招商引资奇招迭出，区域间的激烈竞争不容轻视；新旧矛盾交织出现，社会问题复杂多变，维护大局稳定不容松懈。从我市的具体情况看，经济发展的步伐仍然不快，尤其是工业的瓶颈制约仍未得到有效破解。回顾韶关的发展历程，昔日的辉煌得益于工业，今日欠发达也源自于工业。"十一五"时期，在全省山区市中，我市工业投资占总投资的比例排在倒数第一位，工业投资占生产总值的比例排在倒数第二位；2010年工业增加值增长速度排在倒数第一位，工业化率排在倒数第二位。这不是简单的数据对比，而是严峻的客观现实，不得不引起我们深刻反思。

根据形势判断，未来五年，是全面建设小康社会的攻坚时期，是韶关实现跨越发展的关键时期，机遇与挑战并存，希望与困难同在。全体党员干部既不要盲目乐观、自我满足，又不要妄自菲薄、意志消沉，而要树立强烈的进取意识和忧患意识，主动适应形势的发展变化，更新发展理念，创新发展方式，优化发展环境，扬长避短，化劣势为优势，变被动为主动，不断开创经济社会发展新局面。

今后五年工作的指导思想是：坚持以邓小平理论和"三个代表"重要思想为指导，以科学发展为主题，以加快转变经济发展方式为主线，坚定不移地走生态文明发展道路，正确处理加快发展与保护环境的关系，积极实施"绿色发展、工业强市、文化名城、人才优先、城乡统筹"五大战略，努力在经济建设、政治建设、文化建设、社会建设、生态文明建设和党的建设各个领域不断取得新成就，加快建设粤北区域中心城市，推动经济社会跨越发展，建设幸福美好韶关。

实施"绿色发展、工业强市、文化名城、人才优先、城乡统筹"五大战略，是坚持科学发展方向，从自身实际出发，走生态文明发展道路的重要举措。

绿色发展是转变经济发展方式的本质要求。在资源能源日趋紧缺和生态环境不断恶化的形势下，绿色发展备受关注，谁抢得了绿色发展的制高点，谁就占得了可持续发展的先机，赢得发展的主动权。我市拥有丰富的自然资源和优良的生态环境，具备绿色发展的良好条件。要把生态文明建设视为发展的基本取向，建立低能耗的生产体系、适度化的生活体系、可循环的资源体系，把资源优势转化为经济优势，既要金山银山，又要绿水青山，既要科学谋求现实利益，又要为子孙后代留下广阔的发展空间。

工业强市是实现跨越发展的必然选择。无工不富已经成为全社会的共识。加快发展工业，走新型工业化道路，是韶关发展不可逾越的重要阶段。没有工业经济的推动，跨越发展只能是一句空话；没有工业经济作后盾，保障和改善民生只能是纸上谈兵；没有工业经济作支撑，生态文明建设也只能是空中楼阁。未来五年，我们必须把发展工业作为经济建设的主攻方向，集中优势资源，调动全市力量，充分挖掘老工业基地的潜力，加快结构调整，发展新兴高端产业，建立生态型工业体系，大力振兴工业经济，以工业新崛起推动经济新跨越。

文化名城是体现区域软实力的重要标志。随着科技进步和信息化社会的到来，文化已经成为决定经济社会发展潜力和后劲的重要因素，文化资源优势一旦转化为文化经济优势，对经济社会发展将产生强大的乘数效应。要深入挖掘我市文化资源，创新文化体制，繁荣文化事业，壮大文化产业，促进文化与经济的深度融合，把韶关建设成为国家级历史文化名城，以文化的繁荣推动思想解放、促进观念更新、激发发展活力、增强发展后劲。

人才优先是加快转型升级的强力支撑。人才是最具创新精神、最具创造活力、最富创业激情的现实生产力。要牢固树立人才资源是第一资源、人才优势是第一优势的观念，坚持人才资源优先开发、人才结构优先调整、人才投资优先保证、人才制度优先创新，加快培养一大批高素质的党政领导人才、企业经营人才、科技创新人才和社会管理人才，使人才总量和质量基本满足产业转型升级和社会进步需求，为推动经济社会跨越发展提供坚强的人才保证和智力支持。

城乡统筹是实现社会和谐的客观需要。县域经济偏弱、城乡发展不平衡是韶关的最大短板。这个难题不破解，我市整体发展水平就难以提高。必须把统筹城乡发展作为今后的重要战略任务，根据各县（市、区）的实际条件，培育优势互补、产业互动的县域特色经济体系，做大做强县域经济；注重民生事业建设，推动优质社会资源向农村倾斜，促进城乡公共服务均等化，继续打好扶贫开发“双到”攻坚战，最大限度地缩小区域、城乡差距，实现城乡共融发展。

实施好以上五大战略，我们有信心建设一个政治安定、经济活跃、文化繁荣、社会和谐、环境优美、人民幸福安康的粤北区域中心城市。

——经济综合实力再上新台阶。到2016年，全市生产总值和人均生产总值年均分别增长12%和11%以上；地方财政一般预算收入年均增长10%以上。经济结构不断优化，工业的主导地位进一步凸显。自主创新能力不断提高，科技对经济增长的贡献率达到55%，区域综合竞争力明显增强。

——人民生活跃上新水平。城镇居民人均可支配收入和农民人均纯收入年均增长均达到8.5%以上。城镇低收入人群的住房条件明显改善，农村危旧房改造基本完成。绝对贫困人口大幅减少，恩格尔系数不断下降，群众幸福指数不断提高。

——社会事业开创新局面。覆盖城乡的社会保障体系基本形成，城镇登记失业率控制在3.5%以内；教育创强工作目标全面实现；公共卫生和医疗服务水平大幅提升；公共文化服务体系进一步完善，群众文化需求得到较大满足；全民健身服务水平不断提高；低生育水平持续稳定，基本建成粤北教育、文化、医疗服务中心。文明创建工作扎实推进，力争成功创建全国文明城市。

——城乡建设呈现新面貌。韶关市区和县城旧城改造扎实推进，新城区建设进程加快，曲江城区与韶关老城区进一步融合，城镇化水平不断提高，基本建成粤北区域中心城市。农村交通、水利、水文、气象、治污等基础设施不断完善，社会主义新农村建设取得重大进展。

——生态效益得到新提升。全民环境意识不断增强，污染物排放得到有效控制，城乡生活污水和垃圾基本实现无害化处理，森林覆盖率稳步提高，空气质量不断优化，各类资源得到有效保护，创建全国生态文明建设示范市工作取得新进展。

——依法治市迈出新步伐。民主决策制度更加完善，公民的知情权、参与权、选择权和监督权得到有效保障。法治政府建设进程加快，城乡居民自治更加充满活力。社会管理不断创新，公平正义充分彰显，社会大局保持和谐稳定。

——党的建设取得新成效。党员干部理论素养明显提高，领导班子结构进一步优化，基层组织建设水平不断提升，党风廉政建设成效显著，党群干群关系日益融洽，党的执政能力明显增强，党和政府的公信力进一步提高。

三、牢牢把握科学发展主题，全面完成经济社会建设各项任务

今后五年，韶关的发展任务非常繁重。我们要集中全党全民的智慧和力量，按照科学发展的要求，审时度势，抢抓机遇，团结进取，攻坚克难，全面完成经济社会发展的各项任务。

（一）构建以现代工业为核心的大产业体系，加快建设实力韶关。

立足于生态发展区的功能定位，坚持绿色发展理念，培育以新型工业为核心，现代农业和服务业共同发展的现代产业体系，加快产业转型升级，努力提高区域经济竞争力。

构建新型工业体系。工业是区域经济的核心。要坚持新型工业化发展方向，抢抓发达地区产业转移的重大机遇，加快建设先进制造、资源深加工、高新技术等产业基地，注重发展装备制造业总部经济，构建以传统优势产业为基础、高新技术产业为先导、先进制造业为骨干的新型工业体系。一是推进传统产业特色化。充分发挥资源优势，通过信息化带动，运用高新技术改造提升钢铁、有色金属、烟草、装备制造、玩具等优势传统产业，加大结构调整力度，实现全面转型升级，打造特色工业品牌。二是推进新兴产业高端化。大力发展先进制造、新材料、新能源、电子信息、生物医药、精细化工等高新技术产业，优化产业结构，提升工业发展水平。三是推进中小企业集群化。发挥骨干企业和龙头项目的集聚作用，延长产业链条，形成主导产业突出、同类行业集聚、配套企业完备的产业集群。四是推进产业布点园区化。加强各类工业园区建设，市区重点打造莞韶产业园经济带，各县（市）发展一批特色工业园区，优化产业承接载体，促进转移产业向园区集中，进一步做大做强园区经济，使之成为县域经济的重要增长点。五是推进招商引资优质化。立足于我市的区位交通、资源环境和产业基础，科学设定准入门槛，全力开展产业招商，积极引进产业关联度大、技术水平高、带动能力强的重大项目和百强企业，着力提高资源利用和产业集聚效益。

构建生态农业体系。按照发挥比较优势、突出地方特色的发展思路，构建生态、安全、高效的现代农业体系。一是完善农业生产体系，加快粤北现代农业示范园区、粤台农业合作示范区等现代农业生产基地建设，打造颇具规模的现代农业产业带；充分发挥各地资源优势，因地制宜，龙头带动，集约经营，形成“一地一业”、“一村一品”的专业化生产格局。二是完善农产品加工流通体系，实现生产、加工、包装、贮藏、流通等环节一体化链接，把我市建设成为优质农产品生产加工基地、华南农产品物流交易中心。三是实施农业品牌战略，积极推进农业标准化建设，鼓励农产品申报著名商标、驰名商标、国家地理标志产品，打造一批无公害农产品、绿色食品、有机农产品等特色品牌，提高农产品的市场竞争力。四是完善农业社会化服务体系，大力发展农民专业合作组织，提高农业组织化程度，增强抗御市场风险的能力。五是加强农业与旅游的融合，在观光农业中引入田园生活体验，丰富生态旅游内涵，提高农业综合效益。

构建现代服务业体系。坚持把发展现代服务业作为产业结构转型升级的重点，加快构建与新型工业化、新型城市化相配套，与城乡居民需求相适应的现代服务业体系。一是加快发展旅游业，依托“大丹霞、大南华、大南岭、大珠玑”等龙头景区，引进战略投资者，加强旅游资源开发、旅游设施建设和旅游宣传营销，构建大旅游发展格局，推动我市由旅游资源大市向旅游经济强市转变，实现旅游业率先跨越发展。二是加快发展现代流通业，充分发挥广东北部重镇和“桥头堡”的区位优势，引进大型商贸企业和知名物流企业发展第三方物流业，建设若干个大型化、高档次的专业批发市场，打造区域物流中心，带动商业贸易、旅业餐饮、交通运输等传统服务业做大做强，争取建立一批国家和省级质量检测中心，为工农业生产提供优质配套服务。三是加快发展现代金融业，吸引更多金融机构落户我市，创新金融服务方式，拓宽直接融资渠道，促进区域金融合作，充分发挥金融对经济社会发展的推动作用。四是加快发展新兴服务业，支持发展信息服务、文化创意、会展产业，鼓励发展养老服务、健康服务、法律和会计等中介服务，培育现代服务业新增长点。

（二）继续深化体制改革和扩大对外开放，加快建设活力韶关。

改革开放是推动发展的永恒动力。我们要与时俱进、顺势而为，进一步巩固和发展改革开放成果，立足新起点，把握新趋势，建立新机制，增创新优势。

深化体制和机制改革。深化行政管理体制改革，加快大部门制改革步伐，改革行政审批制度，减少审批事项，优化服务流程，提高服务效率；加强效能建设，完善绩效评估，落实行政问责，提高各级政府的执行力；推进富县强镇事权改革，理顺市与区、县与镇的事权关系，促进财力与事权相匹配，增强县镇发展活力。深化经济管理体制改革，健全资源性产品及要素价格市场化形成机制，建立完善的现代市场体系；继续推进以产权制度为重点的国有企业改革，建立国有资产科学运营体系，确保国有资产保值增值；加快金融体制创新，积极发展为中小企业服务的金融服务体系，培育有利于工业和“三农”发展的金融服务机构，优化金融生态环境；加强政府投资项目管理，提高政府投资项目的社会效益和经济效益。深化社会管理体制改革，落实社会建设部门职责，建立科学考评机制，不断提高各级政府的社会管理水平；健全公共财政体系，优化财政支出结构，确保财政资金向以改善民生为重点的社会建设领域倾斜。继续深化农村综合改革，完善镇村财政管理体制，积极稳妥化解镇村债务；完善农村土地流转制度，推动农业生产规模化经营；完善林业产权制度，促进现代林业健康发展。

加强区域合作与交流。紧紧抓住空间条件变化带来的新机遇，进一步扩大对外开放领域，搭建区域合作平台，创新合作方式，完善合作机制，消除市场壁垒，加速生产要素流动。加强与珠三角及港澳台地区在项目、资金、技术、人才等方面的合作交流，积极引进科技型、环保型、创税型等新型工业项目，优化我市工业结构。开辟与长三角的合作交流渠道，扩大合作范畴，丰富合作内涵，争取更大的发展空间。加强与周边地区的合作交流，在基础设施、经贸、能源、旅游、环境治理等方面形成长效合作机制，促进区域共融发展。加强区域内部协调，根据县域的资源禀赋、区位条件和产业基础，优化生产力布局，实施错位发展；建立利益分享机制，协调好各种利益关系，避免在招商引资和承接产业转移中出现恶性竞争。转变外贸发展方式，鼓励和支持企业“走出去”，开展多种形式的合资合作，提升对外贸易的规模和水平。

扩大投资和消费需求。坚持项目带动，加快推进重点在建和续建项目，督促落实广东省《关于促进粤北山区跨越发展的指导意见》确定的项目，积极争取中央和省的新上项目，着力扩大全社会固定资产投资特别是工业投资规模，提高工业投资占总投资的比例。按照建设大交通的思路，大力推进立体化交通网络建设，重点推进广乐、大广高速公路韶关段和韶赣铁路工程，加快推进博仁、昆汕高速公路韶关段建设，做好韶柳铁路的前期工作，加强北江航道整治和港口建设，争取启动韶关机场建设项目，力争建成国家级交通枢纽城市。加快实施百亿水利工程，建立人水协调的防灾减灾和持续优化的水资源配置体系。注重扩大内需，培育消费增长点，增强消费对经济增长的贡献。依据居民的消费预期，完善消费政策，改善消费环境，积极拓展新兴服务消费，大力推广节能环保型消费品，促进消费结构升级。加强消费者权益保护组织建设，切实维护消费者权益。

推动民营经济加快发展。认真落实民营经济发展扶持政策，完善民营企业服务体系，加快推进省级中小企业创业基地、民生创业园建设，培育全民创业载体。消除束缚生产力发展的体制性障碍，鼓励民营企业进入基础设施、民生事业、公共服务等各个领域。拓宽融资渠道，完善民营企业信用担保体系，加大对民营企业的信贷支持力度。扶持民营企业加强技改与创新，加快民营工业企业转型升级，促进民营经济跨越发展。

不断增强自主创新能力。加强创新环境建设，完善推动科技进步投入机制，形成以政府为引导、企业为主体、社会力量参与的创新投入体系；落实自主创新激励政策，加强知识产权保护，打击知识侵权行为，切实保护创新成果。加强创新主体建设，支持企业和高等院校、科研院所联合组建产学研创新联盟，共建一批政产学研合作示范基地，鼓励企业应用现代技术提升核心竞争力，推动科研成果向现实生产力转化。加强创新平台建设，引导有条件的企业创建、申报国家级或省级研发中心、工程技术中心等创新机构，争取国家级和省级工程（技术）研发中心、重点实验室在韶建立分支机构，增强科技孵化能力。加强创新品牌建设，加大产品设计、产品中试、关键技术等方面的研发力度，在冶金冶炼、机械制造、生物制药、玩具设计、汽车中试等领域，打造一批具有较大影响力的创新品牌。

（三）充分发挥我市独特的生态资源优势，加快建设宜居韶关。

我市生态资源独特而丰富，要以创建全国生态文明建设示范市为抓手，加强生态保护和建设，打造环境优美、人与自然和谐相处的宜居城乡。

优化生态环境。一是发展循环经济。积极实施生态文明建设发展规划，建立低碳低耗低排的循环经济体系。加快淘汰落后产能，以产业转型升级倒逼高能耗、高污染、低附加值产业加快退出。加强工业园区内部上下游企业生产配套，建立资源有效利用的循环模式，实现废弃物的循环利用。积极推行清洁生产，加快生产工艺的改进和设备的更新，以技术提升减少污染物产生。积极实施韶冶易地升级改造工程，加快“中国锌都”建设步伐，形成符合绿色发展要求的有色金属材料产业基地。完善再生资源回收体系和垃圾分类回收制度，建立企业、园区、城市三个层面的循环经济框架，构建资源节约型社会。二是加强节能减排。认真落实节能减排工作规划，充分发挥土地、环保、价格、信贷的杠杆作用，突出抓好生产领域的节能工作，严格控制重点行业污染物排放，鼓励生产和使用节能节水节材产品，建设环境友好型社会。三是抓好自然生态建设。完善生态建设机制，积极调动社会力量，大力开展封山育林，进一步丰富森林资源；加强对自然遗产地、自然保护区、水源涵养区、森林公园、生态景区的保护，推进生物多样性生态功能区建设；加强水土流失和石漠化综合治理，加大矿山地质环境综合整治力度，增强生态修复能力，维护生态持久平衡。

打造宜居城市。按照生态宜居要求，统筹推进韶关市区新老城区一体化建设，进一步优化城市空间布局。充分利用“三旧”改造政策，抓紧实施旧城区改造、马坝片区同城化等城市提升工程；严控违法用地和违章建筑，维护城市规划的严肃性；全面推进芙蓉新城项目开发，完善新城功能性基础设施，启动市行政服务中心建设项目，使新城开发取得实质性进展。加强城市公共交通设施建设，提升公共交通服务的效率和质量，满足城市不断扩张的交通需求。推进市区绿化美化亮化工程，加强三江六岸景观建设，优化城市人居环境，把韶关建设成为适宜居住、创业、旅游的山水名城。

发展特色城镇。进一步加强城镇规划，根据各地经济社会发展水平、区位特点和环境基础，合理确定城镇化发展目标，引导发展旅游休闲型、绿色产业型、工矿资源型、商贸集散型和民族文化型城镇。积极推行“绿色建筑”，采用可再生的“绿色能源”，增加城镇的“绿色面积”，优化城镇生态环境。加强水利设施、水文监测、气象预报、地质灾害防控等防灾减灾工程建设，提高城镇抵御自然灾害的能力。加强交通、通讯、供水、供电、垃圾和污水处理等生活设施建设，健全城镇生活服务功能。加强教育、卫生、文化、体育等服务设施建设，提高城镇公共服务水平。大力发展特色经济专业镇，建立以民营经济为主体的城镇产业体系，把城镇建设成为农村产业的聚集区、农村经济的增长点、农民市民化的转换地和农村公共服务的中心区，真正成为城乡互动的桥梁。

建设美丽乡村。按照建设社会主义新农村的总体要求，围绕打造一批名镇、名村、示范村的目标，坚持综合配套、协调推进，统筹开展美丽乡村建设。实施农村新村建设规划，综合整治农村环境，落实“以奖促治”政策，大力开展“万村百镇”整治和乡村“清洁美”工程，减少农业面源污染，改善农村生产生活条件。加快农村信息化建设，推动城市信息服务向农村延伸，重点开发面向农村的教育卫生、科技文化、社会保障、技能培训、转移就业、产品流通与生态旅游等信息资源，提高广大农村的现代文明水平。

（四）积极推动文化繁荣发展，加快建设文明韶关。

坚持社会主义先进文化的前进方向，深化文化体制改革，繁荣文化事业，发展文化产业，提升文化软实力，加快建成区域文化中心。

加强公民道德建设。深入开展以社会主义核心价值体系为重点的现代公民教育，弘扬以爱国主义为核心的民族精神和以改革创新为核心的时代精神，保持积极向上的精神风貌。大力加强社会公德、职业道德、家庭美德、个人品德建设，广泛开展群众性精神文明创建活动，倡导爱国守法、明礼诚信、团结友善、勤俭自强、敬业奉献的道德规范，提升全民思想道德水平。坚持主流价值引领，综合运用教育、法律、行政、舆论手段，引导市民知荣辱、讲正气、尽义务，形成扶正祛邪、惩恶扬善的良好社会风气。不断加强人文关怀，关注特殊群体，注重心理疏导，培育积极进取、理性平和、开放包容的社会心态。

推进文化事业建设。以建设区域文化中心为目标，建立覆盖城乡、与经济发展水平相适应的公共文化服务体系。以创建全国文明城市为契机，建设一批标志性文化设施和公益性文化项目，争创一批国家级和省级历史文化名镇（村），培养一批有影响力的文化学术带头人和优秀民间文艺人才，推出一批享誉度较高的文艺精品佳作。深度挖掘粤北特色文化资源，健全北伐战争纪念馆、抗战时期中共广东省委暨粤北省委机关旧址和韶阳楼的功能设施，重建通天塔、风度楼等历史文化古迹，彰显岭南历史文化名城风貌。健全基层公共文化服务网络，继续实施广播电视“村村通”、农家书屋等文化惠民工程，广泛开展群众性文化活动，促进城乡基本公共文化服务均等化，满足群众基本文化需求。深化文化体制改革，完善政策保障机制，鼓励社会力量进入公共文化服务领域。加强历史文化遗产的保护、研究和开发，建立以客家文化、禅宗文化为主导的韶关特色文化体系，打造特色文化品牌。

加快文化产业建设。发挥市场在文化资源配置中的积极作用，引进战略投资者，鼓励和引导非公有制经济发展文化产业。做大做强平面传媒、广播电视、出版印刷、娱乐演艺等文化服务业，培育创意设计、信息网络、现代传媒等新兴文化产业，提高文化传播能力。加强对文化产业集群的规划建设，打造各类特色文化产业园区，推动文化产业聚集发展，提高文化产业竞争力。加强对外文化交流与合作，拓宽文化产业发展空间，提升韶关文化对外影响力。加强新闻出版、音像制品、互联网等文化市场监管，促进文化市场健康发展。

（五）全面推进依法治市进程，加快建设法治韶关。

加强民主法制建设，加快依法治市步伐，积极营造推动经济社会跨越发展的法治环境。

推进民主政治建设。按照总揽全局、协调各方的原则，加强和改进各级党委对同级人大、政府、政协和司法机关、人民团体的领导，建立规范化的工作关系和协调机制。支持人大依法履行职权，发挥人大代表反映民意、集中民智的作用。支持政协按照章程开展工作，发挥政治协商、民主监督、参政议政的职能作用。巩固和发展最广泛的爱国统一战线，完善中国共产党领导的多党合作制度，拓宽民主党派和无党派人士参政议政渠道。严格执行党的民族、宗教、对台事务和外事侨务政策，发挥各方面优势，维护团结统一、生动活泼的政治局面。加强对工青妇等人民团体的领导，充分发挥他们联系党和人民群众的桥梁纽带作用。推进科学民主决策，健全决策机制，完善决策规程，各级政府在制定公共政策时，要召开社会各界座谈会、听证会，并在网上广泛征求公众意见，增强决策透明度和公众参与度。同时，建立专家咨询论证制度，对重大决策事项进行风险评估，做到决策机制科学、决策过程透明、决策结果公开、决策成果惠民。加强基层民主政治建设，完善党务、政务、村务和厂务公开，提高基层群众自治组织自我管理、自我服务、自我教育、自我监督的能力。认真落实党管武装各项制度，不断提高应战、应急能力；加强国防教育，深入开展“双拥”创建活动，不断增进军政军民团结。

加强社会主义法制建设。牢固树立社会主义法治观念，坚持在法律面前人人平等，切实维护社会公平正义。全面落实行政执法责任制，坚持依法行政，加快建设法治政府。实施“六五”普法规划，加强法制宣传教育，推进法治文化建设，提高公民法律素质。推进司法制度改革，规范司法行为，强化司法监督，促进司法公正，维护法律权威，提高人民群众对司法工作的满意度。健全法律服务体系，加大司法救助和法律援助力度，切实维护困难群体的合法权益。

（六）大力发展以民生为重点的社会事业，加快建设和谐韶关。

坚持以人为本，注重发展的公平性和普惠性，大力加强社会建设，创新社会管理，完善社会服务，促进社会和谐。

促进公平就业。实施积极的就业政策，健全各级就业服务体系，完善城乡一体化的人力资源市场，优化就业环境。倡导机会均等，消除性别、身份、地域歧视，促进社会各类群体公平就业。鼓励以创业带动就业，多渠道开发就业岗位，重点做好城乡困难家庭、失地农民、高校毕业生、退役军人的就业服务。强化企业的社会责任，改善用工环境，提高员工待遇，依法维护劳动者权益，构建和谐劳动关系。

加大扶贫开发力度。进一步完善扶贫开发机制，把扶贫开发与发展农村经济结合起来，与加快社会主义新农村建设结合起来，与加强基层组织建设结合起来。进一步拓宽扶贫资金渠道，全方位开展产业扶贫、科技扶贫、教育扶贫。要在全面完成扶贫开发“规划到户，责任到人”工作目标的基础上，加大对革命老区、边远山区、少数民族地区的扶持力度，对生产生活环境非常恶劣的“两无”地区有序开展异地搬迁，从整体上加快脱贫奔康步伐。

大力发展社会保障事业。加强社会保障服务体系建设，加快推进新型农村社会养老保险、城镇居民社会养老保险工作，构建覆盖城乡的养老保险体系；加强城乡医疗保障体系建设，构建城乡一体化的“大医保”格局；完善以城乡居民最低生活保障制度为基础的各项社会救助制度，稳步提高救助对象的生活水平；大力发展社会福利和慈善事业，建立社会养老服务体系，健全社会孤残儿童保障机制，提高社会福利水平；加快城镇保障性住房建设，多渠道增加保障性房源供给，加快棚户区改造，努力解决城镇低收入家庭的住房问题。

优先发展教育事业。围绕建设教育强市目标，建立与公共财政体制相适应的教育财政制度，拓宽社会化教育投资渠道，不断改善办学条件。完善义务教育均衡发展长效机制，在优质师资配置和新增义务教育经费方面，有针对性地向农村学校和城镇薄弱学校倾斜，切实保障农村留守儿童、城镇困难家庭和外来务工人员子女接受义务教育的权益。巩固高中阶段教育普及成果，推动普通高中由数量向质量转变。优化配置职业技术教育资源，开展规模化、集团化、连锁化办学，打造职教品牌，建设区域职业技术教育中心。着力提高韶关学院、松山职业技术学院、广播电视大学等高等院校的办学质量，加快培养高层次实用型人才。注重发展学前教育、特殊教育和民族教育，健全成人教育和社区教育，构建全民终身教育体系，促进人的全面发展。

加快发展卫生体育事业。围绕打造粤北区域医疗服务中心的目标，建立覆盖城乡的医疗服务、公共卫生、医疗保障和药物供应体系，确保人人享有基本医疗卫生服务。健全公立医院管理体制，加强社区卫生服务机构和乡镇卫生院建设，完善新型农村合作医疗制度，鼓励社会资本参与医疗卫生事业建设，为群众提供有效、安全、方便、价廉的医疗服务。实施“名医、名科、名院”工程和中医药强市战略，全面提高医疗卫生服务水平。加强公共卫生防控体系建设，预防和控制重大流行性疾病及重大疫情，维护公共卫生安全。大力实施全民健身计划，完善城乡体育设施，积极开展群众性体育运动，提高全民身体素质和健康水平。扎实推进“全国人口计划生育综合改革示范市”建设，创新人口服务管理机制，统筹解决人口问题，进一步稳定低生育水平，促进人口长期均衡发展。

加强和创新社会管理。抓紧构建党委领导、政府负责、社会协同、公众参与的社会管理格局。改进群众工作方法，完善网络问政和信访工作机制，畅通群众诉求、利益协调、权益保障渠道，切实维护群众合法权益。加强县、镇、村综治信访维稳三级平台建设，加大矛盾纠纷排查调处力度，把矛盾纠纷解决在萌芽状态。实施社会稳定风险评估，健全突发事件预警和应急机制，提高危机管理和抗风险能力，有效应对自然灾害、事故灾难与社会公共安全事件。创新社区管理，推广社区网格化管理，实现政府行政管理与基层群众自治的良性互动。全面实施“居住证”制度，加强对外来人口、特殊人群的管理服务。积极发展社会组织，加强社会工作者和志愿者队伍建设，提高社会志愿服务水平。健全网上舆论引导机制，强化网络虚拟社会管理，确保网络虚拟社会安全有序。全面落实安全生产责任制，严格安全生产管理，坚决遏制重特大安全生产事故。强化食品药品安全监管，不断提高食品药品安全保障水平。加强社会治安综合治理，构建立体化社会治安防控体系，依法打击各类违法犯罪活动，建设平安和谐韶关。

四、着力提高党的建设科学化水平，为跨越发展提供坚强的政治和组织保障

持党要管党、从严治党的方针，全面加强党的建设，把党的政治、思想、组织、纪律和制度优势转化为推动跨越发展的强大力量。

（一）着力提高思想政治建设水平。以推动思想解放和提高科学发展能力为目标，推进学习型党组织建设，引导党员干部把学习作为一种精神追求，自觉加强理论武装，真正做到学以立德、学以增智、学以创业，以新的学习热潮推动新一轮思想解放，引领新一轮的发展。加强理想信念教育，牢固树立执政意识、宗旨意识、大局意识和责任意识，增强贯彻执行党的路线方针政策的自觉性和坚定性。继续开展大规模培训干部工作，整合各类党员教育资源，形成分工合理、优势互补、特色鲜明、资源共享的干部培训体系；实施领导干部重点培训、年轻干部优先培训、一般干部普遍培训，着力提高党员干部对重大理论实践问题的认识，提高谋划科学发展、创新社会服务管理的本领。

（二）着力提高领导班子建设水平。以提高执政能力和领导水平为核心，以建设“四有班子”为抓手，切实加强领导班子建设。一是选好配强各级领导班子。坚持正确的用人导向，继续加大竞争性选拔和从基层一线选拔干部力度，及时把德才兼备、实绩突出、群众公认的优秀干部选拔到各级领导岗位，进一步优化班子结构，增强班子整体功能，提高班子战斗力。二是加强民主集中制建设。进一步规范领导班子议事规则和决策程序，凡是涉及经济社会发展的重要决策和重大问题的处理，必须经集体讨论决定，不允许搞“一言堂”，班子成员在议事过程中，只有一票表决权，任何人都不能凌驾于集体领导之上。三是完善政绩考核评价体系。以科学发展为导向，细化考核指标，优化考核程序，强化考核结果运用，考出新精神，考出新动力，考出新气象，真正把各级领导班子建设成为善于推动发展、改善民生、促进和谐、加强党建的坚强领导集体。

（三）着力提高基层组织建设水平。以加强党的先进性建设为主线，坚持不懈地抓好党的基层组织建设，全面夯实党的执政基础。一是深入开展创先争优活动。通过党组织和党员创先争优影响群众、感染群众、带动群众，使创先争优成为全社会的价值取向和目标追求。二是完善基层党组织设置。主动适应经济结构、产业布局、组织形式、行业分工、党员流向的变化趋势，在各个领域科学设置党的组织，尤其要加强“两新”组织党的建设，实现党的组织和党的工作全覆盖。三是创新党的活动载体。在农村要深化拓展“民情日记”、“民忧档案”、“支部+协会”、“党员创业示范工程”等活动，打造一批特色鲜明的农村基层党建品牌。在社区要大力开展“六好”平安和谐社区创建活动，不断提高服务居民的工作水平。四是完善基层党建机制。健全基层党员干部轮训机制，不断提高基层干部队伍素质；健全工作机制，坚持“四民主工作法”和“四议两公开”制度，着力提高工作质量；健全关爱激励机制，有效解决困难党员的生产和生活问题；健全基层党员管理机制，尤其要加强对流动党员的管理，使他们任何时候都不脱离党的组织，不忘党员的义务，不做特殊党员。做好发展党员工作，把发展的质量放在首位，把发展的重点放到基层生产一线，不断优化党员队伍结构，提高基层党组织的凝聚力、向心力和战斗力。

（四）着力提高人才队伍建设水平。全面实施人才优先战略和人才规划纲要，加快人才体制改革和人才政策创新，努力建设一支规模较大、结构较优、素质较强、效能较高的人才队伍。坚持把优质干部资源向基层倾斜，重视从基层一线发现、培养和选拔干部。实施“种苗工程”，加强后备干部队伍建设，加快培养高层次创新人才、高素质党政人才、经济社会发展适用人才。加大干部交流轮岗力度，强化干部多岗锻炼，丰富经验、增长才干。加强人才内外交流与合作，采取公开招聘、技术协作、鼓励兼职等方式，引进高层次人才和急需人才。加快高层次人才创新创业基地、企业研发机构建设，拓宽人才发展平台。深化干部人事制度改革，强化人才岗位管理，健全以能力和业绩为导向的人才评价激励机制，优化人才发展环境。建立党委、政府人才工作目标责任制，健全多元化的人才资源开发投入保障机制，完善人才市场服务体系，营造尊重知识、尊重人才、尊重创新的浓厚氛围。

（五）着力提高党风廉政建设水平。党的作风关系到党的生死存亡和事业的成败兴衰。在新的历史时期，全党要主动应对新情况、新问题、新挑战，切实加强党风廉政建设。一是加强党同人民群众的血肉联系。各级领导干部要坚持以人为本、执政为民，把人民的利益放在首位，真诚倾听群众呼声，真实反映群众愿望，真情关心群众疾苦。坚持问政于民、问计于民，把政治智慧的增长、执政本领的增强深深扎根于群众的创造性实践之中。二是发扬求真务实、真抓实干的作风。各级领导干部要牢固树立正确的政绩观，把精力和心思集中到干事创业上，敢想敢干、敢为人先，勇于攻坚、善于克难。要切实提高决策执行力，坚决克服固步自封、墨守成规、消极畏难的思想，坚决反对急功近利、搞短期行为、办形象工程的风气，坚决纠正推诿扯皮、有令不行、有禁不止的行为，狠抓各项决策部署的贯彻落实，以实干求业绩，以实绩赢民心。三是加强反腐倡廉教育。以正面宣传、典型示范和警示教育推进廉洁文化建设，引导广大党员干部自觉抵制消极腐朽观念的侵蚀，筑牢拒腐防变的思想防线。四是加强对权力运行的监督。建立结构合理、配置科学、程序严密、制约有效的权力运行机制，从制度上强化对权力运行的全程监督，尤其要加强对重点领域、重点岗位和主要领导干部的监督，从源头上铲除滋生腐败的土壤。五是严厉惩处腐败。加大案件查处力度，重点查处领导干部以权谋私、商业贿赂、损害群众利益的案件，着力解决群众反映强烈的突出问题，以党风廉政建设和反腐败工作的实际成果取信于民，营造风清气正、政通人和的发展环境。

同志们，发展的号角催人、人民的重托如山，容不得我们有半点懈怠。让我们更加紧密地团结在以胡锦涛同志为总书记的党中央周围，高举中国特色社会主义伟大旗帜，以邓小平理论和“三个代表”重要思想为指导，深入贯彻落实科学发展观，振奋精神、凝心聚力、团结拼搏、务实创新，为实现经济社会跨越发展、建设幸福美好韶关而努力奋斗！

在韶关市纪念中国共产党成立90周年暨表彰大会上的讲话

(2011年6月27日)

中共韶关市委书记　郑振涛

同志们:

今天,我们在这里隆重集会,庆祝中国共产党成立90周年。同时,对全市60个先进基层党组织、120名优秀共产党员、50名优秀党务工作者进行表彰。在此,我代表中共韶关市委,向参加会议的同志,并通过你们向辛勤工作在各个领域、各条战线上的广大共产党员致以崇高的敬意和诚挚的问候!向受表彰的先进基层党组织、优秀共产党员和优秀党务工作者表示热烈的祝贺!

中国共产党自诞生之日起,就根植于人民群众之中,以振兴中华为己任,高举马列主义的伟大旗帜,致力于民族解放事业,在内忧外患的民族危亡关头,勇敢地挑起了救国救民的历史重任,以极其强大的凝聚力,团结带领全国各族人民,抵御外侮,救亡图存,追求民主,反对专制。经历了长期战火的洗礼,冲破了无数艰难险阻,推翻了压在中国人民头上的“三座大山”,建立了社会主义新中国,赢得了民族的独立自主和人民当家作主,从根本上改变了中华民族的命运,开启了中国历史新纪元。

中国共产党以其坚定的信念,经受了长期执政的严峻考验。在社会主义建设时期,完成了中国历史上最广泛、最深刻的社会变革,坚定不移地走中国特色社会主义道路,在改革开放中崛起,在开拓创新中发展,创造了一个又一个的奇迹,实现了一次又一次的历史性跨越,推动经济文化、国防科技、社会事业全面腾飞,为中华民族的伟大复兴奠定了坚实的基础。综合国力的迅速提高,展示了我们党高超的执政能力;香港、澳门的回归,高扬了中华民族的尊严和威望;在应对金融危机和处理国际事务中,向全世界展示了一个坚强的中国、负责的中国和强大的中国。历史雄辩地证明,没有共产党就没有新中国,没有共产党就没有人民的幸福生活,没有共产党就没有中国特色社会主义事业的胜利。

中国共产党坚持把国家和人民的利益放在首位,始终代表中国先进生产力的发展要求,代表中国先进文化的前进方向,代表中国最广大人民的根本利益,从土地革命到改革开放,每一个阶段,每一项决策,都顺应天时民意,体现了强国富民的理想目标,从而赢得了全国各族人民的衷心拥护,获得了取之不竭的力量源泉,从胜利走向胜利,从成功走向辉煌。中国共产党的90年,是与国家和人民同呼吸共命运,为国家繁荣昌盛、人民幸福富裕呕心沥血、艰苦奋斗的90年;是引领国家从积贫积弱走向独立自主、繁荣富强的90年;是经过毛泽东、邓小平、江泽民、胡锦涛为代表的几代中国共产党人的努力,从小到大、从弱到强,与时俱进、自我完善的90年。中国共产党以其伟大的历史功绩向世界证明,她不愧是中华民族的灵魂,不愧是中国各族人民利益的忠实代表,不愧是伟大、光荣、正确的党。中国共产党不仅有能力争得民族独立和人民的解放,而且有能力带领中国进入现代化行列,跻身于世界先进民族之林。

韶关是具有光荣革命历史的革命老区。革命战争年代,无数共产党员满怀革命理想,积极投身革命事业,赴汤蹈火、在所不辞。在枪林弹雨中,冲锋在前、前赴后继,在敌人的屠刀面前,坚贞不屈、大义凛然,用生命和鲜血,为新中国的诞生作出了卓越的贡献。新中国成立后,我市各级党组织和共产党员听从党的召唤,积极投身社会主义建设,挥汗流血、艰苦创业,铸造了华南重工业基地的辉煌;在改革开放的伟大实践中,带领群众冲破传统观念和传统思维的束缚,抢抓机遇,求真务实,开拓进取,勇于创新,努力探索具有韶关特色的发展路子，有力地推动了经济的快速增长，推动了社会各项事业的全面发展，推动了人民群众生活水平的显著提高。

各级党组织是党的坚强战斗堡垒，共产党员更是我市现代化建设的中坚力量，在改革开放和经济社会建设中发挥了极其重要的作用。事实证明，哪里有问题，哪里有情况，那里就有党的组织；哪里有困难，哪里有危险，那里就有共产党员。尤其是在2006年“7·15”特大洪灾、2008年雨雪冰冻灾害等重大自然灾害面前，当群众的生命财产受到严重威胁的时候，我市各级党组织坚持把群众利益摆到至高无上的地位，临危不惧，沉着应对；广大党员身先士卒，不怕牺牲，以实际行动践行了自己的入党誓言，一次又一次展现了我市各级党组织强大的战斗力和广大党员崇高的精神风貌，一次又一次谱写了可歌可泣的动人篇章，他们不愧为群众的楷模，不愧为时代的先锋。

先进基层党组织、优秀党员和优秀党务工作者是全党的优秀代表，他们在各行各业、各个领域中默默耕耘、埋头苦干、攻坚克难、奋发有为，为推动我市经济社会科学发展立下了不朽功勋。全市各级党组织和广大党员要认真学习他们对党和人民的事业忠心耿耿、鞠躬尽瘁的优秀品质；学习他们顾全大局、不计个人得失的奉献精神；学习他们孜孜不倦、勤于探索的顽强斗志；学习他们心中只有群众、唯独没有自己的高尚情操；学习他们严于律己、廉洁奉公的优良作风。要以先进单位、先进人物为榜样，团结进取，真抓实干，为建设幸福美好韶关作出新贡献。

当前，我市经济社会进入了转型升级的重要发展时期，任务繁重而艰巨。各级党组织和广大党员要明确自身肩负的历史重任，进一步增强责任感和紧迫感，在推动经济社会跨越发展中，充分发挥各级党组织的战斗堡垒作用和党员的先锋模范作用。

一是要坚持科学发展主题。发展是执政兴国的第一要务。我市与发达地区相比，发展速度较慢，经济总量偏小，总体财力很弱，加快发展仍然是我们的重要任务。但是，作为生态发展区，我们担负着保护资源和建设生态屏障的重要责任，发展的要求更高、条件约束更严、发展难度更大，面临的考验更加严峻。为此，市委十届九次全会明确提出，要以科学发展为主题，以加快转变经济发展方式为主线，坚持走生态文明发展道路，推动经济社会跨越发展，建设幸福美好韶关。各级党组织和广大党员要认真贯彻落实市委十届九次全会精神，牢固树立科学发展意识，在发展过程中，既要立足于当代，更要着眼于未来，坚决克服和纠正急功近利、以牺牲资源和环境为代价的不良倾向，坚决摒弃“先污染后治理”的发展模式，正确处理加快发展与保护生态的关系、发展速度与发展质量的关系、经济效益与社会效益的关系、局部利益与整体利益的关系、眼前利益与长远利益的关系。要倡导生态立市，大力发展生态经济，促进人与自然的和谐；要深化节能降耗，大力发展循环经济，促进低碳产业健康发展；要推动旅游兴业，大力发展旅游经济，促进第三产业快速升级；要突出城市特色，大力发展城市经济，加快建设粤北区域中心城市。坚持在发展中保护，在保护中发展，不断增强经济社会发展的后劲和可持续能力，加快缩小与发达地区的差距，与全省同步基本实现社会主义现代化。

二是要牢记党的根本宗旨。我们的事业根基在人民，力量也在人民。全心全意为人民服务是我们党的根本宗旨，是党的重要政治原则和全部政策的出发点与归宿，是党的先进性的集中表现。党的宗旨，鲜明体现了党的价值取向和执政理念。各级党组织和广大共产党员要进一步增强群众观念，把人民的利益看得高于一切，把为人民服务作为毕生追求，经常深入基层、深入群众，体察民情、了解民意，准确把握人民群众所需、所急、所忧、所盼，把群众的呼声作为第一信号，把群众的利益作为第一考虑，把群众的需要作为第一选择，把群众的愿望作为第一追求，始终把群众的冷暖安危挂在心上，真心实意为群众排忧解难。要注重科学决策，每项决策都必须以人民群众的最大利益为考量，以人民群众的现实需求为依据，使决策更加符合民意，真正让人民群众得惠受益。要促进社会公平，充分发挥体制优势，使城乡居民在就业、教育、医疗、文化生活和社会保障等方面享有同等机会，让大家在同一社会制度下享受同样的权利。要关心困难群体，千方百计增加人民群众的收入，让贫困家庭的孩子读得起书、让贫困群众看得起病、让无房人员居有定所。要关注群众合理诉求，疏通群众反映问题的渠道，及时理顺群众情绪，有效化解各种社会矛盾。要维护社会安定，加大社会治安综合治理力度，坚决打击各类犯罪活动，切实保障人民群众的生命财产安全，为群众营造安居乐业的生活环境。

三是要坚定理想信念。共产主义远大理想和对中国特色社会主义事业的坚定信念，是共产党人的立身之本。广大党员要强化党性锻炼，始终坚持讲政治、顾大局、守纪律，树立正确的世界观、人生观、价值观，无论在任何时候、任何环境下，都要做到理想不滑坡、信念不动摇，尤其是在关键时刻和危难关头，更要经受得起各种考验。要以科学的理想信念作为强大的精神动力，自觉把个人理想融入建设中国特色社会主义的共同理想之中，把个人奋斗融入实现社会主义现代化共同奋斗之中，把坚定的理想信念化作脚踏实地的工作，满腔热忱地投入改革开放和社会主义现代化建设的伟大事业。要正确处理国家、集体、个人三者的关系，做到局部利益服从整体利益，个人利益服从国家利益，只要对祖国、对人民、对社会主义事业有利，就要义无反顾、一往无前。要正确对待自己，正确对待成绩，正确对待荣誉，时刻保持谦虚谨慎、不骄不躁的作风，时刻保持清醒的头脑和积极向上的精神面貌，淡泊名利、廉洁奉公，永不褪色、永葆先进，做人民满意的好党员好干部。

四是要自觉履行党员义务。履行党章规定的义务，是对党员最基本的纪律要求。要严格遵守党的政治纪律，无论何时何地，都要与党中央保持高度一致，坚决维护中央的权威。要认真贯彻执行党中央的方针政策和省委、市委的决策部署，做到令行禁止，确保政令畅通。要自觉加强学习，重视提高自身的政治觉悟、理论素养、科学文化和业务水平，不断增强执政为民的本领。要解放思想，实事求是，大胆探索，创造性地开展工作，努力开创工作新局面。要密切联系群众，遇事与群众商量，虚心向群众学习，倾听群众的意见和建议，维护群众的正当权益，敢于同各种损害群众利益的行为作斗争。要发扬艰苦奋斗的优良传统，在思想上要锐意进取、自强不息，始终保持高昂的斗志和奋发进取的精神；在工作上要兢兢业业、不畏艰险，努力在平凡的岗位上创造不平凡的业绩；在生活上要吃苦在前、享受在后，保持勤俭节约、克己奉公的良好形象。要增强纪律观念，自觉接受党组织和群众的监督，经常对照党员标准，检查履行义务的情况，勇于纠正自己的缺点和错误，不断自我完善、自我提高。要坚持廉洁自律，模范执行党风廉政建设的各项规定，做到不该吃的不吃，不该拿的不拿，不该去的地方不去，坚决反对和克服各种消极腐败现象，以党员的模范行为取信于民。

五是要深化创先争优活动。开展创先争优活动，是巩固和拓展科学发展观学习实践活动成果的重要载体，是推动党员立足本职发挥作用、保持先进性的长效机制，是提高基层党组织战斗力的重要举措。全市各级党组织和广大党员要围绕“推动科学发展”创先争优。结合实际，在转变经济发展方式、提高“双转移”质量、推进扶贫开发“双到”工作中强化争创意识，提高活动质量，使创先争优活动更好地服从服务于经济社会发展。要围绕“促进社会和谐”创先争优。把创先争优活动广泛地融入到和谐社会建设的各个领域，切实做好就业安置、社会稳定、民生保障等各项工作，使创先争优活动成为促进社会和谐的有力抓手。要围绕“服务人民群众”创先争优。认真做好新形势下的群众工作，切实维护群众的合法权益和合理诉求，以人民群众“拥护不拥护、赞成不赞成、高兴不高兴、答应不答应”为标准，检验创先争优活动的成果，真正要把创先争优活动办成群众满意工程。要围绕“加强基层组织”创先争优。不断创新基层党组织和党员发挥作用的载体和机制，确保创先争优和党建工作有平台、有抓手。县、镇、村党组织要围绕“五好四有”的内容，开展“三级联创”活动；机关党组织要围绕“三服务两提高”的活动主题，努力在“五好”上创先争优；其他行业党组织要根据自身特点和党员队伍实际，改进和完善党组织和党员开展活动的内容和方式，找准发挥作用的着力点，广泛动员、积极参与，不断扩大党在基层的工作覆盖面，进一步巩固党执政的组织基础和群众基础。

同志们，回顾中国共产党90年的光辉历程，我们感到无比的骄傲和自豪，展望中国共产党宏伟的发展蓝图，我们充满必胜的信心和力量，面对时代的召唤和历史的期待，我们感到肩负责任的重大和光荣。让我们高举中国特色社会主义伟大旗帜，牢固树立和全面落实科学发展观，紧密团结在以胡锦涛同志为总书记的党中央周围，求真务实，开拓进取，勇于探索，不断创新，为推动经济社会跨越发展，建设幸福美好韶关而努力奋斗！

2011年广东国际旅游文化节在韶关举行

由国家旅游局、广东省人民政府共同主办的2011年广东国际旅游文化节暨旅游推介大会2011年11月5日在粤北重镇韶关隆重举行。

中共中央政治局委员、广东省委书记汪洋出席开幕式并宣布“2011广东国际旅游文化节暨旅游推介大会”开幕，广东省委副书记、代省长朱小丹在会上致欢迎辞并作旅游推介。出席活动的希腊副总理潘卡洛斯（Theodoros Pangalos）、国家旅游局局长邵琪伟、世界旅游组织特使彼得·佐登、亚太旅游协会候任主席安栋梁、台湾旅行商业同业公会联合会理事长姚大光、香港旅游业议会主席胡兆英分别在会上发言，祝贺广东国际旅游文化节举行。

这是自2005年以来，广东省政府连续第七年主办泛珠三角旅游招商会。本届旅游文化节历时一个月，除主会场韶关外，全省20个地级市150多项主题活动，陆续登场，好戏连台。

2011年广东国际旅游文化节暨旅游推介大会中，泛珠三角旅游招商会、花车大巡游、旅游嘉年华巡游巡演、2011年国际友城文艺晚会、2011年海外杰出华人广东行系列活动、岭南民间艺术汇演等大型活动在韶关纷纷上演。全省各地也开展150项丰富多彩、引人入胜的旅游文化活动。

作为广东乃至全国的旅游文化节庆品牌的此次节庆活动，一改过去主会场设在广州的做法，首次将主会场移至韶关。旅游文化节还改变了往届举办开幕式文艺晚会的形式，代之以旅游推介大会作为开幕式当天的重头戏。仅取消大型文艺晚会这一项，就节省费用超过1000万元。开幕式没有大腕明星，而是荟萃了广东各地优秀而独特的非物质文化遗产的展演，场面热闹壮观，深受民众欢迎。

旅游文化节活动中，韶关主会场共有32项活动。其中“重头戏”主要集中于11月4日至8日，包括开幕式及旅游推介会、旅游嘉年华、首届中国素食国际烹饪大师邀请赛、韶关国际生态名优特产展销会暨国际美食节、花车巡游和民间艺术巡演、南华祈福法会、旅游招商会、游绿道观美景、中国（韶关）旅游目的地发展高峰会议、德国啤酒节等12项精彩内容。

韶关作为2011广东国际旅游文化节暨旅游推介大会主会场，除了省组委会主办的一系列活动外，还举办丰富多彩的7项特色活动项目。这7项特色活动项目是：开幕式及旅游嘉年华活动、市区嘉年华巡游巡演活动、首届中国素食文化大会暨韶关国际生态名优特产展览会、泛珠三角旅游招商会、嘉宾“游绿道观美景”活动、南华祈福盛典、中国（韶关）旅游目的地发展高峰会议。这七项特色活动主题鲜明，亮点突出。

主题鲜明：

整个活动过程（包括筹备工作）有一条鲜明的主线，就是按照中央政治局委员、省委书记汪洋提出的“注重实效、突出特色、全民共享”来布局。具体地说，韶关是借助节庆这个平台，充分展示广东旅游文化的魅力，特别是主会场韶关的旅游文化特色在这次活动中将得到充分展现。同时，有效推动韶关第三产业的硬实力和软实力实现的一次飞跃。本届旅游文化节亮点突出：

亮点一：开幕式活动别出心裁。策划、导演由广东电视台大型节目部负责，开幕式活动总时长80分钟，由开幕仪式和旅游嘉年华活动两部分构成—幕式前除暖场表演外，花车巡游、民间艺术巡演、舞台表演分为四个篇章，配合现场大屏幕的播放形式，展示出浓厚的岭南文化蕴味、独特美丽的自然风光和广东旅游业大发展的成果。主会场演出与市内丹霞山、南雄珠玑古巷、曲江南华寺、乳源南岭四个分会场现场互动。6~8日的花车巡游和3个表演点的民间艺术展演，烘托旅游文化节热烈的喜庆氛围。

开幕式当晚，进行全民互动、同城狂欢的旅游嘉年华，42辆花车浩浩荡荡的巡游。他们分别代表广东各地市，国际友城，中国香港、澳门、台湾，内地的北京、湖南以及知名旅游企业。

来自广东省的32支非专业表演队伍也为嘉年华献上潮州布马舞、深圳鲤鱼灯、番禺沙湾飘色等民间原生态艺术表演，将瑰丽的非物质文化遗产最精华的部分展现在市民面前。11月6日到8日，这些美丽的花车于每天上午10时和晚上8时在韶关市区按指定路线巡游。

亮点二：粤菜峰会以全新面貌出现。邀请国际营养学家、餐饮专家、传媒专家、美食专家等业内人士讨论国际素食文化发展方向；邀请全国素宴烹饪大师和中国各大宗教素宴大厨参加比赛；邀请省内100家餐饮企业进驻。同时建成的“韶关生态集市”，既为游客提供各类美食，又展示韶关市丰富多彩的农副名优特产。它成为中国烹饪协会推荐的品牌餐厅实习基地，为韶关留下不走的“美食节”和“生态集市”，并成为推介韶关优势资源一个重要窗口。

亮点三：开通寓身心融于山魂水韵的两条韶关特色绿道。市委、市政府重点打造莲花山绿道和杜鹃公园至丹霞山绿道。一条是登莲花山上韶阳楼观山水城；一条是沿武江河经乡村野外连丹霞山。真可谓：游山玩水观美景，赏心悦目健身心。

亮点四：南华祈福光大六祖禅韵。“南华祈福盛典”活动定于11月6日上午在南华寺大雄宝殿举行，邀请嘉宾300人参加，活动内容由祈福诵经、六祖座像开光、慈善募捐和六祖真身拜谒四个环节组成，是一次弘扬六祖禅韵，共祝世界和谐的重大活动。

亮点五：“中国(韶关)旅游目的地发展高峰会议”助推韶关开创旅游发展新思路。“高峰会议”由韶关市政府和中国旅游报社共同举办，将邀请国家旅游局、国际旅游组织有关领导专家，国内外有关媒体及重点旅游企业参加，由知名旅游策划专家、北京交通大学旅游系主任王衍用教授牵头撰写《韶关生态功能区旅游产业发展目标与路径研究报告》，推动韶关提升旅游产业发展理论研究水平。

亮点六：旅游招商会是旅游机构和企业巨头的一次盛宴。11月6日在韶关碧桂园凤凰酒店举办的“2011年广东国际旅游文化节泛珠三角旅游招商会”，有国内外旅游机构要员、旅游业投资巨头出席会议，韶关市的旅游招商项目有23个，金额达到1.8亿美元。

此次泛珠三角旅游招商会共签订外商投资项目127宗，总金额26.62亿美元。招商中，东西两翼和粤北山区成为旅游招商的热土，共有签约项目64个，其中旅游类项目31个，外资金额7.5亿美元，分别占旅游类项目总数和签约总额的63.27%和59.81%。

本届旅游文化节邀请国内外旅游部门领导、旅行社、旅游协会、旅游文化研究专家、涉外企业家共1500多人，前来旅游活动现场参观和旅游的旅客、本市群众超过30万人。（殷南光）

广东省党管武装工作会议在韶关召开

为学习贯彻落实党中央、国务院、中央军委和胡锦涛总书记关于新形势下加强党管武装工作的一系列决策指示，分析近年来全省党管武装工作形势，展示近年来全省党管武装工作和民兵预备役建设发展成果，交流国防后备力量建设经验，研究部署“十二五”时期工作任务。2011年12月18日至19日，广东省党管武装会议在韶关召开。

中共中央政治局委员、广东省委书记、广东省军区党委第一书记汪洋，广州军区副政委刘良凯，广东省委副书记、代省长朱小丹，省委常委、秘书长徐少华，省委常委、省军区司令员刘联华，省军区政委蔡多文，副省长刘昆以及省军区常委、各地级以上市委书记、联系武装工作副市长，各军分区（警备区）和预备役高炮师（旅）军政主官，省委、省政府有关厅（局）主要领导，省军区机关各部处（办）领导，受表彰单位和个人代表共200多人参加会议

广东省军区政委蔡多文少将主持了此次会议。

广东省委常委、省军区司令员刘联华少将代表省委、省政府和省军区对全省“十一五”期间武装工作进行全面总结和分析，同时，对“十二五”时期全省武装工作进行了具体部署。

中共中央政治局委员、广东省委书记、广东省军区第一书记汪洋、广州军区副政委刘良凯在会上先后讲话。

汪洋在讲话中指出，坚持党管武装，是保证党对武装力量的绝对领导、巩固党的执政地位、维护广大人民群众根本利益的核心问题。面对新形势下艰巨的任务、复杂的环境、严峻的考验，我们必须深刻认识到，坚持和落实党管武装，是巩固中国特色社会主义政治制度的内在要求，是有效应对我国安全面临严峻形势的需要，是实现“建设幸福广东”宏伟前景的可靠保证。党管武装工作必须抓紧、不能放松，只能加强、不能削弱。汪洋对如何提高党管武装工作科学化水平提出四点要求：一是坚定捍卫党管武装根本制度；二是积极推进党管武装创新发展；三是不断完善党管武装工作制度；四是充分发挥后备力量职能作用。汪洋的讲话站在政治和全局的高度，以宽广的视野和敏锐的洞察力、深刻阐述了武装工作在经济社会建设发展中的重要地位作用，系统分析了国防后备力量建设面临的重大机遇和挑战，明确提出科学化建设的基本方针原则，为“十二五”时期全省党管武装工作指明方向。

广州军区副政委刘良凯讲话中对广东省近年来党管武装工作所取得的成绩给予充分肯定，并就广东省党管武装如何创新发展、走在前列提出了殷切希望。

会议对中共韶关市委等21个党管武装工作先进单位和卢仲坚等100名“四个基本”建设先进个人予以通报表扬。

中共韶关市委书记、市人大常委会主任、军分区第一书记郑振涛代表韶关市委在会上介绍韶关市党管武装工作的经验。湛江军分区等单位也先后介绍或书面介绍武装工作的经验和做法。

与会人员还参观了省军区在扶贫开发“双到”工作中建设的乳源县“八一”瑶族新村和韶关军分区综合训练场，观摩部分民兵预备役分队军事科目汇报演示。 （殷南光）

乐昌峡水利枢纽主体工程建成

2011年10月10日，广东省政府在韶关市乐昌武江河畔庄严宣布：广东省乐昌峡水利枢纽主体工程完工。粤北人民期盼已久的梦想终于变为现实，从此结束“两年一小灾，四年一大灾”的历史，北江流域防洪体系得到进一步完善，基本形成“上蓄、中防、下泄”的防洪减灾体系。

北江是广东省境内的三大主要河流之一，武江是北江的主要支流。长期以来，由于武江韶关段上游没有防洪控制性工程，防洪体系不完善，防洪标准不高，加上沿江地势相对较低，洪涝灾害频发，当地素有“两年一小灾，四年一大灾”的说法。2006年发生的特大洪水，造成80多万人受灾，59人死亡，100多人失踪，并一度使京广铁路大动脉乐昌段被水淹没而被迫中断。

乐昌峡水利枢纽位于武江乐昌峡河段，下距乐昌市区约14公里。工程主要由拦河大坝、地下厂房及引水系统、坝区公路等组成。水库正常蓄水位154.5米，总库容3.44亿立方米，防洪库容2.119亿立方米；拦河大坝坝高84.2米。工程总投资约34.1亿元。

乐昌峡水利枢纽建成后，北江流域基本形成较为完善的“上蓄、中防、下泄”的防洪减灾体系，流域防洪减灾能力得到大幅提升：上游北江干流有飞来峡水利枢纽、主要支流武江有乐昌峡水利枢纽等水利枢纽；中游有北江大堤；下游珠江出海口门已经过疏浚等整治，行洪能力得到改善。

乐昌峡水利枢纽最主要的、最直接的防洪对象是乐昌市和韶关市，工程建成后，可将乐昌市区防洪标准由10年一遇提高到50年一遇；与浈江湾头水利枢纽联合调度，可将韶关市区防洪标准由20年一遇提高到100年一遇。同时，乐昌峡水利枢纽还可在一定程度上减少北江大堤的防洪压力，对珠江三角洲防洪安全也有积极作用。

为充分发挥北江上游各个水利枢纽的防洪效能，广东省水利厅将在韶关建设北江上游防洪调度中心，对乐昌峡水利枢纽等有关水利设施进行防洪调度，项目将于近期动工建设。

乐昌峡水利枢纽于2007年4月被列入珠江流域防洪规划北江中上游防洪枢纽工程，2008年1月开工建设，工程建设中克服开挖山体高、闸门安装难等一系列困难。

乐昌峡水利枢纽建设的“十之最”

1.工程建设和运行管理遇到的困难和挑战最多；

2.解决征地和移民安置遇到的矛盾和纠纷最多；

3.前期专题研究项目最多：包括环境影响评价、地质灾害评估、建设用地规划、文物保护、铁路防护、水土保持、移民安置、选址评估等多达21项，涉及审批部门、协调单位20多个，经过有关部门批复的文件（盖章）90多个；

4.前期设计研究工作开展时间最长也最充分：从上世纪60年代就已开始勘测研究、水工模型试验开展最多、料场比选数量最多、大坝选址最精确；

5.项目立项协调难度最大但立项速度最快；

6.乐昌峡枢纽是我省最后一座坝高最高的重力坝大型水利枢纽；

7.大坝（高坝）施工工期最短；

8.大坝坝肩边坡最高，开挖高度约300米；

9.导流隧洞洞径最大；

10.大坝温控防裂措施最全面。

（殷南光）

韶关创作的大型交响声乐套曲《中国之路》演出获得成功

2011年6月16日晚，首部以大型交响声乐套曲的形式反映中国共产党90年风雨历程的音乐作品《中国之路》在广州大剧院上演，演出获得成功。

《中国之路》由中共韶关市委、韶关市政府策划，作家郭代模作词，北京歌剧舞剧院国家一级作曲家刘福全作曲，作品吸收了从上世纪二三十年代到现在二十一世纪的音乐元素，融进了很多民族、地方音乐，邀请著名澳籍华人首席常任指挥刘新禹担任指挥，广东著名歌唱家李素华、宋雪莱等以及广东话剧院国家一级演员张琳也前来助阵演出。该交响声乐套曲已于6月12日在韶关首演，观众普遍反响较好。

作为庆祝中共成立90周年的献礼之作，整场演出最大的特点就是大众化十足，9个乐章中，有合唱、男女独唱，各个乐章组合起来是一个完整的整体，分开来也是可以独立的歌曲个体。歌词涉及到的都是大家耳熟能详的事件，语气语调多采用问答式处理，并使用大量短句，简洁通俗，便于记忆；表现形式上兼揉了美声、民族、通俗等多种不同形式的演唱风格，例如第二乐章《革命之路》是典型的美声歌曲范畴，第三乐章《建设之路》则具有浓郁的民族风格，到第四乐章《改革之路》却又是一首通俗曲风的歌曲；此外还有《义勇军进行曲》、《国际歌》《我的祖国》、《走进新时代》等名曲穿插其中，消除了观众对声乐套曲的陌生感，大众化特色再次凸显。现场观众表示，听完这部颇具“大众化”色彩的交响乐，受到了红色文化的熏陶，既是艺术的享受，又升华精神。

韶关作为红色革命摇篮，红色文化底蕴深厚。孙中山先生两次在此督师北伐，毛泽东、朱德、周恩来、邓小平、叶剑英、张云逸、陈毅、项英等无产阶级革命家曾在此征战，播撒革命的火种。韶关南雄是广东为数不多的中央苏区县，韶关也是抗战时期广东省委所在地。在党的领导下，韶关人秉承革命精神，取得革命建设、改革开放、科学发展的显著成就。不忘党恩，激扬进取，韶关充分发挥红色资源优势，致力创作红色文艺精品，打造红色文化品牌。在南雄、始兴等革命老区，开展“唱响红色旋律、抒发爱国情怀、坚定理想信念、激发革命斗志、促进科学发展”为主题的红歌大赛，弘扬革命传统，重温红色记忆，歌颂美好生活。5月韶关与珠影合作拍摄影片《战时省委》，韶关又推出这部大型交响声乐套曲——《中国之路》。为弘扬革命精神，宣传红色文化，韶关与人民网、韶关民声网、家园网合作与网友互动，推出“问答党史，赢取《中国之路》演出券”等活动，希望通过创作和演出红色文艺精品，讴歌党的丰功伟绩，进一步提升韶关知名度，激发干部群众走生态文明道路，实现经济社会跨越发展，建设幸福美好家乡的热情。

此次公演后，《中国之路》还在韶关各县区巡演。与此同时，还制作10000张CD唱片在全国发行，并采用高清技术拍摄、制作《中国之路》音乐片。

（殷南光）

韶关市第二批廉租房建设完工
最后一批水上居民上岸定居

12月28日，韶关市在武江区龙归社主安置点举行原曲仁矿棚户区改造示范安置房暨水上居民入住交钥匙仪式，3栋96套崭新安置房迎来原曲仁矿棚户区住户和最后一批38户水上居民入住。

韶关市是老工业城市，有不少矿工厂房和老国有企业留下的简易房，大多是六七十年代建造，年久失修、老化破损。栖身其中的居民，大多是低收入家庭，无力搬迁。为破解这个难题，2010年7月，省政府决定把原曲仁矿棚户区改造作为全省工矿棚户区改造的试点，力争用3年时间完成改造。市委、市政府贯彻落实省政府及省协调小组的有关工作部署，把原曲仁矿棚户区改造试点工作作为一项重大的民生工程和民心工程来抓，成立以市委书记、市长为组长的韶关市原曲仁矿棚户区改造试点工作领导小组，下设办公室和若干个工作组，为此项工作提供强有力的组织保障。原曲仁矿棚户区改造工程自实施以来，市直有关单位各司其职，有力推动各项工作的有效落实。为展示改造效果，取得职工的理解和支持，在新的安置方案未出台前，先开工建设3栋示范安置房，示范安置房结构合理、美观大方，得到广大住户认可和好评。

该安置点计划安置796户，总建筑面积约60890平方米，计划投资约1.1亿元。安置户中65平方米户型两房两厅的有196户，75平方米户型两房两厅的有390户，90平方米三房两厅有210户，计划于2012年10月30日竣工。

同时，市委、市政府高度重视水上居民上岸定居安置工作，通过两年的努力，随着第四批38户水上居民的搬迁入住，154户水上人家将彻底告别居无定所的漂泊日子，住上宽敞、明亮舒适的新房。

近年来，市委市政府加快保障性住房建设，2011年已建成746套，在全省低收入住房解困工作考核中，连续三年获得全省总分第一。　(廖文龙　冯方琴)

韶关成功取得创建全国文明城市提名资格

2011年，韶关市继创建国家卫生城市、国家园林城市荣誉称号后，成功取得创建全国文明城市提名资格。一年来，韶关市按照创文工作的整体部署，较好完成全年各项创建任务，掀起创建全国文明城市工作新高潮。

一、认真谋划，周密部署创文活动。

市委、市政府确定2011年要实现“创建全国文明城市工作提名资格”目标，这是进入申报2014年全国文明城市考核的门槛条件。针对“创建全国文明城市工作提名资格”的重点、难点和门槛指标，指挥部办公室依据《2011全国文明城市测评体系》，联系韶关实际，精心谋划，制定了《韶关市创建全国文明城市2011年重点工作实施方案》和《韶关市开展城市公共文明指数测评工作实施意见》，将创建工作目标任务进一步细化，逐级逐项分解落实，做到“项项有责任单位、责任人以及完成任务的时限”。4月26日，指挥部召开了第二次全体成员会议，市委书记对创文工作进行全面部署，各责任单位按照任务分工，推进各项创建工作，全市上下形成联动共创的良好工作格局。

二、突出重点，精心打造创文亮点。

按照创文工作必须有亮点特色的要求，以市政文化建设为抓手，利用自然、人文条件，完善一批城市基础设施，新添城市建设的新亮点，进一步增加民生福址。

一是市政文化建设亮点纷呈。建设“林桥滴翠”街心小花园，对林桥坑沙洲尾福彩路覆盖段进行绿化、美化，解决市民关注的热点难点问题，昔日的臭水沟已变身成景色宜人的小花园，为幸福韶关增添了亮点；改造韶南大道。韶南大道大修工程是市政府为民办的实事之一，全长5.1公里，经过近5个月的施工，改造工程于广东国际旅游文化节开幕前顺利完工。绿化、照明、交通优化等都有不同程度地提升，为旅游文化节在韶关市开幕增色添彩。同时，完善城市内环路的建设，更好地服务全市旅游业，促进曲江区同城一体化；建设沙洲尾至五里亭大桥的武江河堤景观长廊，将韶关作为三大税关的历史文化元素融入河堤建设项目中，建成“仙桥古渡”、“客家源流”等特色景观，以浮雕、古亭、古诗等形式再现韶城作为古渡口的繁华景象，使之成为外地游客旅游观光、市民休闲感受文化熏陶的亲水平台，深受市民的赞扬。建设9.6公里长韶州公园绿道、6.1公里长莲花山绿道、25公里长杜鹃公园（省委旧址）至丹霞山绿道，倡导低碳生活方式，将生态文明理念融入公民思想道德建设的全过程，为提升公众健康、丰富群众生活创造条件；建设市区城市灯光亮化工程，以三江六岸巡游路线的建筑、路树、桥梁和广场节点夜景景观等为亮化内容，建设209个亮化点，为“2011广东国际旅游文化节”增添节日的气氛，展示韶关的形象。打造城市建设新亮点离不开财政投入，市财政局通过加大投入、争取上级补助、资产置换、贴息、向银行适度举债和BT方式等多渠道筹集资金，为创文建设工程提供有力的资金保障。

二是主题活动开展有声有色。各级各部门各行业紧密结合工作实际，进一步深化“创文在行动，我该做什么?”主题实践活动，使之形式更为多样，阵地更为广泛，内容更为丰富，特色更为明显。主要做法体现在四个结合：一是将文明创建与窗口服务形象提升相结合。二是将文明创建与单位行业管理相结合。三将文明创建与市民文明素质提升相结合。创文办进一步深化“道德模范”、“推荐评议身边好人”评选表彰活动，于11月开展了“德耀韶城—2011韶关好人”暨“感动韶关十佳道德模范”推荐表彰活动，有力地促进良好社会文明风尚的形成。省文明办高度肯定韶关市该项工作，认为该项工作成为韶关道德建设的品牌，韶关市“全国道德模范与身边好人”现场交流活动，在全国都产生了一定的影响。四是将文明创建与农村创建活动相结合。推动以城带乡的创建任务的落实。曲江区大力发展基层文化。坚持送书、送戏、送电影下乡活动，将“三送下乡”经费纳入区财政预算，新建省级标准“农家书屋”

61间，1~9月份，累计送书下乡145场，送戏下乡55场,送电影下乡778场，丰富群众文化生活；环保局通过实施乡村“清洁美”工程，有效遏制“五围”、“六乱”的现象，农村地区的环境面貌有了明显改变，市已有90%的乡镇和60%的行政村初步建立起“户收、村集、镇运、县处置”的农村生活垃圾收运处置体系，文明创建取得实效。

三是城市管理模式不断创新。城市管理水平直接影响城市的文明形象，在创文办的大力组织下，各区、各单位以创文为契机，对照创文的标准，将文明创建与本单位中心工作紧紧结合起来，融入日常工作的各个环节，创新管理模式，全面提升城市管理水平。城市综合管理局从形象标识、制度规范和理念创新三个层面入手，大力推动城管文化建设，推动市政、园林、路灯、执法等行业精细化管理，编制了《韶关市市区井盖设施管理办法》、《韶关市城市景观、道路照明设施管理办法》等，建立完善的办事程序和工作流程，加大环卫作业考评，健全长效管理机制，市政设施管养水平明显提高，园林绿化工作持续发展。浈江区政府，针对辖区基础设施落后、人口多，流动性大，资金不足，城市管理难度大、环卫保洁、社会维稳等压力较大的状况，更新思路、创新管理理念，实行全民创文战略，大力发展志愿者队务，开展“创文在行动，志愿者先行”、“志愿者牵手留守儿童”、“一日捐”、扶贫济困等各类特色创文志愿活动。建立群防安保体系，深入开展“百姓冷暖我先知”活动，及时化解基础纠纷，为群众排忧解难，做到小事不出镇（办），大事不出区。完善检查督促机制，把创建工作列入干部实绩考核的重要内容，在全面负责实施“一级负责，三级挂钩，五定到位”工作机制。深入开展创文流动红旗竞赛评比活动，把评比结果纳入到单位年度绩效考核，形成你追我赶的创文局面，提升城市的管理水平。

四是市民文明素质整体提升。市民是城市的主人，市民的文明程度决定着城市的文明程度，决定着创建文明城市的成败得失。韶关市始终把提高市民素质作为创文工作的重点来抓，通过精心设计市民乐于参加的主题活动和举办大型的活动，融入思想道德、职业道德、伦理美德等核心内容，让市民在参与中自我教育，营造良好的人文环境。如2011广东国际旅游文化节圆满召开，市民文明素质得到一次全面检验。从旅游文化节开幕的11月5日晚上到7日晚上，3天5次嘉年华巡游巡演有近50万市民参与活动，这在韶关历史上是前所未有的，花车巡游沿线人山人海，比过年还热闹，群众文明热情，气氛热烈祥和，这样浩大的场面未发生任何治安问题和交通事故令人感到十分惊喜。在旅游文化节各活动现场，群众秩序井然，排队进场、购物、乘车，在街边、广场，听从公安指挥，文明观看花车巡游和民间艺术表演，对演员们的辛苦劳动和精彩演出报以热烈的掌声，没有出现抢座位、抢先退场、插队、起哄、乱扔垃圾等现象。德国啤酒节举办期间，没有发现一张假钞，让国外宾客感到惊讶，主动上前与市民共饮共舞和拍照。国内外宾客由衷赞叹道：没想到韶关人民如此热情文明，整体素质如此之高。可以说，本届旅游文化节让宾客感受到了韶关人的文明和热情，而韶关市民的文明素质也因此得到了提高。

三、强化督导，推动创文任务落实。

创文工作任务繁多，特别是韶关市要接受全国文明城市提名资格和举办2011年广东国际旅游文化节两大任务，韶关市始终以抓落实为宗旨，把“实”字贯穿于督查工作的全过程，强化日常督促检查。对市民关注的热点难点问题，组织重点综合整治，以点带面，扎扎实实解决存在问题，力求市民满意。主要体现在三个方面：一是综合整治。先后开展市区交通、社会治安、农贸市场和违法建筑整治等“四大重点整治行动”，通过多部门联动执法，实施综合治理，都取得阶段性显著成效，用实际行动解决市民关注的热点难点问题，赢得市民的广泛好评。二是强化督导。指挥部办公室制定督导工作计划，建立督导工作台账，紧扣各项创建任务和时间要求，结合创建工作不同阶段的工作特点展开督导。在督导方式上，坚持现场督导，贴近现场，贴近项目，贴近群众，以暗访检查为主。三是民意监督。为使创文工作方方面面置于市民的监督之下，发动市民为城市发展和文明管理提出批评意见，市委、市政府建立完善的政务公开网络，进行网络问政，对市民在“韶关家园网”和“民声网”反映城市管理的各类留言（帖子），各职能部门抓好整改并回复网民。市府办拓展公开形式，编制了《韶关市人民政府信息公开指南》、《韶关市人民政府办公室政府信息公开目录》，各职能部门加强网络问政工作，促进业务规范化。至12月底，市区各职能部门问政总量2100多条，同比下降48.5%，100%有受理（回复），95%得到及时有效整改，网络问政成效明显。

四、深入宣传，营造良好创文氛围。

2011年的宣传工作主要是围绕提升市民素质，规范市民文明行为抓好宣传发动，制定《2011韶关市创建全国文明城市宣传工作方案》，要求各区各单位结合自身实际，采用多种形式、各种载体，扎实开展各种特色创建宣传活动，实现创建宣传全方位、全覆盖。一是抓好新闻报道，充分发挥媒体主阵地作用。市直新闻媒体通过正面宣传创建动态、普及创建知识、利用监督报道促进热点难点问题的解决等途径，开辟专刊、专题、专栏等多种形式，多渠道、多层次、全方位开展创文宣传，做到有评论、有访谈、有借鉴（对比）、有动态，报纸简报天天有创文报道，电视每日有创文视频节目，各种宣传载体相互配合、相互呼应，形成了强大的创文宣传态势。二是抓好广场文化宣传活动。坚持市、区、街三级联动，积极挖掘和整合宣传资源，大力开展以创文为主题的社会宣传活动，让创文活动家喻户晓，使广大市充分理解、支持和积极参与创文活动，着力营造全民齐参与的浓厚氛围。如浈江区在启明北全民健身广场开展各类活动30多场次，参与人数近5万人次。武江区结合“繁荣广场文化”、“我们的节日”等活动，精心策划组织开展“创文在行动、我们齐参与”系列活动。曲江区“春晖”书画摄影展、书法比赛、游园活动、武术表演、三人篮球赛、定点投篮比赛、乒乓球邀请赛、“颂歌献给党”红歌合唱比赛、“红色影片千村行”放映活动等。三是抓好公益广告、宣传栏等载体宣传。指挥部办公室统一印发了创文宣传标语口号到各级党政机关、企业、学校、街道和社区，各区各部门还通过宣传栏、橱窗、广播、内部报刊、会议等多种形式，层层动员，广泛发动，增强市民创建全国文明城市的意识，使创建文明城市活动家喻户晓。特别是在创文提名资格测评和迎接广东国际旅游文化节其间，重点协调有关职能部门在市区主要交通路口、公共场所增设一批大型创文公益广告牌，并督促做好车体宣传、候车站（亭）及建筑工地围墙（或围栏）等创文公益广告宣传。还围绕提高市民对创建全国文明城市的知晓率，普及市民文明礼仪知识，编印《韶关市民文明礼仪手册》共25万册，下发到市区各单位、社区、学校和家庭，编印了争当文明单位、文明市民倡仪书向全体市民派发。四是抓好入户宣传。为提高市民对创文工作的知晓率、支持率和满意率，5月21日，从市、区共抽调150名机关干部完成首批3000户居民的创文工作“五个一”入户宣传，形成良好的宣传氛围。

五、严密组织，顺利通过创文测评。

5月，韶关市迎接全国文明城市提名资格测评。这次测评，省文明办明确提出：四个城市选三个。为确保韶关市在测评中获得好成绩，取得“提名资格”，市委、市政府高度重视，市委常委会议专题研究，对迎接测评作重点安排，对创文指挥部成员领导任务作了具体分工。5月23日，指挥部召开迎检动员大会。会后各分管市领导亲自带队，针对创建工作中存在的突出问题，全力以赴组织整改。创文办根据测评内容的要求，精心策划和组织各项迎检准备工作，并完善工作考评机制，将迎检工作纳入市辖三区和市直各单位年度绩效考核的重要指标，纳入领导年终工作总结和述职的重要内容，由市机关效能监察工作领导小组，汇同其他绩效考核项目一同组织考核。各级各部门尤其是各区、城管、公安、交通、卫生、食药、教育、环保等重点部门找出薄弱环节，将责任明确到单位、具体到人，明确整改时间、标准等要求，集中精力和时间，组织机关干部和执法队伍，加班加点，抓好环卫保洁，整治“六乱”，抓好公共卫生，整顿交通秩序，迅速掀起迎检高潮。市直新闻舆论宣传和社会广告宣传等齐上阵，营造浓厚的创建宣传氛围。5月30~31日，韶关市顺利通过省文明委专家组的测评考核。7月15日省文明办对广东省拟推荐全国第三届精神文明建设先进表彰单位在南方网进行公示，韶关市与佛山、肇庆作为“全国文明城市提名资格”城市列入推荐名单。12月20日中央文明委正式批准韶关市为“全国文明城市提名资格”城市。

成功取得创建全国文明城市提名资格，是韶关创文活动迈出的坚实一步，距创建全国文明城市仍有差距，韶关——仍需给力。（王小明）

韶关市创建森林生态市成效显著

韶关市自2003年启动创建森林生态市以来，全市林业以创建工作为契机，全面加强森林资源培育，强化资源林政管理，积极推进集体林权制度改革，林业生态建设取得显著成效。近十年全市累计筹集林业建设资金22.1亿元，完成营造林作业面积22.26万公顷。先后有8个县（市、区）经省政府授予“林业生态县”称号，44个镇评为市级“森林生态示范镇”。仁化和乳源两个县先后被全国绿委评为“全国绿化模范县”。

至2011年底，全市林业用地142.13万公顷，有林地121.9万公顷，活立木蓄积量7289万立方米，森林覆盖率72.5%，四项主要指标均居全省首位。按省的计算口径，全市森林总生物量达7223.38万吨，森林植被总蓄能量为14552.84亿兆焦，年累计吸收二氧化碳总量1.22亿吨，固碳总量0.33亿吨，年释放氧气0.89亿吨，北江上游森林涵养水源年提供水量29.4亿吨，森林保育土壤总量为790.14万吨。创建森林生态市10项主要指标值大部分已经提前达标。主要做法：一是实施林业重点生态工程。突出抓好灭荒造林、石漠化综合治理和绿色通道六项林业重点工程建设。完成宜林荒山造林4.73万公顷；完成北江水源涵养林、珠江防护林等林分改造工程1.08万公顷，使珠江水系北江两岸森林覆盖率达到92.3%；完成生态修复5620公顷，封山育林6.56万公顷，灾后生态修复基本达到了灾前水平。二是实施综合管护工程。认真落实森林资源保护和目标责任制，加强队伍建设，强化资源管护，有效地维护林区秩序和国家森林资源安全。三是实施城乡造林绿化工程。最近几年，完成城区出口荒山造林2533公顷，林分改造1800公顷，废弃石场复绿16.07公顷，幼林抚育7667公顷次。韶关城区四大出口森林质量明显提高，森林生态景观明显改善。结合村庄整治、社会主义新农村建设和扶贫开发工作，每年建设200个“万村绿”示范点，近3年建成了602个“万村绿”示范点。四是实施自然保护区、森林公园和生态公益林建设工程。已建成22个自然保护区和25处森林公园，总面积29.95万公顷，占全市国土面积的16.45%；界定省级以上生态公益林52.47万公顷，占林业用地面积的36.93%，一、二类生态公益林面积比例增加到82%。五是实施特色林业产业建设工程。通过近几年努力，韶关市已建成松、杉、桉等速生丰产林基地13.33万公顷，在生态公益林中补植套种红豆杉、楠木、樟树、乐昌含笑等优良乡土阔叶珍贵树种1.33万公顷，发展种植良种油茶面积达1万公顷。目前，全市非公有制造林业主达700多个（户），经营林业面积达20多万公顷。六是积极推进集体林权制度改革。通过主体改革，明晰了136万公顷集体林地产权，通过配套改革理顺了基层林业部门人员的编制和财供关系，各县（市、区）建立了森林资源资产评估、交易中心和产权登记中心，规范流转，放活经营。林改让利于民，大幅度减轻了林农负担，每年减少政策性收费9891.3万元，从而极大地激发了社会营造林积极性，耕山大户不断涌现，非公造林异军突起，每年新增林业从业人员5万多人，成为加快全市现代林业建设的生力军。（黄益初）

韶赣高速公路马坝互通立交发生坍塌事故

5月26日下午1时15分左右，由中铁二十局集团第二工程有限公司承建的位于韶关市曲江区马坝镇水口村的韶赣高速公路与京港澳高速互通立交的一条匝道的高架桥（长约50米，高约33米），在桥面浇筑施工收尾过程中发生脚手架、立柱和桥面坍塌事故，当时即造成1人死亡、1人轻伤、数人被困。

韶赣高速马坝互通立交是韶赣高速粤北段最大的互通立交，共有6个互通匝道，发生事故的是其中一个匝道。匝道有两个高32米的立柱倒塌，立柱的钢制现浇梁支架向一侧倒塌到马坝河中，据工程技术人员介绍，这些支架、水泥重达500多吨。

事故发生后，韶关市立即启动预案，组织和调集公安、消防、安监、卫生、交通、公路等相关部门的人员力量和机器设备到现场抢救，并组织专家到现场进行安全指导。韶关市领导郑振涛、艾学峰、陈向新、张志才、赖日先和曲江区党政主要领导在第一时间赶赴现场，省交通厅副厅长陈冠雄、省公路局局长柳和平、省安监局等有关部门领导也先后赶赴现场指导抢救工作，全力以赴搜救被困人员和救治伤员。

韶关市成立以市长艾学峰任组长的“5·26”韶赣、京港澳高速公路互通立交施工坍塌事故处置工作领导小组，下设应急救援组、医疗救治组、事故调查组、善后工作组、后勤保障组、宣传报道组等，有序、有力地开展各项工作。事故现场，包括公安、消防官兵、矿山救援队在内的200多名救援队员在搜救被困人员。

到28日下午2时40分，最后一名失踪人员遗体也被找到。相关负责人证实此次事故共造成7人死亡，1人轻伤。

7名死者身份已确认，其中一名为广州市鹰达机械设备租赁公司韶关分公司工作人员，另外6名均为工地施工人员。轻伤幸存者为民工常杏书。

经过事故调查组的调查，认定这是一起较大生产安全责任事故。事故调查组查明，事故的直接原因是在混凝土浇筑过程中荷载增加作用下，产生了过大的不均匀沉降，导致马坝互通立交桥D匝道第二联箱梁其上支架局部失稳，引起整体失稳，从而引发事故。

事故的间接原因：一是施工单位中铁二十局集团第二工程有限公司变更施工方案后擅自组织施工，施工现场管理混乱，隐患排查不力，员工安全教育不到位；二是监理单位广东省路通公路工程监理有限公司、广州诚信公路建设监管咨询有限公司履行监理职责不到位；三是业主单位韶赣高速公路管理处安全生产管理不到位；四是市和区交通行政主管部门安全监管不到位。

根据事故责任认定，决定对该项目法人王某依法追究刑事责任，移送司法机关处理，对庄某等21名事故责任人分别做出经济处罚、行政处分，对中铁二十局集团第二工程有限公司等4个相关责任单位做出经济处罚，责成市和区交通行政主管部门向本级政府作出书面检讨。

（殷南光整理）

大事记

1月

4日上午，韶关市召开驻韶部队随军家属就业安置工作会议，研究部署2011年驻韶部队随军家属就业安置工作。市领导艾学峰、李建华、邹永松出席会议。

6日，市十二届人大常委会召开第三十六次主任会议，听取和讨论韶关市人大常委会工作报告（讨论稿）研究将于2月下旬召开的市十二届人大六次会议有关事项。市人大常委会副主任罗祥益、林平杰、赖龙福、杨小明、徐紫玲，秘书长江少强参加会议。

7日，市妇联召开十一届二次执委（扩大）会议，市妇联十一届执委、市直各单位妇委会主任、各团体会员共120多人参加会议。市委副书记林耀明、市委副秘书长邓喜煌出席会议。

11日上午，中共韶关市委召开十届第91次常委会议，传达学习省委十届八次全会精神，研究部署贯彻落实意见。市委书记郑振涛主持会议。市委常委出席会议，市政协主席、市人大常委会主持日常工作的副主任、副市长列席会议。

14日至15日，中共韶关市委十届九次全会在市区召开。全会审议通过《中共韶关市委关于制定韶关市国民经济和社会发展第十二个五年规划的建议》和《中国共产党韶关市第十届委员会第九次全体会议决议》。

17日，市政协主席邓苏夏主持召开十届十八次常委会议。会议听取艾学峰通报了2010年市政府主要工作情况和政府部门2010年办理政协提案情况及《政府工作报告》的起草工作情况；听取市纪委、市中级人民法院、市检察院2010年工作情况通报和征求对《韶关市国民经济和社会发展第十二个五年规划纲要》（征求意见稿）的意见；协商了有关人事事项。市政协副主席李飞、梁海峰、赵志发、王伟阳、贝抗胜、刘大济，秘书长何炳光及常委共60多人出席会议。

18日下午，省纪委十届五次全会第二次大会以电视电话会议形式召开，市领导郑振涛、艾学峰、林耀明、李萍、张志才、赖日先、肖怀跃、李建华、徐紫玲、李飞在韶关分会场收听收看会议。

19日，省人大常委会主任欧广源一行到新丰县黄礤镇三坑村视察扶贫开发“双到”工作，慰问困难群众。市领导罗祥益、张志才等陪同视察慰问活动。

19日，省委副书记、省长黄华华到乳源县考察扶贫开发“双到”工作，慰问贫困农户、困难劳动模范和伤残人士。省政府秘书长、办公厅主任唐豪，省发展改革委党组书记徐建华，省财政厅厅长曾志权以及市领导郑振涛、艾学峰、杨小明等陪同慰问。

19日下午，韶关军分区党委召开十届七次全体（扩大）会议，总结2010年工作，部署2011年工作任务。市委书记、韶关军分区党委第一书记郑振涛出席会议并讲话。

20日，中共韶关市第十届纪律检查委员会第六次全体会议在市委会议中心举行。会议认真学习贯彻中央纪委十七届六次全会、省纪委十届五次全会及市委十届九次全会精神，总结2010年我市党风廉政建设和反腐败工作，部署2011年反腐倡廉各项任务。会议审议通过《中共韶关市第十届纪律检查委员会第六次全体会议决议》和市委常委、纪委书记段宇飞代表市纪委常委会所作的工作报告。市委书记郑振涛出席会议并作讲话。市领导艾学峰、林耀明、罗祥益、李萍、张志才、段宇飞、李石保、赖日先、肖怀跃、陈秋彦、邹永松、李飞、梁海峰、赵志发出席会议。

21日，省教育厅和省语言文字工作委员会发给韶关市《关于公布韶关市语言文字工作评估认定意见的通知》，评定韶关市城区基本实现“普通话初步普及”和“汉字的社会应用基本规范”的工作目标，语言文字应用管理工作已达到省二类城市语言文字工作评估标准。

24日上午，市政府召开电视电话会议，部署2011年春节黄金周旅游工作，传达国家假日办《关于做好2011年春节假日旅游工作的通知》精神，通报全市2010年旅游安全及统计工作情况。副市长邹永松出席会议并讲话。

27日下午，市委召开十届第九十三次常委会，传达省十一届人大四次会议和省政协十届四次会议精神。市委书记郑振涛主持会议，市委常委出席会议，市政协主席、市人大常委会主持日常工作的副主任、副市长列席会议。

27日下午，市十二届人大常委会召开第三十七次会议，审议市人大常委会工作报告稿和关于召开市十二届人民代表大会第六次会议的决定等有关事项。市人大常委会副主任罗祥益、林平杰、赖龙福、杨小明、徐紫玲和秘书长江少强出席会议，副市长邹永松列席会议。

28日下午,韶关市举行2011年党政军、民主党派及社会各界人士迎春座谈会。郑振涛、艾学峰、邓苏夏等市四套班子领导与原市四套班子成员，市中级法院院长、市检察院检察长，市直及中省驻韶各单位主要负责人，市辖三区党政主要领导，各民主党派、工商联代表，驻韶团以上部队首长、原部队副师职以上离退休老干部、地方老红军代表，劳动模范代表，科技工作者代表，各界人士代表欢聚一堂，喜迎新春。

28日至29日，省委常委、副省长肖志恒率省政府办公厅、省物价局、省农业厅、省供销社等部门负责同志来韶，就依托供销社和农民专业合作社建设平价商店，稳定农产品价格工作进行调研。

30日上午，韶关市举行原曲仁矿棚户区改造首期工程建设奠基开工仪式。市领导郑振涛、艾学峰、邓苏夏、林耀明、罗祥益、陈向新、李石保、尚伟出席了奠基仪式。省发改委、住建厅、财政厅、人社厅、民政厅、国资委等有关省直部门领导出席活动。

2月

10日，中共韶关市委指挥中心正式挂牌成立。市领导郑振涛、林耀明、李石保为市委指挥中心揭牌，并参观市委指挥中心通信调度系统。

12日下午，市政协召开十届第五十次主席会议，听取市政协十届五次会议筹备工作情况汇报，研究市政协十届五次会议领导工作分工，讨论市政协十届五次会议《选举办法》（草案）和《总监票员、监票员人员名单》（草案），协商市政协有关人事事项等。市政协主席邓苏夏主持会议，副主席李飞、梁海峰、赵志发、张秉钊、王伟阳、贝抗胜、何伟青、刘大济，秘书长何炳光出席会议。

15日晚，市委、市政府在香港举行新春座谈会。其间，市领导郑振涛、艾学峰、邓苏夏、罗祥益、陈秋彦、何伟青还分别拜访中联办、比亚迪、中青联旅游公司、旭日、三九绿宝医药集团和卢道平先生等领导和企业负责人，并出席省政府在香港、澳门举行的新春宴会。

18日下午，市十二届人大常委会召开第三十八次会议。会议决定接受徐建华辞去韶关市第十二届人大常委员会主任职务的请求；审议通过《韶关市第十二届人民代表大会常务委员会代表资格审查委员会关于部分代表的代表资格的报告》、《韶关市第十二届人民代表大会第六次会议选举办法》。市人大常委会副主任罗祥益、林平杰、赖龙福、杨小明、徐紫玲和秘书长江少强出席会议。

21日上午，政协韶关市第十届委员会第五次会议开幕。会期4天。应出席委员383人，实到347人，符合政协章程规定人数。邓苏夏主持开幕大会。李飞受政协韶关市第十届委员会常务委员会委托向大会作市政协常委会工作报告，张秉钊向大会报告市政协十届四次会议以来的提案工作情况。7位政协委员分别代表韶关市民革、民盟、民建、民进、农工党、九三学社、工商联作大会发言。会议还表彰优秀提案、承办提案先进单位以及承办提案先进工作者和优秀市政协委员。市四套班子领导、在韶省政协委员、市直有关单位负责人列席开幕大会。

21日下午，市委、市政府向为韶关市扶贫工作和经济社会发展给予支持和帮助的官锦雄、梁灼林、吴镇明、杨伟峰、赖赞东、许明昆等6位市政协港澳委员颁发纪念牌匾。市领导郑振涛、艾学峰、邓苏夏、陈秋彦、李飞、梁海峰、何伟青向获奖者颁发纪念牌匾。

21日下午，国家发改委副主任解振华到南华寺、丹霞山调研旅游产品开发、环境保护等方面工作，副市长孔云龙及省市有关部门负责人陪同调研。

22日上午，召开韶关市第十二届人民代表大会第六次会议。市委书记、市人大常委会党组书记郑振涛主持会议。市委副书记、代市长艾学峰作政府工作报告，常务副市长陈向新向就“十二五”规划纲要（草案）作说明，市政府书面提交《韶关市2010年国民经济和社会发展计划执行情况与2011年计划草案的报告》、《韶关市2010年预算执行情况和2011年预算草案的报告》。会议高度评价市政府所做的工作，同意市政府提出的“十二五”时期的主要目标任务和2011年工作安排。

22日，召开市政协十届十九次常委会议。市政协主席邓苏夏主持会议。会议审议补选市政协1名副主席、1名常务委员的有关人事事项；讨论大会选举办法（草案）和总监票员、监票员名单（草案）等事项。会议决定，将补选市政协副主席及常务委员的有关人事事项提交到市政协十届五次会议全体委员酝酿。

22日，全省信访工作会议在韶关市召开。省委副书记、省纪委书记朱明国出席会议并作重要讲话，省委常委、秘书长徐少华主持会议。市领导林耀明、李石保以及全省各地级以上市分管信访工作的领导、市信访局局长，省加强信访工作和维护社会稳定协调领导小组成员单位有关负责同志，省联席会议7个专项小组有关负责人，第二十八批省信访督查专员等约140人参加会议。

22日，市政协主席邓苏夏，副主席梁海峰、何伟青与参加市政协十届五次会议的港澳政协委员视察韶赣高速公路、湾头水利枢纽工程和市残疾人综合服务中心。

23日下午，召开市政协十届二十次常委会议。会议听取市政协各讨论组召集人关于讨论情况及有关选举事项的汇报，决定将有关事项提交市政协十届五次会议审议通过。市政协主席邓苏夏主持会议。市政协副主席李飞、赵志发、张秉钊、王伟阳、贝抗胜、何伟青、刘大济，秘书长何炳光及常委共60多人出席会议。

24日上午，市政协十届五次会议圆满完成各项议程胜利闭幕。大会宣布选举结果：在市政协十届五次会议上，王乙未当选为政协韶关市第十届委员会副主席，蔡昌芳当选为政协韶关市第十届委员会常务委员；通过《中国人民政治协商会议韶关市第十届委员会第五次会议决议》。市领导郑振涛、邓苏夏在闭幕大会上作讲话。

25日上午，市十二届人大六次会议圆满完成各项议程胜利闭幕。大会通过《关于政府工作报告的决议》、《关于韶关市国民经济和社会发展第十二个五年规划的决议》、《关于韶关市2010年国民经济和社会发展计划执行情况与2011年计划的决议》、《关于韶关市2010年预算执行情况与2011年预算的决议》、《关于韶关市人大常委会工作报告的决议》、《关于韶关市中级人民法院工作报告的决议》、《关于韶关市人民检察院工作报告的决议》等七项决议。

28日，市委召开十届第94次常委会议，学习中央深化干队人事制度改革《规划纲要》和省《实施意见》，传达胡锦涛、汪洋对保密工作重要批示，及全省保密工作会议精神，讨论《中共韶关市委常委会2011年工作要点》等，市委书记郑振涛主持会议，市委常委出席会议，市政协主席、市人大常委会常务副主任、副市长列席会议。

3月

1日下午，市委副书记、市长艾学峰主持召开2011年广东国际旅游文化节主会场（韶关）筹备工作会议强调要高度重视筹备工作，全力以赴举办一届具有韶关特色的广东国际旅游文化节。市领导林耀明、李萍、陈向新、陈秋彦、尚伟、邹永松等出席会议。

2日下午，市机关效能监察工作领导小组召开2010年度绩效考评指标考核检查动员会，并对考核检查组成员进行培训。市委副书记林耀明出席会议，市委常委、纪委书记段宇飞主持会议。会议确定由林耀明、陈向新、段宇飞、李石保等市领导分别率领4个考核小组，对全市53个单位进行为期5天的绩效考评工作考核检查。此外，网络问政考核检查也将同时进行。

13日，市委副书记、市长艾学峰在北京与中国国电集团公司党组成员、总会计帅张国厚座谈，双方就推进国电粤华韶关煤矸石综合利用项目建设进行商谈。

14 日下午，市委书记、市人大常委会主任郑振涛，市委副书记、市长艾学峰在北京出席广东省与中央企业战略合作座谈会暨签约仪式。

15 日，召开全市经济和信息化工作会议，贯彻中共十七届五中全会、中央经济工作会议和省委十届八次全会、全省经信工作会议精神，落实市委十届九次全会、市十二届人大六次会议工作部署，总结“十一五”时期特别是 2010 年经信工作，分析发展形势，研究部署“十二五”时期和 2011 年工作任务，并对组织参与“广东大型系列招商活动（国内知名民企）”进行动员部署。市委常委、副市长陈秋彦出席会议并作讲话，市政协副主席王乙未和民建韶关市委有关领导出席会议。

16 日下午，市委副书记、市长艾学峰到湖南长沙中国建材湖南南方水泥集团有限公司考察，与公司执行总裁谢家振、副总裁尹大德等高层进行座谈。

18 日下午，市委召开十届第 95 次常委会议，传达十一届全国人大四次会议和政协十一届全国委员会第四次会议精神。市委常委出席会议，市政协主席、市人大常委会主持日常工作的副主任、副市长等列席会议。

24 日，阳江市委书记、市人大常委会主任林少春，市委副书记、市长魏宏广，市政协主席韦丽坤率领阳江市党政考察团莅临韶关市考察“双转移”工作。市领导郑振涛、艾学峰、邓苏夏、李建华、陈秋彦、李石保与客人们举行座谈，共同交流工作经验。

25 日上午，召开全市人大代表建议和政协提案交办工作会议，部署人大代表建议和政协提案交办工作。市领导陈向新、林平杰、李飞出席会议。

28 日上午，市委召开第 96 次常委会，研究讨论韶关市 2010 年创文工作情况和 2011 年主要工作任务等议题。市委书记郑振涛主持会议。市委常委出席会议，市政协主席、市人大常委会主持日常工作的副主任、副市长列席会议。

28 日上午，召开全市防范重特大安全生产事故工作电视电话会议，部署全市防范重特大安全生产事故工作。市领导艾学峰、陈向新、杨小明、王伟阳出席会议。

28 日上午，市委书记、市人大常委会主任、市依法治市工作领导小组组长郑振涛主持召开依法治市工作领导小组第十六次会议，传达省依法治省工作领导小组第十七次会议精神，总结全市 2010 年依法治市工作；审议全市贯彻落实《〈法治广东建设五年规划（2011~2015 年）〉的实施意见》和 2011 年依法治市工作要点。市领导邓苏夏、林耀明、赖日先、李石保、张平等和市依法治市工作领导小组成员单位负责人参加会议。

28 日，省政府派出以省财政厅副厅长戴运龙为组长的防汛检查组到韶关市检查指导防汛工作，听取韶关市 2011 年防汛工作情况汇报。市委常委、副市长、市三防指挥部副指挥张志才陪同检查。

29 日下午，市政府与中国建材南方水泥集团有限公司正式签署战略合作框架协议。市委副书记、市长艾学峰，市委常委、副市长陈秋彦和湖南南方水泥集团总裁谢家振代表地企双方出席签字仪式。

30 日，省委常委、常务副省长朱小丹率省有关单位负责人到韶关市调研检查重点项目建设情况，市领导郑振涛、艾学峰等陪同调研。

4 月

2 日上午，韶关市在烈士陵园隆重举行祭奠革命先烈大会暨烈士骨灰安放仪式。市委、市人大常委会、市政府、市政协、韶关军分区领导班子成员，市直各单位和浈江、武江两区机关干部代表，市各民主党派、工商联及无党派人士代表，中华人民共和国成立前参加革命的老战士、军烈属、复员退伍转业军人代表，驻韶部队和武警部队官兵代表，公安干警代表，工人、农民、市民和学生代表等社会各界人士共 1000 多人参加祭奠活动。

6 日至 7 日，省委常委、统战部部长周镇宏，在省委统战部副部长、省民族宗教委主任陈绿平和韶关市领导郑振涛、艾学峰、林耀明、兰茵、何伟青等陪同下，到乳源瑶族自治县和始兴县深渡水瑶族乡开展少数民族群众生产生活情况及民族地区经济社会发展情况调研。

8 日至 9 日，国土资源部开发司司长刘连和率检查组到韶关市检查验收矿产资源开发整合工作。市委副书记、市长艾学峰，副市长尚伟出席汇报会并陪同检查。

8日至9日，中央政治局委员、广东省委书记汪洋到韶关市进行专题调研。其间，汪洋主持召开会议，听取韶关市经济社会发展和产业转移情况汇报。市领导郑振涛、艾学峰、邓苏夏、林耀明、李萍、陈向新、张志才、赖日先、肖怀跃、李建华、陈秋彦、李石保、张平、兰茵、尚伟、邹永松参加会议。

11日下午，由省委宣传部、省委党史研究室和中共韶关市委、市政府联合摄制，珠江电影集团出品的电影《战时省委》举行开机仪式。此电影是反映抗日战争时期广东省委、粤北省委领导广东人民抗击日本侵略者的经历。省委常委、宣传部长林雄在省委宣传部副部长赖斌、省委党史研究室主任陈俊凤和市领导郑振涛、林耀明、李萍、李建华、兰茵的陪同下，出席开机仪式。

12日上午，市委书记郑振涛主持召开十届第九十七次常委会议暨市委中心组学习会，专题学习贯彻中央政治局委员、广东省委书记汪洋4月8日至9日调研韶关市产业转移工作时的讲话精神。会上，市领导艾学峰、林耀明、陈向新、段宇飞、陈秋彦、尚伟等就如何贯彻落实汪洋的讲话精神谈自己的体会和建议，郑振涛作总结讲话。

14日上午，召开市第一次全国水利普查工作视频会议，贯彻落实国务院第一次全国水利普查工作部署，研究全面启动韶关市水利普查工作。市委常委、副市长张志才出席会议并讲话。

14日至15日，市委书记、市人大常委会主任郑振涛，市委副书记、市长艾学峰率领党政代表团，到广西壮族自治区桂林市学习考察高新技术工业发展、旅游产业开发以及生态环境保护等方面的经验做法。市委常委、宣传部长李萍，副市长兰茵，各县(市、区)党委或政府主要领导和市委办、市政府办、市委政策研究室、市发改局、经信局、财政局等部门负责人参加考察。桂林市委书记、市人大常委会主任刘君，桂林市委常委、宣传部长陈丽华，市委常委、秘书长石东龙，市委常委、副市长黄润中陪同考察。

21日下午，市政协召开十届第五十二次主席会议，学习贯彻《汪洋同志在韶关调研座谈会上的讲话》精神，协商今年市领导督办市政协重点提案及分工等事宜。市政协主席邓苏夏主持会议。市政协副主席李飞、王伟阳、贝抗胜、何伟青、刘大济、王乙未，秘书长何炳光出席会议。

21日至22日，市人大常委会副主任李石保率领执法检查组对全市贯彻执行《中华人民共和国价格法》情况进行检查。市政府副市长邹永松及市物价部门负责人陪同检查。

22日，广东省军区司令员刘联华少将率工作组一行到韶关市调研基层武装工作建设情况。市领导艾学峰、林耀明、张志才，韶关军分区司令员郑佳树、政委李建华及武江区相关负责人陪同调研。

22日下午，韶关市召开乡镇领导班子换届工作会议，传达中央、省委乡镇换届会议精神和市委书记、市人大常委会主任郑振涛对乡镇换届工作的指示要求。市委常委、组织部长肖怀跃总结全市2011年村、社区“两委”换届选举工作，全面部署乡镇领导班子换届工作。

25日上午，召开全市旅游工作会议暨承办广东国际旅游文化节主会场动员大会。市委书记郑振涛在会上作动员讲话，他要求全市上下要群策群力，精心组织，努力把广东国际旅游文化节办成具有韶关特色、推动韶关经济社会跨越发展的旅游文化盛会。市领导艾学峰、邓苏夏、林耀明、李萍、李石保、兰茵、尚伟出席会议。

26日上午，市十二届人大常委会召开第三十九次会议，听取和审议市政府办理创建森林生态市议案情况的报告并进行人事任免。会议由市委书记、市人大常委会主任郑振涛主持，市人大常委会副主任李石保、林平杰、杨小明、徐紫玲和秘书长江少强出席会议。副市长邹永松,市中级人民法院院长刘曙光及市人民检察院相关负责人列席会议。

27日上午，广东省军区援建水源宫“八一”瑶族新村奠基仪式在乳源举行。为进一步改善水源宫村的生产生活条件和发展环境，促进瑶族村民脱贫，省军区捐资350万元建设水源宫“八一”瑶族新村。省军区政委蔡多文，市委书记、市人大常委会主任郑振涛，市委常委、韶关军分区政委李建华，韶关军分区司令员郑佳树出席奠基仪式。

28日，市委召开第九十八次常委会议，研究讨论《韶关市党政领导挂点联系县（市、区）经济发展工作制度》、《2011年度市领导联系重点建设项目分工表》

等议题。市委书记郑振涛主持会议。市委常委出席会议，市政协主席、市人大常委会主持日常工作的副主任、副市长等列席会议。

29日，市委市政府在会议中心召开庆祝“五一”国际劳动节暨表彰大会。大会表彰荣获2011年全国“五一”劳动奖状、全国“五一”劳动奖章和全国工人先锋号，广东省“五一”劳动奖章和广东省工人先锋号，韶关市工人先锋号的单位和个人，并颁发荣誉证书和奖牌，大会还表彰15项“韶关市职工优秀合理化建议”。市委副书记、市长艾学峰作讲话，邓苏夏、林耀明、陈向新、肖怀跃、李建华、陈秋彦、李石保、杨小明等市领导出席大会。

5月

6日下午，市长、市编委主任艾学峰主持召开新一届编委会全体成员会议。会议决定核减市直有关行政事业单位编制43名，调整撤并有关机构8个，强化公共服务职能12项。同时，根据工作需要为部分党委部门和人大、政协机关等单位共增加5名行政编制。

9日上午，市委副书记、市长艾学峰带领农业、民政、财政等部门负责人到始兴察看冰雹灾情，指导救灾复产工作。5月1日，始兴县部分乡镇遭遇雷雨、冰雹袭击。该县53个村44351亩农田受灾，6162间房屋被冰雹砸坏，其中22户民居完全损毁坍塌，幸无人员伤亡。

10日下午，香港华润集团下属的华润万家有限公司首席执行官洪杰带队到韶关市参观考察，并与韶关市举行区域战略合作座谈会，就消费品、水泥、地产、燃气、医药等多个领域的合作问题进行沟通交流。市委副书记、市长艾学峰，市委常委、副市长陈秋彦出席会议。

10日，三市（广东韶关、湖南郴州、江西赣州）一地（广州南沙）的领导在韶关召开座谈会，共同谋划南岭山地森林及生物多样性生态功能区的规划及其它重要事项。座谈会由霍英东集团行政总裁霍震寰主持，市委副书记、市长艾学峰，副市长孔云龙，郴州、赣州两市分管副市长及三市相关部门负责人参加座谈会。

12日上午，韶关市党风廉政建设、干部任前法纪教育暨预防职务犯罪教育基地正式启用。教育基地以预防和惩治职务犯罪为主要内容，将法制教育和警示教育融为一体。省委副书记、省纪委书记朱明国，省纪委副书记丘海，省检察院常务副检察长、省反贪局局长陈武，市领导郑振涛、艾学峰、邓苏夏、林耀明、陈向新、段宇飞、赖日先、肖怀跃、李石保等出席启动仪式。

12日，召开广东南雄珠玑巷后裔联谊会第四届理事会执行会长会议。会议由联谊会会长、原广州市市长黎子流主持。原省委常委、珠海市委书记梁广大，省人大常委会原副主任佀志广，市政协主席邓苏夏等8位执行会长出席会议。联谊会名誉会长、市委副书记、市长艾学峰出席会议并致辞。

12日，省委副书记、省纪委书记朱明国在韶关市调研省重点工程建设情况，考察乐昌峡水利工程枢纽、广乐高速公路长基岭隧道施工点、T10标段预制厂等工程项目。市领导郑振涛、段宇飞及相关部门负责人陪同调研。

13日下午，韶关市召开市委常委议军会，听取2010年全市武装工作情况和2011年主要工作任务汇报，研究需要解决的问题。市领导郑振涛、艾学峰、邓苏夏、林耀明、张志才、段宇飞、赖日先、肖怀跃、李建华、李石保，韶关军分区司令员郑佳树出席会议。市委书记、市人大常委会主任、韶关军分区党委第一书记郑振涛主持会议。会后，与会人员考察市人防办地面应急指挥中心。

17日上午，韶关市召开对外招商引资加快外经贸转型升级工作会议。市委副书记、市长艾学峰部署2011年全市对外招商工作，并与各县（市、区）长签订目标责任书立下“军令状”；市委常委、副市长陈秋彦与市13家重点出口企业签订出口意向书。

19日下午，市政协主席邓苏夏召集市住建、发改、规划等相关部门负责同志，就市政协委员提出部分旧楼加装电梯的相关提案进行督办。

20日上午，市委书记郑振涛主持召开十届第99次市委常委会议，研究讨论《韶关市山区县农村综合改革实施意见》。市委常委出席会议，市政协主席、市人大常委会主持日常工作的副主任、副市长等列席会议。

21日，市委市政府在市区范围内组织开展创文工作“五个一”(一封公开信、一次惠民政策及成效宣传、一张征求意见表、一份调查问卷、一本文明礼仪手册)入户宣传活动，倡议市民从我做起，倡导文明；积极行动，践行文明；立足本职，塑造文明；遵章守法，共建文明。并征求市民对目前韶关市创文工作的意见和建议。市委常委、宣传部长李萍参加宣传活动。

23日下午，召开全市政务公开工作电视电话会议。学习贯彻省政务公开工作联席会议精神和全市依法治市工作会议的有关部署，总结韶关市政务公开工作，交流学习先进经验，部署深化政务公开工作。市委常委、常务副市长陈向新出席会议并讲话；市委常委、市纪委书记段宇飞主持会议。会议决定命名曲江区、市交通局等10个单位为“韶关市2011年度政务公开工作示范点”。

23日至24日，省政府在韶关市召开全省集体林权制度改革现场推进会。会议下达“死命令”：年底全面完成林改已列入省委、省政府2011年的重点工作。副省长刘昆，省林业局局长张育文、巡视员陈俊勤、副局长陈俊光，市领导郑振涛、林耀明、张志才及全省各市、县政府负责林改工作的相关领导近200人参加会议。

24日，全省安全生产应急管理工作暨矿山救援基地建设会议在韶关市召开。会议贯彻落实全国安全生产应急管理工作会议精神，总结“十一五”期间广东省安全生产应急管理工作，明确“十二五”期间奋斗目标，安排部署2011年的重点工作任务。副省长佟星出席会议并作讲话。市委书记、市人大常委会主任郑振涛及省安委会成员单位负责人，各地级市分管安全生产工作的领导参加会议。市委常委、常务副市长陈向新在会上代表韶关市政府作经验介绍。

24日，省安全生产委员会在韶关市举行广东省矿山救援韶关基地建设项目启动暨安全生产应急救援装备配置仪式。仪式上，副省长佟星向各地级市配发安全生产应急值班设备；省政府副秘书长林英向韶关等4市的矿山救援队配发了矿山救援装备。市委书记、市人大常委会主任郑振涛参加活动。

24日，市政府在广州召开与外国驻穗机构联谊交流会，共商交流与合作事宜。会议由韶关市人民政府、广东省人民政府外事办公室、广东省对外贸易经济合作厅联合主办。省外事办主任傅朗，省外经贸厅厅长梁耀文，韶关市委副书记、市长艾学峰，市委常委、副市长陈秋彦，省外事办副主任李坚，省外经贸厅副厅长吴军和韶关市市直有关部门、各县(市、区)政府分管招商引资工作领导出席交流会。巴基斯坦、波兰、韩国等24国驻穗总领事，以及美国、英国、德国、日本等国驻穗商务、金融、新闻机构负责人或代表70多人应邀出席活动。

24日，市十二届人大常委会召开第四十一次主任会议，听取市政府关于全市气象服务体系建设情况的汇报及市人大常委会执法检查组关于检查全市实施《中华人民共和国价格法》情况的报告。市人大常委会副主任李石保、林平杰、杨小明、徐紫玲、张平及秘书长江少强出席会议，副市长兰茵列席会议。

24日至25日，省委常委、副省长肖志恒莅韶关调研大部制改革特别是简政强镇工作情况、物价系统“三项建设”工作情况及人力资源社会保障基层服务平台建设工作情况。市领导郑振涛、艾学峰、陈向新在座谈会上分别汇报有关情况。

25日，湘桂粤三省(区)毗邻县(市、区)政协工作联系协作会第四十三次会议在乳源瑶族自治县召开。该协作会是湘桂粤三省(区)毗邻县(市、区)政协自愿组成的区域性横向联系协作组织，通过互相联系，沟通信息，促进会员县(市、区)之间的经济协作与交流，更好地为当地党委、政府决策服务，为推动“三个文明”建设服务。该协作会自1989年成立至今已有会员县(市、区)37个，每半年召开一次会议，由会员县(市、区)轮流当值。市政协主席邓苏夏和乳源县有关领导及贺州市、郴州市、宜章县等市县相关领导参加会议。

25日下午，市委副书记、市长艾学峰与国家开发银行广东省分行行长吴德礼举行座谈。国开行与韶关市一直保持良好的合作伙伴关系，2003年以来，国开行充分发挥开发性贷款优势，为韶关市经济社会发展提供资金支持。截至2011年4月，国开行与韶关市合作项目达36项，向韶关市承诺授信金额50.06亿元，贷款余额29.4亿元，为韶关大道、武广客运专线新韶关站站前广场、沐溪工业园基础设施、韶关一中新校区、芙蓉大道、百旺大道等建设项目提供资金支持。市委常委、副市长陈秋彦及相关部门负责人参加座谈。

27日上午，市委中心组召开理论学习会，专题学习中央政治局委员、省委书记汪洋推荐的《幸福的方法》和《对我们生活的误测——为什么GDP增长不等于社会进步》两本书。市委书记郑振涛主持学习会。艾学峰、邓苏夏、林耀明、李萍、张志才、赖日先、肖怀跃、李建华、陈秋彦、李石保、尚伟等市领导和市直有关单位负责人参加学习会。

29日下午，市委市政府召开“5·26”京港澳、韶赣高速公路马坝互通立交工程施工坍塌事故处置工作紧急会议。5月26日13点15分，中铁二十局集团第二工程有限公司在京港澳高速公路与韶赣高速公路马坝互通立交桥施工时发生支架坍塌事故，造成7人死亡，1人轻伤。

事故调查组查明，事故的直接原因是在混凝土浇筑过程中荷载增加作用下，产生过大的不均匀沉降，导致马坝互通立交桥D匝道第二联箱梁其上支架局部失稳，引起整体失稳，从而引发事故。市委书记、市人大常委会主任郑振涛主持会议并作讲话。市领导艾学峰、陈向新、张志才、邹永松，省安监局、中铁二十局、韶赣高速管理处以及市有关部门负责人出席会议。

30日上午，召开丹霞山世界自然遗产保护管理工作委员会第一次全体会议。会议就丹霞山保护建设和经营、丹霞山管委会和遗产地内乡村管理体制等问题进行了研究讨论。市委书记、市人大常委会主任郑振涛主持会议并讲话。市委副书记、市长艾学峰和浈江区、仁化县及市直各成员单位负责人出席会议。

30日至31日，省文明办副主任林海华率省文明城市提名资格申报测评工作组专家一行13人到韶关，测评韶关市“全国文明城市资格”。市委书记、市人大常委会主任郑振涛，市委副书记、市长艾学峰分别与测评组专家进行座谈。市领导林耀明、李萍陪同专家组现场测评。

6月

1日下午，市委召开十届第100次常委会议，研究讨论《韶关市加快引进培养高层次人才的实施办法》及5个配套政策。市委书记郑振涛主持会议。市委常委出席会议，市政协主席、市人大常委会主持日常工作的副主任、副市长等列席会议。

2日下午，韶关市人民政府与中国电信广东公司签署《加快转型升级、建设幸福韶关“十二五”信息化合作协议》。“十二五”期间，广东电信将把韶关作为业务发展的重点区域，计划投资12亿元，拉动韶关信息通信消费需求30亿元，通过提升业务综合信息服务能力，打造“宽带韶关、光网城市”，把韶关打造成为“智慧韶关”、“粤北数字中心”，推进韶关信息化水平总体达到全省东西北地区先进水平。市领导郑振涛、艾学峰、邹永松，中国电信广东公司总经理陈德兴、副总经理麦欣出席签约仪式。

8日，韶关市党风廉政建设、干部任前法纪教育暨预防职务犯罪教育基地开办培训班，对新任处级领导干部进行全封闭脱产式的党纪、政纪、法纪教育培训。培训班2011年将举办三期，此次开班的是第一期，培训对象为2010年至2011年5月新提拔的副处级领导干部，共59人。市委常委、纪委书记段宇飞，市委常委、组织部长肖怀跃应邀作辅导报告。

4日至8日，受市委书记郑振涛、市长艾学峰委托，市委常委、副市长、韶关张九龄研究会会长张志才率领韶关市考察访问恳亲团前往马来西亚马六甲参加世界张氏总会第五届恳亲大会，并分别到新加坡、泰国进行考察和恳亲访问。世界张氏总会是世界性张氏宗亲联谊组织。世界张氏总会恳亲大会每两年举办一次，韶关市成功申办将于2013年举办世界张氏总会第六届恳亲大会。

10日，市委召开第101次常委会议，研究讨论《关于全市八大重点产业招商工作情况的汇报》、《关于做好韶关市纪念中国共产党成立90周年暨表彰大会有关工作的请示》等议题。市委书记郑振涛主持会议。市委常委出席会议，市政协主席、市人大常委会主持日常工作的副主任、副市长等列席会议。

14日至16日，省考核组对韶关市党政“一把手”和分管教育的副市长的基础教育工作责任落实情况进行考核。市领导郑振涛、艾学峰、邓苏夏、林耀明、肖怀跃、徐紫玲、兰茵、赵志发，各县（市、区）委书记、县长和分管教育的领导，及各相关部门负责人出席14日上午的考核自评报告会暨民意测评会。

15日上午，召开市县镇三级人大换届选举工作会议。本次人大换届选举，将产生韶关市市县镇三级新一届的人大代表和国家政权机关组成人员。本次县镇两级人大换届选举将按照新修改的选举法首次实行城乡按相同人口比例选举人大代表。市人大常委会副主任李石保、徐紫玲和秘书长江少强出席会议，各县(市、区)人大常委会相关负责人参加会议。

16日晚，大型交响声乐套曲《中国之路》在广州大剧院盛大演出。《中国之路》是中国首次以大型交响声乐套曲的形式反映中国共产党90年的风雨历程，热情讴歌党的伟大成就的音乐作品，一部颇具思想性和艺术性的音乐史诗。它是由中共韶关市委、韶关市人民政府组织策划的建党90周年献礼力作。副省长宋海，市委书记、市人大常委会主任郑振涛等省市领导，《中国之路》总创意郭代模、音乐总监刘福全及1000多名群众现场观看演出。

20日上午，省委创先争优先进事迹报告团到韶关举行广东省创先争优先进事迹报告会。韶钢集团高级工程师罗东元等6人在会上介绍先进事迹。市委副书记、市长艾学峰等接见报告团全体成员。市领导邓苏夏、林耀明、李萍、赖日先、肖怀跃、李建华、杨小明、张平、尚伟、孔云龙、王乙未，各县(市、区)、市直和中省驻韶有关单位党员领导干部、基层一线党员和入党积极分子代表约500人参加报告会。

21日，市政协召开在韶港澳委员“广东扶贫济困日”座谈会，开展“人人奉献爱心、共建幸福家园”主题活动。与会人员首先观看草田坪村“5·8”灾情专题片。梁灼林、雷为有、雷国鸣、饶国球等在韶在市政协港澳委员响应号召，慷慨解囊。市政协主席邓苏夏与市政协港澳台侨联络委员会负责人、市政协在韶关港澳委员参加座谈会。

21日至22日，全国民族自治县(旗)科学发展经验交流会在乳源瑶族自治县召开。来自全国120个民族自治县(旗)及18个省区市的相关代表参加会议。据国家民委介绍，改革开放以来，在全国如此大范围地组织民族自治县(旗)进行交流尚属首次。中央统战部副部长、国家民委主任杨晶，广东省副省长雷于蓝，市委副书记、市长艾学峰出席会议并讲话。省政府副秘书长江海燕，省委统战部副部长、省民族宗教委主任陈绿平，韶关市副市长兰茵参加会议。

23日上午，市十二届人大常委会召开第四十次会议，听取和审议市政府关于韶关市推进城乡基层医疗卫生服务体系建设等三个情况的报告。会议听取市人大常委会执法检查组关于检查韶关市实施价格法情况的报告，并召开各县(市、区)人大常委会副主任座谈会。市人大常委会副主任李石保、林平杰、徐紫玲、张平和秘书长江少强出席会议，副市长兰茵和部分市人大代表列席会议。

22日至23日，省政府党组成员、省扶贫开发领导小组副组长李容根在省有关部门负责人及市领导郑振涛、艾学峰、张志才、孔云龙的陪同下，先后考察乳源少数民族贫困村整体搬迁安置工作和乐昌峡水利枢纽建设情况。

24日，韶关市与暨南大学举行共建韶关研究院协议签字暨揭牌仪式。市委副书记、市长艾学峰，市委常委、副市长陈秋彦，暨南大学校长胡军和姚新生院士出席仪式。

27日下午，韶关市举行纪念中国共产党成立90周年暨“七一”表彰大会，对全市60个先进基层党组织、120名优秀共产党员、50名优秀党务工作者进行表彰。郑振涛、邓苏夏等市四套班子领导出席会议。

28日上午，市政协主席邓苏夏主持召开市政协十届五十三次主席会议，讨论专题调研报告《关于加快培育和发展我市战略性新兴产业的调查与建议》(讨论稿)、《关于发展我市休闲旅游的调查与建议》(讨论稿)等事项。市政协副主席赵志发、张秉钊、王伟阳、贝抗胜、何伟青、刘大济、王乙未，秘书长何炳光出席会议。

28日，召开全市安全生产暨2011年第二季度防范重特大安全事故工作会议，总结上半年全市安全生产工作情况，对下半年安全生产工作提出要求。市委常委、常务副市长陈向新出席会议并讲话。

28日下午，韶关市举行“广东扶贫济困日”中省驻韶及市属国有企业座谈会，韶钢集团、韶能集团、韶铸集团、凡口铅锌矿、丹霞冶炼厂等企业负责人先后发言，并当场表达募捐意向，其中韶钢集团200万元，凡口矿150万元，丹霞山冶炼厂

100万元。市领导郑振涛、陈向新及市发改局、民政局、国土局、环保局、国资委和35家企业负责人出席会议。

29日上午，曲江区人民政府与台泥国际坑口水泥项目投资合同签署仪式在市区荷花园（粤海）酒店举行。台泥集团将在曲江区乌石镇大坑口兴建年产量1000万吨的水泥厂，总投资36亿元，首期计划投资18.5亿元。市领导郑振涛、艾学峰、陈秋彦等及台泥集团董事长辜成允等嘉宾,曲江区委区政府主要领导、市直及曲江区有关部门负责人出席签署仪式。

30日，市委召开第102次常委会议，研究讨论《韶关市教育改革和发展规划纲要（2010~2020年）》等议题。市委书记郑振涛主持会议。市委常委出席会议，市政协主席、市人大常委会主持日常工作的副主任、副市长等列席会议。

30日，市委、市政府和市政协机关同时举行“广东扶贫济困日”捐赠仪式。2011年“广东扶贫济困日”活动的主题是“人人奉献爱心，共建幸福家园”。市领导郑振涛、邓苏夏、林耀明、陈向新、段宇飞、赖日先、肖怀跃、李建华、陈秋彦、李石保出席仪式。据市慈善总会统计，30日在捐赠活动中收到的现金捐款金额为278366.4元。

7月

1日至2日，省高级人民法院党组书记、院长郑鄂在市领导林耀明、赖日先陪同下，到曲江、乐昌、浈江、乳源等地调研基层法院党组织建设情况和看望慰问基层法院党员干警。其间，市委书记、市人大常委会主任郑振涛会见郑鄂。

4日，省市共建韶关食品药品安全示范区领导小组第一次会议在韶关市召开。会议对韶关签署合作备忘录以来的食品药品安全示范区建设工作进行总结，并研究部署未来5年食品药品安全示范区建设和2011年工作重点。审议并通过《省市共建韶关食品药品安全示范区（2011~2015年）实施方案》和《省市共建韶关食品药品安全示范区2011年工作计划》两个工作文件，对韶关今后5年创建食品药品安全示范区进行总体规划和全面部署，明确2011年的工作重点。市领导艾学峰、兰茵出席会议。

6日，市委、市政府举行聘请省发改委前主任李妙娟为韶关市经济社会发展顾问仪式。市委书记郑振涛向李妙娟颁发聘书，市领导艾学峰、孔云龙出席仪式。

7日上午，市政协召开十届第二十一次常委会议，围绕“培育和发展韶关市战略性新兴产业”和“发展我市休闲旅游”两个专题开展议政活动。邓苏夏、张志才、李飞、赵志发、张秉钊、王伟阳、贝抗胜、刘大济、王乙未等市领导出席会议。

7日，由省政府和香港特区政府联合主办的“2011粤港经济技术贸易合作交流会”在香港会展中心举行。

韶关在本次交流活动中取得显著成效。全市共签约项目9个，总投资1.62亿美元，项目平均投资额达到1800万美元，涵盖服务业、食品、新能源、机械、化工等行业。市委常委、副市长陈秋彦参加经贸交流活动。

13日至14日，省政协香港地区委员视察团到韶关市专题视察“调整产业结构，促进转变经济发展方式”。省政协视察团一行深入到乳源东阳光实业发展有限公司、乳源瑶族自治县宝华农科开发有限公司，进行实地了解韶关市调整产业结构、转变经济发展方式的有关情况。市领导艾学峰、邓苏夏、陈秋彦、李飞参加相关活动。

14日上午，召开全市纪律教育学习月活动动员大会，部署2011年全市纪律教育学习月活动。按照省里的统一部署,2011年纪律教育学习月活动的主题是“以人为本，执政为民”。教育对象是全市党员，重点对象是党的各级领导干部，非中共党员领导干部和国家公职人员也纳为教育对象。重点内容是开展理想信念、党的性质和宗旨、党纪政纪法纪、保密法规、换届纪律五个方面的教育。市领导郑振涛、艾学峰、邓苏夏、段宇飞参加会议。

14日上午，市委召开十届第103次常委（扩大）会议暨市委中心组学习会，传达中共广东省委十届九次全会精神，学习胡锦涛在纪念中国共产党成立90周年大会上的讲话精神，研究部署韶关市贯彻落实意见。郑振涛、艾学峰、邓苏夏、林耀明、李萍、段宇飞、赖日先、肖怀跃、李石保、邹永松等市四套班子领导出席（列席）会议。

19日上午，市十二届人大常委会召开第四十二次主任会议，听取市政府关于韶关市大旅游建设情况等报告。市领导李石保、林平杰、徐紫玲、张平出席会议，副市长兰茵列席会议。

20日，韶关市召开韶关“青年创业与转型升级”青年企业家及创业青年座谈会。为贯彻落实胡锦涛总书记“七一”讲话的精神，倾听青年声音、鼓励青年成长、支持青年创业，帮助创业青年总结成功经验，分析创业道路中遇到的困难和问题，为青年创业谋前景、谋出路，促进创业青年相互交流与合作，团市委、市青年联合会和韶关青年商会联合主办本次座谈会。市委副书记林耀明出席座谈会。

20日，武警韶关市支队作战指挥中心举行奠基仪式。武警韶关市支队作战指挥中心占地面积10.441公顷，规划分办公指挥区、生活服务区、军事训练区三部分。建筑贯穿“利于战备、方便生活、兼顾发展”的规划理念，力求体现军队特点、时代精神和地域风格。市领导郑振涛、艾学峰、张志才、赖日先、张平、尚伟、李飞和武警韶关市支队首长出席仪式。

21日，市政府举行2011年度韶关盐田港铁海联运工作协调会。该港2010年底开工建设、投资1500多万元的铁海联运场地改造升级项目，目前正在加紧建设，项目建成后将满足每天100个标准箱的运营能力，将进一步提升韶关市铁海联运的规模效益。同时，韶关市正在规划建设“粤北国际物流中心”项目，继续加强与铁路、港口的合作，整合全市的口岸资源，建设现代化的大型枢纽口岸。市委常委、副市长陈秋彦参加会议。

21日，市委、市政府召开全市扶贫开发“双到”工作现场会。传达全省扶贫开发“双到”工作会议精神，提出韶关市的贯彻意见，并与各县（市、区）政府签订农村低收入住房困难户农房改造及“两不具备”村庄搬迁工作目标责任书。乳源、乐昌等4个单位在会上作经验介绍。市领导郑振涛、张志才、肖怀跃、李飞参加现场会。

26日上午，市政府举行《2011年度韶关市耕地保护责任书》签订仪式。市委副书记、市长艾学峰与各县（市、区）政府负责人签订责任书。

26~27日，郑振涛、艾学峰、邓苏夏、张志才、赖日先、李建华、李石保等市四套班子领导前往惠州、广州等地慰问驻粤部队官兵。

27日下午，召开全市基层医疗卫生机构综合改革工作动员工作电视电话会议，部署全市基层医疗卫生机构综合改革工作。市领导陈向新、兰茵出席会议

28日，市政府召开推进企业编制社会责任报告书工作座谈会，贯彻落实市委、市政府《关于加强企业社会责任建设的意见》精神，逐步建立和完善企业社会责任报告制度，推动全市加强企业社会责任建设工作的深入开展。市领导林耀明、杨小明、陈秋彦出席会议。

28日，2011广东国际旅游文化节开幕倒计时100天启动仪式在市区中山公园隆重举行。自韶关市取得2011广东国际旅游文化节承办权以来，全市主会场工作领导小组和全市各级、各有关部门，推进开幕式活动各项筹备工作，取得阶段性成果。在开幕倒计时现场，来自乳源民族艺术团的演员带来《鼓韵》、《请到粤北韶关来》等具有韶关地区特色的精彩节目。副市长兰茵参加启动仪式。

29日上午，市委书记、市人大常委会主任郑振涛检查市承办广东国际旅游文化节工作的各项筹备情况，并召开2011年广东国际旅游文化节韶关主会场工作领导小组第二次会议，对筹备工作作出部署。市领导林耀明、李萍、赖日先、兰茵、尚伟、邹永松出席会议。

8月

3日，泰国驻广州总领事林培森访问韶关，了解韶关的经贸投资环境，促进泰国与韶关之间的经贸投资合作。林培森一行首先参观韶关科艺创意工业有限公司和韶关康瑞科技有限公司等韶关优势企业。市委常委、副市长陈秋彦会见访问团一行。

5日上午，市委召开十届第104次常委会议，听取关于《芙蓉新城发展战略规划方案》的汇报，研究芙蓉新城发展战略规划工作；听取关于韶关市2010年落实省科学发展观实绩考核情况汇报，研究部署2011年落实省科学发展观实绩考核工作。市领导郑振涛、艾学峰、李萍、陈向新、张志才、段宇飞、肖怀跃、李建华、陈秋彦出席会议，邓苏夏、李石保、兰茵、尚伟、邹永松、孔云龙列席会议。

8日至9日，省委常委、副省长肖志恒率领省委委员第九专

题考察组到韶关市开展构建支撑产业转型升级的职业技术教育体系专项考察活动。省人力资源和社会保障厅厅长欧真志，省教育厅厅长罗伟其等省委委员参加考察。市领导郑振涛、艾学峰、兰茵、邹永松陪同。

10日上午，市委召开十届第105次常委会议，听取关于《韶关市第十一次党代会筹备工作方案》的情况汇报，研究部署召开市第十一次党代会有关筹备工作；讨论召开市委十届十次全会有关事宜。市领导郑振涛、艾学峰、林耀明、李萍、陈向新、张志才、段宇飞、肖怀跃、赖日先、陈秋彦出席会议，邓苏夏、李石保、兰茵、尚伟、邹永松、孔云龙列席会议。

12日下午，市委召开十届第106次常委会议，听取《关于实行党政领导干部安全生产“一岗双责”制度的意见》的起草情况及主要内容的汇报，讨论市委十届十次全会有关材料。市领导郑振涛、艾学峰、林耀明、李萍、陈向新、段宇飞、赖日先、肖怀跃出席会议，邓苏夏、李石保、兰茵、邹永松、孔云龙列席会议。

15日，市委召开2011“韶关好人”暨“感动韶关十佳道德模范”推荐评选工作会议。这是继2007、2009年开展两届“感动韶关十佳道德模范”和“身边好人”评选表彰之后，在全市范围内开展的又一次大型公民思想道德教育活动。市委常委、宣传部长李萍出席会议。

16日，市委召开市委十届十次全体会议全会，贯彻中央对社会建设的一系列决策部署，落实省委十届九次全会精神，总结全市社会建设工作，研究部署全市社会建设的目标任务。全会通过《中共韶关市委、韶关市人民政府关于加强社会建设的实施意见》和《关于召开中国共产党韶关市第十一次代表大会的决议》，审议市委常委会向全会提交的《2011年上半年工作报告》。市委委员、候补委员出席全会。

18~19日，民建韶关市第十二次代表大会在韶关市北苑宾馆隆重召开。大会选举产生由王伟阳、王敏雯、李军前、余星、陈曦、林友财、周岚、周艳华、胡湘泉、唐红梅、曹剑、黎跃飞、魏皆等13人组成的民建韶关市第十二届委员会，通过民建韶关市第十一届委员会工作报告和大会决议。中共韶关市委常委、副市长陈秋彦，市政协副主席、市委统战部部长何伟青出席会议并讲话。

20日，由联邦德国财政部国务秘书、副财长维纳·卡泽尔先生率领的德国预算交流专家团到韶关参观考察。市领导郑振涛、李石保会见德国交流专家团一行。

20~21日，来自中央、省及香港地区近20家媒体组成的深圳第26届世界大学生夏季运动会境内外记者团在韶关市进行大型参观采访活动。市领导郑振涛、艾学峰分别会见记者团一行。

29~30日，日本驻广州总领事馆总领事田尻和宏及日本企业代表一行9人，对韶关市投资环境和日资企业发展情况进行考察。市领导艾学峰、陈秋彦会见日本客人一行。

31日下午，市政协召开十届第五十四次主席会议，协商讨论市政协专题调研报告《关于我市城乡基层医疗卫生体系建设的调查与建议》（送审稿），传达学习全省政协工作会议精神。市领导邓苏夏、兰茵、李飞、赵志发、张秉钊、王伟阳、贝抗胜、刘大济、王乙未参加会议。

9月

6日，市政协召开专题座谈会，征求市各民主党派、工商联及各界人士代表对《中共韶关市委政治协商规程（试行）》贯彻情况的意见建议。市政协主席邓苏夏，副主席李飞、赵志发、何伟青、王乙未参加会议。

7日上午，市政府召开《韶关市芙蓉新城发展战略规划》评审会，原则同意通过该规划。市委副书记、市长艾学峰出席评审会。

7日下午，市委、市政府召开省委巡视组在韶巡视工作情况反馈大会。省委第六巡视组组长邓礼彪通报在韶巡视工作情况。在家的市四套班子成员参加会议。

9日上午，召开全市人才工作会议，研究部署“十二五”时期全市人才工作任务，正式颁布《韶关市加快引进培养高层次人才的实施办法（试行）》及5个配套政策。市领导郑振涛、艾学峰、邓苏夏、肖怀跃、李石保、兰茵、邹永松出席会议。

9日下午，市委召开十届第109次常委会议，传达全省政协工作会议和全省水利工作会议精神；讨论市党代会报告写作提纲、市政府拟发行企业债券的工作、《市委提名市第十一次党代表大会代表候选人名单分配到选举单位安排表》、《关于韶关市第十三届人民代表大会代表名额分配和有关选举工作安排方案》、《市十三届人大常委会组成人员建议安排方案》等事宜。市领导郑振涛、艾学峰、李萍、陈向新、张志才、段宇飞、赖日先、肖怀跃、李建华、陈秋彦出席了会议，邓苏夏、李石保、兰茵、邹永松、孔云龙列席会议。

14日，省教育厅和省语委对韶关市下达省二类城市语言文字工作评估认定通知，授予韶关市“语言文字工作达标城市”牌匾。

15日上午，市政协召开十届第五十五次主席会议，讨论市政协专题调研报告《关于我市社会养老服务事业的调查与建议》等事宜。市政协主席邓苏夏，副主席李飞、赵志发、王伟阳、何伟青、刘大济、王乙未出席会议。

16日上午，市委召开十届第110常委会议,传达省社会工作委员会第一次全体委员会议和全省“双转移”工作会议精神，听取关于《落实省委巡视工作反馈意见整改任务分工方案》、《2011年韶关市绩效考评实施方案》、《韶关市县（市、区）经济社会科学发展考核办法》和韶关市省精神文明建设表彰推荐名单和市精神文明建设表彰方案的情况汇报。市领导郑振涛、艾学峰、林耀明、李萍、陈向新、段宇飞、赖日先、肖怀跃、李建华、陈秋彦参加会议，邓苏夏、李石保、兰茵、尚伟、邹永松、孔云龙列席会议。

19日，市委\市政府在香港隆重举行韶关旅港澳同胞庆祝中华人民共和国成立62周年联谊座谈会。市领导郑振涛、艾学峰、邓苏夏与韶关旅港澳乡亲朋友及香港各界人士代表共庆新中国62岁华诞，共叙桑梓情怀，共谋韶关跨越发展。市领导陈秋彦、李飞、赵志发、何伟青、刘大济、王乙未随同参加活动。

20日，市委、市政府在澳门隆重举行韶关旅澳同胞庆祝中华人民共和国成立62周年联谊座谈会。市领导邓苏夏、李飞、赵志发、何伟青、刘大济、王乙未参加活动。

20日，广东省召开重点项目建设工作会议，对在全省重点项目建设中作出突出贡献的先进单位进行表彰。市委副书记、市长艾学峰代表韶关市政府在会上介绍韶关市在重点项目建设工作中的主要做法和经验。

20日上午，市领导艾学峰、邓苏夏、李飞、何伟青一行前往澳门拜访澳门特别行政区行政长官崔世安先生，就推动韶关澳门两地的交流合作进行交谈。

21日至23日，市长艾学峰率韶关市代表团到美国旧金山市进行正式友好访问，并于9月22日上午（当地时间9月21日下午）与旧金山市签署缔结友好城市协议书，双方就韶关市派遣环保、公安、水利等部门公务员到旧金山市进行培训等多项事宜达成协议。23日下午，代表团一行拜访旧金山韶关旅美乡亲联谊会，与旧金山韶关旅美乡亲进行亲切交谈。

23日下午，由省委常委、常务副省长朱小丹，省委常委、政法委书记梁伟发带领省委常委会第四调研组到韶关调研民生问题。市领导林耀明、陈向新、张志才、赖日先、尚伟、邹永松陪同调研并参加座谈会。

26日下午，市十二届人大常委会召开第四十四次主任会议，听取市政府关于韶关市城镇独生子女父母计划生育奖励政策实施情况的报告及关于加强残疾人事业发展情况的报告。市人大常委会副主任李石保、林平杰、徐紫玲、张平出席会议。副市长孔云龙列席会议。

26日下午，召开全市社会建设重点任务分工工作会议，贯彻落实《中共韶关市委、市政府关于加强社会建设的实施意见》和省社工委第一次全体会议精神，对全市社会建设重点任务进行分工和部署。市领导林耀明、张志才、赖日先出席会议。

27日，第八次广州军区国防动员委员会全体会议在武汉召开，市委书记、军分区党委第一书记郑振涛参加会议，并被授予第五届“国防之星”荣誉。

29日上午，市政协召开十届第二十二次常委会议，围绕“促进我市社会养老服务事业发展”开展专题议政活动。市政协主席，邓苏夏主持会议，副市长邹永松应邀出席会议，政协副主席李飞、赵志发、张秉钊、王伟阳、贝抗胜、何伟青、刘大济、王乙未出席会议。

29日，韶关市召开部分中小企业经营者座谈会，破解中小企业所面临的难题，帮助企业发展壮大，把韶关工业做大做强。市领导郑振涛、孔云龙参加座谈会。

29日，省水利厅厅长黄柏青一行到韶关调研乐昌峡水利枢纽工程和北江上游防洪调度中心建设进展情况，参加乐昌峡水利枢纽南溪大桥通车仪式。市领导郑振涛、张志才参加活动。

30日下午，市委召开十届第111次常委会议，传达全国加强和创新社会管理工作电视电话会议和省委常委会第四调研组来韶调研民生问题时省领导同志讲话精神，听取全市公安机关“清网行动”开展情况汇报，讨论关于进一步规范市直机关公务员、中小学校教师津贴补贴等事宜。市领导郑振涛、艾学峰、林耀明、李萍、陈向新、张志才、段宇飞、赖日先、肖怀跃、李建华出席会议，邓苏夏、李石保、邹永松、孔云龙列席会议。

10月

9日上午，市委、市政府召开全市“五五”普法工作总结表彰暨“六五”普法工作动员大会。

市委书记、市人大常委会主任郑振涛，市委副书记、市长艾学峰及市四套班子分管领导，各县（市、区）主要领导、司法局长，市直及中省驻韶单位、企业主要领导，市“五五”普法工作先进集体和先进工作者代表参加会议。市委常委、副市长张志才主持会议。

9日上午，韶关市基层医疗卫生机构综合改革现场会在曲江区召开。副市长兰茵、市医改办和市医改领导小组成员单位有关负责人及各县（市、区）有关单位负责人出席会议。

9日上午，市委、市政府在北伐战争纪念馆广场举行纪念辛亥革命100周年暨孙中山文化节活动开幕仪式。此次纪念活动主要有“纪念辛亥革命100周年图片展”、“孙中山与韶关”文化论坛、纪念辛亥革命100周年暨孙中山文化节电影周等。

市领导李萍、徐紫玲、邹永松、赵志发、何伟青等出席并代表韶关各界人士向孙中山铜像敬献花篮。

10日上午，广东省政府在乐昌举行乐昌峡水利枢纽主体工程完工典礼。

乐昌峡水利枢纽兼具防洪、发电、灌溉、航运、供水和生态保护等多种功能,是广东水利建设史上的一个重要里程碑。工程建成后,不仅对有效抵御韶关地区的水患起到重大作用,而且标志着全省大江大河防灾减灾工程体系基本建成,同时还将有效改善北江航运条件和生态环境。

省委副书记、省长黄华华，水利部党组副书记、副部长矫勇及省直有关部门、韶关、乐昌两市有关负责人、参建单位代表、当地群众代表共370多人参加典礼。

14日上午，广东省人民政府新闻办公室在省旅游局多功能厅举行2011年广东国际旅游文化节韶关主会场筹备工作新闻发布会。副市长、韶关主会场领导小组副组长兰茵介绍主会场的筹备情况和相关活动内容，回答记者提问。

17日，在粤工作的部分中国科学院院士、工程院院士，俄罗斯科学院、工程院外籍院士，国际欧亚科学院院士到韶关市参观考察，了解韶关市产业园区及旅游业发展情况。市领导郑振涛、艾学峰、陈向新、徐紫玲、孔云龙会见到韶关考察的院士。

19日上午，市委召开十届市委第112次常委会议，传达全省教师工作会议、全省加强乡镇街道人力资源社会保障公共服务平台建设现场会精神，听取关于市第十一次党代会报告稿起草情况汇报，讨论2011年广东国际旅游文化节期间带薪休假事宜等事宜。市领导郑振涛、艾学峰、林耀明、李萍、陈向新、张志才、赖日先、肖怀跃、李建华、陈秋彦出席会议，邓苏夏、李石保、兰茵、尚伟、邹永松列席会议。

19日下午，在粤工作的部分中国科学院院士、工程院院士，俄罗斯科学院、工程院外籍院士，国际欧亚科学院院士与市领导及有关部委办局领导举行座谈，为韶关市经济社会发展建言献策。市领导张志才、肖怀跃、尚伟、邹永松、孔云龙参加座谈会。

25日，市十二届人大常委会召开第四十五次主任会议，讨论市政府关于提请作出进一步加强法制宣传教育决议的议案及市十三届人大一次会议有关事项。市人大常委会副主任李石保、林平杰、张平和秘书长江少强出席会议，副市长尚伟列席会议。

26日，市政府召开第十八届广东省环卫工人节座谈会，副市长尚伟以及市总工会、各区政府领导参加座谈会。

27日上午，市政协召开十届第五十六次主席会议，讨论市政协十届委员会常务委员会工作报告和提案工作情况报告的起草事宜，协商市政协十一届一次会议的议程、时间、日程安排等事项。市政协主席邓苏夏主持会议，副主席李飞、赵志发、张秉钊、王伟阳、贝抗胜、刘大济、王乙未，秘书长何炳光出席会议。

27日上午，市十二届人大常委会召开第四十二次会议，会议听取市政府关于韶关市大旅游建设情况的报告，关于棚户区改造情况的报告。市委书记、市人大常委会主任郑振涛出席会议。市人大常委会副主任李石保、林平杰、徐紫玲、张平，秘书长江少强和市人大常委会组成人员出席会议。副市长邹永松列席会议。

27日，市委副书记、市长艾学峰，市委常委、副市长陈秋彦率领韶关市代表团，参加在波兰首都华沙举行的“2011年粤港—波兰经济技术贸易合作交流会”。洽谈会期间，韶关市共达成投资意向项目5个，投资总额1.1317亿美元；签订进出口贸易订单5000万美元，其中对波兰进出口贸易成交500万美元。

28日，在翁源县举行广东大唐国际韶关翁源热电联产项目签约仪式。热电联产项目具有节能、环保、技术先进的特点和优势，是国家产业政策鼓励发展的产业。翁源县与大唐国际广东分公司合作，在翁源投资15亿元建设两台天然气15万千瓦发电机组热电联产项目。项目建成后，将成为翁源县重要的电力能源支撑点，对加快翁源县工业园区建设、提升工业现代化和低碳环保程度乃至加快整个县域经济发展将起到积极的促进作用。

31日下午，由中国联合国教科文组织全国委员会、中国住房和城乡建设部在韶关联合举行中国丹霞世界自然遗产地授牌仪式，第28届世界遗产委员会主席、中国教育部原副部长章新胜和国际地貌学家协会（IAG）现任主席迈克尔·克罗泽共同为中国丹霞六处世界遗产授牌。

市领导郑振涛、艾学峰、尚伟、邹永松，以及来自美国、德国、意大利、英国等国的专家学者，广东、贵州、福建、湖南、江西、浙江等省市领导参加授牌仪式。

11月

4日下午，市委副书记、市长艾学峰在市政府会见了友好城市——韩国荣州市市长金宙荣率领的荣州市代表团。市委常委、副市长陈秋彦及相关部门负责人陪同会见。

5日晚，由国家旅游局、广东省人民政府共同主办的2011年广东国际旅游文化节暨旅游推介大会在韶关市举行。中央政治局委员、省委书记汪洋宣布2011年广东国际旅游文化节暨旅游推介会开幕。省委副书记、代省长朱小丹在开幕式上致辞并作旅游推介。副省长招玉芳主持开幕式。希腊副总理潘卡洛斯先生，国家旅游局局长邵琪伟，省领导肖志恒、徐少华、覃卫东、侣志广及市领导郑振涛、艾学峰，世界旅游业理事会副主席让克洛德·鲍姆加藤先生，亚太旅游协会候任主席安栋梁先生，世界旅游组织特使彼得·佐登先生，日本兵库县知事井户敏三先生，瑞典斯科讷省议会议长安妮卡·安尼贝·简森女士，库克群岛文化部长塔利基·希瑟先生，密克罗尼西亚丘克州州长约翰逊·埃里莫先生，斐济苏瓦市特别行政官乌玛瑞尔先生，丹麦南丹麦大区副主席保尔·艾瑞克·斯文森先生，希腊驻华大使赛德罗斯·耶奥卡凯罗斯先生，以及市四套班子领导出席开幕式。

5日下午，在2011广东国际旅游文化节开幕式前，中央政治局委员、省委书记汪洋会见出席旅游文化节的希腊副总理潘卡洛斯，世界旅游业理事会副主席让克洛德·鲍姆加藤，亚太旅游协会候任主席安栋梁，世界旅游组织特使彼得·佐登等外国嘉宾，国家旅游局局长邵琪伟，省领导朱小丹、肖志恒、徐少华、招玉芳、覃卫东，市领导郑振涛、艾学峰等参加会见活动。

5日上午，首届中国素食文化大会暨韶关国际生态名优特产品展览会隆重开幕。第八、第九届全国人大常委会副秘书长、中国烹饪协会会长、中国公共关系协会会长苏秋成，市委常委、副市长张志才，广东省旅游局副局长周开生，国家发改委公众营养与发展中心主任于小冬等领导、嘉宾共同为开幕式剪彩。

6日下午，韶关市与《中国旅游报》联合举行“中国（韶关）旅游目的地发展高峰会议”。国务院研究室综合司司长陈文玲、韶关市人民政府市长艾学峰、国家旅游局质量监督管理司副司长蔡家成、广东省旅游局副局长张振林、中国旅游报社副总编辑马力等领导参加本次峰会。副市长兰茵致欢迎辞并作韶关推介。

6日，广东省人民政府在韶关市举行2011年广东国际旅游文化节泛珠三角旅游招商会。世界旅游组织特使彼得·佐登、广东省人民政府副省长招玉芳出席开幕式并致辞。会议由广东省外经贸厅厅长梁耀文主持。市领导陈向新、陈秋彦出席招商会。

8日，由广东省经济和信息化委员会、广东省外经贸厅、韶关市人民政府、东莞市人民政府共同主办，东莞（韶关）产业园管理委员会、广东现代会展管理有限公司承办的2011年广东装备制造业国际高峰论坛在韶关隆重举行。中国经济体制改革研究会名誉会长高尚全，广东省经济和信息化委员会副主任彭平，省对外经济贸易厅副厅长吴军，省发改委副巡视员林喜南，市领导艾学峰、李萍、赖日先、陈秋彦，东莞市副市长邓志广参加论坛。

8日晚，韶关市委书记郑振涛，市长艾学峰，市委常委、副市长陈秋彦与来自各地的装备制造业者一起，见证东莞（韶关）产业转移工业园专家顾问团颁证和项目签约仪式。

10日上午，市委召开十届第113次常委会议，听取关于各县（市、区）贯彻落实《中共韶关市委政治协商规程（试行）》的检查情况、市第十一次党代会筹备工作情况汇报，讨论《落实省委巡视组工作反馈意见整改任务分工方案》、《市政协十一届一次会议筹备工作方案》、召开市纪委十届七次全会、召开市委十届十一次全会有关事宜。市领导郑振涛、艾学峰、林耀明、李萍、陈向新、张志才、段宇飞、赖日先、肖怀跃、李建华出席会议，邓苏夏、李石保、兰茵、尚伟、邹永松列席会议。

10~11日，省委常委、省军区司令员刘联华，副司令员李欣剑到韶关考察、调研全省党管武装工作会议筹备情况以及征兵工作、民兵营长队伍建设情况。市领导郑振涛、张志才、李建华，韶关军分区司令员郑佳树，市委秘书长陈波陪同考察。

14日上午，省妇女维权与信息服务站（韶关站）作为省妇联第二期项目执行点正式揭牌启动，该站的建立是韶关市妇联学习发达地区成熟经验，参与社会管理和公共服务的新尝试，是广东省16个站之一。省妇联巡视员杨洁芝，市委副书记林耀明，市人大副主任张平出席启动仪式。

15日下午，市十二届人大常委会召开第四十六次主任会议，听取依法治市办关于韶关市贯彻落实法治广东五年规划情况的报告，讨论召开市十三届人大一次会议有关事项和人事任免事项。市领导李石保、林平杰、杨小明、徐紫玲、张平和人大秘书长江少强出席会议。

15日下午，中共韶关市委召开十届第一百一十四次常委会议，听取市第十一次党代会代表选举和代表资格初审情况报告，讨论出席省第十一次党代会候选人预备人选名单，审议第十一次党代会有关文件。市委常委出席会议，市政协主席、市人大常委会主持日常工作的副主任、副市长列席会议。

16日上午，省委宣讲团中共十七届六中全会精神报告会在市委党校举行。省委宣传部副部长赖斌作题为《大力发展文化产业，加强文化强省建设》主题宣讲。郑振涛、艾学峰、邓苏夏等市四套班子领导参加报告会，林耀明主持报告会。

17日上午，市十二届人大常委会召开第四十三次会议，审议并通过召开市第十三届人大一次会议有关事项和人事任免事项，听取市人大常委会办公室关于《韶关市人民代表大会议案实行办法》修改情况的说明，议并通过市人大常委会代表资格审查委员会《关于韶关市第十三届人民代表大会代表资格的审查报告。李石保、林平杰、杨小明、徐紫玲、张平出席会议，副市长邹永松列席会议。

17日，市委书记郑振涛、市委副书记林耀明分别主持召开各民主党派、工商联负责人和无党派人士以及市政协各界别委员座谈会，就市第十一次党代会报告稿征求意见和建议。邓苏夏、李飞、赵志发、王乙未等市领导参加座谈会。

17日，市委、市政府在市委会议中心隆重召开韶关市科学技术奖励大会暨全市科技工作会议，表彰2010年度全市科学技术进步奖获奖单位及个人。本次大会共表彰2010年度韶关市科技进步奖68项，其中一等奖11项、二等奖27项、三等奖30项。

市委书记、市人大常委会主任郑振涛，市委副书记、市长艾学峰，副市长孔云龙，市政协副主席赵志发等市领导出席会议并为获奖代表颁奖。

18日，召开市委十届十一次全会，圈选韶关市出席省第十一次党代会代表候选人预备人选。市委委员、候补委员出席全会。

18日，武警广东省总队政委程伟少将率副参谋长陈雄大校及工作组成员，到武警韶关市支队进行党委班子考帮建暨年终考评。其间，市委书记、市人大常委会主任郑振涛，市委常委、副市长张志才，市委秘书长陈波与程伟一行座谈。

21日下午，市政府召开推进“清剿火患”战役行动，全面推进镇、街道火灾隐患“网格化”排查整治部署会。市委常委、副市长张志才出席会议。

22日，韶关市职工法律维权服务中心在市总工会正式挂牌。市领导林耀明、杨小明、张平出席挂牌仪式，并为服务中心揭牌。

23日至24日，在韶关的省十一届人大代表集中视察解决韶关市区饮水安全问题，呼吁加快韶关市南水水库引水工程建设进度，确保市区群众饮水安全。省人大代表、省委统战部常务副部长蒋乐仪，省人大代表、省人大常委会内务司法委员会主任委员梁灿盛，市领导张志才、李石保、杨小明、徐紫玲、张平、尚伟、王伟阳等参加视察。

24日下午，“德耀韶城”——2011“韶关好人”暨“感动韶关十佳道德模范”颁奖典礼在韶关剧院举行。省委宣传部副部长、省文明办主任顾作义，市领导林耀明、李萍、徐紫玲、赵志发出席颁奖典礼并为模范颁奖。

25日上午，市委召开十届第115次常委会议，听取关于《2011年韶关市县处级党政领导班子和领导干部落实科学发展观考核评价办法》修改完善情况和主要内容、市纪委工作报告稿的起草情况、市党代会筹备工作情况汇报，讨论市委组织部提出的关于召开市党代会及其前后召开的市委全会的有关事宜。市领导郑振涛、艾学峰、林耀明、李萍、陈向新、张志才、赖日先、肖怀跃、李建华出席会议，邓苏夏、李石保、尚伟、邹永松、孔云龙列席会议。

28日下午，召开中国共产党韶关市第十届纪律检查委员会第七次全体会议，会议通过市纪委向市第十一次党代会的工作报告稿，酝酿通过新一届市纪委委员候选人预备人选建议名单。市委常委、纪委书记段宇飞主持会议，十届市纪委委员出席会议。

29日，召开市委十届十二次全会，会议审议通过十届市委向市第十一次党代会的报告、市纪律检查委员会向市第十一次党代会的工作报告，研究讨论大会选举工作，决定将党代会报告提请市第十一次党代会审议。市委委员、候补委员出席会议。

30日上午，市政协召开十届第五十七次主席会议，讨论十届市政协常委会工作报告（讨论稿）、提案工作报告（讨论稿），协商政协韶关市第十一届委员会委员人选建议名单，研究召开市政协十届二十三次常委会议有关事宜等。市政协主席邓苏夏主持会议，副主席李飞、赵志发、张秉钊、王伟阳、何伟青、刘大济、王乙未，秘书长何炳光出席会议。

12月

3日上午，中国共产党韶关市第十一次代表大会召开，会议总结全市第十次党代会以来的成就和经验，全面部署今后五年的工作任务，动员全市各级党组织、共产党员和广大干部群众，坚持绿色发展，振兴工业经济，加快建设粤北区域中心城市。郑振涛代表中国共产党韶关市第十届委员会向大会作题为《坚持绿色发展，振兴工业经济，加快建设粤北区域中心城市》的报告。市领导郑振涛、艾学峰、邓苏夏、林耀明、陈向新、张志才、段宇飞、赖日先、肖怀跃、李建华、李石保出席会议。

4日上午，市第十一次党代会主席团举行第二次会议。市委书记郑振涛主持会议，会议通过十一届市委委员、市纪委委员和出席省第十一次党代会代表候选人预备人选名单。市委常委、组织部长、大会副秘书长肖怀跃就十一届市委委员、候补委员、市纪委委员候选人预备人选名单和出席省第十一次党代会代表候选人预备人选名单作说明。

5日上午，市第十一次党代会主席团召开第四次会议，听取总监票人报告预选市委委员、市纪委委员和韶关市出席广东省第十一次党代会代表候选人计票结果；通过市委候补委员候选人预选名单。市委书记郑振涛主持会议。

5日下午，市第十一次党代会主席团召开第五次会议，听取总监票人报告预选市委候补委员候选人计票结果；通过市委委员、候补委员，市纪委委员和韶关市出席广东省第十一次党代会代表候选人名单；听取各代表团审阅市委报告、市纪委工作报告和大会关于两个报告的决议（草案）的情况汇报，通过大会关于两个报告的决议（草案），提请大会表决通过。市委书记郑振涛主持会议。

6日上午，市第十一次代表大会胜利闭幕，选出由63名委员和12名候补委员组成的中国共产党韶关市第十一届委员会；

选出由35名委员组成的中国共产党韶关市纪律检查委员会;选举出42名市出席省第十一次党代会代表。大会主席团常务委员会委员郑振涛、艾学峰、邓苏夏、林耀明、陈向新、张志才、段宇飞、赖日先、肖怀跃、李建华、李石保出席大会。

6日下午，中共韶关市委十一届第一次全会在市委会议中心举行。全会选举郑振涛、艾学峰、林耀明、陈向新、张志才、段宇飞、赖日先、肖怀跃、李建华、许红、陈波为中共韶关市第十一届委员会常务委员会委员，选举郑振涛为中共韶关市委书记，艾学峰、林耀明为中共韶关市委副书记。全会批准市纪律检查委员会第一次全体会议的选举结果。郑振涛同志主持会议并作重要讲话。

6日下午，市委召开十一届市委第一次常委会议，讨论通过新一届市委常委的分工事宜。市领导郑振涛、艾学峰、林耀明、陈向新、张志才、段宇飞、赖日先、肖怀跃、李建华、许红、陈波出席会议，邓苏夏、李石保列席了会议。

7日，省委常委、省纪委书记黄先耀到韶关市考察调研。先后参观考察乳源瑶族自治县东阳光公司、乳源东坪镇新村村委会、韶关市党风廉政建设、干部任前法纪教育暨预防职务犯罪教育基地、韶关市行政服务中心，省纪委副书记毛荣楷，省纪委常委、秘书长王兴宁，市领导郑振涛、林耀明、段宇飞、赖日先以及市纪委相关领导陪同调研。

9日上午，市委召开十一届第二次常委会议，传达省提高城市化发展水平工作会议、党的十八大代表选举工作会议、省生态景观林带建设工作会议精神和省委常委、省纪委书记黄先耀在韶调研座谈会讲话精神，研究韶关市贯彻落实意见；听取关于省党管武装工作会议筹备工作、2011年广东国际旅游文化节总结表彰有关事宜情况汇报，通过市十三届人大一次会议有关人事安排事宜。市领导郑振涛、艾学峰、林耀明、陈向新、段宇飞、赖日先、肖怀跃、李建华、陈波出席会议，邓苏夏、李石保、兰茵、尚伟、邹永松列席会议。

13日上午，市十二届人大常委会召开第四十七次主任会议，传达贯彻市第十一次党代会精神，听取和讨论市十二届人大常委会工作报告稿、召开市十三届人大一次会议有关事项、人事任免事项。市人大常委会副主任李石保、林平杰、杨小明、徐紫玲以及秘书长江少强出席会议。

13日上午，韶关市举行孙中山北伐纪念馆获授“广东统一战线基地”挂牌仪式。省委常委、统战部部长周镇宏，省委统战部副部长唐晓萍，市委书记、市人大常委会主任郑振涛，市委副书记林耀明，市政协副主席王伟阳、何伟青、刘大济等有关领导参加挂牌仪式。

14日，市政协召开十届第二十三次常委会议，协商决定十一届市政协委员人选，听取市纪委、市中级人民法院、市检察院2011年工作情况通报。市政协主席邓苏夏主持会议，市长艾学峰应邀出席会议。

15日下午，市十二届人大常委会召开第四十四次会议，听取和审议关于市十二届人大六次会议代表建议办理工作情况的报告及市十二届人大常委会工作报告（稿），表决通过市十三届人大一次会议有关事项和有关人事任免事项。市委书记、市人大常委会主任郑振涛，市人大常委会副主任李石保、林平杰、杨小明、徐紫玲、张平和秘书长江少强出席会议，副市长邹永松列席会议。

14日，市政府召开机关效能监察工作领导小组会议，讨论《韶关市绩效考评工作公众评议实施办法》、《2011年网络问政工作考核方案》，研究部署2011年市机关绩效考评目标考核工作。市委副书记、市机关效能监察工作领导小组常务副组长林耀明主持会议。

16日上午，市扶贫开发“双到”工作领导小组召开第五次全体成员（扩大）会议，通报全市扶贫开发“双到”工作督查考核情况，传达中央扶贫开发电视电话会议和全省扶贫开发“双到”工作现场会精神，部署下一阶段全市扶贫开发“双到”工作。市领导郑振涛、艾学峰、张志才、陈波出席会议。

19日，东莞市委书记徐建华率党政代表团到韶关调研“双到”工作，实地考察帮扶项目，走村访户了解民情，并与市党政领导共商扶贫开发大计。市领导郑振涛、艾学峰、邓苏夏、陈波、李石保、孔云龙以及东莞市领导何嘉琪、刘卫芳、李秀冰、邓志广、梁近东陪同调研。

18~19日，省党管武装工作会议在韶关召开。中央政治局委员、省委书记、省军区党委第一书记汪洋出席会议并作重要讲话。广州军区副政委刘良凯中将，省委副书记、代省长朱小丹，省委常委、政法委书记、省公安厅厅长梁伟发，省委常委、秘书长、办公厅主任徐少华，省委常委、省军区司令员刘联华，副省长刘昆出席会议。省军区政委蔡多文主持会议。

20日，省人大常委会主任欧广源在省人大常委会秘书长崔健，副秘书长、办公厅主任陈逸葵等领导的陪同下，到新丰县黄礤镇三坑村视察慰问，向村委会和贫困户送上慰问金。市委书记、市人大常委会主任郑振涛陪同视察慰问。

20日上午，市委副书记、市长艾学峰带领市有关部门负责人到市人民来访接待厅。艾学峰先后接待7批来访群众。市委常委、组织部长肖怀跃陪同接访活动。

20日，在中央文明委召开的全国精神文明建设工作表彰会议上，韶关市被中央文明办授予“全国文明城市提名资格”城市，成为全省首批被命名为“全国文明城市提名资格”城市的地级市。市委常委、宣传部长许红代表市委市政府市参加全国表彰大会。

23日上午，市社会工作委员会正式揭牌，并召开第一次全体会议，学习贯彻落实市第十一次党代会和省委、市委关于加强社会建设的重要指示精神，进一步明确市社会工作委员会的职能运作和运行机制，研究部署当前和今后一段时期韶关市加强社会建设的重点任务。市领导林耀明、张志才、许红、陈波、李安平出席会议。

23日，市政府纠风办召开2011年度医疗机构民主评议行风集中评议大会，对粤北人民医院、市第一人民医院、市中医院、粤北第二人民医院、市铁路医院等5个医疗单位进行集中评议，上述单位全部获得优秀评定。市领导赖日先、张平、刘大济出席大会。

26日上午，市政府召开加快推进全市农村集体土地确权登记发证部署会议，传达全省加快推进农村集体土地确权登记发证部署会议精神，部署全市加快推进农村集体土地确权登记发证有关工作。市委常委、市政府党组副书记段宇飞出席会议并讲话。

28日上午，韶关市原曲仁矿棚户区改造示范安置房暨水上居民入住交钥匙仪式在武江区龙归社主安置点举行。此次入住的共3栋96套崭新安置房，原曲仁矿棚户区住户和最后一批38户水上居民乔迁新居。市领导段宇飞、杨小明、尚伟、王乙未出席仪式。

29日，市政府举行湾头水利枢纽工程防洪资产托管暨发电资产转让移交仪式，工程建设单位韶能集团与仁化县湾头水利枢纽工程管理局签订《湾头水利枢纽工程防洪资产托管暨发电资产转让协议》。市委常委、副市长张志才出席仪式。

30日，省委常委、组织部长李玉妹到新丰县梅坑镇禾溪村调研，与群众共叙帮扶情谊、同商脱贫大计。省委组织部副部长、省委老干局长许光超，市委书记、市人大常委会主任郑振涛，省委组织部副厅级组织员吴灶荣，市委常委、组织部长肖怀跃陪同调研。

31日下午，市政府召开全市财税金融年终结算汇报会，盘点2011年财税金融成果，研究分析当前形势，统筹谋划新年的财政金融工作。市领导艾学峰、邓苏夏、段宇飞、李石保出席汇报会。（廖文龙、王松、黄军辉供稿，殷南光整理）

全市概况

历史、地理、人文

【建置沿革】 韶关历史悠久、古老文明，是“马坝人”的故乡，石峡文化的发祥地。西汉元鼎六年（前111年）设曲江县，属桂阳郡，治所在今韶关市区东南莲花岭下。曲江县至今有2100多年的城市历史，三国吴甘露元年（265年）设始兴郡，曲江县为始兴郡治所。东晋时移治今韶关西南。隋开皇九年（589年）改设韶州府，因州北名胜韶石山得名。唐为韶州治。五代南汉移治今韶关市。此后元、明、清皆为韶州路、府治。民国时期先后设广东省南韶连绥靖区、南韶连道、岭南道、南韶连行政区、北区、西北绥靖区、第二行政督察区等。1943~1945年设省辖韶关市，为广东省临时省会。1949年11月，广东省设北江临时行政委员会，在曲江城区设韶关市，辖曲江县等17县市。1950年北江临时行政区委员会更名北江专区，1952年后改设粤北行政区、韶关专区、韶关地区。1966年曲江县移治今址马坝镇。1975年韶关市升格为地级市，辖曲江县。1983年撤销韶关地区，所属县并入韶关市。1984年起辖3区9县3自治县。1988年起辖3区8县。2004年5月起辖3区7县（市）。

【自然·地理】 韶关位于广东省北部，北界湖南，东邻江西，东南面、南面和西面分别与本省河源、惠州、广州及清远等市接壤。介于北纬23°53′~25°31′，东经112°53′~114°45′之间，东起南雄市界址镇界址村，西至乐昌市三溪镇丫告岭村，全境直线距离东西跨长186.3公里；北自乐昌市白石镇三界圩村，南至新丰县马头镇路下村，南北为173.4公里。辖浈江区、武江区、曲江区、仁化县、始兴县、翁源县、新丰县和乳源瑶族自治县，代管乐昌市和南雄市，共9个街道办事处、4个办事处、93个镇、1个民族乡。全市土地面积1.85万平方公里，韶关市区面积3468平方公里。韶关地形以山地丘陵为主，河谷盆地分布其中，平原、台地面积约占20%。地势北高南低，海拔1902米的石坑崆为广东第一高峰。河流主要属珠江水系北江流域，北江以浈江为干流，主要支流有武江、墨江、锦江、翁江、南水。属中亚热带湿润型季风气候区，气候宜人。年平均温度为21℃，年平均降雨量为1700毫米，全年无霜冻期为310天左右，冬季北部有雪。韶关是全国重点林区，广东用材林、水源林和重点毛竹基地，被誉为华南生物基因库和珠江三角洲的生态屏障；全市建立林业类自然保护区22个，其中国家级2个，省级12个，市县级8个，自然保护区面积21.68万公顷。各类森林公园28个，总面积9.29万公顷，其中国家级4个，省级4个，市、县级20个。2011年末林业用地面积142.1万公顷，森林覆盖率72.5%，活立木总蓄积量7289万立方米。韶关是“中国有色金属之乡”，有“中国锌都”称号，全市已探明储量的矿产有煤炭、铅、锌、铜等55种，保有储量位居全省第一的有23种。

【人口】 2011年末，全市户籍人口329.65万人，其中非农人口121.37万人，常住人口285万人，市区常住人口99.92万人。

（邓培雄）

【民族】 韶关是多民族聚居的地区，全市除汉族外，还有瑶、壮、回、满、蒙、京、苗、白、侗、畲、维吾尔、土家等43个民族，人口约5.5万人，占全市总人口的1.7%。主要分布在8个县（市、区）的57个乡镇、95个行政村、306个村民小组。世居的少数民族主要是瑶族和畲族，其中瑶族3.7万人，畲族1.1万人。全市辖有一个自治县，即乳源瑶族自治县；一个民族乡，即始兴县深渡水瑶族乡。

【宗教】 有佛教、道教、天主教、基督教四个宗教。现有宗教团体9个，其中市级宗教团体4个。经2006年甄别清理及换发新登记证的宗教活动场所共53处，其中“寺观教堂”39处，

“固定宗教活动处所”14处，宗教院校2所。至2011年底，全市共有教职人员855人，其中佛教僧人673人、尼众140人，道教乾道14人、坤道1人，天主教神父1人、修女3人，基督教牧师3人、长老7人、传道13人。全市有教徒33799人，其中佛教徒21450人，道教徒1686人，天主教徒2276人，基督教徒8387人。（林光民　龙　晖）

【人文】 韶关是中国优秀旅游城市、全国双拥模范城、全国卫生城市、国家园林城市、全国金融生态市和生态文明建设试点地区，广东省历史文化名城、文明城市、卫生城市、园林城市和生态发展区，是广东省规划建设的区域性中心城市和韶关都市区的核心城市，是全国交通枢纽城市之一。2011年获“全国文明城市提名资格”城市称号。

韶关历代名人辈出，有陈朝重臣侯安都、唐代名相张九龄、宋代名臣余靖等杰出人物，唐宋诗人韩愈、苏东坡、杨万里等都曾留下歌颂韶关山水的名诗佳作。孙中山先生曾两度率国民革命军在韶关誓师北伐。举世闻名的中国工农红军二万五千里长征曾在韶关留下足迹。毛泽东、朱德、邓小平、彭德怀、陈毅等革命家都在韶关战斗过。全市有99个镇（街道）4796个自然村属革命老区。韶关是古代中原文化和南方百越文化交汇之地，客家民系的聚居地之一，保存有客家围楼300多座。韶关以粤方言和客家方言为主，瑶族、畲族等少数民族内部交流还保留着本民族语言。境内文物众多，拥有各类不可移动文物2760处，其中全国重点文物保护单位6处，广东省文物保护单位24处，市、县级文物保护单位174处。

【景观】 韶关山川秀丽，名胜遍布，拥有世界级、国家级景区景点17处，省级及省级以下景区景点100多处，已开发的有20多处，形成“名山、温泉、风情、佛韵”的旅游特色。世界地质公园丹霞山，位于仁化县境内，面积290平方公里，是广东省面积最大、景色最美的风景区之一。“禅宗祖庭”南华禅寺有1500多年的历史，六祖慧能曾在此弘扬禅宗佛法长达37年。寺内供奉着六祖慧能的真身，保存着中国历史上第一部佛教经典《六祖坛经》和众多文物，在全国乃至东南亚佛教界都有重要地位。南雄珠玑巷是珠江三角洲居民的发祥地和千百万海外同胞的祖居地。乳源必背瑶寨是海外瑶胞的发祥地。始兴满堂客家大围是广东规模最大的砖瓦结构围楼，被誉为“岭南第一大围”。境内温泉众多，水质好，流量大，是中国地热水资源最丰富地带之一。

【交通网络】 韶关区位优越，交通便利。市区位于大珠三角与长三角、内陆腹地之间陆路运输主通道上，是国家规划发展的一级铁路枢纽和国家公路运输枢纽城市。京广铁路、武广高速铁路、京港澳高速公路、韶赣高速公路、106国道、323国道、北江航道和在建的韶赣高速铁路均经过市区。公路、铁路、航运紧密相连，构成方便快捷的交通网络。2011年末全市公路通车里程13753公里，其中高速公路291公里、一级公路166公里、二级公路884公里，公路密度为每百平方公里74.5公里。

（邓培雄）

【行政区划】 2009年，全市有乡镇94个（其中93个镇，1个瑶族乡），9个街道办事处，4个办事处。各县（市、区）的乡镇（街道）名称如下表：

韶关市各县(市、区)乡镇(街道)概况表

表3-1

区分	镇（乡、街道办）名	镇乡数	街道办数	办事处数	村委会数	居委会数
乐昌	坪石、北乡、长来、廊田、九峰、三溪、黄圃、梅花、五山、大源、两江、白石、庆云、秀水、云岩、沙坪、乐城。坪石办事处、梅田办事处。	16	1	2	195	20
南雄	乌径、黄坑、水口、湖口、珠玑、界址、百顺、澜河、古市、坪田、邓坊、主田、油山、南亩、江头、全安、帽子峰、雄州。	17	1	——	208	24
仁化	董塘、长江、扶溪、石塘、红山、城口、闻韶、周田、黄坑、大桥、丹霞。	10	1	——	109	15
始兴	马市、顿岗、司前、隘子、罗坝、澄江、沈所、城南、太平、深渡水。	10	——	——	113	14
翁源	龙仙、翁城、新江、周陂、坝子、江尾、官渡。	7	——	——	156	18

续表 3-1

区分	镇（乡、街道办）名	镇乡数	街道办数	办事处数	村委会数	居委会数
新丰	回龙、梅坑、沙田、遥田、马头、黄礤、丰城。	6	1	——	141	16
乳源	乳城、桂头、大布、大桥、必背、一六、东坪、游溪、洛阳。	9	——	——	102	13
武江	西联、西河、重阳、龙归、江湾、惠民、新华。	5	2	——	51	32
浈江	新韶、乐园、花坪、犁市、十里亭、风采、车站、东河。曲仁办事处、田螺冲办事处。	5	3	——	45	42
曲江	马坝、樟市、乌石、沙溪、大塘、枫湾、小坑、白土、罗坑。	9	——	2	85	17
合计		94	9	4	1205	211

经济社会发展

【概况】 2011 年，全市实现生产总值 816.81 亿元，比上年增长 12.1 %，其中第一产业增加值 113.16 亿元，增长 5.3%，第二产业增加值 347.25 亿元，增长 13.9%，第三产业增加值 356.4 亿元，增长 12.6%。人均生产总值 2.87 万元，比上年增长 12.1%。全市固定资产投资 472.2 亿元，比上年增长 16.3%；来源于韶关的财政总收入 162.07 亿元，地方财政一般预算收入 53.91 亿元，分别比上年增长 13.1%和 18.9%；社会消费品零售总额 383.99 亿元，比上年增长 16.9%。年末金融机构本外币各项存款余额 1005.35 亿元，贷款余额 425.23 亿元。城镇居民人均可支配收入 16096 元，农村居民人均纯收入 7461 元，与上年分别增长 12.9%和 18.1%；城乡居民储蓄存款余额 619.79 亿元，增长 10.3%；城镇居民家庭恩格尔系数 42.3%。韶关市区居民消费价格总水平上升 5%，低于全国、全省上涨水平。农村居住人均住房面积 30.08 平方米，市区城镇居民人均住房面积 31 平方米。年末民用轿车拥有量 5.91 万辆，同比增长 25%；移动电话用户 169.13 万户，同比下降 20.8%；互联网用户 30.91 万户，同比增长 18.6%。

【旅游业发展明显加快】 2011 年，全市接待旅游者人数 1841.33 万人次，同比增长 16.4%，其中入境过夜旅游者 18.5 万人次，旅游收入 129.85 亿元，分别同比增长 16.4%和 21.6%。

【生态文明建设成效显著】 2011 年末，全市森林覆盖率达 72.5%，森林资源总数和质量均居全省首位。2011 年末，县以上城镇生活污水处理率达 80.87%。全市地表水功能区达标率为 100%，集中式饮水水源地水质达标率达 100%，空气质量达到国家二级标准。

【双转移工作取得新突破】 2011 年，园区签订投资协议（含意向）项目 465 个，投资额 396.8 亿元；已签订入园协议项目共 373 个，投资额 294.2 亿元；入园建设项目 329 个，其中已建成项目 191 个（规模以上工业企业 113 个），转移项目主要涉及机械制造、玩具、电子、精细化工、有色金属冶炼、铸锻、服装、纺织等领域。2011 年，全市产业转移工业园完成工业增加值 37.70 亿元，同比增长 54.3%；固定资产投资 75.72 亿元，同比增长 34.1%。2011 年，韶关市被省确定为承接产业转移重点区域之一，东莞（韶关）产业转移工业园被省列为十大重点扶持园区之一。2011 年全市吸收外商直接投资、进出口总额分别比上年增长 12%和 11.1%，首次进入中国外贸 100 强城市行列。

【制定通过“十二五”规划】 1 月 14 日~15 日韶关市召开市委十届九次全会，审议通过《中共韶关市委关于制定韶关市国民经济和社会发展第十二个五年规划的建议》；2 月 25 日，韶关市第十二届人大六次会议经过审议，决定批准《韶关市国民经济和社会发展第十二个五年规划纲要》。

【2011 年广东国际旅游文化节在韶关举办】 11~12 月，韶关市承办 2011 年广东国际旅游文化节主会场活动。这届旅游文化节“突出特色、注重实效、全民共享”，并且吸引人数之众、场面之大、项目之多、时间之长超过历届。韶关主会场活动达 32 项，其中 11 月 4~8 日，市区有 12 项活动；出席的人员来自 100 多个

国家和地区，出席的领导、外宾是历届旅游文化节规格最高的一次，参加表演的群众演员达2000多人。

【韶关市第十一次党代会召开】 12月3~6日，韶关市召开第十一次党代会，会议选举产生新一届韶关市委员会、韶关市纪律检查委员会，提出坚持绿色发展、振兴工业经济、加快建设粤北区域中心城市，实施“绿色发展、工业强市、文化名城、人才优先、城乡统筹”五大战略。

【乐昌峡水利枢纽主体工程完工】 10月10日，乐昌峡水利枢纽工程主体工程完工。该工程2008年1月9日在乐昌市奠基，工程总投资34.1亿元，建成实施后，可将乐昌市区防洪标准由10年一遇提高到50年一遇，与湞江湾头水利枢纽联合调度，可将韶关市区防洪标准由20年一遇提高到100年一遇。

【韶关与旧金山结为友好城市】 9月，韶关市市长艾学峰率代表团一行6人对美国旧金山市进行正式友好访问，并于9月22日上午（当地时间9月21日下午）与旧金山市签署缔结友好城市协议书，双方就韶关市派遣环保、公安、水利等部门公务员到旧金山市进行培训等多项事宜达成协议。中国驻旧金山总领事高占生、中华总商会总顾问白兰等出席签字仪式。旧金山市是继澳洲宝活市、韩国荣州市后，成为第三个与韶关市建立友好城市关系的外国城市。

【中国丹霞世界自然遗产授牌仪式在韶关举行】 10月31日下午，由中国联合国教科文组织全国委员会、中华人民共和国住房和城乡建设部主办，中国丹霞世界自然遗产专业保护委员会、广东省韶关市人民政府承办的中国丹霞世界自然遗产地授牌仪式在韶关市举行。28届世界遗产委员会主席、教育部原部长章新胜，广东省副省长林木声，国际地貌学家协会IAG主席迈克尔·克罗泽共同为中国丹霞6处世界遗产授牌。广东丹霞山、湖南崀山、贵州赤水、福建泰宁、江西龙虎山、浙江江郎山领到“世界自然遗产身份证”。市领导郑振涛、艾学峰、尚伟、邹永松，以及来自美国、德国、意大利、英国等国的专家学者，广东、贵州、福建、湖南、江西、浙江等省、市领导参加授牌仪式。

【韶关获全国文明城市提名资格】 12月20日，中央文明委召开全国精神文明建设工作表彰会议，对获得第三批全国文明城市以及获得提名资格的城市（区）、全国文明单位、文明村镇进行隆重表彰，韶关被中央文明办授予“全国文明城市提名资格”城市，与佛山、肇庆、珠海一并成为全省首批被命名为“全国文明城市提名资格”城市的地级市。市委常委、宣传部部长许红代表韶关市参加全国表彰大会。

【建党90周年系列活动】 韶关市结合实际，在“七一”前夕组织开展建党90周年系列纪念活动。一是组织收看建党90周年庆祝大会实况。组织创先争优先进事迹巡回报告会。市委从全市6类党组织中遴选出在各条战线上或全市中心工作中作出突出贡献、有较大影响力的优秀党员组成先进事迹报告团，在5月上旬至6月中旬，先后在市直机关、10个县（市、区）以及韶关学院、韶钢、凡口矿、丹冶、韶冶等单位开展巡回演讲，共举行16场。二是组织召开建党90周年庆祝表彰大会。表彰先进集体和个人230名（个），其中先进基层党组织60个［含“十佳”村（居）党支部10个、十佳机关事业党组织10个、十佳“两新”组织和国企党组织10个、市先进基层党组织30个］，优秀党务工作者50名、优秀共产党员120名［含“十佳”村（居）党支部书记10名、十佳机关事业党组织书记10名、十佳“两新”组织和国企党组织书记10名、优秀共产党员90名］。三是开展走访慰问老党员和生活困难党员活动。四是举办大型交响乐《中国之路》。五是组织开展庆祝建党90周年系列宣传活动。六是组织开展纪念建党90周年群众活动。“七一”前夕，各地各单位基层党组织开展纪念征文、诵读经典、知识竞赛、演讲比赛、群众歌咏、红色旅游、重温党的历史、读几本好书等群众喜闻乐见、各具特色的宣传教育活动。在6月举办全市纪念中国共产党成立90周年韶关市书法、美术、摄影展等活动；举办农民工“街舞”大赛；组织开展“红色影片千村行”放映活动。七是组织座谈会和党史教育研讨活动。

【马坝互通立交工程发生坍塌事故】 5月26日，由中铁十二局集团第二工程有限公司承建的位于曲江区马坝镇水口村的韶赣高速公路与京港澳高速互通立交收尾工程发生坍塌事故，造成7人死亡1人轻伤。韶赣高速公路马坝互通立交是韶赣高速粤北段最大的互通立交，共有6个互通匝道，发生事故的是其中一个匝道。匝道有两个距离地面32米的立柱倒塌，立柱的钢制现绕梁支架向一侧倒塌到马坝河中。7名死者其中一名为广州市鹰达机械设备租赁公司韶关分公司人员，另外6名为工地施工人员。

【最后一批水上居民上岸定居】 12月28日，韶关市原曲仁矿棚户区改造示范安置房暨水上居民入住交钥匙仪式在武江区龙归社主安置点举行，市领导段宇飞、杨小明、尚伟、王乙未和市住建局、浈江区、武江区、有关街道、居委会和原曲仁矿留守处有关负责同志，及住户代表参加活动，共庆首批安置点示范安置房落成和最后一批水上居民喜迁新居。随着最后一批38户水上居民的搬迁入住，154户水上人家彻底告别居无定所的漂泊日子，住上宽敞、明亮、舒适的新房。

(邓培雄)

中共韶关市委员会

综 述

【市委十届九次全会】 1月14日至15日，召开市委十届九次全会,学习贯彻中共十七届五中全会、中央经济工作会议和省委十届八次全会精神，总结2010年工作情况，部署2011年工作任务，审议《中共韶关市委关于制定韶关市国民经济和社会发展第十二个五年规划的建议》。

全会听取并同意市委书记郑振涛代表市委常委会所作的报告和讲话，市长艾学峰关于经济工作的讲话和对《中共韶关市委关于制定韶关市国民经济和社会发展第十二个五年规划的建议》所作的说明。

全会肯定市委常委会2010年的工作，对2011年工作作出部署。全会要求，以中共十七届五中全会和中央经济工作会议精神为指导，按照省委十届八次全会的部署，围绕科学发展这个主题，把握“加快转型升级、建设幸福广东”这一核心，发掘韶关市特有优势，力争在产业转型升级，在探索生态文明发展，在壮大县域经济，在区域中心城市建设上有新突破，实现生产总值增长12%，人均生产总值增长11%，进一步夯实跨越发展的基础，以优异成绩迎接建党90周年，为“十二五”规划顺利实施开好局起好步。重点抓好十个方面工作。一是优化产业结构，提升工业发展水平。二是继续扩大内需，培育经济增长亮点。三是推进扶贫开发，加快新农村建设。四是建设生态文明，打造宜居宜业城乡。五是落实重点项目，再掀建设投资高潮。六是建设区域文化中心，提高城乡文明程度。七是发展社会事业，着力保障和改善民生。八是深化体制改革，增强创新发展活力。九是推进依法治市，构建平安和谐韶关。十是加强党的建设，提高领导科学发展能力。

全会审议通过《中共韶关市委关于制定韶关市国民经济和社会发展第十二个五年规划的建议》和《中国共产党韶关市第十届委员会第九次全体会议决议》。

【市委十届十次全会】 8月16日，召开市委十届十次全会，贯彻中央对社会建设的一系列决策部署，落实省委十届九次全会精神，总结韶关市社会建设工作，审议市委、市政府《关于加强社会建设的实施意见》，明确加强韶关市社会建设的目标任务。

市委书记郑振涛代表市委常委会作《加强社会建设、创新社会管理，建设幸福美好韶关》的主题报告，市长艾学峰作总结讲话，市委副书记林耀明作《中共韶关市委、韶关市人民政府关于加强社会建设的实施意见》的起草说明，市委常委、组织部部长肖怀跃就召开中国共产党韶关市第十一次代表大会有关事项作说明。

全会审议通过《中共韶关市委、韶关市人民政府关于加强社会建设的实施意见》和《关于召开中国共产党韶关市第十一次代表大会的决议》。

【市委十届十一次全会】 11月18日，召开市委十届十一次全会，酝酿圈选韶关市出席省第十一次党代会代表候选人预备人选。

市委书记郑振涛主持会议，市委常委、组织部长肖怀跃就韶关市出席省第十一次党代会代表候选人预备人选作说明。与会人员以无记名投票的方式，差额圈选产生51名韶关市出席省第十一次党代会代表候选人预备人选。名单将上报省委审批后提交市第十一次党代表大会酝酿选举。

【市委十届十二次全会】 11月29日，召开市委十届十二次全会，审议通过十届市委向市第十一次党代会的报告、市纪律检查委员会向市第十一次党代会的工作报告，研究讨论大会选举工作，决定将党代会报告提请市第十一次党代会审议。

全会由市委常委会主持。市

委书记郑振涛作讲话。会议决定，中国共产党韶关市第十一次代表大会于2011年12月3日至6日在韶关市区召开。

全会强调，即将召开的市第十一次党代会，是韶关市实践邓小平理论和“三个代表”重要思想，贯彻落实科学发展观，在推动经济社会跨越发展，建设幸福美好韶关的关键阶段召开的一次重要会议，是全市人民政治生活中的一件大事。参加市第十一次党代会的同志要以高度负责的精神履行职责，把市第十一次党代会开成一个统一思想、凝聚力量，民主和谐、团结奋进，求实创新、与时俱进的大会。

【市第十一次党代会】 12月3日至6日，召开中国共产党韶关市第十一次代表大会。郑振涛代表中国共产党韶关市第十届委员会向大会作题为《坚持绿色发展，振兴工业经济，加快建设粤北区域中心城市》的报告。报告全面回顾市第十次党代会以来的工作，总结五年工作实践获得的经验和启示，深入分析当前韶关市面临的国际国内形势，提出今后五年的指导思想和奋斗目标。大会表决通过《中国共产党韶关市第十一次代表大会关于十届市委报告的决议》和《中国共产党韶关市第十一次代表大会关于韶关市纪律检查委员会工作报告的决议》，选举产生新一届中共韶关市委员会、韶关市纪律检查委员会（详见特载市党代会报告）。

【市委十一届一次全会】 12月6日下午，召开市委十一届一次全会。全会选举郑振涛、艾学峰、林耀明、陈向新、张志才、段宇飞、赖日先、肖怀跃、李建华、许红、陈波为中共韶关市第十一届委员会常务委员会委员，选举郑振涛为中共韶关市委书记，艾学峰、林耀明为中共韶关市委副书记；批准市纪律检查委员会第一次全体会议的选举结果。

郑振涛主持会议并讲话。他要求新一届市委要树立强烈的事业心和责任感，发扬艰苦奋斗的优良传统，保持团结拼搏的昂扬斗志，强化敢为人先的创新意识，坚持求真务实的工作作风，不辱使命、不负重托，向党和人民交出一份满意的答卷。一要加强学习，做勤学善用的表率。二要关注民生，做执政为民的表率。三要狠抓落实，做求真务实的表率。四要维护形象，做团结协作的表率。五要坚持操守，做清正廉洁的表率。

【全国民族自治县（旗）科学发展经验交流会在韶关召开】 6月21至22日，全国民族自治县（旗）科学发展经验交流会在韶关市乳源瑶族自治县举行。中央统战部副部长、国家民委主任杨晶，广东省副省长雷于蓝出席会议并讲话。广东省政府副秘书长江海燕，广东省委统战部副部长、省民族宗教委主任陈绿平，韶关市委副书记、市长艾学峰，全国60个自治县（旗）负责人，11个省区民委，国家有关部门负责人等，共200多人参加会议。

会议总结、交流和推广全国自治县（旗）“十一五”期间科学发展的好经验好做法，分析工业化、信息化、城镇化、市场化、国际化背景下自治县（旗）工作面临的新情况新挑战，研究“十二五”期间自治县（旗）进一步促进各民族共同团结奋斗、共同繁荣发展的思路措施。

“十一五”期间，乳源瑶族自治县以“争当全国民族地区实践科学发展观排头兵”为目标，经济社会实现跨越式发展，县域经济综合发展力挺进全省山区（县、市）十强，先后获得全国绿色食品示范县、绿色模范县和广东省林业生态县、旅游强县等多项荣誉称号，特色产业发展、基础设施建设和教育、卫生、文化、体育等社会事业都取得可喜的进步，创造民族地区科学发展的“乳源模式”。国家民委在乳源召开此次经验交流会，就是要总结推广有关自治县特别是乳源科学发展的好经验、好做法。

【韶关市党政代表团到桂林市学习考察】 4月14日至15日，市委书记、市人大常委会主任郑振涛，市委副书记、市长艾学峰率领市党政代表团一行，到广西壮族自治区桂林市学习考察。郑振涛在“桂林·韶关两市合作交流会”上指出，首先就是要学习借鉴桂林抓旅游建设的经验，学习桂林如何把民族文化元素融入旅游产品、提高旅游品位的做法。其次，桂林在抓大旅游建设的同时工业发展迅速，这一点也值得韶关学习。桂林的经验表明，保护环境与经济发展，二者之间并不矛盾。再次，要学习桂林放手抓县域经济的做法，桂林县域经济占全市经济总量的2/3。韶关和桂林全面合作的空间非常大，尤其是产业错位发展、园区建设、文化教育合作等方面具有广泛的空间，希望今后进一步加强合作，共同促进两市经济社会发展。市委常委、宣传部长李萍，副市长兰茵，各县市区党委或政府主要领导和市委办、市政府办、市委政策研究室、发改局、经信局、财政局等部门负责人参加考察。

【汪洋到韶关调研“双转移”工作】 4月8日至9日，中共中央政治局委员、广东省委书记汪洋与省委常委、常务副省长朱小丹，省委常委、秘书长徐少华，在市委书记郑振涛等陪同下，深入韶关市的工业园、企业考察了解“双转移”情况。汪洋先后考察莞韶产业转移工业园、乳源富源工业园东阳光公司，还考察乐昌峡水利枢纽工程项目。9日下午，汪洋主持召开会议，听取韶关市经济社会发展和产业转移情况汇报。汪洋强调，产业转移是广东落实科学发展观、促进区域协调发展的重要课题，要扶优扶强，加快产业转移园的发展。他要求韶关市要巩固工业发展良好的态势，把工作着力点放到发展工业经济，通过工业产业聚集带动城市人口聚集，打造粤北区域中心城市；要把资源优势转化为经济优势；要进一步研究高铁建成通车带来的空间条件变化的机遇，促进工业、旅游业、农业发展。 （廖文龙　冯方琴）

中共韶关市委领导成员名单

书　记：郑振涛

副书记：艾学峰　林耀明

市委常委、曲江区委书记：

　　陈向新

市委常委、市政府党组副书记、市委政法委书记：张志才

市委常委、常务副市长：段宇飞

市委常委、市纪委书记：赖日先

市委常委、组织部部长：肖怀跃

市委常委、韶关军分区政委：

　　李建华

市委常委、宣传部部长：许　红

市委常委、秘书长、办公室主任：

　　陈　波

市委副秘书长：

　　胡云清（副厅级）

　　邓喜煌（~2011.3）

　　陶学权

　　唐福楼（兼市接待办主任）

　　高振忠（兼市信访局局长）

　　周德霖

　　文火玉（2011.1~）

市委办

【概况】 2011年，市委办公室在市委的正确领导下，把牢政治方向、坚持科学发展，服务中心大局、履行使命，贯彻市委、市政府的决策部署，不断提升实践和服务科学发展能力，“三服务”工作实现重大突破，完成各项工作任务。

市委办公室是协助市委领导处理市委日常工作的工作部门，现有行政编制47名，内设一秘科、二秘科、综合科、信息调研科、督查室（网络问政科）、值班室（市委指挥中心）、人事科、老干科、行政保卫科等9个职能科室和市委车队，并管理市委机要局（市密码管理局）、市委保密办（市保密局）、市信访局、市机关第一幼儿园。

【会务活动科学高效】 完成2011年广东国际旅游文化节（韶关）主会场、省党管武装工作会议、省委主要领导到韶关调研产业转移座谈会、市第十一次党代会、市委全会等重大会务工作；统筹做好市党政军迎春座谈会、春节系列慰问活动、市党政考察团赴桂林考察、大型声乐交响套曲《中国之路》演出、省委巡视组在韶巡视等重要活动；牵头做好中央和省委领导到韶关视察、市委领导到基层调研等公务活动130次。办公室被市委、市政府评为2011年广东国际旅游文化节（韶关）主会场工作先进集体。

【办文服务严谨细致】 审核各类编号文件223份，办理请示性文电316份。编写《市委常委会议纪要》27篇、专项工作会议纪要3篇，市领导主持词、会议通知、信函等238篇；印发文件100多份；接收和办理中央文件1503份、省委文件2687份、各种信函1475份；电子政务网接收文件1400份，发送文件330份；收集档案文件资料1500件，文书、照片档案电脑录入1487件，提供档案和资料利用500多次，移交电子文件100份；打印文件资料1210多篇，约1100万字；收发报刊、杂志、信件共70多万份、机要文件7370封、特快件3680封。

【综合文稿精益求精】 完成韶关市国民经济和社会发展“十二五”规划建议、市委十届九次全会报告、书记汪洋到韶关调研的情况汇报、承办2011年广东国际旅游文化节主会场动员大会上

的讲话、市十一次党代会报告等各类综合文稿159篇、约90万字，其中，撰写领导讲话稿90篇、汇报报告27篇及其他综合材料30篇，编发《情况与通报》12期。

【信息工作及时有效】 编发信息普刊13期、专报5期，向省委办公厅报送信息158篇，采用91条次，其中得到省领导批示的2条次。收集网民议论热点话题，创办《近期网民舆论热点》，刊发19期；举办全市县（市、区）党委系统信息工作会议，共培训县（市、区）信息员70人，建立全市信息员QQ群，信息预约方式由打电话、开会布置变为信息网络传输。

【督促检查深入到位】 制定《2011年市委、市政府督办工作要点》，全年完成各类督查、督办事项190项；报送《督办专报》19期，编发《督办情况与通报》4期、《督查情况》17期，上报省委办公厅《督查专报》14期，其中，得到省领导批示4期，得到市领导批示24期，被省委办公厅单篇刊发2期。制定《关于进一步加强和改进我市网络问政工作的实施意见》，实现网络问政对党政工作的全覆盖，全年受理网络问政帖1万多条，一大批涉及群众切身利益的问题得到有效解决。

【值班应急果断有力】 收集、研判各地各单位报送的信息1370多条；编发《值班报告》20期，其中，得到市领导批示8期，向省委办公厅上报《韶关值班信息》40期、《要情专报》5期；协调处置"4·9"京港澳高速公路乐昌梅花段交通事故，"5·26"韶赣、京港澳高速公路互通立交坍塌事故等突发事件。

【老干服务细致贴心】 坚持走访和探望住院病号制度，每月定期走访副厅以上老干部。举办春节游园联欢活动、庆祝建党90周年"永远跟党走"红歌会；组织180多名老干部参观粤赣高速公路、城市规划展示馆和旭日玩具厂的春游活动；"七一"前夕组织老党员50人前往仁化县石塘镇双峰寨参观；为50年以上党龄的20名老党员发放南粤"七一"纪念奖章。

【后勤保障全面周到】 制定《市委办公室财务管理制度》、《市委办公室固定资产管理制度》、《市委大院管理规定》，建成市委大院办公区和家属区视频监控系统和车辆出入智能管理系统，及时处置各类突发事件，办公室被市综治委评为社会治安综合治理优秀单位。完成广东国际旅游文化节市委机关大院亮化工程，办公室被市委、市政府评为市城市亮化工作先进集体。开展公务用车专项治理工作，统一张贴公务用车标识，安全行车近60万公里。妥善处置机关一幼新学年家长连夜排队报名事件。

【机要保密安全可靠】 机要局全年共接收电报2183份（其中，特提电报485份），发送电报576份（其中，特提147份），被省委机要局评为2011年广东省密码工作先进单位。保密局深入开展保密宣传教育、保密检查和"双试点"工作，对各县（市、区）密码部门和30个重点市直单位进行安全保密检查，对县处级党政"一把手"和各县（市、区）、市直单位涉密载体和计算机及移动存储介质开展保密专项检查，被省保密局、省人社厅评为2006~2010年度广东省保密工作先进单位。

【信访维稳主动有效】 2011年，市、县两级信访部门共受理群众来信来访5935批（件）9386人次，同比分别下降6.8%和9.2%；排查各类矛盾纠纷4300宗，及时有效化解4100宗，化解率达95.3%；交办市、县党政主要领导包案调处信访积案168宗（其中市领导包案18宗、县级领导包案150宗），推动解决一大批重点、难点、复杂信访积案。完善网上信访信息系统平台建设，开展网上信访工作，全年共交办手机信访和网上信访445件，办结428件，办结率达96.1%。

【队伍建设扎实推进】 举办"创先争优当先锋"演讲比赛、"我为党旗添光彩"摄影书法展等活动，开展各类困难党员、困难职工慰问活动，打造温暖幸福的"干部之家"。新提拔2名科长、6名副科长，选调8名优秀年轻干部到办公室工作，干部队伍不断优化。编制《市委办公室工作手册》，办公室运作进一步规范。推进扶贫开发"双到"工作，建立反季节蔬菜和黄烟种植示范基地，组织发动农户种植蔬菜、中草药、黄烟等作物，贫困户收入不断增加。 （刘城保）

附：领导班子成员名单

主　任：陶学权（~2011.2）
　　　　陈　波（2011.2~）
副主任：凌海江
　　　　文火玉（~2011.1）
　　　　区毅明（~2011.8）
　　　　叶洪番（2011.10~）
纪检组长：何运荣

组织工作

【概况】 中共韶关市委组织部是市委负责领导班子、干部队伍、人才队伍和党的基层组织建设的职能部门。2011年，市委组织部内设机构共12个，分别是办公室、调研科、党政干部科、干部综合科、经济科教干部（人才工作）科、组织科（加挂市党代表联络科和市党建工作领导小组办公室牌子）、干部监督（信访）科、干部培训科、党员电化教育科（党员电教中心）、干部信息管理科、农村组织科、市公选办。在编行政人员44名，领导设部长1名、副部长6名（其中兼职3名）。

2011年，全市组织系统按照中组部和省委组织部的部署要求，围绕市委、市政府中心工作，把抓好市县镇村领导班子集中换届作为工作的重中之重，推进创先争优活动、深化干部人事制度改革、加强干部学习培训、落实人才发展规划4件大事和匡正选人用人风气、加强基层组织建设等各项工作，为实施“十二五”规划开好局起好步、推动经济社会跨越发展、建设幸福美好韶关提供组织保证。

【市县镇村领导班子集中换届工作】 2011年是市县镇村领导班子集中换届年，时间之紧、任务之重、要求之高、程序之多、纪律之严、关注之广均为历届之最。全市1409个村（社区）、94个乡镇、10个县（市、区）领导班子先后于4月8日、9月29日、11月11日完成换届，分别列全省第四、第三和第一；市级领导班子换届也于2012年1月11日完成。组织提名的31名市级、310名县级、1161名镇级领导班子候选人全部高票当选，平均得票率分别为98.1%、98.8%、98.6%，换届环境风清气正。“两代表一委员”对换届风气评价满意度达97.53分，实现“零投诉、零上访、零违纪”的目标，10个县（市、区）均被评为“三零”创建优秀单位，南雄、仁化、翁源3个县（市）还被市委组织部评为换届风气先进单位。韶关市也被省委组织部评为换届风气先进单位。

【班子结构优化】 新一届县（市、区）领导班子成员平均年龄46.6岁，比上届降低2.6岁；学历层次和具有基层工作经历的比例明显提高，大学以上学历比上届提高14.2个百分点，党政班子成员具有乡镇（街道）党政正职经历占51.3%。新一届乡镇领导班子成员平均年龄39岁，其中30岁左右年轻干部占17.5%；本科学历以上占41.3%，其中研究生学历4人（实现零的突破）。新一届村和社区“两委”交叉任职率分别为88.1%和96%，支书、主任“一肩挑”分别达到90.3%和99%，高中以上文化占53.8%，经济能人占78.9%，均比上届明显提高。

【创建“四有”领导班子活动】 市委出台《关于深入开展创建“四有”领导班子活动的实施意见》，以县（市、区）党政领导班子为重点，推进“四有”（推动科学发展有新成效，促进社会和谐有新局面，惠民利民有新作为，抓班子带队伍有新气象）领导班子建设，取得初步成效。

以学习为先导，领导班子谋划发展能力有新提高。以考评为导向，领导班子干事创业氛围更加浓厚。以选配为手段，领导班子整体功能不断增强。以监管为保障，领导班子作风进一步转变。通过开展创建“四有”领导班子活动，各级领导班子特别是县（市、区）党政班子实现在推动科学发展上有新成效，2011年10个县（市、区）的生产总值、地方财政一般预算收入同比分别平均增长12.9%、28.4%，增速高于全国、全省和全市；在促进社会和谐上有新局面，2011年全市矛盾纠纷化解率达95.3%，群众到省集体上访和进京非正常访分别同比下降14%和33%；在惠民利民上有新作为，2011年全市财政民生支出比重超过60%，率先在全省欠发达地区普及15年基础教育，扶贫开发“双到”工作实现三年任务两年基本完成；在抓班子带队伍上有新气象，各级领导班子更加勤政廉政、团结有力，2011年县（市、区）领导班子成员因违规违纪受查处的仅1人，同比降低75%。

【干部培养选拔工作】 一是加强教育培训，干部队伍能力素质明显提高。在清华大学举办两期市党政领导干部生态文明与跨越发展研修班，新丰县还开办干部培训网络学院。全年各级共培训干部26万多人次，促进干部知识结构转型升级，提高推动发展、促进和谐、改善民生、加强党建的能力。二是加大竞争性选拔力度，干部队伍活力增强。市直单位新提拔委任制处级干部和中层科级领导干部通过“两推一评”方式选拔的分别占66%和97%，县（市、区）直单位新提拔委任制科级干部通过“两推一评”、公开选拔等方式选拔的占52.9%，均分别超过省规定不低于1/2和1/3的指标。三是完善从基层一线培养选拔干部制度，树立重视基层的导向。除结合换届选拔有基层经历的干部外，还从优秀工人、农民中选拔10名基层机关公务员。继续抓好选调生的选拔和跟踪培养工作。

【抓好人才队伍建设】 完善人才政策。制定全市“十二五”人才发展规划和中长期人才发展规划，出台《韶关市加快引进培养高层次人才的实施办法（试行）》及其配套政策等“1+5”文件。市本级引进各类人才1041名，其中博士6名、硕士209名、副高以上职称19名。优化人才发展环境。加大人才发展投入力度，市级人才资源开发专项资金从160万元提高到360万元，对高层次人才提供10万~80万元的安家费补助和300~20000元的工资外津贴。率先在全省山区市创建占地5万平方米的科技创业园（科技企业孵化器）。加强人才管理服务。做好省派第七批科技副职的管理服务工作，抓好第六期市级拔尖人才任期目标考核和部署第七期市级拔尖人才选拔工作。韶关市推荐的海外来韶创业人才华璟博士入选中组部第六批“千人计划”。协调做好在粤工作院士到韶关休养考察，利用国家顶级智力为韶关发展出谋划策。

【创先争优活动深入开展】 各地各单位结合实际，开展创先争优主题实践活动。仁化县开展创建“五星级”党组织和共产党员活动，曲江区开展“曲江先锋”主题实践活动，市直机关工委开展“我身边的共产党员”主题演讲比赛和“创先争优促发展”主题征文比赛，市城管工委开展“向全国环卫行业优秀人物胡艳香学习”活动，市教育工委开展“四满意”活动，市卫生工委开展“三好一满意”活动，乳源县“支部加协会”被评为全国创先争优“十佳案例”。落实双向承诺、双向评议、双向问责、双向带动措施，推进点评承诺工作，5360个党组织、10.3万多名党员接受点评，兑现承诺事项2.1万多件。结合庆祝建党90周年，组织开展创先争优活动先进事迹巡回报告会，以及学党史、颂党恩、强党性系列教育活动，增强广大党员的光荣感和使命感；评选表彰一批先进典型，丹霞山管委会党委被评为全国先进基层党组织，有5个基层党组织、6名共产党员和5名党务工作者受到省委表彰，有60个基层党组织、120名共产党员和50名党务工作者受到市委表彰。

【各个领域党建工作】 健全基层党建工作机制，推广“四议两公开”和“四民主工作法”，村级组织管理更加民主规范；结合扶贫开发“双到”工作推进农村基层党建，翁源县还实施“三个一百”（百名党员创业、百户脱贫致富、百村面貌改变）示范带动工程，实现扶贫与党建“双赢”。健全基层干部培训机制，及时抓好1503名新一届镇、村（社区）党组织书记的轮训，提高“发展经济、化解矛盾、自我管理”三种能力。健全基层党建激励保障机制，市县两级财政投入2000多万元作为农村（社区）基层组织工作经费，村（社区）干部补贴逐年增长；组织捐赠党员互助金339万多元，并向1415名城乡困难老党员每月发放生活困难补贴，浈江区则向80周岁以上农村老党员、离任（退休）村干部定期发放生活补贴。此外，全市有党员的非公经济组织和社会组织的党组织组建率分别达90%和93%。

【党代表联络工作】 市县镇三级建立党代表工作室145个，覆盖率达100%。党代表轮流到党代表工作室开展活动225次，接待党员群众813人，走访收集意见建议244条，帮助解决问题151个。

【自身建设】 抓好品牌建设，推进组织工作创新发展。各级组织部门围绕“创新、创优、创品牌”主题，创新组织工作的平台和载体，韶关市“民情日记”系列活动荣获全省首届组织工作“十大品牌”，始兴县“民情日记”活动、仁化县“民忧档案”活动、乳源县“支部加协会”党建模式、翁源县党员创业示范工程、武江区“红心结”活动等5个项目，以及浈江区“百姓冷暖我先知”行动等10个项目，分别荣获全市首届组织工作“品牌奖”和“创新奖”。加强作风建设，树立组织部门良好形象。突出能力建设，提高组工干部队伍素质。通过举办组工论坛、专题讲座、读书交流会等形式，引导和帮助组工干部努力提高理论素养、业务水平和解决实际问题的能力。通过加强自身建设，涌现一批先进典型，仁化、翁源、乳源3个县委组织部和谭雪华等5人分别被评为全省组织系统先进集体和优秀组工干部，有8个单位和49人分别被评为全市组织系统先进集体和优秀组工干部。市委组织部在2011年市直党群部门落实科学发展观绩效考评中排名第一，部机关党支部被市直属机关工委评为市直机关“十佳”党支部。

【调研宣传见成效】 韶关市的《广东组工通讯》和《广东组工信息》上稿率，在全省21个地级以上市中分别名列第一和第二，被省委组织部评为2011年度《广东组工通讯》宣传报道先进集体和《广东组工信息》信息工作先进集体。市委组织部课题组撰写的《加强党政领导干部学风建设问题研究》被省委组织部评为2011年度全省组织工作重点调研课题一等奖。建立了组织部门新闻发言人制度，市委组织部先后举办了3场换届工作新闻发布会。重视抓好网上舆情监测，建立网络发言人制度，及时应对和正确引导网络舆论。党员干部现代远程教育工作扎实推进，《现代产业工人罗东元》专题片荣获第二届中国西安国际民间影像节“红色经典”主题单元优秀奖和广东省第二届远程教育课件观摩交流会三等奖。老干部工作进一步加强，市委老干部局被评为全省老干部工作先进集体。军转干部安置、“大组工网”建设、党内统计等各项工作也取得新成绩。（沈中伟）

附：领导班子成员名单

市委常委、组织部部长：肖怀跃

副部长、市委老干部局局长：
温必强

副部长、市直属机关工委书记：
姚远通

副部长：颜玉明

副部长、市人力资源和社会保障局局长：温新才

副部长：李志斌　钟　曦

宣传工作

【概况】 市委宣传部是市委主管全市意识形态方面工作的综合职能部门。2011年，全市宣传思想文化战线贯彻落实中共十七大、十七届六中全会，省委十届七次、八次、九次全会及市委十届九次、十次全会精神，坚持以邓小平理论和“三个代表”重要思想为指导，贯彻落实科学发展观，按照“高举旗帜、围绕大局、服务人民、改革创新”的总要求，围绕市委、市政府的中心工作，突出重点、扎实推进，全市宣传思想文化工作取得新成绩，实现新突破，为韶关市“十二五”规划开好局、起好步，推动经济社会跨越发展、建设幸福美好韶关提供思想保证、精神动力、文化条件和舆论支持。

【理论学习和理论宣传深入推进】 推进学习型党组织建设。抓好落实党委理论学习中心组制度，全年市委中心组开展集中学习13次，各县（市、区）委中心组共开展集中学习120多次。深入基层开展形势政策宣讲教育活动达近百场次。指导浈江区、武江区、曲江区分别成立百姓宣讲团。推进社科普及研究。组建广东省社会科学院韶关分院、广东省地方特色文化研究（韶关）基地以及广东省实践科学发展观与决策研究（韶关）基地，建立社科研究扶持机制和激励机制，组织策划系列社科研究活动。韶关市申报的课题“广东生态发展区生态价值、补偿机制与产业发展研究”被列入广东省“2011年十大省情调研和专题研究课题”。推进学习型社会建设。落实领导干部读书日制度，深入开展“书香韶关”全民阅读系列活动。

【纪念建党90周年重大宣传教育活动】 组织开设《纪念建党90周年》、《永远的丰碑》、《红色记忆》、《我身边的共产党员》等专题专栏，深入报道韶关市各地各部门庆祝活动，宣传韶关市改革开放以来取得的光辉成就、当代优秀共产党员的先进事迹和典型的革命历史人物及事件。精心组织推出的大型交响声乐套曲《中国之路》，于6月在广州公演，现场录像在中央电视台播出，并在全市各县（市、区）进行巡演。参与拍摄的红色电影

《战时省委》，被省委宣传部、省广电局确定为庆祝建党90周年重点献礼影片，在全省公映。组织举办“学党史、强党性、转作风、促发展”党史教育活动、韶关革命党史图片展、庆祝建党90周年广场文化活动、“看红色展览 答红色党史 访红色旧址”活动、“好歌献给党”群众大合唱等一系列主题教育活动。

【新闻宣传】 重大主题宣传有力开展。围绕市委、市政府中心工作和重大部署，精心策划，组织开展加快建设粤北区域中心城市、经济社会转型升级、扶贫开发“双到”、市县镇村四级换届、市“两会”、市第十一次党代会、市“十一五”经济社会发展成就及“十二五”发展亮点等系列宣传报道。对外宣传工作不断深化。继续加强与中省及境外主流媒体的交流与合作，策划和邀请中省及境外媒体参加韶关市重大活动，着力宣传推介韶关。2011年中省主流媒体刊播韶关市稿件1500多篇，图片800多张。深入开展“走基层、转作风、改文风”活动，指导市直及各县（市、区）新闻单位统一开设专栏，推出大批关注民生、贴近基层的新闻报道。

【舆论引导正确权威】 加强社会热点和突发事件的舆论引导。先后应对3月中旬市民抢购食盐、“5·26”京港澳高速与韶赣高速马坝互通立交施工坍塌事故等20多起突发事件和社会热点敏感事件，引导社会舆论。不断强化互联网宣传管理工作。规范网上新闻宣传秩序，提高属地网站宣传策划和正面引导能力，加强对国内重点网站论坛、博客的舆情关注，及时发现有关信息并上报处理。全年印发《网络舆情》、内部参考文件共50多期。协调做好网络问政平台的整合、提升工作，把网络问政从政府系统延伸到党委、人大、政协系统，实现网络问政的全覆盖，全年处理网络问政贴7746条。推进新闻发言人制度建设。在10个市委工作部门和10个县（市、区）党委建立新闻发言人制度，组织举办全市新闻发言人培训班。全市各地、各单位共举办新闻发布会30多场，及时发布换届选举和教育、卫生、环保、治安等方面群众广泛关注的民生信息，满足广大群众的知情权。

【区域文化中心建设】 组织开展全市文化建设工作检查，推动全市各单位、各县（市、区）落实文化建设各项重点工作。统筹安排使用文化建设专项经费，加大文化建设资金支持力度。实施文化惠民工程。以“我们的节日”为主题，先后举办第六届新年千人舞会、春节军民联欢晚会、纪念辛亥革命100周年、孙中山文化节等群众文化活动。配合上级部门开展“红色影片南粤行，万场百部下基层”电影放映、文艺精品下基层巡回演出活动。落实农村公益电影放映（“2131”工程）工作，全年完成农村电影放映14436场，开展送戏下乡400多场，流动图书服务5万多册，惠及200多万人次。加快“农家书屋”工程建设，全年建成“农家书屋”800多个。提前完成20户以上已通电自然村广播电视“村村通”工程建设任务，完成数字电视整体转换20万户。完成文化信息资源共享工程市、县两级支中心和部分基层服务网点建设。实施文艺精品工程。评审出2011年韶关市文艺精品创作重点项目19项，予以经费扶持。全年全市文艺精品共获省级以上奖励20多项。推进文化体制改革。全市新华书店均已完成转企改制工作，韶关市新华书店和南雄市、仁化县、始兴县、乐昌市、乳源瑶族自治县新华书店与省新华集团签订重组协议。市采茶剧团、市歌舞剧团和南雄市、乐昌市、翁源县、曲江区制定文艺团体改革实施方案。市电影发行放映中心和各县（市、区）除新丰县外均已完成转制工作。有线广电网络改革重组工作稳步推进，除新丰县外，其他县（市、区）均已与省集团签订重组协议。推动文化产业发展。全市共有22个文化产业项目纳入市“十二五”规划，其中2个项目纳入省级规划。加强文化遗产保护。开展第三次全国文物普查第三阶段工作，核实完成2700多处不可移动文物的登记录入工作。做好文物维修保护工作，上报中央、省文物保护专项补助资金项目和争取广东省首批重要遗址项目82个。

【精神文明建设创新突破】 持续深入开展群众性精神文明创建活动。推动创建全国文明城市工作日常化和规范化，开展城市公共环境秩序整治和“五个一”入户宣传，实施“十项市民素质提升工程”，重点整改当前薄弱环节，实现创文第一阶段目标，获得创建全国文明城市提名资格。深化拓展文明县城（城市）、文明村镇、文明单位、文明社区、文明示范窗口和文明家庭等基础创建，丹霞山风景名胜区、仁化董塘镇高莲村等一批单位获全国、全省表彰，乐昌市、始兴县进入创建省文明县城工作先进县城(城市)行列。开展公民思想道德教育活动。开展“做文明有礼韶关人”主题实践活动。动员群众参与中央、省道德模范评选。开展2011年“韶关好人”暨“感动韶关十佳道德模范”推荐评选活动，评选出10名道德模范和29名“韶关好人”。开展“做一个有道德的人”主题活动，评选“韶关市美德少年”。深化志愿服务行动，成立韶关市志愿者联合会，开展关爱空巢老人、关爱农民工子女行动等志愿服务活动，在2011年广东国际旅游文化节期间，共有550名志愿者参与志愿服务工作。与全省同步开展外来工系列游活动。抓好“全民国防教育日”宣传教育活动，韶关市国防教育馆升格为“广东省国防教育基地”。

【宣传干部队伍建设】 加强宣传文化系统领导班子建设，强化思想政治、创新能力、廉政勤政能力。完善宣传文化人才培养选拔机制，健全市直宣传文化事业单位公开招考制度，加强系统内干部交流轮换，充实干部队伍，优化人才结构。组织市、县（市、区）、乡镇宣传文化领导干部参加中宣部、省委宣传部以及市人事部门举办的各类培训。加强宣传干部作风建设，开展创先争优实践活动、纪律教育学习月活动和“宣传文化工作为人民服务”大讨论活动等多项主题活动。在“2011年广东省基层宣传文化工作先进单位和个人”评选表彰活动中，韶关市8个单位被评为先进单位，16名个人被评为先进工作者。（黎永国）

附：领导班子成员名单

市委常委、宣传部长：

李　萍（~2011.12）

许　红（2011.12~）

副部长：巫育明　何新文

李晓林（~2011.3）

纪检组长：刘卫东（~2011.11）

张桂先（2011.11~）

副部长、市文广新局局长：

何正平

副部长、市广电台台长：李继光

副部长、韶关日报社社长：

赖佩养（~2011.11）

精神文明建设

【概况】 2011年，韶关市精神文明建设以践行社会主义核心价值体系为根本，以提升市民文明素质、城乡文明程度为目标，开展公民思想道德建设，促进未成年人健康成长，深化拓展群众性精神文明创建活动，建设和谐文化，培育文明新风，全市公民文明素质和城乡整体文明程度进一步提高，精神文明建设精神动力、道德支撑、舆论氛围和文化条件作用得到充分发挥，为推进全市“五大建设”目标的实现营造良好的社会环境。

开展以创建全国文明城市为龙头的文明村镇、文明单位、文明社区、文明示范窗口等系列文明创建活动，举办广东国际旅游文化节，深化“全民创建、共建共享”活动，引导城乡创建协调发展；开展“窗口行业创‘五优’”活动，推进行业诚信建设；开展“全国未成年人思想道德建设工作专项测评”活动，抓好学校、家庭、社会三个环节，着力推进中小学德育工作、净化未成年人成长环境、创新未成年人工作机制；组织2011年“韶关好人”暨第三届“感动韶关十佳道德模范”推荐评选活动，通过推荐评选、新闻宣传、组织投票、颁奖典礼等环节有效提升公民道德素养；组织开展“文明交通行动”、“创文在行动，我该做什么？”全民志愿服务活动，宣传志愿服务理念，让更多的人参加公益活动，提高社会文明风尚。

【创建全国文明城市获得提名资格】 4月28日，召开创建全国文明城市工作指挥部第二次全体成员会议，颁发《韶关市创建全国文明城市2011年重点工作实施方案》和《韶关市开展城市公共文明指数测评工作实施方案》，明确下一阶段创建文明城市的目标任务。启动文明交通行动计划，对出租车、公交车、泥头车、电动车进集中整治，开展市容市貌、城市环境综合整治行动，组织窗口行业进行文明服务规范化建设。市、区两级精心组织城市公共文明指数测评工作。5月23日，召开迎检动员会议，对各项创建工作任务进行细化分解落实，组织8个督查组深入城区进行督导，各级各单位发挥职能作用和主人翁精神，创造良好的政务、法治、社会、生态、市场、人文、生活和社会文化环境，市民文明素质得到进一步提升。5月30日至31日，中央文明办委托省文明委组织专家组对韶关市申报“全国文明城市提名资格”进行测评考核，经过实地考察、材料审核、问卷调查和整体观察，省专家组对韶关市创文工作给予高度肯定，并于7月15日向中央文明办推荐上报韶关市申报“全国文明城市提名资格”。12月20日，中央文明委召开全国精神文明建设工作表彰会议，韶关市被授予“全国文明城市提名资格”城市，与佛山、肇庆、珠海一并成为全省首批被命名为“全国文明城市提名资格”城市的地级市。

【韶关市志愿者联合会成立】 11月23日，韶关市志愿者联合会召开成立大会，标志着韶关市志愿者服务进入新的发展阶段。市领导林耀明、徐紫玲、王乙未以及全市志愿者联合会理事候选人、各团体会议代表和志愿者代表参加会议。会上，市领导为市志愿者联合会以及市防洪抢险、法律援助、医疗卫生、文明交通、消防、环保、科技、教育、税务、青年、献血等11个志愿者组织授旗。同时，会议审议通过《韶关市志愿者联合会章程》，选举产生韶关市志愿者联合会第一届领导机构，团市委书记梁丽芳当选市志愿者联合会会长。

【承办2011年广东国际旅游文化节】 11月5日，由国家旅游局、广东省人民政府联合主办的2011年广东国际旅游文化节在韶关盛大开幕。主会场首次设在地级市，坚持务实、节俭、特色原则，不请明星，由花车和民间艺术表演最后汇聚群众狂欢成为本届旅游文化节的最大亮点。韶关市作为本届旅游文化节的东道主，按照“注重实效、突出特色、全民共享”的原则，组织筹备，推进重点难点工作。先后对城市的主要道路、桥梁、绿化、照明等进行改造，对宾馆酒店、旅行社、旅游景区等管理人员和导游进行培训，提升城市公共服务水平。节庆期间，相继举办首届中国素食文化大会暨韶关国际生态名优特产展览会、南华祈福盛典、最美韶关绿道游、乳源瑶族“十月朝”风情旅游文化节等开展各类活动48个，展示韶关市文化软实力。

【开展2011年“韶关好人”暨第三届“感动韶关十佳道德模范”推荐评选活动】 2011年，市文明办发挥道德模范和“身边好人”在道德建设中的“灯塔”效应，抓住创建全国文明城市关于开展市民素质提升工程有利时机，宣传历届道德模范和“韶关好人”先进事迹，宣传公民基本道德规范，引导干部群众自觉开展道德实践活动，加强道德修养。从4月20日起，市创文办、市文明办编印《韶关市民文明礼仪手册》近20万册，组织市、区、街道（居委会）三级机关干部，开展文明礼仪“进机关、进学校、进社区、进企业、进家庭”实践活动。从5月开始，在全市组织开展2011年“韶关好人”暨第三届“感动韶关十佳道德模范”推荐评选活动，经过组织推荐、宣传展示、投票评选等环节，共有8万多名群众参加投票，对推荐的145名候选人进行评选，最终评出“感动韶关十佳道德模范”10位，“韶关好人”29位。11月24日，“德耀韶城”——2011“韶关好人”暨“感动韶关十佳道德模范”颁奖典礼在市区韶关剧院举行，省委宣传部副部长、省文明办主任顾作义，市领导林耀明、李萍、徐紫玲、赵志发出席颁奖典礼。“韶关好人”和“感动韶关十佳道德模范”推荐评选活动至今已举办三届，共评选出59位“韶关好人”典型代表和30名道德模范，他们中有农民、工人、军人、教师、医生、民警、义工服务队等，具有广泛的代表性，在他们身上集中体现新时代韶关人的精神风貌，他们的事迹感动公众，感动韶关，为群众树立榜样。

【未成年人思想道德建设】 2011年，全市以“在阳光下健康成长”系列活动为载体，抓好学校、家庭、社会三个环节，着力推进中小学德育工作、未成年人成长环境优化、未成年人工作机制创新工作，着力营造全社会共同关心、参与未成年人健康成长的良好氛围。在学校组织开展经典诵读、“我们的节日”、“美德少年”评选、“小手拉大手·共创文明城”、“七彩暑期”等主题活动，帮助未成年人提升综合素养，树立正确的世界观、人生观、价值观。开展社会文化环境净化工程，加强对网吧、游戏厅、书刊市场的监管，不断改善社会文化环境。加强未成年人德育阵地建设，围绕亲子教育、家庭教育、伦理道德教育、法制教育、文化艺术教育等方面的内容，开展未成年人道德实践活动。深化未成年人心理健康教育服务工作，加强未成年人心理健康队伍建设和阵地建设，全面推进蓝天计划，开展“城乡儿童手拉手”、“爱心爸妈”、“真情寻呼 1+1”等活动，开展关爱留守儿童帮扶活动，促进社会的和谐。

【开展全国、省、市三级精神文明建设先进评选表彰活动】 2011 年是全国、省、市三级精神文明建设先进表彰年。根据中央、省市文明委通知要求，市创文办、市文明办会同各地文明办、各授权主管部门组成测评组，按照考核程序，对申报各级表彰的 350 个单位逐一测评考核，经过市文明委初评推荐、一票否决部门审核、市委常委会审议通过、市直主要媒体公示等程序并推荐上报中央和省文明办。在年底召开的各级精神文明建设先进表彰大会上，韶关市国税局、丹霞山风景名胜区等 5 个单位获得全国文明单位（村镇）称号；乐昌市、始兴县获得创建广东省文明城市（县城）工作先进单位，市机关第一幼儿园、武警韶关市支队等 13 个单位获得广东省文明单位（村镇）称号，周德霖、彭妙权获得广东省精神文明建设先进工作者称号；市旅游局、市审计局等 92 个单位获得韶关市文明单位（村镇、示范窗口）称号，13 个项目获得年度精神文明创新奖，50 人获得韶关市精神文明建设先进工作者称号，160 户家庭获得首届韶关市“五好”文明家庭称号。　（王小明）

统一战线

【概况】 1956 年 9 月，成立中共韶关市委统战部，何英任统战部长。1968 年 3 月，撤销中共韶关市委统战部，由韶关革命委员会政治部部代替其职能。1973 年 6 月，恢复韶关市委统战部。市委统战部设有 5 个职能科（室）：办公室、党派工作科、港澳、海外联络科、经济工作科、港澳社团联络工作办公室。核定行政编制 16 名，后勤服务人员 4 名。2011 年，市委统战部坚持以邓小平理论和“三个代表”重要思想为指导，贯彻落实科学发展观，学习贯彻省委十届八次全会、全省统战部长会议和市委十届九次、十次全会精神，加快经济发展方式转变为主线，紧扣“坚持走生态文明发展道路，推动经济社会跨越发展，建设幸福美好韶关”这一核心任务，发挥统一战线增进团结、凝聚人心、汇聚力量的重要法宝作用，立足搞活，狠抓落实，服务大局，全面提高，全市统一战线呈现团结、奋进、活跃、和谐的良好局面，各领域统战工作成绩斐然，亮点纷呈。

【扶贫开发工作】 两年来，市委统战部、市工商联、曲江区人大、区委统战部扶贫工作组共筹集 529.87 万元社会资金，帮扶挂钩点曲江区马坝镇小坑村发展种养产业、增加集体经济、实施安居工程、兴修水利设施、资助贫困学生、改善饮用水条件、建设硬底化道路、修建医疗卫生实施、开展技能培训等民生项目，扶贫开发工作取得显著成效。截至年底，全村贫困户 161 户，已脱贫 150 户，占总贫困户 93%，脱贫人口 599 人，占总人口 97%；贫困户年人均纯收入 8013 元，同比增长 134%，村集体经济收入 8.4 万元，同比增长 58%，贫困户参加农村合作医疗比率达 100%，贫困户适龄子女义务教育入学率达 100%，贫困村安全饮水达到 100%。此外，全村各项社会事业得到长足发展。

【“我为幸福韶关建功业”系列行动】 组织全市统一战线“我为幸福韶关建功业”系列行动，创新打造韶关市同心艺术团“同心”品牌。运用和整合韶关市统一战线优势资源，强化统筹、广泛动员，把握重点、创新求实，做到“三个注重”推进“我为幸福韶关建功业”系列行动取得显著成效。推进系列行动十大板块 36 个项目的落实。联合市工商联向全市广大非公有制经济人士发出《我为幸福韶关建功业倡议书》，号召和动员广大统一战线成员参与。在《南方日报》、《韶关日报》、韶关电视台等主流新闻媒体宣传报道达 50 余篇次，产生广泛的社会影响。全市各地各单位开展系列活动紧扣主题主线，突出自身特色，取得较好成效。市侨联主动协助各级政府开展招商引资活动，引进 6.6 亿元“康绿宝”项目落户南雄市。农工党韶关市委会立足医疗卫生资源优势，重点开展三级联动定点帮扶廊田卫生院、举办“千名乡村医生培训班”和试点建立远程医疗会诊网络等系列活动。民进韶关市委会依托文化资源优势，建立“文化公益事业社会服务点”定点联系制度。全市统一战线成员踊跃参与“广东扶贫济困日”活动，共捐款1500多万元。响应建设文化强省和打造粤北区域文化中心的战略部署，依托市统战文化资源、以同心为核心价值追求、以志愿者队伍为运作模式，建立韶关市首支创新性统一战线志愿者队伍，即韶关市同心艺术团。截至年末，举办全市统一战线庆祝建党90周年大型文艺汇演、迎春座谈会等各类演出活动达23场，并率团前往香港大埔、西贡等地成功首演。打造培育具有韶关特色的“同心”品牌。

【多党合作和政治协商】 按照省委和市委对民主党派市县委员会换届工作的要求，加强与各民主党派市委会的协商，规范操作程序，精心指导，确保换届工作规范化、程序化。市民革、民盟、民建、民进、农工党、九三学社等6个民主党派市委会和1个县委会如期完成换届任务。同时，协助各民主党派抓好组织建设。全年共发展党派成员92名，现有民主党派成员1965人，其中民革327人，民盟493人，民建283人，民进339人，农工党318人，九三学社205人。

做好政协换届委员人选安排工作。根据上级换届文件精神，加强与市委组织部和市政协的沟通协商，征求纪检、工商、税务等13个部门的意见建议，协商和民主酝酿推荐人选，按时完成新一届政协委员人选安排工作，为市政协十一届一次会议胜利召开做好基础工作。

着力做好党外干部培养选拔工作。搞好党外干部培训工作。在市社会主义学院举办一期党外中青年干部培训班，选送4名党外干部赴省社会主义学院中青班、处级班学习。推动党外干部使用工作，2011年共有4名挂职干部提拔使用。

推进落实《中共韶关市委政治协商规程（试行）》。抓好“规程”督查工作。总结典型经验做法，发现问题和不足，为进一步贯彻实施和修改完善“规程”提供参考借鉴。筹办市委召开的2011年全市各民主党派负责人暑期座谈会暨民主党派新老领导班子座谈会，组织各民主党派负责人赴西藏学习考察。受市委或有关部门委托，协助召开各民主党派、工商联、无党派人士情况通报会、征求意见座谈会等。

【港澳及海外联络】 加强港澳及海外统战工作。推进港澳同乡宗亲联谊会的整合、培育工作。由省委统战部牵头、韶关等6市发起成立香港广东客属社团联合总会，并于6月17日在香港会议展览中心举行成立大会暨首届理事就职典礼，由韶关市推荐的16位乡亲担任会内要职。此外，指导成立香港南雄联谊会。先后接待和参与接待香港中联办、澳门中联办、香港韶关同乡会、旅港南海商会、香港新界社团首长联谊会等社团组织和重要人物来访30多批次2000多人次。成功组织由全国政协委员、香港粤港青年交流促进会首席会长龙子明先生带队的“红色之旅韶山行”交流访问团60人赴湖南等地接受革命传统教育；多次组织港澳理事和优秀港澳青年赴北京和韶关参观考察和学习培训。主办广东国际旅游文化节美国油画家协会赴韶关写生作品展，增强海外统战工作影响力。牵线搭桥，发动港澳同胞为扶贫开发、助学助教、医疗救助等捐款捐物1000万元。牵线澳门立法会议员陈明金先生捐赠价值1000万元的五百罗汉瓷雕作品落户翁源县东华寺。

【非公有制经济领域统战工作】 支持和推动非公有制企业转型升级。开展非公有制经济发展调查研究，推动韶关市首次出台《关于促进民营经济跨越发展的意见》。为非公有制企业融资牵线搭桥，发挥民营担保的杠杆作用，拓宽融资渠道。推动非公有制经济集聚化、关联化、产业化，提升产业发展水平。在全市民营企业中开展“亮明星”活动，引导加快转型升级，全市民营经济保持平稳较快发展势头。全市民营经济固定资产投资202.35亿元，同比增长52.1%；全市民营经济增加值累计完成384.67亿元，同比增长13.3%，占全市GDP比重为47.3%，民营经济为全市经济发展作出重要贡献。继续指导非公有制经济组织开展“创先争优”活动。以建党90周年为契机，开展“跟党走，坚定不移”系列活动，举办“感恩九十年，永远跟党走”大型书画篆刻大赛，先后组织百名非公有制经济人士参观韶关市廉政教育基地或赴湘赣等地接受革命传统教育。引导非公有制企业勇担社会责任，开展构建和谐劳动关系主题活动，乳源东阳光有限公司和韶关市烟草机械配件厂有限公司被评为广东省和谐劳动关系先进示范企业，韶关市顺昌布厂董事长顾光荣荣获“全国关爱员工优秀企业家”称号，顺昌布厂员工唐小田荣获“全国热爱企业优秀员工”称号，为全市民营企业树立起和谐企业的标杆。指导各县（市、区）工商联组织完成换届任务。

【民族宗教领域和谐维稳】 开展民族团结进步事业，维护平等团结互助和谐的民族关系。处理各类涉及外来少数民族的突发事件和矛盾纠纷6起。开展民族团结宣传教育活动，举办“韶关市2011年民族团结进步宣传月活动专题演出”。指导民族地区加快科学发展步伐，推动乳源瑶族自治县探索并形成经济社会实现科学发展的“乳源模式”。协助国家民委在乳源召开民族地区科学发展现场会。争取各类少数民族发展资金380万元，帮助少数民族和民族地区加强基础设施建设和种养项目扶持。争取宗教界80万元捐资，帮助曲江区、翁源县等散居少数民族新农村建设。举办粤湘桂三地2011年暑期瑶语瑶文培训班。完成中央民族大学附属中学广东考点韶关市田家炳中学招生考试工作。韶关市部分项目代表省参加第九届全国少数民族传统体育运动会再创佳绩，荣获一等奖4个、总奖牌数15个的良好成绩。

继续抓好宗教团体班子建设和宗教人才培养，选拔一批政治上靠得住、学识上有造诣、品德上能服众、关键时起作用的宗教人才进入宗教团体领导班子，指导市佛教协会完成换届选举工作。做好传道员认定备案工作，加强基督教教职人员管理。举办全市宗教活动场所财务人员培训班。组织考察团赴江西百丈寺学习调研，引导全市宗教活动场所提升自身管理水平。开展创建和谐寺观教堂活动，争取推动大鉴禅寺等7个宗教活动场所通过达标考评。举办广东国际旅游文化节南华祈福法会。组织宗教界开展“同心同行服务大运”系列活动，确保“平安大运”目标实现。继续开展植树护林、休渔放生、扶贫救灾等系列活动，促进宗教与社会主义社会相适应工作取得新成效。

【科学化水平提高】 加强和改善党对统战工作的领导。在各县（市、区）党委换届中，对7个县（市、区）党委统战部长进行调整，其中，南雄市和乳源瑶族自治县党委统战部长由同级常委兼任，实现韶关统战工作历史性突破，全市所有乡镇、街道均配备专职或兼职统战委员，为推进基层统战工作奠定组织基础。推进统战工作创新发展实现新突破，北伐战争纪念馆成为韶关市第二个“广东统一战线基地”并挂牌；南雄珠玑古巷成为全省首批“侨界文化交流基地”并挂牌。推进学习型机关建设，加强机关党风廉政建设，统战宣传信息调研工作取得新成绩，全年编发《韶关统战信息》120期，《韶关海外联谊会会讯》4期。

（王辉华　郭燕海）

附：领导成员名单

市政协副主席、市委统战部部长：何伟青

副部长：陈应华　张联清

政策研究

【概况】 2011年，政研室围绕建设区域中心城市与构建幸福美好韶关的总目标，发挥参谋助手作用，求实创新，进取，调研成果实现新突破，服务水平得到新提高，完成市委、市政府全年交办的各项工作任务，全年共完成各种文稿50多个、约50多万字，为推动全市经济社会加速发展作出重要的贡献。

【抓调研　出成果】 围绕市委的工作中心，从宏观战略层面思考问题、谋划工作，选择一些能够把握未来发展方向、具有前瞻性的重大课题开展调研，为市委提供有价值的决策依据和决策建议。2011年，先后到有关单位开展加强社会建设和加强群众工作的调查研究；到省委省政府学习了解办好国际旅游文化节的经验，到增城调研办好国际旅游文化节的做法；参与韶关市人才工作的调研活动；组织开展振兴韶关工业经济、加快产业转型升级的专题调研等重大调研活动，形成《关于改善民生问题的专题调研报告》、《关于进一步加强和改进群众工作的调研报告》、《打造世界级旅游文化品牌》、《加强我市景观建设之我见》、《发展旅游文化产业、建设区域文化中心》、《关于扶持生态发展区传统优势产业加快转型升级的调研》、《韶关市工业产业转型的调研》等一批高质量的调研报告。调研成果，受到市委市政府主要领导的重视和批示，为市委市政府的科学决策起到重要的作用。

【完成市委各项重要文稿的起草】 市委政研室承担一部分市委、市政府主要领导在重大会议上讲话稿的起草工作。全年先后起草郑振涛在市委十届九次全会上的报告《坚持走生态文明发展道路，推动经济社会跨越发展》；郑振涛在市委十届九次全会结束时的讲话；市委常委、市委秘书长李石保在市委常委会上关于市委十届九次全会工作报告的起草说明；郑振涛在十届市委常委会传达贯彻汪洋到韶关调研“双转移”工作时的讲话；郑振涛在承办广东省国际旅游文化节主会场动员大会暨韶关市旅游工作会议上的讲话；起草并审改市委副书记、市长艾学峰在市政府常务会议上有关人才工作的讲话；郑振涛在韶关市纪念中国共产党成立90周年暨表彰大会上的讲话；起草坚持走生态文明发展道路的路径选择；郑振涛发表在《广东史志》中的《加强和创新社会管理，加快建设幸福美好韶关》的署名文章。

【起草政策性文件】 牵头或参与市有关部门研究制定一批市委、市政府重要出台政策文件和起草说明，如《中共韶关市委、韶关市人民政府关于加强社会建设的实施意见》；市委副书记林耀明在市委十届十次全会上所作的《中共韶关市委、韶关市人民政府关于加强社会建设的实施意见》的起草情况说明；《中共韶关市委、韶关市人民政府关于加强社会建设的实施意见》重点任务分工方案；《中共韶关市委、韶关市人民政府关于加强社会建设的实施意见》的有关起草解读；审改市人大普法办提供的《关于贯彻落实法治广东建设五年规划的实施意见》等文件和说明。

【审改各种发展规划】 审改韶关市科学和技术发展“十二五”规划；韶关市科技自主创新“十二五”发展规划；与市妇联共同组织开展《韶关市妇幼儿童2011~2020年发展规划》的调研和编制工作；审改《关于提高重度残疾人和一户多残家庭保障水平的建议》；审编《韶关市中西医结合医院“治未病”中心建设规划纲要》；参与《韶关市“十二五”人才发展规划》、《韶关市中长期人才发展规划纲要》编制工作。

【做好刊物组稿编辑工作】 2011年，不断提高《韶关调研》和《调研内参》的办刊质量与水平，提高信息服务质量，增强决策信息辅政效能，为领导科学决策提供准确、快捷、具有参考价值的信息服务。《韶关调研》全年出版12期，登载各类调研文章100多篇，图片200多幅。这些调研文章，及时登载全市调研工作情况，多角度、宽领域地反映韶关市经济社会发展的重大问题、好的经验和做法，总结分析发展中存在的问题，提出对策与建议，为领导从不同角度掌握上情、了解下情，做好科学决策，发挥重要作用。

【队伍建设】 立足为市的中心工作服务、为市领导决策服务、为基层服务的“三服务”核心内容，教育引导工作人员树立服务大局理念，着眼于优化提升干部队伍整体素质整合政研资源，形成多层次、开放性的政研工作格局，为决策服务提供有力的人才保障。年初，召开全市性政研工作会议，推动全市政研工作深入开展，并组织政研工作人员到外地参观学习。加大干部的提拔和使用力度，2011年有2名干部得到提拔；加强干部政治理论与业务学习培训，安排2名干部到省政研室举办的学习班培训，以提高干部的素质和能力。全体干部结合本职工作，加强对中央、省和市重要会议和重要文件的学习，增强把握全局能力，提高为市委、市政府科学决策的能力与水平。 （杨作旭）

附：领导班子成员名单

主　任：谢祥腾

副主任：杨应海　张桂胜

市直机关工委

【概况】 2011年市直机关工委贯彻落实科学发展观，按照走前头、作表率的要求，以服务中心、建设队伍为目标，以纪念建党90周年为契机，以创先争优和“三服务两提高”活动为统揽，推进全市重点工作和重大活动的落实，加强机关党的思想、组织、作风、制度和反腐倡廉建设，提高全市机关党建工作科学化水平，为“十二五”规划开好头、起好步提供思想和组织保障。

【深入开展创先争优活动】 开展创先争优示范点参观学习活动。组织各县（市、区）工委书记、市直部分单位党组织负责人30余人，到省直机关创先争优示范点——广州南沙海事处进行参观学习。学习借鉴南沙海事处“支部建设信息化、学习形式多样化、党员管理积分化、责任担当具体化、服务承诺公开化”的先进做法；开展“我身边的共产党员”主题演讲比赛。比赛分县市区组和市直机关组进行，10个县市区推荐出25名选手、市直机关47个单位推荐出55名选手，共80名选手参加演讲。开展“我身边的共产党员”主题演讲会。为进一步扩大影响、营造氛围，将进入市直机关组决赛的14名选手组成演讲团，召开“我身边的共产党员”专题演讲会，组织市直机关500多名党员干部聆听这14名选手的精彩演讲，用身边的先进典型教育人、引导人、启发人、鼓舞人，发挥榜样的示范带动作用；开展“创先争优促发展”主题征文比赛。根据创先争优活动的新情况新动态，有针对性地选取15个征文参考选题，下发给各单位党组织。共收到稿件136篇，摘选部分征文稿件在《韶关日报》进行专版刊登，评选一等奖3篇、二等奖6篇、三等奖11篇。

【开展纪念建党90周年活动】 集中开展党史宣传教育。把党史宣传教育作为2011年机关思想政治工作的重中之重，开展“学党史、强党性、促发展”主题教育活动，邀请到省委党校党史教研部主任毕德教授作党课专题辅导，市直机关党员干部共500余人参加。利用韶关市独特的红色教育资源，组织全市各级机关分批到省委机关旧址开展“回顾革命历史，纪念革命前辈”主题党日活动，参加人数1.2万多人。组织开展系列纪念活动。市、县两级工委坚持喜庆热烈、务实节俭的原则，开展多种形式的纪念活动。市直工委联合市委宣传部、市文广新局举办“好歌献给党”大型红歌合唱比赛，市直机关8支代表队共700余人参加。乐昌市工委举办大型党史知识竞赛，6000多名党员参加学习党史知识竞赛答题，30支代表队参加现场知识竞赛。武江区开展庆祝建党90周年“永远跟党走”大合唱活动。始兴县举办“共产党员风采”图片展。乳源县开展“学党史、唱红歌、送温暖、评先进”系列纪念活动，在全市机关营造庆祝建党90周年的浓郁氛围。

【加强机关党建规范化建设】 强化目标责任管理。按照“两年一考评”的工作安排，市、县两级工委分别组成考核小组，按照《韶关市直属机关党建工作目标管理责任制》的要求，围绕26项内容，对全市各级机关党组织落实目标责任制的情况进行一次全面考核。并针对检查考核中发现的问题，对有关单位提出整改要求；规范党支部建设。按照创先争优活动对先进基层党组织和优秀共产党员的具体标准，采取“支部提出申请，上级党组织推荐上报，市直工委择优遴选”的方式，开展第一次市直机关“双十佳”的评选，培育和树立一批硬件完善、软件规范、特色鲜明、成效显著的基层党组织和爱岗敬业、无私奉献、工作业绩出色的基层党务干部，形成抓两头带中间的工作格局；提高党务干部素质。以培训需求为导向，坚持分类别、分层次、分专题培训干部，增强机关党员干部教育培训针对性和实效性。市、县两级工委共组织举办入党积极分子、机关党组织书记、机关组织委员、机关纪检干部、机关党建通讯员等多个不同层面的理论培训班和新党员专题教育活动。其中党建通讯员培训班邀请到省直机关工委党建研究室主任、党建学会秘书长钟国辉作信息写作的专题讲解，各县（市、区）和市直各单位共182名通讯员参加培训，提高市机关党建工作的宣传水平。

【推进机关作风建设和反腐倡廉建设】 加强监管工作。市直机关纪工委通过完善各项工作制度，加强对市纪委授权管理单位的监管。制定完善座谈会制度、定期报告制度、诫勉谈话制度。执行党内监督。纪工委对12个授权管理单位进行实地调研，重点了解领导干部“五个一”制度落实情况、党风廉政建设责任制分解和实施情况、公务用车专项整治情况等问题。同时做好信访工作，从群众来信来访中排查党员干部违纪线索，查处违纪违法案件。全年市直机关纪工委处分违法违纪党员干部18人，其中开除党籍6人，留党察看2人，撤销党内职务1人，党内严重警告5人，党内警告3人，免予党纪处分，给予批评教育，作诫勉谈话1人；推进党务公开。制定党政机关基层党组织党务公开目录，选择韶关海事局、韶关市公安局、韶关市工商局、韶关市审计局四个党建工作比较好的单位作试点，推进市直机关基层党组织的党务公开工作。

【推进机关精神文明建设】 开展群众性精神文明创建活动。按照“巩固、提高、延伸、辐射”的要求，组织市直机关各单位党组织采取群众喜闻乐见的形式，开展文明单位、文明示范窗口等群众性创建活动，营造积极向上、团结和谐的机关文化。2011年，市交通局、市国税局、丹霞山管委会等单位获得第三批全国文明单位荣誉称号，市机关一幼获得省文明单位荣誉称号，市行政服务中心获得省文明窗口荣誉称号。

开展评选推荐“韶关好人”活动。根据市文明办的部署，先后共向市文明办推荐“韶关好人”7名。市直机关党员干部中，付少云获得第三批“感动韶关十佳道德模范”，叶玉英、吴荣华、刘林斌等获得2011年“韶关好人”荣誉称号。发挥群团组织在精神文明建设中的重要作用。推进党建带工建、带团建、带妇建工作，开展“职工之家”、“青年文明号”、“巾帼文明岗”等创建活动，坚持与党内创先争优同推进、同评比、同表彰。根据总工会的通知要求，推荐市妇联、市机关二幼参与粤北女职工文明岗评选。组织市直机关各单位工会骨干70余人到曲江鸿润野战拓展基地开展联谊活动，加强市直机关工会之间的交流和沟通。

【提高工作水平和服务水平】 加强工委机关自身建设。加强班子建设，开展“四有”领导班子创建活动，提高集体领导水平。领导班子科学发展观考核中，市直机关工委在45个未参加绩效考核的单位中名列前三。加强队伍建设，坚持工委务虚会、中心组学习、集中学习日等制度，不断提高工委干部的综合素质。加强作风建设，深化“三服务两提高”主题实践活动，促进工委干部转变作风，树立工委干部良好的精神面貌、工作状态和社会形象。加强制度建设，建立健全工委内部管理机制及其他机关办事规程，使工作程序制度化、规范化、科学化，提高工作效率和服务水平。加强对县（市、区）工委的指导。2011年是市直工委与各县（市、区）工委建立业务指导关系后的第一年。通过定期召开工委书记联席会议、组织开展工委系统活动、建立定点挂钩联系制度、拓宽纵向信息交流渠道等方式，对全市机关党建工作同规划、同部署、同落实,加强市、县两级工委之间的沟通与协调，起到市县两级联动、工作整体推进的效果，初步构建全市机关党建工作一盘棋的工作格局。配合市委市政府中心工作。（李园洲）

附：领导班子成员名单

书　记：姚远通

副书记：吴国强　蒲莱湘

纪工委书记：朱观洪

老干部工作

【概况】 2011年，韶关市贯彻执行党的老干部工作方针和政策，抓好老干部政治生活待遇的落实，创新企业离休干部服务管理，组织老同志开展建党90周年庆祝纪念活动，引导支持老干部参加关心下一代的工作，开展老干部工作调研，探索新形势下老干部工作的新途径、新方法，以创先争优为动力抓好内部自身建设。各项工作都取得可喜成绩，为加快建设粤北区域中心城市，推动经济社会跨越发展，建设幸福美好韶关作出新贡献。

【老干部政治待遇落实】 结合开展创先争优活动抓好离退休干部思想政治建设和离退休干部党支部建设。全市共有离退休干部37630人，其中党员21810人，占离退休干部总人数的57.96%，有离退休干部党支部407个，做到组织机构健全，离退休干部党员有归宿，学习教育有人抓。坚持举办报告会、座谈会、组织参观等活动，使老干部开拓视野，提高政治理论素养，取得较好成果。坚持和完善各项制度，在政治上尊重老同志。召开一年一度的通报会，使老干部及时了解韶关市经济和社会发展状况。为老干部订阅报刊杂志。全市各地各单位按照有关规定为老干部订阅《秋光》、《中国老年报》、《中老年人保健》等报刊杂志逾万份。做好走访慰问工作。全市各级老干部工作部门共走访慰问老干部30000余人次，看望住院老干部2100余人次。做好重大节日庆祝活动。开展纪念建党90周年专题慰问。各地各单位结合实际，通过举行春节茶话会、重阳祝寿会、座谈会、纪念活动，组织文艺演出等方式开展系列的节日庆祝活动，营造敬老爱老良好氛围。完善信访接待制度。全市老干部工作部门共处理老干部来信来访3500多人次，做到事事有回音，件件有着落，稳定老干部的思想情绪。

【老干部生活待遇提高】 在落实提高老干部生活待遇方面有重大的突破和提高，老干部普遍比较满意。2011年对全市离休干部每人每年增加一个月的基本离休费作为生活补贴。做好全市29名抗战时期参加革命工作的正科级及以下离休干部提高享受副县（处）级政治生活待遇以及606名解放战争时期参加革命工作的副科以下离休干部提高享受正科级政治生活待遇的审批和级差补发工作。调整企业离休人员基本养老金，从2011年1月起为436名企业离休干部每月人均增加165.11元，确保企业离休干部待遇与行政机关离休干部待遇持平。根据市直机关从2011年7月起增加机关公务员岗位津贴及离退休人员生活补贴的实际情况，及时为市直428名参保离休干部和18名困难事业单位离休干部增加地方性生活补贴。市委老干部局还向省委老干部局领导反映韶关老干部医疗费欠账多的情况，争取到省财政转移支付企业离休干部医药费补助512万元。

【组织老同志开展活动】 2011年，全市各级老干部工作部门和老干部活动组织利用活动中心等场所和设施，组织广大离退休干部开展文体活动，精心组织开展了纪念建党90周年庆祝活动。3月至7月，在全市范围内开展“永远跟党走”——韶关市老干部纪念中国共产党成立90周年歌咏活动。市一级的歌咏活动于6月24日在韶关剧院隆重举行。8月，市老干部活动中心组织老干部参加“七彩夕阳唱响国家大剧院”第二届全国中老年合唱艺术节，参演的两个节目均荣获“群星”金奖，并获优秀组织奖和优秀指挥奖。10月，市老龄委、市委老干部局、市民政局与市体育局联合举办韶关市第四届老年人运动会，市老干部活动中心派出的老干部代表队获得桥牌项目团体赛冠军和双人赛冠军的好成绩。开展“与党同呼吸、共命运、心连心”征文活动，经过中组部老干部局和省委老干部局及秋光杂志社专家评审，全市共有9篇作品获奖，其中：一等奖1篇，二等奖3篇，三等奖5篇。

【老年教育事业】 韶关老干部（老年）大学继续加大改革创新力度，不断扩大招生规模，老同志学习热情高涨。2011年新增服装展示、健身气功、舞蹈等6个教学班。新华南和环园西两个教学点全年共开设23个专业41个班，在校学员3083人次。

【老干部活动阵地建设】 全市各级老干部工作部门争取省委老干部局和市县两级党委政府以及有关职能部门的支持，推动各级老干部活动中心新建或改扩建。10月，开放启用市环园西路老干部活动大楼的市级老干部活动室，并想方设法增添活动设施。市卫生系统老年活动中心及人造草综合运动场也于2011年建成使用。翁源、始兴等县完成老干部活动中心的翻新装修。曲江区通过争取省市有关单位和企业支持，解决一大批办公设备及活动器材。浈江区老干部活动中心建设被列为区委区政府2011年的一项重点工作，利用闲置旧办公楼改造装修为区老干部活动中心（老干大）。乐昌市新的老干部活动中心建设项目也已破土动工。

【发挥余热】 全市各级老干部工作部门利用和发挥关工组织、老促会等平台，始终坚持引导和鼓励广大离退休老干部发挥政治智慧和经验优势，为推动韶关经济社会发展、促进社会和谐稳定，特别是在扶贫帮困、教育青少年健康成长、革命老区建设、维护社会稳定等方面力所能及地做工作、发挥作用，取得很好的社会效果。市关工委始终坚持依靠“五老”，配合有关部门，在继续抓好农村创业青年培训，组织青少年开展“朝阳读书”活动，组织“爱心扶贫助学”，推进学校、家庭、社会“三教”结合，净化社会文化环境等方面做大量卓有成效的工作，较好地发挥关工组织和老干部的聪明才智和作用。11月，全省关工委山区创业青年培训工作经验交流座谈会在乳源县举行。省关工委主任张帼英，市委书记、市人大常委会主任郑振涛，市委副书记、市关工委主任林耀明及全省山区市、部分县关工委负责人出席会议，韶关等15个开展山区创业青年培训工作的地级市关工委获表彰。

【队伍建设】 注重抓好老干部工作的调研和宣传。继续办好《韶关老干信息》和《韶关老干》刊物，全年编发《韶关老干信息》12 期 720 份，编印《韶关老干》刊物 6 期 10080 份。8 月，市委老干部局被《老人报》评为“先进报道集体”。9 月，市委老干部局被市委、市政府评为“2006~2010 年法制宣传教育先进单位”。4 月和 10 月，组织全市县（市、区）老干部局长和部分市直单位老干部工作者到江西、福建、湖南、广西和省内部分地(市）参观学习。对“利用社区资源做好离退休干部服务管理工作”课题进行调查研究，并以浈江区莲花山社区作为工作试点，对老干部“四就近”进社区的方法和途径进行探讨和实践。以创先争优为动力抓好队伍建设。开展全市老干部工作先进集体和先进工作者评选表彰工作，韶关市有 2 个单位（韶关市委老干部局、新丰县委老干部局）和 3 名个人（温必强、陈雄俊、曾庆荣）获省表彰，1 名个人（万广平）获全国表彰。12 月，市委组织部、市委老干部局、市人力资源和社会保障局研究决定表彰全市老干部工作先进集体 28 个，先进老干部工作者 38 名。通过树立典型、表彰先进，使全市老干部工作学有榜样、赶有目标，从而推动全市老干部工作向前发展。

（李永强）

附：领导班子成员名单

局　长：温必强

副局长：陈　熙　陈国营

涂海平

对台工作

【概况】 2011 年，中共韶关市委台湾工作办公室、韶关市人民政府台湾事务局（下称市委台办）贯彻落实党中央、国务院对台工作方针政策，进一步解放思想，开拓创新，推动韶关市对台工作上新台阶，为促进经济社会跨越发展作出积极的贡献。

【深化韶台经贸合作】 2011 年，市委台办围绕韶关市产业发展实际，开展对台招商引资，采取组织参加务实高效的经贸活动、组织行业主管部门和重点企业入岛招商、主动承接“珠三角”地区台资企业转移、邀请各地台商到韶关参观考察等措施，推动两地资源整合，深化韶台两地经贸合作。引进一批上规模的台资项目。如台泥集团投资 18 亿元、年产 1000 万吨水泥的生产项目落户曲江，始兴县台资企业佳山佳星电子科技公司投资 7000 万元项目正式投产，始兴县引进台资 1000 万元项目进驻硬笔厂；南海台商到韶关首期投资 2000 万元兴建拉链厂、台湾蓝天电脑集团投资 5000 万美元在韶兴建区域性 IT 总部大厦等项目正在洽谈。此外，还鼓励台资企业增资扩产，共有 3 家台资企业，新增投资额达 400 万美元。

【提高涉台服务水平】 市委台办始终坚持服务台商、台胞和台属的宗旨，解决台商和台胞生产和生活上的困难，营造良好的安商、稳商、惠商的和谐投资环境。2011 年，市台办多次组织人员深入台资企业调研，倾听台商的意见和建议，为一些台资企业帮助解决原材料、产品运输、征地拆迁、供电供水、民事纠纷等问题，维护台商的合法权益，增强在韶关台商投资的信心。做好在韶台胞、台属的服务工作，2011 年春节、中秋前，组织举办台商、台胞、台属迎春茶话会和中秋座谈会，大家齐聚一堂，交流思想，增进感情，增强台商、台胞、台属的归属感。另外，还专门组织人员走访重点台胞、台属，过问他们的生产和生活情况，并对困难台胞台属进行慰问，为 24 人解决困难补助金。处理涉台投诉。市台办协调有关部门，处理 8 宗涉台投诉案件，维护台商的合法权益，赢得广大台商的信任，增强台商对台办的认同感和在韶关市投资发展的信心。加强对台协会管理和指导。市台办领导多次深入协会，帮助指导台协会健全工作制度，规范工作程序；指导台协会开展各种联谊活动；促进台协会与外地台协会联系与交流等等，使台协会运作日趋完善，桥梁纽带作用得以更加充分发挥。

【推动韶台经济文化交流】 2011 年，市委台办抓住两岸大交流、大合作的良好机遇，推动韶台经济文化交流。组织县（市、区）台办主任考察团、翁源农业考察团、市科协考察团、市总工会交流团、市律师协会考察团、市第一人民医院、粤北人民医院交流团等 7 批 85 人赴台交流。同时，邀请接待台湾工商界人士、政党社团到韶关参观考察，台湾画院广东参访团、台湾素食考察团、台湾苗栗县韶关考察团等团组到韶关参观访问。通过交流交往，密切两地联系，宣传推介韶关，拓宽双方交流合作渠道。

【**加强自身建设**】 2011年，市委台办以开展创先争优活动为契机，紧扣“三服务两提高”的活动主题，从提高干部素质、规范工作程序、提高工作绩效等方面加强自身建设。注重提高机关干部的能力素质，加强干部的培训学习。多次组织县（市、区）台办主任、市台办的机关干部学习上级指示精神，学习新形势下对台工作知识，对台工作的业务结构、业务特点和业务规律，了解新形势下中央对台方针政策，以提高做好对台工作的能力。完善各项工作制度，提高机关人员的执行力。建立健全政务公开制度、党务公开制度、保密岗位责任制、财务管理、车辆管理、挂点联系台资企业等制度。规范办事程序，对赴台交流、回乡定居、婚姻登记等涉台服务事项，制定具体办事流程、办事指南。加强机关作风建设，提高工作效率。落实首问负责制、限时办结制、责任追究制，加强机关作风建设。（邓南炜）

附：领导班子成员名单

主任、市政府台湾事务局局长：李卫全

副主任、市政府台湾事务局副局长：罗哲春

社会工作

【**概况**】 2011年，韶关市社会工作委员会成立。市社工委既是市委的工作机构，又是市政府的正处级工作机构。编制8人，现有工作人员4人。市社工委主要职责是牵头研究拟订并组织实施社会工作总体规划和重大政策，协调相关部门起草社会工作方面的规范性文件，研究社会工作重大问题并提出政策建议；统筹指导和综合协调全市社会工作，督促检查工作落实情况，建立健全社会建设和管理绩效评估体系；参与拟订教育、民政、司法、劳动就业、社会保障、住房和城乡建设、文化、卫生、人口和计划生育、体育等政策；统筹推进扩大公共服务、保障和改善民生，协调构建综合性社会救助体系；推进和创新群众工作，协调建立健全群众利益协调、诉求表达、矛盾调处、权益保障机制；配合推进社会领域党建工作；研究推动社会建设和管理体制改革创新，参与拟定社区治理、社会组织培育和发展、社会工作队伍建设等政策并协调实施；协调构建社会治安防控、流动人口和特殊人群管理服务、虚拟社会管理等体系。

【**成立机构**】 根据广东省机构编制委员会《关于设立韶关市社会工作委员会的批复》，韶关市于2011年10月成立市社工委。市社工委实行委员制，市委组织部、市委宣传部、市委统战部、市委政法委、市编办、市信访局、市发展和改革局、市教育局、市公安局、市民政局、市司法局、市财政局、市人力资源和社会保障局、市住房和城乡建设局、市文化广电新闻出版局、市卫生局、市人口和计划生育局、市外事侨务局、市法制局、市总工会、团市委、市妇联、市残联等单位作为委员会成员单位，派出委员。建立决策、执行既相对分离又相互协调的社会工作运行机制，成员单位按照委员会的决策和部门职责分工做好贯彻落实工作。其后，全市10个县（市、区）也于12月成立社工委。

【**市社工委第一次全体会议**】 12月23日，市社工委召开第一次全体会议，部署韶关市2012年及今后一个时期社会建设的重点工作，即加大社会组织培育力度，承接政府转移的服务职能；加强城乡社区建设，创新社区服务管理模式；促进文化惠民工程建设；推进就业和创业服务；加强外来人员和特殊群体服务管理；做好矛盾纠纷排查调处和群众来信来访工作；加强对网络虚拟社会的管理；进一步发展志愿服务；加强社会诚信体系建设；加强社会工作人才队伍建设。（钟敏洁）

附：领导班子成员名单

主　任：林耀明

副主任：张志才　陈　波　李安平

专职副主任：赖佩养（正处）

党　校

【**概况**】 中共韶关市委党校创建于1952年底，前身为原韶关地委党校和原韶关市委党校，1983年6月，中共韶关市委决定将两校合并为中共韶关市委党校。根据形势发展需要，韶关市行政学院、韶关市社会主义学院分别于1995年12月、2001年12月成立，挂靠市委党校，实行“三块牌子、一套机构”的管理模式，为正处级参照公务员法管理事业单位，是在韶关市委直接领导下培养党员领导干部和理论干部的学校，是市委的重要部门，是培训轮训党员领导干部的主渠道，是党的哲学社会科学研究机构。韶关市委党校行政编制33名，事业技术编制39名，设办公室、纪检监察室、行政科、教务科、学员科、科研办、信息管理中心、党建教研室、政治教研室、经济教研室、党外干部培训教研室11个内设机构以及曲江区委党校、乐昌市委党校、南雄市委党校、仁化县委党校、始兴县委党校、翁源县委党校、乳源县委党校、新丰县委党校8个分校。

2011年，韶关党校围绕韶关市委市政府中心工作和“建设强势党校”的总体目标，着力创新办学特色、提高办学综合实力；贴近干部队伍学习需求，贴近“发展、稳定、民生、党建”四大主题，推进教学改革创新、理论研究创新，进一步打造高素质人才队伍，强化行政后勤管理，提高党校整体水平。同时，狠抓工作落实，为推动“坚持生态跨越发展、加快转变经济发展方式、建设幸福美好韶关”作贡献。

【培训工作新突破】 2011年，韶关党校共举办各级各类专业培训班、公务员轮训班和专技人员培训班等118个班次，培训学员28672人次。其中，举办主体培训班次42期7011人次，市党校25个班、2329人次，分校11个班、1005人次，行政学院16个班、4634人次，社会主义学院1个班、47人次，专业技术人员培训班15期、5406人次；市委市政府举办的高层论坛和其它部门业务培训61期、16256人次。村（居）委书记（主任）班是党校干部教育培训的新突破。2011年4月8日，韶关市新一届村（社区）党支部书记、主任分期分批走进韶关党校（含分校）课堂“充电”，首创韶关市“村官”执政能力的培训由党校负责培训。同时，为配合广东省国际旅游文化节在韶关开幕开，2011年4月26日由中共韶关市委组织部主办，中共韶关市委党校、韶关市旅游局承办在市党校举行大旅游战略论坛，为配合旅游节活动还首次举办旅游文化节涉旅服务行政人员培训。

【继续推进教学改革】 2011年，韶关市党校、行政学院、社会主义各类培训班共开设118个课题，其中新专题54个，专题更新率达45.76%，共开设18个教学单元。继续推行研讨式、案例式、模拟式、体验式等教学方法，铺开教学项目负责制，即由教师根据教学单元设置教学内容、方式方法再由教务会讨论确定。在调研方面由各学员学习小组提出问题，再由别的组派出代表发言，进行分析，最后由指导老师归纳总结，调动教师和学员两个方面的积极性，如党建教研室开设无领导小组讨论、党性专题辩论、社会热点辩论、“红色记忆”组织生活等辩论式和体验式教学方式；信息管理中心参与科级班、党外中青年干部培训讲授“突发事件案例互动式考核课”，进行案例申论式考核；政治教研室和党外干部培训教研室在案例教学中创新提问方式，由最初的教师提出，指定学员分析，发展到由学员提出、分析的一个过程，既提高教师的教学水平又改变以往学员被动式的学习方式。2011年有13164个主体班学员参与对教师教学质量评教，满意率达90%以上的教师有31位，平均满意率为96.63%，比2010年提高2.34个百分点。此外党校还注意加强学员其他方面的知识，在不同的班次安排中央党校哲学教研部教授王杰的“中国传统文化的基本精神”、中国教育电视台播音指导闻闸教授的“领导者的演讲艺术”等5个课程，拓宽学员的各方面的知识，教学效果得到明显的提高。

【理论研究】 2011年，市党校全年新出科研成果69项，其中在公开报刊发表的论文有63篇（二类期刊10篇、三类期刊2篇、四类期刊25篇、六类期刊26篇），在内部刊物上发表的论文有6篇，尤其是党建教研室就有25篇，公开刊物发表24篇为各教研室之冠。同时，市党校首次荣获广东省党校 (行政学院) 系统科研工作组织奖，优秀科研管理工作者1项；荣获全省党校系统优秀科研成果一等奖1项、二等奖2项、三等奖3项，省级党校课题立项4个、决项1个，市级课题立项4个、决项4个，校级课题9个，11月上报省级党校课题7项。在《韶关日报》发表文章25篇，《构建“幸福广东”的法理念选择》被韶关市人大推荐参加广东省人大制度研究会第22次研讨会参评论文。韶关广播电台、电视台就韶关发展问题采访党校教师48人次。2011

年3月，市党校联系当前党的重大理论成果，围绕韶关经济、社会发展实际、领导工作中的难点问题、市情市策中的热点问题、人民群众关心的焦点问题等，以及“发展、稳定、民生、党建”四大主题，创造性地编写四套市级党校教材，9月完成初稿并在2011年秋季班试用，得到市委领导和省委党校领导、专家和学员的肯定。

【理论宣讲促全市创先争优】 为宣传贯彻市委十届九次全会精神，学习贯彻《中共韶关市委关于制定韶关市国民经济和社会发展第十二个五年规划的建议》和《韶关市国民经济和社会发展第十二个五年规划纲要》，韶关市委组成宣讲团集中开展形势任务宣传教育活动，市党校有两位校委作为专家学者宣讲团成员，3月11日至5月先后在市党校和全市5县3区2市举行的报告会上，分别围绕韶关市“十一五”时期的成就和“十二五”时期经济社会发展思路、发展原则和发展目标、经济建设主要任务、文化建设、改善民生、体制改革、社会管理和党的建设主要任务等方面作深入、系统的阐述和解读，并将“走生态文明发展道路推动经济社会跨越发展”和“坚持走生态文明发展道路，推动经济社会跨越发展，建设幸福美好韶关”的理念深入广大干部中去，有近万名领导干部受到教育。5月，市党校有两位老师参加韶关市法制广东宣讲团并完成宣讲任务。

【远程教学与“三网两站”安全管理】 2011年3月，为配合韶关市有关部门对计算机软件正版化统计工作，信息中心进行一次正版摸底调查。同时对党校现有的办公用电脑进行财产登记，并记录计算机网卡物理地址，为规范党校计算机上网管理做准备。7月，应韶关市委组织部远程办选送相关农村远程教学节目的要求，在组织部远程办与党校信息中心合作下，市党校组织4位老师陆续录制“创先争优，谋发展”等4门教学课程，完成市委组织部远程办的选送要求。协助市组织部电教科摄制韶关市新一届村（社区）党支部书记、主任培训班全程课堂录像等工作。全年信息中心共播放和录制远程课程242场次。对中央党校远程卫星教学网、广东省委党校广东干部教育远程卫星网、党校校园网和校园内网网站、校园网门户网站的安全管理信息中心负责做好维护工作；2011年市党校校园网站全面使用，特别是内网网站，有许多新闻、通知、消息都利用内网进行传播。7月18、19两天信息中心对全市各分校和市党校各科室的信息共享员进行专门培训，促进校园网络的建设。

【加强市县联系，共建培训阵地】 为探索和研究干部培训的特点和规律，2011年1月在乐昌召开全市党校系统工作会，确立全市党校一盘棋的观念，实行以市党校为核心、分而不散的统一管理办法，进行培训计划、教学内容、学制设置、师资调配、教学管理、科研活动、学员管理、经费保障、运作模式等“九个统一”的改革，突破市县党校办学体制改革发展的瓶颈。5月，校委班子带领党校中层领导分成6个调研小组，围绕“创新市县党校办学体制，深化党校教学改革”的主题开展调研活动；下半年，确立“党委对党校工作的领导、办学规模和干训情况、教学质量和科研水平、队伍建设、办学条件和设施建设”等5个对分校教学质量的考评内容，开创广东省党校系统先河，率先开展对韶关市8所县级分校办学质量的评估活动，对办学质量好的分校给予表彰和奖励。在2011年底在分校教学质量的评估中，南雄分校获得一等奖，曲江、乐昌和新丰分校获得二等奖，考核评估结果已通报给各县（市、区）党委、政府。这次考核评估活动以评促改，以评带建，实现以市委党校为核心的统一管理目的。

【加强队伍素质建设】 在队伍建设方面，校委会坚持“人才强校”方针，按照“用好现有人才、留住关键人才、引进优秀人才、培养后备人才”的思想，完善人才培养、引进、使用机制，共采取五个措施：一是在专职教师中开展“精研细读经典原著”和“创精品课，当名牌教师”活动，选派多名教师参加中央党校举办的马克思主义经典原著师资培训班。二是“走出去”、“请进来”，提高教师整体素质。全年安排50多名专兼职教师到省内外党校、行政学院、高校和市内学校参加培训学习。三是围绕新形势、新任务及市委市政府中心工作，进行理论学习、专题试讲、集体备课、经验交流、教学观摩、下基层调研等岗位练兵，实现人人写讲稿，人人登讲台，提高教师的教学能力。四是树立社会“大师资”观念，建立市党校“师资库”，整合利用校外师资，将具有理论功底深厚和实践经验丰富的市县级党政领导、各级党校教师及企事业单位的经营管理者聘请为客座教授，共遴选20名省市知名专家学者纳入市委党校“师资库”。五是以市党校为核心，由分校做计划，市党校做规划，统筹安排，免费为分校教师提供跟班培训学习，计划在5年内完成分校教师的轮训，加强对分校教师的教学科研能力提升的管理。

【加强行政后勤管理】 根据省市有关文件精神，市党校有关工作人员编制符合党校特点的《岗位设置方案》、《岗位说明书》、《岗位设置实施方案（讨论稿）》和《岗位设置实施方案》，并与市委组织部、市人社局沟通协调，将党校事业编制专技人员岗位按高:中:低级4:4:2比例进行配备，经签定合同、计补套改工资、上报总结材料等工作，于2011年5月完成党校事业编制岗位设置和人员聘用工作，解决市委党校专技人员的后顾之忧。同时还加大后勤基础设施的建设力度，对饭堂、小餐厅的进行改造；清洗和消毒水塔内部积垢，送检化验水质，翻新水塔表面防锈层；完成学员宿舍服务工作第二轮外包合同的签订，签订对综合大楼保洁、课室管理、校园环境卫生的具体承包合同；重新规划校门校道的设计、立项申报、资金筹措和工程招投标等工作。3月学校组织有关人员配合审计部门对校内资产的审计工作，对多年没完成旧的财产账进行清理装钉、补记，初步掌握学校目前的资产基本数据，为下一步资产的分类管理打下良好的基础。

在退休人员的管理方面，调整管理人员，组织老干参观革命老区和新开发区等多项活动，解决老干读老人大学的学习费用，拨出专款为老干活动室添置电暖炉、电风扇、桌椅和活动用具，为全体老党员购买学习记录本，制定每月一次的老干部集中学习制度。

【加大扶贫“双到”帮扶力度】 学校主要负责人主动协调好市县镇村关系，争取到各级各类扶贫资金近300万元，先后5次带领帮扶干部前往南雄开展扶贫开发“规划到户、责任到人”调研工作，重点对挂钩帮扶村——湖口镇积塔村开展实地考察。2011年元旦、春节期间还为每个贫困家庭送去农资300元、送棉被、送大衣、送温暖。通过与积塔村两委干部座谈、走访农户、到种养基地、田头渠边了解积塔村发展现状以及发展中存在的问题，经分析研究提出可行性建议和方案。同时，完成省市扶贫检查验收资料整理、准备工作，确保省委提出的三年任务两年完成目标的实现。

【函授教育】 2011年下半年，09级省函本科班和08级中函在职研究生班最后两个函授班结束党校函授学习，完成市党校多年来函授教育，函授站正式从函授管理向主体班学员管理过渡，并在9月正式挂牌更名为学员科。（陈丽翎）

附：领导班子成员名单

常务副校长：孔庆红

副校长：龚礼宁　杨　斌

　　　　胡韶斌

校委委员：欧阳建国　赵倩倩

信访工作

【概况】 韶关市信访局是市委、市政府负责群众来信、来访和综合督查工作的办事机构，正处级，挂靠市委办公室。2011年，韶关市信访局行政编制11名，后勤服务人员2人，设立综合科、办信接访科（网上信访办理科）和督查科3个内设机构。2011年，全市信访工作形势趋稳向好，呈现“三下降一好转”的良好态势。一是全市信访总量持续下降。市、县两级信访部门共受理群众来信来访5935批（件）9386人次，同比分别下降6.8%和9.2%。二是群众到省集体上访明显下降。群众到省集体上访18批142人次，同比下降14%。三是群众进京非正常上访大幅下降。群众进京非正常上访8人次，同比下降33%。全市信访秩序明显好转。依法信访的观念深入人心，全市形成畅通有序务实高效的信访工作新秩序。

【加强领导】 市委、市政府从战略和全局的高度，按照中央和省的要求，把信访工作摆上更加突出的位置，以更加有力的措施，谋划和推进全市信访工作。市第十一次党代会、市委理论学习中心组专题学习会先后对信访工作作出研究和部署，市委常委会议、市政府常务会议先后5次听取信访工作情况汇报，研究部署信访工作。市人大视察组还专门把信访工作列入视察内容，并对加强和改进新时期信访工作提出意见建议。郑振涛、艾学峰、林耀明、陈向新、赖日先等市党政主要领导多次就做好信访维稳工作作出重要指示和批示。市党政主要领导率先垂范，先后在市人民来访接待厅开展专题接访、约访19次，接访群众491批1051人次，包案调处重大疑难信访案件18宗。

【强化机制】 一是创新机制，用群众工作统揽信访工作。使信访工作与群众工作、社会管理工作有机融合，逐步走出一条用群众工作统揽信访工作的新路子。二是强化考核，实行信访工作重点管理。把信访工作纳入绩效考评，实行“一票否决”，强化地区和市直有关部门责任，以责任落实促进工作落实，确保信访工作常抓不懈。三是强化研判，建立信访要情汇集分析机制。强化“零”报告和要情报告制度，着力提高信息分析、研判能力。四是健全网络，推动重心下移。夯实基层基础工作，发挥人民来访接待厅及网上信访平台的作用，建立健全横向到边、纵向到底的基层信访工作网络。五是强化源头，加大矛盾纠纷排查化解工作。大量矛盾纠纷和信访隐患化解在基层，化解在萌芽状态。全年共排查各类矛盾纠纷4300宗，及时有效化解4100宗，化解率达95.3%。六是落实包案，推动事要解决。交办市、县党政主要领导包案调处信访积案168宗(其中市领导包案18宗、县级领导包案150宗)，推动解决一大批重点、难点、复杂信访积案。

【强化措施】 注重正面引导，坚持依法处置非正常上访。通过宣传《信访条例》，教育群众以理性方式表达诉求。执行有关规定，依法处置缠访、闹访、串联上访、聚集上访等非正常上访行为。注重超前部署，做好敏感时段劝返工作。出色完成“两会”和“深圳大运会”等重要敏感期间信访工作任务，实现群众到省集体上访和非正常上访“双零”工作目标；做好群众进京上访劝返工作，扭转群众进京上访被动局面；超前谋划，完成国际旅游文化节和市党代会期间信访工作任务。

【强化责任】 一是抓来信办理，着力提高办信质量。全年共办理群众来信664件，转办581件。编发《信访动态》25期，领导批示率超过90%。二是抓来访接待，着力做好疏导化解。规范人民来访接待厅运行管理，整合驻厅工作力量，做好来访群众接待工作，全年接待群众来访1376批次3038人次，立案交办来访事项112宗，办理信访事项复查复核24宗。加大对跨地区、跨部门、处理难度大的信访案件的调处力度，全年共召开协调会85次，推动群众诉求有效解决。进一步提高应急能力，妥善处理51宗到市委、市政府集体上访和非正常上访事件。三是抓网上信访，着力打造信访工作新品牌。加大全国信访信息系统应用、手机信访和网上信访工作，提高信访事项回复率、办结率，全年共交办手机信访和网上信访445件，办结428件，办结率达96.1%。四是抓督查督办，着力推动各项工作落到实处。发挥信访督查员制度优势，推动信访工作由简单转办交办向深入督查督办转变。先后组织30多次专题信访维稳督导活动，推动信访案件的解决和各项工作措施的落实，全年共办理中央和省信访案件88宗，交办市领导批示件53宗，办结率达98.7%。交办市党政领导包案调处信访疑难案件18宗，办结率100%。加大解决特殊疑难信访问题专项资金的使用和管理力度，全年共筹集配套信访专项资金245万元，解决特殊疑难信访案件28宗。五是抓调查研究，着力发挥参谋助手作用。围绕创新工作机制、解决民生问题、完善相关政策等中心工作，开展新形势下信访工作调研，提出有建设性的意见建议。全年提交调研报告13篇，有6篇被《南粤信访》和省协调办《简讯》选用，有2篇被省信访局评为优秀论文。六是抓综合服务，着力提高运转保障能力。做到对内贯彻上通下达，对外宣传有张有弛。全年组织信访工作会议12次，特别是2月组织在韶关召开的全省信访工作会议，受到省协调领导小组的高度赞扬。七是抓责任到人，着力打好“林改”和“扶贫双到”攻坚战。

【团队建设】 重人文关怀，打造团结进取的班子。增强领导班子的凝聚力、战斗力和号召力。重培养锻炼，狠抓内部管理和队伍建设。重视和关心干部职工的学习、工作和生活，增强干部职工的归属感和集体荣誉感，增强做好新时期信访工作的光荣感和使命感。重能力建设，形成创先争优的工作氛围。2011 年，全市信访系统共有 7 人次分别评为省信访工作先进个人、优秀督查员、优秀办信员、优秀接谈员、《南粤信访》优秀通讯员、市司法调解先进个人、国际旅游文化节工作先进个人等。（刘　迅）

附：领导班子成员名单

局　长：高振忠

副局长：叶国权　邬贤有

　　　　何　怡（女）

机构编制

【概况】 韶关市机构编制委员会办公室是市机构编制委员会常设办事机构，负责全市行政管理体制改革、事业单位管理体制改革和机构编制日常管理工作。1981 年 9 月，韶关市成立编制委员会，编制委员会办公室设在韶关市人事局，由人事局领导和管理。1994 年韶关市编制委员会办公室更名为韶关市机构编制委员会办公室，名称沿用至今。1997 年 3 月，市机构编制委员会办公室调整为正处级，挂靠在市人事局。2001 年 8 月市机构编制委员会办公室调整为与市人事局合署办公。2009 年 11 月，韶关市机构编制委员会办公室调整为单独设置，既是市委的工作部门，又是市政府的工作部门，列市委机构序列。内设 4 个科：综合科、行政机构编制科、事业机构编制科、监督检查科。直属行政单位 1 个：市事业单位登记管理局（正科级）。

2011 年，市编办坚持用科学发展观统揽全局，贯彻中央和省机构编制工作有关精神，围绕市委、市政府的重大决策和中心工作，服务幸福美好韶关建设，不断深化行政管理体制改革，创新机构编制管理，加强部门自身建设，提高机构编制工作水平，取得显著成绩，荣获“全省机构编制工作先进集体”光荣称号。

【行政管理体制改革】 完成市县政府机构改革评估工作。以听取汇报、会议座谈、查阅资料、发放调查问卷、实地考察等多种方式对市县两级政府机构改革进行深入评估，获得省评估组的肯定，经验做法被收录到省编撰的《政府机构改革评估手册》中进行书面介绍。乳源推广顺德经验深化行政体制改革初显成效。3 月 10 日组织召开改革动员部署会议。截至 9 月底，乳源 24 个党政机构“三定”规定全部印发，改革基本完成。改革后，乳源县级党政机构从原有的 32 个减少为 24 个（党委部门 7 个、政府部门 17 个），精简机构 8 个，精简率达 25%，机构精简程度较同级县大大提高。改革取得机构设置更精、部门关系更顺、单位责权更明、行政效能更高等初步效果。简政强镇事权改革全面完成。按照省关于富县强镇、简政强镇、山区县农村综合改革的有关部署，综合推进简政强镇事权改革。根据乡镇辖区常住人口、土地面积、财政一般预算收入三项指标，完成对全市 98 个乡镇的分类（其中较大镇 45 个，一般镇 53 个）和改革实施方案的审定工作，并深入县（市、区）做好督促指导工作。截至 6 月底，10 个县（市、区）的简政强镇事权改革方案和 98 个乡镇的“三定”规定全部印发实施。配合推进基层医疗卫生体制改革、林权改革、文化体制改革、劳教系统体制改革等。

【事业单位分类改革】 做好行政类事业单位的机构编制调整工作，及时对省认定的 31 个行政类事业单位的职能和经费形式进行调整规范，重新制定相关单位的机构编制方案。完成市直事业单位初步分类工作，专门成立 3 个调研组深入 80 多个事业单位进行专题调研，并组织人员对事业单位分类改革方案进行反复探讨和多次修改，最终形成《韶关市市直事业单位分类改革方案（草案）》。

【机构编制实名制管理工作】 联合组织、财政、人社部门制定《韶关市市直机关事业单位机构编制实名制管理暂行办法》，形成与组织、财政、人社部门的协调配合机制。狠抓软硬件建设，精心组织业务培训，核查人员信息，推进实名制信息建库工作。全年对 256 个市直事业单位的系统操作员进行培训，完成对 138 个单位和 5120 份个人档案的查阅工作，截至 7 月底，在全省率先完成建库工作并投入使用。同时注重做好信息公开工作，7 月在全省地级市中率先通过实名制管理系统主动公开各级政府机关的机构编制实名制信息。

【机构编制监督检查工作】 加强对《机构编制违纪行为适用〈中国共产党纪律处分条例〉若干问题的解释》的学习和宣传，于10月组织各县（市、区）负责监督检查工作的同志对“解释”进行专题学习。并组织发动全市机构编制系统参加“纪念‘解释’颁布两周年”主题征文活动。采取日常监督管理和专项督查等方式，加强全市机构编制工作的监督检查。落实“12310”电话举报制度，做好信访件的调查和反馈工作，及时发现纠正“条条干预”现象。

【事业单位登记管理工作】 加强事业单位日常管理，对市直278个符合条件的事业单位进行年检，年检率和年检合格率均为100%。全年共办理设立（备案）登记单位21个，注销登记单位6个，变更登记152项。推进档案管理规范化建设。制定《韶关市事业单位登记管理档案管理整理规范》，配备档案整理所需的设备设施，完善档案查阅、分类等工作制度，强化对县（市、区）档案工作的指导督促，促进全市事业单位登记档案管理规范化。根据国家事业单位登记管理局的部署安排，对全市《事业单位登记管理暂行条例》执行情况进行梳理、总结和评估。 （邓光冲）

附：领导班子成员名单

主　任：林得成

副主任：邓辉贤　邱杨生

保密工作

【概况】 2011年，韶关市各级保密组织、保密行政管理部门按照市委保密委员会2011年初制定的工作要点，开拓创新，扎实工作，取得显著成效。经中共广东省委保密委员会组织的年度完成项目评定，韶关市保密工作获得94分（其中创新项得满分），被评定为“优秀”等次，受到通报表彰。《广东保密》刊物采用韶关市保密工作信息稳居全省前列。市保密局被国家保密局保密工作杂志社评为通联工作先进单位。韶关市保密局、仁化县保密局、曲江区保密局等单位和韶关市保密局局长石云峰、始兴县保密局副局长钟良建等2人分别被评为2006~2010年全省保密工作先进集体和先进工作者。乐昌市保密局等22个单位和肖洁等62人分别被评为2006~2010年全市保密工作先进集体和先进工作者。

【保密会议】 2月28日，韶关市保密局主要负责人在市委常委会议上传达胡锦涛总书记和汪洋书记对保密工作的重要批示以及中央保密委、省委保密委和全省保密工作会议的主要精神，通报全国、全省泄密情况和2010年底至2011年1月开展的全市县处级党政“一把手”保密检查情况。3月15日，召开市委保密委暨全市保密工作会议。市领导林耀明、陈向新出席会议。省保密局副局长梁伟培应邀莅会指导。会议的主要议题是传达全省保密工作会议精神，总结2010年保密工作，部署2011年工作任务。11月4日，召开全市“定密暨保密要害部门部位年审试点”工作动员培训大会。各县（市、区）保密局局长、市直及中省驻韶各单位保密员和部分单位办公室主管保密工作或文秘工作的领导共200多人参加会议。市委保密委专职副主任、市保密局局长石云峰代表市委保密委作动员讲话并进行试点工作业务知识专题辅导和现场咨询、答疑。

【保密检查】 1月，韶关市保密局组织力量对各县（市、区）党政“一把手”、各县（市、区）党委、政府办公室（含信访、人防等部门）和部分市直机关单位进行保密检查。5~7月，根据中共广东省委保密委员会的统一部署，以中共韶关市委保密委员会名义组织市委办公室、市政府办公室、市保密局、市委机要局、市经济和信息化局、市政府信息公开工作领导小组办公室（市行政服务中心）和市信息中心等单位联合开展“四检合一”保密检查（即计算机及移动存储介质专项保密检查、党政机关“一把手”保密检查、迎接省粤北片保密检查自查、信息公开保密审查检查），并将检查活动扩大至驻港公司和驻京、驻穗、驻深办事联络机构。市委副书记、保密委主任林耀明，市委常委、秘书长、办公室主任陈波分别对检查工作作出重要批示，陈波还亲任“四检合一”保密检查领导小组组长，市委副秘书长文火玉亲自参加检查活动。共检查机关、单位40个；保密要害部门、部位（含领导办公室）169个；抽查涉密载体536份、计算机372台、网络8个、移动存储介质31个、设备119台；发现泄密隐患157处，提出整改意见126条；发出

《限期整改通知书》6份；对20份标密文件资料和10份未标密涉嫌涉密文件资料进行密级鉴定；责令1个单位写出书面检讨和整改情况报告，责成2个单位作出责令当事人写出书面深刻检查、单位给予书面通报批评的处理。检查结束后，市保密局还对部分单位的整改情况开展“回头看”检查。9月，市保密局主要领导带队开展2011年广东国际旅游文化节韶关主会场的保密监督检查活动，先后检查文化节组委会办公室、市接待办、市公安局等单位的保密管理工作。市保密局受到市委、市政府通报表彰，并获奖牌一个。11月，市保密局开展中共韶关市第十一次党代会的保密监督、检查和指导工作。高考、成人考、自学考、硕士研究生入学考、公务员考、医学考、司法考、注册会计师考、大学英语四六级考、中考等国家和全省统一考试开考前后，市保密局组织力量对试卷保密室进行检查验收，对试卷在押运、保管、领取、分发、启用、回卷等环节的保密管理开展突击检查，对考点安全保密情况进行巡查巡视。10月13~14日，韶关市保密局配合市国土资源局测绘主管部门开展涉密测绘成果保密检查，共检查涉密测绘成果使用单位（企业）7个。

【保密管理】 10月9日，市保密局向各地、各有关单位发出《关于做好2011广东国际旅游文化节主会场保密工作的通知》，针对对广东旅游文化节韶关主会场保密检查发现的存在问题，明确提出保密工作的重点和保密工作的措施，要求各地、各有关单位要加强保密宣传、保密提醒和监督管理，推动旅游文化节各项安全保密措施的贯彻落实，确保活动的顺利开展。11~12月，韶关市保密局开展定密暨保密要害部门部位年审试点工作。在全市铺开保密要害部门、部位年审试点工作，抽查保密要害部门部位46个。同时选择10个县（市、区）党委、政府和2个县直单位以及12个市直、中省单位进行定密试点。通过召开试点动员大会、编印试点工作手册和培训教材、组织定密责任人分期培训和考核等方式进行试点探索。颁发保密要害部门部位年审合格证、实行定密责任人AB角工作制、试行定密申报和定密审核人制度等试点经验得到广东省保密局肯定。制发《韶关市保密局工作手册》，对行政审批、保密检查、办文办会、内部管理等予以规范。督促各地、各单位贯彻落实市纪委、市委组织部、市保密局、市人力资源和社会保障局《关于将履行保密工作承诺书情况纳入干部年度考核和领导班子民主生活会内容的通知》。

【行政审批】 韶关市保密局对《始兴县志》（1990~2000）、《翁源县志》（1988~2000）和《韶关市浈江区志》开展保密审查，分别出具保密终审意见。对广东移动韶关分公司建设的中共韶关市委、市政府办公大楼3G移动通信信号室内覆盖工程进行保密验收，并发函批准其试运行。审批涉密采购一宗。

【宣传教育】 韶关市保密局主要领导应邀到始兴、新丰县委中心组扩大会议和市政府办、市公安、检察、民政、交通、发改等部门以及中核金宏、锦原公司等军工企业开办保密法纪讲座，受教育面1000多人次。10月，韶关市党政“一把手”率党政领导干部，各县（市、区）党政“一把手”率党政班子成员，市直、中省驻韶单位保密组织主要负责人带领涉密人员分赴广州集中参观“全国窃密泄密案例警示教育展”。全市参观人数达350人。韶关市保密局通过《韶关日报》、韶关电视台、韶关电台、市政府门户网站等各大媒体宣传报道市委常委会组织党政领导干部学保密、全市党政领导干部赴广州集中参观泄密案例展、全市保密工作会议和全市保密专项检查等重大会议和活动的情况，扩大保密教育的覆盖面和影响力。韶关市保密局网站全年共登载、转载自编信息、来稿信息、转贴信息、答复咨询、网上业务下载986条（篇、次）。通过短信平台发送宣传教育、业务工作短信9820条。出版《韶关市纪律教育学习月保密法纪宣传教育活动简报》共3期。编发《韶关保密工作信息》30期，《广东保密》刊物采用韶关信息数量位居全省第四位。全市共征订《保密工作》杂志946份。组织市宣传系统各单位征订学习《新闻出版从业人员保密须知》。派出技术干部分别到乳源、南雄等县（市）保密业务培训班讲授保密技术课。全市有26个机关单位和部队组织播放《警惕，现代办公设备泄密》保密教育片。参与广东省“金城杯”保密书法摄影作品比赛，全市选送书法摄影作品158幅(张)，其中仁化县谢锦树作品《仙山琼阁》获全省摄影类二等奖。韶关市保密局局长石云峰和中核韶关锦原铀业有限责任公司李节友关于定密工作理论与实践的论文被选送广东省保密局参评，其中石云峰撰写的论文被省选送参加全国保密法制论坛征文活动。

【保密技术】 韶关市保密局进一步规范全市网络保密管理。指导中共韶关市委组织部完成市、县组工网的建设任务，指导其向上级主管部门统一申报测评。指导有关部门完善市涉密党政内网各项安全保密措施。指导韶关市人民检察院将已建成的涉密案件管理信息系统向上级主管部门申报测评。指导、监督、检查市电子政务办公网和市政法网的保密管理。指导军工企业和五大监狱分别完成财务管理信息系统的脱密处理和狱政管理信息系统的脱密运行。结合保密要害部门部位检查，对各有关单位涉密计算机备案管理情况进行现场核查，完善备案管理材料。全年批准新增涉密计算机36台，撤销备案管理涉密计算机39台，变更备案信息涉密计算机8台。市涉密计算机违规连接互联网监控平台运作正常，全年发现违规上网事件3宗，比上年减少7宗。落实省、市、县配套资金，为南雄、乳源、武江、翁源等四县（市、区）保密局配备保密技术检查执法车辆。

【队伍建设】 举办2期全市定密责任人持证上岗培训班，34个定密试点单位的56名分管领导和办公室主管（分管）文字综合工作的负责人以及各县(市、区）保密局长参加培训，考试合格达100%，初步建立一支定密责任人队伍。组织韶关市保密局领导班子成员和技术干部参加广东省保密科学技术讲座，组织市保密局全体干部和各县（市、区）保密局长赴东莞、深圳、惠州等地学习交流，组织市保密局全体干部参加省保密局组织的粤北片学习交流活动，组织市、县两级保密部门全体工作人员分批参加全省保密干部大轮训。韶关市保密局1名副主任科员被提拔为副科长。

（石云峰 郑小侠）

附：领导班子成员名单

主任、局长：石云峰

副主任、副局长：曾为荣

赖翠珍（女）

韶关市人民代表大会及其常务委员会

概　述

1979年7月，五届全国人大二次会议通过修改宪法的决议和地方组织法，决定在县级以上地方人大设立常委会，作为地方国家权力机关的常设机构。1981年7月26日，韶关市第六届人民代表大会第一次会议选举产生第六届人大常委会，市人民代表大会从此有常设机构。

根据地方组织法的有关规定，地方人大常委会根据工作需要设立办事机构，其主要职责是为市人民代表大会及其常务委员会行使职权服务。市六届人大常委会设立办公室，办公室下设秘书科、组织联络科、调查研究科，机关有工作人员14人。经过30年的发展，市十二届人大常委会设办公室（下设秘书、议案信访、人事、行政、老干部5个职能科）、研究室（下设综合、理论宣传2个职能科）、法制工作委员会、财政经济工作委员会、城乡建设环境与资源保护工作委员会、农村农业民族宗教工作委员会、教育科学文化卫生华侨外事工作委员会、选举联络人事任免工作委员会（6个工作委员会都设有办公室）。代管依法治市办公室。根据市编制委员会核定，2011年市人大机关（含依法治市办）的行政编制为55个，有工勤人员25人。

重要会议

【市十二届人大六次会议】 市十二届人大六次会议于2011年2月21日至25日在市区举行。会议听取和审议代市长艾学峰代表市政府所作的政府工作报告，审查市政府提交的关于韶关市2010年国民经济和社会发展计划执行情况与2011年计划草案的报告和韶关市2010年预算执行情况和2011年预算草案的报告，听取和审议市人大常委会副主任林平杰所作的市人大常委会工作报告、市中级人民法院长院刘曙光所作的市中级人民法院工作报告、市人民检察院检察长阙定胜所作的市人民检察院工作报告。会议批准上述报告以及韶关市2011年国民经济和社会发展计划、韶关市2011年市本级财政预算。会议作出关于政府工作报告的决议、关于韶关市2010年国民经济和社会发展计划执行情况与2011年计划的决议、关于韶关市2010年预算执行情况和2011年预算的决议、关于韶关市人大常委会工作报告的决议、关于韶关市中级人民法院工作报告的决议、关于韶关市人民检察院工作报告的决议。会议依法补选郑振涛为韶关市第十二届人大常委会主任，李石保、张平为市十二届人大常委会副主任；依法补选艾学峰为韶关市市长。本次会议共收到代表提出的议案10件（全部转作建议处理），建议、批评和意见77件。36名社会各界人士应邀旁听大会,大会秘书处于2月24日召开旁听人员座谈会，市人大常委会副主任徐紫玲、副市长邹永松出席座谈会听取旁听人员对韶关经济社会发展的意见和建议。

【纪念韶关市人大设立常委会30周年座谈会】 2011年7月25日，市人大常委会在韶关市碧桂圆凤凰酒店国际会议厅隆重召开纪念韶关市人大常委会设立30周年座谈会。市领导郑振涛、艾学峰、林耀明、陈向新、李石保、林平杰、杨小明、徐紫玲、张平、李飞，原市委书记冯灼锋、佀志广、汤维英，原市人大常委会主任卢定周，市十二届人大常委会委员、各县（市、区）人大常委会主任、驻会的历届人大常委会组成人员，部分全国和省市人大代表，以及市人大常委会机关科以上干部200多人出席会议。市委书记、市人大常委会主任郑振涛发表重要讲话，市长艾学峰、市中级人民法院院长刘曙光、市人民检察院检察长阙定胜、市人大代表刘焕堂，以及市人大常委会原主任汤维英、卢定周分别在会上作发言。郑振涛在讲话中回顾和总结市人大常委会设立30周年来的主要工作成绩和经验体会。面对新形势、新任务、新要求，他要求全市各级人大常委会要深入贯彻落实科学发展观，充分发挥人大职能作用，开创韶关市人大工作新局面，为推动全市经济跨越发展，建设幸福美好韶关作出新的贡献。

【第三十七次常委会会议】 2011年1月27日，市十二届人大常委会举行第37次会议。出席本次会议应到常委会组成人员31名。实到会27人。会议原则通过拟提交市十二届人民代表大会第六次会议审议的《韶关市人大常委会工作报告》。会议审议决定关于召开市十二届人大六次会议有关事项。会议作出《关于召开韶关市第十二届人民代表大会第六次会议的决定》和《关于列席和邀请列席市十二届人大六次会议人员的决定》。会议免去张金发的韶关人大常委会法制工作委员会主任职务，任命赵卫东为韶关民族宗教事务局局长，批准任命陈伟东为始兴县人民检察院检察长。

【第三十八次常委会会议】 2011年2月18日，市十二届人大常委会举行第38次会议。27名常委会组成人员出席会议。会议决定接受徐建华辞去韶关市人民代表大会常务委员会主任职务的请求，报韶关市第十二届人民代表大会第六次会议备案；审议通过《韶关市第十二届人民代表大会常务委员会代表资格审查委员会关于部分代表的代表资格的报告》；审议通过拟提交市十二届人大六次会议审议的《市十二届人大六次会议选举办法（草案)》。会议作出《关于接受徐建华辞职请求的决定》。会议任命谢建忠为韶关市人大常委会选举联络人事任免工作委员会副主任、陈文英为韶关市人大常委会教育科学文化卫生华侨外事外事工作委员会副主任。

【第三十九次常委会会议】 2011年4月26日，市十二届人大常委会举行第39次会议。24名名常委会组成人员出席会议、3名市人大代表列席会议。会议听取和审议市政府关于创建森林生态市工作情况的报告。会议决定免去王乙未的韶关市监察局局长职务、陈波的韶关市旅游局局长职务；任命张才明为韶关市科学技术局（知识产权局、地震局）局长、张立江为韶关市市监察局局长、李晓林为韶关市旅游局局长；免去蒋友明的韶关市市中级人民法院副院长、审判委员会委员职务；免去李庆功的韶关市中级人民法院执行局局长、审判委员会委员职务；免去邢益汉的韶关市中级人民法院立案庭副庭长职务；任命叶志明、成智军、莫卫华、杨献斌、蔡伟华、黄亮、钟贞、刘福其、白志华、王素明、袁求明为韶关市人民检察院检察员；免去刘国财、岳宏达的韶关市人民检察院检察员职务。

【第四十次常委会会议】 2011年6月23日，市十二届人大常委会举行第40次会议。23名常委会组成人员出席会议、3名市人大代表列席会议。会议听取和审议市政府关于韶关市推进城乡医疗卫生服务体系建设情况的报告、市人民检察院关于公安机关刑事案件侦察监督工作情况的报告、市人大常委会执法检查组关于检查我市实施《中华人民共和国价格法》情况的报告。

【第四十一次常委会会议】 2011年8月18日，市十二届人大常委会举行第41次会议。28名常委会组成人员出席会议、4名市人大代表列席会议。会议听取和审议市政府关于韶关市2010年市本级财政决算的报告、关于2010年度韶关市本级预算执行和其他财政收支情况审计工作的报告、关于韶关市2011年上半年国民经济和社会发展计划执行情况的报告、关于韶关市2011年上半年预算执行情况的报告。会议审议和通过《关于韶关市第十三届人民代表大会代表名额分配和选举问题的决定》、《关于批准韶关市2010年本级决算的决议》等两项决议决定。会议任命刘斌为韶关市中级人民法院副院长、审判委员会委员，任命谭伟才为韶关市中级人民法院执行局局长，任命江晓华为韶关市中级人民法院民事审判第一庭庭长、审判委员会委员，任命刘俊波为韶关市中级人民法院民事审判第二庭庭长、审判委员会委员，任命张丽珊为韶关市中级人民法院刑事审判第一庭副庭长、韩文锋为韶关市中级人民法院民事审判第一庭副庭长、喻权为韶关市中级人民法院民事审判第二庭副庭长，任命谭继欢为韶关市中级人民法院审判员、民事审判第三庭副庭长，任命杜循为韶关市中级人民法院审判监督庭副庭长、赖凯文为韶关市中级人民法院立案庭副庭长，免去谭伟才的韶关市中级人民法院民事审判第一庭庭长职务，免去唐永华韶关市中级人民法院民事审判第二庭庭长、审判委员会委员职务，免去丁飞雄的韶关市中级人民法院审判监督庭副庭长职务、江晓华的韶关市中级人民法院民事审判第三庭庭长职务、张立新的韶关市中级人民法院民事审判第一庭副庭长职务；任命黎洵为广东省韶关黄岗地区人民检察院检察长，免去潘维民的广东省韶关黄岗地区人民检察院检察长职务。

【第四十二次常委会会议】 2011年10月27日，市十二届人大常委会第42次会议在市财政局韶财服务中心7楼会议室举行。25名常委会组成人员出席会议、3名市人大代表列席会议。会议听取和审议市政府关于韶关市旧村庄改造和“空心村”整治情况的报告、关于提请作出进一步加强法制宣传教育决议的议案。会议审议召开市十三届人大一次会议的有关事项。会议审议和通过《关于进一步加强“六五”普法宣传教育的决议》、《关于召开韶关市第十三届人民代表大会第一次会议的决定》、《关于列席和邀请列席市十三届人大一次会议人员的决定》等三项决议决定。会议免去文超祥的韶关市城乡规划局局长职务；任命饶纲奎为韶关市人民检察院检察委员会委员，任命陈奕荣为广东省乐昌中山地区人民检察院检察长、检察委员会委员，任命陈彩辉为广东省韶关黄岗地区人民检察院副检察长、杨献斌为广东省韶关黄岗地区人民检察院副检察长，免去陈奕荣的韶关市人民检察院检察委员会委员职务，免去赖正志的广东省乐昌中山地区人民检察院检察长、检察委员会委员职务；批准免去饶纲奎的韶关市浈江区人民检察院检察长职务、邵林的乐昌市人民检察院检察长职务、栾怀持的南雄市人民检察院检察长职务、刘坚的新丰县人民检察院检察长职务；免去黄明的韶关市中级人民法院民事审判第三庭庭长、审判委员会委员职务，免去蓝韶东的韶关市中级人民法院立案庭庭长、审判委员会委员职务，免去陆国东的韶关市中级人民法院审判委员会委员职务。

【第四十三次常委会会议】 2011年11月17日，市十二届人大常委会第43次会议在市财政局韶财服务中心7楼会议室举行。27名常委会组成人员出席会议。会议听取和审议市人大常委会办公室关于韶关市人民代表大会议案实行办法修改情况的说明、市人大常委会代表资格审查委员会关于市十三届人大代表资格的审查报告。会议根据常委会审议意见对《韶关市人民代表大会议案处理办法》作出进一步修改和完善后提交市十三届人大一次会议预备会议审议表决。会议决定免去陈秋彦韶关市副市长的职务。会议免去肖绍银的韶关人大常委会农村农业民族宗教工作委员会主任职务、黎国坚的韶关市人大常委会财政经济工作委员会主任职务、李步雄的韶关人大常委会城乡建设环境与资源保护工作委员会主任职务，任命肖绍银、曾庆根、陈曦为韶关市人大常委会副秘书长，任命陈早霞为韶关人大常委会农村农业民族宗教工作委员会主任、黄其振为韶关市人大常委会法制工作委员会主任、曾旭源为韶关市人大常委会城乡建设环境与资源保护工作委员会主任、潘穗为韶关人大常委会财政经济工作委员会主任、杨日葵为韶关市人大常委会教育科学文化卫生华侨外事工作委员会主任；免去陈秋彦的韶关市人民政府副市长职务，免去林添海的韶关市教育局局长职务，任命曾风保为韶关市教育局局长、许险峰为韶关市城乡规划局局长；批准任命栾怀持为韶关市浈江区人民检察院检察长、李亚军为韶关市武江区人民检察院检察长、邵林为韶关市曲江人民检察院检察长、刘坚为乐昌市人民检察院检察长、赖正志为南雄市人民检察院检察长、肖建红为仁化县人民检察院检察长、陈伟东为始兴县人民检察院检察长、曾洪为翁源县人民检察院检察长、梁云峰为新丰县人民检察院检察长、袁瑞刚为乳源瑶族自治县人民检察院检察长。

【第四十四次常委会会议】 2011年12月15日，市十二届人大常委会举行第44次会议。26名常委会组成人员出席会议。会议听取和审议市政府关于市十二届人大六次会议代表建议办理工作情况的报告，审议《韶关市人民代表大会常务委员会工作报告(稿)》，审议召开市十三届人大一次会议有关事项。会议决定免去陈向新的韶关市人民政府副市长职务，免去赖日先的韶关公安局局长职务，任命李安平为韶关市公安局局长。

重要活动和主要工作

【加强对民生方面的监督】 围绕市委创建教育强市的目标，组织代表专题视察，督促市政府整合教育资源，推进各类教育均衡发展。围绕群众反映“治病难”问题，常委会听取和审议市政府关于推进城乡基层医疗卫生服务体系建设情况的报告，督促政府部门建立城乡医疗卫生体系，发展农村和社区医疗服务，推动解决“看病难”、“看病贵”的问题。围绕群众反映的住房难问题，督促有关部门加强住房建设规划，加快城市保障性住房改造和农村旧房改造，组织开展对韶关市棚户区改造情况进行调研，促进棚户区改造工作有序推进。组织代表就韶关市安全饮用水问题进行集中视察，推动政府加大工作力度，向省委省政府反映韶关人民对饮用水安全的迫切要求，寻找解决最佳途径，在平衡各方利益前提下使南水饮用水工程尽早付诸实现。主任会议听取市政府关于加强残疾人事业发展情况的汇报，督促政府及其部门加快推进韶关市残疾人社会保障和服务体系建设，改善残疾人存在状况，促进残疾人事业发展。

【加强对计划和预算执行的审查监督】 常委会听取和审议市政府关于2010年市本级财政决算的报告、关于2010年度韶关市预算执行和其他财政收支情况的审计工作报告、关于韶关市2011年上半年国民经济和社会发展计划执行情况的报告、关于韶关市2011年上半年预算执行情况的报告。督促市政府加强对经济运行的宏观调控，加快传统产业转型升级，培育发展新兴产业；扩大招商引资，承接产业转移，优化产业结构；推动科技进步，提高自主创新能力；推进重点项目建设，扩大投资规模，提高投资效益。针对财政预算执行过程中存在的问题，坚持把财政预算与国民经济发展计划结合起来，把预算监督与审计监督结合起来，强化预算从编制、审批到执行的全过程监督，推动财政收支结构进一步优化，保证财政资金的安全，有效防范财政风险。

【加强对执法和司法行为的监督】 围绕事关广大人民群众切身利益的价格问题，常委会组成执法检查组开展对《中华人民共和国价格法》实施情况进行执法检查，检查组采取听取汇报、召开座谈会、实地察看等形式进行深入检查，并于常委会第40次会议上听取和审议执法检查组关于检查韶关市实施价格法情况的报告，肯定市政府及其主管部门贯彻价格法，规范价格行为，发挥价格合理配置资源作用，稳定市场价格总体水平，保护消费者和经营者的合法权益，促进全市经济社会发展的良好作用。提出继续深入广泛宣传价格法、增强政府对市场价格的调控能力、依法规范经营者的价格行为、对群众强烈关注的燃气价格偏高问题作专门研究等审议建议，督促市政府加大工作力度，以保证价格法在韶关市得到有效贯彻执行。常委会第40次会议听取和审议市人民检察院关于对公安机关刑事案件侦察监督工作情况的报告，督促检察机关深化改革，加强内部监督，提升侦查监督工作能力，促进公安机关进一步规范执法行为。年底，常委会又组织力量跟踪督促检察机关整改和落实情况，保证委会的审议意见的有效落实。常委会听取和审议人民调解法贯彻落实情况的报告，促进人民调解工作的健康发展。

【文件备案审查】 2011年是韶关市开展人大规范性文件备案审查工作的第二年。常委会按照有关规范性文件备案审查规定和要求，加强领导，健全机构，完善制度，进一步落实规范性文件的接收、登记、分送、存档等日常工作和与政府法制部门、各县（市、区）人大机构、机关各工委的联系与协调，确保文件备案审查工作有章可循、有序开展、取得实效。全年共接受市政府和各县（市、区）人大及其常委会报送备案的规范性文件57件，其中市政府13件，各县（市、区）人大及其常委会44件，增强文件备案审查的规范性和权威性。

【代表工作】 一是科学计划，周密部署，增强代表工作的计划性。年初下发《2011年韶关市人大代表活动计划安排意见》、《韶关市2011年省人大代表和全国人大代表工作计划》两个文件，对代表活动形式、内容、时间安排提出具体要求，促进代表工作、代表活动的规范有序。二是有计划、多层次、多渠道、多形式开展代表培训工作，增强代表的培训工作的实效性。组织新当选的市十三届人大代表进行初任学习，重点学习人大制度的基本理论、以宪法为核心的法律法规、人大代表的基本知识和行使代表职务的基本方法。组织10名省代表赴惠州参加省人大举办的学习培训班。通过加强代表的学习培训，提高代表履职能力和水平。三是拓宽和保障代表知情知政的渠道。常委会继续坚持邀请代表列席常委会会议制度，为代表提供信息资料和订阅刊物，组织代表参加各类座谈会、听证会和法院旁听庭审等活动，发挥代表的有效监督作用。2011年，共邀请14人（次）列席常委会会议，组织80名市代表参加市委组织部组织的市厅级领导班子和领导干部落实科学发展观群众满意度测评，组织代表25次198人次参加各类座谈会、听证会、法院旁听庭审、检察院工作监督活动。四是组织代表活动，增强代表活动的实效。常委会围绕全市工作大局，采取集中视察、专题调研等形式，精心筹划和组织省市人大代表开展对韶关市国民经济和社会发展计划执行情况、重点项目建设、农业产业化建设、食品安全、饮用水安全等工作进行视察和专题调研等活动，为代表掌握第一手材料，酝酿、起草、提出议案和建议，为代表出席人代会审议各项工作报告，发挥代表在促进经济经济社会发展的积极作用。五是根据省委通知要求，做好公推遴选优秀工农“两代表一委员”（全省共15名）到县直机关驻点挂职工作，韶关市推荐的市十二届人大代表廖清寿经省委组织部召开的民主测评会的双项测评，成功入选。

【议案建议办理】 市十二届人大六次会议共收到代表建议、批评和意见88件（含10件议案转建议），经分类整理后，于3月25日与市政府、市政协联合召开人大代表代表建议、政协提案交办工作会议，将88件代表建议通过网上及书面交给36个承办单位办理。常委会高度重视建议的办理工作，坚持领导牵头督办重点建议，力求做到工作靠前，交办准确，减少退回重新再交办现象。承办过程中，主动联系代表，听取代表意见，同时加强与承办单位的密切联系，确保建议办理的质量与时效，提高办答的满意度。经市政府及及相关部门的努力，至2011年8月底，88件代表建议全部办理答复完毕。代表对绝大部分办理情况表示满意或基本满意，仅有4件建议在初次办理时表示不满意，经与承办单位再三沟通协调或督促再办理后转为满意。办理代表建议存在的问题：一是办理的效果不太理想；二是答复后代表反馈率不高。

继续加强对市十二届人大常委会第23次会议通过的《关于旧村庄改造和“空心村”整治的议案的决议》的跟踪督办。在市政府及职能部门的努力下，议案自2009年实施以来，全市已启动旧村庄改造和“空心村”整治村庄94个，面积约125.56公顷，占总量的21.98%。常委会第42次会议听取市政府关于韶关市旧村庄改造和“空心村”整治情况的报告。常委会在肯定市政府实施议案取得的成效的基础上，提出提高思想认识、加强领导和指导、加大宣传力度、完善相关配套政策、筹措专项资金以及通过省代表向省人代会提出议案等建议，督促市政府及相关部门加大工作力度，确保议案决议的办理工作得到有序推进。

【信访工作】 2011年，常委会机关共受理群众来信来访1302件（次），其中来信956件，来访346次，信访总量与2010年基本持平。常委会针对信访集中反映的执行难、拆迁、社保、医保、工资、农村征地、山林权属纠纷等问题，加强调查分析和排查，主动加强与有关职能部门的联系，督促协调处理，重点做好老信访户问题的息访工作，把问题化解在基层、化解在萌芽姿态，维护人民群众的合法权益，维护社会稳定。对省人大常委会要求答复的信访件、人大代表反映的信访问题，研究分析，重点跟踪办理。

【宣传信息工作】 重视统筹新闻报道和信息工作，整合各类媒体资源，综合运用报纸、广播、电视、网络、杂志、内刊等各种信息平台，做好省市人代会会议、市人大常委会会议、各级人大代表宣传市人民代表大会及其常委会、韶关市各级人大代表履职情况以及上级人大领导、机关重大活动的宣传报道和信息工作，突出宣传人民代表大会大会制度，宣传人大及其常委会工作，宣传代表履职情况，扩大和提高社会各阶层民众对人民代表大会制度认识，提高人民群众有序参与民主政治的热情。召开全市人大信息宣传工作座谈会，总结和交流工作经验，表彰一批先进单位和个人。2011年，在各类新闻媒体累计发稿231篇，其中，《韶关日报》发稿84篇，电视台84

篇，电台84篇，人大网、政府网分别发稿91篇和84篇，省以上媒体采用40篇。人大网站完成采集、上传和管理维护文字、图片信息136条，韶关人大信息内刊编辑发行12期，用稿93篇。龚甲有撰写的《意志和知识，使我从死亡威胁中脱险》获国家减灾委举办的“防灾减灾，从我做起”网络征文二等奖；龚甲有撰写的《心中有职责　进退也灿烂》荣获第20届“广东人大新闻奖”三等奖。徐永忠、赖国斌、范云飞、陈建成、陈乙明、肖锋、卢其祥被评为2011年度《人民之声》优秀通讯员。

【理论研究】　2011年市人大制度理论研究取得新成果。12月19日召开2011年法治韶关论坛，收到论文83篇，入选论文42篇，其中13篇被评为优秀论文；7月，编印出版韶关市人大常委会设立30周年纪念文集《人大工作创新发展的实践与思考》，收录文章66篇，其中论文30篇；有12篇文章被编入《中国人大年鉴（2011)》；陈建平撰写的论文《深化法治建设与强化人大对权力的有效制约监督》和于忠龙撰写的论文《构建“幸福广东”的法理选择》入选广东省人大制度研究会第22次研讨会，并被录入论文集。

【法制工委工作】　围绕建设和谐韶关的目标，以创新的工作理念和工作方式提升内务司法工作质量和水平，以扎实的调查研究夯实内务司法工作基础，为常委会有效行使职权，推进韶关市民主法制建设当好参谋和助手。一是抓好常委会意见的落实。常委会第40次会议上听取和审议市人民检察院关于对公安机关刑事侦查监督工作情况的报告。为确保常委会意见的落实，法工委对检察机关的整改工作情况进行跟踪监督和检查，并提出加强领导、广泛宣传、信息对接、建章立制等四点建议，推动检察机关对公安机关刑事案件侦查监督工作的开展。二是开展市残疾人事业发展情况调研，为主任会议审议做好准备工作。三是开展涉案信访工作，集中精力办好常委会领导交办重点信访案件。全年共受理申诉案件32件，接待群众来访87人次，其中转办25件，提出复查建议和意见后转办4件，重复申诉不转办3件。四是协助上级人大开展法律法规意见征集和立法调研。组织和参加关于街道、乡镇人大工作情况的调研，及时将情况汇总上报，协助省人大开展消防法和《广东省实施〈中华人民共和国民族区域自治法〉办法》的立法调研工作。做好对《广东省节约能源条例（征求意见稿)》、《广东省人民代表大会常务委员会关于加强人民检察院对诉讼活动的法律监督工作的决定(草案二稿)》、《广东省企业民主管理条例（草案稿)》和《广东省机动车排气污染防治条例（修订草案修改征求意见稿)》的意见和修改征集工作。五是参加省内外人大组织的交流。按要求参加省人大内司委年初在东莞召开的全省内务司法工作座谈会，提交会议发言材料。接待外省人大到韶关经验交流8批次。

【财经工委工作】　依照法律有关规定，协助常委会探索和实践对计划和预算的审查监督。围绕国民经济和社会发展计划的执行，及早介入计划编制工作，加强对经济运行中的宏观分析和研究，及时指出存在问题，提出意见和建议，推动政府组织实施，确保计划目标的完成。在加强对财政预算的审查监督工作的实践中，总结探索出一套比较有效的监督程序，推动政府深化预算改革，保证财政资金的使用效率，有效防范财政风险。协助常委会做好日常经济监督工作。围绕韶关市经济社会发展的重点、事关广大群众切身利益的民生热点问题、市政府重要工作开展情况和贯彻法律法规情况，组织代表视察，开展工作调研，推动政府有关工作的开展。开展对韶关市大旅游建设情况的调研，促进全市大旅游建设的有关问题的解决。发挥财经工委委员的作用，尤其是在预算审查、代表视察、征求意见等工作中起到智囊团的作用，为有效提高工委的工作质量打下很好的基础。及时与政府对口单位沟通与联系，保证常委会各项工作计划的有效落实。配合省人大财经委的社保基金决算和预算执行情况的调研。接待和陪同联邦德国预算交流专家代表团到韶关市参观访问。全年接待省内外人大财经委人员10批50人，及时征集上报法律法规修改意见2件。

【城建环资工委工作】　围绕常委会工作要点，开展各项工作，较好地完成常委会部署的工作任务，为促进城乡建设和环境与资源保护工作发挥积极作用。一是围绕常委会会议、主任会议议题开展工作调研。为加快“空心村”整治的步伐，工委受常委会委托，组织力量对市贯彻落实旧村庄改造和“空心村”整治议案试点办理情况进行专项调研。围绕加快实现韶关市大交通发展目标，组织部分代表对市落实大交通规划情况进行视察和调研，向市人大常委会提交视察报告。为确保原曲仁矿棚户区二期改造工作顺利推进，组织力量对市棚户区改造工作进行专题调研，并实地察看原曲仁矿龙归安置点现场。二是按省人大常委会的要求，上下联动，对韶关市贯彻广东省城市垃圾管理条例的执行情况进行执法检查，推动全省垃圾处理设施建设，加快创建宜居城乡建设的步伐。三是协调做好全国人大常委会环资委、省人大环资委来韶开展自然遗产保护立法调研，听取相关部门的汇报，征集各方立法建议。

【农业工委工作】 按照常委会监督工作计划，发挥工委职能作用，推动人大农村农业和民族宗教工作的开展。一是开展调查研究，掌握第一手材料，配合做好审议工作。围绕创建森林生态市落实情况、市气象服务体系建设情况，深入实地调研，形成调研报告，为常委会会议审议创建森林生态市和主任会议审议气象服务体系建设情况提供翔实材料，并形成审议意见交政府办理。组织力量多次深入曲江区枫湾镇、罗坑镇、江湾镇对韶关市散居少数民族权益保障情况、生产生活情况进行调研。二是受省人大委托，组织代表视察扶贫开发“双到”工作。根据省人大的要求，组织部分省十一人大代表和市十二届人大代表，对全市扶贫开发“双到”工作进行视察，形成视察报告上报省人大并转交市政府办理。三是坚持工委委员会议制度，听取工委委员的意见和建议。四是健全联系部门一把手会议制度。年内召集两次联系部门一把手会议，围绕政府工作共同制定一年工作要点，发挥人大监督作用，推动政府工作的开展。五是对上年度的视察报告、检查报告和审议意见转交政府的落实情况适时进行跟踪督办，确保常委会的意见和建议落到实处。

【教科文卫工委工作】 围绕常委会的工作部署，推动人大教科文卫侨事业的发展。开展调查研究，为常委会、主任会议听取汇报做好准备。以真正反映韶关市城乡基层医疗卫生服务体系建设的工作实际情况，推进韶关城乡基层医疗卫生服务体系建设事业的发展为主要目的，深入部分县级人民医院、乡镇卫生院和村卫生站，以及围绕韶关市母婴保健情况开展专题调研，为常委会审议提供具有参考价值的调查报告。为更好落实和兑现城镇独生子女父母计划生育奖励政策，推动全市计划生育工作的开展，深入有关县（市、区）开展对韶关市计划生育奖励政策落实情况进行深入了解和调研，为主任会议审议作准备。组织代表对韶关市“教育创强”工作进行小型专题视察。针对视察中发现的存在问题，提出创新筹资渠道、推进规范化学校建设、规范和加强学习有教育、提高教育教学质量等四点建议，推动政府教育创强工作的开展。围绕民生和群众关注的热点难点问题，接待和受理有关群众来信来访工作，为群众排忧解难。

【选联任工委工作】 加强组织领导，履行工作职责，严格依法办事，依法做好和完成市十二届人大六次会议、各次常委会会议的选举、任免工作任务，补选市人大常委会主任和2名副主任，任免地方国家机关工作人员90名，从组织上保障地方国家机关正常有序运行。指导协调做好市县镇三级人大换届选举各项工作，各选举单位依法选出市级人大代表355名、县级代表1833名、镇级代表5290名。各乡镇新一届人大一次会议和各县（市、区）新一届人大一次会议分别于9月下旬和11月上旬顺利召开，依法选举产生新一届地方国家机关领导人员。做好代表履职登记和通报工作。将代表参加活动的时间、内容及出缺情况作记录，年终向全体代表通报。发挥“代表之家”作用，走访代表，了解代表的工作生活情况，为代表排忧解难，使代表感受到组织的关怀和温暖。全年走访各级人大代表60人次。做好全国、省人大代表赴京、穗出席人代会的组织报务工作。配合省人大常委会组织的全国、省人大代表到韶关开展的执法检查、视察和调研工作。

市人大常委会主任、副主任和秘书长、副秘书长名单

（2011年~2012年1月）

主　任：徐建华（~2011.2）

郑振涛（2011.2~）
副主任：李石保（2011.2~）
林平杰
罗祥益（~2011.2）
赖龙福（~2011.2）
杨小明
徐紫玲（女）
张　平（2011.2~）
王青西（2012.1~）
秘书长：江少强
副秘书长：张尔光
罗慧仪（女）
朱光华
肖绍银（2011.11~）
曾庆根（2011.11~）
陈　曦（2011.11~）

（黄远习）

依法治市

【概况】 韶关市依法治市工作领导小组办公室成立于1996年，是韶关市委常设议事协调机构，委托韶关市人大常委会党组代管。2010年，韶关市依法治市工作领导小组办公室行政编制4人，现有主任1人（由市人大常委会副主任兼），副主任2人，副科长1人。2011年，韶关市贯彻落实《法治广东建设五年规划（2011~2015年）》（以下简称《五年规划》）、《广东省2011年依法治省工作要点》和《韶关市2011年依法治市工作要点》，服务全市经济工作大局，以创建法治韶关为目标，以落实《五年规划》和法治县（市、区）创建活动为重心，以法治示范单位创建工作为抓手，不断创新工作思路，完善工作机制，强化工作措施，推进依法治理工作。

【编制法治广东建设五年规划实施意见】 完成《中共韶关市委关于法治广东建设五年规划（2011~2015年）的实施意见》（以下简称《实施意见》）起草下发工作。各县（市、区）完成对《五年规划》以及市委《实施意见》的分解部署工作。市直大部分单位制定分解实施计划。举办一次全市副处以上领导干部《五年规划》宣讲报告会，并组织三个宣讲团分赴各县（市、区）对《五年规划》进行全面宣讲。

【开展“阳光法治、法治惠民”活动】 全市各级领导干部牢固树立“发展是第一要务、稳定是第一责任、法治是第一保障”理念，形成“以法治保稳定、助发展、促和谐”的工作思路，并贯穿各项工作中。各行政执法部门针对关系群众切身利益、群众反映强烈的热点、难点问题，依法开展专项治理活动，实现法治惠民效果。税务部门定期开展法制培训和执法检查，完善各项执法制度，坚持在执法中普法，在服务中执法；市质监、工商部门开展打击制假售假、食品安全、市场秩序整治等专项行动；市食品药品监督管理局组织开展对城中、餐饮行业专项检查行动，打击餐饮服务环节非法添加和滥用食品添加剂的违法犯罪行为，确保人民群众餐饮服务食品安全；公安机关将打击黑恶势力、反“两抢一盗”和扫除“黄赌毒”作为工作重点，净化社会风气和社会环境；检察院和法院履行职责，坚持打击各类刑事犯罪，维护社会稳定，为建设美好韶关、创造幸福新生活提供强有力的司法保障；履行检察、审判环节综治职能，参加综治信访维稳工作，化解社会矛盾，为全市经济和社会各项事业的全面、健康、持续发展创造稳定的社会环境，促进依法治市工作深入开展。

【抓好法治文化试点和法治惠民试点】 韶关市在市公安局、市林业局、市卫生局、市人力资源和社会保障局等4个单位首批开展法治惠民实事工程的立项试点工作，取得阶段性效果。9月召开的依法治市工作汇报会上把立项试点工作拓宽，把立项试点工作延伸到各县（市、区）及依法治市领导小组成员单位，各项工作有序推进，取得初步成效。

【坚持依法行政】 发挥监察职能，推进依法行政。全市各级纪检监察机关以保民生、保稳定、保发展为重点，着力解决群众反映强烈的突出问题，开展医药回扣专项治理，开展教育乱收费专项治理，坚决纠正全市违法违规征地行为，加强对公路“三乱”问题的专项治理，开展民主行风评议活动，损害群众利益的突出问题得到有效遏制，促进和谐社会建设，为实现法治韶关提供有力保障；依法办理行政复议案件，维护社会和谐稳定。全年共收到行政复议申请93宗，已作处理78宗，其中维持51宗，撤销或变更8宗，终止10宗，以告知书方式处理5宗，与上年同期相比，受理量增加6%,办结率为83%；加强学习培训，依法行政能力不断提高。政府法制部门对市交通局、住建局等单位进行行政执法培训，重点对韶关林业公安分局、水利局、国土局、卫生局、食品药品监督管理局等单位的行政执法案卷进行专项检查，加强对个案监督力度，依法行政取得明显成效。

【规范司法行为，促进公正司法】 市中级人民法院推行司法公开，促进阳光审判，制定出台《韶关市中级人民法院关于进一步推进司法公开的工作方案》，开设“韶关审判网”，把司法通过媒体公开给社会，实现以公开促公正，以公正促廉洁；检察机关拓宽工作渠道，提高工作实效。开展“基层大接访活动”，推动问题解决在基层。乐昌市院接访室被评为全国检察机关2007~2009年度“文明接待室”，翁源、乳源县院接访室被评为全省检察机关“文明接待室”；公安系统推进信息化建设，狠抓管理创新。完善公安信息网络基础设施，推进社会治安视频监控系统建设，推进“网上作战”平台建设，推进“大网安”系统建设，实施“一证通”制度。推行居住证“一证通”制度，完成居住证制发任务。

【加强普法教育】 2011年是“六五”普法启动之年，韶关市完善工作机制，重新调整领导小组，制定议事规则；成立联络员队伍，建立工作制度，成立普法讲师团。继续组织送法下乡小分队开展送法下乡、送法进企业等“法律六进”活动，开设《三江视线—以案说法》法制宣传专栏，加强普法宣传阵地建设。召开“五五”普法总结表彰和“六五”普法规划启动的全市会议。

【加强基层民主政治建设】 依法依规做好村（居）委换届选举工作。2011年是村（居）党支部和村（居）委会换届选举年。组织开展“两法一办法”等有关法律法规宣传和学习培训487期，参加学习的业务骨干达2万多人次，确保村（居）两委换届选举工作的顺利进行，比省提出的时间要求提前两个月，是全省最早完成换届选举任务的四个地级市之一。推进开展村务公开民主管理工作，抓好《中共中央办公厅国务院办公厅关于在农村普遍实行村务公开和民主管理制度的通知》和《广东省村务公开条例》的学习和宣传。健全和完善村务公开和民主管理制度建设，铺开“村账镇代理”工作，保护农村集体和群众利益。深化村务公开民主管理示范单位创建活动。按照省将“村、居务公开民主管理示范达标率”纳入幸福广东评价指标体系工作要求，从2011年起，今后五年每年按村、居总数15%的比例创建“村、居务公开民主管理示范单位”。（邓　鹏）

附：领导班子成员名单

主　任：张　平

副主任：陈绍球　张穗生

韶关市人民政府

综　述

2011年，韶关市人民政府贯彻落实党中央、国务院和省委、省政府的决策部署，继续解放思想，坚持改革开放，围绕加快转型升级、建设幸福广东这个核心和“探索一条生态文明发展路子，狠抓人力资源培训和配置，提高城市和产业集聚度这两个关键，突出大交通、大旅游、大产业三大重点，加快推进新型工业化、新型城市化、特色资源产业化和生态建设系统化”的基本思路举措，以科学发展为主题，以加快转变经济发展方式为主线，着力在产业转型升级、探索生态文明发展、壮大县域经济、建设区域中心城市和创新体制机制上下功夫，推动经济社会跨越发展，建设幸福美好韶关，“十二五”规划开局良好，各项建设取得新成绩。

【促进经济平稳较快发展】 2011年，全市生产总值816.81亿元，比上年增长12.1%，其中第一、二、三产业增加值分别增长5.3%、13.9%和12.6%。全市人均生产总值2.87万元，比上年增长12.1%；民营经济增加值增长13.3%，占全市生产总值比重提高到47.3%；县域生产总值增长12.9%，占全市比重提高到49.9%，经济发展协调性进一步增强。城镇居民人均可支配收入16096元，比上年增长12.9%，农村居民人均纯收入7461元，比上年增长18.1%，城乡居民收入差距进一步缩小。全市实施国家、省、市科技计划项目160项，专利申请量、授权量分别达1000件、600件，经济增长内生动力增强。全年新批外商直接投资项目64个，实际利用外资2.38亿美元，比上年增长12%。进出口总额17.8亿美元，其中出口7.2亿美元，进口10.6亿美元，分别比上年增长13.2%、9.5%、15.8%。

【推动工业增产增效】 全市工业增加值304亿元，增长13.6%。支柱工业稳步发展，民营工业发展较快，轻工业、先进制造业占工业比重均提高。全市钢材产量同比增长11.4%，发电量同比增长28.2%，水泥同比增长35.6%，盐酸同比增长46.4%，烧碱同比增长27.3%，人造板同比增长47.5%，造纸同比增长30.6%，一、二类卷烟增长2.3倍，机械产品产量稳步增长。规模以上工业产品出口交货值91.3亿元，同比增长13%。工业用电量同比增长12.8%，低于全社会用电量增幅。1~11月规模以上工业综合经济效益指数达196.3%，利润总额27.7亿元，均明显好于上年同期水平。

【提高农业综合生产能力】 2011年，全市粮食总产量达89.2万吨，实现粮食生产六连增。蔬菜、甘蔗、烟叶、水果、茶叶分别同比增加9.69万吨、7.97万吨、0.01万吨、2.72万吨、0.02万吨。生猪饲养量增长7.65%，水产品产量增长4.2%。全市新增省级重点农业龙头企业3家、市级农业龙头企业12家、农民专业合作社198家，新增无公害农产品认证8个、绿色食品认证12个、有机农产品认证30个。粤北现代农业示范园区被省科技厅评为省农业科技园区，被农业部正式认定为第二批“国家现代农业示范区”，粤台（韶关）农业合作实验区进展顺利。

【推进扶贫开发“双到”工作】 扶贫开发“双到”工作突出产业扶贫和“造血”扶贫，贫困村生产生活条件有较大改善。全市3.3万户贫困户、12.9万贫困人口人均纯收入达到2500元以上的脱贫标准，分别占总数的87.9%和89.6%，352个贫困村集体经济收入达到3万元以上，做到“三年任务两年基本完成”。

【促进第三产业繁荣发展】 全市社会消费品零售总额384亿元，同比增长16.9%。承办2011年广东国际旅游文化节韶关主会场系列活动，全年接待旅游者

1841.3万人次，实现旅游总收入129.9亿元，分别同比增长16.4%和21.6%。全市商品房销售额85.6亿元，同比增长13%。乐昌粤湘仓储物流中心、金友集团物流仓储基地等项目建设进展顺利，华南大宗农产品物流交易中心开工建设。继续实施家电下乡、家电以旧换新等惠民政策和“农村消费升级行动计划”、“万村千乡市场工程”和“新网工程”，推进“农超对接”，消费对经济发展的拉动作用增强。

【提升“双转移”工作质量】 全市承接产业转移到位资金120亿元，同比增长17.95%；省级产业转移工业园规模以上工业增加值37.7亿元，同比增长54.3%。引进战略投资者力度加大，质量招商取得积极成效。世界500强企业——中国建材集团进驻韶关市水泥行业，韶关活力啤酒厂依法破产并成功拍卖给青岛啤酒。韶关市成为省优先扶持承接产业转移重点区域，莞韶产业园成为省优先扶持重点园区。完成农村劳动力技能培训3.2万人，转移就业7.5万人，均超额完成省下达任务。

【加快实施重点项目建设】 全市完成固定资产投资472.2亿元，增长16.3%，其中工业投资增长35.2%、制造业投资增长45.6%、房地产开发投资增长27.1%、民营经济投资增长52.1%。重点项目完成投资235.1亿元，超额完成年度投资计划。乐昌峡水利枢纽主体工程完工，城乡防灾减灾能力明显提高。省天然气管网一期工程韶关支干线、韶钢节能减排、大宝山330万吨/年铜硫采选、比亚迪汽车零配件基地、新丰华夏建陶、赣韶铁路、广乐高速公路等项目进展顺利。

【发挥财税金融杠杆作用】 来源于韶关的财政总收入162亿元，同比增长13.1%；地方财政一般预算收入53.9亿元，同比增长18.9%；一般预算支出128.8亿元，同比增长30.1%。全市国税系统累计完成税收收入73.7亿元，同比增长14.1%。全市地税系统完成税收收入41.8亿元，同比增长14.9%。全市金融机构各项存款余额1005.3亿元，同比增长10.8%，各项贷款余额425.2亿元，同比增长13.1%，存贷比为42.3%。

【打造城乡宜居生态环境】 结合全国文明城市创建活动，推进粤北区域中心城市建设，完善城市功能，提升城市形象，获得“全国文明城市”提名资格，与美国旧金山市结为国际友好城市。完成韶关市区亮化绿化工程、改造韶南大道、建成莲花山绿道等一大批市政工程。“三旧改造”工作力度加大。芙蓉新城发展战略规划与控制性详细规划编制基本完成，重大基础设施建设有序推进。农村水、电、路、环保设施建设加快推进。全年完成农村公路路面硬化650公里，解决18.4万人饮水不安全问题，整治村庄126个，帮助1.06万户农民改造住房。90%以上的乡镇实施乡村“清洁美”工程。全市营造林3.08万公顷，占年度计划的120%。年末森林覆盖率72.5%。土地矿产资源保护力度加大。城镇生活污水集中处理率提高到77.6%。完成节能减排目标任务。

【保障和改善民生】 全市财政民生支出比重超过60%。新增就业5.5万人，城镇登记失业率2.62%。完成省政府下达的保障性住房开工建设工程。原曲仁矿棚户区改造首期1500户工程已实施。出台新生儿参加城居医保政策，新型农村合作医疗实现全覆盖，新农保试点范围和城居保覆盖面扩大。推进稳价惠民“三项建设”，社区居民消费价格指数涨幅为5%，低于全国全省水平。

【加快发展社会事业】 完成基层医疗卫生机构综合改革。文化惠民工程扎实推进，打造《中国之路》等一批文艺精品。群众性体育活动蓬勃开展。启动省市共建食品药品安全示范区建设。创建第九届全国双拥模范城、全国人口计生综合改革示范市和省教育强市工作扎实推进。社会救助、慈善公益、妇女儿童等各项事业不断发展。五保供养条件继续改善，“千间敬老福星工程”全面竣工。强化安全生产监管和应急管理，狠抓信访维稳综治工作，推进平安韶关建设，社会和谐稳定局面进一步巩固。

【加强依法行政工作】 坚持向市人大及其常委会报告工作、向市政协通报工作情况，依照法定程序、权限行使行政权力。自觉接受监督，支持人大代表和政协委员履行职责。实施人大代表建议88件、政协建议案4件和委员提案134件，办复率和满意率均为100%。实行重大决策专家咨询论证和听证、公示等制度。落实廉政建设责任制，强化效能监察。加强机关作风建设，完善市直机关绩效考评工作。严肃查处违法违纪行为，推进网络问政工作，解决一批关系群众切身利益的问题。

【办好八件实事】 2011年，政府承诺办好八件关系民生的实事：一是抓好农村电网升级改造；二是完成通自然村公路硬化400公里；三是实施韶南大道改造工程；四是实施天子岭廉租住房二期工程；五是健全完善韶关市四级公共就业保障服务体系；六是建设“中华健康快车白内障治疗中心”；七是推进教育创强工作，建成20个教育强镇(街)；八是继续更新公交车（含购进新能源汽车）80辆，建设候车亭一批。至年底，八件事实已完成或基本完成。

【市政府常务会议】 2011年，共召开市政府常务会议10次(十二届58次至67次)。主要审议讨论以下内容：审议《韶关市建设领域施工企业工人工资支付保证金管理办法》、《韶关被征地农民养老保险实施办法》、《韶关市有机农业发展规划》、《韶关市人民政府工作规则（修订稿)》、《韶关市区基准地价更新成果》、《调整“三旧改造”中土地出让金征收标准的方案》、《韶关市自然灾害救助应急预案》、《韶关市实施技术标准战略的若干意见》、《韶关市行政机关规范性文件管理规定》、《关于加快总部经济发展的意见》、《韶关市总部企业认定办法（试行)》、《关于提高招商引资工作质量的指导意见》、《关于加快韶关水利改革发展的意见》、《关于加强应急救援队伍建设管理工作的实施意见》、《韶关市教育改革和发展规划纲要（2011~2020年)》、《韶关市学期教育三年行动计划（2011~2013年)》、《关于进一步发展壮大农民专业合作社的意见》、《韶关市城市景观亮化及道路照明设施管理办法》、《韶关市土地储备管理办法》、《韶关市法制政府建设规划（2011~2015年)》、《韶关市封山育林实施办法》、《韶关市市区井盖设施管理办法》、《韶关市社会抚养费征收使用管理办法》、《韶关市困难群众殡葬基本服务保障实施办法》、《韶关市打造名镇名村示范村带动农村宜居建设总体规划》、《韶关市落实企业安全生产主体责任规定》、《韶关市南水水库饮用水源保护规定》。讨论十二届人大六次会议《政府工作报告（讨论稿)》、《韶关市国民经济和社会发展第十二个五年规划纲要》、《关于2011年市本级财政预算的编报意见》、《2011年市政府工作要求》、广东北江实验学校80%股权转让有关问题、《韶关市加快引进培养高层次人才的实施办法》及配套文件、《韶关市产业转型升级工作方案》、沐溪工业园与武江科技工业园等历史遗留用地问题、韶关昌山水泥厂有限公司股权转让问题、《关于解决市区部分路段交通拥堵问题的方案》、《韶关市开展低碳工作联席会议工作制度》、《关于加强市区犬类管理的通告》、市区违章建筑涉及的违法违规用地处理问题、韶关控股子公司宏大齿轮旧厂区“三旧改造”项目有关问题、《关于调整完善市区保障性住房配建形式的实施办法》、《韶关市土地储备资金财务管理暂行办法》、《2012年韶关市市直部门预算改革方案》、《韶关市2011~2015年农村低收入住房困难户住房改造建设总体规划》、《韶关市发展家庭服务业促进就业实施意见》、《2011年韶关市市区土地供应计划》、《关于打造名镇名村示范村带动农村宜居建设的实施方案》、《韶关市既有住宅加装电梯工作方案》、《韶关市南水引水工程建设工作方案》、湾头水利枢纽工程发电部分资产转让有关问题、2011年市绩效考评目标考核指标审核情况有关问题、十三届人大一次会议《政府工作报告》、《关于加快韶关高新技术产业开发区发展的实施意见》、《韶关市自然灾害公众责任保险实施方案》、《韶关市政府委派财务总监管理试行办法》、2012年市本级财政预算编报意见、关于资源枯竭型城市转移支付资金分配方案有关情况的说明、《韶关市“十二五”人才发展规划》、《韶关市中长期人才发展规划纲要（2011~2020年)》、《韶关市机关事业单位突出贡献奖申报评审奖励办法》、《关于制定控制市政府投资项目“三超”问题管理办法的指导意见》、《关于加大政策扶持力度促进建筑业发展的意见》、《韶关市80岁以上高龄老人津贴发放方案》。办事案例解剖：浈江区政府《关于支持我区实施10个建设项目的请示》办理情况及问题分析、住建局《关于完善市区保障性住房配建实施形式的意见》起草情况及问题分析。

【市政府工作会议】 2011年，共召开市政府工作会议116次。研究金融IC卡推广应用工作，仁化县石塘镇石塘村保护与利用工作，2011年广东国际旅游文化节韶关主会场开幕式工程建设前期工作，省道246线河塘至犁鸡坑段二期改建工程建设用地报批手续，解决市企业军转干部生活困难，市区防洪排涝二期工程木材厂段征地拆迁工作，市土地储备中心组建工作，解决市部分关闭煤矿业主生活困难，湾头水利枢纽工程发电资产处置，丹霞山世界自然遗产地保护利用，银山片区开发，解决新疆维吾尔族流动商贩在步行街乱摆卖，韶赣高速公路乐村坪连接线与百旺大桥平交路段交通综合整治，原市国土资源储备交易中心人员分流，韶关烈士陵园烈士墓区建设，市残疾人康复服务中心项目建设，浈江产业转移工业园供水工程报建，市消雪岭华侨农场改革解困发展，市区违法违章建筑整治工作，市高级技工学校新校区暨农民工培训示范基地一期配套工程供电，财税分析，进一步打击非法采矿整顿和规范矿产资源开发秩序，湾头水库库区疏浚清砂工程，全市中等职业学校涉农专业和农村家庭经济困难学生免学费配套资金补助标准，市第一次全国水利普查工作，浈江产业转移工业园建设，分析第一季度金融运行情况，韶关市矿山救援基地新址道路建设，加快推进全市“三旧改造”工作，华南大宗农产品物流交易中心规划方案，贯彻落实省十件民生实事，发行企业债券有关问题，粤北亚太财富中心项目建设，财税征收，韶台工业开发区内企业补缴土地使用权出让金，赣韶铁路建设涉及市区启明北路征地拆迁，新丰华夏生态建陶产业示范基地建设，比亚迪汽车零部件配套项目货款抵押物，市区道路停车管理，全市经济调研分析，市政府与国开行广东省分行合作，东莞（韶关）产业转移工业园沐溪—阳山—甘棠污水主管工程建设，发行企业债券工作，园林苗圃基地项目征地，武江锑污染事件应急处置工作，芙蓉新城开发建设，广乐高速公路建设维稳，韶关旭日国际有限公司公交首末站建设用地，加快推进比亚迪项目建设，韶关市有关自来水除锑工作，韶铸上市涉及土地及房屋产权证补充办理，武江河韶关段锑浓度异常应急处置工作，粤北亚太财富中心项目前期建设，塘湾新村拆迁安置地前期工程费用，广东韶关国际旅游商贸城项目，粤北亚太财富中心项目用地，市区防洪排涝二期工程建设，解决东南轴承厂新厂区进厂道路、供水、排污、供电等，广东省北江上游防洪调度中心征地，比亚迪项目被征地农民养老保障费用，赣韶铁路浈江段启明北路疏解线房屋征收，武江河韶关段锑浓度异常事件应急处置工作，恒大项目土地办证及市直单位便民服务场所建设，韶关木材厂“三旧改造”项目建设，推进市电动汽车充电设施建设工作，芙蓉新城开发建设工作领导小组第七次全体成员会议，韶关市公交资源优化整合工作，芙蓉新城安置房建设及苗圃基地征地工作，保障性安居工程推进工作，福苑大酒店开展“三旧改造”，比亚迪项目被征地农民养老保障，始兴县中古坑生态示范园资产处置及招商引资工作，市区生猪定点屠宰监督管理及收费规范工作，韶关市与华南师范大学战略合作，百年东街工程复工，市长督办市政协第37号重点提案工作，解决武广铁路客运专线韶关段建设遗留，韶关卷烟厂调研，韶关市存量房交易价格评估工作，赣韶铁路浈江段启明路疏解线房屋征收产权置换有关工作，2011年广东国际旅游文化节韶关市区亮化推进工作，加快建设武江河市区饮用水源保护区截污管网及防护工程，推进韶关市新能源汽车充电加气设施建设工作，城市园林苗圃基地征地工作，韶关国际旅游休闲购物中心项目建设，广东省北江上游防洪调度中心征地和地上房屋征收工作，万紫千红等五宗“三旧改造”项目，宏大齿轮厂“三旧改造”项目，城市园林苗圃基地征地工作，东南轴承厂新厂区进厂道路、供电、供水等工程建设，全市新能源汽车充电加气设施建设工作，韶关液压件厂建造高端液压油缸制造基地，推进粤北现代农业示范园区核心区建设，市行政审批“两集中三必进”工作，韶关市综合应急救援培训基地建设，大宝山区域环境整治，新丰华夏生态建陶产业示范基地建设，浈江区比亚迪、粤华国电煤矸石、粤北亚太财富中心项目，莞韶浈江产业园商住用地规划调整、原武江监狱置换土地遗留，浈江区校舍安全工程，协调解决广乐高速公路建设，粤北人民医院门急诊医技综合楼建设工程合同争议，市区用西气东输天然气门站项目建设，市二棉厂北侧地块“城市花园一金城小区”工程，城市园林苗圃基地征地拆迁安置，全市知识产权工作，韶关城投公司抵押用地性质变更，广乐高速公路与赣韶铁路建设用地冲突，芙蓉新城建设项目，科技工作等有关问题。

【全市经济形势分析会议】 2011年4月和7月，市政府分别召开一季度和上半年经济形势分析会议，总结前段全市经济工作情况，分析当前经济形势，研究部署下一步经济工作，确保全年经济发展预期目标实现。

【“红三角”经济发展促进会工作年会】 2011年5月10日，“红三角”经济发展促进会2011年度工作年会在韶关市举行。霍英东集团行政总裁霍震寰及韶关、赣州、郴州三地市有关领导参加会议。韶关市是2011年度“红三角”经济发展促进会轮值会长单位，副市长孔云龙在会上提出2011年“红三角”经济发展促进会工作计划安排。

【全省集体林权制度改革现场推进会】 5月23~24日，省政府在韶关市召开全省集体林权制度改革现场推进会。副省长刘昆，省林业局局长张育文，市领导郑振涛、林耀明、张志才及全省各市、县政府负责林改工作的相关领导近200人参加会议。与会人员现场察看浈江区十里亭镇良村坳背村小组、仁化县周田镇上坪村谢屋村小组的林改现场以及仁化县森林资源资产评估、交易中心。副市长张志才向大会介绍韶关市林改的经验做法和成效。

【人才工作会议】 2011年9月9日，市委、市政府召开全市人才工作会议。郑振涛、艾学峰、邓苏夏、肖怀跃、李石保、兰茵、邹永松等市领导参加会议。市委常委、组织部长肖怀跃，副市长邹永松以及乐昌市、市教育局、粤北人民医院、韶钢集团有限公司等单位负责人先后发言。市委书记、市人大常委会主任郑振涛作重要讲话，要求各级党委、政府把人才工作提到最重要的战略地位，加强和改进对人才工作的领导，优先发展人才资源，推动全市人才工作跨越发展。

【广东装备制造业国际高峰论坛】 2011年11月8日，2011广东装备制造业国际高峰论坛在韶关市举行。艾学峰、李萍、赖日先、陈秋彦等市领导以及国内各机械行业相关协会负责人，德国、日本、韩国等国家和中国港澳台湾地区的工商界代表500余人参加论坛。中国经济体制改革研究会名誉会长高尚全作题为“宏观经济形势和国家经济政策导向”主题演讲。

【推进基本公共服务均等化】 实现基本公共服务均等化，是中共十七大作出的重大战略决策。市政府根据省政府的有关文件精神，出台《关于推进基本公共服务均等化的实施意见》，推进基本公共服务均等化，使城乡居民在公共教育、公共卫生、公共文化体育、公共交通、生活保障、住房保障、就业保障、医疗保障等八个方面，享有同样的权力，享受水平大致相当的基本公共服务。

【采取措施加快经济发展】 2011年一季度，受个别骨干企业停产等因素影响，全市经济仅增长8.2%，增速比上年同期低4.8个百分点。面对严峻局面，市政府及时出台《关于采取措施加快经济发展的通知》，从加快工业和农业及服务业发展、加大投资拉动力度、推进招商引资工作、加强财税金融工作、强化统计指导服务经济发展职能、强化干事创业氛围等方面推出有针对性的45条政策措施，并加强督查推动落实，取得积极成效。二季度起经济增长稳步回升，2011年全市实现生产总值增长12.1%，其他主要经济预期增长目标亦超额完成任务。

【提高全市招商引资工作质量】 为进一步做好全市招商引资工作，市政府出台《关于提高全市招商引资工作质量的指导意见》，通过优化招商引资策略，建立科学的招商项目综合评价指标体系，强化目标管理，完善奖惩机制，落实招商责任，创新招商方式，推动重点产业招商，抓好签约项目的落实，推进招商引资工作上新台阶。2011年全市吸收外商直接投资、进出口总额分别同比增长12%和11.1%，首次进入中国外贸100强城市行列。

【加快总部经济发展】 为提高全市经济发展质量，加快转变经济发展方式，推动产业结构优化升级，市政府出台《关于加快总部经济发展的意见》，进一步明确市总部经济发展的重点为工业、旅游、农业、建筑、生产性服务业、休闲服务业等六大类。为鼓励企业总部落户韶关市，该意见明确一系列的优惠政策，不仅设立总部经济发展专项资金、加强总部企业用地规划与保障、鼓励总部企业技术创新、简化相关行政审批手续，还实施总部企业重点人才单列服务、奖励总部企业高管人员，提供义务教育优质学位等多项优惠。

韶关市人民政府领导成员名单

市　长：艾学峰
常务副市长：陈向新（~2011.12.6）
副市长：张志才
兰　茵（女）
陈秋彦（~2011.11.15）
尚　伟
邹永松
孔云龙（挂职）
秘书长：王青西
副秘书长：李德军　陈为佳
李克厚（~2011.6.10）
吴生祥　吴振华
冯政文　李　宏
李熏杰　梁祖超
周纪军
洪家尧（兼）
马祥社（兼）
邓阳秋（兼）

政府办

【概况】 2011年，韶关市人民政府办公室行政编制71名，设秘书一科、秘书二科、综合一科、综合二科、调研一科、调研二科、信息科、人事科、建议提案科、督办室、监察室、行政保卫科、老干科、外地驻韶机构联络科与应急管理办公室15个内设机构。2011年，市政府办公室围绕市委、市政府的决策部署和中心工作，贯彻落实科学发展观，勤勉尽责，奋发进取，完成各项工作任务，被省政府评为“2006~2010年广东省法制宣传教育先进集体”，被市委、市政府评为“2010年度厉行节约先进单位”、“2011年广东国际旅游文化节主会场（韶关）工作”和“2011年韶关城市亮化工作”先进单位。

【调查研究成果显著】 围绕市委、市政府中心工作和重大决策，认真组织调查研究，集中精力起草或参与起草《关于加快芙蓉新城建设的调研报告》、《关于加快工业转型升级的调研报告》、《关于浈江区、武江区违章建筑涉及的违法违规用地情况的调研报告》、《加强安全生产监管，推进社会建设上新水平》等多篇对全市经济社会发展有重要指导意义的调研报告，代市政府起草《政府工作报告》、《2011年市政府工作要点》、《关于采取措施加快经济发展的通知》等一批重要文件。

【强化政务信息工作】 共编发《韶府信息》46期，综合整理《信息专报》202篇，有50篇信息得到市领导的批示；向省政府办公厅报送信息197篇，其中《韶关政企合力破解节后招工难题》等30多篇信息被省政府办公厅采用，《韶关市城镇低收入家庭住房保障工作卓有成效》等信息得到省领导的关注，并由省政府报国务院办公厅。

【政府信息公开扎实推进】 主动公开各类信息475条（篇），依申请公开各类信息1条（篇）。共办理网络问政来信569件，按时办结率达100%，群众满意度大幅提升。2011年8月，“市长信箱”并入网络问政新平台，共受理《希望建立农村小学生生活照顾制度》等市长信箱来信4件，全部按规定时限进行受理和答复。

【办文办会严谨规范】 改进会风文风，带头开短会、讲短话，确保行政高效协调运作。全年制发和呈批各类文件4400多件，印发政府编号文件1600多件，办公室编号文件400多件。筹办或牵头组织市政府综合、专题会议、领导检查汇报会、电视电话会议等500多次，协调服务各级领导视察考察、会谈会见、检查调研等活动100多次，做到周密稳妥、细致紧凑。

【主办刊物优质高效】 按照市政府工作部署，2011年6月，政府办将《政府工作》改刊为《韶关市人民政府公报》，全年编发《政府工作》4期、《韶关市人民政府公报》8期；编发《经验交流》1期，刊载乳源瑶族自治县对高耗电企业实施用电产出标准的先进经验，为各地、各部门领导提供决策参考，促进政府执行力的提高。

【督查督办力度加大】 围绕市委、市政府重大决策部署、市政府承诺办理实事、重点项目建设、政府工作目标责任落实等组织开展督办检查，共发出《督办通知》22份，到有关部门和单位上门和现场督办100多次，向市政府主要领导报送《督办专报》26期，推动市政府重要工作完成，使领导关心、批示和社会关注的一些大事要事得到较好落实。

【“两案”办理圆满完成】 市政府共办理省人大代表建议和省政协委员提案7件、市人大代表建议88件、市政协建议案4个、市政协提案134件。代表和委员们对由政府各部门所有办理的建议、提案全部表示满意和基本满意，达到“两个百分之百”要求，即办复率100%，满意率达到100%。

【应急管理不断加强】 在全省率先出台《关于加强全市应急救援队伍建设管理工作实施意见》，并对《韶关市突发事件总体应急预案》进行初步修订。处置“食盐抢购事件”、“武江河锑浓度异常事件”等各类较大以上突发事件，最大限度地减少人民群众生命财产损失。先后指导和协助乐昌市、市住建局、市城管局等单位编写12个专项应急预案。向省报送较大以上《突发事件信息专报》59期，向市领导和各地、市直部门发送各类短信4900多人次，转发省、市领导批示160条，编印《应急管理动态》14期。

【土地储备规范运作】 制定出台《韶关市土地储备管理暂行办法》、《韶关市土地储备资金财务管理暂行办法》和《韶关市土地储备中心机构编制方案》，着力构建韶关土地储备管理体系。高效完成广东国际旅游文化节(韶关)主会场选址等地块的出让工作；完成市二棉厂、粤莱峰会、城市花园等地块的策划工作。

【后勤保障有力有效】 精心管理机关食堂，严格食品采购，保障机关食堂的正常运转。加强综治信访维稳，全年配合公安信访部门处理群众上访400多批，5200多人次，较好地化解矛盾纠纷，没有发生恶性上访事件，营造良好的办公秩序。加强安全保卫和水、电维修管理工作，确保办公大楼的正常运作。加强车队管理，确保安全行车，全年无责任事故。做好驻韶机构的管理与服务工作，协助解决实际问题。完成编印新版《韶关市机关通讯录》。

【扶贫“双到”成效明显】 落实帮扶资金115.7万元，主要用于新丰县回龙镇松山村农田水利基础设施建设、村容村貌整治、危房改造、居民安全饮用水工程、村集体经济增收、教育扶贫、劳动力技能培训和灵芝种植、黄牛养殖等工作。至年底，该村集体经济以及全村95%以上的贫困户已脱贫，“三年任务，两年基本完成”的目标顺利实现。

附：领导班子成员名单

市政府秘书长、办公室主任：
王青西
纪检组长：王金来 (~2011.11)
周新秀 (2011.11~)
副主任：张文铭 覃茂来
罗国华

法制工作

【概况】 2011年，韶关市法制局按照“抓机构、打基础、强措施、抓落实”的工作思路，求真务实，开拓创新，把握大局，突出重点，与时俱进，探索创新行政管理体制和运行机制，推进依法行政各项工作。全年办理行政复议案件100宗，代理市政府应诉案件5宗，审查规范性文件33件，处理省政府征求意见15件次，提出各类法律意见61件次，审查政府合同4件，法治政府建设成效显著，为韶关市经济持续发展提供良好的法制环境。

【加大依法行政力度】 2011年，市法制局加强对本市依法行政工作的动员部署和分类指导，推动《国务院关于加强市县政府依法行政的决定》有力实施，学习并深刻领会《国务院关于加强法治政府建设的意见》，统筹配合韶关市依法治市创建法治城市法治县区活动和发展经济工作。

【规制审查工作】 2011年，全年共收到起草单位报送合法性审查的规范性文件33件，内容涉及工业发展、农业农村经济、城市管理、金融企业等方面，还组织完成已发布规范性文件的统一清理工作，清理结果已通过法定载体颁布。经审核审查通过的文件均未出现无据设置变更行政处罚、行政许可、行政收费等违反上位法和增加公众负担的行为，保证社会主义法制的统一和政令畅通。

【办理行政复议应诉案件】 贯彻落实《中华人民共和国行政复议法》和《中华人民共和国行政复议法实施条例》，更好履行法律赋予的相关职责，保护公民、法人和其他组织的合法权益，保障和监督行政机关依法履行职权，2011年全年办理行政复议案件100宗，代理市政府应诉案件5宗。为交流做好行政复议和行政诉讼工作经验，探讨进一步加强行政复议和行政诉讼工作思路，推进依法行政，市法制局会同市中级法院开展全市行政复议与行政诉讼理论与实务研讨活动，推动理论创新，提高办案人员业务素质。

【推进行政执法责任制】 加强行政执法资格管理，韶关市、县、镇三级单位行政执法证电子办理平台已全部开通。全年审核代发行政执法证1160个。6月派员参与涉路执法检查，采取高压态势防止“公路三乱”反弹。12月由市政府行政执法监督办开展的案卷评查，对全市各执法单位案卷情况进行评议考核，对存在的问题及时督促整改，严肃执法风纪，提高执法水平。

【提供优质法律服务】 处理省政府征求意见15件次，处理各类法律意见61份，审查政府合同4件，办理民事诉讼1宗，协助市委、市政府及市直机关妥善处理政企合作等问题，为全市经济持续发展，扭转经济增长下滑势头提供全面高效法律服务，当好市政府依法行政方面的得力助手和合格顾问。（袁振超）

附：领导班子成员名单

局　长：何超常（~2011.11）

副局长：黄益东　陈雄标

刘剑军

金融管理

【概况】 韶关市人民政府金融工作局成立于2005年，为韶关市人民政府协调服务金融业的工作部门。2011年韶关市人民政府金融工作局行政编制12名，设立局党组，局长1名、副局长2名。设办公室、银行市场保险科（地方金融市场科）、资本市场科3个内设机构。2010年6月，增设韶关市金融服务中心1个直属事业单位。

2011年，韶关市金融机构运用科学发展理念，在货币政策紧缩的大经济环境中，直面挑战，迎难而上，探索金融与经济良性互动协调发展的新思路、新方法，拓宽融资渠道，采取各项措施推动韶关市经济加快发展。年末，全市银行业营业网点410个，证券期货业营业网点12个，保险业营业网点176个。全市金融业增加值为15.82亿元，金融业增加值占地区生产总值的1.94%，占第三产业比重为4.54%。三大市场运行平稳，年末全市银行业本外币各项存款余额为1005.35亿元，同比增长10.8%；本外币各项贷款余额425.23亿元，同比增长13.1%。存贷比为42.3%，比2010年提高0.88个百分点；证券业金融机构交易总额为846.96亿元，同比减少27.87%；保险业金融机构保费收入22.86亿元，同比下降0.54%。

【加大金融支持力度】 继续落实四大国有商业银行与市政府签订970亿元的政银战略合作协议，协调四大商业银行进一步加大信贷投放力度。截至2011年末，四大商业银行累计履约投放贷款985.51亿元，履约率达102.1%，5年履约指标将提前2年完成，其中2011年共履约283.23亿元，进一步支持韶关市经济社会的发展。

【发展利用资本市场】 继续加大对资本市场知识的宣传、培训力度，加强企业调研工作，掌握辖区内企业改制上市工作进展情况，完善企业改制上市后备资源库，为企业提供融资支持和帮助，协助企业解决改制过程中遇到的困难。针对少数优质企业改制上市的实际，按“一企一策、逐个推进”的方法，大力推进韶铸等企业股份制改革，为韶关市推进企业上市奠定坚实基础，积极发展韶关市多层次资本市场：引入创业投资管理公司，与中科招商投资（基金）管理公司签订合作框架协议，推动韶关市设立产业投资基金，同时探索中小企业集合票据发行以及早籼稻交割仓库设立工作。

【始兴大众村镇银行正式开业】 韶关首家村镇银行——始兴大众村镇银行开业。填补韶关市无村镇银行的空白，对韶关村镇银行的发展起到示范带头作用，为三农经济发展贡献力量。

【丰富地方金融机构】 2011年，在原有3家小额贷款公司的基础上，向省政府申请新设立8家小额贷款公司，推动小额贷款公司实现县（市、区）全覆盖。

【规范融资性担保公司发展】 完成全市10家融资担保公司以及2家分公司的规范整顿审核验收工作。搭建银行与担保机构对接平台，召开银担恳谈会议，建立银担互惠共赢的合作机制。

【做好集体林权改革金融服务】 全市银行业、保险业金融机构开办林权抵押贷款等涉林贷款业务和森林保险业务，加大对林业发展的信贷投放力度的保险保障，配合做好集体林权制度改革工作。2011年，全市银行业金融机构发放140笔林权抵押贷款共39263万元，贷款余额为33368.7万元，同比增长49.32%。各保险公司承保林木火灾保险面积15.37万公顷，同比增长209.93%。

【推进政策性农村住房保险】 按照“政府推动、共同承办、市场运作”的原则，继续推动政策性农村住房保险工作，为农民防灾减灾提供有效保障。2011年，韶关市10个县（市、区）全部完成续保工作，承保率为96%。保险保障金额为44.67亿元，累计赔付金额927.08万元。政策性农房保险在自然灾害中发挥十分重要的作用，为灾区农户重建家园提供保障，维护灾区的社会稳定。

【农信社增资扩股工作正式启动】 2011年6月1日农信社向农商行改制工作正式启动，翁源联社、始兴联社、南雄联社增资扩股工作已完成，为韶关市农信社向农商行改革奠定良好的基础。

【市小额贷款融资担保典当拍卖行业协会成立】 为了维护小额贷款公司、融资性担保公司、典当行、拍卖行等行业的合法权益和共同经济利益，维护市场秩序和公平竞争，沟通行业与政府、社会之间的关系，推广先进的管理技术和方法，按照《社会团体登记管理条例》的有关规定，成立韶关市小额贷款融资担保典当拍卖行业协会。该协会的成立将进一步加强行业自律，促进小额贷款公司、融资担保公司、典当行、拍卖行规范发展。

【市民卡多行业应用全面开通】 按照IC卡的标准制发的市民卡已正式面向市民发行并实现多行业、多领域应用，使用范围覆盖交通、医疗、购物、旅游、税务等项目，进一步丰富市民的支付结算渠道。

【推动农村信用体系建设】 出台《韶关市农村信用体系建设县（市）试点工作的实施方案》，选取乐昌市和乳源县作为韶关市农村信用体系建设试点县（市）。以信用为立足点，通过成立征信中心，建立信用村（镇），出台小额贷款贴息和设立担保基金等配套措施，打造信用韶关，培育县域及以下经济主体的信用意识，为加快推进全市农村信用体系建设，发展农村经济奠定基础。 （陈思思）

附：领导班子成员名单

党组书记、局长：曾宪乐

党组成员、副局长：汤满懿、李功保

接待工作

【概况】 2011年，接待办按照“敏锐、热情、务实、廉洁、创新”十字风尚要求，共完成接待任务2735批次，61048人次，较上年同比增长20%。其中，接待副国家级领导8批次，1707人次；省部级领导167批次，12387人次；厅局级及以下的领导2560批次，46954人次，包括中共中央政治局委员、省委书记汪洋，全国人大常委会副委员长桑国卫，国务院原副总理吴仪和全国政协副主席张思卿等，并完成2011年广东国际旅游文化节、广东装备制造业国际高峰论坛既莞韶产业园2011年投资洽谈会、全省信访工作会议和广东省党管武装会议等大型活动接待任务。

2011年，接待办荣获2011广东国际旅游文化节主会场（韶关）工作先进单位、2011年韶关市城市亮化工作优秀组织奖，接待办6人被评为2011广东旅游文化节先进个人。党的基层组织党务公开工作被评为优秀等次。

【接待基地运营情况】 2011年，北苑宾馆经营收入911.42万元，税金32.09万元；韶州宾馆经营收入434.78万元,税金24.2万元；荷花园（粤海）酒店经营收入1741.91万元，税金101.33万元，全年超额完成经营目标任务的15.03%。韶州宾馆、北苑宾馆均被评为2011年韶关城市亮化工作先进集体。

【接待服务水平提高】 一是“精敏意识”提高。通过及时贯彻新精神，找准突破点，提高干部职工的政治觉悟。二是挖掘“精益服务”。坚持以人本理念调试工作方法，以精益求精烙印服务质量。三是打造“精工制作”。餐饮制作要突出健康、特色和生态主题，展示菜品的搭配水准和工艺特点。四是深化“精细管理”。内部管理做到有序规范，外部经营谋求延展拓宽，不断完善现代企业管理制度。

【队伍调整】 接待办按照组织程序，先后提拔任用7名干部。其中，享受正处级待遇1名、正科长1名、主任科员1名、副科长2名、聘任接待服务中心副主任2名。另外，通过招聘接待员、续聘企业总经理、返聘退休同志、调整部分人员分工等举措，梳理接待队伍层次结构，确保接待队伍科学发展。

【扶贫开发“双到”工作】 2011年度市接待办先后投入98.7万元完成帮扶点塘峰岩村8个建设项目工程和29户帮扶任务。其中，投入30万元入股乳源县明源公司的电站，并通过种植黄烟返税和帮扶花生油销售，为村集体分别创收3915元和1200元；投入43万元，修建野猪窝村到千斤窝村机耕路；投入1万元更换村委变压器；投入3.9万元维修蓄水池3个；投入13万元为13户贫困户进行危房改造；投入0.6万元建垃圾池6个；投入7.1万元为29户贫困户共帮扶猪苗37头，鸡苗350只，饲料91袋，化肥31袋，农药25瓶；为贫困户158人购买2011年度新的农村养老保险和新的农村合作医疗，全村参保率达100%；免费为贫困户进行种养和非农技术培训3次，参加培训人员达154人次，转移就业人员59人；办理无劳动能力的低保户2户；拟投入62万元对大树背村和山窝村实施建设硬底化道路。2011年5月，组织成立“大桥镇塘峰岩村经济合作社”，2011年，经省扶贫“双到”检查组抽检，帮扶的29户贫困户实现全部稳定脱贫，稳定脱贫率100%。（何燕芬）

附：领导班子成员名单

主　任：唐福楼

纪检组长：陈月梅（~2011.9）

副主任：张　衡　冯宪青

　　　　韩丽华

市行政服务中心

【概况】 韶关市行政服务中心内设办公室、协调科、督查科、政务科，下辖市政府招标采购中心。2011年，办事服务大厅全年共受理各类办件300614件，即办件数量为260305件，占总办件数的86.59%，提前办结率为100%。收到表扬信84封，锦旗97面，群众满意率为100%。12345行政服务热线共接到群众行政审批和便民服务方面的咨询47885次。市政府招标采购中心开展招标采购活动202次，完成采购预算金额1.51亿元，实际采购金额1.35亿元，节约资金1603万元，资金节约率为10.6%，完成财政部门下达的138万元非税收入上缴任务。

【窗口规范管理】 2011年，中心采取多项措施规范窗口管理。一是对办公场地进行扩建改造，扩大办公场地，建设开放式的行政审批服务平台，使窗口运作透明化；二是制定《韶关市行政服务中心标准化建设实施方案》，对窗口及工作人员各项工作进行量化考核，开展“最佳标准化窗口”和“最佳标准化个人”评比活动；三是使用电子监控系统对窗口服务大厅工作情况进行监察；四是利用电子审批系统对窗口行政审批业务办理情况进行监察；五是从社会各界聘请特邀监督员采取明察暗访的方式对窗口进行管理。

【行政审批管理】 2011年，中心采取多项措施推进行政审批管理。一是加强后续管理，推进行政审批提速增效，第五轮承诺天数比法定天数缩短2957天，提速达51.39%；较第四轮减少1244天，提速达30.78%。二是推进“两集中三必进”工作，推动市编办、市自来水公司等部门进驻窗口，以及市工商局、市国税局、市地税局等业务大规模进驻，提高行政审批项目集中度。三是行政审批事项在办事服务大厅进行公示，所有办事流程向社会公开，接受监督。

【联办代办服务企业】 2011年，中心为重点企业和新落户的企业实行主动服务、跟踪服务，并着力推进联办代办机制。全年开展百家企业帮扶等活动，为企业提供联办代办事项共95项，为企业解决行政审批方面的疑难杂症119个，在广东国际旅游文化节主会场工作中开展联合审批工作，受到市委、市政府通报表彰。

【行政服务体系建设】 2011年，中心全力推进韶关市、县两级行政服务体系建设。一是开展工作交流，定期召开县（市、区）行政服务中心工作会议，交流工作经验及审批服务方面的有效做法；二是开展业务培训，到县（市、区）行政服务中心对工作人员进行业务培训，提高服务能力和水平；三是开展年度工作检查，对县（市、区）行政服务中心年度工作进行检查，促进各项工作有效开展；四是探索乡镇（街道）便民服务中心建设。

【政府信息公开】 2011年，中心推进全市政府信息（政务）公开工作。一是编制韶关市2010年度政府信息公开工作年度报告；二是制定《韶关市2011年全市政府信息公开工作要点》，指导、督促各地各部门按要求开展政府信息公开工作，推动全市政府信息公开工作水平上新台阶；三是开展政府信息公开检查，推进政府信息公开工作；四是迎接政府信息公开检查，全市政府信息公开工作在2011年全省政府信息公开工作考核中，实地检查排名全省第一，综合成绩评为“优秀”。

【规范采购管理】 2011年，中心规范采购管理，推进政府采购阳光平台建设。一是主动服务。加强与采购单位的沟通联系，听取、收集招标单位的意见和建议，不断创新服务方式和手段。二是实施公证机制。对采购金额在100万元以上的、社会影响较大的项目以及单台金额50万元以上的医疗设备项目继续实施公证机制，确保政府采购规范操作，完善政府采购长效监督制约机制体系。三是抓好电子政府采购平台建设。（张传生）

附：领导班子成员名单

主　任：吴生祥

副主任：李寿全　王明志

纪检组长：钟山红

外事侨务、港澳事务

【概况】 韶关市外事侨务局内设办公室、签证科、侨务科、宣传联络科、港澳事务科，同时挂韶关市人民对外友好协会和韶关市人民政府港澳事务办公室牌子。2011年因公出访审批管理工作在严格审核程序，把好审批关和提高服务质量等方面不断提高，办理因公出国签证74批163人次，因公赴港澳签注921人次。接待外宾13批88人次，华侨华人4批70人次。对外交往合作增多，韶关市与美国旧金山市签署《韶关市与旧金山市缔结友好合作城市关系协议书》。旧金山市中华总商会顾问白兰女士及市政府官员一行8人、旧金山市中华总商会会长黄永乐一行4人先后访问韶关。泰国驻广州领事馆总领事林培森率20多位领事及泰国知名企业家访韶关。日本国驻广州总领事馆总领事田尻和宏及日本企业代表一行9人到韶关考察。在2011年广东国际旅游文化节期间，接待希腊副总理潘卡洛斯一行10人、日本兵库县知事井户敏三一行11人、韩国荣州市市长金宙荣一行8人。第六届世界广东同乡联谊大会在泰国曼谷举行。由马来西亚驻广州总领事馆、韶关市人民对外交流协会、韶关市益华百货有限公司联合举办的“广东益华百货马来西亚特色食品节”在韶关开幕。做好韶关市与外国驻穗机构联谊交流会的承办工作。完成每年一度、于2月15日在香港举行的“韶关市人民政府香港新春座谈会”工作。利用《粤北乡情》侨刊、“韶关外事侨务网”、“广东侨网”、“广东外事网”等多种渠道开展对外宣传工作。《粤北乡情》2011年共出版3期，现改名为《今日韶关》。侨务信访工作共接来信来访12宗，结案9宗。

【与美国旧金山市缔结友好合作城市关系】 3月，旧金山市市长李孟贤与韶关市市长艾学峰签署《中国韶关市与美国旧金山市建立友好合作关系备忘录》。9月22日至25日，韶关市市长艾学峰率代表团一行6人访问美国旧金山市。22日，艾学峰与旧金山市市长李孟贤共同签署《韶关市与旧金山市缔结友好合作城市关系协议书》，韶关市正式与旧金山市缔结友好合作城市关系，两市对双方就韶关市派遣环保、公安、水利等部门公务员到旧金山市进行培训事宜达成协议。根据《协议书》的约定，双方将在经济、文化、艺术、教育及旅游等各领域开展交流与合作，实现共同繁荣与发展。11月22日至25日，旧金山市中华总商会会长黄永乐先生一行4人访韶，主要是考察韶关投资环境，希望在韶建设五星级酒店。至此，韶关市共结成3对友好城市。

【与外国驻穗机构联谊交流】 5月24日，由韶关市政府、广东省外事办、广东省外经贸厅主办，韶关市外事侨务局、韶关市外经贸局承办的“韶关市与外国驻穗机构联谊交流会”在广州市东方宾馆举行。来自24个国家的驻穗领事馆官员及70多位外国驻穗商务、金融、新闻机构负责人参加交流会。副市长陈秋彦主持会议、市长艾学峰做主旨演讲、有关单位作投资环境推介。

【泰国官员及企业家访问韶关】 8月3日，泰国驻广州总领事林培森率领20多名领事官员及泰国企业家代表访问韶关。林培森一行参观建溢集团公司和韶关科艺创意工业有限公司。随后，副市长陈秋彦率市外事侨务局、经信局、外经贸局、金融局和工业园管委会等相关单位负责人与到访人员进行座谈，座谈会主要围绕韶关经贸投资环境优势的介绍，并现场与泰国知名企业互动交流，进一步增加泰国企业对韶关市投资环境的了解，促进韶关市与泰国之间的经贸投资合作。

【参加第六届世界广东同乡联谊大会】 8月12日至14日，第六届世界广东同乡联谊大会（以下简称为世粤联会）在泰国曼谷举行。副市长陈秋彦率团出席此次世粤联会并顺访菲律宾。世粤联会已成为全世界粤籍乡亲联络沟通，增加乡谊、共谋商机的平台。组团参与此次活动，进一步推进韶关海外社团的发展，加强对外交流，争取侨心，凝聚侨力，以此契机促进韶关的招商引资工作。

【日本国驻广州总领事及日本企业代表访问韶关】 8月29日至30日，日本国驻广州总领事田尻和宏及日本企业代表一行9人到韶关市参观考察。田尻和宏一行先后参观考察韶铸集团有限公司、建溢集团公司、东阳光公司、三协电子公司。8月29日下午，田尻和宏一行与副市长陈秋彦以及市发改局、经信局、金融局、国资委、外事侨务局、外经局、劳动与社会保障局、招商办、工业园管委会、韶钢集团主要负责人进行座谈，座谈会由韶关市人民政府副秘书长周纪军主持。8月29日晚上，韶关市市长艾学峰会见并宴请田尻和宏一行。

【韩国荣州市市长金宙荣访问韶关】 11月4日至6日，应市长艾学峰邀请，韩国荣州市市长金宙荣率代表团一行8人访问韶关。访韶期间，荣州市政府代表团观摩2011年广东国际旅游文化节开幕式暨旅游推介大会，参观丹霞山、南华寺、韶关学院，并就两市经贸合作与文化、教育等领域的交流事宜交换意见。

【希腊副总理潘卡洛斯访问韶关】 11月5日至6日，应广东省邀请，希腊副总理潘卡洛斯一行10人到韶关参加2011年广东国际旅游文化节开幕式暨旅游推介大会。

【日本兵库县知事井户敏三访问韶关】 11月5日至6日，应广东省邀请，日本兵库县知事井户敏三一行11人到韶关参加2011年广东国际旅游文化节开幕式暨旅游推介大会。

【“马来西亚特色食品节”在韶开幕】 12月10日，广东益华百货有限公司与马来西亚驻广州总领事馆及韶关市人民对外友好协会在韶关联合举办“广东益华百货马来西亚特色食品节”。副市长孔云龙、马来西亚驻穗总领事馆总领事方世凯出席开幕式并致词，韶关市相关职能部门领导、广东益华百货有限公司主要领导、新闻机构单位出席开幕式。该特色食品节丰富韶关市市民的食品消费品种，促进韶关的商业经济发展。（李　莹）

附：领导班子成员名单

局　长：林　岚

副局长：陈其华　华　明

代建工作

【概况】 韶关市政府投资建设项目代建管理局（以下简称韶关市代建局）于2010年12月23日批准成立，为市政府直属事业单位，正处级，办公地址位于韶关市浈江区大学路195号。根据《关于印发韶关市政府投资建设项目代建管理局机构编制方案的通知》规定，韶关市代建局内设办公室、计划财务科、项目规划科、合同预算科和项目建设管理科五个科室。核定事业编制21名，其中，局长1名，副局长2名，总工程师1名，总经济师1

名；正科级领导职数5名，副科级领导职数5名。其主要职责是项目建设期间受市政府委托行使业主职能，负责政府投资建设的非经营性工程项目的组织实施和管理工作。

2011年，韶关市代建局围绕市委、市政府的中心工作，以加快局机关筹建工作为基础，以稳步推进各项目建设为重点，坚持两手抓，确保筹建工作和各项目建设工作的有序开展。

【筹建工作有序开展】 一是按照市委、市政府的部署，确定办公地点，添置各种办公用品、办公设施，完善办公条件。二是结合本局实际，研究制定《韶关市代建局党风廉政建设责任制实施办法》、《韶关市代建局党组决策制度》、《韶关市代建局干部学习制度》等规章制度。各科室依据各自职责分工，明确部门职能，制定相应的业务办事指南和工作流程等，完善局机关的办公管理制度。三是与韶关市规划院沟通联系，并结合韶关市近期建设规划，修改完善《2012年城市建设计划》。参照其他地区兄弟单位的做法，结合韶关实际，起草《韶关市政府投资非经营性项目代建管理办法》，并提交各相关部门征求意见。四是创建韶关市代建局网站，推行项目建设工程管理软件，加强局机关的信息化建设和应用信息化手段管理建设项目的能力。

【曲仁矿项目建设前期工作稳步推进】 曲仁矿棚户区工程二期改造项目是市政府提出的八件关系民生的实事之一。其中，田螺冲矿改造项目规划总用地面积约31.6万平方米，总建筑面积约90.3万平方米，计划安置原曲仁矿棚户区住户约1.2万户。格顶矿改造项目位于仁化县董塘镇，规划总用地面积约11.39万平方米，总建筑面积约3.76万平方米，计划安置原曲仁矿棚户区住户约505户。2011年，该项目已基本完成选址、立项、报批、可研、环评、规划、设计等前期工作。

【行政第二组团和市图书馆新馆项目建设】 行政第二组团项目和芙蓉新城市图书馆新馆项目建设也分别是市政府提出的八件关系民生的实事之一。2011年，两个项目的前期工作按照预期顺利推进。芙蓉新城市图书馆新馆项目建设前期工作已完成一部分。

（熊丽琴）

附：领导班子成员名单

局　长：刘　波

副局长：邓永坚

总工程师：何　敏

总经济师：张　毅

信息中心

【概况】 韶关市信息中心为副处级参公管理的事业单位，隶属韶关市政府办领导和管理。其主要职责：负责全市党政机关电子政务系统建设的统一规划，并指导和组织实施；负责建设、维护和管理韶关市信息中心平台和市直党政机关电子政务系统网络，并提供技术指导和服务；负责建立、运行和管理“韶关市人民政府公众信息网”；组织、指导和协调全市政务信息资源的开发利用和电子政务信息技术的推广应用等。

【网络建设】 2011年，韶关市在现有电子政务网络平台的基础上,对市级电子政务中心机房和电子政务城域网进行完善和优化，进一步延伸县级电子政务网络平台，深化网络应用，实现电子政务外网的省市县三级联网，部门县（市、区）实现四级、五级联网。截至2011年12月，已有71个市直、中省单位接入到市级电子政务外网，接入终端总数达5000多台，全市10个县（市、区）已有8个在市级电子政务网络的基础上，建成县级电子政务外网平台，部分县（市、区）网络已经覆盖到乡镇、街道办事处和行政村。全市已有县（市、区）直300多个单位，38个乡镇(街道)、4000多个终端接入县级电子政务平台。全市电子政务网络平台进一步完善、接入单位和终端不断增多、网络应用不断加强。

【网站建设】 “韶关市人民政府门户网”设有走进韶关、政务公开、政策法规、经济社会、政民互动、旅游韶关、投资韶关、政务动态、本地新闻、政府文件、政府工程招标、通知公告、政府考试等近20个栏目。并应市委、市政府的中心工作需要常设、暂设市“两会”、韶关大事记、韶关正在创建全国文明城市、韶关市人民政府公报、创建全国生态文明示范市、韶关发展思考、科普宣传、2011年广东国际旅游文化节韶关主会场、韶关市深入开展创先争优活动等十几个专栏。

通过门户网能快捷进入行政审批、便民服务系统，党风廉政信息公开平台、工程建设领域项目信息和信用信息公开平台、市政府信息公开平台、网络问政平台等便民为民服务系统（平台）。2011年门户网共发布政务动态1600多篇、本地新闻1300多篇、经济社会综合信息150多篇、政府文件及政策法规100多篇、市“两会”专题报道65篇、韶关大事记及政府公报等特色专题信息50多篇；为各类重大建设项目发布工程招投标公告910多篇；为政府及各部门发布公告、通知80多篇。

【应用系统建设】 自2005年以来，韶关市电子政务软件应用系统采用平台+业务系统的构建模式，建成开通全市统一电子政务综合应用平台，实现统一入口、统一认证、统一管理，并在综合应用平台的基础上，相继开发办公业务、行政审批、便民服务、党风廉政信息公开平台（系统）、工程建设领域项目信息和信用信息公开平台（系统）、市政府信息公开平台（系统），网络问政平台（系统）等一批电子政务业务应用系统，其中办公业务系统、行政审批和便民服务系统，通过中国赛宝实验室软件评测中心的综合验收测评。建成的应用系统已全部投入实际应用。2011年，韶关市电子政务应用取得的长足的进步，取得明显的经济效益和社会效益。办公业务系统已经推广至全市320多个单位，逐步实现市、县（市、区）公文的在线实时交换和共享；行政审批系统在全省市厅级领导干部科学发展的考核中，行政许可事项网上办理率水平位居全省第四；党风廉政信息公开平台（系统）党务公开单位99个，政务公开单位519个，厂务公开单位50个，事务公开单位160个，村级公开单位1375个，所站公开的单位509个，已发布各类信息32万多条；市政府信息公开平台（系统），全市519个单位，已发布信息5.2万条；工程建设领域项目信息和信用信息公开共享平台（系统），全市153个上线单位共发布工程建设领域各类信息3200多条，初步建立工程建设领域项目信息公开和信用信息公开基本框架和运行机制，实现专栏开通率100%、专栏链接率100%、目录内容覆盖率100%“三个百分之百”的目标；网络问政平台（系统）涵盖市委各部门、市人大机关、市政府各部门、市政协机关、市审判机关、市检察机关、群众团体组织、各县（市、区）党委政府以及中省驻韶等机构共94个单位，网络问政平台网站日均访问量超过2600人次，日均受理答复网络问政20多条，及时答复率达98.8%，一大批人民群众关心的热点难点问题通过公开、透明的网络问政平台得到解决，得到各级领导和社会公众的高度肯定。（李建联）

附：领导班子成员名单

主　任：陈其宏

副主任：欧阳立新

政协韶关市委员会

综　述

2011年是实施“十二五”规划的开局之年，也是韶关市坚持生态文明发展道路，推进经济社会跨越发展，建设幸福美好韶关的重要一年，一年来，市政协以邓小平理论和“三个代表”重要思想为指导，深入贯彻落实科学发展观，贯彻中共十七大和中共十七届五中、六中全会精神，把握团结民主两大主题，始终坚持围绕中心、服务大局，履行政治协商、民主监督、参政议政职能，为韶关市加快建设粤北区域中心城市，推进生态文明建设，推动经济社会跨越发展，建设幸福美好韶关作出应有的贡献。

重要会议

【市政协十届五次会议】 2011年2月，政协韶关市委员会在市区召开市政协十届五次会议。会议主要听取和审议市政协常务委员会工作报告和常务委员会关于十届四次会议以来提案工作情况的报告；听取和讨论市政府工作报告及有关报告；补选王乙未为市政协十届委员会副主席，蔡昌芳为市政协十届委员会常务委员会委员；表彰政协韶关市委员会2007、2008年优秀提案和承办提案先进单位、先进工作者和优秀市政协委员；审议通过会议决议。会议期间，组织安排委员大会发言、大会即席发言，各民主党派、工商联及各界别的委员就招商引资、民营经济、工业发展、农业和农村工作、科教兴市、可持续发展战略、城市居民基本生活保障、民主法制和反腐倡廉等问题，提出意见和建议，引起领导重视和社会各界关注。会议期间，还组织召开港澳委员座谈会，听取港澳委员对加快韶关经济发展和社会建设的意见和建议。

【十届政协常务委员会会议】 2011年，十届政协常务委员会共召开会议六次，即十届十八次至二十三次会议，其中有两次常委会议（即第十九次、第二十次）在市政协十届五次会议期间召开，听取各组讨论工作报告及决议和有关人事事项的情况。其他三次常委会议分别听取市政府、市纪委、市法院、市检察院通报政府工作、反腐倡廉、两院工作、政府部门办理政协提案等工作情况，讨论政府工作报告（征求意见稿）；分别讨论和审议政协常委会工作报告（送审稿）、提案工作报告（送审稿）以及政协重点调研专题报告，并就重点调研专题情况提出建议案，供市委、市政府及有关部门决策参考。

2011年，市政协围绕加快培育和发展韶关市战略性新兴产业专题，举办市长与市政协委员见面座谈会，委员们就培育和发展生物能源产业；推进中小企业参与韶关市战略性新兴产业发展；加快工业园区建设，为韶关市战略性新兴产业发展提供平台和示范作用；引导民营企业参与战略性新兴产业发展；立足自身资源条件和产业基础，发展节能环保产业；加快韶关市医药产业发展等，向市长提出意见、建议。

2011年是中国共产党成立90周年，是辛亥革命100周年，也是市政协成立55周年，市政协会同市各民主党派、市工商联以及各界爱国爱党人士举行系列活动，包括座谈、征文、举办“政协杯”乒乓球比赛，编辑十届市政协宣传画册等，使他们在政治上进一步坚持中国共产党的领导，坚定走中国特色社会主义政治发展道路，共同推动中国特色社会主义事业发展。

重要活动和主要工作

【调查研究和专题视察】 2011年，市政协围绕市委、市政府的中心工作开展四个专题的调研活动，即加快培育和发展韶关市战略性新兴产业专题；加强韶关市休闲旅游业发展专题；促进韶关市城乡基本医疗卫生服务体系建设专题和韶关市社会养老服务事业发展专题。这四项专题调查报告均经主席会、常委会审议后形成建议案，报送市委、市政府，得到市委、政府的肯定和采纳。

年内，市政协各专委会先后就韶关市三旧改造，扩大内需，农村宅基地管理，人口与计划生育工作综合改革，公共文化设施重点项目建设，学前教育发展，宗教场所七项管理制度落实情况，保持供港农产业出口加工情况等等事关全市人民群众关心的热点、难点、重点问题，组织委员开展视察活动，形成视察报告，供市委、市政府及有关部门决策参考。

【提案工作】 2011年，市政协在提高提案质量、办理质量和服务质量上狠下工夫；以严把提案立案关为基础，以加强办理工作督查为抓手，提高提案办理的落实率；继续坚持党政主要领导领办重点提案，政协领导督办重点提案，部门领导承办提案，不断推进提案办理工作；采取调研督办、视察督办、座谈评议督办等形式，全方位、多层次地督办提案；运用网络平台，实行网上提交网上督办和反馈等，为提案者和承办单位提供高质量的服务；着力推进提案工作由数量型向质量型、由答复型向落实型转变。全年共收到委员提案184件，立案134件，办复率、满意或基本满意率达100%，不少提案所提的意见、建议得到落实，产生良好的效果。

【团结各界和三胞联谊工作】 2011年，市政协发挥各民主党派、工商联和各界人士在人民政协中的作用，在统一战线内部营造团结、民主的良好氛围，使政协真正成为各界人士团结合作、参政议政的重要场所，坚持政协班子党员领导干部走访各民主党派、工商联和各界人士的做法，沟通思想，密切关系，听取意见，商讨工作；密切与民营经济代表人士的联系，关心、支持民营企业发展。邀请各民主党派、工商联参加政协组织的调研、协商、议政活动；支持和重视各民主党派、工商联提出的提案。

加强与港澳台侨人士的联系，在香港和澳门分别举行韶关旅港澳同胞联谊座谈会，增进情谊和联系，发动港澳委员多为韶关经济发展招商引资、建言献策。不断扩大与台湾各界人士的联系，增进台湾各界对“和平统一”、“一国两制”的理解和认同。

加强界别工作，探索开展界别委员活动的方式和方法，突出界别声音，鼓励和引导政协委员围绕本界别共同关心的问题提出意见和建议，加强同一界别委员之间的沟通与交流，突出界别的整体性，支持政协委员以界别名义作大会发言、即席发言或专题议政发言，把界别群众普遍反映的问题，较集中的意见、建议，以界别的名义或界别委员联名的方式提交提案或社情民意。各专委也相应地组织开展“委员活动日”活动。

【参与市委、市政府中心工作】 落实市委市政府关于班子领导挂点扶持重点企业、重点项目和督办重点信访积案的安排，市政协领导主动地开展工作，促进企业的发展和项目推进问题的解决；落实计生工作挂钩扶持措施，牵头挂钩扶持乳源县大布镇计生工作，与市公安局、市旅游局、市供电局一道，帮助该镇解决计生工作硬件设施建设资金紧缺问题；继续落实市委、市政府关于扶贫开发“规划到户、责任到人”的号召，与市民主党派机关共同负责挂扶乳源县桂头镇草田坪村，落实各项扶贫措施，投入和引进资金350万元，帮忙该村抗“5·8”洪灾，修复交通道路，发展生产，改建住房，重修自来水，重整村容村貌，增加村集体收入等，各自然村、各贫困户的精神和自然面貌有较大改观，扶贫工作取得明显成效。

【信息工作】 2011年，市政协强化政协信息工作。坚持以提高质量为目的，以健全工作网络为方法，以加强骨干队伍建设为基础，进一步拓宽政协信息来源，畅通反映社情民意渠道。及时反映委员的意见、建议和社会各界的呼声愿望，以及带有倾向性、苗头性的社会舆论，全年共计收到信息稿件60多篇，编印9期《政协信息》，其中《交通标志牌亟需“下乡”》得到市党政领导的高度重视和批示，较好地发挥下情上达的直通车作用，力所能及地为市委市政府领导知情明政、科学决策、民主决策提供有价值的参考。

【加强自身建设】 加强政协委员培训管理。通过举办委员培训班、组织外出考察、编印学习资料等方式，组织委员学习，提高委员的参政议政水平。精心组织委员参加调研、视察等活动，帮助委员掌握党和国家的方针政策，知晓国情市情，了解社情民意，为委员知情出力创造条件。以加强委员的管理教育为重点，完善委员履行职责情况考核激励机制，抓好各项规章制度的贯彻落实，树立政协组织和政协委员的良好形象。

加强政协机关队伍建设。按照“政治坚定、作风优良、学识丰富、业务熟练”的总体要求，结合“纪律教育学习月”、“创先争优”等系列学习教育活动，提高政协干部队伍的思想政治素质和业务水平，着力增强全局观念、服务意识。建立健全和落实各项制度，推进机关工作的规范化、制度化、程序化建设。推进机关机构和人事调整，优化机关干部结构，为机关年轻干部的成长和进步创造条件。通过努力，机关干部职工的思想认识、工作效率有新的提高，工作作风、机关风气有新的转变。（彭长伟）

市政协2011年十届委员会领导班子成员名单

主　席：邓苏夏

副主席：李　飞　赵志发
　　　　张秉钊　王伟阳
　　　　贝抗胜　何伟青
　　　　刘大济　王乙未

秘书长：何炳光

副秘书长：黄颂华
　　　　　蔡昌芳（2011.2~）
　　　　　成绍强
　　　　　王晓梅（2011.12~）

市政协第十一届委员会领导班子成员名单

主　席：李　飞

副主席：王伟阳　贝抗胜
　　　　何伟青　刘大济
　　　　王乙未　邓建华
　　　　林　嘉　张文铭

秘书长：陶学权

副秘书长：黄颂华　成绍强

纪检监察

综　述

市纪律检查委员会机关（简称市纪委）与市监察局合署办公，设14个内设机构，行政编制总数为72名，后勤服务人数为7名。2011年，全市纪检监察机关坚持标本兼治、综合治理、惩防并举、注重预防的方针，以完善惩治和预防腐败体系建设为主线，坚持围绕中心、服务大局，在重大决策部署和政策措施的监督检查、党风廉政建设责任制落实、纠风专项治理、反腐倡廉教育、廉政信息公开、机关效能建设、权力监督制约、案件查处等方面都取得新的成效。

纪　检

【韶关市纪委十届六次全会】 中国共产党韶关市第十届纪律检查委员会第六次全体会议于2011年1月20日在韶关市区召开。市纪委委员32人，实到会31人，请假1人。不是市纪委委员的市监察局副局长，各县（市、区）纪委书记、监察局长，市直及中省驻韶单位纪检组长（纪委书记），市纪委各室主任列席会议。会议传达学习胡锦涛在十七届中央纪委六次全会上的重要讲话和十七届中央纪委六次全会精神，以及中共中央政治局委员、省委书记汪洋在十届省纪委五次全会上的重要讲话和十届省纪委五次全会精神，听取市委书记郑振涛的重要讲话，审议通过市委常委、市纪委书记段宇飞代表市纪委常委会所作的《围绕中心服务大局　扎实推进党风廉政建设和反腐败工作》报告和《中国共产党韶关市第十届纪律检查委员会第六次全体会议决议》。全会总结2010年工作，部署2011年的工作任务，要求各级纪检监察机关要强化监督检查措施，确保中央和省市重大决策部署的贯彻落实；加强廉政教育监督，规范权力正确行使；完善惩防腐败体系，构建反腐倡廉长效机制；加大查办案件力度，查处违纪违法行为；开展专项治理，解决群众反映强烈的突出问题；加强干部队伍建设，打牢反腐倡廉建设组织基础，为韶关“十二五”规划开好局、起好步提供坚强保证。

【韶关市纪委十届七次全会】 中国共产党韶关市第十届纪律检查委员会第七次全体会议于2011年11月29日在韶关市区召开。市纪委委员32人，实到会29人，请假3人。不是市纪委委员的市监察局副局长，各县（市、区）纪委书记、监察局长，市纪委各派驻纪检组长（纪工委书记），市纪委监察局各室主任列席会议。会议审议通过《中共韶关市纪律检查委员会向市第十一次党代表大会的工作报告》稿及《新一届市纪委委员候选人预备人选建议名单》。

【韶关市纪委十一届一次全会】 中国共产党韶关市第十一届纪律检查委员会第一次全体会议于2011年12月6日在韶关市区召开。市纪委委员35人参加会议。全会选举产生市第十一届纪律检查委员会常务委员会委员9名、书记1名、副书记3名，并经中国共产党韶关市第十一届委员会第一次全体会议通过。

【党风廉政及领导干部廉洁自律】 开展党政机关公务用车问题专项治理，清理纠正违规公务用车89辆，对全市3183辆党政机关公务用车统一张贴标识，有效遏制公车私用行为。执行公务用车编制配备和管理，共审核购置新车339辆，涉及金额2509.1万元；退回上报资料27份，涉及指标27个；退回上报专项10份，涉及金额321.1万元。狠刹公款旅游行为，共审批外出考察学习78批1641人次，责令个人出资61.9万元，压缩外出学习考察团组178人次，压缩经费55.9万元。加大“廉政账户”的宣传力度，账户设立以来共收到退缴“红包”70.4万元。基层组织党务公开和县委权力公开透明运行工作分别在全省有关会议上介绍经验。加强换届纪律监督检查，营造风清气正的换届环境。落实廉政谈话制度，市本级共开展廉政谈话119人（次），其中任前谈话117人（次）、诫勉谈话2人（次）。对浈江区、武江区、市林业局、市外事侨务局四个单位的党政“一把手”进行述廉评廉，强化对“一把手”的监督。

【反腐倡廉制度建设】 修订完善《韶关市落实党风廉政建设责任制考核方案》，对全市各地各单位落实2011年党风廉政建设责任制情况进行考核，通报表彰2011年度全市12个党风廉政建设先进单位和10个纪检监察先进集体。出台《韶关市党风廉政建设责任制责任追究办法（试行)》，着重解决追究谁、谁来追究、因什么追究、怎样追究及追究后怎么办等问题。出台《关于加强对事业单位主要领导监督管理的暂行规定》，规定事业单位主要领导不得直接分管财务、人事、招投标、基建工程、物资采购等。出台《关于建立健全行政事业单位风险防范和监控机制的意见》，进一步规范行政事业单位的财务行为，加强资金监管。编制《韶关市党风廉政建设规章制度汇编（2007~2011年)》，方便广大党员干部学习、查询和落实反腐倡廉各项规章制度。

【经常性专题教育】 建立“韶关市党风廉政建设、干部任前法纪教育暨预防职务犯罪教育基地”。该基地是市纪委、市委组织部和市检察院共同创建的加强党员干部党性党风党纪教育的场所，于2011年5月正式投入使用。该基地被省纪委监察厅命名为全省第一批党风廉政教育基地。基地位于韶关市检察院附楼，建设总面积4000多平方米，整个工程建设投入资金1960多万元。基地分为警示教育区和学习培训区。

举办领导干部廉洁从政辅导报告会。8月18日，市委邀请省纪委副书记丘海作专题辅导报告。市四套班子领导、市直和中省驻韶单位副处以上领导干部参加报告会。

举办党纪政纪法纪教育培训班。6月，市纪委、市委组织部在市党风廉政建设教育基地对新任处级领导干部进行全封闭脱产式的教育培训；在市委党校组织市直机关重点岗位中层领导干部180多人进行教育培训；8月，市纪委在市党风廉政建设教育基地先后开办医疗卫生和教育系统重点岗位廉政教育培训班。

开展“唱廉歌、读廉书”活动。在韶关学院建立廉政文化进校园示范点，开展廉政书画展、廉政动漫设计等活动。组织韶关学院专业人员创作《请牵着我的手》、《清风拂我面》两首廉政歌曲。8月，市纪委、市文广新局在市图书馆组织举办以“读廉洁书籍，扬清风正气”为主题的廉洁读书月活动，号召全市党员干部积极参与。

制作反腐倡廉宣传画册、电视专题片。为配合开展纪念建党90周年活动，宣传韶关市反腐倡廉建设成果，市纪委制作反映近五年来韶关市党风廉政建设和反腐败工作情况的宣传画册《清风拂韶关》和电视专题片《韶阳楼下清风劲》，编辑出版反映全市反腐倡廉特色工作的专集《韶关市纪检监察特色工作经验汇编》。

开展任前廉政法规考试。全市共有拟提拔的112名处级干部，近200名科级干部通过廉洁从政党纪法规考试走上领导岗位。

开展换届纪律知识宣传。市纪委会同市委组织部在党员干部中开展“5个严禁、17个不准、5个一律”的换届纪律知识宣传和测试活动，营造风清气正的换届氛围。

加强反腐倡廉宣传报导，在《中国纪检监察报》上稿38篇，宣传报道工作保持全省领先地位。

【纪律教育学习月】 7月至9月，在全市开展以“加强制度教育，构筑拒腐防线”为主题的纪律教育学习月活动。组织党员干部学习胡锦涛在十七届中央纪委六次全会上的重要讲话，贺国强在十七届中央纪委六次全会上的工作报告，汪洋在省纪委十届五次全会上的重要讲话，朱明国在省纪委十届五次全会上的工作报告，以及《中国共产党党员领导干部廉洁从政若干准则》、《〈中国共产党党员领导干部廉洁从政若干准则〉实施办法》、《关于实行党风廉政建设责任制的规定》等党内法规。组织观看专题片《清正为民写忠诚》和《暴风雨中的忏悔——皮黔生渎职受贿案警示录》、《欲盖弥彰——刘志华腐败警示录》和省纪委编写的《反腐倡廉教育读本2011版》，并组织党员干部进行座谈、讨论。

【信访举报】 2011年，全市纪检监察机关共接受群众来信来访2501件（次），提供廉政信息4404人（次），澄清是非保护干部453人，处理涉腐网络舆情17期，办理网络问政108条。信访举报件总量与上年同比下降6.7%。

【案件查处】 2011年，全市纪检监察机关共初核案件线索302件，立案231宗，其中，涉及县处级干部9人，乡科级干部60人；结案242宗，处分249人，其中党纪处分226人，政纪处分78人，双重处分55人。通过办案为国家和集体挽回经济损失5976.45万元。乡镇办案率连续三年达到100%。制定出台《关于查处违纪违法要案的党内请示报告制度（试行）》、《韶关市纪检监察机关办案陪护人员管理办法（试行）》、《韶关市市直纪检监察部门查办案件工作年度考核暂行办法》，编印《韶关市纪委监察局办案工作指南》一书。查办案件工作在全省反腐倡廉制度和改革创新现场经验交流会上作大会发言。

监　察

【韶关市政府第五次廉政工作会议】 3月25日，韶关市政府召开第五次廉政工作电视电话会议。在市区主会场参加会议的有市政府领导，武江区、浈江区政府领导，市政府各部门、各直属机构、市国资委监管企业的主要负责人、纪检组长。市纪委、市委办、市人大办、市政协办、中省驻韶有关单位负责人列席会议。各县（市）、曲江区设分会场。会上，市长艾学峰总结2010年全市政府系统的反腐倡廉工作情况，对2011年的工作进行部署：一是加强监督检查，确保政令畅通。二是强化纠风治理，维护群众利益。三是加强制度建设，构建长效机制。四是加大惩处力度，严肃工作纪律。五是加强领导，狠抓落实。

【执法监察】 推进工程建设领域突出问题专项治理，建成开通工程建设领域项目信息公开和诚信体系信息平台（系统），发布各类信息1062条。加强对规范和节约用地政策措施落实情况的监督检查，督促和配合国土资源部门清查违法用地196宗，立案处理185宗，罚款1840.74万元。加强环境保护政策措施贯彻落实情况的监督检查，督促有关部门开展环境保护监督检查2700人次，检查企业2418家次，立案27宗。加强安全生产工作落实情况的监督检查，督促有关部门开展安全生产监督检查3419人次，检查企业1921家次。加强案件查处工作，查处北江河铊污染事故相关责任人不依法履行职责案、仁化县“丹霞一号”建设项目违法批地和非法征收土地案件和乳源瑶族自治县民族体育训练基地违法用地案件，给予9人党纪政纪处分。

【效能监察】 建立政府绩效管理联系会议制度，完成对53个绩效考评对象2010年度的绩效考评，评出优秀单位30个，合格单位23个。开展对扶贫开发“双到”工作、芙蓉新城建设、莞韶工业产业园建设、乐昌峡水利枢纽工程征地移民安置工作等市委市政府重大工作部署和重点建设项目的督查。完成行政执法、重大项目等2个电子监察子系统的建设，有40个职能单位的552项审批事项纳入市行政审批电子监察系统进行实时监控和绩效评估。在全市机关中开展机关作风教育和整改活动，针对基层“七站八所”工作作风、公车私用等热点问题先后进行10次暗访。受理群众对机关效能的投诉和信访32件，全部办结。对66个单位和部门工作人员上班使用电脑情况进行随机抽查，对47个单位188名工作人员上班时间上网玩游戏、看小说、购物等问题进行通报批评。加强行政问责，共问责3宗9人次。

【政风行风建设】 开展民主评议政风行风活动，重点在医疗卫生机构开展民主评议行风活动，在科技、经信系统开展政风行风“回头查”活动，在公安、工商等10个行政执法系统开展民主评议活动。推进“民声热线”工作，建立“民声热线”考核制度和责任人制度。“民声热线”节目全年共播出日常版251期，周日领导上线版47期，收到群众投诉、意见和建议1831个，所有问题都得到明确回复，首次实现回复率100%，群众对问题回复的满意率首次突破90%。

【纠风专项治理】 开展收受医药回扣专项治理，全市医疗卫生机构共有2528人次缴交医药回扣款约529.9万元，上交回扣人数和金额均列全省第一位。开展市场中介组织防治腐败专项治理，对企业登记代理违法违规行为进行专项整治，加强对市场准入环节的监管，严把登记注册准入关和年检验照审核关。开展违法违规征地拆迁行为专项治理，查处违法违规征地案件4起，涉及土地41.25公顷，给予党纪政纪处分10人，对工程施工单位给予行政处罚约267万元。纠正和查处截留、挤占、挪用、骗取强农惠农资金行为，查处农村土地承包、流转、征收中的违法违纪行为，进一步减轻农民负担。深化治理教育乱收费工作，对全市80多所学校教育收费情况进行检查，查处教育乱收费问题12个，涉案金额119.88万元，立案查处9人，行政问责25人。抓好清理规范庆典、研讨会、论坛活动工作，取消活动5项，节约经费115.69万元。开展公路“三乱”治理，全市共收到群众投诉36件，调查处理36件，行政问责3人，责令退还不合理所得1100元。

【源头治腐工作】 在互联网上建成开通集政务（政府信息）、党务、村务、厂务、事务公开等五个公开为一体的党风廉政信息公开平台，使全市初步形成比较完善的信息公开体系和框架。着力推进要素市场的资源整合，开展国有土地、建设工程、政府采购等要素市场资源整合的调研。推进土地、河沙等公共资源网上交易。开展行政机关和事业单位津补贴清理规范工作，组织开展行政机关单位、除义务教育学校和公共卫生与基层医疗卫生事业单位以外的其他事业单位津贴补贴的清理核查工作。加强行政问责力度，全市共对行政不作为、乱作为实施行政问责科级以上干部7宗14人，其中公开道歉7人、停职检查2人、责令辞职3人、引咎辞职1人、免职1人。推进县委权力公开透明运行，在南雄市开展试点的基础上，继续在乳源县进行试点探索。（杜奇立）

韶关市纪委监察局领导成员名单

纪委书记：段宇飞（~2011.12）
赖日先（2011.12~）
纪委副书记：王乙未（~2011.4）
于莉莉（女）
王德义
张立江（2011.4~）
纪委常委：张立江（~2011.4）
覃　峥（女）
黄光明
谢　斌　叶远军
翁良方（2011.12~）
监察局局长：王乙未（兼）（~2011.4）
张立江（兼）（2011.4~）
监察局副局长：张立江（兼）（~2011.4）
黄光明（兼）
陈忠旭

民主党派·工商联

民革韶关市委员会

【概况】 中国国民党革命委员会(简称民革)是由中国国民党民主派和其他民主爱国人士所创建,是具有政治联盟性质的、致力于建设有中国特色社会主义和祖国统一事业的政党,是中国共产党领导的多党合作和政治协商制度中的参政党。1959年9月,作为民革地方组织的民革韶关市第一届委员会正式成立,陈维廉任主任委员,陈炎武任副主任委员。2011年8月,民革韶关市第十次党员代表大会召开,选举产生第十届委员会,叶纬、成容、刘素云、刘国奇、刘卫忠、张文铭、张嘉异、张卫国、娄平、钟树梅、詹三毛(按姓氏笔划排列)共11名委员;民革韶关市第十届委员会第一次全体委员会议选举张文铭为主任委员,刘素云、叶纬和刘国奇为副主任委员,任命娄平为秘书长。

【思想建设】 2011年,以邓小平理论和“三个代表”重要思想为指导,深入贯彻落实科学发展观,不断加强政治思想教育。组织各级干部、广大党员学习中共十七届六中全会精神和科学发展观理论,学习多党合作和政治协商制度的政策理论,学习民革十一大和民革广东省第十二次代表大会精神,学习市第十一大次党代会精神。贯彻落实民革中央、民革广东省委和中共韶关市委统战部关于开展“观故居,走多党合作之路”、“树立和践行社会主义核心价值体系”、“我为幸福韶关建功业”等系列行动教育活动的部署,和市政协联办纪念辛亥革命100周年系列活动,提高党员的政治把握能力和合作共事能力,增强广大党员的政治责任感和历史使命感,为履行好职责提供巨大的精神动力。

【组织建设】 以民革市委换届为契机,高度重视领导班子、干部队伍和支部建设。2011年8月23至24日,完成民革市委会的换届工作。民革市委主要领导带头坚持讲学习、讲政治、讲团结、讲奉献,敢于创新,真抓实干,在广大民革党员中树立清新的勤政廉政的形象,具有更强的感召力和向心力。新的领导班子重视干部队伍的培养和学习,主委张文铭参加在北京举办的全国地级市以上主委学习班,秘书长娄平参加省民革举办的全省民革专干学习班;肖建华和陈红梅两名骨干参加市委组织部和统战部联办的党外中青年学习班。新领导班子重视制度建设,制定更为科学合理的《民革韶关市委主委、副主委和秘书长分工制度》,同时结合实际制定《民革韶关市委基层支部经费收缴登记和使用管理办法》。各支部的民主生活也获得更多的重视和关注,普遍做到活动有计划,内容更丰富,形式更多样化,活力和向心力不断增强。市委会和各支部更注重关心老同志、困难党员以及因病住院及逝世的党员,及时送上慰问金和慰问品,使党员们感受到组织的温暖和关心。

2011年,共发展新党员22名,均为本科学历或中级以上职称。截至12月底,全市有民革党员323名,其中男党员229名,女党员94名;具有中高级职称的党员181名,占56%。全市民革党员中有市人大代表6名,县(市、区)人大代表4名,其中常委2名;省政协委员1名;省级以下政协委员41名,市政协委员10名,其中副主席1名、常委3名;县(市、区)政协委员31名,其中副主席3名、常委4名。

【参政议政】 参与政治协商。民革市委班子成员参加中共韶关市委、市政府邀请的各民主党派、无党派人士参加的各种协商会、情况通报会、座谈会、征求意见会,对所协商的议题认真准备,在这些会上以高度的责任感和使命感,大胆建言献策,履行参政议政、民主监督职责。如:就市政府工作报告、市第十一次党代会报告等重大问题,坦诚建言。

落实广东省委、省政府“我为幸福广东建功立业”的部署，以高度的忧患意识和政治责任感，围绕据韶关实际情况由中共韶关市委和市政府提出的“我为幸福韶关建功业”这一主线，以确保经济平稳较快发展、惠民利民作为参政议政的首要任务，整合资源，献计出力。“两会”前，市委会多次召开会议研究部署政协大会上的大会发言准备工作，抓好选题、立意、调研、撰写等每一个环节。在2011年市政协大会上，张文铭主委作《关于加快推进我市“三旧”改造的建议》，受到与会领导的高度重视和引起社会各界关注，被市政协列为2011年重点督办提案。在2011年市政协大会上共有17名委员作即席发言，民革就占4名，他们分别作《关于调整市区咪表停车收费的建议》、《关于加快我市保障房建设步伐的建议》、《关于正确处理我市城市城市中拆迁安置问题的建议》、《关于加快推进我市学前教育的建议》等4个即席发言。其中委员叶纬的《关于调整市区咪表停车收费的建议》和委员娄平的《关于加快推进我市学前教育的建议》被市政协列为2011年重点督办提案。分别在韶关电视新闻和专题栏目播出，各支部在各县（市）区政协大会上累计作大会发言6次。

2011年，民革市委向市政协共提交集体提案2件，担任政协委员的民革党员提交委员提案13件。各支部提交集体提案6件，担任县（市）区政协委员的民革党员提交委员提案21件。担任人大代表的民革党员在平凡的岗位上不辱使命，履行人大代表职责。

组织市级政协委员、人大代表开展调研。如：3月25日至27日组织民革党员中的市人大代表、市政协委员和市委委员到兄弟市进行“地方特色统战工作规律探寻”和“非公有制企业构建和谐劳动关系问题研究”两个课题的调研。

【社会服务】 继续贯彻落实省、市“责任到人、规划到户”帮扶脱贫工作精神，“5·8”山洪暴发后，多方筹措资金，专门派出一名机关干部驻村，与市政协机关干部一起，为当地村民兴建复垦复耕复产种姜合作社、饮水工程及新农村建设存在的实际困难做许多基础工作，通过市级检查，确保三年任务两年完成。

各支部和广大党员牢记社会责任，投身社会各项公益事业。10月30日市委会组织粤北医院支部的党员医务工作者到乳源大桥进行送医送药活动，诊治病人250余人次，送出药品价值5000多元；乳源支部和武江区第四支部联合为乳源瑶族自治县桂头镇至善希望小学捐资助学捐款送去图书、学习用具、体育用品等价值人民币2万元；浈江区第一支部在2011年6月为民革市委会挂扶的草田坪村无偿提供绿化用的树苗一批；浈江区第二支部在2011年2月，组织党员到惠民街道办事处“爱心超市”开展献爱心活动，向“爱心超市”现场捐献现金人民币3000元，并登门慰问武江区的两户贫困家庭，给每户家庭送去食油、大米、被褥、购物券及慰问金。

【领导调研】 10月17~19日，省政协副主席、民革省委主委周天鸿一行到韶关调研指导工作。其间，周天鸿会见市政协主席邓苏夏、市委副书记林耀明和市政协副主席、市委统战部部长何伟青等。

2012年12月，全国人大常委、全国人大外事委员会副主任委员，民革中央专职副主席齐续春率队在广东省政协副主席、民革广东省委会主委周天鸿，副主委赵政的陪同下到韶关调研指导工作。其间，齐续春会见韶关市委副书记林耀明，市政协副主席王已未、张秉钊，统战部副部长张联清等，并与民革韶关市委会部分市委委员、专委会成员进行座谈。

（娄　平）

附：领导班子成员名单

主任委员：张文铭（2011.8~）
副主任委员：刘素云（女）
　　叶　纬
　　刘国奇（2011.8~）
秘书长：娄　平（女）

民盟韶关市委员会

【概况】 中国民主同盟（简称“民盟”）是主要由从事文化教育以及科学技术的高、中级知识分子组成的，具有政治联盟特点的，接受中国共产党领导、同中国共产党通力合作，进步性与广泛性相统一、致力于中国特色社会主义事业的参政党。中国民主同盟韶关市委员会（以下简称“盟市委”）成立于1981年8月。至2011年，历经八届市委会。2011年，盟市委以庆祝中国共产党成立90周年、中国民主同盟成立70周年和纪念辛亥革命100周年为重要契机，以完成市委会换届为重点，以“我为幸福韶关建功业”为主题，发挥参政党的积极作用，为建设幸福美好韶关作贡献。

【思想建设】 2011年，盟市委把加强思想建设作为首要任务，以各种有效形式促进思想建设。加强政治理论学习。盟市委带领全市盟员重点学习胡锦涛总书记在2011年党外人士迎春座谈会上的讲话精神、在庆祝中国共产党成立90周年大会上的讲话精神和在纪念辛亥革命100周年大会上的讲话精神。举办（参与）系列纪念庆祝活动。盟市委组织和动员广大盟员参与庆祝中国共产党90华诞、纪念中国民主同盟成立70周年和辛亥革命100周年活动。组织盟员参加市政协开展的“纪念中国共产党成立90周年暨市政协成立55周年主题征文活动”和市委统战部主办的“感恩九十年　永远跟党走——庆祝中国共产党建党90周年书画篆刻大赛活动”，盟员从伟明、潘奇的作品分获美术组一、二等奖。盟员王焰安编著《红色歌谣》一书向建党90周年献礼，该书是中共广东省委宣传部的重点课题。开展“四个一”（开一场庆祝大会、出一本纪念画册、表彰一批先进集体和优秀个人、召开一次座谈会）活动庆祝中国民主同盟成立70周年暨韶关民盟成立30周年，继承弘扬民盟老一辈的优良传统和坚定信念。

【参政议政】 2011年，盟市委围绕市委、市政府的中心工作，深入调查研究，履行政治协商，民主监督职能。盟市委领导、各级政协委员通过参加市委、市政府、市政协举办的意见征求会、座谈会、情况通报会等，就韶关市党政领导民主生活测评、加强和创新社会管理、市委、市政协换届人事安排等问题提出意见和建议。专职副主委范雪珊提交《建议“十二五”期间重视形成规模优势，集约发展稀有金属新材料产业》的发言材料参加2011年市长与市政协委员座谈会。做好“两会”发言和提案、议案工作。在市政协十届五次大会上，盟市委作《大力发展低碳经济，促进韶关生态文明建设》的发言。盟员委员和盟员代表围绕韶关市委市政府的中心工作、关系民生的问题提出的提案、议案，引起市内媒体的关注。会前，韶关市电视台就韶关市“创卫”成功后如何巩固创卫成果的问题专门采访委员范雪珊、吴宇勋；委员欧阳翰先后三次被市电视台采访。在各级人大、政协的表彰活动中，盟市委和盟员荣获多项表彰。盟市委《关于发展生态农业，促进韶关生态市建设的建议》获市政协优秀集体提案；省政协委员、盟市委副主委朱必凤等委员提出的《关于开展北江流域受工业园重金属严重污染环境的修复工作的建议》获省优秀提案；张凤琴、林拓、欧阳翰3人被评为“市十届优秀政协委员”。找准热点难点，发挥特点和优势，开展以“韶关市学前教育集团化办学”主题的调查研究。深化对口联系工作。2011年分别与韶关市教育局召开以“促进我市学前教育健康快速发展”为主题和与市发改局“如何进一步推进韶关交通事业发展”为主题的座谈会。反映社情民意。2011年盟市委的统战信息工作获韶关市统战信息二等奖。

【组织建设】 2011年，盟市委探索新形势下组织发展规律，做好组织发展工作，取得可喜的成绩。盟市委获民盟广东省委“盟务工作优等奖”、韶关学院总支被民盟中央评为“全国先进基层组织”。2011年，是盟市委的换届年，盟市委以换届工作为重点，全面加强自身建设。8月21~22日，盟市委在流花宾馆会展中心召开第八次代表大会，大会选举产生民盟韶关市第八届委员会委员16人（以姓氏笔画为序）：龙仕华、龙安生、包玉兰、刘少青、朱必凤、李敏瑶、吴宇勋、张广全、张凤琴、林平杰、林炜东、范雪珊、欧阳翰、周樱、骆海斌、赖华焜。同日召开盟市委第八届委员会第一次全体会议，选举林平杰为主委，朱必凤、龙安生、范雪珊、林炜东、包玉兰为副主委，任命范雪珊为秘书长(兼)。盟市委十分重视培养与中国共产党真诚合作、素质好、有影响力的代表人士。争取名额支持新当选为盟市委副主委的包玉兰到中央社会主义学院学习，选派2010年基层换届后的5名新支委参加2011年韶关市党外基层骨干学习班。保持民盟特色，2011年发展新盟员21人，截至2011年底，全市有盟员493人。

【社会服务】 2011年，帮助贫困户养殖黑山羊、种植菌草灵芝等特色农业，加快脱贫致富步伐。组织市区优秀教师分别到乐昌市长来中学、曲江区大塘中学、乳源一六中学开展送教活动。牵线搭桥，捐资助学。联系广州知名画家陈师苏募集海内外各界热心人士捐资款7万元，到新丰县开展“关爱韶关”——新丰县扶贫助学行动；曲江支部牵线搭桥由上海宋庆龄基金会和东亚银行广州支行捐赠的“萤火虫乐园”在大塘中学落成，该乐园为大塘中学捐赠一间设备先进功能齐全的电脑室、图书近万册、书包1280个以及文体用品一批，总价值约30万元。开展“送医送药送文化”三下乡活动。组织盟员医务工作者和书画爱好者到新丰县马头镇为当地村民义诊和书写春联。活动为200多村民进行义诊，赠送药品1500元和书写春联200幅。广大盟员立足本职岗位，勤奋工作，在建设幸福美好韶关中取得优异成绩，受到各级部门的表彰。主委林平杰被民盟中央评为“先进个人”；盟员王焰安被评为全国高等院校“优秀主编”；龙仕华设计的田园无公害蔬菜包装箱获国家外观设计专利；民盟职中支部主委，韶关市中等职业技术学校教师冯千山荣获“韶关好人”表彰。

(赵桂林)

附:领导班子成员名单

主　委：林平杰

副主委：朱必凤　龙安生

范雪珊（女）　林炜东

包玉兰（女）

民建韶关市委员会

【概况】 中国民主建国会（简称民建）是主要由经济界人士组成的、具有政治联盟特点的、致力于建设中国特色社会主义的参政党。民建韶关市委员会成立于1957年3月6日，机关行政编制5名。到2011年，民建在韶关市有总支1个，地部17个，会员283人。2011年，民建韶关市委团结和带领全市会员，坚持以邓小平理论和“三个代表”重要思想为指导，全面贯彻落实科学发展观，不断加强自身建设，履行参政党职能，各项工作取得新成绩。

【加强思想建设】 2011年，市民建以“弘扬民建优良传统，践行社会主义核心价值体系”活动为主线，开展学习胡锦涛总书记的“七一”讲话精神、中共十七届六中全会精神和市第十一次党代会精神等政治学习活动，不断夯实本会的思想基础。以开展座谈会、征文活动、参加书画比赛和文艺演出等形式，纪念建党90周年，引导广大会员始终坚持接受中国共产党的领导，与中国共产党同心同德同向同行。主委王伟阳、副主委陈曦和李军前带头参加“感恩九十年，永远跟党走”书画篆刻大赛，于方娟撰写的《“80后”眼中的中国共产党》获得民建中央纪念建党90周年征文活动优秀作品奖表彰。开展理论研究，完成关于“树立和践行社会主义核心价值体系”、“民主党派如何服务转型升级”等方面的研究成果5篇。重视宣传信息工作，通过向媒体投稿、编印《会务简讯》、强化网站建设等形式，加强舆论宣传工作，树立民建良好形象。在统战信息工作方面成绩突出，荣获全市统战信息工作先进单位二等奖。

【强化组织建设】 2011年，民建韶关市第十一届委员会任期届满，市民建以换届工作为抓手，推进组织建设。经上级批准，民建韶关市第十二届委员会委员规模增加到15名，第十二次代表大会选举委员13名，留2名委员职数待届中补选。8月18~19日，民建韶关市委召开第十二次代表大会，总结过去五年的成绩和经验，明确今后五年的工作任务，选举产生新一届委员会，王伟阳连任主委，陈曦、李军前、王敏雯当选副主委。换届后，13名新一届委员的平均年龄41.2岁，具有大专以上学历的11人，占84.6%，具有中、高级职称的9人，占69.2%；女性4人，占30.8%。做好会员的培养、选拔、推荐工作。年内，陈曦升任韶关市人大常委会副秘书长，钟爱明升任武江区政府办副主任兼武江区外事侨务局局长；选派王敏雯参加省社会主义学院中青班学习，胡湘泉、张南生参加韶关市中青年领导干部培训班学习，6名会员骨干参加韶关市党外中青年干部培训班学习；在人大、政协换届工作中，推荐6名会员任市人大代表，13人任市政协委员，6人任县（市、区）人大代表（其中副主任1人,常委1人），35人任县（市、区）政协委员（其中副主席1人,常委6人），担任市、县（市、区）两级的人大代表、政协委员的会员人数为历届之最。2011年，全年发展会员15人，具有大专以上学历14人，平均年龄34.8岁。到年底，有总支1个，支部17个，会员283人，平均年龄49.4岁。其中，大专以上学历217人、占会员总数的76.7%，中级以上职称136人、占会员总数的48.1%。

【参政议政】 2011年，市民建开展“我为幸福韶关建功业”系列行动，为建设幸福美好韶关献计出力，工作成绩得到肯定，荣获民建省委参政议政工作先进集体三等奖。参加韶关市重大问题和重要决策的讨论协商，就韶关市《政治协商规程》（试行）的贯彻落实和加强社会建设等提出很多有建设性的意见和建议。开展“一人一议”活动和落实参政议政表彰奖励办法，发动会员在深入调研的基础上，以政协大会发言、建议案、提案和社情民意等方式建言献策。在2011年各级“两会”上，提交建议案、提案43件，提交市政协大会发言1篇，曲江区政协大会发言2篇；5件社情民意被民建省委和市政协采用。其中，王伟阳《关于促进农村土地规模经营、促进农民增收的建议》等2件省人大建议案受到有关部门的重视；陈曦《关于加大地理标志产品保护力度，推动我省特色经济发展的建议》和胡湘泉《关于加快我省传统产业转型升级的意见建议》被评为省政协优秀提案；胡湘泉代表民建市委作的市政协大会发言《关于培育壮大我市有色金属产业集群的几点建议》，被《韶关日报》专题报道；周艳华的市政协大会即席发言《关于完善服务，降低我市有线电视收费的建议》受到与会人员的好评；刘后务提交的《关于〈制定城市屋顶绿化法〉》的建议》同时被采用为全国人大建议案和全国政协提案。注重加强与市经信局、市财政局的对口联系工作，为民建知情出力提供帮助。

【热心社会服务】 2011年，市民建开展社会公益活动，组织会员及企业为扶贫开发、捐资助学等公益事业捐款捐物300多万元。会员及企业响应市委、市政府的号召，为“广东省扶贫济困日”活动捐款210多万元；李军前、吴国营、陈广辉、陈冰坚4名会员开展助学活动，向与他们“爱心结对”的贫困高中生捐赠第三个学年的助学金；发动会员捐款筹集资金，参与帮助遭受洪涝灾害的乳源瑶族自治县桂头镇草田坪村进行危房改造、修复道路和食水工程，并帮助贫困户发展种养项目和发放助学金，做好对口帮扶工作。因工作成绩突出，分管社会服务工作的副主委李军前被民建中央评为“民建全国社会服务工作先进个人”。

（于方娟）

附：领导班子成员名单

主任委员：王伟阳

副主任委员：陈　曦　李军前

王敏雯（女）

秘书长：胡湘泉

民进韶关市委员会

【概况】 中国民主促进会（简称民进）是以从事教育文化出版工作的高中级知识分子为主的、具有政治联盟性质的、致力于建设中国特色社会主义事业的政党，是同中国共产党通力合作的参政党。民进韶关市委员会是其所属的一个地方组织，1981年12月19日成立支部，1983年1月8日成立市委员会。中国民主促进会韶关市第七次代表大会于2011年8月27~28日在韶关市区举行，选举产生新一届委员会。

【加强思想建设】 民进韶关市委会始终把学习放在突出位置，2011年重点组织学习邓小平理论、“三个代表”重要思想、科学发展观、中共十七届五中全会精神，及时传达民进中央、民进省委有关文件精神，“两会”期间组织会员学习中央、省、市人大和政协会议精神。

2011年是韶关民进成立三十周年，市委会以开展纪念活动为契机，推动民进韶关市委会优良传统教育，加强自身建设。并筹划一系列活动：一是在全会中开展主题征文活动，内容包括纪念文章、书画、摄影等；二是在韶关民进网站建立“庆祝韶关民进三十周年”的子网站，网站内容丰富，包括各时期领导关怀、各项会务活动剪影、各基层组织建设的照片及相关文字资料等；三是市委会编辑出版《韶关民进三十年》纪念画册，画册通过详实的历史资料和精彩的图片，展现韶关民进与中国共产党风雨同舟的30年历程。

【加强组织建设】 8月27~28日，中国民主促进会韶关市第七次代表大会于在韶关市区举行，刘大济、宋良锋、杨松柏、李步德、温荣华、邓田庭、庄东明、徐志宏、何露、邓海清、张雪挺、潘小坤等12人当选民进韶关市第七届委员会委员，其中刘大济为主任委员，宋良锋、杨松柏、李步德为副主任委员，候选人全部高票当选，完成换届任务。

2011年度，为加强韶关民进的制度建设，编辑出版《民进韶关市委员会工作制度汇编》，明确主委、副主委、市委委员以及正副秘书长、机关科员的岗位职责和责任分工，继续推行基层组织负责人年终总结述职制度、实施市委会对基层支部的目标管理和量化考核，引进激励机制，完善8个工作委员会的责任制度等。

民进韶关市委组织发展始终坚持宁缺勿滥原则，2011年全年发展会员16名，至12月底，韶关民进共有会员339名，大学以上学历会员占54.3%，中级以上职称会员占74.9%。

【参政议政】 民进韶关市委始终坚持以科学发展观为指导，做好参政议政工作。2011年“两会”期间，向各级人大、政协提交建议案、提案50多件，其中向市政协提交提案12件，涉及教育、文化、交通、城建等领域的热点难点问题，为促进市委、市政府的科学决策发挥积极作用。大会发言《关于进一步加强我市非物质文化遗产保护工和的建议》受到与会人员的一致好评。

市委会换届工作完成后，韶关民进主动与统战部门协商，做好新一届政协委员提名工作。经过市委会的努力，3名会员担任市十三届人大代表，9名会员担任市十一届政协委员。

民进韶关市委2011年向省民进报送7个调研课题，其中刘大济主委提出的“关于进一步加强我省乡风文明建设的建议”课题，被确定为民进广东省委2011年重点资助课题。在2012年省政协会议上，省委会将这一立项课题以提案的形式提交给省政协，实现韶关民进报送省课题立项零的突破。

2011年韶关民进开展参政议政专题调研，10月，以省民进文化出版工委到韶关开展调研活动为契机，精心筹划和安排以“加强我省古村落保护刻不容缓”为课题的实地调研，分别赴仁化县石塘镇石塘村和曲江区小坑镇曹角湾村考察古村落保护情况，为2012年市政协大会发言材料准备充足的素材，也为配合广东文化强省十项工作发挥应有作用。

【热心服务社会】 至2011年底，民进韶关市委开展扶贫开发“规划到户，责任到人”工作，对口帮扶乳源县桂头镇草田坪村已达两年，通过全体会员的共同努力，扶贫工作成效显著，帮扶对象基本实现脱贫目标。在11月底召开的民进广东省委2011年社会服务工作经验交流会暨表彰大会上，韶关民进荣获“民进广东省委社会服务工作先进单位”奖励，韶关民进社会服务工作委员会主任温荣华，民营企业家会员温桂华、邱小华、彭智坚、黄有来等5人被评为“民进广东省委社会服务工作先进个人”。

民进韶关市委社会服务工作委员会也开展社会服务活动，其中12月组织会内民营企业家会员，在主委刘大济和副主委宋良锋的带领下，到韶关市第五中学开展扶贫助学“献爱心”活动，为12名品学兼优且家庭困难学生发放助学金，并鼓励他们克服困难，努力学习，将来回报社会。（郑　冰）

附：领导班子成员名单

主任委员：刘大济

副主任委员：宋良锋　杨松柏　李步德

秘书长：施欣敏

农工党韶关市委员会

【概况】 中国农工民主党（简称农工党）是以医药卫生界高中级知识分子、环境保护和人口资源领域的代表性人士为主，具有政治联盟特点，致力于建设中国特色社会主义事业的政党，是同中国共产党通力合作的参政党。1957年夏成立农工党韶关市支部。1983年1月22日正式成立农工党韶关市委员会。2011年8月，召开农工党韶关市第七次代表大会，贝抗胜当选为主任委员，陈如双、卢春燕、朱兰高当选为副主任委员。

【思想建设】 2011年，农工党韶关市委深入贯彻落实科学发展观，学习贯彻中共十七届六中全会和胡锦涛总书记在庆祝中国共产党成立90周年大会上的重要讲话精神，整体推进树立和践行社会主义核心价值体系主题教育活动，把思想和行动统一到中共中央、省委和市委对形势的分析判断和决策部署上来，深入开展“我为幸福韶关建功业”系列行动，围绕经济建设中心，服务科学发展大局，发挥参政党作用。结合纪念中国共产党成立90周年、辛亥革命100周年活动，开展爱国主义和革命传统教育，不断增强走中国特色社会主义政治发展道路的自觉性和坚定性。加强社会宣传和信息报送工作，全年向农工党广东省委、市政协，市委统战部、《韶关日报》等报送信息40多条，编辑出版2期《韶关农工》，荣获2011年度全市统战信息工作二等奖。

【组织建设】 2011年，农工党韶关市委坚持把提高领导水平和参政能力作为班子建设的重点，完成市委会组织换届工作，完善农工党韶关市委《会议制度》、《市委委员与基层组织联系制度》。按照政治坚定、作风民主、团结合作、工作有力的要求，不断加强学习，提高班子成员的政治把握能力、参政议政能力、合作共事能力和组织协调能力。严把组织发展工作规程，坚持“三个为主”、注重质量、保持特色、组织发展与后备干部队伍建设相结合的原则，全年发展新党员18人，其中博士、硕士5人，平均年龄38.4岁。到年底，有总支1个，支部13个，党员318人，平均年龄51.8岁。其中医药卫生界210人，占66.0%；中高级职称258人，占81.1%；女党员157人，占49.4%。市综合支部、浈江区支部、曲江区支部、乐昌市总支、粤北人民医院二支部等创新支部活动形式，围绕“联谊增感情，交流促发展”主题，多次组织与其他支部到湖南省、江西省、乐昌市、始兴县、乳源瑶族自治县等地开展联谊活动。

【参政议政】 农工党韶关市委坚持以科学发展观为指导，围绕市委、市政府中心工作，深入调查研究，建言献策，反映社情民意。市委会领导参加韶关市重大问题和重大决策的讨论协商，在市委、市政府、市政协召开的各类座谈会上，就韶关市开展“十二五”规划编制、加强人民政协工作和社会建设、市第十一次党代会报告稿等提出许多建设性的意见和建议。2011年，向各级人大、政协提交提案和建议40件。市委会集体提案《关于加强我市食品安全监管工作的建议》备受社会各界广泛关注，《韶关日报》、韶关电视台进行专题采访和报道。欧阳兆龙《关于提高70岁以上城镇职工门诊特殊病种医疗补贴的建议》，承办单位高度重视，市民评价很高。吴烈勤《关于加强市区洗车业管理和发展的建议》被市《政协信息》采用。副主委陈如双参加的《关于我市城乡基层医疗卫生体系建设的调查与建议》，得到有关领导的充分肯定。深化合作，重视加强与市卫生局等政府部门的对口联系工作。

【社会服务】 农工党韶关市委充分发挥自身优势和特点，开展各种社会服务活动。继续深入开展定点帮扶乐昌市廊田卫生院活动，坚持每月和农工党广东省委轮流派出医疗专家以专题讲课和坐诊带徒、教学查房等形式对该院进行技术帮扶。创新开展乡镇远程医疗培训，自2011年5月开始，每月选派医术高明、医德高尚、了解基层卫生工作的农工党专家对乐昌市廊田卫生院和乐城街道社区卫生服务中心医务人员进行远程医疗培训，推进基层卫生人才培养，提高基层诊疗水平，有效缓解老百姓“看病难”问题。继续协助和配合农工党广东省委、市政府对全市乡村医生分期进行临床知识及操作技能培训。推进扶贫开发“规划到户、责任到人”对口帮扶乳源瑶族自治县桂头镇草田坪村工作，克服“5·8”特大洪灾带来的扶贫困难和压力，帮助该村开展灾后复产、重建家园工作，对挂钩贫困户发展生产进行补贴，资助贫困户子女入读大学。结合“国际科学与和平周”、“中国环境与健康宣传周”活动，市委会和乐昌市总支、曲江区支部、粤北人民医院一支部、粤北人民医院二支部、曲仁矿支部等先后组织5批医疗队，分别前往乐昌市坪石镇神步村委会、曲江区大塘镇、仁化县黄坑镇、新丰县沙田镇排岭村、始兴县顿岗镇周所村等地送医送药，受益群众1300多人次，免费赠送价值68000多元的药品。市综合支部组织党员到乐昌市罗家渡小学开展“六一”慰问，并向该校赠送价值1万多元的电脑、打印机、复印机等教学设备。浈江区支部组织党员到市、区福利院慰问，送去慰问金和药品价值3000元。 （陈勇胜）

附：领导班子成员名单

主任委员：贝抗胜

副主任委员：陈如双

卢春燕（女）

朱兰高

秘书长：吴　蔚（女）

九三学社韶关市委员会

【概况】 九三学社韶关市委员会成立于1988年9月3日。第六届委员会于2011年8月成立，兰茵任主任委员。2011年，社市委团结带领广大社员，坚持邓小平理论、“三个代表”重要思想为指导，贯彻落实科学发展观，牢固树立和践行社会主义核心价值体系，为促进韶关市经济社会较快发展作出积极贡献。广大社员立足本职，取得优异的成绩，其中，韩其飞荣获“全国林业有害生物防治工作先进个人”称号；叶章良的科研项目获2010年广东省科学技术奖三等奖；谢勇荣获社中央2010~2011年度全国参政议政工作先进个人；罗元月、韩其飞、叶章良荣获社省委2011年度建功立业奖；有6名社员荣获2010年度韶关市科学技术进步奖。

【加强政治思想学习】 社市委重视政治理论学习，把加强思想建设摆在自身建设的首位。及时召开主委会议、全委（扩大）会议就全国、省、市“两会”精神，十七届六中全会精神、胡锦涛总书记在庆祝中国共产党成立90周年大会上的重要讲话精神，胡锦涛总书记在纪念辛亥革命100周年大会上的讲话精神等进行深入学习。配合社中央、社省委开展向张少康、杨佳学习活动，学习关于“我为幸福广东建功业”系列活动文件精神。

加强整体队伍建设，重视学习培训。5月，根据“我为幸福韶关建功业”系列行动安排，社市委举办讲座活动，社省委副主委温洋、省政协常委孟浩等领导应邀为50多位社员授课。7月，选派五位社员参加“2011年党外中青年干部培训班”学习。

2011年，社市委坚持正确的政治方向和舆论导向，做好宣传报道工作，荣获2011年度全市统战信息工作先进单位三等奖。社员们撰写各类理论和信息文章30篇，选送4篇调研论文到省委统战部。一年来，宣传社工作内容的35篇报道或文章在相关刊物或网站登载，出版两期《韶关九三》社刊，社市委网站登载文章信息和图片260多篇（条、张），建立“韶关九三”交流互动QQ群。

【以换届为契机强化组织建设】 社市委吸收复合型的优秀人才入社，2011年发展12名新社员。现共有社员205人，平均年龄46.8岁。其中，高中级职称196人、占社员总人数的95.6%，女社员59人、占29%。

2011年完成市委会换届工作。8月26日，召开九三学社韶关市第六次代表大会，会议审议并通过主委兰茵代表九三学社韶关市第五届委员会所作的工作报告；选举11人组成第六届委员会；选举出席九三学社广东省第七次代表大会代表。在社市委六届一次会议上，兰茵当选为主委，罗元月、成绍强、姜向东（女）当选为副主委。11位委员全部具有大学本科及以上学历，拥有中级职称以上9人，行政副科级以上7人，平均年龄44.7岁。

为增强基层组织的凝聚力，社市委先后引导各基层组织联动开展活动65次。3月，社市委在芙蓉山开展“九三生态林”抚育活动，补种树苗近300株。为庆祝“三八”妇女节，社市委组织全体女社员开展“登山运动，强健体魄”为主题的登山比赛。粤北医院支社前往江西省赣州市开展“社会主义文化发展大繁荣”调研活动。

【参政议政工作出成果】 2011年，社市委领导及社员中的各级人大代表、政协委员、特约人员参加各级党委、政府召开的协商会、通报会，就韶关市的经济建设、文化建设、社会发展、“十二五”规划等方面的工作，提出意见和建议。市政府副市长、主委兰茵等领导参加各类协商会议18人次。

2011年，社员中担任各级人大代表、政协委员共有29人，其中市政协常委3人，县（区）政协常委3人，区政协副主席1人。担任“一表三员”的社员通过视察、专题调研、执法检查和行风评议等形式有效开展民主监督，参加各类参政议政活动100多人次。

社市委围绕市委、市政府中心工作和重大课题开展调研、建言谋策。在各级人大、政协会议上，社市委和社员们提出具有较强建设性和可操作性的议案、提案、意见和建议28件，其中集体提案2件，市政协重点提案1件。主委兰茵多次深入调查研究，撰写《加强防止我省外来生物入侵，保护生态环境的立法建议》，计划提交到省人大。在市政协十届五次大会上，副主委成绍强代表社市委作《注文化之魂、强旅游活力，推进粤北区域中心城市建设》的发言。委员谢勇的《关于扎实推进旧住宅楼增设电梯的建议》

提案被评为市政协重点提案。社市委在政协十届四次会议期间提交的《市区义务教育阶段学校的布局建设刻不容缓》的提案，被评为优秀提案。

【社会服务工作出实效】 社市委在纪念“3·15”国际消费者权益日活动现场设立临时救护站，30多名医卫界社员专家为广大市民开展医学咨询、义诊救护和免费送药等活动，接待群众2000多人，免费发放药品一批，价值3000多元，发放避孕套3000多只，价值4000多元。韶关学院基层委员会结合“中国国际科学与和平周”活动，到南雄坪田爱生小学开展献爱心活动，捐赠价值1500元的体育用品。2011年春节前，社市委倡议全体社员为患重病的社员刘华松献爱心，共筹集1.4万元。全年慰问生病住院和困难社员16人次。社市委为支持“2011年广东国际旅游文化节”筹备工作，利用晚上休息时间组织部分女社员帮助筹备组整理会议物品3000件，获市委市政府通报表彰。

2011年，社市委继续与民盟市委对口帮扶乳源瑶族自治县草田坪村6户农户。5月，主委兰茵就草田坪村遭受特大洪水灾情做出重要指示，要求社市委千方百计确保人民群众生命安全，尽快恢复正常的生产生活。帮助扶贫户赖元福养殖黑山羊，获利2万多元，扶持他种植菌草灵芝，收入约4.5万元，向他发放生产补贴2475元。帮助扶贫户售出生姜800斤，实现收入2400元。 (成志军)

附：领导班子成员名单

主任委员：兰　茵（女）

副主任委员：罗元月　成绍强

姜向东（女）

秘书长：谢　勇

韶关市工商业联合会

【概况】 2011年，韶关市工商联开展“跟党走，坚定不移；续爱心，扶贫济困；促发展，幸福韶关”系列活动，团结和带领广大会员和全市非公有制经济人士，为推动韶关市经济发展和社会的全面进步、为建设幸福韶关作出积极贡献。

【爱国主义教育】 4至6月，韶关市工商联以建党90周年为契机，开展“跟党走，坚定不移”系列活动，先后组织全市100多名非公有制经济人士到伟人故居韶山、中国革命摇篮井冈山、战时省委旧址等地接受革命教育，重温中国共产党光辉的奋斗历程，感受老区人民的奉献精神，非公有制经济代表人士受到一次生动深刻的党情、国情和革命传统教育。6月，韶关市工商联还与市委统战部和市九龄书画院共同举办“感恩九十年　永远跟党走”——民营企业家书画篆刻作品大赛，正副主席都为中国共产党的90华诞献上书画作品，增强非公有制经济代表人士感恩党、感恩国家、感恩人民的思想感情和社会责任感。韶关市工商联还组织非公有制经济代表人士参观韶关市廉政基地，加强对非公有制经济人士廉洁教育，亲身感受党政干部廉洁自律对非公有制经济发展的重要性，引导非公有制经济人士健康发展，诚信发财。

【和谐劳动关系】 根据新形势和新任务要求，韶关市工商联和市人力资源和社会保障局、市总工会建立和完善劳动关系三方协调机制，要求会员承担诚信守法、创建和谐企业的社会责任。在韶关市工商联和市人社局、总工会三方的推荐下，3月，乳源东阳光公司和市烟草机械配件厂被评为广东省和谐劳动关系先进示范企业。9月，韶关市工商联推荐会员企业市顺昌布厂董事长顾光荣荣获“全国关爱员工优秀企业家”称号（全国工商联、全国总工会评选，广东省共3个名额），顺昌布厂员工唐小田荣获“全国热爱企业优秀员工”称号，为全市民营企业树立起和谐企业的标杆。在年底的广东省模范劳动关系和谐企业评比中，市政府推荐市非公有制企业市娃哈哈饮料有限公司、市顺昌布厂有限公司、金悦通电子（翁源）有限公司、镇泰（广东）工业有限公司参评(韶关市有6个名额，其中2个给国企)，目前正在公示中。正是在这些先进典型的带动下，越来越多的非公有制企业重视正确处理劳动关系，支持企业党组织建设、工会建设和企业文化建设，维护员工合法权益，构建和谐劳动关系。在12月省民营企业投诉中心举行的会议上，韶关市工商联就推动民营企业构建和谐劳动关系作典型发言，介绍经验和作法。

【对外经贸联络】 8月，韶关市工商联接待全国政协副主席、全国工商联主席黄孟复夫人一行，江苏省政协副主席、省工商联主席李仁一行，广东省客家商会，香港观塘工商联，珠海、梅州、江门工商联等多个发达地区工商联和商会组织到韶关市考察和开展商会联谊。韶关市工商联组织会员赴海南学习考察，在考察活动中调研，与外地商会加强沟通，互通有无，开拓视野，并且促进两地经济的交流，为韶关招商引资作推介。10月，省工商联副主席李阳春带领深圳晶滢美容连锁机构和深圳万鸿泰贸易国际有限公司向董塘镇中心小学和董塘镇政府共捐款70万元，其中50万元用于坪岗晶滢小学的教学楼维修，20万元用于董塘晶滢文体中心的建设。

【慈善爱心活动】 1月，韶关市工商联组织韶关市广大非公有制企业为市体育文化事业捐款赞助，为韶关市创文工作贡献力量，参与协办市九龄书画院揭牌仪式和首届“张九龄杯”广东省书法篆刻比赛作品展，韶关市工商联会员共出资100多万元，保证活动的举办，并帮助把这次大型活动办成在广东省有影响力的文化活动。5月，韶关市工商联会员主要是正副主席出资支持韶关市同心艺术团成立。6月21日，韶关市工商联和市工商局组织企业家在莱斯大酒店召开动员会，市领导林耀明、张志才、何伟青出席并讲话，发动民营企业为全市的扶贫济困工作捐款，承担扶贫济困的社会责任。在2011年的“6·30”扶贫济困日活动中，来自全市非公有制企业和企业家的捐款近1000万元，体现民营企业家先富帮后富，走上共同富裕之路的爱心诉求。11月，韶关市工商联会员出钱出力支持广东省旅游文化节在韶关市举行。

【扶贫双到成效】 2011年，韶关市工商联与市委统战部等单位，解决所帮扶的贫困村村集体经济困难的问题。投入20万元入股到韶关国行投资担保有限公司，每年增加收入3万元，2011年村集体收入8.4万元；发展主导产业，促进贫困户增收。上年底，小坑村贫困户人均收入超6600元，超过2500元的标准线，97%贫困人口脱贫；改造村容村貌，建设村卫生站，建设安全饮水工程，建设乡村硬底化公路，建设农村水利工程，开展助学工程，适龄儿童入学率100%。两年对87户贫困户实施危房改造，占曲江区的1/4。开展强基固本工程，加强村领导班子建设，完善村民自治制度。在检查评比中韶关市工商联扶贫工作连续两次被授予“红旗”称号。

【基层换届工作】 根据中央和省委要求，韶关市工商联指导全市县级工商联进行换届工作，至8月底，已经全部按上级精神完成换届工作，选出新一届的领导班子，其中曲江、南雄、始兴、翁源四地还配备党组书记，县级工商联的换届，优化结构，加强工商联领导班子和领导机构建设，提高工商联的凝聚力、影响力、执行力，当前县级工商联在发挥职能作用上，已经显示出新面貌、新干劲。新任主席中有6名非公经济人士，4名公职人员（2名民主党派、无党派人士，2名中共党员），新丰县工商联主席进入县政协班子，当选县政协副主席。

【参政议政成果】 2011年韶关市工商联推荐20名非公经济代表人士进入市政协第十一届委员会，共有33名韶关市工商联会员成为第十一届市政协委员，共有29名会员当选韶关市第十三届人民代表大会代表。另外，全市县级人大政协已换届完毕，共有90多名会员当选为县级人大代表，有200多名会员被推荐为县级政协委员。在2月召开的全市两会上，会员中的人大代表和政协委员撰写提议案，共向市人大、市政协提交20多项提议案，其中林典来主席提出的《重建江心岛通天塔》被列为重点督办提案。他代表韶关市工商联所作的《进一步加大引导和扶持力度，促进民营企业加快转变经济发展方式》市政协大会专题发言受到广泛关注。同时，韶关市工商联还鼓励非公有制经济代表人士在市政协大会上即席发言，反映民营经济发展以及社情民意、民生关注等问题。

（赵伯佬）

附：领导班子成员名单

党组书记：吴树达
党组成员：莫志强　陈裕国
主　席：林典来
专职副主席：吴树达　骆海斌
　　莫志强
副主席：张向阳　黄木藤
　　蒋永和　刘楚龙
　　吴国营　李灿东
　　揭英拔　黄爱平
　　邹志军　陈达豪
　　周仁亮　陈韶华
　　林年昌　林月开
　　郑　钢
秘书长：陈裕国
副秘书长：刘铁松

宝钢集团广东韶关钢铁有限公司

BAOGANGJITUANGUANGDONGSHAOGUANGONGTIEYOUXIANGONGSI

宝钢集团广东韶关钢铁有限公司（简称：韶钢）前身是广东省韶关钢铁集团有限公司，始建于1966年8月22日。2011年8月22日，宝钢集团与韶钢签订重组协议。2012年4月18日，挂牌成立。

广东省省长朱小丹在韶钢考察

韶钢是中国500强、广东50强、世界钢铁100强企业，年产钢能力650万吨。韶钢船板钢通过中国、美国、德国、英国、挪威、法国、日本、韩国、意大利等九国船级社工厂认可；管线钢、国标和境外牌号锅炉压力容器钢获得了国家特种设备制造许可；高建板和低合金板获得新加坡 FPC 认证；桥梁钢首批获中国船级社颁发的产品认证证书。船体用结构钢板、低合金高强度结构钢板、优质碳素结构钢热轧钢板、钢筋混凝土用热轧带肋钢筋和预应力混凝土钢棒用热轧盘条获得国家冶金产品实物质量金杯奖。韶钢产品主要在珠三角及广东邻近省销售，部分出口。众多高层建筑、重点工程、高速公路、地铁项目等指定使用韶钢产品。

目前，韶钢正融入宝钢集团，变革管理，打造华南地区最具竞争力的优特钢长材精品基地。

4月18日，重组后的宝钢集团广东韶关钢铁有限公司揭牌

韶关市金果农业生态园有限公司

SHAOGUANSHIJINGUONONGSHENGTAIYUANYOUXIANGONGSI

金果品鲜楼外景

2009年10月20日，广东省农业厅副厅长顾幸伟等领导一行到我公司指导工作，对广东名牌产品“长坝”沙田柚使用高新技术取得的业绩给予高度评价。

韶关市金果农业生态园有限公司成立于2004年5月，公司以整体承包经营的方式承包开发原曲江长坝鸡场的农业生态旅游资源，公司主要种植有机沙田柚、罗汉果、粉葛、枇杷、板栗、冰糖橙、红花油茶、甜竹等优质农产品，近年来陆续培育近千亩的红豆彬、樱花、桂花、香水柠檬、佛手等苗木。园区内经营的品鲜楼生态餐厅开业以来，被光临的宾客赞誉为“五星级农庄”。从水中立起的田园式装修风格的两层楼餐厅可容纳七百人同时就餐，一楼有适合聚会的A、B、C厅和一个大露台，楼上是适宜饮茶聊天的包间。公司通过规划设计和科学发展，拟建成为集有机水果种植、观光、科普示范教育、养生、休闲、度假、游乐于一体的环保农业生态旅游景区。

公司目前拥有8000公顷的办公、经营场地，园区内空气清新、水质优良，环境舒适，远离工业污染源、是一座天然的大氧吧，2005年被广东省环境保护局命名为“广东省生态示范园”。本公司种植的金果“长坝牌”沙田柚，果形美观，为端正梨型；果实脐部有明显的金钱印，果皮较薄、表面光滑、肉质脆嫩、色泽金黄，清甜可口，具有浓郁的香蜜味等特点，自2004年获首个有机沙田柚认证以来，已连续七年通过复评。2006年金果“长坝牌”沙田柚被评为“广东省名牌产品”。2010年4月公司的《有机沙田柚栽培技术研究与推广应用》科学技术成果荣获韶关市科学技术进步奖一等奖。罗汉果全身是宝，根茎叶花均可入药，是药食兼用珍稀植物，金果公司于2007年引种广西罗汉果在粤北种植成功。本公司生产的罗汉果干果煮水当茶饮用，口感甘甜、纯香；金果罗汉果鲜果榨鲜饮口感清润、香甜，更增添了罗汉果食用的方式方法。随着人民生活水平的提高，优质、环保、安全、健康的果品越来越受到人们的关注，有机罗汉果在今后的生产发展中将持续具有广阔的前景。2011年4月公司《粤北有机罗汉果高效栽培技术研究与推广应用》科学技术成果被评为韶关市科学技术进步奖二等奖。

公司现在是韶关学院实习基地、“广东省健康农业科技示范基地”、“广东省科普教育基地”、“广东省民营科技企业”。公司为发挥有机种植技术的优势，积极发展有机产品的种植及农产品深加工，利用交通便利和结合韶关大丹霞旅游的开发，公司将大力筹建丹霞山的旅游配套，主要开发生态旅游项目（如主题公园的开发等）、商务住宿、别墅筹建，为推进韶关市绿色健康旅游经济发展作贡献。

金果公司鸟瞰图

金果“长坝牌”沙田柚分级选果

基地概貌图

粤北人民医院

YUEBEI PEOPLE'S HOSPITAL

（汕头大学医学院附属粤北人民医院）

专业 诚信 责任 进取

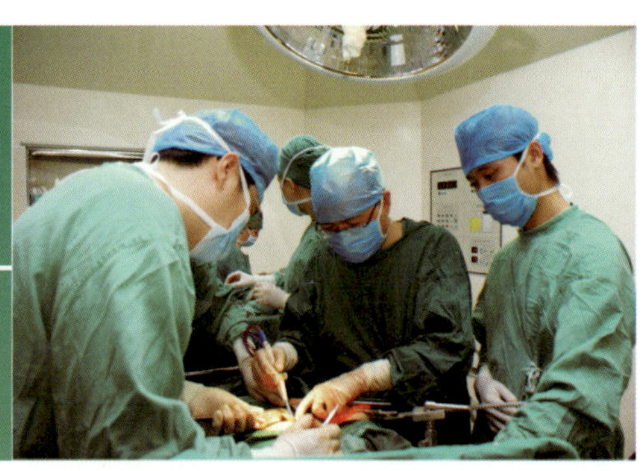

大力开展新技术，利用胃肠短路手术治疗糖尿病拓宽治疗新途径

医院是经卫生部认定的国家卫生部脑卒中筛查与防治基地，经常性开展义诊咨询、健康教育讲座活动，普及和提高防治知识。

配套齐全、人性化设计开放床位2000张的住院大楼

提供温馨舒适、高效便利服务的新门急诊医技综合大楼即将投入使用

创建于1886年的粤北人民医院(汕头大学医学院附属粤北人民医院)是韶关市唯一的三甲医院，也是粤北地区规模最大、综合实力最强的三级甲等医院。

经过近10年健康快速可持续发展，医院硬件水平和软实力都进入到省内地市级医院先进行列。是国家全科医生培训基地、卫生部电子病历试点医院、国家药物临床试验机构、全国综合医院中医药工作示范单位、国家卫生部脑卒中筛查与防治基地、广东省联合培养研究生示范基地和汕头大学博士后科研流动站；先后荣获“全国改革创新医院”、“全国百姓放心示范医院”、“全国医院药事管理优秀奖”、“中国医院信息化先进单位”、“医院信息化创新医疗服务模式十佳医院”、“广东省优质护理服务示范单位”等荣誉称号。

医院编制床位2300张。2011年门诊量77万人次；出院 6.6万人次，出院人数占市直医院出院人数的50%以上；年手术量3.3台，服务能力领先于全省山区医院。现有职工2200多人，其中教授、主任医师等高级职称人员330人，博士学历人员27人，硕士学历人员210人。硕士生导师10人。

医院内、外、妇、儿等50多个专科诊疗技术居韶关市领先水平，拥有心血管内科、血液内科、妇科、神经外科等4个省临床重点专科和一大批市重点专科，是全省拥有省临床重点专科最多的地市级医院之一。拥有华南地区首台PET-/CT-64等价值3亿多元的高、精、尖大型医疗设备。医院信息化建设居全国先进水平，实现电子病历、预约挂号、就诊一卡通等服务，有力提高了服务效率。

2011年，医院12项科研成果获韶关市科技进步奖，获奖数量自1992年以来连续19年遥居全市各行业之首。112项科研获省市各级科研立项，其中肾内科伍军博士主持的科研课题获国家自然基金立项和资金资助，是我院科研首次获得国家级立项，实现了“零”的突破；另有7项科研获广东省自然科学基金和省科技攻关项目，居全省同级医院前列。

建筑面积8万多平方米的医院新门急诊医技住院综合大楼将于2012年全面投入使用，增设床位1000张，将提供更加舒适便捷、高效优质的医疗服务。秉承着“以人为本 服务卓越”的服务宗旨，粤北人民医院正向着粤北区域医疗服务中心迈步前进！

地址：韶关市惠民南路 邮编：512025 联系电话：0751-8101207 急诊电话：0751-8120120 8101200 医院网址：http://www.ybyy.net/

2011年8月8日举行全市突发公共卫生事件（放射事故）应急演练

韶关市卫生监督所

SHAOGUANSHIWEISHENJIANDUSUO

韶关市卫生监督所是依照公务员管理的副处级事业单位。主要的职能是负责全市的住宿业、美容美发业、酒吧、卡拉OK、洗浴场所、体育、游泳场馆等公共场所卫生监督和管理，医疗机构、采供血机构的卫生监督和管理。学校卫生、生活饮用水监督管理、职业健康监护、放射卫生、传染病防治等卫生监督工作，以及负责全市的卫生许可和重大活动的卫生监督保障工作。2011年市卫生监督所坚定发展目标，开拓创新，2011年8月成为广东省卫生监督信息系统的地级市试点单位，卫生监督信息系统于12月正式投入使用。标志着韶关市卫生监督信息化建设迈上一个新台阶，卫生监督工作迈入监督网络信息化时代。

2011年，市卫生监督所以“创优争先”作为促进全所积极进取发展的核心，提高凝聚力和集体荣誉感。该所参加省市多项活动并取得优异成绩。年度考核获得市直卫生系统公共卫生机构年度考核一等奖的荣誉。荣获广东省“十佳卫生监督所提名奖”。被省卫生监督所评为广东省卫生监督通讯先进集体。监督所羽毛球代表队参加广东卫生监督第二届羽毛球比赛，获得冠军。同时，涌现一批先进个人和获奖者，陈晓平被评为广东省“十佳卫生监督员”称号；吴梁生、刘承昌被评为为广东省卫生监督优秀通讯员。龙海斌、王林书摄影作品分别荣获广东省卫生监督风采摄影比赛二等奖、三等奖。曾绪芳文学作品荣获广东卫生监督十周年征文比赛三等奖。吴梁生参加市直卫生系统“创先争优在行动，卫生战线党旗红”主题演讲比赛获得二等奖。优异的成绩充分展现集体的开拓进取精神，体现监督所的集体荣誉感。

参加第二届广东省卫生监督羽毛球比赛夺得第一名

2011年5月1日，新颁布的《公共场所卫生管理条例实施细则》正式实施

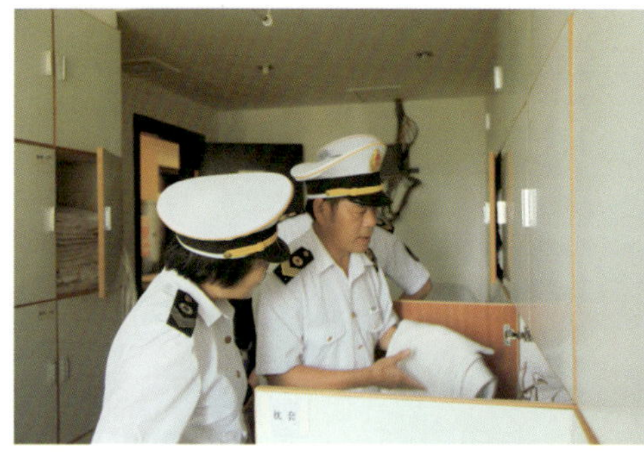

广东省国际旅游节卫生监督保障行动

对医疗机构传染病、医疗废物管理进行监督

对游泳场馆进行专项监督和抽检

职业病宣传周向群众宣传职业健康知识

对公共场所量化卫生信誉等级进行公示

实施医疗机构不良记分制度培训

市卫生监督所创先争优在行动演讲比赛

陈晓平被评为广东省十佳卫生监督员称号

龙海斌的摄影作品获全省卫生监督摄影比赛二等奖

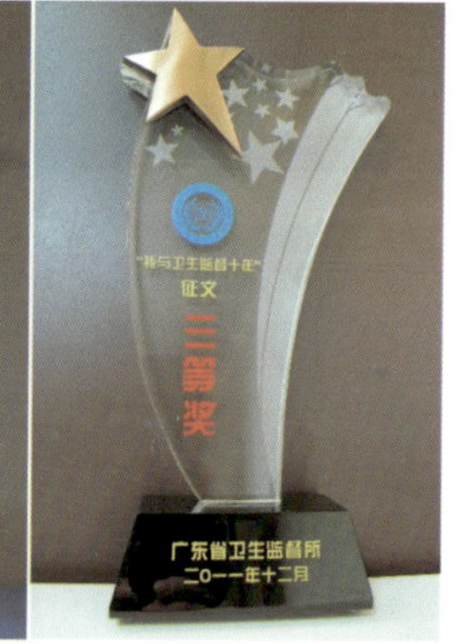

曾绪芳的作品获得广东省卫生监督“我与卫生监督十年”征文比赛三等奖

举行全市突发公共卫生事件应急演练

广东韶关市第一人民医院
广东医学院附属韶关医院

亲患者、重责任、爱荣誉、守诚信

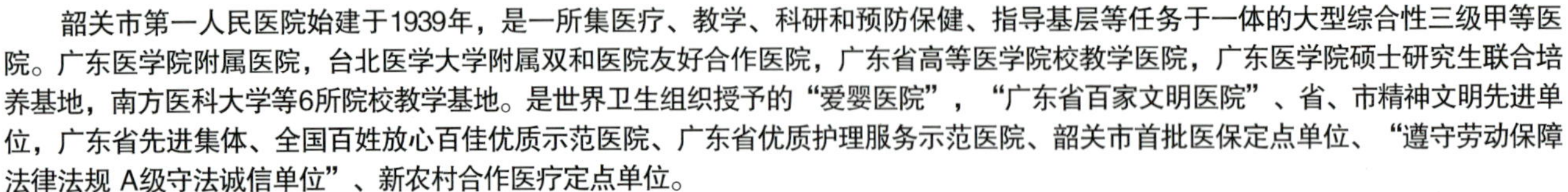

韶关市第一人民医院始建于1939年，是一所集医疗、教学、科研和预防保健、指导基层等任务于一体的大型综合性三级甲等医院。广东医学院附属医院，台北医学大学附属双和医院友好合作医院，广东省高等医学院校教学医院，广东医学院硕士研究生联合培养基地，南方医科大学等6所院校教学基地。是世界卫生组织授予的“爱婴医院”，“广东省百家文明医院”、省、市精神文明先进单位，广东省先进集体、全国百姓放心百佳优质示范医院、广东省优质护理服务示范医院、韶关市首批医保定点单位、“遵守劳动保障法律法规 A级守法诚信单位”、新农村合作医疗定点单位。

医院学科齐全，综合实力精强，设有40个临床科室，12个医技科室，3个市立研究所。现有专业技术人员960名，其中高级职称157人，中级职称260人，韶关市拔尖人才4人，享受国务院特殊津贴专家1人。骨科、临床护理为广东省重点专科，呼吸内科是广东省“五个一”工程重点专科，腹部肝胆外科、神经内科、泌尿外科、耳鼻喉科、神经外科、重症医学科等为韶关市重点、特色专科，拥有“血液净化”、“心血管疾病”、“骨科”3个市立研究所。已开展多例肝、肾移植，医院医疗及学术水平处于先进行列，具有精深的专科特色，拥有一支“亲患者、重责任、爱荣誉、守诚信”的高水平、高素质技术队伍。医院拥有德国西门子全数字化高能医用直线加速器、德国西门子多层螺旋CT系统、X线CR、DR系统、菲利浦1.5T超导磁共振系统、德国西门子大型C臂数字减影血管造影系统及进口各专科内窥镜检查治疗系统等大型现代化医疗设备。空气净化手术室、重症医学科(ICU)、新生儿重症监护室(NICU)、标准内窥镜中心、血透中心及供应室等先进设施。韶关市急救中心建在该院，肩负着全市人民的意外伤害及危重病人的院前、院内急救的重任。

作为广东医学院附属医院，各临床科室均设有教学研究室。现有博士研究生导师1名，硕士研究生导师5名，教授、副教授98名，讲师148名，承担着广东医学院研究生培养和本科生的临床教学，成人本科医疗、护理教学及多院校临床实习教学和下级医院临床进修任务。

全国百姓放心百佳优质示范医院

广东省先进集体

友好合作医院

三级甲等医院

急诊直拨：8877120
地址：广东省韶关市东堤南路3号（风采楼旁）
邮政编码：512000
网址：http//www.sgsyy.com

骨科、临床护理为广东省重点专科

急救中心

广东韶关市第一人民医院
广东医学院附属韶关医院

韶关市中医院

韶关市中医院始建于1964年，经过40多年的建设和发展，现已建成一所集医疗、科研、教学、保健、康复为一体；中西医各临床学科较齐全；具有鲜明中医特色优势的现代化综合性二级甲等中医医院。住院床位326张。2011年卫技人员324人，其中高级技术人员27人，中级技术人员108人，省、市名中医4人。

韶关市中医院住院部设内一科、内二科、骨伤科、外科、肿瘤科、妇科、肛肠科、耳鼻喉科、眼科、老年病科、康复科、皮肤科、针灸推拿科、急诊科等14个住院科室，3个门诊部，急诊科24小时应诊。开展中医内科、妇科、骨伤科、康复科、皮肤科、眼科等10多个专科门诊。拥有螺旋CT机、DR、C臂X光机、彩超、全自动生化分析仪等一批现代仪器设备。

韶关市中医院业务不断发展。2011年，医院业务总收入5941万元，比上年增长5.57%，其中住院部：3937万元，比上年增长8.49%，门诊部：2004万元，比上年增长0.25%。出院人数：6996人次，比上年增加961人次，增长率为15.92%；门诊人次：118844人次，比上年增加3351人次，比上年增长2.9%，药品比例41.16%，比上年下降2.27个百分点。

韶关市中医院骨伤科、康复科是该院特色突出的重点专科，技术力量较强，在中医正骨、骨关节疾病、椎间盘突出症、各种痛症的诊治方面疗效显著，2011年开展颈、腰椎间盘突出症——射频热凝靶点消融术，是粤北地区首家开展此项技术医院。在市民中建立了良好声誉，返聘有一批退休中医专家及省、市名中医坐诊，在社会上有一定的影响力。

韶关市中医院全年共发表医学论文6篇，科普文章8篇，通过市科研立项12项，申报省级项目2项，《中药熏洗加TDP治疗痔术后肛门水肿、疼痛的临床疗效观察》通过了市科研成果鉴定。

位于和平路的和平分院经改建后于2008年5月开业，新医技楼于2009年10月建成并投入使用。2010年对住院部进行全面装修改造，更新和完善了医疗设施，为医院可持续发展注入新的活力。医院医疗质量和服务水平稳步提高，两个文明建设效益显著。医院在2011年起拟定创建“三甲”中医医院工作方案并逐步实施，全面加快医院内涵建设。医院在努力传承中医药文化，立足于发挥中医特色的基础上，充分发挥中医“便、廉、验”的优势。不断提高医院的竞争力和影响力，保证医院的可持续发展。

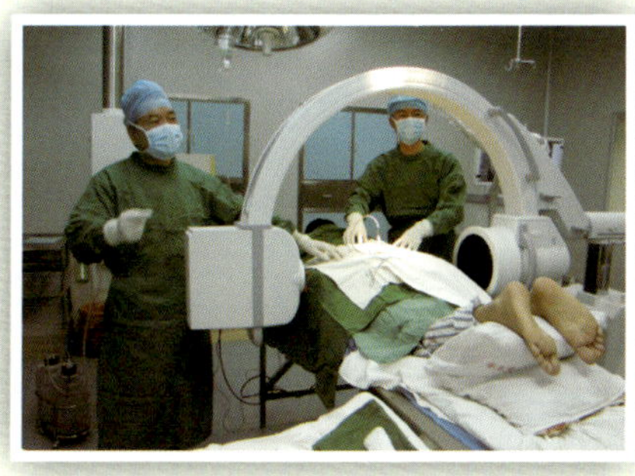

2011年11月该院康复科成功引进目前国际最先进治疗颈、腰椎间盘突出的方法——射频热凝靶点治疗术，是目前较安全、病人痛苦少、见效快、风险低的一种治疗方法，可以不开刀、轻松摘掉突出病变的椎间盘，提高了一次性治愈率，该院是粤北地区首家开展此项技术医院，填补了粤北地区该项目的空白，为韶关人民造福。

2009年10月 新医技楼完工并开启使用，内设放射科、化验室、心电B超室、脑电图、脑血流、脑地形图室、手术室、痛症理疗室、骨伤科等，同时新添置DR、彩超设备投入使用，各种现代检查设施齐全。

韶关市中医院和平分院是市政府2006年为民办事的八件大事之一的重点工程，于2008年5月完工并开启使用，内设住院部（内科、老年病科、儿科、针灸推拿科）、门诊部、各专科齐备、检查设施配套齐全。

韶关市中医学校创始人之一

江漢岐

江汉岐先生出生于中医世家，自小随父学习中医，并得名医指导，敬仰远古名医岐伯而取名“汉岐”，少年时期即有传承中医学遗产、创建新中医学的信念。

在1952年成立的韶关市卫生工作者协会中，他以委员身份多次在协会会议上倡议要规范地培养新一代中医。1956年他参与创建的韶关市第一间中医联合诊所，当年就招收5位学徒，并以授课方式教授学徒。1958年，在“韶关市卫生工作者协会”支持下，江汉岐联同李仁溥决定成立“韶关市中医学校”，李仁溥任校长，江汉岐任副校长，举办了三期西医学习中医培训班，以南京中医学院编写的“中医学概论”一书为教材，为韶关各医院西医师及解放军驻韶部队医务人员讲授中医知识，大力弘扬中医学术。

1960年，为继承和发扬祖国医学遗产，为适应韶关中医业务发展的需要，市卫生局领导决定1960年班面向社会招生，并把校址设在曲江县马坝血防站旧址内，招生对象主要是韶关地区各中医诊所的学徒及职工中有培养前途的青年,各县、各厂矿企业基层卫生人员。江汉岐副校长负责主要的中医课程教学，并亲自授课。他学识渊博，通晓中医基本理论，融会贯通各家学说，特别是在参加南京中医学院温病

韶关市中医学校第二期内科班留影（前排右七为江汉岐）

在南京中医学院进修温病学（前排左起第一位为江汉岐）

江汉岐（后排中）与学生郊游

学师资进修班专题学习后，对中医的伤寒病学与温病学有深入钻研，能融合伤寒学与温病学疗法的法则，辨证施治准确，临床疗效卓著。因此他主讲的《中医温病学》，很受学生的重视和欢迎。

从1961年起，学校全面向社会招生，大部份是从应届毕业初中生中录取，培养目标是中医师（中专），学制3年，毕业后由市卫生局统一分配，师资全部由资深中医师担任。江汉岐副校长在任教期间，遵循省卫生厅“关于抢救名老中医的经验”的指示，对自己亲自带教几名青年中医，传授临床经验，并把他们培养成为留校任教教师。

1965年，省政府批准7所办学成效显著的中医学校为隶属省级相关部门的大专或中专学校。“韶关市中医学校”被省政府批准设立为大专院校，更名为“广东省韶关中医学校”，任命李仁溥为校长，江汉岐为副校长。后改为中专学校。“广东省韶关中医学校”共办两期，文化大革命时被迫停办。

办学初期，正是国家经济困难时期，由于是民办公助性质，资金不足，设施简陋，人员较少，学校离家甚远，教学和生活都很艰苦。江汉岐副校长全然不顾，一心扑在办学上，从筹办经费到编写教学大纲，从课堂授课到临床实习，都是亲力亲为。在授课过程中，特别是在讲授中医古典著作时，做到通俗易懂，传授临床经验，穿插治验个案，使学生易于接受。为了对特殊病症有细致的观察和把握，他带领学生们骑自行车上门家访病人，及时把病情变化、用药情况、方药调整等详细记录好。“家访病人”，是江汉岐先生的创举，为学生树立了从医者的榜样。

江汉岐先生为韶关市中医事业奉献了毕生精力，培养一批医术高明、医德高尚的中医接班人，如韶关市中医院原副院长、主任中医师邹志为，2001年获广东省人民政府授予“广东省名中医”称号，发表学术论文27篇；原油泵油咀厂医务所所长、副主任中医师曾祥英，中医院门诊部主任、主治中医师姚良朋，副主任中医师黎继炘、杨国柱、杨冠华、余毅凡、何秀容等，在当地均享有盛誉。

江汉岐先生传承中医，无私奉献，高风亮节，杏林楷模！

江汉岐先生对韶关市中医传承作出了重大的贡献。
——广东省名中医，韶关市中医院原副院长邹志为

心存济世事岐黄，剑胆琴心处妙方。
艺高皆缘勤博览，誉播全凭德行良。
——韶关市名中医曾祥英

江汉岐先生是韶关市中医学校及中医院的创始人之一，他把一生都贡献给韶关中医事业，为韶关中医事业发展起了巨大的作用，功不可抹。
——韶关市名中医杨冠华

江汉岐先生是一位好医师,他是医术精湛、临床经验丰富的温病学的典范。他美好的医德医风为我们树立了“医者父母心“的标杆，影响了我从医的一生。我能有今天的成绩，离不开江汉岐先生的关怀和培养！
——韶关市名中医姚良鹏

粤北第三人民医院

YUEBEIDISANRENMINYIYUAN

上级领导及嘉宾为新住院大楼竣工剪彩

粤北第三人民医院位于乐昌市武江江畔，始建于1958年，是隶属于韶关市卫生局的精神卫生专科医院，负责全市精神疾病住院治疗、重性精神病管治、老年病和心身疾病康复治疗、心理障碍的心理咨询和心理治疗、法医精神病司法鉴定以及美沙酮维持治疗门诊等工作任务，是全市90多个精神病社区防治网点的技术指导中心。医院定编床位400张，占地总面积3万平方米，建筑总面积3.35万平方米，业务用房面积2.11万平方米，医院固定资产总值为5025万元。是一所具有规模、专科设备完善，有一定技术力量，集医疗、防治、康复、科研、教学功能为一体的二级甲等精神专科医院。

医院设有：八个职能科室、四个住院部、三个门诊部、三个辅助科室、三个后勤保障班。医院有全自动生化仪、全自动血球仪、电解质分析仪、单探测器多功能DR系统、多导心理生理检验评定系统、彩色B超、脑电图、脑血流图、无抽搐电休克治疗仪、生物反馈治疗仪等医疗设备，同时为康复病人开展音疗、娱疗、体疗、工疗等各类康复项目。

医院利用国家精神卫生防治体系建设专项资金和地方配套2600万元，兴建一幢占地面积2448平方米，楼高5层，建筑面积约1.2万平方米的住院部大楼，于2012年5月正式投入使用，进一步满足人民群众对精神卫生服务的需求，改善住院环境，提高医院医疗与精神卫生服务质量水平。

多年来，医院以精湛医疗技术和良好医风医德服务于社会，受到上级领导与社会各界人士的好评和赞扬，由医院负责韶关市的重性精神疾病管理工作，获得广东省精神卫生中心评为“2012年度广东省重性精神疾病管理工作先进市”、第三科被评为全国巾帼标兵岗等荣誉称号！医院不断深化发展改革，推动粤北地区精神卫生事业的科学观发展。

开展进一步医院纠风专项治理暨纪律教育学习月活动动员大会聘请检察院领导（右二）讲课

宽敞明亮的新住院大楼护士站

2012年5月正式投入使用的新住院大楼

韶关市妇幼保健院

SHAOGUANSHIFUYOUBAOJIANYUAN

韶关市妇幼保健院是全市唯一的二级甲等妇幼保健机构、韶关市新生儿急救中心及韶关市新生儿疾病筛查中心。图为医院外景及院内花园

您满意就是我们的追求

韶关市妇幼保健院建于1952年，是市编办准挂的“韶关市妇女儿童医院”、“韶关市新生儿急救中心”，医院集保健、医疗、科研、教学为一体，承担七县（市）妇女儿童的保健、医疗任务，是全市妇幼保健业务指导中心。

医院专科设备精良，开放病床200张，正式在编职工250余人，其中高级职称10人，副高职称60人，中级职称67人。

医院设保健、临床及职能部门共34个科室。其中，生殖医学(试管婴儿)中心、新生儿急救中心是市级医学重点专科，产前诊断中心、乳腺病防治中心、儿童脑康复中心是市级特色专科。医院专科技术水平处本地区领先，多项技术填补韶关地区空白，诊断达到细胞和分子水平。

近几年，医院科研项目获省级科技类嘉奖3项，市级科技进步二等奖2项、三等奖11项。省级科研立项6项、市级科研立项22项、局级科研立项87项。

医院坚持“您满意就是我们的追求”的服务理念，重视服务质量，加强行风建设，树立了较好的社会形象，获得“省文明窗口单位”、“省百家文明医院”、“省五四红旗团支部标兵”、“市十佳医院”、“市卫生系统行业作风建设先进集体”、“市十佳事业单位党组织”等荣誉。

医院网址：www.sgbjy.com

电子邮箱：sgbjy@126.com

地址：韶关市惠民北路12号

邮政编码：512026

市保健院医院生殖医学中心开展的体外受精-胚胎移植及其衍生技术（即试管婴儿）是粤北地区唯一通过卫生部准入开展的机构。试管婴儿技术成功率超过40%。图为多年不孕的患者在该院通过试管婴儿技术当上母亲送锦旗答谢医护人员。

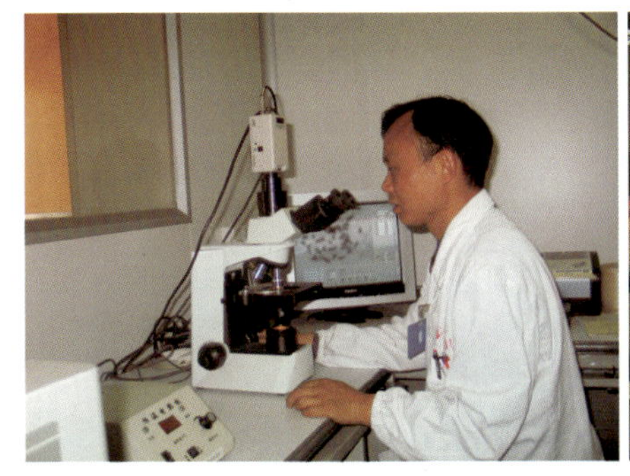

韶关市保健院是全市唯一经省卫生厅评审通过的产前诊断中心。曾发现两例世界首报人类染色体异常核型，填补世界医学遗传学该染色体核型的空白。图为韶关市保健院遗传中心主任正在观察染色体图像。

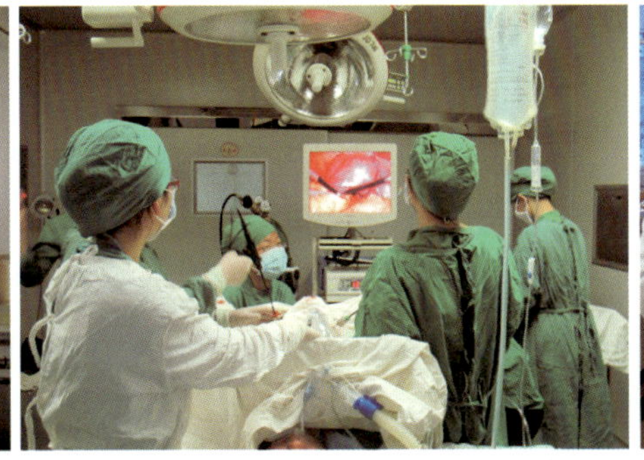

市妇幼保健院妇科拥有腹腔镜、宫腔镜、阴道镜，实行三镜合一。图为妇科在进行腹腔镜手术。

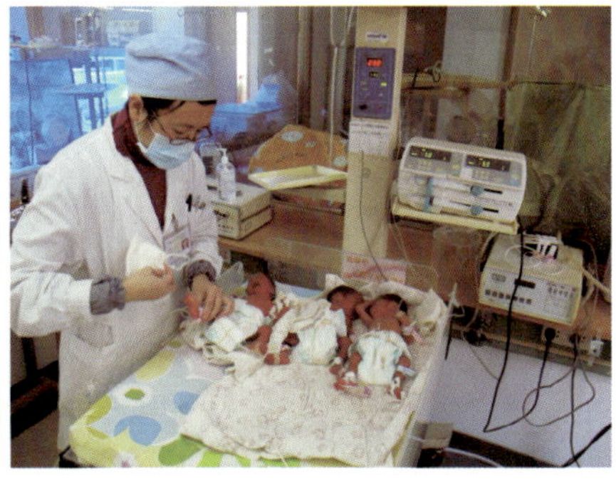

韶关市妇幼保健院新生儿急救中心是全市新生儿的急救中心，负责全市急危重症新生儿的转运和救治工作。每年救治1200例急危重症新生儿，多项技术填补韶关市空白。图为中心救治成功的孕31^{+6}周的三胞胎早产儿。

想享还是移动好！

中国移动通信集团广东有限公司韶关分公司

中国移动通信集团广东有限公司韶关分公司是中国移动通信集团广东有限公司的分支机构之一，于1999年1月28日正式挂牌，是韶关地区最早提供移动电话服务的通信运营商。2011年，韶关移动立足实际，制定了“创新发展方式，推动价值增长”的工作总策略，优举措、强管理、促和谐，全面实现企业的稳健发展，客户规模达到170万；全年完成运营收入9.79亿元。

2011年，在地方各级政府和广大客户的关心和支持下，韶关移动积极围绕省公司战略部署，致力于本地信息化建设，推进企业转型发展。韶关移动与韶关市政府成功举办“构建智慧韶关，开启无线城市”合作协议签约暨韶关市无线城市启动仪式，完成与三区七县政府、韶关市粤北人民医院、韶关市三防办、东阳光铝业等单位的无线城市战略合作协议签署，助力地方经济社会的又好又快发展。

2011年，公司荣获2011年－2012年度电信运营商信息化建设优秀创新实践单位、2011年广东省模范劳动关系和谐企业、广东省2006－2010年五五普法先进单位、2011年中国移动集团工会模范职工之家等荣誉称号。

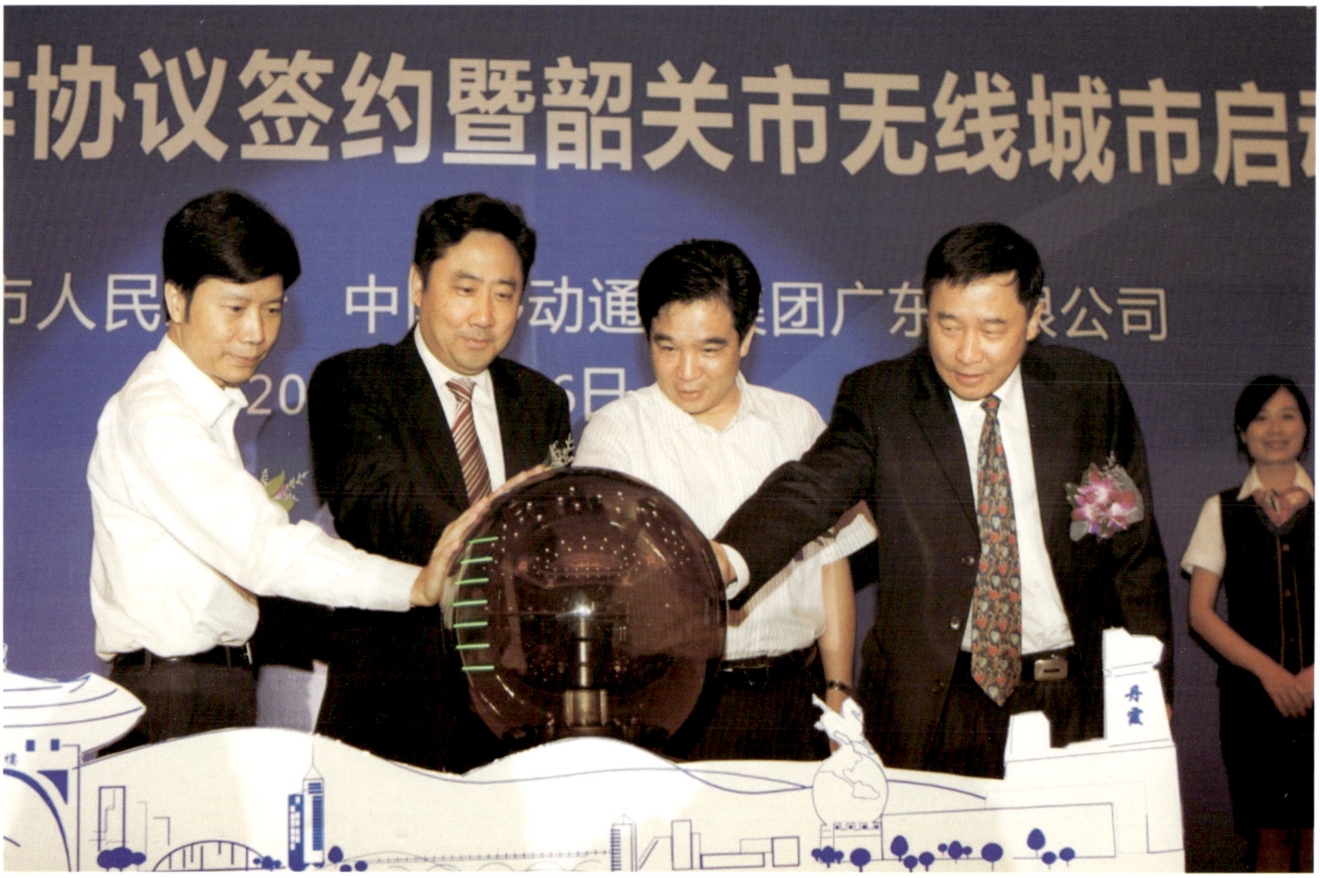

5月16日，韶关市副市长陈秋彦（右二）、经信局局长刘德泉（左一）、广东移动副总经理王征宇（左二）、韶关移动总经理郑钢（右一）共同出席韶关无线城市平台启动仪式

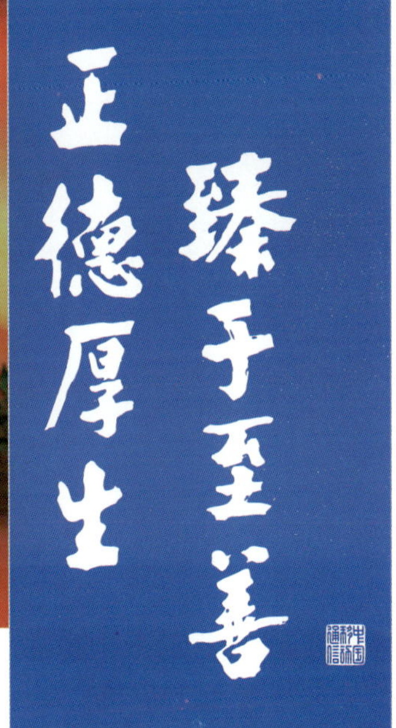

4月1日，韶关市副市长陈向新（中）、地税局局长王中高（右）、公司副总经理谭卫东（左）共同出席公司与韶关地税局战略合作协议签定暨地税通平台启动仪式

5月14日，公司开展第43届“5·17世界电信日无线城市无限精彩”主题活动

11月5日，公司应急通信车现场保障广东国际旅游文化节开幕式通信畅通

2011年，公司荣获中国移动通信集团工会授予的“模范职工之家”荣誉称号

7月3日，公司联合共青团韶关市委开展南粤会亲活动

中国邮政储蓄银行韶关市分行自2007年11月成立以来，认真落实市委市政府的战略部署，不断拓宽服务渠道，丰富业务产品，积极探索将履行社会责任和培育核心竞争力有机结合的发展路径，截至目前，全行下辖1个直属营业部及8个一级支行，共有95个全国联网营业网点，是韶关地区网点数量最多、网络分布最广的商业银行。目前，在继承邮政储蓄20多年的发展基础上，已拥有便捷发达、快速通达全球的资金汇划系统和支付结算网络；搭建了面向城乡居民、“三农”和中小企业客户的服务平台；形成了包含本外币存款、国内国际汇兑、银行卡、理财、基金、小额贷款、小企业贷款、商务贷款、公司授信、票据贴现、网上银行等在内的全功能产品和服务体系。截至2011年，该行各项存款规模突破110亿元，各类贷款余额突破10亿元，成为韶关地区一支重要的金融生力军。

作为新兴大型国有商业银行，中国邮政储蓄银行韶关市分行坚持“沟通城乡，服务三农、社区和中小企业”的战略定位，充分依托和发挥网络优势，不断完善城乡金融服务功能，积极探索科学发展模式，坚持差异化经营，在开展“三农”基础金融服务、小微企业贷款、民生社保服务、城乡支付结算体系建设等方面做了大量工作，树立了社会知名、百姓信赖的品牌形象，各项基础金融服务深入人心。2011年，该行被市委市政府评为韶关市2010-2011年度文明单位，该行惠民南支行、翁源县支行被评为“2010年度广东银行业迎亚运文明规范服务示范单位”；

共同把握成长机遇，携手创造美好未来。中国邮政储蓄银行韶关市分行期待与您携手共进。

进步，与您同步！

2011年10月，中国邮政储蓄银行南雄市支行开办了韶关市首批南雄市首家银行卡助农取款服务点。

中国邮政储蓄银行坚持服务三农，服务小微企业的指导思想，积极为小微企业解决融资难助力。图为邮储银行翁源县支行与铁龙林场召开融资座谈会。

近年来，中国邮政储蓄银行韶关市分行不断提升服务形象，为广大市民提供更便捷、舒适、安全的服务环境，图为市区新华北支行迁址营业。

PICC 中国人民财产保险股份有限公司 PLCC Property and Casualty Company Limited

韶关市分公司

2010年，翁源遭遇"5.27"暴雨袭击，众多农房倒塌，人保财险省市分公司领导察看指导农房理赔工作

在全市乡镇设立保险服务站，更好地服务群众

中国人民财产保险股份有限公司（简称：中国人保财险）是中国人民保险集团公司（PICC，前身是成立于1949年的中国人民保险公司）旗下标志性主业，是国有控股保险骨干企业，在国内外同业市场享有卓著声誉。在2011年世界财富500强中，中国人保集团位列288位，在69家中国上榜公司中排名第32位。

韶关市分公司是中国人保财险辖属二级分公司。自1978年在韶成立以来，始终秉承"人民保险，造福于民"的宗旨，以"做人民满意的保险公司"为共同愿景，努力培育和拓展韶关保险市场，积极为韶关的经济社会发展提供保险保障。多年来为全市一大批支柱骨干企业、50%以上的机动车辆和44万多户农户提供保险保障。

中国人保财险韶关市分公司内设10个部室，在三区七县设有11个支公司、4个营业部和20多个营销服务部，建立起延伸至县、乡镇的服务网络，在岗员工314人。2011年，分公司保费规模超过3亿，市场份额在13家财产保险公司中稳居50%以上，牢固占据市场主导地位。

公司在业务规模、服务网络、专业技术和人才队伍等方面均处于行业领先地位，为客户提供全天候、全方位、专业化、差异化的高品质保险服务。始终注重以优质的服务塑造品牌，以良好的信誉赢得客户，不断创新服务，提升保险服务水平。一是95518全国统一24小时服务热线，提供承保、理赔、咨询、报案、抢险及免费救援等一条龙服务。二是24小时全天候快速查勘服务。三是小额赔案，一站式服务，快捷赔付。四是对政、企事业单位及团体客户，实行专职客户经理，全流程服务。五是异地出险、就地理赔，实现"全国通赔"服务。六是开通了400—1234567电话营销服务热线，家用车投保省心快捷更优惠。

公司曾多次被上级公司评为全国保险系统先进单位、党风建设先进单位。多次荣获全省保险系统先进单位、广东省先进集体、全市精神文明先进单位荣誉称号。

分公司班子成员

李劲松：总经理（韶关市第十三届人大代表）

余文峰：总经理助理

黄文健：总经理助理（韶关市第十一届政协委员）

地址：韶关市风采路17号

服务热线：95518　车险投保专线：4001234567

在2008年雨雪冰冻灾害中，迅速出动查勘受灾电力设施

签单员指导客户办理保险业务

积极开展保险法和保险知识宣传活动

香港旭日实业有限公司
韶关旭日国际有限公司

韶关旭日国际有限公司是香港旭日国际集团在韶关投资兴办的一家大型外商独资企业，位于韶关市西郊6公里，计划总投资20亿元，占地面积260公顷，分三期工程建设，预计年总产值20亿元以上人民币，计划总用工量达5~8万人。公司主要生产电子玩具、手提袋、旅行袋、旅行箱、制衣等产品，产品全部出口远销欧美等国家和地区。公司的客户主要是世界知名的玩具入口商，包括：美泰、孩之宝、Motorsports Authentics、万代、MGA Entertainment、智领高、迪斯尼和Lionel Trains等。

香港旭日国际集团拥有雄厚的经济实力，在深圳和韶关两地设有子公司。深圳分公司创立于1985年，位于深圳龙岗区平湖镇，占地面积约200公顷，现有员工已达6万人。因业务拓展需要，旭日国际集团选址韶关创建韶关旭日国际有限公司，此公司的建立将为旭日的发展谱写下新的宏伟篇章。旭日集团计划在韶关逐步向多元化发展，除将建设成国内最大的玩具工业城外，还在仁化地区购置用地266.67公顷，拟建大型的葡萄园及葡萄酒厂；现正与当地政府洽谈旅游置业项目！

韶关旭日国际有限公司筹建于2004年7月，基建正式动工于2005年9月13日，是韶关市政府招商引资的重点项目之一，目前也是粤北地区规模最大的企业。公司占地面积约260公顷，其中工业用地113.33公顷，绿化用地146.67公顷。第一期：占地面积33.33公顷，规划总建筑面积30平方米。建筑物32栋，其中厂房22栋，宿舍8栋，饭堂2栋。累计投入资金近4亿元，已于2007年1月投入生产。第二期：占地面积46.67公顷，规划建筑面积70万平方米，建筑物60栋，其中厂房36栋，宿舍20栋，饭堂4栋，计划用工4万人，年产值约15亿，现也已竣工投产。公司设有行政部、人力资源部、会计部、生产部、PMC部、保安/消防部、货仓部、维修部、品质管理部、工程部、ME部等，开设的车间包括装配部、喷油部、啤机部、车衣部、丝印部、移印部、搪胶部、电子部、工模部、纸箱部等。公司管理制度完善，做到经营国际化、设备先进化、生产规模化、管理科学化。在生产经营中，坚持在“质量、信誉、服务”上下功夫，本着务实进取、开拓创新的精神，力求使企业的管理水平及产品质量都深受好评。

公司坚持以人为本的管理方式，除提供良好的食宿环境外，还建有医务室，为员工的身体健康“保驾护航”。公司内各种娱乐设施齐全，建有图书阅览室、棋乐室、篮球场、羽毛球场以及室外乒乓球场等。公司还会不定期组织放映电影，举办球赛等各类文娱活动，这些活动不仅丰富员工的业余生活，陶冶员工的情操，增强企业的凝聚力，同时也使员工在企业倍感家的温暖。

2007年12月5日，副省长汤炳权到该公司参观车间

2012年4月17日，省政协主席黄龙云到公司调研

2008年1月14日，全国政协副主席、全国总工会副主席张榕明（中）参观工厂

2008年1月14日，全国政协副主席、全国总工会副主席张榕明（左）捐赠

车间大楼

生产区

宿舍休闲区

韶关旭日鸟瞰图

广东省粤电集团有限公司
GUANGDONG YUDEAN GROUP CO., LTD.

韶关发电厂

厂长、党委书记　何健康

韶关发电厂位于韶关市曲江区乌石镇，东临南北大动脉京广铁路和京港澳高速公路，南临风景秀美的北江河。韶关发电厂现有在岗员工1200余人，是广东省粤电集团有限公司属下的大型骨干发电企业之一。

1958年，韶关发电厂作为“华南重工业基地”六大工程之一开始筹建第一期工程（2×12MW机组），经过七期工程建设，共建成10台发电机组。两台12MW机组、四台50MW机组已退役；两台200MW机组作为“上大压小”燃煤机组工程（2×600MW）的替代容量于2008年底关停。现有两台300MW机组在运，正在申报的“上大压小”燃煤机组工程（2×600MW）已取得国家能源局同意开展前期工作的批文，并于2011年2月28日开工建设。

300MW机组集控室

新机组（2X600MW）开工仪式

韶关发电厂全景

GUANGDONGSHENG
DABAOSHANKUANGYEYOUXIANGONGSI

广东省大宝山矿业有限公司

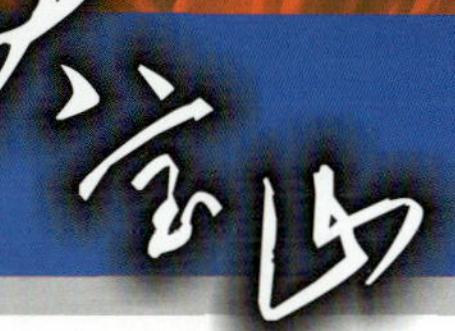

2011年5月18日，公司举行李屋拦泥库外排水综合治理工程竣工典礼

2011年4月9日，国土资源部开发司司长刘连和一行莅临公司检查指导矿产资源开发整合工作

广东省大宝山矿业有限公司原名广东省大宝山矿，始建1958年，1966年10月正式形成规模投产。主营成品铁矿石、铜精矿、硫精矿三大产品及综合回收利用部分矿副产品，规模为年产成品铁矿石60万吨、铜精矿3000吨（金属量）、硫精矿20万吨，现是广东省广晟资产经营有限公司旗下的一级企业集团，系省直属驻韶国有独资大型二类企业。麾下全资子公司广东省南方特种铜材有限公司主营拥有自主专利工艺产权的PC铜产品及加工，控股子公司韶关市广宝化工有限公司主产普通硫酸及拥有自主专利产权的高纯酸。企业占地面积9.49平方公里， 106国道、京珠高速公路沙溪出口交错毗邻于此，交通优越。

2011年，企业实现主营业务收入11.40亿元，利润总额4511万元，资产总额13.85亿元。在册员工2500 多人，在聘专业技术职务人员456人，其中教授级高工1人，高级职称31人，中级职称190人，初级职称234人。

近几年来，企业通过施行管理创新、自主创新及高新科技引进，产学研相结合，重视矿产资源综合利用，创造了新的利益增长点，生产经营各方面逐步企稳向好加快发展。先后获得“广东省诚信示范企业”、“广东省企业500强”、银行“黄金客户”“核心客户”“最佳合作伙伴”、“全国模范劳动关系和谐企业” 和全国“矿产资源综合利用示范基地”等荣誉。

韶关学院图书馆工程荣获中国建筑工程鲁班奖（国家优质工程）

廣東省第五建築工程有限公司

GuangDong Fifths Constructional Engineering Co.,Ltd

广东省第五建筑工程有限公司始建于1951年8月，具有国家房屋建筑工程施工总承包一级、市政公用工程施工总承包一级、钢结构工程专业承包一级、建筑装修装饰工程专业承包一级资质，通过ISO9001质量体系、ISO14001环境管理体系和GB/T28001职业健康安全管理体系等三大管理体系认证。企业重视智力投资，引进和培养了大批专业人才，造就了一支既有理论知识又有实践经验的施工队伍。

仁化县人民法院审判庭综合楼工程获省“金匠奖”

企业工程建设紧紧围绕“对历史负责、对社会负责、对用户负责”的管理体系总方针组织开展生产经营活动。严把安全生产关，确保工程质量上台阶，全面提高公司质量管理水平。先后荣获“连续二十四年广东省守合同重信誉企业”、连续荣获AAA+级中国质量信用企业、2010年度韶关市建筑企业信誉AAA级、韶关市国资系统先进基层党组织、2011年度全国“安康杯”优胜单位等称号。公司承建的工程多次被评为市优、市双优、省优、省双优工程和获得广东省建设工程金匠奖，公司承建的韶关学院图书馆工程荣获中国建筑工程鲁班奖（国家优质工程）。

韶关市东岗岭经济适用住房小区工程（二期第1栋及附属工程）获“省双优工地”称号

韶关市住房保障中心裕得花园经济适用住房工程获“省双优工地”称号

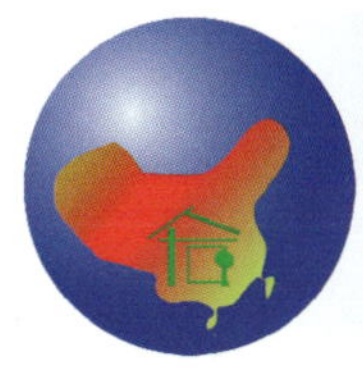

韶关市宏顺实业发展有限公司

▲ 总经理周仁亮

韶关市宏顺实业发展有限公司座落于韶关市惠民南路122号幸福广场15楼，成立于1994年7月，经过十几年的市场洗礼，公司逐步成长、壮大，今天的宏顺公司资质雄厚，以房地产开发为主，兼营商务酒店、酒楼，集餐饮、娱乐为一体，现公司员工200多人，管理人员均为相关专业的优秀人才。

宏顺公司在总经理周仁亮的领导下蓬勃发展，“宏图大略、顺时应势、诚信立身、共谋发展”是公司的座右铭。面对激烈的房地产市场，公司获得韶关西部工业中路机床厂用地，作为公司在韶关的第一大手笔。周仁亮本着以人为本、诚信立身，发展韶关，美化韶城的理念，将“幸福家园”落户该地，用发展的眼光将“幸福家园”定位于中高档楼盘，该项目总建筑面积为17万平方米，共分两期开发，共1100户，总投资3亿元。公司以战略的眼光将文化作为一大品牌引入到花园小区的建设中来，大力发展文化教育事业,极力营造人性化居住环境，顺应党和国家“文化惠民，和谐城乡”的政策，相继投资近千万元建设韶关书画院和田家炳小学综合楼及运动场。

宏顺公司能在竞争激烈的房地产市场中逆势而上，在于公司的高层领导能够深度地洞悉市场，释诠国家相关的法律法规。公司从长远战略发展，毅然北上拓展，在湖南汨罗市投资近4亿元发展房地产事业。周仁亮用持续性再发展的战略眼光定位市场，捕捉市场，相信在不久的将来宏顺公司的发展将更快、更强！成为房地产市场一颗闪耀的明珠！

韶关港华燃气有限公司

▲韶关港华天然气置换启动仪式

▲总经理丰克强在省和谐劳动关系先进单位颁奖现场

▲韶关港华植树减碳公益行动启动仪式

▲扶贫双到送生产慰问金

韶关港华燃气有限公司（简称韶关港华）成立于2006年，是香港中华煤气集团成员单位——港华燃气有限公司的全资子公司。

中华煤气于1862年成立，已有150年悠久历史，是香港第一家公用事业机构。港华燃气是中华煤气在内地之燃气业务品牌。目前港华集团属下的城市管道燃气项目已超百个，遍布全国23个省、直辖市。

韶关港华被市政府授予韶关市区管道燃气30年特许经营权，特许经营范围包括市辖市区及因行政区域调整的新增范围。公司位于南郊4公里韶华路，现有LNG（液化天然气）气站两座。公司资产规模达1.5亿元，员工人数达175人，发展管道气居民用户近8万户，商业用户220多家，工业用户8家。近年来，公司业务飞速发展，2011年上交税费680多万元，连续3年荣获“韶关市模范纳税户”称号，为韶关市税收作出积极贡献。

2010年8月，在市委市政府的大力支持下，公司圆满完成市区天然气置换，广大用户正式用上优质天然气；一直配合市区工、商企业进行“油改气”、“煤改气”，推动市区节能减排工作。公司投资1.2亿元，开展西气二线对接工程，预计将于2012年下半年建成通气，届时，将迎来韶关市推广使用天然气的高峰期，为韶关市管道燃气事业及节能减排事业发展做出更大贡献。

在积极发展业务的同时，公司致力于倡导绿色环保、推广节能减排。2011年3月，公司在市韶州公园投入近10万元认养种植树木近200棵，继中山公园“港华林”后，打造又一个“港华碳汇林”。此外，公司积极参与各项公益活动，如“扶贫双到”、燃气公益宣传、节假日慰问福利院等，传承百年文化，弘扬优秀企业公民风范。

在未来的发展中，公司将一如既往地坚持“为客户供应安全可靠的燃气，并提供亲切、专业和高效率的服务，同时致力保护及改善环境”的企业使命，不断增强企业核心竞争力，致力成为供气稳定、安全可靠、服务一流、管理科学的现代城市燃气企业。

韶关绿然再生资源发展有限公司

SHAOGUANLVRANZAISHENZIYUANFAZHANYOUXIANGONGSI

2007年6月7日，市领导郑振涛到该公司考察工作

签约仪式

韶关绿然再生资源发展有限公司成立于2006年9月，注册资本人民币8000万元，项目总投资15亿元，一期投资8亿元。公司拥有广东省粤北危废处理处置中心工程项目的投资、建设和运营的特许经营权，期限为30年，目前部分项目已投产运营，主体项目计划于2012年上半年投入运营。

粤北危险废物处理处置中心位于广东省韶关市翁源县，是广东省十大治污保洁重点工程之一，也是韶关市“十一五”及“十二五”规划建设的重点工程之一。项目规划总占地面积近266.7公顷，首期工程占地66.7公顷，年处置危险废物30万吨。项目不仅可以对工业危险废物进行暂存、稳定化/固化等预处理和安全填埋处置，更主要的是对粤北地区仍含有利用价值重金属的 工业废渣进行回收与综合利用，达到工业危险废物“资源化、减量化、无害化”的目的，实现资源的可持续发展。项目主要设施包括：废物运输系统、物化处理车间、稳定和固化车间、回收及综合利用设施、安全填埋以及污水处理系统。项目建成后，将是粤北唯一的工业危险废物综合处理处置中心，同时也是一个集中处置、综合利用、环保型的循环经济产业工业园区。

司地址：韶关市翁源县铁龙镇将军屯 邮编：512629 电话：0751-2663228 传真：0751-2663229

韶关市林源建筑工程有限公司

Shaoguan City Lin Yuan Construction Engineering Co., Ltd

质量为先　信誉为重　管理为本　服务为诚

总经理：林灶炎

韶关市林源建筑工程有限公司成立于2010年5月27日，公司注册资金为800万元，经营范围包含房屋建筑工程施工、市政公用工程施工总承包叁级；土石方工程、建筑装修装饰工程、钢结构工程专业承包叁级。公司现有职工80人，其中有职称的工程技术、经济管理人员75人，高级职称人员4人、中级职称人员22人、初级职称人员49人。二级建造师11人、三级项目经理5人，各专业技术人员配备齐全，设有办公室、人力资源部、总工室、工程部、质安部、投标室、预结算室、统计档案室、资产管理部、财务部，并拥有一大批先进的机械设备，有各种起重机、挖掘机、装载机、推土机、压路机、提升架、混凝土搅拌机、柴油发电机等施工机械和检测试验设备，施工设备齐全。

公司秉承“精心施工、持续改进、优质高效、顾客满意”的服务宗旨；坚持“质量为先、信誉为重、管理为本、服务为诚”的经营观念，积极对外承接工程业务。公司坚定以市场为导向，以服务为宗旨，以创新为手段，以质量为企业的生命线的主导思想，更新观念，培训员工，强化管理，更好地参与社会建设，真诚与社会企业界朋友携手合作，为建筑行业锦上添花。

2011年度韶关市建设工程安全生产、文明施工优良样板工地——南雄市疾病预防控制中心大楼施工现场照片

韶关市曲江区沙溪镇凡洞新邨一期工程施工现场

韶关市曲江区沙溪镇凡洞新邨一期工程施工现场

科学发展谱新篇　产业升级续辉煌

乳源东阳光

RUYUAN DONGYANGGUANG

2011年4月8日，中央政治局委员、广东省委书记汪洋，时任广东省委常委、常务副省长朱小丹莅临公司调研，考察公司新规划发展项目

2011年12月7日，广东省委常委、纪委书记黄先耀在市委书记、市人大常委会主任郑振涛等领导陪同下莅临公司调研，参观公司新建成的制药厂车间

乳源东阳光（以下简称“公司”）是以铝加工、生物制药、文化旅游三大产业为主导，涵盖磁性材料和氯碱化工等多个产业，集科研、生产、销售为一体的大型高科技企业群，已建成全国最大的铝箔生产基地。公司以铝加工为主业的“东阳光铝”系A股上市公司（股票代码600673），为韶关县域经济唯一的上市公司。公司现有资产80多亿元，员工近6000余人。2011年实现销售收入60亿多元，实现利税6亿多元。

公司经国家科技部认定为国家重点火炬计划高新技术企业，是国家发改委授予的全国100家产业化示范基地之一；连续三届蝉联广东省百强民营企业、广东省知识产权先进企业、广东省文明单位；曾获“全国团结少数民族进步奖”；HEC化成箔等4个产品为广东省名牌产品、HPC等4个注册商标系广东省著名商标；2007年，HFF铝板带获中国名牌产品，在韶关市率先获此殊荣；2008年，经国家人力资源和社会保障部批准设立“博士后科研工作站”，成为韶关首个博士后科研工作站；2009年，HEC化成箔被认定为中国驰名商标，实现韶关中国驰名商标零的突破。

2011年，乳源东阳光各产业发展态势良好，化成箔厂扩建工程进展顺利，新增16条生产线顺利投产，产品品质进一步提升；光箔厂产量达到10万吨，创历史最高水平；电化厂10万吨双氧水项目建成投产，进一步延伸了氯碱产业链，新型环保制冷剂项目成功奠基，并获得国家环保部批文，为正式建设奠定了坚实的基础；同时，制药厂合成车间建成试产，初步实现了公司升级为研发型企业的华丽变身。

2011年初，公司化成箔扩建项目进展顺利，四车间首期工程如期投产

2011年8月26日，公司制冷剂项目奠基动工，市长艾学峰亲临为项目培土动工

广东鸿源众力公司董事长何全君（前左二）、公司负责人何育强（前左一）参观越南嘉莱省塞珊4A水电站。该电站安装众力公司三台单机容量2.1万千瓦机组，是越南第一座灯泡贯流式机组电站，第一台机组于2011年7月正式发电投入商业运行 。

甘肃黄河柴家峡水电站安装着鸿源众力公司制造的四台全国第二大水轮机转轮直径7.2米灯泡贯流式水轮发电机组。

广东鸿源众力发电设备有限公司

GUANGDONG HONGYUAN ZHONGLI POWER EQUIPMENT CO.,LTD

广东鸿源众力发电设备有限公司（简称："鸿源众力"）是一家电气机械装备制造企业，具有50多年生产水轮发电机组成套设备历史。公司注册资本1.1亿元，年工业总产值和年销售收入超2亿元、纳税超千万元；是广东鸿源机电股份有限公司属下的一家独立法人、独立核算、自主生产经营的骨干子公司。

鸿源众力是高新技术企业、中国水电设备分会理事单位、国内行业"八大企业"之一、广东省水电设备制造业龙头企业、广东省现代产业500强、广东省装备制造业100重点培育企业、广东省诚信示范单位、广东省信息化示范企业。

公司现有员工700多人，大专以上学历或中级职称以上专业技术人员230多人，占企业职工人数30%以上。工人中有75%以上的人拥有中、高级以上技术岗位证书。

公司环境优美，设备设施先进，是华南地区技术、装备力量最雄厚的企业。公司占地面积23.46万平方米，拥有11座占地面积6000-12000平方米厂房。拥有设备700多台套，其中有高、精、尖设备一批。

目前低水头灯泡贯流式机组是公司的主要核心竞争力和主导产品。韶关市委、市政府已列为大力扶持发展的项目。公司计划投资超8亿元，在省级莞韶产业园（浈江区片）建设一个大型灯泡贯流式水轮发电机组研发、生产基地。增加16米立车和250T吊车等一批大型重型设备，年产能将超150万千瓦，单机容量达30万千瓦，产值超10亿元，上交国家税费超6000万元。

鸿源众力产品具有较强竞争力，拥有广阔的市场。公司1998年通过国家质量认证中心的ISO9001质量体系认证。产品被中国电器工业协会连续6年推选为"质量可信推介产品" 50多年来，公司先后向国内、外用户提供了大、中型机组3000多台套，销往全国近30个省、市、自治区，遍布1000多个水电站。在我国的四大河流——长江、黄河、珠江、黑龙江都安装有鸿源众力产品。产品还出口土耳其、阿尔巴尼亚、缅甸、越南、老挝、菲律宾、尼泊尔、几内亚等多个国家。(谢建军撰文)

公司法人代表：何全君

公司地址：广东省韶关市浈江区十里亭

电话：0751-8852942　8853521

传真：0751-8852943

产品部件外运出厂

韶关市坪石发电厂有限公司（B厂）

SHAOGUANSHIPINGSHIFADIANCHANGYOUXIANGONGSI (BCHANG)

生产现场

韶关市坪石发电厂有限公司（B厂）（以下简称“公司”）位于广东省北部韶关市乐昌坪石镇，地处武江河畔，与湖南省交界，是广东电网粤北末端重要电源支撑点。公司建于1992年11月，原是港资民营企业。2010年5月21日，公司100%股权被华电国际电力股份有限公司收购并正式接管，成为华电国际的全资子公司。

办公区域

公司分三期建设，一期工程建设两台60MW煤粉炉发电机组，分别于2000年3月和12月投产运营，已于2009年4月关停；二期工程建设一台125MW煤粉炉发电机组，于2003年11月投产运营；三期工程建设两台300MW循环流化床锅炉发电机组，#4机组于2009年10月投产运营，#5机组于2010年11月投产运营。公司现总装机容量725MW，年发电量约46亿千瓦时。

公司下设总经理工作部、计划营销部、人力资源部、财务资产部、安全监察部、生产技术部、党群工作部、物资部、燃料部、运行分场、检修分场、燃料分场共十二个部门。目前全厂职工总数为450人，其中大专以上190人，专工及以上人员53人，中共党员45人。

厂区远景

自投入商业运营以来，公司先后荣获“乐昌市优秀民营企业”、“韶关市模范纳税户”、“广东省节能先进单位”、“广东省环保诚信企业”等多项荣誉称号，为地方经济的发展做出了突出贡献。加入华电国际后，作为华电国际拓展广东区域的第一个火电运营项目，公司紧紧抓住股权变更的重大发展机遇，依靠华电国际先进的管理理念和模式，在科学发展观的统领下，强化价值思维，以提升经济效益为工作重点，严控成本、科学发展，全面提升企业相对竞争力，为华电国际在广东的不断发展做出了积极的贡献。

广东韶关烟叶复烤有限公司

公司办公楼外景

广东韶关烟叶复烤有限公司成立于1992年，2003年改制为有限公司，现有员工191人。截至2011年底，公司拥有总资产1.42 亿元，占地面积7万平方米，拥有一条由昆船公司制造的12000kg/h打叶复烤生产线，公司年均复烤加工烟叶55万担以上，年均实现销售收入6000万元、利税近2000万元，是广东省最大的烟叶复烤企业，同时是广东省第一家为卷烟工业企业提供配方打叶服务的复烤企业，主要经营范围为烟叶单打、混打、配方打叶加工服务。

2012年2月14日，公司总经理卢道明（右一）陪同省局（公司）主要负责人户春河（前中）、韶关市委常委、常务副市长段宇飞（左一）视察车间。

经过多年的努力，公司工艺质量、服务水平和经济效益位居全省同类企业的前列，是国家局《烟叶打叶复烤工艺规范》和《打叶烟叶质量检验》两项标准的起草和验证单位。2010年，公司通过国家烟草专卖局“全国优秀打叶复烤企业”考核评审，2011年荣获“全国模范职工之家”、“广东省文明单位”、“广东省烟草商业系统精神文明建设优秀单位”称号，2012年被授予“广东省首批省级厂务公开民主管理示范单位”和“韶关市创先争优先进基层党组织”称号。公司还多次获得“广东省纳税信用等级评定A级纳税人”、“韶关市模范纳税户”、“韶关市浈江区计划生育先进单位”等荣誉。

2012年2月28日，公司举行“广东省文明单位”揭牌仪式。

中国平安 PINGAN
保险·银行·投资

买保险就是买平安

中国平安保险(集团)股份有限公司是中国第一家以保险为核心的，融证券、信托、银行、资产管理、企业年金等多元金融业务为一体的紧密、高效、多元的综合金融服务集团。中国平安财产保险股份有限公司是中国平安保险集团长期以来经营和发展的基础。公司经营业务范围涵盖车险、财产险、工程险、货运险、责任险及意外健康险等一切法定产险业务及国际再保险业务。

在韶关，平安产险韶关中心支公司经过１０年的发展，市场规模及保费规模节节攀升，在韶关市场上建立了稳固的市场地位。韶关平安产险凭借专业的技能、优良的服务在社会上树立了良好的形象，赢得了众多消费者的信赖。在当前激烈的市场竞争中，韶关平安产险的产业规模稳居市场第二名，成为对韶关地区经济建设起着举足轻重作用的保险公司，对稳定社会，发展经济起到了积极的作用。

平安财险与您相伴　使您终身无憾

韶关市民政局

韶关市体育局

韶关市民族宗教局

广东水文局韶关水文分局

韶关市武江建筑工程有限公司

浈江区

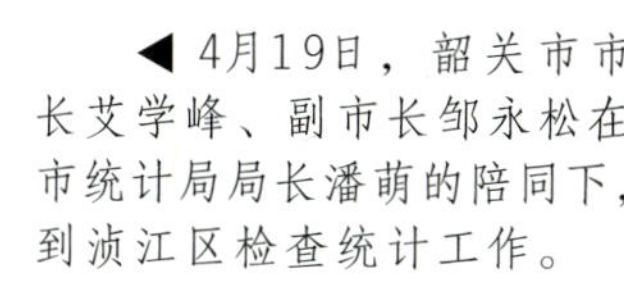

◀ 4月19日，韶关市市长艾学峰、副市长邹永松在市统计局局长潘萌的陪同下，到浈江区检查统计工作。

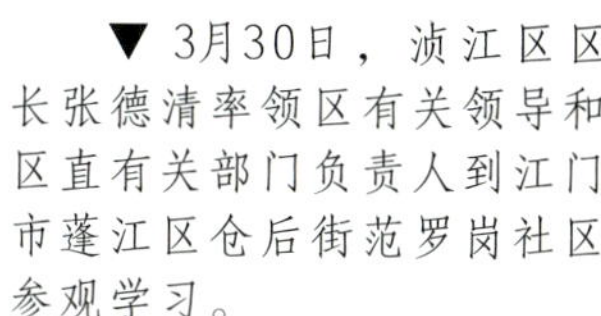

▼ 3月30日，浈江区区长张德清率领区有关领导和区直有关部门负责人到江门市蓬江区仓后街范罗岗社区参观学习。

▲ 3月1日，浈江区委书记刘卫东与区四套班子有关领导带领区直有关部门负责人到新韶镇石山村委检查扶贫双到工作。

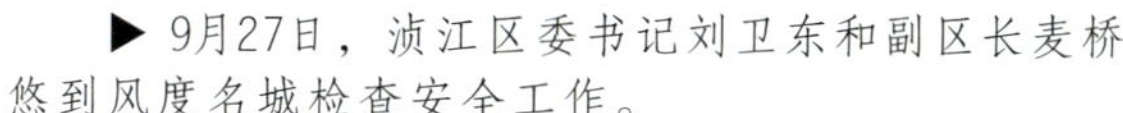

▶ 9月27日，浈江区委书记刘卫东和副区长麦桥悠到风度名城检查安全工作。

▲ 5月28日，浈江区获得2011年韶关市“中国移动杯”龙舟赛第一名。

▲ 7月11日，市领导陈秋彦和区领导刘卫东、张德清等在浈江产业园参加广东磊蒙重型机械制造有限公司奠基仪式。

武江区

▲ 8月11日，武江区召开扶贫开发“双到”工作现场会。

▲ 10月10日，武江区党政领导检查教育创强工作。

▲ 9月19日，区政府举行乡道256线龙归后坪至重阳妙联路面改造工程开工仪式。

▲ 11月24日，美国旧金山市中华总商会考察团到武江区考察投资环境，与区领导合影。

▲ 12月8日，武江区林业生态县通过省林业部门考核验收。

▲9月27日，中共韶关市曲江区委书记陈向新在曲江区第十次党代会上作工作报告。

▲11月3日，韶关市曲江区区长吴春腾在曲江区第十四届人民代表大会上作政府工作报告。

◀2011年12月30日，市委书记郑振涛(右七)、市长艾学峰（右三）在市委常委曲江区委书记陈向新（左四）的陪同下调研大南华旅游发展工作。

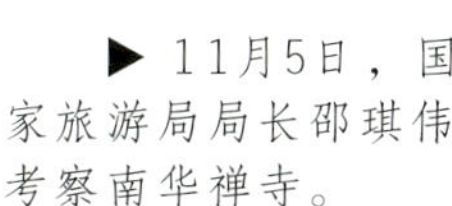

▶11月5日，国家旅游局局长邵琪伟考察南华禅寺。

▲10月10日，中共广东省委副书记、省长黄华华(右前三）现场察看乐昌峡水利枢纽主体工程。
（陈跃进 摄）

▶12月20日，广东省军区副司令员刘良凯等考察乐昌国防大厦。
(陈跃进 摄)

◀5月11日，中国观赏石鉴评师（第九期）学习班在乐昌举行
(陈跃进 摄)

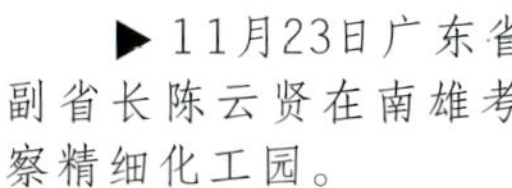
▶11月23日广东省副省长陈云贤在南雄考察精细化工园。

▲市委书记许志新调研新农保工作。

▲市长刘清生参观建党90周年图片展。

◀10月15日，南雄化工园区10大企业投产庆典。

▲农民机械化收稻

▲烟苗育秧基地

▲百顺罗汉果喜获丰收

仁化县

▲6月21日，中央统战部副部长、国家民委主任杨晶（左四）在副省长雷于蓝（右三）、韶关市委书记郑振涛（右二）陪同下考察丹霞山。

▲11月5日，国家旅游局局长邵琪伟在市、县领导陪同下考察丹霞山。

▲12月，董塘镇高莲村被中央精神文明指导委员会授予“全国文明村镇”。图为县委书记刘锋、县委常委谢庆伟、赖小红为高莲村揭牌。

▲5月24日，副省长刘昆率领全省林改工作现场会与会人员300余人，到仁化现场视察林改工作。

▲10月20日，“2011年广东国际旅游文化节仁化县石塘分会场”在双峰寨前开场。

▲ 5月25日，省委常委、副省长肖志恒在始兴调研。

▲ 5月11日，市委书记郑振涛在始兴调研工业和物流产业。

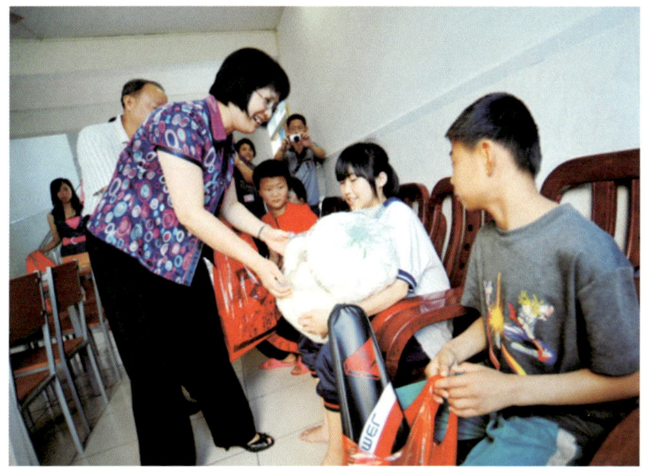

▲ 6月1日，县委书记许红看望孤儿。

▲ 6月3日，始兴县大众村镇银行开业。

▲ 8月8日，始兴县举办2011年“爱我父亲山·护我母亲河”畅游墨江活动。

▲ 7月22日，广东(始兴)印象风情摄影大赛举行开镜仪式，数十家国内知名媒体记者聚焦始兴文化和客家民俗风情。

▲ 11月22日，中共翁源县委书记、县人大常委会主任朱余旺(右二)到龙仙镇石寨村检查指导扶贫工作。

▲ 9月14日，翁源县县长颜亮（右三）率队开展城市建设工作调研。

▶ 10月28日，广东大唐国际韶关翁源热电联产项目签约仪式。

◀ 11月27日，翁源县凯通纤维板有限公司举行开业庆典。

▼ 6月19日,翁源县举办花果嘉年华系列旅游活动。

◀ 6月15日，省委常委、政法委书记、公安厅长梁伟发（前）在市领导林耀明、赖日先以及县领导范秀燎、黄庆忠等的陪同下，到新丰县综治信访维稳中心指导工作。

▶ 12月30日，省委常委、组织部长李玉姝（左二）在市委书记、市人大常委会主任郑振涛（二排右一），县委书记、县人大常委会主任范秀燎（左一），县长黄庆忠（二排左一）等的陪同下，到梅坑镇禾溪村调研扶贫开发“双到”工作。（黄小广摄）

▼ 8月25日，新丰县首届佛手瓜节暨佛手瓜宝宝摄影大赛在黄磜镇秋峒村举行。

▶ 9月8日，市委副书记、市长艾学峰（前排中）到新丰县回龙华夏建陶工业园调研。

▲ 4月8日，中共中央政治局委员、中共广东省委书记汪洋到乳源东阳光考察。（钟　华　摄）

▲ 12月1日，西藏藏族自治区林芝县党政考察团到乳源考察。图为代表团在乳源东阳光公司考察时，听取公司领导介绍企业的情况。

◀ 6月21~22日，全国民族自治县（旗）科学发展经验交流会在乳源瑶族自治县举行。

▲ 11月30日，广东省军区机关援建八一瑶族新村交钥匙仪式在乳源瑶族自治县游溪镇水源宫村举行。图为省军区政委蔡多文（右）与市委书记郑振涛（左）共同为新村揭幕。

群团组织

韶关市总工会

【概况】 韶关市总工会是中共韶关市委领导下负责全市工会工作的群众团体。韶关市总工会成立于1950年9月9日，当时称曲江县总工会。1951年底，韶关市和曲江县分家，原曲江县总工会更名为韶关市总工会。1983年韶关地区和韶关市合并后，原广东省总工会韶关地区办事处与原韶关市总工会合并为现今的韶关市总工会。市总工会共设置办公室，组织部、宣传教育部、保障工作部、生产保护部、女职工部、财务部、审计室等8个部室、下辖市工人文化宫、市职工技术协作办公室、市职工服务中心等3个直管单位。2011年，全市各级工会围绕市委、市政府工作大局，把握科学发展主题，发挥自身优势，推进企业社会责任建设，开展建功立业活动，推进职工素质提升工程，深化工会帮扶工作，推动劳动关系和谐发展，推进“两个普遍”重点工作，维护职工合法权益，在韶关市经济社会发展中发挥重要作用，工会工作在原有的基础上又迈上一个新台阶，市总工会再次获得全省工会优秀单位荣誉称号。

【推进企业社会责任建设】 市委高度重视企业社会责任建设，并将其作为韶关市社会建设2012年度10项重点工作内容之一，要求市总工会牵头探索开展此项工作。一是深入企业调研，制定工作意见。企业社会责任建设是一项系统工程。为此，市总工会在韶关市制造、电力、通信、运输、玩具等320家企业进行“企业自主履行社会责任”专题调研。同时，组织人员到浙江义乌、宁波等地学习考察。在此基础上，起草《关于加强企业社会责任建设的意见》。7月，市委市政府正式下发“意见”，就企业的劳动关系、自然关系和社会关系所涉及的十个方面社会责任内容进行明确规范，指明韶关市企业社会责任建设的重点和方向。此外，市总工会制定《韶关市加强企业社会责任建设三年行动纲要》，对此项工作的目标任务、主要工作步骤及其完成时间作细化和明确。二是结合企业实际，抓好先行试点。编制和发布社会责任报告，是企业与利益相关方及社会各界进行沟通的有效形式，是企业提升履行社会责任能力和水平的有效手段。7月，市委市政府召开工作座谈会，明确18家单位为试点，正式推开试点工作。会上，邀请省律师协会知名律师朱列玉作专题辅导，印发《韶关市企业社会责任报告书编制指南》，以供企业学习参考。为加强指导，市总工会多次组织人员到试点企业调研，与企业一起研究解决问题，并编印7期《工作简报》，供企业交流学习。各试点企业都明确工作的归口管理部门，建立完善组织管理体系，将社会责任目标融入公司发展战略，通过战略管理流程细化为工作计划，落实到日常经营管理之中，实现社会责任工作与企业经营发展的有机融合。

【开展建功立业活动】 围绕市“十二五”规划目标和“优化产业结构，提升工业发展水平”这一要求，组织引导广大职工为加快转变经济发展方式发挥主力军作用。各级工会深入开展以“当好主力军、建功‘十二五’”为主题，以优质、高效、安全、节能减排为主要内容的劳动竞赛。韶钢集团公司工会先后组织开展七项劳动竞赛和提合理化建议活动，兑现竞赛奖金220多万元。各县（市、区）深入打造劳动竞赛这项服务经济发展的工会工作品牌，推动县域经济发展。仁化县总工会被全总授予“十一五”时期社会主义劳动竞赛先进组织单位，是韶关市首个获此殊荣的县级总工会。2011年全市参与各类劳动竞赛活动的企事业单位456家，参与活动的职工约20万人，提出合理化建议近12000条，取得技术成果836项。全市评选表彰一批五一劳动奖章、工人先锋号及职工优秀合理化建议，营造学习劳模、尊重劳模、争当劳模、赶学先进的社会氛围。市总工会继续加强对劳模的管理服务工作，向全国劳模发放“三金”172万多元，免费为565名省级劳模体检，向200名生活困难劳模发放补助，受到劳模的好评。

【推进职工素质提升工程】 开展职工职业技能大赛，更好地实现“建设”与“育人”并举的目的。市承办省地质勘查技术人员技能竞赛，全省38个参赛单位的202名优秀选手参加决赛，韶关市706地质队的陈珲摘取桂冠。仁化县总工会举办第二届劳动技能大赛，全县193家单位，共4000多人参赛。乐昌市总工会举办首届农民工技能大比武活动，推进职工素质提升工程。韶钢集团公司工会开展最佳实践者活动，涌现出190名最佳实践者。中金建安公司工会举办第一届青工技术大赛，对青工提升技能起到很好的激励作用。各级工会继续深化“创建学习型组织，争做知识型职工”活动，全市已建“职工书屋”131个。市职工艺术团依靠职工文艺骨干，团结一批爱好者，组织开展一系列职工喜闻乐见的文艺活动。

【深化工会帮扶工作】 按照“为困难职工解难，为党委政府分忧”的要求，争取党委政府及社会各界的重视和支持，帮助解决职工最关心、最直接、最现实的问题。一是做好元旦春节送温暖工作。2011年春节市总工会筹集送温暖资金65.5万元，慰问困难企业24家、困难职工1800人次。二是做好抗灾救灾工作。5月，始兴、乳源、仁化先后遭受冰雹袭击及洪涝灾害，市总工会及时深入到灾区，与企业员工一起做好抗灾复产、慰问解困工作，并下拨10万元救灾资金。三是开展夏送清凉工作。市总工会筹集10万元，慰问工作在高温烈日一线的环卫园林、重点工程建设工地、交警、公交车和出租车司机等职工。四是举办第四届“百万帮扶暖人心”帮扶助困和金秋助学活动。市总工会筹集近200万元专项资金，救助生活困难及工伤探视625人，助学帮扶400人，医疗救助150人，困难职工（农民工）职业培训补贴460人，为951名困难女职工免费进行“两癌”筛查体检。五是做好职工应急救助工作。市总工会筹措181万元帮扶资金，对因遭遇意外或重大疾病的763名职工（农民工）予以应急救助。六是继续加强职工医疗互助保障工作。对参加职工医疗互助保障和安康保障计划的103名患重病的职工给予146万元的赔付金。七是做好扶贫双到工作。继续筹集100多万元，帮助对口扶贫村委会和村民改善生产生活状况。

【推动劳动关系和谐发展】 坚持以构建和谐劳动关系为主线，履行维权职责，创新维权方式，加大工会依法维权力度。一是打造工会社会化维权的新平台。根据市委市政府《关于加强企业社会责任建设的意见》要求，市总工会牵头成立市职工法律维权服务中心。这是韶关市职工维权工作机制上的一项重大创新，它有别于以往工会组织单一的维权方式，而是在党委政府的领导下，以市总工会为综合平台，联合市司法局、市人社局、市公安局、市安监局等单位，运用协商谈判、调解仲裁、法律援助等综合手段的“党委领导、政府支持、工会牵头、部门配合、社会参与”的工会社会化维权新机制。二是做好维权维稳工作。深入开展厂务公开民主管理工作，推动落实职工的知情权、参与权、监督权。全市国有、集体及其控股企业和公办学校、医院等事业单位厂务公开建制率达97%以上，职代会建制率达98%以上；非公企业厂务公开建制率达80%以上。开展劳动关系和谐企业（园区）创建工作，促进企业与职工协商共事、效益共创和利益共享。全市选定15个创建示范点，大宝山矿荣获全国和谐劳动关系模范企业称号。开展“安康杯”竞赛活动，维护职工安全生产权益。全市327家企事业单位近16万名职工参加竞赛，大宝山矿业公司荣获全国安康杯竞赛优胜企业，翁源供电局等2家企业荣获省安康杯竞赛优胜企业。主动参与各类矛盾调处，促进职工队伍和社会的稳定。南雄市总工会参与处置棉土窝矿采矿班组集体诉求案，将一起群体性事件化解在萌芽状态；韶关冶炼厂工会在企业停产期间，成立6个维稳工作组，以分片包干的形式开展维稳工作，促进企业和谐稳定。

【推进“两个普遍”重点工作】 夯实工会工作的组织基础，基层工会的作用得到进一步发挥。一是依法推动企业普遍建立工会组织，不断夯实工会工作基础。各级工会贯彻组建工作三年规划，采取有效措施最大限度地把包括农民工、劳务派遣工在内的广大职工组织到工会中来。曲江区总工会经过多年来深入细致地努力，组建工作有新的突破，至卓飞高线路板公司组建工会。南雄市总工会与市委组织部联合发文，明确乡镇党委副书记为乡镇工会主席，促进乡镇工会工作开展。乐昌市成立市房地产行业工会联合会，涵盖本市25家房地产企业，促进行业的和谐健康发展。全市基层工会累计6648家，涵盖单位30166家，会员601392人，农民工会员116627人。在抓组建的同时，按照“边组建、边巩固、边规范、边发挥作用”的要求，不断增强基层工会活力。2011年，金宏铀业公司等3个单位被授予全国模范职工之家，东阳光实业发展有限公司等11个单位被授予省模范职工之家。二是依法推动企业普遍开展工资集体协商，不断扩大覆盖面。全市启动“彩虹计划”，采取灵活多样的要约形式和协商办法，深入推进集体合同制度。南雄市总工会在雄州街道开展“2011年区域性工资集体协商要约行动”工作，促进劳资双赢。全市企业工资集体协商率达到已建工会的60%。此外，市总工会通过召开动员大会及举办培训班，组建一支由600人组成的熟悉法律、懂得政策、善于协商的集体协商指导员队伍。　（吴柳亭）

附：领导班子成员名单

主　席：杨小明

副主席：张　莉（女）

　　　　谢广明　林贵贱

纪检组长：傅　勇

共青团韶关市委

【概况】 中国共产主义青年团韶关市委员会（简称团市委）前身为中国共产主义青年团韶关地方委员会，1983年6月，地、市团委合并后改为现名。共青团韶关市委是全市共青团组织的领导机关，内设城乡部、组宣部、学校部、联络部、办公室，以及韶关市青年联合会、韶关市杰出青年协会、韶关青年商会秘书处，下辖韶关市青少年文化宫、粤北青年报社两个事业单位。历任主要负责人有覃卫东、李萍、陈茂辉、张中坚、陈波、王晓梅、陈俊林、彭裕殿、梁丽芳。截至2011年底，全市有基层团委402个，基层团（总）支部6529个，基层团工委36个，“两新”组织（新经济组织和新社会组织）团建总数120个，专兼职团干8284名，团员16.1万名。

【青少年思想教育引导】 2011年，按照市委市政府统一部署和团省委工作安排，开展青少年思想教育、爱国主义教育活动，以庆祝建党90周年为契机，4~6月，在团市委组织下，来自韶关市直机关、青年联合会、青年商会以及高校、中小学等各界青年团员、少先队员代表共4000人次开展“我与祖国共奋进”形势政策教育及“永远跟党走·与信仰对话”党史形势报告活动，引导机关事业单位青年、大中专学生、青年企业家、新生代企业青年、农村青年等青年群体铭记历史，坚定信念，立足本职，报效祖国。按照团省委、省少工委的统一部署，开展“学党史、知党情、跟党走”、“红领巾心向党幸福手拉手”、“在光荣的旗帜下 党团队员共话成长”等“六一”、“七一”纪念建党90周年系列活动。举办各类党史学习交流会100多场次，参与人数近3万人。团市委、市青联在全市范围内举办纪念建党90周年征文比赛，开展2011年超级新星青年歌手大赛等活动。

【深化青年就业创业】 2011年全年以服务青年发展需求为切入点，组织见习基地提供与青年专业及兴趣相匹配的见习岗位，开展见习对接，帮助青年知晓见习信息、参与见习实践，加强见习基地信息台账录入，推广发放《共青团“青年就业创业见习基地”见习证》。截至年底，韶关市共有见习基地33个，共提供544个见习岗位，并已全部上岗见习，256人见习结束后正式聘用。2011年以来，团市委与市农业银行再次合作，按照“韶关市农村青年小额贷款工作操作指引”，韶关市青年就业创业小额贷款共计65笔，贷款金额达232.8万元，带动创业214人。主办“青年创业与转型升级”青年企业家及青年座谈会，实施“圆梦100”新生代农民工骨干培养发展计划，共组织400多名农民工参加笔试，91人被北京大学、华中科大等院校录取。落实青年就业创业技能培训资金15万元，组织农村青年进行就业创业培训累计1970人，其中1755人实现就业。

【加强团建工作】 2011年以来，团市委始终坚持党建带团建，在全市加强非公有制经济组织团建工作，按照“先行组建、逐步提高”的工作思路，截至年底，全市各级团组织在“两新”组织中新建团组织120家，覆盖35岁以下青年2522人，其中团员1476人。开展“万号带万企”全市青年文明号结对帮带非公企业团建活动，韶关市国家级和省级青年文明号与69个非公企业全部完成对接。按照团省委“全面实施乡镇和街道团的组织格局创新，力争把团工作桥头堡推进到乡镇和街道”的工作要求，采取四项措施推动格局创新工作开展，组织抓落实，创先争优齐动员；把握关键环节，树立正确选配导向；制度保障促长效，三级联动出成果；加大基层团干培训力度。下发《企业共青团工作使用手册》加强对市国有企业和国有控股企业的团建工作力度，实现团组织全覆盖。

【服务特殊青少年群体成长】 2011年，团市委加大希望家园的建设力度，希望家园由镇中心转移至村落，覆盖更多的农村留守儿童，壮大辅导员、志愿者队伍，整合资源构建社会参与希望家园建设的网络体系。发动全市少先队组织开展“捐赠爱心压岁钱，幸福广东第一棒”活动，共募集到约40万元资金，将募集资金的60%用于各级希望家园建设、基层少先队建设及农村辅导员培训等项目；争取获得市福彩发行中心的资金支持，举办2011年“七彩梦飞起来”福彩夏令营，100名留守儿童参加活动。成立关爱农民工子女青年志愿服务队，采取“青年志愿者（团队）+农民工子女+接力（项目)”的结对帮扶方式建立志愿者、家庭、学校、社会（居住地）“多位一体”的帮扶网络，全市已结对85所农民工子女学校，各地青年志愿者已与近万名农民子女结对。6月，开展“王老吉·学子情”希望工程圆梦行动，每名受助生一次性资助5000元，共有25名学生得到资助。7月，举办“赢在广东·第四届希望工程南粤会亲——韶城会亲”活动，全市7个县（市）通过移动视频网络同步举行，并首次推广到县，共有8123名学生得到资助。8月4日，在四川郎酒集团的支持下，团市委联合各部门共同举办“郎助郎，上学堂”义卖捐助活动，共筹得40万元助学金，帮助全市80名贫困大学新生圆大学梦。团市委联系清远市人民医院，联合开展“天使医疗行动”——韶关地区先天性心脏病患者免费救助活动，15名心脏病患者前往就医，5名患者已经完成手术。团市委分别在仁化县、新丰县、浈江区三间边远山区村小为试点，投入近10万元，开启“幸福厨房”项目，三个“幸福厨房”的前期修葺和改造已经完成，厨房设备已配送到位。

【发展志愿服务事业】 配合市中心工作，组织开展青年志愿者服务月、义务种植青年林、无偿献血、大学生“三下乡”、“幸福韶关、真爱国土”等系列服务活动。开展“幸福广东，健康同行”广东青年医疗卫生志愿者扶贫济困健康直通车行动，成立示范服务队，全市11个示范点贫困村所在地开展服务活动，向1242户贫困户派送爱心药箱。组织青年志愿者开展“大拇指”文明交通行动以及各类创建社会公共文明、提升市民素质的志愿服务活动。组织550名精英志愿者完成“广东国际旅游文化节”重点志愿服务工作。11月23日，韶关市志愿者联合会第一次代表大会召开，会议通过《韶关市志愿者联合会章程》，标志着韶关市志愿者工作在系统化、科学化的进程中迈出坚实的一步。

【交流与交往】 2011年，发挥市青联、青商会的组织网络优势，加强与各地青年的交流联谊。4月，市青联协办香港青年协进会组织的“认识祖国，认识香港——情系韶港”两地方文化交流考察之旅和香港青年交流促进联会组织的“相约韶关——了解自然国情”交流考察活动，并先后组团赴港参加“爱我中华”两岸四地青年大汇聚和2011年度“认识祖国，认识香港”问答比赛等活动。11月，韶港青年交流促进联会组织香港青年交流团来韶关交流并赴翁源学校捐赠课桌。团市委同香港青年服务团开展系列活动，组织志愿者参观韶关学院、丹霞山、港资企业、农业基地等了解韶关市教育、旅游、创业、环保等经济社会发展情况。同年5月，澳门联合韶关团市委及其他团体主办的澳门演唱会，义演资助乐昌援建希望小学，8月，澳门教育暨青年局组织30人开展“燎原青少年小老师计划”赴南雄市乌径镇中心小学义教活动并捐款。

【开展“两进三同”活动】 全市各级团机关领导干部率先垂范，深入到企业、农村、学校、社区等，与青年“同劳动、同学习、同生活”，提高为党做好青年群众工作的能力和水平。其中，团市委领导班子多次带领机关干部到农村花卉种植合作社身体力行进行劳作、与农村创业青年深入交谈；深入工业园区与企业务工青年召开座谈会，深入企业生产区与新生代产业工人一起对产品进行包装、检测等等。通过一系列活动，带动专业技术人员1028人，帮助解决4000多农村青年在工作中遇到的困难和问题，培养与青年群众的朴素情感，了解青年的真切诉求。同时通过采取“手拉手”帮扶等措施激发基层团组织的内在生命力，为基层团组织寻求有效运作模式，为基层团组织配置资源，在“两进三同”过程中，建立基层团组织的创新点、示范点和上级团组织的挂钩联系点，及时将“两进三同”的成果转化为推进各项工作的有效措施。在团市委领导班子带领机关干部近20次下基层活动中，影响青年达16000人，更加密切与广大青年群众的联系。

【组织“广东国际旅游文化节”志愿服务工作】 2011年广东国际旅游文化节在韶关市举办，按照市筹备办的统一安排和部署，团市委做好志愿者的招募工作，从5000多名志愿者中精心挑选550名志愿者参与旅游文化节的志愿服务工作，根据志愿服务的岗位需求，采取集中培训、分类指导、分组演练的培训方式，对志愿者开展岗前培训。在旅游文化节期间，志愿者们分为礼仪服务、嘉年华活动、新闻宣传、交通保障、酒店服务等11个志愿服务小组，按岗位分工做到统一服装、统一标识、统一管理，在服务中做到文明有礼热情周到、大方得体精神饱满，让微笑成为文明韶关的名片，展示韶关青年的青春风采。（陈来胜　谭　思）

附：领导班子成员名单

书　记：梁丽芳

副书记：陈耀宇　陈　祎

党组成员、青少年宫主任：

　谭祥红

韶关市妇女联合会

【概况】 韶关市妇女联合会是负责妇女儿童工作的群众团体，是党和政府联系妇女群众的桥梁和纽带。韶关市妇女联合会组织结构：现设主席1名，副主席2名；内设办公室、儿童部、宣传部、权益部，市妇女儿童工作委员会办公室设在市妇女联合会。现有在职干部13名，100%本科以上学历。

2011年，韶关市妇联围绕全市经济社会发展大局和建设“坚强阵地”、“温暖之家”的目标，抓发展大事、办民生实事、解妇女难事，参与社会管理和创新，取得显著成绩，荣获2011年度全国妇女宣传舆论阵地建设先进单位、广东省“五五”普法先进集体、广东省“春游绿道　万家同乐”系列活动组织奖、广东现代好丈夫和好妻子评选系列活动优秀组织奖、韶关市综合治理工作优秀单位等荣誉称号。

【培育巾帼经济组织】 2011年，全市创建市级巾帼种养示范基地9个、县级10个；创建第二批广东省巾帼创业示范基地2个；申报创建7个省巾帼南方大豆示范基地；为6个农民专业合作社争取获得中央财政项目资金共60万元。同时，引导有发展能力的女能手、致富带头人，发展“名、优、特”农业项目，发挥示范带头作用，辐射带动其他农村妇女种植（养殖），带动她们增收致富。

【铺开妇女小额担保贷款工作】 为帮助农村妇女发展生产，市妇联抓住重点，突破难点，联合市财政局、市人社局、市农信社等部门制发《韶关市农村信用社农村妇女创业贷款管理办法》，形成政府主导、妇联配合、多方协作的长效工作机制，铺开妇女小额担保贷款工作，截至2011年12月底，全市已发放妇女小额贷款220笔，金额达1054万元。

【妇女创业与就业培训】 市妇联立足全市妇女发展实际，坚持“按需服务、两业并举”原则，依托农村妇女学校开展农科技术培训，依托家政服务培训中心开展就业技能培训，依托职业技术学校开展低学历妇女学历教育，推动农村妇女劳动力转移就业。全市先后投入资金56万元，举办女能手培训班107期，培训农村妇女25686人次，共实现农村妇女劳动力转移就业人数近8000人。

【开通“12338”妇女维权服务热线】 2011年4月，市妇联将

"12338"妇女热线开通到10个县(市、区),使全市"12338"妇女热线增加到11条,实现妇女热线市、县两级覆盖。同时,进一步强化"12338"妇女热线服务功能,统一为各县(市、区)配备录音电话,开通24小时服务。通过电视台、电台、网络、报纸等媒体进行宣传,使"12338"妇女维权热线家喻户晓,满足妇女儿童就地、就近获得维权服务的需求。

【创建妇女维权与信息服务站】 争取省项目资金105万元,以及市委、市政府1:1配套资金创建妇女维权与信息服务站,健全和完善妇女维权与信息服务网络,整合社会资源,以妇女需求为导向,开展各类社会服务工作。截至12月底,服务站先后组织开展志愿者培训、普法户外宣传5场,举办法律知识、家庭教育讲座6场,开展个案服务4宗,提供各类信息服务213宗,服务群众近万人次,发挥妇联组织参与社会建设的作用。

【推进"四援助"工作】 2011年7月上旬,全省"四援助"项目工作现场会在韶关召开。全年全市共援建母亲安居房58套,发放援助款75.4万元;争取省妇联项目资金63万多元,帮扶贫困母亲发展生产、脱贫致富;开展援助单亲特困母亲家庭子女先天性心脏病救治、免费健康检查等活动,使农村贫困妇女、儿童得到不同程度的疾病救治帮扶;继续开展"爱心大联盟"结对帮扶活动,有5608位"爱心父母"与5064名困境儿童结对帮扶,筹集发放助学款273.55万元;8月,组织南雄16名孤儿参加香港女童军总会举办的"温暖行动·励志人生"夏令营活动;10月,在始兴县高峰小学建立韶关市留守儿童"心灵加油站"示范点,帮助留守儿童解决心理缺乏关爱、感情缺乏依托、学习缺乏帮助、生活缺乏支持、管理缺乏家教的现实问题。

【做好扶贫"双到"工作】 与市公安局配合,研究制定帮扶计划及措施,继续坚持"产业化扶贫"、"基础设施扶贫"、"智力扶贫"、"信息化扶贫"等多举并用,帮扶资金投入力度继续增大,截至2011年,累计投入帮扶资金189万多元,乡村公路、农田水利、自来水、村委办公楼等公共基础设施不断完善;"公司+基地+农户"蔬菜生产经营模式日趋成熟,全年蔬菜总产值达80万元;危房改造项目进展顺利,已完成8户危房改建任务;贫困户经济收入稳步增加,全村有劳动能力的36户贫困户167人年均人纯收入达到7144元,100%实现脱贫目标。

【推动"两癌"筛查及救治】 争取多方支持,由市委副书记林耀明亲自督办,与有关部门配合,出台《韶关市农村贫困妇女"两癌"免费检查项目实施方案》,从2011年9月开始免费为韶关市户籍的35~59岁农村贫困妇女约3万人进行"两癌"免费筛查。同时,争取"粉红春天"救助资金,已为全市15位患"两癌"的困难妇女申报救助金额7.1万元。

【加强巾帼志愿者队伍建设】 全市共创建巾帼志愿服务队49个,共有巾帼志愿者6000多人,主要由各级妇联干部、教师、技术工人、各单位干部等社会热心人士组成。巾帼志愿者们通过深入社区、福利院、敬老院开展巾帼志愿服务,传递温暖共享和谐。韶关市妇女维权与信息服务站建立后,市妇联争取司法、卫生、幼儿园、中小学校及高校等单位和部门的支持,聘请专家志愿者,组建近100人的法律咨询、心理咨询、家庭教育等专家志愿服务队伍,探索"妇工+社工+志愿者"的服务模式,提升维权服务水平,拓宽妇女诉求表达渠道,为妇女群众提供政策、法律、心理健康、婚姻、家庭教育等专业化的咨询服务,指导和帮助妇女解决问题,促进社会和谐稳定。

【组织开展"三八"系列活动】 "三八"期间,隆重召开"三八"妇女节101周年纪念大会,市四套班子有关领导出席大会,表彰2010年度荣获全国、省、市妇联表彰的先进集体和先进个人。联合有关医疗部门组织开展妇女健康宣传教育和妇科病检查活动,取得良好的社会效应。组织开展丰富多彩的"迎三八　游绿道"活动,得到各单位的响应和参与,先后集中组织妇女和家庭成员游绿道10多场次,3000多人次参与活动。与市文化宫健身中心、市健美协会联合开展"我运动　我健康　我幸福"——庆"三八"妇女健身月活动。

【实施"家庭教育大讲堂进社区"民生项目】 落实省政府"扶持

家庭教育大讲堂进社区（乡村）”民生项目，组织开展家庭教育公益讲座50多场，3万多名中小学、幼儿家长受益；加强市家庭教育讲师团队伍建设，增加25名有一定学术造诣、热心研究、年富力强的家教专家和骨干。创建武江惠民西社区和浈江市政府社区2个省级“儿童友好示范社区”培育点、8个市级“儿童友好达标社区”。不断创新家庭教育工作新模式，增强家庭教育指导的科学性、规范性、有效性和可获得性，先后开展“母亲支持小组”及“亲子成长营”活动；印制2万份“家庭教育锦囊”宣传小册子下发到各社区家长手上；与市广播电视台联合举办首场家庭教育系列论坛“青春期家长如何跟孩子沟通”，在三江视线栏目播出，取得良好的社会效果。

【推进女性进村（居）“两委”】 在2011年全市村（居）“两委”换届过程中，市妇联提早介入，就女性进村（居）“两委”工作作出具体安排，落实“村‘两委’委员中，至少要有1名妇女”的刚性政策。参与《韶关市村、社区“两委”换届选举工作实施方案》的制定，并作为换届领导小组成员，及时解换届情况，加强对村（居）“两委”换届中选拔女干部工作的指导。全市1409个村（居）“两委”100%配备女干部，本届村“两委”中女干部人数同比上一届增加400多人。

【开展“两组织双建设”试点】 为突出党建带妇建，妇建服务党建的成效，市妇联不断探索新路子，与市委组织部在乐昌开展试点，以“妇女党小组+妇代会妇代小组+妇女专业合作组织”为模式，通过农村巾帼“两组织双建设”工作，引导农村妇女群众增强“四自”精神，调动妇女的积极性、主动性和创造性，激发广大农村妇女的聪明才智，凝聚广大农村妇女的智慧力量，从资源上解决村党组织妇女党员和村妇代会成员缺乏后备人员的问题。

【抓好“妇女之家”建设】 市妇联把建立基层“妇女之家”示范点作为妇联组织参与社会管理创新重点推进项目之一，制定《韶关市村、社区“妇女之家”建设实施方案》。在全市1202个村、207个社区统一制作“妇女之家”牌匾、统一“妇女之家”宣传展板内容、统一印制“妇女之家”工作制度汇编，使无形的“家”有形化，有形的“家”标准化，标准的“家”功能化，并重点抓好10个省级“妇女之家”示范点创建工作，以点带面，推进全市“妇女之家”规范化、制度化建设。

【做好两纲规划评估及新规划编制】 组织开展对各县（市、区）两纲规划实施情况终期评估督查，做好韶关市妇女儿童发展规划（2001~2010）终期评估的各项工作，把握和科学评价妇女儿童发展状况，评估显示，两个规划确定的主要目标已基本实现，全市妇女儿童生存发展环境进一步优化。同时，召开2011~2020年妇女儿童发展规划编制工作会议，并从市委政策研究室、市委党校、市教育局、卫生局、人社局、民政局等抽调精干人员组成新规划编写小组，到各县（市、区）开展专题调研，科学编制韶关市2011~2020年妇女儿童发展规划。（马　敏）

附：领导班子成员名单

主　席：邢　丽

副主席：吕志玲　马小青

韶关市科学技术协会

【概况】 韶关市科学技术协会是中国共产党领导下的人民团体，是党和政府联系科技工作者的桥梁和纽带，是国家推动科学技术事业发展的重要力量，是韶关市科学技术工作者的群众组织。韶关市科协成立于1958年12月。1980年11月、1984年12月、1991年11月、1997年6月、2002年12月、2007年12月分别召开第二、三、四、五、六、七次全市代表大会。第七次全市代表大会选举委员共79名、常务委员共25名、正副主席5名。其中主席：郑适；专职副主席：罗金锋、李强（因病于2008年5月去世），12月韶关市科协七届四次常委会根据市委提名，增补周平为韶关市科协副主席；兼职副主席：张永生（韶钢集团副总经理）、王羽梅（韶关学院副院长）。市科协机关人员编制共12名，辖下正科级事业单位韶关市科技馆1个，事业编制25名；全市共有县（市、区）科协10个，市级学会（协会、研究会）31个，省、市属企业科协18个。

【科普工作】 2011年,市科协和各县（市、区）科协在科普日活动中，组织科技、卫生、农业、林牧渔等专家建立咨询服务台，为群众解答种养、消费、医疗、健康方面的疑难，现场发放各种科普资料共3万余份（册），咨询服务1万多人次，发放各类宣传画5000余张，义诊义治义询3000余人，发放医疗、计生药品、药具价值8000余元；展出科普宣传展板、挂图1800余幅。南雄市科协与市广播电视台共同开办《科普大蓬车》栏目，制作的《黄烟科技窗》节目，以寓教于乐的形式，把科普知识送到千家万户，帮助农村和农民解决农业生产中的难题。开展“科技馆进校园”和“进社区”活动，共举办科普讲座38次，2万多人次参加。举办科普展览近15个，参观人数8万多人次。市科技馆编排演出贴近群众消费、生活的小品、歌舞等精彩的文艺节目，并在市区、学校、农村进行巡回演出。市科协和各县（市、区）科协在乡镇共举办39场不同内容的科普培训班，培训人员5740余人，免费发放科技资料近1.2万份。通过培训，帮助农民学习科学的种养知识，增强依靠科技脱贫致富的能力，改善生活质量。送科技下乡期间，为村科普活动站赠送科普图书和种养殖适用技术等书籍5000余册。如在曲江区大塘镇举办的首期农村阳光工程培训班，共有15个村委的粮食种植大户、种植能手共128人参加培训，在当地起到很好的示范效应。市科协2011年重点引导基层科协发挥好科普教育基地和科技示范户的作用。如新丰县科协在丰城街道的双良村建立万亩水果种植的科普教育基地；在松园村建立河塘养殖科普教育基地；在沙田镇的金清村、梅坑镇的小正村和茶坑村、码头镇的张田坑村、丰城街道的板岭村和横坑村，建立30户科技示范户，培育和发展农村专业技术协会3个，农村科普示范基地4个，农村科普带头人7个。

【学术交流】 市科协加强引导，鼓励各级科协、学会以改革、创新为主线，发挥学术交流主渠道作用，促进学科发展和科技进步。2011年全市各级科协及所属学会，开展学术交流583场次，参加人数3万多人次，交流学术论文近500篇。举办学术、科普报告会389场次，听讲人数8.5万多人次。通过学术交流和举办各种形式的科技报告会，促进韶关市的学科发展、科技普及、自主创新和科技进步。例如韶关市医学会2011年先后组织召开全国性的学术会议3场（参加的医技人员401人次）、省级继续教育项目的学术会议10场（参加的医技人员3367人次）、市级继续教育项目的学术会议33场、到县（市）举办的学术会议7场，另外还分别与广州市、中山市医学会联合举办学术会议等。共邀请省内外前来讲学的专家、教授达202人次，举办各种培训（学习）班、学术讲座和学术交流会53场次，参加的医技人员1.7万人次。举办的培训班和学术讲座，参加的医技人员近1万多人次，市医学会没有收取医院或医务人员的任何学习资料费用，全部免费举办，有些培训班和学术讲座还为学员免费提供食宿，深受广大医务人员的欢迎。

【学术成果】 核工业二九〇研究所科协承担的中国核工业地质局的“广东省仁化县长排地区铀矿普查”项目获中国核工业地质局找矿发现奖一、二、三等奖各1项。“广东省翁源县白水寨地区铀矿普查”项目获中国核工业地质局找矿发现奖一等奖。提交的《诸广棉花坑铀矿区垂直分带模式及深部找矿潜力》一文获得“中国核学会2011年学术年会”优秀学术论文二等奖。

韶关数学会曾峥教授、谢子填教授撰写的的论文“A Hilbert s inequality with a best constant factor”和韶关市力冉农业科技有限公司科协曲焕韬、李鑫渲、何庆、黎祖福、王敏懿5人共同撰写的论文“花鳗鲡工厂化循环水高密度养殖模式初探”荣获2010南粤科技创新优秀学术论文三等奖。

【科技服务】 2011年韶关市科协工作重点之一是引导各学会把工作重点放在服务经济和社会发展上来，并取得成效，如核工业二九〇研究所科协因地制宜发展多种经营，开拓技术服务市场。截至2011年10月，提供技术服务项目600余项，销售收入1400多万元。南雄市科协召开“东莞与南雄经济科技合作、产业转移创新模式”课题论证研讨会，加快东莞与南雄帮扶合作进程，在这个课题成果指导下，东莞数家大公司进入南雄工业园区投资建厂。市道路工程学会和广东交通职业技术学院、华南理工大学等单位合作，开展的“公路网水泥混凝土路面预防性养护的研究”科研项目，于2011年8月经省交通运输厅及市科技局组织专家鉴定通过结题项目，该研究项目得到专家的一致好评，研究成果达到国际先进水平。该技术成果对于提高广东省水泥路面的养护质量、延长使用寿命、提高道路投资效益具有重要意义。市能源学会配合有关部门，始终把“节能减排”与“节能降耗”和推广低碳经济技术作为首要任务加以研发和推广。2011年在全市城乡推广应用沼气、太阳能、水能等共实现节约煤炭逾40万吨，节约焦炭6500多吨，节约电力3200多万千瓦时，节约成品油逾万吨，节约蒸汽7500多吨。

韶关市离退休科技工作者协会在2011年珠三角老年创新发明大赛上，常务理事陈元涛的重瓣一品红新品种——锦上花、马图基的易拉瓶盖专利及生产设备、赖鑑辅的组合单元温差循环集热器三个项目全部获奖，是全省唯一获奖的山区市，是省港14个参赛单位中唯一所有参赛项目全部获奖的单位

【科普设施建设】 在推进全民科学素质提高方面做大量的基础性工作。截至2011年底，已建成市社区科普长廊120个，总长1200米。仁化县科协在11个乡镇（街道办）各增1间科普阅览室，26个行政村完善科普书屋的配置，在县政府大楼门前、县汽车站、仁化中学门前各建立1个科普橱窗；在水南社区新城社区建科普橱窗总长14米。武江区惠民街道办科协在11个社区居委会建立健康教育宣传栏，每月更换一次内容，并在11个社区居委的“六大片”中建设多样化的大型科普长廊，做到每个季度更换一次内容。

【扶贫开发“双到”工作】 市科协围绕“三年任务两年完成”的工作目标，进一步提高思想认识，完善工作机制，创新工作方法，在巩固成绩的基础上，发扬连续作战精神，再加温、再鼓劲，打好乐昌市龙山村扶贫开发“双到”工作攻坚战，确保扶贫开发“双到”工作取得新的突破。乐昌市龙山村共有14户贫困户，2011年有劳动能力贫困户都达到脱贫标准；其他贫困户做到应保尽保;低收入住房困难户房屋改建工作已经完成；协助村委做好市、镇两级电站入股分红;龙王潭旅游区上缴管理费;生态林补助;帮助村小水电站理顺承包合同和重新招标承包工作，使村集体经济收入稳定增长；进一步完善村基础设施建设，完成村巷道路硬底化工程，维修农田水利设施，建成安全饮用水池，村容村貌焕然一新。市科协在“双到”考核工作中被评为优秀单位。

【青少年科技工作】 全年举办的活动有：韶关市第26届青少年科技创新大赛；韶关市中学生生物学高、初中组竞赛；第28届韶关市青少年信息学竞赛和2011年韶关市青少年“七巧板”科普活动比赛。活动吸引近万名中小学生参加。获得各类奖项4个。参加全国竞赛，获二等奖1个，省一等奖47人、二等奖91人、三等奖185人，其中，在青少年信息学竞赛中，广东北江中学获学校团体第三名，成绩稳居全省先进行列。韶关市第五中学郭巍老师创作的《新型多功能动力学探测仪》项目入选参加第26届全国青少年科技创新大赛科技辅导员科技创新成果终审决赛，获全国二等奖。2011年韶关市第一中学、曲江实验小学通过考核验收，成为第二批“广东省青少年科学教育特色学校”。2010年韶关市第五中学、田家炳中学已申报第三批特色学校。

【推荐和表彰先进】 全市各级科协及所属团体发挥科普工作主力军作用，促进社会化、群众化和经常化的科普工作格局的形成，并取得显著成绩。韶关市武江区惠民街道办事处科协被中国科协、国家人力资源部与社会保障部授予“全国科协先进集体”称号，是2011年全省唯一获此殊荣的基层单位。韶关市教育局和韶关市科协被广东省评为《全民科学素质行动计划纲要》实施工作先进集体；韶关市委组织部叶济熊、韶关市人力资源和社会保障局温建强和韶关市农民科教培训站张炳坤被评为广东省《全民科学素质行动纲要》实施工作先进个人。全市县级科协在发挥科普基地作用方面取得显著成绩，经专家现场考察、评审，2011年始兴县罗坝镇蚕桑专业技术协会被评为全国“科普惠农兴村计划”先进集体；乐昌沿溪山茶场刘志强和曲江区大塘镇其田村廖锦仁被评为全国“科普惠农兴村计划”致富带头人；新丰县兆丰佛手瓜专业技术协会被评选为广东省“科普惠农兴村计划”先进集体，共获得奖补资金45万元；

始兴县科协被评为广东省“科普惠农兴村计划”实施工作先进集体；乐昌市科协主席龚绍芳、仁化科协副主席温美莲和翁源县科协秘书长阮汉先被评为广东省“科普惠农兴村计划”实施工作先进个人；曲江区和仁化县分别被中国科协命名为“2011~2015年度全国科普示范区(县)”。

【做好院士到韶关接待工作】 10月16~21日，根据省委组织部和省科协的安排，广东省在粤院士及配偶一行36人到韶关休养考察。市科协主要是负责整个考察活动的联络、协调、接待工作。该项工作受到市委、市政府的高度重视，市委书记郑振涛等有关市领导接见院士一行人员。并召开在粤院士韶关经济发展座谈会，院士们涌跃为韶经济发展提出宝贵意见和建议。在市委常委、组织部长肖怀跃，副市长孔云龙的直接指导下，各责任单位互相支持和互相配合，团结协作，完成接待任务，受到在粤院士的广泛好评。

附：领导班子成员名单

主　席：郑　适

副主席：罗金锋　周　平

兼职副主席：张永生　王羽梅

市科协各学会简介

【韶关道路工程学会】 成立于1979年7月。2010年3月12日召开第九届代表大会，现有理事42名，其中常务理事16名，现任理事长为谭宝龙，秘书长为王永斌。韶关道路工程学会的业务主管单位是韶关市科学技术协会，社团登记管理机关是韶关市民政局；挂靠韶关市公路局。主要任务是开展学术交流，组织学术会议，编辑科技书刊；加强与省内外学术组织的科技工作者的友好联系、科技合作和科技交流；普及公路、城市道路科技知识，推广新技术、新材料、新设备的成果，传播先进技术；组织公路、城市道路科技工作者接受委托，承担科技咨询，工程可行性研究，项目评估，成果鉴定，规范和手册及其它技术性文件的编写、审查；担负或参与技术标准的制定；开展决策论证，提出政策建议以及其他科学技术服务工作；开展继续教育和技术培训工作；开展表彰，奖励活动，发展、培养和举荐科技人才；维护科技人员的合法权益，反映会员的意见和呼声；兴办技术开发型实体，促进科技成果转化为生产力。

【韶关市标准化协会】 成立于2001年9月，分别于2001年9月，2004年10月和2011年11月召开过三次代表大会，第一届理事长为林皓升，第二届理事长为张伟建，第三届（本届）理事长为王远文，秘书长张榕萍。现有理事20人，其中常务理事4人。韶关市标准化协会的业务主管部门是韶关市科学技术协会，社团登记管理机关是市民政局。学会挂靠在市质量技术监督局。主要任务是查阅标准文献，提供最新有效的标准文本和资料；有关标准的宣贯和标准化基础知识的培训；受韶关市质量技术监督局委托，受理企业产品标准制修订、技术性审查工作；申请采标证书及标志证书的技术咨询与审查，推进企业创建标准化良好行为企业工作；发展协会会员，真诚为企业服务。

【韶关市测绘学会】 成立于1988年，现有会员单位23个，登记会员280名。现有副理事长3人，常务理事9人。业务主管单位是韶关市科学技术协会，社团登记管理机关是韶关市民政局；挂靠韶关市国土资源局。韶关市测绘学会主要任务是团结和组织全市测绘领域的科技人员，开展测绘科技学术交流和人才培养，为促进韶关市测绘科技进步和测绘事业的发展，促进测绘科学技术的普及和推广，促进测绘科技人才素质的提高，促进测绘科技与经济建设的结合，维护测绘科技工作者的合法权益，为韶关市物质文明和精神文明建设服务，为全市测绘单位和测绘工作者服务，为政策决策服务。

【韶关市地理学会】 成立于1986年，创办人廖伟迅、左磐石，学会每5年召开会员代表大会，现有理事、常务理事各6人，现任理事长何素玲，秘书长罗艳红。韶关市地理学会学会是由韶关市从事地理学科科研、教学等领域的科技工作者及地理、旅游、环境保护爱好者自愿结成的学术性的群众团体。业务主管单位是韶关市科学技术协会，社团登记管理机关是韶关市民政局；挂靠单位为韶关市中等职业技术学校。主要工作是开展学术交流，提高韶关市地理科技队伍的素质，开展地理科技、地理教学的教改、科研、学术交流、考察、户外活动和普及地理知识等活动。

【韶关市地质学会】 成立于1980年，学会由28个团体会员单位组成，学会先后召开过六届全市会员大会，选举新的理事成员。第一届理事长先后由张茂德、苏成曼担任；第二届理事长先后由黄溢钜、伍广宇担任；第三届理事先后长胡红兵、张奋生担任；第四、五届理事长为许少平；第六届（本届）理事长为李水林，秘书长为庞明新。韶关市地质学会的业务主管单位是韶关市科学技术协会，社团登记管理机关是韶关市民政局；挂靠在广东省地质局七〇六地质大队。是由市内具有一定学术水平的地质科学技术工作者及其单位自愿组成的非营利性社团。它是市科协的组成部分，也是广东省地质学会的组成部分。主要任务是开展国内、外学术交流与科技咨询服务，普及科学技术知识，培育、推荐地学人才，以及组织专家审查韶关市、县两级发证的矿山矿产资源开发利用方案和矿山地质环境保护与治理恢复方案。

【韶关市电机工程学会】 成立于70年代，每五年召开一次全市代表大会，选举产生理事会。2009年7月3日召开第七届会员代表大会，选举学会新一届理事会成员，理事长为邓永保，秘书长为黄莹。现有理事19人。韶关市电机工程学会是由电机工程科学技术工作者自愿参加的、依法成立的、非营利性的社会团体。业务范围是科学研究、学术交流、培养人才、咨询服务。本团体的业务主管单位是韶关市科学技术协会；业务指导单位是广东省电机工程学会；社团登记管理机关是韶关市民政局；挂靠韶关供电局管理。主要工作是开展学术交流，组织电力环保节能降耗技术交流会；举办各类型的培训班；开展形式多样的科学普及活动；开展科技咨询工作；学会出版《韶关电力技术》期刊（季刊），主编为韶关市电机工程学会秘书长黄莹。

【韶关市护理学会】 成立于1978年6月，分别于1978年6月、1983年8月、1995年3月、2000年8月、2008年9月召开1~5届会员代表大会，第一届理事长为吴绍琪，第二届理事长为黎桂芳，第三、四届理事长为刘金枝，本届第五届理事长为黄碧珍，秘书长为徐永红。现有常务理事9名、理事42名，护理学会会员人数达到888名。韶关市护理学会是全市护理科技工作者自愿组成的学术性、非营利性的组织，是依法登记成立的法人社会团体，是发展韶关市护理科技事业的重要社会力量。是韶关市科学技术协会的组成部分，学会的业务主管单位是韶关市科学技术协会，登记管理机关是韶关市民政局，学会挂靠在韶关市卫生局医政科。主要任务是组织广大护理工作者开展学术交流，普及、推广护理科技知识与先进技术；开展护理技术咨询和服务；开展对会员的继续教育和培训；推荐刊登和表彰优秀论文。

【韶关市化学化工学会】 成立于1979年11月。学会现有理事53人，其中常务理事16人。学会先后召开七届会员代表大会。第一、二届理事长为周伯劲；第三、四届理事长为黄克柱；第五届理事长为黄石玉；第六届理事长为奚长生；本届理事长为马立奎，秘书长为车万里。韶关市化学化工学会接受业务主管单位是韶关市科学技术协会，社团登记管理机关韶关市民政局，学会挂靠核工业二九〇研究所。主要任务是组织会员开展学术交流、科技咨询、厂会协作、论文评选等活动。

【韶关市环境科学学会】 成立于1980年12月20日，学会每四年召开一次会员代表大会。2004年以来召开过两届会员代表大会，理事现有27人，副理事长4人，会员320多人，陈书文担任理事长。韶关市环境科学学会是由韶关市环境保护科技、管理、教育工作者以及热爱环保事业、参与和支持学会工作的社会各界人士自愿组织的学术性团体组织。业务主管单位是韶关市科学技术协会、社团登记管理机关韶关市民政局，挂靠韶关市环境保护局。主要任务是开展环保法律法规的宣传,环保知识的普及,环保产业的新技术推广和重大环境技术咨询等。

【韶关市会计学会】 成立于1984年9月24日，挂靠在市财政局，在市财政局指导下开展工作，秘书长均由市财政局主管科室的科长担任（自第二届理事会开始，秘书长由会计科科长担任，日常事务也由会计科负责管理）。学会成立之初至1998年，社会经济高速发展，学会活动也蓬勃开展。其间，共召开三届会员代表大会。第一届会员代表大会于1984年9月24日召开，会长徐汉良；第二届于1988年4月28日召开，会长徐汉良；第三届于1994年12月21日召开，会长罗荣晃。韶关市会计学会是韶关市从事会计工作者自愿参加的、依法成立的、非营利性的社会团体，是研究国内外财务会计学术理论的群众性学术团体。业务主管单位是韶关市科学技术协会；业务指导单位是市财政局，是广东省会计学会团体会计会员；社团登记管理机关是韶关市民政局；挂靠市财政局。主要任务是组织和推动会员开展会计学术活动，研讨财务和会计科学体系的基本原理，提高会计学术理论水平；宣传贯彻会计法，研究总结中国会计工作经验，探讨有关加强和发挥会计工作在维护社会主义市场经济体系作用的学术理论；开展财会咨询服务业务，培养和培训财务会计专业人才，提高财会人员业务素质；介绍国内外会计理论研究和管理动态，推广、应用会计工作的先进技术，出版会计刊物。

【韶关市计量学会】 成立1989年10月，现有23名理事，9名常务理事，现任理事长赵尚宇，秘书长赖燕飞。学会的业务主管部门是韶关市科学技术协会，社团登记管理机关是市民政局。学会挂靠在市质量技术监督局。韶关市计量学会主要任务是团结和组织本学科的科技工作者和有创造发明或在科学实践中有一定成就的人员。发扬学术民主，开展学术活动。组织学术课题的探讨和学术交流。组织计量测试技术协作攻关，开展技术咨询和技术服务，提高科学技术水平，以促进计量事业的发展，为繁荣和发展计量事业和普及、提高韶关市的计量测试与计量管理水平作出贡献。

【韶关市计算机学会】 成立于1985年。业务主管单位是韶关市科学技术协会，社团登记管理机关韶关市民政局，学会挂靠在韶关学院计算机科学学院。理事长戴经国，秘书长蒋昌金。现有理事单位25个，会员达150多人。韶关市计算机学会的主要任务：组织学术交流活动，促进学科发展，促进技术合作；开展计算机技术发展战略研究；开展计算机教育与普及活动（高等教育，青少年教育，继续教育等）；促进计算机技术的应用与推广，促进学术与产业的结合；发现并推荐优秀计算机科技人才；编辑和出版学术书刊，传播计算机知识，开展科普活动；开展咨询服务。

【韶关市建筑学会】 成立于1980年，首任理事长为杨子长，第二任理事长为朱颖赞，现任理事长何以莹，秘书长邓浣尘。学会是依法登记的全市建筑科技工作者组成的学术性的非营利性的社会团体。本会的登记管理机关是韶关市民间组织管理局、业务主管单位是韶关市科协。协会的主要任务是开展建筑有关学术交流活动，举办讲座、学习班；组织建筑科技人员参加评议建筑、设计总结和推广，组织会员开展技术咨询工作；为会员提供技术鉴定工作；传递执行省建筑学会、市科协的指示和科技活动。

【韶关市离退休科技工作者协会】 成立于1989年。下设一个农林分会和一个高级工程师技术服务中心。会员代表大会每五年召开一次。第一届常务理事会理事长是董瑞田、秘书长为刘兆发、农林分会理事长是詹文寨。第五届第一次代表大会于2009年1月召开，理事长为詹文寨、秘书长为陈良桂。现有理事37人，常务理事26人。韶关市离退休科技工作者协会的业务主管单位是韶关市科学技术协会，社团登记管理机关是韶关市民政局；挂靠韶关市老干局。20多年来，现有会员400多人，其中高级工程师200多人，几乎涵盖全市主要行业，是一支重要的科技力量。主要任务是在离退休科技人员中进行有理想、有道德、有文化、有纪律的“四有”教育，树立良好的道德风尚。做到老有所为，老有所乐；开展学术活动和学术交流，到工农业生产第一线指导工作；开展技术培训咨询服务；通过深入农村调查研究向市政府及农业主管部门反映意见和要求，促进农业生产的发展。

【韶关市林学会】 成立于1979年1月，分别于1979年，1982年，1984年，1999年，2002年和2008年召开过六届全市会员代表大会。第一届理事长谭坚创，第二届理事长杨大金，第三届理事长莫浑山，第四届理事长张志铭，第五届理事长李克厚，第六届（本届）理事长罗育平，秘书长严纪开。韶关市林学会的业务主管单位是韶关市科学技术协会；业务指导单位是广东省林学会；社团登记管理机关是韶关市民政局；挂靠韶关市林业局。主要任务明是开展学术交流，组织全市重大林业科技和发展问题的论证和考察活动；发动会员对全市的林业生产建设、科学研究、林业教育和科学技术的方针政策和技术措施，提出建议，为市林业部门当好参谋和顾问；举办为林业科技工作者服务的事业和活动，经常向党和政府反映林业科技工作者的意见和呼声；推荐、奖励优秀学术论文和科普作品，发现林业优秀科技人才，主动向有关部门推荐；普及林业科技知识，进行科技咨询，促进新品种、新技术、新成果的推广应用。

【韶关市能源学会】 成立于1983年10月28日，是科学技术性的群众团体，由韶关市各行各业从事能源技术的科技人员和做出一定成绩的、有一定专业水平的能工巧匠所组成。2011年12月16日召开第六届一次会议，理事长为王小辉，秘书长幸惠琴。学会的业务主管部门是韶关市科协，社会登记机关是韶关市民政局，现挂靠韶关市自来水公司。韶关市能源学会的主要任务是开展各种学术活动，为进一步合理、利用、开发、节约能源，进行节能技改、革新、挖潜工作，交流经验，提高能源综合利用率；组织科技人员学习国内外的先进技术，探讨解决当前生产中一些科技问题的方法途径，帮助会员扩大更新知识领域，提高技术水平，开展科普工作。

【韶关市女医师协会】 成立于1998年7月，第一届理事长为周世瑜。2003年11月召开第二届代表大会，选举夏玉英为会长，许赤任秘书长。现有理事45人，常务理事25人。韶关市女医师协会是韶关市女医务工作者自愿结成的地方性学术群众团体，是非营利性社会组织，业务主管单位是韶关市科协，社团登记管理机关是市民政局，受省女医师协会和市卫生局的工作指导，挂靠单位为韶关市妇幼保健院。主要工作是宣传国家的大政方针，特别是卫生工作政策法规，在女医务工作者中进行有思想、有文化、有纪律的教育，引导会员树立良好的职业道德，全心全意为人民群众健康服务，为国家经济服务；组织学术交流，总结推广女医务工作者的科研成果，表彰女医务工作者；组织业务培训，为女医务工作者创造接受继续教育、更新知识、提高业务和科研水平的条件；开展国内国外医药卫生的技术合作、交流和开发；根据国家有关政策，开展业务咨询服务；维护女医务工作者合法权益；开展妇女界的联谊活动；办理卫生行政部门委托的其他工作。

【韶关市气象学会】 成立1960年，是由韶关市气象部门及其他部门的气象科技工作者自愿组成，是研究气象科学和发展韶关气象科技事业的非营利性、群众性的社会团体，是广东省气象学会团体会员。第一届理事长为邹世忠，本届理事长为林杰荣，秘书长为郑勇。学会的业务主管单位是韶关市科学技术协会；业务指导单位是广东省气象学会；社团登记管理机关是韶关市民政局；挂靠韶关气象局。韶关市气象学会的主要工作是开展学术交流，不断提高广大从事气象工作人员的业务技术水平。组织省内外的专家、教授到韶关开展学术交流、学术报告、学术讲座和举办培训（学习）班；普及气象科普知识。

【韶关市青少年辅导员协会】 成立于1981年，首任理事长为韶关市科协副主席董瑞田;第二任理事长为韶关市科协副主席杨凤回；第三、四任理事长韶关市教育局副局长许绍奔、张红娟；现任理事长为韶关市教育局副局长朱伙新，秘书长、法人代表为韶关市科协学会部部长廖福喜。韶关市青少年科技辅导员协会是中国共产党领导下依法登记的全市青少年科技辅导员和科技教育工作者自愿组成的学术性的非营利性的法人社会团体。本会的登记管理机关是韶关市民间组织管理局、业务主管单位是韶关市科协。主要任务是开展提高科技辅导员指导水平的科技咨询、科普讲座、参观学习和其他各项科技、科普活动；组织青少年科技辅导员参加科技创新活动和高级、国家级相关科技竞赛与科普活动；组织学校科技指导教师开展指导学生开展科技教育和科技创新活动的交流、研讨，开展科技教育的课题研究，不断提高科技辅导员的科技指导能力；组织青少年开展丰富多彩的科技、科普活动，发展学生的科学素质，提高学生的科技能力，推进学校科技教育的不断发展；接受市教育局、市科协交给的青少年科技教育工作，接受广东省青少年科技教育协会会的工作指导，开展与本协会工作任务相适应的其他工作。

【韶关市生物科普学会】 成立于1988年，1988年，1996年和2001年分别召开三届代表大会。第一届理事长为刘栩鹏，第二届理事长为郑展荣，第三届（本届）理事长为徐剑，秘书长马丽霞。现有理事9人、常务理事5人。韶关市生物科普学会业务主管部门是韶关市科学技术协会,登记机关是韶关市民政局，挂靠在韶关学院。主要任务是开展生物科普学术交流、优秀科普论文评选活动、生物科普信息、生物科普教育活动；做好生物优秀会员的推荐、评选和奖励活动；开展专题讲座，技术培训咨询服务；组织日常性的如保护动物宣传等生物科普活动；负责组织青少年生物科技教育和竞赛活动。

【韶关市数学学会】 成立于上世纪80年代。第一届理事长为李雪平，第二届理事长为梁志海，1999年1月16日在当时的韶关市教委召开第三次会员代表大会，选举张启宏为第三届理事长，2002年6月5日在韶关学院黄田坝校区召开第四次会员代表大会，选举吴奇峰为第四届理事长，2007年7月14日在韶关学院校本部召开韶关市数学学会理事会换届暨2007年学术会议，选举产生韶关市数学学会第五届理事会，选举曾峥为理事长。学会现有理事44人，常务理事7人。现任理事长为曾峥，秘书长为宋杰。韶关市数学学会是韶关市数学教师和数学科学工作者自愿结成的学术性和非营利性社会组织，业务主管单位韶关市科学技术协会、社团登记管理机关韶关市民政局，学会挂靠韶关学院数学与信息科学学院。主要任务是为提高全市数学教师教育、教学、科研水平，向社会普及数学科学知识，为实现科教兴国、科教兴市作贡献。

【韶关市水产学会】 成立于1988年。于1988年、1990年、2005年召开过三届代表大会。现有学会会员57人，常务理事17人，现任理事长黄国坚、秘书长廖文卫。韶关市水产学会的业务主管单位是韶关市科学技术协会，登记机关是韶关市民政局，挂靠单位是韶关市水产管理局。主要任务是举办各种形式的学术活动、促进学术交流；为地方水产业的发展提出建议，提供科技咨询和技术服务；组织水产科学普及活动，传播科学知识和推广先进生产技术；根据水产技术和生产发展的需要，举办各种形式的培训班，以提高会员和广大水产工作者的科学技术水平；发现人才和重要成果，及时向有关部门反映和推荐。

【韶关市水利学会】 成立于1979年1月1日，至今已有30多年的发展历程，历经八届理事会。2008年10月28日召开第八次会员代表大会，理事长为马水源，秘书长为邓丽霞。韶关市水利学会是韶关市水利科技工作者和有关企事业单位自愿参加而组成的全市性、学术性和非营利性的社会团体，并依法在韶关市民政局进行登记，属合法的社会法人单位，是韶关市科学技术协会的组成部分。主要的任务是团结广大水利水电科技工作者；坚持实事求是的科学态度和优良学风；倡导“献身、创新、求是、协作”的精神；开展学术活动及技术咨询活动；促进水利水电科学技术的繁荣与发展，促进水利水电科学技术的普及和推广，促进水利水电科学技术人才的成长，促进水利水电科学技术与经济的结合；为建设韶关水利水电事业做出贡献。

【韶关市心理学会】 成立于80年代初，每届任期四年。第一届理事长为韶州师范学校的黄兆华校长，第二届理事长为韶关市科学技术协会的主席杨德宁，第三、四届理事长是韶关学院教育学院院长王剑兰教授，现理事会挂靠在韶关学院教育学院，理事会成员共58人，常务理事20人，理事38人，理事长王剑兰，秘书长肖桂珍。韶关市心理学会主要由教育界的专家人员和医疗界的专家人员两支队伍组成。学会接受韶关市科学技术协会、韶关市社会科学联合会、社会登记管理机关韶关市民政局的业务指导和监督管理，同时还接受广东省心理学会、卫生学会的指导。学会的主要工作是通过开展心理科学的研究和实践，为教育、医疗的改革和发展提供理论依据及科学建议，通过宣传心理健康知识、开展心理咨询服务和心理健康教育的培训、举办学术讲座和交流等，在韶关各县市各级各类学校和医疗单位普及推广心理科学知识，提高人们的心理卫生和心理健康方面的知识水平，增强广大师生员工和医疗卫生系统人员及病人的心理素质，维护他们的身心健康。为使市民进一步了解心理健康和心理卫生的重要性，心理学会面向社会服务，定期为市民进行义务咨询、诊断和治疗。韶关市心理学会依托韶关学院教学科研机构，借助其专家学者的工作及其影响，对中小学校开展心理健康教育起到引领作用，在韶关地区产生积极的影响。

【韶关市药学会】 成立于1965年8月。2010年9月29日召开第八届会员代表大会。现理事长为江兰英，秘书长钟震球。现有理事45名，其中常务理事22名。韶关市药学会的业务主管单位是韶关市科学技术协会；业务指导单位是广东省药学会；社团登记管理机关是韶关市民政局；挂靠韶关市食品药品监督管理局。主要任务是围绕药学科技和相关学科科技领域开展药学科学技术学术交流，编辑、出版、发行药学学术期刊、书籍，发展与国内外药学科学技术团体、药学科技工作者的友好交往与合作；举荐药学人才，表彰、奖励在科学技术活动中取得优异成绩的药学科学技术工作者；开展对会员和药学科学技术工作者的继续教育和培训学习；普及推广药学以及相关学科的科学技术知识；反映药学科学技术工作者的意见和要求，维护药学科学技术工作者的合法权益；接受政府委托，承办与药学发展及药品监督管理等有关事项，组织药学科学技术工作者参与国家有关科学论证和科学技术与经济咨询，开展医药科研成果中介服务，推进其向生产的转化，组织医药产品展览、推荐及宣传活动；举办为会员服务的事业和活动，利用本会优势提供信息服务。

【韶关市医学会】 原名中华医学会广东省韶关地区分会，成立于1979年，2002年改称为韶关市医学会，至今已有33年的历史。共有27个专科分会。分别是：肿瘤学分会、脊柱外科分会、民营口腔分会、眼科分会、心血管内科分会、妇产科分会、口腔分会、儿科分会、肝病学分会、变态反应学分会、普外科分会、呼吸内科分会、神经内科分会、内分泌糖尿病分会、检验学分会；病理学分会、消化病学分会、肿瘤学分会、神经外科分会、耳鼻喉分会、急诊分会、骨科分会、放射学分会、肾内科分会、风湿病分会、血液病学分会和超声分会。共有会员3694名。本届（第八届）理事会是2008年12月27日换届的，共有理事94名，常务理事36名；会长由原卫生局副局长罗德源担任，副会长分别由原粤北医院的院长和原市一人民医院的副院长担任，秘书长徐逢春。

市医学会是全市医学科学技术工作者自愿组成的依法登记成立的公益性、非营利性法人社团。接受业务主管单位韶关市科学技术协会、社团登记管理机关韶关市民政局的业务指导和监督管理，挂靠韶关市卫生局，接受韶关市卫生局对本会业务活动的相应指导。本会办事机构的党组织建设、人事管理、办事机构设置等事宜受韶关市卫生局的领导和管理。主要工作任务有：开展学术活动，不断提高广大医务人员的业务技术水平。组织省内外的专家、教授到韶关开展学术交流、学术报告、学术讲座和举办培训（学习）班；开展医疗事故技术鉴定工作；参与市科协每年组织的科技和医疗下乡活动，为农民群众送医送药，宣传卫生防病知识。

【韶关市预防医学会】 成立于1990年4月1日，至今共召开四届代表大会。本届现有个人会员400余人，单位（团体）会员9个，理事27人，常务理事9人。韶关市预防医学会是由高校、疾病控制、卫生监督、食品药品监督、卫生管理、妇幼保健、基层预防保健等部门预防医学科技工作者组成，业务主管单位是韶关市科学技术协会、社团登记管理机关是韶关市民政局，挂靠韶关市疾病预防控制中心。主要任务是团结和组织预防医学工作者，围绕国家卫生改革和卫生防病中心任务，为疾病预防控制，健康促进等工作服务；开展国内外学术交流，打造品牌，办好期刊杂志，推动学科建设，提高学术水平，促进预防医学的繁荣和提高；崇尚科学、开展科普活动，促进预防医学知识普及和推广，为提高公众科学素质服务；做好继续教育，为促进预防医学人才建设服务；凝聚和发挥专家智慧与资源，开展科技咨询，服务经济社会。

【韶关市园林学会】 成立于1964年6月12日。2009年7月召开会员代表大会，选举产生新一届理事会，理事长为范韶旭，秘书长为刘善修。韶关市园林学会是由从事园林绿化，园林建筑，园林艺术等相关工作的专业人员自愿组成的依法登记的法人社会团体，是非营利的社会组织，是韶关市科学技术协会的组成部分。业务主管单位是韶关市科学技术协会，登记机关是韶关市民政局，挂靠单位韶关市园林管理局是广东园林学会的团体会员。主要任务是开展园林科研、艺术交流、合作和组织学术活动，组织会员及会员单位参加各项技术推广和学术交流活动，每年组织筹办各项专业技术继续教育上岗培训班。

【韶关市质量协会】 成立于1982年3月，经市民政局批准登记注册的非营利性的具有法人资格的社团组织，接受民政局的管理、指导和监督，业务接受省质协和市科协的指导。现有团体会员61个，个人会员65人，常务理事28人，理事60个，前任会长苏陶同志，现任会长为廖杏楷。韶关市质量协会主要任务是组织开展全市质量提高活动，传播先进的质量理念、技术和方法，推行全面质量管理，推动技术进步，为振兴韶关市的质量事业，为促进会员单位的经济发展服务。服务范围包括推行全面质量管理和QC小组活动，GB/T 19000-ISO 9000质量管理体系标准，卓越绩效管理模式和六西格玛管理等培训和咨询服务。是政府推动质量管理，振兴质量事业的助手，是联系行业、企业、科研院校和广大质量工作者的纽带和桥梁。不定期出版“质管动态”和“QC园地”单页，为会员提供有关信息。

【韶关市中医学会】 成立于1980年，现有理事8人，常务理事2人。现任理事长黄荣，秘书长容兆宇。韶关市中医药学会业务主管单位是韶关市科学技术协会，登记管理机关是韶关市民政局，挂靠在韶关市中医院。主要任务是组织韶关市中医药科学技术工作者和管理者及开展中医药学术交流，编辑出版有关中医药技术资料和论文汇编等。

【韶关市珠算协会】 于1989年9月12日召开第一届会员代表大会，理事长为徐汉良。于1996年11月22日召开第二届韶关市珠算协会代表大会，理事为黎国坚、秘书长为谭丽婷。现有理事33人，常务理事6人。韶关市会计学会是韶关市从事珠算工作者自愿参加的、依法成立的、非营利性的社会团体。业务主管单位是韶关市科学技术协会；业务指导单位是市财政局，是广东省珠算协会团体会计会员；社团登记管理机关是韶关市民政局；挂靠市财政局。主要任务为组织珠算学术理论研讨与交流，开展有关珠算咨询与培训服务活动。 (胡元强)

韶关市文联

【概况】 韶关市文联是党和政府联系文艺界的桥梁和纽带。市文联现有在职干部职工7名，内设办公室和组联部。下辖南叶文学杂志社（正科级事业单位），《南叶》为全国公开发行刊物。另外还出版校园文学刊物《蒲公英》和诗歌刊物《五月诗笺》。市属文学艺术团体17个，分别是作家协会、美术家协会、书法家协会、戏剧家协会、曲艺家协会、摄影家协会、民间文艺家协会、诗社、电视艺术家协会、文学批评家协会、音乐家协会、舞蹈家协会、赏石、兰花、盆景、九龄书画院、文联艺术团。现有各协会会员2836名，其中省级会员429名，国家级会员93名。

2011年，韶关市文联继续履行“联络、协调、服务”的职能，贴近群众，贴近实际，贴近生活，围绕市委十一次党代会的战略部署开展工作，为“打造区域文化中心”组织精品创作，开展文艺活动，促进文艺的大发展大繁荣。

【文艺成果】 2011年，市属多个协会都选送作品参加国家及省市的各项展演评比活动，取得丰硕的成果。其中市书法家协会90岁的老书法家蒋仕云获“中国书协成立30周年荣誉奖”；单国雄、陈景锋作品入选由中国书协主办的“全国书法大赛邓石如奖”；陈景锋作品获由省总工会、省书协主办的“全国职工书法大赛”一等奖；市美术家协会陈粤丹、邓伟明、易安安美术作品入选广东省中国画写生作品展；市摄影家会员在国家级摄影比赛中有3幅作品获奖；在省级摄影比赛中有216幅摄影作品入选、获优秀奖；市作协温阜敏获清远市委宣传部、清远市作家协会联合举办的清远市首届“北江文学奖”特等奖；市剧协共有18个戏剧作品获省以上奖项；市民协张新富的木雕《四大美女》、丛伟文的竹雕《风采楼》分别获得第四届广东省民间工艺精品展铜奖；陈琴1.5米长的大型绣品《丹霞山》由市政府作为高档礼品赠予外宾；市音协理事谭国兵的音乐录像课例荣获第六届全国“行知杯”课堂教学大赛特等奖；蒋志伟荣获第四届全国高等艺术院校中外声乐歌剧选段展演赛金奖、广东省第十届“百歌颂中华”歌咏活动暨首届声乐大赛专业组美声唱法银奖、第八届中国音乐金钟奖声乐（美声）比赛总决赛优秀奖；盘桂青创作的《绿色情愫》获得广东省第五届音乐舞蹈花会一等奖；市曲艺家协会梁丽珠、廖义香被省曲协评为2010~2011年度“和谐粤韵大家唱”群众性曲艺创作表演系列活动先进个人；市风采粤乐社参加广东省基层曲艺社团展演，获曲艺社团集体节目奖。周重九创作的粤曲《颂歌献给党》，获广东省基层曲艺社团展演作品奖；市视协选送的电视散文《盛开的石榴花》和《向去古刹问禅茶》，分别获得“2011年广东国际旅游文化节爱山爱水爱家乡电视散文大赛”一、二等奖；市盆景协会参加广州花都举办的第九届粤港澳台盆景艺术博览会中，陈治辛的小石积作品《唐风宋韵》获得银奖；朴树作品《随缘》获得银奖。

韶关市委宣传部与韶关市文联共同成立文艺精品创作领导小组，加大扶持力度，鼓励以岭南文化和本土文化为元素的作品创作。在市委宣传部领导的具体指导下，对文艺作品的评奖制度进行改革，采取公开征稿、专家初评、小组审评的程序，力图评出观众读者叫好、市场销路看好的文艺精品。此次评选共征集到涵括剧本、报告文学、小说、诗歌、散文、红色故事、歌曲等体裁的稿件428篇，最后评出中长篇小说8篇，纪实文学1篇，历史文化系列丛书2本，歌曲3首，电影文学1篇。其中，电影文学剧本《战时省委》（作者周嵘、谢耀才）已由珠江电影制片厂投拍并公映。《潜流》（作者王心钢、荣笑雨、李迅）列入广东省作协及花城出版社年度重点作品，羊城晚报用专版介绍推介该作品。“七一”前夕，韶关市作家还接连出版一批以纪念建党90周年和纪念辛亥革命100周年为主的，具有粤北地方特色的红色文学作品，如朱君和的《血色星光》，李迅、周嵘、吴土清的《灯塔——抗战时期中共广东省委纪实》，王焰安的《红色歌谣》（广东人民出版社），单小红的《全赓靖》，王心钢的《游走于自由与不自由之间——从民国元老到民国史专家的冯自由》（入选省作协主编的《辛亥风云人物》一书，由广东省人民出版社出版）等文学作品。

【对外交流】 2011年，文联继续加强与全国各地文联和文艺家协会的交流与协作，争取上级文联的支持，利用媒体的宣传平台，宣传推介韶关市文艺名家名品，打造文化品牌。一是配合省文联、省民协做好省第三批古村落的申报、考察认定工作。古村落是传承中华民族优秀文化的重要载体。2011年，韶关市的乐昌、南雄、始兴、仁化共向省申报9个古村落。10月下旬，省专家学者共20人到韶关市古村落进行实地考察。其中：仁化夏富村、乐昌户昌山村、翁源南塘村、南雄黄屋城村、始兴石下村和大安坪村被省认定为古村落。仁化石塘古村落，现在每到周末周日，游客明显增多，古村落正成为韶关市旅游业发展的新亮点。二是配合省文联各协会做好换届选举工作。2011年省文联有9个协会进行换届。韶关市各相关协会履行自己的职责，选好代表，依时出席会议。三是和清远市文联、郴州市文联、永州市文联、贺州市文联共结成岭南三省五市友好文联，商定由五市文联轮流做东，举办文化交流活动。另韶关市各文艺家协会如美协、书协、摄协、舞协、赏石、兰协等也都与外界相关协会开展对等的交流活动，其中九龄书画院还组织会员参加在马来西亚马六甲举办的“世界张氏总会第五界恳亲大会国际书画展”。

【社团活动】 各协会开展各种形式的文化艺术活动，提高协会的知名度，增强协会的凝聚力。4月20日，市文艺批评家协会和市作家协会联合主办“庆祝建党90周年——本土文学创作研讨会”；5月13日，韶关诗社的社员们在乐昌梅花镇举办“建党90周年暨红七军梅花激战80周年”纪念活动；6月5日，市曲艺家协会举办“纪念中国共产党建党90周年唱响韶关”粤曲演唱会；6月19~23日，文联和市书法家协会在青少年宫举办“风雨同舟90年——三老书法展暨百名书法家现场挥毫活动”；6月21日，市民间文艺家协会、市剪纸学会在曲仁中学联合主办“感恩90年，永远跟党走——庆祝中国共产党建党90周年剪纸作品展”；6月26日，文联和市舞蹈家协会在中山公园文化广场举办“飞扬的青春，幸福的我们——韶关市首届农民工及青少年街舞大赛”；6月29日~7月3日，文联和书协、美协、摄协在青少年宫联合举办“庆‘七一’书法、美术、摄影作品展”；6月下旬，韶关诗社又举办“颂党恩”诗歌朗诵会，七八十岁的老同志在会上抒豪情，唱红歌，气氛热烈，场面感人；6月，音乐家协会参与大型套曲《中国之路》演出的筹备工作；6月20日~7月10日，九龄书画院举办“感恩90年，永远跟党走”书法、美术作品展；9月28日~10月6日，韶关市赏石协会举办第四届奇石展；11月5日由中共韶关市委宣传部、韶关市文联、韶关市音乐家协会联合制作的《请到粤北韶关来——韶关市原创主题音乐形象歌曲精选》的CD由太平洋影音公司顺利推出，为在广东省国际旅游文化节上宣传韶关起到很好的作用；8月28日韶关市兰协在南郊长乐鹿麒山庄举行2011年秋季兰花品赏会暨兰协会员大会；12月，美协青少年书画研究会开展书法教育进校园活动，曲协组队参加省政协和省文联主办的“四洲杯”曲艺大赛。另外，各县市区文联也结合纪念建党90周年开展多种活动，活跃群众文化生活。（阙苏楣）

附：领导班子成员名单

主　席：刘照丁

副主席：徐国英

韶关市社会科学联合会

【**概况**】 韶关市社会科学联合会(简称市社科联)，是韶关市各社会科学学会、研究会和各县(市、区)社科联组成的学术性人民团体。市社科联是市委、市政府联系广大社科工作者的桥梁和纽带。市社科联围绕韶关市中心工作和大局，贯彻落实科学发展观，反映韶关哲学社会科学研究状况、发展趋势和发展规律；通过对新观点、新方法、新成果、新动态的采集、遴选和判断，集中体现韶关社会科学界实事求是、开拓创新的精神面貌。按照“拓宽思路，夯实基础，突出重点，力求突破”的工作方针，团结广大社科工作者和哲学社会科学界专家学者开展社科理论研究、社科普及、社科成果推广评选奖励、地方特色文化研究和社科学术团体管理等工作。

韶关市社科联现有干部、职工5人，内设办公室。哲学社会科学规划领导小组办公室、《粤北论丛》编辑部与市社科联办公室合署办公。社科联现有人大制度研究会、纪检监察学会、政治思想工作研究会、党建研究会、财政学会、税务学会、地税研究学会、审计学会、张九龄（韶关）研究会、图书情报学会等31个学术团体。

《粤北论丛》是韶关市社科联主办的综合性社科学术刊物，双月刊，向市直各单位及市级社科团体赠阅，并面向全国社科界及学术研究团体交流。

【**社科研究**】 2011年，组建“一分院两基地”，拓展韶关市社科研究工作平台。为配合做好全市“十二五”规划，建设好市委、市政府的思想库和智囊团，市社科联与广东省社科院合作，以省市共建的模式，成立“广东省社会科学院韶关分院”、“广东省地方特色文化研究（韶关）基地”以及“广东省实践科学发展观与决策研究（韶关）基地”。

8月31日，召开韶关市哲学社会科学规划领导小组成员会议。会议审议通过《韶关市哲学社会科学规划课题管理办法》、《韶关市哲学社会科学优秀成果奖励办法》（实施细则）。市哲学社会科学规划领导小组全体成员参加会议，并邀请省社科联领导和省社科院专家出席会议。这次会议的召开为韶关市哲学社会科学规划管理、成果评奖等工作的形成机制和申报、评审程序、奖励办法等制定工作方针和制度，启动哲学社会科学优秀成果评奖工作，为促进韶关市哲学社会科学的研究发展打下良好的基础。

10月9日，召开“广东省地方特色文化研究（韶关）基地重点课题研讨会”。广东省社科联专职副主席林有能、广东省社会科学院国学（佛学）研究中心主任柯可教授以及韶关学院、韶文化研究院、市文广新局、南华寺、云门寺和本市地方历史文化研究的部分专家学者参加会议。会议就如何发挥韶关地方特色文化研究基地的作用、韶关地方特色文化的特点和优势以及推动韶关禅宗文化和韶关文化的研究进行深层次研讨和探索。

2011年“七一”前夕，为隆重纪念中国共产党成立90周年，召开“纪念中国共产党成立90周年暨韶关地方党史学术研究座谈会”。20多名来自市委宣传部、市社科联、市史志办、市委党校、韶关学院、市档案局、韶关日报社、武江区史志办等单位的领导及从事韶关地方党史研究的专家、学者出席会议。会上各位专家学者从学术和理论的角度回顾党的风雨历程，总结党的建设宝贵经验，并对韶关革命斗争史、粤北红色文化进行分析与解读。会上本市地方党史研究学者还提供党史研究论文13篇，并在《粤北论丛》第三、四期中分期发表刊登。

【社科普及】 2011年，联系实际，以韶关“一分院两基地”为社科研究和活动平台，借助省社科界专家学者智力，为韶关经济建设和经济发展出谋划策，为发展韶关社科普及活动打下良好基础。

4月12日至13日，为开展社科普及活动，提高市民人文素质，省、市两级共同组建的“加快转型升级，建设幸福广东”专家巡讲团，深入始兴县和浈江区开展巡讲活动。巡讲团成员广东省委党校教授吴灿新、韶关学院教授仲红卫学者解读“加快转型升级，建设幸福广东”的重大意义和科学内涵，阐述“发展速度和发展方式”，“软实力和硬实力”，“经济增长和民生的关系”等课题，并就如何加快转变经济发展方式等一系列问题作深入系统辅导。通过省、市专家巡讲团巡讲活动，推动促进韶关加快产业转型升级，建设幸福美好韶关的进程，对韶关经济改革和经济发展具有指导意义。

8月，在全省开展2011年社科普及活动周期间，市委宣传部、市社科联、韶关日报社、中国移动韶关分公司联合举办“我眼中的幸福”摄影比赛和“我心中的幸福”手机短信征集活动，得到广大市民的参与。“我眼中的幸福”摄影比赛活动，共有100多人参加，收到稿件500多幅，评出入围作品奖30名，经筛选评出一、二、三等奖。“我心中的幸福”共征集到短信90条，评出了10名优秀奖。

9月17日，广东省社科联科普办副主任杨小蓉率领省社科普及工作组到南雄市河南村检查指导人文社科普及工作。10月22日，在“2011年广东省社科普及活动周”主会场开幕式上，南雄市河南村委被授予“广东省人文社会科学普及基地”，省社科联领导为南雄市河南村委会党支部书记、主任肖锦煌颁授匾牌。

9月19日至21日，广东省委宣传部、广东省社科联在韶关召开“2011年广东省社会科学普及基地建设工作会议”。会议总结近年来全省人文社会科学普及基地建设的情况，研究部署全省优质社会科学普及基地建设工作。韶关市浈江区南韶村社区作为全省首批重点人文社科普及基地之一，在会议上作经验介绍。为配合会议的召开，市社科联在南韶村社区开展人文社科活动宣传周，创办科普知识宣传栏，还赠送南韶村社区科普书籍100多册，支持开办科普图书室。为配合科普宣传活动，市社科联还在韶阳楼举办“韶关社科普及工作成果展览”，布置彩图展板28件，集中反映韶关近几年社科普及活动和社科研究成果，展览近半年时间，受到与会人员和到韶阳楼参观的游人和群众的好评。

【广东省社会科学院韶关分院成立挂牌】 1月18日，广东省社会科学院韶关分院正式成立并在韶关学院隆重举行挂牌仪式。广东省社会科学院院长梁桂全，市委副书记林耀明，市委常委、宣传部长李萍，以及市社科联、韶关学院和市直相关部门领导及专家学者出席揭牌仪式。此次挂牌活动中，市委书记郑振涛、市长艾学峰等领导还专门会见省社科院院长梁桂全一行，并就广东省社科院韶关分院工作运行等作深度研究和沟通。

【《韶关乡土文化教材（八年级）》出版】 韶关乡土文化教材（七年级）2010年出版试用，列入全市初中教学大纲，这部反映地方历史文化和科普知识的乡土文化教材，被省社科联评为“全省十大社科普及创意活动奖”。2011年，在原编写团队基础上，根据省教育厅和广东教育出版社的意见，按照乡土教材编写计划，组织编写完成《善美和谐的家乡——韶关》（八年级）课本，由广东教育出版社正式出版，9月正式列入全市初中教学大纲。韶关乡土文化教材（八年级）共分六个单元，其中包括“客家精神——粤北移民文化”；“矿冶名都——韶文化的科技贡献”；“盘瓠图腾——乳源过山瑶文化”；“民风淳朴——文学艺术和民风民俗”；“战略要地——近代民主革命的摇篮”；“继往开来——韶文化的今天和明天”。本册乡土文化教材与上年的七年级版形成上、下册套书，具有内容连贯和前后携接的作用，较全面、系统地反映韶关历史文化概况；以翔实的史料、广阔的视角，彰显韶关客家精神、矿冶名都、瑶族文化、文学艺术、民风民俗、战略要地、改革开放的新韶关和展望未来美好韶关的形象。

【社科团体活动】 2011年，为进一步加强全市各社团学会的规范管理，加强人文社科队伍建设，社科联开展人文社科队伍调查统计工作；加强建立社科学术团体工作联系制度；使各社科团体密切联络，紧跟形势，发挥自主创新能力，开展社团活动，为韶关经济发展服务。市社科联还配合市民政局做好社科学术团体的登记和年审鉴定工作，促进全市社科团体发展。同时，对社科学会换届、变更以及新建社科学术团体进行审理和审批工作。如原韶关党建学会根据新时期、新形势加强党的建设的要求，更名为“韶关党建研究会”。

6月4日，张九龄（韶关）研究会会长、韶关市副市长张志才率团前往马来西亚马六甲参加世界张氏总会第五节恳亲大会。此次会议决定2013年世界张氏总会第六届恳亲大会在张九龄故乡韶关市举办。

7月5日，“韶关市图书情报学会”在韶关学院正式成立。同时召开韶关市图书情报学会2011年学术年会。

10月14日，为纪念韶关市集邮协会成立30周年，举办隆重的庆典大会。会上表彰韶钢集团公司集邮协会等5个先进集体和冯昶、宾世岳等30个先进会员。同时，还举办“韶关集邮协会成立30周年集邮展览”，共展出邮协会员提供的100框28部邮集，出版纪念册。市邮票公司还制作邮展纪念封和纪念邮戳。

（李振林）

附：领导班子成员名单

主　席：巫育明

专职副主席：黄明奇

韶关市残疾人联合会

【概况】 韶关市残联共有一室二科（办公室、教就科和康复科），在职人员10人。2011年,市残联围绕全市中心工作，启动残疾人社会保障体系和服务体系建设，解决残疾人最关心、最直接、最现实的利益问题，较好地完成年初提出的各项任务目标。

【领导重视残疾人事业】 结合全国上下加强和创新社会管理契机，市残联争取市委、市人大、市政府、市政协和市相关部门的支持，加大残疾人事业宣传力度，推进“两大体系”建设。2月22日下午，在市人大、政协两会期间，政协市十届五次会议港澳委员视察团一行67人，在市政协主席邓苏夏等带领下，到市残联视察、指导工作。各位港澳委员踊跃捐款，共筹得善款107万元和其他物资一批。这是市残联成立以来，筹得善款较多的一次。3月17日，市委《调研内参》发表由市委政策研究室、市残联调研组撰写的《关于提高重度残疾人和一户多残家庭保障水平的建议》。市委书记郑振涛在该文中作出重要批示。市委常委、副市长张志才主持召开专题会议，就如何提高全市残疾人的社会保障水平提出方案。市残联向市政府呈报的《关于2011年我市公共场所最急需解决的无障碍设施项目的请示》，得到市领导张志才、尚伟的批示，转由有关责任单位进行整改。9月26日，市十二届人大常委会第四十四次主任会议听取市政府关于加强残疾人事业发展情况的报告。会议肯定韶关市残疾人事业近年来所取得的成绩，同时指出全市残疾人工作仍然面临很多困难和问题，特别是两个体系建设欠账较多，建议政府部门尽快解决好新建残疾人康复中心和特殊教育学校的用地和经费筹措问题。

【残疾人社会保障建设取得新突破】 全市参加新农合的农村残疾人达到62949人；新农保试点县增加到曲江、仁化、浈江、武江、乳源、乐昌和南雄7个。全市参加新农保的农村残疾人6108人。其中788名农村重度残疾人免费参保。城镇居民基本医保、社保工作稳步推进，全市残疾职工参加社会保险4059人，残疾居民参加城镇居民医保4422人。

【重点项目工程建设】 2011年，完成市残疾人综合服务中心孤独症儿童康复训练部的建设。二楼的脑瘫儿童康训部和八楼饭堂经重新装修，面貌焕然一新。曲江、新丰、翁源三个县（区）新建残疾人康复中心项目通过省的竞争性资金分配项目评审，共获得900万元的资金扶持。省残疾人粤北就业培训中心项目交由始兴县政府承建，工程建设正在进行。

【基层残疾人组织建设】 2011年，全市举办10期残疾人专职委员培训班，对1400多名专职委员进行上岗培训。市残联利用各级法律援助处（站）作用，依托韶关网络问政平台、民生热线栏目，拓宽残疾人信访维权渠道，为他们排忧解难。全年受理残疾人的来信50余件次，来访200多人次，办结率为98%。同时，做好残疾人机动轮椅车燃油补贴申报和发放工作，共资助254名符合条件的残疾人。仁化、南雄较好完成残疾人监测重新入户调查工作。市残联双获省统计、信息先进单位，蓝熊炉同志评为省统计工作先进个人。全市共办理二代残疾人证38529份，名列全省前列。

【康复服务工作】 重点开展社区康园中心建设工作。全市社区康园中心已建好投入使用15个，在建3个。共有8584名残疾人接受社区康复服务。仁化按标准成立县残疾人康复部，增加脑瘫儿童康复、偏瘫截瘫康复、中风后遗症康复等多个康复项目。开展0~6岁残疾儿童筛查工作。筛查出162名残疾儿童，其中，86名残疾儿童有较好的康复价值。推动家庭住宅无障碍改造工作的开展。帮助40户残疾人进行居家无障碍改造，市残疾人综合服务中心创建省级居家无障碍改造示范单位，已建设完毕并投入使用。开展白内障复明手术980例，其中帮助贫困患者免费实施手术293例；监护精神病8853人，其中接受救助的贫困患者1551人；供应辅助器具1365件，其中免费发放241例；假肢装配55例。培训康复管理人员42人次、社区康复协调员302人次。开展康复需求调查，并将64000多名残疾人、功能障碍人士的需求信息录入系统，超额完成省下达的任务。

【就业培训工作】 结合就业促进年活动，开展城镇残疾人就业和培训状况认定，实名制录入城镇残疾人资料2373条。实际在岗残疾人6203人，其中新增就业309人。举办各类职业培训班，全市共培训残疾人316人，其中市本级150人。借广东国际旅游文化节在韶举办之机，市残联主动和组委会联系，把全市3个残疾人的手工编织品和旅游产品展示给旅客。完成全市电子政务外网接入工作，已实现依靠政府电子政务外网征收就业保障金工作。本年度参加高考残疾考生29人，其中录取23人；推荐残疾学生入读培英职业技校17人；扶助中、高等教育残疾学生176人。完成2011年度“阳光家园计划”，资助居家托养残疾人850人。扶贫双到工作有新成效。在全市355个贫困村中，有1578名无劳动能力的残疾人得到“定点、定人、定责”扶持。

【宣传文体活动出现新亮点】 市残工委在5月至8月举办首届广东残疾人文化节韶关市系列活动，举办首届韶关市残疾人才艺选拔赛、选送40多件残疾人作品参加全省首届残疾人才艺选拔赛得到好评；组织60多名残疾儿童参加休渔放生、生态游活动和第六届全省特教学校学生艺术汇演，开展庆祝建党90周年系列活动、组织体验“无障碍电影”、举办黑白棋培训班和韶关电台《爱在人间》开播15周年户外特别节目庆典；在韶关承办第八届广东六市肢残人运动交流会，韶关代表队荣获团体第一名和坐式排球第一名；8月底，举办全市残疾人运动员选拔赛，重点选拔年轻运动员，曲江、武江、南雄分获团体总分一、二、三名。10月，在第八届全国残运会上，韶关市3名残疾人运动员共取得三金一银的好成绩，其中，肢残运动员朱佩强获羽毛球男子单、双打金牌，聋人运动员肖棉生获羽毛球女子双打金牌，肢残运动员刘秀梅获女子田径400米比赛银牌。同时，省委宣传部、省新闻出版局和省作家协会联合出版“庆祝中国共产党建党90周年丛书”，市残疾人作家王心钢等著的《潜流——南方地下党血火纪录》名列榜首。在《广东残疾人》杂志发起“党的阳光温暖残疾人”征文活动中，谢经营、宁晓梅两位残疾人作者的作品分获一、三等奖。

（王心钢）

附：领导班子成员名单

理事长：冯伟星

副理事长：梁　燕

韶关市归国华侨联合会

【概况】 归国华侨联合会是党和政府联系归侨侨眷的桥梁和纽带。维护侨益、参政议政、群众工作、海外联谊是侨联的四大职能。韶关市侨联成立于1958年11月，是全省最早成立的地级市侨联之一，现已历经十届。1983年6月韶关地、市合并后，市侨联归政府口管辖，与市侨务办同属一个党组。2003年4月，韶关市侨联成立党组，从外事侨务局完全独立出来，为正处级参照公务员管理群团单位，配备事业编制5个。

【组织建设】 3月15日，市侨联召开十届三次全委（扩大）会议，市侨联第十届全体委员，部分荣誉主席、顾问共计50余人参加会议。会议审议通过市侨联主席廖凤英代表第十届委员会所作的工作报告，并增聘林冠标、黄卫平同志为市侨联第十届委员会顾问。完善党组织建设，补充党组成员。7月1日，市委同意廖凤英任中共韶关市侨联党组书记，滕永生任党组成员（正科级）。

【参政议政】 市侨联抓住换届的有利时机，做好侨界人大代表、政协委员人选推荐工作。争取市委、市政协的重视支持，在保留原有4名侨界市政协委员的基础上，增设1名侨界市政协常委。一是召开专题会议，研究如何做好侨界人大代表、政协委员推荐提名工作。二是“两会”前夕，召集市（区）侨界人大代表、政协委员、在韶关的市侨联顾问和部分归侨侨眷代表30多人召开参政议政工作座谈会，把侨界群众的意见带到“两会”。三是建立健全参政议政工作制度和奖励机制。提高全市侨联系统参政议政工作的质量和水平。

【两项中心工作】 做好扶贫“双到”，抓好招商引资。一是牵头负责，强化扶贫工作。市侨联负责牵头，与韶关卷烟厂共同帮扶南雄市南亩镇岭下村，共投入资金近200万元。村集体经济收入达到3万元以上，基础设施得到改善、贫困户实现增收。二是发挥优势，招商引资。韶关市侨联高度重视招商引资工作，发挥侨商资源优势，多次热情邀请广东康绿宝科技发展有限公司董事长顾惠林先生、广州市关键光电子有限公司董事总经理龚立强先生等侨商到韶关考察投资项目，了解韶关投资环境，招商引资成果显著。6月12日，市侨联“招商引资”项目康绿宝（南雄）科技园在广州正式签约，计划投资6.6亿元，五年内实现年产值50亿元，打造百亿集团，该项目9月正式动工兴建。

【海内外联谊】 一是热情接待。关爱侨胞凝聚侨心，先后接待来自新加坡、美国、日本、新西兰等国家的华人华侨以及中国香港、澳门等地区的同胞10多批次。二是友好交流。市侨联应邀出席海内外侨界青年茂名市联谊活动大会，与茂名市侨联签订《友好侨联合作协议》书。市侨联还与广西玉林市侨联、广西北海市侨联、东莞市侨联、清远市侨联、中山市侨联联等兄弟市侨联进行学习交流。三是专程拜访。10月，市侨联到中山坦洲，为“中国十大慈善家”林东先生贺寿，并邀请其到韶关考察；11月28日，市侨联领导前往东莞市樟木头镇专程拜访回国的新西兰侨领冼锦燕女士，受到冼锦燕女士的热情接待。

【爱心助困】 一是开展“送温暖、献爱心”活动。春节前夕，市侨联陪同省侨联慰问组赴曲江区、消雪岭华侨管理区等地慰问部分困难归侨，给困难归侨送去慰问金和慰问品。春节期间，共发放慰问金2.4万元。市侨联荣誉主席麦可君女士再次捐赠的500床棉被发给全市困难归侨侨眷和困难群众。重阳节前夕，为弘扬中国尊老敬老这一传统美德，市侨联走访慰问市区80岁以上老归侨，向老归侨们送去节日的祝福。二是建立帮助困难老归侨长效机制。市侨联想方设法为困难老归侨寻求帮忙，通过省侨联仁爱基金会的牵线，广州关键光电子技术有限公司董事总经理龚立强先生从2010年5月起为韶关市首批6位困难老归侨每人每月定时发放200元的生活补助，以改善困难老归侨的生活。为跟踪好龚立强先生的“爱心助老、扶贫济困”活动，市侨联领导班子适时到广州拜会龚先生，汇报项目开展的情况。龚立强先生感到很满意，当即捐款5000元，委托市侨联代其在春节期间慰问困难老归侨，并希望能继续加大捐助力度，使更多需要帮助的归侨得到捐助。市侨联发动热心侨商捐款，帮助生活困难归侨筹足3万多元购买养老保险。三是圆贫困生学业梦。6月，受李淯博士委托，市侨联在韶关学院文学院及医学院举行“李汉魂将军助学金”颁发仪式，为10位贫困学子送上2万元的“李汉魂将军助学金”。8月，市侨联协助亚太资源集团江门分公司，开展贫困高考生的“圆梦行动”，为贫困学生提供3年的学杂费、生活费以及往返车票，毕业后安排就业。全市各级侨联联系《韶关日报》、当地广播电视台进行宣传发动，经过共同的努力，韶关市共有13名贫困生圆大学梦。

【文化活动】 为丰富归侨侨眷的文化生活，激发广大归侨侨眷的爱国热情，市侨联组织各种形式的应节活动。1月，市侨联在金易来酒店举行2011年归侨侨眷迎春茶话会。市政府副市长陈秋彦出席会议并作重要讲话，市委统战部、市外事侨务局、市政协港澳台侨联络委等相关单位领导应邀出席，近400名归侨侨眷参加会议。3月，市侨联机关和退休的女干部及市区部分女归侨等近50多人到韶州公园环湖绿道进行健身步行活动。为激发广大归侨侨眷的爱党爱国热情，市侨联隆重举行建党90周年文艺汇演，近300位归侨侨眷参与特色演出。广东省侨联秘书长曹堪宏、市政府副秘书长周纪军、市委统战部、市外事侨务局等领导应邀出席大会。重阳节组织老归侨100多人参加登高活动、参观韶关国家森林公园，既让老归侨们锻炼身体，也为他们提供交流联谊的机会。

【团体会员单位】 韶关市侨联有团体会员单位6个，分别是南方大学归侨韶关校友会、暨南大学韶关校友会、韶关市潮人海外联谊会、韶关市侨界青年联合会、韶关市市场协会与韶关市侨联法律顾问委员会。7月韶关市市场协会成立韶关市市场协会产权交易专业委员会、医药市场专业委员会、农业专业委员会3个专业委员会。 （滕永生 金鹏斌）

附：领导班子成员名

主席：廖凤英（女）

副主席：曾 园（女）

秘书长兼办公室主任：滕永生

韶关市贸促会

【概况】 中国国际贸易促进委员会韶关市支会（简称韶关市贸促会）成立于1986年8月，同时使用中国国际商会韶关商会名称。韶关市贸促会是由韶关市经济贸易界有代表性的人士、企业、协会和团体组成的民间对外贸易组织，为市政府直属事业机构。

韶关市贸促会的主要任务是：通过国内、外的信息网络和渠道，向韶关市各部门、厂矿企业、公司和个人提供国际经济贸易、投资、金融、技术、展览、法律以及知识产权等领域的信息和咨询服务；向外介绍中国的经济贸易政策及韶关市企业及其出口产品的情况，介绍韶关市的投资环境和有关规定；向国内外的公司、企业提供业务咨询；组织韶关市企业和团体参加国外举办的经济贸易展览会或国际博览会；将韶关市的工业产品和名优土特产打入国际市场；接受全市当事人的委托，承办专利申请的代理业务，协助承办有关知识产权、技术贸易、解决争议等业务；出具中国出口商品原产地证明书和人力不可抗拒证明，签发和认证对外贸易和货物运输业务的文件和单证，协助办理有关国际经济贸易和海事仲裁事务。

【做好出证认证工作】 韶关市贸促会通过出证认证的窗口，为促进韶关市外贸出口，维护企业的合法权益，发展韶关市与世界各国、各地区的贸易往来，增进韶关市与世界各国人民及经贸界之间的互相了解和友谊，提供热情良好的服务。2011年，新增注册企业7家，在市贸促会注册的企业达88家，共签发原产地证885份，出口货物总值5797万美元，同比增长3%。为韶关市企业产品打入国际市场提供良好的服务，配合和支持对外贸易出口，促进全市对外经济贸易的发展，得到认证企业的赞誉。

贸促会根据注册企业的申请，依据中国法律、有关规定和国际惯例，代办出具国际商事证明书和领事认证及认证涉外商业单据，共办理国际商事证明书40份，单据认证44份，领事认证39份，认证国别涉及土耳其、埃及、巴西、阿根廷、科威特等国家。为出口企业在通关、结汇等领域提供直接帮助。

【开展法纪和廉政教育】 市贸促会对开展创先争优活动工作进行部署，继续以开展“强化为企业服务力度、整体工作上水平”为特色活动主题，扶企业，诚信服务树形象，调动全会党员干部职工参加创先争优活动的积极性和创造性。在开展纪律教育学习月活动中，以岗位廉政教育，增强工作作风为主题，开展示范教育、警示教育和岗位廉政教育，把法纪教育和廉政教育作为重要内容，提高全体干部拒腐防变能力。

【加强与各级贸促机构的友好合作】 市贸促会利用贸促会系统资源，加强与各级贸促机构的沟通和联系。向省贸促会汇报和沟通工作，贯彻总会有关精神，参加总会有关活动。同时扩大对外开放力度，加强与其他地区贸促机构的横向联系。2011 年年 5 月，由中国贸促会驻香港、澳门代表处及中国国际商会、中国专利代理（香港）、诚通专利商标（香港）、香港建义利联合、深圳华港展览等机构和企业联合组织员工到韶关进行爱国主义教育，同时了解韶关市的投资营商环境。增进贸促系统各单位的交流，协助该团在韶关市的考察活动，宣传和推介韶关市经济社会发展情况以及韶关市的投资营商环境。（陈丽滨）

附:领导班子成员名单

会　长：马　军

副会长：朱小夏　潘光敏

韶关市老促会

【概况】 2011 年韶关市老促会在调研革命老区现状的基础上，做好广东省、市老促会会长（韶关）座谈会各项筹备工作，确保会议如期召开。同时，通过总结市老促会的工作和市、县党委、政府关心支持老区建设发展的经验，宣传韶关各级党委、政府近几年来在贯彻省委书记汪洋对老区工作一系列重要指示和推动老区建设发展取得的新成就、新变化、新面貌，为“十二五”时期加快革命老区建设发展注入新活力。

【调研工作】 2011 年，市老促会根据中国老区建设促进会和省老促会的部署，从 5 月上旬开始，组织市和县（市、区）老促会及机关各有关部门的领导共 86 人开展为期 20 多天的老区建设发展情况专题调研。在调研过程中，全市共组成 10 个调研组，分别深入到 25 个镇 45 个行政村 48 户贫困家庭，召开 7 种不同类型的座谈会。这次大调研活动需调查的数据达 60 多项，调研时间之长、人数之多、涉及内容和部门广泛、覆盖面大、要求较高，自老促会组建以来前所未有。

【韶关老区经济发展的主要问题】 一是在全省经济发展战略区域布局上，韶关定位为“生态经济发展区”，工业发展上重点项目少，很难带动老区经济发展。二是县级财政比较困难，镇、村集体经济相当薄弱。全市 10 个县（市、区），年财政总收入超过 4 亿元以上的只有仁化县和曲江区，绝大多数县（市、区）都在 2 亿至 3 亿元左右。73 个乡镇级财政年收入达到 1000 万元以上的很少，普遍只有 200 万~300 万元，589 个行政村年集体经济收入达到 3 万元以上的不到 30%，空壳村占的比例很大。三是基础设施滞后，相当一部分边远老区村庄至今不通公路，农田水利长期失修，农业抗灾能力较差，资源优势难以充分发挥。四是项目配套资金压力较大，镇、村债务包袱沉重，全市镇、村一级负债达 90%以上，各种债务总额达 7 亿多元。五是县、镇、村干部工资待遇偏低，影响基层干部的稳定和工作积极性。六是对革命老区的建设发展缺乏全面、具体的规划，农村集体土地乱占乱建的情况比较突出，不少地方只建新房、不见新村的问题普遍存在。

【省、市老促会会长座谈会在韶关召开】 10 月 10~14 日，省、市老促会会长座谈会在韶关召开，参加会议的省老促会副会长、各地级市老促会会长和部分县老促会会长，加上工作人员共 200 人。会议由省老促会第一副会长肖耀堂主持，市委书记委托市政协主席邓苏夏致欢迎词，市委常委、副市长张志才代表韶关市政府介绍韶关市社会经济发展及老区建设情况，市老促会会长胡灵光介绍韶关老区建设和老促会工作的经验，南雄市委书记许自新介绍南雄市委、政府大力扶持老区加快经济发展的经验，翁源县委、县政府，始兴县马市镇政府，乐昌市梅花镇老区创业青年余志荣作书面经验介绍。

市委常委、副市长张志才，市人大常委会副主任林平杰，市政协副主席赵志发参加会议，并陪同与会代表参观抗战时期广东省委五里亭旧址、南雄瑶坑旧址、孙中山北伐纪念馆、南雄莞韶工业园区内精细化工基地、珠玑巷、丹霞山景区、韶关市“三江六岸”灯景长廊。

【宣传革命老区】 市老促会历来把宣传革命老区当作主要职责，经常运用各种形式，通过省、市主流媒体和老区期刊杂志宣传韶关各级党委、政府关心支持老区建设的各类新闻，宣传老区的新发展、新变化，扩大韶关老区的知名度。2011年市老促会把省、市会长座谈会当作宣传韶关老区、交流工作经验的平台。一是总结收集各县（市、区）近几年老区经济发展的突出典型30多篇，编辑印制《红土地的春天》、《康庄大道颂》（老区公路建设纪实画册），录制《老区旧貌换新颜》光盘，在座谈会期间分发给所有代表和工作人员；二是印制《韶关红色旅游新景点》；三是扩大订阅宣传老区的期刊《中国老区建设》和《源流》杂志，订阅量分别达到1400份和2700份，被省老促会评为老区宣传的先进单位。

【支持老区民生工程建设】 2011年市老促会对部分尚未纳入扶贫"双到"的贫困村，通过多渠道筹集资金，帮助公路硬化67公里，修建人行便桥4座，解决安全饮水6宗，受益人口6000人，并扶持部分种养项目和文化室建设，共投入建设资金1320万元。

同时，继续帮助革命烈士后裔的大中专学生148人解决读书难的问题，省、市、县共资助资金31万元，大专学生人均补助标准达到3000元以上，中专学生2000元。（谢顺衡）

附：领导班子成员名单

理事长：胡灵光

常务副理事长：梁　聪　甘义娣

李振兴

副理事长：陈运新　许士培

江细荣　甘　雷

李国华　黄维满

夏忠礼　张国新

谢顺衡（兼秘书长）

副秘书长：张钰廷

聘任名誉理事长：刘　创

梁灼林

林典来

黎宏照

韶关市红十字会

【概况】 韶关市红十字会始建于1988年，一直挂靠市卫生局。2006年5月，根据省编办和省红十字会《关于加快理顺市县红十字会管理体制工作的通知》的文件精神，市编办下发《关于市红十字会机构编制问题的通知》，将市红十字会列入市直群团机关管理，为副处级单位，隶属市政府直管。市红十字会现有会长1名（由市领导兼任），专职人员4名。

2011年，韶关市各级红十字会履行《中华人民共和国红十字会法》赋予的职责，开展三救"(救灾、救助、救护）和"三献"(无偿献血、造血干细胞捐献、器官组织捐献)，拓展人道救助领域，推动红十字青少年和红十字文化传播等各项工作。全年累计募集接收社会各界款物558.31万元，其中资金309.06万元。全市红十字会基层组织24个，登记注册志愿者20867人（含大中专院校红十字志愿者）。开展初级自救互救知识和技术培训1.3万人次，发放宣传资料5.1万份，组织各级各类红十字活动43次。制定《韶关市红十字会特大自然灾害及突发公共事件应急预案》、《韶关市红十字无偿献血志愿者服务队管理办法》并予以实施。

【组织建设】 全市红十字系统现有定编25个，专（兼）职工作人员51人。召开2011年度理事会议、红十字会专题工作会议及半年工作总结会，加强与县（市、区）红十字工作专(兼)职干部的联系。落实《中国红十字会会员管理办法》，发展个人会员和团体会员，在原有基础上规范团体会员队伍登记，建立信息档案，基层组织和志愿者队伍不断发展壮大。

【机关建设】 开展以"科学发展当先锋"为主题的创先争优实践活动；选派干部参加各类主体班次进修培训13人次；组织收看胡锦涛总书记在中国共产党建党90周年纪念大会上的讲话和广东省委庆祝建党90周年大会实况，观看《建党伟业》、《平凡的故事》系列电视专题片，组织参观广东省委机关旧址，接受革命传统爱国主义教育。

【备灾救灾】 开展救灾工作。1月14日，副市长、市红十字会会长兰茵部署2011年"春暖校园"活动，从市红十字会备灾救灾物资储备仓库紧急调出价值18.3万元的棉被、毛毯和太空棉衣下发给受冰灾最严重的乐昌、乳源中小学学生，确保高寒山区学校学生温暖就学。

3月，云南盈江地区及日本接连发生强烈地震，韶关市红十字会通过《韶关日报》的《百姓生活栏目》《如何绝境求生——常备应急包增强应急意识》一文，告知广大市民如何在不同环境下自救互救及家中应常备的应急物品和韶关市四大地震应急避难场所。

5月上旬，韶关市遭受强烈暴雨和冰雹袭击。省红十字会紧急下拨价值10.53万元的家庭包用于韶关市灾区应急救灾。市红十字会向仁化、始兴等重灾区下拨价值7.2万元救灾物资（大米、食用油、家庭救助包）和慰问金3.1万元，支援各地开展灾害救助工作。

督导灾后重建工作。省红十字会及兄弟市红十字会援助韶关市13个灾后重建项目全部交付使用，得到灾区群众和当地政府的好评，改善当地的医疗条件，取得良好的社会效益。

加强应急备灾机制。市政府将市红十字会列为韶关市防灾减灾和应急管理成员单位，纳入韶关市政府应急工作管理体系。

完善救灾资金和物资储备制度。市财政下拨备灾救灾经费预算25万元，为救灾快速反应提供保障。同时，市红十字会争取上级资金支持，加大救灾资金投入。申请市财政专项资金对备灾救灾物资储备仓库围墙及仓储设施进行维修和完善，使储备、清洁、消毒、防火、防盗等各方面符合救灾物资储备的要求。

【应急救护】 以韶关市举办“2011年广东国际旅游文化节”和建设大丹霞、大南华、大南岭、大珠玑为契机，加大应急救护知识技能的普及力度，推进应急救护培训进学校、进企业、进社区、进机关，提高全民防灾减灾意识和自救互救能力。

7月4~8日，市红十字会与市应急办联合举办韶关市首期应急救护师资培训班，54名救护师资骨干参加培训。受训人员掌握现场应急救护技能并通过相关考核后，由省红十字会颁发应急救护培训师资证书，承担起面向普通市民的应急救护培训工作。

群众性应急救护知识进课堂、进机关。分别联合韶关学院、韶关市一中、北江中学等大中专院校举办红十字应急救护培训讲座。由市直有关单位上报应急培训需求表、组织人员，市红十字会制定培训计划，安排师资、教具，共安排4期，参训人员达200多人。12月11日，市红十字会、市科技局、韶关学院共同举办韶关学院2011年地震应急救援演练，1200多名反应迅速、训练有素的大学生地震应急救援志愿者参与演练。

开展应急救护进企业活动。结合不同企业的工作性质和工作特点设计课程，采用课堂授课，实践技能操作等全方位的立体式培训方式，开展培训班7期，280余名生产一线人员和技术骨干，经过实际操作考试和理论考核，取得市红十字会颁发的红十字救护员证。

10月23日，市红字会联合团市委、市旅游局等有关部门对500多名志愿者进行突发事件应急处理培训。各县（市、区）红会都开展应急救护知识技能培训和普及工作。全市共培训救护员4180人，救护知识普及达29800人次。

【博爱救助】 开展博爱送万家活动。韶关市各级红十字会支出帮扶慰问资金6.5万元，在春节前对特困家庭进行慰问式救助，发放救助物资价值104.7万元，受益户数897户、受益人数3602人。

开展博爱助学、助医活动。3月8日，市红十字会和丰盛餐饮（东莞）有限公司合作共同开展助学活动，救助贫困山区家境困难、学习成绩优异的低保户(特困户)、单亲困难家庭的中小学生，按小学生每学期资助200元、初中生每学期资助300元，共发放7700元资助15人。

开展“红十字扶贫助医”活动，争取到省红十字会下拨“中国红十字·中恒博爱基金”等捐赠的价值200多万元药品。市各级红十字会将这批药品下拨给贫困山区镇卫生院，用于扶贫助医活动，缓解特困家庭看病困难。全市1500多户特困家庭领取“红十字爱心医疗救助卡”，在指定卫生院诊疗，可以享受价值300~500元的免费治疗。

7月初，省、市、县红十字会、省红十字会企业家服务队在仁化县丹霞街道社区卫生服务中心联合开展2011年“博爱光明行动”，为韶关市300多名群众开展白内障义诊筛查，并对符合条件的111名贫困白内障患者进行免费手术治疗，使他们重见光明。7月15日，省、市红十字会、省红十字会企业家会员服务队、省第二人民医院联合举办“红十字贫困村贫困家庭先心病儿童救治活动”，来自全市贫困家庭100多名0~15周岁的“先心”患儿申请救助并接受术前筛查，72名的符合手术指征的“先心”患儿将得到免费救助。

开展各类公益活动。1月26日，与爱心志愿者驱车探访慰问残疾人士翟神保，送上慰问金及粮油衣物等日用品。4月，与韶关民生网、爱心协会联合发起为白血病患者麦君捐款活动，筹得善款7781.1元。5月14日，与韶关学院医学院师生代表慰问急性白血病患者冯庆春，送上爱心捐款12400元和救助慰问金1000元。5月下旬起，与武江区创文办、总工会、扬成网等团体和爱心人士在风度名城广场和韶关西河健身广场为尿毒症重症女孩陈秀娟开展“携手人道——爱传韶关”大型募捐活动，筹集捐款总额为5.67万元。6月1日，与韶关爱心协会联合在西河全民健身广场开展关爱伤残儿童大型联欢活动，100多名儿童、家长及志愿者参加活动。与韶关民生网联合发起为肛门闭锁患儿张俊铭开展爱心募捐活动，募得善款4.5万元。10月16日，“澳门—韶关爱心人士沿途募捐，救助失聪女孩谢家欣捐款交接仪式”在韶关市红十字会举行，为小家欣筹集的善款7.3万元。

【宣传活动】 市红十字会以“携手人道促和谐　志愿服务为民生”为主题，开展纪念“五八”世界红十字日大型红十字博爱月活动。与市妇联、市妇幼保健院在韶关市西河健康广场联合开展关爱母亲义诊咨询活动，同时摆放红十字运动、无偿献血、造血干细胞和遗体（器官）捐献宣传展板、宣传折页，组织志愿者向过往市民讲解红十字知识；结合创建全国文明城市，开展红十字志愿者创文行动，在韶关电台开辟专栏宣传报道红十字运动和人道知识、人道救助和应急救护培训等内容，《韶关日报》连续4日刊载国际红十字知识；与市司法局合作，将《中华人民共和国红十字会法》纳入全市“六五”普法学习宣传考核体系，加大红十字工作宣传力度；与市中心血站开展主题为“我运动　我健康　我献血　我快乐”红十字志愿者自行车环城宣传，近百名志愿者参与；各县（市、区）红十字会在世界红十字日普遍开展博爱周宣传活动，结合开展备灾救灾、造血干细胞捐献、大病救助等社会宣传，收到良好效果。全市各级红十字会组织开展宣传活动20余场次，发放各类宣传单（册）3万多份，制作红十字公益宣传片在韶关市电视台各频道滚动播放4000余次，通过中移动、联通、电信发送公益宣传短信近160万条次，义诊咨询7500余人次，制作各类专题宣传展板60多块。

围绕第二个“5·12”防灾减灾日、“6·14”世界献血者日开展专题宣传活动。韶关学院红十字会、韶关一中等学校红十字会纷纷组织开展应急避险知识培训5000人次，发放救护知识宣传手册1500余册。全市各县（市、区）红十字会开展红十字应急救护知识进社区、进学校、进企业活动，发放红十字应急救护知识宣传手册1.5万余册，悬挂宣传横幅24条，设置宣传展板32块。

6月14日，市红十字会、中心血站及红十字无偿献血志愿者在韶关市西河全民健身广场联合开展“捐献更多血液，挽救更多生命主题宣传活动”庆祝第八个世界献血者日。活动当天，吸引112人参与无偿献血，献血量达3.74万毫升。

9月初，开展主题为“急救为人人”的2011年世界急救日纪念周活动，组织红十字志愿者、北江中学师生分期开展现场急救知识和技能培训、红十字运功基本知识传播学习，发放各类宣传手册3000份。

【“三献”工作】 结合韶关市创建国家文明城市，大力宣传推动无偿献血、捐献造血干细胞工作，联合有关部门开展遗体（器官）捐献的宣传与协调工作。5月28日，举办全市造血干细胞捐献知识培训班，30多名宣传发动骨干参加培训。全市2011年志愿捐献入库资料达155人份。韶关市造血干细胞志愿招募被广东分库评为“达标工作站”，因招募志愿者和宣传推动造血干细胞捐献工作成绩优秀两次在全省交流会上做经验介绍。

9月18日，与市中心血站、市无偿献血志愿者服务队联合举办“2011年韶关市红十字无偿献血志愿者第二届成人礼”活动。来自全市300多名年满18岁的青年在韶关市中山公园文化广场庄严宣誓，积极加入到无偿献血志愿服务队伍。10月30日，韶关市红十字无偿献血志愿者服务队第二次代表大会召开，来自全市各县（市、区）的70多名星级志愿者代表参加会议，并选举产生服务队第二届队干委员。韶关市红十字无偿献血志愿者服务队获得“2011年广东省优秀志愿服务组织”等荣誉称号。

【预防艾滋病】 12月4日，市红十字会举办主题为“全面预防，积极治疗，消除歧视”的艾滋病预防知识培训班，170多名红十字志愿者参与学习。

为扩大宣传效果，市红十字会制作主题海报、宣传册和防艾宣传栏，推动“关爱（艾）进社区、进校园”。在韶关学院举办的“行动起来，向零艾滋迈进”签名活动，向过往大学生发放红丝带、祝愿箱、宣传资料并进行咨询活动，使广大师生了解艾滋病，正视艾滋病，关爱艾滋病患者。收回调查问卷5000余份，征集祝愿语2000多条，签名人数达3000多人。与芙蓉北等社区居委合作，制建宣传栏开展艾滋病知识宣传活动。

【社会筹资】 建立捐款箱管理志愿者服务队，推动筹资工作常态化发展。在人流量大的公众场所设立捐款箱，标明组织单位和监督电话。初步形成市红十字会组织管理、志愿者服务队现场操作机制，有组织地安排人员负责捐款箱的资金盘点及汇交的工作,公告当期募捐所得善款数目,支出数额和用处及善款余额等。

组织开展义卖活动筹集慰问资金。与爱心企业德成世家连锁有限公司在商业步行街开展主题为“春节送温暖，春风暖人心”的爱心义卖活动，筹得3000余元善款用以购买棉被、米和油用于救助贫困家庭。（华永锋）

附：领导班子成员名单

会　长：兰　茵（女）

常务副会长：卓　雨（女）

秘书长：温福靠

军　事

韶关军分区

【概况】 韶关军分区前身为北江军分区，于1949年11月成立，1952年10月扩编为粤北军区（副军级），1956年3月改为韶关军分区。2011年，始兴县实现连续57年无责任退兵，曾5次受到国防部表彰，并被省政府、省军区授予“征兵工作模范县”荣誉称号；仁化县人武部连续第11年被省军区评为“标兵人武部”。

2011年，是军分区部队建设持续巩固和跃升的一年，也是近年来承担大项工作任务最多、成果颇丰的一年。军分区党委坚持以科学发展观为指导，以广东省在韶关召开党管武装工作会议为契机，紧贴部队实际，突出抓根本，着力抓班子，全力抓中心，合力抓基层，扎实抓稳定，创新求发展，完成年度各项工作任务，部队和民兵预备役建设呈现良好的发展势头。

【广东省党管武装工作会议在韶关召开】 年初，省军区决定在韶关召开全省党管武装工作会议，军分区党委对会议进行专题研究部署，统一思想行动。先后2次协调市委常委会听取筹备工作情况汇报，3次召开军地协调会，4次召开专题情况研究会，5次组织实兵实装实地演练，制定完善21个工作实施方案和10个应急预案。组织民兵训练，兴建机关干部公寓楼、综合训练场、乐昌国防教育训练基地等基础设施，组织省军区扶贫点乳源“八一瑶族新村”整村共92户新建工作。在时间紧、工程量大的情况下，坚持高质量监督、高速度推进，确保现场会各项建设如期完成。12月18~19日，省委、省政府和省军区在韶关市召开全省党管武装工作会议，中共中央政治局委员、省委书记汪洋、省委副书记代省长朱小丹及其他省领导梁伟发、徐少华、刘昆，广州军区副政委刘良凯，省军区党委委员，各地级以上市市委书记和联系武装工作的副市长，省委有关部委和省直有关单位领导，省军区机关部、处领导等共230人参加会议。会议期间，先后参观省军区扶贫点乳源县“八一”瑶族新村、在韶关市国防教育训练基地综合训练场观摩应急应战分队军事科目表演。

【思想政治建设】 坚持以纪念建党90周年为契机，不断把思想政治工作引向深入。在理论武装上，坚持以科学发展观和中共十七届六中全会、“七一”讲话精神为主要内容，以提高党委中心组带机关学习质量为重点，以破解影响和制约部队建设科学发展的重难点问题为实践平台，先后完成6个专题党委中心组带机关、带人武部、带直属队理论学习，每个专题着重抓好5个活动，即：组织一次集中读书、观看一次录像讲座、安排一次辅导授课、开展一次讨论交流、撰写一篇心得体会。开展以“坚定理想信念、忠实履行使命”为主题的三项教育活动，坚持把教育整顿纳入理论学习、融入经常性教育，与创建培育和创先争优活动相结合。9月，韶关市国防教育史馆被广东省评为全省“爱国主义教育基地”；军分区常委带头研究撰写的11篇调研文章，在《国防》和《中国民兵》等刊物发表，撰写的《始兴县严把征兵关56年无责任退兵》的调研文章在《人民日报内参》刊发，带动军分区部队理论学习氛围的形成。

【廉政文化建设试点工作】 在省军区指导下，开展廉政文化建设试点工作，按照“教育固本、丰富载体、贴近实际、突出特色”的思路，开展军营廉政文化创建活动，营造学廉、思廉、崇廉、倡廉的浓厚氛围，为促进党员干部秉公用权、廉洁从政提供思想保障和文化支撑。结合理论学习、干部培训、召开会议等时机，组织学习党的三代领导核心和胡主席关于反腐倡廉建设的重要论述，引导各级破除狭隘的廉政文化观念，自觉把廉政文化放到确保党对军队绝对领导来理解，做到党委有议题、经费有保障、活动有场所、创建有骨干。针对廉政文化建设的系统性特点，注重在形成工作合力上下工夫。构建党委统揽、纪委协调、机关齐抓共管的工作格局，强化对廉政文化建设的组织领导。在内容上合，把廉政文化融入教育、训练、管理工作，融入创先争优、创建培育活动，既重视发挥廉政文化的思想引领作用，又通过各项工作体现廉政文化的价值理念，达到廉政文化与部队建设相互促进、相得益彰。在方法上合，既用好读廉政书籍、寄廉政贺卡、办廉政展览等传统方法，又适应现代传媒技术的新发展，采取短信平台、信息网络、视频影像等新手段传播廉政文化信息，增强廉政文化的时代气息和感染力。坚持从军分区实际出发，建立健全形势分析、检查考评、奖惩激励、经费保障等制度机制，依靠制度促进廉政文化建设经常化开展、常态化运行，做到形势常议、问题常找、教育常抓、典型常学。军区、省军区转发韶关的经验做法，并由政委李建华在军区召开的文化工作会议上介绍经验。

【党委班子和干部队伍建设】 按照“党委班子抓能力，干部队伍抓活力，部队建设抓风气”的要求，坚持在狠抓落实上下工夫。2011年，在大项军事活动、大项工程建设比较多的情况下，军分区党委始终坚持集体领导、科学民主决策。3月以来，针对团营级单位党委班子调整面比较大的实际，军分区常委集体与新调整任职的班子成员谈心，组织参观韶关市反腐倡廉教育展览馆，搞好任前警示教育。同时，落实常委挂钩帮带团营级班子责任制，2010年重点帮建南雄、始兴、翁源和新丰人武部班子，取得明显成效。全区部队党委班子发展形势较好，没有差的班子。在干部队伍建设上，注重在抓调整、抓教育、抓管理、抓激励上下工夫。年初，针对干部普遍想留不想走的实际，军分区党委常委深入各单位摸底、考察、教育、疏导，确定17名转业对象比较准，大家走得愉快。在选拔调整干部上，按程序办事，注重群众公论，调整使用的多名干部，部队普遍反映好。同时，通过岗位培训、院校深造、到军分区机关跟班学习等，提升干部能力素质。

【基层建设】 按照省军区抓建基层“四个基本”建设“三期八年”工程收官之年的总体部署，全面搞建设，扎实打基础，反复抓落实，进一步形成大抓基层的局面。年初，军分区常委带机关工作组，分头深入县、乡、村三级，对县级人武部、乡镇人武部和民兵营（连）基础设施、队伍组建、作用发挥、人员状况和经费保障等情况进行拉网式检查，组织回头看，分析建设现状，统一思想认识，确定软件硬件一起抓，两手都要硬的抓建思路。在队伍建设上，结合上年“两委”换届选举，坚持做到早准备、早介入，紧紧扭住“选配、分工、培训、考评”四个关键环节，着力配实建强专武干部和民兵营长队伍。选举结束后，专武干部和民兵营长队伍党员、退伍军人、高中以上学历比例分别上升11个百分点、5个百分点和8个百分点，人员队伍结构得到优化升级。乐昌市国防教育训练基地，环境优雅，信息化程度高，集国防教育、民兵训练和民兵装备仓库于一体，受到军区首长肯定。截至6月，全市10个县级人武部以及基层武装部、基层民兵营（连）和民兵专业应急分队“四个基本”建设全部实现达标。仁化县人武部“四个基本”建设坚持标准，整体推进，全面过硬，人武部被人力资源和社会保障部、四总部表彰为全国民兵工作先进单位。

【双拥共建】 各级党委政府管武装抓武装建武装的意识不断增强，党管武装工作制度落实好。2011年，市委书记郑振涛、乳源县委书记梁健被军区评为“国防之星”，乐昌市委书记李安平被评为全国关心支持国防后备力量建设“十佳新闻人物”，广东省党管武装工作会议也在韶关召开。军分区协调市、县两级党委政府，将“国防后备力量建设”和“双拥工作”纳入《党政领导班子和领导干部落实科学发展观评价指标体系及考核评价办法》，建立县（市、区）和乡（镇、街）党委书记管武装工作述职制度，协调市政府联合出台《韶关市随军家属安置办法》、《韶关市营职以下和专业技术军转干部安置意见》、《韶关市拥军优属工作暂行规定》、《关于将武装工作经费纳入县（市、区）财政预算的通知》、《韶关市县（市、区）人武部职工管理暂行办法》

等政策规定。发挥好军地桥梁纽带作用，坚持把“挑选好入伍的、服务好在伍的、安置好退伍的”作为军分区的重要职能。协调市委、市政府做好转业干部和随军家属安置工作，团职转业干部全部安排到副处、正科实职岗位，每年指令性安置驻韶关部队随军家属60至70名，暂未安置工作的每月发给400元的生活补助，驻韶关部队普遍比较满意。军分区还组织部队参与扶贫开发“双到”工作，军分区部队共对口帮扶11个村、130户贫困家庭，军分区机关从家底经费中安排50万元建立扶贫基金，帮助乳源县瑶族贫困村种植20公顷油茶。还在韶关学院设立扶贫助学金，每年资助20名贫困大学生。协助省军区抓好乳源瑶族自治县扶贫点的建设，2011年仅用半年时间，就在一个破旧的瑶族村原址上拆旧建新92户，受到汪洋书记的肯定和赞扬。

【拓展深化军事斗争准备】 深化细化中长期军事斗争准备研究筹划，深入抓好大规模作战背景下地面防卫、动员支前、战场管制等重难点问题研究，修订完善大规模作战主体方案及相关配套计划。规范战备工作秩序，落实经常性战备制度，突出抓好重要节日、重大活动和敏感时期战备工作，保持正规战备秩序和良好戒备状态。做好侦察情报保障。加大对主要作战对手研究力度，加强XX方向情报搜集和形势研判，加强侦察分队全面建设，提高侦察作战和反恐维稳能力并牵引各人武部抓好应急处突力量建设。推进指挥专网、一体化指挥平台向人武部延伸，推广应急指挥通信车建设成果，加强应急保障能力建设，完善“北斗”卫星监控系统。继续升级改造全区会议电视系统，改进信息基础网系建设，推进作战值班暨处置突发事件指控系统和作战数据库建设，加强实际运用。继续组织重要防卫目标资料整编，普及推广重要目标数据采集、管理和应用系统。

【抓好军事训练】 一是坚持按纲正规施训。抓好基础训练，开展岗位练兵活动，抓好各个层次、各种岗位和各类人员不同平台的基础训练。先后组织3期人武部现役军官业务基础集训、1期全区参谋带民兵骨干的教学法集训；高标准迎接省军区对军分区、人武部半年军事训练检查考核。3月，组织人武部参谋和民兵骨干集训；5月，组织乐昌、乳源、武江、浈江民兵轻舟分队骨干培训；7月底开始，各人武部按照任务分工，组织民兵应急分队的训练；11月，组织各参演人员经过集中强化训练，高标准完成军事课目演示任务。二是加强使命课题训练。把针对性训练与按纲施训有机结合起来，着眼担负的任务，重点围绕防空袭、反袭扰、动员支前、重要目标防卫等课题进行对策研究和指挥训练；围绕非战争军事行动任务，突出抓好抗洪抢险、森林灭火、核化救援等课目的应急救援分队训练。三是抓好兵种（专业）和民兵预备役部队训练。主要抓侦察分队、通信专业、机要专业、轻舟、高炮等分队的训练。先后组织通信、机要等骨干参加省军区组织的业务骨干培训，取得较好的成绩，3名参谋受到广州军区和省军区的通报表彰。与市水务局合力抓好民兵轻舟分队集训，为完成多样化军事任务提供有力的保证。四是规范训练管理和提高训练保障能力。坚持以管促训，推动训练管理向规范化、精细化、信息化方向发展，进一步规范训练计划、登记统计、考核评估、总结报告等制度。为提高训练保障能力，军分区投资2000多万元，修建综合训练场，进一步提高综合训练保障能力。

【行政管理力度加强】 年初，广州军区在韶关召开“重大安全隐患整治”任务部署暨现场会。随后，广州军区副司令员邢书成、副政委田义功，省军区司令员刘联华、政委蔡多文等首长多次到韶关考察指导，并就安全管理工作作出一系列重要指示。军分区各级贯彻军区“桂林集训”、“韶关会议”精神和首长指示，落实条令条例和各项规章制度，狠抓部队正规化管理，始终把人员、车辆、营院、民兵武器装备仓库、办公保密秩序和小远散直单位的管理作为安全工作的重点，做到常抓不懈，部队的正规化管理水平不断提高。在训练任务重，民兵报废弹药销毁、筹备广东省党管武装工作会议、在建工程项目多的情况下，始终坚持安全第一的理念，抓好安全工作，确保军分区部队的安全稳定。2月，组织所属单位开展“学条令、严军纪、正秩序、树形象”活动，通过学习、考核和会操，官兵、职工的条令意识得到提高，队列动作、军容风纪得到规范。4月至6月，按照两级军区的部署开展司机队伍教育整训，严格车辆派遣使用、严禁非车管干部开车、狠刹私自出车等进行规范，在管理上立足于全过程，执行“报、批、派、行、管、带”6个环节的管理。8月至10月，对勤务分队生活设施进行整修，配齐各类工作、生活和娱乐设施，营造拴心留人的环境。整理汇编《军分区正规化建设规章制度》下发机关和部队学习执行。年底，军分区先后3次组织部队开展安全隐患专项治理整顿。通过各级的共同努力，部队管理工作正规有序，得到上级首长、机关的肯定和好评。

【加强和改进警备工作】 按照“抓队伍树形象，抓建设促正规，抓履职强责任，抓创新求发展”的思路，加强和不断改进警备工作，狠抓区域性管理，严格外出军人军车纪律监督，处理军警民纠纷，打击假冒军人军车违法犯罪活动。7月28日，召开驻韶部队和公安交警部门相关领导参加的军警联席会议，传达学习上级关于做好警备工作的指示精神，部署专项整治行动，维护军队良好形象。全年共派出执勤兵力1123人次，车辆135台次，纠正外出违纪军人18人，违章车辆26台次，查扣假冒军车12台，调解军民纠纷3起，完成各项保障任务。通过加强组织领导，狠抓制度落实，严格执法监督，维护军队的纪律和声誉，促进从严治军落实，推动部队正规化建设，为维护辖区内部队稳定和社会和谐作出积极贡献。

【保密工作】 全区部队着眼当前形势任务，坚持从严治密，扭住网络安全、办公计算机管理和涉密载体管控等保密重点不放松，推进保密工作制度落实。军分区先后四次召开会议，专题研究保密档案工作情况，对新修订颁发的《中国人民解放军保密条例》进行学习，对上级通报的泄密案件，狠抓整改，举一反三，从严规范。3月底，专门组织军分区保密委员会全体成员，所属各单位保密委员会主任、主管保密工作的干部和保密员进行为期两天的业务集训，总结推广浈江区人武部的先进经验，使保密工作不断改进和加强。

【后备力量组织整顿与民兵整组点验】 年内，全市民兵整组工作，以上级关于后备力量建设一系列文件为依据，以解决国防后备力量兵员交叉重叠问题为重点，按照上级有关整组工作的指示要求，对全市民兵组织布局、结构进行调整，通过合理区分任务，规范整组程序，落实编制，基本上达到结构科学、布局合理、编组规范、一兵一职、可靠管用的要求。为确保年度民兵整组工作在基层的落实，军分区严格按照总参的要求，加强对基层民兵整组工作的检查。4月下旬，分区组成2个检查组，依据省军区制定下发的《广东省民兵组织整顿检查评定细则》，采取听汇报、查资料、开座谈会、现场抽考、点验民兵分队等形式，对全市10个县（市、区）民兵整组工作逐个进行检查，并对部分基层武装部、民兵连（营）整组情况进行抽查，及时发现和解决各单位在2011年民兵整组工作中存在的问题，促进民兵整组工作落实。

【征兵工作圆满完成】 4至8月，市征兵办组织各县（市、区）开展直招士官工作，通过宣传发动、体检政审和专业审定，最后确定××名招收对象，完成上级赋予的招收任务。2011年冬，全市征兵工作，以国务院、中央军委《二O一一年冬季征兵命令》为依据，贯彻全国、军区和省征兵工作会议精神，围绕确保兵员质量这个核心，扎实准备，周密组织，完成上级赋予的征集任务，高中以上学历兵员比例有所提高，达83%。

【后勤管理与保障工作坚强有力】 2011年1月，与市政府通过组织召开座谈会、征求意见等形式，拟制《韶关市县（市、区）人武部职工管理暂行办法》并联合下发，进一步规范军分区部队职工管理。8月，为提高后勤服务水平和后勤人员综合素质，组织全区后勤人员进行集训，增强参训人员遂行本职工作的能力，达到预期目的。8月中旬，韶关市血站用血告急，组织军分区机关及直属队、城区人武部官兵、职工共150余人，参加无偿献血活动，共献血2万毫升，为韶关市创建“双拥模范城”作出贡献。为保障广东省党管武装现场会，完成韶关市国防教育训练基地综合外训场、军分区机关公寓楼、勤务排宿舍及机关营院配套整治等工程。全年共完成土建工程9855平方米，整修旧营房4950平方米，整修道路

7960平方米，铺设各类管线2960余米，更换营具356套，种植树木2800株，满足形势下部队战备、训练、住用、文化、环境等多样需求。（李晓升）

附：领导班子成员名单

司令员：郑佳树

政治委员：李建华

副司令员：杨 克

参谋长：李汉超

政治部主任：付 勇（~2011.4）

吴楚峰（2011.4~）

后勤部长：谭柏伟

武警韶关市支队

【概况】 中国人民武装警察部队广东省总队韶关市支队（简称韶关市支队），于2005年6月由原广东省武警第三支队和原韶关市支队合编而成,为旅级单位。支队属二类支队，机关设司令部、政治部、后勤部，共15个科室，下辖7个大队,1个教导队，27个建制中队，1个卫生队。部队驻守在韶关市七县三区，主要担负看押、看守、守卫、守护、警卫、城市武装巡逻和处置突发事件等任务。支队机关设在韶关市浈江区十里亭镇乌教塘。

2011年，支队党委贯彻“主题主线”要求，围绕“走在前列、争创先进”的目标，落实总队关于“大运安保、现代化建设、执勤管理、日常工作”四线作战的指示要求，按照接力打基础、连续搞建设、规范抓落实、平稳求发展的建队思路，突出抓好党组织建设、能力建设、基层建设、作风建设和安全稳定，团结带领全体官兵完成深圳第26届世界大学生运动会安保任务和以执勤、处突、反恐为中心的各项工作，支队建设进入一个新的发展阶段。年内，被武警部队表彰为大运安保先进单位、被总队表彰为先进支队、先进党委、被广东省表彰为广东省文明单位；一大队被总队表彰为先进大队；五中队、仁化县中队被总队表彰为标兵中队；六中队、乐昌市中队、十一中队、十七中队、乳源县中队、南雄市中队、二十中队被总队表彰为先进中队。

【班子建设】 支队党委班子善谋事、能干事、会干事、干成事的局面得到巩固和深化。2011年，支队党委连续两年被总队评为“先进党委”。坚持以课题研究为牵引，提高班子成员的理性思维和工作能力。年内，班子成员撰写调研报告16篇，发表文章13篇。支队党委立说立行解决敏感问题的做法被《解放军报内参》刊载，并得到军委李继耐主任等首长的批示肯定。《阳光晒出政绩来》在《人民武警报》头版头条刊发，反映良好。支队纪委被总队推荐为“武警部队先进纪检监察集体”。处理部队建设重大事项和敏感问题，坚持发扬民主、集体研究、依法决策。围绕“和谐、融洽”的班子建设目标，形成讲党性、干事业、处感情的良好氛围。

【思想政治建设】 围绕“服务保证”作用的有效发挥，牢固树立依靠创新理论建队、运用忠诚卫士目标育人的工作理念，始终坚持思想政治工作首位首抓，促进政治工作的有效落实。11项工作经验被总队转发和推广，政治工作综合指数在总队排名第五。开展岗前培训、专项帮建和“一诺三评”活动，提高基层党委、支部书记的能力素质，基层党组织功能作用明显。3个基层党支部被总队评为“先进基层党支部”，2个群众组织机构健全、制度落实、活动经常、作用明显，支队团委被共青团广东省委表彰为“广东省五四红旗团委”，3个团支部受到总队表彰。

【中心任务完成出色】 结合国际国内安全形势大背景和韶关反恐维稳复杂态势，精心筹划中心工作，履行职责使命。采取“勤务值班室全时查、部门领导每日分片查、支队首长每周突击查、中队干部全程查、不定期组织红蓝对抗”等办法，固定勤务得到有效管控。3次协调召开“驻韶监狱联席工作会议”、“三共座谈会议”和“看守勤务研讨会议”，筹集资金240多万元治理执勤隐患18处，处置有碍目标安全事件4起，确保5大监狱、9个看守所绝对安全。全年完成临时勤务72起，搜救丹霞山失踪“驴友”行动，在中央电视台军事频道进行专题报道；处置乐昌监狱犯人骚乱事件受到总部领导的批示表扬。

【安全发展】 坚持把精细化管理作为安全发展的重要基础，提升建设的标准和层次。按照抓机关带基层、抓市区片部队带全支队的思路，狠抓条令学习贯彻和“条令学习月”活动，狠抓日常养成，开展密切内部关系专项教育整顿。始终把握“人车枪弹酒、水火电毒密、小远散直差”及自然灾害侵袭等管理工作重点，加大“两官队伍”管理教育、实地督导检查和官兵违规违纪惩处力度。突出抓好“安全预测、安全教育、安全警示、隐患治理、责任追究”五个环节，开展“我为单位安全工作献一计”金点子及安全工作格言警句征集等“群体创安”活动，做好一人一事的思想、管理和预防犯罪工作。投入60多万元整治安全隐患，制作《防范常见事故安全系列片》，指导部队开展紧急避险演练，官兵的安全防范意识、自救互救及紧急避险能力明显增强，部队安全发展的基础更加牢固，实现连续三年的安全稳定。

【抓基层打基础成效明显】 牢固树立把抓基层当日子过的思想，着力在规范“过日子”的秩序上下功夫。重点规范机关抓基层领导小组的职责与制度、蹲点调研帮建、季度考评、“双向讲评”、半年初评、年终总评等内容，定期蹲点帮扶；统一分类型评比、分层次竞争、按比例升降的“双争”评比办法。发挥大队前沿指挥所和中队战斗堡垒作用，规范大中队主官工作职责、车辆使用、经费开支等十项具体问题，支持他们有职有权开展工作。部队建设呈现出平稳、协调发展的良好态势，全支队没有明显落后的中队和党支部。

【部队精细化管理】 在依法从严治警上保持高压态势，加大管控力度，守住安全发展的底线。精细化管理理念深入人心。库室设置均达到规定标准。抓好安全教育训练，组织紧急避险演练，研究制定军事工作量化管理等五个实施细则，明确管理的标准和要求，落实“五位一体”联管责任制和驾驶员队伍选拔、培训、教育和管理，定期组织车辆安全形势分析，查找整改车辆安全隐患，确保车辆运行安全。落实“三防”、“五控”措施，组织军械物资输送，加大突击检查力度，确保枪弹安全。。

【后勤保障坚强有力】 着眼“保中心、保生活、保基层”，不断加强后勤规范化管理，为完成以执勤为中心的各项任务提供有力的保障。制定完善《地方保障性经费管理规定》等财务管理制度并狠抓贯彻落实，确保资金管理安全、使用高效。结合担负任务实际，储备足额物资器材，抓好专业训练，建立健全联动保障机制。督导基层合理制定食谱，改进营养结构编成，从源头上把住饮食安全关和质量关。做好官兵服装发放和调换工作，服装适体率达到100%。支队被装管理经验被总队推广，军需仓库被总部评为“先进队属仓库”。加大心理服务工作力度，坚持医疗巡诊，顺利移交伤病员，有效缓解基层工作压力。稳步推进新支队部、干部公寓楼、基层营房、营区绿化美化等大项工程建设。

【完成大运安保任务】 7月20日至8月27日，支队派出官兵，担负深圳第26届世界大学生夏季运动会安全保卫任务，全体执勤官兵牢记职责，不辱使命，发扬“特别能吃苦、特别能奉献、特别能战斗、特别守纪律”的大运安保战斗精神，全体官兵坚持“依法、理性、文明、平和、规范”的执勤理念，确保大运村和龙岗体育中心安保任务万无一失，展示韶关武警威武之师、文明之师、胜利之师的良好形象，高标准实现武警部队提出的“三个确保、一个展示”的目标，支队被总部评为“大运安保先进单位”，二大队六中队荣立集体二等功，46名官兵被通令表彰。

【成功处置乐昌监狱犯人骚乱事件】 5月31日，乐昌监狱十一监区发生250名犯人起哄闹事冲击监区大门事件。负责看押乐昌监狱的六中队迅速按照预案展开行动，同时七中队、乐昌中队按兵力抽组方案迅速到位增援。9时50分，支队前指到达乐昌监狱，立即与监狱领导沟通协调。经了解，9时00分，乐昌监狱第十一监区因2名犯人违纪，监区组织其他犯人进行教育时，引起约250名犯人集体起哄，并击打门窗，最后演变成强行冲击，企图冲出监区大门事件。支队前指立即果断处置。在武装震慑和宣传劝导下，事件得到平息。

【成功搜救丹霞山失踪“驴友”】 5月1日中午13时30分，韶关支队作战值班室接到市公安局紧急通报，3名外地“驴友”在丹霞山未开发区失踪。接到救援请求后，支队长郑烨立即组织部队进行搜救部署，政委侯德祺连夜赶赴丹霞山风景区，亲临一线，组织指挥。第7大队大队长阳智林、教导员刘翠同，仁化县中队长黄兵率领11名官兵第一时间奔赴事发地域，展开搜救行动。

经过24小时连续搜救，2日13时45分，支队官兵将3名失踪驴友安全带回。在此次搜救中，官兵们发扬特别能吃苦、特别能战斗的大无畏精神，克服原始林区夜间低温、照明受限等困难，无一人因伤痛、寒冷、疲劳退出搜救任务，表现出顽强的战斗精神和过硬的优良作风。

【圆满完成2011年广东国际旅游文化节安全保卫任务】 11月5日至8日，2011年广东国际旅游文化节在韶关盛大开幕。支队派出500名官兵担负旅游文化节安全保卫任务和开幕式三个重要文艺节目的表演任务。针对此次安全保卫任务嘉宾多、级别高、用兵量大等实际，支队精心部署，认真筹划，明确分工，落实责任。各任务分队结合实际开展形势任务教育，挑选执勤人员，做好各项准备工作。通过周密部署、科学组织，支队参勤官兵以一流的执勤标准、一流的战斗作风、一流的精神风貌，履行职责，完成任务，展现武警部队的良好形象，受到各级领导、国际友人和人民群众的一致好评。

【见义勇为的好士官黄谭纲】 7月20日上午，勤务汽车中队士官黄谭钢从市区十里亭大道建设银行给家里汇钱，准备乘车返回部队，发现两名中年男子正抱住一名中年女子进行抢劫。黄谭钢二话没说，一个箭步就冲过去。将其中一名歹徒扑倒，将其手反折过来按倒在地。接到报警后的十里亭派出所民警迅速赶到现场，将被黄谭钢摁倒在地的歹徒押送到派出所接受审讯，并将抢得的金手链物归原主。11月，黄谭钢当选为2011年“感动韶关十佳道德模范”。

【驻韶关监狱联席工作会议】 7月28日，韶关支队组织驻韶五大监狱召开“三共”活动座谈会。与会人员观看支队制作的关于监管执勤设施建设标准和当前执勤设施建设存在的隐患的录像片。回顾总结近年来武警支队和驻韶关五大监狱开展“三共”活动情况，并就下一步如何抓好贯彻落实讲四项具体工作。驻韶五大监狱监狱长在发言中表示，要继续延伸和拓展“三共”活动，军警共铸监管安全铜墙铁壁。通过开展“三共”活动座谈会，进一步增进了解，密切友情，在“共建、共管、共保安全”上达成共识。

【全面推进现代化建设】 为推进支队现代化建设，针对支队建设底子薄、基础差、基层单位多、建设经费保障难等实际，支队创造性地研究确立“三年规划、阶段推进，先易后难、县区先行，软硬同上、建一成一”的韶关特色建设思路。协调韶关市委市政府、目标单位多方筹措资金，共投入770余万元，推进并完成17个中队19个点的现代化建设。同步绿化美化营区、布置政治环境、规范库室场建设、完善执勤设施、抓好“四防一体化”建设，基层面貌焕然一新。

（万金波）

附：领导班子成员名单

支队长：郑　烨
政治委员：侯德祺
副支队长：林卫东　曹文平
副政治委员：陈志光、陈荫洲
参谋长：彭朝晖
政治部主任：李进平
后勤部部长：苏建成

武警韶关市消防支队

【概况】 武警韶关市消防支队，又称韶关市公安消防支队，成立于1987年1月1日，位于韶关市武江区工业东路23号，1992年9月加称韶关市公安消防局，下设司令部、政治处、后勤处、防火处4个部门，辖10个大队、13个中队。此外，全市有政府专职消防队4个、企业专职消防队10个，承担着韶关市防火、灭火和应急救援任务。

2011年，韶关市公安消防部队坚持以胡锦涛总书记“三句话”总要求为统领，瞄准“平安大运”目标，以构筑“防火墙”工程为抓手，以深化“五大”活动和“清剿火患”战役、打造现代化公安消防铁军为着力点，攻坚克难，破解发展瓶颈，完成各项工作任务，实现“十二五”良好开局，全市共接警出动3117起，出动消防车5798辆次，消防官兵32996人次，抢救被困人员409人，疏散人员3625人，抢救财产价值11.89亿元。出色完成仁化“5·1”丹霞山抢险救援、曲江“5·26”高架桥坍塌救援、曲江“6·24”高层火灾救援等急难险重任务，发挥主力军作用，得到各级党委、政府和公安机关的肯定，赢得群众的赞誉。年内，支队先后获得先进支队党委、“三争优”先进支队、“五无”先进支队、全国安全工作先进支队等通令表彰，支队军政主官评为“军政一对好主官”。在全省铁军挑战赛中，名列团体总分第六名；在全省“清剿火患”战役第一、二、三阶段均列综合排名第一，支队被部局评为“全国火灾隐患排查整治工作突出支队”；支队被市委、市政府评为“五五”普法先进集体、行风评议群众满意单位、无偿献血工作先进单位；3个大队被评为“拥政爱民工作先进单位”，3个基层单位被评为“省级青年文明号”；3个中队荣立集体三等功，1人荣立个人二等功，48人次荣立个人三等功。

【党委班子坚强有力】 2011年度，支队工作目标责任书的攻坚目标全部完成，支队被评为“全国安全管理先进支队”。坚持提升“领导班子科学发展能力”。一是强化学习，把握大局方向。支队党委秉承“学习就是素质，学习就是责任，学习就是进步”的理念，制定业务学习制度，组织专题学习、辅导授课、主题实践活动20多次，班子成员政治上更加成熟、立场上更加坚定、思想上更加清醒。二是团结协作，科学谋划决策。坚持以事业凝聚“一班人”，以制度规范“一班人”，正确处理团结和原则的关系，形成团结协作的良好局面。班子成员都坚持走在前列、争当榜样，鼓舞士气，使得基层建设全面推进、各项重点工作圆满完成。三是真抓实干，推动部队发展。坚持决策部署与跟踪问效相结合、面上指导与点上帮扶相结合，把班子的精力集中到干实事、求实效上来。实行“双推双考”，践行“三靠两信”，公开选拔营职以下领导干部，激发官兵活力，推动部队建设纵深发展。

【政治建警推陈出新】 承办完成总队基层党组织规范化乳源试点工作，首次举办“把一切献给党”庆祝建党90周年大型文艺晚会并选派优秀节目参加总队汇演，获二等奖及优秀组织奖。开展“警示教育”、“巡视大走访”、“坚定理想信念、忠诚履行职责使命”、“纪律教育学习月”等主题教育活动，邀请市党校教授为官兵讲解案例、法规，组织官兵参观廉政教育基地、观看警示教育片，从思想源头上筑牢拒腐防变防线；组织廉政法纪知识竞赛以及网上考试，开展以监督执法和财务管理为重点的党风廉政专项巡视活动，全市未发生违法违纪案件。落实从优待警，制订探亲休假计划，分批组织官兵休假。定期召开分析会，开展谈心活动，邀请心理专家进行心理健康疏导，确保官兵身心健康；党委成员带头走访慰问受灾官兵、离退休老干部和家庭困难官兵，发放慰问金和慰问品；提高官兵福利补助和住房公积金基数；落实官兵年度体检制度，建立官兵健康档案，购买意外伤亡保险；帮助协调解决转业干部就业问题。开办战士考学补习班，1人考上军校。2011年，共有3个中队荣立集体三等功，2人荣立个人二等功，48人次荣立个人三等功。

【打造铁军卓有成效】 2011年，全省铁军挑战赛支队代表队获团体总分第六名；1名战士代表总队参加香港消防运动会，获得一枚个人项目金牌；2名官兵代表总队参加全省公安系统运动会，获得个人项目1个第一，1个第三。以提升部队正规化水平和灭火救援战斗力为着力点，打造消防铁军、加强综合应急救援队伍建设以及信息化建设，部队战斗力稳步提升。开展“五无”创建活动、“安全管理百日会战”等专项工作，确保部队安全稳定。开展作战编程规范化建设，承办韶清战区灭火救援攻坚组集训，举办攻坚组复训、冲锋舟驾驶及救援、预提班长骨干等培训班。落实“月演练、月会操”制度，推动攻坚组训练常态化。推动市政府制定印发《应急救援队伍建设管理办法》，将应急救援队伍建设纳入“十二五”规划，实现与当地经济社会同步发展。完成消防车辆辅助作战终端安装，规范视频会议系统、PDA使用、对讲机频率，推广危险化学品事故应急救援决策支持系统和基层中队信息应用平台，建设支队到各大中队的备用光纤，对部队战斗力生成进行编成，基本实现实战信息化。

【火灾防控成效凸显】 推进消防安全“五大”活动和“清剿火患”战役，在第一阶段全省“清剿火患”战役综合排名第一，11月被总队推荐部局参评“先进支队”，实现深圳大运会、广东国际旅游文化节消防安保“零差错”目标，全年没有发生群死群伤恶性火灾事故。全市火灾四项指数同比上年，分别下降28.57%、57.14%、100%、83.29%。一是树立“公共消防”理念，推进消防工作社会化。市政府与各县(市、区)政府签订消防工作目标责任书，5次召开专题会议研究部署消防工作，专门划拨242万元新建200个市政消火栓，全市28个中心镇全部完成消防规划编制。建立政府监察、效能追责，责任社会化的督导机制，启动行业自律机制，出台各行业消防安全管理规定，推行镇、村、街道、社区火灾隐患“网格化”排查整治，全市174个社区、642个行政村、145个公安派出所联动排查，确保无盲区。二是提高“服务社会”能力，推进消防执法规范化。创新学习模式，实行执法责任制，推出便民利民措施，深化应用消防监督管理服务“六个e网”，对各类备案抽查工程实行网上申报、网上受理一站式服务；对各类行政许可事项审批时间一律提速30%；对企业提供无偿、服务性消防技术指导；对国家、省、市重点项目设置“消防绿色通道”，优先受理、优先审批。执法服务质量和水平不断提升。2011年，被市行政服务中心评为“文明服务窗口”，被市委、市政府评为“五五”普法先进集体。三是瞄准“平安韶关”目标，提高社会火灾防控水平。以“五大活动”、“清剿火患”战役为主线，先后开展社会单位“四个能力”建设、火灾隐患重点地区整治、派出所消防监督工作、建筑消防设施、消防产品整治等工作，通过铁腕整治抓防控，消防环境综合治理、持续优化，火灾形势持续稳定。“清剿火患”战役成绩走在全省前列，11月被评为“全国火灾隐患排查整治工作突出支队”。四是构建“立体化”宣传，提升全民消防素质。以《全民消防安全教育纲要》为重点，加大宣传教育力度，在全市开展“全方位、多层次、立体式”宣传活动。加强与中央、省、市三级媒体的沟通联系，建立主流媒体（“一报一网两台”）、公益广告、手机短信、消防展厅、官方微博五大宣传主阵地，组织“119”消防宣传月活动，掀起消防宣传新高潮。

【后勤保障更加有力】 全市各项经费总量突破5000万元；新增执勤消防车25辆，行政业务用车11台，消防装备9525件(套)。区域性战勤保障中心建成；省政府特批400万元用于综合应急救援培训基地建设；新增消防队站建设用地4.2公顷。支队党委抓住消防职能拓展、应急救援体系建设、各项重点工作开展的有利时机，加强请示汇报和沟通协调，逐步建立政府主导、相关部门配合的消防经费保障长效机制。支队党委推动各级政府加强消防装备经费的投入，市政府落实装备经费1040万元，全市10个县级政府落实扶贫装备配套款2410万元。新增执勤消防车25辆，行政业务用车11辆，消防装备整体实力取得重大突破。新消防指挥中心建设已纳入《韶关市国民经济和社会发展第十二个五年规划纲要》的民生保障工程；投资1000万元的区域性战勤保障中心建成，争取到省政府特批400万元，扶持应急救援训练基地建设。 （邓高华）

附：领导班子成员名单

支队长：袁奕之

政治委员：王荣初

副支队长：林翰仕　彭河东

副政治委员：曹明飞

参谋长：何焕青

政治处主任：贺　勇

后勤处长：李代友

防火处长：罗民军

人民防空

【概况】 韶关市人民防空办公室是市国防动员委员会的常设机构，也是市政府人民防空工作主管部门。内设人事监察科、计划工程科、指挥通信科、法规宣传科，下设信息指挥保障中心和人防开发中心。2011年，韶关市人防办学习贯彻第六次全国人民防空会议、全省人民防空工作会议精神，围绕《广东省人民防空2011年工作要点》和广东省人防办江泓主任提出着力打好“四场硬仗”，提升“五种能力”，落实“三个坚持”的要求，以加强人防指挥体系建设和深化人防法治建设为重点，推进人民防空建设与经济建设融合发展。

【信息指挥保障建设】 4月14日至15日，在韶关市召开有广州、佛山、肇庆、清远等市人防部门参加的第一防护区域第5次协调会，会议对编制修改的《广东省第一防护区域人民防空行动协同计划》进行讨论研究和完善，完成“协同计划”的编制工作并上报省人防办；韶关市人防机动指挥所建设项目通过广东省人防办专家组的验收，并且在5月27日，根据韶关市四套班子领导和韶关军分区领导召开“议军会”的安排，韶关市人防办使用人防机动指挥所和地面应急指挥中心指挥通信系统向与会领导进行互联互通演示，展示韶关市人防指挥通信建设的最新成果，受到市委书记、市人大常委会主任郑振涛等市领导和军分区首长的肯定；为贯彻落实省人防办关于进一步完善群众防空组织、优化人防专业队伍结构的要求，在原有人防专业队伍的基础上，组建以高新技术人才为主体的信息防护、伪装设障及引偏诱爆、心理疏导、综合救援等特种专业队伍和人防志愿者专业队伍。7月5日至8日，组织指挥通信科、人防指挥信息保障中心人员参加在江门市进行的全省人防机动指挥所野外拉练。同时，韶关市人防办坚持每月组织2次指挥通信人员综合训练，不断提高业务技能。8月18日至19日举办一期全市人防工程报建规范程序及防空警报业务培训班，邀请湖南大学教授和有关专家授课，重点培训人防工程报建审批工作规程、新型电声警报器操作使用及日常维护等业务知识；结合广东省“粤盾—2011”演习，组织各防空警报点单位人员对警报设施进行维护保养和检测，确保警报设备完好率达到100%，并经市国防动员委员会和市人民政府批准，9月18日，完成2011年韶关市区防空警报试鸣活动，同时在韶关市人防教育基地组织800多名学生进行疏散演练，提高学生防空防灾技能；落实广东省无线电管理委员会、广东省人防办在韶关市召开通信警报设备使用情况调研座谈会精神，对现有电台、防空警报器使用的频率进行自查，对超范围使用频率的设备进行整改，完成韶关市区防空警报点的坐标方位测试，为申报电台营业执照做好准备；做好电台战备值班和视频会议联络工作，遵守战备值班制度，按时进行通信联络，年内及时准确接收数传文件11份，发送数传文件17份，开通视频会议系统联络40次，确保系统运转正常；帮助韶关市各县（市、区）安装15台电声警报器，实现全市各县（市、区）都有电声警报器的目标；指导乐昌市、南雄市、乳源瑶族自治县开展防空警报试鸣暨中学生防空袭疏散演练。

【人防工程建设】 2011年，人防工程建设落实人防工程建设规划，促进人防建设与经济社会发展和城市建设相融合。落实“结合民用建筑修建防空地下室”政策，并规范程序，做到“以建为主、以收促建、应建尽建、应收尽收”；人防行政审批项目全部进入市行政服务中心，坚持“一个口子办事、一站式审批、一条龙服务”；在行政许可上落实便民措施和服务承诺，按规定时限完成报建工作，办理人防行政审批项目，新报建防空地下室，多个防空地下室竣工；加强对韶关市地下空间的开发利用，发挥人防部门作为城市地下空间开发利用的主要参与者和重要管理者的作用；韶关市人防办先后派员到武汉、长沙、东莞、深圳等市学习考察当地在城市地下空间开发利用的先进经验，对韶关市解放路地下人防工程开发项目做大量的前期准备工作，牵头组织召开有关单位参加的协调会，委托资质单位进行方案设计，为韶关市今后地下空间开发建设提供科学依据；根据广东省人防办关于推行人防工程挂牌管理制度的要求，韶关市人防办对市区的防空地下室统一制作、安装人防工程标识牌，规范对防空地下室的管理、维护工作；在韶关市西联芙蓉新城建设、武广铁路快线韶关火车站建设、组织珠三角产业和劳动力“双转移”等工作中，继续突出抓好重要目标、民用建筑和地下空间开发等兼顾防空要求的落实，提高城市整体综合防护水平；人防工程建设执行国家规定的防护标准和质量标准，严格工程审批、设计审查、施工监理、质量监督和竣工验收管理；人防工程维护管理，按照“谁使用，谁维护”的原则，落实防火、防汛、防盗、消防等安全措施，确保人防工程完好率在95%以上；县（市、区）结合民用建筑修建防空地下室建设逐步开展。

【人防法规宣传】 为纪念中国共产党成立90周年暨新中国人民防空创立61周年，市人防办与市体育局联合举办韶关市第二届“人民防空杯”男子篮球赛，共有机关、部队、企事业单位、大专院校等16支队伍参赛，市人大常委会副主任林平杰，韶关军分区副司令员杨克等领导出席颁奖仪式；出版发行10期《韶关人防信息》和人防宣传栏，向《中国人民防空》、《广东人防》、《韶关日报》、韶关电视台、韶关电台等杂志、新闻媒体投稿40篇，用稿18篇；协助韶关电视台、电台、报社三家新闻媒体做好全市人防工作会议的宣传报道工作；制定《韶关市人民防空建设“十二五”法治规划》，上报省人防办；开展市区中学生“三防”知识教育，保持100%的普及率，2011年市区中学初中二年级开展人防知识教育的学校发展到24所，189个教学班，全年受教育的中学生达到9500多人；为进一步推进全市县级结合民用建筑修建防空地下室工作的开展，10月14日至21日，市人防办与市财政局、市物价局联合组成人防专项执法检查组，深入到各县（市、区）开展人防专项执法检查，通过检查，提高各县（市、区）对人防结合民用建筑修建防空地下室工作的认识，规范县级人防工程报建程序，完善县级人防易地建设费的管理使用规定，促进县级人防工作的快速发展；4月26日至27日，在珠海召开的全省人防法制工作会议，韶关市人防办副主任刘再辉代表韶关市人防办作题为《夯实依法行政基础，努力提升依法行政水平》的发言，介绍韶关市人防办在人防依法行政工作方面的先进经验，得到与会人员的一致好评。

【平战结合】 根据2011年全省人防工作要点关于“更加突出平战结合，加快推进人防建设市场化转型”的要求，开展人防平战结合工作。加强对火车站地下商场的管理，通过落实消防安全管理制度，筹措资金30多万元用于消防整改，确保商场消防安全无事故；加强对地下商场机电、空调设备的维护和保养工作，使机电设备始终处于良好、安全的工作状态，保障商场正常营业；督促潮州菜馆、帽峰美食广场等餐饮单位做好食品卫生安全工作，遵守食品卫生安全管理规定，确保无发生食品安全事故，为韶关市开展创建国家文明城市工作作出积极贡献，全年平战结合收入82万元。实现人防工程战备效益、社会效益、经济效益的和谐统一。

【机关“准军事化”建设】 2011年，按照“准军事化”标准和省人防办制定的“人防工作目标管理考核标准”，结合开展纪律教育学习月活动，把加强领导班子和干部队伍的党风廉政建设作为推进人防机关“准军事化”建设向纵深发展的主要内容，创建学习型、服务型、效率型、创新型、廉洁型、和谐型机关，突出抓政治理论学习，思想教育、作风建设和效能建设，强化政治意识、纪律意识、责任意识，树立“一切权力属于人民，一切权力服务于人民”的正确权力观；加强人防各项业务培训和实战演练，激发全办干部职工干事创业的热情，提高履职能力，在广东省人防办组织的达标考核评比中，获得连续11年一等奖的好成绩。2011年3月，韶关市被广东省国防动员委员会评为“全省人民防空先进城市”；2011年10月，被广州军区国防动员委员会评为“广州军区人民防空先进城市”。

（刘再辉　徐海星　卢普宇）

附：领导班子成员名单

主　任：赵明玉

副主任：谢开樟 赖顺桃
　　　　刘再辉

纪检组长：张力军

政　法

综　述

【概况】 政法委主要职能：按照市委的部署，统一政法各部门的思想和行动；协调指导全市维护社会稳定工作；组织、协调全市社会综合治理工作，推动各项措施的落实。同时，监督和支持政法各部门依法行使职权，指导和协调政法各部门涉法涉诉工作，督促、推动大案要案的查处工作，研究讨论协调有争议的重大、疑难案件；组织推动政法战线的调查研究工作，总结新经验，解决新问题，推进司法改革。2011年，市委政法委机关行政编制25名，后勤服务人员事业编制3名，机关总编制28名。内设机构：市委政法委员会、市社会治安综合治理办公室、市委专项办公室、市禁毒办公室合署办公；下设7个职能处科（室）：政治处、办公室、执法督查室、维稳工作科、社会治安综合治理科、专项办调研指导科和综合业务科。

2011年，全市各级政法机关围绕全国政法工作会议提出的坚持不懈地抓好深入推进社会矛盾化解、社会管理创新、公正廉洁执法三项重点工作，按照省委政法委的部署，结合韶关实际，抓好政法和综治维稳以及大运会、2011年广东国际旅游文化节安保等各项工作的落实，维护社会大局的稳定，为建设幸福美好韶关作出努力和贡献。

深圳大运会、2011年广东国际旅游文化节的举办是对韶关安保工作的一次实战检验和考验，在政法机关和各政法部门的共同努力下，两个大型活动圆满举行。全市确保“平安大运”的工作，得到省委政法委和市委、市政府领导高度肯定，市委政法委荣获省委政法委评定的大运安保工作一等奖。国际旅游文化节实现市委、市政府提出的“四个不发生”目标。旅游文化节圆满举办，中共中央政治局委员、广东省委书记汪洋给予“非常满意”评价；省委副书记、省长朱小丹也给予充分肯定。同时，得到市委书记郑振涛高度评价。

【启动社会稳定风险评估机制】 2011年，各地各部门共对68项重要事项进行社会稳定风险评估，其中，同意实施项目43项，暂缓实施项目17项，不实施项目8项，从源头上预防影响社会稳定问题的发生。全市未发生重特大规模群体性事件。

【维护社会政治稳定】 全市专项办系统和省国家安全厅驻韶工作组以及公安部门，确保敏感期和重大活动举办期间的平安稳定，大运会开幕日，抓获散发影响社会稳定的宣传品人员1名。通过抓教育转化和回访帮教工作，全市未转化人员和不稳定人员减少，实现确定的工作目标，工作走在全省的前列。全市发生各种有害活动案件和非法事件均比上年同期下降30%以上。

【推进禁毒工作】 利用禁毒宣传车播放电视片、张挂宣传图片、发放宣传资料，入校园、进社区、走镇村开展禁毒宣传教育活动。同时，对娱乐场所及其他公共服务场所涉毒问题开展专项行动，取缔无证照涉毒娱乐场所6间，依法责令涉毒娱乐场所停业整顿11间。行政拘留吸毒人员1214人，强制隔离戒毒421人。共破获毒品案件146宗，抓获毒品犯罪嫌疑人217人，查获各类毒品108公斤。社区戒毒（康复）试点工作已在武江区惠民街道办举行挂牌仪式，开创韶关禁毒工作的新起点。

【创新综治维稳三级平台工作】 以不断完善三级平台建设为抓手，着力夯实综治维稳基础，明确镇街综治办专职副主任（兼中心专职副主任）进入新一届乡镇（街道）党委班子。这一做法受到省委常委、政法委书记梁伟发充分肯定，并批示向全省推广。市综治办与市信访局、司法局出台《韶关市县镇两级综治信访维稳中心社会矛盾化解工作考核办法》，利用综治信访维稳平台，化解社会矛盾纠纷，解决群众合理诉求，维护社会和谐稳定。全市县镇村综治信访维稳三级平台共排查出矛盾纠纷 7537 宗，成功调处 7197 宗，调解成功率达 95.5%。通过总结综治信访维稳中心三级平台建设及工作情况，全市推荐出一批优秀县、镇中心（诉前联调工作室）、优秀中心主任、优秀督导员、优秀调解案例，经省综治委考察评比，全市 20 个优秀集体、个人，4 个优秀调解案例受到表彰，数量列全省第六。

【全面开展诉前联调工作】 3 月，召开全市法院诉前联调（对拟进入诉讼程序的民事纠纷先行联合调解）工作会议，部署诉前联调工作。各县（市、区）均已建立诉前联调工作室，工作开展情况良好。年内，共受理诉前联调案件 984 宗，成功调解 964 宗，调解成功率为 97.9%，自动履约率为 99.8%。

【建立交通事故巡回法庭】 7 月，召开全市道路交通事故案件诉调衔接工作推进会，推广南雄市公安局与人民法院成立交通事故巡回法庭调解交通事故案件 343 起，且无上访上诉的经验做法。年内，全市各县（市、区）已全部建立交通事故巡回法庭，在调解交通事故中发挥重要作用，取得良好的社会和经济效果。

【开展“红袖章”活动】 年初，在浈江区开展治安联防试点工作，组建由环卫工人、退休人员、下岗职工为主的“红袖章”治安巡防队开展义务巡逻，维护社会治安。7 月，召开全市“红袖章”活动现场会，推广“红袖章”做法。全市各县（市、区）都建立“红袖章”巡防队，有“红袖章”义务巡防队员 6334 名，参与巡逻 23694 人次，参与安全防控宣传 856 人次，共向公安机关提供线索 364 条，协助抓获违法犯罪嫌疑人 83 名，破获刑事案件 31 起，治安案件 40 起，排查矛盾纠纷 284 起，取得明显效果。“红袖章”做法被人民网“加强和创新社会管理”案例征集专栏选用刊登。

【加强社会治安防控体系建设】 2011 年下发《韶关市加强社会治安防控体系建设的实施意见》，实现“全时空动态管控”，提升社会管控和打防犯罪能力。始兴县率先在乡镇一级建立视频监控系统，该县顿岗镇还依托视频监控系统，在派出所内建立“农村公安基础信息管理平台”，整合治安信息，实施有效管理，受到梁伟发的肯定和好评。仁化、翁源、始兴等县利用中国电信推出的农村电话平安联防的资源，建立联动机制，一户有事，邻居相助，是群防群治工作的新形式、新亮点。

【建立市见义勇为协会】 根据韶关实际情况，市委政法委主动争取省见义勇为基金会支持和帮助，于 7 月建立市见义勇为协会，及时对武警战士黄谭钢等见义勇为人员进行奖励慰问，营造良好的社会风气。

【开展涉法涉诉案件工作】 加大涉法涉诉案件清理力度，开展案件评查活动，落实错案追究责任。健全完善刑事被害人救助、涉法涉诉信访救助、执行救助工作机制。经市委、市政府批准，建立韶关市司法救助基金，每年统筹安排资金 100 万元对口实施司法救助，为解决群众的实际困难，为维护社会和谐稳定创造有利条件。2011 年，全市评查案件 1117 宗，评查率 101.55%，优秀率 54.52%，瑕疵案件 40 宗。已化解进京访积案 28 宗，化解率达到 100%；84 宗非进京访积案，也已化解 81 宗，息诉率为 96.43%。此外，中央交办 24 宗案件已息诉罢访 18 宗；另协调案件 9 宗；转办案件 46 宗；督办案件 10 宗；接待群众来访 73 人（次），取得良好的社会效果。

【加强政法队伍建设工作】 按照中央和省委政法委部署，市政法系统开展“发扬传统、坚定信念、执法为民”主题教育实践活动，组织政法干警参加烈士何勇、郑华武、付少云骨灰安放仪式，参观省委机关旧址和北伐纪念馆，开展红色之旅体验，唱红色经典歌曲，观看《中央政法机关光荣传统教育报告会》等主题教育专题录像片，对政法干警进行爱国主义、革命传统教育，帮助广大干警从思想上解决为什么入党、为什么从警、为什么奋斗和为谁掌权、为谁执法、为谁服务的问题，使政法干警始终保持忠于党、忠于国家、忠于人民、忠于法律的政治本色。同时，通过组织政法干警到市检察院预防职务犯罪教育基地进行反腐倡廉和纪律教育学习月活动，增强党性观念、宗旨意识、纪律意识及廉洁意识，夯实廉洁从政的道德基础，筑牢拒腐防变思想防线，树立良好的党风、政风，并形成公正廉洁执法的长效机制。

（张国华）

附：领导班子成员名单

书　记：赖日先　(~2011.12)

　　　　张志才　(2011.12~)

副书记、市综治办主任：梁　锋

副书记、市委专项办主任：

　　黄东太

副书记、纪检组组长：霍志武

副书记（挂职）：刘国昌

政治处主任：刘育泉

市委专项办副主任：吴文丽

市综治办副主任：肖建鸿

公　安

【概况】 韶关市公安局位于武江区西联百旺大道1号，是市政府主管全市公安工作的职能机构。2011年，全市共有10个县级公安机关、1个行业分局（森林分局），公安民警4411名，约占全市总人口的万分之十三点三，市公安局下设二级部门33个（含浈江、武江分局），共有民警1917名（含浈江、武江、松山分局）。

2011年，全市公安机关围绕建设“幸福美好韶关”的目标，以深化“三项重点工作”和加强“三项建设”为抓手，全力以赴做好各项维稳工作，有力地维护全市社会稳定。

【维护稳定】 加强情报信息工作，开展社会稳定风险评估，围绕“两会”、大运会、国际旅游文化节等重大活动，排查、研判各类情报信息。做好矛盾纠纷调处化解，及时办理涉警信访。强化对敌斗争，推进反恐工作，落实重点要害单位安全防护措施，开展反恐处突实战演练，提高应急处突水平。

【重大活动安保】 开展“创平安、迎大运”专项行动，完善与周边地市的维稳综治工作交流协作机制，继续启用3个环粤安保圈公安检查站，构筑大运环粤“护城河”工程，保持“大运会”期间韶关社会稳定。认真做好2011年国际旅游文化节安保工作。建立总指挥部、前线指挥部、现场指挥部三级指挥体系，全警动员、全力以赴，共出动公安民警、武警、消防官兵1万多人次，完成2011年广东国际旅游文化节活动现场、嘉宾住地、巡游巡演线路安保及要人警卫等安保任务，全市没有发生针对旅游文化节的破坏活动，没有发生影响社会政治稳定的事件，没有发生爆炸、枪击、火灾、群死群伤事故和其他重大治安问题，没有发生重大恶性刑事案件，没有发生严重交通事故，实现“安全、顺利、和谐、有序”的目标。做好各项安保警卫工作，完成各项警卫任务34批次。

【专项斗争】 开展“粤安11”、“平安大运”、打击“两抢一盗”、“断源”、网上追逃专项督察“清网行动”、破案冲刺等专项行动，取得显著战果。全市刑事案件破案数同比上升5.9%，命案现案破案率为93.2%。不间断地开展打击“两抢一盗”专项行动，破获“两抢一盗”案件4437宗，抓获盗抢犯罪涉案人员1176名。打击黑恶势力犯罪，破涉黑涉恶案件28宗，打掉黑恶势力团伙9个。在“清网行动”中，共劝投和抓获网上在逃人员441名，排名全省第11位。

【维护经济秩序】 开展打击银行卡犯罪“天网—2011”和打击整治假发票犯罪专项行动，破获经济案件113宗，挽回损失1700多万元。开展“亮剑”行动，立涉假案件67宗，破获63宗，得到全国“双打办”的肯定。开展“打四黑除四害”（打击整治制售有毒有害和假冒伪劣食品药品的“黑作坊”、制售假冒伪劣生产生活资料的“黑工厂”、收赃销赃的“黑市场”、涉黄涉赌涉毒的“黑窝点”，依法严惩一批组织经营“四黑”，严重危害人民群众生命健康、严重危害青少年身心健康、严重危害百姓财产安全、严重危害公共安全和社会诚信的违法犯罪分子）专项斗争，查破“四黑”案件815起，捣毁“黑源头”36个。

【社会治安整治】 整治各类治安问题，全市共查处治安案件14546起，同比下降7.8%。强化重点地区治安整治，全市选定10个镇和乳源瑶族自治县作为治安重点地区进行整治。开展校园周边秩序整治，发现整改治安隐患597处。集中整治突出治安问题，开展治爆缉枪、扫除“黄赌毒”、清查娱乐服务场所涉毒涉黄活动等专项整治行动，取得良好效果。

【治安防控网络建设】 继续实

行"网格化"防控管理模式，全市"红袖章"队伍人数达6300多名。加强基层维稳工作，主动融入、参与镇街综治信访维稳中心三级平台工作，开展道路交通事故案件诉前联调工作，市区和各县（市）都建立交通事故巡回法庭，化解矛盾纠纷。强化监所安全管理，开展"两防一退"（防止发生非正常死亡、防止发生安全事故，退出舆论关注点）工作，没有发生在押人员非正常死亡事件和其他重大事故。

【信息化建设】 加强公安科技装备建设，充实基层一线民警执法执勤和防护装备，建立无线数字集群通信网络，完成办公自动化系统接口改造及电子印章系统建设，实现省市办公自动化系统的互联互通，提升工作效率，公安机关信息科技应用水平不断提高。加强互联网监管，提升虚拟社会管控水平。实行农村警务信息化管理，提升农村治安防范水平。始兴县"顿岗农村公安基础信息管理平台"获得2010年度韶关市科技进步二等奖。开展信息化应用培训考核，将信息化应用与评先评优挂钩，组织民警参加信息化应用培训、考核、竞赛，共举办信息化应用培训班34批次，培训民警3600多人次。

【道路交通安全管理】 推进道路交通秩序综合整治，开展客运车辆"双超"、酒驾醉驾、"三超一疲劳"、超标电动车等专项整治行动，保障交通安全畅通。年内发生交通事故340起、同比下降7.9%，死亡人数同比下降3.2%，受伤人数同比下降11.4%。开展危险路段排查治理，确定2处省级督办、22处市（县）级督办路段进行治理。及时调整机动车登记注册业务流程，共受理驾驶证申领业务4.6万多宗，办理机动车登记业务1.1万多宗。

【消防安全管理】 开展"清剿火患"战役，深化"五大活动"（矛盾纠纷大排查、重点部位大清查、危爆物品大收缴、社会安全大检查、组织社会大巡控），开展火灾隐患重点地区整治、派出所消防监督工作、建筑消防设施、消防产品整治等工作，消除火灾隐患。全市共发生火灾事故47起，同比下降31.9%；死亡3人，同比下降57.1%。在全省"清剿火患"战役第一阶段中，市消防支队获得消防监督执法综合排名第一、战役宣传综合排名第二的好成绩。以《全民消防安全教育纲要》为重点，建立主流媒体（"一报一网两台"）、公益广告、手机短信、消防展厅、官方微博五大宣传主阵地，组织"119"消防宣传月活动，提高群众消防安全意识。

【户政管理】 开展全国人口基本信息资源库"同名同号"人口清理核对工作，推广应用新版常住人口信息系统，继续做好居住证的宣传推广工作，试点开展流动人口自助申报系统应用，加强流动人口和出租屋管理。全年共登记流动人口3.73万人次，受理居住证申请3.16万张，实际制作居住证3.18万张，任务完成率为106.13%。做好全省户口登记管理专项清理整治工作，规范户政审批和户籍资料的收集、保管、存档工作，按有关规定办理户口审批业务，共受理、审批入户申请材料3.73万份，办理出生入户1.3万人、迁入入户1.73万人、其他7065人。变更、更正户口项目审批6371份，发放二代证17.33万张。

【出入境管理】 受理审批出入境证件工作，执行受理审批政策，严把受理审批关。推行网上申请、电话申请、短信申请、双向速递、自助申请等便捷电子政务申请方式，在全市出入境管理部门办证大厅内推广自助申请机，市局、翁源县、乳源瑶族自治县、曲江区出入境办证大厅都已安装个人游自助申请机。全年共受理各类出入境申请20.28万人次，同比增加25%。

【执法规范化建设】 实施"阳光执法"制度。推行"阳光执法"七项制度（案件主办人制度，立（受）案情况回告制度，刑事案件破案回告侦查终结回告命案工作进展回告制度，行政案件终结回告制度，违法犯罪嫌疑人、被（侵）害人、证人权利义务告知制度，"阳光监所"制度，集体议案制度），提升公安机关执法公信力和透明度。提高民警执法水平。利用培训学习、驻点服务、网络服务等形式，解决基层执法问题1700多个。组织全市民警参加全国执法资格等级考试，开展县级公安机关执法质量考评工作。培育执法示范单位，树立乐昌刑侦大队和始兴顿岗派出所两个省执法示范单位。完善案件审核把关，严把案件"抓、关、审、罚、放”五个环节，共审核案件472宗，没有发生一宗错案。

【开展访“开门评警”活动】 通过开展民警走访受评、案件当事人回访倒评、代表座谈议评、网民拍砖点评、政法单位执法访评、隐患整改查评、积案息诉促评、警民活动敞开纳评、公安典型群众选评、便民服务项目迎评等“十评举措”，听民情，解民困，共走访企业555家，帮助困难企业解决问题214个，为群众办实事3718件，群众对公安工作的满意度不断提升。在全市各县（市、区）组织开展“大走访”开门评警活动情况调查，群众对公安执法工作及队伍素质总体满意率为89.58分，对公共安全状况满意度为90.30分。

【警察公共关系建设】 畅通警民沟通渠道，宣传公安工作和先进典型，向媒体发稿6627篇，宣传效果明显增强。创新警民交流模式，开通“平安韶关”公安微博，发布帖文1800多篇，微博“粉丝”达13万多人。以警民共建“平安和谐韶关”为主题，开展在线访谈、警民“心连心”、“警营开放日”、赃物返还大会和警务咨询等系列活动，警民联系更加密切，警民关系更加和谐。

【服务中心工作】 推进创文活动，制定下发《2011年创建全国文明城市重点工作实施方案》，强化治安打击防控，开展市区道路交通综合整治、社会治安综合整治行动，营造和谐的社会环境。组织车管、户政、出入境、“110”报警服务台等窗口部门开展创“五优”（优雅形象、优美环境、优良秩序、优质服务、优化管理）活动，创建文明服务窗口，为韶关市获得“全国文明城市提名资格”作出应有贡献。做好扶贫开发“双到”工作，筹集帮扶资金120余万元，帮助乐昌市坪石镇吴塘村推进蔬菜种植产业发展，完成村道硬底化工程，完善农田水利基础设施，实施危房改造项目，推进自来水建设工程和村容村貌全面改善，促进吴塘村的脱贫致富，实现三年目标两年基本完成。做好网络问政工作，办理问政事项1225条，解决涉及民生的问题329项。

【人事管理】 制定《韶关市公安局人事训练管理系统管理暂行规定》，按照“两推一评”方式和《韶关市公安局领导干部选拔任用工作暂行办法》，组织开展民主推荐、民主测评和考察工作，提任正科级领导干部24人，副科级领导干部90人。加大民警的岗位轮换和交流力度，完成45名副科级以上领导干部和96名民警的轮岗工作。完成2011年度招警工作，招录民警86人(含森林分局)。完成公安机关基层定向招录工作，招录民警33人。

【纪律作风建设】 加强教育整顿，组织领导干部到市预防职务犯罪教育基地接受职务犯罪预防教育，组织4000多名民警观看警示教育片。在全市公安机关开展以“坚持以人为本、执法为民”为主题纪律教育学习月活动，开展推行“阳光执法”的教育整顿活动，组织管理人、财、物和执法岗位的公安民警进行岗位廉政风险排查。开展涉案财物管理和涉案人员非正常死亡两个专项治理，制定出台《韶关市公安局涉案财物管理规定》、《韶关市公安局办理刑事、行政案件涉案财物管理暂行规定》、《韶关市公安局涉案财物管理报备制度》、《涉案财物分级管理制度》、《涉案财物网上审批流转制度》等规定，开展集中返还涉案财物活动65次。制定《韶关市公安局党委主要领导及党委班子成员关于落实党风廉政建设责任制“五个一”制度的实施意见》，开展公务用车问题专项治理工作，制定《韶关市公安局公务车辆使用管理规定》。

【干警教育培练】 组织500余名民警到市委党校参加“现代产业基础知识”培训班，组织市局机关副处级以上领导干部参加首期“广东省干部培训网络学院”，完成在线学习计划。深化“战训合一、轮训轮值”模式，将警衔晋升（一级警司以下）训练与一线民警实战必训并轨、统一实施训练和管理，共举办5期实战培训班，培训民警294名。举办武力教官培训班，完成全省第八次正职任职资格考务工作。

【警营文化建设】 推进“粤警论坛”工作，开展警察体育文化活动，相继成立网球、羽毛球、射击、足球、游泳等多个警体俱乐部，经常开展群众性文体活动，举办书法美术摄影展，激发队伍活力。组织开展各类体育比赛活动，组织参与“莱斯豪苑杯”园林绿道自行车公开赛、全市“地税杯”羽毛球赛、“人民防空杯”篮球赛等体育竞赛活动；组队参加全省第三届警体运动会，以176分的总成绩获得全省第11名，位居全省山区市前列。

【从优待警】 完成警员职务套改与工资、警衔挂钩工作，为1360名警员进行职务套改。落实经费和后勤保障服务措施，开展民警体检、救助、优抚等工作，争取市政府将年度财政下拨民警救助基金由40万元提高到80万元，分6批对市局59名民警先后进行救助，发放救助金共计33.25万元。为8名民警申报省厅医疗救助基金，申请到省厅下拨的28.5万元医疗救助金。依托市局心理健康服务中心，做好民警心理健康服务，缓解民警心理压力。抓好工作执法一网考“三挂钩”工作，推进“以绩量警”。

【争先创优】 制定《韶关市公安机关典型选树“千百十”计划实施方案》，共评选出“警队之星”71名、“和谐卫士”10名，并有77个集体和402名个人立功受奖。市局党委被市直机关工委评为市直机关先进基层党组织。付少云和刘林斌分别被追授或授予省、市优秀共产党员荣誉称号。刘林斌还被中央政法委评为“全国政法系统优秀共产党员”。 （刘 泉）

附：领导班子成员名单

党委书记、局长：

赖日先（~2011.12）

李安平（2011.12~）

党委副书记、副局长：

康志坚 赵 峰

党委委员、副局长：

鲁粤关 陈寿先 刘国强

黄海林

党委委员、纪委书记：吴梓章

党委委员、政治处主任：张韶梅

检 察

【概况】 韶关市人民检察院前身为广东省人民检察署粤北分署，成立于1954年8月1日，1968年12月，因“文化大革命”被撤销。1978年，韶关市院重新建立。韶关市人民检察院现管辖武江区、浈江区、曲江区、乐昌市、南雄市、乳源瑶族自治县、新丰县、翁源县、仁化县、始兴县10个县（市、区）检察院，及广东省乐昌市中山地区、广东省韶关市黄岗地区2个派出检察院。

市检察院内设政治处、纪检监察室、办公室、反贪局、反渎局、侦查监督科、公诉科、案件管理中心等19个机构，共有检察干警114人，其中市院领导班子成员7人。检察干警全部具有大专以上学历，其中，研究生学历7人，占干警总数的6.14%；本科学历83人，占干警总数的72.8%；检察员72人，占干警总数的63.16%；助理检察员13人，占干警总数的11.4%。

2011年，全市检察机关依法履行法律监督职责，查办贪污贿赂、渎职侵权等职务犯罪和打击各类刑事犯罪，为维护韶关社会稳定和保障经济建设作出积极贡献。

【办理各类刑事案件】 2011年，全市检察机关坚持依法从重从快的严打工作方针，主动加强与公安、法院的协调配合，依法打击各类刑事犯罪活动。年内，全市检察机关共受理各类提请逮捕案件1350件1961人，依法批准和决定逮捕1785人。受理移送审查起诉和移送审查不起诉案件1410件2132人，依法提起公诉1072件1638人。突出打击重点，保护民生。着眼于维护经济秩序和社会稳定，加大对严重暴力犯罪、多发性侵财犯罪和毒品犯罪等重大刑事案件的打击力度，维护社会稳定，提高人民群众的安全感。

在依法从重打击刑事犯罪的同时，落实宽严相济刑事政策，坚持该严则严、当宽则宽、区别对待、注重效果，最大限度化解矛盾，减少社会对抗。对主观恶性较小、犯罪情节轻微的初犯、偶犯、过失犯等轻微犯罪案件，依法决定不批准逮捕196人，不起诉145人。

【查办和预防职务犯罪】 根据市委和上级检察院关于反腐败工作的部署，不断改进办案机制，保持查办职务犯罪案件的高压态势。进一步深化侦查一体化模式，集中力量联合办大案，取得显著办案成效。共立案查处贪污贿赂案件68件88人；立案查处渎职侵权案件19件22人。通过办案，为国家挽回经济损失6076.52万元。

以“标本兼治、综合治理、惩防并举、注重预防”为指导方针，开展职务犯罪预防工作。建立社会化预防网络和机制，牵头发起成立的韶关市预防职务犯罪协会，已有64家机关单位、企事业、人民团体参与。加强重大工程项目的专项预防，提升预防实效，如对广乐高速等重点项目开展跟踪监督，确保政府资金安全运行和工程顺利完工。组织“全国检察机关惩治和预防渎职侵权犯罪巡展”，全市共有800多个单位和部门，1万多名党员干部群众参观巡展。

加强教育基地建设。“韶关市党风廉政建设、干部任前法纪、预防职务犯罪教育基地”(以下简称“教育基地”)，于2011年5月12日举行启用仪式，省委副书记、纪委书记朱明国出席启用仪式。教育基地被省纪委监察厅命名成为首批全省廉政教育基地之一，为广大党员干部、企业管理人员提供一个形象生动的教育学习平台，营造全市良好的反腐倡廉氛围。2011年，教育基地按照市委的统一安排部署，共接待党群系统、行政机关、企事业单位共244个，教育党员干部1.08万人次。

【加强刑事诉讼监督力度】 2011年，对侦查机关应当立案而不立案的刑事案件，督促立案40件；监督不当立案案件20件；纠正侦查活动中的违法情形36件。对应当逮捕、起诉而未提请逮捕和移送起诉的，纠正漏捕184人，纠正漏诉97人。加强刑事审判监督工作，全市检察机关对认为确有错误的刑事判决、裁定提出抗诉9件。

加强刑罚执行和监管活动监督。审查监管场所呈报减刑、假释、保外就医1.3万人；发现并纠正不当减刑、假释、暂予监外执行22人次；受理监管场所控告申诉信件19件。开展保外就医专项检察活动，对违法办理保外就医、保外就医后脱管漏管等情形的10名罪犯，及时督促监管机关予以收监。开展看守所械具和禁闭使用情况专项检察活动，促进看守所严格执法，文明管理。做好纠防超期羁押工作，继续保持“零超期”记录。

【履行控告申诉检察职能】 2011年，共受理各类控告、申诉466件，受理各类举报线索416件。强化全国、省、市“两会”期间、大运会期间及广东国际旅游文化节期间的维稳工作，对全市涉检信访案件进行排查，没有发生涉检群体性事件和到省、进京非正常访。开展“基层大接访活动”，排查苗头隐患，及时就地化解，推动问题解决在基层。开展“举报宣传周”活动，全市检察机关共有正、副检察长17人、检察干警88人参加宣传，发放宣传资料3106份，解答群众咨询316次，受理举报线索2件、控告申诉案件4件。

【受理民事行政申诉案件】 2011年，全市检察机关共受理处理民事行政申诉案件162件；对法院裁判正确的138件申诉案件，依法做好申诉人的服判息诉工作，维护法律权威，其中13件促成当事人和解；对认为确有错误的民事、行政判决和裁定，提请省检察院抗诉18件；向法院发出再审检察建议3件，法院均予以采纳。探索建立多元化检调对接的纠纷解决机制，加强与法院、司法局、律师协会等单位、部门的联系，制定《韶关市中级人民法院、韶关市人民检察院关于建立民事行政抗诉再审案件联动调解工作机制的意见》、《韶关市人民检察院、市律师协会“加强民行检察监督、促进公正廉洁执法”座谈会会议纪要》，化解社会矛盾、保障当事人合法权益。

【发展检察文化】 发展检察文化建设，以文化凝聚人心，营造和谐氛围，为推动各项检察工作健康发展提供精神源泉。韶关市院制定下发《韶关市人民检察院关于加强检察文化建设活动的意见》和《2011年韶关市人民检察院检察文化建设活动方案》，开展检察文化建设，推动韶关检察工作创新发展。广大干警集思广益，提炼“厚德、笃法、团结、进取”的“韶检精神”。举办“我的办案故事”征集评选、检察书画展等一系列活动。在庆祝建党90周年之际，举办全市检察机关“七一”红歌会。

【推进执法规范化建设】 重视对办案的流程管理和动态监督，做好检察案件的管理工作，逐步建立健全收送案审查、案件流程监督及工作建议等相关制度，纠正不规范移送案件28件，针对个案发出《案件督改意见书》、《案件流程监督通知书》和《案件管理工作建议》共12份，有效提升案件管理的工作效能。按照中央政法委“百万案件评查”活动的工作部署和市委政法委的工作要求，围绕人民群众反映强烈的信访问题和涉检信访案件，部署开展案件评查工作，制定

《韶关市人民检察院开展案件评查活动工作方案》和《韶关市人民检察院2011年评查案件基本情况表》，成立相应的工作机构，建立定期联系、信息报送、检查督导、结果运用、考核验收、责任追究等相关工作机制。案件评查工作推进检察机关案件办理的规范化，促进办案质量的提高。

（白志华）

附：领导班子成员名单

检察长、党组书记：阙定胜

副检察长、党组副书记：温洁麟

副检察长：冯应昌　李再丰

　　　　　傅泽熙

纪检组长：刘全华

　　　　　（~2011.11）

　　　　　沈明河

　　　　　（2011.11~）

政治处主任：吕文清

审　判

【概况】 韶关市中级人民法院成立于1950年，是国家审判机关，依法独立行使审判权。2011年，韶关市中级人民法院共有干警151人，其中政法编制132人，事业编制4人，政府雇员18人。内设政治处、监察室、培训科、刑事审判第一庭、刑事审判第二庭、民事审判第一庭、民事审判第二庭、民事审判第三庭、行政审判庭、审判监督庭、立案庭、信访科、执行局、司法警察支队、研究室、办公室、司法行政科等17个机构。辖10个基层人民法院，即：浈江区法院、武江区法院、曲江区法院、乐昌市法院、南雄市法院、仁化县法院、始兴县法院、翁源县法院、新丰县法院、乳源瑶族自治县法院。基层法院派出人民法庭21个。基层法院共有干警693人，其中政法编制622人，事业编制58人，政府雇员13人。

2011年，韶关市两级法院贯彻落实科学发展观，坚持“三个至上”重要指导思想，以深入开展“奋力实现排头兵目标年”竞赛活动为统揽和目标，进一步创新和加强审判管理，整体工作呈现良性循环。全市法院共受理各类案件（含减刑假释案件）31419件，同比上升2.2%，审结案件31069件，结案率达到98.9%，同比上升0.1个百分点。

【刑事审判】 2011年，全市法院依法惩治犯罪，维护社会稳定。共审结一审刑事案件1054件，判处被告人1615人，分别同比上升7.22%和下降0.49%；其中判处五年以上有期徒刑、无期徒刑和死刑323人，占21.26%。坚持“严打”方针，维护社会治安秩序。全市法院依法判处故意杀人、绑架、故意伤害、强奸等严重侵犯公民人身权利的罪犯364人；判处抢劫、抢夺、盗窃、诈骗等多发性侵犯财产的罪犯667人，震慑犯罪分子，增强人民群众安全感。严惩破坏社会经济秩序犯罪和贪污贿赂犯罪，判处贪污、贿赂、行贿、挪用公款等职务犯罪42人，如依法判处受贿312万元的仁化县人民医院原院长有期徒刑13年，并处没收财产30万元，推动反腐败斗争的深入开展。同时，贯彻宽严相济刑事政策，对罪行较轻的、易于矫正的犯罪分子运用非监禁刑罚，通过社会力量进行教育和改造，全市法院判处生效的案件中，免予刑事处罚4人、缓刑376人、管制8人、单处罚金5人，非监禁刑适用率为25.75%。加强未成年人犯罪审判工作，贯彻“教育、感化、挽救”方针，坚持寓教于审，惩教结合，在判决的199名未成年罪犯中，非监禁刑适用率为48.74%。

【民商事审判】 2011年，全市法院共审结一审民商事案件11040件，标的金额9.88亿元，分别同比上升3.5%和上升6.71%。依法调节经济关系，维护诚实信用、公平竞争的市场秩序，全市法院共审结合同纠纷案件4685件、知识产权案件59件；支持国有企业深化改革，维护职工合法权益，稳妥审理韶关市活力啤酒股份有限公司等企业破产案件7件；高度重视“三农”案件，维护农村稳定，推动全市社会主义新农村建设，审结农村土地征用、土地承包权流转等案件173件；处理各种民间纠纷，维护正常生活、生产秩序，共审结婚姻家庭和继承纠纷2866件，审结权属、侵权纠纷3489件，审结劳动争议纠纷案件316件。对事实清楚、权利义务关系明确、争议不大的8055案件依法适用简易程序进行审理，提高办案效率，简易程序适用率达到78.75%。

不断深化与创新调解工作机制，贯彻“调解优先，调判结合”原则，逐步建立健全人民调解、行政调解、司法调解三位一体的大调解格局。如在审理邓某某等61户诉韶关市茗苑开发置业有限公司房屋买卖合同纠纷一案中，经多方长期努力，使该系列案调解结案，化解了不稳定因素。全市法院民商事案件调撤率达64.9%。在县区一级构建“党委领导、政府支持、政法委牵头、综治办协调、法院为主、多方参与”的诉前联调工作机制，推出一些诉前联调工作新举措，如南雄市人民法院在加强交通事故巡回法庭建设的同时，抽调干警进驻综治维稳中心，加强与诉前联调相关部门的对接联络工作。全年建成诉前联调工作室及“三位一体”大调解室41个，共受理民事纠纷984件，调解964件，调解率达97.97%。

【行政审判】 2011年，全市法院解决行政纷争，推动“依法治市”开展，共审结一审行政纠纷227件。坚持监督与支持并重的司法理念，撤销或变更行政裁决33件,确认行政行为违法4件,维持行政裁决82件,驳回起诉或行政机关纠正违法行为后原告撤诉91件。探索行政审判的协调和解机制，营造“官民”和谐相处的良好社会环境。

【执行工作】 2011年，全市法院强化执行工作，竭力破解“执行难”，共受理执行案件4713件，执结4631件，执结率达98.26%，执结标的额4.43亿元。相继开展“创建无执行积案先进法院”、执行指挥中心建设、执行款管理专项整治、反规避执行等一系列活动，初步建立起执行联动机制，以及解决执行难联席会议制度、执行工作纳入综治考核、特困群体执行救助等执行工作长效机制。执结一大批积案，也攻克一批“骨头案”、“钉子案”，使“执行难”问题得到缓解。如在市中院指导下，乐昌市法院启动执行联动机制，依法对张某等4户位于乐昌峡水利枢纽工程库区洪水淹没迁移线以下的房产及附属建筑物实施强制拆除，拔除影响乐昌峡枢纽工程坪石片区建设的4个“钉子户”，确保该项重点工程项目的进行。

【司法为民】 2011年，全市法院加大对困难群众合法权益的保护力度。市中院运用特困群体执行救助基金，对因刑事附带民事赔偿、交通事故赔偿等人身损害赔偿案件难以执行而陷于困境的特困申请执行人予以救助。全年共对15件案件47名特困申请执行人发放41.5万元执行救助款，使一批特殊困难的申请执行人得到救助，缓解社会矛盾。该举措得到省高院的肯定和高度评价。全市法院共为426件案件确有困难的当事人及特困企业和破产企业免交、减交、缓交诉讼费249.34万元,确保经济确有困难的群众打得起官司，体现“人民法官为人民”的司法理念。

全市法院进一步完善和落实各项便民、利民措施，开展创建立案、信访两个“文明窗口”的活动，加强立案大厅便民设施建设，实现接待、立案、交费“一站式”服务。免费为当事人提供诉讼指南及各类诉讼样本，为群众诉讼提供便利，告知诉讼风险，引导当事人正确行使诉讼权利。开展判后答疑工作，辨法析理，竭力做到案结事了。加强巡回审判，设立各种形式的巡回法庭，对涉及交通事故赔偿、婚姻、赡养、山林纠纷等案件，为减轻当事人的诉累，法官深入到乡镇、村组、田间地头，或交警大队、营业场所等地，就地审判、现场调解。全年共开展巡回审判671场。

全市法院开展集中清理涉诉信访积案工作，抓好热点、敏感、重大、疑难信访案件的排查和处置。全市法院共处理来信来访39件、人（次)，同比下降83.9%，解决一大批事关群众利益的信访案件，防止矛盾的激化，确保全市在“建党90周年”、“大运会”等重大敏感期间没有发生涉诉越级、进京上访事件。

【审判管理】 2011年，全市法院推行司法公开，促进阳光司法，把司法公开原则贯彻在审判执行活动的全过程。制定《关于进一步推进司法公开的工作方案》，规定立案、庭审、执行、听证、文书、审务等依法及时、全面、规范地公开。开设“韶关审判网”，推行裁判文书上网、判后答疑、与网民对话、民意调查、庭审网络直播等方式，争取在接受监督中得到改进、理解和认同，实现以公开促公正，以公正促廉洁。

建立健全案件质量监督评查机制，常规评查、专项评查、重点评查有序进行，组织开展“案件质量评查”、“百万案件评查”等活动，将案件质量督查评查覆盖审判执行工作全过程。通过质量监督评查及时发现问题、纠正问题、分析原因、落实整改，促进案件质量不断提高。年内，二审案件发改率为7.9%，同比下降11.8个百分点；再审案件改判率为2.4%，同比下降26.2个百分点。

以司法建议为载体推进社会管理创新，及时将社会管理中发现的问题反馈给有关部门，推进“三项重点工作”。市中院所发20份行政审判司法建议回复率和采纳率均为100%。市中院在处置韶关活力啤酒厂有限公司三家关联企业破产案件中，针对三家破产企业存在的债权人数众多、债务沉重、职工安置压力大等突出问题，为使破产财产变现价值最大化，尽可能节约破产成本，最大限度维护破产职工和债权人的利益，特向韶关市人民政府提出司法建议：一是建议八家拍卖行联合拍卖三家破产企业的资产，二是建议下调破产管理报酬，三是建议政府相关部门要密切注意其动态，制订相关预案，防止出现群体性信访事件发生。该司法建议内容均被韶关市人民政府采纳，确保破产资产变现过程平稳进行。三家破产企业资产已以1.9亿元的价格变现完毕，该批破产案件是市中院历年来变现速度最快、变现成本控制最低、取得社会效果最好的破产案件，维护了众多破产职工、债权人的合法权益以及社会和谐稳定。

【廉政监督】 主动自觉接受人大及各方监督，落实市人大常委会审议意见，完善人大代表联络机制，发挥人民陪审员参与审判、监督审判活动的重要作用。共邀请人大代表、政协委员旁听观摩庭审、参与见证案件调解与执行、召开座谈会529人次，邀请人民陪审员审理案件1476件，人民陪审员参审率达48.2%。

经常性开展党风廉政教育活动，并以发生在身边的违纪案例为反面教材开展警示教育，着力构筑“不愿为”的自律机制，强化“不敢为”的惩戒机制。制定《违反“五个严禁”规定的处理细则》等多项廉洁司法制度，聘请92名廉政监督员，强化对法院廉政形象的监督力度。

【队伍建设】 韶关两级法院以开展社会主义法治理念教育、“人民法官为人民”主题实践等重要活动为载体，加强政治思想、职业道德和廉洁执法教育，司法作风明显改善。市中院万靖被评为全国政法系统优秀共产党员，乐昌市法院罗忠铭荣立个人二等功；南雄市法院民一庭、乐昌市法院乐城人民法庭荣立集体二等功，市中院法警支队、乐昌市法院荣立集体三等功。加强法官培训，邀请省法院资深法官讲课，先后举办审判理论与实务研讨会11场次，通过各种形式培训干警2330人次，法官、书记员和司法警察普遍得到系统的轮训。

（陈东阳　李琼宇）

附：领导班子成员名单

院　长：刘曙光

常务副院长：张海力

副院长：黄秋雄　宋良锋

　　　　刘　斌

纪检组组长：张旗胜

政治处主任：邹爱国

司法行政

【概况】 韶关市司法局是主管司法行政工作的市人民政府工作部门。现有行政编制40人，在职公务员39人。内设政治处、纪检监察室、办公室、计财装备科、宣教科、基层科、公律科、司法鉴定科、劳教科和社区矫正科共10个科室。直属单位有韶关市劳教（戒毒）所、韶关市法律援助处、韶关市公职所和韶州公证处，分别有干警和工作人员74人、8人、5人和10人。

2011年，全市司法行政干警和法律服务工作者把握中央“十二五”规划提出的“主题”、“主线”，围绕加强社会建设、推进社会管理创新的工作部署和要求，把握发展机遇，明确目标任务，推动司法行政工作全面发展，在省司法厅开展的地市司法行政工作考评中获得“优秀”等次。

【法律援助】 2011年，各级司法行政机关突出抓好法律援助工作机构和队伍建设，设立韶关市青少年法律援助工作站，全市法援机构实现至少有一名专职律师的目标。《广东省法律援助经济困难标准规定》得到有效地落实，全市法律援助申请审批标准由原来的家庭人均年收入4500元（375元/月）调整为城镇居民人均可支配收入6711.25元/年，农村居民人均纯收入2796.9元/年，法律援助的覆盖面进一步扩大。2011年全市统一开通“12348”法律服务热线，共接受群众来电法律问题咨询2346人次，成为法律援助便民服务的有效载体。全市法援律师参与“3·8”妇女维权周、“3·15”消费者权益日、“律师日”、“12·4”全国法制宣传日等法律宣传咨询活动，发挥法律援助保障民生、扶弱维权职能作用，同时扩大法律援助工作宣传。全市共受理法律援助案件1462件，成功办理韶关市武江区环卫所100多位职工追讨用工单位拖欠2010年法定节假日加班费、高温津贴群体上访案等影响重大的案件。

【人民调解】 2011年全市共有各级调解组织1596个，其中村(居)调解委员会1428个，乡镇(街道)调解委员会108个，企事业单位调解委员会52个，其他调解委员会8个，基层司法所工作人员218人。举办全市学习贯彻人民调解法培训班。市人民政府印发《关于表彰2009~2010年全市人民调解工作先进单位、先进个人的决定》，对49个先进单位和79个先进个人进行表彰。推进“诉前联调”和“调解协议司法确认”工作，全市有23个基层派出所、10个人民法庭建立人民调解室。市司法局与市中级人民法院、市公安局联合下发《关于贯彻落实〈广东省高级人民法院 广东省公安厅 广东省司法厅关于建立道路交通事故案件诉调衔接工作机制的实施意见〉的通知》，并指导市区和各县（市）成立道路交通事故纠纷人民调解室；与市卫生局联合下发《关于贯彻落实〈广东省司法厅 广东省卫生厅 广东保监局关于加强医疗纠纷人民调解工作的实施意见〉的通知》，推进医患纠纷第三方调解机制的建立。

2011年，全市各级调解组织共调处各类矛盾纠纷12290件，调处成功11890件，调解率为100%，调解成功率达96.7%，防止群体性事件210起。成功调处曲江区枫湾镇祖坟地群体性纠纷、武江区镇泰小学学生猝死纠纷、乐昌市黄圃镇跨省死亡案等影响重大、典型的矛盾纠纷。

【基层法律服务】 2011年，全市实行独立核算、自负赢亏的法律服务所10个，与司法所合署办公的法律服务所49个，基层法律服务工作者101人。全市基层法律服务所共担任法律顾问518家，代理诉讼220件，非诉讼代理548件，调解纠纷2934件，解答法律咨询10246人次，办理法律援助事务68件。

【帮教安置社区矫正工作】 2011年，各县（市、区）司法局与公安、法院、检察院密切联系和协调，使庭前社区调查、判决、社区接受矫正、回访、撤销执行建议、帮助和扶持等环节无缝衔接机制得到落实。继续坚持以解决生活出路为重点落实好刑释解教人员的各项就业安置及社会保障政策。新丰县勇于探索，大胆实践，建立“四个必访”、“五个明白”和“六项制度”社区矫正工作模式，取得社区服刑人员“无漏管、无脱管、无重新犯罪、无影响安全稳定事件”的“四无”佳绩，得到省司法厅领导批示推广。全市共接收社区服刑人员614人，在册425人。共接收安置帮教对象610人，安置475人，安置率78%，帮教538人，帮教率88%。

【劳教（戒毒）工作】 2011年市劳教所在职民警71人，职工3人，协警15人。连续9年实现场所安全“四无”目标，劳教（戒毒）人员受教育率达100%，改好率达95%以上，脱瘾教育普及率达到100%，解教、解戒人员出所评估率达到100%，被省劳教局授予集体三等功。

推进规范化管理年活动，狠抓安全责任制度、安全排查制度、信息员制度、安全形势研判制度、民警队前讲评和联防互保制度等五项制度的落实，通过开展大运安保、“打帮派、整秩序、除隐患、保稳定”等专项活动，加强安全警示教育，加强生产安全宣传和安全生产督导检查。加强场所卫生保障工作，全年购置医疗用品投入3.9万元，劳教（戒毒）人员体检、筛查、复检等315人次，医务所全年诊病1474人次。严格实行入所教育制度，执行劳教（戒毒）人员“5+1+1”教育矫治模式（即每周5天劳动、1天学习、1天休息），逐步凸显教育主业地位，提升教育矫治质量。市劳教所整体搬迁工作取得新进展，争取到国家和省专项资金1200万元，新所建设完成工程勘察、设计、施工招标，进入“三通一平”阶段。

【律师工作】 2011年，全市有律师所42家（其中国资所13家，合伙所13家,个人所5家，公职所11家），法援处11家，执业律师226人；有律师党支部5个，党员律师43人。

召开韶关市第六次律师代表大会，选举产生首次由社会律师担任的会长和总监事，完善“议、决、执、监”的律师行业自律管理体系和“两结合”管理制度。律师行业党建工作深入发展，召开韶关市律师协会第二次党员大会，选举产生第二届党总支部委员会，开展系列特色党建活动，提升律师党员的政治素质，涌现出“1+1”中国法律援助志愿者行动优秀律师邓南华等先进典型。律师参政议政工作不断推进，在2011年的换届工作中，律师在市县两级党代表、人大代表和政协委员中的比例提高，市县两级拥有律师党代表、人大代表、政协委员27人，占全市律师总数近12%。市律协发布《韶关市律师社会责任报告》，倡导广大律师关注民生、奉献社会，参与“1+1”中国法律援助志愿者行动等社会公益活动。在总结前两年工作经验的基础上，采取设立工作联络员、适当提高补贴标准等措施深化“一镇一顾问”活动，满足农村群众的法律服务需求。全市律师共办理民事案件1882件，刑事案件447件，非诉讼法律事务713件。

【公证工作】 2011年全市有公证处11家，公证员25人。全市公证机构通过拓宽服务领域，开拓证源，强化公证诚信建设，提高办证质量，采取各种便民利民措施,如为行动不便的老人、重病在身的病人、伤残住院的病人、监狱服刑的犯人和残疾人员提供上门服务，为困难群众办理公证减收或免收公证费等，使全市公证工作呈现出较快发展的势头，取得社会效益和经济效益双丰收。全市共办结各类公证8083件。特别是韶州公证处，全年办证6305件，公证收费首次突破300万元。

【司法鉴定】 2011年全市有司法鉴定机构5家。市司法局履行省司法厅委托（下放）的司法行政职能，制定《韶关市面向社会服务的司法鉴定机构和司法鉴定人名册编制和公告办法（试行）》，进一步规范司法鉴定工作管理；组织各司法鉴定人员参加年度业务培训及继续教育，推进司法鉴定质量监管，组织全市5个鉴定所参加15项能力验证和能力测评，促进司法鉴定服务质量和水平的提升；壮大司法鉴定队伍，对韶关市食品药品检测所、核工业“二九〇”研究所、韶关市光栅测量控制技术研究所、韶关市农业研究所、韶关市林业研究所等5个拟成立鉴定所的单位进行实地考察，并及时上报省司法厅核查，有4家已通过名称预核。

【司法考试】 2011年度，全市参加全国司法考试人数666名，合格人数117名。市司法局按照国家司法部和省司法厅的相关工作部署和要求，成立司法考试领导机构，加强与市教育招生、保密、经信及公、检、法等政法部门的沟通协商，共同做好司法考试工作。通过编印考务工作手册、加强考务工作人员培训指导，强化考试保密、巡查等工作，确保2011年国家司法考试取得成功。

【法制宣传】 2011年，召开全市“五五”普法工作总结表彰暨“六五”普法工作动员大会，对乐昌市委宣传部等114个全市“五五”普法先进集体和肖同义等228名全市“五五”普法先进工作者进行表彰，启动实施《关于在全市公民中开展法制宣传教育的第六个五年规划》。重新建立市普法工作领导机构，成立“六五”普法联络员队伍和“六五”普法讲师团队伍，市人大常委会通过《关于加强法制宣传教育的决议》。开展“三八”妇女维权周、“3·15”消费者权益保护日、“中国水周”、“全国安全生产月”、食品安全、“6·26”禁毒、道路交通安全、律师和法律援助条例、人民调解、全市大中学生“乾图”杯法治演讲比赛、“12·4”全国法制宣传日暨法治广东宣传教育周大型宣传咨询等一系列专项法制宣传活动。市普法办组织各地各部门开展法律进机关、进乡村、进社区、进学校、进企业、进单位活动，在翁源县周陂镇、韶关旭日国际有限公司、浈江区犁市镇等地开展送法下乡、进企业活动。韶关电视台开设《三江视线——以案说法》法制宣传专栏。各地还开展民主法治村、民主法治社区创建活动，加大法治城市、法治县（市、区）创建活动的检查指导力度，推动创建工作的深入开展。

【法学会】 做好理顺法学会管理体制和加强法学会班子建设相关工作，向市委政法委提出了移交法学会工作管理的建议，向市有关部门提出了解决法学会编制人员问题的申请，根据工作变动，调整充实法学会班子成员。开展“加强依法行政，推进法治政府建设”论文征集活动，共征集论文83篇。 （彭继维）

附：领导班子成员名单

局　长：周正祥

副局长：龙安生　胡　强
　　　　曾房兰
纪检组长：蒋林龙
政治处主任：王世新

仲　裁

【概况】 韶关仲裁委员会成立于1995年，韶关仲裁委员会办公室是韶关仲裁委员会的办事机构，副处级事业单位，挂靠韶关市法制局。2003年，韶关仲裁委员会办公室核定事业编制10名，3个内设机构，分别为秘书科、业务一科、业务二科。韶关仲裁委员会办公室主要负责仲裁案件的咨询和受理、仲裁工作的宣传、仲裁案件的组织审理、仲裁文书的制作和送达等相关工作。

2011年韶关仲裁委员会全年共计受理各类经济纠纷案件356宗，与上年的225宗同比增长37%。其中通过调解化解纠纷290宗，调解率达到82%。案件主要包括经济、商标授权使用、保险、建设工程施工、商品房买卖等十多种类型的纠纷。全年办理案件数量及和解调解率再创历史最好水平，仲裁事业的健康快速发展，为优化韶关市经济发展环境，规范市场经济秩序，维护当事人合法权益和构建和谐社会发挥重要的作用。

【加强仲裁宣传】 韶关仲裁委员会先后深入到金融、交通通信行业、物业公司等十几个行业和100多家企业进行对口宣传，并协助金融、交通通信系统及十几家大中型企业举办仲裁法学习班专题讲座10多场，参加人数达5000余人次，重点讲述仲裁知识及相关法律法规。通过宣传，使越来越多的人了解仲裁，使仲裁的社会认知度越来越高，使全社会的仲裁意识普遍增强。韶关市政府办公室下发《转发韶关仲裁委员会关于韶关市交通通信系统全面深入推行仲裁法律制度实施方案的通知》，强调要对原有的合同文本进行完善和修订，明确制定出仲裁协议或仲裁条款。为此，韶关仲裁委员会对交通通信系统进行重点走访和宣传，尤其是抓住交通通信系统中心工作主动登门提供法律服务，在韶关仲裁委员会工作人员的热情服务精神的感召下，终于在交通通信系统实现突破。

【加强队伍建设】 2011年，韶关仲裁委员会加强政治学习，重视业务学习，继续组织工作人员“每月一讲”的学习计划，对新颁布的法律以及个案进行学习和内部分析，以提高自身的宣传能力与对不同案件的分析和判断能力；要求仲裁员和工作人员坚持公正、廉洁、高效办案。仲裁员和工作人员拒绝吃请送，已成办案行为的准则。仲裁员和工作人员以自己的言行维护仲裁廉洁、公正的良好形象。全年未收到一起因仲裁员和工作人员索贿、受贿、徇私舞弊而枉法裁决的举报。

【提高办案质量】 韶关仲裁委员会为实现仲裁办案的公平公正和高效快捷，把好三关：一是案件受理关。对待申请人坚持做到热情接待，耐心解答咨询。对待当事人的立案申请，按照仲裁法的立案条件进行审查，该立则立，对材料不全的一次要求其补全，对不符合条件受理的也作出祥细说明。二是案件审理关。从组庭开始，对仲裁员的选择就本着科学配置、专业权威与法律专家相结合的原则进行，尤其是首席仲裁员要选择那些政治强、业务精、调解能力出众的人担任。同时要强化仲裁庭的办案程序，一切按照仲裁规则进行。三是裁决书制作关。凡裁决书制作都使用统一格式、统一标准，裁决书制作完成后，先后由仲裁委主任、副主任、科长和校核员层层把关，坚持做到格式规范，事实认定清楚，引用法律条文准确，裁决理由充分。同时着力提高“三率”（快速结案率、调解和解率、自动履约率），尤其是提高调解、和解率。首先是在案件受理之初就要做好当事人的思想工作，建议当事人本着互谅互让的精神，抱着和解的态度对待矛盾纠纷。其次在庭审过程中，对仲裁员要强调提高庭审艺术、创造和解的氛围。正是韶关仲裁委员会的努力，使全年仲裁案件在保持公正公平、合理合法的基础上，仲裁办案的“三率”有明显的提高，尤其是调解和解率达到前所未有的82%，较好地实现法律效果和社会效果的有机统一，也为和谐社会的建设作出应有的贡献。（郑颖仪）

附：领导组成人员名单：

主　任：邹永松
副主任：冯政文
　　　　何超常（~2011.11）
　　　　黄秋雄
　　　　黄益东
　　　　（兼仲裁办公室主任）

监　狱

【**韶关监狱**】　韶关监狱位于韶关市浈江区犁市镇东北约1公里处，离韶关市中心约13公里，占地117.08万平方米。监狱始建于1942年，是原国民党统治时期的广东省第二监狱所在地。在半个多世纪的时间里，监狱从小到大，发展成广东省两个特大型监狱之一，多年来是全省唯一一所集中关押成年女犯的监狱。2003年，随着全体在押女犯搬迁至广州女子监狱，才结束韶关监狱关押女犯的历史。

至2011年，韶关监狱已连续17年实现监管安全，生产稳定增长，队伍思想稳定，正在为建设现代化文明监狱而努力。

队伍建设　监狱抓准警察队伍执法能力建设这一关键点，通过狠抓作风、强化考核、加大主题教育力度等方式，着力推动警察基本功建设，实现警察执法综合能力的整体提升；落实从优待警措施，不断增强队伍凝集力和向心力，营造良好的警营文化氛围；推进党风廉政建设，促进阳光执法、阳光行政。

狱政管理　针对狱内监管设施落后、技防水平不高、狱内大量施工等现实，监狱在抓紧规范管理的同时，以提高人防物防水平为突破口，着力于加强狱情排查处置、罪犯食品卫生及公共卫生防疫等工作，进一步打牢安全工作基础，提高狱内稳定系数，连续17年实现监管安全。

教育改造　监狱始终坚持以“首要标准”为教育改造工作指导思想，在实现监管安全的基础上，深化开展罪犯教育改造工作，重视罪犯心理矫治，依法履行刑罚职能，推进狱务公开，实现公正执法，阳光执法，罪犯改造积极性较大提高，改造质量明显提高。

体制改革　2011年，监狱继续深化监狱体制改革，基本实现机构、人员、职能、资产和收支“五分开”，进一步纯化企业职能，通过调整产业结构和项目准入门槛、加强生产成本控制、加大设备投入、实行绩效考核等措施，全年实现工业产值比上年增长27.14%，各项经济指标创历史最好水平。

行政后勤　行政后勤服务工作是监狱工作发展的基础保障和后方支撑，年内，监狱在推进整体环境改造的同时，最大限度地为警察职工办实事办好事，落实从优待警政策。　（李　波）

附：领导班子成员名单

监狱长：朱健平

政委：周国华

纪委书记：黄福平

总厂总经理：何珍雄

副监狱长：李明生　梁建中
　　　　　张惠明　陈业群

政治处主任：彭细玉

【**北江监狱**】　北江监狱位于韶关市北郊黄岗，始建于1952年，下设黄岗、山蕉两个关押点，是粤北唯一一所省级现代化文明监狱。2011年，北江监狱围绕省局提出的八项重点工作，树立打造“平安北江、法治北江、文化北江、和谐北江”的发展思路，克服监管改造设施滞后、产业结构调整等困难，用科学发展观统领全局，以监狱全面安全为前提，以大运安保、创先争优、规范化管理年等主题教育实践活动为动力，以提高罪犯改造质量为中心，以公正执法为主线，以强化监督为保障，继续解放思想，深化改革创新，健全安全防控体系，经受住大运会安保的严峻考验，实现连续第13个监管安全年，被省监狱管理局评为“表扬单位”。

健全监狱安全防控机制，实现连续13年安全　北江监狱牢固树立安全首位意识，加强安全整治，出台《监区日常管理工作对照检查表》，增强检查督导实效，提高监狱安全系数；规范执法管理，完善新犯收押、外来人员、老病残犯和专项工种管理等制度，推进狱政管理规范化建设，提高执法水平；加强狱情研判与处置，以党委会形式召开狱情分析会，健全监狱安全风险评估机制，完善与地方党委政府联防工作机制，深化与武警部队的“三共”建设，提高监狱的应急联动处置能力，处置一起心理罪犯企图自伤自残的突发事件，将狱内恶性事故消灭于萌芽状态；化解物价持续上涨所导致的新矛盾，确保罪犯伙食“两个标准”，落实罪犯疾病防控三级预警机制和警察医生巡诊及值班备诊制度，对精神病犯实行集中关押管理，罪犯病症防控水平进一步提升；加大安全资金投入，启动监狱AB门改造，建成人脸识别的门禁系统和外诊病房无线监控网络，设置围墙警戒线和蛇腹滚网，完善硬件设施，提高物防技防水平。在监狱改造设施滞后、罪犯关押类型复杂的形势下，经受大运安保的考验，实现连续13

年安全。

深化北江特色教育改造模式，改造质量不断提高　北江监狱优化整合改造手段，深化具有北江特色的教育改造模式，坚持思想教育月考核，以视频点播系统为平台进行电教授课，文化教育与社会院校联合办学，自考工作取得新进展，合格率高于社会平均水平，受到省市教育部门的肯定；建立起融培训、考核、发证、就业于一体的技术教育模式，1863人获得职业资格证书；52人获得特殊工种上岗证书，提高罪犯劳动技能和就业谋生能力；创新社会帮教手段，以罪犯短信帮教平台缩短罪犯与亲友的时空距离，汇聚多方力量，助推社会帮教工作，受到省委综治委的表彰，荣记集体二等功；推进心理矫治专业化建设，运用女警网络咨询热线、沙盘治疗法、应用科技手段和药物治疗辅助等具有北江特色的心理矫治手段，引进催眠放松治疗法，心理矫治有效率49%。

全面推进监狱体制改革，为监狱发展积蓄后劲　北江监狱推广监区生产劳动管理模式，组织一线管理警察到合作厂方和单位学习取经，开展实操技能大比武，提高生产现场管理水平。优化产业结构，对5个监区生产项目进行调整，大幅压缩毛织规模，引进电子加工，扩大服装、制鞋和手袋，逐步形成产业新格局，所有项目达到1000元保底线。推进规划建设和信息化建设，完成政法网一期工程建设，开通视频会议系统和监狱信息网，推广办公自动化系统，建成全数字化视频安防监控系统和监控指挥中心，监狱执法、工作和生活环境明显改善。

完善队伍教育管理和考核机制，全面提升班子和队伍建设水平　北江监狱将抓班子、带队伍、强素质、树形象贯穿于工作的始终，出台《基层党建工作目标管理考核实施办法》，科学设置评分标准，推行目标考核，加强党建工作，被全省创造争优简报刊登推广，南方杂志社专程到监狱采访报道；加强党委班子成员的磨合沟通，增强党委班子的整体合力；开展主题教育实践活动，弘扬北江精神，形成队伍文化的传承和支撑，开展“十佳青年”等评选活动，增强警察工作责任心和事业感；推进规范化管理年活动，构建科学全面的制度管理体系，分层面和岗位大培训考核，提高制度执行力；加强队伍管理，规范值班备勤模式，严格“一知”、“四知”考核，加大对夜间下仓等制度的考核，使队伍作风和执行力有明显转变，各级领导班子表率作用发挥得力，各项工作推进更为顺畅，提高监狱的管理和执法水平，涌现出一大批的先进典型，3个党支部、3名党务工作者和38名党员受到局党委的表彰，4名警察被评为全省个别教育能手标兵。

强化执法监督，提高执法水平　北江监狱健全预防和惩治腐败体系，加强党风廉政建设，签订目标责任状，推进廉政风险防控机制建设，严控廉政风险点，增强廉洁从政的意识；拓宽监督渠道和形式，深化狱务公开和政务公开，举办监狱开放日活动，提高监狱执法透明度；推进刑务办案管理精细化，严格、依法、及时审理减假保案件，积错案漏案率为零；开展警务督察、内部审计等工作，加大案件查处，完善与检察院携手建立的预防警察职务犯罪协作防线，促进警察公正执法，形成全方位监督的工作格局。　(林晓兵)

附：领导班子组成名单

监狱长：王南华
政　委：廖杏光
总经理：梁俊德
副监狱长：唐爱民　王昌山
　　　　　叶长明　刘东阳
政治处主任：黄岳钢

【武江监狱】　广东省武江监狱位于韶关市北郊黄岗。2011年，武江监狱始终坚持“惩罚与改造相结合，以改造人为宗旨”的工作方针，围绕构建社会主义和谐社会这个大目标和总要求，坚持以科学发展观为指导，打造“长效安全型、法治完备型、标准正规型、文化品位型、创新发展型”的新型监狱，实现“平安武江、法治武江、文化武江、魅力武江”，推进监狱工作“三个转型”。

监管改造　2011年，武江监狱以“规范化建设年”为契机，规范狱政管理工作，完善监管防控体系。克服“押犯结构复杂、警察年龄偏高、监管环境简陋”等不利因素，通过落实安全责任、深化管理手段，改善监管硬件、加强狱情排查、强化应急处置等等，完成“大运安保”任务，推进监狱安全长效机制建设。连续13年实现监管安全，连续 17 年实现生产安全，维护监狱安全稳定。

教育改造　2011 年，武江监狱通过创新教育手段，提高罪犯教育改造质量。与韶关市技师学院合作，开办服刑人员职业技能培训班，年内，41 名服刑人员获得职业技能证书；建立健全工作机制，确保教育时间和效果；不断加强监区文化建设，举办文化艺术节，开展节日教育、感恩教育、情感教育、社会帮教等系列活动，开展第二届监狱开放日活动，邀请人大代表、律师、记者等社会人士及罪犯亲属走进监狱，了解监狱；开展心理健康知识普及、测试和咨询工作；深化狱务公开，增加执法透明度，依法处理罪犯申诉。

队伍建设　2010 年，武江监狱通过开展“创先争优”、纪念建党 90 周年、“发扬民主、坚定信念、执法为民”主题教育活动，加强党建工作，推动警察队伍建设。通过建立创先争优示范单位。开展以“党员先锋岗”、“党员示范岗”为标志的“三亮”（亮牌子、亮身份、亮工作）活动，发挥基层党组织的战斗堡垒及党员先锋模范作用。加大警察交流轮岗力度，激活队伍活力，增强警察工作积极性，促进廉政建设。推进党风廉政建设和反腐败工作，建立健全廉政风险预警防控机制，抓好“一岗双责”，邀请执法监督员，加强执法监督。（彭盛通）

附：领导班子成员名单

监狱长：潘　浩

政　委：曾志平

纪委书记：丰建华（~2011.11）

企业总经理：阎增贵

副监狱长：夏云飞　王　毅

钟裕广　刘功才

陈中平（2011.11~）

政治处主任：张志辉（~2011.11）

人事·劳动·社保

人事管理

【**概况**】 2011年，人事人才工作得到全面加强，人才发展政策环境进一步优化，公务员管理，专业技术人才队伍建设，事业单位人事制度改革，工资收入分配制度改革等工作取得新成绩。

【**人才引进**】 引进韶关急需的各类人才，组织34个招聘单位赴东北参加招聘会，共接待各类求职人才589人次，初步达成接收意向111人，其中博士1人，硕士27人，本科93人。举办春秋两季大型人才招聘会，共吸引400家单位参会，提供8895个岗位，1.2万名求职者参加应聘，意向接收2865人，当场签约518人。“南粤高校毕业生就业推进行动2011年就业服务月启动仪式暨专场招聘会”，吸引112家企业进场，提供4500个岗位，6300多人进场求职，现场达成就业意向1611人。常设型人才市场和周六人才集市举办现场招聘会41场，参会单位1025家，提供招聘职位4300个，入场人数达1.5万人次。共组织305家单位参加网络招聘活动，提供招聘职位2440个。

【**人才服务**】 召开全市人才工作会议，拟定《韶关市“十二五”人才发展规划》和《韶关市中长期人才发展规划纲要（2011~2020年)》，制定加快引进培养高层次人才实施办法及5个配套文件，增强对高层次人才的吸引力。进一步完善人才公寓配套设施，优化人才居住环境。组织3名乡镇领导赴韩国参加“特色农业技术管理镇长培训班”。开展人才资源调查统计工作，共收集1742名重点院校人才的基本信息，向省上报韶关市农村实用人才数据共24173人。全年共办理人员流动手续478人。韶关人才网访问量达85万IP，浏览量达1279万PV，新增简历数达10287份，新增企业510家。对5家人力资源服务机构进行年检。

【**公务员队伍建设**】 做好公务员考试录用工作，全年共录用919名公务员（含党群系统、参照公务员法管理单位工作人员)，其中2011年考录公务员580名，递补、调剂录用2010年公务员15名，录用基层公安、司法机关定向招录公务员81名，2010年从乡镇企事业单位中考录公务员25名，从交通、国土系统体制改革人员中考录公务员208名，从优秀工人、农民中考录公务员10名。全年办理调任15人、转任72人。办理公务员登记262人，参公登记32人。向市政府报请、任免副处以上领导干部78名，其中任职50名，免职28名。研究制定市直机关科级公务员交流办法，组织“加强和创新社会管理”和“反腐倡廉教育”全员培训，市直完成培训5130人，各县（市、区）完成培训15038人。240名干部参加东莞对口培训，100名干部参加江门对口培训。市直单位共有4536人参加2010年年度考核，其中优秀647人，称职3821人，不称职2人，不定等次66人。全年共审核上报先进集体8个，先进个人10人。

【**专业技术人才队伍建设**】 完成2010年度1350人中、初级专业技术资格的审批发证工作。全年推荐申报高级专业技术资格952人，委托评审中、初级专业技术资格26人，组织评审并核准中级资格1115人、初级资格63人，审批核准经大中专毕业生初次考核认定取得中、初级资格192人。受理审核省外到韶人员高、中、初级专业技术资格确认申报材料34份。在全省山区市率先出台《韶关市农村实用技术人才职称评审办法（试行)》。

【**事业单位人事制度改革**】 全市纳入岗位设置管理的事业单位共2155个（含党群系统），在编在册人员67960人，设置岗位59851个。全市完成事业单位岗位设置方案批复2138个，批复率达99.2%。全年发布公开招聘公告51个，招聘岗位353个，招聘人数557人。制定出台《韶关市基层医疗卫生机构岗位设置和人员竞聘上岗工作方案》等三个配套文件，配合做好全市基层医疗卫生机构综合改革工作。为符合条件的872人办理调动手续。

【军转干部安置与服务工作】 完成45名军转干部和24名随军家属安置工作。召开企业军转干部代表座谈会，走访慰问20名特困企业军转干部。赴梅州、惠州、茂名等市考察学习企业军转干部解困工作，探索建立企业军转干部解困长效机制。提高企业军转干部待遇，困难企业军转干部月人均增资80元，确保企业军转干部的总体稳定。

【人事考试工作】 建立人事考试考务联席会议制度，继续推行面试"六抽签"做法，打造"放心考场"。2011年共组织公务员招考、职称外语、计算机软件资格（水平）、计算机应用能力、经济、统计、广东省药学考试等人事考试51项，报名23494人次。

【工资与福利】 做好市直机关公务员调整津贴补贴工作，完成市直事业单位工作人员正常晋升工资工作，做好事业单位工作人员岗位聘用后工资确定工作。完成全市公共卫生与基层医疗卫生事业单位实施绩效工资工作，推进其他事业单位实施绩效工资，规范公务员津贴补贴，提高欠发达地区公职人员津贴补贴水平。

劳动管理

【概况】 加强劳动合同管理，深化企业工资收入分配制度改革，加强劳动监察执法和劳动人事争议仲裁工作，推进和谐劳动关系示范区创建工程，全市劳动关系保持和谐稳定。

【劳动合同管理】 完善劳动合同鉴证和集体合同审查长效机制，创新劳动合同网上登记备案制度，登记备案的单位2285户，备案人数80067人，签订劳动合同人数79784人，备案劳动合同签订率99.65%。鉴证劳动合同41920份。全市企业职工签订劳动合同60万人，企业职工劳动合同签订率达86%，其中规模以上企业职工劳动合同签订率达99%。

【企业工资收入分配制度改革】 全市实行统一的850元/月的最低工资标准，平均涨幅达24.3%。公布韶关市2011年企业工资指导线，基准线、上线增加3个百分点，下线增加1个百分点，新增建筑业、住宿和餐饮业、金融业三个行业工资指导线。发布韶关市2011年人力资源市场工资指导价位，工资指导价位的岗位和工种数目达到268个，新增11个。

【劳动保障监察执法】 升格劳动监察机构，成立市劳动监察支队，开展第一批劳动保障监察"两网化"管理试点工作，推进建设领域施工企业农民工工资保证金实施工作，全市缴存工资保证金1626.62万元。畅通信访渠道，信访台账管理受到省厅肯定。全年受理劳动保障举报投诉案件424宗，结案率达100%，为6857名劳动者追回拖欠工资2439.65万元。受理来信、来电、来访1960批次，办结率99.5%。受理网络问政496件，回复率达100%。

【劳动人事争议仲裁调解】 加快推进以仲裁院为主要形式的实体化建设，创新"流动仲裁庭"劳动人事争议仲裁形式，在韶关东南轴承有限公司和旭日玩具厂实施"流动仲裁庭"现场办案。全年受理劳动人事争议案件1113宗，结案率98.8%，涉及劳动者1560人，金额3975.56万元，其中调解结案率61%。

【构建和谐劳动关系】 推进创建全国和谐劳动关系示范区工程建设，全市各地创建示范点15个，涉及企业317户、职工71651人。开展"情系农民工、共筑南粤梦"人文关怀系列活动，为数千名农民工发放"南粤春暖梦想卡"。对韶铸集团、铁友机械、华汇工艺等企业留韶关过春节的500多名农民工进行慰问。配合组织农民工参加"关爱农民工，幸福在广东"农民工红色旅游活动和"广东建设成就游"活动。深入企业开展送电影活动40多场次。

社会保障

【概况】 贯彻实施《中华人民共和国社会保险法》，开展社会保险扩面征缴，加强社会保险基金管理，提升社会保障水平。全市参加城镇基本养老保险54.6万人，参加城镇医疗保险84.2万人，参加失业保险27.1万人，参加工伤保险31.7万人，参加生育保险14.8万人。

【社会保险征缴工作】 推进社会保险费地税全责征收，开展社会保险扩面征缴，提高基金征缴率。五项基金征集收入31.4亿元，完成任务的102.16%，其中城镇基本养老、城镇职工医疗、失业、工伤、生育保险征集收入分别为18.75亿元、10.16亿元、1.69亿元、6330万元、1769万元，分别完成年度任务的98.16%、103.88%、154.45%、105.50%、108.53%。

【养老保险】 全市参加城镇基本养老保险54.6万人，完成任务的104.1%。出台《韶关市解决离开机关事业单位人员养老保险问题实施办法》，在乐昌市、南雄市、乳源瑶族自治县和武江区4个县(市、区)启动第三批新农保试点，全市新农保试点覆盖地区达70%，参保人数达到46万人，其中曲江区、南雄市、乳源瑶族自治县和仁化县新农保工作受省政府表彰。做好养老保险关系省内外转移接续工作，连续7年调整企业职工退休待遇，月人均养老金调升145.6元，达1278元。

【医疗保险】 全市参加城镇医疗保险84.2万人，完成任务的104.7%，其中参加城镇职工医疗保险47.8万人，参加城镇居民医疗保险36.4万人。推进在校大学生和中职技校学生纳入城镇居民医保工作，解决21649名关破、困难企业退休人员的医疗保障问题。出台韶关市新生儿参加城镇居民医疗保险和一般诊疗费纳入医保报销政策，下发《关于调整我市基本医疗保险有关规定的通知》，提高医保待遇水平。全年共检查定点医疗机构、定点零售药店和门诊500多次，查处违规定点医疗机构12家，违规定点门诊5家。

【失业工伤生育保险】 全市参加失业保险27.1万人，完成任务100.2%；参加工伤保险31.7万人，完成任务100.5%；参加生育保险14.8万人，完成任务102.7%。月失业保险金标准调升112元，由568元调整到680元。推进新《工伤保险条例》贯彻实施。全年工伤认定2591宗，增幅12.46%。作出劳动能力鉴定1324宗，增幅22.53%。对全市1.1万名老工伤人员进行身份确认并纳入工伤保险统筹管理，对符合规定的工伤伤残人员进行伤残津贴调整，人均增加额为158元。

【社会保险基金管理】 健全基金运行分析和预警机制，开展社会保险基金检查，确保社保基金安全。全面掌握基金收支情况，各项基金保持平稳运行。全年争取省级支持韶关市养老保险调剂金2.74亿元，缓解企业职工养老保险基金支付压力。

【社会保险经办服务】 贯彻落实社会保险法，举办4期社会保险法学习培训班，对全市近600名社会保险从业人员及1500多名市直企事业单位劳资人员进行全面系统的培训。在社保经办窗口开展“能力建设年”活动，推进社保经办标准化建设和精细化管理，首创全国社保电子账单服务。累计发放社会保障卡82.2万张，完成任务的100.24%。开展将企业退休人员纳入基层公共服务平台进行管理与服务试点工作，企业退休人员社区管理服务率达到92%。

就业与培训

【概况】 稳定和扩大就业，保持就业局势基本稳定。全市城镇新增就业5.5万人，完成任务110%；城镇失业人员再就业4.3万人，完成任务106.9%；就业困难人员实现就业3963人，完成任务113.2%；新增转移农业富余劳动力7.6万人，完成任务105.2%；城镇登记失业率2.86%，控制在年度目标3%以内。完成农村劳动力技能培训32249人，完成任务的104.0%。完成技校招生37376人，完成任务110.3%。

【农村劳动力技能培训转移就业】 全市各定点培训机构采用“送教下乡”、“送教进厂”、“订单培训”等培训模式，把培训班办到镇、村、企业。制定严把师资教学配置关、考核验收关、鉴定质量关等“七严”管理措施，提升农村劳动力培训质量。全年完成农村劳动力技能培训32249人。开展新生代农民工情况调研，认定9个农村劳动力转移就业示范基地，评定南雄市、乳源瑶族自治县、浈江区、新丰县为农村劳动力培训转移就业工作示范县。在莞韶工业园区内建立莞韶工业园区转移就业服务中心，全年输送农民工到莞韶园区就业3872人。全市举办各类专场招聘活动420场次，累计提供就业岗位38.3万个，成功就业4.8万人次。5610名农民工入户城镇，新增转移农业富余劳动力7.6万人。

【高校毕业生就业】 出台促进高校毕业生就业配套文件，实施高校毕业生就业见习计划和“三支一扶”等促进就业措施，303名高校毕业生参加就业见习，176名高校毕业到韶关市参加“三支一扶”工作。建立高校毕业生就业状况实名制档案，对4492名应届毕业生进行职业指导培训，电话跟踪5000多人次。收集241家用人单位的应届毕业生需求2146人，成功举办“高校毕业生专场招聘会”，“高校毕业生就业服务周、服务月”，“校企合作人才见面会”等各类招聘活动，为毕业生提供贴心就业对接服务。2011年，到韶关市各级人社部门办理报到的应届毕业生总数7638人，已就业人数7343人，就业率为96.14%。

【就业困难人员就业】 贯彻落实就业援助政策，零就业家庭实现动态归零，“4050”人员就业困难群体的就业难题得到缓解。全年开发社区就业岗位8202个，开发公益性岗位603个，援助就业困难人员实现就业1893人，帮助残疾人实现就业358人，完成年度任务的119%。

【家庭服务业促进就业】 出台《韶关市发展家庭服务业促进就业实施意见》，采取财政支持、从业人员职业技能培训、税费优惠、实施社会保险补贴和岗位补贴等一系列措施，发展家庭服务业，打造“韶关阿姨”品牌。力争通过两年的努力，实现创造就业岗位1万个以上，培育“优秀家庭服务企业”15家以上，年培训家庭服务人员5000人次以上的目标。全年培训家庭服务人员1650人，创造就业岗位1530个。

【创业带动就业】 全年发放小额担保贷款108笔509万元，带动742人就业；举办创业培训班197期，培训7372人。全年实现成功创业1840人，带动就业7929人。承办广东省大学生创业典型事迹报告会。举办2010年度创业之星表彰大会。指导浈江区、仁化县开展省级创业型城市创建工作。2人被评选为2011年全省创业先进个人。

【四级公共就业保障服务体系】 将“健全完善我市四级公共就业保障服务体系”列入2011年为民办好的八件实事之一，纳入韶关市“十二五”规划。制定下发《韶关市四级公共就业保障服务体系建设实施意见》，《韶关市加强乡镇（街道）人力资源社会保障公共服务平台建设实施方案》。至2011年底，完成中心镇服务机构场所建设方案，并组织开工建设，相关工作正在抓紧推进中。

【现代技工教育】 全年完成技校招生37358人。建立省市共建粤北技工教育基地联席会议制度，出台“十二五”期间加快推进省市共建工作意见以及2011年共建工作思路和要点，制定韶关市技工院校绩效考核办法，举办“2011年珠三角百家名企与韶关院校校企合作洽谈会”，开展新一轮“百校千企”校企合作工作，专业建设、校企合作完成项目21个，投入资金1.1亿元。全市技工院校获取国家专利5个。开展“名教师名专业”评审工作和“技能之星”评选活动。市技师学院、省南方技师学院被评为广东省教育工作先进单位。评选出15名广东省技术能手、14名广东省技工院校优秀教师、16名广东省技工院校优秀班主任；评选出第二批市级名教师26名、名专业13个。

【省职业技能竞赛韶关选拔赛】 制定《2011年广东省维修电工职业技能竞赛韶关市“三向杯”选拔赛实施方案》，组织10个技工院校、企业的38名选手参加韶关选拔赛。全市共组织参加2011年省级一类职业技能竞赛维修电工和家政服务员两项赛事，省级二类职业技能竞赛可编程控制系统设计师、营销师和CAD绘图员三项赛事，共有26名选手荣获省一类、二类竞赛奖项，其中省维修电工决赛2人获第三名，1人获第四名，可编程序控制系统设计师获得三项个人一等奖和学生组团体第四名的好成绩，省CAD图形技能及创新大赛获得中级组团体“二等奖”，高级组团体“三等奖”。

【职业技能鉴定】 2011年组织全市职业技能鉴定75011人次，办理职业资格证书49485本。市技师学院毕业生率先参加省预备技师鉴定考核试点工作。职业技能鉴定业务全部使用广东省职业技能鉴定业务管理系统、智能化考试平台进行鉴定考核，实行信息化管理。成立韶关市技师协会，在市技师学院和第二技师学院成立技师工作站。韶关市技师学院、韶关市第二技师学院鉴定所申报国家示范性鉴定站（所）评估，国家级职业能力开发评价示范基地建设工程启动。省级高技能公共实训基地基本完成六层实训大楼270台套设备安装、调试使用和验收工作，新综合实训大楼主体工程建设已完成。

市属技工院校

【韶关市技师学院】 韶关市技师学院创建于1964年，前身为韶关地区技工学校，是广东省最早创办的技工学校之一，办学40多年来，现已发展成为集职业需求预测、培训考核、技能鉴定和就业服务于一体的高技能人才培养基地，成为粤北地区技工教育的一面旗帜。

1999年学院晋升为全省首批、韶关首家国家重点高级技工学校，2005年晋升为技师学院，2006年被国家劳动保障部确定为全国第二批农民工培训示范基地，2006~2010年连续五年被省社会科学院评为“广东省技工教育竞争力20强”单位。2008年，市高级技工学校、市农业学校和市农经中专三校资源成功整合，2009年，在校生规模突破1万人，学院为韶关市首家通过复评的技师学院，全国人大代表、学院党委书记、院长刘雪庚2009年被国家人力资源和社会保障部及中国职工教育和职业培训协会评为中国技工院校杰出校长，2010年，学院首次被评为“第二批广东省知识产权试点事业单位”。

学院新校区建筑面积12.5万平方米，容纳近万人的教学楼和与之相配套的实训大楼、综合大楼、图书馆、学生食堂、学生宿舍和教师公寓等设施。在校教职工323人，其中高级讲师、高级技师89人，讲师、技师158人；理论教师本科率达100%，实训教师专科率达100%。市级名师10人。2010年7月8日，“共同推进粤北现代技工教育基地建设备忘录签署仪式”在学院隆重举行，学院被确立为省市共建的重点学校。

学院现开设有计算机辅助设计与制造、数控加工技术等高、中级工专业，并与中南大学、韶关学院联合举办本科班、大专班。学生毕业可获得高级职业资格证和国家承认的本科、大专毕业证。同时，学院开办技师、高级技师培训班。毕业生就业率达100%。2007~2008年，学院自主研发的“电气智能控制实训台”获第六届全国技工学校技术开发优秀成果三等奖，并获两项国家专利。《打印机的原理与维修》、《数控车床（GSK980TD系统）对刀演示》多媒体课件荣获第三届全国职业培训软件大赛二、三等奖。

自承担农村劳动力培训工作任务后，学院共为近8000名农村劳动力进行维修电工、电焊工、钳工、计算机文字录入、收银员、商品营业员、园林植保工、花卉园艺工、客房服务员、餐厅服务员、景区讲解员等11个专业（工种）的技能培训。学院还先后承担省里的智力扶贫生、退役士兵学员和四川灾区学生的培训工作，毕业率、就业率均达100%。

学院始终坚持校企合作，已与三菱电机自动化（中国）有限公司、珠海格力电器集团、韶关钢铁集团股份有限公司等一大批知名企业建立战略伙伴合作关系，已与100余家企业建立长期稳定的学生实习与就业工作网络。

【韶关市第二技师学院】 创建于1973年的韶关市第二技师学院(市职工大学)，是粤北地区最具实力和特色的技工院校之一，2007~2011年连续五年跻身于全省技工教育20强行列，成为享誉粤北乃至全省技工教育的一颗璀璨明珠。

学院于1999年1月晋升为国家重点技工学校，同年12月晋升为高级技工学校，2004年与韶关市职工大学合并，实现资源整合，优势互补，2005年批准加挂技师学院牌子，2008年被认定为广东省高技能人才实训基地，2011年7月通过广东省人民政府的技师学院复评，同意批准技师学院为办学主体。

目前，学院有校本部和西区2个教学区，占地面积8.67公顷，是韶关市优秀园林单位。学院多年来致力于打造高素质的师资队伍，拥有教职工245名，具有中高级职称的专职教师占教师总数的80%，在校生9000多人，建院39年来，为社会培养近8万名技能人才，毕业生遍及省内外众多知名企业，为建设“转型广东、幸福广东”作出积极贡献。学院已发展成为汇集中、高级工、预备技师、大专、本科等多层次学历教育，以及中、高级工、技师和高级技师培训、农村劳动力转移就业培训和退役士兵职业技能培训于一体的综合性技师学院，被誉为“广东实力名校”。

学院设有六大教学系，30多个常设专业，每个专业均有与其相配套的教学设施、设备实训场地，其中，热处理专业是全省技工院校独有的特色专业；电气自动化等6个专业是韶关市的名专业；学院拥有规模庞大、设备先进的实习工厂，并与几百家省内知名企业建立校企合作实习基地。

学院坚持培养职业精英的办学理念，以优质就业为目标的办学方针，产教结合、工学结合、校企合作的特色办学模式。在注重对学生传授知识和技能培养的同时，也注重对学生进行人文教育和人格塑造。学院师生多次在省内外各种技能大赛中获奖。毕业生就业率始终保持在99%以上，是莘莘学子走技能成才之路的最佳选择。

（吕小辉　白深云　张治文）

韶关市技工学校一览表

表13-1

学校名称	地　址	建筑面积（平方米）	在职教师数	现有班级数	在校学生数	年内招生人数	年内毕业人数	办学形式	日常联系电话
韶关市技师学院	韶关市浈江区大学路338号	162616	323人	136个（校本部）	15028人（含非全日制）	5551人	2052人	公办	8127111
韶关市第二技师学院	韶关市浈江区前进路	60000	245	116	9883	4681	1315	公办	8853354
粤北技工学校	韶关市十里亭碧亭路	20114	107	30	6374	1961	637	公办	8853150
韶关市机电技工学校	韶关市北郊十里亭	28000	73	126	5819	2014	1469	公办	8833269
韶关市交通技工学校	韶关市浈江区东河陵南路9号	5380	53	4	197	0	111	行业办	8220368
省南方技师学院	韶关市大学路82号	58900	164	164	10761	5076	1131	公办	8213475
省工业高级技工学校	韶关市浈江区花坪镇平顶山	59000	181	149	8522	4186	879	公办	6551441
省工商高级技工学校	韶关乐昌市站北路25号	66000	186	152	8724	4505	2135	公办	5558268
核工业华南技工学校	韶关市芙蓉东路180号	60000	162	137	6875	4013	1052	企业办	8531018
广东十六冶技工学校	韶关市曲江马坝十六冶四村	18000	30	12	621	104	585	企业办	6650043

附：领导班子成员名单

局　长：温新才

副局长：刘晓佳

李永强

陈志宏（纪委书记）

梁玉英

安森雨

郭兴华

经济管理

发展与改革

【概况】 韶关市发展和改革局是负责研究提出全市国民经济和社会发展战略、发展规划和政策、进行总量平衡、结构调整，指导总体经济体制改革、宏观经济管理的市人民政府工作部门。原为韶关市计划委员会，2001年更名为韶关市发展计划局，2004年再度更名为韶关市发展和改革局，位于韶关市浈江区风度北路125号政府大楼五楼。下设能源局、办公室、综合规划科、投资科、社会发展科等14个内设科室(局)，代管韶关市重点建设项目办公室、铁投公司，设市高速办、铁办、核电办、医改办4个临时机构。核定机关行政编制39名，其中，局长1名、副局长4名、纪检组长1名、总经济师1名、能源局长1名；正科级领导职数14名、副科级领导职数8名；后勤服务人员数5名。此外，市重点建设项目办公室（副处级单位）核定行政编制3名，其中：主任1名，副主任2名。

2011年，在市委、市政府的领导下，市发展和改革局坚持以科学发展观为统领，积极发挥职能作用，有序推进重大问题研究和规划编制，扎实推进投资和重点项目建设，加快现代产业体系建设步伐，继续深化重点领域改革，进一步改善民生事业，为推动经济社会跨越发展，建设幸福美好韶关作出了积极贡献。

【重大问题研究和规划编制有序推进】 围绕市委、市政府的重大决策部署开展研究，组织编制发展规划，增强工作的前瞻性，发挥党委政府经济工作方面的参谋助手作用。

加强经济社会发展形势分析 学习国家和省的宏观政策，关注经济运行中的热点、难点。开展经济运行分析调研，加强与全省山区市和“红三角”地区的经济数据交流，加强与市直相关部门的沟通联系，全面、及时地把握动态信息，找准经济社会发展中存在的问题和薄弱环节，做到月分析、季报告，使经济形势分析工作实现制度化、常规化，及时提出针对性的对策和建议，研究提出稳定经济增长、加快转型升级的政策建议及2012年经济工作思路建议，供市委、市政府决策参考。年内，共编印33期《韶关发改信息》，将大量的经济社会发展信息及发展改革系统的研究成果，及时报送市领导参考。

组织开展重大问题研究 围绕市委市政府关注的热点难点问题，组织开展一系列重大问题研究，研究提出解决制约科学发展深层次问题的办法。形成《集中建立公共资源交易中心实现公共资源优化高效配置》、《关于建筑陶瓷产业和园区调研情况的报告》等多篇高质量的调研报告，为全市破解经济发展难题提出一系列行之有效的意见建议。此外，探索低碳发展道路，建立韶关市低碳工作联席会议制度；为保障全市能源供应安全，制定《韶关市能源保障应急预案》；提出推进韶关市市区“油改气”工程规划建设的基本思路。

编制实施“十二五”规划 编制完成“十二五”规划纲要。制定落实市“十二五”规划纲要主要目标和任务分工方案。牵头编制服务业、国民经济动员等“十二五”重点专项规划。各县(市、区）“十二五”规划纲要编制工作也顺利完成。

推进主体功能区规划相关工作 做好与国家、省主体功能区规划的协调衔接，争取省对生态发展区的政策和资金支持。极推进南岭山地森林及生物多样性生态功能区生态示范县建设。

【投资和重点项目建设扎实推进】 2011年，韶关市全社会固定资产投资共完成472.2亿元，同比增长16.3%。

大力推进重点项目建设 年内，全市重点项目共完成投资242.4亿元，占年度计划的111.4%，重点项目建设成为投资保持稳定增长的重要支撑点。列

入年度建设计划的60个重点项目中，有39个项目完成或超额完成年初下达的投资计划。广东省天然气管网一期管道韶关支干线项目、风度国际大酒店、广东汉鸿木业有限公司、建造高端液压油缸制造基地技术改造项目、乐昌市福润肉类加工项目、始兴县广东金友集团有限公司粮油加工基地等相继建成或基本建成；乐昌峡水利枢纽工程主体工程完工，东阳光药业、佛山华夏建陶（新丰）产业转移项目等开始试生产。计划安排的10个新开工项目，除大广高速公路新丰段、X316县道改造工程、东阳光太阳能光伏产业建设项目、曲江LED产业园外，都如期开工建设。全市列入省重点的21个项目，共完成投资182.2亿元，占年度计划的133.8%，在全省21个地级市中名列前茅。市政府和市发展改革局被省评为重点项目建设工作先进集体，并予以通报表彰。

积极争取中央资金支持　全年争取国家、省安排韶关市资金共11.9亿元，用于棚户区改造、农村民生工程、战略性新兴产业、自主创新和高技术产业化、交通基础设施建设、供水管网设施、经贸流通等领域项目建设。

加强和完善项目管理　一是落实市领导挂点联系重点项目制度和地方、部门分工负责制度。在下达重点项目计划时，对每个项目安排一名市领导挂点联系和一个部门或地方政府分工负责，确保一个项目有一名领导挂点和一个单位负责抓协调落实。二是组织实施重点项目绩效考评制度，并将重点项目绩效考评结果与市直单位绩效考评和县域经济考核挂钩，落实奖惩机制，既落实责任又调动积极性。三是落实检查监督、督查督办、统计报告等制度，为及时掌握项目进展情况和协调处理存在问题提供制度保障。四是不定期邀请市人大代表、政协委员视察重点项目建设情况，加大新闻媒体对重点项目的宣传力度，通过采取多种形式的检查督促，形成抓重点项目建设的强大社会舆论氛围。

【现代产业体系建设步伐加快】 以战略性新兴产业和现代产业500强为抓手，推动产业结构调整优化。

编制实施产业发展规划　牵头编制《韶关市现代产业体系建设规划》、组织起草《关于加快建设现代产业体系的实施意见》。争取26个项目入围2010~2011年度省现代产业500强项目，项目数量在全省21个地市中名列第6位，项目总投资302亿元，累计完成投资147亿元。开展2011~2012年度现代产业500强项目遴选和推荐工作。

培育和发展战略性新兴产业　组织起草《关于加快培育和发展战略性新兴产业的实施意见》，明确战略性新兴产业的发展目标、方向和推进的实施意见。全市26个省现代产业500强项目中有9个战略性新兴产业项目，总投资185亿元，累计完成投资108亿元。

推进服务业加快发展　组织编制服务业发展“十二五”规划。争取中央投资2550万元支持丹霞山景区开发以及物流项目建设。韶关市科技企业孵化基地项目通过省发改委的评选，被列入“广东省新十项工程”。

大力发展总部经济　组织起草《关于加快总部经济发展的意见》和《关于印发韶关市总部企业认定办法（试行）的通知》，并着手开展全市总部企业认定工作。

推进新能源汽车示范应用工作　做好省新能源汽车示范应用资金申请工作，并以第一名的成绩入围。编制《韶关市2011~2012年新能源汽车示范应用工作计划报告》，做好新能源汽车充电、充气设施的选址工作。加快推进纯电动公交车的示范应用工作，协调推进充电设施建设、纯电动公交车融资租赁工作。

做好对接央企工作　争取华电、国电、中建材到韶关投资，争取央企在韶关投资取得实质性进展。

做好节能减排工作　实施节能示范工程，支持企业节能改造；控制污染物排放总量，督导落实火电厂安装脱硫设备等工作，2011年单位生产总值能耗下降3.66%。推进风电、核电、生物质能开发利用试点等新能源和可再生能源项目建设，打造省清洁电源基地。

【重点领域改革继续深化】 2011年，推进重点领域的改革，增强全市经济发展活力。

完善县域经济考核机制　修改完善《韶关市县（市、区）经济社会科学发展观考核办法》，建立健全县域落实科学发展观评价指标体系和干部考评办法，并组织对2010年度县域经济进行考核。

推进医药卫生体制改革 贯彻落实国家医改精神，抓好基本医疗保障制度、基本药物制度、基层医疗卫生服务体系、基本公共卫生服务均等化、公立医院改革试点五项重点改革，基本完成基层综合改革目标，基层综合改革工作在全省排位第六。

深化投资体制改革 建立和完善市级网上审批服务平台，推行“网上审批”制度。改革企业投资项目核准流程，推行重大项目并联审批制度。执行最新的广东省企业投资项目核准、备案办法以及《政府核准的投资项目目录》，加强对企业投资的规范和引导。实施投资项目节能评估审查制度。

【申报国家第三批资源枯竭城市】 11月11日，争取国家发改委、国土资源部、财政部将韶关列为国家第三批资源枯竭城市。国家财政部下达韶关2011年度资源枯竭城市转移支付资金3.15亿元，省将给予一定比例的配套资金。至此，今后5至9年，韶关每年可获中央财政及省配套财力转移支付3亿~5亿元。

【赣韶铁路韶关段进展情况】 赣韶铁路全长179公里，总投资61.8亿元，其中韶关境内117公里，投资37亿元。截至2011年底完成投资29.7亿元。

【国电粤华韶关煤矸石发电项目进展情况】 1月27日，广东省发改委以《广东省发展和改革委关于请求批准同意国电粤华韶关2×30万千瓦煤矸石综合利用发电项目开展前期工作的请示》（粤发改能电〔2011〕88号）文将该项目上报国家能源局，申请同意开展工作。煤矸石发电项目相继完成地震安全性评价、地灾危害性评估、压履矿资源查询等报告并取得批复；项目规划环评、水资源论证、项目可行性研究报告相继通过评审。

【华电热电冷联供项目】 2010年6月，广东省发改委以《广东省发展和改革委关于请求批准同意华电南雄2×30万千瓦热电冷联供项目开展前期工作的请示》文将该项目上报国家能源局，申请同意开展前期工作。2011年，广东省发改委将该项目列为广东省“十二五”规划能源发展重点备选项目。项目可行性研究报告已通过评审。

【韶能生物质发电项目】 3月6日，广东省发改委以《关于韶关市韶能生物质发电项目核准的批复》，核准韶能集团股份有限公司2×30兆瓦生物质发电项目。该项目总投资5.1亿元，建设规模60兆瓦。

【广乐高速公路韶关段建设】 广乐高速公路韶关段总投资177.5亿元，截至2011年底，完成投资71.5亿元。其中，2011年完成投资41.8亿元，超额完成年度投资计划。

【南岭生态示范项目建设】 南岭生态建设试点县始兴县、乳源瑶族自治县共有9个项目列入南岭生态区示范项目，已完成投资3222.7万元。（肖荣忠　李剑虹）

附：领导班子成员名单

局　长：李维员

党组书记：李维员（~2011.10）

　　　　　胡书臣（2011.10~）

副局长：王碧安　刘剑城

　　　　钟沛东　阳火成

纪检组长：阮龙德

总经济师：巫锦国

统　计

【概况】 韶关市统计局为市人民政府工作部门，是负责全市统计工作规划，组织实施统计调查，提供统计资料，实行统计监督的职能机构。2011年，内设办公室、综合核算科、工交科、能源统计科、农村贸易科、投资社会科、法制科、计算机应用科8个职能科室，现有局长1名，副局长3名（含纪检组长），科长8名，副科长4名。一个隶属管理的正科级事业单位——韶关市统计普查中心（韶关市社情民意调查中心）。市统计局行政编制30人，实有29人，其中工勤人员2人。普查中心事业编制10人，实有5人，其中工勤人员1人。2011年末，全市政府统计机构行政编制120人，实有117人。

2011年，全市统计工作以科学发展观为指导，以提高统计能力、提高统计数据质量、提高统计公信力为主线，围绕市委市政府和省统计局的工作部署，发挥职能作用，在统计“四大工程”建设、基层基础建设、数据质量、服务水平等方面取得新成效，为推动韶关经济社会科学发展作出积极贡献。韶关市人口普查办被评为第六次全国人口普查省级先进集体；市统计局荣获第二次R&D资源清查工作国家级先进；在广东省统计业务考核的14个专业中，市统计局获得2个一等奖、5个二等奖、5个三等奖的好成绩。

【统计预警监测】 为实现全年经济增长预期目标，主要开展以下工作：一是4月中旬起，市统计局组织开展为期一个月的县（市、区）经济增长潜力调查。并根据调查的1007个企业（投资项目）情况，撰写《今年我市经济增长潜力调查报告》及其工业、固定资产投资、贸易业等4篇调查报告，专报市委、市政府主要领导参考，得到充分肯定，市政府全文转发至有关部门参阅。二是建立市统计局领导班子成员及业务科长联系指导县（市、区）及工业园统计工作制度，及时解决经济运行中存在的突出问题。三是加强部门联动，提高监测质量。完善GDP联席会议制度，加强与财政、经信、农业、住建、交运、税务、金融、人行等部门的沟通协调，共同研究解决GDP核算中遇到的突出问题和薄弱环节；与宣传部、文广新局联合部署文化产业统计工作，正式启动全市文化产业统计工作；加强与科技部门的联动，对科技报表进行联合会审，组成联合调研组到相关企业开展R&D统计调研，对存在问题及时给予专业指导；与市重点办联合发文规范重点建设项目统计工作，及时、准确反映重点项目进展情况。与供电部门沟通，使用供电部门的企业用电数据对基层企业上报的产值、用电量等指标进行评估，把好规上工业数据质量关。四是加强与重点企业的联系。对重点指标进行对比分析，为准确分析预测全市工业经济运行情况提供依据。

【统计服务】 举办专题讲座，解读统计知识。5~9月，市统计局领导分别到10个县市区作“统计与经济运行”专题讲座，以剖析当地经济运行情况为切入口，重点解读影响GDP增长的工业、农业、建筑业、服务业等相关统计指标的专业知识，对如何发挥统计整体功能，及时、全面、准确反映经济社会发展成果提出建议。编印通俗读本，推进统计公开。5~6月，市局集中骨干力量，编印《现行统计方法制度简介》2000本，发送市县有关领导和部门学习。优化统计产品，提升服务水平。对《统计月报》进行改版优化，充实内容、增设专版。如期发布《2010年韶关市国民经济和社会发展统计公报》和《韶关市第六次全国人口普查公报》，编印2011年《韶关统计年鉴》。关注热点重点问题，及时提供统计监测信息。市、县两级统计部门，为各级党委、政府和部门提供统计月报资料130期、统计分析293篇。被省、市、县各类新闻媒体采用的统计信息414条，各类信息采用量名列全省21个地级市前茅。14篇统计调研报告得到市、县（市、区）领导批示。搞好考核评价，服务科学发展。举办专题辅导讲座，对《2011年县（市、区）经济社会科学发展考核办法》进行解读，为搞好考核评价夯实基础。落实《2011年广东省经济社会科学发展评价体系》目标任务，抓好统计部门负责2项牵头和12项配合指标的统计监测。为市政府及相关部门整理加工统计资料，为做好省对市科学发展观考核、社会发展综合评价、产业转移园区考核、节能减排考核、粮食考核等工作搞好统计服务。

【统计“四大工程”建设】 推进基本单位名录库、企业一套表制度、数据采集处理软件系统和联网直报系统“四大工程”建设是2011年国家和省统计局部署的重大统计改革任务。为完成此项工作，一是市政府成立由副市长邹永松任组长、13个单位分管领导为成员的韶关市统计“四大工程”建设工作领导小组，加强对此项工作的领导。二是抓好试点。按照全省统计“四大工程”建设工作的要求，市统计局制定《韶关市企业联网直报改革实施方案》，量化目标要求，确保试点工作有序有效进行。三是抓好单位清查。按照“先入库，后有数”的原则，集中开展新增单位名录库的盘点和清查工作。全市“三上”单位834个，比年初增加74个。四是强化培训。编印《韶关市企业联网直报指南》、《统计法律告知书》共8000多本，发至各县（市、区）及联网直报企业，较好解决企业愿报、能报和会报的问题。五是加强督导。数据报送期间，市、县统计部门以电话、短信、QQ、现场指导等方式，加强与企业的沟通，及时解决网报过程中的各种问题。试点期间，两次联网试报数据，全市网报企业的直报率和直验率均达99.5%，高于全省平均水平，初步实现通过互联网直接向国家报送原始数据的目标，为2012年实施“企业一套表制度”奠定良好基础。

【统计法制建设】 制定“六五”普法规划，加大对各级党政领导和统计工作人员的普法力度。对10个县（市、区）的50个“三上”（指限额以上下工企业、限额以上批零贸易企业、资质内建筑企业）企业进行统计执法检查，立案查处3个统计违法单位，首次对行政事业单位进行统计行政处罚，为统计改革保驾护航。

【统计基础建设】 一是统计信息化建设再上台阶。市统计局建成开通统计视频会议系统；武江区统计局安装20兆流量的独立光纤宽带网络，浈江区统计局完成统计信息广域网网线的整体切换，确保企业联网直报数据处理和传输的高速顺畅。二是基层统计力量增强。理顺全市农村统计面上调查人员编制，浈江区、曲江区、南雄市、乐昌市、仁化县、翁源县、乳源瑶族自治县、始兴县、新丰县等9个县（市、区）统计局成立普查中心，市、县共增加编制32人；浈江区各统计站均核定事业编制1名，人员经费列入财政核拨；曲江区、仁化县、乳源瑶族自治县、翁源县等局办公环境和工作条件得到较大改善。开展业务培训，提升专业技能。对新上岗统计员进行从业资格培训，全市共有335人参加统计从业资格考试，317人参加统计继续教育培训。在统计系统内，举办各类统计专业培训班20多期，选派人员参加国家统计局组织的业务培训；开展全员计算机技能培训，并通过知识竞赛、对口培训、跟班学习等方式提高统计人员业务能力。

（钟全球）

领导班子组成名单

局　长：潘　萌

副局长：谭　军　翁文生

杨水养

审　计

【概况】 韶关市审计局为市人民政府工作部门，设8个内设机构，分别为办公室、法规审理科、经济责任审计办公室、财税金融审计科、行政事业审计科、农业与资源环保审计科、经贸外资审计科、固定资产投资审计科。机关行政编制42名。其中：局长1名、副局长3名，总审计师1名；正科级领导职数8名、副科级领导职数10名。后勤服务人员数4名。

2011年，全市审计机关深入贯彻落实科学发展观，抓住科学发展主题和转变经济发展方式主线，围绕党政工作中心，把“以科学发展观为指导，以审计监督为手段，以审计服务为要务，以促进经济社会发展为根本目的，融入经济社会发展大局”的科学审计理念贯穿于审计工作中，围绕“坚持走生态文明发展道路，推进经济社会跨越发展，建设幸福美好韶关”和“加强社会建设”等中心任务，服务科学发展的大局，探索发挥审计“免疫系统”功能的多种形式，确保各项工作做到“有序、有质、有效”，不断提升审计机关服务韶关经济社会科学发展的能力和水平。

2011年，全市审计机关共完成审计项目424个，审计调查55个，审计查出违规资金5404万元，查出管理不规范资金5.89亿元，应上缴财政846万元，已上缴财政804万元；审计发现侵害人民群众利益资金511万元；提出审计建议696条，被采纳审计建议637条；提交专题或综合性报告和信息简报405篇，被批示采用308篇。市审计局先后获得“全国地方政府性债务审计公务员集体嘉奖”、“2011年广东省地方政府性债务审计优秀集体”、“全市依法治市先进单位”、“韶关市先进基层党组织”、“韶关市精神文明先进单位”等荣誉称号。

【机关规范化建设】 明确审计工作融入经济社会发展大局的指导思想。围绕韶关经济社会的科学发展大局，找准审计工作的切入点、着力点：围绕领导关心、群众关注的社会热点难点问题开展审计工作；狠抓中央和省、市各项政策贯彻落实情况的审计监督，促进中央和省、市各项决策部署落到实处；从宏观和全局的角度，认识和审视审计掌握的情况，突出对机制性问题的揭示和反映力度，促进完善制度管理；加强审计成果的运用，为党委和政府决策提供有价值的信息材料、意见和建议。

推进审计项目综合计划管理，提升审计质量和执行力。制订并落实《韶关市审计局审计项目计划管理及进度管理办法（试行）》，通过对项目实施“倒逼机制”管理，加强项目实施过程的监控；建立被审计对象、审计项目管理等数据库，提高审计对象、项目计划信息化管理的科学性，使审计项目管理更加科学、规范和系统。

推进规范化建设，重点是完成审计专网和审计会商系统的信息化建设和验收工作。抓好制度建设，出台《审计复核、审理暂行办法》和《信访处理办法》等制度，实现审计工作的制度化、规范化。

【审计信息化建设】 加强现场审计实施系统的应用（AO系统），不断总结经验，指导县(市、区)审计局推广应用现场审计实施系统；做好AO认证培训考试工作；加强对审计管理系统（OA系统）、政府网、互联网管理和维护，根据人员变动和岗位变动，对人员权限进行变更；定期更新法规库软件等；通过审计专网与国家审计署、广东省审计厅对接，组织全体干部职工收看视频会议；开展实时在线监督财政预算工作。

【审计队伍建设】 打造一支政治过硬、业务过硬、形象过硬的专业化审计队伍，提升审计服务科学发展的能力和水平。坚持不懈地抓好对审计干部队伍的思想政治教育；创新审计人才培养模式，以审代训，以点带面，开展各种审计业务培训，出台制度措施激励审计干部提高审计专业技术水平；抓好审计队伍的廉政建设，执行审计纪律“八项规定”等廉政规定；执行干部选拔任用条例和“两推一评”方式选拔任用领导干部，做到干部选拔任用工作的科学化、规范化、制度化。

【审计文化建设】 在全市审计机关开展弘扬广东审计人精神学习实践活动，使“良知、责任、执著、专业、奉献”的广东审计人核心价值理念深入人心，把弘扬广东审计人精神融入到审计机关的文化建设之中并转化为推动审计工作科学发展的强大动力。

【地方政府性债务审计】 举全市审计之力，完成全市地方政府性债务审计工作。通过审计，摸清各县（市、区）政府性债务的底数和用途，理清债务偿还责任的债务类型、结构特点，分析债务形成原因及发挥的作用，有针对性地提出规范完善各县（市、区）地方政府性债务举借、管理、使用的审计建议和意见，促进全市加强地方政府性债务管理，建立健全规范的举债融资机制，防范和化解潜在风险，维护财政和金融安全。

【财政预算执行审计及其他财政收支情况审计】 关注部门预算、国库集中收付和政府采购等财政改革，促进公共财政制度的建立和完善，促进增强预算约束力和精细化管理，关注预算分配的公平性和合理性。受市政府委托，向市十二届人大常委会第41次会议作《关于2010年度韶关市预算执行和其他财政收支情况审计工作的报告》，同时市审计局召集相关部门对2010年度市本级预算执行审计工作报告中提出的“财力管理方面存在问题”进行整改，布置落实整改工作，依据韶关市财力管理方面存在的问题及实际整改情况提出相关建议。对重点资金、重点领域的运用情况实施跟踪审计。开展韶关市新鸿达城市投资有限公司财政财务收支、原曲仁矿棚户区改造项目、玉树地震抗震救灾资金和物资、甘肃舟曲救灾资金物资等审计项目，维护重点资金的安全。此外还开展政府因公出国经费专项跟踪审计和邮政储蓄银行资产负债损益审计，维护金融安全。

【财政决算审计】 完成对浈江区、曲江区和乳源瑶族自治县3个县（区）财政决算审计。在审计过程中以财政决算的真实性、完整性审计为基础，重点审查贯彻执行中央和省市有关财政经济政策情况、上级转移支付资金的收入预算和拨付管理情况、非税收入征缴管理、地方财政收支真实性、财政资金管理内控制度建立等情况。审计过程中加强分析综合，在揭示问题的深度、提高审计评价的准确性和客观性、提高审计建议的针对性和可操作性上下功夫，发挥审计在推进规范财政管理，落实和完善政策制度，完善公共财政体系，防范和化解财政风险，提高财政资金绩效水平等方面的建设性作用。

【地税审计】 组织韶关市审计机关进行地税系统2009年度税收征管情况审计，主要审查税收政策执行、税收征管、税务稽查和财政收支基本情况及对税收疑点事项进行延伸，并重点对地方资金投资当地烟草有限公司分红（收益）纳税情况和土地增值税征管情况进行审计。市审计局通过审计发现税务部门在征管方面存在一些问题，已向地税部门发出《审计报告》及《审计移送处理书》，责成所属单位追缴入库相关税费1074万元。同时要求市地税局采取措施，积极整改，完善相关制度，提高税收征管水平。

【审计民生资金】 加强对涉及民生的农业、医疗卫生、教育等资金的审计。开展扶贫开发“双到”资金、“扶贫济困日”捐赠资金和农业综合开发项目资金审计，完成中小学教师“代转公”和“两相当”问题专项审计，全市农村义务教育债务审计、中小学校舍安全工程审计，以及全市普通高中债务调查核实，市中医院、市第二人民医院收费项目、质量技术监督和食品药品监督管理系统财务收支等财政性资金的审计和审计调查。

【审计其他专项】 根据市领导的要求和实际需要，重点对原市国土资源储备交易中心财务及债务、市公共资产管理中心财政财务收支、韶关市新鸿达城市投资有限公司财政和财务收支、韶关市新宇集团有限公司和市公共汽车公司资产和负债和损益情况、广乐高速公路征地补偿资金使用情况、市殡仪馆新馆建设债务及财务收支、市直属粮食储备库利用绩效和始兴中古坑生态示范园资产状况等审计工作，为党委政府的决策提供依据。

【审计经济责任】 为进一步深化贯彻落实好中央、两办《党政主要领导干部和国有企业领导人员经济责任审计规定》，审计机关推动深化经济责任审计工作，不断探索经济责任审计的新方式，谋划经济责任审计的新格局。注重审计结果运用，发挥部门沟通协调作用。抓好建章立制工作，规范经济责任审计行为。市委办、市府办印发《关于进一步加强领导干部经济责任审计工作的意见》，市纪委、市委组织部和市审计局制定并印发《韶关市本级领导干部经济责任审计对象分类管理办法》，市审计局还制定并印发《韶关市审计局经济责任审计项目管理规定》、《韶关市审计局经济责任审计对外信息沟通办法（试行）》、《经济责任审计文书格式》，规范经济责任审计工作。创新审计监督方法，实行经济责任告知制度。与市纪委、市委组织部共同印发《韶关市本级领导干部经济责任告知规定》，根据市委组织部人事任免通知发放经济责任告知书，使领导干部能事前明确自己应履行的经济职责和承担的责任，增强其自觉地执行政策、法规、遵守制度的意识。加大任中、任前经济责任审计力度，前移审计监督关口。对全市94个乡镇的镇长、书记进行经济责任同步审计，在换届中发挥很好的作用，为乡镇换届选举提供决策依据。也得到省审计厅和市领导的充分肯定，韶关的主要做法、工作经验及取得成效在全省审计系统进行推广并上报国家审计署。

2011年，全市共完成经济责任审计项目359个，审计经济责359人。通过审计共查出违规金额1432万元，管理不规范金额1.68亿元，损失浪费14万元，促进被审计单位规范管理，健全机制制度，依法行政，执政为民，促进廉政建设。（褚晓芬）

附：领导班子成员名单

局　长：凌振伟
副局长：李贵堂　李秋月
　　　　陈大川
纪检组长：徐进平
总审计师：钟定鸿

工商行政管理

【概况】 韶关市工商行政管理局下辖浈江区、武江区和曲江区等3个区局，乐昌和南雄等2个县级市局，仁化县、始兴县、翁源县、新丰县和乳源瑶族自治县等5个县局，58个基层工商所，市局机关设办公室、人事教育科、财务科、监察室（与机关党委办公室合署办公）、法规科、经济检查科（与消费者权益保护科合署办公，并加挂打击传销办公室牌子）、登记注册科、外商投资企业登记管理科、企业监督管理科、市场合同管理科、商标广告管理科等11个科室，经检支队和开发区分局等2个直属行政单位，机关服务中心和消费者权益保护委员会（加挂“12315”投诉举报中心牌子）等2个事业单位。

2011年，韶关工商系统围绕“加快转型升级、建设幸福广东”这个核心，贯彻落实省局和市委、市政府的重大工作部署，建设“三型”工商（法治工商、信用工商和信息工商），推进“两项”改革（企业登记注册制度和监管方式改革），强化“两个规范化”建设（基层规范化和机关规范化建设），开展创先争优活动，加强队伍建设，维护队伍稳定，加大食品安全监管工作力度，服务韶关经济社会跨越发展，各项工作取得新的进步。在全省工商系统工商所岗位资格认证两次考试中，韶关第一次并列全省第二，第二次并列全省第一，通过率100%。在省局遴选干部中，1名干部以第二名的成绩入选省局。3人通过全国司法考试。全系统学习氛围浓厚，学习型韶关工商正在逐步形成；推进登记制度改革，全市登记市场主体10.24万户，同比增长3.85%，实现市委、市政府领导提出市场主体突破10万户的目标；落实品牌战略，现有注册商标6108件，新增注册商标1354件，品牌战略促进企业发展；开展"红盾护农"工作，加强涉农商品质量监管和行政指导，推广订单农业，规范农业订单合同6011份，合同金额1.15亿元，翁源县被评为广东省农民专业合作社示范县。市场主体的增加和企业做大做强，为GDP和财政收入增长作出贡献，工商行政管理工作得到党委、政府和社会的认可。市局被国家工商总局、省工商局评为新闻宣传和政务信息工作先进集体，在全市"行评"活动10个参评单位中获得第三名（浈江区、武江区、乐昌市、乳源县瑶族自治县局荣获地方行评第一名，南雄市、仁化县、翁源县、新丰县局获得第二名），被团省委授予"广东省五四红旗团委标兵"称号，被市政府评为韶关市城市语言文字评估工作先进单位，连续五年被评为全市无偿献血先进单位。

【工商企业登记管理】 全市系统贯彻落实"三促进一保持"、"双转移"政策和省局关于创业带动就业的优惠措施，实施行政指导和《韶关市工商行政管理系统窗口规范化建设意见》，推进全省登记注册改革试点工作，统一规范企业登记注册制度和登记文书，完善和落实"上门服务、预约服务、延时服务、开辟绿色通道"等服务方式，开展网上登记和年检，加快窗口集中服务工作，完善红盾外网功能，丰富"办事指南"、"法律法规"等专栏内容，方便经营者学习和提供指引，行政指导工作进入常态化。8月，市局窗口许可业务整体进驻韶关市行政服务中心，至此，曲江区、乐昌市、南雄市、始兴县、翁源县、新丰县局服务窗口都已迁入当地行政服务中心，实行"一个窗口许可"。市局服务窗口进驻不到半年，凭优质高效的服务水平获得各方好评，被评为"最佳标准化窗口"。各县（市、区）局服务工作也得到当地党委政府的表扬，翁源县局得到县委书记批示肯定，南雄市、乐昌市局、始兴县、新丰县局、乳源乳城工商所、始兴县顿岗工商所分别被评为"优秀服务窗口"或"窗口之星"先进集体，全市工商系统服务地方经济社会发展有新成绩。

2011年，全市内资企业5188户,注册资金190.59亿元，同比分别下降5.07%、增长14.3%；私营企业8833户，注册资金186.7亿元，同比分别增长12.26%、21.52%；个体工商户87131户，资金数额37.2亿元，同比分别增长3.49%、5.91%；农民专业合作社695户，同比增长39.84%。全市产业转移园内企业706家，注册资本84.28亿元，同比分别增长32.96%和26.19%。产业园新设立企业175家，减免工商登记费78.21万多元。协助47家企业成功冠省名，支持63户个体工商户升级为企业。办理动产抵押登记272宗，登记小额贷款公司6家，股权出质登记65宗，帮助企业融资36.43亿元。延长出资期限2家，涉及注册资本354.4万元，免费为7088家企业提供登记公告服务。为广东韶钢松山股份公司等7户企业提供直通车服务，受到企业好评。

【市场主体监督管理】 全系统强化职能到位，提高监管水平，加大执法力度，维护市场经济秩序。一是推进企业监管方式改革。全市监管区域分为263个网格，所有网格都落实责任人，网格化监管工作全面铺开，初步形成横向到边纵向到底的格局。网格化监管责任推动查处无照经营工作的开展，各级工商系统开展专项行动共出动执法人员5465人次，出动车辆1165车次，查处取缔无照经营户237户，立案查处案件887件，案件总值715.61万元，没收非法所得金额26.10万元，罚款金额330.54万元，引导办照866户，全市亮照经营率基本达到100%；重视安全生产工作，履行安全生产责任，共出动执法人员8543人次，出动执法车辆1948台次，检查从业单位25228户次，实现连续7年无安全监管责任事故，荣获韶关市安全生产绩效考评"优秀”等次；强化外网功能，提高网上服务水平，网检率有明显提升。应检企业13973户，通过企业年检10523户，年检率75.3%；给予网检预审数8713户，网检率为82.8%；应验照个体户77381户，通过个体户验照42820户，验照率为53.34%；给予网验预审通过19365户，网验率45.22%；连续8年实现“零超时”、“零投诉”；经检支队查处1宗网络商标侵权案和1宗网络销售假冒伪劣商品案，查处网络经济违法案件取得突破；促使第一批28户中介公司基本实现脱钩挂靠，中介组织防腐工作进展顺利；查处违反不正当竞争法规的案件23宗,案值91.3万元，商业贿赂治理力度得到加强；推进“专业化监管”和“社会化监督”有效结合，实行流通环节食品安全举报特别奖励金制度，向社会公众推荐了“李长富鉴别法”，采取措施迅速平息食盐抢购事件，保障群众利益，维护社会稳定。

【外商投资企业登记管理】 2011年，全市实有外商投资企业582户，投资总额34.28亿美元，注册资本22.89亿美元，分别同比增长8.17%、6.17%、7.4%，其中外方认缴注册资本19.81亿美元，占注册资本86.57%。新登记外商投资企业58户，投资总额2.55亿美元，注册资本1.88亿美元，分别同比增长65.71%、229.96%、30.78%（其中外方认缴注册资本1.86亿美元，占注册资本的98.75%）。实有外商投资企业分支机构159户，外国（地区）企业常驻代表机构37户。新登记企业呈现以下特点：一是户数增多，投资规模缩小。户均投资额438万美元，注册资本额324万美元，同比分别减少37.51%、35.32%，其中投资额在1000万~3000万美元的企业有3户，5000万美元以上的企业1户。二是行业分布合理，第三产业有所提高。第一产业农林牧渔13户，占22.41%；第二产业制造业15户，占25.8%；第三产业服务业30户，占51.72%，主要集中在商业贸易、建筑业和居民服务业。三是外商独资企业发展比例较高。独资企业占新登记外商投资企业的91.37%。四是外商投资企业境内投资有进展。2011年外商投资企业境内投资有10户，注册资本4.22亿元。

【商标管理】 市工商局开展商标行政指导相关服务工作，推动韶关品牌战略实施。韶关液压件厂有限公司“HSG”商标被认定为广东省著名商标。指导农民专业合作社发展特色农业，创建专业乡镇和农业品牌，“田心”商标注册为集体商标，是全市目前唯一的地理标志集体商标。全市各级工商行政管理部门把打击侵犯知识产权和制售伪劣商品专项行动作为商标监管的工作重心，及时查处各类商标侵权案件85宗（一般违法案件11宗，侵权假冒案件74宗），罚没入库金额59.57万元。

【广告管理】 广告监测监管工作有序开展。建立和健全县级广告监管联席会议制度，开展对县级媒体广告监测，加强对药品、医疗服务、保健食品等广告的监管力度，监测广告3856条次，立案查处各类违法广告案件49件，罚没入库28.11万元。定期召开广告监管联席会议，通过大众媒体公告一批严重违法广告案例。结合创文工作，开展对市区公交车、候车亭等不雅医疗广告整治。“2011年广东国际旅游文化节”期间，加强对全市户外广告、媒体广告做好日常巡查（监测）工作，为文化节创造良好的环境氛围。

【经济检查】 制定实施《韶关市工商行政管理系统加快推进法治工商建设工作实施方案》，考评指标具体量化；全系统82名同志通过基层法制员岗位认证资格考试，完成工商所法制员配备；发放食品流通许可证9019户，有效卫生许可证2867户；完成2376户乳制品经营者食品流通许可的单项审核工作。开展彻底清查销售假冒侵权“茅台”及其系列酒专项行动，查获假冒侵权“茅台”酒39瓶，假冒侵权“茅台”系列酒371瓶，移送公安部门追究刑事责任2人。打击食品非法添加和滥用食品添加剂，整治制售地沟油行为，发现并移送公安部门处理地沟油加工小作坊2个，查获涉嫌以棕榈油原油冒充食用油进行销售的案件2宗，查获尚未销售的棕榈油原油12吨，案值达9万元。投入经费58.9万元，抽检各类食品621批次，合格530个批次，不合格91个批次（标签不合格82个批次），抽检合格率为85.3%，其中，重点检测婴幼儿配方奶粉及各类乳制品322批次，三聚氰氨检测指标合格率为100%。立案查处抽检不合格食品案件59宗，罚款37.3万元。制定实施《韶关市工商局开展流通环节食品安全示范店创建活动方案》，申报创建县（区）级食品安全示范店160户，不断完善“工商e通”引入到“食品安全示范店”规范化建设工作中。韶关市食安委对2011年全市的食品安全工作进行综合评价，武江区和乳源县流通环节食品安全工作抓得紧，检查评价项目未被扣分。工商系统规范的行政执法得到政府和群众的认可，法治工商建设不断深入，市局和乳源县局被市委、市政府评为“五五”普法先进单位。

全市工商系统重视打传维稳工作。一方面，发挥“12315”投诉举报网络平台收集、处理虚假招聘信息，及时通过红盾网、韶关家园网予以披露、更新虚假招聘提示信息197条，提醒求职人员避免上当受骗。另一方面，将传销遏制在初发阶段，打掉传销窝点40个，教育、遣散涉嫌传销人员714人次，解救受骗群众26人，刑事拘留传销头目30人，行政拘留5人，逮捕13人。新丰县连续7年、始兴县连续6年实现无传销，乐昌市局荣获乐昌市“维护稳定及社会治安综合治理优秀单位”。

【消费者权益保护】 韶关市工商局贯彻执行消费者权益保护相关法律法规和“12315”消费者申诉举报指挥中心（以下简称“12315”）工作规定，依法受理辖区内消费者申诉举报，调解消费权益争议，转办、交办和督办有关申诉、举报、投诉案件，提供相关法律和消费信息咨询服务。“12315”共受理咨询、申诉、举报10865件，其中：咨询10336件，占95.13%；申诉336件，占3.09%；举报193件，占1.78%，为消费者挽回损失37.97万元。推进“12315”“五进”（进超市、进商场、进市场、进企业和进景区）规范化建设，在丹霞山景区成立广东省第一个AAAAA级景区“消费维权服务站”，“五进”规范化建设方便消费者就近投诉，减少消费维权成本。关注消费者反映的热点问题，做好数据分析，实现消费维权由事后处理为主向事前调控和防范为主转变，按照规定要求在《韶关日报》发布消费热点提示9篇，韶关红盾外网发布消费提示34条，更新发布不法分子利用企业名义进行虚假招聘信息207条，提醒广大消费者提防消费陷阱、应聘者谨防误入传销窝点。

（黎思东）

附：领导班子组成名单

局长、党组书记：王加林

副局长：欧新全　熊运长

张向阳

容　江（兼纪检组长）

质量技术监督

【概况】 韶关市质量技术监督局内设办公室（加挂党办牌子）、人事教育科、计划财务科、政策法规科、质量科、计量科、标准化科、食品监管科、锅炉压力容器安全监察科（加挂“特种机电设备质量监督与安全监察科”牌子）、稽查分局10个职能科室，下辖曲江区、乐昌市、南雄市、始兴县、仁化县、新丰县、翁源县、乳源瑶族自治县8个县级质监局以及市质量计量监督检测所、市特种设备检测所2个直属事业单位。同时，市局加挂“韶关市人民政府打击生产和销售假冒伪劣商品违法行为办公室”牌子。

2011年，全市质量技术监督系统坚持以科学发展观为统领，按照市委、市政府打好转变经济发展方式、提升“双转移”工作质量、推进扶贫“双到”工作“三场硬仗”和省质监局实现从管微观向管宏观转变、从管产品向管企业转变、从面面俱到向突出重点转变、从事后应对向事前预防转变、技术机构从低水平向高水平转变的“五个转变”、落实服务地方经济发展、服务于企业需要、服务于社会稳定“三服务”的要求，开展“创先争优”主题实践活动，围绕服务地方经济发展方式转变这条主线，开展质量强市活动，严格质量安全监管，助推地方特色产业发展和优势产业转型升级，服务民生，开展“创先争优”活动，为促进全市经济社会又好又快发展作出新的贡献，各项工作取得显著成绩。全市系统共获得先进集体奖项（荣誉）6项、先进个人（荣誉）22项。4月，市局派驻行政服务中心窗口获评韶关市行政服务中心2010年度“文明窗口”（同月全市系统有7人获评全国组织机构代码管理中心代码工作20周年先进个人、爱岗敬业个人）；6月，市局1人获评全国质量监督检验检疫系统优秀共产党员；8月，市局稽查分局获评韶关市2010年卷烟打假先进集体（同时市局3人获评先进个人）；9月，市局获评韶关市“五五”

普法先进集体（同时1人获评先进个人）；12月，市局获评2011年广东国际旅游文化节主会场（韶关）优秀组织单位（同时市局1人获评先进个人）。

【国家地理标志产品保护】 2011年，市质监局继续开展地理标志产品保护工作，促进地方特色经济发展，抓紧挖掘和培育“曲江罗坑茶”、“始兴香菇”、“坪田白果”以及“南雄米花糕”等具有自然资源优势、传统工艺技术优势和人文底蕴优势的特色农产品申报国家地理标志保护产品。提升地理标志产品保护工作的效益，依托本市地理标志保护产品数量列居全省之首的既得优势，将产品质量和标准、龙头企业与农户对接起来，依托农业标准化示范区建设把分散经营的种植户有机整合起来，走新型的产业化发展之路。年初，仁化长坝沙田柚国家级农业标准化示范区获批立项并启动筹建工作，占地面积达411.076公顷的新丰佛手瓜地理标志产品标准化示范区正式获批。4月至10月，火山粉葛、长坝沙田柚、清化粉、乳源彩石、九仙桃、三华李、新丰佛手瓜共7个地理标志保护产品的地方标准相继获省质监局批准并予公告。12月，“地理标志产品清化粉的编制与应用”科技成果获始兴县2011年科学技术进步一等奖。至年底，全市12个地理标志保护产品全部制定地方标准，地理标志保护产品的标准化生产规模进一步扩大，产品监管体系健全，资源整合力度加强，产品品质和经济效益提升。

【公共检测平台建设】 2011年，国家铅锌产品质检中心申报筹建工作稳步推进，得到市委、市政府及相关部门的重视和支持。国家铅锌产品质检中心的筹建工作进展顺利，申报材料已递交国家质检总局。年内，韶关市3个省级检验站（粮油及制品检验站、精细化工产品检验站、铅锌及钢材产品检验站）的建设相继驶入快车道。8月，粮油及制品检验站获得由国家认证认可监督管理委员会出具、广东省质量技术监督局颁发的资质认定计量认证证书和资质认定授权证书，成为广东省首个粮油及制品的省级检验站，检验项目达60个（389个参数），基本覆盖粮油及制品的检验。12月，市质量计量监督检测所与肇庆市质量计量监督检测所合作申报的《食品检测高新技术的研究及应用——高效液相色谱法同时测定食品中安赛蜜、苯甲酸、山梨酸、糖精钠的技术研究》省级科技项目课题通过省科技局验收；该项目科研论文《食品中安赛蜜、苯甲酸、山梨酸、糖精钠、脱氢乙酸快速检验液相色谱法》也在国家核心期刊《分析实验室》发表，质检机构的科研能力进一步提升，提高韶关地区食品安全监管的技术支撑能力。年内，精细化工产品检验站完成土建工程，实验室内部装修接近尾声，铅锌及钢材产品检验站即将进入环境设施配置、实验室装修和检验仪器设备购置阶段。3个省级检验站建成后，全市的省级检验站将达到5个，将会提升质检机构对韶关市经济社会发展的技术支撑能力，推动韶关地区技术进步、产业转型升级和产品质量的提高。

【扶贫“双到”工作】 2011年，市质监局结合挂扶的武江区江湾镇瑶族村及贫困户的实际情况，以产业带动帮扶和基础设施建设为着力点，会同市人大机关实开展扶贫“双到”（规划到户，责任到人）工作。市质监局领导班子成员与市人大机关领导共到村（户）47人次，分管领导及驻村工作组与村“两委”研究扶贫工作63次，干部职工到户406人次，驻村干部人均驻村时间246天。全年市质监局会同人大机关共筹集各项资金199.28万元，达到原计划筹资30万元的6.6倍，重点用于改善贫困村的基础设施、实施危房改造和帮扶贫困户发展种养生产等。至年底，挂扶的瑶族村基础设施稳步改善，挂扶贫困村“造血”能力持续提升，贫困户收入明显提高，村集体经济收入从2009年的3100元增加到2011年的4.42万元。贫困户年人均纯收入从2009年的1313元增加到2011的6339元。市质监局帮扶的17户贫困户已经全部脱贫，实现“三年任务、两年完成”的目标。

【生产加工环节食品监管】 生产加工环节食品监管力度持续加大，全年共监督抽检食品2730批次（同比增长59.6%），移送使用非食用物质生产加工食品案件14宗，司法部门立案13宗，批准逮捕8人，判刑5人，实现全年本地生产加工环节食品质量安全“零事故”的目标。3月，结合“3·15”消费者权益保护日活动开展“食品安全接待日”活动，向群众派发《中华人民共和国食品安全法》及食品安全接待日宣传册等资料600余份，现场解答群众的咨询，宣传食品质量安全知识。4月30日，全市质监系统打击食品非法添加和滥用食品添加剂专项工作正式启动。截至年底，专项行动共出动检查人员5101人次，检查食品生产加工单位2516家次，食品添加剂生产企业1家，督促458家食品生产加工单位签订责任书，针对生产加工单位购进食品添加剂索证索票制度不完善、使用情况登记不规范及食品标识不规范等问题发出责令整改通知书166份，移送使用非食用物质生产加工食品行为14宗，司法部门立案13宗，批准逮捕6人，判处实刑3人。5月13日，市质监局局长陈可志主持召开本市乳制品及含乳食品企业座谈会，强力督促辖区内乳品企业落实质量安全主体责任。6月，该局通过内部人员调剂使从事食品监管的在编人员从7名增加到10名，同时在稽查分局内部专门成立了食品安全执法大队。9月24日，组织全市食用油、肉制品、方便面等行业的125家企业集中签订《坚决杜绝使用“地沟油”保障食品质量诚信承诺》，督促企业杜绝使用“地沟油”生产加工食品。10月26日起至11月2日，开展保障广东国际旅游文化节期间生产加工环节食品安全专项监督检查整顿周行动。出动检查人员296人次，检查食品生产加工单位130家次。

【特种设备安全监察】 加大特种设备安全监察力度，坚持教育、规范、帮扶和查处四措并举，开展气体充装、检验站、螺丝瓶报废和工业锅炉等专项整治工作。全年出动检查人员2289人次，检查特种设备使用单位720家，安装施工现场120个，检查特种设备2340台（套），发出《特种设备安全监察指令书》105份，排查和消除隐患662项，处理举报投诉28宗，回收“螺丝瓶”12.95万只，实施报废处理11.66万只，组织企业开展特种设备事故应急演练12次，完成特种设备定期检验5763台，安装监检1535台，产品制造监检532台，压力管道定期检验1.19万米，压力管道安装监检3.14万米，安全阀定期校验3220只，锅炉水质定期监测647次（台），水处理设备定期检验87台，检验覆盖率达98%以上，确保全市1.17万台（套）特种设备的安全运行。1月，市质监局接到一辆载有21吨液化气槽罐车发生侧翻的报告后，迅速派出特种设备救援队奔赴现场参加救援抢险，避免二次事故的发生，受到韶关市应急办领导的充分肯定。6月初，与有关部门共同开展“安全生产宣传服务咨询日”活动，派发特种设备安全宣传资料400余份。6月底，与省特检院效能测试中心合作，对乳源东阳光电化厂、广东和汇面业有限公司等企业的3台在用工业锅炉进行能效测试，推动企业节能减排增效工作的开展。7月，在北京地铁站自动扶梯事故发生后迅速派出安全监察人员对全市（市区）的29台奥的斯牌自动扶梯开展突击检查，并就检查中发现的问题下达责令改正要求。同月，组织全市49家气瓶充装站和5家检验站召开专项工作会议，宣贯国家质检总局和省质监局相关文件精神，深化气瓶专项整治工作。7月28日，副市长尚伟主持召开全市报废液化石油气瓶螺丝瓶协调会，成立以副市长尚伟为组长的气瓶专项整治工作领导小组，全市螺丝瓶报废专项工作正式启动。广东国际旅游文化节期间，开展对重点场所在用特种设备的专项检查行动，对市区20家重点接待酒店的在用电梯、锅炉以及电梯维保单位的应急保障情况进行全面检查。

【行政执法】 2011年，全市质监系统履行行政执法职能，继续围绕食品、农资、液化气、打印机耗材等重点产品开展执法打假工作。全年共出动执法人员5883人次，查办行政案件265宗，查处违法产品货值124.22万元，捣毁窝点8个，查获假冒理光碳粉1100支，假冒厂名厂址手袋155件、腐竹230.3公斤、水泥12吨。同年，联合公安、城管等部门共取缔潲水油生产窝点3个，查获潲水油6120公斤。开展农资打假专项行动，加强与工商、农业等部门的沟通联系，行动中共出动执法人员485人次，检查农资生产经销单位122家，监督抽检农资生产单位2家，立案查处制售假冒伪劣农资案件6宗。继续开展液化气充装单位执法检查行动，打击掺混二甲醚的违法行为。全市共出动执法人员105次，检查企业25家，查处液化气充装单位掺混二甲醚的案件2宗。

【质量管理与监督】 继续强化重

点产品质量安全监管，全年监督抽查非食品类工业产品生产企业251家，覆盖全市钢铁、有色冶金、建筑材料、机械制造、轻工纺织等十大类产品，涵盖本地传统产业、支柱产业和特色产业。共检出不合格产品生产企业16家，所占比例为6.37%；监督抽查产品593批次，合格572批次，批次合格率为96.46%，监督抽查后处理到位率保持在100%，规范企业的生产加工行为，实现全年重点产品质量安全“零事故”的目标。对全市年产值在500万元以上企业开展普查建档和档案动态更新工作，共普查建档411家（其中产值2000万元以上的企业255家）。继续加强对获证企业的证后监管，全年完成45家获证企业的证后监管和实地检查工作。在加强监管的同时，还落实“三服务”的工作方针，开展企业质量管理及生产技术提升帮扶工作，先后8次组织质量专家对人造板、建材、机械加工、电动工具等行业开展质量义诊活动，为企业释疑解难，共同探讨解决生产中出现的管理，质量、技术问题，为企业产品质量和品牌的建设提供技术服务。

【质量强市与名牌带动战略】 开展质量强市工作，加快《韶关市质量强市工作考核目标》出台的步伐，推动全市质量强市各项长效机制的进一步完善。落实《韶关市人民政府质量奖评审管理办法》，率先在全省山区市开展质量奖评审工作，并在乳源瑶族自治县试点完成当地首届政府质量奖的评审，促进大批企业争创卓越绩效。实施名牌带动战略，指导和帮扶符合国家产业政策、具有自主知识产权和较高技术含量的优势产业和市内特色产业企业争创名牌。截至2011年底，全市有中国名牌产品1个、省名牌产品19个，进一步提升韶关市优势产业的品牌溢价和产品附加值，加快经济发展由规模导向型向质量提升型转变的步伐。

【技术标准战略】 2011年，贯彻落实《韶关市实施技术标准战略的若干意见》，技术标准战略稳步向纵深推进。提请市政府下发《韶关市实施技术标准战略指导意见》，初步建立起技术标准战略的工作机制。推动企业创建标准化良好行为和采用国际先进标准，引导韶关市龙头企业主导或参与国家标准、行业标准的制修订工作，将优势产业的自主知识产权上升为国家或行业标准。全年动员7家企业启动“标准化良好行为”创建工作，其中3家企业通过确认。推动企业采用国际标准和国外先进标准，全市共有35个产品获得采标确认，提升本地产业的核心竞争力，助推产业结构的转型升级。

【计量监督管理】 以民生计量为重点，强化计量监督管理工作。紧扣民生热点，开展加油机、瓶装液化石油气、集贸市场计量器具、出租车计价器等民生计量执法监督检查，纠正一批计量违法行为，规范计量秩序。指导8个县级检测所建立水表检定标准装置，推进全市水表强制检定工作。实施计量惠民，对全市部分强制检定计量器具进行免费检定，免费检定计量器具1.86万件，免收检定费180多万元。帮助企业建立健全计量保证体系，推动29家企业获得二（三）级计量保证体系确认，营造公平、公正的计量环境。（柯　敏）

附：领导班子成员名单

局　长：陈可志

副局长：洪楚衡（~2011.9）

何天池　车万里

黄善智　曹卫革

纪检组长：洪楚衡

口岸管理

【概况】 2011年，全市口岸进出口货物通关总量513.3万吨，其中出口货物21.89万吨，进口货物491.40万吨；出入境交通工具为10.48万辆，其中出境交通工具0.84万辆，入境交通工具9.64万辆；进出口集装箱14612个，其中铁海联运进出口集装箱6865个。获得全省口岸大通关建设二等奖，为韶关市经济发展创造良好的通关环境。

【加强服务企业、提高通关效率】 2011年口岸各单位重点强化服务企业工作，为企业节约通关成本。组织口岸单位深入外贸企业了解企业进出口通关过程中运输方式、报关、查验、船务、转厂、进保税仓等情况，及时发现解决问题。对通关现场电子栏杆、电子读写设备、电子识别设备、电子监控设备、电子地磅等设施进行整体升级，提高通关效率。

【“铁海联运”班列的完善和升级】 为提升铁海联运的规模和

质量，与广铁集团、广深铁路股份有限公司、盐田国际集装箱码头有限公司合作，投资1600多万元对“铁海联运”场地进行改造升级。改造完成后，“铁海联运”运力每日可达100个标准箱，监管场地可满足250个标准集装箱存放周转。

【推进粤北国际物流中心建设】 “粤北国际物流中心”是集口岸通关物流中心、国内物流集散中心、铁路货物运营中心于一体的项目，是韶关市构建新型现代枢纽型口岸，提高物流通关能力和服务水平的重大举措，已列入韶关市“十二五”重点项目计划。项目计划总投资约10亿元，建设在韶关市浈江区黄岗火车站区域，用地296.53公顷。“进入中心出入口道路”项目已完成方案设计、可行性研究报告、建设项目环境影响报告表，向规划部门申领建设项目选址意见书。

【抓好口岸共建文明口岸活动】 继续深入开展共建文明口岸活动，健全共建文明口岸特邀监督员、单位制度，聘请33位特约监督员，定期对参加活动单位和窗口单位进行评比考核。12月中旬对窗口单位开展活动进行评比、总结。建立共建文明口岸窗口单位的办公室主任会议制度，每季度召开一次会议。11月中旬举办韶关口岸系统体育运动会，市外经贸局、韶关海关、韶关检验检疫局、市口岸管理服务中心等单位工作人员参加拔河、羽毛球、乒乓球、象棋四大项7个分项目的比赛，为韶关市共建文明口岸活动的开展增添新的内容。

(刘展华)

海　关

【概况】 韶关海关于1987年9月经国务院批准成立，并依照《中华人民共和国海关法》和其他有关法律、行政法规，监管进出境运输工具、货物和其他物品，征收关税和其他税、费，查缉走私，编制海关统计和办理其他海关业务。为正处级单位，人员编制60人，现有在编干部职工47人，关内设办公室、人事政工科、综合业务科、监管科、加工贸易监管科、稽查科6个科室。韶关海关缉私分局（正处级）于1999年6月成立，局内设办公室、侦查科、法制科3个科室，人员编制为25人，现有干警10人。

韶关海关关区面积1.65万平方公里，包括韶关市区和乐昌市、南雄市、乳源县、仁化县、始兴县、翁源县，辖下企业402家，现有韶关市进出境货运车辆检查场、码头监管点和铁路口岸装卸点等3个监管现场。由于辖下的企业不多且分散，同时因地处内陆，与边境口岸间交通运输路程较远，形成转关路线长的特点，业务主要集中在陆路、铁路转关运输货物监管和加工贸易监管，而税源商品则主要是铁矿砂。

【税款入库突破9亿元大关】 为完成全年税收目标，韶关海关始终围绕综合治税这项中心工作，注重从源头抓起，加强对重点税源商品的跟踪分析，培育和服务好重点税源企业，稳定、涵养税源。加强审单、审价、归类、原产地审核等工作，规范企业申报和随附单证的填报，强化现场接单审核和批量复核，优化审单作业管理模式；坚持“以质为主、量质并进”，及时掌握税收进度，做到科学调控、适时入库，确保税款应收尽收。

2011年，税款入库突破9亿元大关，同比增长19.99%，提前3个月完成全年税收计划，创建关以来的历史新高，网上付税率为82%，高于广州海关平均水平。

【提升通关监管服务水平】 为提升服务水平，实现“管得住、通得快”，韶关海关坚持加强实际监管，坚持进出境运输工具、舱单、监管场所、查验“四位一体”的物流监控管理，继续优化现场通关监管效能，提高“属地申报，口岸验放”、“铁海联运”和“税款网上支付”的运作效果，实施企业动态分类管理，落实分类通关、差别化管理，抓好涉税涉证进出口货物的规范申报，重点做好审单、查验环节联动，提高对风险信息的有效利用率和查验针对性。落实对监管场所的规范管理和设施建设，加强巡查和监控，确保监管场所的正常运作和安全。

2011年，共监管进出境运输工具4714辆/艘；监管进出口货运量383万吨；接单审核13971份；出口和进口无税报关单通关24小时作业完成率基本达到100%。

【推动加工贸易转型升级】 韶关海关以推动加工贸易转型升级为

契机，支持加工贸易梯度转移，在政策、制度、模式、流程等方面采取措施为企业“减负增效”。坚持加强风险式管理，利用各项分析预警系统，每月、每旬、每半年对各评价指标进行固定监控；与韶关市外经贸局签订合作备忘录，共同推广三方联网，实现关区内电子账册企业100%联网；从手册备案核销征税等环节的基础工作抓起，开展加工贸易料件进口价格的规范申报核查、内销征税审价等专项工作；支持企业扩大内销，科学审定内销货物完税价格，设立内销审批绿色专窗，为企业提供政策咨询、快速审批等服务。

2011年，共办理合同备案106份，合同核销结案108份，手册及时报核率、及时结案率均达100%，内销征税2227.16万元，同比增长106.62%，创韶关海关内销征税新高。

【实现打私工作“精、准、狠”】 韶关海关坚持以打击走私作为中心工作，以打促税，始终保持打击走私的高压态势，先后组织打击加工贸易渠道、一般贸易的走私及其他走私违法行为的专项整治行动。运用刑事执法和行政执法两种手段，对涉税领域的加工贸易和固体废物走私案件进行打击。在缉私执法活动中，坚持打击与教育并重，惩处违法与引导守法并重，维护关区正常的进出口秩序。不断深化情报与风险分析的融合，加强情报力量建设，并推行关警“混合编队”的办案新模式，以便实现打私工作“精、准、狠”。

全年共立案8宗，涉案案值2369.4万元。结案4宗，涉案案值976.05万元，同比增长289%，涉案偷逃税款193.57万元，同比增长12倍。罚没缴库16.7万元，同比下降55%；缉私补税9.67万元，同比下降25%。全年无刑事案件。

【服务地方经济建设】 2011年，韶关海关围绕韶关市“十二五”发展规划“推进构建新型现代枢纽型口岸，提高物流通关能力和服务水平”的发展目标，以推进大监管体系建设和服务韶关市“十二五”发展规划为切入点，坚持将海关工作融入地方党委政府的工作思路，主动参与韶关市重大经济项目的建设，支持“双转移”企业的发展，坚持定期调研、走访、座谈，对企业提出的问题研究，反馈和上报。坚持强化合作，协助上级海关以签定合作备忘录的形式明确支持经济发展的重点，研究解决韶关经济建设中需要支持解决的实际问题。坚持与地方政府建立信息交流机制，发挥海关统计的监测预警作用和决策参考作用，加大对重点敏感商品进出口情况的专题分析力度，帮助地方政府提高科学决策的能力和企业应对市场变化的能力。支持“韶关粤北国际物流中心”建设工作，提前介入，跟踪项目的进展情况，成立该项目的工作小组，以加强与地方政府和上级职能部门之间的沟通协调，落实好相关政策的咨询和指导工作，并从海关角度提出建议和意见，为项目规划提供全面、准确、及时的参考依据。

韶关海关还坚持加强减免税工作力度，确保企业用好用足国家进出口税收优惠政策。为支持地方招商引资工作，确保招来的企业和项目引得进、留得住、能发展，该关落实国家税收优惠政策，加强减免税管理，坚持依法减免和便利减免并举，扮演好“优惠政策引导者”和“现场通关协调员”的角色，保障企业用好用足国家进出口税收优惠政策。

全年共完成减免税企业新备案6家，共计办理减免税设备进口货值4162.68万美元，同比增长10.4倍，实际减免税款2016.22万元，同比增长9.8倍。

【加强内部管理教育】 韶关海关深刻理解“以人为本”的实质，力求做到“严管与厚爱”的有机结合，坚持始终把思想政治工作放在首位，对全体干部职工进行道德规范、社会主义荣辱观教育，把思想道德教育与理想信念教育、法制教育、爱岗敬业教育和“忠诚公正、兴关强国”的海关精神结合起来；开展创先争优活动，设置先进党支部示范点和优秀共产党员示范岗，发挥党员先锋模范作用，引导干部职工学习身边典型、争当队伍表率、争创国门先锋；加强准军事化建设，组织开展“内务规范强化月”活动，坚持“班前列队”，开展不定期内务督察，落实海关内务管理规范，展现海关良好形象。年内通过“全国文明单位”的复查考核。

【树立海关廉政形象】 韶关海关坚持落实责任前置，深化系统升级应用，完善处、科两级执法和廉政形势定期分析制度，掌握廉政建设的主动权；健全内控长效机制建设和教育前置，开展防范渎职侵权教育，强化内部监督，利用召开民主生活会、关务会和群众座谈会等方式查摆问题，强化外部监督力度；加强行风和作风建设，推进政务公开，密切与韶关市纠风办的联系沟通，参加地方行风评议、“行风热线”和关企座谈等活动，主动接受社会各界和海关特邀行风监督员的监督，全年未出现任何不廉洁情事，在社会上树立起海关良好的形象。（李海丽）

附：领导班子组成名单

关　长：郑诗忠

副关长、缉私分局局长：肖用成

副关长：陈宇琛　蓝　燊

出入境检验检疫

【概况】 韶关出入境检验检疫局组建于1999年11月，为中央驻韶单位，隶属于广东出入境检验检疫局，内设10个科室和1个事业单位，在编干部职工44人，负责韶关辖区的进出口商品检验、鉴定、认证和监督管理；进出境动植物检疫；出入境卫生检疫和进出口食品安全监管等职能。拥有通过国家计量认证和认可委员会认可的综合检测实验室，内设粤北玩具检测中心、化学检测实验室、食品检验实验室、临床检验实验室、植物检验实验室、动物检验实验室等6个专业实验室。

2011年，韶关出入境检验检疫局按照国家质检总局、广东检全检商局的工作部署以及韶关市委、市政府的工作安排，紧紧围绕“抓质量、保安全、促发展、强质检”十二字工作方针，加强“法制质检、科技质检、和谐质检”建设，深入开展“创先争优”活动，提升履职能力；开展“打击侵犯知识产权和制售假冒伪劣商品专项行动”、“质量月”等多项活动，积极应对日本核辐射、欧洲肠出血性大肠杆菌疫情等突发事件，全面履行检验检疫职责；主动服务地方，配合地方政府打好加快转变经济发展方式、提升“双转移”质量和推进扶贫开发“三场硬仗”，扎实开展各项工作。

【严把检验检疫关】 2011年，共检验检疫出入境货物20341批、货值4.9亿美元，同比增幅分别为-12.10%、24.06%；出境货物19361批、货值4.5亿美元，同比增幅分别为-12.97%、22.51%，入境货物980批、货值4272万美元，同比增幅分别为9.38%、43.13%；玩具出口批次11837批、货值2.2亿美元，同比增幅分别为-21.7%和19.80%；检出不合格货物16批，货值63万美元；检出动植物疫情共5种类14种次；检疫出入境集装箱2173个；监测体检出入境人员84人次；签发普惠制产地证（FORM-A）1583份，金额4716万美元；一般产地证（CO）1797份，签证金额3580万美元；签发各类区域性优惠原产地证书168份，签证金额725万美元，共为企业获得国外关税减免优惠约220万美元。

【确保进出口产品】 采用“企业分类+产品风险分级”监管模式，对辖区35家出口企业的产品实施分类管理，根据企业类别、产品风险程度确定监管类别和监管频次，着重加强对重点敏感商品质量的检验监管。落实建立监督抽查评估制度和重点企业新增产品风险报告制度，及时掌握辖区新增出口产品风险和质量状况，确保产品质量符合要求。

按照广东检验检疫局要求，开展进出口环节打击食品非法添加和滥用食品添加剂专项工作，对为辖区食品生产企业提供食品添加剂的供应商档案进行重点检查，完成3家出口食品生产企业食品添加剂使用情况的备案工作。抽取72个食品样品，开展24项残留检测，未发现食品中非法添加和滥用食品添加剂行为。加强对注册备案种、养殖企业特别是供港澳蔬菜种植基地、活猪和家禽养殖场的监管，保证供港澳农产品质量安全。

加强对食品接触产品的监督检验，对辖区1家一次性纸模餐具生产企业进行过程监管，并按要求抽样进行微生物、重金属、荧光性物质等项目的检测。

【确保韶关口岸安全】 应对日本地震引发的放射性物质泄漏事件，建立信息通报机制和应急处置机制，按规程开展现场监测，韶关口岸辖区内监测涉日货物均未发现异常。

全年共检疫进出境木包装250批、4213件，截获疫情14批次，其中检疫性有害生物1批次；口岸常见水源性传染病病源监测12次；口岸伊蚊监测13次，捕捉伊蚊119只。

【服务韶关地区发展】 配合韶关

市外经贸局拟定“粤北国际物流中心”建设检验检疫查验设施建设方案；协助市政协完成对本市供港农产品出口、加工情况的视察调研，提交《关于我市供港农产品种养、加工、监管情况报告》。

举办“出口玩具质量提升及应对欧盟新指令宣贯会”，向企业详细讲解欧盟玩具安全新指令，发放《欧洲玩具安全新指令2009/48/EC》标准汇编。主动为辖区五家企业申报“绿色通道”，加快企业通关速度。向企业宣讲《海峡两岸经济合作框架》(ECFA）等各类优惠原产地证优惠政策，共签发各类产地证共3548份，为辖区企业获得国外关税减免优惠约220万美元。

继续开展扶贫各项工作。派驻3人担当驻村干部，帮助40户贫困户发展笋竹种植和加工，养猪、养鸡等农业脱贫项目。11月，全局干部职工捐款12340元，并从韶关市慈善总会的机构筹得善款1.8万元，救助一名不慎重度烫伤的4岁贫困女童，使其及时就医并脱离生命危险、痊愈出院。

【提升检验检疫服务把关能力】 开展“创先争优、领导点评”、“为民服务创先争优”等活动，窗口人员做好亮身份、亮职责、亮承诺工作，完善服务承诺制、首问负责制等，以各种形式公开办事制度、办事程序、服务内容、服务标准、办事结果，不断提高把关能力和服务质量。

推进绩效考评工作。细化分解基础职责工作和年度重点工作，明确责任人和完成期限，加强监督检查，确保机关管理效能和工作质量。

加强综合实验室能力建设。制定粤北玩具检测中心2011~2015年发展建设规划，建成电性能检测实验室并投入使用，完成生物安全Ⅱ级实验室建设和动检实验室、植检实验室的改造修缮工作，新建成1个标本室，并完善上述实验室的基本功能设置。气质联用仪、石墨炉原子吸收仪和微波消解仪等实验室重要设备购置经费获广东检验检疫局批复。开展食品微生物和食品接触材料塑料总迁移量等9个项目的检测，参加7项涉及食品农残、玩具物理性能、小家电电性能检测和植物检疫方面的能力验证和实验室间比对，均取得满意结果。接受国家认可委组织的“三合一”复评审，原有160项认可项目的复评审全部通过，并完成食品检测、电气检测等领域61个项目的扩项工作。（贾　彦）

附：领导班子组成名单

局　长：柯永强

副局长：魏大波

钱先锋（2011.8~）

纪检组长：陈伟隆

物价管理

【概况】 韶关市物价局为市人民政府主管全市物价的工作部门。局机关行政编制30名。其中：局长1名、副局长3名（其中1名兼任价格检查局局长），正科级领导职数6名、副科级领导职数7名。后勤服务人员数3名。内设7个科（室、局），分别为：办公室、综合法制科、收费管理科、价格管理科、价格调控基金管理科、市场价格监管科、价格检查局。

2011年，全市物价部门遵照市委、市政府的部署，发挥价格杠杆作用，加强价格监管调控，保持价格总水平的基本稳定，创造良好的价费环境，维护社会稳定，全年没有因为价格管理引发市场价格异常波动，也没有因为价费政策出台引发群体性上访事件，较好地完成市委、市政府和省物价局交办的各项工作任务，促进韶关经济社会的健康发展。

【加强市场价格调控】 贯彻落实国家和省市的稳定物价政策措施，发挥政府价格职能部门作用，加强市场价格调控，保持价格总水平的基本稳定。全年韶关居民消费价格指数累计同比上涨5.0%，分别低于全国5.4%和全省5.3%的涨幅，所做工作受到市委、市政府以及省政府督查组的好评。

【争取落实电价政策】 提高韶关市3家燃煤电厂（韶关电厂、坪B电厂、仁化煤矸石电力公司）上网电价。为减轻全市燃煤电厂的经营压力，主动向国家发改委和省物价局请示汇报，得到上级主管部门的支持。省物价局分别于2011年4月26日和12月8日两次同意提高韶关发电厂#10、#11机组、坪电B厂#4、#5机组上网电价共计5.30分/千瓦时（含普调2.3分）。其他燃煤机组提高幅度分别为：坪电B厂#3机组3.98分，仁化县华粤煤矸石电力有限公司的#1、#2机组为2.48分。年增收共计4.29亿元。

提高小水电上网电价标准，从2011年12月1日起，由每千瓦时39.54分（不含增值税）提高到42.82分，年增收1.6亿元。

落实坪B电厂#4、#5机组的脱硫电价政策，从2011年1月25日起增加1.50分/千瓦时(含税)，年增收5400万元。

从2011年2月1日起，翁源县茂源糖业公司的上网电价由每千瓦时40.50分提高到47.16分，年增收12万多元。

落实农村饮水安全工程供水用电价格，由执行非普工业用电每千瓦时79.75分降低到农业生产用电每千瓦时52.11分。

把韶关市柏林再生资源有限公司实施淘汰类惩罚电价改为普通工业用电价格，年减轻企业负担20多万元。

落实平价商店和冷藏设施用电政策，由商业用电改为执行工业（非普）用电。

从2011年12月1日起，全省普调销售电价，平均每千瓦时提高2.50分。继续利用价格政策，进一步推进“电价洼地”政策，全市工商业销售电价各提高1.00分（珠三角地市提高2.93分），工业电价差价与珠三角地区拉大到13.93分；大工业基本电度电价保持不变；居民生活电价暂不调整；稻田排灌、脱粒电度电价和农业生产电度电价普调2.50分。调价后全市农业生产电价与珠三角和粤西粤东地区相比，分别低于10.00分和11.00分。这次电价调整，将有利于韶关市产业结构调整及产业转移，促进经济发展。

【坚持价格政策惠民】 年内，取消17项社会团体收费，停止3项社团收费，取消31项涉企行政事业性收费项目；规范有线数字电视基本收视维护费和机顶盒、IC卡价格标准，增加有线数字电视免费收视节目，取消模拟电视基本收视维护费、有线电视移机费、过户手续费、停机开通费，扩大困难群体收费减免范围和幅度。落实省级产业转移园收费优惠政策。全市对省级产业转移园共减免收费4000多万元。落实稻谷最低收购价格和烟叶收购价格政策。根据国家2011年稻谷最低收购价格政策，韶关市2011年稻谷最低收购价格同比平均提高10%。其中早籼三等稻谷每50公斤最低收购价格由93元提高到102元，晚籼三等稻谷每50公斤最低收购价格由97元提高到107元，进一步调动农民种粮积极性，促进粮食增产、农民增收。根据国家2011年烟叶收购价格政策，韶关市2011年烤烟收购价格平均提高12%。其中，中准级烤烟（X2F）每50公斤由730元提高到790元，促进烟叶生产的健康发展，增加烟农收入。配合省局出台有利于韶关发展的排污收费政策。在韶关市10家排污企业中，有9家企业的收费标准比省规定征收标准低0.12元/千克~1.20元/千克，年节约排污金额500多万元，减轻企业负担，推进全市生态文明和绿色发展。配合市政府开展基层医疗卫生机构综合改革工作，落实一般诊疗费制度和基本药物价格改革制度。

【规范完善价费行为】 从2011年2月25日起，改进停车收费标准和方式：收费标准由原来每小时每车位4元调整为每半小时每车位2元；收费时段同一车辆在同一车位连续停放每天最高收费标准从56元降为32元；对购买IC卡、车辆停放保管等问题进行规范。

制定出台租用气瓶保证金标准。从2011年2月20日起，市区（不含曲江区）液化石油气经营企业可向租用本单位自有产权气瓶的用户收取气瓶（YSP-15型新瓶）租用保证金每只180元。

做好公路客运票价的核定与备案工作，并在“韶关市价格信息网”公布。

开展行政事业性收费年审，做好广东省收费许可证核发证工作，共办证167件，没有发生投诉现象。市物价局被省物价局授予“全省收费管理工作先进集体”。

起草《韶关市车辆停放保管服务收费管理办法》，依法召开调整制定韶关市车辆停放保管服务收费标准听证会，待市政府审定后实施。

规范商品房明码标价行为。为贯彻落实国家和省有关商品房销售明码标价规定，市物价局于2011年5月19日向市区各房地产开发企业及房地产中介服务机构转发《广东省物价局关于商品房销售明码标价的规定》，并在5月27日召开全市实施商品房明码标价工作会议，要求商品房经营者从2011年6月1日起销售商品房必须按规定实行明码标价，违者按规定惩处。并对15家公司69批次商品房明码标价进行备案。

各县（市、区）亦规定完善价费行为。如：乐昌市重新核定市区生猪定点屠宰加工标准；乳源瑶族自治县规范完善幼儿园教育收费行为；翁源县加强对廉租住房租金的管理，重新核定住宅小区车辆停放保管收费标准，进一步规范价格行为。

【维护市场价格秩序】 坚持开展日常市场价格巡查和一系列价费专项检查。全市共查处各类价格违法案件82宗（其中价格举报价格违法案件25宗），实行经济制裁1513万元，退回用户22.7万元，没收违法所得1467万元，罚款22.9万元,上缴财政1490万元。其中对4起食盐价格违法案件在《韶关日报》等市属新闻媒体予以曝光，震慑价格违法行为。共受理价格投诉、咨询、各类案件1344宗，办结率100%，退回用户5.45万元，罚款0.21万元，办结率100%。受理网络问政272宗，办结率100%。宣传和贯彻《价格违法行为行政处罚规定》、《反价格垄断规定》和《反价格垄断行政执法程序规定》等价格执法“三项规定”。先后将《价格违法行为行政处罚规定》、《反价格垄断规定》和《反价格垄断行政执法程序规定》（简称“三项规定”）的宣传海报派发到有关机关、事业单位和企业，营造学习贯彻价格执法“三项规定”的良好氛围。以及从市政府的层面，召集供电、电信、移动、石油、医院、燃气、大型超市、物业管理、房地产、饮食旅游、消委会、行业协会以及各县（市、区）物价局等有关部门负责人，学习贯彻价格执法“三项规定”。省物价局价格检查局局长陈波就“三项规定”莅临韶关作宣讲报告。

各县（市、区）物价部门开展一系列价格检查工作。如：浈江区、武江区配合市物价局开展日常市场价格巡查，维护市场价格的正常秩序。曲江区在教育收费方面，重点查处该区某实验小学超标准收取作业本费，某乐幼儿园自立“拼拼乐”项目收费等价格违法行为，责令退还给学生多收款15万多元。南雄市受理各种价格投诉和咨询40宗，办结率达100%，清退用户金额18.6万元，化解价费矛盾，维护群众价格权益。

【发挥价调基金作用】 出台《韶关市价格调节基金征收管理使用暂行办法》，拓宽征收项目和扩大征收总量，至2011年底，各县（市）都开征价调基金。全市征收价调基金3341万元，其中，市级入库金额2307万元，县级入库金额1034万元。仁化县征收额超过400万元（含上缴市级入库金额和县级入库金额，下同），曲江区征收额突破600万元。

运用3481.8万元价调基金扶持蔬菜、生猪、水产品等“菜篮子”基地建设。其中：争取到省级价格基金2275万元，用于200公顷蔬菜大棚、冷藏设施、50家平价商店建设以及始兴抗灾复产补助；市级和县一级扶持“菜篮子”基地生产的价调基金分别为684万元和342.8万元。

运用1288.82万元价调基金对低保户实施临时价格补贴。其中：争取到省级价调基金984.4万元，对全市城乡低保对象实施临时价格补贴；下拨市级价调基金65.22万元对市本级低保户实施一次性临时价格补贴，县一级运用价调基金补贴低保户金额共计239.2万元。

【推进平价商店建设】 根据省物价局的要求，经市政府同意，市物价局会同农业局、经信局、供销社、财政局等11个部门出台《关于依托供销社和农民专业合作社建设平价商店　稳定农副产品价格　保障群众基本生活的实施意见》；至2011年底，全市共建平价商店50家，并按照省局对平价商店“两个统一”、“四有上墙”、“三条基本线”要求，规范平价商店的管理工作，以及落实对平价商店在用水、用电等方面的优惠政策。同时，要求平价商店实现产销对接、农超对接，减少中间环节和流通费用，低于市场平均价格的5%~10%销售农副产品，稳价惠民。其中，南雄市荣获“广东省平价商店建设示范县”称号。

【抓好价格基础工作】 做好成本调查和监审工作。做好22个农产品常规调查、农户种植意向调查、农户存粮情况调查、农户购买农资情况调查和生猪生产成本调查等工作。对市机一、机二幼儿园调定价成本进行监审，并对纳入听证的6个停车收费单位、3个物业收费单位的运营成本进行监审，对韶关中医院8个品种的药品出厂成本进行监审，对2011年5~9月咪表的运营成本进行跟踪监审，为定价批费提供决策依据。市价格成本调查队荣获“2010~2011年度全国农产品调查工作先进单位”光荣称号。

坚持实施价格监测。浈江区、武江区、曲江区、翁源县、乐昌市等物价局配合市物价局，坚持对18大类339种商品和服务价格实施监测，向国家和省及当地政府报送价格监测数据1.6万条。将广东联益马坝米业（曲江）有限公司、中金岭南韶关冶炼厂等在韶关有话语权的企业和产品，纳入省价格指数发布平台，提升企业的市场竞争力。始兴县物价局在2010年5月冰雹期间，对县城三大超市实行“一日一报”的价格监测制度，为平抑灾期市场价格提供决策参考依据。市价格监测中心荣获“2010年度全省价格监测先进单位”称号。

开展价格认证工作。受理刑事和民事案件、道路交通事故车物定损价格鉴证、公务车维修价格、涉税二手房交易价格认证等各种业务11336宗。其中：涉税二手房交易价格认证5100宗，为政府增加税收3600万元；受理公务车价格认证4021宗，为政府财政节约110万元，规范公务车维修价格行为。市价格认证中心、浈江区价格认证中心被省物价局评为“2010~2011年度价格认证机构规范化建设达标单位”。

【扶贫帮困和提案办理等工作】 通过帮助贫困户发展生产、鼓励种植辣椒、组织外出务工，全村实现贫困户人均纯收入达到4441元，比2010年增加1028元，增长30.12%。达到2500元以上的脱贫户数为75户285人，分别占被帮扶贫困户数的100%和贫困人口的100%（扣除无劳动能力的低保户、五保户），有劳动能力的贫困户达到100%脱贫；占总贫困户的84%和贫困人口的93%。对14户20人没有劳动能力的贫困户已帮助他们纳入低保，并进行经济支持，实现提前一年完成三年扶贫任务的目标。

做好党务政务公开工作，电子政务工作在年度市直81个单位考核中，取得第24名的好成绩。两次上线“民声热线”，耐心解答群众的价格咨询。

按时办理好人大代表建议和政协委员提案，办结满意率达100%；组织实施好价格法，市人大常委会执法检查组对其进行专项检查并给予高度评价。

【加强物价干部队伍建设】 开展党风廉政教育、纪律教育学习月等活动，加强纪检监察工作；组织干部参加市委市政府和省物价局组织的各类学习培训和轮训。同时，利用党组中心组、局务办公会议、全局干部大会等形式开展学习，干部思想政治建设得到进一步增强。落实党风廉政建设责任制及其“五个一”制度，执行《中国共产党党员领导干部廉洁从政若干准则》，领导班子和谐团结廉洁自律，干部队伍素质进一步提高，整体形象良好。

贯彻落实民主集中制和集体领导分工负责制，及时制定完善党组会议、局长办公会议、局务会议三项制度，重大价费政策的出台、大额资金使用及人事安排由集体决策。

执行《党政领导干部选拔任用工作条例》规定，按程序选拔任用干部。定期开展谈心活动，畅通交流渠道。

（罗哲月　郭从彬）

附：领导班子成员名单

局　长：刘伟聪

副局长：罗祥万（~2011.4）

何国开　罗伟强

纪检组长：吴海岩

国土资源管理

【概况】 韶关市国土资源局于2001年8月1日成立，为市人民政府主管国土资源的职能部门。2011年底，人员编制115名，其中市局机关53名，武江、浈江分局各11名，市区基层国土资源所40名，实有人员96人。局机关设办公室（人事科）、法规科、规划科、财务科、耕地保护科、土地利用管理科、地藉管理科（市人民政府调处土地纠纷办公室）、矿产资源管理科、地质勘查与环境科、测绘管理科、监察室、执法监察支队等12个内设机构。

派出机构有韶关市国土资源局武江分局（下辖龙归、西河、西联、重阳、江湾等5个国土资源所）和浈江分局（下辖新韶、十里亭、犁市、花坪、乐园等5个国土资源所）。分局内设执法监察大队（副科级）。

下属事业单位有韶关市国土资源信息中心（副处级）、韶关市国土资源交易中心（正科级）、韶关市土地开发整理中心（正科级）、韶关市矿产资源和地质环境监测中心（正科级）。民间团体有韶关市土地学会，韶关市测绘学会。

韶关市辖乐昌市、南雄市、仁化县、翁源县、始兴县、乳源瑶族自治县、新丰县、曲江区等8个国土资源局。

2011年，全市国土资源系统围绕市委、市政府的中心工作，贯彻落实“双保”行动，开展“两整治一改革”和“优化服务年”活动，“保发展、保红线、惠民生”，做好国土资源服务和管理各项工作。先后被国土资源部评为“双保”工作成绩显著单位，全国国土资源信访工作先进集体，被省国土资源厅评为全省国土资源系统推进依法行政先进单位，被省委授予扶贫双到工作“插红旗”单位。

【重点项目用地保障】 提请市政府下发《关于加强全市重点项目建设用地保障服务和管理工作的意见》，以拓宽用地来源的五个办法和关键工程可以申请并办理先行用地等措施，增强重点项目用地保障力度。争取省两次向韶关市追加新增建设用地指标201.3公顷，全年省下达用地指标达606公顷；盘活存量用地，调整批而未供可置换报批的建设用地171.2公顷；争取省城乡建设用地增减挂钩农转用周转指标453.33公顷；争取中央和省立项，使用上级建设用地指标71.2公顷，以上措施共为全市提供建设用地指标1303公顷，保障重点建设项目用地。

【用地报批和征地服务】 提前介入重点项目选址，加快办理用地预审，提高报批效率。全市上报建设用地54宗，总面积684.33公顷，涉及新增建设用地673.6公顷；取回用地批文34宗，面积3933公顷，涉及新增建设用地面积3650.87公顷。韶赣铁路、广乐高速、乐昌峡水利枢纽工程、市区防洪堤二期浈江段、汉鸿木业、西联新城、大宝山等项目用地得到保障。加强征地拆迁工作的指导，浈江区田螺冲棚户区改造项目、武江区芙蓉碧桂园项目征地进展顺利。乐昌局在乐昌峡、广乐高速等项目的征地工作得到省政府和省厅领导的高度肯定，其做法和经验在全省推广。

【“三旧”改造和增减挂钩】 加强“三旧”改造工作的组织领导，市“三旧”改造领导小组调整为由市委书记任组长、市长任第一副组长。完善市区“三旧”改造若干政策，更新市区“三旧”改造中涉及协议出让补缴土地出让金标准，政策规定进一步完善。加快项目编制，市区共受理单元规划申请57宗，完成单元规划编制的共14宗，配件厂项目和农业局大院项目创造收益近2亿元。参加香港“三旧”改造专题招商会，签收项目3亿美元。集中力量推进重点改造项目，全市正在改造的项目69个，面积242.7公顷，总投资8.46亿元，已完成项目15个，面积81公顷。市区福苑大酒店、韶关木材厂等项目已动工建设，宏大齿轮厂、冶金机械厂项目进度加快；始兴县旧城镇改造、乐昌市旧厂房改造、南雄市旧村庄等县（市）的改造项目进度较快，成效明显。

利用省的有利政策，加强全市城乡建设用地增减挂钩工作，各项目区所在的县（市、区）采取有效措施，抓好拆旧区的土地复垦工作，确保按时归还挂钩周转指标，同时用好周转指标办理用地报批手续。曲江区增减挂钩试点拆旧区复垦项目已竣工，复垦复绿农用地共109.43公顷，已上报省厅申请验收。

【耕地开垦】 全市共有158个耕地开垦项目通过验收确认，新增耕地3200公顷。推进国家和省级土地开发整理项目的实施，2个国家投资和1个省级投资项目通过省级验收，2个省级投资和1个易地开发补充耕地项目通过工程验收。争取到省级补助资金，完成翁源县铁龙林场灾毁农田的综合治理，取得良好经济效益和社会效益。

【土地矿产执法监察】 动态巡查发现土地违法行为428宗、非法采矿26宗，均及时制止或立案查处，共挽回经济损失2369万元。查处仁化县“丹霞一号”违法批地案件，依法报批和成功挂牌出让其土地，挽回重大经济损失和社会影响；查办新丰县越堡水泥厂违法用地案件；调查处理乳源瑶族自治县民族体育训练基地违法用地问题，三案共给予10人党纪政纪处分。在全市范围内开展打击非法开采矿产资源行为“百日行动”，共出动执法人员8000多人次，清查非法采矿点120个，关停、捣毁110个，传唤非法矿主17人，拘留11人，打击整治非法开采矿产资源行为。同时，查处涉嫌超界开采的矿山，规范开采秩序。

集中力量做好土地和矿山卫片执法检查。市政府召开违法违规用地行为警示约谈会，对各县（市、区）主要领导进行集体约谈。经内外业核查，全市违法用地占用耕地面积占新增建设用地占用耕地面积比例约为4.91%，违法用地立案率100%，查处率100%。开展查处整改工作，落实行政处罚款1840.74万元，党纪政纪处分3人；查处整治51个非法开采点，移送司法机关立案侦查2人。经过全市上下的共同努力，通过省政府和部检查验收组对韶关市2010年度土地矿产卫片执法检查工作的检查验收。

解决一批历史遗留问题。共处理粤北工业开发区历史遗留问题16宗、补办历史用地68.87公顷，浈江产业转移区25宗、补办历史用地85.31公顷。受理和答复本地及上级转办的来信、来访、转办信访件，“12336”举报件处理率达100%。做好“民生热线”和“网络问政”的答复工作，省厅“民生热线”涉及韶关市13件均按要求及时答复处理。通过市综治委的检查验收并获2009~2010年综治维稳考核先进单位。2011年7月，被国土资源部评为全国2010年度国土资源信访工作先进集体。

【地质灾害防治】 举办“纪念第42个世界地球日”大型宣传活动，市局联合乐昌市政府举办地质灾害应急避险演练。落实汛期地质灾害防治各项制度，2011年，全市发生36起地质灾害，经济损失362.5万元，无人员伤亡情况；成功预报1次，避免13户63人伤亡，避免经济损失200万；全市共有各类地质灾害点737处，较上年减少174处，达到在原有地质灾害隐患点总数的基础上减少10%的要求。全市6处重大地质灾害隐患点搬迁与治理工程已全部完成，使2743名受灾群众摆脱地质灾害的威胁。地质灾害预报预警语音平台正式投入运行，共发出7000多条短信预警信息，发布气象预报预警172次，取得良好效果。

【土地调查与登记发证】 开展土地登记规范化与土地权属争议调处和建制镇、村庄土地利用现状与潜力调查试点工作；完成2010土地利用现状变更调查，铺开农村集体土地确权登记发证工作。市区共办结国有土地使用权发证1055宗、集体土地254宗，办理抵押土地使用权50宗、抵押注销77宗，协助法院查封30宗、解封15宗。

【测绘和信息化建设】 完成国土资源网上交易系统升级改造工作，加快县级网上交易系统建设，7月1日起全市国土资源实现网上交易。全市利用新系统成功交易土地使用权58宗，面积264.3公顷，成交金额22.1亿元，挂牌出让采矿权6宗，矿业权网上交易实现突破。网上交易系统建设成为韶关市国土资源信息化管理和“科技防腐”的亮点工程，得到省国土资源厅、国土资源部、中央纪委惩防体系检查组的充分肯定。

完成数字韶关地理空间框架建设，建成韶关市唯一、权威的地理信息平台，为韶关市政府各部门提供统一的基础地理信息公共平台。完成国土资源电子政务系统、“一张图”及核心数据库和国土资源综合监管平台项目的建设，搭建土地“批、供、用、补、查”综合监管平台，实现“以图管地、管矿、防灾”目标，提高国土资源管理行政效能。完成金土工程视频会商系统部、省、市、县四级的联调测试，并已正式投入运行。

【矿产资源管理】 改革采矿权会审制度，采矿权会审由原来市局内部会审改为11个市政府部门集体会审。抓好矿产资源日常管理，全市矿山年检率达97%，加快资源整合步伐，剩余待整合的2个省重点矿区完成矿区范围划定等工作。高质量完成矿业权核查工作。完成市级《矿产资源总体规划环评报告》和4个县级《矿产资源规划》（送审稿）的编制。重新核定凡口铅锌矿的资源补偿费缴纳标准，资源补偿费落实补缴5000万元，缴纳标准也由原来的每年520万元提高到1520万元。帮助大宝山矿申报为首批“国家矿产资源综合利用示范基地”，并获中央财政计划5~10年投资54.8亿元；帮助其他6个大、中型矿山，争取到中央财政矿产资源节约与综合利用项目资金共6007万元。争取上级投放优势矿种的采矿权，韶关市稀土10个探矿权和4个采矿权的设置方案纳入省稀土重点规划区专项规划并已上报国土资源部。

【矿产资源】 韶关市矿产资源比较齐全，且多数储量较大，分布较广。与全国、全省比较，已发现的矿产，全国有162种，广东省有117种，韶关市有88种；已探明储量的矿产，全国有148种，广东省有85种，韶关市有55种。

韶关有多种矿产居全国前列，如铅、银和锌。铅、锌、铜、钼、钨、铋、锑、汞、铀、砷、煤、稀有、稀土、萤石、石灰岩、白云岩等16种，在广东省占有重要位置。尤其是有色金属矿产，被誉为“有色金属之乡”。

矿床的形成 韶关位于南岭多金属成矿带上，属南岭东西向复杂构造带中段。自震旦纪以来，先后经历加里东、海西、印支、燕山和喜山等多次构造运动。特别是燕山运动，规模大，活动强烈，发生岩浆侵入和喷发活动，逐渐形成南岭丰富的内生金属矿床。主要矿床类型：钨矿以石英脉型和沉积改造型(热液迭加类型)为主；锡矿为矽卡岩型；钼矿以斑岩型及花岗岩型为主；铋矿为沉积改造型(热液迭加类型)和石英脉型；萤石为花岗岩类和石灰岩类两种类型；凡口铅锌矿属沉积改造型；大宝山铁矿属中高温热液充填交代多金属矿床。

主要特点 一是小型矿床多，大中型矿床少。二是资源有丰有枯，比较丰富的有铅、锌、铜、钨、铋、镉、锑、汞、银、铀、砷、煤、石灰岩、萤石、白云岩、稀土、铁、硫铁矿等，钼、硅石、粘土、陶土、花岗岩、大理石、钾长石等也有较大储量，且有较好开发前景。而磷、钾盐、铝、石墨、石膏等矿产资源则较少。三是共生、伴生矿多，单一矿少。如钨矿中一般有铋、钼伴生；铅锌矿中有金、银、硫、砷等伴生；铁矿含砷、锡普遍较高，还不同程度伴生铜、镓、锗；黄铁矿多与金、铜、铅、锌等共生；砷矿常与辰砂、铅、锌、金、银及稀有分散元素共生；锑矿多与金、汞或铅、锌共生。

矿产种类 韶关市矿产资源品种多，已发现的有：黑色金属、有色金属、贵金属、稀土及分散元素矿产、放射性矿产、冶金辅助原料、燃料矿产、化工原料非金属矿产、建筑材料矿产、地下水和地下热水12大类，共88种。

分布情况 韶关市矿产资源储量多，市辖10个县（市、区）均有分布。主要矿产资源保有储量为：煤（矿石量）1.3亿吨；铁（矿石量）0.36亿吨；铅（金属量）152万吨；锌（金属量）319万吨；钨（金属量）18.1万吨；锑（金属量）6.9万吨；钼（金属量）6.2万吨。全市的持证矿山共计227个，其中，钨矿5个、铁矿4个、铅锌矿11个、钼矿2个、锑矿2个、矿泉水3个、地热水10个，石矿、陶瓷土矿和粘土矿等190个。全市矿山从业人数1.06万人；年产矿石量1414万吨，其中金属矿石量350万吨；工业总产值约23.92亿元，税收3.55亿元。

2011年韶关市土地资源利用类型情况表

表14-1 单位：公顷

名称	农用地						建设用地				未利用地	合计
	小计	耕地	园地	林地	草地	其他农用地	小计	城镇村及工矿用地	交通运输用地	水利设施用地		
全市	1712623.43	202673.27	30648.66	1430446.35	338.76	48565.79	73088.12	54470.12	7585.44	11032.56	60570.91	1846282.46
武江	60069.67	6710.24	1198.42	50438.23	10.35	1712.43	4919.75	4184.85	423.17	311.73	2785.42	67774.83
浈江	47874.86	6480.27	879.22	37377.45	33.43	3104.49	7049.49	6301.77	305.11	442.61	2322.59	57246.93
曲江	146748.13	18100.49	1648.53	123644.58	97.18	3257.35	9597.62	7556.75	842.55	1198.32	5630.46	161976.20
始兴	202806.72	17319.11	6859.89	175267.91	2.97	3356.84	4905.11	4124.49	429.89	350.73	7214.67	214926.50
仁化	210423.54	20077.25	2087.85	182839.05	32.65	5386.73	6984.49	4959.07	578.27	1447.15	4849.46	222257.49
翁源	206228.67	31098.82	3154.57	166409.74	49.39	5516.15	7911.82	6229.45	875.21	807.17	4117.61	218258.09
乳源	208973.76	17667.85	1109.12	187019.94	4.95	3171.89	8597.86	3098.35	1234.47	4265.04	12322.87	229894.49
新丰	188755.58	14831.63	2995.89	167680.42	3.42	3244.22	4132.87	3311.63	521.82	299.43	3853.41	196741.86
乐昌	221985.60	29838.47	6318.24	177233.70	52.21	8542.97	8885.36	7116.15	1354.99	414.22	11068.21	241939.17
南雄	218756.93	40549.14	4396.93	162535.34	52.21	11272.72	10103.75	7587.61	1019.97	1496.17	6406.22	235266.89

2011 年韶关市耕地类型面积及构成表

表 14-2　　单位：公顷

名称	小计	水田	水浇地	旱地
全市合计	183632.66	132839.61	15.91	50777.15
武江	5400.57	3906.56	0.00	1494.01
浈江	6141.41	4388.17	0.55	1752.69
乐昌	25745.80	16649.29	13.87	9082.64
南雄	40377.95	26919.39	0.19	13458.38
曲江	17455.77	13509.44	0.12	3946.21
仁化	17448.52	15431.99	0.42	2016.11
乳源	15236.82	10527.11	0.00	4709.71
始兴	16759.96	14095.21	0.27	2664.48
翁源	28033.13	21285.68	0.00	6747.45
新丰	11032.73	6126.77	0.49	4905.47

注：数据来源于 2008 年土地利用更新调查数据库。

（莫新生）

附：领导班子组成名单

局　长：刘　杰

副局长：曾如清　林祥群

宋卫红　叶富明

纪检组长：文武宏

执法监察支队长：杨淑华

食品药品监督管理

【概况】 2011 年，根据市政府机构改革方案，对市食品药品监督管理局职责进行调整：取消和调整已由市人民政府公布取消和调整的行政审批事项。将综合协调食品安全、组织查处食品安全重大事故的职责划给市卫生局。将市卫生局餐饮业、食堂等消费环节（以下简称消费环节）食品安全监督管理职责划入市食品药品监督管理局。增加消费环节餐饮服务许可的职责。韶关市食品药品监督管理局由原省直属机关改为市政府直属机关。

市食品药品监督管理局内设 9 个职能科（室）：办公室、食品安全监管科、保健食品化妆品监管科、药品安全监管科、药品流通监管科、医疗器械监管科、人事教育科、监察室、稽查科（稽查分局），下辖市药品检验所（参公管理事业单位）。市食品药品监督管理局机关行政编制 26 名，行政专项执法编制 22 名，后勤服务人员数 6 名。

2011 年，韶关市食品药品监督管理局围绕省、市的各项工作部署，深化食品药品安全专项整治，推进省市共建韶关食品药品安全示范区，加快建设广东重要的现代中药和生物医药产业基地，进一步巩固食品药品安全稳中向好的形势，保持医药产业健康快速发展的势头。

【省市共建工作取得初步成效】 2 月 24 日，市政府与省局签署《共建韶关食品药品安全示范区合作备忘录》后，市局作为牵头单位，迅速启动各项基础性工作，构建科学的创建机制。及时成立以局长陈元胜、市长艾学峰为组长的高规格共建领导小组，制定五年工作方案和 2011 年工作计划，强化对创建的组织领导。争取将省市共建工作纳入全市“十二五”经济社会发展规划中整体推进，首次牵头编制《韶关市食品药品发展“十二五”规划》，并纳入市26 个重点专项规划之一。推进食品药品安全示范工程建设，共确定 7 家餐饮企业和 1 条餐饮街作为餐饮食品安全首批创建单位；确定药品安全示范县创建单位 1 个、药品安全示范镇 1 个、药品安全示范街 3 条，文明诚信药店 16 个。至年底，各创建单位均基本符合国家和省示范工程的标准，发挥示范引领作用，促进全市监管水平的提高。发挥省市共建先行先试的机制优势，率先在县级实施药品电子监管工作，目前试点县仁化县已有

160家药品经营、使用单位开展药品电子监管工作，覆盖率达到87.5%，实现药品流向清楚、可追溯，走在全省的前列。推进城乡一体化食品药品监管网络建设，全市农村药品监督网和供应网行政村覆盖率均达到双100%的目标，共聘请10名餐饮食品专职协管员、175名药品监督协管员、83名社区药品安全协管信息员和25名社会监督员，构建起县、镇、村（社区）三级监督网络。

【食品医药产业健康快速发展】 抓住国家加大对食品医药产业扶持和培育的重要战略机遇期，推进医药产业转型升级，按照示范引领带动的原则，选定利民、雷霆、东阳光等企业作为韶关市医药产业推进转型升级的骨干企业，并联合企业制定升级改造目标、任务和进度表，3家企业计划在五年内投入14.78亿元用于新版GMP认证和转型升级改造。鼓励和支持企业加强产品研发，开拓销售渠道，调整产业结构，集琦、雷霆、青云山、卓兴、中茜等一批药品生产经营企业累计投入6950万元进行技术改造和扩大经营规模，提升产业的竞争力。加大招商引资力度，承接医药产业转移，支持本地药品生产企业利用富余生产资源开展药品委托加工业务，联系广药集团白云山明兴制药厂与韶关市利民制药、青云山药业达成合作。鼓励药品流通企业通过收购、合并、参股和控股等多种方式做大做强，推进中国医药集团进驻韶关。着力抓好两个市医药重点建设项目，利民制药厂技改、乳源东阳光药业圆满完成年度投资任务，累计完成投资2.84亿元。推动产业集聚发展，加快乳源东阳光生物制药园和莞韶产业园生物医药科技园两大制药园区建设步伐，协调解决东阳光生物制药、丹霞制药等一批重点项目的生产许可、产品注册和GMP认证工作，为各项目的尽快投产及对外合作争取宝贵的时间。2011年，全市住宿餐饮业实现增加值22.74亿元，同比增长11%，医药产业实现增加值2.42亿元，同比增长16.5%，继续保持快速增长的势头。

【基本药物质量监管不断强化】 在全省率先将医疗机构药房药库规范化建设、药品不良反应监测和基本药物质量评价抽验等内容列入市医药卫生体制五项重点改革2011年度主要工作安排，通过医改平台加强了医疗机构药品质量安全监管。强化基本药物全过程监管，加强基本药物生产监管，完成基本药物生产工艺和处方核查，并建立辖区内所有基本药物目录品种监管档案，对基本药物及高风险品种药品生产企业现场监督检查56家次，监督检查覆盖率100%。加强对基本药物配送企业和使用单位检查，检查基本药物配送企业和基层医疗机构134家。加强基本药物电子监管，全市15家基本药物配送企业全部进入中国药品电子监管网并按照要求对基本药物进行核注核销。建立健全药品不良反应报告和监测体系，全市全年共上报药品不良反应报告表1318份，可疑医疗器械不良事件报告表193份，提高药械监测、评价和安全预警能力。加强对基层医疗机构人员安全合理使用基本药物培训，分批分次对全市94个乡镇的2500多名基层医疗卫生机构的临床和药学人员进行培训，大幅提高基层合理使用基本药物水平。

【完成旅游文化节保障任务】 2011年广东国际旅游文化节期间，接待人数多、接待规格高，食品药品安全保障任务十分艰巨。通过强化组织领导、强化关键岗位人员培训、强化风险排查、强化驻点保障和巡查、强化监督抽验、强化主题宣传等组合拳，实现旅游文化节食品药品安全“零事故、零投诉”的目标。其间，市区共组建14个食品药品安全保障工作小组，开展食品药品安全专项整治，出动执法人员1519人次，检查企业1423家次，发现并纠正不规范操作行为3000余项次，培训接待酒店负责人、采购经理等各类人员200余人次。共先后抽检食品77批次，抽调6台食品快速检测设备，对76批次样品开展现场监督检验，及时地更换一些不合格食品。通过以上措施，确保全市食品药品安全，让到韶关宾客体验到“韶关行，好心情”。

【餐饮食品安全监管有序开展】 不断夯实餐饮监管的基础能力建设，建立健全餐饮服务许可审批机制，加强餐饮服务许可资料审核和现场审查，严把市场准入，全市全年共发放餐饮服务许可证1263张，审核发放变更79张。坚持“边建设，边整治，边提高”的思路，完成多项重大活动餐饮安全保障，完成首批12家医疗机构餐饮从业人员健康体检机构遴选和备案工作。按照创文工作要求，推进小餐饮食品安全整规工作，确定市区10家小餐饮企业作为“小餐饮规范行动”示范单位，通过市创文提名资格考核评审。开展食品抽检工作，全年市局共抽检食品278批次，检出不合格食品及原料16批次，总体合格率为94.2%。贯彻落实餐饮日常检查制度，开展日常检查，全市日常监管累计出动执法人员13494人次，车辆4995车次，检查餐饮服务单位17870家次。与此同时，按照广东省委书记汪洋关于食品安全要严防、严查、严处的“三严”要求，先组织开展餐饮环节乳制品、塑化剂、食用油、酒类、豆制品、学校食堂、农村食品等多个专项行动，重点开展打击违法添加非食用物质和滥用食品添加剂专项整治工作，累计出动执法人员9660人次，车辆2950车次，检查餐饮单位12509家次，张贴各类宣传材料近2万份；立案查处餐饮服务环节违法违规行为81宗，罚没款11.6万元，发出责令整改413份，促进餐饮环节食品持续稳定向好。

【药品安全专项整治成效明显】 在集中力量整顿市场秩序的同时，更加注重加强和创新社会管理，完善整治机制，丰富监管手段，完成为期两年半的药品安全专项整治工作任务。做好《刑法修正案（八）》的宣传贯彻工作，规范涉及假药案件的办案程序，做好涉嫌犯罪案件的移送。打击各类违法违规行为，全年共组织开展打击侵犯知识产权和制售假冒药品专项整治、义齿生产企业整治、保健食品市场整治、中药生产和中药饮片等多个专项整治活动，加大对从非法渠道购进药品和挂靠、代开票等违法行为的查处力度，全年共出动人员6193人次，检查企业5864家次，取缔无证经营药品窝点10个，进一步巩固全市药品安全持续向好的态势。加强对违法药品广告的综合整治，共跟踪监测药品、保健食品、医疗器械广告846条（次），发现违法广告12宗，全部移送工商部门查处，违法广告的播出条（次）比上年同期下降60%以上。加强日常监管与各类专项整治的衔接，完善日常监管机制，全年共对20家药品批发企业，1045家药品零售企业、91家医疗器械经营企业、267家保健食品经营企业、310家化妆品生产经营使用单位进行日常监督检查；强化监督抽验和检验工作，完成药品抽验检品检验1380批次，保健食品25批次，化妆品80批次，防控产品风险。

【监管能力和队伍建设】 全市系统坚持把监管能力建设和队伍建设作为提升科学监管水平的基础性工作。加强技术支撑建设，市食品药品检验所通过省实验室资质认定现场评审，新增资质认定项目163项，新增食品、化妆品和水及涉水产品3大项检测资质，形成集食品、药品、化妆品、医疗器械和洁净区室环境洁净度等检测为一体的综合性检验检测机构。

抓好党风廉政建设和反腐败工作，以制度建设和作风建设为重点，加大对认证发证、日常检查、行政处罚等关键环节的监督力度，全系统继续保持没有发生职务犯罪案件的建设成果，赢得各级党委政府和社会各方的认可。

加强机关规范化管理，率先在全市中推行窗口业务办件标准化，编制《市局行政服务窗口标准操作规程（SOP）》，市局窗口全年共办理各类审批事项9563项，按时办结率100%，提前办结率90%以上，多次收到相对人赠送锦旗和感谢信，先后荣获“窗口之星”先进集体、“文明窗口”、“最佳标准化窗口”等多项称号，树立监管队伍良好形象。

推进扶贫开发“双到”工作，共投入11.92万元用于扶贫开发，受到扶贫点广大群众的好评。（张　榕）

附：领导班子成员名单

局　长、党组书记：郭先桂

副局长：叶新年　江金兰　李丽冰

纪检组长：陈海明

安全生产监督管理

【概况】 市安全生产监督管理局为市政府主管全市安全生产的职能部门。内设办公室、综合法规科、规划科技科、监督管理一科、监督管理二科、监督管理三科、职业安全健康监督管理科、人事科（监察室）、执法监察科（执法监察支队）、安全生产应急救援指挥中心办公室等10个科室。机关行政编制22名，行政执法专项编制19名。其中：正副局长4名，执法监察支队支队长1名，应急救援指挥中心办公室主任1名，正副科长14名。

2011年，韶关市安全生产形势继续保持总体平稳、趋于好转的态势。1~12月,全市共发生各类生产安全事故399起，死亡

231人，受伤414人，直接经济损失1848.30万元，同比分别下降11.73%、3.35%、11.16%和20.21%。其中：工矿商贸领域发生事故12起，死亡19人，同比分别下降14.29%和上升18.75%；道路交通事故340起，死亡209人，受伤412人，直接经济损失733.11万元，同比分别下降7.86%、3.24%、11.40%和上升16.37%；消防火灾事故47起，死亡3人，同比分别下降31.88%、57.14%。全市发生一次死亡3人以上较大事故7起，死亡28人，同比分别下降36.36%和44.00%。仁化县、翁源县和南雄市工矿商贸领域实现安全生产"零死亡"。

【非煤矿山及尾矿库监管】 以企业安全生产许可为主线，以重大安全隐患整治和重大危险源监管为重点，不断强化非煤矿山和尾矿库的安全监管，特别是地下矿山企业领导带班下井的制度得到落实，地下矿山企业安全避险"六大系统"安装使用和安全生产标准化建设工作有序开展，全市非煤矿山企业安全生产形势继续保持稳定。为保证关闭破产有色金属矿山企业尾矿库闭库治理工程项目有效实施，消除尾矿库安全隐患，组织相关县（区）安监部门和广晟资产经营有限公司的人员，于11月22~23日分别对石人嶂钨矿梅子窝坑口2号尾矿库、瑶岭钨矿尾矿库等5座尾矿库的闭库治理工程进行督查。5座尾矿库的闭库治理工程安全设施设计全部通过省安监局审查，其中3座尾矿库已向省安监局递交申请开工报告，2座尾矿库正在与当地协商解决闭库治理工程占用农民山地用地问题。

【危化品及烟花爆竹监管】 开展危险化学品生产企业分类检查工作。按照危险化学品生产企业危险程度分类评定情况，加强对乳源东阳光电化厂等30多家生产企业的监管检查。加强联合执法，强化烟花爆竹安全隐患整改。为确保节日期间特别是2011年广东国际旅游文化节的安全生产，多次联合公安、供销社、质检、工商等有关部门对全市烟花爆竹批发企业和部分零售点进行专项检查，检查烟花爆竹批发企业9家27次，零售单位252家，查找出安全隐患103处，下达整改指令书13份，已整改完成103处，整改率为100%。按时完成危险化学品经营企业和加油站换证工作。组织专家现场核查，严格把关，完成52家危险化学品经营企业和115家加油站的换证工作。

【打击非法开采】 2011年4月，组织县（市、区）和有关职能部门研究制定措施，并成立打击非法开采矿产资源工作领导小组，在全市范围内开展打击非法开采煤炭资源的"百日行动"，重点对乐昌市、浈江区、仁化县等地区的非法偷采行为开展联合打击。共清查非法开采小煤窑83条、炸封关闭83条、传唤非法矿主17人、拘留9人。通过一系列的打非整治，非法开采得到遏制，基本实现"四个清"（人员清场、矿窿清闭、设备清缴、涉嫌犯罪的组织者清抓）的目标。

【安全许可和建设"三同时"】 对非煤矿山、危化品和烟花爆竹销售单位依法实施安全生产许可制度和建设项目安全设施"三同时"制度，按照法定程序和条件，规范安全生产许可证的审核发证工作。2011年，全市有53家危化品生产企业进行不同阶段的安全许可工作，办理非煤矿矿山企业安全生产许可证延期手续21家企业。

【重点建设督查】 结合"四大"节日，每季度组织一次全市安全生产综合督查，特别是2011年"5·26"事故后，加大对重点建设项目的安全生产督查，对韶赣铁路、广乐高速公路、湾头水电枢纽工程、日兴烟花爆竹专营公司、港华燃气、丹霞山索道、韶铸集团、韶运集团等一批重点企业进行专项督查，共发现安全隐患17处。与此同时，继续开展工程建设领域安全生产突出问题专项治理工作，掌握全市工程建设领域存在的突出问题及安全隐患共126项，督促各有关部门按照"四个到位"的要求，开展排查"回头看"活动，做好查漏补缺。

【安全生产标准化】 坚持把安全生产标准化建设作为安全生产基础性工作，分行业制定标准化工作方案。按照先易后难的原则，分步实施，以点带面，取得阶段性成效。全市已有12家机械制造企业、31家危险化学品生产企业通过安全生产标准化评级，矿山企业中100%的大型企业和50%的中型企业已完成安全生产标准化评级，其中，中金岭南凡口铅锌矿等5家金属矿山已通过省安全监管局的三级安全生产标准化企业评定，韶铸集团有限公司锻造分厂和韶关广宝化工有限公司已通过安全生产标准化二级达标。为推进全市冶金等工贸企业标准化建设工作，2011年12月起，韶关市安全生产宣传教育中心在10个县（市、区）各举办一期工贸企业标准化建设业务培训班，培训企业主要负责人和安全管理人员近千人。

【安全宣传教育培训】 开展培训工作，为生产经营单位提供大量的安管人员。2011年韶关市安全生产宣传教育中心共开办各类培训72班，培训3250人。其中自培办班50期，培训2448人，分别比2010年增长3%和2%。创新培训方式和方法，做好为民便民服务。在有条件的企业，采取视频远程教学和集中培训结合的方式进行培训上课。结合企业生产特点和培训需求，尽可能地把安全培训班办到企业，帮助基层解决安全培训与正常生产存在的矛盾和困难，并为基层减少人员培训的开支和费用约60万元。此外，韶关市安全生产宣传教育中心开展义务宣传教育，先后在京珠高速广韶公司、乐昌粤北化工、大宝山矿业公司、仁化、南雄等地举办19场（次）的义务安全教育培训，培训人员1560多人。

【应急救援建设】 以演练促搬迁，完成大宝山矿尾矿库下游村庄安全避险整体搬迁任务。大宝山矿槽对坑尾矿库是全省最大的尾矿库之一，尾矿库下游居住1000多名村民，构成威胁下游村民生命财产安全的重大安全隐患。2011年，韶关市采取铁的手腕，克服多种困难，加大资金投入，于5月1日前对下游3个村庄实施整体搬迁，消除这一重大安全隐患。加强矿山救援队伍建设。通过建立战备值班、技能培训等一系列的岗位职责和规章制度，规范市矿山救护队的日常管理，添置更新救援装备，强化应急救援训练，应急救援能力得到明显提高。“5·26”事故发生后，韶关市矿山救护队现场应急救援取得成功。高标准建设省矿山救援基地。成立矿山救援基地建设领导小组，从划拨建设用地、到委托招投标等方面做大量的工作，于9月29日完成招投标工作，已进入正式施工阶段。强化应急预案管理。11月，印发实施《韶关市生产安全事故总体应急预案》，强化应急目标管理，提高各地方、各部门应急预案管理的主动性。同时，注重预案的演练工作。全市共组织不同规模的安全生产应急演练350次，其中，参演人员在100人以上的演练60余次。进一步健全安全生产应急管理体系。10个县（市、区）安监局都成立应急办，共配备34名应急管理人员。21家中省和市属重点企业全部成立应急机构，有条件的企业还建立企业应急队伍。南雄市、乳源瑶族自治县危化品应急救援基地和队伍建设加强，通过企业自筹和财政专项资金补贴，配备基本的应急器材，已初具规模，能够在确保本企业事故应急救援的基础上，为粤北地区危险化学品事故处理提供强有力的支持。

（李　左）

附：领导班子组成名单

局　长：吴建文

副局长：王　刚　吴玩雄

洪益林

纪检组长：尹恒春

应急办主任（副处级）：许立夫

执法支队支队长：毛亦金

国有资产管理

【概况】 韶关市人民政府国有资产监督管理委员会（简称韶关市国资委）于2006年6月13日经市编委批准设立，早期与韶关市经贸局合署办公。2007年3月19日，韶关市委批准设立韶关市国资委党委和纪律检查委员会，履行市委和市纪委规定的职责。2007年5月18日，韶关市国资委单独设置为市政府特设机构，列入市政府工作部门序列。市政府授权市国资委代表市政府履行出资人职责，实行管资产与管人、管事（不包括公共管理职能所涉及的事）相结合。

韶关市国资委的监管范围是：市政府指定的市属经营性国有资产（含股权）所涉及的企业和市政府持有的其他企业（包括中省属企业）的股权及其权益。接收划入的原由政府其他部门承担的指导政府指定范围内的国有企业改革、国有资产监管等职能。韶关市国资委所监管的企业涉及行业覆盖电力、机械、运输、商贸等。

2011年韶关市国资委机关行政编制20名，后勤服务人员数3名，设办公室、改革发展科、产权管理科、考核统评科（审计与监事会办公室）和人事科（监察室）5个内设机构。

2011年，国资委监管企业的经营状况总体上仍属于恢复增长期，年内，国资系统通过推进国企体制、机制改革，技术和管理的创新，企业的主要经济指标与上年同期比，均有较大幅度的增长。其中，2011年纳入市国资委统计的16户持续经营监管企业完成工业总产值35.2亿元，同比增长9.4%；营业收入52.5亿元，同比增长16.4%；利润总额1.9亿元，同比增长30.4%，各项经济指标增势良好。

【国企改革与发展】 2011年，全市国资监管系统以建立完善现代企业制度和优化资本结构为重点，在以下几个方面取得新的进展：一是稳步推进市属企业改革、改制。协助开展活力公司破产前的清算组设立、清产核资等前期工作，以及破产后资产处置、职工安置、引进投资工作（经公开拍卖引进青岛啤酒公司）等后续工作；配合省改制重组办公室、市委宣传部、市改办做好新华书店的转企改制的推进工作。二是推动企业做强做大。主要开展韶铸集团金宝二期等技改项目，这些项目的投产，使韶铸在2010年突破10亿元产值的基础上，2011年再次突破14亿元。三是培育资本市场和推进企业上市工作。为推进上市公司优化资源配置，开展韶能集团股权性融资工作；为加快市国资的发展后劲，开展培育韶铸集团等国有优势企业向上市公司靠拢，加快重组上市步伐的推进工作。现阶段韶铸前期股改筹备工作已全面铺开，企业内部资源整合、非主业资产的剥离重组等工作已取得较好的进展。

【产权（资产）划转、变更管理】 开展对原韶关市企业国有资产管理中心名下资产及其他部分已“退出”企业剩余存量资产的产权（资产）划转、变更等工作的跟踪管理。截至2011年年底，划转给韶关市商贸资产经营有限公司的15处房产、1宗土地已办理完权属登记变更，共涉及房产建筑面积5055.1平方米、土地面积2690平方米。已退出的市属企业剩余资产无偿划转给韶关市工贸资产经营有限公司，评估后用于增加其注册资本金，增资后的韶关市工贸资产经营有限公司注册资本金将达1亿元。

【广东明珠股权转让】 做好开展广东明珠实业股份有限公司转让所持有的韶关东南轴承有限公司80.19%股权的挂牌拍卖等相关工作。通过股权转让，引进投资人，解决明珠公司的遗留问题，为企业发展拓展空间。

【韶关市亿恒电器设备有限公司】 通过引进韶关凯源公司投资3000万元成立韶关市亿恒电器设备有限公司，与广东亿能电力设备股份有限公司及其分公司韶关变压器厂进行重组，承接韶关变压器厂的生产经营业务和员工，化解广东亿能电力设备股份有限公司的生产困难问题，也达到做强做大“亿能”牌变压器及其系列产品的目标。

【韶钢集团社会职能移交】 市国资委发挥牵头作用，协调组织市直相关部门、曲江区与韶钢集团进行对接，收集基础数据和国家、省、市相关政策，与省国资委、韶钢集团进行沟通，并就有关重大原则和关键问题向市汇报。经各方的努力，于8月初形成韶关市对韶钢集团社会职能交接的正式意见并上报省国资委。8月16日，完成韶关市对韶钢集团社会职能机构设置说明及费用数据的上报工作。在8月22日宝钢集团、省国资委、韶关市政府、韶钢集团在广州签订的《企业办社会移交及主辅分离框架协议》时采纳了上报的有关处理原则和核算的数据。全年，韶钢集团社会职能移交按照省的移交时间安排表要求有序开展。

【企业领导管理和配备】 2011年市国资委完成韶能集团董事会、监事会和经营班子的换届；做好韶能集团领导班子的调整配备，并新提拔两名副总；做好亿能公司纪委书记的任命工作；开展对明珠公司3名副职领导职务的免职工作。同时，开展对7家企业领导班子及41名领导人员的民主测评，做好监管企业领导人员个人有关事项报告工作，全年全系统共有16名市管干部和29名监管企业副职领导报告个人有关事项。

【廉政宣传教育】 2011年通过开展“一把手”上“树立正确权力观，做人民满意公仆”的主题党课，组织国资系统企业干部职工观看《暴风雨中的忏悔》、《国企之殇》等一批等反腐倡廉教育片，举办“清风·颂廉”书画摄影比赛，制定《韶关市国资委关于对拟提拔监管企业领导人员实行廉洁从业党纪法规考试的暂行办法》，开展拟提拔领导干部任前廉政测试等工作，切实增强国资系统企业领导干部的党性修养、纪律观念和廉洁从业意识。

（李清泉）

附：领导班子成员名单

党委书记、主任：高冬瑞

党委副书记：张新安

副主任：柳　刚　李春雷

纪委书记：王若丹

工 业

综 述

【概况】 2011年，全市工业经济实现平稳运行，实现"十二五"规划良好开局。全市实现工业增加值304.4亿元，同比增长13.6%。其中，规模以上工业完成增加值243亿元，同比增长15.5%，增速分别高于全国、全省1.6个和2.9个百分点；七大支柱产业完成增加值177.2亿元，同比增长12.1%。1~11月，工业企业综合经济效益指数196.3%，主营业务收入增长19.9%，利税总额同比增长17%。

【园区工业发展迅猛】 全市4个省级产业转移园规模以上工业企业113家，实现工业增加值37.7亿元，同比增长54.3%，占全市工业比重为15.5%，比上年提升4.2个百分点。其中，莞韶产业转移园实现工业增加值23.4亿元，同比增长21.7%。乐昌产业转移园实现工业增加值2亿元，增加540%，始兴产业转移园实现工业增加值3.1亿元，同比增长410%，南雄产业转移园实现工业增加值9.2亿元，同比增长130%。

【县域工业增势良好】 县域完成规模以上工业增加值107.9亿元，同比增长20.4%，高于全市工业增幅4.9个百分点。其中，南雄、翁源、始兴和新丰工业增速分别达52%、45%、38%和27.7%。

【民营工业发展提速】 规模以上民营工业实现增加值50.9亿元，增长37.8%，占全市规模以上工业21%。

【先进制造业发展加快】 先进制造业实现增加值79.3亿元，同比增长19.2%，占全市规模以上工业32.6%。

【工业投资平稳较快增长】 全市完成工业投资189.3亿元，同比增长35.2%，工业投资占全市固定资产投资总额的40%；制造业投资完成144.2亿元，同比增长35.2%；产业转移园完成固定资产投资75.72亿元，同比增长34.1%。 （张南生）

钢铁、有色金属、机械工业

【钢铁工业】 2011年，韶关市钢铁工业实现工业增加值43.54亿元，同比增长15.6%，是韶关市经济发展的重点支柱产业之一，其工业增加值居全市七大支柱工业之首。钢铁工业主要产品产量成品钢材566.79万吨，同比增长11.4%。韶关市钢铁工业的龙头企业——韶钢是国内船板强度、质量等级较齐全、并通过九国船级社认证的钢厂之一。韶关钢铁集团2011年年产钢547万吨、铁540万吨、钢材523万吨，实现销售收入206亿元，总资产289亿元。2011年5月29日，韶钢合金钢、优质钢棒材轧机改建工程正式全面开工。工程计划投资15亿元，2012年底全面建成。主要内容为新建直径20毫米~80毫米汽车用合金钢棒材生产线，直径70毫米~180毫米优质钢棒材生产线各1套，可年产合金钢棒材53万吨、优质钢棒材62万吨，这是中国钢铁史上采用长流程工艺生产低成本、高质量汽车长型材的重要建设项目。将有效改变中国珠三角地区合金钢、优质钢棒材使用量大但缺乏生产企业的历史格局，对促进广东省乃至中国南方地区汽车工业发展意义重大。

【有色金属工业】 2011年，有色金属工业完成工业增加值31.64亿元,同比下降3.4%，工业增加值占全市工业总量的10.4%，是韶关第三大支柱行业。其中，生产十种有色金属合计15.26万吨，有色金属选矿产品含金属量20.33万吨。有色金属工业以韶关冶炼厂、丹霞冶炼厂和凡口铅锌矿为主体。其中，韶关冶炼厂2010年10月21日，根据省政府的要求,韶关冶炼厂因铊污染事件实施全面停产。停产期间，韶关冶炼厂按照政府要求，制定整改方案并落实各项整改措施，加强设备维护及维修，做好复产所需的各项准备工作。2011年7月20日，中金岭南收到省国资委关于同意韶关冶炼厂过渡性复产有关事项的批复。据批复，韶关冶炼厂精炼系统（含马冶车间）7月19日复产；除一粗炼系统以外，韶关冶炼厂粗炼系统待环保整治项目建成并经政府相关部门检查通过后复产。公司按照政府要求，抓紧实施韶关冶炼厂的异地搬迁升级改造。丹霞冶炼厂拥有国内首条10万吨大规模锌氧压浸出工艺生产线，被誉为世界铅锌“单打冠军”。丹霞冶炼厂将落实省火炬计划，推进丹霞冶炼厂二期、三期项目建设，完成丹霞冶炼厂锌氧压浸出新工艺综合回收镓锗技改的二期工程，使丹霞冶炼厂年处理能力达到50万吨。同时，加强综合回收，稀贵金属综合利用，提高企业综合竞争力，示范带动中国铅锌行业稳步健康发展。

【机械工业】 2011年，全市机械行业实现工业增加值16.58亿元，同比增长20%，是当年七大支柱行业中增速最高的行业。机械生产企业中，韶铸集团作为中南区域最大的铸锻件专业生产企业，能生产单重80吨以下的各种铸钢件，国内铸钢件市场占有率约5%，在行业中仍然位居前列。为使企业做大做强，要进一步深化企业改革，按上市公司管理制度要求，加强与证券公司的战略合作，及时研究解决企业改制上市存在的问题，加快企业上市进程。韶关液压件厂有限公司是液压缸专业制造厂家，产品市场涉及冶金、工程机械、港口机械、军事工程等多个领域，在国内占有相当比重的市场份额，并远销美国等十多个国家。韶关液件厂有限公司于2009年开始投资1.9亿元建造占地13.333公顷的国内首家高端液压油缸制造基地。韶关宏大齿轮有限公司是广东最大的齿轮专业生产企业，公司科技项目“电动休闲车后桥的研发与制造”、“精锻成形技术在精化齿轮毛坯上的应用研究”分获得韶关市科学技术进步二、三等奖，其技术与制造水平居国内同行领先地位。产品出口与内销几乎各占一半的宏大齿轮公司，按计划将于2012年4月全部搬进位于莞韶产业园沐溪工业园办公和生产。完成全部搬迁后，公司生产面积将比旧厂足足增加1倍，这将为宏大齿轮的“十二五”规划的发展战略，特别是为与美国EATON公司等国际知名企业开展更深层次合作提供更优良的生产环境和基础。公司外销产品主要出口美国、巴西、日本和波兰等欧美国家。由于质量过硬，产品一直供不应求，其中在与美国EATON公司长达9年的合作历史中，宏大产品还从未出现被要求返工的现象，因而连续多年获得EATON公司最佳供应商称号。（朱德源　谭桄华）

重点监测工业

【概况】 2011年，市经信局实施市领导班子成员和市直部门挂点联系工业企业制度，落实好省“重点企业直通车”服务制度，及时向市委、市政府报告工作动态和企业的经济运行情况，市委主要领导主持召开中省、市属企业座谈会，将企业生产经营存在问题，纳入市委、市政府重点督办事项，督办工作领导小组通过召开现场督办会议和实地督办，要求责任单位采取措施为企业协调解决实际困难和问题。

【监测工业企业规模】 2011年，30户重点工业监测企业累计完成工业增加值161.94亿元，同比增长9.3%，总量占全市工业增加值的53.2%，占全市规模以上工业增加值的66.6%。全市工业增加值超亿元的企业有28户，超10亿元的重点企业有3户，分别是广东中烟工业公司韶关卷烟厂、广东省韶关钢铁集团有限公司、深圳市中金岭南有色金属股份有限公司凡口铅锌矿。30户重点工业监测企业产值超10亿元的企业12户，分别是韶钢、韶烟、凡口、电厂、丹冶、东阳光、韶能、坪B、金亿合金、韶铸、韶关旭日集团、广东电网公司韶关供电局。其中，韶烟、东阳光和广东电网公司韶关供电局产值均突破30亿元，韶钢产值超200亿元。

【监测工业企业名单】 2011年，韶关市30户重点监测工业企业：韶关钢铁集团有限公司、中金岭南集团韶关冶炼厂、中金岭南集团凡口铅锌矿、中金岭南丹霞冶炼厂、广东省韶铸集团有限公司、华粤煤矸石电力有限公司、韶关卷烟厂、中健行集团有限公司、韶关市坪石发电厂有限公司（B厂）、乐昌市铅锌矿有限责任公司、韶关新宇建设机械有限公司、乳源东阳光实业有限公司、曲江县娃哈哈饮料有限公司、至卓飞高线路板有限公司、韶关市众力发电设备有限公司、韶关旭日国际有限公司、韶能集团、始兴建溢集团、丽珠集团利民制药厂、广东金亿合金制品有限公司、韶关市兴亚洗涤用品有限责任公司、广东省大宝山矿业有限公司、韶关市液压件厂、韶关发电厂、始兴建滔集团、仁化银海有色金属综合回收有限公司、始兴县万达有限公司、广东明华机械有限公司韶关分公司、韶关市正星车轮有限公司、广东电网公司韶关供电局。

(朱德源　谭桃华)

电力工业

【概况】 2011年，韶关供电局全口径用户平均停电时间16.43小时，同比减少50.1%；购电量为85.13亿千瓦时，同比增长9.76%，售电量82.91亿千瓦时，同比增长12.03%，全口径线损率2.65%，同比降低1.51个百分点。电网建设投资完成6.27亿元，新增110千伏及以上输电线路130.5千米。

截至2011年12月，韶关供电局直属管理变电站共91座，其中500千伏站1座，220千伏站11座，110千伏站62座，35千伏站18座，主变容量8631.1兆伏安。35千伏及以上输电线路总长3282.65千米。

【电力供应】 2011年，韶关地区用电最高负荷达133万千瓦，同比增长29.6%，最大电力缺口超过20万千瓦。该局主动向政府汇报，指导客户合理用电，紧盯调度管理、设备运维，强化综合停电管理，提高设备维护质量，完成广东国际旅游文化节和政府各种大型活动的保供电任务。

【服务体系建设】 编制《韶关供电局实施客户服务改进方案》，从八大方面，提出29项改进措施，深入推进服务体系建设。建成营业厅在线管理系统，实现对各渠道服务状态的在线监测和管控，“一站妥”服务比例达83.76%；拓宽电费缴费服务渠道，建成两个24小时自助服务营业厅；完善客服中心客户沟通功能，“95598”逐步升级为“问题解决中心”，全年服务热线呼入电话总量17.7万宗，发送电费短信1120万条，停电通知客户到户率、客户回访率均为100%。组建“六走进”小分队189个，走访客户200多次共7.2万户。该局谢炳林获得2011年度“感动南网”一线员工的荣誉称号。2011年，该局全口径第三方满意度75分，同比增加7分，韶关供电服务位列全市公共服务评价首位。

【供电可靠性管理】 2011年，着力解决城网10千伏线路的重、过载问题，新增10千伏配电线路286千米，新增配电变压器容量9.3万千伏安，综合电压合格率达97.64%；优化配网结构，全口径配网可转供电率提升至73.28%。建成供电可靠性自动统计信息系统，为可靠性管理“先算后停”提供有力支撑；加强配网带电作业培训，推进配网带电作业，开展配网带电作业24次，减少停电时户数2964户，减少用户平均停电时间1.013小时。全口径用户年平均停电次数为5.02次，同比减少4.93次。

【安全生产风险管理】 完成70个体系文件的梳理和修订；开展人机工效、环境与职业健康危害普查，发现28处环境危害和5类健康问题，全部完成整改，并编制风险概述。

【电网安全风险管控】 修订韶关地区电网风险分析取值量化办法，完成电网风险评估，发布电网风险预警20个，落实控制措施153项；首次采用直升机巡线，巡查500千伏坪曲线、220千伏关廊线、关通线等重点线路；全年重大、紧急缺陷消缺率100%，继电保护正确动作率100%，保障电网安全稳定运行。应急管理常态化，升级应急指挥平台，完善应急预案，组建4个专业7支共475人的应急队伍，开展全局性应急演练20项。应对雨雪凝冻灾害，投运220千伏关春变电站融冰装置，在冬季前添置两台移动式融冰设备，开展多次的防凝冻灾害现场演练。

【安全生产管理】 开展停工整顿和人身安全专项整治活动，强化执行“十个规定动作”，该局本部和8个子公司63个班站进行全面检查，共计发现隐患2771项，完成整改2692项，整改率97.2%，关键问题得到全部整改。全面开展电网建设作业人员资格认定考核和持证上岗，完成3275人的资格认定，实现参建人员全面持证上岗。开展“两票”专项整治活动，完成2592名“两票”执行人员的培训和考核。

【电网规划编制】 电网规划融入地方经济社会发展规划，编制韶关电网专项规划；启动“十二五”规划110千伏及以上项目的前期工作，500千伏韶关北输变电工程选址选线工作；完成220千伏墨江站2号主变等7个扩建工程的可研设计招标工作，220千伏廊武线等5个项目初设审查批复，乐昌峡水利枢纽发电机组接入系统工程施工图预算审查，韶关市2010~2015年电动汽车配套充电设施规划。建成韶关市首座汽车充电站。

【电网工程建设】 打造政企联合推动电网发展模式，开辟政企合作绿色通道，缩短工程项目建设周期，降低项目建设成本。220千伏珠玑变电站工程被授予2011年度广东省电力优质工程、优良样板工程；110千伏前进输变电工程、金鹏站10千伏出线工程在广东电网“安全、优质、文明”样板工程创建活动评比中获得第五和第八名的好成绩。

【电力物资管理】 物资管理“一体化”，完成韶关电力物资中心仓库标准化建设。2011年，签订合同2311份，金额4.15亿元，签约准确率为99.5%；物资抽检及时率、准确率达100%；闲置物资利用率为88.3%，利用物资金额2828.79万元，超额年度目标，是目标的117.7%。

【电力资产管理】 完成82个变电站、213条线路的卡片价值核对，拆分合并资产卡片17606张，完成20023条主网资产数据和22573条非主网卡片的数据整理。企业级资产管理系统上线运行，实现工程、物资、项目及财务固定资产之间的业务流转，突破信息条块壁垒，顺利通过广东电网公司的竣工验收。

【经营风险管控】 预算精细化管理，推进“大预算”，实现年度成本控制目标，减少成本支出6095万元，超额完成1247万元。提前实现资金集中管理，市局统一支付率超过99.50%，县级子公司集团账户资金集中率超过99.5%。编制《韶关供电局2011年内控工作计划》，风险岗位管控措施落实到位，完成审计项目28项，审计整改7项，提出审计建议212条。

【线损管理工作】 科技投入力度加大，营销系统升级，配网网损智能管理。强化营销稽查，线损管理日常化、制度化，线损四分管理水平明显提升，制定《韶关供电局线损管理考核实施细则》，与各单位签订降损责任书，全口径线损同比降低1.51个百分点。

【干部职工队伍管理】 作为广东电网公司6个试点单位之一，率先完成一线班组星级员工评选。以岗位胜任力为基础，加强一线员工技能培训，分6期对365名班组长进行轮训；抓好县级供电企业生产骨干培训，完成第二批试点工种64名骨干的培训，通过以点带面的方式提高县级子公司技术人员的操作技能；本年度共举办各类培训班133期，培训9060人次。加大技能鉴定力度，完成培训及鉴定班42期，共1089人。完成直供直管285名农电人员接收工作。为农电体制改革的深入推进积累经验。

【信息化建设】 企业集成服务及其应用的功能验收通过；生产、工程、物资系统V2.0版本完成升级；常态化开展系统数据质量提升工作；修编完善《韶关供电局网络与信息安全应急预案》和20个现场处置方案及应急响应程序，2011年未发生省公司考核的信息安全事件；规范信息服务中心运作流程，信息用户满意度达99.93%。信息化水平超过广东电网平均水平，达到A级水平，5个县级子公司信息化水平达到A级，其余3个县级子公司达到B+级水平。

【科技创新】 年内，取得科技成果15项，其中两项获得广东电网公司科技进步三等奖；申请国家专利3项，被授权国家专利1项；发表科技论文64篇，EI收录4篇，EIP收录2篇，中国电机学会年报收录1篇。

【党建工作】 该局撰写的《县级供电企业党建工作的若干思考》被评为2010年度广东电网公司党建思想政治工作研究成果二等奖。全面启动“牵手行动”，打造党建特色品牌。刚性执行党风廉政建设责任制，考核达标率为100%，举报投诉及时办结率100%。廉洁从业教育常态化，纪律教育月学习、“廉文荐读”活动有序开展。效能监察发现问题19个，下发效能监察建议书8份，提出整改措施14项，落实整改措施14项，共节约生产资金约1165.43万元，避免经济损失60万元。坚持党建带工建、团建，按程序完成工会、团委换届选举工作。

【企业文化】 开展“实施发展战略，建设幸福南网”大家谈活动。结对帮扶乳源县大桥镇塘峰岩村；参与“广东省扶贫济困日”捐款活动，员工捐款12万元；响应“每人捐献十元钱，我把爱心献边疆”和市总扶贫济困10元捐款的号召，4838人参与，筹得50682元。举办急救知识竞赛、青年羽毛球团体赛、青年拓展训练营、献血献爱心等活动，成立韶关供电系统摄影协会。全面实施职工温馨家庭工作站，给职工家属一封公开信，开展“一封安全家书、安全短信温馨提示语”征集活动，举办“安全·和谐”为主题的基层职工家属代表参观、座谈活动。经考核，该局继续保留“全国文明单位”的荣誉称号。

【县级子公司管理】 该局统一部署、统一步调，职能部门延伸管理、延伸服务，县级子公司基础管理总体水平显著提高。曲江、南雄、乐昌局以优良的成绩通过广东电网公司组织的考评验收。2011年综合指标排名，曲江、乳源局列第二梯队37个子公司中的第二和第六名；单项指标，仁化局配网可供转电率列50个子公司第一；乳源局单位可控供电成本为46.54元/千千瓦时，列全省子公司第一；南雄局第三方客户满意度为84分，列全省子公司第二；乳源、始兴、新丰、仁化、曲江5个局降损成效显著，列全省的前五名；乳源等4个局经济增加值（EVA）实为正数，经营水平得到提升。7个局安全生产安风体系建设达到2钻水平，5个局实现当年电费回收率100%。 (黎韵姗)

附：领导班子组成名单

局　长：刘伟辉

党委书记：叶秋云

副局长：邓永保　江伟斌

潘　斌

纪检书记、工会主席：吴文光

莞韶产业园

【概况】 为全面贯彻落实广东省委、省政府“双转移”战略，2008年12月，东莞市政府与韶关市政府签订《关于在韶关设立东莞（韶关）产业转移工业园的协议》，同意在韶关市合作建设东莞（韶关）产业转移工业园（以下简称莞韶产业园），由原中山三角（浈江）产业转移工业园、粤北工业开发区（广东韶关工业园区）、武江科技园、曲江经济开发区整合设立，分为浈江、沐溪—阳山、武江、曲江等4个片区。规划总面积28.63平方公里，经省批准认定的首期开发面积为9.38平方公里。东莞、韶关两地市委、市政府成立莞韶产业园领导小组，由双方市委书记任组长，市长任副组长，领导小组下设管委会，管委会主任由韶关市原副市长陈秋彦兼任。2011年7月，根据省委的安排，陈仲球同志任管委会主任。

目前，园区为“莞韶产业园”、“韶关工业园区”和“韶关高新区管委会”三块牌子一套人马，其中浈江、武江、曲江等三片区隶属区委、区政府管理。园区统一以莞韶产业园为平台争取有关政策、融资和提供有关服务等。园区管委会内设8个科室、3个事业单位，在编人员有41人，其中公务员编19人，事业编22人；另有直属一类公司5个。

莞韶产业园自成立以来，连续两年获得全省产业转移园目标责任年度考核优秀等次；2008年、2010年分别竞得省产业转移竞争性扶持资金5亿元和省专业性扶持资金1亿元；2010年，所辖韶关工业园区被省政府认定为省级高新技术产业开发区；2011年6月，成功入选为广东省十大重点产业园区。

2011年，莞韶产业园在东莞、韶关两市市委、市政府的正确领导下，继续加强招商引资，加强企业服务，加强发展策略研究，各项工作取得新的成效，被评为省重点园区，享受用地等各项重点扶持政策。园区发展势头良好，园区地位继续提升，园区品牌影响力不断加强。

【园区经济稳健发展】 2011年，完成工业总产值107.34亿元，同比增长29.57%；完成工业增加值23.42亿元，同比增长21.7%。税收平稳增长，完成4.79亿元，同比增长29.48%，一般预算收入首次突破1亿元。固定资产投资呈上升趋势，完成44.9亿元，同比增长30.08%。外贸出口完成3亿美元，同比增长15.4%。

【招商引资成效明显】 2011年，招商引资合同项目69宗，其中引进超亿元的项目13个，合同利用资金82.94亿元；实际到位资金38.28亿元，同比增长43.27%。引进广东阳光富源光电产业、众力发电设备、富刚（丽顿）包装机械等11个投资上亿元的企业项目。

【完善基础设施建设】 2011年，投入基础设施建设资金15.1亿元，比上年增长47.02%。完善道路交通、服务平台、文化体育、环保美化等功能。投资1.5亿元、建筑面积3.5万平方米的创业服务中心建成启用。投资1600多万元、占地面积5.15万平方米的农民工文化广场，于2011年7月建成投入使用。3个片区的污水处理厂首期工程主体工程已经完工。园区主干道（新国道323线）已完成路基工程50%以上，并开始路面工程施工。比亚迪、汉鸿项目首期配套基建工程基本完成。

【企业品牌化建设步伐加快】 招商引进一批、转型升级一批的策略得到有效实施。园区目前落户项目有300多个，其中：投产企业140多家，在建项目115家。规模以上工业企业62家，比上年增加11家，从业人员4万多人。形成机械装备产业重点发展，新材料、生物制药等新兴产业异军突起的喜人局面。宏大齿轮、中机重工、韶液、伟光、韶瑞、建溢、欧莱、东南轴承、丹霞制药、汉鸿木业等优势明显的企业逐步向品牌化迈进，有的正准备进入上市辅导期。

【入选省十大重点园区】 在省组织开展的省产业转移工业园重点园区遴选工作中，莞韶产业园跻身全省十大重点园之列。按照省政府《关于优先扶持产业转移重点区域重点园区重点产业发展的意见》的规定，莞韶产业园将在用地、财政、金融、基础设施建设、人力资源保障等方面享受倾斜政策和重点帮扶。

【园区创业服务中心大楼建成使用】 东莞市及时投入资金1亿元，创业服务中心大楼于12月建成投入使用，服务中心大楼为9层，建筑面积共3.5万平方米，总投资1.3亿元。新服务中心大楼的建成，为园区向企业提供政务、科技、金融、市场、人才“五位一体”的服务奠定基础。

【首届广东装备论坛成功举办】 2011年11月，以韶关、东莞两市政府和省经信委、省外经贸厅名义主办，莞韶产业园承办的首届广东装备制造业国际高峰论坛，在韶关成功举办，论坛体现国际化、高端化、专业化特点，高调亮出打造广东装备制造业总部基地的旗号，增强企业发展信心，促进招商引资工作，在亚太地区机械装备业界产生较大的影响。

【完成贷款抵押物办理】 在市政府的支持下，通过大量的工作，落实比亚迪配套项目贷款抵押物7宗土地，使国开行4亿元贷款得以落实，初步缓解园区基础设施建设比较紧迫的资金问题。

【扩园工作正式启动】 扩园工作从2011年8月开始启动，目前，《东莞（韶关）产业转移工业园扩园总体规划（2011~2020）》已通过专家评审和韶关市政府的同意，形成报省政府的扩园规划初步方案，与东莞市政府的会签后报省。扩园后，园区的规划总面积将达到52平方公里，将在一定时期内缓解园区发展用地不足的矛盾。（万晓光）

附：领导班子组成名单

主任、党委书记：陈仲球

常务副主任、党委副书记：
钟裕荣

副主任：李敦华　吴岳朋
熊菁华　赖香全
周强华（挂职）
苏启林（挂职）
欧韶芳

农·林·水·气象

农 业

【概况】 韶关市农业局，加挂中共韶关市委农村工作办公室牌子，为市人民政府主管农业农村经济发展的工作部门。核定机关行政编制69名。设办公室、综合协调科、政策法规科、新农村建设指导科、农村经济体制与经营管理科、市场与经济信息科、科技教育科、种植业管理科、农业机械化管理办公室、农业应急管理办公室、农产品质量安全监管科、财务与审计科（发展计划科）、农业综合开发办公室、人事科(监察室)、市扶贫开发领导小组办公室（市老区建设办公室）、畜牧科（市饲料工业办公室）、兽医科等17个内设机构。下设市水产管理局、广东省渔政总队韶关支队、市农产品质量安全监督检测测试中心、市农村财务管理办公室、市农业信息中心、市种子管理站、市畜牧研究所、市农机推广站、市水产研究所、市动物卫生监督所、市植物保护站、市农业科学研究所、市农民科技教育培训工作站等14个直属事业（行政、参公）单位。

2011年，韶关农业以“加快转变农业发展方式，建设幸福美好农村”为核心，克服“倒春寒”、干旱、洪涝等自然灾害和物价指数不断上涨等困难，实现农业农村经济平稳较快增长。2011年全市农业增加值112.3亿元，同比增长5.9%，农民人均纯收入7461元，同比增长18.1%。全市农作物总播种面积31.85万公顷，同比增加5833.33公顷。生猪饲养量281.72万头，其中出栏171.14万头，同比增长7.65%和8.32%。水产品产量7.12万吨，同比增长3.93%。

2011年2月，韶关市农业局荣获第三届广东现代农业博览会“设计银奖”、“突出贸易成交奖”、“最佳组织奖”，陈少梦、黄文年被评为“第三届广东现代农业博览会筹展工作先进个人”。

【落实强农惠农政策】 韶关市农业部门落实国家农业补贴政策。2011年，全市共落实各项惠农补贴2.29亿元。包括种粮补贴资金1.88亿元，其中农资综合直补1.33亿元，种粮直接补贴1905万元，良种补贴3558万元；落实农机购置补贴3482万元；能繁母猪参保11.37万头，发放参保补贴资金606万元，全市能繁母猪参保量54万头。

【夯实农业基础支撑】 2011年，韶关不断加强农业基础设施建设，农业基础支撑水平不断提高。全市完成标准农田建设项目32个，整治农田面积2000公顷，测土配方施肥面积11.33万公顷。建设“省级重点养猪场”16个，年出栏1万头的猪场32个，省级生猪原种场3家，父母代种鸡场2家，种猪扩繁场24家，“国家级畜禽养殖标准化示范场”6个。全市农业机械总动力140万千瓦，农业机耕率达81%，机收率达56%，提高农业劳动生产率。加强农业新技术的引进、示范和推广，提高农业科技普及率和贡献率，引进和推广良种近100个。全市水稻病虫草鼠螺害发生面积约1280万亩次，防治面积1460万亩次，防治效果总体达到95%以上。不断提升农产品质量检测水平，对全市19142个和1290个样品进行农药残留定性检测、农药残留定量检测，合格率达到98%以上。

【基地建设不断加大】 韶关市继续扩大优质水稻、蔬菜、畜禽产品、烟叶、水产品、水果等六大主导产业生产基地。主导产业和特色产业逐步向专业化、区域化、规模化、优质化、集约化转变。初步形成142个“一村一品”专业村和30个“一乡一品”专业镇，建立南雄金友米、无公害蔬菜（乳源）、新丰佛手瓜、曲江沙田柚、乐昌马蹄、翁源三华李、乐昌无公害蔬菜、新丰黑皮冬瓜等8个省级农业标准化示范区。

【加工流通体系不断完善】 金友集团物流仓储基地建成使用，雨润集团乐昌市福润肉类加工有限公司将于2012年5月投产，浈江七里香粮油加工项目规划建设，仁化华南大宗农产品物流交易中心即将奠基建设、港台农副产品供应链项目签约落户，与广州“好绿鲜”社区连锁+电子商务网络平台销售体系等“农超”、“农校”形式的对接，都加快促进韶关市农产品流通。

【产业组织壮大】 2011年，全市新增省级重点农业龙头企业3家、市级农业龙头企业12家、农民专业合作社198家。全市共有市级以上农业龙头企业63家，其中国家扶贫农业龙头企业1家、省级重点农业龙头企业11家、省级扶贫农业龙头企业8家，依法登记注册的农民专业合作社695家。农业产业组织共带动农户26万户，户均增收6000多元。

【品牌效益扩大】 2011年，全市新增无公害农产品认证8个、绿色食品认证10个、有机农产品认证102个，累计“三品”认证的农产品370个，“三品”认证有效期限内的企业197家，其中，无公害农产品认证91家、绿色食品认证34家、有机农产品认证72家。2011年广东国际旅游文化节期间，韶关市独自首次举办的农产品展销会场面火爆、产品抢购活跃。

【产业规模化显现】 各地调整农业结构，优化生产布局，特色农业初具规模。浈江区打造以优质花生基地、优质稻基地、优质菜基地、优质鱼基地、生猪养殖基地为特色的农业产业；曲江区打造以温氏集团、智成食品等龙头企业为主的现代化规模养殖场，以力冉科技公司为主的标准化规模养鱼基地，以塘口、东岗岭、石峰为骨干的优质蔬菜种植示范基地；乐昌市打造以温氏、雨润集团为主的标准化养殖加工业和以马蹄、香芋、水果为主的特色产业；南雄市打造以三元杂交猪生产、五黑鸡特色养殖、现代烟草产业、优质稻生产、中药材种植为主的五大特色产业基地；仁化县打造以粤北现代农业园区为主的现代农业产业带；始兴县打造优质蔬菜、优质烤烟及杂交水稻、优质生态水果、优质蚕桑、生态循环养殖等五大主导产业；翁源县打造以糖蔗、蚕桑、蔬菜、特色水果、花卉、黑皮果蔗等为主的特色农业，建设大中型农产品生产加工基地；新丰县打造以优质蔬菜、优质水果、高山茶、优质生猪、铁皮石斛、优质稻为主的产业工程。

【现代农业园区加速发展】 加大招商引资力度，实施“以园招商、招商建园”，建设现代农业园区，助推韶关市现代农业发展。2011年，全市新建、扩建、跨年度建设项目27个，计划投资28.14亿元。建设6.67公顷以上现代农业园区58个，累计总投入28.6亿元，其中66.67公顷以上现代农业园区33个。粤北现代农业示范园区被省科技厅评为省农业科技园区，被农业部确认为第二批国家级现代农业示范区。截至2011年底，园区内现有企业35家，完成投资3亿元，实现总产值14.56亿元，创税利1.4亿元，带动农户7.1万户，户均收入7600元。粤台农业合作试验区有台商29家，投资规模9.78亿元，经营面积3100公顷。 (梁 浩)

【粮食生产持续增加】 2011年，韶关市农业部门通过优化粮食生产布局、开展粮食高产创建活动、加强粮田基础设施建设等措施，开展粮食生产工作，实现粮食总产持续增产的目标。2011年全市粮食播种面积达15.83万公顷，总产89.25万吨，超额完成省下达的15.67万公顷和84.88万吨粮食考评指标，粮食播种面积与上年大致持平，总产较上年增加3.05万吨，增幅3.54%。其中水稻面积12.52万公顷，总产76.72万吨，同比减少793.33公顷和增加2.26万吨；玉米面积1.06万公顷，总产4.55万吨，同比增加546.67公顷和0.4万吨；薯类1.214万公顷，总产5.2万吨，同比增加40公顷和0.15万吨；大豆0.93万公顷，总产2.54万吨，同比减少13.33公顷和增加0.22万吨。

【经济作物生产平稳发展】 韶关市大宗经济作物主要有蔬菜、烟叶、花生、油菜子、果用瓜、甘蔗等。

蔬菜：蔬菜是韶关市大宗农作物之一，其种植面积仅次于水稻，而产值则居各种农作物产值之首。2011年，韶关市蔬菜种植面积7.67万公顷，产量167.41万吨，分别比上年增加0.3433万公顷和10.54万吨。全市蔬菜种植以叶菜类为主,其次为瓜菜类；形成南运、出口为主的蔬菜区，北运蔬菜区，夏、秋反季节蔬菜区，市区菜区四大生产区域。2011全市大中菜场、专业合作社和蔬菜公司共65个，耕地面积近6666.67公顷，促进蔬菜生产向规模化发展。全市大小棚等设施蔬菜0.4万公顷，有效提高蔬菜生产效益和科技含量。

烟叶：韶关市是广东省的主要烟叶产区，有南雄、始兴、乐昌、乳源4个县（市）约30个乡镇种植黄烟。2011年，全市烟叶种植面积1.42万公顷、亩产158公斤、总产3.36万吨，受干旱影响，亩产比上年减少1公斤，面积、总产分别比上年增加180公顷和增加0.01万吨。

油料作物：韶关市油料作物主要包括花生和油菜子。近几年粮油价格稳步上升，农民种植油料作物的积极性高，油料作物面积和产量逐年上升。2011年全市油料种植面积4.25万公顷，产量12.13万吨，比上年面积增加680公顷，产量增加0.43万吨。其中花生种植面积3.634万公顷,产量11.41万吨，比上年面积增加606.67公顷，产量增加0.41万吨。

甘蔗：甘蔗是韶关传统经济作物,各县（市、区）均有种植。其中翁源是甘蔗主产区。韶关市甘蔗品种主要包括果蔗和糖蔗，糖蔗是韶关市主要的糖料作物。随着果蔗种植效益的提高，果蔗面积不断增加，近两年果蔗和糖蔗种植面积相近。2011年甘蔗面积0.55万公顷，产量54.15万吨，分别比上年增加646.67公顷和8.01万吨。其中糖蔗2587公顷，产量19.53万吨；果蔗0.29万公顷，产量34.62万吨。

果用瓜：韶关市果用瓜品种主要有西瓜、甜瓜、草莓和小西红柿等。近几年韶关市果用瓜种植面积和产量稳步增加，品质有效提高，成为发展较快的经济作物之一。2011年果用瓜种植面积5833公顷，总产17万吨，面积比上年增加300公顷，产量减少1.85万吨。

【园艺作物生产】 韶关市主要园艺作物包括蔬菜、水果、花卉。

水果：韶关市水果品种资源丰富。传统栽培品种有李、柑、桔、橙、柚子、柿子、梨、白果、杨桃、板栗、葡萄等，新引进品种有大果枇杷、青梅、黑奈李、杨梅等。其中翁源三华李、九仙桃、始兴枇杷、南雄白果、乐昌九峰奈李、仁化金果沙田柚等水果是驰名省内外名优水果。2011年全市水果种植面积3.07万公顷，产量36.10万吨，同比增加1420公顷、4.06万吨。其中柑橘类（包括柑、橘、橙、柚）种植面积最大，面积1.66万公顷，产量20.29万吨，占水果面积53.97%和产量56.20%。李子面积8547公顷，产量9.39万吨，占水果面积27.83%和产量26.02%。

花卉：韶关市花卉生产以盆栽植物、鲜切花为主，品种主要是兰花、凤梨类、菊花等。近几年韶关市花卉（特别是翁源兰花）生产发展较快。2011年，花卉种植面积740公顷，比上年增加26.67公顷。韶关市翁源县、新丰县花卉种植面积较大，分别是400公顷和140公顷，分别占全市花卉种植面积的54.05%和18.92%，品种以兰花为主。

【科技推广应用】 全市推广保护性栽培技术，提高种植业的科技含量。2011年发展设施蔬菜4000多公顷，水稻薄膜育秧5万公顷,地膜花生等农作物地膜覆盖面积1.67万公顷。同时，稳步推进抛秧、规范化栽培，病虫害综合防治，测土配方施肥等实用技术的推广应用。其中，水稻抛秧11.2万公顷，秸秆还田7.4万公顷，测土配方施肥11.8万公顷次。良种的使用也更加普及，其中优质稻9.93万多公顷，优质专用玉米0.87万公顷，优质专用大豆0.6万公顷，分别占水稻、玉米、大豆面积的79.34%、81.67%和64.44%。通过良种良法的普及应用，推动种植业生产向标准化、科技化、产业化方向发展，促进农业生产的科技进步和农产品质量与档次水平的提高。

【农作物病虫害防治】 全市农作物病虫草害发生面积173.33万公顷次，防治面积达180万公顷次，总损失率控制在4.5%以下。其中，全市水稻病虫发生面积85.33万公顷次，防治面积97.33万公顷次，防治效果总体达到95%以上,为害损失率降到4%以下，实际损失稻谷4.2万吨,经防治挽回稻谷损失39.5万吨；蔬菜病虫总体偏重发生，发生面积45.33万公顷次；花生病虫总体中等发生，发生面积9.33万公顷次；果树病虫总体中等，局部偏重发生，发生面积14万公顷次；玉米病虫中等发生，发生面积

1.33万公顷次；农田鼠害中等发生，发生面积6万公顷次，均得到有效防治。（丘兰英）

【农产品品牌可持续发展】 韶关发挥资源、区域和特色优势，以龙头企业为依托，通过实施农业标准化，加快发展无公害农产品、绿色食品和有机农产品，鼓励农产品商标注册，强化监督管理，促进农业品牌化工作的持续健康发展。2011年，新增广东（翁源）慧园米业有限公司为广东省名牌产品。目前韶关广东省名牌农产品共有9个，分别为：慧园油粘米、白马牌马坝油粘米、银源牌三角鲂、银源牌银鱼、长坝牌沙田柚、李花牌白砂糖、金友牌优质米、新力牌佛手瓜、雾翔牌沿溪山白毛尖茶。

【农业标准化建设】 2011年，韶关新立项兴建武江区龙安淮山、翁源有机茶省级农业标准化示范区。并发挥乳源无公害蔬菜、曲江沙田柚、新丰佛手瓜、乐昌马蹄、翁源三华李、南雄金友米、乐昌无公害蔬菜、新丰黑皮冬瓜等10个省级农业标准化示范区的示范、推广、辐射作用，组织和引导企业完善生产档案记录，规范农业生产行为，减少药物残留和提升产品质量；形成政府推动、市场拉动和企业带动的农业标准化示范推广模式。

【健康农产品认证】 各地发挥资源、生态优势，依托韶关丰富名优特农产品，加强农产品质量认证工作，发展无公害农产品、绿色食品、有机农产品。2011年，新获得认证的企业（单位）54家，其中新获得无公害农产品认证8家、绿色食品认证4家、有机农产品认证的42家，新认证产品120个，认定种植业面积7712.27公顷，合计批准产量5.11万吨/年。截至2011年，全市累计通过农产品质量认证有效期限内的生产企业（单位）共197家、认证产品370个，其中，无公害农产品认证91家、认证产品124个，绿色食品认证34家、认证产品77个，有机农产品认证72家、认证产品169个；认定种植业面积1.76万公顷、水产养殖6990公顷、畜牧137.38万头、家禽201万只，合计批准产量38.37万吨/年。

【农产品质量安全监测】 2011年，全市农业部门以例行监测、监督抽查和专项监测三种形式，对全市各县（市、区）农产品生产基地、养殖场、农产品批发市场、生猪定点屠宰场共开展农药残留定性检测19142个样品，合格率98.3%；开展农药残留定量检测1290个样品，合格率95%；开展猪尿盐酸克伦特罗（“瘦肉精”）和莱克多巴胺兽药残留定性检测20500个样品，合格率100%；开展饲料盐酸克伦特罗定量检测156份，合格率100%；开展水产品己烯雌酚、喹乙醇、甲基睾酮、呋喃唑酮定量检测96份，未检出违禁使用的样品。

（饶安平）

【加大农资打假力度】 全市各级农业部门加大对违法农资和农产品生产经营行为的查处力度，2011年全市共出动农业行政执法检查人员5439人次，检查农资经营单位4128家次，整顿市场257个次，立案查处违法违规案件123宗，查获、没收假冒伪劣农资10063公斤（969台件），其中：不合格农药1490公斤，不合格种子（种苗）571公斤，不合格肥料8000公斤，总货值达8.37万元。印发各类宣传资料17.38万份。（覃学锋）

【农业产业化组织】 2011年，全市有各类农业产业化组织857家。按组织类型划分，农业龙头企业74家，农民专业合作经济组织695家，其他88家；按产业类别划分，种植业548家，畜牧业157家，水产类32家，林业42家，其他78家。857家经济组织拥有固定资产20.82亿元，其中龙头企业固定资产16.9亿元，带动农户数34.05万户，其中订单带动农户数25.98万户,经济组织种植生产基地面积6.07万公顷,牲畜饲养量234.73万头,禽类饲养量1732.8万只,养殖水面面积4226.67公顷。

【农业龙头企业快速发展】 2011年，韶关农业龙头企业得到快速发展，新增市级农业龙头企业8家、省级重点农业龙头企业3家。截至2011年底，全市有农业龙头企业74家，其中省级重点农业龙头企业11家、市级52家、县级11家，覆盖范围包括粮食、蚕桑、糖业、养殖业、茶叶、兰花、烟草等领域；有18家农业龙头企业建有专门质检机构，有16家已通过ISO 9000、HACCP、GAP、GMP等质量体系认证，有10家获得省以上名牌产品或著名（驰名）商标，有42家获得“三品一标”认证，认证产品117个，有43家获得省级以上科技奖励或荣誉，龙头企业从业人数79298人，带动农户19.28万户，带动基地农户增收7.65亿元。74家龙头企业固定资产16.9亿元，年销售收入50.52亿元，净利润4.31亿元，出口创汇420万美元，上缴税金2.19亿元。

【加快发展农民专业合作社】 为贯彻全省农民专业合作社发展暨农超对接洽谈会精神，总结经验、分析问题、研究部署工作，加快韶关市农民专业合作社发展，市委、市政府于2011年5月17日召开全市农民专业合作社工作会议，会议印发《关于加快发展农民专业合作社的意见》。

2011年,全市依法在工商部门登记注册的农民专业合作社695个,社员33379人，带动非成员农户120267户。按行业划分，种植业483个，畜牧业82个，渔业26个，林业28个，服务业35个，其他41个；按服务内容划分，以产加销一体化服务的528个，以购买服务为主的21个，以仓储服务为主的1个，以运销服务为主的12个，以加工服务为主的3个，以技术、信息服务为主的93个，其他的37个。实施生产质量标准的专业合作社27个，拥有注册商标数60个，拥有使用农产品质量认证数82个，无公害农产品产地认定29个。695个合作社总资产4.92亿元，总收入5.18亿元；统一组织销售农产品总值11.62亿元，统一组织销售农产品总量48.03万吨，培训成员和农民63895人次,成员通过本组织生产经营获得的户均纯收入1.29万元,成员户均纯收入1.82万元。

（魏学兴）

【良种良法的引进和推广】 韶关市利用“广东省现代农业产业技术体系水稻创新团队综合示范与培训站”平台，坚持科研创新，进行水稻两系、三系杂交稻亲本选育及新组合育种、开发及推广应用。完成国家、省和市三级水稻、蔬菜、甘薯等新品种区试、示范、推广等科研推广任务。进行国家、省、市三级共100个水稻新品种区试、大区表证、示范推广等科研推广任务；进行80个省级蔬菜新品种区域试验。引进杜洛克、大约克、长白等国外优良的瘦肉型种猪，加快发展三元、四元杂交瘦肉型猪生产。

【新技术的推广普及】 各县（市、区）及科研机构能够结合实际，“以市场为导向、以效益为中心、以资源为基础”的理念，引进包括超级稻、花生、蔬菜、玉米、种猪、家禽等在内的110多个新品种，推广全漏缝地板、自动供料、水帘降温、泡粪技术，水稻高产栽培技术、测土配方施肥技术、水稻病虫害监测与高效防控技术、甘薯高产栽培技术、紫灵芝仿野生段木栽培技术、蔬果设施栽培技术、雪莲果高产栽培技术、葡萄避雨栽培技术、果实套袋技术、无公害生猪饲养技术等先进实用技术40多项。

【农民科技培训工程】 采取大联动、农科教大协作、集中与分散相结合的方式开展农业送科技下乡活动，组织送科技下乡55场，精心组织农业培训980期，通过科技讲座、现场咨询和演示，发放技术手册20万册，发放种子、农药、肥料等放心农资30多吨，提高农业劳动者素质。完成农民创业、果桑茶蔬园艺工、村级动物防疫员、渔业船员、水产养殖技术、农技服务人员、农民创业人员等工种农村劳动力培训3290人的培训就业任务。

【农业科技体系建设】 逐步完善农技推广体系建设。韶关市基层农业技术推广体系改革与建设工作，经省工作组检查验收，认定韶关市完成本次改革工作。通过实施基层农技推广体系改革与建设示范项目、千亿斤粮食主产区基层农技推广体系建设、良种引进与技术推广、产业技术支撑体系和“科技入户示范县”等项目，围绕确定的主导产业，加强主导品种和主推技术的推广，完善“专家——农技人员——科技示范户”的农业科技成果转化应用快速通道，建立好市（区）、镇、村农业科技试验示范网络，全面提升韶关市基层农技推广体系的公共服务能力，为加快现代农业发展，促进农民持续增收提供有效服务和技术支撑。

【农业科技项目成果】 2011年韶关市农业科技项目科技成果有重大突破，全市有2个项目获得广东省农业技术推广奖三等奖，另外还有“粤北食用菌工厂化生产技术研究”、“花生高产集成技术的应用”获韶关市科学技术进步奖一等奖，“柰李套袋技术的示范与推广”、“粤北有机罗汉果高效栽培技术研究与推广应用”等6个项目获韶关市科学技术进步奖二等奖，“仁化白毛茶制作白茶工艺的研究与应用”、“杨梅果蝇综合防治技术的研究与应用”等9个项目获韶关市科学技术进步奖三等奖。 （黄文年）

【农业机械化水平提高】 韶关市农业机械化水平逐年提高。2011年农业机械总动力131.77万千瓦，同比增长6%；目前全市有拖拉机5.56万台；水稻联合收割机2995台；水稻插秧机453台。2011年农作物耕种收综合机械化水平39.54%，其中机耕率79.137%、机播插率2.2%、机收率24.11%。水稻耕种收综合机械化水平59.32%，同比提高9.57%，其中水稻机耕率98.77%、机播插率5.59%、机收率61.34%。2011年落实农业机械购置补贴2682万元，其中中央财政2565万元、省财政117万元、县级财政40万元。共补贴购置机具1.4万台；补贴秧盘360万个，受益农户1.43万户。

（李日明）

畜牧业

【概况】 韶关畜牧业坚持发展生态健康养殖，2011年全市生猪饲养量281.72万头，其中，存栏110.58万头，出栏171.14万头，同比增长7.65%、6.64%和8.32%；家禽饲养量3098.74万羽，其中，存栏854.42万羽，出栏2244.32万羽，同比增长8.65%、7.93%和8.93%；禽蛋产量10439吨，同比增长0.50%；肉类总产量16.1万吨，同比增长8.25%。全市饲料工业产量42.68万吨，总产值达16.29亿元，同比分别增长10.86%和62.09%。全市没有出现重大动物疫病的流行，没有出现畜禽产品质量安全事件，保障畜牧业健康稳步发展和人民群众的生命安全。

【畜禽饲养和标准化养殖】 2011年全市畜禽规模化养殖场（户）总计近3000户。其中，生猪规模养殖户1932户，肉禽规模养殖户640户，规模养殖户出栏肉猪、肉禽分别占全市出栏总量的90.1%和72.2%，畜禽规模化养殖比例不断提高，综合生产能力不断增强。全市拥有“省级重点养猪场”16个；被农业部授予“国家级畜禽养殖标准化示范场”6个（其中：猪场5个、肉鸡场1个），有21个猪场成为肉猪供东莞基地，累计有30多个规模猪场获得无公害（产地）产品认证，认证规模总量年出栏肉猪超过100万头。2011年，全市分两批申报22个、国家投资735万元的生猪标准化规模场（小区）建设项目，使韶关市标准化养猪场建设总量增加到118个。

【畜禽产品质量安全】 2011年，围绕打击非法添加“瘦肉精”、三聚氰胺等违禁药品和“地沟油”违法犯罪专项工作，开展畜禽产品质量安全专项整治工作，加强畜禽产品质量安全监管工作。全市农业（畜牧）系统共出动监督执法人员2679人次，检查饲料企业581个次，检查养殖场（户）2735个次，检查收购贩运户290个次，检查屠宰场（点）624个次；共落实监管经费35.11万元，抽检样品5563批次；发放《严禁使用“瘦肉精”告知书》6340份，签订《不使用“瘦肉精”承诺书》2560份，开展相关培训和宣传2038人次，印发宣传资料1390份。全市没有出现畜禽产品重大质量安全事件。

【农村新能源建设】 2011年，全市推广安装太阳能热水器2743台，超额完成全年2666台的推广任务，占任务量103%；全市争取2011年农村沼气乡村服务网点项目43个，总投资344万元（其中：中央投资和省配套各107.5万元）和中央大中型沼气项目4个，总投资1020万元（其中：中央投资254万元，省配套102万元）；已动工建设2011年省级户用沼气项目200户、省级大中型沼气建设项目9个和2010年5个中央大中型沼气项目，当年新建大中型沼气工程总池容达10000立方米。

（刘建雄）

【动物疫病防治】 2011年，全市免疫生猪口蹄疫363.1万头次、猪瘟366.2万头次、猪蓝耳病328.8万头次、禽流感3352.8万羽次、鸡新城疫3132.1万羽次、牛口蹄疫21.29万头次、羊口蹄疫7.8万头次，禽流感、鸡瘟、猪瘟和猪口蹄疫免疫率都在96%以上。全市共检测禽流感、牲畜口蹄疫、猪瘟、猪蓝耳病等血清样品19647份，其中，禽血清样品12202份，猪血清样品7047份，牛羊血清样品398份。2~3月全市累计出动人数1135人，检查规模养殖场1499个，检查村数1232个，检查江河、池塘等数1447个，检查出丢弃死亡动物数1614头只（畜73头、禽1541只），全部进行无害化处理。

【实施兽药GSP】 继续按农业部《兽药经营质量管理规范》推进兽药GSP验收。培训兽药监督管理人员12期、163人次；培训兽药经营者27期、668人次，印发宣传资料2570份。全市通过兽药GSP验收企业111家。

（黄追尧）

水产业

【概况】 2011年，韶关市水产品产量71222吨，同比增长3.93%；渔业总产值70551万元，同比增长9.69%；水产养殖面积19987公顷；渔业专业从业人员22877人，人年均纯收入7158元。

【加强养殖证制度建设】 2011年，全市共核发渔业养殖证7437本，总面积18152.4公顷，占应发面积发证率91.9%，其中：国有水域发证91本，面积7616.8公顷，占应发证面积98.5%；集体水域发证7346本，面积10535.4公顷，占应发证面积87.8%。全市养殖水域滩涂规划经同级人民政府批准颁布实施的县（市、区）有9个，分别为武江、曲江、南雄、乳源、乐昌、仁化、始兴、翁源、新丰。

【实施珠江禁渔期制度】 2011年是实施珠江禁渔期制度的第一年，韶关市制定《韶关市珠江禁渔期制度实施方案》规定4月1日12时至6月1日12时，市辖区内曲江、乐昌、南雄、始兴、仁化、乳源、武江、浈江境内的武江、浈江、北江水域禁止所有捕捞作业。禁渔期间市渔政部门共出动巡航渔政船218艘（次），巡航709.2小时，巡航里程4266.6公里，出动执法人员1440人次，执法车辆390辆次，禁渔期间未发生严重违规捕捞的行为。

【水产品质量安全监管】 加大监管力度，规范水产品添加剂使用，推进水产健康养殖。对全市种苗繁育场开展水产苗种专项整治行动，检查场所均持有水产苗种生产许可证，未发现禁用药物。在10个种苗繁育场及25个成鱼养殖场开展水产品药残抽样检测，共抽取样品70个，合格率为100%。

【渔业生产】 2011年，全市共繁殖鱼苗12亿尾，其中罗非鱼苗2930万尾，各类鱼种7201吨；市水产研究所繁育出优质江河鱼类种苗近1000万尾；全市池塘养殖面积9229公顷，产量53881吨，单产389公斤/亩。水库养殖面积10640公顷，产量14413吨，单产90公斤/亩；水库银鱼捕捞产量135吨；江河捕捞产量2393吨，占全市水产品总产量的3.36%。

【渔业科技推广应用】 2011年，全市举办健康水产养殖技术、病害防治、水产品质量安全等培训班23期，培训2681人次，发放培训资料2万多份，技术指导入户300人次，示范户养殖产量、产值同比分别增长8.1%、12%。龙归特种水产养殖试验示范平台目前已完成各项基础设施建设，并繁育成功大鲵、山瑞鳖、黄缘盒龟等品种种苗，提供养殖户5000多份养殖资料和种苗，近2000人次前来参观学习。杉木湾基地已驯化繁育成功白甲鱼、桂华鲮、岩原鲤、长臀鮠、倒刺鲃、光倒刺鲃、三角鲂、胭脂鱼等8个江河鱼类品种，繁育江河鱼类种苗近1000万尾。（俸　芬）

【渔政管理】 2011年，韶关渔政部门严把水产品质量安全关，严格规范水生野生动物资源利用行为。出动渔政船102天次，船艇923艘次、车辆620次、执法人员1820人次，检查渔船1112艘次、种苗繁育场13家、水产养殖场25家、抽检样品70个、集贸市场5个、酒楼30家、海鲜水产店2家。全面完成渔船签证、船舶检验、渔船IC卡管理系统建设、阳光工程渔业船员培训工作，全年培训渔业船员600人次。举办“2011年广东国际旅游文化节之生态祈福放生”等大型主题放流活动24次、受理网络委托放生532宗，市民游客自发放生46次，1.2万人次参与，放流各种北江经济名优鱼类650万尾。渔政部门在4月1日至6月1日禁渔期间，出动执法人员1440人次，巡航船艇218艘次，车辆390辆次，派发宣传资料900多份，开展禁渔执法巡查工作，基本实现禁渔期间“江上无渔船，江中无网具、市场无江鱼”目标。2011年，韶关市符合发放渔业柴油补贴171万元。

【渔民上岸安居工程】 2011年，韶关渔政部门推进市区住家船民转产转业上岸定居工作。截至12月底，共安排住家船民上岸定居154户，完成住家船拆解101艘，安居工程基本完成，住家船民的居住、生活条件得到改善。

(李日华　张家洪)

扶贫开发

【扶贫开发“双到”工作概况】 韶关市各级各部门按照省委、省政府决策部署，推进扶贫开发“双到”帮扶工作，取得显著成效。至2011年底，全市31939户贫困户年人均纯收入达到2500元以上，占贫困户总户数87%；355个贫困村都有稳定的村集体经济收入，年收入均超过3万元，平均每村达7万多元。

【加强组织领导】 围绕“一个”中心：即农民增收、农村面貌改变这一中心，健全组织机构，落实工作责任制，将扶贫开发工作考核纳入各级年度目标管理责任考核指标体系和作为干部综合考核评价的重要内容，实行扶贫开发工作“一票否决”责任制。

【加快脱贫步伐】 坚持把增加贫困村集体收入和增加贫困户家庭收入作为主要任务，全面落实“一村一策”、“一户一法”，促进贫困村、贫困户早日脱贫致富。2011年，全市共落实帮扶资金10.1亿元，平均每村285万元；落实帮扶项目2975个，其中农业项目2268个；培训贫困户劳动力21.1万人次，劳务输出就业3.97万人，实现贫困村都有稳定的村集体经济收入、80%以上贫困户脱贫的目标。

【改善村容村貌】 坚持“自愿、自建、自治”的原则，制定全市农村低收入住房困难户住房改造建设总体规划，出台农村低收入住房困难户住房改造建设和不具备生产生活条件贫困村庄搬迁专项资金管理办法，加大资金筹措力度，开展贫困村农房改造。两年多来，共投入资金6.37亿元，完成低收入住房困难户住房改造建设9784户。2010年度完成11个村283户“两不具备”贫困村庄搬迁；2011年度计划搬迁的“两不具备”贫困村庄25个村657户，已建好住房637户，已搬迁194户。实施整村推进农房改造项目39个，引导2328户农户参与建设，已完成32个新村建设，贫困村的村容村貌得到较大改善。

【建立健全扶贫开发长效机制】 坚持把发展作为消除贫困的根本途径，发挥资源、区域等优势，探索建立产业带动模式，构建“造血”型产业扶贫机制；探索建立培训转移就业带动模式，构建“双到”和“双转移”结合的机制；探索建立金融扶贫模式，构建金融服务机制；探索建立基础设施扶贫模式，构建民生扶贫机制。全市贫困地区已培育优质蔬菜、优质稻、优质水果、优质黄烟、优质鱼等10多个特色产业，打造无公害、绿色、有机等30多个特色品牌；建立市级农业龙头企业63家，成立农民专业合作组织695家（个），带动农户26万户，其中9家省级扶贫农业龙头辐射带动贫困户3万多户；贫困村通过农业龙头企业、农业专业合作组织及专业大户等带动，贫困户产业化参与率超过90%。

【提升基层组织“三力”】 各贫困村围绕领导班子好、党员干部队伍好、工作机制好、小康建设业绩好、农民群众反映好“五好”目标要求，加强贫困村党组织和党员干部队伍建设。各级帮扶单位党组织和驻村干部帮助贫困村开展“共创共建勇争优、携手帮扶同心结、艰苦磨砺共成长”活动，并以创先争优为载体，引导村“两委”干部当好带头致富、带领群众脱贫的领头人，提高村党组织“发展经济、化解矛盾、自我管理”的三种能力。全市各帮扶单位共向贫困村派出驻村干部708人，平均每条村2人。贫困村“两委”换届顺利完成，村“两委”交叉任职和书记、主任“一肩挑”的比例分别超过85%和90%，村党组织领导扶贫开发的能力得到进一步提高。

【不断增强扶贫合力】 两年多以来，省（中）直单位做好各项帮扶工作。东莞、江门两个对口帮扶市的党政领导亲自挂帅，并分别向韶关市被帮扶县（市）选派负责扶贫“双到”工作的专职副县（市）长，落实帮扶单位和派出驻村干部，保证人到、钱到、物到。韶关市各级党委、政府及帮扶单位增强扶贫开发“双到”工作主动性和积极性，市、县

(市、区)、镇、村班子成员和党员干部全部参与“双到”工作，形成省、市、县、镇、村和贫困户六级联动，以及社会参与的工作格局。2010年和2011年两年的“广东扶贫济困日”，全市共筹集捐款1.48亿元，为扶贫“双到”工作推进注入活力。

【革命老区建设】 韶关市各地贯彻落实市委、市政府《关于进一步加强革命老区建设工作的实施意见》，不断加大工作力度，加强基础设施建设，着力解决老区民生问题，扶持老区经济社会加快发展，老区建设取得明显成效。2011年，市级财政安排老区建设专项资金200万元，安排项目35个，其中生产性项目5个，村道建设项目4个，饮水工程项目10个，修建便桥项目3个，其它项目3个，重点扶持老区发展生产，支持老区自然村公路、自来水工程、农田水利工程等基础设施建设。

【农村低收入住房困难户住房改造】 2011年是实施农村低收入住房困难户住房改造建设开局之年。韶关市根据省政府有关部署精神，制定《韶关市2011~2015年农村低收入住房困难户住房改造建设总体规划》，从2011年起，用5年时间分两阶段完成全市25269户农村低收入住房困难户住房改造建设工作，其中2011年完成贫困村内改造建设9784户，占贫困村改造建设任务的67.41%，让低收入住房困难户实现“住有所居”的目标。

韶关市按照“群众自愿、政府引导，因地制宜、统筹规划，突出重点、分类指导，分期分批、逐村推进”原则，层层签订责任书，落实领导问责制；加大资金投入力度，省财政给予每户1万元，市、县财政各配套3000元和2000元，同时采用农民自筹为主，政府补一点、银行贷一点、社会捐一点、帮扶单位助一点等办法，多渠道、多方式筹集资金，加快推进农村低收入住房困难户住房改造建设工作。2011年，全市共投入资金6.37亿元，完成低收入住房困难户住房改造建设9784户。实施过程中坚持把低收入住房困难户住房改建与整村推进农房改造、建设“幸福安居示范村”结合起来，共投入资金1.25亿元，实施整村推进农房改造项目39个，引导2328户农户参与建设，建设新村32个；实施“两不具备”（即不具备生产、生活条件）贫困村庄搬迁36个，搬迁农户940户。

（刘志强）

附：领导班子成员名单

局　长：李卫忠
（兼市委农工办主任）
副局长：沈河民
（兼市扶贫办主任）
刘助能（~2011.6）
陈南方
（兼市委农工办副主任）
刘志福（2011.9~）
陈少梦
肖盛华
（兼畜牧兽医局局长、总畜牧兽医师）
刘世冬
纪检组长：彭德才

林　业

【概况】 2011年是韶关林业的“封山育林年”。全市林业工作围绕市委、市政府和省林业厅的决策部署，按照“以封山育林促生态优化，以配套改革促产业发展，以队伍建设促管理规范，以制度完善促服务创新”的思路，推进林业生态建设，完成年度目标任务。全年投入林业建设资金4.84亿元，创下历年新高。

至2011年末，全市林业用地面积142万公顷,森林面积131万公顷，活立木蓄积量7289万立方米，森林覆盖率达72.5%，森林资源数量和质量位居全省首位，森林生态效益总值达1118亿元。全市林业产业总产值达41.8亿元。

在全省2010年度森林资源保护和发展目标责任制考核中，韶关以99分的成绩位列全省第8名。市林业局“五五”普法工作被国家林业局和市政府评为先进集体，造林绿化工作被授予“全国先进集体”称号，资源管护工作被省林业厅授予“先进集体”称号，综治工作被市综治委评为优秀单位。

【迎接省级林权制度改革检查验收工作】 市林改办、市林业局按照市委、市政府的工作部署，一方面，着力抓好迎接省级检查验收工作。上半年，在全市开展林改模拟验收，根据省的检查验收标准，逐项对照检查，查找薄弱环节，逐项整改。接着又开展轮“回头看”活动，重点对宗地界线不清的重新勘界勾图，对档案不齐的及时补充完整，并为界线清晰、档案完备的林权宗地加快电脑输入和发证工作。全市有15.65万农户拿到属于自己的林权证，40.3万农户拿到股权证，38.1万农户得到集体山林70%以上的收益分配，其中分配金额达9064.1万元,相当于农村人均增收45元。

【推进林权制度配套改革】 林业行政主管部门主动协调人社、编办等部门，采取内部竞争上岗、向社会公开招考等形式，全面理顺各县（市、区）基层林业部门人员的编制和财供关系，全市基层林业部门定编1864人，其中财供1561人，新增财供事业编制1054人。市林业局出台《加快我市林业要素市场建设的意见》，健全林权登记管理、森林资源资产评估和交易“三个中心”建设，并开始运作；与市农村信用联社和市农业银行签订《林权抵押贷款合作框架协议》，共同推进银林合作，全市累计发放林权抵押贷款5.8亿元,贷款余额3.08亿元。推进森林保险，承保面积3.02万公顷，保险额度达3.16亿元。

【林权制度改革取得好成绩】 韶关林改不仅进度快，而且质量高。5月24日，全省集体林权制度改革现场推进会在韶关召开，向全省推广韶关的经验做法。11月省林改办对南雄市、浈江区林改工作进行省级检查验收，南雄市、浈江区各项指标都被评定为优秀，成为全省首批通过验收的单位。12月，翁源、新丰、乳源、仁化、乐昌、曲江、武江等7个县（市、区）林改工作也均以优秀等次通过省检查验收。韶关市历时四年的集体林权制度改革工作如期结束，完成改革各项任务（始兴县是全省林改试点县已于2009年先行完成林改任务）。在全省林业工作会议上，韶关市人民政府被评为全省集体林权制度改革工作先进集体。

【林业法制建设进展良好】 2011年，韶关市林业局开展普法宣传教育，编制林业普法“十问”宣传资料；印发《2011年韶关市林业系统法制宣传教育工作要点》；会同市普法办等部门到翁源周陂镇、新丰县回龙镇开展送法送科技下乡活动。按照国家林业局的部署要求，执行林业行政处罚案件法制机构核审制度，组织完成2010年10月至2011年9月期间全市林业行政案件统计上报工作。对全市1015名林业行政执法人员进行执法资格审查，并换发新的林业行政执法证。开展治理公路“三乱”工作，严格执法监督，规范执法行为。2011年，韶关市林业局分别被评为国家林业局和韶关市政府“五五”普法先进集体。

【国有林场危旧房改造】 韶关市国有林场危旧房改造建设工程由韶关市林业局下属单位国营林场管理处具体实施。2011年省林业厅分两批下达韶关市国有林场危旧房改造建设任务，第一批652套涉及19个建设单位，第二批237套涉及5个建设单位，全市共889套，其中新建501套；维修加固388套，计划总投资6746.5万元，其中中央和省级投资分别投资889万元，林场和职工自筹4968.5万元。2011年实际完成投资金额2200万元，竣工283套。

【解决山林权属争议调处】 2011年,市林业局贯彻落实省政府《关于在集体林权制度改革中加强山林纠纷调处工作意见》精神，加强领导，高位推进，开展林权争议专项治理行动。以“定纷止争、案结事了”为目标，坚持“调早、调小、调了”，做到“五个到位、两个确保”（认识要到位，责任要到位，协调要到位，工作要到位，保障要到位；确保林权争议纠纷逐年下降，确保林区社会稳定）。2011年共发生山林纠纷案1701宗（含2010年底积存），争议面积3.59万公顷，已调解结案1353宗，面积2.21万公顷。市、县级调处办受理群众来信来访211宗，接待上访群众2914人次。全年没有发生因山林纠纷而越级上访的群体性事件。

【完成营造林作业面积】 2011年，各级政府按照创建森林生态市十大指标要求，加大资金的投入，加快创建建设步伐，打造绿色生态屏障。全市共完成营造林作业面积3.08万公顷，占年度计划任务的120%。其中：人工造林1.46万公顷，迹地更新1.37万公顷，低效林改造0.24万公顷，新种良种油茶0.35万公顷。

【高标准完成重点生态工程建设】 完成中央和省重点工程造林5540公顷。其中：林分改造967公顷；防护林造林1467公顷；北江水源涵养林800公顷；

有害生物防治林 273 公顷；石漠化治理 300 公顷；生物防火林 1067 公顷；主干道绿化 266 公顷；碳汇示范林 400 公顷。按照 2008 年制定的全市三年灭荒造林规划，如期完成宜林荒山造林任务。

【工程区林草植被得到明显恢复和增加】 乐昌市、乳源县围绕生态建设，结合实施水利工程、农村能源工程和扶贫工程，因地制宜开展人工造林、封山育林育草、低效林改造，加强植被管护、恢复和增加植被。通过造林、育林和植被保护措施，工程区林草植被得到明显恢复和增加。乐昌市完成石漠化综合治理面积 4093 公顷（其中封山育林 3389 公顷，人工造林 448 公顷，四旁绿化 256 公顷）；乳源县完成治理面积 478.2 公顷；南雄市完成红砂岩治理 533.3 公顷。

【城区出口绿化】 2011 年，市财政投资 600 万元，完成城区出口营造林作业面积 725.33 公顷，其中：人工造林 93.33 公顷，林分改造 133.33 公顷，幼林抚育 482.73 公顷。完成莲花山绿道建设 6.1 公里，新建造“三山”生物防火林带 10 公里，完成近三年新造生物防火林带抚育追肥 159 公顷，“三山”生物防火林带维修 175 公里。

【全民义务植树】 3 月 4 日,市四套班子领导带领市林业局、市委办、市人大办、市政府办、市政协办、市委组织部、市委宣传部、韶关军分区等部门的 200 多名党员干部到韶关国家森林公园莲花山景区开展“党员生态林”义务植树活动，种下樟树、火力楠、乐昌含笑、尖叶杜英等 1000 多株，用这种特殊方式纪念建党 90 周年。3 月 9 至 11 日，市直党政机关、部分企事业单位干部职工及驻韶部队官兵共 7000 多人到浈江区韶塘路石山塘义务植树基地植树开展义务植树活动。种植火力楠、乐昌含笑、灰木莲、红花油茶等珍贵阔叶树近 4 万株，面积 20 多公顷。全市共有 143.9 万人次参加形式多样的全民义务植树活动，共植树 589.5 万株，义务植树尽责率达 87.48%。

【规范生态公益林建设】 2011 年，全市生态公益林面积达 52.47 万公顷，占林业用地面积的 36.92%。一是完成 2010 年新增省级生态公益林 8.29 万公顷的界定工作。二是各县（市、区）成立生态公益林管理机构，乡镇成立管护站或管护中心，并层层制定生态公益林建设管理，使生态公益林的管护责任落实到镇、村各山头、地块。三是落实效益补偿办法，规范生态公益林补偿资金的发放，2011 年国家和省级生态公益林补偿标准提高到 16 元/亩水平。四是加强生态公益林林分改造，不断提高其功能等级，Ⅰ、Ⅱ级生态公益林比例达 82%。

【成功创建省“林业生态县”】 浈江区、武江区突出抓好林业生态建设和生态保护工作，着力改善生态环境，维护生态安全，打造宜居城乡，取得显著成绩。12 月上旬，浈江区、武江区创建省“林业生态县”通过检查验收，被省政府授予“林业生态县”荣誉称号。历时 9 年，韶关市所辖仁化、始兴、乳源、新丰、乐昌、曲江、翁源、南雄、浈江、武江等 10 个县（市、区）成功创建省“林业生态县”。

【“万村绿”工程建设成效】 全市各级党委政府高度重视生态文明“万村绿”建设，把实施“万村绿”工作与社会主义新农村建设、村庄整治工作、扶贫“双到”工作紧密结合起来。林业部门做好规划，提供苗木，做好技术指导和服务工作，由镇、村组织农民种植，2011 年完成“万村绿”示范点 200 个，占任务的 100%。2009 年实施“万村绿”工程建设以来，全市已建成 603 个示范点。

【封山育林年】 市委、市政府高度重视封山育林工作，将 2011 年确定为林业“封山育林年”。全市 10 个县（市、区）均成立以当地政府主要领导为组长，其它相关部门负责人为成员的封山育林专项工作领导小组。市政府出台《韶关市加强封山育林优化森林生态工作方案》和《韶关市封山育林实施办法》。各县（市、区）人大或常委会均通过封山育林决议，当地政府相应制定封山育林规划和实施方案，召开封山育林动员大会，发布《通告》。按照 1 年封完山、3~5 年育好林的要求，2011 年落实封山育林面积 67.76 万公顷，其中全封山达 52.71 万公顷，半封山 11.13 万公顷，轮封山 3.92 万公顷。

【实施生态景观林带工程】 生态景观林带建设是省委省政府继“十年绿化广东”之后的又一重大战略部署。根据省政府《关于建设生态景观林带构建区域生态安全体系的意见》中“2011年必须开展试点，三年要初见成效，六年要基本成带，九年全面完成任务”的要求，市林业局制定《韶关市生态景观林带实施方案》。韶关市生态景观林带建设工程主要分为京珠（韶赣）高速公路隔离网内绿化景观带、主干道隔离网外两侧20米~50米绿化景观带、主干道两侧1公里可视范围生态景观带和江河两岸生态景观林带四种类型，全市除新丰外的9个县（市、区），计有京珠高速（含韶赣高速）、广乐高速、武广高铁、京广铁路、北江干流共5条路（河）段生态景观林带，总里程935.43公里，折合面积5.05万公顷（约占全省建设任务的1/10）。投资预算为6.5亿元。2011年11月3日，市委市政府在仁化召开全市生态景观林带建设工作会议。正式拉开全市景观林带建设序幕。

【修复冰灾后林业生态资源】 一方面加大封山育林的力度，加强森林资源管理，促进森林生态自然修复；一方面抓好人工造林，不断增加森林面积，提高森林质量。经过连续4年的努力，灾后森林生态修复基本达到冰灾前的水平。2011年，全市有林地面积从2008年冰灾后的115.01万公顷增加到142.13万公顷，森林覆盖率由冰灾后的64.6%提高到72.5%，提高7.9个百分点；活立木蓄积量由冰灾后的5861.4万立方米增加到7289.1万立方米，增加1427.1万立方米。

【完善“三山”景观配套建设】 2011年，韶关国家森林公园管理处针对“三山”（莲花山、芙蓉山、皇岗山）绿化特点，开展林冠下造林试验及与中国林业科学院热林所进行西南桦种源试验，运用现代绿化技术，科学配置树种，开展营林抚育，提高“三山”的生态功能等级，增强森林景观效果。全年共完成“三山”造林143公顷，幼林抚育追肥1537公顷次，新造“三山”生物防火林带10公里，完成“三山”防火线维修175公里，面积近200公顷。完成“三山”亭园、道路、广场等公共绿地养护11.5万平方米。防治皇岗山、芙蓉山松毛虫11.5公顷次。完善“三山”公园配套基础设施，在芙蓉山半山腰新修建一处休闲广场，在莲花山修建6.1公里长突出韶关特色的“山坡式绿道”。

【莲花山绿道建设】 莲花山绿道位于韶关国家森林公园莲花山风景区，全长6.1公里，是2011年广东国际旅游文化节韶关主会场“最美韶关绿道游”活动场地。绿道主体主要由“三站一点一线”（大门口驿站、听涛居驿站和古栈道驿站，韶阳楼综合服务点和环山绿道线）构成，配套附属设施包括2公里长的绿道安全护栏，400米长的木栈道，1个面积约700平方米的中型休息广场，3个小型休息点以及3个观景台。

绿道于9月3日动工建设，以时间倒逼进度，进度服从质量，加快建设进度，历时42天，于10月25日完工，为11月5日广东旅游文化节在韶关市盛大召开献礼。

【林政队伍建设】 2011年，市林业局加强林业执法队伍建设，规范全市林业执法队伍执法行为。一是开展林业执法专项整治活动。制定《韶关市林业执法关键岗位专项整治工作方案》，以林政、森林公安、野生动植物保护、森林防火、植物检疫、种苗、绿化、基层林业站、木材检查站等关键岗位的林业行政执法人员为重点整治对象，在全市林业系统开展为期一个半月的专项整治活动，提高林业执法人员的整体素质。各县（市、区）林业部门结合实际，通过开展执法业务学习，专题法纪教育、明察暗访、检查验收等一系列活动，建立健全各项规章制度，完善监督制约机制，规范执法行为，执法人员执法能力和水平得到提高。二是举办全市木材检尺员培训班。5月23~26日和6月20~23日举办两期木材检尺员培训班，对全市近两百名木材检尺人员进行系统的培训，规范全市木材检尺工作。三是开展木材运输巡查工作。省政府将新丰县、始兴县、乳源县、仁化县、南雄市、浈江区等6个县（市、区）列为全省首批开展木材运输巡查工作单位。各地对巡查队员进行岗前培训，统一执法标识，开展固定与流动巡查相结合的木材运输执法检查。

【林地和林木资源管理】 2011年，全市各级林业主管部门按照国家林业局和省林业厅要求，继续做好县级林地保护利用总体规划编制工作。4月至12月，全市林业系统开展为期9个月的林地资源管理监督年活动。经省林业局审批同意使用林地项目61宗，面积644.3公顷，共缴交森林植被恢复费3172.82万元；项目涵盖开发区、工业园、产业转移、交通类、能源、水利、水电、采石、采矿、取土类，农村建房、养殖建舍等12类。开展“绿粤行动”和“亮剑行动”，与森林公安分局形成打击合力，在全市范围内打击非法征占用林地以及滥伐、盗伐林木等违法犯罪行为，维护森林资源安全。

【木材生产采伐】 2011年，省下达韶关市木材生产采伐总量为127万立方米、出材量80.01万立方米，毛竹采伐限额2314.8万根，市下达毛竹生产计划885万根。全年全市共发放林木采伐许可证6502份，采伐面积1.79万公顷，采伐量113.4万立方米、出材量73.76万立方米，实际采伐量占计划采伐量89.3%、出材量占计划的92.2%。毛竹447.5万根，占市下达计划的50.6%。全市办理初次木材运输证45.63万立方米，毛竹341.62万根。

【木材加工经营企业的管理监督】 木材经营加工方面，一是严把木材经营加工企业审批关，控制初级产品加工企业数量，原则上停止审批专门从事锯材、木片的加工企业，其他非锯材、木片为终端产品加工企业从严审批。同时加大对现有的粗加工企业监管力度，缩短经营期至一年。二是开展木材经营加工企业清理整治工作。督促各县（市、区）按照《木材经营加工企业清理整治方案》的要求，开展木材经营加工企业整治工作，重点对锯板厂、木片厂等初级加工单位进行集中整治，取缔和关闭违法设立的木材经营加工单位，打击非法收购木材行为。三是开展大中型木材加工企业原料林基地建设和技术改造工作。加大大中型木材加工企业原料林基地建设的督促力度，分两个检查组分赴各地开展相关省级林业龙头企业和大中型木材加工企业原料林基地建设检查，加快相关企业原料林基地建设步伐，增强企业发展后劲。与此同时，扶持鸿伟（仁化）木业有限公司、广东五联木业有限公司进行技术改造，加快企业转型升级。

【林业有害生物防治检疫】 一是抓好预测预报工作。2011年，全市建有测报点79个，其中国家级中心测报点2个，专（兼）职测报人员100人，全年发布预报63次，监测面积271.1万公顷次，预测出发生面积为3.16万公顷，实际发生面积为3.11万公顷，成灾面积预测预报准确率达96.5%。二是抓好防治工作。2011年林业有害生物发生面积3.11万公顷，成灾面积241.3公顷，成灾率0.19‰，实施防治面积2.13万公顷，防治率为67.7%；无公害防治面积2.11万公顷，防治率99.3%。三是做好森林植物检疫工作。全市有森林植物检疫专（兼）职检疫员64人，其中专职44人。2011年调运检疫各类种苗26.32万株，竹材483.85万根，木材36.11万立方米，完成检疫收费59万元，实施种苗产地检疫面积94.93公顷，检疫率为100%。四是加大专项资金投入。2011年投入防治专项资金229.1万元，实施项目包括松材线虫病、萧氏松茎象、食叶害虫等3个大项。

【护林专项行动成果显著】 2011年，全市森林公安机关和林政部门深入开展“绿粤行动”、“护林11行动”、“亮剑行动”、“闪电行动”、“打击破坏野生动物资源”等专项行动。其中，“绿粤行动”共出动各类执法人员9800人次，共侦办森林案件632起，受理林业行政案件571起，查处574起。依法收缴木材5300多立方米，收缴野生动物420多只（条），为国家挽回直接经济损失400多万元。“亮剑行动”全市共出动人员5800多人次，受理、侦办森林案件227起，受理林业行政案件201起，共收缴木材1100立方米，野生动物996只（条），恢复林地4.4公顷，为国家挽回直接经济损失96多万元。

2011年，全市森林公安机关共处理各类森林案件1852起，其中立刑事案件227宗，破142宗；受理治安案件2起，查处2起；受理林业行政案件1618起，查处1612起；依法处理违法人员2790人，收缴木材9200立方米，收缴和放生野生动物1762只，为国家挽回直接经济损失685万元。

全市森林公安系统有11个单位和个人荣立三等功，24个集体和个人被省森林公安局评为先进。韶关市林业局在森林资源管护中工作出色，被省林业厅授予“先进集体”称号。

【森林防火建设】 韶关市森林防火工作落实森林防火行政首长负责制。强化野外火源管理，构建“政府主导，全民防火，齐抓共管”的森林防火长效机制。强化火源管理，规范野外用火，推行农事用火“三集中”的用火机制，规范农村生产性用火。加大森林防火宣传力度，在全市中小学校开展“小手牵大手，共筑森林防火墙”活动。加强基础设施建设，完成生物防火工程林建设1066.67公顷，推进森林防火无线通信系统建设，实施韶关片重点火险区综合治理二期工程部分项目建设工作，初步完成森林防火远程视频监控及预警系统建设方案的编制工作。注重森林消防队伍和基层护林队伍建设，全市10县（市、区）、99个有森林防火任务的乡（镇）和1298个村落实森林防火责任制，做到辖区内“山有人管，林有人护，责有人担”。市森林消防大队参加全省森林防火立体灭火演练，取得常规组第一名的好成绩。2011年，全市共发生森林火灾30起，过火面积340.8公顷，受害面积109.3公顷，受害森林面积控制在0.076‰，没有发生重大森林火灾和人员伤亡事故。

【特色林业基地建设】 一是推进油茶产业的发展。仁化县、乳源瑶族自治县等发展良种油茶的工作力度大，安排专项资金由林业部门定购良种油茶苗木提供给农户种植。二是广东省富然农科有限公司、乳源宝华农科有限公司、韶关市林业科学研究所等单位申报省农业综合开发油茶良种繁育和种植项目工作，加快特色产业繁育基地建设。三是启动山子背珍贵树种苗圃示范基地建设。完成山子背珍贵树种苗圃示范基地建设的初步规划，同时与有关单位协商解决基地建设用地问题。争取各级财政资金的支持，并开始培育示范基地建设所需苗木。

【构建森林生态旅游体系】 以举办广东国际文化旅游节为契机，发展森林生态旅游，以现有的11个森林公园和22个自然保护区为依托，不断完善生态旅游基础设施建设，打造集休闲、观光、娱乐、科普于一体的森林生态旅游度假胜地，初步构建起以森林公园为主体，自然保护区、湿地公园、各类森林生态园区等相结合的森林生态旅游体系，实现森林生态旅游产值1.6亿元。森林生态旅游已成为韶关市林业经济新的增长点。2011年，全市拥有11家省级森林生态旅游示范基地。

【新技术推广通过省验收】 2011年，完善林业科技推广体系8个林业科技推广站建设（1998年始，林业站加挂基层林业技术推广站），明确工作职能，并通过广东省农业技术推广体系改革建设的检查验收。全年开展林业科技创新和技术推广示范项目16项，重点是市林科所“油茶丰产栽培技术推广”、“油茶丰产林基地示范”、“油茶优良无性系采穗圃营建及苗砧嫁接技术示范推广”等，“优良乡土阔叶树种良种繁育”等创新项目，8月通过省林业厅的验收。

【林业科技创新项目研究】 2011年，粤北华南虎省级自然保护区管理处开展的“韶关市野生动物救护中心的建设及综合利用”项目，通过开展濒危珍稀动物救护和驯养繁育研究，成功进行华南虎和金钱豹的繁育。同时，开展救护工作以及科普教育工作，争取政府部门支持，发动社会资源，开展野生动物救护中心的建设和科研工作，创造良好的社会效益和经济效益，成为韶关市野生动物救护、野生动物繁育研究、科普教育和生态旅游的重要基地，具有示范作用，技术达到省内先进水平。该项目被评为2010年度韶关市科学进步一等奖。2011年5月，乐昌龙山林场杉木二代种子园种子［编号为粤S—CSO（2）—CL—009—2010］通过省林业厅良种认定。2011年，韶关市承担中央财政林业推广项目2项，农业综合项目1项，林业创新项目3项，共6项。获市科学进步奖一等奖1项，省农业推广奖1项。

【林业科技教育与培训】 加大林业科技宣传力度，通过林业科技推广网络，宣传现代林业发展的方针，宣传林业科研的新成果、新技术，通过开展派遣林业科技特派员、送科技下乡、举办技术培训和专题讲座等形式，把林业科技送到林农手中。全年先后5次免费送林木丰产栽培小册子5500份；加强与科研院校的联系，开展林业科技学术活动，组织部分科技人员外出考察活动，到江西赣州参观林木良种基地；组织林业科技人员撰写林业学术论文40篇，其中评选出优秀论文15篇，编入2011年《韶关市林业科技论文选编》。

【野生动植物保护管理】 韶关市拥有从亚热带到温带的多种森林、湿地生态系统，孕育着丰富的野生动植物资源。全市有高等植物271科1031属2686种；有陆生脊椎野生动物34目90科289属515种。其中兽类8目25科58属86种，鸟类17目47科178属322种，爬行类47目16科20属74种，两栖类2目7科19属33种，无脊椎动物有3000种以上。列入国家重点保护的野生植物有南方红豆杉、伯乐树、观光木、广东松、华南铁杉、仙湖苏铁等36种。列入国家一、二重点保护的野生动物有华南虎、云豹、黄腹角雉、蟒蛇、瑶山鳄蜥、穿山甲、猕猴等75种。有鱼类8目、16科、80属、137种，以鲤形目鲤科为主，约占总量的70.4%，自然保护区内淡水鳖类也较多。列入国家二级以上保护的野生动物有鼋、三线闭壳龟、花鳗鲡、斑鳠、中华鳖等。目前发现的恐龙化石达6科8属12种，原始状态保存完好。

各级林业行政主管部门贯彻《中华人民共和国野生动物保护法》、《中华人民共和国野生植物保护条例》等有关法律法规，宣传保护野生动植物，加强野生动物驯养繁殖、经营利用和运输管理。2011年年末，全市以商业利用为目的的驯养繁殖场所共有31家，总占地面积逾3.4万平方米，以养殖雉鸡、野猪、石蛙、中华竹鼠（芒鼠）、蛇等“三有”保护动物为主；以科学研究为目的的养殖基地有2家，其中广东曲江罗坑鳄蜥省级自然保护区人工繁殖国家一级保护动物瑶山鳄蜥近200条，其中30条进行野外放归试验，并成功繁育子二代。近两年来，广东粤北华南虎省级自然保护区成功繁育5只虎崽。目前，华南虎驯养繁殖研究基地存有华南虎7只，逐渐成为中国华南虎物种基因保存和广东省华南虎保护和科普教育的重要基地。

2011年，市野生动物救护中心共接收和救护野生动物59只(头)，蛇、蛙3批，其中有国家二级保护的野生动物斑头鸺鹠、白鹇、穿山甲、蛇雕等17只(头)。韶关市鸟节、爱鸟周野生鸟类及动植物摄影展举行并获得成功。全市共印制野生动物保护法律法规手册4000多本，制作各种宣传横幅430多条，出动宣传车辆602次、执法人员2982人次，先后组织3万多中小学生到各自然保护区宣教中心进行科普教育活动。

【林业类公园和自然保护区】 2011年，全市已建成森林公园23个，总面积6万公顷，其中国家级2个，省级9个，市级2个，县级10个。2011年3月和5月，南雄孔江和仁化浈溪湖先后获批国家级和省级湿地公园。乳源南水湖、南雄孔江由市编办核定为正科级事业单位，目前已完成机构设置、人员组成及办公楼选址等基础工作，试点建设工作进展顺利。林业类自然保护区22个，其中国家级2个，省级12个，市级3个，县级5个，总面积达21.68万公顷。

【广东车八岭国家级自然保护区】 广东车八岭国家级自然保护区位于广东省始兴县，始建于1981年，初为县级自然保护区，1988年5月列为国家级自然保护区。保护区总面积7545平方公顷，保存着大面积的原始森林生态景观，珍藏着丰富的生物多样性资源。区内环境优美，风光旖旎，山峦叠嶂，空气清新，奇峰怪石，古木参天，被誉为“物种宝库”、“南岭明珠”。

保护区内动植物资源丰富，种类繁多，是南岭南缘保存较完整、面积较大、分布较集中、原生性较强、具有代表性的季雨林区，是世界同纬度地区森林植被的典型代表。

经调查鉴定植物共记录有1928种，隶属925属290科。种子植物计有1345种，隶属645属，161科。其中列为国家重点保护的有观光木、野茶树、伯乐树、伞花木、八角莲、白桂木、红椿等12种。有野生动物1558种987属255科50目；计有兽类38种、鸟类223种、爬行类36种、两栖类16种、鱼类25种、昆虫1220种。其中属于国家Ⅰ级保护动物有华南虎、云豹、豹、黑鹿、黄腹角雉5种，国家Ⅱ级保护动物有穿山甲、水鹿、苏门羚、海南虎斑鳽、鹰雕等42种。

1995年9月加入中国人与生物圈保护区网络，1998年7月被广东省省委宣传部、省环保局评为“广东省环境教育基地”，2004年，广东省科技厅、省委宣传部、省教育厅、省旅游局、省科协联合发文命名为“广东省青少年科技教育基地”，2005年12月被中国生物多样性保护基金会专家委员会评选为“中国生物多样性保护示范基地”，2006年被评选为“广东最美的自然生态乡村”，2007年9月经联合国教科文组织批准加入“世界生物圈保护区”网络。2008年底被评为“世界级生物圈保护区”。

【广东南岭国家级自然保护区】 广东南岭国家级自然保护区坐落于粤湘两省交界的粤北南岭腹地，广东省北部南岭山脉中心地带，地理坐标为北纬24°37′~24°57′，东经112°30′~113°04′。东与乳源瑶族自治县大桥镇、大坪和南水水库接壤，南与乳源瑶族自治县洛阳乡、古母水镇连接，西靠连州潭岭水库，北与湖南莽山国家级自然保护区相邻，总面积46363公顷，是目前广东省面积最大的国家级自然保护区，森林覆盖率达98%以上。南岭保护区属森林生态系统类型保护区，主要保护对象为中亚热带常绿阔叶林和珍稀濒危野生动植物及其栖息地。

1994年4月，在原乳阳、大顶山、阳山龙潭角、阳山秤架、连州大东山5个省级自然保护区的基础上，经国务院批准合并组建广东南岭国家级自然保护区。1996年成立南岭自然保护区管理办公室，下设5个管理站。2002年撤销管理办公室，成立广东南岭国家级自然保护区管理局，定编42人，人员经费由省财政全额核拨，管理局下设办公室，各管理处设置综合科和保护管理科。

南岭自然保护区位于南岭山脉中段南坡，为珠江支流北江的发源地。保护区最低处海拔200米，最高峰石坑崆为“广东第一峰”海拔1902米，区内千米以上高峰30多座，属中山地貌，重峦叠峰，地形峻峭，山高谷深，山地坡度一般在25度~50度之间，局部可达60度以上，山峰多呈浑圆形式。南岭自然保护区成土母岩有花岗岩、砂页岩、变质岩等。南岭自然保护区属典型的亚热带温湿气候，兼具亚热带季风气候特征，因地势较高，又兼具山地气候特色。由于水热条件优越，气候宜人，各类生物生长繁茂，动植物资源十分丰富。南岭自然保护区内分布的国家重点保护植物、鸟类和兽类，分别占广东省总数的43.9%、51.4%、88.5%，其中蝶类等昆虫资源更是广东之最。南岭自然保护区的种子植物有171科2138种，其中国家重点保护的珍稀濒危植物40多种；陆栖兽类25科86种，其中国家一级保护兽类6种，二级保护兽类17种；鸟类42科218种，其中15种（或亚种）为广东新记录种，国家一级保护鸟类2种，二级保护鸟类35种；蝶类11科314种，其中金斑喙凤蝶属国家一级保护昆虫。

南岭自然保护区是广东北部的天然屏障，是南方生物物种的发祥地和集中地，其物种起源古老，种类繁多，南北动植物交错渗透，孕育着丰富的森林和野生动植物资源，是中国生物多样性关键地区之一，在生物进化史中具有特殊的地位。其中安息香科植物有8个古老的属分布在南岭，专家们认为南岭是安息科植物的发源地；另外还有半枫荷属、果红花山茶组、石笔木属等植物也以南岭为分化中心。南岭还保存着许多孑遗种和特有种植物，如樱井草、双花木、广东松、乐东木兰、长苞铁杉、大果马蹄荷等。同时还保留着许多古树名木，如杉木、紫杉、锥树、红豆杉等，粗者胸径达1.4米。

南岭自然保护区地势北高南低，地形复杂，山地、峡谷、盆地、平原俱全，森林类型多样，是广东目前保存面积较大的原始林和原生性较强的次生林分布区域。南岭有陆生脊椎动物500多种，其中鸟类300多种，兽类90多种，两栖类30多种，爬行类近100种。广东省陆生保护动物中的绝大部分都栖息在南岭南坡地区。

南岭具有悠久的生物发展历史，是古热带动植物的避难所和近代东亚温带、亚热带植物的发源地。南岭自然保护区保留下来的原生林是生物进化史中形成的珍贵遗产。目前世界上与南岭同纬度的地区大都成为稀树草原或热带沙漠，南岭是仅存面积最大的绿洲，并保存着南亚热带季风常绿阔叶林、沟谷雨林、针阔叶混交林、针叶林和山顶矮林等森林植被类型。这些宝贵的森林资源是人类不可多得的自然遗产。作为众多濒危野生动植物赖以生存的家园，加强南岭国家级自然保护区建设，对维护生态平衡、拯救珍稀濒危物种、开展科学研究、发展经济等有着重要意义。

【广东丹霞山国家级自然保护区】 广东丹霞山自然保护区1993年经韶关市人民政府批准建立。1995年晋升为国家级自然保护区，总面积为2.9万公顷，主要保护对象为丹霞地层、丹霞地貌与珍稀动植物资源，特别是黄腹角雉和白颈长尾雉。

保护区位于广东省仁化县境内，韶关市东北45公里，湘、赣、粤三省交界处。在距今1.4亿年到7000万年间，丹霞山区是一个大型内陆盆地，沉积巨厚的红色地层。到距今7000万年以后，低壳上升而逐渐遭受侵蚀，在距今600万年以来，盆地发生多次间歇上升，流水下切侵蚀，丹霞盆地的红层被切割成一片红色山群，也就是现在的丹霞山区。类似于丹霞山的以赤壁丹崖为特征的红色碎屑岩地貌被称为“丹霞地貌”，就是20世纪30年代以丹霞山为代表而命名的。这里的丹霞地貌具有典型性、代表性、多样性和不可替代性，也是这类风景名山的典型代表。丹霞山在地层、构造、地貌表现、发育过程以及自然环境演化等方面的研究在全国丹霞地貌区中最为详细和深入，已经成为全国乃至世界丹霞地貌的研究基地、科普旅游和教学实习基地。在目前中国已发现的300多处丹霞地貌中，丹霞山是其中分布面积最大、发育最典型、造型最丰富、风景最优美的丹霞地貌集中分布区，具有特殊的学术价值、科研价值和科普教育价值，同时也是开展地质旅游的胜地之一。

【广东新丰云髻山省级自然保护区】 云髻山地处广东省中部偏北，新丰县西北部，新丰江上游，距新丰县城8千米，南与广州从化、惠州龙门相连，北接翁源，东邻连平，西靠佛岗，距离广州162千米，深圳189千米。通过105国道可直达广州，经新（丰）龙（门）公路可连接惠州深圳。保护区建于1987年，1990年晋升为省级自然保护区。地理范围为北纬24°05′0″~24°09′06″，东经114°07′04″~114°11′12″。云髻山主峰海拔高度1434米。自然保护区总面积2727公顷，其中核心区1123.25公顷，缓冲区1040.35公顷；实验区面积563.4公顷。属于自然生态类中的森林生态系统类型的自然保护区。主要保护对象是：南亚热带向中亚热带过渡性的常绿阔叶林生态系统，珍稀濒危的野生动植物及其栖息地。云髻山林区水源丰富，是新丰江的发源地之一，对下游农业生产和新丰江水库的水源保护和水电发展有着重要的作用。

2002年8月21日，经省编制委员会办公室批准，从原来的管理站晋升为管理处，定为副处级事业单位，隶属广东省林业局和新丰县共管，定编10人，经费由省财政核拨。管理处设正、副主任各1名，下设综合科，保护管理科，科研宣教科。

云髻山生态资源丰富，自然风景优美，水力资源丰富，是生态旅游的好地方。

【广东乳源大峡谷省级自然保护区】 广东乳源大峡谷省级自然保护区经广东省人民政府2001年10月批准建立。保护区位于广东韶关乳源县西南58公里的大布镇境内，属南岭山脉南麓群山区，总面积3673公顷，东邻韶关曲江，西南与英德交界。广东乳源大峡谷地质断层明显，剖面清晰，从老到新不同时期的岩体结构均有存在，堪称“粤北地质博物馆”。

大峡谷植物类型独特，资源较为丰富，森林覆盖率高达97%，是韶关市得天独厚的亚热带自然生物宝库。大峡谷内有植物1800多种，被列为国家保护植物的有58种，Ⅰ级保护的植物有1种，Ⅱ级的有18种、兰科植物39种。这些植物起源比较古老，其中分布面积较大的桫椤群，起源于距今约3.5亿年前，是当时恐龙的草食植物，后因地质变迁和冰川袭击而几近灭绝。

大峡谷山高谷深，森林茂密，气候适宜，为动物繁衍生息提供良好的环境。保护区内有脊椎动物400多种，比较有名的国家珍稀动物13种。其中国家Ⅰ级保护动物有熊猴、白鹇、瑶山鳄蜥、蟒、黄腹角雉等7种；Ⅱ级保护动物有水鹿、猫头鹰、穿山甲、虎纹蛙等6种。2005年10月，在保护区内还发现最早诞生于距今十几亿年前的世界级“极危水生动物”——桃花水母。

护区自然资源和旅游资源价值极高，具有极大的生态旅游深度开发。保护区有自然和人文景点有45个，其中一级景点16个，二级景点17个，三级景点12个。

大峡谷风景区1997年被发现，立即震动广东省旅游界。随着大峡谷知名度的提高，每年到峡谷旅游的人数不断增加，大峡谷已成为广东及周边地区旅游、探险、休闲、度假的胜地。

【广东乐昌杨东山十二度水省级自然保护区】 广东乐昌杨东山十二度水自然保护区是1998年

经省人民政府批准成立的省级自然保护区。2002年省编委同意成立广东乐昌杨东山十二度水省级自然保护区管理处，为副处级事业单位。

保护区位于乐昌市东北部，北纬25°22′47″~25°11′06″，东经113°23′09″~113°29′32″，保护区自北向南跨越乐昌市九峰、五山、北乡、廊田四镇和龙山林场，总面积为11651公顷，其中核心区面积5188公顷，缓冲区2809公顷，实验区3654公顷。

经过近年的管护，保护区内的动植物资源得到有效的保护。乐昌杨东山十二度水自然保护区内维管植物共有224科726属1548种，其中属国家一、二级保护植物有伯乐树、南方红豆杉等16种；动物资源有21目55科163种，属国家保护一、二类动物有黄腹角雉等20种。特别是在保护区内还保存有近5000公顷的连片广东松群落。

保护区的各项建设和管理，已经正逐步走向规范化。保护区管理处共设有主任室、副主任室、综合科、科研宣教科和管护科；保护区综合楼还设有会议室、接待室、标本室、演示厅和展厅。根据省自然保护区“十一五”规划的总体部署，乐昌杨东山省级自然保护区管理处已列入拟晋升国家自然保护区的规划之中。

保护区集自然保护与管理、宣传教育、科学研究、生态旅游和多种经营为一体，为森林生态系统类型自然保护区，主要保护对象为正在向顶级生态系统发展的恢复中的亚热带森林生态系统及其的生物多样性和水源涵养林。

【广东乐昌大瑶山省级自然保护区】 广东乐昌大瑶山自然保护区成立于2000年，为市（县）级自然保护区，2002年经韶关市人民政府批准为市级自然保护区，2004年经广东省人民政府批准晋升为省级自然保护区，总面积为7913.9公顷，其中核心区为3255.9公顷，缓冲区为2374.0公顷，实验区为2284.0公顷，森林覆盖率为99.5%。

保护区地处北回线以北，南岭山地以南，位于乐昌市中部的大源镇和乐城街道辖区内，西南角与乳源县毗邻，京广铁路大瑶山隧道纵贯其中。地理坐标为北纬25°07′36″~25°14′56″，东经113°11′31″~113°16′34″。

大瑶山自然保护区物种起源古老，成分复杂，生物多样性高，为中亚热带常绿阔叶林保存较为完整的林区之一，有丰富的动植物资源，是珍稀濒危野生动植物的基因库。目前已知有维管植物205科688属1411种，其中有国家I级重点保护种南方红豆杉、水松和银杏等3种；国家II级重点保护种楠木、樟木、半枫荷等9种。已知有哺乳动物5目11科17种，鸟类10目22科48种，两栖爬行动物31种，其中有国家II级重点保护动物白鹇、水鹿、穿山甲等共14种，有16种为中国特有物种、8种为主要分布于中国的种类，另外有广东新记录种3种。

广东乐昌大瑶山省级自然保护区管理处是由广东省林业局和韶关、乐昌两市共管的副处级事业单位，内设综合科、科研宣教科、资源保护科3个科室。

大瑶山保护区是集自然保护与管理、宣传教育、科学研究、生态旅游和多种经营为一体，为森林生态系统类型自然保护区，主要保护对象为正在向顶级生态系统发展的恢复中的亚热带森林生态系统及其的生物多样性和珠江水系北江源头的水源涵养林。

【广东仁化高坪省级自然保护区】 广东仁化高坪省级自然保护区位于仁化县西北面，是全县连片天然常绿阔叶林面积最大的地方。动植物资源丰富，森林类型特殊，生物物种及遗传性多样，生态环境良好。仁化县人民政府于1995年开始筹建自然保护区，1999年12月，经韶关市人民政府批准成立市级自然保护区，2001年10月，经广东省人民政府批准，晋升为省级自然保护区。先后聘请中山大学、韶关大学等高等院校、科研单位承担完成高坪保护区的总体规划和旅游设计规划。

保护区距离仁化县城30公里，地理坐标为北纬25°10′~25°14′，东经113°35′42″~113°39′15″，地跨红山镇、董塘镇和小榈水采育场，涉及4个村委会11个村小组，共有居民1066人。该保护区所在山地属南岭山脉的延伸余脉，平均海拔600米以上，地质母岩以砂岩为主，土壤为山地红壤，地处南亚热带北缘，森林类型为亚热带常绿阔叶林。境内大小山坑溪水30多条，丰富的水源汇入高坪水库，面积约300公顷，年平均气温17.6度，年平均降雨量1765毫米。保护区总面积3585.5公顷，森林覆盖率为97.3%，森林蓄积量为21.5万立方米，年生长量1.3万立方米。划分为三个功能类型区分别是：核心区、缓冲区和实验区。

保护区现有陆生脊椎野生动物物种达24目54科133种。其中属国家重点保护动物（含珍稀动物）达17种（3种为国家Ⅰ级保护动物，15种为国家Ⅱ级保护动物），如：云豹、梅花鹿、黄腹角雉、白鹇、蟒蛇、三线闭壳龟、水鹿、虎纹蛙。此外，还有被列为国际上最濒危的物种华南虎存在。植物种数达191科611属1073种，其中属国家重点保护的野生植物有5科5属5种，如：南方红豆杉、金毛狗、桫椤、篦子三尖杉、观光木、白桂木、半枫荷。众多的动植物资源构成绚丽多姿，千姿百态的森林景观，是森林生态科普旅游中宝贵的风景资源。

潜在旅游资源十分丰富，许多自然景观巨大地吸引"亲近自然，回归自然，返朴归真"的游客。有百年神庙、高坪温泉、漂流、观瀑区、水上娱乐、丹霞地貌。

【广东乳源青溪洞省级自然保护区】 青溪洞自然保护区位于广东省韶关地区乳源瑶族自治县境内。约北纬113°24′45″，为湘县边界南岭山脉东麓，与湖南莽山自然保护区共一主峰——石坑崆，海拔1902米。青溪洞群是中国高海拔、低纬度地区之一。其地形起伏，属南亚热带气候，温暖多雨、湿润。特别是夏季，雨量集中，秋冬冷湿雾多。因此，植物大多四季常青，大部分为原始次生林，保护区面积3200公顷。区内东北面有青溪洞大队，北面紧接湖南莽山保护区，西南面有阳山县，南面为乳阳县林场工区，林区公路横贯中央，除有乳阳县林业局设有工区外，没有其他住户。其水系与武水一起汇入北江。

青溪洞计有高等植物178科，1158种，其中被子植物143科，1064种；裸子植物8科，14种；蕨类植物27科，80种。主要的速生优良用材树种有：檫树、红楠、香椿、山枣、毛果拐枣、山合欢、肥皂荚、红椎、吊皮椎、罗浮椎、苦楠、青岗、水青岗、金毛拥、琼崖拥、木莲等；特种工艺用材树有小叶红豆、黄檀、黄凿、黄杨等；优质兼药树种有黄桑、苦木、三尖杉等；药用植物有黄连、七叶一枝花等。

青溪洞植被类型为亚热带常绿阔叶林，保存较完整的鸡公坑，海拔1500米左右，山顶最高层可见到有一些原始树木。枝丫弯曲，老态龙钟，在朽木上长有密密的菌类。山顶稍下一层，便是万片的高大乔木，林冠整齐，郁闭度大，树干挺直高大，分布均匀，一般高达30米左右，垂吊着大小的藤本植物。石块、树上长满苔藓，厚软有如棉毯；林下枯枝落叶重叠，湿度大，含水丰富，形成一个个小沼泽地，溪水淙淙；林间鸟鸣不断，地上留下各种动物的脚印。

据广东昆虫所调查，兽类中，大陆有分布的，保护区亦有分布。其中梅花鹿、水鹿、麝、熊猴、苏门羚、金猫、云豹、角雉、穿山甲、华南虎、青羊等16种，均属国家保护的珍稀动物。猕猴在这里常可见到9到11群，有时一群多达100多只。1975年开始正式加强保护后，数量在逐渐增加，估计现有200只左右。二类保护的鸟类白鹇，其数量也颇为可观。处于自生、自繁、自灭中，除带仔繁殖期外，经常都能见到，尤以早晚较多。保护区常见的其他种类还有黑熊、野猪、赤鹿、小鹿、野兔、飞鼠、竹鼠、狐狸、豹猫、眉子、果子狸等。

【广东曲江罗坑省级自然保护区】 广东曲江罗坑省级自然保护区始建于1998年12月，主要保护对象为瑶山鳄蜥等珍稀动植物及其栖息地，是一野生动物类型保护区。

广东曲江罗坑省级自然保护区位于广东省韶关市曲江区罗坑镇，距曲江区48千米，地理坐标北纬24°29′24″~24°32′40″，东经113°11′48″~113°25′55″。总面积18813.6万公顷。

保护区物种资源丰富：野生维管植物205科698属1464种，其中国家重点保护植物有四川苏铁、伯乐树、福建柏、半枫荷、观光木、广东松等17种。动物种类也很丰富，脊椎动物与昆虫纲动物共有1529种，其中兽类67种，鸟类164种，爬行类55种，两栖类32种，鱼类23种，昆虫1188种。有39种国家重点保护动物，如瑶山鳄蜥、黄腹角雉、豹、云豹、蟒蛇、穿山甲、金猫等。

【广东粤北华南虎省级自然保护区】 广东粤北华南虎省级自然保护区（以下简称华南虎保护区），于1990年经广东省人民政府批准建立，华南虎保护区管理处为副处级财政核拨事业单位，编制12人，下设综合科、科研宣教科、保护管理科、资源可持续利用科、沙坪和长江2个管理站。华南虎保护区管理处在韶关市生态路兴建办公大楼，以及600平方米的标本馆，1万多平方米的华南虎驯养繁殖研究中心，已逐步形成华南虎种群保护和科教宣传的重要基地。2008年经广东省人民政府批准进行自然保护区范围调整和功能区调整，调整后的华南虎保护区位于广东省韶关市，南岭山脉南端，地理坐标为沙坪片：北纬24°56′40″~25°03′11″，东经112°58′22″~113°02′11″；长江片：北纬25°19′50″~25°27′25″，东经113°49′26″~114°02′31″之间，总面积为16360.8公顷，保护区属野生动物类型的自然保护区，地带性植被为亚热带常绿阔叶林，林业用地面积有14867.7公顷，占保护区总面积的90.8%，森林覆盖率达86.9%。华南虎保护区内自然资源保持完好，物种资源丰富，华南虎保护区脊椎动物有27目85科305种，列入国家重点保护的有35种，其中国家Ⅰ级保护动物华南虎、豹、林麝、黄腹角雉、蟒蛇等6种，国家Ⅱ级保护动物有穿山甲、短尾猴、豺、黑熊、水獭、大灵猫、小灵猫、青鼬、金猫、水鹿、斑林狸、黑冠鹃隼等29种。广东省重点保护的有18种，珍稀蛇类莽山烙铁头蛇也在保护区内发现。

华南虎自然保护区乐昌市沙坪、仁化县范子山范围，属于华南虎专家和野生动物保护人士基本认可的粤北华南虎退缩区域，是20世纪90年代以来确认有华南虎或其踪迹的区域。

在保护区范围内的乐昌沙坪片捕获到莽山烙铁头活体。莽山烙铁头活体被认为是“中国最具特色和最有价值的蛇类”，1994年《中国生物多样性保护行动计划》将其列为一级优先保护蛇种，世界自然保护同盟将该蛇列入《红色名录》，2004年国家林业局发布的“中国11种比大熊猫还濒危、急需拯救性保护的野生动物”名单中，莽山烙铁头蛇位居第10位。

华南虎自然保护区优先保护区域范围内分布野生维管植物185科572属1133种，有国家重点保护野生植物10科12属12种，其中国家Ⅰ级重点保护植物2科2属2种：如南方红豆杉、伯乐树；国家Ⅱ级重点保护植物8科10属10种：如金毛狗、桫椤、小黑桫椤等。华南虎保护区内有野生珍稀濒危植物7科7属7种（已列入国家重点保护植物名录的除外）：如银鹊树、吊皮锥、巴戟天、短萼黄连、乐东等。

篦子三尖杉、柏乐树、银鹊树等国家重点保护或珍稀濒危植物，在保护区内呈自然群落分布，并具有较高的保护价值。

为扩大华南虎种群数量，开展驯养繁殖研究，保存华南虎的物种基因，于2008年1月经韶关市发展和改革局批准立项，在韶关市野生动物救护中心内规划建立华南虎驯养繁殖研究中心，2008年7月经国家林业局批准并核发驯养繁殖许可证。该中心占地面积11000多平方米，建筑面积680平方米，首次引进两头（一对）华南虎进行驯养繁育，项目由香港吴氏野生动物保护基金会捐资65.9万元兴建，是目前广东省唯一的华南虎驯养繁殖基地。

【广东始兴南山省级自然保护区】 始兴南山省级自然保护区为森林和野生动物类型的自然保护区，总面积7113公顷，其中核心区3749公顷；缓冲区1770公顷；实验区1594公顷。保护区位于北纬24°49′37″~24°56′25″，东经113°53′58″~114°01′29″之间，是南亚热带向中亚热带过渡的地带，距始兴县城13公里，东与始兴县沈所镇接壤，南与深渡水瑶族乡相连，西与仁化县的周田镇交界，北与始兴县的太平镇毗邻。区内有右拔水、左拔水、中拔水、马头水及含秀水等5个水系，其库容量1000多万立方米的花山水库坐落在保护区中。

保护区以中山地貌为主，平均海拔在500米左右，千米以上的山峰有4座，其中黄坑顶海拔1094米，为保护区最高的山峰。土壤由富含腐殖质的山地红壤、山地黄红壤、山地表潜黄壤和山地草甸土等类型组成。区内年均气温19.6℃，极端最高气温40.4℃，极端最低气温-6.0℃，年均日照时数1529.2小时，太阳辐射总量1021千卡/平方厘米，无霜期295天，平均有霜日为15天。年均降雨量1537.8毫米，年均蒸发量1372.4毫米。适宜的地理位置和气候条件，为森林植被的发育、顺向演替以及野生动物的繁衍栖息提供优越的生长环境，使南山具有丰富的生物多样性。

南山自然保护区共有维管束植物219科，626属，1106种，其中蕨类植物有32科，63属，122种；裸子植物有12科，12属，15种；被子植物有67科，551属，969种，列入国家重点保护的有福建柏、闽楠、半枫荷、金毛狗、榉树、花榈木等13种。南山野生动物中脊椎动物有215种，隶属33目，83科，168属。其中列入国家重点保护的有海南虎斑鳽、黄腹角雉、穿山甲、水鹿、苏门羚、白鹇、虎纹蛙、褐翅鸦鹃等21种。

1994年县委县政府组成筹建小组，开始筹建南山自然保护区，实行封山育林。2001年南山被批准建为县级自然保护区，同时设立专门管理机构，2002年11月批准升格为市级自然保护区，2005年被省政府批准为省级自然保护区，同年被评为全省自然保护区建设管理先进单位。

【广东曲江沙溪省级自然保护区】 广东曲江沙溪省级自然保护区位于广东省北部的北江中上游，曲江区东南部，距韶关市区22.5公里。位于北纬24°35′17"~24°41′18"，东经113°41′15"~113°48′45"之间，总面积9333.3公顷。其中陆地面积为8856.7公顷，河流、水库面积为476.6公顷。

保护区地处北回归线以北，南岭山间盆地，南离海洋较远，北被南岭山脉阻隔，属中亚热带季风型气候区，有明显的湿地和干冷的大陆性气候。全年盛行南北气流，冷暖交替明显，夏季长、冬季短，春秋不长，形成温暖、热量足，雨量丰富、湿度大，无霜期长的特点。

沙溪自然保护区的各类土壤类型随海拔呈垂直分布。主要岩层有花岗岩、含粒石英砂岩、中细粒石英砂岩、泥质粉砂岩、长石英砂岩、细粒石英砂岩及粉砂互层、砂砾岩、砂岩等，地貌以低山为主，地势东南高西北低，最高峰仙人嶂海拔1097米，最低处海拔为69.1米（水域），境内山峦重迭，地形地貌复杂多变。中低山区海拔在500米~1097米，地形起伏大，四周为中低山急坡，中央为缓坡谷地，主要分布在保护区的东部和南部。丘陵区：海拔100米~500米，地形起伏平缓，山包呈馒头状。主要分布在保护区北部和西部。在海拔700米以下的低山丘陵以红壤为主，一般土层较厚；海拔700米~1000米之间以山地黄壤为主，土层厚薄不一；海拔1000米以上的山脊和山顶为山地灌丛草甸土，一般土层浅薄。

该保护区地表水属于北江流域，以河流、小溪、水库等形式分布。水量与降雨季节变化相关，4~9月丰水期，10月~笠年3月枯水期。现有林地面积8109.4公顷，森林覆盖率达90.27%，森林生态系统保存完好，物种资源丰富。植物区系、森林类型、树种组成、群落结构和生境条件等，仍然保持较为原始的状态，有显著的原始性，在生物进化史上具有特殊地位和作用，具有较高的保护价值。自然保护区野生维管植物共有191科630属1225种，栽培植物计有42科68属80种。其中列入国家重点保护区的有福建柏、闽楠、半枫荷、金毛狗、花榈木、华南锥、粗齿桫椤等7科7属7种。野生动物有206种，隶属69科，26目，其中列入国家重点保护的有蟒蛇、云豹、黑翅鸢、黑冠鹃隼、赤腹鹰、松雀鹰等30种。

保护区的核心区面积3934.4公顷，占保护区面积的42.15%；缓冲区面积3075.3公顷，占保护区面积的32.95%；实验区面积2323.6公顷，占保护区面积的24.90%。保护区主要保护亚热带常绿阔叶林生态系统，保护分布的珍稀濒危的野生动植物，保护北江和苍村水库的水源地。

【广东南雄小流坑——青嶂山省级自然保护区】 南雄小流坑、青嶂山自然保护区分别建于1995年、2001年。2004年青嶂山自然保护区晋升为市级自然保护区。为更好地保护自然资源，2006年3月，经韶关市人民政府批准，将小流坑自然保护区和青嶂山自然保护区进行整合，更名为“南雄小流坑——青嶂山市级自然保护区”。并于2007年11月批准晋升为省级自然保护区。保护区位于北江上游，小流坑保护区距南雄市区40公里，面积873.8公顷，地理位置为北纬25°16′39″~25°19′01″，东经114°7′33″~114°9′48″，青嶂山保护区距南雄市区13公里，面积7000.2公顷，地理位置为北纬24°59′19″~25°5′12″，东经114°20′05″~114°26′47″，总面积为7874公顷，有林地7006公顷，森林覆盖率高达89%。主要保护对象为亚热带森林生态系统及其珍稀濒危动植物资源。

保护区地处亚热带，具自然环境优越、森林茂密、物种丰富、地形复杂的特点，区内具有代表性的常绿阔叶林生态系统，其保存完整、面积较大、分布集中、原生性强，是世界同纬度地区森林植被的典型代表，在生物进化史上具有特殊的地位和作用，是研究森林生态系统和野生动物的重要基地。保护区内野生维管植物有182科596属1119种，拥有南方红豆杉、半枫荷、闽楠、香樟、金毛狗、喜树、银杏、苏铁、水杉、福建柏等14种野生或栽培的国家级保护植物；区内有野生脊椎动物212种，隶属30目80科170属，有黄腹角雉、蟒蛇、金钱龟、穿山甲、水鹿、白鹇、小灵猫、褐翅鸦鹃等23种国家重点保护动物。此外，保护区内还有天池、温泉和独特的丹霞地貌等宝贵的生态旅游资源。

【广东翁源青云山省级自然保护区】 广东翁源青云山省级自然保护区位于广东省北部的翁源县，地处翁源县东南部，北纬24° 14′22" ~24° 21′45"，东经114° 07′50" ~114° 17′25" 之间，距县城龙仙约9公里，省道S244线翁源—新丰从保护区西部区域南北向贯穿。

2002年12月28日经翁源县人民政府批准设立翁源老隆山县级自然保护区，2007年经韶关市人民政府同意升格为市级自然保护区，并更名为翁源县青云山市级自然保护区，2009年3月经广东省人民政府批准正式升格为省级自然保护区。保护区总面积7359.0公顷，其中:核心区面积2590.4公顷,占保护区总面积的35.2%；缓冲区面积1641.0公顷，占保护区总面积的22.3%；实验区面积3127.6公顷,占保护区总面积的42.5%。

保护区内保存有较典型、较完整的亚热带常绿阔叶林森林生态系统，属森林生态系统类型自然保护区。保护区大部分区域地带性森林植被保存较好，植被垂直带谱保存较完整，是世界同纬度地区森林生态系统的典型代表，是研究森林生态系统的重要基地，是恢复、重建亚热带山地常绿阔叶林生态系统的天然参照系统，具有重要保护价值。保护区内野生生物资源丰富，有野生维管植物184科586属1091种，其中国家重点保护植物9种，野生珍稀濒危植物6种，国际贸易公约附录Ⅱ的兰科植物15种；野生脊椎动物29目81科183属258种，其中国家重点保护动物28种，广东省重点保护动物15种，IUCN受威胁物种10种，CITES附录物种31种，珍稀动物如水鹿、鬣羚、白鹇等的种群数量相对较多，水鹿约20~50头、鬣羚约10~20头、白鹇500~1000只，青云山是水鹿、鬣羚、白鹇种群的重要保护地，具有较高的保护价值，建立省级自然保护区，有利于水鹿、鬣羚、白鹇的保护，有利于保护青云山自然保护区的生物多样性。区内森林面积7096.6公顷，森林覆盖率96.4%。森林和森林土壤瞬时蓄水能力2037万立方米，是翁江流域重要的水源涵养林区。青云山地表水质良好，保护区内的跃进水库是翁源县城和下游居民的饮用水源洪给地；保护区内省级生态公益林面积占林地面积的80.6%，对保障区域生态安全、维持翁源经济社会持续发展，实现人与自然和谐发展等具有重要意义。

为加强保护区管理，根据翁源青云山自然保护区的实际情况，保护区实行管理处—保护管理站—管护点的管理和保护体系。管理处设有3个保护管理站和9个管护点，分别是老隆山管理站、园洞管理站、朱家巷管理站，苦竹坳管护点、石街岭管护点、朱家巷管护点、下斜管护点、炭坑管护点、茶园坪管护点、山门隘管护点、中心坝管护点、大水坑管护点。

（龚志海 黄益初 邓光忠 周继龙 聂金伦 严纪开 陈尚业 曾志华 周宏 韩其飞 胡满群）

韶关市已建自然保护区一览表

表16-1

序号	已建自然保护区名称	级别	面积(公顷)	主要保护对象	建立时间	备注
1	广东南岭国家级自然保护区	国家级	46363	中亚热带常绿阔叶林	1994	跨韶关、清远，韶关境内面积27300公顷。
2	广东车八岭国家级自然保护区	国家级	7545	中亚热带常绿阔叶林	1982	
3	广东丹霞山国家级自然保护区	国家级	29200	地质地貌	1995	国土部门管理

续表 16-1

序号	已建自然保护区名称	级别	面积（公顷）	主要保护对象	建立时间	备注
4	广东粤北华南虎省级自然保护区	省级	16360.8	华南虎及其栖息环境	1990	2008 年调整仁化:11065.1 公顷;乐昌:5295.7 公顷。
5	广东新丰云髻山省级自然保护区	省级	2727	中亚热带常绿阔叶林、珍稀动植物	1990	
6	广东曲江罗坑省级自然保护区	省级	18813.6	中亚热带常绿阔叶林、珍稀动植物	1998	
7	广东乐昌杨东山十二度水省级自然保护区	省级	11651	中亚热带常绿阔叶林、珍稀动植物	1998	
8	广东乳源青溪洞省级自然保护区	省级	3133	珍稀动物苏门羚	1976	
9	广东乳源大峡谷自然保护区	省级	3673	中亚热带常绿阔叶林	2001	
10	广东仁化高坪省级自然保护区	省级	3585.5	中亚热带常绿阔叶林、珍稀动植物	2001	
11	广东乐昌大瑶山省级自然保护区	省级	7913.9	中亚热带常绿阔叶林	2000	
12	广东始兴南山自然保护区	省级	7113	中亚热带常绿阔叶林	2001	
13	广东曲江沙溪省级自然保护区	省级	9333.3	中亚热带常绿阔叶林	1996	
14	广东南雄小流坑-青嶂山省级自然保护区	省级	7874	中亚热带常绿阔叶林	2001	
15	广东翁源青云山省级自然保护区	省级	7359	中亚热带常绿阔叶林	2002	2009 年升省级
16	广东南雄恐龙化石群省级保护区	省级	4221	古生物遗迹	2005	国土部门管理
17	韶关北江特有珍稀鱼类省级自然保护区	省级	2820	内陆湿地和水生生态系统	2006	2008 年升省级，渔业部门管理
18	广东乳源泉水市级自然保护区	市级	22098.5	中亚热带常绿阔叶林	2002	
19	广东新丰鲁古河市级自然保护区	市级	10653	中亚热带常绿阔叶林	2000	
20	广东翁源半溪市级自然保护区	市级	4010	中亚热带常绿阔叶林	2000	
21	广东乳源大潭河县级自然保护区	县级	3853	中亚热带常绿阔叶林	2002	
22	广东乳源红豆杉县级自然保护区	县级	10190	红豆杉	2004	
23	广东南雄孔江水源林县级自然保护区	县级	3850	中亚热带常绿阔叶林	2009	
24	广东始兴将军栋县级自然保护区	县级	6225.4	中亚热带常绿阔叶林	2009	
25	广东仁化斯鸡山县级自然保护区	县级	2448.3	中亚热带常绿阔叶林	2009	
26	广东仁化锦江鱼类生物多样性自然保护区	县级	1500	锦江水域多样性鱼类生物及栖息环境	2006	渔业部门管理
27	广东乳源山瑞鳖县级自然保护区	县级	400	山瑞鳖及其栖息地	2006	渔业部门管理
28	广东仁化澌溪河水生野生动物县级自然保护区	县级	50	蝾螈类	2006	渔业部门管理
29	广东仁化赤石迳水生野生动物县级自然保护区	县级	50	鱼类多样性	2006	渔业部门管理
30	广东仁化红山水生野生动物县级自然保护区	县级	50	溪涜鱼类	2006	渔业部门管理
31	广东仁化万时山大鲵县级自然保护区	县级	850	大鲵	2006	渔业部门管理
32	广东仁化丹霞三线闭壳龟县级自然保护区	县级	500	水生生态、闭壳龟类		渔业部门管理
33	广东翁源翁江水生野生动物县级自然保护区	县级	804	经济鱼类、珍稀鱼类、贝类、水草	2006	渔业部门管理
34	广东黄茅峡名优鱼类种质资源县级自然保护区	县级	160	名优鱼类种质资源	2004	渔业部门管理

韶关市已建湿地公园一览表

表 16-2

序号	已建自然保护区名称	级别	面积（公顷）	主要保护对象	建立时间	备注
1	乳源南水湖国家湿地公园	国家级	6283.7	林湿发〔2009〕297 号	2009	广东省一级饮用水源保护区、乳源县饮用水源地和韶关市备用水源地。
2	孔江国家湿地公园	国家级	1667.9	林湿发〔2011〕61 号	2011	
3	广东仁化澌溪湖省级湿地公园	省级	438.27	粤林复函〔2011〕186 号	2011	

附：领导班子成员名单

局　长：罗育平

副局长：李秋祥　唐乾坤

潘海棠　赵东灿

赵克生（2011.11~）

纪检组长：李　军

总工程师：黄继丰

水　利

【**概况**】　韶关市水务局最早成立于 1954 年，曾用韶关市水利局等名称，2010 年 4 月正式更名为韶关市水务局，是韶关市人民政府水行政主管部门。单位现有行政编制 46 人，设办公室、规划计划科、水资源管理科、建设与管理科、水保农水科、农电管理科、水政科、水务信息科、财务审计科、水保农水科、三防办公室、移民办公室、人事科、监察室 13 个内设科室以及市区防洪建设管理处、市水政监察支队、市水利水电工程质量检测站、市水利水电工程质量安全监督站、韶关（粤北）三防物资仓库、市防汛抢险民兵轻舟机动大队办公室、韶关市水土保持监测站 7 个下属单位。

2011 年，韶关市贯彻落实中央和省加快水利改革发展的决策部署，抢抓机遇，锐意进取，扎实工作，全市水利建设再掀新高潮。重点水利项目乐昌峡水利枢纽主体工程完工并具备防洪功能，城乡水利防灾减灾工程建设任务基本完成并完成竣工验收自查，中小河流治理、农田水利建设、农村饮水安全和水库移民等各项水利民生工作取得新成绩。2011 年全市共完成水利水电投资 20.1 亿元，争取中央和省级水利到位资金 12.68 亿元。

【**制定《韶关市百亿水利工程建设工作方案》**】　韶关市水利局对“十二五”水利规划项目进行梳理，根据突出民生、统筹兼顾、循序渐进的原则，制定《韶关市百亿水利工程建设工作方案》。“方案”经市政府常务会讨论通过，并以市政府办名义正式印发。“方案”明确，市政府决定自 2011 年至 2015 年在全市实施百亿水利工程建设，工程总投资匡算 161.98 亿元。2011 年 11 月 28 日，市政府在南雄市举行韶关市百亿水利工程建设启动仪式。

【**推进水利防灾减灾工程项目建设**】　1.重点项目，乐昌峡水利枢纽主体工程完工并具备防洪功能，2011 年 10 月 10 日省政府在乐昌举行乐昌峡水利枢纽主体工程完工典礼，时任广东省委副书记、省长黄华华在典礼上致辞并宣布乐昌峡水利枢纽工程胜利完工，水利部副部长矫勇、省人大常委会副主任邓维龙、副省长刘昆、省政协副主席覃卫东、广东省政府党组成员李容根、省军区副司令员李欣剑少将等出席典礼。2.全市列入省城乡水利防灾减灾工程项目，已完成建设任务并全部完成竣工验收自查。3.水库除险加固项目，2011 年全市新增 1 宗中型水库和 55 宗小型水库加固工程列入全国水库加固专项规划。目前，中型水库乐昌东洛水库和 4 宗小型水库加固工程正在建设，13 宗小（二）型水库加固工程进入施工招标阶段。4.中小河流治理项目，2011 年开始实施的 4 条中小河流治理项目，总投资 11365 万元。始兴沈所河、曲江枫湾河、仁化锦江河治理工程已基本完工并完成竣工验收自查，始兴罗坝河治理工程正在建设。5.山洪灾害防治项目，2011 年实施的 8 个县（市、区）山洪灾害防治工程措施建设项目总投资 5432 万元。

【**推进民生水利工程建设**】　抓好农村饮水安全工程实施，共完成 2011 年度中央下达计划项目 126

宗，完成投资9470万元，解决农村饮水不安全人口17.67万人，解决农村学校饮水不安全0.77万人。同时，开展村村通自来水规划编制工作，完成全市村村通自来水现状评估报告和框架规划报告。改善水库移民生产生活条件。2011年度实施水库移民项目总投资1.58亿元，主要包括直补到人扶持移民生活，改善移民交通水利、住房基础生活设施，加强移民技能培训等。抓好水土保持工作，完成11宗开发建设项目水土保持方案项目建设，争取到中央石漠化综合治理项目（乐昌、乳源）总投资1.2亿元。加强小水电站建设与管理，2011年共完成600宗小水电站的竣工验收，完成上报小水电站增效扩容工程项目293宗，截至2011年年底，全市水电总装机171.4万千瓦。

【加强农田水利薄弱环节建设】 小农水重点县和示范镇建设。全市已有乳源、南雄、始兴3个县被列为中央和省小农水重点县建设项目，计划分三年实施完成，每年中央和省补助每个县1600万元。乳源县已完成2011年度建设任务，南雄市、始兴县项目现已开工建设。浈江区犁市镇、武江区重阳镇、曲江区大塘镇等10个示范镇项目前期工作已经完成，省级补助资金8000万元也已落实。灌区改造工程，始兴县尖背灌区改造试点项目已全面完成，农业综合开发项目南雄市孔江灌区改造工程已完成60%的建设任务，11宗中型灌区工程和60宗小型灌区工程项目完成前期工作，其中2宗中型灌区（乐昌市廊北灌区、南雄市横江灌区）和13宗小型灌区已列入省2011年灌区改造计划。20宗重点小型机电排灌工程可研报告已报省厅审核。各地以“五小”水利工程建设为重点，全面兴起冬春农田水利建设热潮。

【抓好水务管理工作】 做好水法规宣传和水政执法工作。开展“中国水周”、“世界水日”和全国法制日宣传活动，出动宣传车55台天，宣传横额168幅，宣传标语1120张，出版墙报7期次，举办现场宣传服务活动10场，派发水法规单行本6100本、传单5000多份，宣传挂历台历600份、发送手机短信32万条次。2011年12月被水利部授予全国水利系统“五五”普法先进集体。加强水政执法日常巡查，组织开展水资源和河道采砂专项执法检查行动，打击水事违法行为。抓好水资源管理工作，组织完成年度水资源论证后评估总结工作，编制完成《韶关市最严格水资源管理制度实施方案》（初稿）和《韶关市最严格水资源管理制度考核暂行办法》（初稿），加强对全市主要河流和水库的水质监测，落实饮用水源安全保护措施。抓好水利工程安全生产工作，定期开展全市水务系统安全生产工作大检查，组织召开每个季度水利系统安全生产工作例会，及时总结全市水利系统安全生产工作情况，按照中央和省市有关安全生产工作要求，督促各地落实水利安全生产工作措施。加快推进基层水利服务体系改革，组织开展基层水利（三防）能力建设调研，逐步完善县（市、区）、乡（镇）、村三级水利管理网络。

【降雨灾害情况】 2011年全市降雨分布不匀，强降水过程相对来说是近几年来较少年景，洪涝灾害属中等偏轻年景。2011年，全市平均降水量为1457毫米，较常年同期偏少近1成多。其中：1~4月、6、8和12月偏少，偏少几乎在一半以上，1和8月偏少近7成，4月和8月偏少8成多；5月、9~11月偏多，其中11月偏多近7成，10月偏多1.3倍，9月偏多近2成，5月偏多近8成，5月降雨量比1、2、3、4、6、8月累计平均降雨量还多近2成，全年最强降雨天气出现在5月7日20时至8日20时，韶关水文局报告：韶关平均降雨量为65.4毫米，其中仁化县澌溪河192.5毫米、浈江区西牛潭水库199毫米，最大降雨为乳源县大桥镇288毫米。

据市三防办统计，2012年全市9个县（市、区）66个乡镇不同程度受灾，主要集中在乳源县和仁化县，受灾人口11.01万人，直接经济损失达2.03亿元，倒塌房屋705间。其中，农林牧渔直接经济损失0.93亿元，农作物受灾10.56千公顷；工业、交通直接经济损失0.11亿元，公路中断123条次；水利设施直接经济损失0.77亿元，损坏堤防35处共15.37公里、灌溉设施601处、机电泵站6座、水电站146座。

【防汛抗旱及抢险救灾】 面对灾情，韶关市及早部署，积极行动，取得防汛抗旱工作的胜利。4月27日，市委书记郑振涛组织市水务、三防、农业、气象和财政等部门共商抗旱对策，部署全市抗旱工作。市三防指挥部发出了《关于做好当前抗旱工作的通知》，并启动全市抗旱预案Ⅳ级应急响应，全力做好抗旱工作。5月初，韶关市旱涝急转，受强降雨影响，韶关市仁化、乳源、乐昌、始兴、新丰、武江和浈江等地已出现局部灾情。5月8日，市三防指挥部发出《关于认真贯彻落实副省长刘昆、书记郑振涛指示，扎实做好强降雨防御工作的紧急通知》。5月8日19时，市三防指挥部启动了防洪Ⅳ级应急响应，各地各部门迅速组织开展抢险救灾工作，努力把强降雨带来的损失降至最低。

【水资源分布情况】 韶关市位于广东省北部、北江流域中上游，属亚热带季风气候区，国土面积18385平方公里。韶关市按照行政分区包括浈江、武江、曲江三个市辖区，乐昌、南雄两县级市，始兴、仁化、乳源、翁源、新丰5个县,水资源分区划分为浈江、武江（中下游）、北江上游、滃江、连江（连江中游支流黄洞河、波罗河）、新丰江（上游）、桃江和章江（长江流域）等8个四级水资源分区。韶关市境内主要江河有浈江、武江、南水、滃江、北江干流及新丰江，北江由北向南贯穿本市，两侧大小支流密布，各大小支流都源于高、中级山地，且切割很强，两岸壁立的峡谷甚多，水流湍急，河道比降陡，流量大，水力资源丰富。

【地表水资源丰富】 全市多年平均年降水量1682.3毫米，折合年降水总量309.29亿立方米；多年平均水资源量179.93亿立方米，多年平均地下水资源量44.05亿立方米。2011年，韶关市年降水量1565.8毫米，折合年降水总量287.88亿立方米，比上年偏少17.6%，比多年均值少6.9%，属平水偏枯年。2011年全市地表水资源量162.53亿立方米，折合年径流深为884.0毫米，比上年偏少20.0%，比多年均值少9.7%。在各县(市、区）中（详见2011年韶关市行政分区地表水资源量表)，地表水资源量乳源县最多26.95亿立方米，占全市总量的16.6%；乐昌市第二19.34亿立方米，占全市总量的11.9%；浈江区最少6.20亿立方米，仅占全市总量的3.1%。与多年均值比较，各行政分区均偏少，其中翁源县偏少20.9%，仁化县偏少16.5%，其余各县(市、区)与多年均值比较偏少值为1.2%~12.5%。单位面积地表水资源量乳源县最多121.01万立方米/平方公里，新丰县次之95.72万立方米/平方公里，始兴县最少为78.07万立方米/平方公里。

【地下水资源】 2011年全市地下水资源量40.96亿立方米（不含中深层地下水），比上年偏少17.7%，比多年均值偏少7.0%。在各县（市、区）中（详见2011年韶关市行政分区地下水资源量表），仁化县地下水资源量为5.74亿立方米，居全市首位，占全市总量的14.0%；新丰县地下水资源量5.40亿立方米，居第二位，占全市总量的13.2%；浈江区最少，只有1.26亿立方米，仅占全市总量的3.1%。与多年均值比较，除南雄市、乳源县稍偏多外，其余各县（市、区）均偏少，其中仁化县偏少最多为16.6%，新丰县偏少15.4%，翁源县偏少13.1%。从单位面积地下水资源量看，新丰县最大27.18万立方米/公里，仁化县次之26.03万立方米/公里，始兴县最小为19.66万立方米/公里，其余各县（市、区）在19.74~23.39万立方米/公里之间。

【水库蓄水量比较】 2011年全市蓄水动态，共统计35宗大中型水库，全市大、中型水库年末蓄水量为12.36亿立方米。其中大型水库年末蓄水量为7.82亿立方米,占63.3%；中型水库年末蓄水量为4.54亿立方米,占36.7%。

【供水量结构分析】 在各县（市、区）中，按供水量大小排列，前三位是南雄、乐昌、仁化，供水量分别占全市总供水量的16.9%、12.4%、12.3%，其余各县（市、区）供水量占全市总供水量的比例均低于11.6%。从各县（市、区）的水源结构显示：始兴、曲江和翁源地下水源供水量占总供水量的比重分别为10.3%、9.0%、8.2%,比其他县（市、区）大得多；各县（市、区）其他水源（雨水利用）供水量占总供水量的比重仅为2.1%，目前，各县（市、区）仍然以地表水供水为主，除始兴、新丰、乳源地表水供水占总供水量比例分别为87.2%、89.3%、89.6%外，其余县（市、区）地表水供水比例均超过90%。

【用水量结构分析】 2011年，韶关市供用水量21.20亿立方米，其中地表水源占92.3%，地下水源占5.6%，其他水源占2.1%。总用水中：农业用水占65.5%，工业用水占23.5%，城镇公共用水占2.6%，居民生活用水占7.5%，生态环境用水占0.9%。全市用水消耗量为9.48亿立方米。本年工业用水比上年有所增加，其余各行业用水量均比去年有所减少。在各县（市、区）中，用水量前三位的是南雄、乐昌、仁化，其用水量分别占全市总用水量的16.9%、12.4%和12.3%。工业用水量中，曲江区占全市工业总用水量的22.2%，其余县(市、区）占77.8%；农田灌溉用水中，南雄是大户，其农田灌溉用水量达26670万立方米，占全市农田灌溉总用水量的21.1%。

城市建成区是指城市建筑基本连片、公共设施达到的地区，包括已建成的工业园区、经济开发区和机场等。2011年韶关市县级以上城市（包括韶关市、南雄市、乐昌市）建成区总供用水量3.91亿立方米，其中韶关市2.76亿立方米，乐昌市0.61亿立方米，南雄市0.53亿立方米。

2011年全市人均综合用水量744立方米，万元国内生产总值用水量260立方米，万元工业增加值用水量1701立方米（含火电），农田实灌亩均用水量679立方米，城镇居民生活人均生活用水量180升/日，农村居民生活人均用水量120升/日。除农田实灌亩均用水量、居民人均用水量低于全省均值外，其余用水指标均高于全省均值，说明韶关市用水水平低于全省平均水平，用水效益不高。

在各县（市、区）中，人均综合用水量仁化最大1288立方米，南雄次之1126立方米，浈江区最小312立方米，其余县(市、区）人均综合用水量为499立方米~943立方米。万元GDP用水量南雄最大474立方米，浈江区最小89立方米，其余县(市、区）为103立方米~438立方米。

【水资源利用率分析】 2011年全市水资源利用率（不包括过境水）为13.0%，比上年略有所增加。在各县（市、区）中，水资源利用率浈江区最高24.3%，其次是武江区24.2%，乳源最低5.7%。在各水资源分区中，水资源利用率差别也很大，北江上游最大17.5%，其次是浈江14.3%，连江最小2.6%。

【河流江河水质达标情况】 依据《地表水资源质量评价技术规程》(SL395—2007)、国家《地表水环境质量标准》（GB3838—2002)，对韶关市境内江河湖库功能区水体水质进行评价。从2011年全年来看河流水质总体情况较好，水库水质总体状况较差。根据《广东省水功能区划》，本年度共对20个（对有二级区的一级区只计二级区个数）河流水功能区进行了评价，其中，水质达标的功能区有14个，达标率为70.0%；对12个水库水功能区进行了评价，1个水库达标，11个水库不达标，达标率为8.3%。

2011年韶关市行政分区年降水量

表16-3

行政分区	计算面积（平方千米）	年降水量		上年降水量（毫米）	多年平均年降水量（毫米）	与上年比较(%)	与多年均值比较(%)
		毫米	亿立方米				
曲江区	1618	1750.2	28.32	2318.4	1821.2	–24.5	–3.9
武江区	689	1386.1	9.55	1882.2	1616.0	–26.4	–14.2
浈江区	567	1404.9	7.97	1735.5	1514.6	–19.0	–7.2
乐昌	2421	1292.5	31.29	1426.5	1425.0	–9.4	–9.3
南雄	2361	1469.5	34.69	1707.4	1470.6	–13.9	–0.1
始兴	2152	1514.9	32.60	1964.4	1605.9	–22.9	–5.7
仁化	2205	1555.4	34.30	1717.7	1669.1	–9.4	–6.8
乳源	2227	1886.4	42.01	2053.5	1920.9	–8.1	–1.8
翁源	2158	1644.2	35.48	2207.8	1897.4	–25.5	–13.3
新丰	1987	1593.9	31.67	2047.1	1861.7	–22.1	–14.4
全市	18385	1565.8	287.88	1900.3	1682.3	–17.6	–6.9

2011年韶关市行政分区地表水资源量

表16-4

名称	计算面积（平方千米）	地表水资源量（亿立方米）	占全市比例（%）	多年平均地表水资源量（亿立方米）	与多年平均值比较（%）	单位面积地表水资源量（万立方米/平方千米）
曲江区	1618	14.56	9.0	15.37	-5.3	89.99
武江区	689	6.20	3.8	6.61	-6.2	89.99
浈江区	567	5.10	3.1	5.22	-2.3	89.95
乐昌	2421	19.34	11.9	22.10	-12.5	79.88
南雄	2361	18.49	11.4	18.73	-1.3	78.31
始兴	2152	16.80	10.3	19.14	-12.2	78.07
仁化	2205	18.20	11.2	21.80	-16.5	82.54
乳源	2227	26.95	16.6	27.29	-1.2	121.01
翁源	2158	17.87	11.0	22.60	-20.9	82.81
新丰	1987	19.02	11.7	21.08	-9.8	95.72
全市	18385	162.53	100.0	179.93	-9.7	88.40

2011年韶关市行政分区地下水资源量

表16-5

名称	计算面积（平方千米）	地下水资源量（亿立方米）	占全市比例（%）	多年平均地下水资源量（亿立方米）	与多年平均比较（%）	单位面积地下水资源量（万立方米/平方千米）
曲江区	1618	3.59	8.8	3.65	-1.6	22.19
武江区	689	1.53	3.7	1.56	-1.9	22.21
浈江区	567	1.26	3.1	1.30	-3.1	22.22
乐昌	2421	5.02	12.3	5.43	-7.6	20.74
南雄	2361	4.72	11.5	4.52	4.4	19.99
始兴	2152	4.23	10.3	4.29	-1.4	19.66
仁化	2205	5.74	14.0	6.88	-16.6	26.03
乳源	2227	5.21	12.7	5.14	1.4	23.39
翁源	2158	4.26	10.4	4.90	-13.1	19.74
新丰	1987	5.40	13.2	6.38	-15.4	27.18
全市	18385	40.96	100.0	44.05	-7.0	22.28

2011年韶关市出入境水量表

表16-6

单位：亿立方米

河名	入境				出境					
	地点			合计						合计
	乐昌	仁化	翁源		南雄	乳源	曲江	翁源	新丰	
武江	22.12									
锦江		1.73		26.58						
滃江			2.73					5.50	10.68	
北江							17.01			
连江						4.68				
新丰江									8.98	164.02
桃江					1.14					
章江					0.73					

2011年韶关市行政分区水库蓄水动态

表 16-7　　单位：万立方米

行政分区	水库宗数		大型水库蓄水量		大型水库年蓄水变量	中型水库蓄水量		中型水库年蓄水变量	合计	
	大型	中型	上年末	当年末		上年末	当年末		年末蓄水量	年蓄水变量
曲江区	2	2	10989	4311	-6678	5110	6271	1161	10582	-5517
武江区	1	1	4985	4939	-46	479	490	11	5429	-35
浈江区		3				6836	6785	-78	6758	-78
乐昌		2				2057	1726	-331	1726	-331
南雄		6				7536	8388	852	8322	852
始兴		3				2831	2302	-529	2302	-529
仁化	1	3	10925	11502	577	6690	5535	-1155	17037	-578
乳源	1	4	67993	57464	-10529	8881	10203	1322	67667	-9207
翁源		5				2368	3202	834	3202	834
新丰		1				843	552	-291	552	-291
全市	5	30	94892	78216	-16676	43631	45427	1796	123643	-14880

2011年韶关市行政分区供水量

表 16-8　　单位：万立方米

行政分区	总供水量	占全市比例（%）	地表水量				地下水量	占总供水量比例（%）	其他供水量	占总供水量比例（%）
			蓄水量	引水量	提水量	占总供水量比例（%）				
曲江区	24500	11.6	14200	2100	6030	91.0	2200	9.0	0	
武江区	15000	7.1	3400	1200	9530	94.2	870	5.8	0	
浈江区	26340	5.8	3500	900	7380	95.0	610	4.9	10	0.1
乐昌	26300	12.4	7700	6800	9540	91.3	1000	3.8	1300	4.9
南雄	35920	16.9	20800	9800	3720	95.5	1500	4.2	100	
始兴	19500	9.2	6700	4800	5500	87.2	2000	10.3	500	
仁化	25980	12.3	13300	6500	4980	95.4	600	2.3	600	2.3
乳源	15330	7.2	6200	4700	2830	89.6	700	4.6	900	5.9
翁源	22080	10.4	10100	8500	1680	91.8	1800	8.2	0	
新丰	14940	7.0	8100	3920	1320	89.3	600	4.0	1000	6.7
全市	225890	100.0	94000	49220	52510	92.3	11880	5.6	4410	2.1

2011年韶关市行政分区用水量

表 16-9　　单位：万立方米

行政分区	生产用水量					居民生活	占总用水量比例（%）	生态环境	占总用水量比例（%）	总用水量	占全市比例（%）
	农田灌溉	林牧渔畜	工业	城镇公用	占总用水量比例（%）						
曲江区	9910	990	11040	630	92.0	1750	7.1	210	0.9	24530	11.6
武江区	4480	620	7160	720	86.5	1850	12.3	170	1.1	15000	7.1
浈江区	4890	1360	2240	1040	76.9	2460	19.8	410	3.3	12400	5.8
乐昌	16440	1570	5710	400	91.6	2070	7.9	150	0.6	26340	12.4
南雄	26670	3090	3680	550	94.6	1790	5.0	140	0.4	35920	16.9

续表 16-9

行政分区	生产用水量					居民生活	占总用水量比例(%)	生态环境	占总用水量比例(%)	总用水量	占全市比例(%)
	农田灌溉	林牧渔畜	工业	城镇公用	占总用水量比例(%)						
始兴	14280	650	2930	360	93.4	1100	5.6	180	0.9	19500	9.2
仁化	15380	1020	7910	440	95.3	1050	4.0	180	0.7	25980	12.3
乳源	10110	940	2280	640	91.1	1010	6.6	350	2.3	15330	7.2
翁源	15950	710	3300	400	92.2	1630	7.4	90	0.4	22080	10.4
新丰	8320	1510	3550	420	92.4	1100	7.4	40	0.3	14940	7.0
全市	126430	12460	49800	5600	91.6	15810	7.5	1920	0.9	212020	100

2011 年重要城市建成区供水量

表 16-10　　单位:百万立方米

城市名称	总供水量	总供水量
韶关市	2.759	2.759
乐昌市	0.613	0.613
南雄市	0.535	0.535
合计	3.907	3.907

2011 年韶关市各行政分区主要用水指标

表 16-11

行政分区	人均 GDP (元)	人均综合用水量(立方米)	万元 GDP 用水量(立方米)	万元工业增加值用水量(立方米)		农田实灌亩均用水量(立方米)	居民生活人均用水量(升/日)	
				含火电	不含火电		城镇	农村
曲江区	39843	803	335	160	154	706	181	125
武江区	48349	499	474	105	105	659	179	119
浈江区	35142	312	438	134	134	653	180	115
乐昌	19655	659	354	232	220	639	175	110
南雄	23754	1126	326	218	218	691	182	129
始兴	21518	943	438	220	220	654	181	125
仁化	36336	1288	395	221	220	704	181	120
乳源	26318	858	260	108	108	819	184	136
翁源	15137	664	335	240	240	620	181	112
新丰	18177	719	474	255	255	711	185	121
全市	28500	744	438	170	166	679	180	129

2011 年韶关市行政分区水资源利用表

表 16-12

行政分区	降水量（亿立方米）	水资源量（亿立方米）	用水量（亿立方米）	水资源利用率（%）
曲江区	28.32	14.56	2.45	16.8
武江区	9.55	6.2	1.50	24.2
浈江区	7.97	5.1	1.24	24.3
乐昌	31.29	19.34	2.63	13.6
南雄	34.69	18.49	3.59	19.4
始兴	32.6	16.8	1.95	11.6
仁化	34.3	18.2	2.60	14.3
乳源	42.01	26.95	1.53	5.7
翁源	35.48	17.87	2.21	12.4
新丰	31.67	19.02	1.49	7.9
全市	287.88	162.53	21.20	13.0

2011 年境内河流水功能区水资源质量评价表

表 16-13

水系	河流	水功能区		长度(千米)	代表断面	水质目标	水质现状	达标与否	超标项目	上年同期水质
		一级	二级							
北江	北江	北江韶关开发利用区	北江干流白沙工业用水区	22	九公里	Ⅲ	Ⅱ	√		Ⅱ
			北江干流韶关清远过渡区	3	白土	Ⅲ	Ⅱ	√		Ⅱ
		北江韶关—英德保留区		26	大坑口	Ⅲ	Ⅲ	√		Ⅲ
	武水	南华溪源头水保护区		30	百家洞	Ⅱ	Ⅱ	√		Ⅱ
		武水湘粤缓冲区		3	三溪	Ⅲ	Ⅳ	×	砷	Ⅳ
		武水坪石—乐昌保留区		93	坪石	Ⅲ	Ⅳ	×	粪大肠菌群	Ⅱ
		武水乐昌—韶关开发利用区	武水犁市饮用渔业用水区	48	乐昌	Ⅱ	Ⅱ	√		Ⅱ
			武水西河桥饮用渔业用水区	16	十里亭	Ⅱ	不达标	×	粪大肠菌群、铁	不达标
			武水沙洲尾渔业景观用水区	1		Ⅲ	Ⅲ	√		Ⅱ
	浈江	浈江赣粤缓冲区		2	马茔	Ⅲ	Ⅱ	√		Ⅲ
		浈江南雄开发利用区	浈江干流古市工业用水区	14	小古菉	Ⅲ	Ⅱ	√		Ⅱ
		浈江始兴—曲江保留区		80	周田	Ⅲ	Ⅱ	√		Ⅱ
		北江韶关开发利用区	浈江干流沙洲尾饮用水源区	20	新韶水文站	Ⅲ	Ⅱ	√		Ⅱ

续表 16-13

水系	河流	水功能区		长度(千米)	代表断面	水质目标	水质现状	达标与否	超标项目	上年同期水质
		一级	二级							
北江	南水	南水乳源开发利用区	南水乳源饮用农业水源区	40	龙归	Ⅱ	不达标	×	铁、总磷	不达标
	锦江	锦江仁化开发利用区	锦江丹霞山景观用水区	9	仁化	Ⅲ	Ⅱ	√		Ⅲ
			锦江江口饮用农业用水区	25	仁化	Ⅲ	Ⅱ	√		不达标
	滃江	滃江源头水保护区		8		Ⅱ	Ⅱ	√		Ⅱ
		滃江翁源开发利用区	滃江上游饮用农业用水区	41	滃江	Ⅱ	Ⅱ	√		Ⅱ
		滃江翁源——英德保留区		65		Ⅱ	Ⅳ	×	粪大肠菌群	Ⅱ
	新丰江	新丰江源头水保护区		106	新桥电站	Ⅱ	Ⅳ	×	粪大肠菌群	Ⅱ

2011年境内水库水功能区水资源质量评价表

表 16-14

水资源区	行政区	水功能区		水质目标	代表断面	总库容(万立方米)	水质现状	达标与否	营养状态	超标项目	上年同期水质
		一级	二级								
北江上游	武江区	沐溪水库保留区		Ⅱ	沐溪水库	1086	Ⅲ	×	中	高猛酸盐指数、粪大肠菌群、五日生化需氧量、总磷、总氮	Ⅲ
武江	浈江区	西牛潭水库开发利用区	西牛潭水库农业渔业用水区	Ⅱ	西牛潭水库	4150	不达标	×	中	粪大肠菌群、铁、总氮	Ⅲ
北江上游	曲江区	苍村水库开发利用区	苍村水库饮用农业用水区	Ⅱ	苍村水库	6934	Ⅲ	×	中	总磷、总氮	Ⅲ
北江上游	曲江区	小坑水库开发利用区	小坑水库饮用农业用水区	Ⅱ	小坑水库	11316	Ⅲ	×	中	总磷、总氮	Ⅲ
浈江	始兴县	花山水库开发利用区	花山水库饮用农业用水区	Ⅱ	花山水库	1362	Ⅲ	×	中	总氮	Ⅲ
北江上游	乳源县	南水水库开发利用区	南水水库饮用农业用水区	Ⅱ	南水水库	124300	Ⅲ	×	中	总氮	Ⅲ
浈江	仁化县	赤石迳水库开发利用区	赤石迳水库饮用工业用水区	Ⅱ	赤石迳水库	1488	Ⅲ	×	中	总磷、总氮	Ⅲ
北江	仁化县	锦江水库开发利用区	锦江水库农业渔业用水区	Ⅱ	锦江水库	18900	Ⅲ	×	中	总磷、总氮	Ⅲ
北江	翁源县	跃进水库开发利用区	跃进水库饮用农业用水区	Ⅱ	跃进水库	1895	Ⅲ	×	中	总氮	Ⅲ
浈江	南雄市	瀑布水库开发利用区	瀑布水库饮用农业用水区	Ⅱ	瀑布水库	3317	Ⅲ	×	中	总氮	Ⅱ
东江	新丰县	白水礤水库开发利用区	白水礤水库饮用水源区	Ⅱ	白水礤水库	238	Ⅱ	√	中		Ⅱ
武江	乐昌市	龙山水库开发利用区	龙山水库农业用水区	Ⅱ	龙山水库	900	Ⅲ	×	中	总磷	Ⅲ

(周贤宝　卢定新　王永忠　雷保聚　李华锋)

附：领导班子成员名单

党组书记、局长：马水源

党组副书记、副局长：曾宪波

党组成员、纪检组长：袁辅星

党组成员、副局长：彭爱华

欧智贤

党组成员、总工程师：肖向坚

水　文

【概况】 广东省水文局韶关水文分局是广东省水文局的派出机构,正处级事业单位。其前身为广东省水文总站韶关分站，始建于1954年10月广东省水利厅水文总站成立粤北分站，1956年7月改为韶关水文分站，1997年10月经省机构编制委员会批准，更名为广东省水文局韶关分局，并批准为省水文局管理的副处级事业单位。2009年，经广东省机构编制委员会文件粤机编〔2009〕42号批准，韶关水文分局升格为正处级事业单位。韶关水文分局的主要职责是：承担北江流域中上游（包括韶关市和清远市）地表水和地下水资源调查评价、水文勘测、水环境监测和资料成果审查确认，水文情报预报，水文分析计算和水资源公报编制，负责北江流域江河湖库和取水许可的水质监测与评价，提出水域纳污能力和限制排污总量的意见，为防灾减灾决策、水资源开发利用提供水文技术支持。韶关水文分局现有在职干部职工77人，离退休职工45人，其中在职男职工51人，占在职人数的66%，女职工26人，占34%；研究生3人，本科30人，大专19人，大专以上学历52人，占在职人数的67%；高级工程师10人，工程师19人，助理工程师14人。韶关水文分局内设办公室、计财审计科、技术科、水情科和水质科5个职能科室，下辖韶关水文测报中心、连县水文站、英德水文站、坪石水文站、新韶水文站、岳城水文站和省水环境监测中心韶关分中心。管辖北江流域连江口以上干支流、韶关和清远两个行政区域内的21个基本水文（位）站，其中5个国家级水文站；14个巡测站；240个雨量监测站，包括37宗大中型水库水雨情监测站；6个蒸发站；8个土壤墒情站；33个常规水质监测站点，其中雨量、水位观测站点已基本实现自动测报。流量测验增加在线测流设备H-ADP、走航式ADCP、雷达测速枪等先进仪器，同时还配备水文测船、冲锋舟、RTD（RTK）型GPS、全站仪、数字水准仪、水深测量仪等辅助测量设备，生产效率得到很大的提高。2011年，获得“广东省水文系统先进集体”、“广东省水利财务工作先进集体”、“先进基层党组织”、“广东省水文系统科技创新先进集体”等荣誉，并有两项科技项目分别获得韶关市科学技术进步奖二等奖与三等奖。

【水文信息化建设】 韶关水文分局致力于向水文现代化迈进，特别注重水文信息化建设。近年来，对信息化建设进行大胆的探索与实践，迈出稳健的步伐，在网络建设、办公自动化建设、水情信息采集系统建设、数据库建设、服务区域防洪保障和水资源管理的应用系统建设等方面取得一些成绩，韶关分局的水文信息化水平有新提高，并在服务三个水平安全工作发挥重要作用。

【历年获得的殊荣】 韶关水文分局为北江流域中上游的防汛抗洪、水利水电工程、城市建设、交通能源、国土资源测绘等国民经济建设积累宝贵的水文资料，承担大量的水文资源勘测、评价工作，为各级领导提供科学的决策依据。先后5次获得“韶关市抗洪先进集体”荣誉；1次“广东省抗洪先进集体”荣誉；11次“广东省水文系统先进集体”荣誉；获得“韶关市先进职工之家”荣誉，“广东省水利系统先进职工之家”荣誉，“广东省水利系统职工有困难找工会活动先进集体”荣誉；获得“广东省水利系统文明单位”荣誉；获得“全国水文系统先进单位”荣誉。

【水情预报】 水情是防汛决策的耳目与参谋，在2011年发生的几场洪水中，韶关水文分局水情人员以高度责任的意识和踏实的作风为抗洪抢险工作取得全面胜利发挥重要作用，得到市委市政府及市三防部门的高度赞扬。2011年共为各级三防部门发布水雨情简报、快报254份，编写旬月简报36份，为各级政府和三防指挥部抢险救灾提供重要的决策依据。5月17日，韶关市三防指挥部通报《三防要情》，其中肯定韶关水文科学精确预报，发挥防汛耳目和参谋的作用，为三防指挥决策调度赢得宝贵时间，保障人们生命财产安全和社会稳定。

【水环境监测】 韶关水质监测分

中心建筑面积1300平方米，设有化学分析室、生化室、样品室、监测业务室等。近两年来业务不断拓展，至年底，有监测断面33个，监测项目32个，认证项目50个。中心配备先进仪器设备，如原子吸收仪、原子荧光仪、电子天平、紫外分光光度计、纯水器、哈希多参数仪、连续流动分析仪、戴安离子色谱仪。中心具有国家级计量认证合格证书，并于2009年通过计量认证复审换证。针对韶关市水污染事故比较频繁的情况，韶关水质监测分中心制定应对突发水污染事故的应急方案。2011年，6月武江锑污染与7月花山水库蓝藻水华事件发生后，韶关水文分局参与突发水污染事故处理工作，制定监测方案，连续跟踪监测，及时掌握水质水量动态，并向有关部门提供监测数据。在处理水污染突发事件中，加强与韶关市环保局合作交流，参与市环保局牵头开发的“韶关市武江流域重金属预警预报系统”，通过实现环保、水文信息共享，达到监测优势互补的目的，为地方水生态系统保护和修复提供有力支撑。

【服务水资源管理工作】 2011年出台最严格的水资源管理制度，尤其是“三条红线”监督评价考核，韶关水文分局抓住机遇，发挥水文技术优势，服务水资源管理需求。完成《2010年韶关市水资源公报》、2011年度《水务信息季报》、2011年《韶关水质月报》的编制工作。配合韶关市水务局开展境内2147个取水户普查工作，摸清取水情况，为下一步科学调配水资源打好基础。进行韶关市水源地调查资料的收集和汇总，为韶关市市区水源地的水量水质的保护提供第一手资料。

【服务地方经济建设】 韶关水文分局承担完成《韶关核电厂工程水文专用站观测与分析专题》水文测验、资料整编和报告编写，确定厂址的水文参数；完成武江与南花溪汇合口以上至湖南省临武县长河水库区间河段8条支流的150个断面测量和坐标定位；完成《溪洛渡右岸送电广东±500kV同塔双回直流输电工程接地极工程电力设施穿越滃江防洪评价报告》编制工作；配合国电公司清远分公司进行连江梯级电站改造设计，为率定连江阳山县境内的界滩、青莲2个梯级电站下游水位流量关系，而进行水文测验以及洪水调查工作；对小坑水库供应韶关钢铁厂的工农渠水量进行测验，建立水位~流量关系曲线，以验证供应韶关钢铁厂的水量；向丹霞山管理区提供每两月一次的《丹霞山风景区水文综合情况汇报》材料，为促进韶关市旅游事业的发展提供水文技术支撑。

【服务水利中心工作】 韶关水文分局配合全国中小河流水文（位）站和雨量站点规划，做好广东省中小河流水文监测系统建设工作，完成120个新建雨量站点、16个新建水位站和8个改建水文站的前期实地查（复）勘工作；配合全国水利普查，开展河湖普查专项工作，通过外业测量、查勘、调研、资料收集等，目前已完成河湖基本情况普查第一阶段工作；协助地方三防做好韶关市各县区山洪灾害防治非工程措施建设的查勘设站工作，并提供技术支撑；完成仁化县大桥镇境内浈江干流河段河砂查勘、测量及分析评估工作，为水利部门河道采砂管理工作提供良好的水文技术服务；配合韶关市三防指挥部开发“浈江、武江、北江三江联合调度系统”；开展韶关市饮用水源地及省市界水质水量断面监测工作；参与北江流域水功能区及其入河排污口水质和水量监测工作。（刘　静）

韶关水文分局管辖的水文(位)站一览表

表16-15

水系	河名	流入何处	站名	站别	断面地点
北江	浈江	珠江三角洲	小古菉	水文	广东省始兴县马市镇小古菉村
北江	浈江	珠江三角洲	新韶	水文	广东省韶关市浈江区新韶镇黄金村
北江	北江	珠江三角洲	韶关（二）	水位	广东省韶关市武江区英光街8号
北江	北江	珠江三角洲	沙口	水位	广东省英德市沙口镇
北江	北江	珠江三角洲	英德（五）	水位	广东省英德市英城镇

续表 16-15

水系	河名	流入何处	站名	站别	断面地点
北江	罗坝水	墨江	结龙湾	水文	广东省始兴县顿岗镇结龙湾村
北江	锦江	浈江	仁化（三）	水文	广东省仁化县仁化镇水南村
北江	武江	北江	坪石（二）	水文	广东省乐昌市坪石镇灵石坝村
北江	武江	北江	乐昌（二）	水位	广东省乐昌市乐城镇大菜园村
北江	武江	北江	犁市（二）	水文	广东省韶关市浈江区犁市镇河边厂
北江	田头水	武江	赤溪（四）	水文	广东省乐昌市庆云镇赤溪
北江	南水	北江	南水水库（大坝）	水文	广东省乳源县南水水库大坝
北江	滃江	北江	滃江	水文	广东省翁源县官渡镇河唇刘屋
北江	滃江	北江	红桥	水位	广东省英德市桥头镇红桥
北江	滃江	北江	长湖水库（大坝）	水文	广东省英德市大站镇长湖
北江	滃江	北江	长湖水库（坝下二）	水文	广东省英德市大站镇长湖
北江	星子河	连江	凤凰山	水文	广东省连州市连州镇凤凰山村
北江	连江	北江	连县（三）	水位	广东省连州市连州镇湟川南路116号
北江	连江	北江	阳山（一）	水位	广东省阳山县阳城镇
北江	连江	北江	青莲（三）	水位	广东省阳山县青莲镇
北江	连江	北江	高道	水文	广东省英德市西牛镇高道
北江	洞冠水	连江	黄麖塘（二）	水文	广东省阳山县黎埠镇凤山村
东江	新丰江	东江	岳城	水文	广东省新丰县丰城镇岳城村

备注：南水水库（大坝）、长湖水库（大坝）为外单位管理站点。

韶关水文分局管辖的蒸发量站一览表

表 16-16

水系	河名	站名	水系	河名	站名
北江	浈江	小古菉	北江	滃江	滃江
北江	浈江	长坝	北江	连江	高道
北江	武江	坪石	北江	洞冠水	黄麖塘

韶关水文分局管辖的降水量站一览表

表 16-17

水系	河名	站名	水系	河名	站名	水系	河名	站名
西江	大滩河	天鹅水库	北江	太平水	云岩水库	北江	矾洞水	凉桥
西江	上草水	上草	北江	梅花水	梅花	北江	横石水	泉坑水库
西江	吉田水	吉田	北江	田头水	河门口	北江	上空水	上空水库
西江	大滩河	福堂	北江	田头水	土龙湾	北江	横石水	翁城
西江	盘石水	盘石	北江	三介水	幸福水库	北江	滃江	红桥
西江	大滩河	永丰	北江	三介水	富村	北江	大镇水	金山
西江	大滩河	三水（连山)	北江	三介水	歧下岭	北江	白沙水	茶江
北江	浈江	孔江水库	北江	田头水	下黄沙	北江	烟岭河	太平（英德）
北江	浈江	乌迳	北江	田头水	甘棠镇	北江	滃江	长湖水库
北江	大源水	大源	北江	田头水	赤溪	北江	滃江	长湖水库（坝下）
北江	新龙水	中坪	北江	九峰河	九峰	北江	北江	英德
北江	宝江水	宝江水库	北江	上廊水	上曹洞	北江	易家水	顺头岭
北江	浈江	水口（南雄）	北江	九峰河	两江口	北江	潭源洞水	潭岭
北江	南山水	横江	北江	大源水	水源	北江	塘家水	清江
北江	岚头水	南埔	北江	武江	墩子	北江	连江	星子
北江	浈江	南雄	北江	武江	鞋坑	北江	黄桥水	西江
北江	浈江	南雄（一）	北江	西坑水	前洞	北江	黄桥水	上兰靛水库
北江	凌江	澜河	北江	武江	乐昌	北江	朝天桥水	朝天桥
北江	瀑布水	瀑布水库	北江	廊田水	杉木洞	北江	连江	麻步
北江	浈江	小古菉	北江	廊田水	麻坑	北江	长合水	瑶安
北江	大坪水	苍石水库	北江	廊田水	东洛水库	北江	长合水	田心
北江	北江	尖背水库	北江	龙山水	龙山水库	北江	保安河	洛阳（连县）
北江	都安水	澄江	北江	杨溪河	五指山	北江	连江	凤凰山
北江	都安水	山口三级	北江	杨溪河	大桥	北江	东陂河	云雾
北江	沿溪河	北山	北江	杨溪河	横溪水库	北江	东陂河	梁家
北江	墨江	隘子	北江	杨溪河	杨溪	北江	东陂河	小水坪
北江	墨江	中心桃	北江	武江	桂头	北江	冲口水	蓝管
北江	墨江	司前	北江	新街水	游溪	北江	金坑水	金坑
北江	墨江	深渡水	北江	重阳水	一六（乳源）	北江	三江河	马头
北江	罗坝水	车扒岭	北江	下陂水	西牛潭水库	北江	三江河	连南
北江	罗坝水	都亨	北江	武江	犁市	北江	车田水	九陂
北江	罗坝水	黄腾径	北江	武江	五里亭	北江	连江	连县
北江	罗坝水	梅子窝	北江	武江	西河桥	北江	洞冠水	白芒
北江	罗坝水	小安	北江	武江	黄田坝	北江	安田水	沙坪（连南）
北江	罗坝水	小铁寨	北江	北江	韶关	北江	秤架河	高界
北江	罗坝水	结龙湾	北江	北江	新华南	北江	秤架河	新寨
北江	墨江	始兴	北江	北江	农科所	北江	洞冠水	寨岗
北江	墨江	始兴	北江	北江	大转盘	北江	扶村洞水	九龙坪
北江	沈所水	花山水库	北江	北江	沙梨园	北江	扶村洞水	扶村
北江	浈江	周田	北江	北江	西联	北江	洞冠水	黄麖塘
北江	百顺水	百顺	北江	北江	沐溪水库	北江	连江	小江
北江	百顺水	黄坑	北江	南水	坪溪	北江	庙公坑	茶坑水库
北江	百顺水	闻韶	北江	南水	泉水水库	北江	连江	阳山

续表 16-17

水系	河名	站名	水系	河名	站名	水系	河名	站名
北江	灵溪水	大围	北江	南水	白竹	北江	七拱河	太平（阳山）
北江	锦江	长江	北江	龙溪洞水	梯下	北江	鱼沙坑水	隔水
北江	扶溪水	扶溪	北江	南水	南水水库（大坝）	北江	七拱河	杜步
北江	城口水	兰洞	北江	龙归水	围坪	北江	青莲水	上洞
北江	城口水	城口	北江	南水	龙归	北江	横龙桥水	东坑坪
北江	黎屋水	五渡村	北江	沙溪水	郭屋	北江	青莲水	秤架（阳山）
北江	黎屋水	厚坑	北江	马坝水	苍村水库	北江	青莲水	大陂
北江	锦江	锦江水库	北江	马坝水	马坝	北江	青莲水	岭背
北江	锦江	仁化	北江	马坝水	马坝	北江	黄坌水	曹田坑
北江	董塘水	石塘	北江	北江	孟洲坝水库	北江	连江	青莲
北江	董塘水	赤石迳水库	北江	北江	濛浬电厂	北江	大潭河	石街
北江	澌溪河	澌溪河水库	北江	樟市水	罗坑水库	北江	大潭河	大潭河水库
北江	浈江	新韶	北江	樟市水	罗坑	北江	大潭河	坝美水库
北江	浈江	东河桥	北江	北江	沙口	北江	大潭河	波罗
北江	枫湾河	小坑	北江	北江	白石窑（坝下）	北江	大潭河	古道径
北江	枫湾河	枫湾	北江	北江	寺前	北江	连江	大湾
北江	大坝水	大塘	北江	仙桥水	英德硫矿山	北江	黄洞河	大布
北江	浈江	鹅坑桥	北江	仙桥水	秀才山东水库	北江	黄洞河	锦潭水库
北江	武江	长河水库	北江	高梁河	枫树坪水库	北江	黄洞河	岭下
北江	大湾水	铺下	北江	滃江	小𥔲	北江	竹田河	石灰铺
北江	人民河	南强	北江	鲁溪水	鲁溪	北江	连江	架桥石
北江	武江	汾市	北江	九仙水	松塘	北江	连江	高道（西牛）
北江	金江	沙田	北江	贵东水	贵东	北江	连江	高道
北江	武江	三溪	北江	贵东水	高陂	北江	白石岩坑	明迳
北江	南花溪	莽山	北江	大坪水	陂头	北江	青松水	双鱼潭水库
北江	南花溪	天塘	北江	大坪水	桂竹水库	北江	青松水	大洞
北江	南花溪	欧联	北江	龙仙水	跃进水库	北江	北江	连江口
北江	南花溪	一六（宜章）	北江	龙仙水	翁源	北江	凤岗河	板洞水库
北江	南花溪	白沙圩	北江	滃江	三华	东江	新丰江	小镇
北江	鱼岩河	沙坪（乐昌）	北江	周陂水	𥔲头	东江	梅坑水	长坪
北江	南花溪	明星桥	北江	周陂水	周陂	东江	梅坑水	梅坑
北江	宜章水	新田	北江	涂屋水	牛屎坜	东江	鱼梁水	板岭
北江	白沙水	廖家湾	北江	涂屋水	长潭水库	东江	双良河	潭公洞
北江	白沙水	黄泥塘	北江	滃江	滃江	东江	新丰江	新丰
北江	白沙水	车湾	北江	青塘水	下河洞	东江	新丰江	岳城
北江	白沙水	麦坪	北江	青塘水	回龙	东江	姜坑水	黄𥔲
北江	武江	坪石	北江	横石水	太平（翁源）	东江	石角水	石角

韶关水文分局管辖的巡测断面一览表

表 16-18

水系	河名	站名	水系	河名	站名
北江	北江	乌石	北江	青莲水	鱼良头
北江	百顺水	大坝	北江	北江	英德(二)
北江	浈江	南雄(一)	北江	滃江	红桥(中心坝)
北江	北江	连江口(排涝站)	北江	连江	青莲
北江	连江	连县(城南桥)	北江	连江	阳山(一)
北江	墨江	始兴	北江	武江	乐昌(二)
北江	七拱河	七拱	北江	北江	韶关(二)

韶关水文分局管辖的土壤墒情监测站一览表

表 16-19

墒情站名	地点	土壤	经济作物
竹园	曲江区	红壤土	荒地
柴塘	始兴县	红壤土	烟叶
董塘	仁化县	红壤土	荒地
新东	翁源县	红壤土	三华李
红云	乳源县	红壤土	桑树、红薯、玉米
回龙	新丰县	红壤土	龙眼
洪莲	乐昌市	红壤土	花生
黄坑	南雄市	红壤土	烟叶

韶关水文分局管辖的大中型水库监测站一览表

表 16-20

水系	河名	站名	水系	河名	站名	水系	河名	站名
西江	贺江	天鹅水库	北江	武江	西牛潭水库	北江	绥江	板洞水库
北江	南山水	横江水库	北江	北江	沐溪水库	北江	黄桥水	上兰靛水库
北江	新龙水	中坪水库	北江	北江	孟洲坝水库	北江	岭背河	曹田坑水库
北江	宝江水	宝江水库	北江	马坝水	苍村水库	北江	庙公坑	茶坑水库
北江	大坪水	苍石水库	北江	北江	濛浬电厂	北江	钟鼓水	沙坝水库
北江	瀑布水	瀑布水库	北江	杨溪水	横溪水库	北江	仙桥水	秀才山水库
北江	远迳水	尖背水库	北江	南水	泉水水库	北江	空子河	空子水库
北江	都安水	山口三级	北江	月坪水	坝美水库	北江	横石水	上空水库
北江	横水	花山水库	北江	大潭河	大潭水库	北江	枫树坪河	枫树坪河
北江	廊田水	东洛水库	北江	大坪水	桂竹水库	北江	滃江	长湖水库
北江	廊田水	龙山水库	北江	滃江	岩庄水库	北江	水边河	双鱼潭水库
北江	董塘水	澌溪河水库	北江	龙仙水	跃进水库			
北江	董塘水	赤石迳水库	北江	横石水	泉坑水库			

韶关水环境监测分中心水质监测站点一览表

表 16-21

监测站点	分布地址	监测频次	监测项目
马茺	南雄市界址镇马茺村	1年2次	pH、电导率、六价铬、总氮、铜、铅、镉、硫化物、砷、硒、汞、粪大肠菌群、氨氮、高锰酸盐指数、阴离子表面活性剂、溶解性总固体、总硬度、挥发酚、总磷、氰化物、五日生化需氧量、溶解氧、叶绿素、硫酸盐、氟化物、硝酸盐氮、氯化物、锌、铁、锰、透明度、水温
小古菉	始兴县马市镇小古菉村	1年6次	
周田	仁化县周田镇司土坝村	1年4次	
长坝	仁化县大桥镇长坝村	1年6次	
坪石	乐昌市坪石镇灵石坝村	1年12次	
乐昌	乐昌市乐城镇张滩村	1年6次	
十里亭	韶关市区十里亭	1年12次	
百家洞	南花溪源头水保护区	1年2次	
长江镇	锦江赣粤缓冲区	1年2次	
仁化	仁化县丹霞街办水南村	1年4次	
九公里	韶关市区南郊九公里	1年4次	
白土	韶关市曲江区白土镇	1年4次	
大坑口	韶关市曲江区乌石镇大坑口村	1年6次	
沙口	英德市沙口镇	1年4次	
英德	英德市英城镇观洲坝	1年6次	
龙归	曲江区龙归镇杨梅坑村	1年4次	
连州	连州市连州镇湟川路116号	1年4次	
阳山	阳山县阳城镇	1年4次	
高道	英德市西牛镇高道	1年6次	
翁江	翁源县六里镇河唇刘屋	1年4次	
下榕角	翁源县官渡镇下榕角村	1年2次	
花山水库	始兴县沈所镇	1年4次	
赤石迳水库	仁化县董塘镇	1年4次	
锦江水库	仁化县丹霞街办	1年4次	
瀑布水库	南雄市主田镇	1年4次	
苍村水库	韶关市曲江区马坝镇	1年4次	
小坑水库	韶关市曲江区小坑镇	1年4次	
南水水库	乳源县洛阳镇	1年4次	
长湖水库	英德市大站镇	1年4次	
大宝山	韶关曲江区沙溪镇坝心蕉子河船肚	1年2次	
望埠	清远市英德市望埠镇公园路	1年2次	
韶关钢铁厂	韶关钢铁厂排污口	1年2次	
韶关冶炼厂	韶关冶炼厂排污口	1年2次	

附：领导班子成员名单

局　长：谢建强

副局长：周　艏　杨创鹏

总工程师：韩学军

气　象

【概况】 韶关市气象局始建于1950年9月1日，创建时称为“粤北军区曲江气象站”，为中央直属事业单位。负责韶关行政区域内的气象监测、天气预报、气象信息发布、防雷减灾、人工影响天气等管理工作。内设办公室(人事科、监察审计科与党组纪检组合署)、财务科、业务科、行政执法办公室（政策法规科）4个正科级职能机构；直属气象台（市气象预警信号发布中心)、气象服务中心、防雷中心（市防雷设施检测所)、财务核算中心(后勤服务中心)、韶关气象雷达站5个正科级事业单位；代管韶关市人工影响天气办公室、韶关市防雷减灾管理办公室、韶关市专业气象预报服务中心3个正科级地方气象事业机构；下辖8个县（市、区）气象局。2011年，全市在职气象职工184人，其中研究生6人，本科生95人;有高级工程师7人，工程师35人。

2011年，韶关市气象局以公共气象服务工作为引领,以气象防灾减灾和气象社会管理工作为重点,继续完善农村气象信息服务体系,扩大气象信息在农村的覆盖范围;开展人工增雨、人工防雹业务，提升人工影响天气对农业生产的支撑作用；依法开展探测环境保护、防雷安全管理和气象应急管理工作，提高气象灾害风险管理能力，维护公共安全。2011年，韶关市气象局各项业务工作开展顺利，表现出色，获得广东省气象局授予“人工影响天气工作先进集体”、“防雷减灾工作先进集体”、“前汛期重大气象服务先进集体”、“后汛期重大气象服务先进集体”、“纪检监察审计工作先进集体”；韶关市委市政府授予“2011年广东国际旅游文化节主会场（韶关）工作先进单位”、“2011年韶关市城市亮化工作先进单位”；韶关市春运办授予“春运工作先进单位”等荣誉称号。

【气候特点】 2011年，韶关市总体气候特点：气温正常，降水偏少，日照正常；气象灾情属中等年景，是近几年来气象灾情较轻的年份。年内主要的天气过程有春旱、冰雹、强降水等。全市平均气温19.8℃，偏低0.1℃，属正常年景，但全年气温变幅较大，其中1月、3月、5月、10月、12月偏低明显，2月、4月、6月、8月、11月偏高明显。全市平均降水量为1457毫米，较常年同期偏少近1成多。全市各地总日照时数为1424小时，偏少1成。

干旱　1~4月，全市平均降水量为215毫米，较常年同期偏少361毫米，是近60年以来录得的最低记录值。其中，1月全市平均降水量21毫米、2月59毫米、3月93毫米、4月42毫米。由于降水持续偏少，从4月初起各地旱情迅速发展。截止4月28日，全市作物受旱面积约1.87万公顷，缺水办田面积4066.67公顷，旱地缺墒面积506.67公顷，受灾总人数约4.6万人。此次受旱较严重的地区包括翁源、南雄、乳源、曲江等地。

冰雹　5月1日凌晨，受高空槽和切变线的影响，始兴、仁化两县遭受冰雹和雷雨大风等强对流天气袭击。冰雹最大直径近10厘米~15厘米，罗坝、顿岗、澄江分别出现17.5米/秒、19.7米/秒、24.3米/秒的短时大风。此次强对流天气过程共造成8个乡镇受灾，其中始兴县有7个乡镇53个村受灾，澄江、顿岗、花山、城南、沈所等4个镇受灾严重；仁化县有1个乡镇8个村受灾。房屋受损6482间（其中始兴县6162间，仁化县320间)，农作物和经济作物受灾面积约2992.07公顷，尤其是黄烟、花生、辣椒、蚕桑、西瓜、果树等经济作物受灾特别严重，共造成直接经济损失6846.3万元，无人员伤亡报告。

强降水　5月7~8日，受高空槽和切变线的影响，全市各地出现暴雨，局部大暴雨降水。5月7日（20时~20时)，全市有28个自动气象站录得降水量超过50毫米，15个超过80毫米，10个超过100毫米，2个超过150毫米，最大降水量为翁源县周陂164.3毫米。5月8日（20时~20时)，全市有55个自动气象站录得降水量超过50毫米，29个超过80毫米，19个超过100毫米，3个超过200毫米，最大降水量为乳源县天门嶂255.5毫米。此次强降水过程造成仁化、乳源、乐昌、始兴、新丰、武江和浈江等地出现局部灾情。全市共有8个县(市、区）39个乡镇遭受不同程度的洪涝灾害，受灾人口达7.95万人，因灾紧急转移人口达8364人，失踪1人；倒塌房屋179间；农作物受灾面积7.17千公顷，灾害直接经济损失1.23亿元。

雷电灾害 2011年，雷电灾害造成严重的经济损失。1~12月，全市共收到39宗雷击灾害报告，直接经济损失114.80万元，间接经济损失达450.75万元；7月29日16时，翁源县坝仔镇岩庄群辉村胡元文在山厂避雨时遭雷击死亡。

【气象信息服务社会】 重点加强暴雨、冰雹、雷电、高温、寒冷、大雾、道路结冰等重大天气过程的监测预报和预警信息发布等工作。全年对公众发布各类预警信息718次，为政府及相关部门提供决策服务材料77期，制作电视天气预报节目3650期，年发送手机气象服务短信超过1.7亿条，"12121"电话提供上百万人次天气咨询服务，召开天气趋势新闻发布会5次。年内，新增2种气象信息主流发布渠道：气象官方微博和广东应急气象频道，使公众获取气象信息的途径增至13种。截至年底，韶关气象部门通过新浪、腾讯气象微博发布各类气象信息超过3500条。截至年底，广东应急气象频道覆盖南雄、始兴、仁化、乳源、翁源、新丰各县（市）城区及部分乡镇。

【助力文化节顺利举行】 11月，为国际旅游文化节提供优质、精细的气象保障服务。9月28日，制定《2011广东国际旅游文化节（韶关）气象服务保障工作方案》，成立气象保障服务领导小组、预报服务小组、现场预报服务小组、应急技术保障小组等服务团队，保证人员、技术、服务及时到位。10月25日~11月3日，根据政府、组委会、公众的不同需求提供滚动7天、滚动3天，未来24小时等各种天气预报。11月3~6日，全市雷达、自动站等探测设备进行24小时加密观测。11月4~5日，针对带妆彩排和开幕式，开展精细预报服务，每3小时提供1次短时临近天气预报，准确为组委会提供4日降水停止时间和5日开幕式期间的天气趋势，为4日带妆预演和5日开幕式各项活动的顺利进行提供保障。

【完善农村气象信息服务体系】 完善农村气象服务体系，推进气象信息服务站点建设工作，使气象信息服务不断向农村和基层延伸。年内，按照"八有"标准，即有气象服务组织机构、有独立的工作场所、有气象工作平台、有气象监测站、有气象灾害防御规划、有气象灾害防御预案、有管理制度、有气象科普场所，完成15个气象信息服务站建设工作。按照"四有"标准，即有气象信息员、有气象信息接收和反馈的设备、有管理制度、有气象科普场地，完成16个气象信息服务点建设工作。

【人工影响天气支撑农业发展】 围绕干旱、冰雹等农业灾害性天气开展人工增雨和人工防雹作业。4月，全市开展人工增雨作业21次，发射火箭弹104枚，缓解严重春旱，在有利天气形势和人工增雨作业共同作用下，全市出现两次明显的降水过程，旱情得到有效缓解。5月1日凌晨，先后在始兴、南雄、仁化等地开展增雨、防雹作业，发射火箭弹19枚，减轻冰雹天气的影响。

【探测环境全面改善】 2011年1月1日始，翁源新探测基地建成并正式投入业务运行。年内，全面完成乳源、仁化、南雄古市探测基地建设工作，待中国气象局审批后即可投入业务运行。截止12月底，全市探测环境评估由原来的64.8分提高到92.3分。2011年，开展探测环境保护工作，解决乐昌市宏福家园小区和始兴县新建民居影响探测环境事件，两地探测环境得到保护。

【防雷管理保障公共安全】 贯彻新的《防雷减灾管理办法》、《防雷工程专业资质管理办法》、《防雷装置设计审核和竣工验收规定》，履行防雷安全管理职能，保障公共安全。加强防雷设施检测、防雷资质管理、防雷设计审核、防雷工程竣工验收等工作。加强雷电风险评估工作，全市完成雷击风险评估业务118宗。开展全市性防雷安全检查工作,完成近百个单位的防雷安全检查。加大防雷安全科普宣传力度，利用"3·23"世界气象日、"防灾减灾日"以及"安全生产宣传服务咨询日"等主题活动日，宣传雷电防御以及防灾减灾知识。开展气象科普"进农村、进校园"主题宣传活动，免费向市民派发《防雷减灾36计》等科普读物7万余册。

【"扶贫双到"促脱贫】 加强翁

源县江尾镇梅斜村的帮扶工作，与发改局共同投入“扶贫双到”资金260.2万元（包括项目资金和直接投入），在壮大集体经济，加强村组织建设，完善文化、教育、卫生等公益事业，改善村民居住环境、交通条件，强化劳动技能培训等方面加大帮扶力度。年内，筹集30万元用于村委入股电站分红；扶持村民发展林木、毛竹、油茶种植和禽畜养殖，林、竹、茶种植面积达到106.67公顷，养猪50多头、养鸡500多只；完成16户危房改造搬迁工作；组织50多人次参加劳动技能培训。截至年底，梅斜村委会集体收入突破8万元，比2010年增长45.5%；贫困户家庭纯收入4707.8元，比上一年平均增长73.6%；贫困户适龄子女入学率100%；贫困户新型农村合作医疗保险参保率100%；低收入住房困难户住房改建率达到100%。（黄巧敏）

全市气象信息服务站点所在县（市、区）

表16-22

所在县（市、区）	镇级气象信息服务站	村级气象信息服务点
南雄	珠玑镇	长径村
始兴	太平镇　马市镇	城郊村　堂阁村
仁化	董塘镇　周田镇	高莲村　周田村
乐昌	廊田镇　乐城镇	马屋村　天井岗村
乳源	大桥镇　桂头镇	中冲村　红星村　大江村
曲江	枫湾镇　白土镇	转溪村　其田村
翁源	新江镇　周陂镇	西锦村　阳西村
新丰	马头镇　梅坑镇	福水村　梅坑村

附：领导班子成员名单

局　长：林杰荣

副局长：戴　润　饶纲伟

纪检组长：谢力罗

商业·贸易

商贸管理

【概况】 韶关市经济和信息化局在商贸流通领域的主要职责是负责推进统一开放、竞争有序的市场体系建设，培育发展城乡市场，组织开拓国内市场，监测分析商品市场运行状况，承担组织实施分工管理的重要消费品市场调控和重要生产资料流通管理的责任，组织拟订生产性服务业发展规划和相关政策并组织实施，推进生产性服务业发展，推行连锁经营、物流配送、电子商务等现代流通方式，促进服务业与制造业融合发展，依法对酒类、生猪屠宰进行监督管理，负责茧丝绸生产流通协调工作。

2011年，韶关市商贸流通市场继续保持平稳较快增长态势，全市商品供应充足，消费品市场畅旺。物价上涨幅度较大，居民生活成本明显上升，消费结构出现一定的变化。市场整顿监控力度进一步加大，生猪屠宰、拍卖、典当、二手车、报废车、酒类市场秩序日趋规范，商贸流通领域进一步拓展，自2009年以来陆续出台的“家电下乡”、“汽车下乡”、“以旧换新”等“扩内需、促销费、保增长”系列政策，经过近3年多时间的持续推广，政策刺激消费作用明显。拉动全市消费品零售总额的增长，实现全市商贸流通业的持续、快速、健康发展，并成为助推全市经济增长的重要力量。全市社会消费品零售总额384亿元、增长16.9%，其中城镇同比增长17%、乡村同比增长16%。（陈　芬）

【生猪屠宰】 2011年，全市深入贯彻落实《生猪屠宰管理条例》和《广东省生猪屠宰管理规定》，不断加强定点屠宰企业制度建设，明确屠宰企业是肉食品安全工作的第一责任人，强化上市肉品检疫检验，加大执法检查力度，促进城乡市场的上市肉品卫生质量的提高。全市共屠宰生猪50.7万头，其中市区（浈江、武江、曲江）共屠宰生猪22.3万头，未发生因食用生猪肉品导致的中毒等重大安全事故，较好地保证市区人民群众的肉食品安全。

明确工作目标，强化工作责任　2011年，根据省经信委、市食安委办等上级部门的要求，市经信局会同公安、农业、工商、质监、食药等部门联合制定并下发《韶关市2011年生猪（牛、羊）屠宰专项整治方案》、《韶关市打击私屠滥宰强化肉品卫生安全专项整治行动方案》等专项工作方案，制定全市2011年度生猪定点屠宰管理工作中的工作制度、工作措施和目标要求。督促全市生猪定点屠宰企业认真落实宰前“瘦肉精”等违禁药物检测制度，完善生猪进厂、出厂检验制度、无害化处理制度，逐步实现生猪定点屠宰企业肉品质量安全可追溯。

加强对屠宰企业的监督管理　全市各级经信部门不断加强对屠宰企业巡查力度，落实企业的责任意识、法律意识和食品安全意识，从督促企业建立健全各项制度入手，不断提高对企业的管理水平。各级经信部门的屠宰执法检查人员每周不少于4次组织人员对辖区内生猪定点屠宰企业进行检查，督促各屠宰企业落实肉食品质量安全的各项防控措施和制度，指导生猪定点屠宰企业落实检疫检验、索证索票和台帐登记等有关制度，按照《生猪屠宰操作规程》（GB/T17236-1998）进行屠宰加工，杜绝任何违法行为。

2011年初，按照商务部下发的《生猪定点屠宰厂（场）审核换证标准》的要求，市经信局会同市农业局、环保局对全市所有定点屠宰企业进行现场实地审核。针对企业存在的问题，要求各县、市、区经信局按照相关标准，结合当地工作实际，对屠宰企业提出限期整改意见，督促企业做好软硬件设施、设备的建设。

市经信局、农业局、工商局、物价局等相关部门在充分调研的基础上，结合全市实际，提出韶关市生猪定点屠宰和肉制品零售的管理制度，并上报市政府批准实施。根据市政府要求，市区4家生猪屠宰厂建立电子视频实时监控系统，监控范围覆盖存猪栏、加工车间、进猪台和屠宰场无害化处理间，实时监视屠宰厂场内的生产加工活动，重点监控屠宰厂有无注水、加工病害猪等违法活动，有效提高市区生猪定点屠宰监督管理工作水平。

加大对私屠滥宰等违法行为的打击力度　各级把严厉打击私屠滥宰、屠宰病死猪等违法行为作为工作的重中之重。据统计，2011年，全市经信部门共出动执法人员7100人次，检查定点屠宰企业500多家次，查处私屠肉5.1吨，销毁病害猪肉1.7吨，打击全市的私宰行为，保障广大消费者的身体健康。　（万兴民）

【批发零售业】　2011年，全市批发零售业累计实现销售额589.6亿元。其中，批发业累计销售额261.8亿元，同比增长21%；限上批发企业累计销售额130.20亿元，同比增长17.08%。

全年批发业销售额增长幅度较大的有：中石油韶关分公司(74.9%)、雪印实业（36.7%）、亿翔商贸（28.1%）、曲江区广龙贸易（26.9%）。

零售业累计销售额327.8亿元，同比增长19%；限上零售企业累计销售额23.56亿元，同比增长25.22%。

全年零售业销售额增长幅度较大的有：联丰汽车贸易公司(78.9%)、亿华汽车贸易公司(57.0%)、益华百货（52.0%）、通九州汽车销售公司（47.8%）、远达汽车销售公司（45.9%）、乡亲大药房（41.4%）、新星源电讯公司（41.2%）。　（孔令豪）

【现代物流业】　2011年，全市围绕建设粤北区域物流商贸中心，坚持以市场为导向，以产业集聚为依托，以物流企业为主体，以先进技术为支撑，全面推动现代物流业发展。主要做好重点物流园区、重点物流项目、重点物流企业的培育扶持工作。在建重点物流园区物流项目有粤湘仓储物流中心、广东化建危险化学品仓储物流基地、雪印农副产品冷链物流中心、韶关光华机电五金城、五洲国际汽配用品商贸城、现代物流配送中心、新村汽贸市场，2011年，重点物流园区项目共投入1.95亿元。2011年，韶关市地区生产总值813.95亿元，同比增长12.1%，服务业增加值348.32亿元，同比增长12%，社会消费品零售总额384亿元，同比增长16.9%，大生产、大流通带动物流市场发展，与物流业相关的主要行业包括交通运输、仓储、邮电通信和批发零售贸易业快速增长，2011年，包含以上行业的物流业增加值达133.79亿元。　（陈　芬）

【连锁经营行业】　截至2011年底，全市拥有批发零售住宿餐饮企业5458个。以大润发、沃尔玛、苏宁、国美、益华百货、永安南城、明乐生活超市、惠福为龙头的几家大中型商贸流通连锁企业的市场销售额占据全市80%的市场份量，企业销售额与上年同期相比增幅5%~10%，企业经营效益和社会效益共赢。大型龙头企业为韶关市消费的扩大带来动力，这些企业多是以连锁等形式实现低成本的规模扩张，商品品种多，规格全，质量好且价格低，加上频繁的各式各样的促销惠民活动，深受消费者欢迎。另外，全市通过扩大韶关市的商圈，以及对风度步行商业街各商铺的扩建改造，改善消费环境，全面提升竞争力，不仅带动全市消费品市场的繁荣和经济的发展，而且对周边的赣南、湘南产生很大的吸引力。　（陈　芬）

【拍卖业】　全市拍卖行业保持平稳增长，但拍卖企业总体规模偏小，货源渠道狭窄，综合竞争力不强。2011年，全市无新增拍卖企业，仍保持9家；拍卖企业员工188人，其中具有注册拍卖师22人，拍卖行业从业人员证书38人。全年举行拍卖会175场次。拍卖成交额8亿元，比上年增长16.3%。拍卖标的物主要以政府部门、人民法院依法没收的物品和国有资产、银行抵押物等资产处置为主，拍卖额为7.69亿元，占拍卖总额的96%；个人和其他机构委托的占拍卖的比例仅为3.94%。拍卖业务规范公有财物和罚没品的处置，盘活资产，防止国有资产流失，增加财政收入，在地方经济发展中发挥积极的作用。　（陈　芬）

【燃料经营业】　韶关主要燃料为煤炭和石油。2011年，全市共有煤炭经营企业68家，均为民营企业。全市主要用煤单位韶关发电厂、坪B电厂、仁化县华粤煤矸石电厂、韶钢等，几家大型企业煤炭在韶关市用煤量中占50%以上。

全市现有加油站211座，已领取《成品油零售经营批准证书》的201座，主要分布在市区和各县（市、区），其中：国道上40座，省道上47座，县乡道46座，城市主干道78座。高速公路韶关段加油站共8座。批发企业5家，油库2座，库容分别为4.9万立方米和0.55万立方米，分布在韶关市区和乐昌市梅花镇。批发企业及油库均隶属中石化韶关分公司。按照《韶关市成品油零售体系“十二五”（2011年-2015年）发展规划》，到2015年全市加油站将控制在313个以内：已领取“成品油零售经营批准证书”加油站201个，已批复新增加油站10个，规划未建加油站76个，“十二五”规划新增加油站26个。

石油经营 中石化、中石油占据韶关成品油零售企业数量的50%，其他为民营加油站。韶关市销售成品油来源主要是中石化、中石油两大石油公司。2011年全市成品油销量77万吨，同比增长9.4%，其中：柴油57万吨，同比增长7.5%，汽油20万吨，同比增长11.1%。韶关市汽车保有量的上涨直接带动汽油销量上升。

煤炭经营业 韶关煤炭来源主要有三个渠道:一是港口煤，二是湖南煤，三是山西、内蒙等地北煤。2011年度，全市煤炭消耗量约1000万吨，与上年基本持平。（王彩丽）

【承接产业转移】 2011年，全市园区建设发展速度加快，产业承载能力持续增强。年内，东莞（韶关）、东莞石龙（始兴）、东莞大岭山（南雄）、东莞东坑（乐昌）等4个省级产业转移工业园规划总面积为4566.67公顷，其中已批准面积2640公顷，已开发面积1513.33公顷，其中东莞（韶关）、东莞大岭山（南雄）产业转移工业园首期面积已开发完毕，园区建设扎实推进，基础设施不断完善，产业承载力显著增强；共签订投资协议（含意向）项目465个，投资额396.8亿元；已签订入园协议项目共373个，投资额294.2亿元；入园建设项目329个，其中已建成项目191个（规模以上工业企业113个），转移项目主要涉及机械制造、玩具、电子、精细化工、有色金属冶炼、铸锻、服装、纺织等领域。2011年，全市产业转移工业园完成工业增加值37.70亿元，增长54.3%；固定资产投资75.72亿元，同比增长34.1%。2011年，韶关市被省确定为承接产业转移重点区域之一，东莞（韶关）产业转移工业园被省列为十大重点扶持园区之一。产业转移工业园同时也带动农村劳动力就地就近转移就业，目前，韶关市的旭日玩具、韶宏实业、至卓飞高及万达玩具等大型企业本地员工占70%以上，产业转移工业园已日益成为韶关市承接产业转移的重要载体，成为全市培训和配置人力资源、提高城市和产业聚集度的加速器，为韶关市经济社会发展作出积极贡献。

承接产业转移大项目逐年增多，带动效应逐步显现 园区承接大项目呈快速增长态势。2011年，全市产业转移工业园承接的投资额5000万元以上产业转移大项目100个，总投资237.76亿元，占同期承接的产业转移项目投资总额的91.41%。其中投资超1亿元的项目58个，总投资211.21亿元。省级产业转移工业园引进重大项目取得新进展，近年来总投资超10亿元的大项目就超过10个。总投资38亿元的比亚迪项目，2012年下半年第一期将建成投产，达产后产值近70亿元，税收4亿元以上；投资10亿元的汉鸿高密度纤维板项目首期产值达5亿元，税收达5000万元以上。园区招商实现从“大招商”到“招大商”的转变，大项目的带动效应逐步显现。

产业规模不断扩大，聚集效应基本形成 四个省级产业转移工业园产业集聚度进一步增强，东莞（韶关）产业园两大主导产业发展初具规模：机械装备业已引进87个项目，大部分已动工建设，近两年内将全部建成投产，将形成有龙头企业带动的汽车零配件、矿山工程机械、金属铸造等诸多行业；玩具制造业以旭日、康瑞、科艺等规模企业为龙头，产业规模不断扩大。另外，园区“四大新兴产业”发展初具雏形，光机电一体化产业已初步形成以液压机械装备、汽车零配件、铸锻装备等产业为支撑的产业体系；生物制药产业已签约18个项目，投资约25亿元，预计建成后产值50亿元以上；新材料产业已逐渐形成以欧莱、西格玛、安达科技、锦源实业等企业为龙头的显示器材料产业和以金亿合金等企业为龙头的合金材料产业；新能源产业已引进深圳市深华龙科技实业等7家LED项目，总投资44.3亿元。东莞大岭山（南雄）、东莞石龙（始

兴)、东莞东坑(乐昌)产业园分别在精细化工、新型材料、纺织服装等产业上形成较高的集聚度,其中东莞大岭山(南雄)产业园引进精细化工及配套企业90家,35家规模以上企业实现工业增加值9.19亿元,园区已基本实现较高的精细化工产业集聚度。

(彭映彦)

附:领导班子成员名单

局　长:钟裕荣

副局长:王保全　张世揆

黄　玉　朱裕华

欧阳全

纪检组长:黄镇伟

粮　食

【概况】 韶关市粮食局是市政府直属事业单位,赋予粮食行政管理职能。机关有4科1室共5个内设机构,下辖韶关市直属粮食储备库、韶关市军粮供应中心和粤北粮食交易中心3个独立法人代表资格的企、事业单位。

2011年,韶关粮食部门贯彻中共十七届五中全会和全省粮食工作会议精神,紧抓科学发展主题,注重保持粮食市场稳定和落实粮食工作政府负责制,注重加强和改善粮食宏观调控,促进全市粮食生产和流通协调发展,确保全市粮食总量平衡和粮食安全。

【保供稳价】 2011年,全市各地粮食部门履行粮食行政监管职责,落实各级储备粮油规模,加强粮油产销衔接,确保粮油产品供应。全市粮食系统利用现有资源,组织粮食零售网点和军粮供应站参与建设粮油平价商店,共在市区、乐昌、仁化、曲江、始兴建成粮油平价商店6间。充实成品粮油储备和军粮库存,确保10天以上供应能力。适度把握储备粮轮换节奏,明确轮换的品种、数量、时间,加强市场调控。全市共轮换各级储备粮7.5万吨。市粮食局积极主动联系有关主流媒体做好宣传报道,正确宣传粮食供求形势,消除群众恐慌心理,引导群众理性购买和储存,稳定粮油市场环境。

【粮油购销】 夏粮收购前,市粮食局分析全市夏粮生产形势、市场走向和收购价格情况,提出夏粮收购工作建议,加强对粮食收购工作的指导和协调。组织开展政策性籼稻销售工作,安排重点骨干大米加工企业邀标销售政策性籼稻共1.37万吨。夏粮收购期间,全市国有粮食企业严格执行国家价格政策,做到价格公开、质量标准公开、验粮公开、计量公正。农户售粮随到、随收、随结算。全市国有粮食企业累计收购稻谷7万多吨。

【市场监测】 建立粮食监测预警系统,制定《韶关市粮食价格监测报告制度》、《韶关市粮食食用植物油价格异常波动监测预警制度》等监测制度。在全市各地共设立54个粮油价格信息收集点,采集当地粮食动态价格信息和粮食供应情况以及粮食价格变化的情况,及时对有关情况进行科学的分析,准确上报有关价格信息和监测数据。

【科学储粮】 全市各储粮单位运用电子测温、环流熏蒸等科学保粮手段提高安全储粮水平。市、县两级粮食行政部门以加强储备粮油管理为重点开展检查活动,指导企业提高仓储管理水平,严格控制粮油储存品质,降低损耗,确保库存粮食安全。6月初,市粮食局成立食用植物油库存督查工作组深入各县(市、区)开展全省食用植物油库存检查迎检工作督查。全市市、县两级食用植物油库存实物与保管账、统计账、会计账相符,账账相符,时点数都在计划数的70%以上(含70%),符合动态轮换的要求,均100%完成储备油计划;存储的食用植物油质量良好,存储条件卫生安全;各承储企业轮换正常,轮换的库点、品种、数量、质量等级与储备方案保持一致;全市各县(市、区)食用植物油储备所需资金落实到位,储备费用补贴拨付足额及时;各类政策性油脂库存成本与农发行贷款余额保持一致,没有发生资金占用不合理现象。

【基础设施建设】 2011年,全市加快粮食流通基础设施建设步伐,建设、改造一批粮库。韶关市成品粮油应急储备加工基地项目完成仓房的设计和基地规划;乐昌筹资近2000万元新建坪石直属库,首期3座仓库仓容共约1.2万吨;乳源动工兴建2座总仓容为6000吨的新仓;南雄建设5.2万吨新粮库;始兴规划建设粮食现代物流中心,占地面积13.33公顷,已完成前期立项、选址等工作;曲江区储备粮库建设完成立项、勘探、设计、环评等工作;新丰完善粮库配套设施建设，对部分库区进行优化改造；翁源筹集资金30多万元，对所属粮库及附属设施进行维修和改造。

【依法管粮】 2月，开展全市粮食库存检查，共检查企业9个，库点36个，检查粮食18.34万吨。从检查结果反映全市库存粮食数量真实，账实相符，账账相符，粮情稳定、储粮安全。夏粮收购期间，市粮食局开展2011年全市夏粮收购专项检查。

【粮食统计】 2011年，开展社会粮食、食用植物油及油料供需平衡调查，完成各类粮食流通统计报表数据汇总和分析报告撰写工作，编制2011年度粮食供需平衡计划。对管辖区域内粮食经营企业和转化用粮企业实行统计监督，督促各粮食经营企业配备统计人员，设置原始记录，建立统计台账，引导企业自觉履行应尽义务，依法统计、依法经营。

【粮食普法】 全市各粮食部门利用《粮食流通管理条例》、《广东省粮食安全保障条例》颁布实施周年纪念日和“世界粮食日”，组织开展宣传活动，提高粮食经营者依法经营意识。在《粮食流通管理条例》颁布实施7周年纪念日之际，市粮食局在市区主要街道和局办公大楼悬挂、张贴宣传横幅、标语，办宣传专栏；印发有关粮食方面的生活小常识派发给社区居民；开展送“条例”进企业活动。在《广东省粮食安全保障条例》颁布实施2周年纪念日之际，利用网站等媒体正面报导韶关市粮食情况，引导群众理性消费。将“条例”纳入韶关市“六五”普法教育，在全市范围内宣传粮食政策法规，扩大影响。南雄组织本地区粮食收购经营者参加粮食法律法规学习座谈会和培训会，确保全市粮食经营者知法、懂法、守法经营。

【军粮供应】 自2010年国家粮食局开展“创建全国百强军粮供应站”活动以来，市粮食局高度重视，精心组织，周密部署，积极参与，以“创建百强，争当排头兵”为目标，采取有效措施，从加强基础设施建设、完善配套设施等入手，扎实推进创建工作。通过不懈努力，韶关市军供管理各项工作取得明显成效，军粮供应管理得到全面提升，为部队后勤保障提供全天候优质配套服务，初步通过省、国家的考察。2011年，韶关市争当全省军供管理排头兵各项工作按拟定目标分步实施，市粮食局对各县（市、区）加强业务指导。3月份，组织考核小组对全市2010年度争当军供管理排头兵工作进行考评，并将考评结果向全市粮食部门通报。 （陈　珊）

附：领导班子成员名单

局　长：蒋友明

副局长：刘桂强　文清年

王忠建　曾玉丰

纪检组长：朱必聪

供　销

【概况】 韶关市供销合作联社是全市供销合作社的联合组织和领导机构，成立于1952年，为政府直属事业单位，行使政府赋予的行政管理职能。下设办公室、企业监督科、合作指导科、人事监察科、再生资源管理科。辖曲江、仁化、始兴、南雄、乳源、乐昌、翁源、新丰8个县（市、区）供销合作社。

2011年，全市系统完成商品经营总额14.9亿元，同比下降13%。其中，批零贸易业商品购进额9.3亿元、同比下降12.29%，从生产者购进农产品1.02亿元，同比增长12.49%，再生资源购进0.25亿元，同比下降6.1%，销给农民农资总额4.1亿元、同比增长8.91%，消费品经营销售额2.62亿元，同比增长22.96%，农产品加工销售额0.36亿元，同比增长20.47%，再生资源销售总额0.4亿元、同比下降8.85%，烟花爆竹销售总额0.67亿元，同比下降25%。

【现代流通网络建设】 供销社系统“四大网络”经营销售保持较快增长，全年实现销售总额7.46亿元，同比增长12.78%。农资网络继续发挥经营服务平台的作用，为当地农业生产农资供应做好组织保障，支持当地农业生产发展。年内，全市系统售给农民农资28.26万吨。其中，化肥27.46万吨、农药5656吨、农膜1364吨。日用消费品和农产品加工与销售经营增长势头良好，全市系统日用消费品经营销售额2.86亿元，同比增长23.2%；农产品加工销售额0.42亿元，同比增长27.3%。烟花爆竹储存基础设施建设和经营管理不断完善。乐昌、曲江、乳源等供销社烟花爆竹企业投入400多万元资金改造和新建储存仓库；“治违打非”专项行动取得良好效果，年内，全市供销社系统支持和配合有关部门，共收缴非法烟花爆竹13000多箱，价值150多万元。

【农民专业合作社建设】 全市供销社系统立足当地优势资源和特色产业，加快农民专业合作社建设步伐，夯实为农服务基础。南雄甜玉米专业合作社在“农超对接”中得到实惠，种植的2000多亩甜玉米成为“抢手货”，全年实现产值560多万元；乐昌马蹄专业合作社全年扩种面积30多亩，种植规模不断扩大，助农增收400多万元。年内，全市系统领办各类农民专业合作社22个，发展社员660多名。全市领办各类专业合作社269个，122个专业合作社完成工商注册，有商品基地面积590.4公顷、养殖业17个，入社农户8837人。

【社有资产经营】 各级供销社加大资产规划改造力度，加强社有资产经营管理，确保社有资产保值增值。市社计划投资800万元的四通市场改造工程通过立项审批。始兴供销社计划投资800万元、规划建设6层，建筑面积6787平方米的“三农服务站”综合楼主体工程已全面开工建设；新丰供销社投入120多万元进行资产改造建设，遥田和回龙基层社规划7层的两幢主体建筑首期工程已基本完成，建筑面积达1000多平方米。年内，全市系统资产经营收入1254万元，同比增长8%。

【扶贫“双到”工作】 年内，全市系统深化帮扶机制，加大帮扶力度，帮助贫困村、贫困户脱贫致富。市社机关按照“一村一策，一户一法”的要求，先后投入1.5万多元购买种子、化肥等发放给17户贫困户，引导贫困户种植紫色扁豆1.33公顷，辣椒、毛瓜等经济作物2.87公顷。南雄供销社通过生产资料、种养技术扶持，帮助贫困户种植农作物4公顷，解决农业生产难题。乐昌供销社扶持1.2万元资金，帮助6户贫困户完成危房维修，改善居住条件。始兴供销社及时组织300万块青瓦和1.5万块明瓦，以及1万多平方薄膜、尼龙彩膜等物资送往受灾农户手中，确保全县6000多间农户受灾房屋按时完成灾后重建工作。年内，全市系统共投入15.5万元资金、发放价值6万多元的各种生产、生活物资，帮助贫困户解决生产和生活上的困难。

【“农超对接”和“平价商店”建设】 全市系统按照国务院、省政府和省市物价局等部门关于建设平价商店稳定农副产品价格保障群众基本生活的文件精神，为专业合作社和超市“搭桥引线”，开展“农超对接”和“平价商店”建设工作。南雄邓坊、澜河甜玉米专业合作社与粤客隆、东明广客隆超市签订甜玉米购销合同，全年为超市供应甜玉米68吨，价值20.5万元；新丰新绿源蔬菜专业合作社和云髻山兴隆米业专业合作社通过“农超对接”渠道，全年销售蔬菜1600多万元，大米350多万元。市社机关采取企业带动、联合发展、连锁化经营的模式，投入520多万元，分别与省新供销天润农产品有限公司和韶关市雪印实业有限公司联合组建韶关市新供销天润粮油配送中心及韶关市新供销雪印农副产品有限公司，加快平价商店建设步伐。曲江、始兴供销社借助民营企业超市开设平价区、平价专柜，由当地供销社自主经营，为县级供销社开展平价商店建设提供宝贵经验。年内，全市系统共投入800多万元，开设7家平价商店，月销售总额近200多万元，主要销售农产品、日用品、粮油和肉类等，商品品种达120多种。 （朱书亮）

附：领导班子成员名单

党委书记、理事会主任：黎启民

党委副书记、理事会副主任：朱熹华

理事会副主任：龚荣洲　梁镜华　张　剑

监事会主任、纪委书记：朱超前

烟草专卖

【概况】 韶关市烟草专卖局与广东烟草韶关市有限公司合署办公，实行两块牌子、一套人马的管理体制，是韶关市对全市烟草市场实行专卖专营集中统一管理和卷烟经营、烟叶生产经营的机构，下辖曲江、乐昌、始兴、乳源、仁化、翁源、新丰7个县（市、区）烟草专卖局（分公司），共有员工938人。2011年，全市烟草商业系统（不含南雄，下同）共完成销售收入24.16亿元，同比增长12.58%；实现税利5.98亿元，同比增长13.25%。2011年，韶关烟草被授予“韶关市工会工作先进单位”、“韶关市2010年度模范纳税户”、“韶关市‘五五’普法先进集体”、“韶关市直属机关2009~2011年度先进基层党组织”、“2008~2010年度广东省烟草商业系统精神文明建设先进单位”。

【烟叶生产经营保持稳定】 2011年，韶关烟草按照“原料供应基地化、烟叶品质特色化和生产方式现代化”的要求，稳定烟叶生产规模，加强烟叶生产基础设施建设，产品质量有效提升。全市种植烟叶4133.33公顷，收购烟叶17.56万担。实现烟农收入1.54亿元，同比增加0.21亿元；亩产值同比增加220元。全年烟草行业投入烟叶生产基础设施建设补贴3595.32万元，新建烟基项目513项，总受益面积3233.33公顷。完成烟水配套工程75项，机耕路13条，育苗工场2座，密集烤房410座，补贴农机具13台。现代烟草农业建设持续推进，始兴马市双喜品牌特色优质烟叶基地单元运作良好，马市烟站被全省推荐参加全国“烟叶收购站标兵单位”评选。

【卷烟销售管理持续强化】 2011年，韶关烟草围绕“卷烟上水平”总体目标及“十二五”规划全市系统发展目标，加强卷烟购销存管理，推进零售客户网上订货，引入培育行业重点品牌、低焦油品牌，卷烟经济运行总体保持良好的发展态势。2011年，全市共销售卷烟10.33万箱，同比增长9.19%；实现卷烟销售收入21.08亿元，同比增长24.81%；实现卷烟税利5.55亿元，同比增长32.78%。卷烟品牌培育发展势头良好，网络建设逐步实施，降焦减害目标有效落实。现代物流运作不断完善，卷烟物流配送中心被广东省总工会授予“广东省工人先锋号”。

【专卖管理工作】 2011年，韶关烟草始终保持卷烟打假高压态势，完善联合打假工作机制，加大窝点排查力度，打假破网成效显著。联合公安、工商、质监、交通等单位开展专项行动，坚持日常检查和专项整治相结合，卷烟市场持续净化、规范。做好内管新规范贯标试点工作，“两烟”生产经营行为严格规范。2011年全市共查处涉烟违法案件882起，涉案卷烟1499.36万支，其中假烟292.45万支；涉案烟叶、烟丝166.23吨；破获卷烟制假网络案件2个，捣毁制假窝点4个，刑事拘留23名制假人员，对10名制假分子依法追究刑事责任，总刑期30年。

【企业管理科学规范】 2011年，韶关烟草坚持开展全面预算管理，做好贯标、对标、创优各项基础工作，持续推进企业综合管理制度化、信息化、长效化。有效落实各项财务审计监督；持续深入开展ISO 9000质量管理体系建设；开展基层创优，乳源、仁化、始兴3个县级营销部符合创优达标要求；办事公开民主管理工作不断深入，2011年通过各种方式公开企业经营决策、人事任免等内容641项，为应公开事项的100%。

【精神文明建设深入开展】 2011年，韶关烟草全面加强思想、组织、作风和党风廉政建设，干部职工队伍素质持续提高；推进创先争优，开展建党90周年“红色教育”活动，全面推进文明创建，深入宣贯企业文化；有序推进惩防体系建设和反腐倡廉工作，深入开展专项治理监督。韶关烟草热心公益，履行社会责任，在广东扶贫济困日捐款50万元，职工个人捐款33955元；落实扶贫“双到”，完成市委市政府下达的扶贫任务。 （赖晓媛）

附：领导班子成员名单

局　长、总经理：何传国

副总经理：李茂军　陈　军

副局长：朱伟优　肖少明

副局长、副总经理：陈敏生

盐　业

【概况】 广东省韶关盐业总公司（广东省韶关市盐务局）隶属于广东省盐业集团有限公司（广东省盐务局），是广东省国资委监管的全民所有制企业。总公司（盐务局）既是全市食盐专营的经营主体，又是依法行使盐业行政管理职能的部门，担负着国有资产保值增值的经济责任和供应合格加碘食盐、消除碘缺乏病的社会责任。在岗员工74人，总公司下辖市区、马坝、翁源、新丰、乐昌、乳源、南雄、始兴、仁化9个分公司和碘盐配送中心。盐务局下辖曲江、翁源、新丰、乳源、南雄、始兴、仁化分局和乐昌市盐务局。销售网络覆盖全市三区七县（市），负责300多万人口的食用盐、生产用盐、农牧盐供应任务和国家储备盐管理。多年来，公司履行企业职责，在供应合格的加碘食盐、防治碘缺乏病、应对突发事件、维护市场秩序等方面做大量工作，社会贡献突出，经济效益逐年提高。

2011年，完成各类盐总销售25208吨（其中：小包装食盐11337吨，食品加工用盐2420吨，小工业盐11451吨），实现利润总额419.96万元，屡创历史新高，经营继续保持良好的发展态势。

【食盐专营】 由盐务局承担盐业行政管理和执法职能，贯彻执行国家有关盐业法规、规章、政策及盐业九项行政管理职能，依法治盐，整顿和规范盐业市场秩序。贯彻落实省盐务局关于加强食盐安全的工作意见，确保食盐的安全供应。坚持食盐专营，加强食盐计划管理，严格执行食盐价格政策；落实盐政执法责任制，健全盐政执法体系和管理制度，加强盐政队伍建设，提高人员素质和依法行政能力；建立联合执法机制，发挥“政府领导、部门配合、社会参与”的工作机制，联合执法，共同维护食盐市场秩序。

【盐政管理】 2011年，盐务局加大执法力度，打击走私工业盐、假冒伪劣食盐冲击食盐市场违法行为，对全市食盐市场存在的问题，有针对性地开展维护盐业市场秩序专项整治行动。对外坚持三省联防机制，适时组织开展省际联合执法，打造“平安边界活动”，完善双边盐政协管的长效机制；对内实行区域互动，一方有案三方增援的动态管理模式，发挥人少效果大的扛杆作用；分片区对各销区重点、难点、边界区域，分期进行清理和整顿，加大打击跨省冲销、制贩窝点和不法商贩走村窜寨兜售私盐的违法行为，加大食品生产加工、腌制、餐饮、学校等场所的监管力度，查获一批流向餐饮业工业盐。2011年，盐务局联合有关职能部门，共出动盐政执法人员4993人次，出动车辆480台次，查处盐业违法案件6宗。

【食盐安全宣传】 盐务局以及直属各分局结合当地实际，联合卫生局，疾控中心等部门，利用“3·15”消费者权益日和“5·15”消除碘缺乏病活动平台，开展第十八个以“坚持科学补碘，预防碘缺乏病”为主题的防治碘缺乏病日宣传活动。通过悬挂横幅、展示图片、发放资料、真假碘盐识别和现场咨询等形式，开展内容丰富的宣传活动，营造全社会共同关注碘缺乏病防治工作的良好氛围。

【碘盐质量监管】 按照国家《食品安全法》和食品标识管理有关规定，落实盐产品质量管理的各项举措、责任追究、监督检测和工作考核等办法，全面构建质量监管体系；建立食盐安全责任制，层层签订食盐安全责任书，落实一把手负总责、分管领导亲自抓、专门机构具体实施的责任制，把人民群众吃上合格碘盐作为政治任务来抓，把社会责任落到实处。向社会公众郑重承诺，确保合格碘盐供应和食盐安全，多年来碘盐合格率达到100%。

【碘盐监测结果】 据2011年广东省碘盐监测数据显示，韶关市碘盐覆盖率99.62%，碘盐合格率98.58%，合格碘盐食用率98.21%，持续提高。荣获2011年度全省市级碘盐覆盖率达标单位奖。

【应对突发事件】 受日本核辐射影响，全国爆发“3·16”食盐抢购风潮，3月16日，韶关市出现食盐抢购现象，总公司（市盐务局）以强烈的政治敏锐感，反应迅速、周密部署、措施得力、全力生产、实行24小时配送服务，以最快的速度满足市场供应，稳定食盐价格，迅速平息食盐抢购风潮，体现食盐专营的体制优势，为维护社会稳定作出积极贡献。3天时间突击销售1200吨小包装食盐。

由于韶关地理环境原因，每年入冬时节，韶关北都有几次低温雨雪天气，导致公路路面结冰，影响车辆通行，对持续出现冰冻天气，及时启动应对突发事件预案。2011年，3次共抢调公路抗冰用盐1000吨，由于应急工作的提前介入，有关部门的大力支持与配合，确保公路抗冰用盐供应的社会责任，顺利完成抗冰救灾工作任务。

【推广食用低钠盐】 近年来，中国高血压、心脑血管疾病有蔓延和低龄化趋势，引起政府各级部门、心脑血管专家、政协委员的高度关注。为有效预防和控制高血压等疾病，全面提升市民健康水平，2011年12月9日韶关市政府在韶关市盐务局召开韶关市推广食用低钠盐专项工作会议，共同研究推广食用“低钠盐”。卫生系统市政协委员向韶关市十一届政协会议提交议案，力争将“推广食用低钠盐”专项工作列入市政府2012年为民办实事之一。并以韶关市“高血压病宣传日”等系列宣传活动为契机，与市卫生局、疾控中心等多次联合开展以“推广食用低钠盐，预防控制高血压，保护心脑血管”为主题的现场宣传活动，较好地突出低钠健康的理念，提高“低钠盐”新品种的市场认知度，为2012年全面推广“低钠盐”奠定坚实基础。2011年10月，在保证普通加碘食盐销售的前提下“低钠盐”正式上市推广，取得良好的社会效果。

【企业管理】 坚持以科学发展观为指导，以“调结构、转变经济发展方式”为主线，提升企业管理水平和运营能力。继续实施绩效考核制度，加强企业财务管理；健全人事管理机制，逐步建立市场化的人力资源管理制度，有效转换内部运行机制；加强人员培训，提高员工整体素质，有计划地开展各种形势的培训工作；推进信息化建设，延伸系统管理功能，有效提升业务运作效率；搞好基础设施建设，改善企业经营条件；加强企业文化和精神文明建设，开展群众性文体活动为载体，开展以“团结奋进、积极向上”为主题的户外拓展活动和韶关盐业第一届体育运动会；落实“三重一大”制度为重点，加强党内监督，贯彻民主集中制，实现企业管理、党风廉政、领导班子、经营团队和企业文化建设的同步推进；履行市委、市政府下达盐务局21户贫困家庭的帮扶任务，加大对贫困户的帮扶工作力度，投入11.3万元发展种养项目，1.15万元慰问金；贯彻落实领导干部“一岗双责”制度，抓好综合治理，维护安全稳定。（吴四新）

附：领导班子成员名单

书记、局长、总经理：谭红卫

副局长、副总经理：欧志辉

黄锦瑜

对外贸易

【概况】 韶关市对外贸易经济合作局，为市人民政府工作部门。内设10个科室机构，分别为办公室、规划法规科、招商科、外资科、对外贸易发展科、机电产品进出口科、对外经济合作科、口岸办公室、开发区管理科、人事科（监察室）、局机关行政编制49名。其中：局长1名、副局长3名；正科级领导职数10名、副科级领导职数12名。后勤服务人员数5名。

2011年全市对外贸易呈现平稳增长态势，实现外贸进出口总值17.78亿美元，比2010年同期（下同）增长13.17%；其中出口7.2亿美元、增长9.54%，进口10.56亿美元、增长15.79%。2011年韶关外经贸工作受到省政府通报表彰，共获得5项嘉奖，其中口岸大通关建设获二等奖，吸收外商直接投资、吸收世界500强和境外大型企业投资、加工贸易转型升级、一般贸易出口分别获得三等奖。首次被海关总署主办的《中国海关》杂志评为“2010~2011”年中国外贸100强城市。

【进出口贸易方式结构】 2011年，全市一般贸易出口3.27亿美元，同比增长3.52%，占全市出口总值的45.3%；加工贸易出口3.95亿美元，同比增长15.1%，占出口总值的54.7%。一般贸易进口8.87亿美元，同比增长10.55%，占全市进口总值的84%；加工贸易进口1.4亿元美元，同比增长37.3%。

【进出口主体结构】 全市有外贸经营权的企业402家，有进出口实绩企业135家。“三资”企业出口4.76亿美元，增长14.48%，占全市出口总值的65.9%；私营企业出口1.37亿美元，同比增长4.91%，占全市出口总值的19%；国有企业出口9181万美元，同比下降4.77%；集体企业出口1734万美元，同比增长5.41%。有3个县、市、区（含韶关工业园区）出口超1亿美元，其中广东韶关工业园区出口1.38亿美元，同比下降9.98%；曲江区出口1.36亿美元，增长15.26%；始兴县出口1.26亿美元，增长15.85%。出口超500万美元企业33家，其中超1000万美元企业24家。出口金额排全市前五的企业分别是：至卓飞高线路版（曲江）有限公司、韶关旭日国际有限公司、广东省韶铸集团有限公司、万达工业（始兴）有限公司、三协电子（韶关）有限公司。国有企业进口7.3亿美元，同比增长1.09%，占全市进口总值的69.2%；“三资”企业进口2.1亿美元，同比增长67.46%，占全市进口总值的19.7%；私营企业进口1.2亿美元，同比增长80.23%，占全市进口总值的11.7%。

【进出口商品结构】 2011年，全市机电产品出口3.25亿美元，增长33.24%，占全市出口总值的45%；高新技术产品出口1.06亿美元，同比增长6.81%；玩具出口1.4亿美元，同比增长10.18%；印刷电路出口9248万美元，同比增长5.87%；钢材出口3.09万吨，价值2529万美元，同比下降48.85%；铝材出口5117.56吨，价值3663万美元，同比增长1.5%；汽车零件出口4926万美元，同比增长74.74%；电动机及其发电机出口5054万美元，增长48.25%；纺织纱线、织物及制品出口2725万美元，同比下降20.02%；服装及衣着附件出口2262万美元，同比增加72.54%。进口商品中，铁矿砂进口411万吨，同比下降20.59%，价值6.77亿美元，同比下降0.21%，占同期进口总值的64.1%；机电产品进口1.49亿美元，同比增长96.69%；煤炭进口38.3万吨，同比增加38.72%，价值4921万美元，同比增长46.85%；初级形状塑料进口1.53万吨，价值2677万美元，同比下降11.21%；高新技术产品进口7303万美元，同比增长285.18%。

【进出口市场结构】 从澳大利亚进口3.5亿美元，同比增长3.1%，占全市进口总值的33.29%；对美国出口1.48亿美元，同比增长18.94%；从巴西进口1.19亿美元，同比下降35.96%；对欧盟出口9978万美元，同比增长22.28%；对日本出口3158万美元，同比增长26.32%。

【狠抓目标任务落实】 2011年，市政府首次与各县（市、区）政府和重点外贸企业签订外经贸目标责任书，加强对外经贸的谋划引导和评价考核。组织召开三次全市性的外经贸专题会议，对工作任务进行动员部署和推进落实。将省下达韶关市的外经贸目标任务分解到区域、落实到重点企业，建立任务倒逼机制，每月检查通报，一级抓一级、层层抓落实。牵头制定《韶关市外经贸局2011年工作要点实施细化表》，继续推行局领导挂点联系县（市、区）外经贸、重点外经贸企业、重点园区制度，密切与县市区和企业的互动联系，形成上下抓工作、干事业、谋发展的合力。

【推动进出口保稳提质】 密切与企业的沟通联系，及时掌握企业进出口动态，加强分类指导和政策宣传，帮助企业用足用好外贸扶持政策。争取市财政设立外贸扶持专项资金，加大对自主品牌产品、创新型企业的扶持力度。加强政策宣传和业务指导，全年共举办外经贸政策业务培训班、宣讲会6场次，为企业争取上级扶持资金1500多万元。

【加快贸易转型升级】 推动加工贸易加快转型升级，联合韶关海关制订加工贸易三方联网监管平台的实施方案，引导规模企业扩大自主品牌产品出口，鼓励企业设立研发、营销机构，支持优势企业扩大内销份额。2011年，以委托设计和自主品牌方式出口占加工贸易出口总额的33%；从事加工贸易的外商投资企业内销总额11.3亿元，同比增长10%。

【支持企业“走出去”】 组织企业开拓国际市场，引导企业巩固传统市场、开拓新兴市场、挖掘空白市场。组织80多家企业开拓国际市场10场次，帮助企业进一步开拓国际市场，提高韶关产品的国际知名度，促进外贸进出口平稳增长。

【强化对企业的协调服务】 进一步强化“亲商、安商、稳商”意识，定期跟踪问候、定期上门服务、定期听取意见，做好外商投资企业在审批、建设、开业投产等环节的各项服务工作，有效加快项目建设进度。与此同时，在政策支持、项目审批、设备进口等方面加强与财政、工商、海关、检验检疫、国税、国土、环保、规划等部门沟通协调合作，为企业提供优质服务。

2011年韶关市外贸进出口情况表

表17-1　　金额单位：万美元

指　标	金　额（万美元）	比上年同期±%
进出口总额	177827	13.17
一、出口总额	72231	9.54

续表 17-1

指　标	金　额（万美元）	比上年同期±%
1.按主要贸易方式分		
一般贸易	32710	3.52
来料加工	11820	-13.39
进料加工	27697	33.84
2.按主要经济类型分		
国有企业	9181	-4.77
“三资”企业	47584	14.48
集体企业	1734	5.41
私营企业	13732	4.91
3.按主要国家（地区）分		
日　本	3158	26.32
美　国	14759	18.95
欧　盟	9978	22.28
4.按主要商品分		
机电产品	32521	33.24
高新技术产品	10613	6.81
服　装	2262	72.54
鞋　类	2	0
塑料制品	995	26.59
玩　具	14361	10.18
二、进口总额	105596	15.79
1.按主要贸易方式分		
一般贸易	88737	10.55
来料加工	4379	0.25
进料加工	9842	64.25
2.按主要经济类型分		
国有企业	73047	1.09
“三资”企业	20752	67.46
私营企业	11798	80.23
3.按主要国家（地区）分		
日　本	2632	-40.03
美　国	1639	210.42
欧　盟	15155	278.97
4.按主要商品分		
机电产品	7303	285.18
高新技术产品	14911	96.69

吸收外资

【概况】 2011 年，全市合同吸收外商直接投资金额 3.43 亿美元，同比增长33.12%；实际吸收外商直接投资累计金额 2.38 亿美元，同比增长 12.03%；新批外商直接投资项目 64 个，同比增加 52.38%。合同吸收外资金额 2.07 亿美元，同比下降 8.03%，占全市合同吸收外资总量的 60.26%；实际吸收外资金额 2.08 亿美元，同比增长 17.79%，占全市实际吸收外资总量的 87.52%。新批日本国外商投资项目1个，合同吸收外资金额1979万美元，实际吸收外资金额2086万美元。制造业引资仍占主导地位，全市新批外商投资制造业项目22个，同比增长10%，合同外资金额1.37亿美元，占全市合同外资的40.08%，实际吸收外资金额2.17亿美元，占全市实际吸收外资金额的91.02%。涉外企业税收占全市国税税收将近10%；韶关海关税收入库9.1亿元，同比增长19.95%，税款入库额排在广州关区山区海关首位。

【大项目产业带动效应显著】 2011年，外资项目质量迅速提升。新批（含增资和股权转让）投资额500万美元以上的项目20个，项目投资总额4.43亿美元，增长25.85%。全市共引进投资额超1000万美元的外资项目14个。引进支持发展类和重点支持类优质项目72个，投资总额268.5亿元，其中超5亿元项目12个。

【开展质量招商】 市政府出台《关于提高我市招商引资工作质量的指导意见》，使全市招商项目有规范统一的评价指标体系。按照质量招商要求，组织力量对全市引进的优招商质项目进行统计分析，形成报告报送市委、市政府。在招商人员中树立质量招商观念，通过举办全市质量招商培训班，提高全市上下坚持走质量招商之路的自觉性。

【加工贸易转型升级】 组织企业参加广东省外商投资企业产品（内销）博览会，用足、用好省出台的有关内销鼓励措施，推动企业开拓内销市场。2011年，为韶关东南轴承有限公司等23家企业申报“省加工贸易转型升级专项资金”，申报资金总额超过100万元，力促韶关市加工贸易转型升级。全市加工贸易投资企业内销金额11.3亿元，同比增长10%；增值税纳税额883.3万元，同比下降16.1%。全市规模以上外资工业增加值39.99亿元，同比增长11.7%，占全市规模以上工业增加值的16.45%。

【狠抓重点产业招商】 立足现有支柱产业基础优势，做好产业规划，明晰产业发展方向，制定产业招商方案，鼓励和引导加工贸易企业延长产业链条，逐步向产业链高端发展。鼓励条件成熟的企业加快从加工制造为主向研发设计、品牌营销、物流配送相结合转型，提高全市加工贸易技术转移水平和外溢效应。围绕特色资源、优势产业开展一系列卓有成效的招商活动，累计完成签约项目33个，投资总额5.3亿美元。2011年韶关市乳源东阳光磁性材料有限公司等两家加工贸易企业商标获得广东省著名商标；东阳光磁性材料有限公司生产的“HPC”牌软磁铁氧体材料产品获得广东省名牌产品（工业类）；引进母公司品牌2个；至卓飞高（线路板）等5家企业创建非法人研发机构。

【提高招商成效】 建立重点项目服务责任制，按照分类层级管理办法，抓好在谈、签约、在建项目的分类协调服务，靠前指导，全程服务，加快解决企业在增资扩产和项目落户过程中遇到的困难和问题,确保至卓飞高线路板（曲江）有限公司、韶关西格玛技术有限公司等大项目顺利入资。

【优化外贸结构】 突出做好外贸政策宣传和业务引导，加大对外贸企业的扶持力度，壮大外贸经营主体，激活企业发展潜力。优化加工贸易经营环境，加强外贸运行监测分析，做好外贸公平信息预警工作，及时发布预警信息，指导企业主动做好防范工作。支持大型企业和具有较高技术含量的技术设备、关键料件、急需原材料的进口，推动进口与出口的有机结合、协调发展。

2011年韶关市吸收外商直接投资情况表

表17-2　　单位：万美元

序号	地方名称	实际吸收外资		新批项目个数		合同吸收外资	
		本年数	同比±%	本年数	同比±%	本年数	同比±%
全市合计		23790	12.03	64	52.38	34303	33.12
1	广东韶关工业园	3579	6.87	2	-50.00	4480	-32.49
2	浈江区	2063	-9.91	10	400	3000	-60.75

续表 17-2

序号	地方名称	实际吸收外资		新批项目个数		合同吸收外资	
		本年数	同比±%	本年数	同比±%	本年数	同比±%
3	曲江区	2055	25.92	3	-25.00	2986	41.72
4	武江区	2051	14.65	4	300	2988	4568.75
5	南雄市	2050	13.70	4	-55.56	2993	89.19
6	翁源县	2046	14.24	9	800	2991	211.89
7	乳源瑶族自治县	2035	13.06	5	66.67	3602	4.56
8	新丰县	2033	22.84	2	100	3310	33.20
9	始兴县	2023	19.00	12	71.43	2989	36.92
10	乐昌市	2023	23.96	5	25.00	2985	640.69
11	仁化县	1832	2.06	8	33.33	1979	314.88

对外经济合作

【加强对外经济合作】 健全对外投资服务促进机制，开展重点企业、重点项目帮扶指导服务，组织有意愿、有条件的企业赴境外开展投资考察。加强与重点投资国家和地区交流与协作，为企业“走出去”创造良好平台。鼓励有条件、有实力的企业建立跨国生产体系，增强企业跨国经营能力。及时掌握“走出去”企业情况，做好境外投资企业的统计工作，举办全市境外投资企业统计培训班，效果显著。

对外招商

【举办韶关与外国驻穗机构联谊交流会】 5月24日上午，由韶关市政府、省人民政府外事办公室、省对外贸易经济合作厅联合主办的“韶关市与外国驻穗机构联谊交流会”在广州举行。巴基斯坦、波兰、韩国等24国驻穗总领事，以及美国、英国、德国等国驻穗商务、金融、新闻机构负责人或代表70多人应邀出席活动。本次交流会旨在扩大韶关市对世界500强和大型外资企业的招商引资力度，加强与外国驻穗领事、商务、金融和新闻机构的交流与合作。

【举办韶关市化工产业招商推介会】 6月14日上午，市外经贸局联合深圳龙岗区平湖民营工业协会在龙岗平湖举行韶关市化工产业招商推介会。市外经贸局、南雄精细化工基地和翁源华彩涂料负责人出席推介会并作投资环境推介，来自深圳化工、电子、新材料等行业企业的代表40多人应邀出席活动。参会客商对韶关市的产业定位、丰富的资源要素、巨大的发展潜力表现出浓厚兴趣，客商们表示愿意组团到韶关实地考察，寻求合作的商机。

【参加第三届广东省外商投资企业（内销）博览会】 6月15日~18日第三届广东省外商投资企业（内销）博览会（简称外博会）在东莞市厚街召开。韶关市外经贸局组织韶关福同彩印有限公司等14家外商投资企业参加此次博览会。在展会期间，全市参展企业与采购商签订1.5亿元内销合同（意向），收获颇丰。

【参加粤港经贸交流会】 7月7日~8日，由省政府和香港特区政府联合主办的“2011年粤港经济技术贸易合作交流会”在香港会展中心举行，市委常委、副市长陈秋彦率韶关市代表分团参加本次交流会，市直有关单位、各县（市、区）组成招商小分队也随团参加此次经贸交流活动。活动期间全市共签约项目9个，总投资1.62亿美元，项目平均投资额达到1800万美元，涵盖服务业、食品、新能源、机械、化工等行业。

【参加2011年粤澳名优商品展销会】 7月28日至31日，由广东省外经贸厅与澳门贸易投资促进局联合举办的“2011年粤澳名优商品展销会”在澳门渔人码头会议展览中心举行。市外经贸局组织广东省金友集团有限公司、韶关市盈创贸易有限公司、韶关市金象源贸易有限公司等企业参展。全市参展企业共展出农产品、食品、日用品等多个行业产品，受到采购商和顾客的广泛欢迎，并签订一系列成交意向，韶关市参展企业表示将通过此展会更好地开拓澳门和葡语国家市场。

【参加第十五届中国国际投资贸易洽谈会】 9月7日至10日，由商务部主办的第十五届中国国际投资贸易洽谈会在厦门隆重举行，本届投洽会共设置3200个国际标准展位，吸引意大利、韩国、德国、澳大利亚等62个国家和地区的参展商，10个国际组织、636个境外机构组团参会。市外经贸局组织乐昌、南雄、乳源等外经贸主管部门的招商人员，以及远大机械集团有限公司、韶关蓝威消毒药业有限公司等企业参会，进一步宣传韶关、加强与世界各地投资贸易促进机构的交流和沟通，对拓宽韶关市招商引资渠道起到积极的作用。

【参加2011粤港—波兰经济技术贸易合作交流会】 10月27日，由市委副书记、市长艾学峰，市委常委、副市长陈秋彦率领的韶关市代表团参加在波兰首都华沙举行的“2011粤港—波兰经济技术贸易合作交流会”，洽谈会期间，全市共达成投资意向项目5个，投资总额1.13亿美元；签订进出口贸易订单5000万美元，其中对波兰进出口贸易成交500万美元。

【参加香港国际中小企博览会】 12月1至3日，由香港贸易发展局举办的国际中小企博览会在香港会展中心隆重举行。韶关市组成的招商小分队应邀参加本次博览会。并与香港贸易发展局广州代表就加强双方今后在经贸发展领域合作和韶关市招商引资工作进行交流。活动期间，韶关市小分队积极宣传推介韶关，主动结交朋友，并派发宣传资料，结识一批新朋友，巩固老客户，有效地宣传推介韶关，达到广交朋友、广寻商机、跟踪落实项目，树立韶关良好形象的目的。

【参加第二届世界客商大会】 12月5日，第二届世界客商大会在梅州市举行，市外经贸局组织15人的代表团参加了大会。本届客商大会韶关市共有7个内资项目签约，投资总额达5.1亿元，其中上台签约项目2个，投资总额2.2亿元，分别是广东康绿宝化工科技发展有限公司投资的南雄科技园项目（总投资1.2亿元）和天恩亚太实业（新丰）有限公司、恩平市兴帮陶瓷有限公司联合投资的新丰兴帮建陶项目。（李　梅）

附：领导班子成员名单

局　长：王克勇

副局长：陈早霞（~2011.11）
　　　　李英明　李季平

财政·金融·保险

财　政

【概况】　2011年，韶关市财政局机关行政编制85名，局领导8名，韶关市财政局机关内设19个科室：办公室、法规税政科、预算科、地方债务管理科（市世界银行贷款业务办公室）、国库科、综合科、行政政法科（市统发公资办公室）、教科文科、工贸发展科、农业科、经济建设科、社会保障科、外经金融科、会计科、绩效评价科、监督检查办公室、人事科、监察室、资产管理科。年内，对部分科室进行调整。一是地方债务管理科与市世界银行贷款业务办公室合署办公，行政政法科与市统发公资办公室合署办公。二是资产管理科职能由市公共资产管理中心承担。有12个下（直）属单位，它们是：韶关市财政局韶关工业园区财政分局、韶关市公共资产管理中心、韶关市财政局国库支付中心、韶关市政府采购管理办公室、韶关市财政局票据监管中心、韶关市产权交易中心、韶关市财政数据中心、韶关市注册会计师管理办公室、韶关市财政局投资评审中心、广东省会计函授职业技术学校韶关市辅导站、韶关市韶财服务中心、韶关市契税征收管理中心（2011年6月被撤销、职能被划转）。

2011年，财政工作以转变经济发展方式、加快转型升级为主线，围绕“坚持走生态文明发展道路，推动经济社会跨越发展，建设幸福美好韶关”的核心目标，坚持“生财有道、聚财有方、理财有规、用财有效”和集中财力办大事的理财理念，着力保发展、促改革、惠民生、提绩效，促进经济社会又好又快发展，财税收入平稳增长，各项民生实事等重点支出得到较好保障，完成市十二届人大六次会议通过的财政预算。

【着力收入征管】　财政收入总量实现平稳增长。来源于全市的财政总收入完成162.07亿元，同比增长13.09%。全市上划中央收入完成57.37亿元，同比增长15.52%；上划中央“两税”收入完成47.4亿元，同比增长14.6%，省市共享“四税”收入完成11.79亿元，同比增长12.03%，上划中、省收入均完成全年考核任务。地方财政收入达到既定目标。全市地方一般预算收入53.91亿元，同比增长19.14%，完成年初代编预算的104.15%，其中，税收收入完成37.25亿元，同比增长15.71%。县级财政收入实现较快增长。县级一般预算收入30.79亿元，同比增长25.7%，占全市一般预算收入比重达到57.11%，其中仁化突破4亿元，南雄突破3亿元，始兴、翁源突破2亿元。

【保障重点支出】　建立健全公共财政体系，优化财政支出结构，确保财政资金在“保运作”基础上着力向基层倾斜、向农村倾斜、向弱势群体倾斜，2011年全市一般预算支出128.56亿元，同比增长28.25%，完成年初代编预算的163.77%。其中教育支出24.04亿元，同比增长28.88%，社会保障与就业支出15.39亿元，同比增长23.75%，医疗卫生支出13.04亿元，同比增长61.13%，农林水支出14.16亿元，同比增长37.92%，住房保障支出5.74亿元，同比增长511.84%。

【争取资金促发展】　2011年，市财政会同有关部门争取上级财政资金突破70亿元，达到74.8亿元，其中：中央和省扩大内需项目资金3.3亿元，中央资源枯竭城市转移支付补助资金3.15亿元，省县级基本财力保障机制奖补资金2.62亿元，省企业养老调剂金2.73亿元，省地方政府债券转贷资金1.5亿元，省专业性产业转移工业园建设竞争性扶持资金2亿元，中央和省各类棚户区改造资金1.9亿元，中央和省大南华、大南岭项目建设资金各1000万元，促进全市经济社会发展。为从根本上解决卷烟消费税改革对韶市财政收入的不利影响，争取省的卷烟税收“共享发展、比例分成”政策，确保韶关市支柱税源的稳定增长。

【力促转型升级】 一是以转变经济发展方式为重点，推进产业园区建设，支持先进制造业、现代服务业向高端产业发展，重点安排好国有企业改革专项资金、现代产业发展引导资金等共1亿元，引导主导产业向产业链高端延伸。支持广东省装备制造业基地建设，扶持战略性新兴产业。二是以实施“双转移”战略为核心，加大财政扶持力度，安排园区建设资金1.86亿元，发挥省产业转移竞争性扶持资金的杠杆效应，推进现代产业体系建设，加快产业转移工业园区基础设施建设，破解企业难题。落实优惠政策，引导企业入园。通过增值税转型政策，支持企业技改资金达2.6亿元。三是以打造粤北区域中心城市为目标，安排城市建设资金2.8亿元，创新投融资模式，支持城市基础设施建设，多渠道筹资扶持芙蓉新区开发，引进恒大地产等企业进驻新区，拉大城市框架，增强城市吸引力。四是以扩大内需战略为落脚点，争取中央和省扩大内需项目资金3.3亿元。贯彻落实“家电下乡”、“摩托车下乡”、“家电以旧换新”等优惠政策措施，及时审核拨付各项补贴资金4637万元，适时制定调整收入分配政策，增加社会成员收入，促进消费。五是发挥财政资金作用，安排资金700多万元，促进外贸出口和吸收外资，推进口岸建设与粤北国际物流中心建设，促进外经贸调整扩大出口、转型升级、开拓新兴市场等。落实各项招商引资优惠政策措施，增强吸引外资能力，促进招商引资工作质量的提高。

【确保财政收入持续稳定增长】 一是支持扩大固定资产投资项目建设，加快重点项目建设步伐，尤其是教育、城乡水利、公路交通、防灾减灾工程等基础设施建设，拉动经济有效增长。二是抓好重点税源企业跟踪服务，帮助解决企业困难，促进生产发展，确保财政稳定增收。贯彻落实市政府制定的《关于加快总部经济发展的意见》，为全市经济持续稳定发展提供保障。三是支持以旅游业为龙头的第三产业发展。拨付资金2300多万元，支持举办2011年广东国际旅游文化节韶关主会场活动；安排旅游发展专项资金1900万元着力实施旅游开发，建设绿道工程，促进旅游产业加快发展；落实有关政策，促进全市房地产业、商旅服务业的繁荣，有效促进全市第三产业的发展。四是完善财政增收激励机制，调动起县（市、区）抓收入的积极性和主动性，有效促进县域财政加快发展。

【加强收入征管入库】 一是完善征管体系，落实财税联席会议制度，建立健全多部门联动机制，提高财税收入分析、预测、监控能力和财税征管科学化水平。二是建立健全分管局领导及科室挂点联系县（市、区）工作，及时了解收入进展情况，提出财政增收工作的建议和意见。三是加强全市财政系统信息化建设，深化“收支两条线”管理，完善考核机制和绩效评价制度，规范非税收入监管。四是拓宽资产性收益，做活做好矿产资源、土地资源以及国有资产经营性的收益三篇文章，引导社会资金，整合公共资源，推动政府资源市场化运作，有效增加政府收益。

【保障民生支出】 优化支出结构，加快社会事业发展，严格控制一般性支出，坚持把保障和改善民生作为公共财政的优先方向，稳步推进全市基本公共服务均等化的各项目标任务。建立健全县级基本财力保障机制，2011年各项转移支付和配套补助资金达6亿多元，促进区域经济社会事业协调发展。加大教育投入，推进教育创强工作，重点支持农村中小学改善办学条件，支持韶关市中等职业技术学校建设，加大对学前教育的投入，促进教育事业均衡发展。落实和完善城乡义务教育经费保障机制，推进公共教育均等化的实施。加大社会保障资金投入，支持建立基本生活保障、失业保险和城镇居民最低生活保障等为主的社会保障体系。稳步推进农村养老保险扩大覆盖面，继续提高农村合作医疗报销比例，不断深化医药卫生体制改革工作，农村合作医疗人均补助标准由上年的120元提高到200元。加大对生态文明建设支持力度，推进资源节约型、环境友好型社会建设，提高生态文明建设水平，投入1.4亿元用于节能环保，筹集3300多万元支持创建全国文明城市活动。加大“三农”扶持力度，力促农业增效和农民增收。落实加快韶关水利改革发展的意见，财政新增财力有针对性的向水利、农业、农村等倾斜，支持现代农业生产和农业综合开发，拨付种粮直补、综合直补等资金2.04亿元，落实成品油价格补贴资金7461万元。拨付专项资金3200万元推进扶贫开发“双到”工作，设立贫困户发展生产专项小额贷款担保基金，促进扶贫工作的顺利开展。多渠道筹集资金2.6亿元，较好地落实韶南大道改造、自然村公路硬化、更新公交车等政府承诺为民办实事工作。多渠道筹集曲仁棚户区保障性住房建设资金，加快棚户区建设进程。

【加强财政事业精细化管理】 加强财政基础工作，推进基层建设，构建管理规范、约束有力、讲求效益、适应社会主义市场经济发展的财政管理新机制。一是核定体制改革返还基数，拟定有关办法，规范财政业务。二是推进财务核算信息一体化建设。市本级以及翁源、新丰、武江、乳源等县（区）实现财务核算一体化，提高工作效率。三是加强绩效评价工作，对6个重点项目和14个自评项目开展评价，完成基本公共服务均等化绩效考评各项工作。四是做好市级预算单位零余额账户结算工作。已为245个单位开设账户，将国库集中支付范围扩大至非部门预算单位和中省级预算单位。五是深化公务卡结算改革。除市本级外，武江、曲江、仁化等已全面开展公务卡使用工作，其他县区正筹备开展。六是加强票据管理，实现财政票据的印制计划、入(出)库、核销、缴库等各环节与省中心的全面同步管理，草拟《韶关市委托银行代收款财政票据管理办法》。七是抓好财政专户管理。全市各级财政部门对照专户清理整顿的8个方面37项内容，从专户开设、使用、撤销和归并，以及资金支付管理的关键环节和风险点进行自查，整改，确保资金安全管理。八是加强对政府采购精细化管理，开展采购执行情况专项检查和公务用车定点维修服务的监管等。九是完善政府信息公开与网络问政工作，制定财政信息公开相关制度，全年公开财政信息877条。做好网络问政工作，全年网上答复94条。

【加强队伍建设】 以构建惩治和预防腐败体系为重点，造就政治坚定、业务过硬、作风优良的财政干部队伍。加强政治理论学习，学习中央、省、市全会和“两会”精神，制定党组中心组理论学习计划，做好副处以上网络教育培训工作。组织全市财政系统正科级以上领导干部开展“公共财政业务培训”，组织财政干部参加市委党校“加强和创新社会管理培训”等各类专题讲座，提升财政干部专业技能和综合素质。以纪念建党90周年活动为契机，开展创先争优和纪律教育月等活动，加强党的建设，贯彻落实党风廉政责任制和“五个一”制度。加强权力运行监督和制约。做好干部的录用、选拔和调配工作，完成事业单位岗位设置和人员聘用工作。

2011年，韶关市财政局荣获“广东省2006~2010年度法制宣传教育先进集体”、“韶关市2009~2011年度先进基层党组织”、“韶关市2006~2010年度依法治市工作先进单位”、“韶关市2009~2010年度社会治安综合治理工作优秀单位”，韶关市财政局、仁化县财政局、乳源县财政局、始兴县财政局荣获“广东省财政法制宣传教育先进集体”等荣誉称号，曲江区财政局荣获“广东省农村财会人员财政支农政策培训工作先进单位”，韶关市财政局国库支付中心荣获广东省“青年文明号”，此外全市财政系统还有10余人次被省、市评为先进个人。

（刘礼清　杨文乐）

附：领导班子成员名单

局　长：林　嘉

党组副书记、调研员：何新云

副局长：潘　穗（~2011.10）

　　　　胡敏倩　谢运洪

　　　　胡列峰

纪检组长：陈树川

总会计师：肖少康

国　税

【概况】 韶关市国家税务局成立于1994年9月28日，是韶关市主管国家税收工作的职能部门，主要职能是贯彻执行国家各项税收法律法规，结合本地实际拟定具体的实施办法，组织各项国家税收收入，并对税收政策执行情况进行监督检查，促进本地经济发展。局机关内设13个行政科室，4个直属单位，3个事业单位。下辖10个县（市、区）局。全系统现有干部职工1,047人，其中全系统大专以上学历在职人员达到91%。

2011年，市国税局以科学发展观为指导，贯彻市委、市政府和省局的工作部署，按照“加强六项建设，提升六种能力”的目标，不断强化协作和责任意识，较好地完成省局和市委、政府下达的各项工作任务，市局机关被中央文明办授予“全国文明单位”称号，被省国税局评为2010年度信息报送先进单位、税收宣传月优秀组织单位，被评为2006~2010年韶关市法制宣传教育先进集体，连续两年被评为韶关市绩效考评优秀单位。市局机关党委被韶关市直属工委评为“先进基层党组织”，市局直属税务分局党支部被评为“十佳党支部”。市国税系统在全市民主评议政风行风活动排名第一。

【税收收入突破70亿元】 市国税系统共完成税收收入73.74亿元，比上年增长14.1%，增收9.10亿元，税收收入跃升新台阶，一举突破70亿元大关。其中：国税部门组织国内税收收入64.7亿元，比上年增长13.3%，增收7.61亿元，完成省局下达韶关市年度税收计划61亿元的106.1%，比计划超收3.7亿元；海关代征税收收入9.04亿元，比上年增长19.7%，增收1.49亿元。另外，共办理出口退（免）税4.55亿元，比上年增长15.2%，增加退（免）税6000万元。从各考核单位的税收情况看，除曲江区局外，全市其他11个考核单位全部实现增收，其中：乐昌、翁源、乳源和新丰等4个单位增长幅度超过20%，同比分别增长34.7%、34.7%、21.5%和20.3%，其余实现增收的单位，增幅分布在3.8%~19.3%之间。

【税收收入同比增（减）幅高开低走】 2011年，各月份税收收入呈跌宕起伏的格局分布，除12月收入达9.06亿元外，其余月份收入均在4.29亿~6.73亿元间浮动；从同比增（减）幅情况来看：首月税收以87.5%高增幅开局，次月大幅下滑73个百分点至14.5%，3月-5.5%的减幅成为全年谷底，在随后的9个月里面，税收增（减）幅介于最低-3.0%至最高28.8%的区间内成“M”形震荡。

【国内税收各主要税种收入保持增长】 从全年国内税收完成情况看：除个人存款利息所得税因政策性免征翘尾影响而出现减收外，消费税、企业所得税和车辆购置税的增长速度较快，同比增幅分别为26.6%、19.7%和11.6%，而增值税则以6.5个百分点实现平稳增长。

【海关代征税收再创历史新高】 从海关代征税收的完成情况看，受进口原材料价格高企、全市部分企业对其需求不减所影响，2011年海关代征税收入库再次突破历史同期高位至9.04亿元，同比增长19.7个百分点；受海关代征税收的高企影响，作为国内税收主体税种的增值税同比仅增长6.5%，国内税收的增长备受影响。

【各预算级次的收入增长不均衡】 从分预算级次的入库情况来看：2011年，全市中央级收入62.45亿元，比上年增长15.2%，增收8.22亿元（如果剔除海关代征税收，则比上年同期增长14.4%）；全市省级收入1.28亿元，比上年同期增长147.6%，增收7614万元；全市市县级收入10.02亿元，仅比上年同期增长1.2%，增收1174万元，其中市本级收入4亿元，比上年同期下降5.6%，减收2367万元。

【房地产行业企业所得税保持较快增长】 市国税房地产行业的企业所得税实现入库1.25亿元，同比增长82.1%，增收5620万元，对全市国税企业所得税增收贡献率达到61.8%。其中：韶关市范围内的三个碧桂园房地产开发项目（分别位于浈江区、武江区和乐昌市），全年累计入库企业所得税7283万元，同比增长141.1%，增收4262万元。

【电力行业税收有所下滑】 受2011年全市降雨量减少影响，水力发电环节税收大幅减少，1~11月,全市水电累计发电18.58亿千瓦时，累计同比下降17.7%，水电环节入库增值税同比减收7,499万元，下降23.5%。

【新财政体制的实施影响国税地方库收入增长】 从分预算级次的入库情况看，由于分成比例的调整，国税省级库收入出现大幅增长147.6%，而国税市县级库收入增幅仅为1.2%，市本级库的收入则是下滑5.6%。如按旧体制执行，则市县级和市本级增长应分别为7.8%和3.4%。

【强化税收征管】 市国税局抓好重点税源的监控和管理，将446户企业纳入全市重点税源监控，重点加大对韶钢、韶烟、韶冶、凡口矿等企业的税收管理，确保税款及时足额入库。2011年，全市重点税源监控企业入库国内“两税”48.18亿元，占同期全市国税国内“两税”总量的84.3%。做好走逃、失踪、非正常户纳税人欠税公告工作。抓好税款的征收入库，加大催报催缴工作力度，采取有效措施进行清欠。加强反避税管理，顺利办结一宗反避税案件，共计调增税额233万元。做好税源专业化管理试点工作，选定乐昌的水泥企业为试点行业，在原属地管理不变的基础上试行水泥企业的税源专业化管理。加强车购税征收管理，建立分类管理和监督检查制度，2011年，共征收各类应税车辆17909台，税款1.46亿元，同比增长14%。

【开展税收宣传】 围绕“税收·发展·民生”的主题，制定税收宣传方案，精心策划组织开展第20个税收宣传月活动。联合韶关市六家大型企业共同举办“税企同心”文艺晚会，向1100多名市民展现国税人积极向上的精神风貌和税收宣传20年的累累硕果；连续15年在全市范围内评选模范纳税户，打造税收宣传品牌；继续在市区年纳税100万元以上的纳税人中聘请68名兼职税收宣传员，并建立兼职税收宣传员QQ群，建立起实时的交流反馈机制；联合市地税局制作1万个印有税宣标语及税务网站的环保购物袋，在全市各办税服务厅和大型超市向纳税人发放，既方便纳税人，又收到良好的宣传效果。

【加强税务稽查力度】 对广告业、资本交易项目及办理电子、服装类产品出口退（免）税企业等行业进行税收专项检查。全年共组织检查企业186户，查补收入3046万元。打击发票违法犯罪活动，协助公安部门打掉发票制假窝点1个，立案查处制售假发票案件3宗，抓获发票违法犯罪嫌疑人3人，缴获假发票1.91万份，收缴假印章120枚；加大力度打击使用虚假发票的“买方市场”，查处违法受票企业58户，涉及非法发票3593份，查补税款170万元，罚款和滞纳金80万元，移送公安经侦部门2宗。

【优化办税服务】 顺利上线国税系统“12366”纳税服务热线，为纳税人咨询投诉增加新的渠道。稳步推进办税服务厅标准化建设，完成市局车购税征收管理分局、翁源县局等6个单位办税服务厅的更新改建工作，为纳税人办税提供更便捷的通道。推行办税公开，实行“阳光办税”，保障纳税人合法权益。2011年，对3个基层税务机关在征管和服务过程中是否维护纳税人14项权利进行检查，没有发现侵权行为。

【推进信息化建设】 继续做好CTAIS系统、金税工程和其他应用系统的日常运维工作。做好新系统推广应用技术支持和在用系统的升级工作，在全市范围内推广CA数字证书与行为审计系统，规范全市国税干部对内外网的访问，确保用户网上行为的可审计性；加强数据管理，统一数据口径，确保工作中各类数据查询统计指标口径的规范和一致；做好普通发票网上验旧系统的测试、试点运行和推广应用工作。做好全市网络系统和设备的安全保障，加强对全市网络系统和国税门户网站的监控，确保各信息系统的安全高效运作，提高信息化建设水平。做好信息共享工作，加强与地税、工商、银行等部门涉税信息的采集与交换。

（司德宝）

附：领导班子成员名单

局长、党组书记：曹政生

党组副书记、副局长：

林振龙（2011.7~）

副局长：黄永财　赖建平

朱戴伟（2011.6~）

纪检组长：郭俊明

总会计师：朱戴伟（~2011.6）

总经济师：高　海

地　税

【概况】 韶关市地方税务局局机关内设科室11个、直属行政单位4个，事业单位2个，其中稽查局内设科室6个；曲江区局、7个县（市）局局机关内设股室48个，直属行政单位8个，基层税务分局36个。2011年，韶关市地税局被广东省地税局评为“团结、廉洁、开拓”好班子。全市各级次、各县(区)、主体税种和重点行业等税收收入及社保费等8项费金收入均实现全面增长，收入规模进一步壮大，税费总量突破80亿元大关，达85亿元，同比增收13.5亿元，增长18.8%。其中税收收入41.8亿元，同比增收5.4亿元，增长14.9%（按省局考核口径的税收收入为40亿元，同比增收5.1亿元，增长14.5%，完成年度计划的105.1%)；社保费收入32.9亿元，同比增长15.9%，增收4.5亿元；其他收入（含契税和耕地占用税）10.3亿元，同比增长53.1%，增收3.6亿元。

【超额完成各级税收收入】 在收入级次方面，中央级收入6.63亿元，同比增收0.68亿元，增长11.45%，完成计划的110.90%；省级共享收入10.68亿元，同比增收3.08亿元，增长40.45%，完成计划103.24%；市县级收入22.70亿元，同比增收1.32亿元，增幅为6.16%（可比口径16.92%），完成计划103.63%；市本级一般预算收入12.51亿元，同比增收1.18亿元，增长为10.46%（可比增长16.99%），完成任务103.18%，超额完成市政府任务。

2011年，新接管税种（2011年不列入省局计划考核口径）：契税入库2.99亿元，同比增收0.42亿元，增长16.42%；耕地占用税入库1.67亿元，同比增收0.70亿元，增长72.22%。

【各种税源收入增减分析】 从税种看，小税种贡献大，三大主体税种贡献大幅降低。营业税、企业所得税和个人所得税占总税收的66%，对税收增长的贡献率是46.3%，上一年对税收增长的贡献率是82.2%，而小税种则由17.8%上升到53.7%。

2011年，全市营业税收入16.50亿元，同比增收1.37亿元，增长9.07%，主要是受支柱税源房地产行业增长缓慢所致。其中房地产营业税入库4.43亿元，同比负增长4.77%，而上年同期同比增长44.29%，对营业税增长贡献率是27.93%，2011年房地产萎缩幅度较大的为南雄市和武江区，同比分别下降65.19%和13.89%；全市营业税增长的有建筑安装营业税，2011年入库5.93亿元，同比增收0.69亿元，同比增长13.1%，主要受“广乐高速”公路进展影响，其中乐昌市建安营业税同比增长85.38%，始兴县增长77.68%；服务业营业税入库2.13亿元，增收0.26亿元，增长13.9%，其中翁源增长36.17%，仁化增长24.82%。个人所得税入库5.77亿元，与上年度持平，主要是自9月1日开始执行新的个人所得税法后，全市个人所得税收入锐减，由每月两位数增长变为负增长，9~12月合计减收全市个人所得税收入约0.8亿元。企业所得税入库5.32亿元，同比增收1.14亿元，增长27.35%，主要是经济增长带动，其中始兴县增长114.76%，仁化县增长56.22%。全市2011年地方小税种入库14.24亿元，同比增收2.91亿元，增长25.64%，主要得益于政策性增收，其中外资企业城建税和土地增值税分别增收0.29亿元和0.72亿元。

【深化税收征管】 专业化税源管理新模式在全市范围得到全面推广，一定程度上缓解基层征收单位人手不足，管理粗放、监管不到位等实际问题，并在强化税源管理和促进税收增收上取得初步成效。截至年底，全市100万元的重点税源户为548户，同比增长35%，在税收总量中的所占比重由2010年的75%上升至82%；涉税信息应用成效显著，在政府主导下，涉税信息交换与共享的良性互动工作得到深化，涉税信息交换单位由原来的5个扩大至目前的23个，全年共获取和应用涉税信息数据4.5万条，在全省排名第五位；电子发票推广成效明显，2011年，全市在线开票核定用户为3930户，在线开票金额达90亿元。其中年纳税5万元以上符合用票条件的纳税户全部使用在线开票系统，年纳税5万元以下的也有近六成使用在线开票；税收专项清理成效显著，2011年第四季度，组织对出租屋、娱乐业、驾驶员培训行业近2000户企业进行税收专项清理，入库税款0.10亿元。规范行业税种管理。统一和调整部分行业所得税核定征收率，加强企业所得税汇算清缴和重点检查工作；规范土地增值税核定征收管理，开展土地增值税的清算工作，将接管后的“两税”（契税和耕地占用税）管理初步纳入“两业”（建筑安装业和房地产业）税源控管体系中进行一体化管理。对饮食、服务、娱乐等行业实施最低申报额预警监控；存量房征管工作稳步推进，自8月省局工作会议后，市局成立工作领导小组，制定实施方案和工作计划，并得到市政府和有关部门的大力支持，为此市政府还专门下发工作文件，通过政府采购做好相关房地产评估公司的考察筛选，有关存量房交易计税价格评估系统的开发、管理信息数据库的建立以及房地产数据信息的采集等各项工作正有条不紊地推进。

【规范费金管理】 通过强化制度建设、流程规范、系统建设等方面工作，减少简化缴费事项，各项费金的征收进一步规范，征缴质量和效率得到全面提升，有效降低执法风险，确保各项规费和基金征收工作的顺利开展，得到市委市政府及财政、社保、残联、工会等部门的肯定。年内，全市共征收各项费金收入 39 亿元，同比增长 22.2%，增收 7.1 亿元。利用信息化手段，开展欠费清理和社会养老保险扩面征缴工作，维护广大参保人的合法权益，加强社保费征缴人员的业务培训，稳步推进税费同征同管同查同服务同考核“五同”试点工作，深化社保费征管。2011 年，全市共征收社保费 32.9 亿元，同比增长 15.9%，增收 4.5 亿元；其中清理欠费 0.61 亿元。

【依法行政和依法治税】 加强执法责任考核，层层落实 18 个执法部门的领导岗位以及基层各级执法人员的执法责任，组织开展年度税收执法检查；加强规范性文件管理，对失效废止的 20 件规范性文件进行专项清理，组织开展对接管后契税和耕地占用税征管事项的规范工作，并对出台的“两税”征管文件进行合法性审核，依法化解涉税矛盾纠纷，公正合理地解决重案审理难点问题；加大税收稽查力度，组织开展对广告业、制造业、资本交易项目、房地产及建安企业的税收专项检查工作，查补入库税款 0.15 亿元。

【加大税法宣传】 组织开展税收宣传月、纳税辅导周、地税开放日等一系列活动，在市区最繁华的步行商业街建立税收宣传示范街，在市区 30 多个大型生活小区内的 110 多个电梯间设立税宣专栏，在京珠高速曲江互通立交设立大型的户外宣传牌等，形成一个全方位、多渠道、广覆盖的宣传网络。

【完善信息化建设】 做好“大集中”系统日常管理和后台维护工作，及时转发 IT 服务台关于大集中系统的运维、更新公告，及时处理大集中系统登记、核定、申报、征收、会统报表、个税管理、票证、发票、社保等各模块出现的问题。做好地税社保新中间库 2.0 的各项维护工作，保障地税社保相关数据顺利传送。准确完整的提取 2010 年个人所得税完税证明，保证完税证明的顺利开具。搭建社保费催报、催缴、扣款、缴费结果短信告知平台，开发规费报表及监控分析系统，加强社保费和其他费金报表数据的自动产生、审核、修改、上报汇总工作，减轻基层单位的工作负担，提高全市各项规费报表的管理水平。做好全省 OA 统一工作平台首批上线技术支持工作，建立高效的问题收集、解决和反馈机制。搞好全局网络升级改造和安全加固工作，顺利完成对县（市、区）局及个基层中心分局的网络提速任务，保证计算机设备的正常运行。做好直入国库新型 POS 机刷卡缴税费上线工作，改进 POS 机内嵌程序和韶关市统一支付平台，首创 POS 机刷卡缴税费直入国库新模式。做好社保费申报前置审核上大集中征管系统工作，推进终端安全管理与网络准入控制系统的部署工作，在市局、武江区局、浈江区局部署该系统，解决计算机运维中存在的诸多问题，实现对网络内部所有的计算机接入网络的准入控制。做好自助办税服务系统推广运用的技术支持工作，对系统终端进行安装调试，并在全市推广使用。做好韶关市存量房交易计税价格评估和税收征管一体化系统上线准备工作，对系统的应用环境进行调研和需求分析，做好配套硬件的采购，配合项目组开展系统开发工作。

【提升纳税服务质量】 加强办税服务厅建设，完成 9 个基层办税服务厅的规范化改造，占全市 42 个办税服务厅的 1/5，其余 33 个办税服务厅也已结合本地实际，完成初步规范化改造。完善综合服务平台，在全市各主要的基层征收单位设置 28 台自助办税终端机，“12366”热线共受理纳税人各类事项 5300 宗，办结率为 100%，门户网站浏览量达 92 万，日均点击量超 2500 人次，网上申报户数升至 9400 多户，网报入库税款 27 亿元，占税收总量的 65%。深化落实“两个减负”，在全省首创应用 POS 机直入库系统，将原 POS 缴款的 13 个步骤缩减为 4 个，实现税费入库“零在途”，极大方便纳税人和缴费人。推进国地税联合办税工作，在市政府行政服务中心建立“国地税联合办公窗口”。组织开展 2010 年度企业所得税汇算清缴工作，落实《企业所得税汇算清缴管理办法》，结合全市税源实际情况，明确汇缴工作重点，采取有效措施，提高企业所得税年度申报质量，确保2010年度企业所得税汇算清缴工作的顺利完成。精心组织实施2010年度12万元以上个税自行申报工作，全市共受理2010年度年所得12万元以上个人所得税自行纳税申报5305人，对比同期自行申报人数4021人增加1284人，增长31.9%，申报的年所得额为12.25亿元，已申报缴纳入库个人所得税收入1.73亿元，补缴工资薪金个人所得税收入4.67万元。落实税收扶持优惠政策，确保各项税收扶持政策落到实处，全市共办理税收减免151宗，计1200万元。

（汤环跃　黄德明）

附：领导班子成员名单

党组书记：朱　政

局长、党组副书记：王中高

副局长：陈红光　苏韶娟

欧阳坚

纪检组组长：周卫平

总经济师：赖燕华

中国人民银行韶关市中心支行

【概况】 中国人民银行韶关市中心支行，原名中国人民银行韶关分行（于1998年改现名），是中国人民银行的派出机构。2011年在编人员340人，其中中心支行机关175人，辖属支行165人，内设办公室（党委办公室）、货币信贷管理科、调查统计科、会计财务科、科技科、货币金银科、国库科、内审科、人事科（党委组织部）、国际收支科、外汇管理科、事后监督中心、保卫科、反洗钱科、纪检监察办公室、宣传群工部（内设宣传部、机关委办公室、工会办公室、团委）、营业室、后勤服务中心18个内设机构，下辖中国人民银行曲江县支行、始兴县支行、仁化县支行、翁源县支行、乳源县支行、新丰县支行、乐昌市支行、南雄市支行8个单位。2011年，该中心支行切实加强金融监管和金融风险监测，不断提升金融服务水平，在领导班子建设、干部队伍建设、金融业务发展、内部管理强化、履职环境改善、区域金融合作等方面思路有新突破、业务有新进展、履职有新提升、工作有新成效，较好地推动辖区经济金融持续较快发展。

2011年，韶关市金融机构贯彻稳健的货币政策，加大信贷结构调整，加强对实体经济的金融支持力度，提升金融服务水平，支持和促进韶关地方经济的持续快速发展，全市金融平稳运行，风险可控。资产规模和存贷总量持续增长，综合实力不断增强，年末全市银行业金融机构总资产1066.97亿元，比年初增长11.14%；负债总额1040.56亿元，比年初增长10.7%；本外币各项存款余额1005.53亿元，比年初增加97.55亿元，增长10.75%；各项贷款余额425.23亿元，比年初增加49.18亿元，增长13.08%。信贷结构进一步优化，投向侧重实体企业和“三农”领域，房地产开发贷款减少，购房贷款明显回落，年末全辖县域人民币贷款余额155.39亿元，比上年增加31.17亿元；涉农贷款余额116.34亿元，同比增加18.62亿元；房地产开发贷款20.53亿元，比年初减少2.03亿元，下降9.0%；购房贷款76.63亿元，比年初增加14.22亿元，增长22.78%，增幅同比减少31.68个百分点。加快新型农村金融机构的培育步伐，进一步完善金融组织体系，设立全市首家村镇银行，新设立5家小额贷款公司，新设3家证券营业部，新设2家保险分支机构。经营效益和资产质量持续提高，全市银行业金融机构实现账面盈利10.57亿元，同比增加1.98亿元，增长23.05%；不良贷款余额10.15亿元，同比减少1.69亿元，不良贷款比率为2.39%，同比下降0.76个百分点。

【金融IC卡多行业应用全面开通】 协调市政府及有关部门促成市民卡中心成立，从2011年10月起，各商业银行先后发行市民卡，截至12月底，韶关市银行业金融机构已发行各类金融IC卡3.2万张。协调促成在广东省地级市中率先发行金融手机支付卡，扩大手机支付卡应用范围，共发行金融手机支付卡8000多张。推动金融IC卡多行业应用，实现交通、社会保障、医疗、教育、税务、商业等多行业使用金融IC卡，并已逐步推广到辖区各县（市）。加快金融IC卡受理环境改造，预留跨区域多地市互惠互通接口。

【推进跨境贸易人民币结算工作】 2011年，共办理跨境人民币结算业务657笔，金额30.31

亿元，同比增长8.75倍。全年顺收顺差4.2亿美元，贸易偏移度26%，顺收顺差的控减工作取得明显成效。建立外汇异常排查制度，组织开展专项检查，排除干扰，大胆执法，较好维护辖区的外汇管理秩序。2011年立案11起，结案11起，结案率100%；处罚金额76.6万元，收缴罚没款72.6万元，收缴率94.78%。

【开通地税POS机刷卡缴税业务】 推进“韶关市地税POS直接入库系统”项目建设。2011年8月29日，POS直接入库系统正式启动，韶关成为广东省首家开通地税POS机刷卡缴税业务的地级市。实现税款收纳、划缴、入库电子化，缴税入库时间从4天缩短为实时缴税，有效解决纳税人频繁往返于税务机关和银行之间的问题，增加财政资金利息收入。

【农村支付环境得到新改善】 一是组织设立韶关市首批银行卡助农取款服务点。截至12月底，韶关辖区已成功开设70个银行卡助农取款服务点，累计取款笔数133笔，取款金额21380元。二是引导涉农银行业金融机构加大对县域特别是金融空白乡镇的自助设备投放。督促农行、农信社和邮储银行在辖区无金融服务网点的乡镇增设网点、开设定时定点服务点、安装ATM机，有效解决辖区金融空白乡镇问题。全年县域新增ATM机61台，同比增长23.19%；新增POS机1145台，同比增长48.64%；新增特约商户654户，同比增长34.33%。三是推进改善广东省农村支付服务环境建设专业市场示范点——翁源县兰花基地建设，2011年翁源县兰花专业市场增设ATM机和安装POS机各1台，转账电话新增17台，涉农银行机构为农户开办银行卡9123张，改善辖区其他专业市场支付环境。

【改善金融服务】 有效引导地方法人金融机构适度增长贷款，地方法人金融机构信贷规模由年初的9.6亿元调增至14.7亿元，实际发放17.8亿元。反映支农再贷款资金需求，缓解辖区农信社支农资金压力，争取到再贷款额度9000万元，这也是近10年来韶关市首次办理支农再贷款业务。目前9000万元支农再贷款已发放至5个县（市）联社，有效支持粮食、黄烟、油茶、甘蔗及林业生产发展。加强农村和中小企业信用体系建设，将辖区农村信用体系建设工作初步列入广东省金融改革发展“十二五”时期重点项目，督促指导辖区支行因地制宜，加大农村和中小企业信用信息采集力度，共采集4621户农户信息。依托科技手段，继续推进和完善韶关市统一收付平台的建设。做好国库日常会计核算工作，确保国库资金安全。夯实货币金银工作基础，提升货币流通管理能力。（邝　辉）

附：领导班子成员名单

行长、党委书记：万里滨

副行长：关艳芬　刘卫东

吴敏强

纪委书记：翟小新

工会主任：李　青

银行监管

【概况】 截至2011年底，韶关银监分局在职干部员工63人，内设8个科室和4个监管办事处，分别为办公室、人事科、纪检监察室、财务会计科、统计信息科、监管一科、监管二科、监管三科、始兴（仁化）监管办、翁源（新丰）监管办、乐昌监管办、南雄监管办。分局班子为局长1人、副局长2人、纪委书记1人、调研员1人。

2011年，韶关银监分局贯彻国家经济和金融方针政策，全面落实科学发展观，提高监管有效性，促进辖内经济和银行业稳健运行、双赢发展。截至2011年底，辖内银行业金融机构各项存款余额（含财政性存款）1005.35亿元（含财政性存款42亿元），比年初增加97.6亿元，增长10.76%；各项贷款余额425.23亿元，比年初增加49.20亿元，增长13.08%。贷款增幅比存款增幅高2.32个百分点。商业性存贷比44.10%，比年初上升0.82个百分点。银行业经营质效持续向好：一是不良贷款继续保持“双降”趋势，不良贷款余额10.15亿元，比年初减少1.69亿元，不良贷款率2.39%，比年初下降0.76个百分点；二是经营利润同比增长。各银行业机构实现利润合计10.57亿元，比上年同期增加1.98亿元，同比增长23.05%。

2011年，分局荣获银监会“模范职工之家”称号，荣获2010~2011年度广东银监局系统文明单位称号，分局班子在年度考核中被广东银监局评为“优秀班子”。此外，还被评为韶关市城市亮化工作先进单位，被评为韶关市2006~2011年保密工作先进集体。

【加强风险防范】 一是防范化解融资平台风险。制定融资平台退出监管办法，明确退出条件，规范操作规程；组织对融资平台数据报表进行审核，并开展现场检查工作，及时发现问题，提出整改意见。2011年，全市确认完成5家平台公司的贷款整改。二是督促防范集中度风险。要求各银行业机构通过调整结构、优化配置等方式，逐步解决好贷款集中度问题。三是督促防范声誉风险。根据上半年对辖内商业银行与保险、证券、基金公司合作情况的摸查和日常走访掌握的情况，组织召开两次监管联络员工作会议，明确要求各银行业机构加强对基层网点等营销平台的管理，全面开展清洁店面、清理产品、清除闲杂的“三清”活动，规范金融产品销售方式，整治营业网点秩序，纠正不当销售行为，尽责做好产品销售风险提示，避免出现业务纠纷。四是督促防范内控风险。对辖区银行业组织开展39项现场检查，检查提出整改问题180多个。通过开展各项现场检查，督促各银行业机构加强内控管理，及时堵塞漏洞，依法合规经营。第三季度，还对辖内银行业机构2010年“两项安全保卫”现场检查的整改情况进行后续检查。从后续检查的情况看，大部分银行业机构网点已经整改完毕，整改效果明显，营业场所存在的安全隐患问题逐步消除。

【推进合规建设】 加强案件专项防控。领导带队，加强监管查访，督促银行业机构深入推进案防工作，层层签订案防责任书，落实案防责任和防控机制。以江西省“鄱阳县农信社案件”反面教育为契机，开展账户风险排查。重点组织银行业机构开展合规建设“回头看”活动和农信社“三项整治”工作。辖内银行业案防能力进一步提高，其间未发生金融案件和安全事故。强化高管人员监管。将高管履职评价与监管督导有机联动起来，开展高管人员履职谈话，使银行业管理人员更加直观、确切地认识到自身存在的问题，促进其管理水平和合规履职意识的提高。加强监管评级工作。分局对各农信社和广发行韶关分行开展监管评级，为促进中小银行业机构内控合规管理提供针对性参考意见。

【进行服务督导】 一是支持设立和发展村镇银行。在2010年批复筹建的基础上，分局2011年采取“上门服务、现场指导、及时沟通、提高效率”的办法，促使始兴大众村镇银行于2011年6月3日正式开业。目前，该行运作基本正常，业务逐渐拓展。二是督促做好小企业信贷支持工作。引导银行业机构准确把握新形势、新要求，在信贷规模紧张的情况下，压缩大型企业贷款，加大对小企业的信贷投入力度，提高金融服务工作的针对性和有效性。截至2011年底，全市小企业贷款余额91.07亿元，比年初增加19.64亿元，增长27.5%，增量高于上年同期增量6.27亿元，增速高于各项贷款增速14.42个百分点。三是指导落实空白点覆盖工作。按照银监会要求，要在2011年底前全面落实金融机构空白乡镇覆盖任务。韶关市辖内有4个金融机构空白乡镇，占全省的50%。为确保任务的顺利完成，韶关银监分局主动汇报，争取政府支持，制定工作实施方案，加强督导。10月27日，乐昌联社云岩分社正式开业，成为广东银监局系统率先落实覆盖任务的银行业网点。其余3个空白乡镇的网点，在2011年12月20日前全部开业，提前完成覆盖任务。

【推进农信社股权改造和体制改革】 在调研和征求意见的基础上，分局制定《韶关市农村信用社股权改造工作规划》，分步实施、稳步推进。2011年，批准翁源、始兴、南雄、曲江和市区等联社开展增资扩股。按照国务院有关农信社改制的精神和上级指导原则，坚持“成熟一家、改制一家”的思路，着力推进农信社改制工作。此外，2011年分局还建立农信社审慎监管会谈制度，加强政策指导和监管督导。在改革期间，着重引导各联社正确处理好改革和稳定的关系，正确引导社会舆论，营造良好的改革氛围。并协助做好公告宣传，监督维护股东合法权益，确保农信社改革工作顺利进行。

【营造银行运行良好环境】 2011年，韶关银监分局严格遵循有关规定办理101项市场准入和退出等行政许可事项，依法合规、热情服务地为辖区银行业提供优质监管服务。同时，还着重做好以下工作：一是做好信访接访工作。2011年，韶关银监分局共受理群众来信、来访、来电等投诉和咨询事项17宗。重点督促辖内银行业机构执行国务院差别化住房信贷政策，防止出现群体性事件。此外，对个别银行业机构存在搭售金融产品的违规行为进行核查并责令整改，较好地维护正常的金融秩序。二是强化维稳工作。年内，辖内没有发生因银行业问题导致群众到省集体上访和进京非正常上访，没有发生恶性突发事件和大规模群体性事件。此外，韶关银监分局与公安机关等部门建立良好协调机制，合力防范和打击短信诈骗等犯罪行为，为省市相关部门齐力侦破“5·13”电信诈骗大案奠定基础。三是妥善应对网络问政工作。全年受理并回复网络问政信息48条，办结率100%。四是维护良好的银行业秩序。印发《关于重申反不正当竞争的监管意见》，组织监管员到银行机构开展法规宣讲，加大存款动态监测频率，锁定各银行业机构季末时段账户余额，加强排查，鼓励举报，抑制辖内不正当竞争行为。形成银行和员工自律与他律结合、社会公众和媒体监督并进的全方位监督体系。

【支持地方经济建设】 2011年，韶关银监分局根据市2011年城市亮化的工作方案，协调各银行业产权单位，推进城市亮化工程。同时，督促各银行业机构加强文明礼仪服务，提高窗口服务水平，配合11月5日在韶关开幕的广东国际旅游文化节各项活动。辖内银行业在旅游文化节期间，展现较强的服务能力，以良好的形象赢得国内外来宾的赞誉。

2011年，韶关银监分局勤指导、促服务、抓监管、防风险，支持地方经济建设发展，维护辖区金融稳定，保障广大金融消费者的合法权益，为促进韶关各项事业跨越发展发挥积极的作用，得到地方党政和上级部门的肯定。 (陈君华)

附：领导班子成员名单

局　长、党委书记：朱立奋

副局长：何明亮　周海鹏

纪委书记：陈明机

调研员：张文周

主要银行简介

【中国工商银行股份有限公司韶关分行】 2011年，中国工商银行股份有限公司韶关分行贯彻落实国家宏观调控政策和货币信贷政策，筹措社会资金，全力支持地方经济发展；加强全面风险管理，着力维护地方金融稳定；加快业务开拓，锐意改革创新，提升服务水平，各项业务取得较快发展。全行本外币各项存款余额214.76亿元，比年初增加14.69亿元,四行占比第一；表内外全口径信贷资产余额88.23亿元，净增8.81亿元；全年实现中间业务收入12768万元；实现拨备前、拨备后利润分别为36960万元和36274万元，四行排名第一；不良贷款余额和比率实现双下降，资产质量持续改善。

大力组织存款，壮大资金实力　2010年9月始，新班子高度重视存款工作，班子成员挂钩支行加强督导，稳存量、拓新户。储蓄存款方面，落实公私联动，以客户拓展、产品捆绑带动存款增长。对公存款方面，开展政府等机构关系维护，全年共增机构存款3.49亿元，同时按名单制加强公司客户的存款监测和稳存工作。

落实银政战略合作协议，全力支持地方经济发展　由于国家实行稳健的货币信贷政策，为更好地支持地方经济发展，该行一方面加强信贷流量管理，表内外资产实行一体化运作，通过做大流量来满足企业资金需求。全年发放各项融资110.58亿元，其中法人公司客户累放贷款99.5亿元(一般流动资金贷款（不含贸易融资）累放9.6亿元、项目贷款累放3.9亿元、房地产贷款累放1.65亿元；表内贸易融资累放19.78亿元、表外贸易融资累放27.13亿元；办理贴现贷款34.28亿元、签发银行承兑汇票1.92亿元、保函1.15亿元)；个人客户累放11.08亿元。另一方面通过改善服务和产品创新相结合，支持地方经济发展。推广实施“精益六西格玛”项目，通过落实大堂经理，增加自助机具投入，改善服务品质；创新金融产品，开办黄金租赁、出口信保业务、付汇理财通和融资理财通等贸易融资业务，开展小额便利贷、网贷通、信用卡分期付款等业务，满足广大中小企业的融资需求。在重点支持大中型优质客户同时抓大不放小，扶持中小企业、民营企业发展。2011年全年该行为中小企业和个人客户投放各类融资(含各项贷款、票据贴现、贸易融资等)72.79亿元。

加强风险管理和内控案防，维护地方金融秩序 一是实行全面风险管理，防范经营风险。坚持依法合规经营，以强化合规风险管理为主线，加强操作风险管理为重点，完善内控管理机制，提高全行内控案防水平。落实执行银监“三办法一指引”，规范业务操作行为。严格执行《违规积分管理规定》，在检查中对制度执行不力、违规操作人员及直接管理人员根据积分情况实施问责。二是落实案防工作责任机制，层层签订《案防责任书》，做到案防工作与业务工作同布置、同检查、同考核，构建教育、制度、监督、法纪防线。加强“三防一保”和信访维稳，维护地方金融稳定，全年实现安全运营无事故，内控等级评价进入内控一类行。三是加快不良资产处置力度，提高信贷资产质量。强化资产质量业绩考核，加大不良资产的清收处置力度，遏制前三季不良贷款上升势头，余额和不良率实现“双降”。四是加强反洗钱工作和反假货币工作。制定2011年反洗钱工作要点，明确韶关工行反洗钱合规官、合规专员以及情报专员岗位职责，制定反洗钱自查自纠工作方案，加强反洗钱与反假货币宣传，组织全辖开展反洗钱自查自纠工作。

加强改革创新，完善经营管理机制，激活经营活力 动员全行重温施刚行长2009年9月来韶关调研、年初和全省三年规划改革发展研讨会时讲话精神，重塑干部员工四大标杆、不唯任务唯市场的意识，按照“三要三不要”和精细化管理要求抓紧抓实各项工作；开展“学先进、找差距、树标杆”活动。先后组织支行班子学习系统内先进行经验，组织分行部室赴系统先进行学习发展经验，从机制、渠道、产品、结构、队伍等方面进行对比分析，找差距，明晰方向；创新机制，调动全行员工积极性。四季度重新修订完善分行对部室、一级支行、网点、客户经理、柜员的五个维度考核办法和全产品营销辅助奖励办法，促使各层面争先进位、提升效率。

加强“共创共健共享”企业文化建设，提高全行员工归属感和凝聚力 在全行范围内开展“重振雄风”献计献策和创优争先活动，调动全行员工积极性，广开言路，集思广益，用“共创共健共享”家园文化凝聚人心，鼓舞士气，增强信心；加强职工之家建设，四季度完成西河等四个支行的职工之家建设；增加投入，解决西河、乐昌、始兴、仁化等支行一线网点吃放心午餐问题；实行竞争上岗制度，通过竞争上岗，新提拨电厂支行行长和分行人渠道建设业务经理岗；组织开展中秋、年末一系列慰问及送温暖活动，救助特困员工。组织全行员工和离退休人员进行健康体检，关心员工身心健康。开展无偿献血和扶贫捐款活动，共计献15000CC，收集捐款金额90768元，提升工商银行社会形象。通过开展上述系列企业文化建设，员工精神面貌焕然一新，凝聚力不断增强。 （梁寿泰）

附：领导班子成员名单

行　长：王　海

纪委书记、工委会主任：刘志县

副行长：邓付全　朱丽娜

钟　明　潘　穗

【中国银行韶关分行】 2011年，中国银行股份有限公司韶关分行设立办公室、人力资源部、财会部、风险与执行部、监察部、公司业务部、结算业务部、个人金融部、运营部、工会办公室10个部室，下辖乐昌、南雄、仁化、曲江4个县（市、区）支行，共拥有机构网点27个，在岗员工519人。

2011年，实现营业净收入2.8亿元，增幅5%。各项存款折人民币余额122亿元，各项贷款折人民币余额61亿元。

保证重点行业授信支持 克服宏观政策影响，把握好投放节奏，确保韶关市产业结构调整和重点项目建设的资金需要。全年累计向钢铁、交通、有色金属、电力、烟草等重点行业投放授信折合人民币57亿元。加大对莞韶产业转移园、南雄精细化工园区等产业集群基地入园企业的支持力度，向入园企业提供授信支持1.2亿元。

加大中小企业支持力度 通过中小企业信贷工厂新模式，支持产业转移园区、县域以及物流、建材、农商贸等专业市场的民营、个体工商户业务发展，全年向90多户中小企业主提供融资便利服务，累计提供授信支持13亿元。

拓宽融资渠道 针对不同类型客户提供票据融资、“达”系列贸易融资、“工商验资E线通”、跨境贸易人民币结算、商户通、中行网银、中银信用卡等全方位的金融产品，为客户提供融资、验资落户、资金划转、锁定资金成本等金融服务，累计办理人民币贸易融资、票据贴现和跨境结算业务42亿元，国际结算业务量7亿美元，为韶关市各大中小型企业的发展提供强劲的支持。

加强创新满足市民金融服务需求　加大个人住房按揭、汽车分期付、抵质押循环等消费类贷款投放，促进居民消费，提升城市品位。紧抓韶关市承办广东省国际旅游文化节的契机，推出韶关市首套以世界自然遗产丹霞山为题材的套装贵金属产品，在满足市民收藏需求的同时，提升韶关市知名度。率先在系统内推出韶关市民手机支付卡应用，发行加载金融功能的韶关市民IC卡，支持韶关市民卡多行业应用的发展，为广大市民提供结算支付便利。

全面提升服务质量　优化网点布局，升级改造网点4个，新增离行自助服务点8个，在网运行的自助服务终端近150余台；成功实现蓝图核心系统上线运营，提升科技应用水平；增加柜台从业人员30余人，网均人员配备达到12人以上；推行标准化服务、“时间管家”服务和私人银行服务“三位一体”的服务模式，组建专家客户服务队伍，提升员工技能，完善服务流程和内容，提升客户服务水平。

（刘化腾）

附领导班子成员名单

行　长：彭佐宇

纪委书记：胡家骥

副行长：余建辉　刘　凯

党委委员：申建国

【中国农业银行股份有限公司韶关分行】　2011年，中国农业银行韶关分行内设综合管理部、人力资源部、内控合规部、安全保卫部、财务会计部、监察部、个人金融部、运营管理部、工会工作办公室、三农金融部、公司业务部、机构业务部、信贷管理部、国际业务部、资产处置部、电子银行部等16个部门，下辖14个一级支行和47个营业网点，员工1010人。2011年，获总行“等级行进位优胜县支行”称号、省行“先进职工之家”和十佳学习型组织标兵单位、韶关市文明单位和文明示范窗口共6个，拥有总行、分行级“女职工文明示范岗”8个，拥有全国银行业文明规范服务千佳示范单位1个，拥有总行级青年文明号1个，省分行级青年文明号7个，韶关市银行业文明规范服务示范单位14个。

经营管理　2011年，农行韶关分行以“调结构、深转型、强基础、增效益”为主线，加快转变发展方式，有效推进经营转型，实现业务发展与经营效益的同步提升。2011年末，全行资产总额186亿元，本外币各项存款余额177.9亿元，各项贷款余额76.8亿元，全年新增贷款10.1亿元；全年实现中间业务收入1.2亿元，实现利润2.7亿元。

信贷投放　一是加大信贷投放。支持大企业、骨干项目建设，全年累计发放园区建设、公路交通、钢铁行业和电力行业等方面贷款39.2亿元；支持中小企业和民营企业发展，解决中小企业融资难问题，全年累放中小企业贷款16.7亿元，比年初增加8.2亿元；加大个人住房按揭、个人综合授信、林权抵押贷款、农村生产经营贷款、个人助业贷款等消费、经营类贷款投放，全年个人贷款累计投放9.5亿元。二是拓宽贸易融资渠道。全年累计办理贸易融资23.7亿元，囊括进口押汇、进口代付、出口商票、订单融资、打包贷款等多项主要贸易融资产品，并在融资担保方式、融资普及面等方面取得突破，进一步满足外资企业、三资企业等融资需求；完成国际结算量4.4亿美元，其中跨境人民币结算5.4亿元，实现结售汇业务量2.9亿美元，为外资企业、三资企业提供全方位的国际金融服务。三是深化“三农”服务。重点推广以“金穗惠农卡”为载体的农户小额信贷产品、最高额度达100万元的农村个人生产经营贷款等拳头产品。在国家不断加大宏观调控力度，信贷规模偏紧的情况下，优先保证涉农贷款投放，落实国务院各项金融惠农政策。2011年，发放惠农卡38万张，全行涉农贷款余额16亿元，县域贷款余额22亿元，投放农户小额贷款4.6亿元，支持农户春耕备耕、农田水利基础设施建设、产业化龙头企业。

综合金融服务　一是加强网点渠道建设。2011年完成8个网点的改造，设立韶关市首个社区银行碧桂园支行、在省级示范性园区东莞（韶关）产业转移工业园设立沐溪支行。完善交易渠道，累计发行金穗系列卡100多万张，全行ATM存取款机、POS机等自助设备达3780台，网上银行、手机银行客户达20万户，为客户提供便捷的金融延伸服务。二是优化服务流程。以“基础管理提升年活动”为契机，优化业务流程，推行有效管户，推广客户识别营销导航系统、个人优质客户管理系统和综合业绩统计分析系统，实行客户经理“工作流”管理，实施责任性投诉“零容忍”，提高服务效率。全面启动“村村通”工程建设，搭建以惠农卡为载体、电子渠道为平台、流动金融服务为补充的支付结算体系，为广大农户提供更加便利、实惠的金融服务。三是提升服务水平。在全行开展“网点文明标准服务导入”和“营销技能提升导入”培训活动，并配套“神秘人”检查制度，提升服务品质。推出安心得利等多项理财产品，满足客户资金增值需求。发行军人保障卡，为部队官兵提供全方位金融结算服务，成为韶关市首批率先发放金融IC卡的银行之一。此外，开展“迎广东国际旅游文化节，创一流服务”活动，为外宾和市内外游客提供优质的金融服务。

风险管控　农行韶关分行始终坚持稳健的风险管理战略，完善风险管理组织架构，强化内控合规体系建设，以“集中作业、集中监控、集中授权”推进柜面流程和系统的优化。2011年实现全年运营安全无事故、无案件的“双零”目标，实现连续10年“零案件”，获得“总行案件防控先进单位”等荣誉称号。2010~2011年连续2年被省农行评为全省农行系统内控一类行。　（胡　杰）

附：领导班子成员名单

行　长：涂政达

副行长：李子平　钟　杰

　　　廖晓云

【中国建设银行股份有限公司韶关市分行】　中国建设银行股份有限公司韶关市分行的前身中国人民建设银行韶关市分行，成立于1954年10月，1996年3月26日，中国人民建设银行韶关市分行正式更名为中国建设银行韶关市分行。作为中国第一批股份制改革试点的国有商业银行，中国建设银行股份有限公司于2004年9月17日正式成立，中国建设银行韶关市分行也随即更名为中国建设银行股份有限公司韶关市分行。截至2011年底，该分行拥有营业网点30个，内设部门8个，员工总人数为689人，拥有国家级青年文明号1个、全国妇联巾帼建功岗1个、省分行级青年文明号7个、省行级企业文化建设“示范点”1个、省分行文明示范单位1个、省分行女职工文明示范岗4个，拥有韶关市文明示范单位3个，拥有广东省银行业规范文明服务示范单位2个、韶关市银行业规范服务示范单位6个，拥有广东省银行业“迎亚运——金融服务文明规范服务示范单位”2个、韶关市先进工会组织1个、韶关市银行业文明服务标兵15名；韶关市文明个人1名、韶关市关心下一代优秀工作者1名。

经营管理　2011年，建行韶关市分行全面贯彻落实人民银行、银监会的各项方针政策，按照上级行的战略部署，结合当地政府经济建设的思路，以科学发展观统领全局，以科学发展为主题，以提升综合服务能力和价值创造力为核心，以“安全年”、“客户拓展年”为基础，突出抓好存款、中收、客户、转型和基础工作五大重点，在防范风险的前提下，参与和支持地方经济的发展，各项业务稳健增长。

市场效益　2011年末，分行实现税前利润2.22亿元；实现中间业务净收入1.24亿元，增幅41%；全口径存款新增15亿元，新增四行占比31.1%，排名第一，其中个人存款新增4.69亿元，企业存款新增11.12亿元；各项贷款比年初新增13.86亿元，新增额在当地四行占比54.01%，排名第一。

履行社会责任　分行通过加快服务渠道建设，致力为广大市民提供快速便捷的服务。一是通过对网点进行原址改造，为广大客户和员工提供一个良好的营业环境，进一步提升网点综合经营能力，增强市场竞争力；二是通过优化调整自助设备布放结构，发挥自助渠道对业务发展的促进作用，为广大市民提供为更为便捷的服务渠道；三是坚持举办一年一次的“建行之夜韶关新年音乐会”，有针对性地开展高端客户营销活动，举办2011年度客户答谢会，推动网点客户维护与拓展，丰富韶关市的文化生活，展示良好的企业形象；四是落实扶贫开发“规划到户、责任到人”工作，2011年帮扶资金累计投入16.93万元，主要用于22户贫困户危房改造等，完成2011年的脱贫目标。

改革创新　分行推广运用新产品，创新推出“速保通”贷款，解决中小企业资金需求。针对中小企业抵押不足的问题，与担保公司、省再保公司合作成功营销首笔600万元“速保通”贷款，担保公司贷款余额为1.38亿元，当地排名第一。分行还成功发放韶关市金融机构单笔金额最大的联保联贷业务5360万元。结合本地情况尝试支持涉农行业，首次投放涉农贷款2000万元。同时，分行与地方政府合作，组织开展中小企业产品推介会，搭建小企业批量营销平台，从手续简便、及时变现、风险最小的角度引导中小企业办理票据贴现业务，促进小企业业务健康、稳定发展。全年共投放小企业贷款9.24亿元。 （李　乐）

附：领导班子成员名单

行　长：程劲松

纪委书记、工会主席：林泽雄

副行长：李国荣

风险主管：王飞舟

行长助理：郑卫东　刘超良

【广发银行股份有限公司韶关分行】 2011年1月，经中国银监会批准，广东发展银行股份有限公司变更为广发银行股份有限公司（简称“广发银行”）。2011年3月，广东发展银行股份有限公司韶关分行经韶关市工商行政管理局核准变更登记为广发银行股份有限公司韶关分行（简称“广发银行韶关分行”）。2011年4月，广发银行在广州召开新闻发布会，发布广发银行新的企业标识和《广发银行企业文化手册》。截至2011年底，广发银行韶关分行内设五部一室，下辖分行营业部、曲江支行4个网点（含2个离行式自助银行），在职员工76人。

业务发展　2011年度，广发银行韶关分行围绕“建设一流商业银行”的战略目标，坚持“以利润为中心，服务中小民企，公司业务和个人业务全面发展”的市场定位，以票据业务、“好融通”授信产品和个金业务为重点，发挥自身优势，采取差异化的竞争策略，累计办理贴现378笔共8.6亿元；办理银承1278笔共11.5亿元，票据业务市场份额超过30%。向中小企业发放贷款6.8亿元，贷款综合收益水平不断提高；全年发卡8503张，完成年度计划的121.5%，信用卡实现净利润472万元，信用卡业务已经成为新的利润增长点；总资产98729万元，比年初增长6.82%。负债总额90316万元，比年初增长7.29%。实现净利润2011万元，经营效益再创历史新高。

内部管理　2011年，广发银行韶关分行以深入开展“内控和案防制度执行年”回头看活动、合规建设主题活动为重点，整章建制，强化内控，建立内控与风险防范联席会议工作机制，制定《广发银行韶关分行内控与风险防范联席会议规则》；在各部门、支行设立合规员，组建全行性合规管理队伍；加大业务稽核检查力度，各种形式的检查超过30次，梳理规章制度361份，建立健全管理制度20项，使合规管理、规范操作深深耕植于每位员工的内心；加强反腐防案工作。对内，把廉洁从业规定执行情况作为干部述职的重要内容，并对中层以上干部履职尽责情况进行群众满意度评议。对外，走访重点授信企业，开展廉洁从业调查和客户满意度评估，内外监督并举，日常管理和年度考核有机结合，连续多年实现案件和重大违规违纪行为“双零”目标。完成全辖分支机构的更名换标工作，全行廉政建设和规范化管理水平再上新台阶。

社会责任　2011年，广发银行韶关分行以更名换标为契机，以《广发银行企业文化手册》发布为切入点，组织全体员工开展企业文化宣导培训，营造奋发向上、和谐进步的企业文化氛围。开展各种形式的劳动竞赛和文明服务标兵评选活动，严格自律，维护公平竞争的市场环境；以资金捐助、技术支持、结对帮扶等多种形式开展扶贫工作。组织开展“共燃希望　月圆梦圆”为主题的“尊师重教”广发志愿者日活动。抓好低碳节能工作，提高资源循环利用水平。坚持绿色信贷，确保信贷投放符合国家产业政策和环保政策；参与“慈善一日捐”、无偿献血等社会公益慈善活动，展现广发银行支持和服务于社会经济发展、承担社会责任、热心公益慈善事宜的企业公民形象。2011年度，广发银行共获得包括全国“五一”劳动奖状、《21世纪商业评论》和《21世纪经济报道》“中国最佳企业公民”、《亚洲银行家》“2011年度中国最佳中小企业银行服务”、搜狐“2011年最具成长性银行”、凤凰网“2011年最佳客户服务奖”、和讯网“2011年度第九届中国财经风云榜”创新网银奖等各类奖项58项。

（张昊天）

附：领导班子组成名单

行长、党委书记：苏　阳

副行长：徐宏忠（2011.4~）
　　　　陈涵明
　　　　黄伟渊（2011.6~）

【中国农业发展银行韶关市分行】 中国农业发展银行韶关市分行（以下简称农发行韶关市分行）是中国农业发展银行的二级分行，成立于1996年10月。其主要任务是：按照国家的法律、法规和方针、政策，以国家信用为基础，筹集农业政策性信贷资金，承担国家规定的农业政策性金融业务，代理财政性支农资金的拨付，为农业和农村经济发展服务。农发行韶关市分行内设办公室、计划信息部、客户服务部、信贷与风险管理部、财务会计部、人力资源管理部、监察审计部等7个内设机构。下辖曲江、乐昌2个支行。南雄、始兴、乳源、仁化、翁源、新丰均有1名驻县（市）信贷客户经理。2011年末，全辖区在职干部职工67人。

业务范围　农发行成立之初，主要的业务范围是中央储备粮贷款、地方储备粮贷款、粮食流转调销贷款、粮食加工企业贷款、粮食调控贷款粮食仓储设施贷款等与粮食有关的贷款品种。2005年以来，经中国银行业监督管理委员会的批准，农发行业务范围不断拓宽，外部经营环境逐步改善，金融品种不断丰富，信贷支农的领域不断扩大，职能功能逐步齐全。除原有的粮棉油收购、储备、调控和调销贷款外，新增加农业产业化龙头企业贷款、农业科技贷款、粮食加工企业贷款、粮食仓储设施贷款、其他粮食企业贷款、粮油种子贷款、化肥、糖、肉等地方储备贷款、农村基础设施建设贷款、农业综合开发贷款、农业生产资料贷款、农业小企业贷款等信贷业务品种。

2011年，随着社会主义新农村建设的不断推进，农村土地整治、农民集中住房建设已经成为统筹城乡发展、推进城镇化进程和开拓农村市场的重要途径。为贯彻落实中央关于强农惠农政策精神，加大对农村土地整治、农民集中住房建设的支持力度，有效缓解工业化城镇化“缺地”、新农村建设“缺钱”、耕地保护“缺动力”、统筹城乡“缺抓手”等矛盾，农发行决定推出“新农村建设贷款”产品，支持统筹城乡发展，加快推进社会主义新农村建设，将新农村建设贷款逐步打造成为集政策性、专业性、品牌性于一体的主打产品，更加彰显“建设新农村银行”的品牌效应，发挥农业政策性银行的支农作用。

此外，农发行韶关市分行还开办保险代理业务，与多家保险公司签订保险代理协议，代理上述保险公司的财产和人寿保险业务。

经营情况　2011年，农发行韶关市分行贯彻宏观调控政策，稳步增加支农信贷投入，促进国家强农惠农政策的落实，发挥农业政策性银行在支持新农村建设中的骨干和支柱作用。一是全力支持全市粮油储备体系建设和市场安全。全年发放粮油收储贷款2.58亿元，同比增加1000万元，支持企业收储粮食9.2万吨、食用油储备0.3万吨，确保储备粮油增储、轮换的顺利实施，为韶关粮食安全和粮价稳定发挥积极作用。二是支持县域基础设施建设。在土地储备、环境设施和供水基础设施建设等加大信贷投放力度，发放贷款2.18亿元，支持韶关地方经济建设和社会事业。三是重点支持产业转移园区建设。争取上级行对莞韶产业转移园浈江片区、武江甘棠片区、曲江白土片区基础设施建设的支持，获得授信额度39980万元，2011年发放19980万元。四是支持韶关特色农业产业发展。给予广东联益马坝米业（曲江）有限公司重点扶持，发放产业化龙头企业流动资金贷款1000多万元，收购优质谷4000吨，履行政策性银行的社会责任。五是做好职责内支农资金的监管。全年划拨中央和省支农资金3.8亿元，配合政府全额消化政府粮食政策性挂帐，协助财政管好用好市县两级粮食风险基金。2011年末，农发行韶关市分行各项贷款余额12亿元，实现账面赢利近1700万元，人均利润达25万元。

（林忠亮）

附：领导班子成员名单

行长、党委书记：朱伟民
副行长、纪委书记：陈伟雄
副行长：古小芳

【韶关农村信用社】 2011年，韶关市农村信用合作社联合社（以下简称韶关市联社）内设2部1室，分别为：综合业务管理部、稽核监督检查部、办公室，原附设的计算机与清算中心于6月15日改制为广东银信金融服务中心韶关分中心。韶关市联社下辖9个县级联社，共有机构网点165个，在职职工约2000人。

存贷业务稳步、快速发展

截至12月底，韶关农信社各项存款余额190多亿元、各项贷款余额突破100亿元，各项存款、贷款余额分别位居全市金融机构首位。

推进股权改造及增资扩股工作 辖内各联社一是按照银监会有关工作要求，加快推进资格股转换工作，分阶段全面取消资格股；二是2011年下半年，翁源、始兴、南雄、韶关市区和曲江5家联社稳步推进增资扩股工作。截至12月底，翁源、始兴、南雄3家联社已完成增资扩股工作。

推进信贷创新，改善服务方式和手段 2011年，韶关农信社推进信贷创新，加大贷款专营机构建设，适时推出切合客户需要的信贷产品。一是在合作创新方面。3月，韶关农信社与市妇联、市林业局和温氏公司签订合作框架协议，合力推动“政、银、企”的良好合作。8月，广东省扶贫基金会与乳源联社正式签订恒大小额贷款扶持资金管理使用协议书，双方就扶贫开发进行合作。二是在机构创新方面。3月新丰联社“三农”贷款专营中心挂牌开业，5月南雄联社设立信贷营销服务中心，12月仁化联社业务发展和创新部揭牌开业，12月末韶关市区联社成立中小企业专营中心，为各类企事业单位和个体工商户提供更专业化、个性化的金融服务。三是在产品创新方面。2011年，辖内新丰、仁化、南雄、翁源等联社推出妇女小额担保贴息贷款、农家女金钥匙创业贷款、农村妇女创业贷款、汽车消费贷款和“红色创业信贷”贷款等，有效满足不同客户的信贷需求。

新业务发展迅速，金融服务功能不断完善 韶关农信社依托大集中系统，加强新业务培训、加大宣传和营销力度，加快开办网上银行、手机银行、支付宝卡通、珠江“福农卡”等新业务，增强核心竞争力和金融服务能力。8月，韶关农信社成功加入韶关地税POS直接入库系统，辖内联社陆续开办韶关地税POS刷卡实时缴税业务。为改善农村支付服务环境，提升农村金融服务水平，南雄、仁化联社在12月先后设立银行卡助农取款服务点。12月，韶关农信社参与的韶关市金融IC卡多行业应用全面开通。

完成信贷管理系统上线，强化信贷风险管理 2011年，韶关市联社成立信贷管理系统上线推广领导小组，制定工作方案，组织做好业务培训、数据整理、数据建账、数据校验和投产上线等5个阶段工作，推动全市农信社在5月底完成信贷管理系统上线工作，提高信贷风险管理水平。

参加社会公益活动，履行社会责任 一是继续落实“规划到户，责任到人”扶贫工作。2011年，韶关农信为挂扶的上嵩村贫困户投入扶贫开发项目资金约8万元，帮助上嵩村解决水利建设等问题。二是开展慈善募捐活动。6月，韶关农信社全体员工参与“广东扶贫济困日”和全市“慈善一日捐”募捐活动，共募捐善款11.4万元。2011年，全市农信社共开展募捐活动22次，捐款金额18.81万元。三是开展扶贫慰问活动。2011年，全市农信社共开展慰问扶贫活动33次，慰问老党员、离退休职工、以及挂钩扶贫困难户684人次（户），捐送财物合计约42.35万元。四是继续落实解决空白乡镇金融服务问题。曲江联社在4月初完成罗坑分社的挂牌开业工作，解决罗坑镇近7年来的空白金融服务问题。乐昌联社于10月在原ATM场所重新装修后设立的云岩分社挂牌开业，结束云岩镇近6年来金融机构空白的历史，采取定时服务的方式，为当地群众提供存、取、汇款等基础金融服务。（陈倩华）

附：领导班子成员名单

理事长：邱爱昌

主　任：何宗志

副主任：颜云天

【邮储银行】 自2007年11月成立以来，不断丰富业务产品，逐渐形成以本外币储蓄存款为主体的负债业务；以汇兑、转账业务、银行卡业务、代理保险业务、代收代付、理财等多种形式的中间业务；以小额信贷、商务贷款、小企业贷款、住房按揭贷款等为主渠道的资产业务，同时依靠遍布城乡的88个全国联网营业网点，124台自助存取款设备，走出一条以“网络联通城乡，服务便民惠民，支持百姓创富”为经营特色的发展道路。

2011年，全市邮储银行存款突破百亿元大关，贷款余额突破10亿元。同时，履行社会责任，服务民生。2011年，邮储银行承办第三批新农保试点扩面工作，全市累计参保人数达到21.4万人。为着力改善农村地区支付环境，在边远山区开办46个银行卡

助农取款服务点，得到社会各界的高度认可，并荣获2010~2011年度韶关市文明单位。（邓继兵）

附：领导班子成员名单

行　长：杨永华

副行长：赵宏春　奚琼霞(女)

保　险

【中国人民财产保险股份有限公司韶关市分公司】 2011年，人保财险韶关市分公司围绕“促发展、增效益、防风险”的工作主基调开展各项工作。全年实现保费收入3.05亿元，同比增长12.85%，其中车险保费收入2.26亿元，同比增长17.8%，非车险保费收入7874万元，同比增长0.66%，市场份额55.42%。全年支付各类保险赔款1.84亿元。2011年，荣获“韶关市文明单位”称号。

业务发展迈上新台阶 2011年，继续加快有效发展，保费规模首次突破3亿元大关，成为全市首家保费规模上3亿元的财产险公司。在发展方式上，加快转型步伐。车险方面，以提高车险理赔服务质量为抓手，发展家用车业务，同时，加快推进电销、网销等新兴渠道发展，有效促进车险业务发展。非车险方面，发挥技术优势，主动围绕韶关经济发展转型升级，围绕产业双转移政策精神，为全市主要工业园区、支柱产业、重点工程项目提供保障服务。拓展责任险，全市校园方责任险连续第6年全市统保，推动火灾公众责任险，安全生产责任保险、医疗责任保险等业务的开展。继续加强做好政策性农险业务。全年承保能繁母猪11万多头，农村住房44万多户，配合林权改制工作，发展林木保险。

加强依法合规管理，提高规范经营水平 坚持合规底线，持续加强内控合规建设，着力提升依法合规经营水平。继续与各部门、各单位负责人签署《合规经营责任状》，明确合规职责和违规责任追究办法，筑牢合规生命线。在全市系统深入开展反洗钱工作和“六五”普法工作，确保全体员工懂法、守法，将合规经营落到实处。牵头维护韶关市财险行业秩序，带头规范，促进行业自律，推进行业灰黑名单信息共享，营造良好发展环境。

提升理赔服务水平 针对群众反映比较强烈的理赔难问题，采取专项整顿措施，加快理赔速度，改进服务质量。结合开展车险“理赔无忧”活动方案，以加快理赔速度为重点，理顺接、报案、查勘定损等流程环节，简化客户索赔手续，明确理赔流程各环节、各岗位人员的责任，落实各岗位人员的量化考核和责任追究。加快小额赔案的定损效率。成立人伤案件中心，从源头上介入人伤案件处理，通过跟踪治疗全过程、开展事故调查、引导伤残鉴定和参与赔偿调解等措施，提高人伤案件专业化水平。

加强员工队伍建设 重视加强基层组织建设。丰富员工业余生活，增强企业和谐文化建设。强化预防措施，推进党风廉政建设。通过开展各层次的培训教育，提高员工的岗位工作能力。

（刘　斌）

附：领导班子成员名单

总经理：李劲松

副总经理：刘忠祥

总经理助理：余文峰

调研员：朱新平

【中国人寿保险股份有限公司韶关分公司】 2011年，中国人寿保险股份有限公司韶关分公司贯彻落实上级公司的工作部署，并结合实际，作出三年滚动发展基本计划部署，即在巩固“十一五”时期的发展成果前提下，“十二五”之首年开好局、起好步，进一步深入“转型”，夯实公司各方面的基础。并且围绕“服务韶关，做大做强，固本强基，科学发展”这一工作主题，全市系统戮力同心，紧盯市场谋发展，攻坚克难，开拓进取，实现公司更快更好地发展。

业务发展新突破 2011年，公司总保费突破8亿元大关，达到8.38亿元，市场份额达到48.61%，上升8.47%，继续占据寿险市场主导地位。包括代理集团业务在内，全年处理死亡给付支出1909.5万元，同比增长32.45%；伤残给付支出228.58万元，同比增长89.33%；医疗给付支出3861.98万元，同比减少0.76%；满期业务给付支出1.15亿元，同比增长74.22%；短期险业务赔款支出2147.89万元，同比减少1.56%。

服务覆盖全市各县 公司在全市各县均有客户服务柜面，以及专业高效的“95519”客户服务专线，形成覆盖全市的服务网络。现有近1500多名保险营销员、团体保险和银行保险客户经理，使中国人寿保险股份有限公

司韶关分公司成为客户身边最近的寿险服务商，仍是粤北地区寿险企业中规模最大、技术力量最雄厚、服务网络最健全的机构。2011年被评为“广东省客户服务质量银奖”，并荣获韶关市“保护消费者权益示范单位”称号。

客户服务水平不断提升　公司全体柜员团结一致，着力打造一支具有思考力的团队，提升整体风险把控能力，在服务方面以内/外部客户体验为导向，倡导“用心服务”，开展各种新颖的客户服务活动，提升客户对公司的认同度和满意度。同时，向广大市民宣导保险的风险管理、基本常识、公司品牌文化、公司产品与服务等内容，引导广大市民正确认识保险、增强保险意识和树立科学的保险消费观念。向客户发放“国寿鹤卡”，开展与“特约商家活动月”活动，为客户提供更多的附加值服务，丰富广大客户的物质文化生活，也使得更多的客户对公司品牌文化有更深刻的认识。通过“95519”客户服务专线、移动“95519”短信服务平台、国寿“1+N”品牌宣传，做好投诉处理工作，提升客户满意度。

加强公司队伍建设　公司着力发展业务的同时，加强销售队伍建设和诚信经营理念的教育培训。以“诚信我为先”活动和《销售人员行为规范》等系列条款的学习为契机，对销售人员进行营销员行为规范教育，抓好内控合规工作。为提升公司员工的岗位技能，提供培训学习的机会，持续增强公司持续发展能力。

履行社会责任　公司秉承“以人为本，关爱生命，创造价值，服务社会”的崇高使命，履行社会责任。2011年11月，向南雄市水口镇“中国人寿水口长征小学”捐助一批图书、学习用品和电子设备，并组织公司青年志愿者服务队到学校开展援教活动，为山区的孩子送去知识和温暖。

公司将强化“厚德善行”企业文化理念，继续巩固公司市场主导地位；强化风险管控，加强内部管理，加大宣传力度，坚持用心经营，诚信服务，履行社会责任，为客户提供更多更好的服务，实现公司“遵循规律，提升价值，稳中求进，重点突破”的新目标。　（郭彧玭）

附：领导班子成员名单

总经理：喻荣清

副总经理：张　辉　黄国维

总经理助理：于　浩

【阳光保险集团股份有限公司】

阳光保险集团股份有限公司是国内七大保险集团之一，由中国石油化工集团公司、中国南方航空集团公司、中国铝业公司、中国外运长航集团有限公司、广东电力发展股份有限公司等大型企业集团于2005年发起组建，注册资本金65.6亿元。公司股东实力强大，涉及行业广泛，股权结构合理，符合现代企业制度。目前拥有阳光财产保险股份有限公司和阳光人寿保险股份有限公司等多家专业子公司。

阳光财产保险股份有限公司韶关中心支公司是阳光财产保险股份有限公司下设的地市中心支公司，于2008年8月19日在韶关开业。

2011年，阳光财产保险股份有限公司韶关中心支公司共实现保费收入1364.54万元，其中机动车辆险保费收入717.78万元，企业财产险保费收入553.84万元，意健险保费收入92.92万元，综合赔付率为77.43%。保费占比在韶关地区13家财产保险主体排行第六位。

2011年，先后推出“快赔”、“闪赔”服务标准，不断刷新理赔周期。“快赔”指对凡单车损事故在5000元以下（非人伤）的案件，均可享受免单证，报案后24小时内赔付的服务。第一次将理赔主动权由保险公司转交至客户手中。“闪赔”服务是“阳光e车险”客户专享，5000元以下（非人伤）案件免单证，报案24小时内赔付，如有延时，执行实际赔款金额的100倍罚息。车主可以先拿到赔款，后由阳光产险理赔人员协助车主补办相应理赔资料。不仅提升现有车险理赔服务标准，还推动车险从拼销售走向拼服务的良性轨道，树立起车险服务的新标杆，已成为车险行业新一轮服务升级的重要推手。为兑现“闪赔”服务承诺，阳光产险还在中国消费者协会专门设立100万元的阳光“闪赔”专项服务承诺保证金，作为“阳光闪赔专项服务”的罚息保证金，并邀请中国消费者协会作为“闪赔”服务监督单位。

创新性提出“三维通赔”服务模式，即全国范围内甲地承保、乙地查勘、丙地领款。

为体现支持低碳环保、共享阳光的企业理念，结合客服节“低碳环保”的活动主题，组织开展“阳光绿道行”单车低碳出游活动。绿道单车低碳出游公益活动的举办，不但宣导低碳、环保的生活理念，更多的是体现阳光人的集体主义精神和团结互助精神。（陈丽琼）

附：领导班子成员名单

总经理：庞强旭

证券期货

【广发证券韶关解放路营业部】 广发证券在韶营业部共四家，分设浈江区解放路、武江区新华南路、曲江区府前中路及南雄市新城区。其中，浈江区的韶关解放路营业部作为一级营业部，统一管理其他三家营业部。广发证券股份有限公司韶关解放路证券营业部，原广发证券股份有限公司韶关文化街证券营业部，位于韶关市浈江区解放路40号金友大厦。该营业部前身为广东发展银行韶关分行证券部，是粤北地区首家集证券咨询、办理国内、二级证券市场业务和开发的综合性证券机构，首批获得中国证监会批准的股指期货IB业务的试点营业部之一，增办融资融券业务。广发证券在韶营业部，均已成为粤北地区规模最大，具备高素质专业人才队伍，交易品种最多，设施先进、无不良资产的证券经营机构。

经营规模　多年以来，营业部全体员工围绕公司“以客户为中心，以市场为导向”的经营方针和工作计划，振奋精神，统一思想，加速转型。在开源节流、业务拓展、管理与效率提升、风险控制与防范方面等取得良好的成绩，在社会上树立良好的社会形象，赢得社会各界的信赖，投资者开户数量迅速增加，成交量节节上升。

基础建设　营业部坚持严谨规范、进取创新，得到上级领导肯定，多次受到表彰。营业部拥有高素质的专业人才和良好的投资环境：现有员工中100%是具有大专以上学历的从业人员，以本科和研究生为主。市区营业部营业面积2000多平方米，设有营业厅、中户室、大户室和专户室；交易可采用电话、互联网、小键盘、手机及超级自助终端等方式进行；装备目前最先进的计算机服务器及高速网络，同时配置钱龙分析系统、大智慧分析系统。特别是通过广发证券公司设立在上海、深圳、北京、广州的证券信息网络，随时把握市场动态。

经营管理　营业部始终以国家有关法律法规为准绳，坚持稳健、规范的原则，坚持守法经营、诚实守信，以优质的资产和服务给投资者一个良好的信誉保障。在内部管理中营业部不断完善内部控制机制，目前已制定实施的内部管理制度达80多项，做到分级负责、配合协调、权责分明、有章可循，保障经营活动的安全高效运作。

业务品种和服务项目　面对日益激烈的市场竞争，营业部秉承“知识图强、求实奉献”的广发精神，不断挖掘潜力、努力创新，开办一项又一项适合不同层次、不同类型投资者要求的业务品种与服务项目。

交易品种：1.深圳、上海交易所A股、B股、权证交易；2.融资融券交易；3.股份转让市场交易；4.基金和投资基金交易；5.企业债券、国债现货和国债回购交易；6.“金快线”现金管理产品。

服务项目：1.受理深沪证券帐户卡、股份转让账户卡、开放式基金账户开户；2.账户查询、变更、挂失补办；3.期货（包含股指期货）中间介绍业务；4.多银行三方存管服务：中行、工行、农行、建行、广发行等16家主要商业银行及其他地方银行；5.多样化委托服务：电话自助委托、热键自助委托、网上交易、手机炒股；

特色服务项目：1.客户经理服务：营业部配备客户经理，为客户提供信息咨询服务；2.信息资讯服务：广发网咨讯分析服务、场内IPTV实时股评服务、网上预约开户、定期巡回咨询服务；3.金管家服务体系：将客户服务、信息资讯服务与投资活动、咨询活动结合，由专职分析师、财富顾问组建的服务团队直接管理服务，为客户量身打造的专业管理平台；4.金管家“睿组合”投资资讯服务。

关心社会、热心公益　2000年到2011年期间，营业部多次组织员工进行捐款，往灾区献爱心；员工自发组织前往韶关市社会福利院帮助、关怀孤寡老人；2010年通过福利院，认养一名孤儿。近年来亦多次对员工家属进行病痛爱心捐款，互帮互助。

经营业绩　1996年至1999年，营业部连续被评为广发证券系统A级单位，“先进集体”；1997年，荣获省金融系统“创文明”单位荣誉称号；1998年被广东省证监会和省证券业协会评为广东证券行业“文明单位”；1999年度广东证券业行业“文明单位”；1997年至2000年参加韶关市金融系统举办的各类比赛，多次获奖；2004年度经纪业务系统先进营业部；2006年度经纪业务系统先进集体；2008年度经纪业务系统“先进营业部”的荣誉称号；2009年被广东证券期货业协会“优秀信息员单位”的荣誉称号；2010年被《证券时报》评为“中国最佳区域证券营业部”。

前景展望　2010年开春，广发证券股份有限公司借壳上市(股票代码000776)，为股票市场注入鲜活的生命力。对证券营业部来说既是机遇，更是挑战，公司将继续规范管理、稳健经营、无私奉献，全心全意为粤北山区的经济建设服务，为广大证券投资者服务。　(张　磊)

附：领导班子成员名单

总经理：钟国文

【华泰长城期货有限公司韶关营业部】　韶关营业部成立于2008年，是韶关当地唯一一家期货有限公司。2010年9月，公司由长城伟业期货有限公司更名为华泰长城期货有限公司。

营业部内设5个岗位部门，即开户与合同管理岗、财务岗、市场开发岗、信息技术岗和风控岗，由营业部总经理统一管理，目前在职员工9人。营业部拥有一支专业的投资咨询和套保套利的策划团队，在8名员工当中，从事期货行业5年以上的就有3名员工。公司控股股东为华泰证券股份有限公司。

服务客户　在近4年时间的经营实践中，韶关营业部逐步摸索出一条“营销+服务+培训”的路子，客户开发人员具有强烈的开拓进取精神，后台人员则全身心地服务客户，并通过“长城烽火台”等一系列公司的品牌活动，为期货投资企业或个人举办过多场期货知识讲座及论坛，为投资者树立正确的投资理念以提高操作水平，为相关企业客户提供量身定制的套期保值方案。

业务范围　韶关营业部以有色金属、钢材为重点期货开发品种。经营范围主要为商品期货和金融期货。商品期货品种有：黄大豆一号、黄大豆二号、豆油、豆粕、玉米、塑料、PVC、棕榈油、铜、铝、锌、黄金、白银、螺纹钢、天然橡胶、焦炭、棉花、白糖、强麦、硬麦、籼稻、PTA、菜子油。金融期货品种主要是股指期货和国债期货。

(贺韩晗)

附：领导班子成员名单

总经理：李文峰

旅游·服务业

旅游管理

【概况】 2011年，韶关市旅游局围绕打造国内首选、世界知名的岭南生态休闲度假胜地、户外运动天堂的目标，结合实际，发挥特色，挖掘本土旅游资源，推进旅游开发，完善旅游基础设施，加大宣传促销力度，拓宽国内外旅游市场，提升旅游综合服务能力，特别是协助国家旅游局、省人民政府举办2011广东国际旅游文化节，开创全市旅游工作的新局面。2011年全市共接待游客总人数1841.33万人次，同比增长16.39%；实现旅游总收入129.85亿元，同比增长21.56%，完成各项工作目标。

【广东国际旅游文化节在韶关举办】 2011年广东国际旅游文化节于11月5日在韶关市开幕。中共中央政治局委员、广东省委书记汪洋，希腊副总理潘卡洛斯、国家旅游局局长邵琪伟，广东省委副书记、代省长朱小丹等领导出席开幕式并发表讲话。

当天的嘉年华活动中，参加巡游的花车共有40多辆，分别代表着国际友好省州、港澳、兄弟省区、广东省各地以及华侨城、长隆、迪士尼等国内外知名旅游企业。文化节期间，泛珠三角旅游招商会、花车大巡游、旅游嘉年华巡游巡演、2011年国际友城文艺晚会、2011年海外杰出华人广东行系列活动、岭南民间艺术汇演等大型活动也在韶关纷纷上演。

本次国际旅游文化节是韶关有史以来规格最高、规模最大、内容最丰富、安保最艰难、宣传推介最广、形象展示最美的一次大型节会活动。本届国际旅游文化节以“注重实效，突出特色，全民共享”为办会目标，以推动和促进旅游文化产业发展为目的，通过举全市之力，精心策划安排，严密组织实施，完美落幕，展现出一流的组织、一流的服务、一流的安保，实现“节俭、特色、共享、实效、惠民、不一样精彩”的目标，达到群众高兴、领导满意、宾客好评、皆大欢喜的“韶关行，好心情”的良好效果，聚集人气，拉动消费，活跃韶关旅游文化市场，推动旅游文化的发展，扩大韶关的美誉度和区域中心城市的影响力。具体成效可概括为“六个首创新高”：形象展示的完美度首创新高，宣传推介的影响度首创新高，干部群众的赞誉度首创新高，群众参与和共享度首创新高，组织策划的精细顺畅度首创新高，促进发展的收益率首创新高。

【旅游协会换届】 1月6日，韶关市旅游协会换届大会在莱斯大酒店召开。大会审议《韶关市旅游协会第二届工作报告》；通过《韶关市旅游协会第三届理事会会费管理办法》、《韶关市旅游协会选举办法和程序》；市旅游局局长陈波当选为韶关市旅游协会第三届理事会会长，刘楚龙、刘西钦当选为常务副会长，欧国良等人当选为副会长，钱旭正当选为秘书长，同时还选举产生常务理事、理事等。

【参加广州国际旅游展览会】 3月24日至26日，韶关市旅游局组织包括全市各地旅游局、景区、旅行社、酒店及新闻媒体共80多人组成的代表团，参加由广东省旅游局和广州市旅游局指导，汉诺威米兰展览（上海）有限公司主办的第19届广州国际旅游展览会。在26日的闭幕颁奖会上，韶关市旅游局获得2011年广州国际旅游展览会最佳组织奖。

【韶关旅游资源受青睐】 4月初，组织全市景点参与南方都市报最大型主题策划活动“广东人最喜爱的旅游目的地”评选活动。韶关凭借着其优质的旅游资源与持续性的市场推广，赢得港澳及珠三角游客的青睐，最终成功入选“广东人最喜爱旅游目的地”。韶关市另有世界自然遗产丹霞山、乳源大峡谷、南岭国家森林公园和丽宫国际旅游度假区分别入选人文奖、神秘奖、生态奖等奖项。

【举办旅游日宣传】 5月19日上午，由市旅游局组织举办的2011年“中国旅游日”宣传活动，在市区风度名城广场隆重举行，吸引众多市民参与。韶关市副市长兰茵、市旅游局局长李晓林出席活动并发表讲话。各县（市、区）旅游局、丹霞山管委会有关负责人出席。启动仪式上，兰茵、李晓林等向自行车队伍代表授旗启动“韶关绿道旅游”活动，并为“韶关市十大美景评选”投上代表性一票，向市民代表赠送《大美丹霞》、《发现乳源》、《韶关之旅》等旅游系列书籍。

【旅游管理人员培训】 5月30日，为提高韶关市旅游接待水平，做好2011年广东国际旅游文化节韶关主会场的接待工作，由旅游局主办、为期两天的全市旅游企业管理人员培训班在市电信大楼二楼视频会议厅举办。此次培训班是韶关市历年来规模最大、覆盖面最广的一次旅游业培训活动，并首次采用市区主会场与县（市、区）分会场视频方式同步培训的方法，全市景区、酒店、旅行社总经理和部门经理参加培训。

【举办旅游推介会】 6月8日，市旅游局局长李晓林率领由10多家韶关旅游企业组成的推介团启程前往香港，参加2011年香港国际旅游展并开展一系列旅游交流活动，向国内外客商推介韶关旅游。8月16~17日，由副市长兰茵率队，分别在北京、天津成功举办“世界遗产地　中国丹霞山”韶关旅游推介会，现场推介四条旅游精品线路，为北京、天津市民带来丰富精彩的游程，并为当地旅行社组团、自驾车队、专列、包机、大型团队及市民前往游览提供各种奖励和门票折扣优惠。

【导游资格考试与培训】 3月27日和9月25日，局配合省旅游局分别组织2011年的两次导游资格考试，笔试考场均设在市第十中学，口试考场设在大丹霞酒店，先后共有588名考生参加考试。6月14日至15日，在市旅游从业人员培训基地所在地市中等职业技术学校举办2011年广东国际旅游文化节系列培训之导游培训班。广东省导游协会会长郑文丽女士、高级导游员江澜女士应邀专程前来授课，参训人员共200多名。同年8月30日，在市中职学校举行2011年广东国际旅游文化节主会场（韶关）导游培训班。在开班仪式上，省旅游局培训处处长李振德做重要讲话。全市从事旅游业的导游（讲解员）人员共220人参加。第二天组织培训人员前往丹霞山景区进行实地培训演练。

【首届政务导游员选拔】 8月17日，下发《关于选拔首批韶关市政务导游员的通知》，通过规定政务导游员的有关要求，正式启动此项活动。10月25日，市旅游局在北苑宾馆举行韶关市首届政务导游（讲解）员颁证暨导游培训开班仪式。经过几个月的选拔，产生韶关市首届政务导游（讲解）员共20名。其中政务导游员15名、政务讲解员5名。市旅游局向政务导游（讲解）员颁发证书并签订聘任合同。

【参加首届中国（广东）旅游产业博览会】 9月2日至5日，副市长兰茵率领包括旅游行政部门、景区、旅行社、酒店及新闻媒体共80多人组成的韶关代表团参加由国家旅游局和广东省政府举办的首届中国（广东）旅游产业博览会，携带各种宣传画册、纪念品10多万份。作为省会广州以外的广东国际旅游文化节的首次主办地，韶关展位布展奇特醒目，特色鲜明，吸引大批观众和参展者，成为首届“广东旅游产业博览会”的亮点。

【韶关市旅游宣传口号征集】 9月17日上午，韶关市旅游主题形象宣传口号征集评选结束，“元起丹霞，禅蕴韶关”、“韶关行，好心情”2件作品被评为优秀奖，另有10件作品获入选奖。

【举办民家采风活动】 9月26~29日，为做好2011年广东国际旅游文化教育节期间中国（韶关）旅游目的地发展高峰会议的筹备工作，举办“三名”（名作家、名专家、名记者）采风活动。采风团一行考察参观南华寺、马坝人遗址、珠玑巷、丹霞山等地。

【在韶关举行“中国（韶关）旅游目的地发展高峰会议”】 11月6日，由韶关市人民政府、《中国旅游报》联合主办，2011年广东国际旅游文化节主会场活动之一的“中国（韶关）旅游目的地发展高峰会议”在韶关风度华美达广场酒店三楼宴会厅隆重举行。国务院研究室综合司司长陈文玲、国家旅游局质量监督管理司副司长蔡家成、韶关市人民政府市长艾学峰、广东省旅游局副局长张振林、《中国旅游报》副总编辑马力等领导，全国著名的旅游专家学者，以及海内外旅游业界代表共300多人参加会议。

【星级饭店复核】 10~12月，开展2011年度星级饭店复核工作，对照旅游星级饭店划分与评定标准，对全市星级饭店进行复核；对龙翔大酒店、曹溪温泉酒店、方圆民族温泉宾馆进行评定性复核。并对市区幸福华庭商务酒店、仁化锦城宾馆申报四星级进行检查指导并下发整改意见。同时，取消韶关市粤通大酒店（三星级）、韶关市明珠大酒店（三星级）、韶关市艺苑大酒店（三星级）、乐昌市广铁漂流大酒店（三星级）的星级资格。

【景区创A工作成果】 市旅游局继续加强指导景区等级评定工作，截至2011年底，韶关市有5个景区成功创建等级成功。其中，丹霞山创建成为国家AAAAA级旅游景区，古佛洞天、丽宫温泉旅游度假区创建成为国家AAAA级旅游景区，金鸡岭、天井山国家森林公园创建成为国家AAA级旅游景区。

【新成立的旅行社和评审的星级饭店】 新批准成立3家旅行社，分别是南雄市迎宾旅行社、翁源县团结旅行社、韶关市悠游旅行社。2011年，局对全市申报评星级的饭店进行检查评定，共评出1家四星级饭店（曲江友好大酒店）、5家三星级饭店（仁化锦城宾馆、韶关市绿苑酒店、始兴顺风楼酒店、乐昌汇丰酒店、南雄雄州大酒店）、1家二星级饭店(仁化县联城酒店)。

景区建设和开发情况

【概况】 根据市委、市政府“大交通、大旅游、大产业”的发展蓝图，韶关市推进旅游文化产业招商引资，旅游文化产业招商呈现蓬勃发展势头。2011年，全市共引进落户旅游文化产业项目53个，投资总额218.6亿元，实际到位资金26亿元，预计建成后年产值达到117亿元。实施旅游项目带动战略，大丹霞、大南华、大南岭、大珠玑“四大”旅游经济圈取得新的进展，一批旅游建设项目正在推进之中。截至2011年底，全市已建成收费景点33个，其中国家AAAAA级旅游景区1个，国家AAAA级旅游景区5个。

【大南华文化旅游创意产业园】 大南华文化旅游创意产业园是曲江区人民政府与广西海湾智库市场开发有限公司“印象·刘三姐团队”洽谈策划，并邀请深圳华强集团合作开发的文化旅游项目。项目占地266.67公顷，总投资36亿元。初步规划用三到五年时间，分三期建设：首期“南天佛国”禅宗文化园；二期风度唐城创意园；三期方特乐园。截至2011年底，该项目完成可行性报告，并列入省“十二五”重点项目。同时，完成一期用地40公顷的项目征地工作，还先后投入1.5亿元用于国道106线改道工程、曹溪河水利防洪工程和安全饮水工程等基础设施建设。

【小坑锦绣南华大森林温泉世界旅游度假村】 大森林温泉世界旅游度假村项目是由中山市永冠国际投资有限公司投资20.61亿元建设。规划土地面积为16.8平方公里，建筑面积约12万平方米。项目总体目标以温泉为核心载体，以休闲养生为目的，整合森林、泉溪、峡谷、禅乐、乡村、动植物、田园资源，建成具有国际品质、中国首家禅乐养生度假目的地和中国AAAAA景区。该项目一期预计于2012年建成正式投入营业，小坑锦绣南华大森林温泉世界旅游度假村项目将与南华寺、丹霞山一起，打造韶关旅游的金三角、形成礼佛南华寺、奇观丹霞山、休闲大森林的韶关三雄。

【南雄奥威斯龙华山星级温泉休闲度假中心】 该项目计划投资20亿元，截至2011年底，投入资金6570万元，已建成一栋9层高级商务套房项目，装修好外墙和2间样板房，并修建一条由国道323直达该温泉酒店的奥威斯旅游大道，全长3.75公里，已完成全部路基。同时，还投入1350万元资金，正在按工作计划与村民协商，推进50公顷的征地工作。

【古佛洞天景区】 2011年，该景区加快游客中心的建设，将旅游咨询、投诉、导游服务医疗救助、紧急救援等集中在游客中心。并集中打造一批生态游道、栏杆、指示牌、休息椅、休息长廊、购物中心、阅览室等。同时，建造生态会议室和大型停车场各一个，对溶洞餐厅进行大面积的扩建和整改，对景区老化、破旧的设施进行修复翻新，美化、绿化、净化方面进行更新改造，完善其配套功能。

【金鸡岭风景区】 2011年，景区先后投入约1500万元，加快区域内环境整治力度，修缮原有的客房和餐厅等设施的房顶，更换景区所有的中英文指示、指路标识牌及景点简介牌、垃圾箱、对景区内的厕所、水路进行改造和修缮等，同时扩大景区主要景点金鸡石旁边的观景台，完成禅源寺的部分土石方工作。通过这一系列的改造工作，使景区面貌焕然一新，并顺利评定为AAA景区，提高金鸡岭的知名度和影响力。

【天井山国家森林公园】 自2003年10月成立至今，广东天井山森林公园共计投入景区建设资金2477.48万元。8年多来，公园开发建设公园中心管理服务区、生态长廊景区、广东屋脊景区和粤凰生态科技园等4个景区(点)；升级改造景区公路38.48公里；建成游道6.5公里；完成云锦山庄升级改造工程，使其成为拥有床位83个、餐位140个的集餐饮、住宿和会务接待于一体的三星级酒店；建设和完善游客中心、文体中心、天井山自然科学馆、天井山市场和职工卫生院等旅游基础设施和服务设施，成为集养生度假、探险觅奇、科学考察和科普教育于一体的国家级森林公园。

【铜钟寨景区】 该景区自2008年10月对游人开放以来，先后共投入550多万元用于景区的开发建设。2008年，投入约250万元进行景区规划。2009年，投入约200万元完成生态长廊景区通道、护栏、生态解说牌等设施。2010年，投入约10万元建设生态长廊两旁果树。2011年，投入省旅游景点建设资金30万元，新建铜钟寨景区大门、星级厕所和绿化工程、大铜钟寨旅游区导游图和更新制作一批旅游标识牌等。每年生态保护投入约20万元。同时，结合全市创A工作要求和始兴县创建“广东省旅游强县”工作的部署与安排，开展铜钟寨景区创A各项工作。目前，正按照《铜钟寨景区创A工作实施方案》的要求推进。同时，铜钟寨景区正在筹建万亩桃花园，为爱情之山增添“桃花谷”元素。

【深渡水生态景区】 为夯实深渡水生态休闲旅游基础设施，提高社会投资吸引力，实现旅游富村旺乡，2009年争取到40万元深渡水旅游扶贫资金。2010年，投入该项扶贫资金用于建设旅游厕所、停车场、观景台、观景小道以及标识标牌等。2011年1月1日，深渡水生态景区正式落成。同时，为利用深渡水生态景区位处广东省自驾游十佳线路之一的优势，引导农户开展“农家乐”旅游活动。2011年春节，共推出10户“农家乐”旅游接待示范户接待广大游客在当地吃住。结合始兴县绿城行动，深渡水乡政府于2011年开春之际，种植梅树600多棵，打造长梅村梅花长廊。

全市主要景区、景点

【概况】 截至2011年底，全市已建成收费景点33个，其中国家，AAAAA级旅游景区1个(丹霞山)，国家AAAA级旅游景区5个（曹溪温泉度假村、广东大峡谷、丽宫国际旅游度假区、古佛洞天景区、云门寺佛教文化生态保护区)，不收费景点和农家乐、乡村游等特色景点数十个，旅游景区、景点基本上覆盖生态、文化、民俗、宗教等各方面。

韶关市景区景点基本情况表

表19-1

单位名称	地址	电话号码	传真号码	负责人	A级	A级评定
韶关市丹霞山风景名胜区	广东省韶关市丹霞山	6291683	6291689	黄大维	AAAAA	2012
韶关市国家森林公园	韶关市南郊二公里国营韶关林场	8293219	8293363	钟志勋		

续表 19-1

单位名称	地址	电话号码	传真号码	负责人	A级	A级评定
韶关市博物馆（新馆）	韶关市武江区工业西路	8172290	8172290	王若枫		
南华寺	曲江区	6676761	6666003			
曲江区马坝人遗址管理处	曲江区马坝狮岩路3号	6666955	6666955	梁雪萍		
曲江区曹溪温泉假日度假村	韶关市曲江区马坝镇转溪桥头	6666666	6658388	周楚钧	AAAA	2006
曲江百丈崖漂流	韶关市曲江区沙溪镇老郭屋村	6611498	6611444	王建华		
曲江区枫日泉温泉	韶关市曲江区枫湾镇白水村委会	6582888	6582777	何　斌		
始兴县满堂围景区	始兴县隘子镇满堂村	3206999	3206999			
始兴县东湖坪景区	始兴县太平镇东湖坪村	3162688	3333211	黄全胜		
始兴县车八岭生态旅游有限公司	始兴县都亨樟栋水	3462114	3462418	饶纪腾		
乳源大峡谷旅游发展有限公司	乳源县大布镇	5458338	5458228	欧柏余	AAAA	2009
乳源天景山仙人桥风景区	乳源县大布镇	5461196	5461195	陈龙春		
乳源南岭国家森林公园	广东省乳源县五指山	5232038	5232303	魏能强		
乳源县云门寺	乳源县云门寺	5382757	5371577		AAAA	2010
乳源县天井山森林公园	乳源县洛阳镇	5468388	5468545	梁东成	AAA	2011
乳源县必背瑶寨	乳源县必背瑶寨	5420888	5210933	李　恪		
乳源县丽宫国际旅游度假区	乳源县乳城镇侯公渡过青岗	5223388	5223399	万　文		
仁化县灵溪河漂流	仁化县周田镇	6421308	6421398	陈维新		
仁化县丹霞山性文化博物馆	仁化县丹霞山金霞小区	6298333	6293999	林祥伦		
新丰县云髻山	新丰县丰城街道办事处	2298286	2298286	唐皓明		
乐昌市金鸡岭风景区管理处	乐昌市坪石镇登峰路55号	5522216	5522216	邓伟凤	AAA	2011
乐昌古佛洞天景区	乐昌市河南月坵	5503598	5503598	郭志豪	AAAA	2011
乐昌三龙谷（龙王潭）	乐昌市廊田五山交界处	5600833	5600833	廖光生	AAA	2010
乐昌市九峰农家乐（九峰农产品流通合作社）	乐昌市九峰镇人民政府大院内	5722288	5720447	吴丽娟		
乐昌市龙山温泉度假村	乐昌市廊田镇	5631028	5631028	贾建平		
乐昌市7011旅游点	乐昌市坪石镇	5520867	5520867	张伙泰		
乐昌市白水寨生态园	乐昌市五山镇大乐村（东洛水库旁）	5631233	5631233	刘东升		
乐昌市洞天生态庄园	乐昌市后洞林场内	5501204	5501074	李良昌		
南雄市珠玑巷	南雄市珠玑镇	3612684	3612684	侯声安		
南雄市钟鼓岩	南雄市珠玑镇梅岭村	3591039		何辉阳		
南雄市梅关	南雄市珠玑镇	3591765	3591765	吴莫雄		
翁源县东华山旅游风景区	翁源县东华山	2867488	2820772	释万行		

全市主要旅游行社

【**概况**】 截至2011年底，全市共有旅行社54家。其中，市区旅行社（含曲江区）有30家，各县(市、区）有24家。

全市主要旅行社

表 19-2

单位名称	地址	总经理	电话号码	传真号码	邮编	现许可证编号
韶关市中国旅行社有限责任公司	韶关市熏风路12号综合大楼一、二楼	刘西钦	8877796	8877761	512000	L-GD-CJ00095
广之旅韶关分公司	韶关市熏风路12号2楼	任力强	8882622	8894215	512000	L-GD-CJ00004-SG001

续表 19-2

单位名称	地址	总经理	电话号码	传真号码	邮编	现许可证编号
韶关广之旅旅行社	韶关惠民北路18号	李光汉	8895688	8886218	512026	L-GD00295
韶关市旅总旅行社	韶关市熏风路12号1楼	任力强	8882622	8894215	512000	L-GD00296
韶关市粤泰旅行社有限公司	韶关市风采路104号首层	黎解明	8919733	8919732	512000	L-GD00313
韶关市中天旅行社有限公司	熏风路24号	邓志华	8888678	8882277	512000	L-GD00297
韶关市第一村旅行社有限公司	韶关市园前路4号供销大厦15楼	饶仲斌	8887732	8890252	512000	L-GD00304
韶关市大丹霞旅行社有限公司	韶关市解放路128号大丹霞酒店八楼	蔡育生	8888110	8888628	512000	L-GD00311
韶关市商会旅行社	韶关市园前路9号	伍怡昌	8890138	8871337	512000	L-GD00298
韶关市教育旅行社	韶关市浈江区东河十二横巷11栋104房	李伟东	8892992	8895764	512000	L-GD00308
韶关市友好旅行社	韶关市熏风路市委对面	王建华	8910623	8914970	512000	L-GD00306
韶关市国之旅旅行社有限公司	韶关市解放路49号	李丽嫦	8914688	8914198	512000	L-GD00299
韶关市健之旅旅行社有限公司	韶关市熏风路富康大厦首层	郑维贤	8888960	8884291	512000	L-GD00314
韶关市风采假日旅行社有限公司	市东堤南路军分区大门右侧	温健强	8880433	8873123	512000	L-GD00310
韶关市凤凰假期旅行社有限公司	韶关市浈江区北江北路1号财富广场A单元2801号	杨　凯	8866222	8879868	512000	L-GD00312
韶关市快乐假期旅行社有限公司	韶关市浈江区风采路风采广场301号	彭韶雄	8878818	8877771	512000	L-GD00300
韶关市开心假日旅行社有限公司	韶关市北江北路1号财富广场A单元1710号	迟长福	8868880	8868080	512000	L-GD00307
韶关市国泰旅行社有限责任公司	韶关市风度北路中港大厦408	王　晶	8889111	8889222	512000	L-GD00301
韶关市喜安交通旅行社	韶关市站道56号汽车客运站二楼	潘　欣	8765008	8766626	512023	L-GD00315
韶关市中青旅行社	韶关市园前路4号601房	何月华	8863388	8866988	512000	L-GD00309
韶关市职工旅行社	韶关市浈江区风度南路8号茗景大厦201号	温韶军	8885311	8886311	512023	L-GD00305
韶关市风情旅行社	韶关市工业西8栋之一103室	颜　祯	8531796	8534204	512026	L-GD00303
韶关市完美假期旅行社	韶关市武江区新华北路28号	刘育瑛	8764808	8616010	512026	L-GD00303
韶关市康泰旅行社有限公司	韶关市浈江区熏风路14号鼎禾会社503室	马超展	8889200	8886200	512000	L-GD01076
韶关市韶之旅旅行社有限公司	韶关市浈江中路十二横巷东城大厦C座二层7号铺	赖新兴	8883060	8883070	512000	L-GD01096
广东中旅（韶关）旅行社有限公司	韶关市东堤横街13号首层一号商铺2楼	肖思伟	8879639	8911022	512000	L-GD01146
韶关市浈江区悠游旅行社有限公司	韶关市浈江区熏风路12号东南大夏1004房	肖思伟	8879802	8186868	512000	L-GD01331
曲江区旅游公司	曲江区马坝镇文化路	梁志勇	6666003	6666003	512100	L-GD00316
曲江区阳光旅行社	韶关市曲江区城南大道国土局对面	陈伟军	6677345	6677335	512100	L-GD00317
曲江区风光旅行社有限公司	曲江区马坝镇鞍山路32号	虞平凡	6664839	6667103	512100	L-GD00318
始兴县客家风情旅游有限公司	始兴县城红旗路60号	黄全胜	3333211	3333211	512500	L-GD00335
始兴县九龄旅行社有限公司	始兴县太平镇公教路56号1栋	饶立和	3326777	3325777	512500	L-GD00334

续表 19-2

单位名称	地址	总经理	电话号码	传真号码	邮编	现许可证编号
仁化县丹霞山旅行社有限公司	仁化县城滨江路1号富凯华城1幢13号	戚建红	6353384	6353418	512300	L-GD00323
仁化县丹霞山中旅社	丹霞山风景区内	罗锦灵	6291180	6298228	512300	L-GD00324
翁源县旅游公司	翁源县龙仙镇幸福南路89号	张镜清	2820176	2875247	512600	L-GD00329
翁源县友谊旅行社有限公司	翁源县城朝阳路45号	赖志琴	2820838	2874395	512600	L-GD00331
翁源县龙翔旅行社有限公司	翁源县龙翔大道8号（龙翔大酒店内）	何志华	2815099	6128388	512600	L-GD00330
翁源县兰友旅行社	翁源县龙仙镇幸福路132号	许立英	2818899	2819899	512600	L-GD00949
广州豪旅旅行社有限公司翁源分公司	翁源县龙仙镇龙英路144号	杨清娥	2818809	2818808	512600	L-GD00977-WY001
翁源县团结旅行社有限公司	翁源县建设一路259号	徐振标	2866282	2866282	512600	L-GD01283
乳源县天翔旅行社有限责任公司	乳源县乳城鹰峰东路	汤永强	5381111	5374881	512700	L-GD00333
乳源县瑶家源旅行社有限公司	乳源县乳城鹰峰西路总工会一楼5号	邓阳丁	5384939	5370102	512700	L-GD00332
乳源瑶族自治县南岭瑶乡旅行社有限公司	乳源瑶族自治县乳城鹰峰东路2号	王衍明	5388648	5388648	512700	L-GD00915
新丰县旅游公司	新丰县丰城镇法政路4号	金铃子	2260100	2260101	511100	L-GD00328
新丰县阿婆髻旅行社有限公司	新丰县丰城镇公园内2号（新丰县旅游局旁）	张秀芹	2288610	2288510	511100	L-GD00326
新丰县交通旅行社有限公司	新丰县丰城镇法政路4号	谢海生	2259335	2262345	511100	L-GD00327
乐昌市金鸡岭中国旅行社	乐昌市坪石镇金鸡南路3号	陈忠英	5528388	5527427	512229	L-GD00322
乐昌市旅游有限公司	乐昌市金融路33号	罗发明	5556867	5553027	512200	L-GD00321
乐昌市长城旅行社	乐昌市昌山西路65号	蔡克勤	5565088	5568122	512200	L-GD00320
乐昌市中青旅行社	乐昌市文化路紫荆花苑8栋13号	曹建国	5566988	6168928	512200	L-GD00319
乐昌市开心假日旅行社有限公司	乐昌市乐城文化路顺易华庭愉景轩A19号铺	付军祥	1.4E+10	5558133	512200	L-GD01119
南雄市旅游公司	南雄市三影塔广场十三栋7-8号	侯声安	3835288	3822909	512400	L-GD00325
南雄市幸福旅行社有限公司	南雄市雄州镇永康路4-5号	沈学英	3881118	3861118	512400	L-GD01039
南雄市迎宾旅行社有限公司	南雄市三影塔广场13号楼一层36号门店	刘益明	3888229	3888229	512400	L-GD01238

全市主要宾馆、酒店

【概况】 截至2011年底，全市共有星级饭店53家（5星1家，4星6家，3星38家，2星6家，1星2家）。其中，市区（含曲江）星级23家，5星1家，4星3家，3星18家，2星1家。

全市主要宾馆、酒店一览表

表 19-3

单位名称	星级	法人	单位所在地（地址）	邮编	电话号码	传真号码	地区
莱斯大酒店	5	刘楚龙	韶关市浈江区启明北路	512000	8198888	8192222 8198199	浈江
韶关市西河流花宾馆	4	赵英华	韶关市新华北路138号	512000	8636668	8770551	武江

续表 19-3

单位名称	星级	法人	单位所在地（地址）	邮编	电话号码	传真号码	地区
曲江县曹溪假日温矿泉度假村有限公司	4	李裕桥	曲江区马坝镇转溪桥头	512126	6666666	6658996	曲江
曲江友好温泉商务酒店	4	范桂华	曲江区马坝镇	512000	6678888	6653388	曲江
乳源县方圆民族温矿泉酒店	4	周瑞芳	乳源鹰峰西路 50 号	512700	5222222	5222333	乳源
翁源县龙翔大酒店	4	何志华	县城龙翔大道 8 号	512600	6128888	6128563	翁源
乐昌迎宾大酒店	4	胡迎胜	乐昌市乐城红星南路	512200	5555555	5579555	乐昌
韶关市绿苑酒店	3	付　波	韶关市西堤路北路 12 号	512000	8803333	8188388	浈江
韶关市小岛饭店	3	陈庆年	韶关市西堤北路	512000	8188188	8188183	浈江
韶关市丽晶酒店	3	陈维锋	韶关市浈江区北江路 2 号	512000	8210218	8210828	武江
韶关市湖心宾馆	3	黄碧云	韶关市西河工业东路 17 号	512000	8176082	8176182	武江
韶关市北苑宾馆	3	张广生	韶关市风度北路 122 号	512000	8188828	8188808	浈江
国林宾馆	3	陈朝洪	韶关市站南路	512000	8251244	8211103	浈江
金源酒店（韶关）有限公司	3	陈济健	韶关市风采路 66 号	512000	8189988	8189918	浈江
聚雅轩酒店	3	黄志文	韶关市解放路 126 号	512000	8189333	8189500	浈江
君临酒店	3	李小露	韶关市浈江南路 75 号	512000	8189333	8311322	浈江
韶关市泉景酒店	3	吴玩香	韶关市环园西路一号	512000	8186068	8186396	浈江
韶关市濠景酒店	3	蓝兆平	韶关市解放路 124 号	512000	8186666	8888929	浈江
韶关市丛林山庄	3	张松岩	韶关市浈江区森态路 11 号	512000	8282128	6179777	浈江
韶关市幸福华庭酒店	3	周锡华	韶关市武江区惠民南路 122 号	512026	8611188	8523365	武江
曲江区迎宾馆	3	廖　斌	曲江区马坝镇府前路 5 号	512100	6666950	6666950	曲江
曲江南华温泉大酒店	3	李桂全	曲江区马坝镇	512100	6651067	6651066	曲江
曲江区正星商务酒店	3	刘建萍	韶关市曲江区马坝大道北 128 号 3–6 楼	512100	6911866	6911966	曲江
始兴怡东酒店	3	张志光	韶关市始兴县中心坝 5 号	512500	3322888	3322866	始兴
始兴新华宾馆	3	饶立和	始兴县振兴路 128 号	512500	3324888	3324999	始兴
始兴县远东酒店	3	何祝东	始兴县兴平路 1 号	512500	3339301	3339301	始兴
始兴县顺丰楼酒店	3	温为军	始兴县司前镇大街 1 号	512532	3288288	3288388	始兴
乳源小岛饭店	3	吴文光	乳源县解放北路 2 号	512700	5389888	5389222	乳源
仁化县和景酒店	3	郑红双	仁化县丹霞山新山门前	512300	6292168	6292248	仁化
仁化县丹霞假日山庄	3	萧志标	仁化县丹霞山金霞小区霞兴南路 18 号前	512300	6800999	6800999	仁化
仁化县锦城宾馆	3	林红英	仁化县新城路 2 号	512300	6323368	6391999	仁化
翁源富源大酒店	3	罗定胜	翁源县龙仙建设一路 368 号	512600	2873333	2861133	翁源
翁源县粤源酒店	3	徐汉明	龙仙镇沿江路 3 号	512600	2819828	2819828	翁源
新丰迎宾馆	3	林继开	新丰县迎宾馆公园内 4 号	511100	2258888	2263330	新丰
新丰交通大酒店	3	邓耀权	韶关市新丰县城 105 国道旁	511100	2299888	2299668	新丰
新丰百乐宫大酒店	3	邱　刚	新丰县丰城大道东 10 号	511100	2267088	2267078	新丰
乐昌坪石富丽酒店	3	钟　文	乐昌市坪石岭南路	512229	5523488	5521188	乐昌
乐昌市星之光大酒店	3	陈晓群	乐昌市（城南所）解放路 57 号	512200	5552208	5566220	乐昌

续表 19-3

单位名称	星级	法人	单位所在地（地址）	邮编	电话号码	传真号码	地区
乐昌坪石金鸡宾馆	3	袁新玲	乐昌市坪石镇金鸡南路3号	512229	5522435	5523406	乐昌
乐昌金海洋假日酒店	3	苏丽明	乐昌市长乐路88号	512200	5568688	5576068	乐昌
乐昌市汇丰酒店	3	杨超明	乐昌市人民南路3号	512200	5500333	5557333	乐昌
南雄珠玑大酒店	3	黄俊平	南雄市雄州镇建设路12号	512400	3830888	3822709	南雄
南雄市迎宾馆	3	张海林	南雄市雄州镇建设路6号	512400	3822955	3823215	南雄
南雄市金雄鹰宾馆	3	何　海	南雄市雄中路55号	512400	3868888	3868889	南雄
南雄雄州大酒店	3	黄　晖	南雄市雄中路	512400	3818199	3889618	南雄
港都大酒店	2	陈树源	韶关市火车站广场	512000	8881122	8881122	浈江
乳源白云天宾馆	2	杨　德	乳源县鹰峰东路汽车站对面	512700	5387888	5387777	乳源
乳源星之光商务酒店	2	陈晓群	乳源乳城镇环城西路24号	512700	5375990	5370828	乳源
乐昌市富丽酒店	2	钟　文	乐昌市人民南路邮政大厦内	512200	5569888	5569998	乐昌
乐昌市兴华宾馆	2	罗　杰	乐昌市人民中路	512200	5579111		乐昌
仁化县联城酒店	2						仁化
始兴县平湖山庄	1	官锦雄	始兴县花山水库	512500	3412328	3412322	始兴
乳源县笑傲山庄	1	徐健康	乳源县南岭国家森林公园内	512700	5232555	5232556	乳源

（张建明）

附：领导班子成员名单

局　长：李晓林

副局长：陈仲耀

副局长、纪检组长：江仁瑞

副局长：卢东华

丹霞山风景名胜区

【概况】 韶关市丹霞山风景名胜区管理委员会（韶关市丹霞山世界地质公园管理委员会），为市政府直属正处级事业单位，负责丹霞山风景名胜区的保护、开发、利用和管理工作，内设办公室、规划建设科、旅游发展科、综合协调科、法规与安全科、人事监察科。2009年，成立广东韶关丹霞山国家级自然保护区管理局，与丹霞山风景区管委会合署办公，设有自然保护区与地质公园管理科、科技科。机构人员编制35人，2009年8月被批准为参照公务员管理事业单位。2011年，丹霞山被评为全国先进基层党组织、广东省红旗基层党组织、全国文明单位、国家AAAAA级景区，黄大维被评为2011年广东旅游系统先进个人，王芸、陈建荣被评为2011年广东国际旅游文化节主会场（韶关）工作先进个人。

【韶关市丹霞山旅游投资经营有限公司简介】 公司成立于2004年1月15日，原名仁化丹霞山旅游开发有限公司2006年3月17日更名为韶关市丹霞山旅游投资经营有限公司（以下简称经营公司），是韶关市政府直属全资公司，经韶关市人民政府授权，由韶关市丹霞山风景名胜区管理委员会管理，负责丹霞山风景名胜区的旅游经营、维护、管理等工作。公司内设总经理办公室、人力资源部、财务部、票务管理中心、市场营销中心、投资建设部、资源环境文物监测中心、景区监察大队、商品开发部、园林绿化部、环卫管理部、景区车队、保护站、游客服务中心文化业务部及丹霞山庄16个部门，下辖仁化县翔龙湖有限公司、仁化县丹霞山中国旅行社2个下属公司。公司有635名员工，其中高中级管理人员38人。

【成功创建国家AAAAA级旅游景区】 2011年12月29日，丹霞山被评定为国家AAAAA级旅游景区，2006年起，丹霞山就开展创建全国首批5A级旅游景区工作。5年来，丹霞山景区对照AAAAA标准，结合申报世界自然遗产，创建全国文明景区等工作，加大整改力度，完善景区旅游服务设施，加强景区旅游宣传促销，景区基础建设和环境面貌显著改观，管理服务水平和旅游产品质量稳步提高，知名度和美誉度明显提升，市场吸引力进一步增强。2011年，景区接待游客达350万人次，同比增长15%；实现旅游总收入7亿元，同比增长15%，超额完成全年经营目标。成功迈入全国一流旅游景区的行列。

【荣获全国文明单位称号】 自2006年开始，丹霞山景区致力于创建全国文明单位。几年来，景区始终把创建文明单位工作作为加强景区管理、促进旅游发展的有力抓手，争创“一流环境、一流秩序、一流管理、一流服务”，景区文明建设取得丰硕成果。先后被评为“广东省文明单位”、“全国创建文明风景旅游区工作先进单位”、广东省“五四红旗团委”称号、“广东省红旗基层党组织”等光荣称号，并于2011年12月20日在全国精神文明建设工作表彰大会上，被评定为“全国文明单位”，成为广东省第一家获此称号的风景名胜区。

【荣获全国先进基层党组织称号】 近年来，丹霞山党委带领4个基层党支部，95名共产党员，600多名基层员工，以创先争优活动为契机，围绕旅游抓党建，抓好党建促发展，不断加强旅游窗口行业党的建设，景区美誉度和游客满意度不断上升，党建品牌和服务品牌交相辉映，在丹霞山人的共同努力下，于2011年7月1日，丹霞山党委被中共中央组织部授予“全国先进基层党组织”荣誉称号。

【“扶贫双到”解决实际难题】 根据市委、市政府关于“规划到户、责任到人”工作要求，丹霞山党委以解决塘联村“行路难、住房难、就医难、上学难、饮水难”的“五难”为突破口，会同有关单位先后完成塘联至凡口双车道水泥路公里道路硬化工作；投入10万元到整村推进工程建设，并于11月底全线完成对口帮扶村仁化塘联村45户农民危房改造工程的一层建设；扶持发展砂糖橘产业项目，2011年砂糖橘产量约达302吨，市场价格约为90多万元；引入种植草珊瑚中药材项目，已成功试种6.67公顷种苗；引导种植有机蔬菜，打造产业扶贫主导项目。

【文物保护工作】 丹霞山具有悠久厚重的文化渊源、浓厚的文化氛围、众多丰富的文化遗迹。为更好的保护和保存丰富的文化遗产，丹霞山资源文物监测中心于7月初开展不可移动文物摄像工作，目前已完成47处文物点野外摄像，主景区及韶石、巴寨等景区251幅石刻的拓片工作，开展编制整理丹霞山摩崖石刻图册工作。

【景区旅游安全生产管理】 一是每天派出巡逻队对景区各主干道及景点旅游步道定人、定位、定责全面巡查，维持景区良好旅游秩序。并在危险区域设置警示牌和安排专门工作人员指挥，全力保障游客的安全。二是加强防火安全管理，对景区内消防设施进行全面检查和更新。细化完善应急工作预案，坚持安全隐患报告制度。9月组织景区全体员工开展为期两天的应急救援救护培训班，景区监察大队开展为期两天的半军事化训练，加强景区旅游安全工作。2011年全年未发生一起安全责任事故，为游客创造一个和谐、安全、有序的旅游环境。

【遗产地资源保护与管理】 按照保护管理规划的要求，完善世界遗产保护管理机构，落实遗产地保护规划。一是加强对丹霞山世界遗产地的日常巡查工作；二是配合区县落实生态公益林政策，指导对景区范围内的人工林进行分批分期改造，以恢复自然植被；三是按照保护管理规划的要求，完善遗产地保护监测设施，推进黄竹、韶石、车湾等遗产地保护站建设；四是加大遗产地保护规划的宣教工作，提高景区内村（居）民保护遗产地意识；五是加大行政执法力度，与当地县区党委、政府召及有关部门联合对遗产地内挖山毁林、违章搭建等违法行为及时查处。

【完善景区基础设施建设】 2011年，丹霞山景区以创建国家AAAAA级旅游景区为契机，继续加大基础设施完善和环境整治工程建设力度。一是全力推进绿道建设。按照全市绿道建设规划，丹霞山管委会负责市区至丹霞山绿道中的芙芒坝至阳元山景区段建设，共计22公里，该绿道建设基本完成。浈江芙芒坝至仁化瑶山交界段已完成路基及砂石路面铺设工程（共约4公里），完成投资600万元；仁化瑶山村界至瑶山电站约1公里道路进行拓宽改道，已铺设砂石路面。按照市城管局提供的绿道指引标识，完成绿道指引标牌制作安装工作。二是以项目开发为重点，不断完善景区基础设施。通泰桥、锦石岩、通天峡至翔龙湖尾三条标准旅步道改造竣工，新游客中心、票务中心建成投入使用。继续完善景区标识系统，更新80多块地质解说牌和8块导览图。翻新改造游道沿线环卫设施和休憩设施，新添垃圾桶220多个，休息凳160多条、桌子30多张，增设吸烟点4处。此外，完成阳元山票站广场800多平方米及阳元山桥头停车场2000多平方米场地的整治改造，配套绿化、休息凳椅等；建成景区高星级旅游公厕；完成丹霞山庄A栋楼、丹霞山花园独栋别墅装修改造工程，安装铺设阴元石及黄沙坑森林步道沿线2200多米水电管网。完善景区漂流项目设施，在牛鼻码头和姐妹峰码头建设浮桥，新增6艘竹筏豪华船。

【举办第二届丹霞地貌国际学术讨论会】 2011年10月28~31日，由国际地貌学家协会（以下简称：IAG）丹霞地貌工作组、中山大学地理科学与规划学院主办、广东丹霞山景区承办的国际地貌学家协会丹霞地貌工作组第一次会议暨第二届丹霞地貌国际学术讨论会在韶关开幕。IAG现任主席迈克尔·克罗泽教授、IAG副主席皮特·米根教授、世界自然保护联盟代表保罗·丁沃教授、IAG丹霞工作组主席彭华、近百位国内外地质学、地貌学专家参加研讨会，会议围绕“丹霞地貌科学发展及遗产保护”主题，探讨红层及丹霞地貌研究的理论与方法、丹霞地貌遗产地的保护、红层及丹霞地貌区资源环境保护与合理利用等有关问题。同时，还正式启动IAG丹霞地貌工作组的全球对比研究计划，并制定相关的工作原则和规范。

【举行“中国丹霞”授牌仪式】 2011年10月31日，在第二届丹霞地貌国际学术论坛期间，举行“中国丹霞世界自然遗产”授牌仪式，来自美国、德国、意大利、英国等国的专家学者，广东、贵州、福建、湖南、江西、浙江等省市代表在韶关碧桂园酒店共贺中国丹霞。

【缔结国际姊妹公园】 为加强国际交流，共享公园建设管理经验，丹霞山开展国际间的姊妹公园缔结工作。一是受丹霞山景区的邀请，2011年3月30日，马来西亚沙巴州的沙巴公园管理局局长乔基姆·甘萨拉姆博士带领8名考察人员抵达丹霞山景区，双方正式会面并达成缔结姊妹公园的意向，目前缔结工作正在进行中；二是12月27日，韩国济州岛考察团赴丹霞山参观，双方就缔结姐妹公园协议达成统一意向；三是10月31日，在国际地貌学家协会丹霞地貌工作组第一次会议暨第二届丹霞地貌国际学术讨论会的闭幕式上，丹霞山与姊妹公园美国泽恩国家公园共同签订《中国丹霞山—美国泽恩公园2012年度合作计划》，将东西两红石公园的合作推向高峰。

【徒步穿越丹霞山】 为宣传丹霞山世界遗产地品牌，建设丹霞山户外休闲生态旅游基地，倡导“低碳环保生态游”的理念，打造2011年广东国际旅游文化节的活动亮点，并树立韶关生态休闲旅游城市的形象，建设生态和谐韶关，2011年11月26，丹霞山管委会举办第四届徒步穿越丹霞山活动，活动延续往届的做法，分为专业线路和业余线路，全程分别为46.33千米和43.78千米。活动吸引世界各地近4000人踊跃参与，其中不少来自印尼、英国、美国、法国等国家和中国香港、中国台湾地区的队员。

【宣传促销】 发挥丹霞山世界自然遗产的品牌效应和2011年广东国际旅游文化节主会场在韶关举办的大好机遇，坚持两手抓，即一手抓宏观宣传，一手抓微观促销，一手抓省内老市场，一手抓省外新市场，扩大丹霞山旅游市场规模。一是依托大媒体，做好大宣传。继续抓好以中央电视台、《中国旅游报》、《中国风景名胜》杂志和新浪网、网易网、广东电视台等主流媒体为重点的电视、报刊、网络三大媒体宣传，全方位进行景区形象宣传，提高景区知名度和品牌效应。加强与广东、湖南、湖北、江西、香港等地的组团社签订互换广告合作协议，在当地媒体投放线路广告，不断加大对目标市场的线路广告投放力度。二是巩固老市场、寻求新增长。分期分批赴珠三角九个城市走访龙头旅行社，分别在粤东的河源、梅州、潮州、汕头，粤西的湛江、茂名、阳江等地召开联谊会，发放宣传资料、洽谈合作计划，巩固省内旅游市场。2011年省内市场来团人次与2010年同比增长

13%，其中，韶关、汕尾、肇庆、河源等地客源与2010年同比分别增长100%、29%、31%、37%。三是拓展新版图、营销出成效。面向国内外开拓旅游市场，景区客源大幅增长。参加各类旅游博览会、交易会、旅游展13次，发放宣传单张、张贴画、DVD光盘等宣传资料13万余份。在北京、天津、石家庄、郑州、武汉、长沙、开封、洛阳、吉安、新余、萍乡、宜春等地举行13场“世界自然遗产——广东·丹霞山”旅游推介（联谊）会，专程到湖南（长沙、益阳、常德、岳阳、株洲、湘潭、郴州）、江西（赣州、吉安、萍乡、宜春、新余、南昌、大余）等地联络重点旅行社。2011年3月、4月，迎来北京、天津两列旅游专列团。在马来西亚、新加坡等投放丹霞山形象及线路广告。通过一系列市场营销举措，江西客源与2010年同比上升27%，河南、天津、上海等市场较2010年同比增长100%以上；马来西亚市场客源较2010年同比上升190%；新加坡较2010年同比上升230%。　（郭世明　陈丽梅）

附：领导班子成员名单

管委会主任（兼任自然保护区管理局局长、韶关市丹霞山旅游投资经营有限公司董事长、总经理）：黄大维

管委会副主任：侯荣丰

管委会副主任：邓勇成

纪委书记：黄德贵

餐饮业

【概况】 2011年，韶关市餐旅烹饪协会牢记使命、继往开来、务实开拓，着力提高企业经营管理水平，通过各种渠道培养烹饪技术人才，配合政府实施行业管理，维护行业和企业合法权益，发挥协会的桥梁纽带作用；协助中国烹饪协会承办首届中国素食大会暨首届中国素食盛宴邀请赛，组织参加省内外烹饪技能大赛；在加强与兄弟省、市烹协组织和与同行的交流与合作等方面开展大量的工作。

【加强行业交流】 协会注重与省内外烹饪餐饮协会、商会建立友好关系，为烹调技艺搭建平台。3月6日，清远市餐饮协会会长冯福洪等到韶关交流；6月28日，协会和市旅游产业促进会参加江西赣发皇厨大酒店开业庆典；7月20日，梅州餐饮协会常务副会长陈刚文一行5人到韶关交流学习；8月18日，协会一行12人应邀参加国际美食养生大赛；9月5日，江西大余餐饮协会秘书长等6人到韶关交流学习；10月9日，韶关、赣州餐饮同行到湖南郴州鼎福楼交流学习；11月16日，协会派人参加佛山市饮食同业商会成立21周年庆典活动；11月20日，协会一行19人，先后到衡阳和苏州交流学习，其间与当地餐饮协会进行座谈，实地考察优秀的餐饮企业；11月24日，参加中烹协在中山市举办的2011年中国粤菜集聚区域发展研讨会;12月1日，会长到湖南长沙参加有省餐协组织的2011年湘菜高峰论坛；12月8日，参加赣州天天过年海鲜楼开业庆典活动，通过协会交流学习，取长补短，共同进步。

【参加广东餐饮企业经验交流会暨品牌认定表彰大会】 5月24~25日，广东餐饮企业经验交流暨品牌认定表彰大会在清远市新银盏温泉度假村召开，在会上，各地著名的餐饮企业、专家等通过经验介绍、答问互动等环节对当前餐饮企业面对的热点、难点问题进行交流和探讨；大会还对获得名店、名宴、大师、名师、名菜名点称号的企业和个人进行表彰。湖心宾馆、乐昌迎宾大酒店、翁源龙翔大酒店、丛林商务酒店、食为先酒楼、好煮意酒家、金凤凰食府荣获“广东餐饮名店”；东北饺子城、南雄食为先大酒楼获“广东餐饮特色名店”；金凤凰食府获“广东名宴”。

【参加广东省饮食行业职业技能竞赛】 9月15~16日，广东省饮食行业职业技能竞赛在广州举行。全省21个地区150名选手参加决赛。本次大赛由广东烹饪协会主办，以“提高职业技能，增强竞争力”为主题，目的是为激发更多的烹调技能人才的创造活力，加速自主创新发展速度，发掘和培养一批具有良好基础和创新意识的杰出烹调技能人才，并促进烹调技能和队伍素质的提升。通过激烈的决逐，市丛林商务酒店行政总厨陈锦洪荣获中餐个人银奖。

【参加首届中国素食文化大会暨首届中国素食盛宴邀请赛】 11月5日，作为2011年广东国际旅游文化节活动之一的“首届中国素食文化大会暨韶关国际生态名优特产展览会”在韶关开幕，本次素食大会邀请包括中国佛教

四大名山等知名寺庙的素宴厨师在内的不少国际、国内美食界的名人。同时还举办首届中国素食盛宴邀请赛，来自全国各地的十多家餐饮企业都纷纷在比赛中亮出自己的绝活，让在场的观众大饱眼福。“首届中国素食文化大会”围绕素食文化，以生态、安全、健康为主题展开交流，邀请国际营养学家、餐饮专家、传媒专家、美食专家等业内人士，为国际素食文化的发展出谋划策，会上还有国际烹饪大师、国内佛教寺庙斋菜厨师、餐饮业界著名企业家、美食专家学者等嘉宾出席并发表演讲。而“首届中国国际素宴烹饪大师邀请赛”，也邀请全国素宴企业的烹饪大师、中国各大宗教的素宴大厨到现场参加比赛，并评选出相应的奖项等。韶关市在水一方食府荣获筵席特等奖和最佳营养筵席奖，曲江南华食为先酒楼获筵席金奖和最佳推广筵席奖。

【参加中国粤菜发展大会暨中国粤菜精英大赛】 11月24日至26日，以“传承、创新、发展”为主题的2011年中国粤菜发展大会在伟人孙中山故里中山市隆重举行。中国烹饪协会常务副会长、世界烹饪联合会会长杨柳，中国烹饪协会特邀顾问沈思明、会长助理李亚光与广东省、中山市等政府领导一起出席大会。此次大会围绕加快粤菜的提高和发展组织异彩纷呈的活动。中国粤菜精英大赛聘请李耀云等著名中国烹饪大师作为评委和指导，来自广东、香港等38个代表队参加比赛，韶关市金凤凰食府代表韶关参加此次大赛并获得银奖。

【参加第二届中华粤菜产业发展大会暨中国“清远鸡”烹饪邀请赛】 12月30日,由中国饭店协会、广东餐饮服务行业协会、清城区人民政府、清远市饮食服务行业商会承办的第二届中华粤菜产业发展大会暨2011年中国“清远鸡”烹饪邀请赛在广东清远举行。来自全国各地的300多位知名粤菜品牌企业家、烹调大师和美食家齐聚清远,大会围绕粤菜人才培养、粤菜菜品创新开发等内容进行探讨,并对为粤菜发展做出贡献的企业、个人颁发“中国粤菜名店、中国粤菜名厨、中国粤菜杰出供应商 (服务商)”等荣誉称号，其间还举行中华粤菜名优食材精品展及农餐对接采购会。参加这次烹饪邀请赛的全省共有37个队，韶关市餐旅烹饪协会组队参加比赛，经过激烈的角逐，韶关金凤凰食府和南雄食为先大酒楼获金奖，湖心宾馆、丛林商务酒店获银奖。 （李 勇）

附：领导班子成员名单

会　长：陈树源

常务副会长：陈汉忠　罗乐天　马驰青　李　琦　何志华　黄志华　阮文杰　刘楚坤　刘锡波　肖勇生　何祝东　周楚雄　李辉祥　胡向阳　邱　国

秘书长：陈汉忠（兼）

交 通

交通管理

【概况】 韶关市交通运输局为市人民政府工作部门，1988年初，韶关市交通局系行使行政职能，正处级建制，行政关系隶属韶关市经济委员会，人事组织关系隶属中共韶关市委经济工作部，业务隶属广东省交通厅。1991年4月，韶关市交通局更名为韶关市交通委员会，列入市政府机构序列。2010年8月，韶关市交通委员会更名为韶关市交通局。2010年3月，政府机构改革，组建韶关市交通运输局，将韶关市交通局的职责划入韶关市交通运输局，行政编制37名，执法专项编制210名，局设11个内设机构，分别是办公室、综合规划科、基建管理科、综合运输科、安全监督科（交通运输应急办公室）、法规科、财务审计科、人事科、监察室、市交通战备办公室、综合行政执法局（副处级）。下设韶关市交通开发管理处、韶关市公路管理总站、韶关市地方公路管理站、韶关市交通工程质量监督站、韶关市客货运输站场管理中心、韶关市港航管理所等6个直属单位。至2011年底，全市公路通车里程13750公里，公路密度为74.5公里/百平方公里。按技术等级，高速公路291公里、一级公路166公里、二级公路884公里、三级公路1231公里、四级公路10676公里，等外公路502公里。按行政等级，高速公路291公里，国道440公里，省道1222公里，县道1790公里，乡道7519公里，专用公路35公里，村道2453公里，公路桥梁1909座/60236延米（不含高速公路）。全市内河航道维护里程386公里（其中等级航道256公里），泊位23个，泊位年通过能力620万吨。全市营运车辆11629辆，其中营运客车1143辆，营运货车10486辆。全市等级道路客运站47个，其中二级客运站6个。全市出租汽车拥有量为1066辆，全市公交车辆517辆，线路58条。全市营运船舶736艘、42.3万载重吨。全市铁路里程453公里（含支线）。（王小兰）

【编制交通发展规划】 开展编制《韶关市大交通发展规划》。编制完成《韶关市公路水路建设十二五发展规划》、《“十二五”韶关市交通运输发展总体规划》。《韶关城市公交线网规划（2009~2020）》获市政府批复。《韶关市旅游交通发展规划》正申请省厅评审。《广东省内河航运规划》（2020）确定韶关港为广东省内河重要港口，争取北江航道“五改三”49公里纳入《广东省内河航运规划》（北江航道整治已列入国家内河航道建设2012年1号工程），启动以编制环境影响评价为主的《韶关港总体规划》修编。（王小兰）

【交通基础建设投资建设】 铁路建设投资7.12亿元。公路建设投资44.02亿元，其中广乐高速公路投资41.77亿元；国省道0.25亿元；地方公路2亿元，建成里程650公里。公路大中修投资3.9亿元，其中国省道3.2亿元，完成86公里；县道投资0.7亿元，完成67公里。站场建设投资1.89亿元，其中县级客运站投资5800万元；乡镇站亭建设投资1.19亿元，建成85个乡镇站、700座农村候车亭；城市公交基础设施建设投资1200万元，建成52个公交候车亭（2011年市政府承诺为民办的8件实事之一）、1座公交首末站及1座LNG充气站、1座充电站。水路建设投资0.06亿元。省天然气管网一期管道韶关支干线建设投资1.2亿元。（王小兰）

【运输生产增长】 全市道路旅客运输量1.19亿人次（其中春运353万人次），客运周转量48.5万人公里，同比增长20.13%；道路货运量5239万吨，货运周转量99.4亿吨公里，同比增长20.17%。市区公交客运量5550万人次。水路货运量1817万吨，货运周转量43.7亿吨公里，同比

增长20.65%。港口吞吐量53.4万吨。（王小兰）

【严格交通运输稽查】 组织开展打击非法营运、整治出租车与高速公路及其连接线两侧违章建（构）筑物等专项整治。固定治超与流动治超、源头治超同步推进。加强火车东站、武广火车站等重点客运集散场所与创文迎检、广东国际旅游文化节等重大活动和节日期间的交通运输秩序动态监控。2011年，全市共检查车辆1.375万辆次，查处违法违章案件共8592宗（其中客车400宗，货车7971宗，其他221宗）。查处公路路政案件112宗（其中高速公路及其连接线违章案件77宗，国、省道违章案件35宗）。查处港航案件5宗（其中航道1宗、码头4宗）。

（宋早生 王小兰）

【安全生产管理】 2011年，韶关市交通运输部门继续开展安全以生产教育培训、安全生产执法、安全生产整治“三项行动”和安全生产法制机制、安全生产保障能力、安全生产监管队伍“三项建设”为重点的“安全生产年”活动。建立健全安全生产分级属地管理和“一岗双责”等管理制度，落实部门监管责任和经营企业主体责任。组织开展安全生产专项整治和重大节日的安全生产大检查，共查出安全生产隐患49项，其中道路运输企业11项，公路养护施工企业35项，水路运输企业3项，各类安全隐患问题均及时整改。2011年，全市共发生交通运输安全生产事故15起，死亡26人，受伤8人。其中道路运输一次造成死亡3人的较大事故2起，韶赣高速公路施工造成死亡7人、受伤1人较大事故1起。水路运输未发生安全生产事故。（易昌友）

【交通运输信息化】 安装GPS车辆共2880辆，其中：客车1741辆（其中道路客运车辆858辆，公交车57辆，出租车826辆），货车689辆，教练车450辆。韶关客运东站、韶关客运西站、仁化县汽车客运站、始兴县汽车客运站4个县级客运枢纽实现全省联网售票。建设驾培IC卡记时系统。公交IC卡实现与全省联通（与岭南卡对接）。通过“114”、“11811”平台，维修信息系统与全省联网。交通综合行政执法信息系统进入试用阶段。梅花治超站建设高速预检系统、监控管理系统和数据传输系统。

（王小兰）

城市公共交通

【概况】 至2011年底，全市共有出租汽车企业14家，出租汽车1066辆，其中，市区有出租汽车740辆（含曲江区出租汽车100辆）。全市公交车辆517辆，线路58条，其中主城区公交车374辆，线路35条（韶关市公共汽车公司有公交线路34条，公交车362辆；韶运集团有1条公交线路，公交车12辆）。2011年市区公交客运量5550万人次。

（彭思衢）

【市区投放新能源公交车】 投资4500万元，投放新能源公交车80辆（2011年市政府承诺为民办的8件实事之一），其中75辆为LNG公交车、5辆纯电动公交车。投入的新能源公交车有3种，其中选用的广汽牌LNG公交车35辆，厦门金龙牌LNG公交车40辆，比亚迪纯电动车5辆，3种车型都带有空调装备，且排放量都达到国家相关环保排放标准。75辆LNG公交车投入线路为：1路、3路、4路、6路、8路、9路、12路、16路。5辆纯电动车投入线路为：22路。（彭思衢）

【市区公交候车亭更新改造】 投资260万元，市区共完成52座公交候车亭建设（2011年市政府承诺为民办的实事之一）。其中采用太阳能源的环保新型公交候车亭10座，钢结构新型公交候车亭42座，分别建设在市区韶南大道、沿江路、南韶路、解放路、工业东路以及新华路等路段。（彭思衢 宋早生）

【市区新增公交线路】 1月26日，开通启明北路至终旭日玩具厂25路公交车，其中4班车绕入武江区科技工业园，方便武江区科技工业园的员工上下班。11月26日，开通由凤凰城至韶关东站的27路公交线路。12月26日，开通太阳城至韶关东站的26路公交线路。12月14日湾头专线延伸至长坝为终点站，并更改线路名称为28路公交线路。为配合广东国际旅游文化节在韶的举办，开通素食节与旅游商品展销2条临时公交专线。

（彭思衢 宋早生）

【新增空调公交车票价】 鉴于2

路、3路、6路、9路和23路等5条线路的公交车辆更换为空调车以及新增开的26路、27路公交线路采用空调车运营，该7条公交线路所使用的空调车执行空调车票价。实行一票制的空调车票价：2路、3路、6路和9路的空调车票价为2.00元/人·次；26路的空调车票价为2.00元/人·次；27路的空调车票价为2.00元/人·次行。实行分段票价的空调车票价：23路空调车全程票价为3.00元/人·次，分段票价（以韶冶为分段计费基准站）为2.00元/人·次。 （宋早生）

公路交通运输

【概况】 截至2011年底，全市共有道路运输营运客车（不含公交车和出租车）1143辆、35023客位，营运货车10486辆、56119吨位。道路客货运输业户8011户，从业人员32840人，汽车维修业户1663户，汽车综合性能检测站9个，机动车驾驶员培训业户15户。道路客运线路389条，道路客运等级站47个，其中二级站6个，三级站6个。 （彭思衢）

【道路客运情况】 全市道路客运业户25户，其中班车业户21户，拥有100辆客车的业户2户。客运班车1012辆，旅游客车132辆；高级车344辆，中级车463辆。客运从业人员6338人。客运站日均发3351班次，日均客运量58372人次。跨省客运线路49条，跨市线路128条，跨县线路47条，县内线路165条，全市道路客运线路日均发送4023班次。在国际旅游文化节期间，开通韶关至广州白云机场客运专线与多条旅游客运专线。 （彭思衢）

【农村客运建设运营】 投资1400万元，全市共完成700个农村候车亭的建设；投资8000万元，完成85个乡镇客运站改造。至2011年底，全市95个乡镇全部通客运班车，通镇客运线路165条；902个行政村中开通班车，通行政村农村客运班线153条，农村客运车辆417辆；乡镇客运站94座（其中等级客运站24座），农村候车亭1143个。 （彭思衢）

【道路货运情况】 道路货运业户7049户，其中危险品运输11户，普通货物运输6653户，从业人员13130人。营运载货车辆10486辆、56119吨位，其中普通载货汽车8013辆，危险货物运输车236辆，专用载货汽车498辆；厢式车4260辆，罐车500辆（含散装水泥罐车）；大型车2080辆；个体车6410辆。 （彭思衢）

【完成机动车维修与检测】 全市有一类汽车维修业户25户，二类汽车维修业户136户，三类汽车维修业户692户，摩托车维修业户808户。全年完成维修量97919辆次，其中整车修理3974辆次，总成修理8096辆次，二级维护26073辆次，专项修理43483辆次，维修救援4758辆次。汽车综合性能检测站9个，全年检测车辆14798辆次，其中维修竣工检测7238辆次，等级评定检测7031辆次，维修质量监督检测249辆次。 （彭思衢）

【机动车驾驶员培训】 全市机动车驾驶员培训机构共11家，其中一级机动车驾驶员培训机构4家，二级机动车培训机构7家，机动车驾驶培训教学备案车辆共871辆。全年完成机动车驾驶员培训共40568人，其中大型货车培训17919人，小型汽车培训22053人，大型客车培训596人。 （彭思衢）

【道路运输管理】 开展运输企业、机动车维修企业（一、二类）、驾驶员培训机构质量信誉考核工作，评出AAA级道路客货运输企业有14家，AAA级机动车维修企业有20家。AA级驾驶员培训机构4家。发放2010年公交车、出租汽车和农村客运燃油补贴5041万元。 （彭思衢）

【监管超限超载运输】 实行固定治超与流动治超并重，源头布控和流动巡查同步，对重点路段和货物集散地重点监管。全市治超中共检查车辆11.4万辆次，查处超限车4920辆次，卸载转运50814吨。其中梅花治超站共检测车辆110773辆次，查处违章车辆5044辆次（其中查处超限运输车辆4283辆次，运政违章车辆761辆次，卸载转运35827吨），京港澳高速超限违章率下降到4.6%；在8个流动巡查路段开展流动治超，检查车辆3612辆，查处超限超载车辆637辆，卸货转运货物14987吨。在货运源头单位检查、劝返超限超载车辆600多辆次。每辆转运车均安

装GPS以防返装。（王小兰）

【交通运输专项整治】 开展“三项整治”，维护交通运输秩序。一是开展以打击非法营运专项整治、出租车专项整治为主的道路运输专项整治，“现场执法”和“视频监控”相结合，交通、公安部门联合，采取集中和分组、定时和随时、明察和暗访等工作方式，以车站周边为重点区域。检查出租车2582辆次，查处违章车辆429辆，查扣非法营运车辆243辆。二是开展水路交通专项整治，重点整治“三无”船舶、过河跨河建筑物、港口运营资质及超范围经营行为，检查港口码头7家，水运企业75家，检查163艘运砂船舶，查处船舶违章2宗。三是开展高速公路及其连接线两侧违章建（构）筑物专项整治。清拆京港澳高速公路韶关南出口的违章建筑物9处和违章广告牌45块。（王小兰）

【韶运集团】 2011年，广东省韶关市汽运集团有限公司加强经营管理，提升服务质量，实现经济效益稳步发展。全年完成客运量2800万人次，同比增长2.98%；客运周转量145323万人公里，同比增长5.07%；客运收入22582万元，同比增长47.86%；交纳税金2467万元，同比增长12.08%；职工年人均收入38900元，同比增长10.89%；2011年新增客运班线2条。投资1893.73万元改造和建设客运站场；投资4141万元，更新和新增营运客车101辆，更新出租小汽车10辆；投入资金100万元，安装车载视频监控、站场监控及GPS行车记录仪。截至2011年底，拥有营运客车747辆，出租小汽车340辆，教练车125辆。强化安全生产管理，实现安全生产，每百万车公里责任事故频率0.03宗，伤人率0.03人，死亡率0.02人，经济损失率3325元/百万车公里，全部低于考核指标。（韶运）

【韶关市汽车运输有限公司】 2011年，韶关市汽车运输有限公司加强生产经营管理，加大安全生产管理力度，提升服务质量，实现经济效益稳步发展。全年完成客运量598.93万人次，同比增长1%；客运周转量27876.64万人公里，同比增长2.9%；营运收入3671.54万元，同比增长1.2%；交纳税金160万元；全年更新和新增营运客车4辆。截至2011年年底，拥有营运客车178辆，出租车180辆，所有营运车辆均安装GPS行车记录仪和车载视频监控。2011年每百万公里责任事故频率0.001，伤人率0.027，死亡率0.002，经济损失率336元/百万车公里。全部考核指标均低于考核标准。

（市汽运）

【新丰县汽车运输有限公司】 2011年，新丰县汽车运输有限公司以抓好源头管理为重点，以安全行车为中心环节狠抓安全生产管理，提升服务质量，加快乡镇客运站建设步伐，实现城乡无缝对接。至2011年底，该公司有营运客车84辆，其中跨市和市际54辆，县内30辆，合计座位2910个。安全行车991.5万公里，与2010年同期对比增长3.8%；完成客运量114.8万人次，同比增长1.1%；完成客运周转量14453万人公里，同比增长1.3%。每百万车公里责任事故频率0.002次，伤人率0.006人，死亡率0人，经济损失率269元/百万车公里，四项考核指标均低于考核标准。（新丰汽运）

地方公路建设与管理

【概况】 公路建设投资44.02亿元，大中修投资3.9亿元。广乐高速公路进入全线施工，京港澳高速公路翁城连接线改扩建工程建成通车，S246线河塘至先刂鸡坑段改建基本完成全线路基、桥涵工程，梅乐公路保通工作移交广乐高速公路乐昌段管理处。全市完成农村公路建设650公里，国、省、县道大中修完成153公里。G105线等6条国省道共322公里干线公路养护通过国检。至2011年底，全市公路通车里程13750公里，公路密度为74.5公里/百平方公里。（王　琼）

【广乐高速建设进展】 2011年完成投资41.77亿元，为年计划（35亿）的119.34%。大瑶山隧道群、武江特大桥、白土特大桥、蒙里特大桥等主要控制性工程正进行主体施工。全线征地面积1133.3公顷，拆迁面积14.7万平方米，全线征地拆迁工作已完成，正抓紧推进拆迁安置和建设协调等工作。（王　琼）

【大广、粤湘、昆汕高速公路韶关段前期工作完成】 国家发改委核准大广高速公路立项，市政府成立大广高速公路（韶关段）

建设指挥部。基本完成各项前期工作，业主单位与新丰县政府签订征地拆迁协议。完成粤湘、昆汕高速公路工可评审，省政府已确定粤湘、昆汕高速公路（韶关段）项目业主和建设模式，由省交通集团代建代管，地方政府出资本金30%。（王　琼）

【**地方公路桥梁改造与新建**】2011年投资2157.7万元，地方公路危桥改造、新建桥梁共25座，其中危桥改造23座，水毁桥梁重建1座，渡改桥1座。至年底，主体工程已完工1010.55延米/21座（其中新建桥梁215.6延米/2座），正在施工374.9延米/4座。对“十一五”期间完工的24座危桥完成竣工验收。乐昌、乳源、仁化3个地方公路站完成桥梁预防性养护工作，对102座桥梁进行维修加固。（王　琼）

【**县道路面大修争创路面优良工程**】2011年县道（部分乡道）大修完成67公里，投资6600万元。部分县道路面大修工程开展争创路面优良工程，采用激光平整仪对13个完成或在建项目进行平整度检测工作，平整度基本达到创路面优良工程有20.5公里，实施效果较好的有市区X313线二棉厂至田心段、翁源X799线铁龙至水打赖段。（王　琼）

【**地方公路养护水平提高**】地养县道公路路况基本稳定，路面整洁，路肩平整、密实，边坡稳定、平顺，水沟清理干净，路面无明显病害，公路里程碑、防护设施基本齐全，并设置安全、指示标志，县道绿化水平明显提高。开展县道破损GBM工程的维修和接缝养护的试点。突出抓好以通扶贫村公路、旅游线路和通客运班车线路为重点的乡村道公路养护管理。投资151万元，建设乡道“生态发展示范路”177.8公里，加强对路肩填培、错车道和警示桩等安全设施的设置。2011年县道年末优良路面率89.4%，年平均优良路面率87.5%，乡道养护率为100%，良好路面率82.1%。（王　琼）

【**地方公路创好创优劳动竞赛**】地方公路劳动竞赛评比出先进县站3个：南雄市地方公路管理站、乐昌市地方公路管理站、仁化县地方公路管理站。工程管理先进单位3个：乐昌市地方公路管理站、南雄市地方公路管理站、曲江区地方公路管理站。路政管理工作先进单位3个：韶关市地方公路管理站路政所、乐昌市地方公路管理局路政所、新丰县地方公路管理站路政所。农村公路养护管理先进单位4个：始兴县地方公路管理站、南雄市地方公路管理站、翁源县地方公路管理站、乳源县地方公路管理站。标兵道班2个：南雄站江头道班、始兴站顿岗养护中心。先进道班23个，先进个人11人，养护之星13人。（王　琼）

【**及时抢修地方水毁公路**】受强降水的影响，2011年地方公路共有25条线路交通中断，塌方30.67万立方米/805处，被毁路基6.89万立方米/6.05公里，被毁路面5.12万平方米/17公里，被毁桥梁200.6延米/7座，被毁涵洞129道，挡土墙6.52万立方米/435处，直接经济损失3930万元。灾情发生后，交通公路部门领导和工程技术人员立即赶赴受灾严重的乳源、始兴、市区、南雄等地指导抗洪抢险和水毁公路抢修复工作，中断交通的线路在最短时间内恢复交通。（王　琼）

【**公路工程质量监督**】公路工程项目质量监督覆盖率为百分之百。开展国省道建设规范化管理，通过日常监督抽查、专项检查、季度检查、半年大检查以及年终质量监督综合检查评比等手段，提高监督效果。开展县道大修标准化建设，监督抽查12次，专项检查2次。农村公路进行监督抽查36次，年终质量监督综合评比检查一次。开展砼质量通病专项治理，日常监督检查48次，原材料检查32次。竣工质量鉴定项目132个，总里程284.3公里。其中，国道建设项目6个，里程57.6公里；省道建设项目3个，里程78.3公里；农村公路（含县道、乡道、村道）123个，里程348.4公里。合格工程128个，优良工程4个，优良工程里程92.124公里。韶关市农村公路建设质量在全省15个地市中位列第5。在韶关市登记注册的唯一一家监理企业——韶关市公路工程监理有限公司由乙级资质升级为甲级。（宋早生）

【**公路工程造价管理**】在全省首创韶关市公路地方材料信息分布图，将其与收集的材料信息价上网按月公布，省交通工程造价站将该图作为范本在全省推广。对公路建设地方材料信息员队伍采取义务和兼职相结合的模式进行重组。即义务信息员主要由造价项目的参建单位中产生，主要负责本项目中材料价格的收集和上报工作；兼职信息员在每个县(市、区)各聘请1名工程技术人员中产生，主要负责本辖区的沙、石、水泥等地方材料的价格收集和上报。对全市18个在建项目和5个完工但未竣工的项目开展一次造价监督大检查。通过造价审查和造价监督检查，纠正造价管理不良行为20多起，调整造价金额2000多万元。 (宋早生)

【公路工程试验检测】 目前韶关市公路工程检测机构中，乙级资质有3家，丙级资质有2家。2011年9月，市公路工程检测中心顺利通过乙级资质扩项评审。10月，通过广东省质量技术监督局组织的CMA监督评审、标准变更和扩项的现场评审，实现CMA认证和等级认证参数的完全重合，试验检测项目新增37个参数，共达到14个大类140个参数，成为韶关市唯一一家具备桥梁桩基检测能力的检测机构，成为韶关市试验检测行业中检测参数最全、业务最高端的一家。在参加"基业长青"水泥检验大对比中，被评为为数不多的"水泥检验大对比物理性能检验全合格单位"。全面介入广东高速公路项目试验检测，全年累计接受试验检测委托1304份，各类试验检测项目6903项，发出试验检测报告5000多份。全年共举办6批业务培训，培训人员300多人次。 (宋早生)

水路交通运输

【港口概况】 韶关港岸线2079米，已建成泊位61个，其中正常使用泊位数23个，堆场10.25万平方米，堆场容积44.5万吨，年货物通过能力570万吨。2011年韶关港年吞吐量为53.4万吨，同比增长31.7%。港口货源以煤炭为主，占全年港口吞吐总量的43.3%。开展《韶关港总体规划》修编工作，将韶关港划分为三大港区，分别为武江港区、浈江港区和北江港区，其中北江港区为韶关港主要货物吞吐量港区。

(李刚毅)

【港口企业人员设备】 港口企业6家，无危险品港口经营。其中中港合资企业1家，其余均为民营港口企业。共有港口从业职工398人，其中港口管理人员86人，专业技术人员189人，安全生产管理人员93人，后勤人员30人。港口装卸设备：吊机6台、铲车9台、输送机4台，吊机最大起重能力40吨。

(李刚毅)

【航运能力增强】 2011年，韶关市共有航运企业14家。招商引资9178万元，建造船舶24艘、35641载重吨。全市营运船舶共计736艘、42.3万载重吨、733客位、15.8万千瓦，其中货运船舶714艘、42.3万载重吨、15.7万千瓦。同比上年，船舶数量和载重吨分别增长8%、22%。

(李刚毅)

【改进港航基础设施建设】 白土港区宏德码头完成通航安全影响论证评审；完成韶钢白土码头征地，开展编制初步设计。北江港区乌石作业区、白土作业区进行码头平整、港口装卸设施的改进，港口装卸能力提高10万吨/年。投资690万元，完成乐昌上车、曲江苏拱渡改桥2座；投资40万元，完成仁化双合水、东门2道渡口改造。 (易昌友 王小兰)

附：领导班子成员名单

党组书记、局长：沈明祥

党组副书记、副局长：谢天友

常组成员、副局长：童志跃

唐明强

谭建强

党组成员、纪检组长：王 镒

常组成员、总工程师：罗缵锦

国家公路建设与管理

【概况】 2011年韶关市公路局贯彻落实市委十届九次、十次全会精神，围绕市"十二五"规划"大交通、大旅游、大产业"的战略重点，以提高路面质量为中心，抓好公路各项工作的落实，通过五年一度的国家公路大检查。年末，全局拥有公路总里程1596公里，其中国道433.4公里，省道1133.3公里，县乡道29.2公里，其中一级路161.3公里，二级路680公里，三级及以下754.9公里。

【国省道大中修工程】 完成8项国省道大中修工程：①国道106线曲江林场至东山段，全长7.4公里；②国道106线仁化县城至周田段路面大修工程，全长16.2公里；③国道106线曲江转溪至林场段长4.24公里、东山至大宝山隧道段长 4.01 公里；④国道 107 线老坪石至莲塘坳段路面大修工程，全长 6.7 公里；⑤国道 106 线翁源县狮子山至官渡大桥段路面大修工程，全长 3.2 公里；⑥国道 323 线麦屋至坪乳县城段路面大修工程，全长 9.1 公里；⑦国道 107 线小塘至老坪石段路面大修工程，全长 12.5 公里；⑧省道 347 线新丰县梅坑镇圩至黄泥塘等三个路段路面大修工程，合计全长 22.5 公里。

【全国干线公路大检查】 4 月 13 日至 14 日，交通运输部组织的全国干线公路养护管理检查组到韶关市进行检查，共检查 G105 等 6 条国省道共 321.84 公里。在沿线各级政府和有关部门的大力配合下，检查组在两天时间内完成全部线路的检测。

【公路和桥梁养护】 为确保管养公路的安全畅通，韶关市公路局制定各类应急预案，在容易发生冰冻灾害的路段设置防滑等警告标志，并在就近养护中心备足材料、机械，施工路段做好安全保障措施，及时修复水毁公路，保障道路的安全畅通。

为迎接广东国际旅游节的召开，韶关市公路局对省道 248 线韶冶至转溪段和省道 246 线犁市桥至黄岗段路面破损严重的路段进行抢修整治。至 12 月底，国省道优良路率为 80%，优等路里程为 731 公里，全局路况保持稳定。

为做好桥梁专项整治工作，韶关市公路局要求各养护单位按照省、市桥梁管理办法对所辖桥梁进行养护管理，加强对病害桥梁的观测、监控，并对新丰石拱旱桥加固工程、华眉堂小桥改建工程、坪石三星坪桥（旧桥）维修加固工程、城郊局黄浪水桥维修加固工程进行交、竣工验收。

【路政管理】 韶关市公路局以贯彻国务院新颁布的《公路安全保护条例》为契机，普及公路安全保护知识，在全社会形成爱护公路、依法保护公路的良好氛围，并按照市委市政府“创文巩卫”的工作要求，开展对国省道公路及其沿线两侧违法建筑、乱设广告标牌、在公路旁摆摊设点、公路两侧的违法堆积物清理整治的行动，拆除广告标牌 30 块（合计 950 平方米），清除 21 处违法加水点，清除违法堆积物 632 立方米。为推进路政管理规范化建设，健全各项路政管理制度，提高路政档案管理规范水平，韶关市公路局完成 10 个养护单位的路政窗口和档案室建设，实现路政许可省、市、县联网审批，路政服务大厅建设规范，公示内容齐全，服务窗口便民利民。2011 年，共办理路政许可 66 宗，全部在 10 个工作日内办结，其中涉及到关系到国计民生的有关许可事项，按照市政府的要求，开通绿色通道，在 5 个工作完成审批程序。

【路桥通行费年票征收】 韶关市公路局开展收费公路专项清理工作，完成专项清理摸底调查工作，按要求上报省公路管理局。通过委托新开通的韶赣高速公路代收次票和妥善处置部分江西籍货车冲卡逃费的事件，2011 年，全市累计完成收费额 1.82 亿元（其中：年票统收 9951 万元，次票收费 3756 万元，高速代收次票收费 4525 万元）。 （马德才）

附：领导班子成员名单：

局　长：沈学柏（~2011.10）
　　　　黄　锋（2011.10~）
党委副书记：林宏达
副局长：吉永雄　谭宝龙
　　　　李在杭　胡道元
　　　　叶建雄（~2011.9）
纪委书记：彭必泉
工会主席：温领鸣
总工程师：夏建广

航　道

【概况】 韶关航道局是隶属于广东省航道局的正处级参照公务员管理的事业单位。局机关有办公室（与事教育科合署办公）、航道管理科、计划财务科等 3 个内设科室及浈江航标与测绘所、牙江航标与测绘所等两个下属事业单位。按照省航道局的授权与分级管理原则，韶关航道局负责辖区航道及航道设施的维护、建设和管理；依法查处侵占、损坏航道和偷盗、破坏航道设施的行为；审批与通航有关的拦河、跨（过）、临河建筑物的通航标准和技术要求，审批通航水域内水上、水下施工作业，审批航道范围内河砂、砂石、砂金的开采；发布航道通告；会同有关部门处理水资源综合利用中与航道有关的事宜。2011 年，韶关航道局开展航道疏浚量 29222 立方米，完成石坝维修 2705 立方米，完成浈江（锦江口—新庄电站—江口）48 公里航道测量任务并通过省局验收；航标维护工程量达到 34361 座·天，航标维护正常率、航道标准水深保证率实现100%双达标，航标质量合格率为100%，航道通航能力不断提高；执行航道管理法规，履行航道行政管理职能，抓好航政执法各项工作，保护辖区航道资源，保障航道安全畅通。全年韶关市航道安全畅通，没有发生堵塞船事件。

【航道基础建设】 航道基础建设得到加强。投入航道专项经费48万元，用于改善航道通航条件和加强航道基础设施建设，开展对武江长滩切嘴及上莲塘航段进行疏浚、三江的航标标路及护岸改造、乳源航道站航标保养场等专项工程。

配合推动北江中游航道整治工程项目建设，促使该项目主体工程于当年8月进行交工验收；协助市发改、交通等部门编制《韶关市航运发展规划》并已完成送审稿。

推进北江航道韶关段“五改三”等级标准的宣传、申请等前期工作，直接促成韶关市邹永松副市长在2011年6月带领交通、航道等单位的领导和技术人员到省与省交通运输厅、省航道局等有关部门协调北江航道定级、航道发展、《韶关市航运规划》等重大问题，引起省政府及各相关部门的重视和支持。北江航道(蒙里—韶关)“五改三”项目已经纳入省交通运输厅的工作计划，并开展前期有关工作；配合推动北江中游航道整治工程项目建设，促进支持保障系统项目如浈江航标与测绘所业务用房及航标工作船码头、维护船舶、航标遥测遥控等项目的实施。

【航道维护管理】 加强对重点航段的维护，3~6月开始组织工程船对北江濛里电站坝下、浈江庙滩、武江上莲塘等航段进行维护疏浚，使该段航道的通航条件得到改善，确保日常航道维护管理工作的顺利开展。船舶管理日趋规范。全局6艘船舶完好率达到100%，优秀率达到83.3%，船舶各种设施处于正常的技术状态。航标维护不断完善。增设航标15座，北江韶关段49公里航道、69座航标完成航标遥测遥控和发光的安装测试，进入试运行阶段，船舶可昼夜试通航，航标维护质量整体水平有所提升，确保航道安全畅通,没有发生主观堵塞船事件。

【依法治航】 应对改革，继续抓好航道行政执法，完成第三批执法人员移交工作，确保执法人员移交、日常执法工作实现正常延续；加大航道的巡查力度，及时制止、处理浈江周田水电站、广乐高速公路乐昌连接线武江大桥等两宗违法施工行为，做好施工监管工作，做到及时沟通，及时介入，及时到位监管。在坚持日常航政巡查的基础上，主动加强与地方相关部门的协调、沟通，配合由水务局牵头，海事、国土、交通、公安等相关单位组成水上联合执法队伍，对采砂船在航道乱采乱挖现象和破坏航道的行为进行治理；进一步提高行政审批服务水平，转变作风，主动服务，加强沟通，增进理解，不断完善审批流程，打消业主疑虑，实现全年审批工作零投诉。2011年受理并完成跨(过)、临、拦河建筑物初审1宗和通航水域水上水下施工作业许可4宗。全年未发生行政复议和诉讼案件，取得良好的执法效果。 (潘文辉)

附：领导班子成员名单

党组书记，纪检组组长：张发柱
局　长：季　强
副局长、工会代主席：魏学升

海　事

【概况】 韶关海事局成立于2000年11月，前身是韶关港航监督局。现有在编人员46人，局内设办公室(督察处)、监管处(指挥中心)、船舶检验处、财务处和政务中心，下设浈武江海事处、曲江海事处、执法支队3个派出机构，其中浈武江海事处下设乐昌办事处、丹霞办事处，曲江海事处下设白土办事处，基本形成覆盖韶关市通航水域的监管格局。2011年，辖区共有航运企业15个，登记在册船舶1128艘，其中渡船33艘，在册船员3533人。

【确保通航安全】 坚持“CCTV+现场巡航监管”模式，全年组织巡航743次，巡航里程9898海里，巡航计划执行率100%；加大工作力度，确保春运、两会、国庆、广东国际旅游文化节等重要时段的水上交通安全，韶关海事局获评“韶关市春运先进单位”，并获得2011年广东国际旅游文化节主会场(韶关)工作领导小组通报表彰。

【规范船舶安全管理】 实施船舶安全检查619艘次，对严重低于标准的11艘船舶禁止离港；共完成船舶所有权登记165艘次，国籍登记184艘次，抵押权登记63艘次，无抵押权登记47艘次，变更登记190艘次，注销登记84艘次，核发最低安全配员证书716本，船名审核114次。组织对辖区14家航运公司进行安全与防污染监督检查，查处缺陷64项。举办新法规宣贯会4次，增强船公司安全管理人员的理论水平和安全意识。

【加强船员资质考证管理】 辖区获得二类船员考试发证权限，并取得1家内河船员培训机构和1家内河船员服务机构资质；船员考试实现无纸化，2011年组织船员考试、考核5期，签发各类船员证书642本；开展船员培训监督检查14次，日常监督检查率为127%，船员服务机构监督检查2次，日常监督检查率为100%；收集整理北江韶关段航线资料编制航线指引教材，填补韶关段航线资料欠缺的空白。

【确保船检质量】 开展“大船小证”治理回头看活动，采取措施解决历史遗留问题；与清远船检沟通，做好船舶吨位丈量工作；提高焊接工艺，抓好船用产品使用，确保船舶建造质量。全年检验船舶1002艘次，其中建造（含改装）检验62艘次，营运检验940艘次，产品检验58件（套），审查图纸23套；检验总吨位42万吨，主机功率18万千瓦。

【依法行政管理及荣誉】 加强行政执法督察，强化对自由裁量权的管理，全年行政处罚自查率100%，行政许可自查率达到10%。2011年获评韶关市“五五”普法先进单位。工会通过直属海事系统“合格职工之家”验收；局政务中心荣获“广东省巾帼文明岗”和“广东海事局文明执法示范窗口”称号，韶关曲江海事处被命名为“广东省青年文明号”。 （莫鼎标 牟相颇）

附：领导班子成员名单

局　长：胡小忠

副局长：神小龙　赖少流

韶关火车东站

【概况】 韶关东站全称是广深铁路股份有限公司韶关东站，是广深铁路股份有限公司广州车务段管内唯一的一等区段站，车站站型为双向纵列式一站二场，韶关东场中心里程为京广线K2048+816米，韶关直通场的中心里程K2051+630米。南与马坝站，北与黄岗站相接，主要办理粤北地区、赣南大部分地区的客、货运输业务；列车中转技术作业（机车换挂、列检、商检作业等）；部分直通、区段、摘挂货物列车的解编；广州铁路集团管内乘务作业。韶关东站现有职工710人，设运转、乘务、客运、货运、装卸、综合6个班组。

【站场和信号设备】 韶关东站现有韶关东和韶关直通场两个信号楼，信号联锁设备均采用TYJL-II型微机联锁设备，接发列车作业采用TDCS调度信息管理系统。韶关东调车场驼峰区采用TW-2进路控制系统和TDJ可控顶调速系统。现在车管理和货运管理均采用TMIS系统；到发场2个，其中韶关东到发场有11股道，韶关直通场到发场有8股道；调车场2个，其中韶关东调车场有7股道，韶关直通场调车场有5股道，两场间设有场间联络线1条，走行距离为923米。

【客运设施】 韶关东站客运大楼装有中央空调，4间大候车室、贵宾室、母婴、军人候车室及首长接待室，候车面积2805平方米，旅客乘降站台3个18828平方米，雨棚3座共15762平方米，地道2座共150米，天桥一座长75米。售票厅面积249平方米，售票窗口10个，异地票售票点22个，全部实现微机联网电脑售票，售票窗口可以联网发售武广高铁的车票。

【货运设施】 韶关东站现有韶关直通场和大桥2个货场，总面积20万平方米，硬化地面5.4万平方米，仓库10座共3.7万平方米，货棚2座共1135平方米，货运站台9座3.4万平方米，装卸线17股道，全长8227米，有效长2796米；装卸有效长4763米；门吊50吨1座、26吨1座。韶关直通场货场货物线10条，货场走行线2条，大桥货物3条。专用铁路1条，专用线12条，段管线2条。

【运输效益】 韶关东站办理营业的旅客列车共61对122列，其中直通营业旅客列车42对84列，管内营业旅客列车19对38列。2011年全年各项任务指标完成为：装车数完成6335车，比2010年减少5987车；发送吨完成25.36万吨，比2010年减少

33.53万吨；运输进款完成2.923亿元，比2010年减少2360万元；发送旅客346万人，比2010年增加21.5万人。

【客运服务方便旅客】 通过开展“服务旅客创先争优”活动，不断完善客运服务的软硬件环境，改善候车乘车条件，提高服务质量。在做好日常客流组织的同时，还想方设法解决旅游团队对团体用票的需求。在本站票额不足的情况下，联系广州票务中心，帮旅游团体预订车票满足团体旅客对座位、卧铺票的需求。抓好异地票的发售及局管内优质优价车的发售。做好节假日的客运营销工作，每逢节假日有客车加开或运行图调整、列车时刻变动时，与新闻单位建立良好的信息联系，通过电视广播媒体向社会宣传公告运行图变动及列车运营情况，为旅客出行提供引导。

【货运营销优势】 近年来，韶关公路网络扩大，等级提高，道路运输条件改善，运输市场的竞争日益加剧。韶关东站开拓货运市场，组织货源，成立货运营销小组，走访物资单位和市区有关部门，通过召开货主座谈会、主动上门服务等方式，了解掌握货源情况，进行货源调查和营销攻关；宣传铁路装卸和铁路运输的优势和诚信，还携手联营，主动深入市场、挖掘市场。组织好整列直达货物运输和五定班列货物运输，稳定韶冶厂的发送量，做好硫酸、锌锭等货物的发送组织工作；同时抓好到达平湖南集装箱班列的发送组织，以及韶冶厂到卸的煤、焦、矿和石支线到卸的汽油、柴油等货物的卸车组织。做到“四优先”，即：优先承运、优先配车、优先装车、优先挂运，实现五定班列运输“短、平、快”的目标，保证集装箱运输安全畅通。

【强化安全管理责任意识】 确保运输安全是铁路重中之重的首要任务。为确保铁路运输的安全和旅客人身安全，韶关东站在日常工作严格管理，推进安全基础建设，强化安全基础建设，加强干部职工安全责任意识教育，提高干部职工工作责任心和积极性。采取各种形式，坚持做好班前安全教育和班后存在问题的分析，强化职工“安全第一”的思想意识。同时加强对现场作业的检查和盯控，狠抓现场作业标准，实行调车跟盯制度，确保调车作业的人身安全和行车安全。开展劳动安全专项整治活动，制定《韶关东站劳动安全专项整治活动方案》，组织召开以“珍爱生命、关注人身安全”为主题的反思会，让职工认识到劳动安全的重要性，增强职工的安全责任感，提高自我保护意识；要求每一位职工落实好人身安全防范措施，强调作业人员按规定着装，穿戴防护用品，作业时注意脚下障碍物和邻线车辆动态，需跨站台作业时必须走天桥和地道，严禁钻车底及在车底下避雨，当班前注意休息，当班时加强联劳协作，防止人身安全事故的发生。同时还做好旅客的安全工作，加强天桥、地道等关键部位的安全把关，防止旅客跨越线路、从反边门及车窗上下，落实上级有关站场封闭式管理的措施，防止旅客从非正常通道进出车站，加强对旅客携带物品的安全检查，强化站车综合治理工作，抓好售票厅、候车室和站台的治安秩序，确保旅客人身安全和铁路运输的安全。 （罗春辉）

附：领导班子成员名单

站　长：邓英武

党总支书记：罗伟雄

副站长：唐利波　潘治民

工会主席：陈智慧

武广高铁韶关站

【概况】 武广韶关站位于韶关市武江区芙蓉新城，距离韶关市中心约为16公里，韶关站整体外观雄伟壮丽，站房设计取自于古代关隘的城门外形，体现南粤雄关的宏伟形象，特别具有地区标志性和特色性。车站配有完善的交通设施：公交车站、出租车位、社会车辆停车场，实现高速铁路、公共交通车辆、社会交通车辆的无缝对接。售票厅内设有18个人工售票窗口，4台自动售票机，确保旅客能便捷购买车票。进站大门设有4台安检仪，确保旅客运输安全。一、二楼候车大厅可同时容纳2000余名旅客就坐候车。候车厅两侧设有各种配套设施，提供完善的候车服务。此外，车站还划分不同候车区域，为有不同需要的旅客提供更优质全面的服务。

【运营情况良好】 韶关高铁站的建成，标志着韶关市进入广州一小时经济圈，使得城市与城市之间的文化、经济、科技等方面都有更大的交流、联系、发展。韶关站办理营业列车达85列/日，日均输送旅客达 3800 多人次。2011 年全年发送旅客 140.6 万人，同比 2010 年的增长 29.8%。随着列车运行图的调整，车站营业列车及发送旅客数将进一步增加。

【重点时期运输安全组织】 在春节、暑假、“清明”小长假、“十一”黄金周各阶段重点时期，韶关站通过抓好旅客售票组织、候车乘降组织、加强进站旅客随身行李物品安全检查工作，保证旅客运输工作的安全、平稳、有序。

【配合旅游文化节做好接待首站】 2011 年 11 月 5 日至 7 日，韶关市承办 2011 年广东国际旅游文化节主会场活动，韶关站作为活动接待的第一站，配合好市政做好前来参加活动各地贵宾的迎来送往工作，得到市政领导及往来宾客一致的高度好评，并受到市委、市政的通报表彰。

（唐 维）

附：领导班子成员名单

站 长：江建强

副站长：钟志斌 袁志明

邮政·电信

邮　政

【概况】 韶关市邮政局位于韶关市浈江区风采路3号，是一家肩负着全市邮政通信建设、运营与管理的现代服务企业，下辖市营业局、曲江、乐昌、南雄、仁化、始兴、乳源、翁源和新丰9个县（市、区）邮政局及商函广告局（下挂名址信息中心）、集邮公司、电子商务局、报刊发行局、机要通信局、邮区中心局、投递局等7个直属单位。先后成立“邮政储蓄银行韶关分行”和“邮政物流服务有限公司韶关分公司”，提高整个邮政服务的专业化水平。

韶关邮政致力打造服务民生平台，在履行邮政普遍服务义务的同时，邮政金融、邮务和速递物流为群众的日常工作和生活提供方便快捷的多元化服务。2011年，韶关邮政树立科学发展观，开展“为民服务　创先争优”主题实践活动，深化企业转型，促进服务升级，主动融入地方经济发展，服务“三农”和中小企业，服务百姓生产生活，不断提高经营、服务、管理水平，形成“经济运行质量好、业务发展成效好、服务社会评价好、员工满意氛围好”的四好局面，实现社会效益与企业效益的同步发展，开创邮政发展的崭新局面。全年完成经营收入（含邮储银行韶关分行和邮政速递物流韶关分公司）同比增长22.7%。邮政、银行、速递三大板块间紧密协作、共享资源、互为渠道，融合发展。

2011年，韶关邮政服务质量用户满意度为93.6分，超过省邮政公司用户满意度考核指标值。企业精神文明建设硕果累累，市局工会荣获“全国模范职工之家”，市局获得韶关市“五五”普法先进单位，并涌现出优秀QC小组、国家（省、市）级“青年文明号”、“建功立业女能手”、和“先进工作者”、“劳动模范”等一批先进典型。

【服务设施不断完善】 韶关市共有邮政网点150个，遍布全市城乡，满足公众的用邮需求。2011年，韶关邮政继续进行网点优化整治和增设新网点，建设VIP大客户区37个，网点整治率达69%，跃居全省前列。加大金融自助设备投放力度，加载集邮、函件等服务项目宣传展示区。全市邮政营业厅环境优雅、功能齐全，为市民提供更加便捷、贴心的用邮环境。

韶关邮政开展“邮政便民服务站”建设，共建设311家“便民服务站”，为老百姓提供缴费、票务、报刊订阅等在家门口的便捷服务。响应市委市政府创建“全国文明城市”的号召，更新36个报刊亭，方便读者订阅和购买报刊杂志，成为韶关文化传播的有利平台。推进新楼盘的信报箱群建设和已建成小区的信报箱群补建工作，保障群众的文化阅读和通信自由。

【服务项目贴心利民】 为满足社会经济发展和民生的需要，韶关邮政、邮储银行和邮政速递物流公司三大板块融合资源，不断创新服务种类。

韶关邮政除开办收寄邮件包裹、订阅报刊、机要通信等传统服务，还推出邮政广告、数据库商函、直邮媒体、文化收藏、网上邮购、个性化邮品、企业贺卡、企业年册和“11185”电子票务等服务；增设EMS“次晨达”、专送机票、法律文书、驾驶证、消费账单、大学录取通知书，以及为客户代办第二代身份证、交通违法罚款、港澳二次签证等快递服务；开办存款、代收电话费、移动话费、代办保险、代理国债销售等金融类服务。

邮储银行不断丰富业务品种，完善服务功能，为群众提供转账服务、银行卡和信用卡服务、基金以及债券投资、大额协议存款、贷款、小额信贷等资产业务，并开办对公存款和对公结算业务，满足社会需求。

邮政速递物流做好EMS快递服务，并增设E邮宝、普通货运、销售预包装食品、邮购、运输咨询以及货物装卸、包装、装配、信息处理等服务，其中E邮宝以优惠的价格主要服务于韶关市“创业园”的广大网商，为他们提供方便快捷的货物收寄、运输和投递“一条龙”服务，深受网商欢迎。

2011年，韶关邮政强化专业团队建设，开放经营、融合创新，切入文化产业，服务项目创新突破。邮政函件制作的各种节日贺卡、旅游主题明信片、景点明信片等宣传韶关市旅游资源；集邮文化紧扣建党、大运会、旅游文化节等重要节日，开展产品及模式创新，并在服务网点建设“集藏主题邮局”专柜，满足群众特别是集邮爱好者的需求；报刊业务做好年度党报党刊订阅发行工作，开展全市“爱心订阅”、“扶贫订阅”和“爱心捐赠图书巡展”活动，赢得读者和爱心机构的赞扬。

【服务“三农”广受欢迎】 韶关邮政立足粤北经济建设，响应政府关于服务“三农”工作的号召，创新拓展多项贴近农民生产生活的便民业务。

承办“新型农村社会养老保险”服务（简称“新农保”）。目前韶关邮政是韶关市唯一一家承办“新农保”服务的机构，已在曲江区、浈江区、武江区、仁化县、乳源县、南雄市和乐昌市7个县（市、区）的邮政网点承办“新农保”，并尽快实现翁源县、新丰县和始兴县的“新农保”服务。2011年，为更好地提供“新农保”服务，韶关邮政加大投入优化营业环境，增设服务专窗，得到政府部门和农户的赞扬。共承办韶关市50.67万户参保农户的“新农保”服务，覆盖率实现政府下达计划任务数的133.4%。

全力做好农资配送服务。韶关邮政利用网络优势，在乡村开设“农资分销店”，按照农户的不同需求，农资物料配送到田间地头，助农增产增收。2011年共为农户配送化肥900余吨，农药9000余件，配送范围覆盖全市重点乡镇。并在乳源侯公渡、始兴司前镇、仁化董塘镇建立“邮政农资仓储配送中心”，农资产品种类不断丰富，配送范围继续延伸。

建立农民生活“便利店”——“村邮站”。韶关邮政落实省财政补贴资金，建设“村邮站”，为农户提供乡村信件、包裹、快递的收寄，以及报刊订阅、农资产品配送等家门口服务。

增设空白乡镇邮政局所。为尽早实现邮政服务网点城镇、乡村全覆盖，韶关邮政推进江湾镇、石塘镇、游溪镇、重阳镇、主田镇、全安镇、城南镇、罗坑镇、新韶镇等9个空白乡镇邮政局所的建设工作。各项工程项目在进行中，邮政均等化服务更加完善。

【企业建设创新和谐】 开展廉政教育，加强行风建设。建立廉政教育常态化机制，增强领导干部的廉洁自律意识。开展企业效能监察，出台“三重一大”管理办法，落实责任，执行“三重一大”决策制度，营造风清气正的良好局面，促进企业各项工作进行，实现全年无安全责任事故和案件的目标。

落实职代会制度，推进局务公开。做到以人为本，企业各项政策制度公开透明，员工的民主意识和主人翁意识不断增强。健全合理诉求机制，完善员工与企业沟通渠道。2011年韶关邮政被省邮政公司评为“局务公开先进单位”。

不断完善福利体系，员工薪酬水平逐年提高。做好送温暖等关爱员工工作，坚持开展“职工小家”建家活动，完善小家硬件建设，把“职工小家”建成员工学习、聚会、活动的“俱乐部”，目前被全国总工会评为“全国模范职工小家”1个，获得全省邮政系统“职工小家”60个、“模范小家”18个、“小家标兵”2个、此外，通过举办篮球赛、羽毛球对抗赛等体育活动，提升员工业余生活素质，营造和谐的企业氛围。

韶关邮政开展“为民服务创先争优”主题实践活动，开展基层创建“星级规范营业窗口”、“星级规范投递部”和争创“服务之星”等活动，网点服务水平及发展能力实现质的提升。同时，履行社会责任，开展系列“扶贫双到”活动，企业出资和员工捐助扶贫基金，推进曲江樟市镇芦溪村的扶贫工作。

（庄维薇）

附件：领导班子成员名单

局　长：陈大灿

中国邮政储蓄银行韶关市分行行长：杨永华

副局长：何建军

副局长、工会主席：黄海斌

邮政速递物流公司韶关分公司总经理：黄韶山

电　信

【**概况**】 中国电信股份有限公司韶关分公司（以下简称韶关电信）隶属于中国电信集团公司，是中央直属的特大型通信骨干企业，主要经营固定电话、移动通信、互联网接入及应用等通信和信息服务，拥有“商务领航”、“我的e家”、“天翼”、“天翼宽带”和“号码百事通”等客户及业务品牌。下辖城区、曲江、乐昌、南雄、翁源、新丰、仁化、始兴、乳源9个级分公司，45个营销服务中心，121个客户服务中心，服务网点遍布全市乡镇，是韶关地区拥有完整的固定网、移动网、基础网、数字网和数据网的综合信息服务提供商。2011年，韶关电信深化企业转型战略，以信息化服务经济社会发展，构建现代化信息网络体系，推进“宽带中国光网城市”建设，提升服务质量，为建设“幸福美好韶关”提供信息化支撑。

【**企业运营发展壮大**】 2011年，韶关电信通过推进企业转型，强化精确管理，转变发展方式，收入和业务结构得到优化，保持收入持续增长，企业综合竞争实力不断增强。实现业务快速发展，规模持续扩大，至2011年底，全业务客户规模超百万；用户市场份额稳步提升，其中，3G用户份额占比在全省排名第五，成为韶关最大的3G运营商；宽带全面提速，光纤宽带和互联网视听业务取得长足发展，社会认知度不断提升，宽带业务保持行业领先地位。

【**信息化方便服务社会**】 2011年，韶关电信加强信息化建设合作和项目开发，加快推进与地方政府在经济社会信息化领域的全方位合作。是年6月2日，广东电信与韶关市人民政府签订《“加快转型升级，建设幸福韶关”十二五信息化合作框架协议》，在智能信息网络体系建设、推进“两化”深度融合、加快产业结构调整、促进韶关绿色低碳发展和区域协调发展、以信息化推动服务型政府建设、“物联网”应用、幸福韶关建设等方面开展全面合作。配合全市构建现代产业体系的任务要求，开发融合3G技术的翼机通、工商e通、物流e通等行业信息化应用。2011年，利用云计算技术，建成天翼税通网络，为税务部门提供集发票开据监管、安全管理于一体的管理平台，为纳税户提供及时、便捷、完善的全在线开票综合服务。推出“公交一卡通”、“车主一卡通”等3G应用，为公交企业和广大市民提供便利的信息化应用服务。参与建设社会治安防控体系，推进“平安社区”项目建设，打造基于“全球眼”的实时视频监控系统，至2011年底，建成视频监控点1780多个，为构建“平安韶关”提供全方位的公共安全服务。

【**网络转型升级**】 2011年，韶关电信加快网络转型和技术升级，打造高速宽带精品网络，推进“宽带中国光网城市”建设，建成覆盖全市的骨干光纤网络，实现全市商务楼宇100%光纤到达，全市政企客户100%光纤到达，宽带用户接入层实现全面光纤化，信息化环境加快向数字化迈进。互联网服务能力不断增强，ChinaNet骨干互联网带宽达到20T，国际出口带宽达到440兆比特/秒，全市城区20兆比特/秒以上接入速率占比达到70%以上。

【**高速无线通信服务**】 发挥中国电信在宽带、3G和WLAN等方面的技术优势，以多元化接入方式，加快“C+W”网络建设，打造“无线城市”。实现有线、无线宽带全方位立体覆盖，3G网络覆盖全市城乡、工业园区、高速公路和旅游景点，WIFI热点遍布全市各级政府机关、企事业单位、星级酒店、车站、大学等公共热点区域，形成“3G+WIFI”的宽带无线网络，为广大客户提供高速无线通信服务。

【**加强网络安全质量保障**】 2011年，韶关电信组织开展系统支撑效能提升、移动网络赶超等网络运营“十大行动”，促进网络质量持续提升，其中，3G网络质量满意率同城同业排名第一。持续开展基础维护提质活动，促进营销中心网运基础维护工作提升。开展城域网优化整治，提升EPON能力及宽带网络质量。利用电子运维系统实时故障管控，端口速率达标率95.6%。健全工作流程机制，完成FTTH业务开通流程的梳理，实现FTTH业务自动开通。加强应急通信保障建设，修订完善各项通信应急保障预案，提升快速响应能力。是年5月27日，在乳源县举行防汛应急通讯演练。完成2011年世界大学生运动会、2011年广东国际旅游文化节等重大通信安全保障任务。

【销售服务质量提升】 2011年，韶关电信秉承"用户至上，用心服务"的服务理念，推行服务领先策略，以客户满意为准绳，不断改进服务，对客户反映的服务质量热点、难点问题重点关注，加强督促检查，针对性改进。建全实体渠道、直销渠道服务回访机制，及时改进服务短板，基于客户感知的服务评价指标体系趋于完善。重点加强装维服务管理，采取回访抽查方式，突出抓好自维工单管控和装移机、修障及时率和履约率。落实"五个一"服务承诺，以快捷、方便为重点，规范营业窗口服务，压缩等候时间，提升客户感知；完善和提升网厅缴费、咨询、查询、办理、回馈和反馈等六大服务功能，提升电子渠道服务能力；优化10000号服务流程，实现一键接入便捷沟通，提高服务效率；落实流量提醒、余额提醒、定期提醒等统一、规范的提醒服务等。开展"服务无限满意无忧"行动，完善客户应急预案，建立"一户一案"服务模式。建立装维数据分析及管控团队，落实"八个一"装维要求、装维服务质量现场监督检查制度等措施，提高装维服务质量和服务水平，各项装维指标达到或超过省考核要求。

【创新农村区域经营管理模式】 2011年10月，韶关电信创新农村区域经营管理模式，在曲江、乐昌、仁化3个县级分公司选取15个客服中心，开展营服中心竞标承包试点工作，取得良好效果。是年11月，成立校园营销服务运营中心，将竞标承包机制扩展到城市校园市场，在农村市场和聚类市场发展上进行积极探索。

【优化完善绩效管理体系】 建立分层、分类的绩效管理评估方法，承接省公司发展战略和业绩指标。设置业务发展风云榜、龙虎榜、网运英豪榜等专项考核办法，发挥绩效考核导向作用。优化规范业务外包管理制度，把控业务外包人员增补和离职审批流程，规范业务外包人员的绩效考核标准和职业行为，促进业务外包健康发展，防范经营风险。

【开发网络监测维护项目实验】 搭建FTTX网络实验室，从端到端组建PON网络测试和实验环境，开展20多项实验项目,培养一批技术骨干、优秀人才。韶关电信员工以全省选拔第一的成绩代表广东省参加集团装维及接入网维护技能决赛，取得全国第六名、获得二等奖的优异成绩，并荣获集团技术能手光荣称号。开发室外一体化机柜远程监控项目，保障设备安全，提升维护工作效能，实现降本增效。

【增强企业内部自身建设】 2011年，韶关电信贯彻落实党风廉政建设责任制，深化廉洁从业教育，从源头上杜绝腐败。开展效能监察，针对风险点加强排查，及时整改堵漏。为员工谋福利，鼓励和带领广大员工加快发展，用活用好省公司激励政策，通过发展提高员工收入水平。关心员工生活，结合建"四小"创"六好"工作，营造家园式和谐氛围，建家工作取得显著成绩，荣获"全国模范之家"称号，是广东省99家受表彰企业之一。以创建"四好"班子为载体，加强领导班子及骨干队伍建设。以竞标承包方式鼓励有能力的员工快速成长，拓宽员工职业生涯发展通道。为员工创造宽广的学习成长环境，通过员工送陪、以赛带训等多种形式，提升员工整体素质。2011年共选送518人次参加省公司培训205期，组织本地培训254期、8567人次参加各类培训，让员工与企业共同成长。

【参与社会公益事业】 履行社会责任，自觉承担扶贫帮困任务，落实"十百千"干部下基层驻村工作，发动广大党员和员工扶贫捐款共17万余元。配合市政府创建全国文明城市、"2011年广东国际旅游文化节"以及防灾、维稳等工作，利用短信、彩铃、话亭广告和自有大牌资源，做好公益宣传等，促进企业与社会和谐发展。 （白三军）

附：领导班子成员名单

总经理：刘　峰
副总经理：丁兆鹏
　　　　　谭海宁（~2011.11）
　　　　　李学军
　　　　　常文卓（2011.11~）
　　　　　高　骞

中国移动

【概况】 中国移动通信集团广东有限公司韶关分公司是中国移动通信集团广东有限公司的分支机

构之一，于1999年1月28日正式挂牌，职能部门7个，中心6个，下辖市区、曲江、乐昌、南雄、始兴、仁化、翁源、新丰、乳源9个县（区）分公司。韶关移动2011年坚持“价值导向的创新型增长模式”，不断增强自身的网络能力、创新能力、服务能力和管理能力，通过营销创新挖掘市场新价值、服务创新提升客户新感知、技术创新塑造网络新品质、管理创新实现企业新跨越。优举措、强管理、促和谐，实现企业的稳健发展，客户规模达到170万人。网络规模持续扩大，网络容量达255万户，网络信号覆盖率达到99.87%。

【巩固市场格局】 韶关移动通过资费调整，优化全品牌客户结构，先后推出差异化卡品渗透细分市场，全球通品牌套餐费用普降约两成，全年共计有7万全球通客户受惠；神州行子卡品全面优化升级，降低月租和通话费，降幅近20%；开展“8000万回馈韶城老客户”的网龄关怀活动，提升长网龄客户的满意度。全年以无线城市平台建设为契机，推进信息化建设，助推企业转型发展。韶关移动与韶关市政府举办“构建智慧韶关，开启无线城市”合作协议签约暨韶关市无线城市启动仪式，完成与三区七县政府、韶关市粤北人民医院、韶关市三防办、东阳光铝业等单位的无线城市战略合作协议签署，推进无线城市的内容建设，完成凭证中心、视频流媒体等能力平台建设，接入34个公共视频点建设，视频覆盖实时路况、校园监控、实时美景、森林防火4个领域；完成水、电、公积金、社保、菜篮子、车主服务等多项民生信息源接入；完成“韶关家园网”、“韶关民声网”等多个本地资讯门户的加载。

【打造精品网络】 韶关移动通过推进“网络全优化工程”，多措并举，全面打造精品网络。一是加大网络建设规模，全年无线网开通基站240个，载波2619个，开通率100%。二是强化网络短板整治。全年开展干扰小区、拥塞小区、弱信号路段覆盖等专项整治行动，客户对网络的满意度持续提升，网络投诉量在年底较年初较少26%。三是深化网络协同分流管理。通过对语音通话、数据流量等场景分布分析，根据市场营销需求精细规划GSM/TD/WL·AN的接入组网方案，实现多网的有效协同。在2011年广东国际旅游节开幕之际，韶关移动打造一张优质、安全、高效的精品网络，从网络通信、网络安全等方面开展网络整治工作，为广东国际旅游节的成功举办提供良好的通信服务支撑。

【构建和谐企业】 韶关移动致力于打造信息化建设标杆企业，全年开发渠道酬金查询、客户经理管理等6个内部支撑系统，公司管理的信息化水平提高，公司荣获“2011~2012年度电信运营商信息化建设优秀创新实践单位”荣誉称号；通过实施“和谐动力”计划，从“衣食住行医学健”等全方位改善员工“工作环境”、“生活环境”和“文化环境”。全年公司荣获17项省部级以上集体和个人奖项。公司荣获2011年广东省模范劳动关系和谐企业、广东省2006~2010年五五普法先进单位、2011年中国移动集团工会模范“职工之家”等荣誉称号。

【践行社会责任】 韶关移动秉承“正德厚生、臻于至善”的企业核心价值观，注重公益事业，并感恩回馈社会，践行社会责任。一是持续净化网络环境。通过持续加强对短信端口管理，治理不良短信和垃圾信息，杜绝不法信息群发；挖掘韶关独具特色的优质文化资源，深化与本地文学团体“五月诗社”的合作，推进红段子系列活动的开展，弘扬积极向上的通信文化，营造健康的通信环境。二是投身公益事业。响应政府号召，参与“扶贫济困”活动，连续第四年参加“南粤会亲”活动，累计募集资金近30万，资助100多名贫困学生；贯彻落实省、市、县关于扶贫开发“规划到户,责任到人”工作部署，帮助对口扶贫村实现脱贫奔康的目标，贫困村、贫困户面貌得到明显改善。（邓彪）

附：领导班子成员名单

总经理：郑　钢

副总经理：谭卫东　董　辉　杨辉宇

工会主席：董　辉

中国联通

【概况】 中国联通韶关分公司于1997年3月肩负着打破通信市场垄断局面的重任起步。成立14年来，韶关联通学习实践科学发展观，践行社会责任使命，在品牌建设、业务发展、企业形象提升等方面都取得进步和突破，推动当地信息化建设的进程，为更好地促进韶关经济的和谐稳定发展作出应有的贡献。

经历2009年初的电信行业重组融合后，新联通公司拥有全国第二大移动网和第二大固网，并获得最成熟的WCDMA 3G网络，新联通整体规模和实力得到大幅提升。

2011年，全面进入3G发展快车道的中国联通，正经历着企业发展历程上的机遇与挑战。站在新的时代节点，秉承“创新改变世界”的理念，中国联通韶关分公司在发展中调整结构，在创新中增强活力，提升整体综合实力，推进跨越式的新发展。

【网络先行】 2011年，中国联通韶关分公司WCDMA3G网络已覆盖韶关市区、各县城城区及20多个重点乡镇，GSM网络100%覆盖县城、乡镇，大部分行政村也实现GSM网络覆盖，京珠、韶赣高速公路及重点旅游景点覆盖率达100%，重点商业场所和高档小区实现室分覆盖，五星酒店和交通枢杻实现WIFI覆盖。网络建设不断纵深推进，在推进3G网络建设的同时，完善2G广度和深度覆盖。城区20多处2G弱覆盖区域得到明显改善，18个高话务拥塞得到有效缓解，新丰回龙、乳源大桥等12个重点乡镇行政村实现连片覆盖。

与此同时，为提升国际漫游服务能力，中国联通和国际运营商展开漫游合作，目前中国联通已与246个国家和地区的548个运营商开通GSM/WCDMA话音漫游业务，与其中178个国家和地区的403个运营商开通GPRS/WCDMA数据漫游业务。借助这张遍布全球的庞大网络，联通用户无论漫游到世界任何角落，都可以通过联通的通信网络聆听世界的声音。

【履行框架协议】 2011年是“十二五”规划开局之年，“十二五”规划中明确提出要全面提高信息化水平，推进信息化和工业化的高度融合，加快经济社会各领域信息化。为推进韶关市信息化建设进程，践行2009年7月韶关市人民政府与广东联通签署的战略合作框架的协议内容，助力“十二五”规划的实施，韶关联通加大在韶关市信息化领域的投资力度，协议签署两年多来，各类网络工程建设、信息化领域投资大力加强。

同时，韶关联通凭借自身技术优势及通过价值链整合，参与社会信息化建设。一是为推进“幸福广东”和“学习型党组织”建设，推出“3G学堂”项目，并配合市委宣传部“书香韶关”读书月活动的开展；二是在“三网合一”（互联网、电信、广播电视网）方面，率先与广电合作，开展试点工作，通过基础网络的整合，达到资源互补、资源共享的目的，广电用户可以通过数字电视上互联网，联通用户可以通过手机看电视；三是在“两化融合”（信息化和工业化）方面，为大型企业提供无线办公服务以及3G营业厅视频监控及无线抄表服务，并为市政府相关单位提供3G网络的无线办公服务；四是在军警方面，建设娱乐场所集中联网控制系统，并参与治安行业移动信息采集项目；五是在金融方面，为各大银行、证券、保险公司提供业务专网服务，参与并推动“韶关市民卡手机支付”项目的开展，推进韶关信息化建设进程。

【服务推层出新】 2011年，按照服务融于发展，服务促进发展的工作要求，韶关联通围绕用户从入网到使用的全过程，推进、强化接触点服务执行的规范化、标准化，提升销售前端与服务、维系工作的协同作战能力。通过“百日攻坚”、“百日创优”等专项短板整治行动，服务短板指标得到较大提升。营业服务质量投诉率由0.9宗/万户下降到0.3宗/万户，3G销售过程服务满意率提升8%，用户感知得到较大提升。

韶关联通为更好地服务用户，已经创新推出“红围脖”视频微博手机客户端、“悦TV”视频分享平台、“云雀”智能通讯录、“一起沃快拍”二维码应用软件，联通客户可以方便快捷地从APP Store上免费下载安装使用。除此之外，联通还为i-Phone用户量身定做“WO+分享(17.wo.com.cn)”分享传播平台。

【协办穿越丹霞活动】 以丹霞山为龙头带动韶关旅游的发展，是市委市政府的战略部署，凝聚着全市人民的期冀和希望。为传播丹霞山世界遗产品牌，迎接2011年广东省国际旅游文化节，树立韶关生态休闲旅游城市形象，韶关联通在协办第三届徒步穿越丹霞活动的基础上，2011年又再次协办第四届“丹霞有WO更精彩”徒步穿越丹霞活动。

在穿越丹霞活动过程中，韶关联通贯穿使用先进的3G技术，开展视频看丹霞、神眼看丹霞、微博看丹霞、彩信丹霞等“WO穿越WO幸运”系列活动。有先进的3G通信技术的支撑，徒步穿越大丹霞活动变得更丰富、更立体，同时也让省内外、国内外的参与者切身感受韶关通信信息建设新变化。

【扶贫“双到”切实帮扶农民】 推进扶贫开发“双到”是建设幸福广东、和谐韶关的重要举措。韶关联通按照市委市政府的统一部署和“规划到户、责任到人”的要求开展扶贫开发工作。在上半年的总结通报会中，韶关联通对口帮扶的贫困村——仁化县闻韶镇江南村获省通报表扬，被评为“插红旗单位”，同时,还帮扶曲江区白土镇白土龙皇洞村、乐昌市坪石镇、翁源县官渡五四村、仁化县城口镇厚坑村村委、始兴县顿岗镇周所村、新丰县黄陂村、南雄市乌迳镇鱼塘村、乳源县杨溪村等较为贫困的双到工作扶贫点。

自开展扶贫开发“双到”工作以来，韶关联通思想上重视，责任落实，分工明确，帮助贫困劳动力就业、组织贫困劳动力转移，组织各类技术培训课程，帮助无劳力贫困户及孤寡老人购买新农保、新农合等。同时，投入140万元（其中韶关联通投资约60万元（含通信设施投入），争取财政拨款及社会捐助等约80万元）用于建设农田水利项目工程1个，受益面积达33.33公顷，并建设民生项目7个，解决贫困村民的饮水难、就医难、住房难等问题，使6个自然村生产生活条件大为改善。

【贯彻芙蓉新城的战略部署】 为贯彻市委市政府开发建设芙蓉新城的战略部署，2010年11月韶关联通率先挺进芙蓉新城，举行综合大楼奠基仪式。在前期进行各项相关手续办理后，通信机房已在2011年11月开工。作为新联通新标准下的标准化综合大楼，新综合大楼总占地面积1.8万平方米，总建筑面积28700平方米，总投资预计近2亿元。工程建设计划分两步实施，其中一期通信生产机房建筑面积6370平方米，生产辅助用房面积670平方米，二期生产管理办公大楼建筑面积21700平方米。韶关联通综合楼将建设成为富有高科技含量的智能性建筑，并将成为韶关市芙蓉新城的一个新景点。

2012年，中国联通韶关分公司将一如继往地以围绕“以客户为中心、以服务促发展”服务理念，坚持技术、业务和服务的全面创新，以3G行业应用提高政府和企业信息化水平，坚持为行业客户提供以创新科技为核心的全方位、高品质的移动信息化服务。 （王 璇）

附：领导班子成员名单

总经理：王 柱

副总经理：陈灵军 罗晓良

张后明

城乡建设·环保

住房和城乡建设

【概况】 韶关市住房和城乡建设局成立于2009年，前身是韶关市建设局，为韶关市人民政府主管住房城乡建设的工作部门。行政编制36名，设办公室、法规科、住房保障与公积金监管科（市公积金管理委员会办公室）、住房发展与房地产业监管科、房地产产权产籍管理科、建筑业监管科、燃气与村镇建设管理科、建设工程招标投标监管科、人事科、监察室等10个内设机构。辖市建设工程交易中心、建筑工程质量安全监督站、工程造价管理站、住房公积金管理中心、房地产交易登记所、北江房管所、武江房管所、房产测绘管理所、白蚁防治所、建筑成人中专学校、散装水泥办公室、房屋租赁管理所、建筑设计院、住房保障中心、建工幼儿园、建设与房地产信息中心等16个直属单位。

2011年，全市住建局系统贯彻落实科学发展观，局系统干部职工团结奋斗,开拓创新，围绕"推动经济社会跨越发展、建设幸福美好韶关"这一核心任务，务实创新，攻坚克难，各项事业全面发展，成效显著。是年，市住建局被评为"广东省住房和城乡建设系统精神文明建设示范单位"、"2011年广东国际旅游文化节主会场（韶关）工作先进集体"、"2010~2011年度韶关市精神文明先进单位"、局机关党组织被评为"市直机关2009~2011年度先进基层党组织"、驻市行政服务中心窗口被评为"最佳标准化窗口"等称号，局直属单位市建筑工程质量安全监督站站长钟南被评为"2005~2011年省土木学会工程检测专业委员会先进工作者"和"省岩土力学与工程学会监测技术委员会先进工作者"。

【保障性安居工程建设】 将廉租住房保障资金纳入年度预算安排，通过提取不低于土地出让净收益的10%、公积金增值收益提取贷款风险准备和管理费用后的全部余额、省拨资金及财政预算安排等形式，确保落实廉租住房建设资金。2011年，通过省级补助、财政预算安排、社会投资、职工出资等多种形式落实各类保障性住房的建设资金，共筹集资金8.1亿元，通过划拨等方式落实保障性住房用地47.74万平方米，确保各类保障性安居工程的建设需要。2011年，省政府下达韶关市的各类保障性安居工程建设任务为13036套，韶关市按照"政府主导，社会参与，多措并举，确保落实"的总体思路，挖掘社会潜力，筹集落实保障性安居开工工程项目82个、住房13171套，完成目标任务的101%。保障性住房申请条件审核，全年市区共审核批准安置廉租住房116户，经济适用住房141户。

【棚户区改造试点】 针对2011年住房保障工作的重点和难点都在原曲仁矿棚户区改造的实际，韶关市在原有"市解决城市低收入家庭住房困难工作领导小组"的基础上，专门成立以市委书记郑振涛和市长艾学峰为组长的"韶关市原曲仁矿棚户区改造试点工作领导小组"，多次主持召开专题会议，研究部署改造试点工作及保障性安居工程工作。及时召开全市保障性住房安居工程工作会议，将目标任务向市建设、财政、国土、规划等部门及各县（市、区）政府进行合理分解下达，并与各县（市、区）政府签订目标责任书，纳入绩效考核的重要内容。做好原曲仁矿棚户区改造试点安置方案的宣贯和修订工作。首期工程龙归社主安置点3幢样板安置房顺利完成，于12月底举行交钥匙仪式。丝茅坪安置点的红线界址已放界桩，完成地质钻探。田螺冲安置点完成征地和修规制订等工作，已进场施工。多方筹集棚户区改造资金，争取改造资金共5.2亿元，保障改造试点的推进。天子岭廉租住房二期工程建设被列为2011年韶关市为民办实事之一，二期工程共建设廉租房4幢，住房240套，建设面积1.3万平方米，于2011年11

月竣工交付使用。

【直管公房管理】 一是推进直管公房住宅调租工作。在2010年完成直管公房非住宅调租工作的基础上，完成直管公房住宅调租工作，使住宅租金每年增加近600万元。二是规范直管公房产权产籍管理。为确保直管公房权属的完整与安全，共完成公房办证134宗、社区用房办证25宗。完成市区9000份《直管公房租赁合同》的换发工作。三是做好“韶关市住房保障信息系统”完善工作。新增并完善直管公房租金实行银行托收及统计等系统功能，实现市县联网。四是做好直管公房修缮维护工作。2011年，市武江房管所完成大中修工程项目2宗，资金总额8.3万元；小修工程624宗，资金总额66.6万元；完成危旧房屋改造工程项目4宗，共9栋。其中：向社会公开招标1宗、工程总造价为64.52万元。邀请招标3宗，共完成大、中、小修、危房改造工程总价共193.47万元。市北江房管所完成直管公房维修工程711宗，产值192.2万元，其中：大中修工程10宗，产值66.2万元，小修工程701宗，产值126万元。

【建筑工程安全监管】 召开全市建筑管理工作会议，组织各县(市、区)建设局局长和市质量安全监督站长签订《建设工程安全生产责任书》，强化施工安全监管责任的落实。加强建筑施工安全管理，着重落实“三类人员”配备，重大安全隐患排查、整改、监控等关键措施。抓好汛期、大运会、国庆、旅游文化节期间等各类节日庆典期间建筑施工安全生产工作。全市在建工程250项，工程面积582.86万平方米，造价86.24亿元，全年未发生等级以上安全生产事故，安全生产无等级安全事故已连续保持四年。

【建筑工程质量监管】 按照住建部《房屋建筑和市政基础设施工程质量监督管理规定》，履行监督职责。市区在建项目总面积约322.7万平方米，均已办理质量监督注册手续，受监率达100%。执行住宅工程分户验收制度。工程项目建设、施工、监理、设计单位对所有商品房逐户进行验收，并由市质监站对分户验收方案及验收结论进行符合性抽查，对达不到分户验收标准的住宅，不出具监督报告，不得交付使用。继续深化全市建筑工程质量“渗、漏、裂”质量通病防治，消除质量隐患。南雄市全年开展分户验收工程21项，住房600多套，消费者对住宅工程质量的满意度有很大的提高。2011年，全市房屋建筑获“广东省建设工程金匠奖”1项，“广东省优良样板工程”2项，“韶关市优良样板工程”7项，“广东省建设工程安全生产、文明施工示范工地”6项，“韶关市建设工程安全生产、文明施工示范工地”20项。

【促进建筑业做大做强】 市住建局树立为企业服务的指导思想，减轻建筑施工企业负担，多措并举促进建筑业转型升级、做大做强。起草《韶关市人民政府关于加大政策扶持力度 促进建筑业发展的意见》并经市政府下发，规范对建筑业企业税收的征收征管，拓展税收优惠扶持政策，引导鼓励外地建筑施工企业在韶关落户注册。全年建筑业增加值48.97亿元，同比增长18.2%，超过市政府制定的建筑业经济目标的3.2%。全市资质等级及以上建筑企业93个，比上年增加17个。完成建筑施工产值130.5亿元，同比上年增长28.1%；实现利润3.7亿元，同比增长25.4%；利税总额10.8亿元，同比增长62.2%。房屋施工面积952.8万平方米，同比增长21.9%；房屋竣工面积460.5万平方米，同比增长56.5%。

【房地产市场调控】 落实宏观调控政策，起草下发《落实调控政策促进房地产市场健康平稳发展的通知》，确定2011年市区新建住房价格控制目标。关注韶关市房地产市场发展动向，下发《关于采取措施稳定新建住房价格的意见》，及时制定出台控制韶关市商品房价格涨幅的措施。印发《关于商品房交付使用有关问题的通知》，维护住房消费者的正当权益和房地产市场秩序。2011年，全市房地产开发企业完成投资81.27亿元，同比增长27.1%；全市商品房销售231.12万平方米，同比下降1.2%；销售额85.64亿元，同比增长13%。市区(不含曲江区)共审核发放商品房预售许可证49宗，审批预售商品房6049套，面积7.67万平方米，其中住宅5311套、69.87万平方米。全市审核批准房地产开发企业资质47家、物业服务企业资质18家。市区物业维修资金新增归集5220户，新增归集额4854.83万元，累计归集余额为2.75亿元。审核维修资金支出申请18宗，支出使用维修资金16.02万元。办理维修资金变更134宗，备案出函19宗。

【房地产交易与权属登记管理】 以物权法和《房屋登记办法》为指导思想，按照住建部《房地产登记技术规程》及房地产档案管理规范要求，制定《产权登记部业务操作技术规程》、《收件窗口业务操作技术规程》、《档案信息泄密追究制度》、《房地产档案整理、安全管理及利用规范》、《韶关市房地产交易登记所房地产档案保密制度》和《韶关房屋登记簿查询办法》,建立健全登记业务标准化管理制度，夯实登记工作科学发展的基石。在商品房预售款监管上，制订《初始登记（办证）的流程与收件标准》、《在建工程抵押登记变更的流程与收件标准》及制订解除商品房买卖合同及预购商品房预告登记的步骤等业务流程，不断为韶关市房地产交易登记工作科学发展奠定坚实基础。落实国家房地产激励政策，规范房地产交易与权属登记管理，理顺工作程序和业务流程，新建商品房买卖、二手房交易量不断增大，房地产与银行融资市场异常活跃，档案查询利用、商品房资金监管等工作量大幅增长。2011年，市房地产交易登记中心共发放产权证（含他项权证）13540本，办理市区房地产交易与权属登记21794宗，面积385万平方米，金额63亿元。其中：商品房网上签约6021宗，面积80万平方米，金额47亿元；二手房交易登记5133宗，面积49.9万平方米，金额9.9亿元；抵押登记4324宗，在建工程抵押8宗。全市28个商品房预售楼盘及预售款的使用纳入监管，预售款审批430宗，金额38.75亿元。

【房地产权交易登记信息化建设】 完善房地产档案管理体系，电子档案与登记簿管理信息系统全面使用。一是建立电子档案系统，将传统的纸质档案变为电子档案，提高档案的存储备份能力。目前，韶关市房地产电子档案与登记簿管理信息系统在全省地级市电子登记簿系统管理工作中处于领先水平，达到优秀等次。全年完成档案资料立卷,归档入库约1.3万宗，各种需求的档案查阅约6500次，办理司法协助执行约1100宗，接受公、检、法、律师查档约3000宗，电子档案扫描房产信息约1.2万册。二是制定商品房网上签约系统流程，健全房地产交易诚信机制。根据现行商品房预售款审批流程与实际操作的情况，在商品房网上签约系统制定“初审→审批→打印答复书”组成流程。每个流程都有各自的处理意见以及审批时间，从而明确审批流程中各个环节的责任和义务。按照《韶关市房地产开发企业信用系统的评分标准》，及时对房地产开发企业违反标准的有关不良行为进行记录、评分，并作为韶关市行业规范管理的一项重要依据。三是搭建房地产电子登记簿系统联网平台，实现区（县）联网全线对接。按照“统一系统平台，分县（市、区）建立数据库”的原则，搭建韶关市房地产电子登记簿系统区县联网平台。目前，全市各县（市、区）已经按照新流程开展受理、审核、登簿、缮发证等工作。四是继续研发改进网络子系统，不断完善房地产地理信息系统。该信息系统于2011年初进入后续部分应用软件的设计和实施阶段，年内陆续完成“房地产公众网络地理信息系统”、“三维房地产地理信息系统”、“房地产统计分析决策辅助信息系统”、“行政办公系统”的开发。

【房地产中介市场管理】 为规范韶关市房地产经纪市场，开展房地产经纪机构备案工作。在市区范围内启用“韶关市存量房网上交易系统”，市区所有的存量房买卖均需通过该系统发布挂牌信息，并从网上签订和打印合同，存量房挂牌和销售的相关信息将上网公布，不通过网上挂牌、网上签约的存量房买卖合同将不得办理交易及权属登记手续。对在韶关市开展房地产经纪业务的机构（含分支机构），要求于2011年9月30日前到市住建局办理备案登记，凭核发的《韶关市房地产经纪机构备案证书》或《预备案通知书》取得“二手房交易系统”的房地产经纪业务资格。截至年底，市区已经办理预备案的房地产经纪机构192家。

【建设工程招投标管理】 从建立招投标管理体制、完善综合招投标管理制度、规范招投标市场行为入手，建设“运转有序、公开公平、廉洁高效”的招投标体系。一是创新投标报名和资格审查方式，严格资格审查程序，从资格预审转为资格后审，实行招标环节无缝对接，从制度上遏制围标串标行为。二是创新科技手段，开通网上招投标报名系统，变制度隔离为技术隔离，推行专家语音抽取通知系统等软件，隔断招投标各方相对人的联系，确保招投标的公开、公平、公正。2011年，全市进入各建设工程交易中心交易工程共570项，累计成交金额总价34.2亿元，同比减少7.49%；公开招标项目541项，中标总价25.2亿元；邀请招标项目21项，中标总价4.36亿元；进场采取非招标方式发包项目13项，总价4.65亿元。进入韶关市建设工程交易中心241项，成交金额19.75亿元，同比减少9.03%，包括：公开招标项目223项，中标总价12.38亿元；邀请招标项目7项，中标总价2.75亿元；进场采取非招标方式发包项目11项，总价4.63亿元。通过招投标工程中标价较工程预算价综合下浮4.7%，共节约建设资金1.3亿元，确保投资效益。其中一批涉及民生、基础设施的投资项目相继完工，对经济增长产生有力的拉动作用。

【推进建筑节能】 一是在韶关电视台播放宣传片，加强《广东省民用建筑节能条例》法规公益宣传。二是加强建筑节能审查备案制度的管理，执行节能设计标准，确保市区新建民用建筑设计阶段100%达到节能50%的目标要求。三是加强新建建筑施工阶段节能标准执行的监管力度，按照施工图纸施工。四是邀请省建筑科学研究院对韶关市进行可再生能源条件及建筑利用进行调查评估，为韶关市制定“太阳能建筑一体化的实施”政策提供科学依据。2011年，市区建筑节能设计审查备案工程项目50个，建筑面积130.61万平方米，备案率达到100%，市区施工阶段建筑节能强制性标准执行比例达到96%。全市生产新型墙体材料折标准砖3.83亿块，建筑工程应用比例达到78%。全年完成散装水泥供应量139.88万吨，完成预拌混凝土供应量276.16万立方米。全年使用新型墙体材料和推广散装水泥节约土地99.15公顷，节约标准煤5.58万吨，减少二氧化碳排放14.52万吨，减少二氧化硫排放0.047万吨，综合利用工业废渣27.04万吨。

【既有建筑节能改造】 抓好建筑节能试点项目，引导和动员“三江紫苑”和“御龙湾”两个项目申报省星级绿色建筑节能标识，协调科研机构对项目进行可行性论证、评估，并争取政府有关部门在政策、资金等方面给予扶持。11月，组织广东粤佳太阳能有限公司参加广州市“首届中国国际绿色创新技术产品展览会”。启动既有建筑节能改造，将韶关东站“锦通大厦”和市国土资源局办公业务用房两个项目(建筑面积2.12万平方米)进行节能改造。

【燃气安全管理】 召开全市燃气管理工作会议。开展《广东省燃气管理条例》宣传贯彻，组织燃气协会培训充装工、运行工等五期共338人，并办理上岗证书。到2011年底，全市燃气管理人员的培训比例达95%以上，从业人员培训比例达80%以上。对26家个体私营气站进行改造升级，全市所有燃气企业建立健全安全管理制度，建立完善燃气安全生产应急预案和应急物资保障机制，配备应急抢险队伍，应急管理水平提高。

【住房公积金管理】 一是住房公积金归集额保持平稳增长。截至2011年年底，全市累计缴存住房公积金约91.5亿元(其中市级约44.5亿元)，同比上年增长23%，全市当年归集住房公积金约15.8亿元(其中市级约7.7亿元)，同比增长5.4%，韶关市住房公积金归集总额连续多年在全省山区城市中名列前茅。2011年，住房公积金增值收益约1508万元。二是住房公积金支取业务不断扩大。截至2011年年底，全市累计支取住房公积金约46.85亿元(其中市级约24.1亿元)，当年支取12亿元(其中市级6.45亿元)，资金余额约为46亿元，满足职工的购房需求。三是个人住房公积金贷款有序发放与回收。截至2011年年底，全市累计发放住房公积金委托贷款约25.38亿元(其中市级约17.26亿元)，当年发放住房公积金委托贷款约4.28亿元(其中市级约2.86亿元)，贷款余额为17.19亿元。为全市约29315户职工提供购房贷款(其中市级15816多户)。

【建设工程造价管理】 落实《建设工程合同价款与预(结)算备案制度》，规范建筑市场秩序。完成合同价款登记备案的项目61个，其中招标项目44个，非招标项目17个；登记备案建筑面积约87万平方米，工程造价约14.3亿元。开展全市工程造价咨询企业专项检查，重点对工程造价咨询企业专职专业人员到位、工程造价成果的编制、企业内部管理等方面进行检查，促进工程造价咨询市场秩序的好转。

【白蚁防治】 开展直管公房白蚁危害情况普查，及时掌握第一手资料，建立分户和综合档案。全年完成直管公房白蚁查治1.5万户，建筑面积36万平方米，完成新建房屋白蚁预防工程12宗，建筑面积约14.5万平方米。

【房产测绘】 开展房地产地理信息系统（GIS）项目建设工作。将新建商品楼分层分户数据整理入库。完成十里亭、天子岭等经济适用房及廉租房等多个小区的测绘任务，做好退出企业未房改房面积清算统计工作，办理多个大型商住小区竣工验收、权属和初始登记测绘。

【绿道建设】 拟订《韶关市绿道建设工作方案》，建立市绿道建设工作联席会议制度，为实施绿道建设奠定基础。2011年广东省国际旅游文化节筹备期间,在森林公园绿道、丹霞山绿道等工程建设过程中，加强监管，严格把关，确保森林公园绿道（6.1公里），市区至丹霞山绿道（48公里）等重点工程建设完成，成为旅游文化节的一大亮点。

【健全泥头车管理长效机制】 为巩固泥头车运输集中整治成果，研究制定《关于加强市区建筑规定泥头车管理的通告》并经市政府批准颁布施行，强化市区建筑工地泥头车运输的长效管理，为营造良好的城市道路运输秩序和整洁的市容环境提供政策保障。

【既有住宅加装电梯】 制订《韶关市既有住宅加装电梯工作方案》，经市政府批转执行。明确既有住宅电梯加装资金筹集方式及各职能部门办事程序，并按先易后难，分类实施原则，分阶段推动韶关市旧楼加装电梯工作。2011年，市区申报加装电梯24宗，批准开工建设7宗，申报的数量较上一年有明显提高。

【宜居城乡建设】 把创建宜居城乡作为推动韶关跨越发展、改善城乡基础设施和提高城市管理水平为切入点来抓。因地制宜确定建设主题，有计划有步骤地推动工作开展。2011年，武江区新华街道金洲社区、武江区惠民街道侨新社区、武江区惠民街道沙湖社区、浈江区风采街道河滨社区、浈江区车站街道南韶村社区、曲江区马坝镇府前社区、曲江区马坝镇城东社区7个小区获得“2010年广东省宜居社区”称号，是继韶关市石塘古村历史文化遗产保护项目获得“2010年度广东省宜居环境范例奖”之后的又一创建亮点。

【扶贫双到工作】 按照省、市关于开展“扶贫双到”工作统一部署，市住房和城乡建设局联合市城市综合管理局开展对乐昌市庆云镇五里冲村的对口帮扶工作。2011年，共筹集到扶贫资金243万元，为23户低收入住房困难户申请省专项资金23万元，为27户低收入住房困难户实施农房改建。全市房地产企业、建筑业企业在“扶贫双到”、支援灾区的捐款活动中，响应市委、政府的号召，慷慨解囊，克服困难，累计捐款1771.5万元，体现建筑业企业回馈社会、服务社会良好的大局意识，为构建和谐幸福韶关作出积极的贡献。

(黄国兴　崔洁亮)

附：领导班子成员名单

局　长：梁韶灵

副局长：何平良　王彦升

　　　　郭春元

总工程师：何玉森

纪检组长：张　蘋

城乡规划

【概况】 韶关市城乡规划局成立于2001年，为韶关市人民政府主管城乡规划的工作部门。2011年韶关市城乡规划局行政编制28名，设办公室（监察室）、综合规划科、用地规划科、工程管理科、市政管线科和规划监察科6个内设机构以及浈江分局、武江分局2个派出机构，下辖韶关市城建档案馆（参照公务员管理单位）和韶关市城乡规划市政设计研究院（副处级）、韶关市测绘院和韶关市城市规划展示馆3个副业单位。

2011年，韶关市城乡规划局围绕市委、市政府决策部署，以“坚持走生态文明发展道路，推动经济社会跨越发展，建设幸福美好韶关”为目标，发挥规划引导和调控作用，加大规划编制和规划管理力度，不断优化城乡空间布局，营造良好投资氛围，推进重点项目建设，服务经济社会发展，推动城乡规划工作迈上新台阶。

【城市规划项目的编制成果】 组织编制《韶关市芙蓉新城发展战略规划与控制性详细规划》，加快推进芙蓉新城规划建设。2011年6月，项目形成初步规划成果，同年9月7日，规划方案通过专家评审。在上年基础上,编制完成《韶塘路地区控制性详细规划》、《城市燃气工程规划》、《城市道路红线规划》、《韶关市绿道规划》、《黄金村片区控制性详细规划》、《浈江区十里亭片区控制性详细规划》和《韶关市区关键节点交通整治规划》。同时,组织启动《西河旧区控制性详细规划》、《韶关市历史文化名城保护规划》和《韶关市区近期建设规划》等新增规划项目的编制工作。结合芙蓉新城规划整合，组织编制莞韶产业园区扩园规划，科学规划推进园区产业升级。是年底,莞韶产业园区扩园规划形成初步成果，并根据园区发展需要，完成产业园区20多宗用地的用地性质调整。

【各类村镇规划建设管理】 抓好市区周边镇总体规划编制试点工作，编制完成曲江区樟市镇、罗坑镇、枫湾镇总体规划；根据韶关市2011年度镇村规划编制工作计划，遴选、确定100个省、市级试点村，发放试点村规划编制补助经费415万元，组织编制试点镇村规划，推进省市级试点村庄规划整治。编制完成《韶关市名镇、名村、示范村建设总体规划》；完成始兴马市镇黄塘村古村落保护规划初步方案；完成广东省岭南特色规划与建筑设计评优的组织、审查和申报工作；编印下发《韶关新民居——韶关社会主义新农村建设图集》。组织参加省级村镇规划培训，举办韶关市第十期村镇规划建设管理人员培训班，全市共200多名基层规划管理人员参加学习培训。组织开展中心镇控制性详细规划编制工作，编制完成浈江区桂头镇、翁源县翁城镇控制性详细规划初步方案。

【推进“三旧”改造】 组织编制“三旧”（旧城镇、旧厂房、旧村庄）改造专项规划和“三旧”改造单元规划，完成“三旧”改造规划设计条件审批15件、修建性详细规划审批43宗，核发“三旧”改造规划编制通知18件，出具“三旧”改造规划意见15份，完成曲仁矿棚户区改造一期规划和二期改造的测绘、规划前期工作。

【完善城乡规划法规制度建设】 根据市领导分工调整和成员单位、部门领导人工作变动，及时调整市城乡规划委员会成员组成，同时修订完善《韶关市城乡规划委员会制度》，规范城乡规划专家咨询与评审委员会工作；建立健全局技术审查会议制度、局务会联审制度、市规范规划指标变更联席会议制度和城乡规划批后跟踪监管制度，实现技术审查与行政审批、规划管理与批后监督分离，规范城乡规划权力运行，共组织局务会议31次、技术审查会议41次，完成232宗项目技术审查，完成规划、环境验收66宗，协助查处违法建设14宗；制定落实《韶关市城乡规划公示制度》和《韶关市城乡规划公众参与制度》，组织城乡规划公示57宗次，强化城乡规划工作的公众参与和社会监督；依据城乡规划法等法律法规，结合韶关实际，制定出台《韶关市城乡规划管理导则》和《韶关市区私房规划管理办法》管理办法。

【提高信息化建设水平】 继续抓好韶关城乡规划管理信息系统、韶关市城市地理信息系统和韶关城建档案管理信息系统的运行、升级；开发建设城市基础数据共享平台和城市规划管理辅助决策系统，城市基础数据共享平台被住建部列入2011年科学技术项目计划，2011年11月通过专家验收；加强城乡规划信息网站建设，全面运行电子政务综合系统，推进城乡规划政府信息公开。是年，共主动公布机构职能、行政许可、人事任免信息82条，工程建设领域信息325条，党务信息52条，更新门户网站信息140条。

【严格规划管理服务】 “一书三证”（选址意见书、建设用地规划许可证、建设工程规划许可证、开工许可证）核发。组织实施各类城市规划，加强市区建设项目“一书三证”的核发管理。落实联合审批制度，完成联合审批21项；落实跟踪服务和绿色审批通道制度，坚持对重大项目提前介入，完成比亚迪汽车零配件、汉鸿木业、田螺冲保障性住房、韶冶异地改造升级、广东国际旅游文化节主会场和新城恒大商住小区等重大项目的规划选址和报建审批工作；受理各类行政许可申请 435 宗，办结 484 宗(含上年 12 月底受理 2012 年 1 月办结的项目)，提前办结率为 100%。

【加强规划服务指导】 加强对县(市、区)城乡规划工作的检查指导，为市、县(市、区)各类建设项目提供指导意见 200 余条；及时受理答复民声热线、网络问政 150 宗，接待来电、来访 47 次、书面答复 25 宗，完成 23 个外地设计单位的资质备案；开展创先争优和窗口文明之星评选活动，规划服务窗口被市行政服务中心评为 2011 年二季度“文明服务窗口”。

【优化升级城建档案管理】 签定报送建设工程档案责任书 87 宗，工程竣工档案验收 73 项 2168 卷，发放档案认可证 67 份，新增入库档案 3241 卷，编辑完成《韶关市住房保障中心天子岭经济适用房工程》、《韶关市南方技工学校综合教学楼工程》等 19 个声像专题片，拍摄照片 645 张、录像 3 小时，接收入库照片档案 115 卷、照片 5600 张、光盘 216 张，培训电子档案辅助整理及报送人员 137 人次；开发建设的“基于 WebBOS 的韶关市数字化城建档案管理系统”进一步优化升级，由住建部推荐并被华夏建设科学技术奖励委员会评为华夏建设科学技术二等奖；编辑制作的《回眸·展望——韶关市城市规划建设管理六十年》画册荣获广东省档案编研成果优秀奖。

【开展城市基础测绘】 完成城市规划建筑物放线 165 栋、验线 114 栋、竣工 850 栋、市政道路测量 10.5 公里、基础地形图数据更新 10 平方公里、管线测量 21 公里；完成 302 平方公里韶关 1:1000 基础地形图数据库和城市基础数据共享平台数据升级整理；完成甘棠扁平石村的地形图测量、建筑物放验线、土方测量、界桩测量和高压线放线等，组织开展甘棠工业园 1:500 地形图、地界点、规划定桩等测量项目。

【扩大城市规划展示的影响力】 完成韶关城市规划展示馆二期工程的规划和建筑设计方案，规划扩建城市规划展示馆。同时，增设“韶关旅游”专题丰富展示内容，开展“文明窗口”和“创先争优”活动提高干部职工的接待服务水平，完成“2011 年广东国际旅游文化节”等大型活动和会议的接待工作，接待各级领导和市民群众参观数千人次，促进规划宣传，提高群众参与规划的积极性，增进群众对规划工作的了解、理解与支持。

【帮扶农民发展农村经济】 2011 年，韶关市城乡规划局会同韶能集团共筹集扶贫开发资金 107.15 万元，帮助南雄市邓坊镇里源村发展村集体经济项目 2 个，贫困户农业项目 3 个，维修下垅洞、马口三面光引水渠 500 米，新建上屋、崩岗、下书房、小口先水坡坝桥 4 座，维修油寮坡、漏园坡、漏坑坡 3 座和自然村村道 4 公里，启动里源至杨梅水库 4 公里乡村道路硬化工程。贫困户人均纯收入达 4020 元，比上年增长 80%，85.7%的贫困户已实现稳固脱贫，列入 2011 年计划的 56 户贫困户完成危房改造，并建立纸质档案同步录入省危房改造信息系统。(李冬辉)

附：局领导班子成员名单

局　长：文超祥 (~2011.11)
许险峰 (2011.11~)

副局长：王玉良　邱代胜
冯建国　许险峰 (~2011.11)

纪检组长：徐建华

城市综合管理

【概况】 2009 年，韶关市实行政府机构改革，原韶关市城市管理局更名为韶关市城市综合管理局，将原市城市管理综合执法局更名为市城市管理行政执法局，归并到市城市综合管理局管理。市城市综合管理局下设 8 个职能科室，分别是：办公室、法规科、安全技术科、市政科、园林科、市容环卫科、计划财务科、人事科(监察室)。

【城区亮化工作实现质和量的飞跃】 市区亮化工程是改善韶关市城市景观环境，提升城市品位，彰显韶关城市特性的重要举措，是“2011 年广东国际旅游文化节”重要组成部分。在时间紧、任务重的情况下，采取重点突破，分类推进的方法，加班加点，夜以继日，克服困难，自 2011 年 8 月上旬开始至 11 月 4 日，经过 80 多天的奋力拼搏，完成包括主会场周边、三江六岸、巡游路线的建筑、路树、桥梁、小品和广场节点夜景景观等共221个亮化点的亮化任务，完成亮化工作任务。旅游文化节期间，主会场周边、三江六岸和花车巡游路线沿线以及街道两旁流光溢彩，美轮美奂，到处洋溢着喜庆的节日氛围，为韶关市举办盛会做出贡献。

【完成韶南大道大修工程】 韶南大道大修工程是市政府2011年承诺为民办的八件实事之一，同时也是“2011年广东国际旅游文化节”的重点工程，要求在文化节前夕必须完工。

大修工程于5月28日开工，由于施工范围位于商住密集区，两侧商家抵触情绪较大，人流、车流密集，地下管线众多，施工情况复杂。为确保施工进度和施工期间的交通安全，采取单边封路方式施工，同时制定施工期间的交通疏导方案，确保施工期间的交通安全。同时通过发布公告、公开信，设置热线服务电话等多种方式，广为宣传，对沿线市民作好宣传工作，使得工程得以实施。于8月9日完成西侧道路施工开放通车，10月28日完成东侧道路改造并全面恢复通车。

【打造韶南大道文明样板路】 在实施道路改造的同时，市城管局同步实施以户外广告和招牌规范设置为主要内容的“文明样板路”创建工程，组织对韶南大道的户外广告和招牌实施整治，该项工作从6月10日开始，共有170户商铺自行拆除不规范的广告招牌，面积共计1.1万平方米；对拒不自行整改的则予以强制拆除，强制拆除不规范的广告招牌7000多平方米，推进“文明样板路”创建工作，以崭新的南出口形象迎接广东国际旅游文化节在韶关市的召开。

【推进林桥坑二期整治工程建设】 林桥坑排水渠二期整治工程起点从移山路（西河镇政府）至华泰花园，渠道覆盖长约2公里，覆盖渠面宽度约在5米至10米不等，整治还包含解决农业局种子公司、和平里、纺织进出口公司及市质量技术监督局等单位和居民区的长年内涝问题，工程计划总投资约3600万元，计划工期15个月。目前工程正稳步推进，已完成产值1600多万元，已覆盖700多米，完成总工程量的65%。林桥坑二期整治覆盖工程完成后，将彻底改善沿线居民的生活和工作环境。

【恢复重建洲心岛通天塔】 2010年底，市政协向市委、市政府提出《关于重建洲心岛通天塔的建议》，在2011年市政协十届五次会议上，林典来等16位政协委员提出《关于恢复城南浈武二水合流处洲心岛“通天塔”的建议》被列为市政协重点督办提案之一。市城管局牵头组织落实，迅速行动，在市相关职能部门的配合下，先后组织完成方案设计、建设方案公示、环评、土地使用、施工方案、工程招标等相关工作，并于7月3日组织施工单位进场开始施工，目前主塔已封顶，计划2012年10月竣工。

【完成丹霞山绿道杜鹃公园至芙芷坝段建设】 为迎接“2011年广东国际旅游文化节”的到来，市城管局组织建设杜鹃公园至丹霞山绿道以及莲花山绿道，为旅游文化节增添亮色。杜鹃公园至丹霞山绿道总长约48公里，以突出生态和郊野为重点，重在体现丹霞山风景区和沿线农家生态、郊野的特点，同时兼顾沿江自然景观特色，沿途湖光山色美丽如画，是一条宜骑宜游的郊野型生态绿道。该条绿道经过园林工作者的努力，在10月底前完成建设任务。随着11月5日“丹霞绿道体验骑行活动”的举办，标志着丹霞山绿道正式投入使用，为旅游文化节增添新亮点。

【鲜花装点旅游文化盛会】 在“2011年广东国际旅游文化节”举办前夕，市城管局以“五彩韶城迎盛会”为主题，在市区的主要公园及公共绿地上，组织园林工作人员进行鲜花装饰工作，用于装饰巡游路线周边区域的鲜花约有15万盆，其中11万盆是韶关市园林部门自主培育，包括硫化菊、向日葵、万寿菊、红穗、黄穗等10多个品种。鲜花的摆放主题鲜明，设计优化，在多种方案中融入旅游文化节相关要素，运用旅游文化节标志、瑶族文化、丹霞地貌等元素与花绢、花卉相结合，别出心裁，独具匠心，为城区增添一抹亮色，营造出喜庆、热闹的气氛，让市民、游客从中感受韶城的独特历史韵味与魅力。

【韶关特色入展园林博览会】 第八届中国（重庆）国际园林博览会于11月19日在重庆举办，由韶关市园林部门建设的韶关展园以“园林，让城市更加美好”为主题，融合韶关独具魅力的自然地形地貌和人文历史风情，构造“三江六岸”的特色空间和地形框架。以韶关地标建筑“风采楼”和丹霞地貌为全园的中心，设计“九龄风度”、“梅关古道”、“丹霞画卷”、“禅宗文化”、“马坝智人”等多处景点，并配置粤北乡土植物，通过展园向世人展示韶关独具特色的历史人文及自然景观。展园建设在8月8日全面完工，是国内第二个、省内第一个完成建设任务的参展单位。

【“林桥滴翠”小公园美化小区环境】 1月28日，市委书记郑振涛、市长艾学峰在慰问市政工人时提出在林桥坑一期已覆盖的渠面上进行绿化和美化，把生硬的覆盖面打造成周围居民休闲娱乐的街心小公园，使之成为“建设幸福美好韶关”的新亮点。市城管局迅速组织园林部门投入设计和施工，经过半年多的施工，完成工程建设，命名为“林桥滴翠”，昔日的臭水沟变成景色宜人的小公园。“林桥滴翠”公园设计以在绿色公园中融入可观可赏的文化元素作为设计主题，沿线因地制宜共设计3个景点，分别为“林桥滴翠”置石、“竹径桃影”和“贮荫”。

【城市安全供水】 2011年，韶关市自来水总公司围绕供水“让市民满意、让政府放心”这一工作重心，确保全市的安全优质供水，提升服务质量，为市民提供更优质的服务，确保管网水水质综合合格率达到100%，全年共安全供水5600万立方米，比2010年同期增长0.18%；销售收入为8288万元，与2010年同期对比增长13.01%；新敷设管径DN80以上的供水主管6.8公里，完成“一户一表”改造工程8007户（含2010年底做好工程预算未施工的），处理污水412万立方米、处理生活垃圾18万吨，代收污水处理费3300万元、垃圾处理费1000万元。

【处置武江河锑污染事件】 6月下旬，市自来水公司在水质月全分析时发现4间水厂的原水锑指标均高于《生活饮用水卫生标准》限值（0.0050毫克/升），市城管局在启动供水应急预案的同时，立即向市政府做专题汇报，引起省市领导的高度重视，省委书记汪洋、时任省长黄华华、副省长林木声先后做出重要批示，要求做好事故处置工作，加强流域水质监测，强化水厂除锑技术工艺研究和实施，确保群众饮用水安全。

市委书记郑振涛，市长艾学峰、副市长尚伟深入现场，研究部署落实省领导指示精神、加强与上游地区交涉、确保饮用水安全的有关事项。市城管局组织自来水公司加大锑指标检测频率，同时做多组锑处理烧杯实验，采用对去除锑具有良好效果的聚合硫酸铁作为净水剂，为省除锑技术指导组提供除锑技术依据，并先后采购9套酸碱投加设备，保证各水厂的酸碱投加设备可随时启用。同时，按照国家城建司张悦巡查员提出的“确保供水水质，特别是保证出厂水pH值达标”的要求，紧急采购10台进口在线pH值检测仪器并马上进行安装、调试，确保出厂水pH值达标。妥善地处理武江河锑浓度异常的情况，保障市区饮用水供水水质。国家水处理专家、清华大学的张晓键教授对韶关市除锑工作取得的成绩给予高度评价。

【完善市区供水基础设施】 把握机遇，以“规划先行、着眼长远”为原则，配合城市框架的拉大而延伸管网，完善城市供水管道网络，解决供水需求问题。按计划完成新韶镇石山、候山两个村800户“一户一表”供水管安装工程。使村民在春节前用上干净的自来水。于3月22日正式实施塘湾村供水工程。施工人员克服敷设管道路段车流量大、地形呈波状起伏，地下管线复杂，道路沿线分布有大量待拆迁建筑物，且还有学校、福利院等大型公用事业单位，人流较为集中等等困难，加班加点施工，于9月22日完工。工程完工后，只要原二棉厂职工生活区和沿途规划开发片区、塘湾村的相关用户向市自来水公司提出用水申请，即可彻底解决他们的用水难问题。根据市政府《关于浈江产业转移工业园供水工程有关问题的批复》精神，迅速组织工程技术人员对浈江工业转移园园区进行踏勘调研，拟定工程方案，上报市政府同意后组织施工，同时，做好北区泵站建设工作，至年底达到加压供水目标。

【查处违章建筑】 采取专人分区监管模式进行巡逻暗查,加大力度对违法建筑进行监控、检查和管理，及时发现、查处，对两个区共进行12次明检和91次暗检。

根据日常巡查中发现的问题，共发出违建督查通知1192份，并跟进区执法分局查处情况，督促其进行相应处理。此外，办好大案要案，对群众投诉热点、社会影响恶劣的督办案件抓紧时间查处，按照法定程序做好案件的调查取证和处理工作，争取工作主动权，一批各界反映较强烈的热点案件得到及时办结：如五里亭碧桂园水木春华对面一宗违法建筑被强制拆除，浈江区莱斯豪苑未报建的围墙自行拆除完毕，沙洲尾林桥滴翠周边一批违章建筑全部强制拆除完毕，五祖路金和酒店搭设的设施也处理完毕。

【工地及其车辆卫生监控整治】 对拟建工地及时介入，加强宣传，力争预防为主，防止扬尘、撒漏,对开工工地做到严格管理、大力整治,对粤北医院工地、天泓居一期工地、碧桂园工地、莱斯大酒店11个在建工地等进行重点监控,总体效果良好。同时，针对工地车辆在运输过程中未采取有效的保洁措施，导致运输车辆带泥上路、途中撒漏，严重污染路面的情况，大队加强对管辖区各工地进行巡查监督，发现有运输车辆撒漏淤泥污染路面的情况，按照工作职能及时对区执法分局发出督查通知书，并及时跟进区分局的处理情况，共发出督查通知书65份，教育整改75宗，还联络工地负责人，对其进行纠正教育，直到其清洗干净路面为止，遏制工地车辆带泥上路污染路面现象。

【整治户外广告横幅】 对市辖两区各主次干道户外广告进行巡查，加大力度对设置不规范、破损、残旧的户外广告招牌、灯箱、横幅进行巡查、整改、拆除，共计拆除横幅1000余条，发出限期整改、拆除通知书806份，整改户外广告招牌、灯箱223宗，拆除面积556平方米，清理违章搭建舞台32宗，拱门96宗。

【迎接“创文”资格申报检查】 组织协调局属各单位开展“创文”迎检工作，召开迎检动员会。对迎检阶段的各项任务进行部署，要求各下属单位对完成的工作任务实行一日一报制度，及时反馈工作进度及存在的问题，并予以跟踪督查落实。

为加强市区创文公益宣传力度，营造浓厚的“创文”氛围，市城管局组织协调临时征用市区部分户外广告用于创文公益宣传，并在5月27日前全部上画完毕。“创文”公益宣传广告短时间内在全社会掀起创建全国文明城市活动热潮，形成浓厚的创建氛围，为省文明办在韶关市进行“创文”资格测评期间增添一批“创文”亮点。

【开展市容市貌环境卫生综合整治工作】 不放松对城区“六乱”(乱堆放、乱搭建、乱摆卖、乱停放、乱拉乱挂、乱张贴广告)的整治，加大力度进行巡查，及时跟进区分局的处理情况，并配合区分局进行整治，重点规范和整治主次干道、商业繁华地段、街道广场、城区交通要道路口、重要办公场所和学校周边、城市出入口的各类违规占道摊点、占道洗车、夜市大排档、流动季节性瓜果摊点、露水菜场等，同时，针对市辖两区夜间“六乱”违章现象，尤其是夜间大排档占道经营现象进行巡查、监控、拍照取证，共发出督查通知书2276份，遏制“六乱”现象的蔓延，提高市区市容市貌水平。

【“12319”城管热线及网络问政工作】 2011年，“12319”城管热线共受理各类业务1675宗，获得及时处理和答复。抓好网络问政工作，全年受理和回复网民问政留言676条，在规定时限内受理和回复，没有出现红牌或黄牌，解决网民反映的热点、难点问题，取得良好的效果。

【确保市政设施完好】 2011年，韶关市市政工程维修管理处继续以按量计费为抓手，推行精细化养护，按照创建全国文明城市的要求，做好市政设施管养和维护工作，确保市政设施完好，全年共维修沥青路面8.33万平方米，水泥路面1.7万平方米，人行道2.6万平方米；沥青灌缝82.8千米；清疏下水道渠（含林桥坑）986公里，清疏雨水井、污水井1.55万座，维修更换井环井盖、雨水格栅约550件/套，更换“四防装置（即防臭、防蚊、防蟑螂和防鼠）”1200多个，冲洗“四防装置”5000多个。

【安全供应管道燃气及西气东输】 2011年市区管道燃气投入5300万元，完成旧管网改造8千米，新敷设地下管网20千米；发展各类用户8289户，实现销气量1700万方，减少二氧化碳排放60956吨、减少二氧化硫排放653吨，减少废渣排放6259吨，实现产值1.1亿元，上交税费680万元；入户安全检查4.3万次，消除安全隐患3243个，全年实现平稳、安全供气。用户投诉处理满意度达到100%。同时，推进西气东输二线对接工程全面启动，已完成项目立项、设计、场地平整、设备采购等工作。

【推广绿色照明及半夜灯节能】 为推动市区绿色照明技术的发展，韶关市路灯管理处主要采取的措施：一是选用高效节能的照明光源，用节能灯取代白炽灯与小功率的高压汞灯，一支20瓦的节能灯的光通量相当于一支100瓦的钠灯，节能效果显著。二是选用IP内置反光灯罩,提高灯具的照度和亮度，达到节能的目的;三是采用电感节能整流器取代普通镇流器，提高电路效率，降低镇流器的能耗。经试验，在等亮度情况下比普通镇流器节能达30%以上。上述节电方式逐步在市区各路段推广应用。

半夜灯节能方式为最早也是最有效的节能方式。长期以来，对市区部分照度较高、主次干道和城乡结合部的街道路灯，在后半夜人流量、车流量较少，亮度不需要太高的情况下，于22:30以后采取间隔亮灯方式关闭一部分灯，以节约电能。市区实施路灯半夜灯制度的干道、街道现已有80多条，每年可节约电量73万千瓦小时。

【推进路灯节能监控覆盖面】 开展城市路灯技术创新,实施智能监控系统,利用路灯GPRS监控系统现代化控制技术对市区路灯进行全天候无线控制管理。监控系统可根据天黑天亮时间对路灯亮熄灯时间进行准确控制，减少因时间差引起的电能浪费。

应用节能及智能控制系统，推广路灯恒压有载调压技术，在保障照明效果的前提下，达到节电和延长路灯设备寿命的双重效果，保证路灯关闭时间按经纬度及时准确运行，这是目前城市路灯节能监控行之有效的主要方式。目前，韶关市路灯建成投运节能点共208个，实现城区照明的基本覆盖。从运行效果来看，节能率可达20%~40%，灯具使用寿命可延长2~5倍，每年可节约电量475万千瓦小时。

【应用LED节能灯饰配套装点城市夜景】 在2010年年初对环园路实施LED路灯改造的基础上，2011年配合“2011年广东国际旅游文化节”在韶关市召开,市区六座跨江桥梁、三江河堤护栏管共改造LED数码管12.8千米，市区五座跨江桥梁共更新改造LED灯1154盏，LED数码管4870米,文化节花车巡游路线园林树木亮化及主会场周边道路树木亮化共安装八爪鱼灯、彩卤灯、珠珠灯、星星灯笼、雪花灯等LED数码灯饰共1293组，还在韶州公园绿道路灯安装LED路灯28支。相对等亮度的普通路灯而言，LED光源路灯至少要节约30%以上的电能，它具有节约能源、污染少、光指向性好、寿命长、低电压、反应快的特点，是未来路灯光源使用的趋势。（高　涛）

附：领导班子成员名单

局　长：周伟源

副局长：肖润良　潘国忠

　　　　龚水石　王灯红

　　　　范韶旭　葛晓起

纪工委书记：张广礼

韶关市芙蓉新城开发建设

【概况】 芙蓉新城位于韶关市西南部约10公里处，规划面积约20平方公里，承载人口约为25万人。芙蓉新城定位为韶关政治、经济、文化新中心，具有行政办公、商务服务、金融贸易、文化旅游、物流仓储、居住休闲等多项功能。市政府明确韶关市芙蓉新城开发建设工作领导小组办公室（简称新城办）是代表市政府行使新城开发建设工作的协调机构，武江区政府是新城征地拆迁安置的主体，韶关城投公司是新城开发建设经营的主体，负责统筹新城区项目投融资、建设和经营。2011年8月，市委、市政府对芙蓉新城开发建设领导小组成员进行调整，市委书记郑振涛任组长，市长艾学峰任第一副组长，市领导陈向新、张志才、赖日先、尚伟、王乙未任副组长，办公室主任由尚伟副市长兼任，常务副主任由市政府副秘书长、韶关城投公司董事长李宏兼任，副主任由刘波、陈忠旭、潘穗、刘光浩 (后因武江区班子成员分工变动，调整为彭波)、陈荣中兼任，设置行政综合组、规划用地组、项目建设组、资金筹措审核组、征地拆迁协调组，办公地点设在韶关城投公司。

【第七次全体成员会议】 5月26日，召开芙蓉新城开发建设工作领导小组第七次全体成员会议，市委书记郑振涛、市长艾学峰到会并作重要指示，市领导赖日先、尚伟等出席会议。会议听取《2010年芙蓉新城开发建设工作报告》，肯定2010年新城开发建设工作所取得的成效，原则同意2011年新城开发建设工作计划，重点讨论新城安置区建设事宜。

【督办市政协提案工作会议】 8月29日，副市长尚伟主持召开市长督办市政协第37号重点提案工作会议，市长艾学峰出席会议。会议就如何加快芙蓉新城开发建设的问题进行研究，强调要以重点提案《关于加快芙蓉新城建设的建设》办理为契机，抓住机遇，突破瓶颈，不断加快新城开发建设步伐。

【召开《韶关市芙蓉新城发展战略规划》评审会】 9月7日，召开《韶关市芙蓉新城发展战略规划》评审会，由清华大学、华中科技大学、同济大学等省内外专家组成的专家组对《韶关市芙蓉新城发展战略规划》进行评审，原则同意通过该规划，市长艾学峰出席评审会。

【新城规划整合】 市政府委托中规院及韶关市政规划设计院对芙蓉新城发展战略规划及控制性详规进行整合，《芙蓉新城发展战略规划》经专家组评审通过并获得市委常委会原则同意，《芙蓉新城控制性详规》需进一步完善。

【拆迁安置和交地】 根据市委、市政府的要求，推进新城安置区试点建设，赤水村安置区试点工作取得实质性进展，重新确定选址方案，制定总体推进时间表，论证完善赤水安置区建设实施方案。保障重点建设项目用地。先后完成中国联通韶关办公楼、中国移动韶关办公楼、芙蓉大道南、市航道局、武警韶关作战指挥中心项目、市区河堤防洪排涝二期工程等项目的交地清表工作，芙蓉生态商贸城（恒大项目）完成部分用地的交地。

【筹集建设资金及土地经营】 争取金融机构的工作支持，确保已签订贷款合同资金的到位、使用，保障新城建设资金需求。落实市委、市政府的工作部署，筹集苗圃基地征地资金，超额完成征地资金1亿元的筹资任务。完成芙蓉生态商贸城（恒大项目）地块的出让，土地出让面积约56.2公顷，可取得土地出让收入约5.07亿元。

【新城项目建设进展】 完成芙蓉大道（南）（未交地的100米地段除外）、韶关大道西联隧道南出口右边坡抢险工程和十四号路边坡抢险工程的施工任务；芙蓉隧道工程和滨江路工程按计划实施。市直单位便民服务所（行政第二组团）完成前期调研论证及实施方案编制工作；华师大合作办学项目处在项目选址协商阶段。配合业主单位加快推进芙蓉生态商贸城恒大项目、中国联通韶关办公楼、中国移动韶关办公楼、6.67公顷房开试盘、武警韶关支队作战指挥中心等项目建设工作，其中芙蓉生态商贸城恒大项目、联通韶关办公楼项目、武警韶关支队作战指挥中心项目已正式动工。（兰光有）

附：领导班子成员名单

主　任：陈仲球
常务副主任：钟裕荣
副主任：李敦华　吴岳朋
纪委书记：熊菁华
副主任：赖香全
　　　　周强华（挂职）
　　　　苏启林（挂职）

环境保护

【概况】 韶关市环境保护局成立于1983年，为韶关市人民政府主管环境保护的工作部门。2011年，韶关市环境保护局行政编制24名、行政执法专项编制20名。设办公室、环境综合管理科（核与辐射管理）、综合审批科、污染物排放总量控制科、宣传教育科、法规与科技科、人事科（监察室）、环境应急与监察科（环境监察分局）8个内设机构以及韶关市环境保护局浈江分局（韶关市环境保护局浈江环境监察分局）、韶关市环境保护局武江分局（韶关市环境保护局武江环境监察分局）2个派出机构。下设韶关市环境监测中心站、韶关市环境保护科学技术研究所、韶关市环境信息中心、韶关市水质净化中心、韶关市环境技术中心5个直属事业单位。2011年，市环境保护局以科学发展观为统领，围绕推动科学发展这个主题和加快转变经济发展方式的主线，强化工业污染防治和环境综合整治，解决突出环境问题，提高生态文明水平，在全市经济快速增长的同时，城乡环境质量基本保持稳定，局部有所好转。

【环境质量和环保责任考核】 全市空气环境质量达到国家二级标准（优良）；集中式饮用水水源地水质和地表水环境功能区水质达标率达100%；声环境质量保持

稳定。经省核定，市2011年度环境保护责任考核分数为88.06分，达到省下达的目标要求，考核等次为合格。

【主要污染物减排】 根据省政府与市政府签订的“十二五”时期主要污染物减排责任书，市政府召开全市节能减排工作会议，与10个县（市、区）政府签订“十二五”时期主要污染物减排责任书，将减排任务层层分解到各县（市、区）、各相关职能部门和企业。重点抓好以下几项工作：一是编制规划与实施方案。组织编制《韶关市“十二五”主要污染物减排规划》、《韶关市2011年主要污染物减排实施方案》、《韶关市“十二五”污染物总量分配研究报告》、《韶关市污泥处理处置技术方案》等，对韶关市“十二五”的减排潜力进行分析，基本明确5年污染减排的重点项目，提出可行的污染减排措施，把排污总量控制制度落实到每个企业。二是开展2010年污普动态更新工作，制定方案，明确各有关部门职责，采取培训、交叉会审等方式提高污普数据准确度，全面摸清“十一五”末污染源情况，为“十二五”总量减排奠定基础。三是加强减排监测体系建设。编制《韶关市减排监测体系2011~2015建设规划》，明确年度目标与任务，重点废水、废气污染源企业全部安装在线监控设施，开展在线监测数据与手工实验室分析比对监测，并进行现场验收和有效性审核。

【加强工业污染治理监管】 督促企业加强环境管理，做好污染防治工作，确保其污染治理设施正常运转和污染物达标排放。推行清洁生产，完成始兴县联兴造纸实业有限公司强制清洁生产审核工作；对韶铸集团有限公司、广东五联木业集团有限公司、广东韶能珠玑纸业分公司等7家企业进行清洁生产审核验收工作，并确定为2011年韶关市清洁生产企业。

【严格建设项目环境管理】 严格环保准入，落实总量指标环保前置审批，不断完善环保审批制度，执行环评法和环保“三同时”（建设项目中防治污染设施与主体工程同时设计、同时施工、同时投产使用）制度，对不符合国家产业政策、有重大环境污染隐患、污染严重且治理难度大的项目坚决不予审批。继续开展工程建设领域突出问题专项治理工作，解决工程建设领域建设项目环境保护管理、建设项目执行环境影响评价和“三同时”制度中存在的突出问题。共审批（包括初审）各类建设项目456个（报告书73个、报告表175个、登记表208个）；办理建设项目环保设施竣工“三同时”验收75个；办理试生产90份、排污许可证96份、建筑噪声排污许可证55份、危险废物转移审核86份、可用作原料废物进口初审20份、辐射安全许可证10份。经审批的项目全部落实污染防治措施，控制新污染的产生。

【加大环保执法检查力度】 加强日常的环保监督执法检查，继续开展整治违法排污企业保障群众健康环保专项行动，打击违法排污企业，确保环境安全。一是加强饮用水源地保护。开展饮用水源地环境安全风险隐患排查，加强饮用水源地生态安全监控预警、风险管理和控制措施，确保饮用水源地安全。二是开展全市环境安全隐患排查和环境安全监察行动，督促企业加强环境管理，做好污染防治工作，确保污染治理设施正常运转和污染物达标排放。对环保治理设施不正常运行的企业限期整改，对未办理相关环保手续、擅自生产、多次被周边居民投诉的企业依法责令停产或依法给予行政处罚，对非法开采稀土矿、非法废旧轮胎炼油等坚决予以取缔，及时消除环境安全隐患。三是开展铅蓄电池企业、涉重金属排放企业专项整治。对辖区内的11家铅酸蓄电池企业，1家锌锰电池企业，1家铅回收企业进行排查，对卫生防护距离不足300米的企业依法实施停产整治，对存在其他环境安全隐患的企业依法进行整改；对卫生防护距离在300米到800米之间的企业开展“一厂一评”工作。四是开展水上餐饮船专项整治。市政府组织有关部门召开会议进行专题研究，赴清远学习其清理水上餐饮船的经验和做法。成立领导小组，制定具体工作方案，解决2011年省挂牌督办的这一重点环境问题。到2011年底，北江韶关市区河段所有从事水上餐饮经营活动的船舶全部停止营业。全年共出动2200多人次对760多家（次）污染源进行现场监察，对11家违法企业进行立案查处，处罚金额51.3万元，对2家违法企业下达停止排污通知，下达限期整改通知共28份。

【解决环境突发事件】 及时处理处置翁源县S341线128公里处因交通事故引起氢氟酸泄漏、京港澳高速公路乳源段因交通事故导致煤焦油泄漏等7起环境突发事件。通过应急处置，事故未造成明显的环境影响。

【生活污水处理厂建设】 重点抓好城市污水处理厂管网建设。完成污水收集管网改造29.3千米，经过管网改造后，污水处理厂入水浓度有所提高，污泥产出量比上年增加约4000吨。全市城镇污水处理厂的实际污水处理量和生活污水处理率得到提高，完成上级下达的污水处理设施建设和运行成效目标任务，韶关市2008~2010年的污水处理设施建设考核被省政府评为"优秀"等级。

加强全市11家污水处理厂的运行监管、技术指导等工作，协助和指导其制定相应的运行管理规程，建立健全相应的运行台账与减排台账。通过现场督办检查等方式，督促各地加强污水处理厂的运行管理、提高运营管理水平，发挥污水处理厂的处理效率和减排功效。2011年全市污水处理厂运行正常，处理出水稳定达标排放，污水处理能力达到26万吨/日，城镇生活污水集中处理率达80.87%。全市11座城镇生活污水处理厂共处理污水8013万吨，实际处理量比上年度增加约8%。

推进乡镇污水处理设施建设，犁市镇污水处理厂0.3万吨/日工程项目完成选址、工程立项、环评批复等前期工作；桂头镇污水处理厂0.25万吨/日工程完成项目选址等前期工作；马市镇污水处理厂0.2万吨/日工程已完成选址、设计等前期工作。

促进各产业转移园污水处理厂建设。莞韶产业转移工业园污水处理厂基本完成厂内工程建设，配套截污管网工程已完成施工设计图审查工作；中山三角(浈江)产业转移工业园污水处理厂完成厂内土建工程量30%左右，配套截污管网完成工程量98%左右；曲江经济开发区工业园污水处理厂完成厂内工程建设；南雄市产业转移工业园污水处理厂处于调试运行中，乐昌市、始兴县产业转移工业园污水处理厂正在进行土建工程。

【重金属污染监测与防治】 根据环保部和省政府有关加强重金属污染防治的工作部署，结合实际制定《韶关市加强重金属污染防治工作的实施方案》，明确各职能部门的责任、严格考核等相关措施。组织编制《韶关市重金属污染综合防治规划》，明确市重点防控区域、重点防控行业和重点防控企业，对市重金属污染防治工作目标进行可行性研究。组织开展重金属减排的前期调研和基数调查工作，督促粤北危险废物处理处置中心加快建设步伐，配合其开展二期环评和可研工作。韶关市环境监测中心站制定《韶关市重金属污染监测工作方案》，加强对涉重金属、涉有毒有害物质的企业废水、废气排放污染物监测。基本掌握韶关市重点区域、重点行业和重点企业重金属污染源排放情况和重金属排放企业周边环境质量状况。通过开展重点区域地表水重金属专项监测工作，及时发现重点区域地表水重金属污染状况和潜在风险，为重金属环境治理提供数据支持和技术支撑。

【油气回收综合治理】 制定并联合印发《韶关市油气回收综合治理工作方案》，牵头有关单位前往东莞考察学习，召开全市油气回收综合治理培训会议，介绍广东省油气治理工作的政策要求和治理技术，部署开展全市油气回收治理工作。

【生态示范创建】 2011年，始兴县的马市镇、罗坝镇被命名为"国家级生态示范镇"，仁化县董塘镇高莲村、始兴县深渡水瑶族乡横岭村被命名为"省级生态示范村"，始兴县顿岗镇高留村委高留新村、始兴县司前镇河口村委大枧水新村、仁化县石塘镇京群村委新楼村、仁化县石塘镇光明村委田心村、仁化县石塘镇石塘村委楼下村、仁化县董塘镇红星村委向东村被命名为"市级生态示范村"。至2011年底，韶关市共有4个国家级生态示范镇，4个镇、3个行政村、7个自然村、4个生态园被命名为"省级生态示范镇(村、园)"；49个自然村被命名为"市级生态示范村"。

【解决环境信访维稳】 开展春节、"两会"期间环境问题及矛盾纠纷的排查，重点排查群众反映强烈、可能引发群体性事件和越级上访的环境问题。对排查出来的案件进行后督察。组织全市环保系统开展"基层大接访"活动，对重点环境问题及矛盾纠纷和可能引发群众到省进京上访的环境问题实行领导包案，包案领导带案下访，进行调查处理，力求在最短时间内把问题解决在基层。此次活动中参加接访的领导干部71人次，领导干部下访136人次，接访群众129次，下访群众157次，化解矛盾隐患案件40多宗。开展“环保为民、幸福你我”环保大接访活动。由局长亲自接访上访群众，对群众反映的问题迅速查处。活动中现场派发环保宣传资料500份，发放问卷表60份，环保咨询人次30宗。全年共受理群众反映各类环境问题的信访案件958件（其中办理网络问政379件），处理率100%，结案率97.1%，未出现群体性恶性事件和因环境问题进京到省越级上访事件。

【开展环境宣传教育】 围绕生态文明建设、治污减排等环保中心工作，加大环保宣传教育力度。利用电视、广播、报刊等新闻媒体进行宣传，在《韶关日报》刊登环保知识小栏目，全年共在新闻媒体刊发文章60多篇。与市生态文明办、市摄影家协会联合举办珠江流域韶关市水环境综合整治摄影大赛，全面展示珠江流域韶关水环境综合整治的成效。大赛共收到照片434组，共评出金奖2个；银奖5个；铜奖10个；优秀奖80个，获奖作品被推荐参加广东省环保厅主办的“人寿杯”让母亲河更美丽——珠江综合整治摄影大赛，多个作品在省获奖。开展环保宣传月系列活动。6月3日，召开新闻发布会，向新闻媒体通报2010年韶关市环境质量状况、环境执法及污染减排工作情况。召开纪念“6·5”世界环境日座谈会，邀请韶钢集团有限公司等重点企业及市环保社会监督员参加，就如何做好污染减排等中心工作进行座谈，广泛征求意见。6月5日，与市生态文明办联合在市区中山公园举办“绿色发展、幸福韶关”大型环保宣传活动，众多市民前往参加。活动包括文艺演出、环保知识有奖问答、韶关水环境综合整治摄影展以及环保咨询等。其间，进行环保法规知识问答，派发环保宣传资料，接受市民就市环境问题的咨询和投诉。编印《市民生态文明行为指南》、《生态文明建设企业手册》等一系列宣传资料，扩大宣传效果。全年共编印6期《生态韶关》。开展环境宣传教育活动。在韶关市青少年社会实践活动中心建立青少年生态文明建设教育基地，为韶关市的中小学生开展课外实践活动提供场所。抓好“创绿”工作，田家炳中学、乳源民族实验学校被命名为省级绿色学校。

【加大环境监测力度】 编制并印发《韶关市“十二五”环境监测规划》，为“十二五”期间全市环境监测工作提供依据。完成地表水、降水、饮用水源地水质例行监测和污染源的常规监测；维护和管理空气质量自动监测站、江河水质自动监测系统，按时发布环境空气质量日报和水质周报；完成环境质量、省控以上重点源数据、信用管理污染源数据、国控重点源监督性监测等季报，完成《“十一五”韶关市环境质量报告书》和《2010年韶关市环境监测年鉴》的编写；加强质量管理工作，通过计量认证和实验室认可监督现场评审。加强专项业务培训和应急演练，8月12日在新丰县进行应急监测演练，提高应急监测的能力。推进生物及辐射监测，开展南水水库的藻类监测、铀矿山废水监测、电磁辐射监测、石油管道坑道监测、变电站辐射验收监测。

【水环境质量总体良好】 2011年主要江河水系水质状况总体良好，水环境质量与上年相比无明显变化，以Ⅱ类水质为主（根据环保部《地表水环境质量评价办法（试行）》的规定，水温、总氮、粪大肠菌群不参与评价），全市17个市控断面水质均达到所属功能类别水质标准，达标率为100%。市区及各县（市）集中式饮用水源地水质达标率为100%。

2011年韶关市区饮用水源地水质状况表

表22-1

监测断面	监测年份	年取水量(万立方米)	年达标水量(万立方米)	水质达标率(%)	水质类别	年均值超标项目	年均值超标项目浓度(毫克/升)	污染指数
十里亭	2011	6764.0	6764.0	100	Ⅱ	—	—	0.15
苍村水库		1214.6	1214.6	100	Ⅰ	—	—	0.12

2011 年韶关市区省控以上河流水质变化趋势分析结果

表 22-2

河流名称	断面名称（功能类别）	水质类别	定性描述	是否达标	超标项目	上年同期水质类别	变化趋势
北江	孟洲坝电站（Ⅳ）	Ⅱ	优	是	—	Ⅱ	持平
	白沙（Ⅲ）	Ⅱ	优	是	—	Ⅱ	持平
浈江	高桥（Ⅲ）	Ⅱ	优	是	—	Ⅱ	持平
	长坝（Ⅲ）	Ⅱ	优	是	—	Ⅱ	持平
	曲江桥（Ⅲ）	Ⅱ	优	是	—	Ⅱ	持平
武江	坪石（Ⅱ）	Ⅱ	优	是	—	Ⅱ	持平
	武江桥（Ⅲ）	Ⅱ	优	是	—	Ⅱ	持平

【环境完全质量优良】 2011 年，韶关市区城市空气中二氧化硫、二氧化氮、可吸入颗粒物年均浓度分别为 0.037 毫克/立方米、0.029 毫克/立方米、0.067 毫克/立方米，均优于国家二级标准，全年空气污染指数优、良天数为 361 天，优良率 98.90%。市区降尘年均浓度为 2.50 吨/平方公里·月，与上年相比上升 5.0%。全年降水pH 年平均值为 4.82,酸雨频率为50.6%，与上年相比下降 20.4 个百分点，降水质量整体比上年有所好转。

2010、2011 年韶关市区环境空气监测结果统计

表 22-3

市县名称	监测项目	测点名称	年平均浓度（毫克/立方米） 2010	年平均浓度（毫克/立方米） 2011	超标率（%） 2010	超标率（%） 2001
韶关市区	二氧化硫	市八中	0.060	0.041	3.0	0
		碧湖山庄	0.044	0.030	0.5	0
		园林处	0.052	0.032	1.1	0
		韶关学院	0.030	0.036	0	0
		曲江监测站	0.062	0.044	2.7	0
		市区统计	0.050	0.037	1.5	0
	二氧化氮	市八中	0.036	0.037	0	0
		碧湖山庄	0.025	0.025	0	0
		园林处	0.030	0.024	0	0
		韶关学院	0.025	0.020	0	0
		曲江监测站	0.050	0.040	0.3	0
		市区统计	0.033	0.029	0.1	0
	可吸入颗粒物	市八中	0.039	0.053	0.3	0
		碧湖山庄	0.076	0.065	5.5	1.9
		园林处	0.085	0.072	11.0	2.5
		韶关学院	0.068	0.066	2.2	1.4
		曲江监测站	0.100	0.081	17.0	4.1
		市区统计	0.074	0.067	7.2	2.0
	降尘（吨/平方公里·月）	市八中	2.73	2.65	0	0
		碧湖山庄	2.28	2.42	0	0
		园林处	2.54	2.58	0	0
		韶关学院	2.12	2.35	0	0
		曲江监测站	2.21	2.50	0	0
		市区统计	2.38	2.50	0	0

2010、2011 年韶关市区降水质量统计表

表 22-4

监测站名称	2010 年				2011 年			
	样品个数	酸雨频率(%)	降水 pH 值		样品个数	酸雨频率(%)	降水 pH 值	
			范围	平均			范围	平均
韶关市	107	71.0	3.20~6.90	4.07	85	50.6	3.29~7.21	4.82

【声环境质量】 2011 年，市区道路交通噪声年均值为 64.5 分贝（小于等于 68.0 分贝的为好等级），其声环境质量处于好等级；市区区域环境噪声年均值为 55.1 分贝（50.1~55.0 分贝的为较好等级），其声环境质量处于轻度污染的等级下限;各功能区域噪声基本符合标准要求。

韶关市区道路交通噪声监测统计

表 22-5

行政区	测点数(个)	总路长(公里)	平均路宽(米)	平均车流量(辆/小时)	等效声级	达标率%	>70dB 路段		声级范围(分贝)
							路长(公里)	(%)	
韶关市区	55	73.50	21.1	1942	64.5	92.3	5.65	7.7	57.1~72.6

韶关市区区域环境噪声功能区统计

表 22-6

功能区	网格大小(米)	网格数(个)	覆盖面积(平方公里)	等效声级(分贝)	超标率(%)
1 类区	500×500	42	10.50	50.8	0
2 类区	500×500	136	34.00	55.2	0.7
3 类区	500×500	69	17.25	57.7	0
韶关市区	500×500	247	61.75	55.1	0.4

附：领导班子成员

局　长：张中坚

副局长：谭启源　张　彬　魏　宁

纪检组组长：方贵平

总工程师：招文锐

（杨韶红）

教　育

教育管理

【概况】　韶关市教育局为市人民政府主管教育事业的工作部门，正处级建制，2011年韶关市教育局行政编制30名。内设办公室、基础教育科、职业与成人教育科、德育体育卫生艺术教育科、教育督导室（韶关市人民政府教育督导室）、基建财务科、人事科、监察室等8个职能科（室）。下设参公单位招生考试中心以及教学研究室、电化教学仪器设备站、学生助学工作办公室（学校后勤产业办公室）等3个事业单位。管理韶关市广播电视大学、韶关学院韶州师范分院、广东北江中学、韶关市第一中学、韶关市田家炳中学、韶关市中等职业技术学校、韶关市启智学校等7所学校。

2011年，韶关市教育工作围绕创建省教育强市和办人民满意教育的目标，以各类教育协调发展为重点，以全面实施素质教育为主题，教育工作取得显著成绩，教育的发展水平和综合实力走在全省欠发达地区前列。全市现有幼儿园400所，在园幼儿9.4万人；小学240所，在校生20.52万人；初中133所（含九年一贯制学校38所），在校生12.87万人；特殊教育学校7所，在校生704人（含随班就读生）；普通高中24所，其中广东省国家示范性普通高中10所，省一级高中13所，在校生6.28万人；中等职业学校25所，在校生4.3万人，其中国家级重点中等职业学校3所，省级重点中等职业学校4所，省级示范性中等职业学校1所，有省级实训中心5个，省级重点专业6个；全市中小学校共有专任教师3.2万人。全市有高等院校3所，在校生3.5万人。

【教育经费收支情况】　2011年，全市教育经费总收入为35.22亿元，比上年28.94亿元增长21.70%，其中教育和其他部门各级各类学校教育经费收入31.83亿元，比上年26.18亿元增长21.58%；总支出为35.29亿元，比上年28.99亿元增长21.73%，其中教育和其他部门各级各类学校教育经费支出31.84亿元，比上年26.47亿元增长20.29%。教育经费总收入中，其中国家财政性教育经费28.95亿元，民办学校中举办者投入1600万元，社会捐赠收入2300万元,事业收入5.59亿元，其他收入2900万元。

【基本建设投入】　2011年，全市中小学校基建计划投资3.67亿元，实际完成投资3.52亿元，其中建安工程2.82亿元、设备购置0.50亿元、其他2000万元。本年新增校舍建筑面积44万平方米，新增校园土地面积17万平方米，新增固定资产价值2.81亿元。　(胡定安)

【充实教师岗位配备】　开展师德创优群体活动，完成市直学校岗位设置工作。全市取得中学高级教师268人，小学副高教师6人，中学一级教师567人，小学高级教师262人，初级教师15人。认定中小学教师资格1917人。开展支教活动，省市第六批支教挂职队员27人，第七批支教挂职队员25人。全市新补充教师479人。

【开展教育行政干部培训】　举办市级教育干部高级研修班，韶关市第7期初中校长提高培训班，韶关市第11期小学校长任职培训班，韶关市第13期幼儿园园长任职培训班；组织50名农村中心小学校长参加省提高班，10名县教育局长参加省研修班，3名市县教育局长参加国家高级培训，1名小学校长参加国家高级培训，38名校长参加省内外跟岗培训。加强教师的培训工作。一是启动“511教师培训工程”，有18243名义务教育教师参加网络远程免费培训；二是组织中小学教师教育技术中级培训人数3140人，英特尔未来教育项目培训400名，微软（中国）“携手助学”项目培训教师200名；三是新教师培训410人；四是特殊教育教师市级培训75人，省级培训48人，省外培训11人；五是农村教师置换培训140人；六是70名教师参加省内跟岗学习培训；七是组织1200名教师参加国培计划培训；八是组织1781人参加高中教师职务培训；九是组织15人参加小学英语骨干培训，18人参加中国烛光教育基金英语教师暑期培训，100人参加英语语言村培训；十是组织省市名师送教下乡活动，省“名师大讲堂”活动；十一是第三批市级“百千万人才工程”培养对象47人结业。（李国全）

【学校德育有成效】 启动德育示范学校评估，全市有19所学校被授予“韶关市中小学德育示范学校”称号；有4所学校被评为广东省德育示范学校（全省仅有20所）。全市有45个德育课例获市级奖励，7个课例获省级奖励；4个省级课题和40个市级课题立项；14个省级课题和26个市级课题结题；60篇论文获市级奖励。参加市级班主任培训有600人，省组织的各类德育培训有400人次，心理健康教育教师资格培训4000人；有3人被推选为省名班主任培训对象，31人被推选为市名班主任培训对象，建立省名班主任工作室1个。全市中小学生德育考核优良率达84%，“三好学生”率为20.6%，在校中小学生犯罪率控制在万分之零点零九以下。有2名学生荣获2011“韶关好人”称号，15名学生被评为“韶关市美德少年”。市教育局还获得“广东省中小学德育科研课题优秀组织奖”，广东省大中小学生“乾图杯”法制演讲比赛优秀组织奖，韶关市禁毒工作先进单位。（张烽艺）

【体育与艺术教育有特色】 市第十六届“英东杯”文体竞赛文艺类共评出获奖节目516个，其中一等奖99个、二等奖168个、三等奖249个，全市有2队14人9次打破5项市中小学生运动会记录。北江中学学生田径队代表省参加2011年阳光体育全国体育传统项目学校比赛，获得团体总分第七名、女子团体总分第四名，在2011年广东省体育传统项目学校田径锦标赛中荣获团体总分第一；翁源中学学生篮球队代表韶关市参加省第二届高中篮球联赛获女队冠军、男队第八名的优异成绩。市中等职业技术学校学生参加2011年全国学生定向越野锦标赛荣获高中组男子团体第五名，参加省第六届定向锦标赛和省中学生定向运动锦标赛均获团体总分第二名。韶关市学生参加省首届中小学生合唱比赛，乐昌市城关中学获高中组一等奖，浈江区铁路第一小学获小学组二等奖，乳源瑶族自治县青少年宫获少年宫组二等奖；市教育局获地市优秀组织奖，乐昌市教育局、浈江区教育局、曲江区教育局获县（市、区）优秀组织奖。（曾敏青　段忠勇）

【学校卫生工作】 举办2011年全市中小学（幼儿园）食堂管理人员卫生知识培训班，参训人员达235人。举办全市中小学学生近视眼防控工作培训班，培训卫生管理人员、校医和保健教师119人。开展“食品安全宣传周”主题宣传活动，以课堂教学、宣传栏、网络、宣传资料等形式开展食品安全知识的宣传教育，提高广大师生的食品安全意识，预防食品安全事故的发生。开展创建“绿色学校”活动，有10所中小学校被授予韶关市“绿色生态校园”称号，其中，韶关市第五中学、武江区镇泰小学还获得广东省“绿色学校“称号。（叶飞雄）

【修订《韶关市中小学教育科研管理办法》】 该办法已实施多年，其中有的内容和要求与当前的实际已有不适应之处，因此，市教育局组织相关人员对此进行专门的研究，对“结题的材料、时间、形式”等方面重新做调整。此次修订，更有利于韶关市中小学教育科研的开展与管理。

【做好结题评审、表彰工作】 全市中小学各学科于2011年结题的市立项课题共有264项，其中市规划课题36项。根据新修订的《韶关市中小学教育科研管理办法》，组织各学科评审组，对各学科的每一项申报结题的课题开展评审。经过初审和复评，最终评选出市一等奖7项，市二等奖125项，市三等奖124项，并在2011年的市教学工作会议上对教育科研先进单位及获奖个人进行表彰。

【组织省级教育科研课题的申报】 年初，根据省有关文件的要求，组织韶关市各县（市、区）和市直学校申报省教育科学“十一五”规划2010年度课题和省中小学教学研究“十二五”规划立项课题。经省有关部门的审批，韶关市2011年共有4项课题被同意立项为省教育科学“十一五”规划2010年度课题，8项课题被同意立项为省中小学教学研究“十二五”规划立项课题。具体的课题名称、主持人及学校见下表：

表 23-1

课题类型	课题名称	主持人	学校
省教育科学“十一五”规划2010年度课题	“如何培养初中生的数学阅读能力”	应家锐	始兴县墨江中学
	“聋校开展“过山瑶反面刺绣”课程及实践的研究”	刁辉雄	韶关市启智学校
	“小学语文分层作业设计促进班级整体优化的探索”	吴夏梅	翁源县龙仙四小
	“‘请进来’与‘走出去’——农村中学乡土作文教学研究”	涂更娣	武江区龙归中学
省中小学教学研究“十二五”规划立项课题	“山区农村小学生综合实践活动策略研究”	郭日文	曲江区城南小学
	“构建高中英语课堂有效教学模式的行动研究”	林东方	市教育局教研室
	“新课程下初中语文古诗文教学策略研究”	罗金清	市教育局教研室
	“有效性作文教学研究与实验”	周丽娟	市田家炳中学
	“‘导学-展示-反馈’教学法”	骆祖强 刘瑞江	市田家炳中学
	“以诵读中华经典为载体的农村校本课程开发研究”	涂立龙	始兴县顿岗中心小学
	“粤北聋校开展‘过山瑶反面刺绣’课程及实践的研究”	刁辉雄	市启智学校
	“瑶族地区基于校本培训的教研组建设研究”	谭家裕	乳源中学

【加快教育科研优秀成果推广步伐】 《韶关教育》杂志为推动教育科研优秀成果的转化工作，专门设置“教育教学实验与研究”栏目，刊登近年来韶关市优秀的教育科研课题结题报告。部分县（市、区）和学科在教育科研成果推广方面还做新的尝试，例如5月中旬，武江区召开教育科研成果推广会议，要求所属中小学校将优秀教育科研成果应用到教育教学实践中去；9月初，生物学科召开“中学生物学科教育科研研讨会”，会上由2010年市教育科研课题评选一等奖获得者详细介绍获奖课题具体做法和经验，并在全市初中生物学科教学中推广。

【加强课题结题管理】 市、县两级教研部门重视对结题课题的验收，对结题工作进行检查和指导。跟踪做好省级课题结题工作。市一中有2项2008年度省级课题于2011年结题，3月初，市教研室负责人专程到该校进行指导，要求课题主持人按时完成研究任务，高质量地做好结题工作。

【高考再创佳绩】 全市在近几年高考取得好成绩的基础上2011年高考再传捷报：普通类（含体育、艺术类）实考人数为21716人，本科以上上线人数为7607人，比上年增加63人，上线人数占实考人数比例为35.03%；专科以上上线人数为16861人，上线人数占实考人数比例为77.64%，其中，专科A线以上上线人数12345，比上年增加279人，上线人数占实考人数比例为56.85%。全市总分600分以上考生共有259人，其中理科201人，文科58人。此外，高职类高考也取得好成绩，全市实考人数为709人，上线人数为374人，上线人数占实考人数的比例为52.75%。从本科率看,与发达地区相比，韶关市各批次上线率有较大差距，但与茂名、梅州、湛江、河源、肇庆、清远、汕尾、阳江市等市比较，韶关市2011年高考仍保持一定的优势，本科线率继续保持在广东省经济欠发达地区前列。本科以上上线率（35.03%）和上年持平（韶关市2007、2008、2009、2010年本科以上上线率稳步增长，分别是29.44%、30.67%、32.00%、35.03%，10年增幅最大），专科A线上线率（56.85%）比上年略有增长，总录取率（85.89%）比上年提高1.93个百分点，韶关市2011年高考形势总体平稳。

2011年全市艺术体育类考生1957人，上线1125人，专科以上上线率57.49%。其中一本上线人数57人，比2010年增加23人，本科以上上线576人，比2010年增加64人，本科以上上线率29.43%，一本和本科以上上线人数与上年比较增幅均超过10%，取得可喜成绩。

【参加学科、成果大赛取得优异成绩】 学生参加大赛获得国家一等奖的有70人次，二等奖122人次，三等奖193人次；获得省一等奖的有167人次，二等奖345人次，三等奖395人次；获得市一等奖的有264人次，二等奖484人次，三等奖537人次。2011年全市教师参加各类学科竞赛、论文评比等活动也取得显著成绩。获得国家二等奖1人次，三等奖2人次；获得省一等奖的有78人次，二等奖339人次，三等奖293人次；获得市一等奖的有125人次，二等奖421人次，三等奖395人次。此外，金凤英（韶关市田家炳中学）、何炬（乐昌市第一中学）和李红梅（乐昌教研室）获第七届全国中小学外语教师园丁奖。林非（广东北江中学）被评为全国中小学英语教师教学能手。黄学波（南雄一中）获得“苏步青数学教育奖”国家二等奖。刘道平和陈理安（北江中学）、谢勇华和马争红（韶关一中）获2011年全国高中数学竞赛广东省优秀辅导教师。（钟 华）

【全面落实教育资源下乡计划】 贯彻省教育厅《关于实施广东省教育资源下乡行动计划（2009~2015）》、《关于深入实施广东省教育资源下乡行动计划的通知》、《关于切实加强优质教育资源建设与应用全面推进“广东省教育资源下乡行动计划”的通知》等文件精神，全年分别下发新增资源通知共25期，其中有CNKI中小学数字图书馆资源专业期刊2000种，3000多部教学工具书，中小学电子期刊（电子阅览室用）130种，“国之源”学科资源600GB，教育专家讲座7个专题，各学科名师优质课例48节等。2011年拍摄制作完成名师课堂实录共73节课，省教育厅广东省名师网络课堂韶关市入库名优课例11节。并在3月肇庆召开的全省基础教育信息化现场会上做经验介绍。

【教育信息化政务办公】 2011年7月1日，韶关市教育电子政务（“教育OA”）系统正式启用。举办2011年韶关市教育信息化建设与应用评比活动。全市45所学校和125名教师分获一、二、三等奖。完成广东省教育信息平台韶关市数据管理中心的建设工作，目前全市教育数据统计工作已全部在此平台完成，保证韶关市教育统计数据统一性、权威性、唯一性。建成并启动韶关教育专网视频会议系统应用工作，4月21日，韶关市近千名教育信息技术骨干教师，首次通过韶关市基础教育专网视频会议系统参加广东省“‘十二五’课题设计研究”省级培训学习。

【参加教育信息化评比活动取得佳绩】 第十五届全国、全省教师多媒体教育软件比赛：获全国一等奖3件，全国三等奖1件，省一等奖5件，省二等奖10件，省三等奖21件，省优秀奖22件，韶关市教育局获组织工作表扬单位奖。第十二届广东省中小学电脑制作活动：在“评比项目”中获省一等奖9个，二等奖17个，三等奖18个，优秀奖15个，总成绩名列全省第三，韶关市教育局荣获全省最佳组织单位（全省评5个）；虚拟机器人比赛项目成绩全省最好，获省一等奖4个（全省总6个）；省二等奖2个；省三等奖4个；优秀奖3个。广东省中小学校优秀网站评比活动：韶关市有5所学校获得“广东省中小学校优秀网站”称号，韶关市教育局在本次活动中获得省教育厅通报表扬。“中国移动‘校讯通’杯”全国中小学教师信息技术与创新论文大赛：获得全国二等奖1个，省三等奖3个，省优秀奖15个，韶关市教育局获得最佳组织奖。2011年广东省青少年信息学（计算机）奥林匹克竞赛决赛：韶关市获团体第四名，广东北江中学获学校团体第三名。其中获一等奖1名，二等奖4名。2011年第十七届全国青少年信息学奥林匹克联赛：广东北江中学和广东北江实验学校获学校团体二等奖（广东赛区），其中获一等奖4名，二等奖12名。

【落实创建教育强县（区、镇）】 全市各级教育装备部门借助创建教育强县（区、镇）的契机，以规范化学校建设为切入点，深入农村学校，调查研究，制定建设方案，加强检查监管，争当“创强”勤务兵。

全市落实省教育厅在学校公用经费中安排10%作为学校装备配备专款的要求，多渠道筹措建设资金，不断加大教育装备和教育信息化基础设施和设备的投入力度，2011年全市中小学校教育装备和教育信息化工程共投入建设资金达5986.2万元。全市新增或在建计算机室74间，语音室32间，计算机5689台，校园网络16套，电子白板234块，实现“班班通”班数360个，多媒体专用教室321间，其他功能场室302间，纸质图书70.352万册，常规教学仪器357.7万元。在2011年10月省厅对韶关市教育强镇进行教育装备前期督导检查中，市教育装备工作受到好评。南方出版传媒股捐赠市农村学校120万元纸质图书。

印发《关于对全市教育强镇(街)学校教育装备及使用效益督导检查的通知》，6月16日在武江区召开全市教育创强镇（街）学校教育装备工作现场会，对已经完成创强的乡镇和学校使用效益开展督导检查。（谭　军）

【“教育创强”稳步推进】 2009年5月25日，韶关市召开创建广东省教育强市动员大会，提出到2013年实现创建目标。各县(市、区)按照“教育创强”工作的整体部署，成立领导机构，多方筹集经费，全面整饬校容校貌，充实设施设备，并结合布局调整、校安工程、新装备工程和义务教育规范化学校建设，推进“教育创强”工作，取得可喜成绩。一是推进规范化学校建设工作，学校办学条件改善明显。2011年，全市新增义务教育阶段规范化学校43所，目前，韶关市已有义务教育阶段规范化学校262所，占韶关市义务教育阶段学校70.2%。二是“教育创强”工作稳步推进、成效显著。2011年，全市有南雄市帽子峰镇、水口镇、澜河镇，乐昌市北乡镇、白石镇、坪石镇、九峰镇、长来镇，乳源县一六镇、大布镇，翁源江尾镇、始兴县澄江镇、城南镇、仁化县扶溪镇，浈江区犁市镇，武江区惠民街、重阳镇、西联镇，曲江区大塘镇，新丰县梅坑镇、马头镇等23个镇（街）通过广东省教育强镇（街）督导验收；乳源瑶族自治县、武江区通过广东省教育强县（区）督导验收，成为韶关市首批省教育强县（区），乳源瑶族自治县成为广东省首个少数民族教育强县。三是优质幼儿园创建工作成效明显，全年新增41所韶关市一级幼儿园，共有省一级幼儿园8所、市一级幼儿园66所。

（侯腾和）

【“希望工程”资助农村教育发展】 为进一步改善农村学校的办学条件，促进农村教育的发展，韶关市教育局加大“希望工程”引入力度，专门成立“希望工程”协调小组，指定一名副局长和一名科室主任负责全市希望工程项目的引进、协调和监督工作。引进项目包括新建希望学校、改建薄弱学校、扶助特困生和赞助学生课外文体活动项目等。2011年，希望工程协调办共筹集捐款达2644.7万元，用于资助大中小贫困学生的资助金额达600.6万元。

其中：希望工程招商引资项目用于始兴县教育系统的总金额为542.75万元，资助贫困学生金额为131.28万元,资助人数为2049人；用于浈江区教育系统的总金额为71.27万元，资助贫困学生金额为14.864万元,资助人数为183人；用于乳源县教育系统的总金额为438.06万元，资助贫困学生金额为132.77万元,资助人数为742人；用于新丰县教育系统的总金额为908.61万元，资助贫困学生金额为45.23万元，资助人数为487人；用于曲江区教育系统的总金额为178.62万元，资助贫困学生金额为124.47万元,资助人数为649人；用于仁化县教育系统的总金额为122.37万元，资助贫困学生金额为26.1万元,资助人数为297人；用于乐昌市教育系统的总金额为72.99万元，资助贫困学生金额为42.52万元,资助人数为258人；用于武江区教育系统的总金额为8万元，资助贫困学生金额为4.17万元,资助人数为45人；用于翁源县教育系统的总金额为30万元，资助贫困学生金额为10万元,资助人数为100人；用于南雄市教育系统的总金额为182.3万元，资助贫困学生金额为7.5万元,资助人数为80人；用于市直教育系统的总金额为89.7万元，资助贫困学生金额为61.74万元,资助人数为995人；本年度通过希望工程共资助5885名大中小贫困学生。（陆智南）

【招生考试】 2011年全市高考普通类考生21864人，实考21716人。第三批以上上线16861人，占实考人数77.64%。其中第一批本科上线1035人，占实考考生数的4.77%；第二批本科上线6572人，占实考考生数的30.26%；第三批专科上线9254人，占实考考生数的42.61%。全市高考普通类考生共有18652人被高校录取，录取总人数占实考人数的85.89%。其中提前批、第一批本科、保送生、单考单招录取1193人，占实考人数的5.5%；第二批本科录取6076人，占实考人数的27.98%，其中A线录取3234人，B线录取2842人；第三批专科录取11383人，占实考人数的52.42%，其中A线录取5533人，B线录取5850人。全市高职类“3+证书”考试报考人数798人，实考709人，上线374人，录取471人。

2011年3月18~21日全市共有21851名考生参加广东首次在高考英语科目中实行的听说考试。

2011年全市应届初中毕业生45434人，报名参加中考34339人，报考率75.6%，比上年减少4.4%。八年级“生地”科全市共有44574人报考。

全市自学考试全年报考6942人次。其中4月自考报考2431人，10月报考2177人，1月和7月两次加考、小考2334人。全年共有439人办理毕业证（其中本科384人，专科55人）。全国考办和省自考委开展纪念中国自学考试制度设立30周年评比活动，韶关市韶关监狱考场被评为“全国高等教育自学考试先进集体”；市招生考试中心蓝德林被评为“全国高等教育自学考试先进工作者”。

2011年全市报考各类成人高校的考生数为5157人，比2010年增加913人。2011年硕士研究生入学考试全市考生人数799人，比2010年增加181人。全国计算机等级考试上半年考生人数2070人，下半年考生人数2074人。全国英语等级考试上半年考生人数429人，下半年考生人数438人。（朱庆辛）

【打造粤北师德师风品牌】 继续坚持不懈地抓好粤北特色师德师风建设，打造粤北师德师风品牌。全市有82所学校（部门）申报参加第三轮群体师德创优活动，比2010年增加38%。南雄市坪田中学叶树胜等19名教师被授予2011年中国教育工会韶关市委员会教育系统职业道德建设标兵。翁源县铁龙学校丘志华老师被授予2011年中国教科文卫体工会全国委员会教育系统职业道德标兵（广东省仅4人，其中两人是大学类），并荣获第三批“感动韶关十佳道德模范”称号；韶关市中等职业技术学校冯千山老师、武江区市九中魏阳老师荣获2011“韶关好人”称号。在教师节，组织广大教职工参加“以身立教，为人师表”主题师德征文活动，获一等奖63人，优秀奖48人。各级教育工会举行学习贯彻“中小学教师职业道德行为规范”座谈会，收到较好的结果。

【“教工之家”建设工作】 广东北江中学被评为“全国教科文卫体系统模范职工之家”，是广东省唯一的一所中学。同时还举行庆“七一”首届市直学校教职工“园丁杯”羽毛球赛。首次组织全市工会干部到省教育工会学习培训。还进行工会工作考评，韶关市田家炳中学获一等奖。女教职工委员会工作特色鲜明，2011年荣获“广东省优秀女教职工委员会”的称号。（梁茂发）

基础教育

【概况】 2011年，全市小学适龄人口入学率为100%，小学适龄儿童毛入学率为108.26%；初中学龄人口入学率为99.62%，初中阶段毛入学率为127.53%；小学辍学率为0.002%，初中辍学率为1.28%；2011年，全市高中阶段教育成果得到进一步巩固和提高，全市户籍人口高中阶段教育毛入学率为91.58%，比2010年提高1.23个百分点，取得韶关市高中阶段教育进入全面普及阶段后的第一个稳步发展。

【学前教育快速发展】 韶关市以实施学前教育三年行动计划为契机，通过加强管理、加大扶持、加快建设等举措，推进学前教育健康、快速、全面发展。2011年，全市有幼儿园400所，其中公办园74所，比上年增加26所；乡镇中心幼儿园79所（其中公办56所），比上年增加15所，覆盖率达83.2%，比上年提高15.2个百分点。新增市一级幼儿园40所，目前，全市有省一级幼儿园8所，市一级幼儿园65所，市一级以上优质幼儿园的覆盖率达18.3%。全市入园人数91886人，3~5周岁学前三年毛入园率为89.5%，比上年提高3.5个百分点；全市农村3~5周岁学前三年毛入园率为81.9%，比上年提高5.9个百分点。此外，市发挥市幼教研究会的作用，集中市幼教的骨干力量，进行多项业务指导工作，开展教改科研课题研究，在组织部分骨干幼儿园送教下乡的同时，与广东省教育学会学前专业委员会联合开展现场教学观摩活动，2011年11月，来自深圳、佛山等地幼儿园的5位老师与市幼教研究会派出的2位优秀教师在市进行现场教学示范，并举办三场专题讲座，约400名来自各县（市、区）的幼教专干和幼儿园园长、管理人员和教学骨干参加此次活动，为市学前教育的教学教研工作起到良好的促进作用。同时，市继续开展学前教育优秀论文征集、评比工作，在各地经初选后上送的116篇论文中，经过专家和评委的评审，共评出优秀论文70篇，其中一等奖16篇，二等奖23篇，三等奖31篇。市从中选送部分优秀论文代表市参加全省幼儿教师论文评选活动，其中2篇获省二等奖，28篇获省三等奖。

【义务教育均衡发展】 为进一步巩固和提高义务教育发展水平，市各地实施义务教育均衡发展战略，通过加强义务教育政策宣传，实施城乡免费义务教育，做好“防流控辍”工作，解决外来务工人员子女入学问题，继续调整优化学校布局，实施农村义务教育学校校舍安全工程、规范化学校建设和教育信息化工程，开展“千校扶千校”和“教育资源下乡服务”活动，实行城乡学校互助共同体建设等措施，从而缩小城乡教育差距，义务教育发展水平提高。一年来，市义务教育学校由433所调整为373所，比上年减少60所。新增义务教育规范化学校43所，目前，全市有义务教育规范化学校262所，覆盖率达70.2%。参与“千校扶千校”行动的学校增至73所。

教育信息化建设也得到加强，全市乡镇以上中学和中心小学都建有电脑室，并通过光纤接入市教育专网和广东省基础教育专网，基本能满足教学需要，并较好地实现网上传输、网上报名、网上巡考、网上评卷、网上统计等各种信息技术手段运用。

【普通高中教育优质】 2011年市各地加大力度，通过加强学校软硬件建设、招生改革等举措，促进普通高中阶段教育上项目、创特色、树品牌，使市普通高中学校的办学能力得到增强，从而使普及高中阶段教育成果得到巩固和提高。全市有普通高中27所（其中独立高中19所），其中国家级示范性普通高中10所，省一级普通高中13所，普通高中优质学位率达99%；招生21175人，在校生62800人，初中升普高率为48%。2011年，市普通高中学校坚持内涵发展，有14所普通高中学校被列入省500所普通高中办学水平提升项目学校的行列，这些学校的43个项目实施顺利，共投入经费1500多万元，省厅对韶关市的做法给予充分肯定，并向全省推广。同时，为推进中考制度改革，逐步淡化考试，推进素质教育的实施，同时也适应普通高中学校特色发展的需要，2011年市区普通高中招生工作实行三大改革，一是实施网上填报志愿网上录取，进一步加强中招工作的规范化；二是县（市、区）属重点普通高中招生名额按一定比例分配到各初中学校，市辖三区继续实施市区普通高中招生同城化政策；三是市田家炳中学继续在本校试行初三毕业生直升高中的探索实验，直升比例从2010年该校高中一年级招生总数的5%扩大到2011年该校高中一年级招生总数的10%。三大改革加快曲江区同城化步伐，使中招工作更加公开、公平、公正，满足广大人民群众对优质学位的需求。此外，为推进教育国际化进程，市一中开办韶关市首个国际高中课程实验班。2008年12月，韶关市被授予“广东省普及高中阶段教育达标市”称号，提前3年实现普及高中阶段教育的目标。

【特殊教育蓬勃发展】 为加快韶关市特殊教育学校建设步伐，2011年韶关市全面启动各县特殊教育学校建设工作，向省申报特殊教育学校建设项目学校6所并全部获得省的确认，共争取省特殊教育专项补助资金395万元，已有4所特殊教育学校开工；通过努力，市特殊教育新校基本完成征地工作。2011年全市适龄残疾儿童少年入学率达98.8%，适龄“三残”儿童少年入学率达98.2%。2011年，韶关市还加大特殊教育师资培训力度，8月举办韶关市第一期特殊教育学校教师培训班，请省知名特教专家为各县（市、区）的特殊教育学校教师讲授特殊教育教师的专业发展与挑战、聋生的言语障碍与矫治、特殊教育的教学模式、方法、课堂教学与评价、学科课题研究等课题。2011年，韶关市启智学校1个国家子课题、3个省级课题、4个市级课题的成功立项，推动韶关市特教理论实践研究工作。市启智学校被授予“广东省特殊教育先进单位”。2011年，韶关市特校教师撰写论文荣获省级以上奖励7篇、市级奖10篇；参加基本功竞赛获省级奖5人、市级奖3人；参加优秀课例、课件评比获国家级奖励3人（二等奖2人，三等奖1人），省级奖励3人（一等奖、二等奖、优秀奖各1人），市级奖励3人。

（苏才念）

【民族教育稳步发展】 中央民族大学附中招生的广东考点落户韶关市田家炳中学。乳源瑶族自治县发展民族教育事业，率先全省实施“5个100万”工程，在2010年召开的全省教师工作会议上，该县领导作“建一流师资队伍，办一流民族教育”的典型经验发言。

职业与成人教育

【概况】 2011年，全市有中等职业学校（含韶关学院韶州师范分院中职部和韶关学院医学院中职部）25所，其中公办学校16所，民办学校9所。全市共有国家级重点中等职业学校3所，省级重点中等职业学校4所，市级重点民办中等职业学校3所，省级实训中心5个，省级中等职业学校重点建设专业（点）6个。全市有省级示范性乡镇成人文化技术学校7所，市级示范性乡镇成人文化技术学校46所（新增15所）。

【加强职业教育基础能力建设】 2011年全市职业教育新增校舍面积52368平方米，新增设备2831万元。韶关市中等职业技术学校投入64万，用于建设汽车维修专业实训车间，投入230万元建设“旅游实训基地”，为韶关市旅游专业的教学、在岗人员培训、相关职业资格鉴定等创造有利的条件，旅游职业教育装备跃上新台阶。曲江职校投资500多万元兴建400米环形塑胶跑道运动场，该工程被列为广东省民生实事之新建扩建100所中等职业学校项目。仁化中职投入资金1459万元新建学生宿舍、饭堂综合楼，面积为6452平方米，已于2011年9月正式投入使用，篮球场正在建设中。韶关市中等职业技术学校进入省级示范性中等职业学校行列；仁化县中等职业学校通过省级重点中等职业学校的复评；乐昌市中等职业技术学校电子技术应用专业被确定为省重点建设专业，全市省级重点建设专业从5个增加到6个；韶关市中等职业技术学校会计专业被确定为广东省中等职业教育课程改革试点学校。

【深化教学和招生制度改革】 为引导初中毕业生有效分流，坚持春秋两季招生制度，全市中职教育招生共13808人，完成招生任务13500人的102%。加上14所技工学校招生36000人，全市中职（含技工）招生49808人。改革人才培养模式，创新办学模式，探索联合办学、校企合作、工学交替、半工半读模式、“零学费入学、零距离上岗”的“双零”培养模式，让更多农村的孩子接受中职教育。乐昌中职推行“零学费入学，零距离就业”的“双零模式”及一日考察、一周养成、一月见习、一年实习的“四个一”培养模式，得到省委常委、常务副省长肖志恒的肯定，并指示要在全省推广。重视学生技能培养培训，连续第16年举办全市中等职业学校学生技能竞赛，15所学校288名选手分别参加10个项目的角逐。在2011年度广东省中等职业学校学生技能大赛中，韶关市获得5个二等奖，20个三等奖。仁化中职的郑玲丽教师，荣获岭南优秀导游称号，她执教的“餐巾折花”课在广东省第二届“聚焦课堂，提高学生思想道德素质”教学成果展示交流活动中，荣获“学科融合”系列三等奖。

【加强农村成人教育培训】 根据教育部《面向21世纪教育振兴行动计划》的要求，韶关市结合自身的实际，发展农家书屋，抓好乡镇成人文化技术学校基础能力建设，提高乡镇成人培训的数量和质量。2011年武江区西河镇、西联镇、重阳镇，乳源县一六镇、大布镇、乳城镇，乐昌市秀水镇、三溪镇、云岩镇，始兴县澄江镇、城南镇、深渡水乡，南雄市水口镇、澜河镇、帽子峰镇等15所乡镇学校被评为市级示范性乡镇成人文化技术学校。武江区所有乡镇成人文化技术学校都迈进市级示范性学校行列。韶关市有省级示范性乡镇成人文化技术学校7所、市级示范性乡镇成人文化技术学校46所，农村成人教育能力进一步提高，2011年韶关市农村成人教育培训量达到80087人次。（柯艳君）

韶关市中等职业技术学校简介

【韶关市中等职业技术学校】 是直属韶关市教育局的一所国家级重点中等职业技术学校，学校创建于1980年，是粤北地区一所办学效益显著的综合性、示范性学校，也是韶关市职业与成人教育师资培训中心和国家职业技能鉴定所、韶关市旅游行业岗位培训基地，被誉为粤北职教明珠。

一是办学理念鲜明。学校一直坚持为当地经济建设和社会发展服务，专业设置与当地经济建设对人才的需求相适应，做好“四个服务”。在新的历史机遇与挑战面前，学校依据韶关市经济发展和城市功能的定位，结合“十一五”规划和近几年的探索与实践，明确学校的办学思路：即：树立一个理念、明确一个目标、实现三个定位、做好三个加强，形成三个特点的发展方向。学校的办学理念：以就业为导向，以能力为本位，面向社会，面向市场，多元化办学，构建特色职业教育。学生的培养目标：培养有一技之长、有较扎实的专业理论和文化基础知识、有健康的体魄、有良好的职业素养的“四有”中职人。

三个定位是指通过五年的努力实现学校的三个层次定位：1.发挥合作办学优势，将学校建设成为在省内外具有一定影响的同类职校中起示范性作用、在全国交流中起窗口作用的全省一流职业技术学校。2.发挥职教特色，将学校建设成为融学历教育与技能培训为一体的现代化培训基地。3.创设条件，将学校建设成为多种职业技能（资格）考核基地。

做好三个加强：加强专业化建设的力度；加强社会化培训力度，转变观念，探索针对社会化培训的教育教学改革，改变生源结构，成为有一定影响的社会培训基地与考核基地；加强区域化交流发展力度。

突出三个特点：开放（开放的办学思想）、灵活（灵活的办学模式）、特色（具有特色的专业建设）。

二是重点专业成绩突出。学校主要开设机电类、信息类、艺术类、体育类、经贸类、旅游类六大板块教育课程，有电子电工、旅游、文秘、幼师、电脑、会计、美术、计算机软件、数控等20多个专业，其中，电子与信息技术专业于2003年2月被批准为省重点建设专业，其他骨干专业如旅游、计算机应用、会计、数控等。这些专业建立新的课程体系，采用灵活的模块式课程结构。根据用人单位需求、学生需求和学科考证的要求，重新设置考证相应科目的授课计划，并完善各项技能训练安排。

另外由于师资力量雄厚，设施设备先进，所以在每年的中职学校技能竞赛中屡获优良成绩，考证通过率达85%以上，毕业生就业率达99%以上。

三是推进教学改革，服务当地经济。韶关是集旅游业、工业、劳动力密集于一体的历史文化名城，学校根据有关专家的指导，并在调研的基础上确定以突出旅游、电子、机械、财会及各类技能培训等专业特色，深化课程改革，打造粤北特色专业品牌，培养符合韶关本地经济建设需要和 社会发展的应用型人才。近几年，学校根据市场需要和学生实际，先后新增设数控应用技术、汽车驾驶与维修、电脑广告制作（工艺美术）、电子商务、国际商务等专业。

推进课程和教学方法改革，运用“模块化、项目化”课程模式的设计思想，开展课程教学内容改革，理论教学内容以“必需、够用”为度，删减掉针对性和适用性不强的课程内容，强化实践技能培养。以企业人才需求为根本出发点，试行工学结合，实行“2+1”教学模式和大专业小专门化方向的课程设置，构建“平台+模块”式的课程体系，体现“宽基础、活模块”和“注重专业实践，适度理论教学”的特点，使理论与实践教学比例合理。

四是集团化办学渐成规模。为做大做强职教事业，学校一直致力探索一条能持续健康发展的新路子，并在集团化办学方面作一些有益的尝试，至此，学校已基本构筑起“以校为本、校办企业、校企结合、教产联合、校校联办”的规模化、集团化、连锁化的办学模式。为落实中职学校的办学宗旨——为企业培养一流的技术人才，让学生较早地适应企业的工作环境，把其所学专业知识应用于实际生产操作中，学校在原有的校办企业的基础上，依据专业需求，新建立起汽车驾驶培训基地，给学生提供一个良好的实习、实训场所。近几年，学校开始进行“校企合作”的办学模式改革，如与深圳特蕾新幼儿教育集团、佛山市南海劼晟机械厂达成合作协议，对学生实行“订单式”、“双元制”教学，增强企业和学校发展的竞争力，达成“三赢”的良好局面。为最大限度利用社会资源，提升学生的专业技能，学校试行工学结合，走“教厂结合”的新路子，与加工企业合作，为学生的实训创造条件。学校还利用自己作为国家级重点职中的品牌资源，与多间学校进行联合办学，2008 年以来，与新丰、翁源、始兴职中和甘肃康乐县职业中学达成联合办学协议，使其成为分教点，实现优质资源共享。

五是坚持“以人为本、以学生为中心”的育人宗旨，践行多元化过程评价方式，逐步推行人文德育学分管理。学校的德育工作始终围绕贯彻落实“树人先树德，育人先育心，立身先立行”的德育工作理念，坚持把教育学生“学会做人”作为学校德育工作首要目标，培养具有中职特色、高素质的技能型人才。遵循学校的培养目标，实行人文德育学分管理，将目标管理与过程管理相结合，以量化指标监控学生成长的全过程；学分积累的过程，就是学生成长进步的量化考核过程，起到规范学生学习习惯、思维模式和发展学生个性（特长）的作用，与学分制有机结合起来，把过程作为教育教学管理的重要内容，使过程管理更规范、更科学、更有成效。

（覃娇文）

民办教育

【概况】 2011 年，韶关市民办教育坚持“积极鼓励、大力支持、正确引导、依法管理”的十六字方针，坚持“高看一眼、厚爱三分”，促进民办教育健康发展。全市民办教育机构 335（341）个，其中民办幼儿园 320 所，民办中小学 6 所，民办中职学校 9 所。民办教育已经成为韶关市教育事业的重要组成部分。2011 年中职招生，民办中职学校共计招生 3071 人，占中职学校招生总数的近 1/4。

【民办中等职业学校】 全市民办中等职业学校 9 所，总资产 10049 万元，教学设备总值 4209 万元，专任教师 382 人，招生 3071 人，毕业生 6689 人，在校生 14156 人。2011 年 4 月，市、县两级教育行政部门依法对民办教育管理机构开展年度检查，韶关市民办中等职业学校均通过年度检查。

【民办义务教育】 民办教育义务学校 6 所，总资产 17172 万元，教学设备总值 3024 万元，专任教师 417 人，招生 2712 人，毕业生 2294 人，在校生 7724 人。

【民办幼儿园】 民办幼儿园 356 所，总资产 32854 万元，教学设备总值 6408 万元，专任教师 2823 人，招生 21814 人，在校生 60428 人。

【民办非学历教育】 非学历教育机构 49 个，总资产 3095 万元，教学设备价值 1036 万元，专任教师 495 人，10135 人次参加培训。

（柯艳君）

其他中等专业学校、职业技术学校一览表

表 23-2

学校名称	在校生	等级	类型	实训中心等级	重点建设专业	主要专业
韶关市中等职业技术学校	4409	国重	公办省示范	省重	电子信息与技术	数控技术应用、旅游、模具设计与制造
韶关市曲江职业技术学校	2469	国重	公办	省重	数控技术应用	数控技术应用、汽车维修、幼儿教育
乐昌市中等职业技术学校	4263	国重	公办	省重	机电技术应用	数控技术应用、汽车维修、幼儿教育
仁化县中等职业学校	1921	省重	公办			数控技术与应用、电子商务、计算机应用

续表 23-2

学校名称	在校生	等级	类型	实训中心等级	重点建设专业	主要专业
南雄市中等职业学校	1466	省重	公办	省重	电气运行与控制	数控技术与应用、电子电工、计算机
始兴县中等职业学校	1811	省重	公办	省重		模具设计与制造
翁源县中等职业学校	1087		公办			计算机、电子电工、幼儿教育
乳源瑶族自治县中等职业技术学校	2165	省重	公办			模具设计与制造、电子电工、幼儿教育
新丰县中等职业技术学校	1134		公办			幼儿教育、电子电工、电子商务
韶关市北江中等职业学校	3259		民办			文秘、导游、商业贸易
韶关市工商中等职业技术学校	240		民办			电子商务、幼儿教育
韶关市科技中等职业技术学校	2689		民办（已停止招生）			数控技术、模具设计与制造、电子商务
韶关市女子中等职业学校	301		民办（归省工业技校管理）			幼儿教育
韶关市振华中等职业学校	2572		民办			数控技术、电子商务、航空服务
韶关市育才中等职业学校	460		民办（已停止招生）			幼儿教育
韶关市粤北中等职业技术学校	1422		民办			会计、美容美体、护理学
韶关市育威中等职业学校	1888		民办			机械加工技术、模具设计与制造、会计
韶关市浈江中等职业学校	1325		民办			汽车制造与维修、机电技术应用、会计
韶关学院医学院	5518		公办			农业医学专业、护理、助产专业
韶关学院韶州师范分院	1290		公办			幼儿教育
韶关市建筑成人中专学校	380		公办			工业与民用建筑
韶关市贸易中专学校	377		并入粤北技校			数控加工、农业经济管理、模具制造
韶关市农业学校	946		并入市技师学院			数控加工、农业经济管理、模具制造
韶关市机电成人中专学校	141		与机电技校合并			机电一体化、数控加工、电子电工
韶关市职工大学			并入市第二技师学院			机电一体化、计算机应用、会计

高等教育

【概况】 2011年，高等学校办学规模进一步巩固，全市有高等院校（含有教学资质学校数）7所，其中，全日制高等教育院校4所，分别是：韶关学院、韶关学院韶州师范分院、韶关学院医学院、广东松山职业技术学院。其他院校3所（含有高等教育资质学校），分别为：韶关广播电视大学、职工大学（与二高技合署）、技师学院（高级技工学校内设）。年内，全市高等教育有在岗教职工4333人，在学（读）学生共51995人，其中全日制学生32893人，成人学生19102人。2011年共招收新生16946人，其中全日制新生10075人，成人新生6871人。年内，毕业学生共14557人，其中全日制毕业生8547人，成人毕业生6010人。

【全日制高等教育】 韶关市全日制高等教育院校共2所，分别是韶关学院、广东松山职业技术学院。2011年，2所院校共有在校学生32893人。2011年内，共招收全日制新生10075人，毕业学生8574人。韶关学院普通高等教育步入多校区办学新时期，学校顺应发展形势，挖掘校本部大塘校区办学潜力，盘活黄田坝校区闲置资源，适度扩大全日制办学规模。学院坚持实施“教学质量与教学改革工程”，加速内涵建设，着力推进应用型人才培养模式改革，健全全程育人、全员育人、全方位育人模式，“适应地方需要的应用型人才培养模式改革”被批准为广东省教育综合改革试点项目，3项课题入选“十一五”时期广东省高等教育改革项目，有国家级、省级特色专业多个。

【成人高等教育】 2011年，韶关有成人高等教育院校（含有教育资质学校）共3所，分别是韶关学院、韶关市广播电视大学、职工大学（与二高技合署）。年内，共有在校成人学生19102人。2011年，共招收成人新生6871人，毕业6010人。韶关学院设有成人教育处、继续教育学院，是韶关成人教育人数最多、教学资源和教育条件最好的学院，年内已将地处市区黄田坝校区的成人教育处和继续教育学院迁入大塘校区，与普通高等教育共享办学资源，极大地改善成人教育的教学环境和条件，为成人教育的发展奠定坚实的基础。年内，该学院成人在校学生9439人，新招收成人学生3214人，年度毕业成人学生2589人。韶关广播电视大学（不含各县分校）是韶关市主要的成人教育院校之一，学校占地面积13162.5平方米，教学设施完善，资源充足。年内，有在校学生1267人，新招入学生和毕业学生分别为331人和266人。韶关职工大学原为独立培养企业在职人员的学校，为企业培养一大批人才，2003年与韶关第二技工学校合并，使学校资源得到充分利用。韶关技师学院始建于1964年，是广东省最早创办的技工学校之一，是全省首批、韶关首家国家重点高级技工学校、广东省首批高技能人才实训基地，校区占地面积37.33公顷，建筑面积12万多平方米，师资力量雄厚，学校环境优越，具有培养国家承认学历的大学本科和专科毕业证书资质，以培养职业技术人才为主。

（柯艳君）

附：领导班子成员名单

局　长：曾凤保

副局长：王淑辉　朱伙新

　　　　林炜东

纪工委书记：叶　文

主要高等院校简介

【韶关学院】 韶关学院位于韶关市浈江区大学路，是省属公办全日制综合性普通本科大学。学校前身是创办于1958年的省属韶关师范专科学校，先后与韶关大学、韶关教育学院合并，2000年3月升格为本科院校。有大塘、韩家山、黄田坝、韶州师范分院、医学院5个校区，校园占地面积179.6公顷（校本部167.4公顷，即大塘、韩家山、黄田坝3个校区），校舍建筑总面积73.15万平方米（校本部57.97万平方米）。固定资产总值11.03亿元，教学科研仪器设备资产值（单价800元以上）1.49亿元，有广东省高校教学提高型重点实验室、省级实验教学示范中心7个。馆藏纸质图书197.94万册，数字资源2863.3 GB，其中电子图书1903.16 GB。

设有18个二级学院，2个教学部（中心），2个校外二级学院。开设本科专业53个，专科专业39个，涵盖10大学科门类，形成多学科综合发展的办学格局，其中有1个国家级特色专业，2个省级特色专业，学校被列为全省专业结构调整和人才培养方案改革20所试点院校之一。面向全国21个省（市、区）和港澳台地区招生，全日制本、专科在校生25291（其中校本部19627人）。在编在岗教职工1640人（校本部1264人），其中专任教师1380人（校本部1032人），正高职称人员103人，副高职称人员456人，博士104人，硕士626人，有国务院特殊津贴专家1人，广东省“千百十工程”省级培养对象7人，校级培养对象36人，韶关市专业技术拔尖人才26人，全国优秀教师1人，南粤优秀教师4人，南粤优秀教育工作者1人。有省级扶持学科1个，校级重点学科6个、重点扶持学科6个、扶持学科1个。设有韶文化研究院、英东动物疫病研究所等科研机构35个。2000年以来，主持国家级科研项目39项，其中：国家自然科学基金项目31项、国家社会科学基金项目8项；主持省部级科研项目142项，市厅级科研项目347项，与地方经济社会发展密切相关的横向课题123项；获得国家、省、市科技进步奖20项，其中国家科技进步二等奖1项；获得中国发明专利博览会金奖2项，国家专利44项。主持国家级教改课题7项，广东省教育教学改革项目18项，获得国家级优秀教学成果二等奖1项，省级教学成果奖11项；出版专著、主（参）编教材300多部。办学54年来，为社会培养各类人才12万余人。近年学校获“全国文明单位”、“全国精神文明建设工作先进单位”、“全国绿化模范单位”、“全国高校毕业生就业工作先进集体”、“全国‘五四’红旗团委创建单位”、“广东省依法治校示范校”等国家级、省级集体荣誉30多项。

校园基础及办学条件建设 2011年，学校投资2408万元完成学校公寓二、三期工程的附属工程等39个基建、修缮、绿化工程项目，新增建筑面积3.3万平方米，绿化面积4.5万平方米，地界线围墙372米，学校荣获2009~2010年度市“卫生标兵单位”称号。教学科研设施不断改善，组织开展2个省级实验教学示范中心“工程训练中心”、“教师教育综合技能训练中心”及中央财政支持地方高校发展专项资金项目“粤北地区动物疫病诊断与防控研究中心”建设。“信息科学与技术基础实验教学示范中心”获得省立项，获建设经费150万元。至年底，全校新增实验室面积5280平方米，新增教学仪器设备固定资产（单价≥500元）1498台件、金额543.11万元；新增行政设备固定资产（单价≥500元）786台件、金额198.44万元，新增房屋和构筑物资产17台件、金额8068.48万元。

招生与办学规模 2011年，学校进一步挖掘黄田坝校区办学资源，适度扩大全日制办学规模。本年度省下达全校招生计划6900人，其中本科5300人，专科1600人。录取7973人，其中本科5472人（含专升本305人，港澳生13人），专科层次2501人，校本部比上一年纯增全日制学生近500人。成人高等教育办学规模保持稳定，本年度共录取2011级成人高等教育新生5361人，超原计划3561人，成教年度招生录取人数创历史新高，成教在校生达9330人。拓展职业培训教育，开展“百千万人才工程”第三、四期培养对象高级研修班、全省高中教师远程培训、农村中学数学教师置换培训、公务员考前培训、职工英语培训等培训班，参加培训人数近3000人。承担粤北中学教师培训工作成绩突出，学校被评为2011年广东省中小学教师继续教育工作先进单位，1人被评为广东省中小学教师继续教育工作先进个人。

师资队伍建设与人事制度改革 学校实施“人才强校战略”，推进重点岗位计划，引进、培养高层次人才，2011年面向全国招聘学科带头人1人，二级学院院长2人；引进教师57人，其中教授5人、博士8人、硕士33人。加强师资培养工作，选送一批教师参加硕士、博士学历（学位）进修和课程进修，有9人晋升正高职称（其中校外二级学院2人），15人晋升副高职称，师资队伍结构进一步优化。推进人事制度改革，逐步健全校、院二级管理体系，完善目标管理考核指标体系，实施岗位设置管理与人员聘用工作，加强人事管理，较好地完成人才选拔推荐等工作，遴选推荐193人次入选省市各类专家库。

教学与人才培养工作 学校坚持实施“教学质量与教学改革工程”，加强内涵建设，围绕应用型人才培养模式改革深化教育教学改革，年内获得广东省教育综合改革试点项目3项，省级教学改革项目2项，省级教育教学成果奖培育项目6项。校企联合办学迈出新步伐，与中软国际有限公司、国培认证培训中心(国家质量认证培训中心)、香港星光集团科艺公司签署校企联合办学协议，与中国联通韶关分公司签订共建“人才培养模式综合改革试验班”协议并开班运作。加强实践教学基地建设，新建12个实习基地。推进教学科研平台建设，现代机电工程创新实践基地、粤北现代教师教育研究与实训基地建设等2个项目获得中央财政支持地方高校发展专项资金立项，共获建设资金200万元；11个质量工程项目获得省专项建设资金立项，获建设经费453万元（包括2个实验教学示范中心、2个特色专业、1个教学团队、1项省级教改项目、1个科技创新平台、1个人文社科项目和3个育苗项目)。新增3个本科专业，本科专业达53个，教育技术学等4个专业新增为学士学位授予专业。加强精品课程和教学名师建设，新增3门资助类校级精品课程，4名教学名师，评选“理论课堂教学竞赛优秀个人”20名、“理论课堂教学竞赛优秀组织单位”5个。组织召开全校2011年教学工作研讨会，总结、研讨教学建设和教学改革工作。

拓展对外合作办学和国际交流，与9个国家（地区）建立28个交流项目，参加国际交流学生39人。留学生81人，外籍教师6人，新增11所国外姐妹学校。联合办学取得实质性进展，分别与英国北安普顿大学、澳大利亚巴拉瑞特大学联合举办国际商务创业管理、计算机应用技术软件服务外包、物联网技术应用专业，2011年招生130人。承办中国高教学会外国留学生管理分会五届二次常务理事会、新加坡奖学金项目工作会议等大型外事会议。学校被省教育厅列为地方院校教育国际化综合改革试点单位。

学校坚持全程育人、全员育人、全方位育人模式，实施教学质量工程、学生素质拓展工程和“13500”特色品牌工程，完善“大实践”运行机制，人才培养质量不断提升。2011年，有119人考取硕士研究生，其中7人达到“985工程”院校硕士研究生复试分数线；在全国大学生英语竞赛决赛、全国大学生物理教学技能大赛、首届全国大学生计算机博弈大赛、全国大学生电子设计竞赛、第六届全国信息技术应用水平大赛等各类省级以上竞赛中，获得包括全国特等奖在内的国家级、省级奖项近100项；在第八届省大学生运动会中夺得3金4银3铜，奖牌数名列全省高校第五名，以总分85分的成绩获得全省高校乙组田径总分第六名，取得学校参加省大运会本科组比赛以来的历史性突破。学校荣获“2010年广东省大中专学生志愿者暑期‘三下乡’社会实践活动先进单位”称号。学校成功中标2011年全国大中专学生暑期“三下乡”社会实践活动重点团队，荣获广东省“五四”红旗团委标兵单位、广东省第十一届“挑战杯”科技作品竞赛优秀组织奖。学生志愿者活动扎实有效，学校荣获2011年广东国际旅游文化节主会场（韶关）工作先进单位和城市亮化工作先进单位，3人被评为2011年广东国际旅游文化节先进个人，1人被评为城市亮化工作先进个人。全校2011届毕业生共5815人，其中本科3599人，专科2216人，年终总体就业率达99.51%，学校被评为“广东省普通高校毕业生就业工作先进集体”。

重点学科建设与科研工作 调整、充实第二轮校级重点建设学科群，做好重点学科项目——2011年万名专家服务基层行动计划项目、广东省普通高校人文社科重点研究基地等申报工作。组织开展“服务国家特殊需求人才培养项目”硕士专业学位研究生试点申报工作，启动专业硕士学位点筹建工程。鼓励教师开展纵向研究、横向应用研究及产学研合作，年内全校共获各级纵向课题68项，获研究经费611.55万元，比往年有大幅增长，其中国家级项目7项（含1项子课题)、省部级项目19项、市厅级项目42项；获得横向科研项目18项，获研究经费188.95万元；确定校级科研项目47项。获全国农牧渔业丰收奖一等奖1项，全国高校自然科学研究优秀成果二等奖1项，市科技进步二等奖2项、三等奖1项；1人被评为第二次全国R&D资源清查工作先进个人。“广东高校粤北现代机电工程技术开发中心”获省立项，获建设经费70万元；广东省社会科学院韶关分院、广东省地方特色文化研究（韶关）基地、广东省实践科学发展观与决策研究（韶关）基地在学校挂牌成立。推进韶文化研究和推广工作，加强地方发展决策研究，协同市有关部门拟订“全国首届韶文化与岭南古文化学术研讨会”总体方案等7个工作计划及实施方案，编辑出版《韶关发展参考》18期。承办全国、省、市级学术会议近20场，举办学术报告59场。学报办刊水平不断提升，韶关学院学报编辑部被教育部科学技术司授予“中国高校科技期刊优秀团队”称号；自然科学版获省科技厅颁发“广东省优秀科技期刊奖”。在第四届中国高校社科期刊评优活动中，社会科学版获“全国高校优秀社科期刊”称号，“岭南文化研究”栏目被评为“特色栏目”，1人获“优秀主编”称号，《中国版权政策保护研究》被评为“优秀编辑学论著”。

内部管理和综合保障工作 编制完成学校“十二五”发展规划及7项子规划，明确学校今后五年的发展思路和发展目标。出台《韶关学院规章制度修订工作方案》，启动学校管理规章制度修订工作，现代大学制度体系进一步健全。财务管理和财力保障进一步加强，学校被评为“广东省教育经费管理先进单位”，获得奖金500万元。档案业务规范建设进一步加强，学校被评为“韶关市2011年度档案工作先进单位”。学校董事会、统战、校友会、港澳工作不断创新，凝聚发展合力，举办第四届董事会第一次会议，市长艾学峰担任韶关学院第四届董事会董事长，调整、增补一批董事成员，举行旅港南海商会百周年大楼落成剪彩仪式，召开地级市校友分会联络座谈会，以及争取港澳热心人士捐资，2011年接受捐赠人民币261万元，港币30万元。武装、综治工作成效明显，校园秩序安全稳定，学校被评为“全国普通高等学校毕业生预征工作先进集体”、“2008~2010年度广东省高校治安综合治理优秀学校”、“2010年度全省学生军训工作先进单位”、“韶关市征兵工作先进单位”。后勤改革深入推进，后勤管理服务水平不断提升，学校荣获“全国高校后勤十年社会化改革先进院校”称号，第三食堂被省食品药品卫生监督管理局评为“省级餐饮服务食品安全示范创建单位”，第四食堂被评为“广东省高校优秀食堂”。

学校围绕中心抓党建，抓好党建促发展，贯彻落实党委领导下的校长负责制，加强学习型班子和党组织建设，开展学习型领导班子示范点建设，党支部、党员“创先争优”和结对共建活动、“党建进社区、一进四带动”活动，“南粤校园党旗红”系列活动及纪念建党90周年评先活动，28个（名）先进基层党组织、优秀党务工作者、优秀共产党员获省、市教育工委表彰。推进党风廉政建设，组织实施“韶关市廉政文化进校园”韶关学院示范点工程，开展“以人为本、执教为民”主题纪律教育学习月活动；坚持实施基建、招生、采购等“阳光工程”，做好干部任免、财务管理等监督工作，开展“小金库”治理和来信来访工作，共接待、办结群众来信来访、电话举报和申诉事项11宗（件），办结11件。开展全国文明单位后续建设工作，在全校开展文明单位、文明标兵单位创建活动，评选出学校第一批“文明标兵单位”，学校通过“全国文明单位”复查。打造“高雅文化进校园”活动平台，举办国家话剧院主题综艺演出、丹麦皇家音乐学院打击乐团音乐会等高雅文艺活动；担纲排演的大型声乐套曲《中国之路》，获得市委市政府颁发的优秀组织奖、市委宣传部颁发的文化精品奖。推进扶贫开发“双到”工作，累计投入扶贫开发资金近100万元，在帮扶增加村集体经济收入和贫困户脱贫致富等方面做大量工作，在第一阶段的省级考评中获得满分，受到省市的高度评价。

（向爱国　戚鹏宇）

附：领导班子成员名单

党委书记：曾　峥

党委副书记、校长：刘荣万

党委副书记：李俊勤（~2011.3）

党委副书记、纪委书记：

许俊杰（~2011.9）

党委委员、副校长：徐　剑

罗水明

王羽梅

【韶关学院韶州师范分院】 韶关学院韶州师范分院是韶关学院的校外二级学院，其前身是广东省重点师范学校——广东韶州师范学校，始建于1903年。学校占地面积48072平方米，校舍建筑总面积54274平方米，运动场地面积11100平方米，固定资产6186.5万元，教学仪器设备产值1550.12万元，学校图书馆藏书19.8万册。学校以全日制大专教育为主，面向全省招生，另设有中职部。是粤北地区唯一一所既承担大专层次小学、幼儿教师培养任务，又承担小学、幼儿园教师继续教育培训任务的普通高等师范专科院校。

良好的师资队伍　2011年，学校有教职工146人，其中专任教师127人，副高以上职称教师54人（教授1人），在读博士1人，硕士研究生27人，市级名校长1人。主讲教师全部取得高校教师资格，高级职称授课比例达到96.5%。定期选派教师开展专业考察、培训和进修，以调整、更新、完善教师的知识结构。

规范的办学规模　院设有6个职能部门和9个教学系，开设11个大专专业。全日制在校学生3853人，其中大专2563人，中职1290人（校外办学点497人）；成人函授学生348人。办学形式有全日制3年大专教育、3年制中职教育、2年制本科"相沟通班"、3年制本专科函授、小学幼儿教师继续教育以及劳动力转移等各种培训，形成中职、大专、本科一体化的办学模式。

提升教学体系质量　2011年，学院形成由课程体系、实践教学体系、教学管理体系和教学质量监控体系组成的较为完善的教学体系。做好高职高专人才培养评建工作，开拓双师型教师队伍培养、产学结合与校企合作、实践教学的新路子；加强实践教学，增加学生见习时间，开展校内模拟实习工作，加强学生专业技能基本功训练，学生基本功训练做到有计划、有考核、有评比，成绩纳入专业课总评成绩。已建立校内外实践、实训基地40余个；完成2011级人才培养方案制（修）订工作，启动课程标准修订和加强课程建设；重视教科研工作，2011年学院有6项课题获得韶关学院课题立项（其中2项为重点立项课题）；2011年全院共有23篇论文在省级以上学术期刊发表，其中权威期刊1篇，核心期刊4篇；2011年召开小学、学前教育各科教学法研讨会，突出培养目标"技能优先"和实用性的特点。年内，学生对教师的课堂教学评价优良率为96.8%。

多彩的校园文化　2011年有学生社团20个，会员1000多人；举办第九届"韶师校园科技文化艺术节"、"奏祖国华诞之歌,扬党团响亮之声"和"2011年韶师校园体育节"等系列活动。参加活动人次超过5000人次，通过开展形式多样的主题教育活动，做好学生的思想教育工作。2011年结合上级有关文件精神和学校实际情况，组织开展"学风教育"、"朝阳读书"、"法制教育"、"诚信教育"、"无偿献血"、"安全教育"、"感恩教育"等系列活动；以"韶关市创建国家卫生城市"、"文明城市"为契机，在全校学生中开展"清洁环境，美化校园"、"文明城市，从我做起"的教育活动。2011年学院党委被评为市委教育工委"先进基层党组织"；学校合唱团代表韶关市参加广东省举办的"好歌唱给党·百歌颂中华"合唱比赛获得优秀奖；代表市委教育工委参加韶关市"好歌唱给党·庆祝建党九十周年"文艺演出，得到市有关领导和教育局领导的高度评价；代表韶关市委参加"中国之路"韶关市合唱比赛获得优秀表演奖和优秀组织奖；参加广东省教育系统关工委庆祝中国共产党成立90周年唱红歌活动获大学组三等奖。

严格校园管理　2011年，学院校园管理注重科学化、规范化和制度化建设，不断完善学院常规管理，制定符合法律法规要求、涵盖学院全面工作、符合学校实际的管理规章，构建"整体规划，分级管理，分层落实，全员负责"的整分结合的管理模式；坚持环境育人的原则，以韶关市创建国家卫生城市为契机，改造和美化校园，营造"文明、向上、健康、高雅"的校园环境；加强对学生食堂管理，抓好食品卫生、环境卫生、操作规范工作，学生食堂是"广东省高校食堂标准化建设达标食堂"及"韶关市区食品卫生等级A级单位"；通过聘请专家举行法制讲座、组织学生学习"防震、减灾、防火、自救"知识、消防演练等活动，制定《防控传染病应急预案》，设置专门的隔离室，教育学生遵纪守法，做好各项安全保障工作。组织应届大专毕业生参加"青年SYB创业培训班"，为广大毕业生开拓就业渠道、增加创业知识和搭建创业平台提供广阔的空间。　（谭章骏）

附：学校领导班子成员名单

党委书记、院长：吴奇峰

副院长：张　萍　许晓梅

王泽胜

【韶关学院医学院】　韶关学院医学院于2002年11月挂牌成立，是韶关学院的校外二级学院，是粤北地区唯一一所高等医学教育学府。学院校园占地面积7.8公顷，建筑面积123133平方米。校园内绿树成荫，是学子求学的好地方。

学科设置　学院开设有临床医学、护理学、医学检验等3个本科专业；有临床医学、护理学、医学检验、药学、口腔医学、中医学、中医骨伤等7个专科专业；中专部开设农村医学、药剂、医学影像技术、助产、护理、美容护理、医学检验等7个中专专业。

师资力量及招生就业　学院在职教职工273人，专职教师174人，其中教授、副教授等高级职称者83人，中级职称者73人。学院2011年普通本科录取新生209人，普通专科录取新生669人；高职专科录取新生211人；普通中专录取新生2102人；成人教育（业余）本科录取新生151人；成人教育（业余）专科录取新生530人。现在校学生10426人（其中普通本科737人，普通专科2361人，普通中专5005人，成人本科581人，成人专科1478人，乡村医生261人），是医学院在校生人数历史新高。2011年学院召开毕业生供需见面会，来自全省的125个医药卫生单位到现场进行招聘，提供1600多个就业岗位。学院2011年毕业生就业率达99.24%以上。　　（医学院办公室）

附：领导班子成员名单

党委书记、院长：李祥福

党委副书记、纪委书记：林伟成

副院长：钟初森　王江桥

　　　　邱锦辉

【广东松山职业技术学院】　广东松山职业技术学院（简称“松山职院”）是省属全日制普通高等职业技术院校，前身为创办于1976年的韶钢职工大学，2000年6月经广东省人民政府批准转制。学院地处韶关市南郊，邻近京珠高速公路，紧靠广韶公路，毗邻粤北名胜南华寺，占地面积43.7万平方米。现设有电气工程系、机械工程系、计算机系、经济管理系、外语系、基础教学部和思想政治教学部7个教学系部；全日制在校大专学生7602人；馆藏图书49.89万册，电子图书530GB；自行设计的校园网布有8000多个信息点；学院数据中心数字资源最大存储容量20000吉字节。

师资队伍建设　现有教职员工491人。其中，研究生学历或硕士学位以上107人，副高以上职称专任教师90人，并聘请以全国人大代表、全国技术专家、能工巧匠罗东元为代表的一批企业优秀技术人才为客座教授。2011年，1名教师获“广东省技术能手”荣誉称号；1名教师获评广东省高等学校信息与网络建设先进工作者；1名教师受聘省职业技能鉴定计算机维修工专家；1名教师荣获“广东省教育系统优秀共产党员”称号；1名教师荣获2011年广西高校团干到基层团委挂职工作先进个人；1名教师荣获“广东省优秀团干部”荣誉称号。

专业建设　进一步调整优化学院的专业结构和人才培养方案，推进专业工程建设与改革。修订2009级、2010级各专业教学计划，完成2011级专业人才培养方案的审核工作。2011年10月，学院“机电设备维修与管理”和“营销与策划”两专业被列为“中央财政支持重点建设专业项目”。两专业的成功申报，对推动学院重点专业建设，带动全院的专业建设起到积极作用。

探索教研教改工作　组织2010~2011学年学院精品课程教学竞赛工作，为进一步加强学院精品课程建设及教研教改工作营造良好的氛围；“高职软件技术专业构件化课程模式研究与实践”等两个项目获2010年度广东省高等教育教学成果奖培育项目，“构建创先争优绩效评价体系　推进高职院校先进性建设”等两个课题获得广东省高职等职业技术学院党建研究会立项；“大学英语考试系统”等6个院级课题项目和教研教改项目获得结题，新立项4个2011年度院级教研教改项目；教师公开发表论文183篇，其中发表在核心期刊13篇。

重视职业能力培养　加强学生英语、计算机知识应用能力的培养，组织、鼓励学生参加各种职业技能考试和竞赛，提高学生职业能力。一年内共组织2839名学生参加计算机信息高新技术考试，2150名学生顺利通过，通过率为75.73%；701名学生参加电工特种作业操作证考试，681名学生顺利通过，通过率为97.15%；1403名学生参加维修电工、钳工、数控车工、数控铣工等工种的技能鉴定考试，1285名学生顺利通过，通过率为91.59%。

招生与就业工作　调整、优化招生专业结构，完善学院的教学和生活条件，加强招生宣传力度，2011年学院新生报到人数2803人。完善就业指导服务体系，做好毕业生就业指导服务工作。2011年学院共有26个专业2345名毕业生，截止到2011年12月30日，有2330人落实就业单位，整体就业率为99.36%。

校园文化　围绕建设社会主义核心价值体系这个根本任务，秉承“求索、敬业、务实、创新”的校训精神和“宽、厚、平、和”的人文理念，实施大学生素质拓展计划和文明修身工程，推进校园文化建设，塑造大学精神文化，营造良好的育人环境。

举办和参加的活动赛事　2011年，举办师德师风教育月活动、中国共产党建党90周年及中华人民共和国成立62周年系列活动，组织义工、青年志愿者深入校园、农村、社区开展献爱心志愿服务活动，举办第五届读书节、第五届大学生职业规划大赛、英语口语大赛、法制动漫作品大赛、大专辩论赛、主持人大赛、书画摄影大赛、校园歌手大赛等活动。在省委教育工委举办的“党在我心中”征文比赛中，学院1名学生获一等奖；在第八届大学生运动会上，学院代表队喜获佳绩：获得男子丙组10000米第六名和第七名，获女子4×400米决赛第七名，学院田径队获“体育道德风尚运动队”称号，两名学生获“体育道德风尚奖运动员”荣誉称号；在广东省第三届大学生艺术展演活动中，学院2名学生分别荣获书法类的一、三等奖，1名学生的1件作品荣获摄影类一等奖，4名学生的7件作品荣获摄影类三等奖。校园文化活动，使同学们丰富知识，拓展视野，锻炼能力，增强参与竞争意识和团结协作精神，提高综合素质。

在职业技能竞赛中获佳绩　2011年，学生在各种职业技能竞赛中取得好成绩：在第二届全国高职高专英语写作大赛中，学院三名学生获得英语专业组一等奖、公共英语组三等奖和公共英语组优胜奖；在全国软件专业人才设计与开发（高职高专组）大赛广东地区选拔赛java项目（高职高专组）的比赛中，学院11名学生分获2个一等奖、2个二等奖、6个三等奖、1个优秀奖，2名学生进入全国决赛；在全国企业经营管理沙盘广东选拔赛中，学院物流管理专业代表队荣获团体二等奖；在广东省第二届秘书职业技能大赛中，学院文秘专业代表队荣获团体三等奖；在2011年全国大学生电子设计竞赛（广东省赛区）中，学院电气系选派的三支代表队分别荣获一等奖、二等奖、三等奖；在第五届广东大学生科技学术节上，学院学子在多个项目上获奖：电气系、外语系、机械系3支代表队设计制作的3件作品分别荣获第十一届“挑战杯”广东大学生课外学术科技作品竞赛三等奖，电气系另一支代表队荣获广东大学生电子创新设计大赛三等奖，机械系两名学生获科技知识网络竞赛“科普金牌达人”称号，一名学生获“科普铜牌达人”称号；在2011年DAF国际大学生反皮草艺术设计大赛上，计算机系一名学生的作品《附着在皮草上的亡灵……》获评委推荐奖；在第四届全国大学生广告艺术大赛上，计算机系张少红同学的作品《拉链》获广东赛区入围奖；2011年，成功组织389名学生参加2011年全国大学生英语竞赛(NECCS)，20名学生分别获得全国大学生英语竞赛特等奖和一、二、三等奖；在Job168.com第六届广东省大学生职业规划大赛中，学院两名学生分别荣获二等奖和优秀奖，学院被授予“最佳组织高校奖”；在第21届广东省“高校杯”（高职高专组）软件大赛决赛中，计算机系两支代表队分别荣获二等奖和三等奖；在广东省可编程序控制系统设计师职业技能竞赛中，学院三名学生获得大赛学生组二等奖；在广东省职业技能竞赛营销师大赛决赛中，学院两支代表队分别荣获三等奖，1名学生获大赛主办方特设的“未来营销之星”荣誉称号。

（龚洪强　郑春玲　刘　静）

附：领导班子成员名单

党委书记：张永生（~2011.4）
　　　　　陈坚中（2011.4~）
院　长：张秉钊（~2011.4）
　　　　曾向昌（2011.4~）
副院长：曾向昌（~2011.4）
　　　　廖彩志
副院长、党委副书记、工会主席：
　　龚洪强（2011年6月24日后任副院长）

【韶关广播电视大学】　广东省韶关市广播电视大学位于韶关市西河松山山麓，武江河畔，创办于1980年，是韶关市政府所属的一所采用现代化教育手段进行多媒体远程教学的新型开放大学。1997年被省高教厅评定为广东省电大系统“先进学校”。学校目前实行党委领导下的校长负责制，下设党委办公室、校长办公室、教务科、电教科、学生科、总务科和教研室（下设文科教研组、理工教研组和经济教研组）。学校下辖8个县（市、区）电大分校。学校创建以来，始终坚持正确的办学方向，面向韶关，面向粤北山区，实行多层次、多形式办学。

学校特色　电大是没有围墙的学校，其教学信息通过网络平台和国家提供的卫星电视系统覆盖全国，学校采用系统运作的教学管理模式，以适合从业人员学习需求的专业和课程为内容，以整合优化的学习资源为基础，以天网、地网、人网合一的学习环境为支撑，以学习者自主学习为主要方式，以严格而有弹性的过程管理为保障，培养留得住、用得上的应用型高等专门人才。电大采用“宽进严出”的招生政策，即：根据教育部规定，中央电大本科教育试点的注册对象为具有国民教育系列高等专科毕业及以上学历者（相同或相近专业，法学专业可招收从事本岗位工作者）；专科教育试点的注册对象为普通高中、技工学校和中等专业学校毕业者。符合以上条件的学生均可到当地电大试点电大报名，经资格审查合格后即可免试入学和注册学习有关课程。学生注册后必须按照各专业培养方案完成各教学环节的学习任务，通过中央电大统一组织的形成性考核和课程考试，取得规定的学分，达到毕业要求后，方可取得毕业证。电大的办学规模是任何一所普通高校都达不到的，这也使得广播电视大学能够把高等教育延伸到基层和边远落后地区，为就地培养留得住的、用得上的各类专门人才。

专业设置　2011年，学校设置的专科专业有：会计学、旅游学、物业管理、物流管理、工商管理、行政管理、广告学、法学、金融学、电子商务、汉语言文学、英语、小学教育、学前教育、计算机信息管理、数控技术、建筑施工与管理、工程造价管理、汽车（营销方向）、计算机网络技术专业、社会工作、室内设计，开设的本科专业有：法学、金融学、会计学、工商管理、行政管理、物流管理、广告学、汉语言文学、小学教育、机械设计制造及其自动化、计算机科学与技术、水利水电工程和管理、土木工程、英语。2011年学校共开设有37个大专、本科专业。科类较为齐全，学制二年。

师资建设　2011年学校共有教职工41人。其中高级职称有9人，中级职称有24人，初级职称有4人。学校拥有一批具有高、中级职称、政治思想、业务素质较好的专、兼职教师队伍，学校的专职教师有较丰富的教学经验并开展教研活动。

招生与就业　2011年在校生已达3894多人。同时举办各类培训班，培训学生达1000多人次，为全市各行各业培养输送一大批实用型大专人才。他们当中有不少人被提拔到各级领导岗位，或成各条战线的业务或技术骨干，为韶关的经济发展做出应有的贡献。电大毕业生的良好素质和表现，深得社会各界人士的好评。

教学基础设施建设　学校校园占地面积13162.5平方米。其中教学区7525平方米，生活区5637.5平方米。校舍建筑面积12000平方米，有绿树成荫、风景如画的园林小区，有环境幽静、宽敞明亮的办公楼、教学楼、电教楼、实验楼。学校拥有较为先进的多媒体教学设施和教学实验手段。计有主干网速100兆位/秒、接入主机300余台的计算机校园网，闭路电视播放系统，卫星和VBI、IP接收装置，演播室、录制室1个，语音、理工和财会模拟等实验室6个，多媒体计算机房4个，多媒体阅览室1个，多功能电教学室10个。此外，还为学生提供电话、电子邮件、电子公告板、触摸屏信息查询服务。电教、实验器材总值近400万元。初具规模的实验设施不仅可以满足本校教学的需要，而且已经作为“韶关市成人高等、中专教育实验中心”向全市大、中专学校开放。（何　玲）

附：领导班子成员名单

党委书记兼校长：曾宪宽

副校长：张吉初

纪检书记：张水旺

主要中学简介

【广东北江中学】　前身为抗日爱国名将张发奎将军创办的志锐中学，创办于1939年，1953年经国务院批准由省教育厅确定为广东省首批7所重点中学之一，1978年再次被教育厅确定为重点中学，2008年4月被广东省教育厅批准为第一批“广东省国家级示范性普通高中”。

学校占地面积约17万平方米，建筑面积5.9万平方米，校园绿化率达99%。学校拥有一批设施先进的具有现代气息的教学楼、实验楼、电教楼、美育楼、体育馆等教学场所；全校共装配电脑近900台，所有的教室都建有多媒体双向电视网络及多媒体计算机教学平台。图书馆面积1640平方米，藏书16.3万册，电子图书13.6万册，阅览室5间，近500个座位；田径运动场总面积达1.76万平方米。

学校有60个高中教学班，学生3277人，在职在编教职工276人，专任教师218人。职称结构：中学高级教师105人，中学一级教师76人，中学二级教师34人；年龄结构：40岁以下教师142人，占65.14%；学历结构：全部教师具有本科以上学历，其中具有硕士学位的17人。学校拥有一批在省内外具有一定影响的“名师”，其中全国名校长1人，韶关市名校长1人，广东省特级教师5人，广东省名教师1人，广东省南粤优秀教师6人，韶关市名教师2人，韶关市教书育人优秀教师13人，韶关市学科带头人19人。

长期以来，学校贯彻党和国家的教育方针，实施素质教育，秉承“公诚廉毅”的校训和“全实严勤”的校风，推进教育教学改革，形成“以人为本，和谐发展”的办学理念，形成以“做文明北中人”为宗旨的德育工作逐步规范化、系列化、科学化，以信息技术教育为龙头的特长教育活动和社会综合实践活动成果突出，以“田径”为传统项目的体育生机勃发，以“民乐”为特色的艺术教育同步展翅的办学特色。

学生参加全国青少年信息学奥林匹克竞赛和全国信息学联赛111人次获一等奖，57人次获二等奖，10人次获三等奖，其中有12人次进入国家集训队；因竞赛成绩优秀,被保送清华大学就读10人，北京大学1人；学校曾连续十三年获“全国信息学联赛广东赛区十强学校”称号，先后被授予“全国中小学计算机教育先进集体”、“全国青少年信息学奥林匹克竞赛先进学校”称号，黄叶亭校长被评为全国青少年信息学奥林匹克竞赛功勋校长。近年来，学校学生在省级以上的各种运动会中获金牌121枚，银牌107枚，铜牌107枚，破全国或省中学生运动会纪录45项。近十年，学校荣获广东省传统项目学校田径赛3次团体第一名。近三年高考上线率第一批本科35.82%左右，第二批本科以上80%左右，第三批以上98%左右。1991以来学校共获国家级荣誉19项，省级荣誉25项；在文明建设方面，曾先后4次被授予“广东省文明单位”称号，2002年被中央精神文明建设指导委员会授予“全国精神文明建设工作先进单位”称号。

现在学校正朝着“管理科学、设施先进、环境优美、治学严谨、师资优秀、质量一流”的国内名牌学校和“全国文明单位”迈进。

【韶关市第一中学】 是一所办学历史悠久、文化积淀深厚的百年名校。创建于1905年，前身为范家祠学堂，后为曲江意大利天主教教办学校，解放后，晋升为公立学校。1966年正式定名韶关市第一中学。韶关一中是广东省人民政府确认的16所省重点中学之一，首批广东省一级学校，国家级示范性普通高中学校。学校曾荣获全国实践教育活动先进单位、全国体育卫生先进集体、全国科技活动先进单位、全国少先队红旗大队、全国信息学年赛优秀参赛学校、全国青少年信息学奥林匹克竞赛优秀参赛单位等诸多荣誉称号。先后被评为广东省绿色学校、广东省文明单位、广东省师德建设先进集体、广东省青少年科技活动先进集体、广东省“五四红旗团委”、广东省先进学生会、广东省普教系统先进集体、广东省工会工作先进集体、广东省安全文明校园、广东省依法治校示范校、信息学奥林匹克竞赛广东赛区十强学校。是韶关市高考优胜学校、韶关市教育科研先进单位、韶关市绿色生态校园。

学校新校区占地21.6公顷，校舍建筑面积92250平方米，园林式建设，数字化装备。学校现有60个教学班，在校学生人数3200多人。现有教职员236人，专任教师202人，其中硕士24人，高级教师86人，高级教师占专任教师人数的43%。学校有广东省基础教育系统首届名校长1人，国家级骨干教师培养对象4人，省级名教师培养对象及学科骨干教师5人，全国优秀教师6人，省级优秀教师12人，现有3位在职广东省特级教师。

学校坚持“文化育人、和谐发展”的办学理念，以“严谨、博学、团结、进取”为校训；以“依法管校、以德治校”，“科研促教、科研兴校”为治校方略；

“开拓进取的改革精神、自强不息的奋斗精神、团结协作的集体主义精神、讲求实效的实干精神”是学校的核心价值。

学校实行全寄宿封闭式管理。聘用14名具有本科学历、持有心理教育C证以上的生活老师对学生住宿生活进行指导和管理。

学生在封闭式管理中不仅学会学习、也学会生活、更学会交往和做人，这种管理模式已经为学生、家长认同和赞许。

学校德育管理有“三位一体”——学校、家庭、社会齐抓共管的管理网络；提倡“四自管理”，即自教、自治、自律、自评。2005年起实行年级为实体的德育管理新模式，推行年级主任负责制，扩大年级组责、权、利，提高德育管理效率，增强德育实效。

学校教学管理崇尚“乐教、勤教、善教”。在教师队伍中实行“三分一总”的多点评价制度。新课程标准下的教师评价制度改革，坚持以人为本，尊重劳动、尊重创造，理解个性、尊重差异，推进学校合作文化建设与校园和谐，维护教师队伍稳定，激发教师的工作热情。

学校干部队伍管理倡导“团结、廉洁、开拓、实干”。实行中层干部竞聘上岗和年度述职考核制度，为管理人才一展才华搭建平台，也提高学校管理队伍的服务质量和水平。

学校贯彻党的教育方针，推行素质教育，开展新课程改革，落实“以全面育人为本，为学生终身发展奠基”的办学宗旨，办学特色鲜明。

信息教育是品牌。近年共有200多名学生参加全国奥林匹克信息学（计算机）竞赛、全国信息学联赛，其中有64人获全国一等奖，有47人获全国二等奖。在全国信息学奥林匹克竞赛中，有4位同学获全国一等奖，4人均免试进入清华大学计算机系；2006年7月参加第23届全国青少年信息学奥林匹克赛，2位同学代表广东队，夺得一金一银，为广东代表队以3金2银1铜取得全国第三的好成绩做出重大贡献；2006年11月参加全国信息学联赛，5人获全国一等奖。学校连续十一年位居全国信息学联赛广东赛区十强学校之列，并连续五年位居广东省团体总分四强之一，2005年、2006年连续获得团体总分第一。2005、2006年中国计算机学会授予学校“全国信息学年赛优秀参赛学校”、“全国青少年信息学奥林匹克竞赛优秀参赛单位”称号。

英语教育是强项。学校与美国“鹤庐亚洲文化交流中心”建立长期合作关系，每年由对方派出6~8名优秀外籍教师来学校举办为期三周的“英语听力和会话”的专项训练，集中培训学校英语教师和英语特长学生。学校也选派英语骨干教师到英国布莱顿大学和诺丁汉大学深造。近几年，在各级各类中学生英语能力竞赛中，获国家级奖励的共有44人次，获省级奖励的有82人次，市级表彰的有63人次。2007年5月高二级学生张敏参加中央电视台CCTV第七届希望之星英语风采大赛，获韶关市特等奖、广东赛区一等奖，应邀做客中央电视台。2008年黄骏威同学参加中央电视台英语风采大赛获一等奖，列全国第五名。2011年高考，韶关市英语单科成绩前十名，本学校占6人。

体艺教育是亮点。文学体育艺术活动的开展，繁荣校园文化，践行“文化育人、和谐发展”的教育理念。学校建立合唱团、文学社、书法班、篮球队、广播站等展现学生才艺特长，体现学生主体价值的学生社团，给学生提供张扬个性、展示才华的平台，让学生在社团中学会与人相处，学会与人合作。举办文化科技节、校运会、元旦晚会、“校园十佳”、“校园十大歌手”评比等形式多样的活动，让学生在活动中提升生活品位，锻炼意志品质，颐养高雅性情，培育审美情趣。作为广东省篮球传统项目学校，体育传统项目开展得有声有色，篮球竞技取得可喜成绩：在省篮球传统项目的比赛中，篮球队分别获得过第三、第四、第五、第七名的好成绩；参加省中学生运动会，有获得过篮球第七、第八名的出色表现；在韶关市举办的近八届“英东杯”篮球比赛中，学校男队获得六次冠军，女队获得四次冠军，并为高等院校输送大批篮球项目的拔尖人才。歌唱、舞蹈、艺术展演多次在省市获奖；学校文学社学员在省委宣传部、团省委、省教育学会组织的首届南国书香作文大赛获一等奖。

学校推行素质教育，开展新课程改革，学生高考也取得优异成绩，通过高考向高校输送大批优秀人才。近三年高考也取得可喜成绩：2009年高考中，钟睿同学以659分摘取韶关市文科总分状元；李成林同学夺得韶关市理科总分第四名，物理单科全省第一名，被清华大学录取。10人次成为韶关市单科状元。

2010年高考继2009年高考实现新校开门红之后，取得大面积丰收。10个班学生参加高考，有4人跻身韶关市文理总分前10名，分别是文科第3、6、9名和理科第8名，本科上线率跃升至83.2%，牛泽华被清华大学录取。

2011年高考总分600分以上的高分学生有78人，占全市600分以上学生总数的30%；本科上线率80%；高分层、次高分层、一本、二本A线、二本B线等指标达成教育局预测目标率居韶关市A类学校第一。实现学校提出的“培养、打造、提升”的目标。

学校现正在推行三大改革，提升办学水平。一是探索以年级组为实体的学校管理新模式。扩大各年级管理自主权，以调动年级教师的积极性，激活各年级在教育教学管理上的创造力。

二是建立新课程标准下的教师工作评价新机制。一方面完善以高考、竞赛奖励为核心的教师激励机制；另一方面面向全体，全面考核，将绩效工资改革、岗位设置改革和学校实际结合起来，将考核细化到各个工作环节，激活教职工队伍。

三是改革教学方式，推行学案制教学。通过学案制教学，改变传统教学模式，打造高效课堂；搭建校本教研平台，促进教师专业发展；推进素质教育，把学生培养成具有实践能力、创新能力、分析问题和解决问题能力的现代社会所需要的高素质人才。

在建设教育强省、教育强市的新形势下，学校制订中长期发展规划，提出“把握机遇，奋发努力，争创一流学校”的奋斗目标，即“一流校园、一流师资、一流管理、一流质量”。确立分步走的战略构思：2012~2015年，力争达到省内一流水平；2016~2025年，力争成为国内知名学校。

韶关市一中是一所办学历史久远、文化积淀深厚，又具现代教育思想，富有生机活力，教育教学成果丰盈的粤北名校，学校追求卓越，不断登攀，正在向人文化、多元化、开放化、国际化方向大步迈进！

【韶关市田家炳中学】 创建于1992年，是由香港著名实业家田家炳先生捐资、政府兴办的市直公办重点完全中学，学校以“克己奉公、仁者爱人”为办学理念系统，以打造全国田家炳中学品牌学校和粤北高质量、有特色的精品学校为目标，坚持走“内涵发展，特色发展”之路，实施素质教育，教育教学硕果累累。建校短短二十年，从高考“一炮打响”到“一榜六状元”的辉煌，田中实现跨越式发展。学校先后被评为省“文明单位”、省“安全文明校园”、省“依法治校示范校”、省“书香校园”、省“青少年科学教育特色学校”、省“学陶师陶先进集体”、省“体育特色学校”等荣誉称号，被田家炳先生誉为“全国160余所田家炳中学中最突出的龙头中学”。

为贯彻落实《国家中长期教育改革和发展规划纲要》，实现学校的可持续发展，办人民满意的教育，学校制定《韶关市田家炳中学五年发展规划（2010~2015）》，明晰办学理念和办学特色，明确发展思路和目标，以“克己奉公、仁者爱人”为校训，“儒雅、慈爱、严谨、睿智”为师训和“立志、尚德、笃学、强身”为生训，发掘田家炳先生的思想品质和人格魅力，构建独具田家炳风貌的精神、行为文化，执行“强师兴校”、“质量强校”、“人才壮校”的发展战略，把学校办成初具田家炳特色的广东省国家级示范性普通高中和粤北有一定影响的初级中学。

百年大计，教育为本；教育大计，教师为本。韶关市田家炳中学之所以能实现跨越式发展，得益于有一支“学者型”的教师队伍。学校坚持以教师发展为本，促进教师的专业成长，提升教师的生命质量，提高教师的道德情操和专业素养，建设一支温文尔雅的教师队伍。现有在编教职工255人，其中正高级教师1人，特级教师4人，国家级骨干教师2人，省级名教师1人，市名校长1人、市名教师4人，高级教师133人。教师队伍中有全国师德先进个人、全国“三八”红旗手、国家英语、化学“园丁奖”、全国优秀中学地理教育工作者，省市党代表、省市劳模、省优秀班主任、南粤优秀教师、南粤优秀教育工作者、南粤教坛新秀、省市级教育专家、名校长、名教师培养对象、市学科带头人等一大批国家、省市级先进称号获得者。

质量求发展，特色创品牌。学校立足传统教育优势，培育办学特色。

为学生营造独立思考、自由探索、勇于创新的良好环境，释放学生潜能，发挥学生创造精神和创新能力，发挥学生的个性特长，学校开展中小学电脑制作活动，形成以广东省电脑制作活动优秀指导教师朱静萍老师为骨干的电脑制作活动指导团队，成立粤北首个以个人命名的工作室——朱静萍工作室。近三年来，学生参加“广东省中小学电脑制作活动”获全国奖6项，省一等奖22项，省二等奖32项，省三等奖34项，省优秀奖44项，获奖数量和等级名列全省前茅，独占韶关鳌头。2010年，学校师生参加“福兴达杯”中华骨髓库海报动画大赛，共获得3个海报创意奖和5个动画剧本入围奖的好成绩，3个海报创意奖被中华骨髓库海报设计大赛作品选台历中收录；学生电视台制作的电视专题片连续三年获全国金奖。学校已成为韶关市开展中小学电脑制作活动的示范学校和指导教师的培训基地，是韶关市开展现代信息技术教育的排头兵。

注重学生体艺特长发展，体艺活动丰富多彩，成绩斐然。在2011年第十三届广东省运动会中，学校共有69人参加比赛，84人次获得前八名，其中8人获得金牌、1人获得银牌、7人获得铜牌，冯汉强同学勇夺韶关代表队的首枚金牌。冯汉强和官建梅同学作为韶关市仅有的两名中学生代表光荣地成为韶关站亚运会火炬手，冯汉强同学作为亚洲火炬手与市政协邓苏夏主席共同点燃火炬盆。近年来，学校曾获全国毽球比赛男子单打第六名，广东省中运会男子毽球第五名，市毽球男子冠军、女子第四名；广东省中学生乒乓球团体第六名、男子双打和混双第六名，在历届“英东杯”文体比赛中，多次包揽乒乓球男女团体比赛冠军和男女单打前三名，市中学生足球亚军等好成绩，舞蹈《春蚕》获2009年省中小学文艺展演一等奖，并代表韶关市参加红三角“英东杯”文体比赛颁奖晚会演出。学校被广东省教育厅授予广东省“体育特色学校”荣誉称号。

科 技

科技管理

【概况】 韶关市科学技术局的前称是韶关市科技信息局（韶关市知识产权局）。2010年，机构改，更称为韶关市科学技术局（韶关市知识产权局）。2010年12月，经广东省编办和韶关市编委批准，加挂韶关市地震局牌子。办公地点在新华北路32号。机关行政编制28名，设办公室、高新技术发展及产业化科、农村科技科、科技服务与管理科、产学大型结合科、知识产权管理科、人事科（监察室）、地震办公室等8个内设机构，加设科技装备动员办公室。下设韶关市光栅测控技术研究所、韶关市生产力促进中心（科技情报研究所、科技企业创业服务中心）、韶关市工业科学研究所、韶关市科韶开发中心、韶关市科技服务中心、韶关市科学器材服务站、韶关市科技开发中心、韶关市计算机中心、韶关市金科信息网络中心等9个下属单位。

2011年，韶关市科技工作围绕市委十届九次全会确立的工作思路举措，自我加压，争资源打基础，抓创新抢高地，举全力推动各项工作。全市科技综合实力显著增强，科技管理工作和诸多科技发展指标均位居全省山区市前列。主要有十大亮点：一是科技机关文化建设已初成体系，成为推动工作的强大动力；二是全市申报省级以上科技项目183项，立项55项，申报数和立项数均为历年之最，争取到的上级经费支持4454.3万元，超历史最好水平；三是科技成果转化成效显著，全市共有68个项目获市科技进步奖，技术水平达到国际或国内先进水平的有15项，成果转化率达90%以上，工农业获奖项目新增产值8亿多元，新增税利2亿多元，增收节支7000多万元；四是科技部门近10年扶持的ITO靶材已试产成功；五是完成的液压机械装备产业技术路线图，为下一步产业技术攻关指明方向；六是节水产品示范应用取得阶段性明显成效，受到国内外客商和同行的青睐；七是招商引资总额近10亿元；八是推动“国家科技富民强县”等一批科技创新平台落户韶关；九是通过2009~2010年度国家科技进步考核，韶关被评为全国“科技进步先进市”；十是申报到“全省产学研结合示范市”。

【科技计划项目创历史最好水平】 2011年，全市共组织申报各类科技项目297个，其中国家级项目12个，省级项目171个，市级项目114个。全市共有155个科技项目获立项，其中，国家级项目8个，省级项目47个，市级项目100个，申报数和立项数均为历史之最。争取到的上级经费支持4454.3万元，超历史最好水平。争取到850万元专项资金支持的“高新区发展专项”等一批资金支持力度较大的项目。争取到“船用大功率低、中速柴油机特大型轴瓦”等7个科技型中小企业创新基金项目。全省创新医疗器械示范点获得近240万元的国产医疗器械设备。韶钢汽车零配件用钢、利民参芪扶正大输液项目获得战略新兴产业1500万元的专项支持。“深圳LCD辅助材料项目”顺利签约入驻韶关，该项目首期投资3000万元。

【科技创新平台建设】 2011年，全市科技创新平台建设开创新纪元，搭建一批国家和省级创新平台。新创建仁化大桥镇、仁化周田镇、始兴县太平镇等3个市级技术创新专业镇，全市省、市专业镇增至33个。全市有9家企事业单位建立的中小企业创新服务机构通过国家审批。

【南雄批准为国家可持续发展实验区】 2010年12月，经科技部牵头的18个部委联席评审会议评审，南雄市被正式批准为“国家可持续发展实验区”，这是韶关市第一个“国家级可持续发展实验区”，也是广东省2011年度获国家批准的2个“国家可持续发展实验区”之一。“国家可持续发展实验区”的落户，对推动韶关市绿色发展将产生重大而深远的影响，同时也为韶关汇聚科技创新资源、加快建设创新型城市提供支撑。

【创建国家科技富民强县】 2011年度，广东省共向国家申报到6个“国家科技富民强县”专项，韶关市争取到2个，占全省的1/3，乐昌市和仁化县获国家批准。“国家科技富民强县”是县域科技创新的重要平台，在推动特色资源产业化的同时，将带动县域经济发展水平的整体提升。

【韶关市广东农业科技园发展】 2011年度，广东省共批准5个“广东农业科技园区”项目，韶关市争取到1个，占全省的1/5。韶关市广东农业科技园区（下简称园区）是在2009年由韶关市人民政府批准的粤北现代农业示范园区的基础上建立的。园区分为核心区、示范区、辐射区，核心区位于韶关市东郊的仁化县大桥镇、曲江区大塘镇和枫湾镇，主要承担农业科技项目的引进、孵化和新品种的培育以及农产品的深加工；示范区在核心区外围，辐射区在示范区外围。园区确立科技农业、生态农业、加工农业和市场农业为主的“四型农业”发展定位，园区建成后具有农业科技创新、科技成果孵化、现代农业示范、科技培训、科普教育、旅游观光等综合功能。园区自2009年启动建设以来，已入驻或签约企业40余家，入园企业初步形成以优质蔬菜业、优质水果业、油茶产业、生猪养殖业、良种奶牛业为龙头的现代农业产业集群。

【技术创新专业镇】 全市有33个省、市专业镇，其中省级专业镇11个，全市11个省级专业镇有技术创新平台22个，同比增长15.7%，专利申请量32件，同比增长23.07%，专业镇特色产业产值22.96亿元，同比增长14.5%，专业镇GDP为56.37亿元，同比增长12.64%。

【科技企业创业园】 3月28日，经市委组织部批准，韶关市科技企业创业园加挂“韶关市高层次人才创新创业基地”牌子。截至2011年年底，科技企业创业园共引进包括荷兰及中国台湾地区的项目16个，现有厂房已预订完毕，10个项目已经投产、试产或设备安装。2011年园区企业产品销售额达4000多万元。

【加强科技交流与合作】 年内，邀请高校、科研院所专家教授莅临韶关开展技术考察，组织企业技术骨干到省内外知名高校和研究院所开展合作，以此加快推进企事业单位与高校、科研院所的对接交流，推动一批项目达成合作协议。创造条件加快推进高校、研究院所整体进驻、落户。6月24日，韶关市政府与暨南大学签署共建暨南大学韶关研究院的合作协议，为加强校市产学研合作搭建平台；9月，韶关市欧莱高新材料有限公司与安徽理工大学共建产学研基地及实践教学基地。继续实施企业科技特派员计划，2011年新引进18名科技特派员进驻15家企业。

【成功申报“全省产学研结合示范市”】 在2011年6月省科技厅组织的“全省产学研结合示范市”答辩中，韶关市在众多的申报市中脱颖而出，顺利通过专家组的评审。此后，韶关市被批准为“全省产学研结合示范市”。“全省产学研结合示范市”的创建，将有利于加快韶关市企业与高校、科研院所对接，增强韶关的自主创新能力和产业竞争力，加速推进科技成果转化。

【两大基地落户南雄精细化工园】 2011年5月8日，中科院广州化学研究所中试基地和中科院广州有限公司南雄材料生产基地（两大基地）落户南雄市精细化工园。两大基地占地6.33公顷，总投资约1亿元，基地建成后近期将形成1.5亿元的年产值，远期将形成2.5亿元的年产值，为园区企业起到示范带动作用。

【编制完成液压机械装备产业技术路线图】 2月，编制完成“广东省韶关市液压机械装备产业技术路线图”。该路线图的编制工作是在韶关市科技局的主持下，由机械科学研究总院、广东机械科学研究院、广东有色金属研究院、武汉理工大学、浙江大学、上海交通大学、华中科技大学、广东工业大学、武汉科技大学等国家重点建设高校，与韶关市液压件厂有限公司、韶关市伟光液压油缸有限公司、广东韶配动力机械有限公司等“液压机械装备产业产学研创新联盟”的企业成员单位一起，运用“产业技术路线图”集成规划工具，集中专家学者、企业家以及政府和协会领导等的智慧，形成对液压机械装备产业发展的共识，探索通过自主创新战略实现韶关市液压机械装备产业升级和结构调整的新思路和新方法。

【韶关科技项目产业转化成果】 韶关市仁化县泰和元有限公司参与完成的“难冶钨资源深度开发关键技术”项目，获得2011年度国家科技进步一等奖。市种子总站站长熊克勤获得首届企业科技特派员农村科技创新创业大赛一等奖，这是广东省唯一一等奖的获得者。7月8日，广东省召开广东省工程技术研究开发中心建设20周年总结表彰大会，韶关市“广东省韶关钢铁重点工程技术研究开发中心”被评为广东省优秀工程技术研究开发中心。在第20届全国发明展览会上，韶关市收获1金1铜，韶关市恒鑫科贸有限公司研发的“一种新型智能高频开关电源”（专利号：200720058905.X）在本次展览中荣获金奖，韶关学院研发的“绿色环保型透水砖的制备”项目在本次展览会中获得铜奖。全市有3个项目获得广东省2010年度科学技术奖，其中1项二等奖，2项三等奖。全市评选出68项市科技进步奖，技术水平达到国际或国内先进水平的有15项，成果转化率达90%以上，工农业获奖项目新增产值8亿多元，新增税利2亿多元，增收节支7000多万元。

【推进科技招商引资】 2011年，市科技局的招商引资总额达到9.74亿元。ITO靶材经过多年努力，新增投资近亿元实现产业化，乙醇燃料项目落户曲江，“PI及LCD配套材料”项目落户武江，中科院广州化学所产业化项目落户南雄，铁路维修安全系统、防菌胶粘剂、汽车自动变速箱等项目落户孵化器。 （夏敬华）

知识产权

【概况】 2011年，全市知识产权工作取得新进展和新突破，主要体现在：专利申请量、授权量大幅度增加；专利技术商品化和产业化进程进一步加快；激励机制和奖励政策进一步完善；知识产权试点单位进一步增多；宣传教育和执法成效进一步显著。

【完善激励机制和奖励政策】 2011年9月，重新修订《韶关市知识产权局专利申请资助管理办法实施细则》。该细则有以下两大特点：加大对发明专利申请的资助力度；增加对在校学生申请专利代理费的资助。各县（市、区）也相继出台促进专利工作的资助与激励政策。翁源县在全市范围内率先出台《翁源县知识产权质押贷款贴息管理暂行办法》，曲江区教育局印发《关于进一步加强中小学知识产权教育的通知》，浈江区制定出台《专利申请资助实施细则》，新丰县等县（市、区）结合实际对《专利申请资助实施细则》进行重新修订。同时，对超额完成专利申请建议指标的各县（市、区）知识产权局分别给予一、二、三等奖的奖励，对专利工作突出的广东省韶铸集团有限公司、乳源东阳光实业发展有限公司、韶关市闽韶物资有限公司、韶关盛怡文具有限公司、韶关市詹氏蜂场蜂业有限公司、仁化县泰亨酱园食品厂、广东省韶关烟草机械配件厂有限公司、韶关市起重机厂有限责任公司等13家企业进行表彰。

【专利申请和授权量连年增长】 2011年，全市专利申请量首次突破1000件，达1245件，同比增长33.8%，其中发明和实用新型专利申请量占总量的50%以上，拥有PCT国际专利申请累计达6件，专利申请量连续6年位居全省山区市第一。全市专利授权量668件，同比增长19.7%。

【专利技术商品化和产业化获得奖项】 广东韶钢松山股份有限公司的“高炉煤气全干式净化除尘工艺”项目获得省专利技术实施计划项目及2011年广东专利优秀奖；韶关市广宝化工有限公司的《高纯硫酸的节能高效阶梯温差蒸馏生产方法及成套装置的研制》、广东省韶铸集团有限公司的《船体驱动支架（A架P架）产品的研究开发》以及韶关液压件厂有限公司的《自动增益控制伺服液压缸（AGC油缸）》等19个专利项目，获得2010年市科技进步奖，其中一等奖8项，二等奖6项，三等奖5项。

【知识产权试点单位】 仁化县被确定为2011年省知识产权试点区域，韶关盛怡文具有限公司被列为广东省知识产权优势企业，曲江实验小学被确定为2011年省中小学知识产权教育示范学校。截至2011年，全市拥有省级知识产权试点县（市、区）3个（武江区、乐昌市、仁化县），省级知识产权优势企业8家，省级知识产权试点事业单位2个(韶关学院、韶关技师学院)，省级中小学知识产权教育试点（示范）学校9所，省知识产权战略试点企业1家。广东东阳光铝业股份有限公司被列为广东省知识产权示范企业及全国企事业知识产权试点单位。

【公益宣传保护知识产权的教育】 通过广播电台和电视台在节目黄金时段滚动播放打击侵犯知识产权和制售假冒伪劣商品行为的公益广告宣传标语以及保护知识产权、打击假冒侵权的公益广告宣传片。在市区的大型批发市场、商业街等人流集中的场所设置或悬挂打击侵犯知识产权和制售假冒伪劣商品等相关内容的公益宣传和户外广告。

【知识产权执法及活动宣传】 市知识产权局多次联合市工商局、文广新局、公安局开展侵犯知识产权和制售假冒伪劣商品专项宣传和执法检查行动。行动中，抽查涉及专利、版权产品一批，并对商家进行专利标识、出版物的鉴定、商标使用的宣传教育，提高商家的知识产权保护意识。5月15日，市“双打”办与公安经侦系统联合本地工商、烟草、税务、银行、质检、药监、知识产权等部门，在全市范围内开展主题为“打击防范经济犯罪 共建和谐美好生活”的大型宣传咨询活动。活动期间，共派发各种宣传资料5000余份，为群众提供咨询300余人次，编制专项行动工作简报11期。

【开办韶关专利事务所】 为适应韶关专利工作发展的新形势，不断提升全市专利代理行业服务水平，满足日益增长的专利代理、咨询、纠纷等方面的知识产权业务需求，2011年7月，引进广州新诺专利商标事务所有限公司，并在韶关创建分公司。该分公司于9月29日正式挂牌，副市长孔云龙出席挂牌仪式并致辞。至此，韶关市拥有2家专利中介服务机构。

【专利资助工作】 2011年，全市专利资助共4批，资助金额64.3万元。对利民制药厂获得的一项日本专利授权，进行审查，并给予5万元的资助。 （夏敬华）

高新技术产业

【概况】 2011年，全市依靠科技进步和创新，落实研发税前抵扣等各项优惠政策，最大限度地把科技成果转化为现实生产力，推动传统产业高新化和高新技术产业化，全市高新技术产业呈现出良好的发展势头。

【高新技术产品产值】 2011年，全市高新技术产品产值达160亿元，增长7个百分点。高新技术产品150件，同比增长11%。经多年扶持的液压油缸、铝箔、有色金属材料等三大特色产业基地2011年总产值达120亿元。

【高新技术产品认定】 全市共申报国家重点新产品2项，广东省自主创新产品3项，高新技术产品16项。其中广东省韶关烟草机械配件厂有限公司的“GD包装机CV条盒透明纸吸风输送装置”和韶关市赛力乐液压件制造有限公司的“多功能超高压支撑器”2个产品通过广东省自主创新产品认定，韶关液压件厂有限公司的“自动增益控制伺服液压缸(AGC缸)”等15个产品被认定为2011年广东省高新技术产品。

【工程技术研究开发中心建设】 年内，以韶关市雅鲁环保实业有限公司为主要依托单位，新组建“韶关市水处理工程技术研究开发中心（市级)”；依托韶能集团广东绿洲纸膜包装有限公司，新组建“韶关市植物纤维模塑包装工程技术研究开发中心（市级)”，依托乐昌市安捷铁路轨枕有限公司，新组建“韶关市高性能混凝土工程技术研究开发中心（市级)”。全市拥有省级企业工程技术研究开发中心10家，市级企业工程技术研究开发中心24家。

【高新技术企业复审及认定】 2011年，国家对2008年获得高新技术企业认定的企业进行复审，韶关共有11家高新技术企业参加复审，其中8家企业通过复审。全市有10家企业申请高新技术企业认定，其中，韶关市普点信息科技有限公司、韶关市赛力乐液压件制造有限公司、韶关市力冉农业科技有限公司、广东金亿合金制品有限公司、韶关市擎能设计有限公司、韶关市雅鲁环保实业有限公司等6家公司获得认定。截至2011年，全市有效期内的高新技术企业共25家。

【省级民营科技企业复核认定】 2011年，广东省对2008年及以前认定的省级民营科技企业进行集中复核，全市共有58家民营科技企业通过复核。2011年全市新认定民营科技企业8家，至2011年底全市共有73家省级民营科技企业。（夏敬华）

地震监测

【概况】 2011年，市防震减灾工作贯彻“预防为主，防御与救助相结合”的方针，落实国家和省防震减灾工作会议精神，转变管理理念，树立服务意识，地震监测预报、震灾预防和地震应急救援三大工作体系建设进展顺利。

【地震台站建设】 截至2011年，全市有6个地震台（站），5个地震宏观观测点，4个地震应急避难场所，7个地震安全示范村，1个地震应急物资储备中心。

【地震安全示范村建设】 印发《关于加强我市农村民居地震安全示范工作的通知》，举办农村民居抗震技术培训班，向农民工匠发放建房抗震技术培训资料约600多册。2011年建设的一个地震安全示范村（回龙镇新村）通过验收。

【地震应急避险演练】 12月11日，韶关市地震局联合韶关学院、韶关市公安消防局、韶关市红十会等部门在韶关学院开展一次地震应急演练。省地震局副局长梁干，韶关市副市长孔云龙出席本次演练。

【防震减灾宣传教育】 以“5·12”防灾减灾日”和“7·28”唐山地震纪念日和日本“3·11”大地震等为契机，适时开展形式多样的防震减灾宣传教育活动。全市共展出各类宣传板5000余块（次），发放各类宣传资料2万余张（册），举办宣传讲座2场，解答群众疑问5000余人次，出动宣传车30辆（次），利用各级电视台循环播放资料片50次，普及防震减灾知识。

【协助处理突发性事件】 为韶关市韶赣高速公路马坝立交“5·26”坍塌事故调查工作小组提供技术帮助。协助处理仁化粤04井水位突然上升事件。（夏敬华）

附：领导班子成员名单

局　长：张才明

副局长：杨日葵　唐国驹

　　　　翟成洪

纪检组长：杨晓红

科学技术研究

【核工业二九〇研究所】 核工业二九〇研究所原办公地位于韶关市工业东路33号，是一所集地质科研、地质调查、矿床评价、水文地质、环境地质、遥感地质、地球物理、地球化学、分析测试、信息技术应用为一体的多学科地质调查和科研机构，是承担国家特种矿产资源勘查任务的重点单位之一。隶属于中国核工业集团公司地质矿产事业部。拥有各类专业技术人员160多人。2003年通过ISO 9001质量体系认证，拥有计量认证合格证书、地质勘查资格证书、地质灾害评估资格证书、测绘资格证书、环境影响评价证书、建设工程质量检测机构资质证书等相关资质证书，是国家二级档案管理单位和国家二级保密资格认证单位。

科研能力及成果　2011年研究所共承担地质、生产中科研项目10项，根据上级和项目任务的要求，精心组织、精心设计，扎实工作，在广大工程技术人员的努力下，通过与南京大学、成都理工学院、东华理工学院、北京地研院等高校、研究院所通力合作，采用“产、学、研”联合攻关的工作方式，加强科学研究，取得较好的成果，完成上级下达的各项任务。

设备及能力　近几年投入资金一千万元对科研设备和生产设备进行部分更新改造，拥有一批进口的地质雷达、等离子反射光谱仪（ICP）、高性能卫星定位仪（GPS）、高性能地震仪等先进技术装备。利用科技人才和技术装备方面的优势，开展技术开发和技术服务，加强与地方有关部门的合作，主动参与地方经济建设，在遥感信息开发利用、国土资源调查、地质灾害评估、环境评价和监测、各类样品分析测试、工程勘察、工程物探等方面承接大量的工作项目，取得较好的经济效益和社会效益。

改革与管理　为适应新形势的发展要求，同时结合研究所的实际情况，在结构调整和深化改革方面进行探索。按照“集中统一、规范运作、精干高效”的原则，调整和优化职能管理架构，建立和完善科研责任体系、经营责任体系及考核体系。坚持以资金管理为中心，以成本管理为重点，强化预算的执行监控，提高资金的利用率，规避资金风险和经营风险。

生产经营　坚持“以地质科研找矿为主业，以发展经济为根本”的工作思路，抢抓机遇，积极进取，加强技术创新与市场开拓，创新发展，取得良好的经营业绩，进一步提升研究所的综合实力。

加强精神文明建设，确保科研生产工作顺利开展　坚持以地质找矿和多种经营为中心，围绕中心工作开展精神文明建设和核地质文化建设。在精神文明建设和核地质文化建设中，发挥党、团组织和工会的积极作用，推动活动的深入开展。组织党员干部参加深入学习落实科学发展观活动、开展核地质文化建设主题日活动，组织团员青年参加广东省核工业地质局篮球友谊赛，活跃职工文化生活。通过这一系列活动，推动精神文明建设和核地质单位文化建设的深入开展，起到统一思想、激发热情、凝聚人心、营造和谐的人文环境，保证地质找矿和多种经营工作的顺利开展，促进单位的经济发展。

(张燕柱　刘　艳)

附：领导班子成员名单

党委书记、所长：王树忠

纪委书记、副所长：张善果

总工程师、副所长：朱　捌

【光栅测量控制技术研究所】　韶关市光栅测量控制技术研究所成立于1983年12月2日，位于韶关市武江北路248号，是一所长期专业从事研究开发光、机、电一体化的光栅光学精密系统，数显技术，微电脑光栅测控系统等高新科技产品（副处级）事业研究机构，隶属于韶关市科技局，本所拥有一批长期在科研第一线从事科研开发工作，由国家级专家、高级工程师、工程师组成的科学研究技术队伍。年内有在职人员27人。

科研能力及科研项目　1983年以来，韶关市光栅测量控制技术研究所共承担汽车安全技术性能自动检测系统；摩托车安全技术性能自动检测系统；汽车综合技术性能自动检测系统；获得汽车底盘测功机、汽车转向轮转角仪、汽车灯光检测仪、声级数字显示仪、烟度数字显示仪、HC/CO数字显示仪、汽车制动试验台、汽车侧滑试验台、汽车车速表试验台、汽车轴重试验台、摩托车轮偏试验台、摩托车前照灯检测仪、摩托车制动试验台、摩托车轮重试验台、摩托车车速表试验台、平板制动试验台等15项计量器具制造许可证，专业生产系列机动车检测设备、RFID射频自动控制浅坑式动态重量检测管理系统、动态失重称控制系统、旋转蒸发仪XZ60-56、轴环光栅控制系统切纸机、耐久测试台系统、滑台式紧密同步自动冲剪系统、开发应用于粤北地区的在线式自动环保监测系统的研制等科研产品及成果。拥有计量认证合格证书，是国家二级保密科研资格认证单位。

设施装备　拥有属于自己的科研基地，实验大楼以及机械加工车间等科研开发和批量生产的研究设备和设施。

内部管理　为适应新形势的发展，结合研究所的实际情况，加大工作力度，加强系统管理、人才培养、科技创新及所工作制度化、规范化；以人为本和谐社会，在结构调整和深化改革方面进行探索。建立和完善科研责任体系，对科研进度、质量、安全、成本等方面进行全面控制，奖优罚劣，建立激励机制，调动广大科研技术人员的工作积极性。

市场经营　坚持以科研开发为主，以发展科研为根本的工作思路，抓住机遇，积极进取，加强科研技术创新与市场开拓，提升研究所的综合实力。

(唐谭荣)

附：领导班子成员名单

书记、所长：段晓平

副所长：潘启军

【农业科学研究所】　韶关市农业科学研究所成立于1958年，隶属韶关市农业局，1981年核定编制人数70人，公益性科研事业单位（2004年确立为广东省（韶关）区域性农业试验中心）。现有高级农艺师10人，农艺师7人，助理农艺师5人。设置：水稻区域试验研究室、蔬菜区域试验研究室、特色农作物区域试验研究室、杂交水稻选育研究室、生物技术研究室、食用菌研究室6个类别农业科研研究室。工作职能：承担国家、省、市农作物新品种区域试验，负责农作物高新技术及配套技术的引进、示范、科普和科教；负责农作物种质资源的收集、整理和保存工作；负责搜集、引进和保存，展示国内外农业名优、珍稀品种；指导粤北山区农作物生产基地建设。

基地建设　2008年8月经韶关市发改局批准立项，韶关市农业科学研究所科研示范基地建于仁化县大桥镇古洋村，是粤北现代农业示范园区的核心区，2011年10月申报国家级现代农业示范园区核心区，古洋科研示范基地建成后将成为韶关市科研、现代农业示范、展示、科教、普教、休闲观光于一体的农业科技综合园。同时又是农民了解新品种、学习新技术的窗口。

科研成果　2011年韶关市农业科学研究所选育“锦上花一品红”获得成功，并于2011年3月4日获得国家植物新品种权证书。古洋基地石斛组织培养育苗采用全自然采光育苗技术获得成功，该技术是国内领先技术，所培育的铁皮石斛种苗品质优良，不需要炼苗阶段即可进行大田移栽种植，成活率高达98%以上。

服务群众　技术人员定期或不定期送科技下乡，培训指导种植户和举办良种法现场推荐会。参加全市“双到”扶贫活动，配合市人大、市财政局、市妇联、市科技局、市检察院等部门开展送科技下乡活动，推广良种良法，为发展农村经济服务，取得很好的效果。（蓝日青）

附：领导班子成员名单

所长：谢金宏

副所长：赵世乐　徐永亮

蓝日青　张伟群

【林业科学研究所】 2011年是“十二五”规划的开局年，随着韶关市创建森林生态市的深入开展，市林科所围绕科技兴林的战略目标，深入开展以油茶、乡土树种良种选育以及珍贵树种优良苗木培育为重点研究工作。完成韶关市林科所山子背林业科技中心规划、良种油茶繁育基地建设及优良乡土阔叶树种良种选育和高效栽培技术研究与示范等重点项目的实施和优良乡土及珍贵树种的良种苗木培育等工作。

林业科研　共承担林业科研项目11项。主要以发展良种油茶、优良乡土阔叶树种选育、推广示范等科研项目为重点研究对象，其中，“枫香良种选育和高效栽培技术研究与示范”、“降香黄檀粤北引种栽培示范研究”为新增项目，属国家和地方科技攻关计划课题；“良种油茶丰产栽培技术推广”项目是国家级重点研究项目，林业科研项目重点突出、成果显著。

林业技术推广　为促进科技成果转化为社会生产力，市林科所选派科技特派员配合省、市林业部门深入基层，到龙归、乳源等基层乡镇开展科技下乡活动，为基层林业工作者和广大林农开展林业知识讲座及苗木栽培技术指导等工作。在乳源一六镇良种油茶基地营建20公顷良种油茶示范林，并在市白虎坳营建3.33公顷香樟、黎蒴、木荷、枫香等各个家系的优良乡土阔叶树子代试验林，为本市乡土阔叶树建设起到示范，表证作用。

良种繁育　为落实“建设生态文明、发展生态产业、实现绿色富民”政策，市林科所2011年选优培育以乡土阔叶树为主的楠木、香樟、乐昌含笑、桂花、木荷等20多个品种的苗木，约200万株。其中，降香黄檀10万株，土沉香5万株是韶关市珍贵树种繁育计划树种苗木。拟在山子背建设集科研、生产、科普、教学、观光、休闲、娱乐为一体的科技中心园地。

巩固发展　为巩固韶关市造林绿化成果，市林科所利用林业技术力量雄厚的优势，成立具有资质资格的造林规划设计、监理等部门，对韶关市“三山”绿化造林、城区出入口绿化造林，以及本地区各市、县、区的绿化造林进行质量监理工作，经过监理后的苗木成活率达到95%以上，造林质量有显著的提高，对韶关市创建森林生态市起到促进作用。（姚为锋）

附：领导班子成员名单

所长：黄立军

党总支书记：赖书文

党总支副书记：谭积德

副所长：冯大标　刘介东

钟灼坤

【工业科学研究所】 韶关市工业科学研究所前身是韶关地区工业科学研究所，成立于1971年，在1983年地、市合并后（韶关市光栅研究所和韶关市计算机中心从本所分出成立），经韶关市政府定编批准，改现名为韶关市工业科学研究所，隶属于韶关市科学技术局。

研究所位于武江区工业东路24号，占地面积约4200平方米，人员编制25人，所领导为一正两副，内设机构5个，分别为财务办公室、新技术研发室、新技术及产品推广室、检验检测室、工业规划与评估室。主要承担轻、化、工、农副产品等方面的新技术新产品研发，完成政府主管部门确立和市政府科研经费支持的科研项目，提供公共安全生产的技术服务，协助企业导入新技术、新产品和新工艺。历年来，有10多个科研项目获得了省、市科技进步奖，一个国家科技成果推广奖；孵化韶关市锅炉水质监测站（1987~2005年后分离出去），培训20多期特种设备持证上岗人员，作为本地区唯一一家有化学清洗资质的单位，为本地特种设备的安全清洗提供公益服务；孵化全省唯一持GMP证的蚕药厂，迄今广大蚕农还得益于该厂的蚕药；研究所还转让多项生产技术给企业或个人。

研发创新　本所开展新型偶联剂的研究项目，通过复合偶联剂对氢氧化镁粉体进行表面改性，提升改性粉体的热起始分解温度，从而提高阻燃产品的阻燃效果，复合型具有协同作用的偶联剂已成为研究的热点，是未来偶联剂发展的主要趋势。本研究项目得到市科技局的支持，被列为科研经费支持项目，得到政府资金的扶持。该项目正在实验中。

技术产品推　进行公共安全生产的技术服务，免费咨询锅炉水处理方面的技术，有偿提供锅炉防垢除垢的药剂，该药剂是由有机物和无机物组成的多组分多功能复合型HA系列防垢除垢剂(锅炉专用)，在1985年获得韶关市科技进步二等奖。正常使用本品，能使锅炉水质达标，结垢和腐蚀率在正常允许范围内，防垢率、缓蚀率>90%，降低能耗和清洗维修费用，确保锅炉安全经济运行。该药剂特适用于本地区(石灰岩)的水质状况，本地许多大、小企业都长期使用。

在部分蚕药应用技术方面进行免费咨询，推广按国家标准生产的蚕药，约有10多万蚕农受益。（钟国雄　吴子言）

附：领导班子成员名单

所　长：钟国雄

副所长：吴子言　黄飞燕

【水产研究所】　在科研方面，进行11项省市科技项目研究，其中：①胭脂鱼（属国家二级保护动物）人工繁殖项目取得重大突破，在韶关市人工繁殖胭脂鱼首次获得成功，繁育胭脂鱼鱼苗5万尾，并对其生活习性、繁殖生物学习性、适应性、养殖技术进行系统研究，为韶关市胭脂鱼的规模化人工繁殖及开发养殖打下良好基础。②开展“北江乐昌峡鱼类种质资源调研与保护利用技术研究”（省海洋与渔业局科技项目），为北江珍稀鱼类资源保护与开发利用打下坚实基础，同时也为在水利工程建设中如何更好地保护珍稀鱼类资源提供重要参考资料。③进一步开展鲃亚科鱼类及三角鲂的良种选育工作，进行种质资源优化，提高苗种质量。2011年培育倒刺鲃、光倒刺鲃、三角鲂、奥尼罗非鱼、良种鲫鱼等鱼苗1550万尾，推广渔农养殖后产生重大的社会经济效益，目前韶关市水产研究所基地已经成为省内重要的鲃亚科鱼类、三角鲂良种培育基地，韶关市水产研究所申报的“省级鲃亚科良种场”、“省级三角鲂良种场”建设项目已经得到广东省海洋与渔业局重视和支持。

作为粤北农业示范园区水产骨干基地，参加上级部门安排的技术服务工作，参加县（区）水产良种场的技术帮扶工作。2011年接待渔农、技术人员、养殖户、学生共200余人，通过现场讲解、答疑、技术咨询、学生驻所实习等形式，宣传无公害养殖、高产养鱼、现代养殖技术、机械化养殖技术及水产科技创新知识等，促进水产养殖新技术的普及和推广，为渔业增产增收做出贡献。韶关市水产研究所还参加湾头水利工程的环境评价工作和鱼类资源增殖工作，对保护生态环境具有重要的意义。

（罗钦洪）

附：领导班子成员名单

所　长：钟良明

副所长：谷平华　赵海澜

【畜牧研究所】　韶关市畜牧研究所于1978年成立,办公场所位于韶关市武江区康乐村272号，是集科研与生产为一体的全民事业单位，也是粤农〔2001〕233号文批准设立的16个广东省区域性农业试验中心之一。畜牧研究所主要从事畜禽优良品种选育、畜牧新品种、新技术的引进、试验、示范、二次开发及推广应用工作。

经过30多年的发展，特别是近10年的改革与发展实践，畜牧研究所已建好较为完善的生产基地，具备较强的科研实力，在猪、牛优良品种选育和饲料加工生产方面具有一定的特色和优势，已初步探索出一条符合山区实际的路子。其新品种、新技术的应用推广，促进山区农业结构的调整，对实现农业增效、农民增收作出积极贡献，促进全市农业产业化的发展。

内部管理方面：实行全员聘用制，打破干部职工的身份制度，做到能者上、庸者下，明确岗位职责，与工资收入挂钩，增强员工责任感、危机感和竞争意识。

人员素质方面：现有在册人员31人,其中专业技术人员23人，占74%,专业技术人员中有中、高级以上职称9人，大部分人员在生产、科研方面有多年经验，在猪人工授精、种猪测定、育种、肉猪饲养、兽医诊断、疾病防控、饲料配合、饲料化验分析等方面具有技术优势。

科研方面：畜牧研究所克服工作环境艰苦，科研经费短缺的困难，以研究所现有的科研条件，结合粤北山区畜牧业生产的特点，配合政府工作，取得一定成效。试验、示范基地设在韶关市浈江区新韶镇杉木湾，占地面积近46.67公顷，建有梅花猪保种场。畜牧研究所利用基地进行新品种引进培育、新技术试验与推广。2008年以来先后开展《韶关梅花猪的保种与开发利用》、《高繁殖性能种猪培育》、《粤北山区猪人工授精技术的研究与推广》、《规模猪场应用水泡粪技术研究》等9项科研项目的研究和试验，其中《粤北山区猪人工授精技术的研究与推广》已通过由科技局组织的专家鉴定。

新技术、新品种的示范推广：本着提高社会生产力、促进农民增收的宗旨，经多方验证，引进具有生长速度快、繁殖性能优秀、产仔数高、饲料报酬率高、瘦肉率高、适应性强等特点的新丹系种猪，经过近4年的试验、示范和推广，已获得韶关市广大养殖专业户的认可，为韶关市畜牧业健康发展作出贡献。同时，成立技术服务部，开设技术服务热线，采用“走出去，请进来”的方式，为农民提供专业技术服务，使3万多户农户受惠。

(谢光明)

附：领导班子成员

所　长：邝旺祥

副所长：任永钦　陈细浩

文 化

综 述

韶关市文化广电新闻出版局成立于2005年3月，是根据《中共广东省委办公厅、广东省政府办公厅转发〈省委宣传部、省编办、省财政厅、省文化厅、省广电局、省新闻出版局、省政府法制办关于在全省建立文化市综合执法机构的实施方案〉的通知》（粤办发〔2004〕24号）和《关于韶关市组建市文化广电新闻出版局等问题的批复》（粤机编办〔2005〕20号）文件精神，将原市文化局、广播电视局、新闻出版办三个行政管理部门调整归并组建而成，加挂市版权局牌子，并于2005年3月31日正式挂牌。韶关市文化广电新闻出版局是韶关市人民政府主管文化、广播电视、新闻出版、版权等方面的职能部门。内设机构有:办公室、人事科（监察室）、社会文化科、艺术科、文化市场与产业科、文物科、广播电视管理科、新闻出版管理科、非物质文化遗产科。直属机构有：韶关市文化市场综合执法大队。下属单位有：韶关市文化馆、韶关市图书馆、韶关市博物馆、韶关市采茶剧团、韶关市歌舞剧团。2011年是韶关市实施“十二五”规划的开局之年，在市委、市政府的正确领导下，市文化广播新闻出版局扎实推进文化建设，各项工作取得了新进展新成效：一是文艺精品创演水平明显提高，纪念建党90周年、建国62周年、辛亥革命100周年系列文艺活动丰富多彩，舞蹈《青蛙狮》、音乐作品《绿色情愫》等作品在省音乐舞蹈花会评选中取得好成绩；二是公共文化服务体系不断完善，农村公益电影放映、广播电视村村通、农家书屋、文化信息资源共享等工程扎实推进，文化惠民工作成效显著；三是文化遗产保护工作取得新进展，完成了第三次全国文物普查工作，公布了韶关市第三批市级非物质文化遗产名录；四是文化市场管理取得新进步，文化市场繁荣有序，文化产业日益壮大。

文化管理

【概况】 2011年，韶关市加大力度，文化市场、广播电视、新闻出版管理规范有序。一是加强文化娱乐场所管理。开展文化娱乐经营单位的消防安全、社会治安综合治理、禁毒宣传活动大检查。二是加强广播电视管理。确保“两会”、“建党90周年”、“深圳大运会”等重要播出期的广播电视安全播出。三是“扫黄打非”工作和新闻出版管理得到加强。开展“打击淫秽色情出版物”等一系列“扫黄打非”专项行动和校园周边环境专项治理活动，净化韶关市文化市场。四是综合执法成效显著。加大对网吧、游艺娱乐场所的监管力度。加强对出版物市场的检查。封堵和查处一批政治性非法出版物，查处销售非法教辅材料等违法行为。

【开展知识产权保护保障行动】 以打击网络游戏、网络音乐、网络动漫、电子游戏及卡拉OK歌曲的侵权盗版行为为重点内容，加大执法力度，遏制侵权行为，净化市场环境。开展文化市场知识产权保护执法检查，查处侵权盗版行为。定期报送开展专项执法行动的情况、阶段性成果、案件查处等情况。专项行动期间，共出动检查人员171人（次），检查网吧199家（次），检查书报刊经营场所96家（次）。

【开展文化市场专项保障行动】 以车站、重点商业区、校园周边地区以及文化经营店档密集地段等为重点区域，重点查处演出、娱乐、出版物、网吧、影视、网络音乐、网络游戏和网络视频等文化市场违法违规经营行为和经营活动；清理和查处含有国家法律法规禁止内容的文化产品和有害信息；打击制售政治性非法出版物、侵权盗版出版物及色情低俗演出活动；整治非法文化产品生产制作源头、复制印刷环节、流通传播渠道和集中经营场所。

专项保障行动的开展，保证建党90周年和深圳大运会期间韶关市文化市场的繁荣有序和健康发展。

【开展打击淫秽色情出版物和有害信息专项行动】 以打击淫秽色情出版物为重点，加大对图书、音像制品的检查和查处力度，净化出版物市场。市局先后于9月15日、9月28日、10月14日、10月27日四次会同公安、工商等部门采取联合行动，对市区范围的出版物、光盘印刷复制企业，音像、出版物批发零售企业进行清理整治，重点清查中小学周边的书报摊档和隐匿于农贸市场周边的游商地摊，查缴一批非法彩报类书报刊和少量“三俗”音像制品和图书。与此同时，还安排专人多时段浏览本地的网站、论坛，及时掌握舆情动态，督促有关网站删除低俗信息和政治类有害信息。市局还重视加强网络信息的管理，监督网吧落实好网管巡查等制度，防止利用网络浏览、制作、传播各类有害信息行为的发生。

【开展禁毒宣传】 4月1日至10月31日，为做好韶关市社会治安综合治理和禁毒教育集中宣传工作，开展以“禁毒教育进场所——2011阳光场所行动”为主题的集中宣传活动。7月29日，市局组织市辖三区娱乐场所经营业主召开禁毒教育宣传动员会，宣传歌舞娱乐场所禁毒工作的重要性，组织学习《娱乐场所管理条例》、禁毒法等有关法律法规，并对学习情况进行考试测评，参考人员全部通过考试。武江区还在全民健身广场开展禁毒知识宣传、咨询活动，向广大市民宣传国家关于禁毒的法律法规，普及防范毒品知识。通过加强歌舞娱乐场所执法检查，创新禁毒宣传方式，使韶关市的歌舞娱乐场所成为阳光娱乐场所，为创建全国文明城市营造良好的文化市场环境。

【文化娱乐经营单位消防安全检查】 开展元旦、春节期间歌舞娱乐场所、网吧等文化娱乐经营单位消防安全检查工作。制定下发《关于做好元旦春节期间文化娱乐场所安全生产的通知》，组织各县、市、区开展文化经营单位安全生产大检查，采取措施，把安全生产检查落到实处。

【开展文化市场知识产权周活动】 4月20~26日以“宣传、保护、创新、发展”为主题，以音像、动漫、出版物、互联网文化、艺术品等文化市场领域为重点，开展2011年文化市场知识产权周活动，集中宣传《中华人民共和国著作权法》等与知识产权有关的法律法规，宣传“12318”文化市场举报电话，特别是受理投诉和举报的范围和内容等。

【推进政府机关使用正版软件工作】 根据上级有关部门的文件精神，2011年，韶关市加快推进政府机关使用正版软件工作，制定《关于进一步做好韶关市政府机关使用正版软件工作实施方案》，开展自查自纠和统计工作。全市上报共计有电脑15579台（套），操作系统没有许可的13239台，占84%；办公软件没有许可的15051台，占96%；全市没有许可的服务器281台。针对韶关市没有许可的操作系统、办公软件和服务器较多的情况，市文广新局制定正版软件采购方案。

【开展打击非法网站及设备产品专项治理】 按照专项治理领导小组的部署和《专项治理行动方案》的职责分工，对市区的卫星地面接收设施的安装使用情况和电脑、软件等电子产品经销市场进行突击检查，依法查处非法销售“网络共享”设备产品等违法行为，行动中共查获非法电子产品“电视棒”21个。

【广播电视安全播出】 及时传达、贯彻国家广电总局、省广电局关于加强“元旦”、“春节”、“两会”、“建党90周年”、“深圳大运会”等重要播出保障期间广播电视安全播出管理工作的一系列工作方针、部署，结合韶关广电实际，组织、部署全市广播电视管理部门和播出机构的广播电视安全播出工作，确保了元旦、春节、“两会”“五一”“建党90周年”、国庆、“深圳大运会”等重要播出期的广播电视安全播出。

文化惠民活动

【概况】 根据中央、省的有关工作要求，韶关市以文化信息资源共享工程、广播电视“村村通工程、农村电影放映工程、农家书屋工程作为重要抓手，集中人力、物力，加快建设，带动公共文化服务体系建设整体加快发展。截至2011年年底，全市有文化馆11个，其中二级馆1个，三级馆2个；文化站107个，其中特级站2个、一级站1个，二级站7个，达标站32个；公共图书馆9个，其中二级馆2个，三级馆5个；公共博物馆9个，其中三级馆1个；专业艺术团体10个。全市完成农村公益电影放映14436场，观众达100多万人次。全市农村基本实现“一月一村一场免费电影”的规划目标。完成文化信息资源共享工程市、县两级支中心和部分基层服务网点建设。截至2011年年底，全市已建成农家书屋1205个。全市有线广播电视网络用户达40多万户，数字电视整体转换完成20万户。

【推进文化信息资源共享工程建设】 文化信息资源共享工程是公共文化服务体系的重要内容。根据国家、省的部署，韶关市全面推进共享工程建设，取得可喜成绩。到2011年底，省、市、县三级财政共同投入资金，完成文化信息资源共享工程中市、县两级支中心和部分基层服务网点建设。其中，乳源县文化信息资源共享工程的村级服务网点覆盖率达100%，在全省率先实现共享工程设备和信号四级网络的全覆盖，并成为全国的试点单位。

【广播电视覆盖工程成绩显著】 提前完成20户以上已通电自然村的广播电视“村村通”工程建设任务。完成中央广播电视节目无线覆盖工程和省广播电视节目无线覆盖工程（首期）任务。到2011年底，全市有线广播电视网络用户达40多万户，数字电视整体转换完成20万户。广播电视综合覆盖率不断提高。

【农村电影放映工程稳步推进】 市政府与各县（市、区）政府签订年度农村电影放映责任书，明确放映任务、配套资金以及补贴发放流程等工作。配合省委宣传部联合开展“红色影片南粤行，万场百部下基层”电影放映活动。全市完成农村公益电影放映14436场，观众达100多万人次，实现“一村一月一场电影”的目标。

【农家书屋建设工程步伐加快】 按照省农家书屋建设工程协调小组办公室的统一部署，韶关市2011年要完成405家农家书屋建设工程。经过有关单位和各县（市、区）文广新局的共同努力，完成405家农家书屋建设任务，并通过省农家书屋建设工程检查组的检查。到2011年底，全市共建成农家书屋1205个。

文学艺术创作及文化产业

【概况】 围绕建党90周年抓好文艺精品创作，文艺精品创作共获奖20多项。五幕粤北采茶情景剧《丰碑》获广东省第十届艺术节调演优秀剧目奖，舞蹈《青蛙狮》、音乐作品《绿色情愫》获得广东省音乐舞蹈花会金奖。

【广东省音乐舞蹈花会取佳绩】 11月27日晚，广东省第五届群众音乐舞蹈花会在顺德市演艺中心举行闭幕式，本次音乐舞蹈花会全省有1000多个演员、108个节目参加比赛。韶关市代表队5个节目参加比赛，取得两金三银的佳绩。其中，乳源文化馆的混声小组唱《绿色情愫》、乐昌市文广新局的群舞《青蛙狮》荣获金奖；韶关市文化馆和韶关学院团委街舞队的群舞《破东风》、乳源文化馆的《扁担扛起情嘿嘿》、新丰县文化馆的女声独唱《奇樱情歌》荣获银奖。赵玉明等5人获优秀演员奖。

【《丰碑》获广东省第十届艺术节调演优秀剧目奖】 为纪念建党90周年和参加第十届广东省艺术节，市组织力量专门创作五幕粤北采茶情景歌舞剧《丰碑》，该剧以粤北革命斗争史上具有重大影响的仁化石塘双峰寨保卫战、陈毅等老一辈革命家坚守粤湘赣边区三年游击战、抗战时期中共广东省委北迁韶关等事件和人物为题材，展示韶关革命斗争波澜壮阔的历史画卷，讴歌中国共产党人坚守革命信念，为人民的解放事业蔑视一切艰难困苦、前仆后继、英勇斗争的大无畏革命精神，该剧于“七一”期间在韶关市公演，受到社会各界的好评。11月中旬参加广东省第十届艺术节调演获得优秀剧目奖。

【《茶儿小小飘香香》获省第八届少儿艺术花会银奖】 1月23日，广东省第八届少儿艺术花会在惠州降下帷幕。市建工幼儿园小朋友表演的少儿舞蹈《茶儿小小飘香香》代表韶关市参加本次花会，与全省21个地级市，及省直单位共106个节目进行角逐，荣获银奖。同时，该节目编导市群众艺术馆干部黄霞获优秀园丁奖、建工幼儿园小朋友李炫锟获少儿艺术之星奖。

【《舞动快乐》获首届广东社区文化节铜奖】 6月22日起至7月底，以“幸福广东、和谐家园”为主题的首届广东社区文化节举行，农民文艺汇演、社区健身舞蹈大赛、家庭才艺大赛、社区文化大讲坛、网络社区文化、残疾人系列文化活动、文化志愿者在行动、外来工子女夏令营等12项活动在全省展开，韶关市推荐文化志愿者参加本次活动并取得好成绩，其中韶关市风采办帽峰健身队表演的《舞动快乐》荣获铜奖，4位市民荣获“社区优秀文化志愿者”称号，5个家庭荣获“书香家庭”称号。

【9件作品在省群众业余文艺作品评选中获奖】 5月，2010年度广东省群众文艺作品评选结果公布，本次评选分为小戏、小品、音乐、曲艺四类，共收到全省各市推荐的参评作品465件，其中小戏作品80件，小品作品146件，音乐作品138件，曲艺作品101件。经广东省文化厅组织专家评选，共评出获奖作品186件，8个文化单位获组织奖。其中，韶关市推送的《陈毅进山》等9个作品分别荣获省群众业余文艺作品评选一等、二等和三等奖，韶关市文化广电新闻出版局荣获组织奖，成绩位列全省第六。

【贺琼获广东省首届声乐大赛获银奖】 6月17日，由中共广东省委宣传部、中共广东省直属机关工作委员会、广东省教育厅、广东省文化厅等单位主办的“好歌献给党”第十届“百歌颂中华”歌咏活动暨广东省首届声乐大赛降下帷幕。韶关市选送歌手贺琼获决赛银奖。

【文化产业稳步发展】 2011年，韶关市文化产业稳步发展。文化产业基础门类基本健全，文化产业总量有所上升。初步形成涵盖文化艺术演出、文化休闲娱乐、广播影视服务、网络文化服务、新闻出版印刷复制发行、文化产品经营、文化用品及相关产品生产等10多个大类。全市文化企业和各类文化经营户总量2000多家，文化与相关产业年产值约18亿元，占全市GDP2.8%，基本保持良好的增长态势，文化产业发展势头较好。

群众文化活动

【概况】 2011年，市文化广电新闻出版局围绕建党90周年、建国62周年、辛亥革命100周年开展内容丰富、社会反响大、效果好的系列文艺活动。

【建行之夜韶关新年音乐会】 1月1日晚8时，由市委宣传部、市文化广电新闻出版局和建行韶关分行联合举办的2011年“建行之夜韶关新年音乐会”在韶关剧院奏响璀璨乐章，音乐会由俄罗斯国立模范托木斯克交响乐团盛情演奏。

【元旦文化广场活动】 为让韶关市民继续参与节日的群众文化活动，享受公共文化的权益，市局与浈江区政府主办、区文化新闻出版局协办，在浈江区启明健身广场举办2011年“欢度元旦、和谐韶关”文化广场系列活动，活动包括文艺表演、图书展读、三人篮球赛等。

【庆祝建党90周年文化广场系列活动】 为让广大人民群众过一个吉庆、欢乐、祥和、安康的春节，市委宣传部和市文广新局在市区中山公园联合举办“庆祝中国共产党建党90周年文化广场系列活动——欢度春节文艺演出”。活动时间共4天（年初一至年初四）。一是举办“欢度新春”文化广场演出。由韶关市欢乐艺术团、韶关市铁路艺术团参与演出。给观众奉献多台形式多样，热情奔放的文艺节目。二是举办“广场趣味游园”活动。活动项目有套鸭、夺宝、钓鱼、投篮等。三是举办“迎新春贺新年有奖猜谜”活动。这些活动丰富市民节日文化生活，增添欢乐、祥和的节日气氛。

【“好歌献给党”群众大合唱活动】 6月25日，“好歌献给党”韶关市纪念中国共产党建党90周年群众大合唱在市区中山公园举行。本次活动由市委宣传部、市直属机关工委和市文广新局主办，市文化馆承办，队员以群众为主体，各支代表队以高昂的精神，精彩的表演热情讴歌和祝福中国共产党。

【韶关市革命史图片展览圆满落幕】 8月25日，由韶关市委、市政府主办为期两个月的“韶关市革命史图片展览”落下帷幕。作为韶关市纪念建党90周年的重要活动之一，该展览于2011

年6月28日至7月15日在市博物馆举行，7月16日至8月25日分别在各县（市、区）进行巡展。此次图片展，共分“党团组织的建立和北江工农运动”、“农民暴动与红军在粤北的足迹”、“红色祖屋与粤北抗战”、“迎接曙光与韶关解放”4个部分，收录历史文字资料3万多字，精选珍贵历史照片近300幅，展现1919年到1949年期间韶关市的革命历史，从不同角度如实地反映新民主主义革命时期，特别是北江党组织成立以后，党领导韶关人民进行武装起义、开展游击战争，争取民族解放的战斗历程。共有机关干部群众、大中学校师生、企业职工以及基层党员和群众共计10.6万余人次参观图片展。

【举办孙中山文化节】 为纪念辛亥革命100周年，市委宣传部、市文广新局联合主办韶关市纪念辛亥革命100周年暨孙中山文化节，活动包括辛亥革命100周年纪念大会、“孙中山与韶关”征文比赛、纪念辛亥革命100周年图片展、“孙中山与韶关”文化论坛、纪念辛亥革命100周年暨孙中山文化节电影周。

【配合《中国之路》的创排和演出工作】 在韶关首演、广州献演和全市巡演中，市局配合完成舞台灯光、音响、舞美、场地等演出保障工作，确保大型声乐交响套曲《中国之路》的顺利演出。

【“我们的节日”节庆群众文化活动】 2011年，市局利用春节、端午节、中秋节和重阳节等民族传统节庆日开展“我们的节日”为主题的系列群众文化活动，先后在中山公园举办“庆祝中国共产党建党90周年文化广场系列活动——欢度春节文艺演出”、“‘花好月圆——庆中秋’文艺晚会”。同时，协调曲江区和浈江区举办“天涯共此时——庆中秋文艺联欢晚会”和“我们的节日——浈江区迎中秋文艺晚会”。这些活动，既弘扬中华民族优秀传统文化，又让广大群众度过难忘的传统佳节。市局荣获2010~2011年度“韶关市精神文明创建活动创新奖”。

【“2011年庆‘五一’暨‘幸福广场’首届车模摄影大赛”演出】 “五一”期间，市局在中山公园举办“2011年庆‘五一’暨‘幸福广场’首届车模摄影大赛”演出活动。从5月1至3日，每天演出两场，共6场，节目内容丰富多彩，有车模表演、独唱、歌舞、采茶表演、器乐演奏等，为广大市民献上一场文化大餐。

【公共图书馆、博物馆、文化馆实现免费开放】 根据中央和省关于公共图书馆、美术馆、文化馆免费开放的部署要求，市各级公共图书馆、博物馆、文化馆基本实现免费开放，2011年，市博物馆接待参观总人数41万多人次，市图书馆接待读者14.3万人次。各县（市、区）都加大资金扶持力度，各地文化部门利用流动演出车、流动图书车和“广东流动图书馆”分馆资源开展流动文化服务。推进文化“三下乡”活动深入开展，将文艺演出、辅导培训、艺术展览、文艺资料等送到农村基层，活跃社区和农村文化生活，丰富城乡群众的文化生活。

文化遗产保护

【概况】 全市共有不可移动文物2760处，各级文物保护单位204处，其中国家级6处（南华寺、云龙寺塔、三影塔、石峡遗址、满堂围、双峰寨旧址），省级24处，市县级174处。国家级非物质文化遗产名录项目4个，分别为“拜盘王”、“瑶族刺绣”、“香火龙”、“粤北采茶戏”，省级名录项目11个，市级名录项目24个，县级名录项目33个；国家级非物质文化遗产项目代表性传承人：盘良安（瑶族盘王节的传承人），省级名录项目代表性传承人11人，市级名录项目代表性传承人44人，县级名录项目代表性传承人49人。

【加大文化遗产保护利用力度】 2011年，韶关市加大文化遗产保护利用力度，一是开展第三次全国文物普查第三阶段工作。始兴县、乐昌市文物普查队被评为“广东省第三次全国文物普查实地文物调查先进集体”。二是做好文物维修保护工作，争取上级文物保护专项经费680万元，各地文物保护工作取得新进展。三是抓好非物质文化遗产保护工作。公布韶关市第三批市级非物质文化遗产名录。启动申报第四批省级非物质文化遗产名录项目的工作。

【入选省第二批非遗代表性传承人名单】 1月，广东省文化厅公布第二批广东省级非物质文化遗产项目代表性传承人名单，韶关市5人入选。为鼓励和支持省级非物质文化遗产项目代表性传承人开展传习活动，广东省开展第二批省级非物质文化遗产项目代表性传承人申报和评选工作。经各市申报、省级专家评审委员会评审、社会公示和复核，省文化厅最后确定传统美术、传统音乐等9大类的109名第二批省级非物质文化遗产项目代表性传承人，韶关市“乳源瑶歌”代表性传承人赵拉婢、“石塘月姐歌”代表性传承人谭彩霞、“瑶族刺绣”代表性传承人邓菊花、“龙舞”（香火龙）代表性传承人傅敬贵、“仁化土法造纸技艺”代表性传承人夏绍贵名列其中。

【韶关市第三批市级非物质文化遗产名录公布】 根据《国务院关于加强文化遗产保护的通知》和《国务院办公厅关于加强我国非物质文化遗产保护工作的意见》的相关规定，经韶关市非物质文化遗产保护工作专家委员会论证、韶关市非物质文化遗产保护工作联席会议审定，并向社会公示，3月4日，韶关市人民政府批准民俗“乳源过山瑶服饰”等11个名录列入韶关市第三批市级非物质文化遗产名录项目，邓桂兰等19位列为韶关市第二批市级非物质文化遗产保护代表性传承人，并予以公布。

韶关市第三批市级非物质文化遗产名录项目

表25-1

序号	项目类别	项目名称	分布区域	级别
1	民俗	乳源过山瑶服饰	乳源瑶族自治县	市级
2	民俗	新丰龙皇宫出行	新丰县	市级
3	民间舞蹈	新丰纸马舞	新丰县	市级
4	民间音乐	仁化八音	仁化县	市级
5	民间音乐	龙船歌	南雄市	市级
6	传统戏剧	乐昌花鼓戏	乐昌市	市级
7	民间舞蹈	调王舞	翁源县	市级
8	民俗	犁市划龙舟习俗	浈江区	市级
9	民俗	宰相粉	始兴县	市级
10	传统手工技艺	石塘堆花米酒	仁化县	市级
11	传统手工技艺	外营草席	始兴县	市级

韶关市第二批市级非物质文化遗产保护项目代表性传承人名单

表25-2

序号	项目名称	申报单位	姓名	性别	年龄
1	乳源过山瑶服饰	乳源县文化馆	邓桂兰	女	69岁
			赵妹奶	女	63岁
			邓永英	女	41岁
2	新丰龙皇宫出行	乳源县文化馆	谭光腾	男	57岁
3	新丰纸马舞	新丰县文化馆	郑小明	男	56岁
4	仁化八音	仁化县文化馆	蒙才志	男	46岁
5	龙船歌	南雄市文化馆	邓诗良	男	64岁

续表 25-2

序号	项目名称	申报单位	姓名	性别	年龄
6	乐昌花鼓戏	乐昌市文化馆	邓天财	男	75 岁
			罗发玉	男	55 岁
7	调王舞	翁源县文化馆	晁献才	男	68 岁
8	浈江犁市划龙舟习俗	浈江区文化馆	莫冬林	男	41 岁
9	宰相粉	始兴县文化馆	官国林	男	43 岁
10	石塘堆花米酒	仁化县文化馆	李朝训	男	74 岁
			李玉粟	男	43 岁
11	外营草席	始兴县文化馆	陈汉周	男	60 岁
			张燕群	女	45 岁
12	新丰担丁酒	新丰县文化馆	赖社金	男	57 岁
13	石塘月姐歌	仁化县文化馆	李玉清	女	51 岁
			戴年凤	女	45 岁

【申报广东省第四批省级非物质文化遗产名录项目】 启动 2011 年申报第四批省级非物质文化遗产名录项目的工作。韶关市选送仁化八音、乳源过山瑶服饰、新丰龙皇宫出行、龙船歌、石塘堆花米酒、乐昌花鼓戏、浈江犁市划龙舟习俗、乳源瑶族传统医药 8 个项目申报广东省第四批省级非物质文化遗产名录项目。

【非物质文化遗产展演进校园】 6 月 11 日是中国第 6 个“文化遗产日”，根据省文化厅的统一部署，全市各县（市、区）文广新局、非遗保护中心在“文化遗产日”前后，开展非遗项目表演、非遗知识图片展览、教唱非遗名录山歌、非遗名录申报视频播放、参观非遗名录技艺展演等非物质文化遗产进校园活动，近万名在校学生参加这次活动。

【举办全市非物质文化遗产法律法规培训】 12 月 16 日，为学习贯彻《中华人民共和国非物质文化遗产法》和《广东省非物质文化遗产保护条例》，准确把握非遗法和保护条例在实际工作中的法律尺度，市局在北苑宾馆举办全市学习贯彻非遗法和保护条例培训班，市县文广新局、非物质文化遗产保护中心共 50 多人参加业务培训。

【韶关市第三次全国文物普查通过审核验收】 从 2010 年 12 月起，韶关市各县市区普查办依据国家和省专家组的修改意见，对全市 2959 个文物点数据进行修改、复核和删除。2011 年 3 月 16 日，市修改后的 2773 个文物点数据最终通过省三普办专家组的审核验收，成为广东省第三个完成数据审核验收工作的地级市。2011 年 5 月 18 日，在省普查办的指导下，根据国家三普办的审核意见，最终完成韶关市三普数据的修改工作，确定登录 2760 处不可移动文物。

【第三次全国文物普查实地调查阶段表彰】 省文化厅对在第三次全国文物普查实地调查过程中涌现出的一批先进集体和先进个人给予表彰。在受表彰的 2 个全国先进集体、8 名全国先进个人和 18 个省先进集体、138 名省先进个人中，韶关市共有 2 个集体和 11 名个人受表彰。这些先进集体和先进个人分别是：乳源县民族博物馆馆长邓永发荣获全国“第三次全国文物普查实地文物调查突出贡献个人”荣誉称号，乐昌市文物普查队、始兴县文物普查队荣获省第三次全国文物普查实地文物调查阶段先进集体荣誉称号。庄子圣、罗胜奇、黄涛、禤细贤、钟旭、周英阳、蔡小英、葛平、肖金兰、李衡华等 10 人荣获省第三次全国文物普查实地文物调查阶段先进个人荣誉称号。经过全市各级文物普查工作者的不懈努力，韶关市第三次全国文物普查实地调查阶段工作通过省三普办验收组的整体验收。韶关市文物普查各项统计指标都排在全省前列，受到省文物普查领导小组的肯定。

【薛岳故居增补为第六批广东省文物保护单位】 1月19日，经省政府同意，广东省3处涉台文物被增补为广东省文物保护单位，乐昌市薛岳故居是其中之一，一同被列为省文物保护单位的还有罗福星故居（梅州市蕉岭县），陈琔故居（湛江市雷州）。薛岳故居位于乐昌市九峰镇小坪石村和乐城西石岩两地。包括薛岳故居、薛岳家居、薛氏家祠、伯陵堂4个点。

【市博物馆举办展览】 市博物馆现为国家三级博物馆、韶关市爱国主义教育基地，韶关市著名旅游景点，2011年市博物馆及下属场所共接待观众41万多人次。市博物馆在做好9个基本陈列正常开放的基础上，以纪念中国共产党建立90周年和辛亥革命100周年、“5·18”国际博物馆日等为契机，主办、承办“翰墨三人行”书法展览、“海洋生物科普展”、“社科联成果展览”、“5·18”韶关老照片展、“6·11”韶关风光摄影展、“韶关革命史图片展”等临时展览，吸引韶关市民及周边地区的广大观众。

【国际博物馆日活动】 5月18日，为国际博物馆日。为让更多的人了解博物馆，发挥博物馆的社会功能。市博物馆在2011年的博物馆日举办以“韶关记忆”为主题的老韶关照片展。使市民了解韶关市过去和改革开放三十多年来取得的光辉成果。发挥博物馆作为人类记忆的栖息地与历史文化的展示平台的功用。与此同时，市博物馆还邀请一批文博专家，免费为群众进行鉴宝活动，传授文物鉴赏知识，向广大市民展示韶关丰厚的历史与人文积淀，彰显着韶关城市文化的品格与魅力。

图 书

【图书馆开展多彩的文化活动】 市图书馆全年接待读者142717人次。外借书刊87875册次，办理各种图书借阅证4800个。在开展公共文化服务方面，市图书馆全年举办免费的文化活动50多场次。开通超星尔雅名家讲坛数字视频，向全市免费推出视频读书卡；开展“4·23”世界读书日活动、领导干部读书活动、廉洁读书月活动、春节猜谜活动，送书下乡，赠书到学校；开展阅读活动，开设流动分馆，组织开展每周“文化共享少儿影视展播”活动，设立网络视频专场，为青少年开展优秀影片、视频讲座观看服务；开展免费“英语沙龙”和“乐飘书香”音乐会等活动。发挥图书馆公共文化设施的作用，免费向社会开放展览，以丰富多彩的形式开展优质服务。

【优化阵地设施】 市图书馆完善内部功能布局，调整报刊阅览室、少儿借阅室，配备必要的器材设备，如书架、阅览桌椅等，并在本馆网站、显示屏、服务窗口、场所导示、门口入口处公示开放时间、服务项目、主要活动安排等，定期更换公示内容，扩大免费开放的公众知晓率。

【“阅读给力幸福美好韶关”读书系列活动】 2011年4月23日是联合国教科文组织确定的第十六个“世界读书日”。为此，韶关市图书馆在4月23日世界读书日前后开展“阅读给力幸福美好韶关”读书系列活动，倡导全民读书，营造书香韶关。内容包括超星尔雅名家讲坛数字视频开通、“红色记忆”读书会、“伟人在韶关”的主题报告、向校园赠书及阅读等推广活动、首场“乐飘书香”音乐会、《沂蒙之子——卓继福回忆录》一书的撰写与阅读报告、启动西联沐溪工业园社区流动图书服务、安徒生童话阅读推介、共享工程影视展播和“儿童学习能力的培养”视频讲座等读书活动。

【廉洁读书月活动启动仪式】 8月10日，由市纪委、市文广新局共同主办，市图书馆协办的以“读廉洁书籍，扬清风正气”为主题的廉洁读书月活动启动仪式在市图书馆举行。市图书馆为本次活动开设廉洁图书专柜，提供廉洁书籍和书目等。开展廉洁读书月活动的目的是适应构建“学习型社会”、“学习型党组织”、“学习型社区”、“学习型家庭”的时代需要，发挥公共图书馆的资源优势和阵地优势，向读者提供题材广泛、内容丰富、可读性强的廉洁书籍，倡导全党、全社会读廉洁图书的良好风气，推进廉洁文化建设，营造风清气正的社会氛围。

【开展各类公益文化展览活动】 市图书馆发挥图书馆公共文化设施的作用，以重大节日、纪念日为契机，利用馆内展厅，自办、协办、合办各类公益文化展览活动。先后举办韶关市首届“公路杯”书画大赛作品展”、世界珍稀动物大观等科普展、景德镇当代陶瓷艺术名家精品展、台湾著名书法家欧善全老先生回乡书法展、红色记忆读书会、乐飘书香音乐会各类展览和文化活动，丰富图书馆的服务内涵。

【充实地方文献馆藏】 通过多种渠道、多种方式，采集本地的历史文献，通过对粤北地方文化、地方名人著作等地方文献的采集、征集，不仅充实图书馆的地方文献馆藏，同时也为本馆特色馆藏的形成奠定良好的基础。全年共征集各类地方作者所著图书152种共275册。此外，还先后接收省立中山图书馆、韶关市史志办公室赠捐《广东省方志集成》省部、州府县部古籍文献二批共277种554册。

【“2011年度韶关市图书馆服务宣传周”活动】 根据《全国“知识工程”领导小组办公室关于在全国开展2011年度图书馆服务宣传周活动的通知》精神，市图书馆以“庆祝中国共产党成立90周年、推进公共图书馆免费开放”为主题，于2011年5月23日至5月29日开展“2011年度韶关市图书馆服务宣传周”活动，活动内容有：一是举办专场音乐会。5月29日下午，市图书馆举办“乐飘书香”六一专场音乐会。音乐会由“乐飘书香”乐队现场为小朋友演唱经典儿歌和伴奏。节目的形式有男女声独唱，有器乐独奏，更有家庭亲子合唱等等。二是举办视频讲座。市图书馆在发挥图书馆文化传播与社会教育职能的同时，利用共享工程数字资源，多媒体阅览室推荐名家视频，举办题目为“儿童学习能力的培养”讲座。三是推介新书。市图书馆根据各年段的读者阅读特点和阅读需求，推介300多册新书、好书，增强图书馆对读者的吸引力和感染力，开展新书推介及宣传橱窗等活动，收到良好的效果。“2011年度韶关市图书馆服务宣传周”开展读者活动5场，接待读者达2600多人次。

【举行向市教工幼儿园赠书暨流动图书服务点签字仪式】 4月2日是国际儿童图书日，市图书馆举行向市教工幼儿园赠书暨流动图书服务点签字仪式，市图书馆向市教工幼儿园赠送1000册的儿童图书，并签定共建服务网点协议书。教工幼儿园还组织小朋友定期到馆进行参观和阅读，培养小朋友的阅读兴趣，让他们认识图书馆，走进图书馆、利用图书馆。

【信息刊物《决策参考》改版】 《决策参考》是市图书馆编辑的以宏观经济政治信息为主的一份信息刊物，刊物以“开发信息资源，服务社会经济”为宗旨，通过对馆藏报刊信息源进行有重点的深层次开发，为各级领导和决策机关提供高质量、高水平的信息服务。2011年，市图书馆对《决策参考》进行改版，全年共编印12期，刊物采集信息量超过50万字。 (张　健)

附：领导班子成员名单

党组书记、局长：何正平

党组副书记、副局长：许永吉

副局长兼文化市场执法大队长：刘　军

副局长：沈妙光

纪检组长：梁韶春

副局长：黎阳升　温军燕

广播·影视

【概况】 韶关市广播电视台为正处级事业单位，内设有办公室、总编室、人事科、财务科、技术中心、广播中心、电视中心、民声网、经营管理中心、七二二台、微波中心等11个科（网、台、中心），主要工作职责有：贯彻执行党的路线、方针和政策，按照党和政府的宣传工作方针，把握正确的舆论导向，发挥党和政府的喉舌作用，围绕为市委、市政府的中心工作开展新闻宣传；负责制订并组织实施广播电视台的事业和产业发展规划，促进广播电视台事业和产业发展，加快信息化步伐；贯彻落实广播电视行业法规，按照上级规定要求，抓好内部管理，确保事业、宣传、产业经营工作规范有序进行等。

2011年，市广电台在学习实践科学发展观，贯彻落实十七届六中全会和市第十一次党代会精神，高举旗帜，围绕大局，服务人民，改革创新，深化“三项改革”（深化栏目改革、人事制度改革、薪酬制度改革），宣传工作、事业建设、经营创收、安全播出、队伍建设等各项工作均取得显著成绩。

2011年，市广电台被评为广

东国际旅游文化节主会场（韶关）工作先进单位；电视中心新闻支部荣获市直机关2009~2011年度“十佳党支部”称号；广播中心被评为“六五”普法先进单位；微波中心的韶关微波站和大岗山微波站连续3年在省广播电视技术中心目标管理考核中评为“一级（台）站”。

【宣传工作有新业绩】 2011年，市广电台围绕市委、市政府提出的“坚持走生态文明发展道路，推动经济社会跨越发展，建设幸福美好韶关”目标任务，策划组织，完成市委十届九次全会、市第十一次党代会、建党90周年、2011年广东国际旅游文化节、人大政协“两会”、创建全国文明城市、市（县、区、镇）换届等系列重要会议、重大活动的宣传报道工作。开展“走基层、转作风、改文风”活动，报道民生新闻，发挥主流媒体舆论引导作用。2011年，市广电台还加强对各县（市、区）台的业务培训和指导，各县（市、区）台都能围绕当地党委、政府的中心工作，把握正确舆论导向，加大民生新闻报道力度，为政府分忧，为群众服务，做好宣传工作。

【完成建党90周年的宣传】 一是开设《纪念建党90周年》、《我身边的共产党员》、《永远的丰碑》、《红色记忆》等专栏，回顾党的丰功伟绩、宣传优秀党员的典型事迹、报道改革开放取得的成就及庆祝活动，唱响时代主旋律，形成良好的舆论氛围。二是做好大型交响声乐套曲——《中国之路》的宣传工作。6月16日《中国之路》在广州公演和广东电视台公共频道播出后，受到领导和观众好评，引起社会关注。为扩大《中国之路》的影响力，经努力，这部大型交响声乐套曲在中央电视台音乐频道顺利播出。

【完成2011年广东国际旅游文化节的宣传】 一是开设专栏，营造氛围。广播中心、电视中心《全市新闻联播》、《韶关新闻》、《午间新闻》栏目开设“办好特色盛会，推动跨越发展”专栏；民声网和广播电视周报开设旅游文化节的专版、专栏。二是开展“爱山、爱水、爱家乡”为主题的电视散文评选活动，有11件作品获奖。发挥电视的独特优势，挖掘韶关旅游文化内涵，提升韶关旅游文化的品位，提升韶关的对外传播力和影响力。三是协助中央媒体做好《中国韶关》和“元起丹霞、禅蕴韶关”旅游文化节主题广告片；制作和播出“韶关行，好心情”主题广告，提升广告策划制作水平，宣传推介韶关旅游，“韶关行，好心情”深入人心。四是完成2011广东国际旅游文化节“嘉年华”活动及花车巡演广播、电视、网络现场直播工作,得到领导的肯定和社会各界的好评。

【精品创作能力提升】 2010年度，市广电台在全国城市广播电视报优秀新闻作品评选、广东新闻奖、广东省广播电视节目奖、客家地区广播电视节目奖等评选中，有115件次作品获奖，30件次作品获省级以上奖励。其中，广播作品《生命阳光》荣获广东新闻奖一等奖。在2010年度全国城市广播电视报优秀新闻作品评选活动中，广播电视周报共获得5个一等奖，4个二等奖和5个三等奖；电视中心民生新闻部获得2010年度全国城市电视台新闻三等奖。

【深化“三项改革”】 2011年，市广电台深化栏目改革、人事制度改革、薪酬制度改革，广播电视台的竞争力和影响力有新提升。深入推进栏目改革，广播、电视、周报、网站的节目质量明显提高，收听率、收视率、发行量、点击量明显提升；深化人事制度改革，采取“两推一评”的方式，公开选拔任用一批政治坚定、成绩突出、群众公认的优秀干部，创新机制，公开招聘一批专业人才；深入推进薪酬制度改革，进一步优化广播中心、电视中心一线采编部门考核方案，制定实施行政后勤人员绩效考核方案，激发全台干部职工的工作积极性。

通过深化“三项改革”，市广电台实现“三个提高”：提高广播电视的竞争力和影响力、提高经营收入、提高全台员工的收入。

【新媒体建设】 2011年，市广电台与时俱进，加大对新媒体的建设力度，民声网建设有突破：打造网络问政平台，做好舆情报告工作，为上级部门掌握研判舆情提供依据；做好传统媒体与新媒体的结合，使广播、电视的新闻、专题、节目等内容在网络上传播；加强策划报道和现场直播工作；加强板块建设和版主管理，影响力不断增强。

电视传播渠道有新拓展：市广电台不断扩大广播电视覆盖面，利用新媒体拓展电视传播渠道，实现韶关电视台综合频道手机电视播出。2011年12月，韶关电视两套自办电视节目成功在中国网络电视台（CNTV）的“直播中国城市频道”平台中直播，增强广播电视台的传播能力和影响力。

【广电事业建设】 2011年，市广电台按照政府的招标采购规定，坚持“技术先进、质量可靠、成本最低”的原则采购设备，降低营运成本。加大广电事业经费的投入，夯实广电事业基础，提高广播电视的制播质量和传播覆盖效果。

市广电台重视安全播出工作，不断强化安全播出意识、播出管理、设备维护检修等工作，确保各项设备保持优良的播出状态，完成人大、政协“两会”、建党90周年、2011年广东国际旅游文化节、深圳世界大学生运动会等安全播出重点保障期的广播电视播出、传输和发射（转播）任务。

【队伍建设】 市广电台重视新闻队伍的学习和培训工作，通过开展业务学习及季度评奖活动、“走基层、转作风、改文风”活动、“杜绝虚假报道，增强社会责任，加强新闻职业道德建设”专项教育活动，提升新闻队伍的综合素质和业务能力。

2011年，市广电台开展党员学习教育活动，提高党员干部的整体素质，提高党建工作水平。一是推进党务公开，落实党建工作责任制，完善党建工作长效机制，不断提高党建工作水平。在党建检查工作中，市检查组给予较高评价。二是开展“创优争先”、“树立正确权力观，提高执行力”、“纪律教育月”等主题活动，使广大党员干部自觉践行“以人为本、执政为民”的理念，牢记全心全意为人民服务的宗旨，加强廉洁自律，遵守《中国共产党党员领导干部廉洁从政若干准则》。三是举办“唱响主旋律，颂歌献给党”歌手大赛；组织台党员干部集中前往省委机关旧址参观学习；举办全台第四届篮球比赛，丰富职工文化生活。

【全力支持广电网络发展】 台网是一家，广电网络是韶关广电人汗水的积累和优质资产，是市广电台正常运作的保障，全台上下支持省广播电视网络股份有限公司韶关分公司的工作，为公司运作做好宣传保障，支持公司发展。2011年，广东省广播电视网络股份有限公司韶关分公司按照公司化、市场化的原则，加强内部管理，不断拓展市场，抓好安全播出，完成经济创收和安全播出任务。

完成市区数字电视整转工作。韶关市数字电视整体转换工作自2010年3月全面铺开后，经过一年多的努力，2011年市区已完成数字电视整转工作。

推进网络改革重组工作。市广电台按照《中共广东省委办公厅、广东省人民政府办公厅关于组建广东省广播电视网络股份有限公司的通知》的部署和要求，全力协助、支持各县（市、区）的网络改革重组工作，确保队伍稳定，确保公司正常运作。2011年，全市7个县（市、区）级网络已完成资产的评估工作，南雄、始兴、翁源、曲江、乳源、仁化、乐昌已挂牌成立分公司，改革重组工作走在全省前列。

【扶贫“双到”工作取得成效】 2011年，市广电台按照汪洋书记对扶贫“双到”工作提出“强班子、盖房子、增票子”的要求，规划到户，责任到人，投入扶贫资金，帮助贫困户完成脱贫目标。

协助做好村委换届选举工作，顺利完成“两委”换届。采取资金支持、智力扶持、产业扶持、就业转移等措施，解决贫困户在发展生产中遇到的困难和问题，提高贫困户的收入。投入资金，入股电力有限公司，使延村村集体经济收入达到3万元以上。帮助村委会改善办公环境。帮扶贫困户入住新居，扶贫“双到”工作取得实效。 （李胜选）

附：领导班子成员名单

台　长：李继光

副台长：胡韶贤　佟　虎

　　　　张维平　倪海兵

纪委书记：刘习专

报　纸

【概况】 《韶关日报》是中共韶关市委机关报，2011年在职在册职工98人，其中采编人员64人。韶关日报社坚持正确的舆论导向，围绕市委、市政府中心工作，创新方法、丰富形式，使报纸质量和宣传效果得到提升。同时，深化改革，创新机制，提高经营和管理水平，使各项工作迈上新台阶。

【队伍建设整体素质增强】 2011年韶关日报社按照“领导班子好、党员队伍好、管理机制好、工作业绩好、群众反映好”的要求，加强领导班子建设，打造团结有力的领导集体；采取“走出去，请进来”的方式抓好干部队伍教育培训，提高队伍素质，优化人才结构；通过加强以中层骨干为核心的队伍建设，培养和充实中层力量，重新聘任编委、编审、首席记者、首席编辑、图片总监等，发挥业务骨干的带动作用。

【内部管理明显规范】 健全和完善各项规章制度：对涉及建设项目、大额财务开支、绩效工资分值的确定等群众关心的重要事项，按照民主集中制的原则实行民主决策；成立经济监管小组，设立财经监察室，出台《经营管理暂行办法》和《财务管理办法》，明确财务审批权限、程序，加强对财务工作的管理；重新修订采编工作规则；汇编《管理制度手册》。

【报道贴近民生时事】 围绕市委、市政府的战略部署，针对不同时期的工作重点开辟不同的栏目，不断强化新闻报道力度。要闻版先后推出“争创全国文明城市”、“广东国际旅游文化节”、“创先争优行动在线”等栏目，重点报道市委十届十次全会、市第十一次党代会、实施产业转移、《战时省委》拍摄、《中国之路》、纪念建党90周年、最美景区评选等。

在民生报道方面，主动做好人民群众普遍关心的生态保护、医疗卫生、就业上学、食品安全、楼市股市、价格波动等社会热点问题的舆论引导，发挥解决问题、维护稳定、促进发展的作用。

在经济宣传中加强服务性，准确及时地反映宏观经济、重大经济事件条件下的本地效应和本地机会，从本地百姓和客户商家的角度去解读经济、社会生活中发生的经济事件，为商家和读者搭建一个双赢的平台。

【提高报道深度和质量】 通过加强策划，提高新闻报道的广度和深度：“新闻调查”版深度挖掘本地重大社会问题；对不宜公开见报的、社会影响面大的新闻事件以“韶关日报·内参”形式刊发，为领导及有关职能部门解事件真相，进行科学决策提供依据；“独家报道”栏目刊发大量本报独家的引起广泛关注的社会新闻，增强本报新闻报道的特色和时效，提高报纸的可读性、权威性；通过“图片新闻”、“系列报道”、“专题报道”等，创新报道形式、丰富报道内容，受到读者好评；通过组织赴张家港、无锡、桂林异地采访，吸收外地生态文明建设的经验、教训，借他山之石推动韶关绿色发展。

【改版扩版】 2011年1月1日，《韶关日报》改版扩版。调整增加“民生”等版面，将原县（市、区）新闻版改版为“县（市）观察”，开办周末版。此次扩版后《韶关日报》由原来的每周64版增至68版。

2011年12月28日，《韶关日报》又进行新一轮改版，增加封面导读版，增设“网事网语”、“社会”、“新闻调查”等版块，改版扩版后，由原来的每周68版增至72版。

【经营总量成效明显】 2011年韶关日报社通过强化目标管理，加强策划活动，挖掘内在潜力，实现经营目标的新突破。广告方面组织策划最美景区评选活动，策划“3·15”、“十一”、2012年元旦等消费特刊，丰富资讯，引导消费。专题工作在提高原有专版版面质量的同时，不断寻找发展空间，以活动带动突破口，主动出击，使专版收入成为报社新的经济增长点。与此同时，韶关日报根据创文的目标要求，在市区建成14个高档阅报栏，并在各社区设立便民式的阅报栏20个，既宣传韶关日报的形象，又起到文化惠民作用。今后将陆续在市区建成150个高档阅报栏。

（张小卫）

附：领导班子成员名单

社　长：赖佩养（~2011.11）
总编辑：刘炎生
副社长：周国庆　李宇强
副总编辑：赖玉平　曾明娟
　　　　　李仲超

档案事业

【概况】 韶关市档案局和韶关市档案馆为局馆合一体制，履行档案行政管理和档案保管利用双重职能，是韶关市政府直属正处级事业单位。内设机构有6个，即办公室、监督指导科、技术培训科、编辑出版科、档案管理科、政府信息公开查阅中心。现有人员编制24个，领导职数4个：局（馆）长1人，副局（馆）长3人。非领导职数1个：副调研员1人。科级职数14个：正科级7人，副科级7人。全市设有档案行政管理部门11个、国家综合档案馆11个、专业档案馆1个，拥有专职档案工作人员138人；其他行政机关和企业单位拥有专兼职档案工作人员173人。

2011年，全市各级档案部门坚持以科学发展观引领档案事业发展，创新工作思路，突出工作重点，提高工作质量和服务水平，全市档案工作迈上新台阶，取得良好的业绩，为全市经济社会发展做出积极贡献。

【档案行政管理】 2011年，全市档案部门围绕市委、市政府中心工作，抓住服务经济建设、社会民生等重点，全方位、多角度地开展档案工作，取得明显成效。一是档案馆舍建设有新进展。市档案新馆建设在市政府领导的重视支持下已进入调研论证阶段。曲江区档案新馆已建成并投入使用，始兴档案新馆已封顶，进入装修和设备安装阶段。二是新农村建设档案工作有序推进。全市有9个镇成立档案馆，实行镇村档案集中管理新模式。10月，省档案局在韶关市召开全省社会主义新农村建设档案工作示范创建活动推进会，总结推广韶关市和始兴县的做法。三是重点建设项目档案工作持续开展。2011年，市档案局对公路、水利等10个项目档案进行专项验收，并配合省档案局对乐昌、湾头水利枢纽的项目档案进行检查。此外，对韶关市列入省、市重点建设工程项目的档案管理工作进行跟踪摸底并做好登记备案工作。四是国有企业档案工作规范运行。市档案局与市国资委出台《关于加强市属国有企业档案工作的意见》，指导和规范全市市属国有企业档案工作。协助莞韶工业园和市农行、市广发行、市移动公司等企业做好档案整理归档和规范化管理工作。此外，采用现场指导、业务培训、参观学习等多种方式，帮助盛远招标公司等民营企业做好档案管理工作。五是按照建设幸福美好韶关的要求，全市档案部门开展建立“民生幸福档案”主题实践活动。社保档案、医保档案、低保档案以及农村和社区的不少专门档案被列为民生幸福档案，得到加强。市档案局配合社保部门对全市社保业务档案进行检查指导，配合林业部门对集体林权制度改革档案进行专项检查。同时，加大民生档案接收进馆的力度，并将各地开展民生幸福档案活动的进展情况在《韶关档案》和韶关档案信息网上进行专题报道；六是档案目标管理和机关档案管理工作取得新成效。武江区档案馆和始兴档案馆顺利晋升为省一级档案馆。始兴县检察院等7个单位档案室晋升为省特级。此外，市档案局组织开展年度档案工作检查考核，并对其中38个单位进行现场检查。

【档案资源建设】 2011年，全市各级档案部门共接收各门类档案25462卷、17796件，光盘813张，其中市档案馆接收各门类档案261卷、4877件，光盘档案51张，实物档案32件，征集购买各种图书、资料1187本(册)，照片档案132张，整理馆藏档案704卷，接收招思虹等旅美华人档案资料20件。围绕市四套班子重大公务活动，主动做好声像档案的摘录、收集、整理工作。加强特殊载体档案、社会重大事件档案资料、社会珍贵资料和与进馆全宗有关的内部发行资料、文件汇编的征集、接收工作。

截至2011年底，全市11个国家档案馆馆藏档案总量为482277卷，81608件，案卷排架长度为7460米；照片档案为58282张，声像档案524盘，电子文件31562份，抢救重要历史档案16401卷。

【档案编研开发利用】 2011年，全市档案局（馆）利用馆藏档案资料，分专题有计划地编辑出版一批研究成果。编辑出版《韶关市委书记徐建华同志公务活动实录》、《2011年韶关大事记》、《档案工作手册》、《韶关档案》等公开或内部出版物14种，共341.9万字。完成郑振涛同志任市长期间的公务活动初稿编辑工作。同时，为《韶关年鉴》提供大量史料，完成《韶关年鉴》中档案事业章节部分的编写任务。此外，市档案局主动与电视台等传媒联系，利用馆藏档案资料，推进档案文化建设，宣传韶关档案工作，扩大档案工作的宣传覆盖面和影响力，增强档案意识。

【档案信息化建设】 2011年，全市党政机关事业单位和大部分企业已使用档案管理软件进行计算机辅助档案管理。市档案馆建立馆藏档案电子目录中心，录入档案文件级条目总数15411条，校对档案条目37113条。全文数据库建设进一步加强，对重要档案的全文数字化工作正在进行，完成民国档案4274页的扫描。乐昌档案馆、新丰档案馆已完成馆藏档案目录数字化工作。市档案馆2011年新接收电子文件6093份，向社会提供非涉密电子文件19161份。电子文件数据中心网站查询人数已达72244人次，点击访问"韶关市电子文件数据中心"和"韶关市档案信息网"的人数累计25.58万人次，受到社会各界广泛好评。

【档案公共服务水平】 2011年，档案社会服务工作得到明显加强。一是文件档案查阅服务工作成效明显。市档案馆全年共接待参观的外地档案同行、学生群众920人次，接待社会公众查档672人次，调阅档案资料2035卷，查阅现行文件112人次,调阅文件292件。二是政府信息公开服务工作不断深入。2011年3月，市档案局增设的"政府信息公开查阅中心"正科级内设机构，建立健全《韶关市政府信息公开查阅中心岗位职责》等八项工作制度，制定政府信息公开文件移交、接收和查阅工作流程和规范，确保政府信息的及时、准确、完整公开和有效利用。2011年接收60个单位共9669份政府信息，已全部录入电脑，挂网公开，方便查阅。11月9日，广东省政府信息公开工作考核组对韶关市政府信息公开工作进行考核检查，对韶关市政府信息公开查阅中心的工作给予充分肯定。三是档案教育基地建设正在发挥作用。市档案局与市委宣传部、史志办等单位联合举办"庆祝建党90周年韶关革命史展览"。新丰县档案局举办"如诗如画大陂村"图片展览，并与县纪委联合举办爱国主义教育和反腐倡廉警示教育展览，社会反响很好。

【档案安全体系建设】 档案安全检查责任制度进一步落实，购置灭火器、空调、档案箱柜等一批设备，加强库房巡查，加强库房温湿度记录和调控工作，堵塞危及档案安全的漏洞，确保档案实体和档案库房的安全。还对翁源、南雄、始兴、曲江、浈江等5个县（市、区）档案馆进行安全检查。

【档案队伍建设】 2011年，市档案局重视抓好干部队伍建设。一是重视思想建设和能力建设，各级档案部门领导班子配齐配强。领导的示范带头作用发挥良好。新丰、翁源、乳源等县档案局班子调整后，精力充沛，活力很强。二是档案部门内设机构得到加强。经市编办批准，市档案局增设政府信息公开查阅中心，由原来5个科室增加为6个科室，职能作用得到加强。各级档案部门也加强内设机构的建设，调整人员，完善管理。三是档案业务建设常抓不懈。举办岗位培训班2期，培训机关、企事业单位档案员169人。同时，分期分批选送业务骨干参加省局培训学习。此外，还加强档案学会工作，通过开展学术研讨活动、组织学习考察等形式，不断提高队伍的业务水平。（黄　政）

附：领导班子成员名单

局（馆）长：卢中强

副局（馆）长：黄　平　张福志　申爱平

史志工作

【概况】 韶关市史志办公室是2001年4月市机关机构改革中由市委党史研究室和市政府地方志办公室合并组建而成，为市委直属事业单位，负责中共韶关地方史的研究，组织编写、出版和开发利用党的地方史；依法行使地方志和地方综合年鉴的组织编纂、管理、开发利用工作。2011年，史志办定编14人，其中领导职数3人，非领导职数1人，正副科级8人，科员和工勤各1人，实有13人；内设综合、党史、方志、年鉴4个科。2011年，按照年度工作计划，继续做好中共韶关历史的研究和《中共韶关历史》第二卷的编写，全市第二轮地方志的编纂基本完成，第二部《韶关市志》出版发行，全市年鉴编纂工作全面启动，《韶关年鉴》连续出版发行，地方志工作保持全省的先进行列。

【中共韶关历史第二卷编写取得新进展】 《中国共产党韶关历史（1949~1978）》（简称党史第二卷）完成初稿，并于11月召开第一次评议会，通过评议，收集到大量的修改意见和建议。

《中共乐昌历史》第二卷已经出版发行，《中共仁化历史》第二卷已完成省的审查，正待出版，《中共曲江历史》已送省审查。翁源、乳源、新丰、始兴、南雄等县（市、区）党的历史第二卷的编写工作也在紧张进行中，已完成或部分完成初稿的编写。

【做好韶关革命史图片展览工作】 为纪念中国共产党建党90周年，根据市委的统一安排，与市委宣传部、市文化局等单位组织“韶关革命史图片展览”工作，在不到1个月的时间里，史志办具体完成图片展览脚本的编写、图片收集、编辑以及展版校对的工作。此次图片展览共编辑展览图片300多幅、说明文字3万多字。图片先后在韶关市区及各县（市、区）巡回展出，并在市博物馆作长期固定展出，以此作为中国共产党韶关历史教育基地。

【完成《抗战时期韶关市人口伤亡和财产损失》初稿编写】 为记述日本帝国主义侵华战争的罪行，全面反映韶关市在抗日战争时期人口伤亡和财产损失状况，根据中共中央党史研究室、广东省委党史研究室的统一部署，年内，在过去抗损调研成果的基础上，组织编写《抗日战争时期韶关市人口伤亡和财产损失》一书，该书分调研报告、档案资料、文献资料、口述资料、资料、大事记、伤亡人员名录等七大部分，共约85万字，至年底，已完成初稿编写，正加紧修改完善中。

【完成《韶关市革命史迹通览》初稿编写】 为完整准确地记录韶关的光辉历史，进一步做好全市革命史迹的保护和开发利用工作，根据省委党史研究室的统一部署，在韶关市及所辖各县（市、区）史志部门对全市区域内革命遗址、旧址和纪念设施普查的成果的基础上，整理编辑《韶关市革命史迹通览》一书，为社会各界了解、学习韶关历史，更好地保护和利用史迹资源提供可靠史料。该书约为25万字，至年底，已完成初稿编辑工作。

【第二轮修志工作基本完成】 到年底，全市第二轮修志工作基本完成，除《浈江区志》仅完成终审、《翁源县志》正在出版审查外，全市其他9部志书先后于2009、2010、2011出版发行。《韶关市志》（1988~2000）已于8月由方志出版社出版发行，共2029千字，图照270幅。该书全面记述韶关市1988~2000年13年间自然、政治、经济、文化和社会的历史与现状，是本行政区域最重要的史料文献。

【全市综合年鉴编纂工作全面启动】 年内，全市综合年鉴的编纂工作已全面启动。自2009年年鉴工作归属史志部门后，《韶关市年鉴》、《武江区年鉴》已连续出版三卷，乐昌、仁化、浈江区、曲江区年鉴已连续出版二卷，《始兴年鉴》已出版一卷，乳源瑶族自治县、南雄市、翁源县、新丰县综合年鉴正在组稿、编纂或总纂之中。《韶关年鉴（2011）》已于10月由方志出版社出版，全书986千字。

【完成《广东年鉴（2011）》韶关部分的组稿】 为提高《广东年鉴（2011）》组稿的质量，多次与有关部门召开组稿工作会议，与相关人员研究和探讨《广东年鉴（2011）》组稿的事宜，组织年鉴稿件资料，反映韶关全市年内政治、经济、文化、社会发展状况，为了解韶关提供可靠的咨询资料。

【地情网站建设有新的发展】 2011年，韶关地情网站建设得到进一步的发展，网站内容不断更新。年内，市网站新上传《中国共产党韶关地方史大事记》、《韶关年鉴（2010）》、《灯塔》等地情书籍资料，新上传时政要闻。同时指导各县（市、区）做好地情网站建设的工作。

【出版发行《灯塔》】 由史志办主任吴土清和李迅、周嵘共同主编的《灯塔》一书于2011年5月由广州出版社出版，该书以抗日战争时期中共广东省委、粤北省在韶关组织和领导广大民众反抗日本帝国主义的侵略和与国民党顽固势力进行艰苦卓绝的斗争为主线，反映了中国共产党人在抗战时期开展革命活动的真实经历，全书23万字。

【完成广东省志人物传韶关部分组稿】 按照广东省地方志办公室的部署，做好《广东省人物传》韶关部分的组稿工作，按照编纂要求查找资料，组织修改和补充，全市陈璘、许志锐、张发奎、薛岳、张兹闿、官惠民、龚楚、惟因、尹积昌等多名历史人物收入《广东省人物传》。

【办理市政协议案】 对市政协交办的“关于重建‘通天塔’的意见“和“关于再版〈韶州府志〉的意见”两个议案，组织人员办理，经查阅历史资料，明确议案中所要求的有关问题，并及时撰写议案办理意见，答复报送相关单位。

【做好《科学发展·幸福广东》韶关部分的组稿】 4月，按照省、市领导关于做好《科学发展·幸福广东》（韶关部分）组稿工作要求，及时组织编写人员进行组稿的工作，经过组稿人员努力，于6月初完成稿件上报工作。

【召开全市史志工作总结表彰大会】 7月14日，全市史志工作总结表彰大会在碧桂园凤凰酒店威尼斯会议室召开，会议全面总结2001~2010全市史志工作取得的显著成绩，部署今后五年全市史志工作任务，仁化县史志办公室等5个先进单位和何笔生等50名先进工作者受到表彰。省人民政府地方志办公室主任陈强、市人民政府副市长邹永松出席会议，各县（市、区）史志工作者、聘请的专家学者、市史志办公室人员共80多人参加会议。主任陈强、副市长邹松分别在会上讲话，主任陈强讲话中对韶关史志系统近年来地方志工作走在全省前列并为全省提供的经验和做法给予高度评价。（殷南光）

附：领导班子成员名单

主　任：吴土清

副主任：殷南光　丁伟志

卫生·体育

卫生管理

【概况】 2011年，韶关市医疗卫生机构718家，其中，医院61家，卫生院109家，门诊部66家。医疗机构固定资产30.56亿元，业务用房面积1055457平方米。医疗机构床位数13007张，比上年增加778张，增长6.36%，每千常住人口有病床4.56张。卫生人员总数18793人，比上年增长6.99%，其中，卫生技术人员15392人，占人员总数的81.90%，比上年增长6.99%。中级以上职称人员4440人、大专以上学历人员8804人。执业（助理）医师5922人，注册护士5955人。每千常住人口卫生技术人员5.40人、执业（助理）医师2.08人、注册护士2.10人。

2011年，韶关市村卫生站1510个，其中，村办1416个,占93.77%，私人办7个,占0.46%，乡镇卫生院下设80个,占5.29%，村卫生站覆盖率99.5%。村卫生站有执业（助理）医师192人,注册护士44人，乡村医生和卫生员1710人，其中，乡村医生1611人。

2011年，韶关学院医学院在校国民教育本科生737人、大专生2364人、中专生5266人，成人教育本科生558人。

2011年，韶关市婴儿死亡率4.15‰、5岁以下儿童死亡率5.87‰，孕产妇死亡率14.61/10万。法定报告甲乙类传染病总发病率186.87/10万，网络直报率100%，报告及时率99.92%，报告准确率84.05%，市区医疗机构法定传染病漏报率0.58%。及时处置食物中毒等突发卫生事件8起，全市连续八年没有发生重大食物中毒事件和甲、乙类传染病暴发疫情。

【城乡居民生活卫生状况改善】 2011年，韶关市开展城乡卫生综合整治和卫生镇村创建工作，创省卫生村17个，市卫生村48个，翁源县创建卫生县城通过市级考核。按政府支持、群众自筹、加强技术质量监控方式，推进全市农村改厕工作，培训农村改厕技术骨干280人，完成12000户无害化卫生厕所建设任务，完成率100%。推进城乡居民健康促进和创建无烟单位工作，城乡居民健康知识知晓率达80%，授予乐昌市卫生局等22个单位“韶关市无烟单位”称号，授予乳源县人民医院等16个单位“韶关市无烟医院”称号。

【全民健康生活方式系列宣传】 2011年10月7日，韶关市直卫生系统在西河全民健身广场开展“全民健康生活方式日”、“全国高血压日”、“联合国糖尿病日”、“世界精神卫生日”和“世界狂犬病日”等系列宣传活动。设立宣传展牌24块，宣传站点12个，派发宣传单10000余份，专家现场咨询3000余人，发放限油壶、限盐罐勺、捞油勺、钾盐等健康生活方式支持工具2000余件，发放现场调查问卷400余份，现场为群众量血压500次、测血糖130次。通过宣传活动，提高广大群众高血压、糖尿病、精神卫生、狂犬病等疾病防治意识，提高科学认知水平，普及健康生活方式。

【基层医疗卫生服务体系建设】 深化医药卫生体制改革工作启动三年来，中央投资、地方配套2.02亿元，其中，中央投资9930万元，建设改造8家县级医院、7家县级卫生监督所、32家乡镇卫生院、9家社区卫生服务中心。培训基层技术骨干609名，363名医师、348名护士取得全科医师、护士岗位证书，1000名50岁以下乡村医生接受岗位轮训。全市二级以上医院派出技术骨干指导乡镇卫生院开展新技术23项，基层医疗卫生服务体系服务环境、能力提高。

【基本公共卫生服务均等化】 深化医药卫生体制改革工作启动三年来，韶关市农村居民健康建档率 65.29%，城市居民健康建档率 79.20%，其中，农村居民健康电子档案 53.69%，城市居民健康电子档案 55.39%。建立高血压病人档案 143841 人、糖尿病人档案 40459 人、重性精神病人档案 14041 人、65 岁以上老年人档案 225084 人。以乡镇为单位国家规划免疫接种率巩固在 95%以上，完成 15 岁以下人群乙肝疫苗补种 20.18 万人，补种率 97.78%。现代结核病控制政策和艾滋病防治“四免一关怀”政策落实，全市甲乙类法定报告传染病得到控制，未发生重大疫情。孕产妇、儿童保健管理率达 95%以上，27184 人农村妇女补服叶酸，20749 人农村住院分娩产妇获得补助。2298 名贫困白内障患者得到免费复明手术。

【卫生监督管理】 2011 年，韶关市区推行公共场所卫生监督量化分级管理制度，评审各类公共场所 258 户，其中，A 级 18 家，B 级 71 家，C 级 165 家,4 家不予级别。全市开展生活饮用水卫生监督抽检，市区二次供水办证户数增至 92 户。监督检查 593 间大中小学校，培训 104 间学校的卫生管理员。推进职业技术服务机构建设，8 县（市、区）疾病预防控制中心取得职业健康检查资质，乐昌市、南雄市、始兴县疾病预防控制中心取得广东省职业卫生技术服务资质证书。开展职业健康状况调查工作，录入、复审 205 份调查表，形成韶关市 2001~2011 年职业病分析报告。开展职业健康体检 11153 人次，完成建设项目职业病危害预评价审核 8 项和建设项目职业病危害控制效果评价、竣工验收 1 项，全市无急性职业中毒事故发生。开展 186 家医疗机构放射卫生监督检查，新办放射诊疗许可证 26 个，全市 138 家医疗机构取得放射诊疗许可证，持证率 74.19%。2011 年，出动卫生监督员 15420 人次，车辆 3855 车次，开展卫生监督，监督 2322 户次，监督覆盖率 100%，监督频次 95%以上。实施卫生行政处罚 20 宗，警告 7 宗，查处无证经营单位 23 户，罚款 3.5 万元。韶关市卫生监督所被定为广东省卫生监督信息系统试点单位。韶关市卫生监督所、乐昌市卫生监督所、翁源县卫生监督所定为 2011 年广东省卫生监督机构绩效考核试点单位。

【食品安全综合协调】 2011 年，韶关市人民政府调整食品安全委员会，市委常委、常务副市长任市食品安全委员会主任，食品安全委员会下设办公室，挂靠韶关市卫生局。10 个县（市、区）食品安全委员会进行相应调整。全市组织开展打击食品非法添加和滥用食品添加剂、“瘦肉精”、“地沟油”、“打四黑除四害”等专项整治工作和乳制品、食用油、肉类、酒类、米面制品、豆制品、蔬菜等重点品种综合治理，出动执法人员 41675 人次，检查各类经营单位 24310 户次，发出整改通知书 1560 份，没收、销毁假冒伪劣食品 40.83 吨。立案查处案件 332 宗，涉货金额约 114 万元，移送公安机关案件 22 宗，逮捕相关责任人 11 名，判刑 5 人。加强食品安全风险监测工作，全市 25 类 35 种食品进行 85 种化学污染物及有害因素风险监测，8 类 12 种食品进行食源性致病菌风险监测，获得 5276 个监测数据。全市报告食物中毒 7 起，其中，微生物性食物中毒 3 起，有毒动植物及毒蘑菇食物中毒 4 起，67 人中毒，1 人死亡。

【卫生行政许可审批效率提高】 2011 年，在增加护士执业注册核准项目下，护士、医师执业注册核准审批时限由原来的 20 个、10 个工作日分别缩短为 18 个、8 个工作日。全年办理各种卫生行政许可事项 1970 件，提前办结率 100%。韶关市卫生局被市委、市政府授予依法行政、“五五”普法先进单位称号。

【重大活动卫生保障能力增强】 2011 年，韶关市卫生局组织全市疾病预防控制、卫生监督机构开展突发公共卫生事件应急演练，加强突发公共卫生事件报告、应急处置、调查、法律法规知识培训考核，疾病预防控制、卫生监督机构和应急队伍人员应对突发公共卫生事件能力提高。加强重大活动传染病防控、病媒消杀、公共场所、食品安全、医疗保障工作，全年承担重大活动卫生保障任务 27 次，完成各项卫生保障任务，韶关市卫生局被市委、市政府评为“2011 年广东国际旅游文化节主会场（韶关）”先进单位。

【粤北区域医疗服务中心建设】 2011 年，粤北人民医院心血管内科、血液内科、神经外科、妇科和韶关市第一人民医院骨科、临床护理专科被评为广东省临床重点专科，粤北人民医院被命名为广东省综合医院中医药工作示范单位。粤北人民医院和市第一人民医院被广东省卫生厅确定为“优质护理服务示范医院”。

【卫生技术人员晋升】 2011年，韶关市3141人报名参加全国中初级卫生专业技术资格考试，其中，1598人参加笔试，339人参加人机对话考试，1204人参加护士执业考试。全市369人参加卫生系列高级专业技术资格实践能力考试，其中，报考正高60人，报考副高309人。全市172人申报卫生系列高级专业技术资格评审，其中，申报正高16人，申报副高156人，107人通过评审，通过率62.2%。

【无偿献血工作】 2011年，韶关市39401人次进行无偿献血，献血量788万毫升，与2010年比增长7.9%，其中，农民无偿献血6330人次，比2010年增长23.2%，占全市采血总量16.1%，无偿献血工作稳步推进，临床用血质量得到保障，韶关市被国家卫生部、红十会总会授予无偿献血先进城市称号。

【医疗机构监管】 2011年，韶关市1661人报名参加全国执业医师考试，1466人参加实践技能考试，988人参加笔试，合格452人，合格率为45.75%，高于全省44.6%平均水平，总成绩排全省第八，其中，执业助理医师合格率为47.23%，高于全省31.32%平均水平，排全省第一；全市282人参加广东省住院医师规范化培训专业统考，2000多人参加医师定期考核，办理护士首次注册500多人；处理医疗纠纷争议和医疗投诉60人次，委托韶关市医学会医疗事故鉴定办公室鉴定20件，化解医患双方矛盾；出动卫生监督人员32人次，车辆12辆次，开展医疗机构医疗美容服务专项整治，检查9间市管辖范围医疗机构，针对存在问题，提出整改意见，落实整改措施，规范医疗美容执业行为；举办医疗机构负责人法规培训班，培训400人。全年处理非法行医、超范围行医、违法发布医疗广告案件10宗，行政罚款6.9万元。

【药品和医用耗材采购管理】 2011年，韶关市纠正医疗服务不正之风工作领导小组办公室组织开展全市公立医院药品及医用耗材阳光采购使用管理督导检查，制定《韶关市医疗机构药品阳光采购与阳光用药实施细则（试行）》，加强公立医疗机构药品阳光采购、阳光用药管理和医用耗材招标采购管理。组织开展2011年度二级以上医疗机构医用耗材集中采购，612个供应商，1111家生产企业的20170个产品中标，中标率58.60%，年完成采购金额1.2亿元，交易品种5647个，与2010年中标结果相比，中标价有较大幅度下降，所有类别品种平均降价率4.87%，年采购周期让利487.66万元。2011年，全年网上采购药品6.089亿元，国家基本药物采购总金额1.341亿元，占总采购金额22%，让利2.135亿元。

【三好一满意活动】 2011年，韶关市卫生局组织开展以“服务好、质量好、医德好和群众满意”为内容的“三好一满意”活动，持续开展优化诊疗环境、优化服务流程、便民利民服务，规范临床检查、诊断、治疗、用药行为，推行同级医院检验影像检查结果互认和临床路径试点工作。同时，开展医疗机构民主评议行风活动，召开社会监督员座谈会听取意见，发放征求意见表，征求群众意见，与社会监督员面对面交换意见，落实整改措施，促进医疗机构行风建设，市直医疗机构行风民主评议均获优秀等级。

【卫生新闻宣传】 2011年，韶关市卫生局举办首场新闻发布会，向社会发布韶关市基本公共卫生服务实施情况，韶关市电视台、韶关市广播电台、韶关日报、韶关民生网记者参加新闻发布会。韶关市卫生局与韶关日报合作，首次开办韶关卫生专题栏目，分《时刻把群众饮食安全放在心上——韶关市食品安全工作纪实》、《再吹行风建设集结号——聚焦韶关市卫生系统“三好一满意”活动》、《五项改革群众得实惠——市卫生系统医改三年回眸》、《2011年韶关卫生发展报告》专题，就韶关市食品安全、行风建设、三年医改工作、2011年卫生事业发展进行报道。

【张孟贤、张三坤等人先进事迹巡回报告会】 2011年10月，韶关市委卫生工委、市文明办、市政府纠风办做出《关于开展向张孟贤、张三坤同志学习的决定》，举办8场“韶关市医德医风先进事迹巡回报告会”，推动卫生系统创先争优工作开展。广东省劳动模范、广东省卫生系统白求恩式先进工作者、广东省“三八”红旗手、粤北人民医院麻醉科原主任张孟贤，市优秀党员、“三八”红旗手、优秀乡村医生、仁化县黄坑镇小溪村卫生站乡村医生张三坤作巡回演讲。各级医疗卫生机构、窗口单位和服务行业5000人参加报告会。

【卫生系统庆祝建党90周年活动】 2011年，韶关市委卫生工委举办庆祝中国共产党建党90周年活动。6月7日，举办“创先争优在行动，我为党旗添光彩”——纪念中国共产党建党90周年主题演讲比赛，局直属单位党组织选派17名选手参加比赛。6月21日下午，韶关市委卫生工委召开庆祝中国共产党成立90周年暨“七一”表彰大会，粤北人民医院党委等5个党组织被评为先进基层党组织，91名党员被评为优秀共产党员，20名党员被评为优秀党务工作者。

【领导干部廉政教育培训】 2011年8月9~10日，韶关市卫生局在市中级人民检察院举办市直卫生系统领导干部廉政教育培训班。韶关市卫生局正科以上干部，市直卫生系统各单位领导班子成员约100多人参加培训。培训采取听市纪委、市检察院、市卫生局领导专题讲座，观看廉政电教片，参观韶关市廉政教育基地等方式进行。

【卫生行业专项治理】 2011年，韶关市从医疗服务、医疗收费和医药购销行为入手，召开专题会议，组织观看专题片，开展专题讨论，进行为期4个月的专项治理活动。在全市卫生系统大会上，市政府副市长兰茵亲自动员部署专项治理工作，市委常委、市纪委书记段宇飞作重要讲话。活动期间，全市各级卫生行政和医疗机构播放《广东省纠风工作专题暗访片（二）》202场次，组织11605人观看专题片。专项治理活动，达到行业内部自律的预期效果。

【中华健康快车白内障治疗中心开工建设】 韶关市第十二届人大六次会议审议通过，中华健康快车白内障治疗中心建设列入市政府2011年为民办实事项目。项目总投资3000万元，建筑总面积10510平方米。项目建设可加快韶关市眼科专科发展，落实全市防盲治盲任务，促进粤北区域医疗服务中心建设。2011年11月28日，中华健康快车白内障治疗中心建设项目在韶关市铁路医院开工建设。

【卫生支持翁源县乡】 2011年4月，韶关市卫生局组织粤北人民医院、韶关市第一人民医院、粤北第二人民医院、韶关市职业病防治院4家医院50名医务人员，4台大型体检车前往翁源县开展文化卫生科技“三下乡”活动，支持翁源县开展“关爱群众健康惠民工程”活动，深入镇村免费进行居民健康体检建档工作，把健康关怀送入千家万户。同时，对口帮扶新江镇、周陂镇、江尾镇、坝仔镇卫生院，开展业务培训，技术支持，提高基层医疗机构服务能力。

【基层医疗服务机构基本药物制度建设】 在乳源县试点基础上，以规范基本药物配备、规范基本药物采购、规范零差价销售、规范补偿措施为要求，分批推进政府办基层医疗服务机构国家基本药物制度建设。2011年4月底，全市89个乡镇卫生院、9个社区卫生服务中心建立国家基本药物制度。国家基本药物零差价销售减少的合法收入，按城乡居民医疗保险基金70%、省财政15%、市和县财政15%比例进行补偿。基本药物采购，以县为单位，编制采购计划，实行网上跟标采购。基本药物配送，通过公开确定符合条件的企业，签订协议配送。实施基本药物后，全市基本药物实际销售价格下降34.9%，门急诊人次同比上升2.38%，门诊次均费用、住院次均费用同比分别下降2.6%、14.01%。

【医院信息化建设试点工作启动】 2011年，广东省卫生厅确定粤北人民医院、韶关市第一人民医院为基于电子病历的医院信息平台建设试点单位，确定粤北人民医院为远程会诊试点单位。同年8月19日，韶关市卫生局与粤北人民医院举办韶关市卫生与医院信息化建设讲座，国家卫生部信息化建设领导办公室副主任高燕婕教授作“卫生与医院信息化建设”报告，粤北人民医院介绍医院信息化建设工作。全市县级卫生局、县以上医疗机构、中心卫生院分管领导等90多人参加讲座。

【市第一人民医院创建三级甲等医院】 2011年9月1~3日，广东省三级医院评审组对韶关市第一人民医院创建三级甲等医院工作进行考评。省评审组专家通过现场检查、查阅资料，认为韶关市第一人民医院达到三级甲等医院标准，通过评审。韶关市第一人民医院创建三级甲等医院的成功，可进一步增强医院综合实力，整体提升韶关市医疗服务能力，促进粤北区域医疗服务中心建设，方便广大群众就近获得高水平的医疗服务。

【基层医疗服务机构综合改革】 9月30日，韶关市89个乡镇卫生院、9个社区卫生服务中心核定为公益一类事业单位，重新核定编制4898人，比改革前增加1389人，增加39.58%。全市安置未聘人员242人，其中，提前退休33人，自谋职业与自主创业3人，三年过渡安置118人，其他方式安置88人。未满编的91家基层卫生机构面向社会公开招聘人员344人。同年10月1日起基层医疗服务机构实施绩效工资和“收支两条线”管理，院长竞聘上岗。

【农村中医药工作先进单位评估】 12月19~20日，广东省农村中医药工作先进单位评估组对翁源县创建省农村中医药工作先进单位进行考评。省评估组专家现场检查评估4间卫生院、4个村卫生站、县中医院、县人民医院、县创建办及相关成员单位创建工作，认为翁源县创建省农村中医药先进单位工作政府重视，加大投入，健全网络，工作扎实，产业带动，群众得实惠，达到广东省农村中医药工作先进单位评估标准。

【粤北第三人民医院新住院大楼工程竣工】 12月22日，韶关市人民政府2010年为民办实事工程——粤北第三人民医院新住院大楼竣工。项目利用中央精神卫生防治体系建设专项资金和地方配套资金2500万元，建筑面积11200平方米。新住院大楼的建成、使用，可改善精神疾病患者就医条件，增强医院综合实力和发展后劲，整体提升韶关市精神疾病专科医疗服务能力，促进全市精神卫生防治事业新发展。

【全省地市级健康教育所所长会议在韶关召开】 12月22~23日，广东省地级以上市健康教育所所长会议在韶关市区召开。会议总结2011年广东省健康教育工作，部署2012年广东省健康教育重点工作及健康教育机构绩效考核工作。国家卫生部妇幼卫生与社区卫生司健康促进与教育处处长石琦、中国健康教育中心/国家卫生部新闻宣传中心副主任陶茂萱、广东省卫生厅副巡视员黄晓军、韶关市人民政府副市长兰茵、广东省健康教育中心主任汤捷及全省地级以上市健康教育所负责人60多人出席会议。会上中国健康教育中心/国家卫生部新闻宣传中心副主任陶茂萱、中国健康教育中心办公室主任田向阳就《健康促进与健康教育工作的最新进展》、《对当前健康教育绩效考核的认识》进行专题发言，韶关市健康教育所做健康教育工作经验介绍。

新型农村合作医疗

【概况】 2011年，韶关市196.8万农民参加新型农村合作医疗，占农业人口99.9%，五保户、低保户、特困户参合率达100%，镇、村农村合作医疗覆盖率100%，排全省第5位。全市筹资水平达每人每年230元，比上年增加80元，共筹资4.5亿元，比2010年提高64%。参合农民在乡镇卫生院住院报销比例70%~80%，在县级医院住院报销比例60%，在县外医院住院报销50%，报销封顶线10万元。参合农民在当地卫生院和卫生站就医实行门诊统筹补偿制度，报销比例30%。

2011年，韶关市248.78万人次享受合作医疗补偿，其中，住院补偿13.66万人次，门诊补偿193.56万人次，家庭账户、正常分娩、特殊病种、体检等补偿41.57万人次，人均补偿受益面达100%，住院受益面达5.49%，门诊受益面达94.51%。补偿总额为2.97亿元，其中，住院补偿费2.44亿元，门诊补偿2888.5万元、家庭账户补偿117.36万元、分娩补偿1037.31万元、特殊病种大额门诊补偿308.55万元、体检补偿153.61万元，其他补偿807.25万元。

【农村儿童重大疾病医疗保障】 2011年，韶关市卫生局、民政局制定《韶关市开展提高农村儿童重大疾病医疗保障水平工作实施方案》，确定粤北人民医院为韶关市农村儿童重大疾病医疗保障定点单位，明确操作流程、补偿标准，开展农村儿童先天性心脏病和白血病等疾病救治。全年救治先天性心脏病36人，白血病2人。

【新型农村合作医疗保障范围扩大】 2011年，精神病、肺结核、尿毒症等19种特殊疾病列入韶关市定点医疗机构门诊补偿范围，按40%比例报销。农民婚前检查、健康检查、二类预防接种纳入新型农村合作医疗定额补偿范围，残疾人9种康复项目纳入新型农村合作医疗报销范围。

【新型农村合作医疗即时补偿点增加】 2011年，经考核，粤北第三人民医院、市铁路医院、市中西医结合医院等8家医疗机构达到新型农村合作医疗定点医疗机构即时补偿单位要求，列为新型农村合作医疗即时补偿机构，参合农民住院实行当天出院，当天报销，方便参合农民就医。

社区卫生服务

【概况】 2011年，韶关市强化社区卫生服务中心规范化建设，完善市区社区卫生服务中心职能，开展示范社区卫生服务中心创建工作，加强社区卫生服务宣传活动，全市社区卫生服务工作取得发展。

【示范社区卫生服务中心创建】 5月20日，广东省卫生厅举办“广东省创建示范社区卫生服务中心暨城市社区卫生服务中心（站）绩效考核评估培训班”，启动广东省示范社区卫生服务中心创建工作。韶关市推荐浈江区太平社区卫生服务中心和武江区惠民社区卫生服务中心参加广东省示范社区卫生服务中心创建工作。

【市区社区卫生服务职能完善】 5月1日，韶关市疾病预防控制中心、韶关市妇幼保健院承担的市区预防接种和妇女儿童保健工作，分别移交武江区惠民、新华街道社区卫生服务中心和浈江区太平、和平、东河、站前社区卫生服务中心。武江、浈江区社区卫生服务中心职能进一步完善，公共卫生服务体系进一步健全。工作移交后，市区公共卫生服务工作运转正常。

【社区卫生服务宣传活动】 2011年8月，韶关市开展以“我身边的社区卫生服务”为主题的社区卫生宣传月活动。通过摄影、征文和演讲比赛，宣传深化医药卫生体制改革成效和社区卫生服务政策措施，营造社区卫生改革与发展的社会环境和舆论氛围，推动社区卫生服务机构创先争优工作，做到服务好、质量好、医德好和群众满意。通过选拔，推荐1名选手参加全省“我身边的社区卫生服务”演讲比赛，获三等奖。

【社区精神卫生工作】 2011年，韶关市精神卫生社区防治网点覆盖率达99.13%，提前实现《全国精神卫生工作体系发展指导纲要（2008年~2015年）》提出的2010年达到70%，2015年达到95%目标。除武江区新华社区卫生服务中心外，其他县（市、区）精神卫生社区防治网点覆盖率达100%，精神卫生社区防治网点检查合格率90%以上，全市形成依托乡镇卫生院、街道社区卫生服务中心和村卫生站，登记重性精神疾病患者的社区工作格局。

妇女儿童保健

【概况】 2011年，韶关市组织开展《韶关市妇女发展规划（2001~2010年）》和《韶关市儿童发展规划（2001~2010年）》终期评估工作，评估显示，以市为单位，韶关市妇女儿童两个规划卫生部分指标，达到广东省规划目标。制定《韶关市妇女儿童发展规划（2011~2020年）》卫生部分指标，推荐28名专家为广东省妇幼保健机构等级评审专家库成员。

【母婴保健服务管理】 2011年，按照《中华人民共和国母婴保健法》和《广东省母婴保健技术服务许可审批程序》，完成53名母婴保健服务技术人员和4间母婴保健技术服务执业许可证到期、法人变更医疗机构考核、验证、发证工作。

【新生儿疾病筛查】 韶关市开展新生儿疾病筛查工作以来，儿童保健工作取得新发展。2011年7月29日，韶关市卫生局召开新生儿疾病筛查工作总结表彰大会暨新技术培训班，授予新丰县卫生局等3家单位新生儿疾病筛查行政管理先进单位荣誉称号，授予仁化县妇幼保健院等3家单位新生儿疾病筛查二级网络先进单位荣誉称号，授予粤北人民医院等10家单位新生儿疾病筛查标本送检先进单位荣誉称号，授予韶关市第一人民医院等10家单位新生儿疾病筛查项目管理先进单位荣誉称号。

【农村贫困妇女“两癌”筛查】 2011年，韶关市政协委员提出的“加强农村贫困妇女‘两癌’防治工作”提案，列为市委重点落实提案。经调查研究，韶关市卫生局、妇联、民政局、扶贫办、财政局制定《韶关市农村贫困妇女“两癌”筛查实施方案》，用两年时间，开展农村贫困妇女“两癌”摸底调查、健康教育、技术培训等工作。12月底，完成5000名农村贫困妇女宫颈癌、乳腺癌筛查。

【试管婴儿技术通过卫生部认定】 3月25日，韶关市妇幼保健院常规体外受精——胚胎及卵泡浆内单精子注射技术通过卫生部评审认定，正式运行。项目填补粤北地区空白。2011年，完成试管婴儿技术妊娠周期420个，临床妊娠率近40%。同年，12月5日，韶关市妇幼保健院院母婴保健技术——产前诊断项目通过广东省准入评审，正式运行。项目填补韶关市空白。（曾兴雄）

附：领导班子成员名单

局　长：邓小杰

副局长：罗德源（~2011.6）

郭伟强（~2011.6）

郭伟强（2011.6~）

朱立英　胡德宁

李四根

纪工委书记：温金昌（~2011.4）

叶东生（2011.4~）

市级医疗卫生机构

【粤北人民医院】 创建于1886年，是一间有着深厚历史底蕴的百年老院，是粤北地区规模最大、综合实力最强的三级甲等医院。医院占地8.93万平方米，建筑面积15.24万平方米。

2011年全院在职职工2080人，其中专业技术人员1688人，占全院人员的81%。专业技术人员中主任医师等高级职称275人，主治医师等中级职称491人，初级职称922人；博士研究生学历人员24名，硕士研究生学历人员172名。医院有博士研究生导师1名，硕士研究生导师10名，韶关市专业技术拔尖人才5名。

医院开放床位2300张，较2010年增长21%，医疗业务健康稳步发展，2011年门急诊量765168人次，增长5.8%。全年出院人数66361人次，增长12%，出院人数占全市直属医疗机构总数的50%以上。全年手术人数33451人次，较上年增长24.2%。医院规模与医疗业务量居全省山区医院领先、三甲医院前列。

医院共设58个科室。综合实力及各专科诊疗技术在粤北地区居领先地位。心血管内科、血液内科、妇科、神经外科等4个科室是广东省临床重点专科，是拥有省临床重点专科最多的地市级医院之一。心血管内科同时是是大粤北地区（含清远、梅州、河源）唯一的心血管专业“广东省医学特色专科”，以先进成熟的心脏介入手术为专科特色，2011年收治病人5312人次，年开展介入手术1972台。肛肠科是广东省中医药建设重点专科，儿科是广东省五个一工程重点专科。另拥有肿瘤中心、肾内科、骨科、神经内科等14个韶关市重点专科和特色专科，其它专业各具特色，均衡发展，形成强大的规模与技术优势。

医院固定资产7亿元。医疗设备总值3.5亿元，医疗设备整体配置水平居省内先进水平。肿瘤诊治设备水平居省内领先水平，是卫生部批准的整个大粤北及红三角地区唯一拥有PET-CT的医院，是广东省第二家同时拥有“直加、中子刀、伽玛刀、PET-CT”的医院。2011年医院投入6200万元购置医疗设备，引进第二台高能直线加速器、第二台1.5TMRI（核磁共振成像）、第二台CT（128层）及第二台ECT。继新住院大楼投入使用后，投资3亿元的新门诊医技住院综合大楼正在紧张建设中。

医院是卫生部电子病历试点医院，信息化建设走在全国前列，整体投入5000多万元建成病房管理（HIS系统，含病房和门诊系统），影像存储传输管理(PACS系统)、检验管理（LIS系统）和办公自动化（OA）等四大系统，基本实现医疗流程信息化和决策管理信息化。依靠医院信息化，医院实现“预充值一卡通”、预约挂号，检验结果自助查询等一系列延伸服务，有效提高服务质量和服务效率。

2011年，医院开展新技术新项目49项。获得省卫生厅许可的“心脏死亡肾脏移植”技术资质，是粤北地区唯一获该资质的医院。获韶关市科技进步奖12

项，其中一等奖1项、二等奖6项，三等奖5项，获奖数量连续19年位列全市第一。共有112项科研获各级立项，资助金额达42万元，立项数量和资助金额均创历史新高。其中5项科研获广东省自然科学基金立项，2项科研获广东省科技攻关项目，省部级立项数量是前4年的总和，实现较大飞跃。获广东省卫生厅科研计划项目5项、广东省中医药局建设中医药强省科研课题3项，获韶关市科技计划项目25项，市医药卫生科研立项72项，市级科研立项数较上年增加89.47%。作为粤北地区唯一的国家药物临床试验基地，医院2011顺利通过国家药监局的资质复核。全年参与开展11项药物（设备）临床试验，其中国际多中心临床试验项目1项，担任组长单位主持项目1项。全年在各类核心期刊发表学术论文163篇，其中SCI录取发表6篇。

医院是韶关市政府指定的唯一的手足口病危重症救治定点医院。

医院是汕头大学医学院附属医院，汕头大学医学院博士后科研流动站，广东医学院硕士研究生培养基地，中山大学、中南大学等9所大学教学医院，有兼职教授、副教授112人。2011年完成大专本科院校实习生及基层医院进修生600多人的临床教学任务，接纳29名实习硕士研究生来院实习和开展科研工作，成为广东省首批"国家全科医生临床培养基地"（全省仅有5家），获中央财政预算支持1300万元，作为配套工程的培训教学综合大楼已获市发改委立项，正在积极筹建中。

医院统筹开展"三好一满意"、"创先争优"、"医疗质量万里行""行业作风民主评议等活动"，弘扬"以人为本服务卓越"的服务宗旨，建设粤北区域医疗中心。在卫生部组织的评选中，医院连续两年被评为"改革创新医院"；先后荣获"全国药事管理优秀奖"、"2011年医院信息化创新医疗服务模式十佳医院"、"全国综合医院中医药工作示范单位"、"广东省综合医院中医药工作示范单位"、"广东省优质护理服务示范单位"、"广东省联合培养研究生示范基地"等称号。

（朱伟红）

附：领导班子成员名单

院长、党委副书记：徐　新

党委书记：梁光明

党委委员、副院长：许红雁

马绍椿

党委委员、纪委书记：高凌俊

副院长：贝抗胜　孟志华

【韶关市第一人民医院】 是集医疗、教学、科研、预防保健、指导基层等任务于一体的三级甲等综合医院，是广东医学院附属医院、广东省高等医学院校教学医院、广东医学院硕士研究生联合培养基地、广东医学院和南方医科大学等7所高等医学院校教学基地，是第二军医大学长海医院骨科博士协作培养工作点，是台北医学大学附属双和医院友好合作医院。医院占地面积17738平方米，建筑面积58284平方米，业务用房36616平方米，辅助用房16886平方米，生活用房4781平方米。医院设66个机构，其中，骨科、临床护理为省临床重点专科，呼吸内科为广东省"五个一工程"重点专科，普通外科、神经内科为市重点专科，泌尿外科、神经外科、耳鼻喉科、重症医学科列入市重点、特色专科发展。医院有"骨科"、"血液净化"、"心血管疾病"3个研究所。

2011年，全院在职职工1170人，其中，在职在编741人，聘用人员427人，外聘专家2人。有博士生导师1人，硕士研究生导师4人，教授、副教授79名，讲师162名。高级职称155人，中级职称275人。市专业技术拔尖人才4人，享受国务院特殊津贴专家1人。医院床位定编820张，门诊量为38.45万人次，出院人数为2.4763万人次。

2011年，医院固定资产2.5亿元，万元以上医疗设备1.4亿元，有德国西门子全数字化高能医用直线加速器、德国西门子多层螺旋CT、柯达X线CR、DR数字影像系统、菲利浦1.5T超导核磁共振成像系统、乳腺钼靶X光影像系统、德国西门子大型C形臂数字减影血管造影系统、门诊住院信息PACS系统、种类齐全的内窥镜检查治疗系统等大型医疗设备；有现代化的层流手术室、层流ICU病房、NICU病房、标准化产房、标准化供应室、先进的内窥镜检查治疗中心、血液净化中心等。医院急救设备配套齐全，配备救护车9台；体检中心配置1台大型健康体检车及完备的车载体检设备。

近年来，骨科专家、硕士、博士研究生导师李文锐，全国著名肝胆外科专家李朝龙，呼吸内科专家王小平等学科带头人，为医院培养一大批中青年技术骨干。2011年，医院与台北医学大学附属双和医院合作，选派12名业务技术骨干前往进修学习，形成良好的技术人才梯队结构。医院在全国率先建立骨科康复中心，2011年对理疗科、神经内科脑卒中单元、儿童康复中心等进行资源整合，组建康复医学科。医院骨科、呼吸内科、普通外科、神经内科、神经外科、胸外科、耳鼻喉科、妇产科、重症医学科、病理科等专科诊疗技术及学术处于全市先进水平，部分临床技术和科研项目达到国内先进水平、或省内领先水平，有的填补粤北地区空白。

2011年，医院开展寰枢椎椎弓根内固定后路融合术，双心室再同步治疗技术（CRT），单孔腹腔镜下经膀胱前列腺摘除及肾上腺切除、肾囊肿去顶术，软镜下小儿支气管异物取出术，双“C”强化治疗糖尿病技术，球囊扩张治疗良性支气管狭窄，纤支镜下等离子刀及冷冻等介入治疗气管、支气管内肿瘤，计算机辅助设计下近关节肿瘤段切除异体骨移植加人工关节置换术，计算机辅助设计后路截骨矫形及内固定治疗胸腰椎后（侧）凸畸形，多发肋骨骨折切开复位环抱式内固定术等新技术20多项。

2011年，医院接收广东医学院临床研究生3名，1名研究生学习期满通过论文答辩获硕士学位。完成300多名实习生、基层全科医生及进修医生培训和教学任务。

2011年，获全军科技进步二等奖1项、市科技进步二等奖3项和三等奖4项。获广东省卫生厅科研立项2项、市科技局立项16项、市卫生局立项32项。在各类核心期刊发表学术论文47篇，SCI医学论文1篇。举办国家级继续医学教育项目3项、省级继续医学教育项目8项，授予一类学分54分。举办市级继续医学教育项目11项，授予二类学分11.5分。

2011年，广东省卫生厅分别授予医院、医院心内科“优质护理服务示范医院”、“优质护理服务先进单位”称号，医院在市行风民主评议活动中获优秀成绩。（王　胜）

附：领导班子成员名单

院长、党委副书记：李文锐

党委书记：张建波

党委委员、副院长：邱卫东
张莉玲
李文虎

党委委员、纪检书记：
李舒才（2011.4~）
毛彤灵（2011.7~）

副院长：董书雄（~2011.5）
王永东（2011.7~）

【韶关市铁路医院】 是二级甲等综合医院、市卫生局直属医院、韶关学院医学院附属医院、湖南省长沙医学院临床实习医院、卫生部国际紧急救援中心网络医院、爱婴医院，是广铁集团医疗保险、韶关市职工医疗保险、韶关市城镇居民医疗保险、韶关市新型农村合作医疗、中国人寿保险、中国泰康人寿保险、中国平安保险定点医院。医院于2004年8月由广州铁路集团公司羊城铁路总公司移交韶关市人民政府。医院占地面积2.2万平方米。

2011年，医院有日立全身螺旋CT、美国通用新飞天-6000DR、数字胃肠系统、美国飞利普彩超、贝克曼全自动生化仪、中心监护系统、胶囊内镜、电子胃肠镜、电子阴道镜、腹腔镜、支气管镜、椎间盘镜、西德牙科高频铸造机、血液透析机、碎石机、呼吸机、高压氧等先进设备。

2011年，医院编制床位200张，设24个科室，其中，白内障治疗中心、消化内科、妇产科、糖尿病科是韶关市重点、特色专科。2011年11月28日，韶关市人民政府为民办实事项目——卫生部“中华健康快车白内障治疗中心”授牌，综合楼开工建设。消化内科推广应用无痛胃肠镜检查和胶囊内镜检查新技术，满足病人无痛诊疗要求，消除病人恐惧心理；妇产科实行价格优、技术精、服务好、环境舒适的服务，分娩人数继续居韶关市医疗机构之首。糖尿病科通过糖尿病知识讲座、糖尿病人自我管理学校免费培训和社区义诊、病友外出交流等活动，实施糖尿病治疗。医院开展创等级医院活动，成立病理科，加大康复等科室建设投入，服务水平提高。

2011年，医院在卫生系统5家重点单位行风民主评议中排名第一，医院党委分别获市委、市卫生局先进基层党组织称号，医院“手机党报”获市首届组织工作“创新奖”，医院获卫生系统首批“无烟医院”和“2010年度医保定点医疗机构先进单位”称号，在韶关市“120”应急救护系统年度检查中，总分第一。

（李毅玲）

附：领导班子成员名单

院长、党委副书记：全　红

党委书记：姚广飞

党委委员、副院长：钟义春

钟　军

廖清华

(2011.6~)

【粤北第二人民医院】 是集医、教、研为一体的非营利性医疗机构。医院占地面积18.8万平方米、建筑面积32735平方米，其中，医疗用房面积26755平方米。医院设内科、内儿科、外科、感染科、肺科、呼吸内科、中医康复（痛症）科等7个住院科室，设风度分院门诊、院部门诊、西河门诊、结防门诊等4个门诊部，开设内科、普通外科、神经外科、骨科、泌尿外科、胸外科、妇科、儿科、眼科、耳鼻咽喉科、口腔科、传染科、结核病科、麻醉科、医学检验科、医学影像科、中医科等诊疗科目。医院主要承担传染病诊治任务。

2011年，医院开设病床412张，有在职人员415人，其中，在编人员266人，人事代理人员99人，临时工50人。医院有专业技术人员288人，其中，正高级职称6人、副高级职称37人、中级职称91人、助理职称20人。2011年，投入350多万元，新购进奥林巴斯内镜系统、DR多功能体检车、妇科治疗仪、血凝分析仪、化学发光分析仪、经络通治疗仪等医疗设备。

2011年，全市免费检查可疑肺结核7582人，发现活动性肺结核1715人，其中，传染性肺结核1123人，完成年度任务100.99%。肺结核病人按规定得到免费治疗和管理，初、复治涂阳病人治愈率分别达97.42%、94.29%，超过省下达的任务。涂阴肺结核病人完成治疗率97.28%。

2011年，医院药品采购总额2655.3万元，与2010年相比下降21.1%，药品占业务收入比例48%，同比下降18.8%。医院平均住院11.87日，病床使用率58.84%，病床周转次数17.81次/年，诊断符合率96.63%。

2011年，医院感染科被市委卫生工委评为先进基层党组织，团总支被共青团韶关市委评为韶关市“青年志愿先进集体”。

（彭裕强）

附：领导班子成员名单

院　长：麦力强

副院长：周伟华　梁小文

李德昌　陈红玲

【粤北第三人民医院】 2011年，粤北第三人民医院贯彻落实医改有关政策，坚持“以病人为中心，以质量为核心，以科技为重心”的办院宗旨，深化内部机制改革，加强医疗护理质量管理，医疗各项指标取得建院53年以来最好成绩。全年入院病人1575人次，同比增长9.8%。出院人数1512人次，同比增长10%。全院总住院日18.55万天，同比增长17%。病床使用率为127%，平均病床周转次数3.7次。门诊量3.5万人次，同比增长12.9%。

2011年，医院加强医疗质量管理与控制体系、纠纷隐患排查整改和应急保障体系建设，落实业务部门医疗护理质量日查、月检、季度考核制度，医院无医疗护理差错事故，危重病人抢救成功率81%。医院第三科被韶关市总工会评为“粤北女职工文明岗”、被韶关市卫生局评为卫生系统巾帼建设先进集体，并被推荐为广东省“巾帼建设先进集体”候选单位。

2011年，建筑面积11200平方米，投资2500万元，床位400张的住院部大楼竣工。住院大楼启用，医院每定编床位建筑面积由21.3平方米提高至50平方米，精神病人住院条件、环境改善，收治急重精神病人能力提高。

2011年，全市设立精神疾病社区防治网点114个,覆盖率99.13%,提前实现《全国精神卫生工作体系发展指导纲要（2008年~2015年)》要求，精神疾病社区防治网点检查合格率90%以上。医院举办韶关市重性精神疾病管理治疗工作规范培训班和韶关市重性精神疾病管理治疗、基本数据收集分析系统操作培训班，培训基层精神疾病防治医生86人。同时，派专家到南雄市、乐昌市、新丰县、仁化县、始兴县，为262名乡镇卫生院院长、精神疾病防治医生、乡医开展重性精神疾病项目内容培训，推进重性精神疾病社区防治工作开展。2011年，全市录入信息系统重性精神病人14887人，完成率107.58%，超额完成绩效考评任务。

（李俊华）

附：领导班子成员名单

院长、党总支副书记：邝乐平

党总支书记：邓顺古

副院长：杨炳金　梁军林

张程赪

【韶关市妇幼保健院】 是集保健、医疗、科研、教学为一体的二级甲等妇幼保健机构，承担全市妇女儿童保健、医疗任务，是全市妇幼保健业务指导中心。医院占地面积5228平方米，建筑面积20500平方米，业务用房14366平方米。医院设职能科室15个，临床一、二级科室21个，保健一、二级科室14个，医技及其他业务科室12个。医院生殖医学中心、新生儿急救中心是市级医学重点专科，产前诊断中心、乳腺病防治中心、儿童脑康复中心是市级医学特色专科。

2011年，医院编制床位200张，编制职工252人，临聘技术人员106人，专业技术人员占全院人员89%。高级职称61人，中级职称70人。卫生技术人员中，本科以上学历103人，大专以上学历占全院职工总数57.3%。

2011年，医院固定资产6384.6万元，同比增长8.36%，5万元以上设备94台（件），有乳腺旋切刀、腹腔镜、宫腔镜、四维彩超、乳腺钼靶X光机、全自动生化分析仪、时间分辨仪、全自动高效液相色谱分析系统、染色体自动分析系统、全自动荧光定量PCR仪、脑电图机、超薄液基细胞检测仪及新生儿抢救监护仪等现代医疗设备。

2011年，医院生殖医学中心“试管婴儿”技术通过卫生部准入评审，填补粤北地区空白，当年完成试管婴儿技术妊娠周期420个，临床妊娠率近40%。乳腺病防治中心是广东省妇幼安康工程乳腺癌防治定点单位，有粤北地区首个麦默通乳腺微创手术系统。产前诊断中心在韶关市第一个通过广东省卫生厅评审准入，临床扩增（PCR）实验室通过国家卫生部验收。新生儿急救中心承担全市急危重症新生儿转运和救治，2011年成功转运和救治1200例急危重症新生儿。产科在全市质量检查中名列前茅，产科、儿科业务功能齐全、富有特色。儿童脑康复科是全市规模最大、康复项目最多、康复设备最齐全的科室，开展脑损伤儿童语言及肢体综合康复训练。妇科应用腹腔镜技术、宫—腹腔镜联合开展妇科疾病、妇科肿瘤与化疗诊治。

医院以群体保健为重点，依托医疗技术力量，开展儿童保健、妇女保健、青春期保健、生殖健康保健、口腔及眼保健等服务。2011年，医院完成2001~2010年韶关市妇女儿童发展两个规划终期评估督导，通过终期评审，妇幼保健各项指标达到规划目标，处于全省中上水平。

2011年，医院科研成果获市科技进步二等奖1项、三等奖2项，科研结题3项。开展新技术新项目36项，科研立项10项（次），其中，广东省科技计划项目1项，韶关市科技计划项目4项，市医药卫生科研计划项目5项。门急诊病人449497人次、同比增加35.64%，住院病人9622人次、同比增加22.1%，出院人数9457人次、同比增加21.9%，医院总收入同比增加26.38%，药品比例22.27%、同比下降4.97%，无重大医疗纠纷与医疗事故。

2011年，医院临床党支部被市委组织部评为韶关市“十佳”事业单位党组织，医院团总支被团市委评为“五四红旗团支部”和“青年志愿者服务集体”，医院在全市行风民主评议中取得93分的成绩。（叶清晓）

附：领导班子成员名单

院　长：夏玉英

副院长：廖梦兰　龚小倩

　　　　饶世萍　邹王葵

【韶关市职业病防治院】 是以防为主、防治结合的专科医院，医院分西郊建设路总部、工业中路分院和西堤中路分院三个区，占地面积近6.67公顷，建筑面积1.6万平方米，其中，医用建筑面积1万平方米。医院在职职工293人，卫生技术人员223人，中高级职称人员90人。

2011年，医院开放床位320张，出院人数4754人次，其中，职业工伤康复住院治疗1554人次，较2010年增长12%。门诊量55548人次，增长1.3%。全年药品收入959万元，药品比例33%。医院新购置全自动化学发光仪一台，数字化X线摄影(DR)一台，黑白超声诊断仪和便携黑白超声诊断仪各一套，多导联心电图机三套，新开展甲功五项、性激素七项等检验项目，医院理化诊断水平提高。

2011年，医院开展职业健康体检两万人次，阅读尘肺片1600人次，新诊断尘肺91例，其中晋级75人，开展肺泡灌洗治疗60人次，开展职业性铅、汞超标治疗150人次，抢救重度砷化氢中毒1人。医院加强CNAS实验室和理化实验室规范化建设，强化业务流程管理，项目报告责任到人，打造职业卫生品牌，开拓建设项目职业病危害评价市场，业务辐射广州及珠三角地区。医院开展放射工作人员个人剂量检测及健康体检工作，指导放射人员正确使用防护设备和个人放射防护用品。加强各县（市）职业卫生业务指导，帮助基层解决监测技术疑难问题，严把职业病危害源头关。

2011年，医院加强武江区街道社区卫生服务工作，有计划地开展健康教育和健康促进活动，对重点人群有针对性地进行健康教育，免费发放各类疾病宣传资料4万余份。派出医务人员下居委、村委，开展义诊及免费体检，建立居民健康档案13万余份，登记确诊慢性非传染性病人。分类管理高血压、糖尿病人档案，开展宣传教育、用药、饮食、运动、心理健康等方面指导。开展计划免疫和儿童保健系统管理，指导家长科学母乳喂养和新生儿护理，儿童规划免疫接种5万人次。落实国家基本药物制度，基本药物实行零差价销售。开设家庭病床，设立全科诊室，提供中医基本诊疗服务,辖区居民享受方便、快捷、价廉的基本医疗服务。

2011年，医院完善《医疗纠纷处理程序》和《防范医疗纠纷管理制度》，医院医疗质量管理委员会和病案管理委员会联合，定期开展医疗质量检查，保障医疗质量和医疗安全。继续开展创优质护理服务和星级护士评选活动，执行国家药品、医用耗材采购政策，执行医疗服务收费标准，接受社会和病人的监督。

（韶关市职业病防治院）

附：领导班子成员名单

院　长：曹光誉

副院长：郭　锐　陈先友

冯　青

【**韶关市中心血站**】　建于1966年，担负全市临床用血采集、制备、贮存、供应及临床输血技术研究和推广任务。血站建筑面积4161平方米，业务用房3124平方米，在职在编人员65人，其中，高、中级职称25人，卫技人员占职工总数69.4%。血站内设办公室、财务科2个职能科室和质控科、检验科、体采成分科、发血科、血源科5个业务科室。市区设2个固定献血屋，翁源、仁化、始兴、曲江、乐昌、乳源、南雄、新丰等县（市、区）建立采血站，实行区域分散采血，血站统一检验、统一供血的管理模式。

2011年，血站有大型冷冻离心机、血细胞分离机、帝肯全自动加样和酶免分析系统、全自动生化分析仪、全自动血型仪、3D全自动血液培养检测系统、全自动血凝仪和大型流动采血车3辆、中型流动采血车1辆，专用送血车4辆等一批先进的血液采集、制备、检验和贮存运输设备。

2011年，血站列入一类公益事业单位，在广东省价格管理部门要求取消用血互助金下，克服困难，采取措施，安全、及时地满足全市医疗单位临床用血需求，全年采血量约8吨，全市临床用血保持100%来源无偿献血，自愿无偿献血比例达100%，红细胞分离率达95%以上，无血液质量引发的医疗事故和纠纷。2011年度韶关市被评为“全国无偿献血先进城市”。

（韶关市中心血站）

附：领导班子成员名单

站　长：周　杰

副站长：李春根　杨绍明

刘智敏

【**韶关市中医院**】　建于1964年，是集医疗、科研、教学、保健、康复为一体，中西医临床学科较齐全，具有鲜明中医特色优势的现代化综合性二级甲等中医医院。2011年，住院床位320张，卫技人员324人，其中，高级技术人员27人，中级技术人员108人，省市名中医4人。

2011年，医院住院部设内一科、内二科、骨伤一科、骨伤二科、外科（肿瘤科）、妇科、肛肠科、五官科、痛症科、皮肤科、针灸推拿科等11个住院科室。开设中医内科、妇科、骨伤科、痛症科、皮肤科、眼科等10多个专科门诊。医院有螺旋CT机、DR、全自动生化分析仪等一批现代设备，2011年，添置“C臂”X光机、彩超等设备。

2011年，医院出院人数6996人次，比2010年增加961人次，增长15.92%。门诊人次118844人次，同比增加3351人次，增长2.9%，药品比例41.16%，比上年下降2.27个百分点。

医院骨伤科、痛症科是市重点、特色专科，中医正骨、骨关节疾病、椎间盘突出症、各种痛症诊治疗效显著。2011年，医院在粤北地区首家开展射频介入治疗腰椎间盘病变新技术，返聘一批在社会上有影响力的退休中医专家坐诊，在市民中建立良好声誉。

2011年，医院发表医学论文6篇，科普文章8篇，市科研立项12项，申报省级项目2项，《中药熏洗加TDP治疗痔术后肛门水肿、疼痛的临床疗效观察》通过市科研成果鉴定。

2011年，医院新医技楼建成使用、住院部装修改造完成，医疗设备更新完善，创“三甲”中医院工作启动，医疗质量和服务水平提高，竞争力和影响力加强，两个文明建设效益显著。

（容兆宇）

附：领导班子成员名单

院　长：陈　龙　(2011.2~)

副院长：黄　荣　黄献民

　　　　李　胜

【韶关市中西医结合医院】 成立于1969年，前称“韶关市第三人民医院”，1987年改名“韶关市红十字会医院”，2011年6月增挂“韶关市中西医结合医院”牌匾。医院是韶关市卫生局直属的非营利性二级综合医院，是医疗保险、工伤保险、生育保险及新型农村合作医疗定点医疗机构，主要承担医疗、保健、教学及科研工作。医院占地面积1.81万平方米，在职职工152人，开放床位100张。

2011年，医院设置门急诊、内儿科、外科、骨科、妇产科、康复理疗科、保健科、口腔科、血液透析室、体外冲击波碎石室、腰椎间盘突出症专科、检验科、放射科、功能科（B超、心电图等）、胃镜室等科室。有彩色B超、黑白B超、全自动生化分析仪、血液透析仪、电子胃镜、全自动动脉硬化检测仪、C臂X光机、X光机、颅多谱勒、宫腔镜、红外线乳透仪、前列腺电气化治疗仪、微波治疗仪、体检车等一批先进设备。

医院微创治疗腰椎间盘突出症专科是韶关市医学重点专科。2011年，医院门诊40368人次，住院2510人次，与2010年比增长7%。妇产科保持增长态势，全年产妇数量1230人，同比增长8.5%。（韶关市中西医结合医院）

附：领导班子成员名单

院　长：周　峰

副院长：刘昱君　邓扬盛

【韶关市应急救护指挥中心】 于2008年7月21日经韶关市人民政府批准设置，正科级事业单位，承担全市医疗卫生应急救护指挥工作。2009年5月25日正式运行，核定编制8个。

2011年，韶关市应急救护指挥中心“120”接到报警呼救电话70451次，其中，有效受理19467次，派车9527次，救治病人10313人，院前死亡486人。参与指挥抢救、现场处置并按时上报重大突发事件29起。指挥中心调度员平均派车时间68.82秒，平均调度时间46秒，平均摘机时间1.56秒。11家急救站平均院内响应时间2分34秒，平均院外急救反应时间13.73分钟，院前急救工作时间管理达到较高水平。

2011年，韶关市应急救护指挥中心到新丰、翁源、乐昌、乳源、仁化县（市）开展院前急救技能规范化培训，更新急救人员知识，拓宽急救人员视野，提高急救人员抢救急危重症病人临床思维和急救技能。全市培训医疗机构选派急救人员186人，促进韶关市院前急救事业发展。

（韶关市应急救护指挥中心）

附：领导班子成员名单

主　任：奉振辉

副主任：廖清华　(~2011.6)

　　　　蒋　源　(2011.6~)

【韶关市皮肤病医院】 成立于1952年，是集疾病防治、医疗、科研、教学等为一体的韶关市卫生局直属事业单位，是韶关市城镇职工基本医疗保险，农村合作医疗保险定点医疗机构，担负全市皮肤病、麻风病、性病预防治疗及教学科研任务。医院人员编制95人，床位编制170张，其中，皮肤科30张，性病科20张，麻风病120张。

2011年，医院在职职工83人，其中，高级职称8人，中级职称28人，卫生技术人员占在职职工总数81.92%，其中，中级以上职称占在职职工总数34%。

2011年，医院固定资产1834万元，万元以上设备50台，有德国百康生物共振过敏检测治疗仪、全自动生化仪、全自动细菌生化仪、黑马微生物分析系统、生物组织自动脱水机、病理分析系统、白洋离心机、可调移液仪、电解质分析仪、摩拉生物治疗仪、半导体激光治疗仪、聚焦超声波治疗仪、液氮容器、痤疮治疗仪、红蓝光治疗仪、彩超、超静工作台、彩色多普勒超声波、科曼三道系列心电图机、半导体激光治疗仪、紫外线UV801BL治疗仪及中草药浸浴等设备。

2011年，医院重新规划装修

制剂室，通过GMP改造验收和制剂许可证更换。医院扩大医学美容治疗室，加强门诊、制剂、住院、激光治疗、无创伤过敏原检测和韶关市性病防治网络规范化建设，落实“职业文明用语”、病人选择医生、住院一日清单等制度，执行医疗收费标准，加强行风建设，未发生医疗纠纷，群众对医院服务质量满意程度达96%以上。（韶关市皮肤病医院）

附：领导班子成员名单

院　长：欧阳烈（2011.1.~）

副院长：黄金荣　蔡顺鑫

王阳庆（2011.4~）

【韶关市口腔医院】 是韶关市卫生局直属口腔医疗专科医院，是韶关学院医学院口腔专业教学实习基地，承担全市口腔疾病预防、治疗、教学及科研任务。医院工作用房占地面积166.45平方米,建筑面积1375.83平方米。有职工47人，卫生专业技术人员38人，其中，正高职称1人、副高职称3人、中级职称13人。

2011年，医院设口腔内外科、牙周病科、口腔正畸修复科、老年口腔科、特诊室，武江、浈江区设2个门诊部。开展补牙、拔牙、种植牙、牙髓病，根尖周病、牙周粘膜病、口腔颌面疾病，外伤、颞颌关节病、牙槽外科和颌面部手术治疗，活动义齿、隐形义齿、高频铸造、玻璃瓷牙、烤瓷牙修复，活动、固定正畸等医疗服务项目。

2011年，医院有牙科综合治疗椅36张，有口腔全景X光机、X光数字成像系统、口腔激光治疗机、口腔电脑微波治疗仪、超声根管治疗仪、超声波洁牙机和口腔种植机等一批牙科设备。2011年，医疗业务快速增长，全年门诊51277人次,医疗质量和医疗水平提高，未发生医疗事故、医疗差错和医疗纠纷。

（韶关市口腔医院）

附：领导班子成员名单

院长、党支部副书记：张　泳

党支部书记：谭维中

党支部支委、副院长：阳冬青

【韶关市健康教育所】 成立于2002年11月，是全市健康教育业务培训和指导中心。在职职工7人，业务用房430平方米，有一辆别克商务车，有大型户内喷绘机、数码摄像机、照像机、多媒体投影仪、音响、电脑等一批价值60多万元的先进电教摄像器材。

韶关市健康教育所围绕全市卫生工作，结合卫生日、疾病防治、创建国家卫生城市、突发公共卫生事件等卫生防病宣传需求，利用电视、广播、报刊、网络、资料、宣传栏、展板等，开展多层次、多形式的医院健康教育、学校健康教育、社区健康教育、企业健康教育、媒体健康教育、公共场所健康教育、重大疾病防治宣传、亿万农民健康促进行动、控烟等工作，推动韶关市健康教育与健康促进工作发展，提高城乡居民健康意识，落实疾病防治工作，先后被省委、省政府授予“抗击非典嘉奖集体”和被市卫生局授予“抗洪救灾、防病治病先进单位”、“抗冰救灾防病先进单位”、“排头兵实践活动先进集体”、“创建国家卫生城市先进集体”称号。

（韶关市健康教育所）

附：领导班子成员名单

所　长：邓光辉

【韶关市医疗器械维修站】 于1974年7月成立，为公益二类事业单位，正科级，人员编制30名，主要承担全市医疗卫生单位医疗设备维修、安装及保养。

2011年，韶关市医疗器械维修站在职人数9人，其中，管理人员1人，专业技术人员2人，高级工2人，中级工2人，初级工1人，普通工1人。目前，技术人才短缺，维修设备陈旧，维修技术落后。

（韶关市医疗器械维修站）

附：领导班子成员名单

副站长：吴伟珍

公共卫生与疾病预防

【概况】 韶关市疾病预防控制中心是在原韶关市卫生防疫站基础上,撤并原武江、浈江、北江3个区防疫站，于2001年8月组建的直属韶关市卫生局的副处级事业单位，加挂韶关市卫生检验中心牌子，是全市疾病预防控制、卫生监测检验和卫生学评价的技术中心。

2009年4月起，中心被列入参照公务员法管理单位，9月起，职工工资待遇由市财政统发，成为全省第一个正式参公管理运作的地市级疾控机构。中心编制人员98人。其中中心主任（副处级）1名、副主任（正科级）4名；内设机构正职领导职数18

名（副科级）；非领导职务主任科员（正科级）3名、副主任科员（副科级）8名。

【重大传染病与突发公共卫生事件处理】 2011年1~10月全市无甲类传染病报告。全市共报告法定传染病25种，报告发病10850例，死亡28例，其中乙类传染病4985例、报告死亡26例(艾滋病17例、肺结核4例、狂犬病3例、肝炎2例)；丙类传染病5865例，报告死亡2例，均为手足口病病例。与上年同期比：乙丙类传染病下降33.54%(10850/16326)，其中乙类传染病上升7.07%（4985/4656)，丙类传染病下降49.74%（5865/11670)。全市无登革热病例报告。加强对流感、手足口病、风疹、流行性腮腺炎、其他感染性腹泻等传染病的防控工作，开展对流感、霍乱、发热肺炎病例、动物伤人情况的疾病监测。落实艾滋病各项防控措施：开展哨点监测和公安司法羁押监管场所检测，2011年韶关市3个国家级监测哨点（韶关市公安强制戒毒所、韶关市妇幼保健院、韶关市皮肤病医院）于4月1日启动对吸毒者、孕产妇、性病门诊男性就诊者的问卷调查和HIV、梅毒、丙肝抗体检测。对6间公安司法羁押监管场所羁押人员进行HIV抗体检测；医疗机构初筛实验室共对148701人次进行HIV抗体初筛检测；对468人次进行艾滋病自愿咨询与免费检测；让病人在定点医疗单位接受国家免费抗艾滋病药物治疗；分别对性工作者、外来务工人员、吸毒人群、性病就诊者、男性等人群开展高危行为干预14139人次，发放安全套62692只，发放宣传资料15616份；进行HIV/AIDS病例随访。

6月28日，全市8个县（市、区）疾控中心组成8个应急队共50余名应急人员进行突发公共卫生事件应急演练。

及时处置传染病疫情、食物中毒等突发卫生事件11起。其中，乙类传染病1起、丙类传染病8起及其他类传染病1起、其他中毒1起。

【慢性病防控】 开展死亡病例死因监测工作，2011年1~10月，全市10个县（市、区）均有死亡病例报告，共计上报5861例。

按照《2011广东省基本公共卫生服务高血压、糖尿病管理项目实施方案》要求，全市35岁居民首诊测血压人数达40.55万人，已管理高血压10.75万人，管理率37.00%。已管理糖尿病2.76万人，管理率47.61%。规范管理高血压7.5万人，规范管理率70.03%。规范管理糖尿病1.98万人，规范管理率71.93%。

开展65岁以上老年人管理和慢性病防治工作。制订全市65岁以上老年人、高血压人群、糖尿病人社区综合防治（管理）计划，下发相应的防治策略和措施相关文件，并组织实施。居民健康档案建档覆盖率为66.96%，65岁以上老年人建档率为80.03%，高血压医改任务完成率为88.79%、规范管理率为67.85%,糖尿病医改任务完成率为84.29%、规范管理率为70.72%。

【免疫规划与相关传染病防控】 全市于2011年3月5~9日和4月5~9日开展两轮脊灰疫苗强化免疫。此次脊灰疫苗强化免疫工作，全市第一轮应种对象12.78万人，实种12.49万人，接种率97.67%；第二轮应种13.3万人，实种13万，接种率97.80%。

继续开展乙肝疫苗查漏补种工作，全市2011年应补种乙肝疫苗2.1万人份，已超额完成任务，接种率达到100.97%。全市已完成医改15岁以下儿童乙肝疫苗的查漏补种工作任务，全市累计应种人数20.46万人，实种20.18万人，接种率97.78%；应种44.5万剂次，实种43.3万剂次，接种率97.31%。市区累计应种人数5.13万人，实种4.95万人，接种率96.65%；应种8.8万针次，实种8.6万针次，接种率97.42%。

截至11月25日，全市主动监测麻疹疑似病例39例，其中实验室确诊病例2例（一例为外地病例），临床诊断病例1例；新生儿破伤风3例（一例为外地病例）；百日咳1例；乙脑病例2例（一例为外地病例）；15岁以下乙肝病例29例；未发现白喉等其它免疫规划疫苗相应疾病。与上年同期相比，韶关市免疫规划疫苗相应疾病继续保持低水平流行态势。

【传染病监测站点及机构建设】 全市180个监测点全部正常运转，绝大多数能及时对疑似病例进行报告、调查处理、采集标本。

全市128间预防接种门诊均已完成相关专业人员技术培训和硬件设备采购调配工作，其中119间门诊已安装预防接种信息报告管理系统软件，有98间门诊已上传儿童接种数据资料，全市各预防接种门诊已录入12.47万名既往儿童资料。

【预防接种移交社区卫生服务中心】 自2011年5月1日起，韶关市区预防接种向社区卫生服务中心移交，原由韶关市疾控中心承担的武江、浈江两区预防接种工作改由两区辖下的6个基层卫生服务中心承担，目前各基层卫生服务机构的预防接种工作运转正常。

【巩固地方病、寄生虫病防控】 继续巩固消除碘缺乏病阶段目标成果，不断推进地方病防治工作。全年碘盐监测共抽取居民户食用盐样2940份，碘盐合格率98.58%，碘盐覆盖率99.62%，居民合格碘盐食用率为98.21%。10个县（市、区）居民合格碘盐食用率均达95%以上，达到国家碘缺乏病消除标准的有关要求。加强疟疾监测，防止暴发流行，全市未有疟疾病例报告；继续开展丝虫病、血吸虫病监测工作，不断巩固韶关市消灭丝虫病、血吸虫病的成果。

【健康危害因素监测】 健康危害因素监测率均都达到90%以上。第一是建立健全各类监测档案。第二是在10个县（市、区）开展食品安全风险监测工作，完成市食品安全风险监测计划的7类食品452份样品的监测,合格417份，总体合格率为92.26%。其中武江区合格率为97.83%、浈江区合格率为93.48%。完成省食品安全风险监测计划的21类食品651份样品的监测。一是配合省卫生厅开展广东省重点品种食品安全状况评价性监测，共监测14类410种食品1055份样品。市区餐饮具抽检合格率100%，食品抽检合格率结果均小于标准限值。二是生活饮用水监测：对市区4间市政供水出厂水、20个市政供水末梢水、10个城市二次供水开展卫生监测工作，检测合格率都为100%。三是公共场所监测：旅业、公共浴室、文化娱乐、商场、美容、美发等环境卫生许可单位共计316户，按照有关的规范和标准在经营单位发（换）证前开展各类公共场所监测297户，监测率93.99%。其中合格280户，合格率为94.28%。监测布点1635个，非公共用品监测样品数16350项次，合格16322项次，合格率为99.83%；公共用品用具消毒效果监测5285份，合格5215项次，合格率为98.68%；共计监测样品数21635项次，合格21537项次，合格率为99.55%。四是消毒质量监测覆盖率：全市共监测医疗机构1019间次，监测覆盖率为89.07%；托幼机构共监测219间次，监测覆盖率为146%（原计划监测150间次）；一次性卫生用品生产企业监测,仅市CDC监测1间，监测覆盖率为100%。还开展病媒生物密度的自然生态和控制效果监测，开展疫源地消毒、杀虫、灭鼠的质量监测。

【检验与质控】 病原微生物检验：完成各类传染病样本6587份共8933项次检测，完成食品、水、公共场所、餐饮具、医院和托幼机构消毒以及社会委托检验的各类样品2396份标本12752项次，共参与处理疫情和排查事件17起。理化检验：完成各种指令性工作样品2897份共4622项次，完成产品类及生活饮用水的常规检测工作样品440份共4689项次，完成应急事件的检验工作样品1618份共4381项次检验任务。完成从业人员健康证明发放和培训工作：公共场所和食品从业、餐饮从业人员卫生知识培训和健康证发放20561人。

【绩效考核】 推进2010年绩效考核工作的开展，区域指标6类17项绩效得分为882.20分（上一年为727.97分)，机构指标8类103项绩效得分为869.18（上一年为856.68)。与上年同比，区域指标得分增长21%，机构指标得分增长1.5%。 （王襟华）

附：领导班子成员名单

中心主任：康怀雄

中心副主任：邓俊兴　胡国超

倪秀锋　林裕端

爱国卫生

【概况】 韶关市爱国卫生运动委员会（简称市爱卫会）是市政府非常设机构，负责领导、统筹协调全市爱国卫生和防治疾病工作。本届市爱卫会由市政府38个工作部门(单位) 41位委员组成,设主任1名，副主任3名。市爱卫会下设韶关市爱国卫生运动委员会办公室（简称市爱卫办)，是市爱卫会的常设办事机构，1984年定编为副处级事业单位，挂靠市卫生局，2001年列为参公管理单位，定编8名，领导班子成员职数2名，主任、副主任各1名，下设综合科、公共卫生科两个科室。

【城乡环境卫生整洁行动通过省中期评估】 2011年是全省开展城乡环境卫生整洁行动的第二年，市爱卫会制定《2010~2012年韶关市城乡环境卫生整洁行动督查考核评估办法》。3月中旬，市爱卫办组织召开全市城乡环境卫生整洁行动重点单位工作会议，对相关工作进行部署。4月中旬，市爱卫办组织市生态文明办、村庄整治办、经信、水务、城管等部门单位对各县（市、区）及重点责任单位落实城乡环境卫生整洁行动工作进行专项检查，并将检查情况通报。7月下旬，省爱卫会组织督查组对韶关市城乡环境卫生整洁行动进行中期督查，通过查阅文件、资料、核对相关数据后深入曲江进行现场实地检查，认为韶关市城乡环境卫生整洁行动领导重视，组织周密，部门配合，措施得力，工作扎实，各项指标基本达到省的标准要求，通过省的中期评估。

【开展群众性爱国卫生活动】 在元旦、春节、“五一”、国庆等重大节日期间，市爱卫办组织开展群众性爱国卫生运动。通过组织发动群众大搞环境卫生，清除卫生死角，营造良好的生活工作环境。精心组织开展第23个爱国卫生月、世界无烟日、全球洗手日等活动，开展卫生单位检查评比，通报表彰一批卫生先进单位。同时加强妥善处理市民群众对环境卫生方面的投诉。一年来，发动机关企事业单位和群众参加整治行动45多万人次，市爱卫办共受理群众来电、来信、来访68件，完成市委、市政府督办重点难点问题8件。

【加强巩固国家卫生城市工作】 加强组织协调，开展巩固国家卫生城市工作，按照职责要求，抓好本办具体实施爱国卫生组织管理、病媒生物防制等工作，不断建立健全长效管理机制，强化督导检查。组织开展市区城市卫生状况满意度民意调查，从八大方面调查显示，市民对市区市容环境卫生状况满意度为90.38%。12月20日，市长艾学峰亲自参加观看全国爱卫会国家卫生城市（镇）命名表彰电视电话会议，副市长、市爱卫会主任兰茵会后就如何贯彻会议精神及开展“巩卫”工作进行部署。参与市创文办、市机关效能办组织的对全市56个市直和驻韶关中省单位创文巩卫年度绩效考核，推进市区巩卫工作。

【对病媒生物防制】 加强组织管理，开展科学防治，遵循以环境治理为主的综合预防控制原则，坚持政府组织与全社会参与相结合、鼓励个人和家庭搞好居家卫生的方针，坚持专业队伍与群众运动相结合，坚持突击行动与日常管理相结合，每月定期组织专业消杀队伍对市区主次干道下水道、公园绿化带、关停并转企业等场所投药除害，灭鼠、灭蚊、灭蝇达标成果得到巩固和提高，蟑螂密度控制在国家标准允许范围之内。2011年，市爱卫办先后在4月中旬开展春季灭鼠、5月中旬灭蚊、10月中旬秋冬季灭鼠灭蚊等全市统一除“四害”大行动，组织发动群众参加人数近28万人次；举办除“四害”技术培训班5期，参加培训人员750多人次；组织有关部门对辖区、市直有关单位、宾馆酒楼、食品生产加工等单位场所进行监督检查30多次。多年来，市区没有发生因虫媒生物引起的传染病传播。

【推进创建卫生村镇】 韶关市创建卫生村工作与扶贫双到、村庄整治、乡村清洁美、新村建设等活动相结合，通过以县带镇，以镇带村，城乡联动，开展卫生村创建活动。市爱卫办加强技术指导，举办一期全市卫生村创建技术培训班，先后在8月、10月组织人员对各县创建卫生村工作进行督导检查。2011年全市创建卫生村65个，其中省卫生村17个，市卫生村48个。同时加强对翁源县创建省卫生县城工作指导，确保创建工作有序推进。全市已创建国家卫生县城1个，广东省卫生城市2个，省卫生镇3个，省卫生先进镇3个，市卫生镇1个，省卫生村187个，市卫生村154个。

【农村改水改厕安全卫生】 2011年韶关市继续实施国家重大公共卫生服务项目农村改厕项目，在农村推广建设无害化卫生厕所12000户，完成国家和省下达的12000户年度目标任务，项目范围涉及10个县（市、区）79个乡镇398个村委会，12000户村民，惠及村民6万多人。各级发挥广播、电视、报刊等媒体作用，广泛宣传，营造良好氛围；市爱卫办编印《卫生改厕好处多，减少污染，美化环境》等通俗易懂的改厕宣传牌挂图，分发到各县市区、乡镇、农村；举办一期全市农村改厕技术培训班，通过多种形式，不断宣传普及改厕技术。加强技术指导和专项督查，确保项目扎实推进。加强与市水务局、市疾控部门间协调合作，实施安全饮水监测项目，确保农村饮用水安全。同时，配合南方医科大学在韶关市开展的农村环境卫生监测及改厕绩效卫生学评价分析课题的研究。

【确保广东国际旅游文化节（韶关主会场）环境安全】 按照市委、市政府工作安排，市爱卫办承担牵头组织全市33个旅游景区及沿途、主会场、大型会议场所周边环境卫生和接待酒店、宾馆除“四害”等环境卫生保障工作。市爱卫办在对全市旅游景区周边环境卫生进行调查的基础上，启动清理景区周边环境卫生、整治“脏乱差”整洁行动。为确保接待宾馆、酒店、主会场、大型会议场所及周边等“四害”密度控制国家标准范围之内，市爱卫办采取科学防制措施，强化管理，强化督查，强化整改，先后在9月至11月初期间，开展专项督查，重点督查旅游文化节各推荐接待宾馆酒店，确保酒店宾馆“四害”密度降至不足危害的标准，没有发生因虫媒引起传播疾病流行，较好地完成承担的项目任务，为韶关市成功举办2011年广东国际旅游文化节主会场作出积极贡献，获得市委市政府“通报表彰单位”。

（蓝荣彪　何　勇）

附：领导班子成员名单

主　任：彭有莲

副主任：蓝荣彪

卫生监督与执法

【概况】 韶关市卫生监督所位于韶关市体育路12号，是依照公务员管理的副处级事业单位。编制48人，设置国家公务员职位43个，内设卫生监督一科（公共卫生科）、卫生监督二科（医疗机构监督科）、卫生监督三科（学校卫生与生活饮用水卫生）、卫生监督四科（职业放射卫生）、稽查科、办公室、办证科、信息科8个科室。现有在职干部职工42人，其中公务员37人，工勤人员5人。学历情况为硕士1人、占2.38%，本科19人、占45.23%，大专14人、占33.33%中专及以下8人、占19.04%。取得高级职称2人（副主任医师1人，高级政工师1人），占4.76%，中级技术资格20人，占47.62%。办公楼为6层框架结构，建筑面积2760平方米。业务管辖范围是武江、浈江区及两个区所辖的重阳、花坪、犁市、江湾、龙归、新韶6个乡镇的卫生监督工作，担负曲江区、南雄市、乐昌市、始兴县、乳源县、仁化县、翁源县、新丰县等8个县（市、区）卫生监督的业务指导工作。

2011年，韶关市卫生监督所以打造“一流的行政服务窗口、一流的卫生执法队伍”为目标，加强卫生监督内涵建设，规范干部管理，探索卫生监督管理新模式，建立完善的依法行政、办事公开、执法公正、廉洁高效的卫生监督执法机制。依法开展传染病防治、公共场所卫生、学校卫生、职业卫生、医疗机构、消毒产品、涉水产品、生活饮用水等卫生监督工作。做好预防性卫生监督、日常卫生监督、行政许可及行政执法工作。2011年二次供水、学校卫生监督工作取得突破性的进展，公共场所量化评级公示全面铺开，进行突发公共卫生事件应急演练，完成广东国际旅游节的重大保障任务。处理各类突发公共卫生事件，打击扰乱市场经济秩序的违法行为。全年出动监督员15420人次，监督户数2322户次，出动车辆3855车次。2011年3月韶关市卫生监督所荣获广东省“十佳卫生监督所提名奖”。陈晓平被评为广东省“十佳卫生监督员”称号。2011年9月被省卫生监督所评为广东省卫生监督通讯先进集体，吴梁生、刘承昌被评为为广东省卫生监督优秀通讯员。2011年12月，韶关市卫生监督所参赛队荣获广东省卫生监督知识竞赛第三名，技能比赛优胜奖，龙海斌、王林书摄影作品分别荣获广东省卫生监督风采摄影比赛二等奖、三等奖。曾绪芳文学作品荣获广东卫生监督十周年征文比赛三等奖。梁方武被评为依法治市先进个人、杨炎藩被评为“五五”普法先进工作者，吴梁生参加市直卫生系统“创先争优在行动，卫生战线党旗红”主题演讲比赛获得二等奖。

【卫生行政许可提前办结】 韶关市卫生监督所牢固树立“热情、廉洁、规范、高效”的服务宗旨，转变工作作风，开展“三好一满意”（即服务好、质量好、医德好、群众满意）活动，履行“四声、四心、四快、四办”(即来有迎声，问有答声，走有送声，办有回声；接待热心，询问细心，解答耐心，帮助真心；受理快，审查快，办结快，反馈快；大事急事先办，份内事认真办，难办事尽力办，份外事协助办）的服务承诺，创一流服务窗口，实现按承诺期限100%提前办结的目标（承诺期限比法定期限缩短50%以上）。以贴心、便民、优质、高效的服务，争先创优，完成卫生行政许可受理发证过程中的各项工作任务。2011年共收回服务对象质量反馈信息973份，全部满意。收到锦旗6面、表扬信3封，市行政服务中心采纳好人好事稿件9篇。第一季度被市行政服务中心评为“文明窗口”。1~12月办证科窗口办理各种卫生行政许可事项1953件（其中公共场所及供水单位卫生许可667件，母婴保健技术服务执业许可7件，母婴保健技术合格证书核准55件，医疗机构设置及执业许可267件，放射诊疗许可11件，执业医师注册核准457件，建设项目职业病危害预评价报告审批、防护设施设计审查及竣工验收8件，护士执业注册核准352件，不予许可89件，注销卫生行政许可40件），协助局医政科完成医师定期考核568人次，接受各类咨询3000宗，在各级审批人员的支持下，提前上门服务368次，达到提前办结率100%的目标。

【医疗机构、采供血机构卫生监督】 韶关市卫生监督所依法对医疗机构进行核准校验，加强日常卫生监督力度，加大打击非法行医等违法行为。重点开展以下几项专项整治工作：一是在韶关市区范围内开展医疗机构医学美容专项整治工作。二是完成韶关市230家医疗机构年度报验，正式启动医疗机构不良行为记分工作，对市属医疗机构医疗废物集中处置和污水处理专项检查，并对存在问题的整改落实情况进行跟踪落实。三是开展血液安全监督检查工作。对韶关市中心血站、乐昌市同路单采血浆有限公司及37家医疗机构临床用血、流动采血车和固定采血点14个进行专项卫生监督检查，确保韶关市采供血卫生安全。四是完成全市区管卫生站基本情况调查，初步掌握韶关市区管卫生站基本情况。

【传染病防制及消毒管理】 开学期间组织开展市区范围内学校、幼儿园春季传染病防控工作的专项卫生监督检查。开展市区医疗卫生机构传染病防治工作专项卫生监督检查，对全市27家医疗机构（三级医院2家，二级医院18家，一级医院7家）的传染病防控组织机构及制度建设、传染病预检分诊、疫情报告、医院感染控制、消毒隔离措施、医疗废物、污水处理、实验室生物安全等工作开展情况进行专项检查和督促整改。对辖区范围内的两家餐饮器具集中消毒单位开展专项监督检查。对餐饮器具集中消毒单位消毒工艺流程、使用的消毒产品、消毒餐饮器具的产品包装和标签内容，以及从业人员健康体检情况作为重点监督内容，并对集中消毒单位消毒餐饮器具进行监督抽检。

【建立公共场所卫生长效管理机制】 韶关市卫生监督所2011年全面铺开公共场所量化分级管理工作，建立公共场所的长效管理机制。对258户各类公共场所(旅业、桑拿、泳池、大型美容美发、卡拉OK）进行量化分级评级，其中A级18家，B级71家，C级165家,4家不予级别。查处无证经营16户，引导办证（换证）207户。根据新颁布实施的《公共场所卫生管理条例实施细则》（后称新《细则》）法规要求，韶关市卫生监督所进行宣传和学习，制定《韶关市卫生监督所公共场所专项治理工作方案》。通过悬挂横幅，报刊文章，向经营单位发放新《细则》单行本1000余本，并于6月~8月对全市范围各公共场所经营单位负责人进行新《细则》内容的学习培训，培训公共场所负责人800余名。新发放韶关市公共场所卫生知识培训证743本。下半年结合创建国家卫生城市要求，对全市的公共场所进行地毯式的卫生监督检查，在全市公共场所推行禁烟控烟宣传。发放创文宣传资料2000余份，发放卫生监督意见书560份。全年共出动卫生监督员10131人次，车辆2532车次，取得突出成效。

【提高生活饮用水卫生监督管理水平】 2011年完成对集中式供水单位进行专项监督抽检。市级市政供水水厂4家和县级市政府所在镇市政水厂11家，供管水人员分别有54名和128名，供管水人员皆持有效健康证明上岗。

自建水厂共24家，15家取得卫生许可证，持证率62.5%，共60名供管水人员，51人持有健康证明，持证率85%。根据“创文”和“巩卫”的要求，制定《韶关市卫生监督所二次供水专项行动方案》，对全市的二次供水单位进行摸底调查，初步掌握全市二次供水的基本情况。采取媒体宣传措施，召开两期二次供水单位负责培训班，进行法律法规的宣传，2011年二次供水办证户由35间上升到92间。

根据上级文件精神要求，投入10万元采购水质速测设备仪器一批，并对涉水管理卫生监督员进行两次专门仪器设备培训，进行实际操作练习。针对武江流域生活饮用水发生锑浓度异常事件，立即对各集中供水单位进行全面监督检查，对各水质净化消毒设施及水质检测工作进行逐一检查，观察水质变化，做到每天上报水质检测结果，确保出厂水和末梢水合格率100%。保障韶关市民的饮用水安全，生活饮用水卫生监督应急能力得到提高。

【加强学校卫生监督管理】 2011年开学期间，韶关市卫生监督所对全市学校、托幼机构进行地毯式检查，出动卫生监督员939人次，督促各学校做好开学期间的传染病防治工作。对全市104间学校的卫生管理员进行学校传染病、饮用水、教室与住宿环境为内容的培训，并完成76间学校生活饮用水卫生情况的调查。在中高考前，所监督员对韶关市5个考点进行传染病防治、学校生活饮用水、学校医务室监督检查。

争取教育部门的配合，对全市593间大中小学校，其中368间农村小学，76间农村中学，35间县城小学，38间县城中学，28间城市小学，44间城市中学，4间高校进行学校的生活饮用水卫生管理、传染病防控以及教学环境生活设施等进行监督检查。检查中发现仅165家学校配备专职或兼职的生活饮用水卫生管理员，大部分未能提供定期清洗消毒的相关记录，仅229间学校建立起学生的个人健康档案，学校学生健康检查工作有松懈迹象，部分学校已经不再建立学生的健康档案，部分学校的校舍卫生、课桌椅不符合要求。针对检查存在的问题，市卫生监督所要求学校进行限期整改，并及时反馈给市教育局，协同做好学校卫生监督工作。

【严格放射卫生监督】 市卫生监督所对开展放射诊疗工作的186家各级各类医疗机构和职业卫生技术服务机构进行放射卫生监督重点检查。2011年韶关市共新办放射诊疗许可证26份，其中市区新办6份。全市已取得放射诊疗许可证的为138家，持证率为74.19%，发证率在全省地级市中居前五名。韶关市从事放射诊疗工作的放射工作人员有397人，其中接受个人剂量监测、放射卫生知识培训，并进行在岗期间健康体检的有363人，占总人数的91.44%；重点监督检查的186家单位，其中已取得放射诊疗许可证的为138家，持证率为74.19%，与2010年相比增加1.29个百分点（2010年为112家）。全市医疗放射设备共有270台，本年度检测114台（2010年为71台），检测率为42.2%。全市186家医疗机构中，共配备392件（套）放射工作人员防护用品、336件（套）受检者放射防护用品。2011年10月，韶关市举办两期放射工作人员放射卫生培训班，363人参加培训，其中256人已取得放射工作人员证，发证率为64.48%。对未取得放射诊疗许可证、放射工作人员证等擅自开展放射诊疗活动的各类医疗卫生机构，监督所予以严厉查处，发出限期整改意见书53份，对限期内拒不整改的15家医疗机构发出警告的行政处罚。

【职业卫生监督迈入新阶段】 韶关市卫生监督所对有色金属冶炼回收、水泥、汽车维修、家具和含铅蓄电池等83家生产企业进行148户次的监督检查。出动卫生监督员671人次，规范用人单位和职业卫生服务机构的职业病防治工作。继续加强法律法规的宣传普及工作。在韶关市全民健身广场开展现场咨询，发放600余份宣传资料。继续开展调查摸底工作，掌握本地区职业病危害基本资料，掌握本地区存在职业病危害的用人单位基本情况。对存在职业病危害的用人单位建立并完善“一户一档”，准确把握用人单位的相关信息和监管动态，建档率上升至82%。随着新的职业病防治法的修订整理，卫生部门与安监部门进行职能的无缝交接，职业卫生监督工作步入新的阶段。

【重大节日、重大活动卫生安全保障】 韶关市卫生监督所2011年开展重大活动卫生安全保障5

次，对全市132户承担接待任务的宾馆酒楼进行卫生监督指导，保障人数约3.2万人次，确保韶关市第十二届人大六次会议、韶关市第十一次党代会议、在粤工作院士韶关休养考察活动、中高考、广东国际旅游文化节等重大活动安全顺利进行。节日和重大活动期间做到零投诉。确保市区全年没有发生突发公共卫生事件。

【处理信访及群众投诉】 对待信访及群众投诉，处理迅速，处理率100%。截至12月30日，共收到群众投诉11宗，核实处理率100%。其网络投诉案件7宗，电话投诉4宗，移交县级卫生监督部门处理1宗，立案处理7宗，结案7宗，提出卫生监督整改意见书9份，回复率100%。从2010年韶关市开展网络问政工作开始，市民的投诉渠道逐渐多样化，网络问政成为2011年接收群众投诉的重要形式之一。

【打击非法经营活动】 韶关市卫生监督所加大对非法经营的查处力度。对各类非法经营活动进行严厉打击。2011年组织实施打击非法行医专项整治行动、打击无证无照专项行动。全年实施卫生行政处罚20宗，警告7宗，结案16宗。总开出罚金6.57万元，总罚款金额3.51万元。一般程序11宗，其中医疗机构8宗，公共场所2宗，放射诊疗1宗。简易程序9宗，其中医疗6宗，公共场所3宗。查处无证经营单位23户，引导经营单位办证（换证）419户。

【建立卫生监督信息平台】 韶关市卫生监督所于2011年8月确定为广东省卫生监督信息系统的地级市试点单位，签署试点相关协议。年底监督所完成卫生监督信息系统建库基础工作。韶关市卫生监督单位信息已经形成实际数据库。韶关市本地信息资料建库率由年初的32.50%上升到年底的127.83%，高于全国以及全省的平均水平。11月17日，市行政服务中心卫生局窗口直接采用信息系统输入第一件卫生行政许可申请，启动简易发证程序。12月28日，韶关市卫生监督所正式应用信息系统一般程序。信息系统正式投入规范运转。通过国家信息系统可以直接查询韶关市的卫生监督工作情况。标志着韶关市卫生监督所的信息化建设迈进一个新的台阶，在建设韶关市卫生监督信息系统的同时，投入十万元购买电脑，对机房的硬件设备以及网络环境进行升级改造，建成韶关信息系统数据中心。各县（市、区）可以登录使用信息系统进行数据填报，减轻各县（市、区）卫生监督所的经济负担。为经济不发达地区开辟一条加速信息化建设的新道路，完成试点工作任务。

【加强普法、宣传力度】 韶关市卫生监督所坚持正确的舆论向导，加强宣教普法、普及普通话以及加大信息报道的力度。成立推广普通话领导小组，推广使用普通话。及时更换大宣传栏的宣传内容，增加《公共场所卫生管理条例实施细则》的专栏宣传和《创建国家文明城市知识宣传栏》；在行政服务窗口，制作公共场所、医疗机构、学校卫生等各类宣传指引小册子9000余册，免费供市民咨询和使用。2011年本所进行宣传报导，全年共向各级新闻媒体投送稿件31篇，其中省级发表26篇，市级（韶关日报）发表5篇。省级投稿数量较往年有较大数量的增长。继续出版《韶关卫生监督》，加大宣传报道力度。韶关市卫生监督所被评为广东省卫生监督通讯先进集体，吴梁生、刘承昌被评为先进个人。

【全方位开展各类培训】 2011年韶关市举办3期卫生监督员培训班。就2011年5月1日颁布的《公共场所卫生管理条例实施细则》、医疗机构不良记分制度、学校卫生、生活饮用水举班专门培训班，并改革学习方式，采取现场教学，培训全市卫生监督骨干115人次。共举办各类经营单位法律法规培训班27期。其中，生活饮用水（二次供水）卫生法规知识培训班2期，培训131人次，学校卫生法规知识培训班2期，培训104人次，医疗机构不良记分制度培训班6期，培训229人次，放射卫生法律法规1期，50人次，《公共场所卫生管理条例实施细则》培训班16期，培训800人次。27期培训班共计培训各类经营单位负责人1314人次。（黄　琼）

附：领导班子成员

所　长：梁方武

副所长：汤　俊　杨炎藩

　　　　郑家潮　陈晓平

群众体育

【概况】 贯彻落实《全民健身条

例》和《全民健身计划（2011~2015年）》，推进场地、组织、活动、服务“四大网络”建设，组织运动员代表省参加全国第九届少数民族传统体育运动会工作和参加全省第二届农民体育运动会，并取得喜人成绩，群众体育事业得到蓬勃发展。全市开展各级各类全民健身活动1000多次，群众参与超过80万人，体育人口达45%，体育社会化、科学化程度得到提高，经常参加体育锻炼人数稳步增长，锻炼水平提高。

【改善公共场地设施】 主动与上级部门沟通，争取省专项经费资助体育场馆设施和乡镇农民体育健身工程建设。完成省下拨295副篮球架和304张乒乓球台的组织安装工作，做好农民体育健身工程收尾工作。抓好公共体育场地设施管护，投入近30万元对市区健身路径、乒乓球台、篮球架等进行全面检修，更新一批健身器材。与9个市直部门联合印发《韶关市乡镇农民体育健身工程实施方案（2011~2015年）》，完成10个乡镇农民体育健身工程建设。始兴县体育馆建成启用，市中心业余体校综合楼建设进入招投标阶段。

【壮大体育组织网络建设】 1月20日，召开韶关市体育总会第四届委员会会议，选举产生新一届体育总会主席、副主席、秘书长、副秘书长、常务委员、委员等，同时聘请一批名誉主席，健全组织网络。强化对单项体育协会组织管理，加强体育社团申报及年检管理。韶关市钓鱼协会成立，单项体育协会增至17个。形成一支以体育公职人员为核心，以体育社会团体和乡镇街道体育工作人员为骨干，以社会体育指导员和体育健身场所从业人员为基础的群众体育组织网络。

【开展的全市性全民健身运动】 贯彻《全民健身条例》和《全民健身计划（2011~2015年）》，开展全民健身活动，打造群体活动品牌。举办2011年韶关市“汇展华城杯”元旦环城跑、“中国移动杯”龙舟赛、“百狮闹元宵”活动、广东省首届百街千镇乒乓球赛暨韶关市首届百镇（街）乒乓球赛、第五届社区体育运动会、第一届健身气功大赛。加快户外运动基地创建步伐，举办第五届“捷安特”杯芙蓉山越野赛、野外露营活动。配合2011年广东国际旅游文化节开展系列体育活动，举办丹霞绿道体验骑行活动、“游绿道观美景”韶关国家森林公园绿道建成启动仪式、第四届徒步穿越丹霞山活动等系列活动。利用节假日和8月8日“全民健身日”举办定点投篮、三人篮球赛、趣味体育、健身气功展示等群众喜闻乐见的体育活动。

【以协会社团为纽带开展的群众体育活动】 发挥体育协会和体育社团龙头、桥梁和纽带作用，加强对少数民族、妇女、农民、职工、老年人、残疾人体育的指导，开展形式多样的群众性活动。市老年体协举办韶关市第四届老年人运动会、“三八”门球赛，和武术协会联合举办韶澳武术大联欢，市篮球协会举办韶关市第十七届“体彩杯”三人篮球挑战赛、第二届“人防杯”篮球赛，市羽毛球协会举办“地税杯”羽毛球赛、“羽林争霸我耀上场”2011年红牛城市羽毛球公开赛，市乒乓球协会举办“红三角”乒乓球赛、2011年韶关市纪念辛亥革命100周年“园林生态杯”乒乓球赛，市棋类协会举办2011年韶关市“国民商贸杯”象棋、围棋锦标赛，市足球协会举办“明裕杯”足球联赛，市体育舞蹈协会举办迎新年体育舞蹈巨星表演晚会活动等。

【全民健身服务水平】 建立健全国民体质监测网络体系，开展2011年韶关市国民体质监测工作。在浈江区、武江区、曲江区共完成1246个有效样板量，超过省要求的1000个，完成率达124.6%，实现“按质、超量”工作目标。市体育局被评为2010年度国民体质监测工作“全国先进单位”、“全省先进单位”，江智锋、王韶普被评为“全国先进个人”。加强青少年俱乐部管理。完善组织体系和章程，加强对青少年俱乐部工作检查，规范青少年俱乐部工作开展。抓好学校场馆向社会开放工作。加强与教育系统联系，加强沟通、统一协调，要求学校在课余时间和节假日向学生开放体育设施。

【社会体育指导员队伍】 组织6人参加国家级培训、76人参加省一级培训班，完成二级415名、三级1333名社会体育指导员培训，均获得社会体育指导员资格。20人获得广东省优秀社会体育指导员称号。社会体育指导员成为服务全民健身活动的中坚力量。

【体育"创先"工作】 指导武江区开展广东省第四批体育先进区创建工作。浈江区东河街道启明北路社区、乐昌市乐城街道竹林新村社区、始兴县司前镇司前社区成功命名为广东省第四批城市体育先进社区(居委会),全市体育"创先"工作迈上新的台阶。

【大赛备战参赛工作】 第九届全国少数民族体育运动会于9月15~20日在贵阳举行,韶关市运动员代表省参加女子龙舟、押加和2个表演项目比赛,夺得3个一等奖、6个二等奖、4个三等奖好成绩。广东省第二届农民运动会于10月20~28日在江门市举办,韶关市代表团以团体总分294分在全省21个参赛单位中排名第七(二等奖),还荣获大会颁发的"体育道德风尚奖"。市健身气功代表队参加第二届全国健身气功比赛、全省第一届健身气功站点联赛总决赛,武术协会参加广东省第四届武术精英大赛、木兰拳协会参加2011年第九届澳门木兰拳比赛,棋类协会参加全省首届智力运动会等国家和省级的比赛中均获得优异成绩。

竞技体育

【加强管理制度建设和培养后备人才】 围绕"对接省运会,提高运动成绩"的中心任务,印发《2011~2014年韶关市业余训练规划》、《韶关市业余训练重点班管理办法》、《韶关市引进高水平运动员暂行办法》,健全管理制度和激励机制,为新一轮周期业余训练工作指明方向。做好二级运动员审批,新增7名二级运动员,向省体校正式输送优秀运动员7人。

【举办市青少年锦标赛】 6~8月举办田径、举重、射击、摔跤、击剑、赛艇、柔道、跆拳道、乒乓球、羽毛球、武术套路等11个大项、179个小项比赛,10个县(市、区)近千名运动员参加比赛,曲江区、始兴县、新丰县分获团体总分、金牌总数前三名。通过比赛,调动基层开展业余训练的积极性。

【参加广东省青少年锦标赛】 组队参加的射击、自行车、田径、柔道、举重、击剑、帆板、帆船、摔跤、赛艇、乒乓球、拳击等12个项目的比赛,获得金牌6枚、银牌8枚、铜牌11枚、总分462分,其中赛艇、举重和新组建的帆板、帆船项目成绩较突出。

【评定业余训练重点班】 1月对全市业余训练重点班进行检查,对符合条件的重点班共发放2010年训练补助11万元,并命名33个训练点为2011年韶关市业余训练重点班,覆盖韶关市10个县(市、区),促进韶关市基层业余训练工作的开展。6月16日,广东体育职业技术学院附属竞技体校全省首个教学训练网点在始兴县青少年业余训练体校挂牌成立。

【体教结合促发展】 市体育局与市教育局合作举办2011年韶关市"英东杯"中小学校田径、篮球、毽球、乒乓球等体育项目的比赛,促进学校体育的发展。组织全市中小学校申报体育传统校,有11所学校被评为2010~2012年广东省体育传统项目学校。

体育产业

【加强行业安全和规范管理】 重点对体育场馆经营情况和健身市场进行专题调研,逐步探索适合韶关体育产业经营发展思路,繁荣健身休闲、竞赛表演、体育用品、体育彩票等体育市场,促进体育产业健康发展。加强对游泳场馆等高危体育项目监管,对全市经营性游泳场进行安全检查,保障人民群众的健康人身安全。加强游泳救生员的培训,对85名救生员进行技能培训,实行救生员凭证上岗,规范游泳救生员的资格管理。完成体育事业统计年报工作,对10个县(市、区)及5个下属单位的报表进行审核与汇总。

【体育彩票销售助力体育事业发展】 贯彻落实国家、省体彩工作会议精神,不断强化基础工作,通过政策引导、技术培训、营销宣传、新增站点等措施,狠抓质量提升,开展体彩销售工作。2011年全市体育彩票销售1.78亿元,超额完成省、市下达的销售任务;全市体育彩票公益金收入1079万元,全部用于全民健身和奥运争光,为体育事业发展提供强有力的经济支撑。

(林勋辉)

附:领导班子成员名单

局　长:何著东

副局长:林钟强　宋启龙

　　　　林　静

2010~2012年广东省体育传统项目学校名单

田径：广东北江中学　曲江中学　南雄市第一中学　仁化中学　乳源中学　始兴县墨江中学

篮球：韶关市第一中学

足球：韶关市第五中学

毽球：韶关市第四中学　韶关市站南小学

定向越野：韶关市中等职业技术学校

2011年韶关市向省输送运动员名单

表26-1

序号	姓名	性别	项目	输入单位	输出单位	原教练
1	马　研	女	击剑	省体校	仁化	凌国雄
2	陈路萍	女	田径	省体校	南雄	许冬玲
3	李琳琳	女	田径	省体校	曲江	许冬玲
4	陆咏榆	女	羽毛球	省体校	武江	王红萍
5	杨　朝	男	羽毛球	省体校	曲江	王红萍
6	刘知欣	女	羽毛球	省体校	武江	王红萍
7	李　婷	女	举重	省体校	仁化	张　丽

2011年参加省青少年锦标赛获奖运动员名单

表26-2

姓名	性别	项目	小项	名次	单位	教练
邓丽娟	女	柔道	乙组70公斤	金牌	乳源	陈英姑
李琳琳	女	田径	乙组800米	金牌	曲江	许冬灵
何煜宏	男	新丰	乙组74公斤	金牌	新丰	李竹青
赵秀云	女	举重	丙组58公斤	金牌	曲江	胡永军
蒋建发	男	赛艇	乙组公开级8000米单人双桨团体	金牌	曲江	吴晓勇
刘文超					曲江	吴晓勇
何运创					始兴	吴晓勇
凌兴旺	男	赛艇	甲组双人8000米	金牌	始兴	吴晓勇
温嘉源					浈江	吴晓勇
林寿阳	男	OP帆船	乙组混合团体	银牌	曲江	林佑杰
黄静君	女	田径	乙组800米	银牌	南雄	许冬灵
李琳琳	女	田径	乙组4×400米	银牌	曲江	许冬灵
黄静君					南雄	许冬灵
黄云英					新丰	林德祥
刘羽宜					曲江	尹科成

续表 26-2

姓名	性别	项目	小项	名次	单位	教练
马世超	男	飞碟	多项混合团体	银牌	武江	王玉梅
吴浩成					东莞	王玉梅
聂　聪					南雄	赵艳华
陈基伟	男	举重	乙组 69 公斤	银牌	曲江	胡永军
叶文美	女	赛艇	甲组单人 8000 米团体	银牌	南雄	吴晓勇
黄成基	男	赛艇	甲组双人 8000 米	银牌	曲江	吴晓勇
滕冬冬					始兴	吴晓勇
凌兴旺	男	赛艇	甲组双人 2000 米	银牌	始兴	吴晓勇
温嘉源					浈江	吴晓勇
凌兴旺	男	赛艇	甲组单人 2000 米	银牌	始兴	吴晓勇
欧如榕	女	柔道	乙组 42 公斤	铜牌	乳源	金　杨
冯茂福	男	摔跤	乙组 66–74 公斤	铜牌	曲江	陈友仁
马世超	男	飞碟	双项团体	铜牌	武江	赵艳华
江其峰					浈江	王玉梅
叶德森					东莞	王玉梅
马世超	男	举重	双项个人	铜牌	武江	赵艳华
冯成文	男	举重	甲组 85 公斤	铜牌	曲江	胡永军
黄慧文	女	赛艇	丙组 55 公斤	铜牌	南雄	张　丽
蒋建发	男	赛艇	乙组公开级 2000 米单人双桨	铜牌	曲江	吴晓勇
叶文美	女	赛艇	甲组单人 2000 米	铜牌	南雄	吴晓勇
李　霞	女	赛艇	乙组单人 8000 米团体	铜牌	浈江	吴晓勇
陈思伶					曲江	吴晓勇
莫嘉欣					浈江	吴晓勇
滕冬冬	男	赛艇	甲组单人 2000 米	铜牌	始兴	吴晓勇
滕冬冬	男	赛艇	甲组单人 8000 米团体	铜牌	始兴	吴晓勇
温嘉源					浈江	吴晓勇
温嘉源	男	赛艇	甲组单人 8000 米	铜牌	浈江	吴晓勇

社会生活

民　政

【概况】 2011年，市民政局内设机构有办公室、人事监察科、军休退伍安置科、救灾救济科、低保科、区划地名科、基层政权和社区建设科、优抚科、社会事务科、社会福利科、老龄工作办公室、民间组织管理局等12个科（室）。其中社会福利科为2011年新设立机构。直辖事业单位共13个。全市民政工作以落实科学发展观为目标，以关注民生、实现社会公平、维护社会稳定、促进社会和谐为工作的出发点和落脚点，以争先创优活动为动力，推进民政工作的改革和发展。2011年不断完善“四大体系建设”，包括：完善城乡综合性社会救助体系建设，保障和改善民生；完善社会福利体系建设，不断提高社会福利水平；完善“双拥”优抚安置体系建设，提高优抚安置保障能力；完善社会管理服务体系建设，提高社会管理服务水平。从而使民政工作整体功能不断加强。为全市经济、社会协调发展发挥积极作用。

（唐焕威）

【抗灾救灾】 2011年5月，南雄、仁化、始兴、乳源等地出现暴雨或特大暴雨的降水过程，导致局部地区出现严重的洪涝灾害。洪灾造成全市11.79万人受灾，紧急转移受灾群众1.2万人，灾害造成直接经济损失约4.26亿元。灾情发生后，市民政局及时启动汛期值班制度，跟踪最新灾情变化。同时，及时派出工作组分赴灾区指导救灾抢险工作，并协助当地民政部门开展灾民救助工作，向灾民分发饼干、饮用水、方便面等生活物资，将灾民妥善安置在学校、村委会等场所，保障好灾民的基本生活。灾情稳定后，市民政局迅速开展因灾倒房户的核查工作，核定全市因洪灾全倒户共544户。为做好重建家园工作，省补助韶关市重建家园资金326.4万元、市级补助的163.2万元和县级补助54.4万元下发各地。截至2012年元旦，全市544户全倒户都已建好新房搬入新居。

（张　情　曾　明　唐焕威）

【最低生活保障标准提高】 截至2011年底，全市共有低保对象5.18万户、11.66万人，其中城镇低保对象1.33万户、2.73万人，农村低保对象3.85万户、8.93万人；全年支出低保资金1.44亿元，其中城镇5132.52万元，农村9274.76万元。为全力保障低保户的基本生活水平，确保低保标准与全市低收入居民食品消费价格指数变动情况相适应，市民政局协调市发改局、财政局、物价局、国家统计局韶关调查队等单位，共同报请市政府下发提高低保标准的通知，全面提高市本级低保标准，由原来的每人每月250元提高到每人每月300元，增幅20%。各县（市、区）也参照市的作法，提高低保标准。全市提高后的平均低保标准跃居全省山区市中上游位置。

为解决低保人员的医疗难题，开展医疗救助工作，2011年，全市共支出医疗救助金929.38万元，救助人数58675人，其中城镇低保对象1210人，农村低保对象57465人。

（张　情　曾　明　唐焕威）

【五保供养及场所改造】 截至2011年底，全市共有敬老院94间，床位数3751张。现有五保对象7073人，其中集中供养1909人、分散供养5164人，全年支出五保供养经费2201.2万元。其中：支出集中供养资金650.8万元，平均供养标准为284元/人/月；支出分散供养资金1550.4万元，平均供养标准为250元/人/月。2011年7月，市下拨200万元福利彩票公益金用于全市10间敬老院的改造工程。改造后的敬老院面貌焕然一新，提升居住、服务功能，给在院老人提供颐养天年的理想场所。

（张　情　曾　明　唐焕威）

【慈善资金募集发放】 韶关慈善

总会自2006年成立后，10个县(市、区)也先后成立慈善会。2011年，韶关慈善总会共募集捐款2289万元。募集资金来源：一是在全市范围内开展“广东扶贫济困日”活动，动员市直各单位、中省驻韶企事业单位、大中厂矿、驻韶部队、学校等各方面的捐款用于全市各扶贫地区。二是通过福利彩票公益金拨款70万元用于敬老院及助学助医等社会救助工作。三是捐赠者定向到各个项目的专项资金214万元。2011年，韶关慈善总会共使用支出善款2594万元。一是救助本市的特殊困难群体和个人，包括助医济困、助学济困、赈灾济困、扶老助残等，以及给予相关社会公益性机构进行救助，包括教育机构、医疗机构、敬老院机构等下拨73万元；根据捐赠者意愿定向捐赠下拨174万元。二是根据“广东扶贫济困日”活动精神，下拨各县(市、区)扶贫点扶贫救助资金。

(张　情　曾　明　唐焕威)

【“广东扶贫济困日”活动】 2011年，韶关市开展第二届“广东扶贫济困日”活动。由市民政局建立韶关市“广东扶贫济困日”活动办公室，和韶关慈善总会联合办公，并通过副市长张志才发表电视讲话、召开市直机关单位和企事业单位负责人参加的扶贫济困座谈会，以及开展户外宣传、制作设置募捐箱等方法，开展扶贫济困募捐活动。活动期间，韶关慈善总会接收定向捐款共计1456万元，非定向捐款517万元，全部由专人负责出具“广东省接收社会捐赠专用收据”，并在《韶关日报》上刊登所有捐款明细信息，向社会公布，接受群众监督。与此同时，由韶关市公信会计师事务所和市审计局对捐款的接收和发放进行审计监督，未出现违规违法现象。为使捐款早日在扶贫“双到”工作中发挥作用，真正惠及困难群众，扶贫济困日办公室已分两批次将所有捐款按照指定的捐款区域和项目进行分类，并制定各县分配明细表，由市扶贫开发领导小组审批下发各地扶贫办和慈善会。

(张　情　曾　明　唐焕威)

【村(居)委换届选举提前完成】 按照省委、省政府的部署，全市2011年村(居)“两委”换届选举工作于2010年12月6日启动，到2011年4月8日，全市1202个行政村和207个社区完成“两委”换届选举任务，比省规定的完成时间提前近两个月。为做实、做好本届村、社区“两委”换届选举工作，各级党委政府坚持“六个好”标准，即组织领导好、督导落实好、指标完成好、核心作用好、部门协作好、换届风气好。全市共选出村“两委”干部5226人，其中交叉任职3235人，占支委总数3674人的88.1%，1202名村党支书记中有1085人当选村委会主任，“一肩挑”比例占90.3%，分别比上届提高10.2和7.9个百分点；村女干部1331人，比上届增加448人，提高50.7%，每个村委会均有1名以上女成员。城镇社区“两委”干部945人，其中交叉任职604人，占支委总数629人的96.0%，207名社区党支书中有205人当选居委会主任，“一肩挑”比例达99.0%，分别比上届提高9.4和6.4个百分点。在全市5226名村“两委”干部中，经济能人4123名，占78.9%；4800名村委会成员中，党员3923名，占81.7%。

(徐光明　唐焕威)

【提高城乡社区建设水平】 2010年度推进“六好”(即创建自治好、管理好、服务好、治安好、环境好、风尚好)平安和谐社区创建工作和“双强双促”(即强班子、强队伍，促科学发展、促和谐稳定)工作，并通过省的检查验收。2010年全市被列入“六好”平安和谐社区30个，“双强双促”计划的有5个社区、24个村委会，按照省民政厅对“六好”平安和谐社区创建工作和“双强双促”工作的要求，完善社区的基础设施，改善社区办公条件，提升村(居)委会的自治功能和服务功能。2011年11月初，通过省监察验收组的检查验收。全市已有154个社区居委会被命名表彰为广东“六好”平安和谐社区，占全市现有213个社区总数的72%，超额完成省下达的60%的任务。同时按照广东省民政厅《关于开展广东省村(居)务公开民主管理示范创建活动的通知》精神，从2011年起，5年内按年度比例完成村(居)务公开民主管理示范创建任务。全市2011年的创建任务是按照村(居)总数15%的指标完成240个村委会、43个社区的创建任务，得到省民政厅的命名表彰。

(徐光明　唐焕威)

【婚姻登记管理取得佳绩】 规范婚姻登记管理，打造优质服务窗口。全市婚姻登记工作以规范化建设为重点，以优质服务群众为目的，做好婚姻登记管理和婚姻服务工作。2011年全市共办理结婚登记31300对，离婚6504对，补领结婚证2948对，补领离婚证275对，没有出现一宗违法违纪登记现象，登记合格率达到100%。2011年全市婚姻登记工作规范化建设取得较好的成绩。乳源、武江、曲江、始兴、市民政局、浈江、乐昌、南雄、仁化、翁源10个单位被国家民政部授予“全国婚姻登记规范化单位”称号。（徐光明　唐焕威）

【流浪人员临时救助】 2011年，韶关市救助管理站根据国务院《城市流浪乞讨人员救助管理办法》和《广东省城市生活无着的流浪乞讨人员救助管理规定》，在省、市业务主管部门的指导下，遵循自愿、无偿、公开救助的原则，采取有效措施，做好流浪人员救助工作。一是做好日常救助工作。2011年，全年共救助各类流浪乞讨人员2545人次，向受助人员无偿提供衣、食、住、医、交通、通讯等服务，其中，将42名流浪精神病患者和6名危重病人送往相关医疗机构进行治疗。二是主动开展集中救助行动。配合市委、市政府的重大活动及国庆、春节等重大节日，由市民政局牵头，联合市公安、城管、卫生等相关部门对流浪市区街头的精神病患者、危重病人主动开展集中救助行动4次，将36名流浪精神病患者送往相关医疗机构进行治疗。三是做好深圳大运会期间救助工作。其间接待求助人员391人次，其中购票返乡320人次，护送返乡66人次，走上街头救助精神病患者，将15人送医院治疗。为保护流浪乞讨人员基本权益，维护社会和谐稳定发挥积极作用。

（李祥安　唐焕威）

【成立韶关市流浪未成年人救助保护中心】 根据国务院《关于加强和改进流浪未成年人救助保护工作的意见》文件精神，2011年，按市政府决定，已撤销原市坪石救助管理站，在市区武江区康乐村258号（原市民政局军休所住房）建立韶关市流浪未成年人救助保护中心 (正科级事业单位)，单独履行流浪未成年人救助保护职能。现儿保中心正在一边使用一边扩建和完善之中，拟在2012年底前扩建成建筑面积为3500平方米，床位100张，集生活、教育、文体、医疗为一体的流浪未成年人救助保护中心。

按照（国务院第381号令）《城市生活无着的流浪乞讨人员救助管理办法》和广东省《广东省城市生活无着的流浪乞讨人员救助管理规定》的文件精神，市儿保中心坚持以“自愿受助、无偿救助”的工作原则，对流浪未成年人、监护人无法履行职责的服刑人员子女、公安机关打击犯罪行动中解救的未成年人以及有轻微违法行为但根据有关规定不予处罚且暂时无法查明其父母或其他监护责任人的未成年人，展开救助保护工作。一是中心成立街头巡查救助小组，进行每天一次的街头巡查工作，对市区火车站、汽车站、步行街等繁荣地段、路桥和人口密集的重点范围进行巡查救助。二是在重大政治经济活动特殊时期、重要节假日、纪念日以及寒冷气候等时期，联合公安、城管、卫生等有关部门开展专项救助行动。三是做好救助宣传工作，在繁华街道、车站等人口密集的地方设置指引牌，给治安亭、保安亭发放救助名片等，为群众提供流浪未成年人信息以及流浪未成年人寻求帮助指引途径，对群众提供的流浪未成年人信息，及时组织人员到实地进行查看，给予救助和帮助。通过以上措施,做到发现一个，救助一个。2011年，共救助流浪未成年人310人次，保障流浪未成年人的合法权益，促进社会和谐稳定。（谭小英　唐焕威）

【殡葬改革及殡葬公共设施建设】 2011年，全市各地贯彻落实省政府《关于强化全省殡葬基本公共服务的意见》文件精神，市政府出台《韶关市困难群众殡葬基本服务保障实施办法》，并制定实施《韶关市殡葬事业发展“十二五”规划》，推进殡葬事业不断发展。同时，全市各地加大殡葬改革宣传力度，实施《韶关市2011年殡葬改革宣传指导方案》，利用电视、报刊、互联网等大众传媒，宣传殡葬改革法律法规和方针政策；宣传树葬、海葬等节地生态葬法的意义，采用印发宣传手册等形式，把殡葬改革有关法律法规和市委、市政府的有关规定编印成册，印发到各乡镇、街道、村 (居) 委会，使殡葬改革的意义家喻户晓，深入人心。2011年，继续做好省殡葬公共设施建设“祥安计划”实施工作，各级财政加大投入，加快殡葬公共服务设施建设，改善群众办丧环境，解决先人骨灰安葬问题。全市现有殡仪馆9家，经营性公墓8座，公益性骨灰楼（堂）73间，公益性生态墓园44个，其中，2011年新建公益性骨灰楼（堂）3间，公益性生态墓园8个。2011年，全市火化遗体17355具（其中本地数16480具），火化率保持100%，免除困难群众殡葬基本服务费用139万元。（李祥安　蓝师武　唐焕威）

【社会工作人才队伍建设】 从2011年开始，由市民政局社会福利科负责社会工作的各项业务。全市经考试合格的持证社工有25人。市民政局在武江区新华街道、韶关市社会福利院、韶关市复退军人医院开展社会工作人才队伍建设试点工作。试点工作主要是围绕老、弱、幼、困和优抚对象等困难群体开展相关的专业个案服务。通过开发设置社工岗位，引入社会工作理念和服务手法，加强制度建设，形成事业单位社会工作人才培养、评价、使用、激励机制和储备社区工作人才后备库，明确社区工作岗位，积累社会工作人才评价经验，为推进全市社会工作人才队伍建设提供经验。（徐湘田　唐焕威）

【社会福利工作概况】 2011年市政府实施以投资主体多元化、服务对象公众化、服务方式多样化、服务队伍专业化为工作目标。坚持政府投入为主渠道，鼓励社会力量参与，逐步形成以国有社会福利机构为龙头，社区福利服务为依托，其他形式的社会福利机构为补充的发展格局，促进全市城市福利事业的蓬勃发展。

【儿童福利事业大发展】 2011年，全市儿童福利事业有较大发展，总投资750万元，建筑面积5000平方米的市社会福利院儿童福利大楼在“六一”儿童节正式启用，新楼的启用将进一步促进全市孤残儿童养育、救治、教育、康复服务体系的完善。2011年，市民政局和市财政局联合制定《韶关市孤儿基本生活费发放实施办法》，确立福利机构集中供养孤儿每人每月1000元、散居孤儿每人每月600元的孤儿基本生活最低标准。

【养老福利机构建设和创新】 2011年，采用民办公助的办法，建设一个全省居家养老服务示范点——浈江区康寿居家养老服务中心，该中心位于韶关市南郊五公里，总占地面积1.4万平方米，建筑面积4000平方米，建有养老床位200张。截至2011年年底，全市有养老福利机构15所，其中国有社会福利院11所（市级1所，10个县（市、区）各1所），集体和民办养老服务中心5所，共有床位数2250张，在院老人1228人，孤残儿童、弃婴500人。（徐湘田　唐焕威）

【收养登记】 为贯彻落实科学发展观，体现以人为本，全市民政部门发挥职能部门作用，以一切为孩子为宗旨，依法登记，规范管理，优质服务，保护收养当事人的合法权益，促进收养工作的健康发展。2011年，全市各级民政部门共办理收养登记233宗（其中国内公民229宗，香港同胞4宗），使弃婴、孤儿得以回归家庭、回归社会。

（徐湘田　唐焕威）

【做好区划地名工作】 2011年，行政区划没有调整变化。全市仍是乡镇94个（其中93个镇，1个瑶族乡），9个街道办事处。加强行政区域界线管理。全市开展平安边界创建活动，完成湘粤线郴州韶关段界线全长361公里，9颗界桩（含赣湘粤三省交会点的1颗界桩）的联合检查；地市级韶关市与惠州市行政区域界线长61.77公里，3颗界桩（含东、西三方交会点界桩）的联合检查；曲江区和浈江区、浈江区和武江区、始兴县和曲江区、浈江区和乳源县、翁源县和曲江区等5个总长219.78公里,有界桩9个((含分工武江、浈江分别牵头管理的设在北江河两岸各1个的“武浈曲”三交点桩))的县级行政区域界线第二轮联合检查工作。所检边界线及两侧地形、地貌、地物没有明显变化，界线实地位置清晰易辩，界桩完好无损，界桩方位物齐全。通过联检，发现和解决界线管理中存在的问题，巩固勘界成果，消除纠纷隐患，维护边界附近地区的稳定。同时，继续实施界线签约委托管理。完成4条地市级界线长671公里，25个界桩委托管理经费划拨工作，保障界线管理日常工作落实。

做好道路和建筑物住宅区命名工作。2011年，完成市区9个住宅小区的命名工作。同时，新增设路牌55块，市区新式路牌

已有260块。路牌管理和维护保洁工作正常，确保路牌整洁靓丽。（刘广平　唐焕威）

【军休干部管理服务】　全市有军休所3所、服务站1个、服务点7个。2011年全市有军休干部128人，无军籍退休退职职工95人，其中新接收军休干部4人，伤残退休士官1人。完成上级分配的接收安置任务。做好军休干部现有住房制度改革工作，完成第一批军休干部现有住房兑现资金工作，全市军休干部房补共921万元，及时发放军休干部手中，深受老干部好评。军休所的设施有较大的改观，其中工业东路军休所完成大楼的重建工作，军休干部搬进新居。惠民路军休所完成军休干部住房的外墙装修。在争先创优活动中，开展第二届“和谐军休家园、和谐军休家庭”的创建活动，推动军休所建设。工业东路军休所被省评为2011年度“和谐军休家园”先进集体，惠民路军休所离休干部沙命华家庭被省评为2011年度“和谐军休家庭”。

（周业仁　唐焕威）

【退伍军人安置和再培训】　2011年全市共接收退役士兵934人，其中城镇兵296人，农村兵638人，全部安置完毕。继续推行以自谋职业为中心内容的城镇退役士兵的安置改革，对城镇退役士兵自谋职业进行一次性补助金发放，全市共发放自谋职业补助金651万元，实现安置率100%的好成绩。为使退役士兵掌握就业技能，适应社会就业需要，协助有关部门开展退役士兵的职业技能培训工作。2011年对当年接收的退役士兵934人，连同2010年度部分退役士兵，通过报名参加免费职业技能培训共963人，其中有25名退役士兵考上普通高等职业技术学院。其他退役士兵陆续获得就业的技能和机会。

（周业仁　唐焕威）

【提高优抚对象的补助标准和范围】　截至2011年年底，全市共有优抚对象5万多人，其中享受定恤定补优待的优抚对象14848人（户）；享受定恤的烈属182人、因公牺牲军人家属39人、病故军人家属90人。享受定补的红军失散人员11人、在乡老复员军人1815人、带病回乡退伍军人556人、部分参战涉核军队退役人员5717人、“五老”人员（老游击队员、老通讯员、老堡垒员、老党员、老苏区干部）764人，享受国家伤残抚恤金的革命残疾人员851人，部分烈士子女281人，直接参加铀矿开采人员757人。另外农村籍退役老兵4560人，享受义务兵家属优待的军属1976户。中央和省委省政府在2010年10月1日提高重点优抚对象的抚恤补助标准基础上，从2011年7月1日和2011年10月1日起，又分别两次提高重点优抚对象抚恤补助标准。到2011年底，“三属”（革命烈士家属、因公牺牲军人家属、病故军人家属）抚恤金人均月平城市为1050元，农村为737元，超过省规定的人均标准100多元；革命残疾人员也在原来抚恤标准基础上提高13%的伤残抚恤金；全市在乡复员军人定期补助金为690元；带病回乡退伍军人定期补助金为402元；部分参战涉核军队退役人员定期补助金为310元；“五老”人员定期补助金为240元。以上经费主要来源于中央财政和省财政，地方财政也支付部分配套资金，2011年，全市共支出优抚对象保障资金7009万元，比2010年增加430万元。定恤定补标准全面达标兑现，并全部实行社会化发放，保障优抚对象的基本生活。此外，2011年，增加义务兵家属的优待金标准，年户平7276元，比2010年增加2962元，保证军烈属的生活。为解决重点优抚对象医疗难的问题，更方便重点优抚对象治病，2011年各县（市、区）普遍实行优抚对象住院医疗费“一站式”结算服务。自2011年8月1日起，对部分农村籍退役士兵按每服一年义务兵役、每人每月发给10元老年生活补助。另外，从8月1日起，对部分直接参与铀矿开采的军队退役人员进行身份认定，按照参战人员的标准发放生活补助。

（卢学文　林卫芳　唐焕威）

【拥军工作取得好成绩】　2011年，全市各级政府通过广泛宣传，加大投入，使拥军工作不断向前推进。拥军慰问工作力度不断加大。2011年，全市先后组织慰问团（组）100多个，累计投入慰问经费400多万元，慰问广州军区、广东省军区、武警广东省总队、广东省消防总队、42集团军、韶关舰及驻韶各部队，使军民情谊和团结不断加深。拥军办实事工作常抓不懈。为帮助部队提高科技、文化水平和解决生活难题，2011年，投入资金近

20万元举办第九期智力拥军培训班，为部队培训电脑、电工及会计专业人才240人，并经考核颁发合格证书，受到部队官兵的好评。2011年12月市双拥办拨款12万元支持韶关舰改装添置办公、生活用品，为舰上官兵生活提供物质条件。荣获广东省和全国双拥模范城称号。在2011年12月26召开的“广东省双拥模范城（县）命名暨双拥模范单位和个人表彰大会”上，韶关市被省委、省政府、广东省军区授予广东省双拥模范城称号。

（边修然　唐焕威）

【社会组织机构】 全市现共有社会组织1007家，其中社会团体（含行业协会）595个，市本级242个，2011年新增登记11个；各县（市、区）社会团体（含行业协会）共353个，2011年新增登记60个。民办非企业单位按隶属行业可分为教育、劳动、体育、科技等10类，全市现有民办非企业单位412个，其中市本级78个，2011年新增登记3个；各县（市、区）民办非企业单位共301个，2011年新增登记7个。全市现有登记注册的基金会2家（由省民间组织管理局登记注册），分别是韶关市教育基金会和韶关市困难职工帮扶基金会。

【社会组织管理】 2011年采取各项措施加强对社会组织的管理，一是开展社会团体“小金库”专项治理复查工作。主要是针对无业务主管单位的行业协会进行复查工作，其中对三家行业协会报销凭证不规范的情况进行整改。二是加强调查研究工作，完成《加强行业协会自律，推进企业社会责任建设》、《韶关市培育发展和规范社会组织调研报告》、《韶关市社会组织建设管理调研报告》等有关社会建设和民政政策理论方面的调查研究，为社会组织规范化、制度化管理提供决策依据。三是协同市财政局、市国资委等单位做好非公有制经济组织和社会组织党建工作有关情况统计和评优工作。市律师协会党支部获得全省性社会组织先进党组织称号，广东天行健律师事务所党支部书记被评为广东省社会组织优秀党务工作者，另有两名党员被评为广东省社会组织优秀共产党员。四是推行各项便民措施。印制行政许可事项办事指南，方便来办事的群众更好了解办事流程。正式启用“韶关社会组织信息网”，使群众更多更快地了解相关信息。五是做好年检工作。2011年市本级社会组织年检共204家，其中社会团体160家，民办非企业单位44家，合格率为99.9%，并在韶关市社会组织网上公布年检结果。韶关市社会组织已经遍布全市城乡，涉及社会生活各个领域，初步形成门类齐全、层次不同、覆盖广泛的民间组织体系。

（黄远周　朱　莎　唐焕威）

【老龄工作显成效】 2011年底，全市总人口有282.6万人，其中60岁以上老年人41.65万人，占人口总数的14%。100岁以上老年人有198人，比上年度增加18人。

2011年，推进敬老爱老活动，发动各界开展敬老送温暖活动，为老年人办实事好事。在“敬老月”期间，组织开展韶关市“十大长寿之星”和“十大敬老之星”评选活动。全市共推荐十大长寿候选人17名、十大敬老候选人12名。经评选确定黎春兰等10人为“十大敬老之星”、梁德玉等10位老人为“十大长寿之星”。并于10月20日举办韶关市首届“十大敬老之星”、“十大长寿之星”表彰大会，市老龄委各成员，县（市、区）政府分管民政工作领导，县（市、区）民政分管老龄工作局长和老龄办主任以及受表彰的同志，共计70多人参加会议。市政府副秘书长李克厚出席会议并作重要讲话。为落实老人优待政策，各级还建立走访慰问特困老人制度，2011年为全市400名老人送去12万元慰问金。同时，对百岁以上老人每月发放不少于200元的长寿补助金。全市80岁以上高龄老人约49362人，《韶关市80岁以上高龄老人津贴方案》正在进行审议通过。将于2012年底出台发放高龄津贴制度。

为丰富老年人精神文化生活，着力组织老年人开展各项文化活动。10月14日至26日，举办韶关市第四届老年人运动会，历时13天。共有600名老年人运动员参赛。展示老年朋友“我锻炼，我快乐”的精神风貌。

2011年在全省老龄系统评选活动中，韶关市老龄办被评为“老龄工作先进集体”，陈维晃被评为“老龄工作先进个人”的称号。

（陈维晃　罗美云　唐焕威）

【福利彩票发行呈现良好势头】 韶关市福利彩票发行中心成立于1998年，主要负担韶关地区的福利彩票发行管理工作。截至2011年年底，全市共有福利彩票投注站217个，快乐十分站点70个，中福在线销售厅3个，遍布县(市)、三区及各乡镇。2011年，全市福利彩票发行销售坚持以电脑票为基础，即开票为增长点的发展战略，优化票种结构，发挥票种优势，全面拓展销售市场，彩票销售呈现出良好的发展势头。全年销售彩票2.41亿元，筹集福彩公益金7500万元，为市本级筹集2800万元，完成销售任务的114.8%，销售总量同比增长4000万元，增幅为20%，取得历史性突破。全年代缴税额269万元。

2011年，投放到市福利院、敬老院、社区建设、基本医疗救助、残疾人事业、救助事业、老龄事业、爱心助学、复退军人医院建设、慈善事业的福利资金达2000万元，为社会福利事业的发展和构建和谐韶关发挥积极的作用。（王丽春　唐焕威）

附：领导班子成员名单

局　长：龙勇文

副局长：魏灼姐　张占斌
　　　　胡建文
　　　　张瑞兰（2011.9~）

纪检组长：赖启新

人口和计划生育

【概况】 韶关市人口和计划生育局成立于1979年，为韶关市人民政府主管人口和计划生育的工作部门。2011年，韶关市人口和计划生育局行政编制26名，内设办公室、政策法规科、发展规划与信息科、流动人口服务管理科、宣传教育科、科学技术服务科、责任制考核科（市人口与计划生育目标管理责任制考核办公室）7个科（室），下设韶关市计划生育协会、韶关市计划生育药具管理站、韶关市计划生育服务中心等3个直属事业单位。2011年，以科学发展观为统领，紧紧围绕“稳定低生育水平，统筹解决人口问题，促进人的全面发展”这一核心任务，全面深入开展全国人口计生综合改革示范市建设，深入开展创建“乡镇（街道）无政策外多孩生育，村（居）无政策外生育”和“优质服务先进单位”两项活动，抓好基层计生例会制度、流动人口和人口信息化建设三项工作落实，全市人口计生工作发展稳定。

2010年10月至2011年9月，全市总人口3341565人，出生人口37127人，出生率为11.15‰，自然增长率为6.53‰，政策生育率为96.64%。其中一孩出生25902人，一孩率为69.77%，二孩出生10889人，二孩率为29.33%，政策外多孩出生53人，政策外多孩率为0.14%。出生率和自然增长率比省下达的12.50‰和7.60‰分别低1.35个和1.07个千分点，完成人口计划控制指标，10个县(市、区)中，除乳源县和武江区自然增长率略有突破外，其它8个县（市、区）都完成人口计划指标。2011年，浈江区、武江区、仁化县为国优类地区，年度考评达标，成绩显著，被省委、省政府授予“广东省2011年度人口与计划生育先进单位称号”。全国计划生育优质服务先进单位有武江区、浈江区、仁化县、始兴县，广东省计划生育优质服务先进单位有南雄市、翁源县、曲江区、乳源瑶族自治县，其中，始兴县、翁源县人口计生工作进步较大，受到省委、省政府通报表扬，分别从省优类地区升为国优类地区管理、从创优类地区升为省优类地区管理。武江区连续九年保持“全国计划生育优质服务先进单位”称号。浈江区东河街道办事处荣获“第一批全国人口和计划生育依法行政示范乡镇(街道)”称号。仁化县大桥镇长坝村、始兴县澄江镇潭坑村、翁源县铁龙农场龙集村、浈江区乐园镇沙梨园村、新丰县马头镇雅盖村荣获“第二批全国人口和计划生育基层群众自治示范村”称号。

【综合制度创新改革】 市、县两级恢复人口计生领导小组机构，落实党委、政府各自分工一名领导分管人口计生工作。市委、市政府加强制度创新，继续推进“全国人口和计划生育综合改革示范市”建设工作，按照“党政统筹、部门参谋、各方联动、群众认同”的基本要求，不断完善“统筹协调、科学管理、优质服务、利益导向、群众自治、人财保障”等六大机制，打造人口计生“任务职责明，共管合力强，技术服务优，生育水平低”韶关模式。市委、市政府确定重点在统筹协调、群众自治方面加强制度机制创新，制定《关于进一步完善人口计生工作领导干部层级动态管理责任制的意见》，明确部门人口计生职责，强化部门齐抓共管工作机制；制定《韶关市建立人口计生基层群众自治工作机制行动方案》，对市直及县、镇、村等400多名有关领导开展计划生育基层群众自治培训，在全市30个以上村（居）开展以体现男女平等为原则的人口计生基层群众自治工作试点。始兴县增加投入250万元,对创“国优”和综合改革专题部署。全市共投入6000多万元加强基层基础规范化、标准化建设，开展创建国家和省级计划生育优质服务先进单位活动。浈江区实行重点指标完成情况定期排名和通报制度、创“两无（乡镇（街道）无政策外多孩出生和村(居）委无政策外出生活动)”成效奖罚制度、节育措施落实“零库存”加分制度、后进村（居）转化动态评估制度及镇村工作例会制度。乳源县先后出台《人口和计划生育流动红、黄旗评比办法》、《关于调整县人口和计划生育兼职单位及其职责的通知》、《县机关事业单位计生专（兼）职人员工作职责的通知》等文件，明确各级各部门人口计生工作职责和层级动态管理责任制。乐昌市财政下拨50万元的计划生育综合改革专项经费，保障各项工作有效开展。浈江区打造“服务措施一网办”，依托互联网，建立区人口和计生网上机关，提供人口计生各项行政管理“一站式”网上服务，开展远程办证服务，该项工作创新荣获2011年全省人口计生综合改革创新奖。

【开展计生宣传教育】 全市各级结合重大节日，开展婚育新风进万家活动、集中宣传服务活动。浈江区发挥辖区文化团队资源丰富的优势，通过广场舞蹈表演队、农村文艺表演队、潮州锣鼓队、腰鼓队和“客家山歌”表演队等，穿插表演计生政策法规和生殖保健知识节目，为群众提供生活气息浓厚、形式丰富多样的“计划生育文化大餐”。武江区利用国家扩大内需经费近40万元兴建“武江区育龄妇女康体之家”。乐昌市投入40万元印制10万本《婚育新风进万家》、5万本《关爱女孩》、5万本《流动人口管理手册》等宣传品免费发至农户，力推宣传品进村入户。南雄市建设乌迳镇计生文化广场，制作大型广告牌200多块，投资20多万元，在该市三影塔广场建设LED大型视频设备，每晚黄金时段播出计生有关政策、法规。曲江区投入100万元，建成青春期基地、人口文化公园、人口计生宣传一条路等宣传设施。同时，该区委宣传部、文广新局、人口计生局、采茶剧团共同编排的《查环》、《家公放假》、《超生惹的祸》、《小村晨曲》以及歌舞《关爱女孩》、《转动幸福》、《再创计生好明天》等曲目，在全区9个镇26个演出点巡回演出，受到群众欢迎和省、市领导的肯定。始兴县围绕“弘扬人口文化，关爱计生家庭”主题开展“采茶戏颂计生情”专题文艺演出活动。发动组织墨江艺术团、清化民乐队、城南民间文艺宣传队等21个文艺团体到各镇村巡回演出，还在全县组织开展“家庭人口文化知识大赛”、“家庭人口文化摄影大赛”、“家庭人口文艺大赛”三大竞赛活动。乳源县组织专案组对县人民医院、县妇幼保健院、县中医院2010年以来购、用、存终止妊娠药品(利凡诺)情况进行调查、追踪，督促有关单位抓好治理出生人口性别比失衡问题的整改。

【强化流动人口计生管理】 推进流动人口“一盘棋”工作，贯彻执行《流动人口计划生育工作条例》和《广东省流动人口计划生育服务管理规范》。坚持“属地化管理、市民化服务”的原则，把流动人口服务管理工作纳入目标考核内容，层层签订流动人口计生服务管理责任书，将流动人口计划生育管理服务纳入经常性工作范围，提供与户籍人口同等宣传、技术等的免费服务，加强督促检查，促进工作落实。利用信息服务管理系统，及时做好信息接收和反馈工作，尤其是对“查无此人”的信息落实专人负责核查反馈。开展流动人口计划生育“关怀关爱”行动、“扶贫助困送温暖”活动，把党和政府的温暖送到流动人口计划生育困难家庭、留守儿童家庭和计生手术并发症困难户。在流动人口、农民工集聚的社区、企业和集贸市场，设立计生避孕药具、宣传资料免费发放点。市辖三区将流动人口计生工作融入政府流动人口综合管理平台和社区公共服务平台，纳入出租屋和流动人口综合管理服务体系，与综治维稳中心实行资源共享，推进统筹管理。按照省人口和计划生育领导小组《关于在全省统一开展流动人口计划生育服务管理专项活动的通知》的要求，投入198.81万元，在全市组织开展流动人口计划生育服务管理专项活动。本次活动全市共清查出租屋 24094 间，商铺 11781 间，工地 470 个，住宅小区 664 个，厂区宿舍 903 个，窝棚 342 个。查验流动人口计划生育证明 34545 人，为 10458 人发放流动人口计划生育证明。为流动人口提供免费的计划生育技术服务，落实避孕节育措施 168 例，落实查环查孕 8442 人次。加强信息互通工作，提交平台通报信息 8215 条，接收查询信息 6632 条，已反馈 6588 条，反馈率为 99.34%。至 2011 年 9 月 30 日，韶关市共有流动人口 696882 人，占全市户籍人口的 20.85%（其中已婚育龄妇女 223246 人，占全市已婚育龄妇女的 33.04%），其中流出人口 574778 人，占全市户籍人口的 17.20%，占流动人口总数的 82.48%，（其中已婚育龄妇女 175147 人，占全市已婚育龄妇女的 25.92%）；流入人口 122104 人，占全市户籍人口的 3.65%，占流动人口的 17.52%，（其中已婚育龄妇女 48099 人，占全市已婚育龄妇女的 7.12%）。2011 年，流入人口在韶关市免费落实计划生育各种手术共 636 例，在韶关市免费享受查环查孕服务 35893 人次；韶关市为流出人口办理计划生育婚育证明 80672 人，为流出已婚育龄妇女落实长效避孕节育措施 130816 例，占流出已婚育龄妇女的 74.69%。2011 年，全市流动人口计划生育工作服务和管理未发生侵害流动人口正当权益的现象，也没有发生流动人口因计划生育问题引发的集体上访和恶性案件。

【各级建立综合治理机制】 各级各部门把人口与计划生育工作作为份内事，积极配合，齐抓共管，综合治理机制进一步建立。一是各级党委、政府坚持和完善“三线”（即“党政线”、“部门线”、“计生线”）考核的目标管理责任制，层层签订责任状，做到纵向到底、横向到边。市和县（市、区）各责任部门履行人口与计划生育工作职责，普遍建立人口与计划生育领导小组，落实责任处室和管理人员；普遍建立部门目标管理责任制垂直挂钩考核制度，将人口与计划生育工作纳入本部门年度考核评比之中。对市人口计生领导小组进行充实加强,由市长任组长，党委、人大、政府、政协四套班子有关领导任副组长，32 个部门主要负责同志任成员,明确相关部门职责,分解统筹解决人口问题的各项任务,建立起分工合理、职责明确、权责统一、协调推进的责任体系。市各兼职单位履行综合治理职责，机构健全，人员到位，制度规范有力。各单位都成立计生领导小组，一把手任组长，分管领导具体抓，健全完善内部管理制度，配备专（兼）干；计生审核前置把关，计生工作与部门职责紧密结合。各兼职单位均能把落实计生综合治理职责与本部门业务相结合，实现人口计生工作和本部门工作同部署、同检查、同落实，承担对外把关职责的单位，如市公安局、人力资源和社会保障局、教育局、住房和建设局、民政局均把计划生育审查放在首位，做到“一证先行，无证否办”。市委、市政府与计划生育综合治理部门签订《人口和计划生育工作综合治理责任书》，调整完善责任书内容。二是重视出生人口性别比问题治理。韶关市有关部门联合成专案组，组织开展集中整治“两非”（即非医学需要的胎儿性别鉴定、非医学需要选择性别的人工终止妊娠）行动，重点围绕“B 超孕检管理、终止妊娠药品流通管理、终止妊娠手术管理、孕情消失案例跟踪”等四个管理环节进行专项检查整治，取得阶段性成果。本年度全市出生人口性别比为 108.03。三是发挥计生协会作用。各级计生协会发挥会员带头、宣传、服务、监督、交流的作用，发动、组织群众参与计划生育工作。

【完善计划生育服务机构基础设施建设】 按照《广东省计划生育服务机构标准化建设指南》的要求，县、乡镇两级计生服务机构均完成“六统一”（招牌、门牌、灯箱、大堂标识、科室名称、人员服装），“五统一”（统一建设规划、统一建筑外观形象、统一站内外标识、统一人员服装、统一宣传模式）或“四统一”（统一外观形象、统一科室设置、统一内外标识和统一被服装备）工作。全市计划生育技术服务网络得到加强和完善。到 2011 年 9 月 30 日止，10 间县级服务站中已有 9 间完成手术室、消毒供应室、化验室（三室）的升级改造。全市 80% 乡镇（街道）计生服务中心站完成手术室、消毒供应室、化验室升级改造。新建和已升级改造的手术室全部用彩钢板结构，实现三通道洁净的要求，消毒供应室按照洗涤、打包、消毒、存放发放四分区的标准要求，化验室分为普通检验室和生化（优生）室。其中曲江区、翁源县、新丰县加强服务站标准化、规范化建设，分别投入1500万元、投入900多万元、投入1300万元新建县人口计生综合楼。全市10个县（市、区）配置计划生育流动服务车，县级服务站定期使用流动服务车下基层，进乡村开展宣传活动，为育龄妇女查环查孕，避孕药具发放和生殖健康查病治病服务。

【强化计生服务能力建设】 全市各级服务站、所强化服务能力建设，围绕实施避孕节育知情选择、生殖保健、出生缺陷干预三大工程，开展以技术服务为重点的优质服务和安全服务工作。实施出生缺陷干预工程，开展出生缺陷重点人群的干预工作。启动病残儿鉴定人群的遗传性疾病、神经管畸形和女性大于35岁妇女的再生育风险咨询、指导服务，把此项工作列入计划生育服务机构优质服务工作的一部分，为再生育人群建立咨询、指导档案，并把它列为常态化工作。对所有病残儿鉴定家庭建立监测档案，开展流行病学调查，进行分类随访，跟踪指导，防止再怀孕时出现缺陷儿的发生。2011年度，全市共有139名儿童参加病残儿鉴定，符合批准安排生育2胎为125人。抓好全市10个县级计生服务站、103间乡镇计生服务站执业许可证审核、检查和换证工作。为全市466名计生技术人员校验计划生育技术服务人员合格证。2011年，全市各级计划生育技术服务机构共完成四术33843例，其中放置宫内节育器15022例、输卵管结扎5551例、输精管结扎1091例、补救措施4977例，宫内节育器取出7154例，输卵管吻合术22例、输精管吻合术26例，节育手术并发症为零。查环查孕68.6万人次，随访14.69万人次，生殖健康普查39.07万人次，查治各类妇女病7.9万人次，使育龄妇女获得基本的生殖保健服务。计划生育技术服务和临床医疗服务安全服务责任意识不断增强，医疗事故实现零发生。

【挂钩帮扶计生工作成效明显】 市委、市政府适时调整市领导和市直单位挂钩帮扶人口计生工作分工，建立市、县、镇三级人口计生工作定点挂钩帮扶制度，形成市领导挂钩基础薄弱镇、县级领导挂钩重点村、镇领导挂钩难点户，层层有包干、级级抓落实的帮扶格局。各级成员单位按有关要求成立挂钩帮扶工作组，并选派作风实、能力强、有丰富基层工作经验的人员参加工作组。各级成员单位根据各自部门和挂钩镇（街道）的实际情况，共同制定帮扶工作的具体时间和具体实施方案，并发挥各部门的优势，在人、财、物方面提供支持。各级人口计生部门主动加强与有关挂钩领导、领导小组成员单位的联系沟通，不定期印发简报，通报各挂钩点人口计生工作动态、帮扶工作动态，争取他们对人口计生工作的了解及重视与支持，成效明显。市财政局、市住建局、市国资委分别给予挂钩点乐昌市五山镇81万元、新丰县丰城街道办20万元、曲江区马坝镇15万元加强人口计生基层基础建设。

【信息系统应用升级】 做好新旧口径转换衔接工作，承办省人口计生委在韶关市举办的全省信息系统应用培训班，参加人员620人。继续加强信息化建设，把信息系统的应用作为一项重要工作来抓，最大限度地发挥信息网络在人口工作中的作用，促进基层做好信息系统的应用。翁源、新丰两县完成县、镇两级光纤网络架设，建成市、县、镇三级人口计生光纤网络。根据要求，其它各县市区将人口计生网络并入当地政务平台，同时，对人口计生系统计算机进行升级换代，全市108个镇（街道）符合配置的计算机共357台。2011年度，统计报表分ABC三类，即户籍人口、流动人口和常住人口，加大数据的审核力度，保证韶关市统计年报的数据质量。

【落实孕前型技术服务管理】 各级坚持把贯彻落实《广东省农村人口与计划生育管理服务规范》和《广东省城市人口与计划生育管理服务规范》作为人口计生工作重中之重，以人口计生工作例会为平台，以层级动态管理责任制为抓手，采取系列措施抓落实。开展“无政策外多孩出生乡镇（街道）和无政策外出生村（社区）”活动。强化孕前型管理。狠抓孕情随访,落实月访季查制度,及时掌握孕情动态,防止意外妊娠。推进长效避孕节育措施的落实,经常性工作督促检查、信息公开、任务分解等层级责任制配套系列制度得到不断完善。出生入户、抱养登记、住院分娩、合作医疗报销等部门有关计生信息通报制度比较落实。“一孩上环、二孩结扎、政策外怀孕及早落实补救措施”有效执行，以孕前型管理为重点的各项服务管理工作进一步强化。翁源县印制县、镇、村三级例会记录本和例会纪要文稿，并明确应参加例会的人员及例会记录内容的要求。全县各镇（场）计生办均配备三台以上计算机开通在线版人口信息系统；全县镇、村统一配置人口计生档案柜，统一制作村居计生动态栏、宣传栏、公开栏。乳源县组织实施例会月工作计划、月工作总结机制，每月初定期印发《人口计生系统每月工作要点》，反映当月人口计生工作重点和上月工作完成情况，并及时发放到县分管计生工作领导、各镇、各计生兼职部门，促进人口计生工作的开展。按照国务院《计划生育技术服务管理条例》的职责要求，落实法定免费技术服务，坚持“面向农村、深入乡村、方便群众、服务上门”的方针，以县站为龙头、镇所为核心、服务车为纽带，为广大已婚育龄妇女免费落实基本的计划生育技术服务、“三查”（查环、查孕、查病）服务。本年度全市“四术”（取环、人流、引产、结扎四项手术）增加，特别是结扎手术大幅增加。全市共落实“四术”39427例，其中结扎12690例，纯二女户结扎2355例，放环24011例，皮下埋植3例，补救措施2723例。全市无政策多孩出生的镇（街）共85个，占全市乡镇（街道）总数的78.70%，比上年同期增加5个镇（街道）。全市无政策外出生的村（居）委956个，占村（居）委总数的66.30%，比上年同期增加121个。

【规范计生依法行政】 围绕行政审批、行政征收、行政处罚、行政许可等具体执法内容,建立健全执法制度和保障落实的配套措施。市政府制定《韶关市社会抚养费征收使用管理试行办法》。规范社会抚养费的征收管理，明确县级计生部门的执法主体地位。按照法定程序对违法生育者征收社会抚养费，立案、调查、取证、做出处理决定、送达等均依法进行，建立完整、规范的执法文书，客观公正、全面记录行政执法的事实，有关证据以及行政决定。对涉及公民合法权益的具体行政行为都告知当事人所依据的相关法律规定和当事人应享有的权利。落实人口计生各项法律法规，建立完善行政执法责任制和执法过错追究制。全市将行政执法工作列入市对乡镇人口计生目标责任制和“一票否决”制中进行考核，将计划生育依法行政程序是否规范、社会抚养费征收是否到位、特殊生育审批等作为人口计生目标考核的重要内容，不断促进依法行政工作。执法行为逐步规范，村（居）民公约、村（居）民自治不断完善。开展人口计生便民维权活动，探索高效、便民、优质的审批方式和生育证、独生子女父母光荣证、流动人口婚育证明等证件发放形式，深化依法行政工作内涵，让群众感受到“阳光计生”的公开透明和“诚信计生”的公正规范。

【坚持计划生育政务公开制度】 市县两级通过人口网站、乡镇村通过村务公开栏，公开人口计生政策法规和办事结果接受社会和群众监督。坚持每年开展一次行政执法检查，加大对基层执法工作的监督；同时接受人大和政协的民主监督、有关职能部门的业务监督和群众监督，及时发现和纠正违法行政行为；通过开展计划生育政务公开和村务公开，向社会公开人口计生行政执法范围、执法依据和执法程序，生育（服务）证发放、奖励优惠政策、社会抚养费征收等事项，公开有奖举报电话，保障群众对执法工作的知情权和参与权。

【计划生育奖励优惠政策促发展】 不断建立和完善“少生奖励、困难帮扶、服务免费、政策优先、贫困扶持、养老保障”为一体的利益导向机制，推进人口计生工作由“处罚多生”向“奖励少生”转变，促进和谐社会的健康发展。贯彻省政府出台的《广东省城镇独生子女父母计划生育奖励办法》和《关于解决城镇居民计划生育奖励历史遗留问题的处理意见》，制定实施方案和企业城镇独生子女父母计划生育奖励金支付能力认定办法，及时足额兑现法定的计划生育奖励优惠政策。浈江、南雄、乐昌、翁源、新丰等5个县（市、区）将节育奖标准提高至每人每月50元。全市计划生育家庭有477人得到特别扶助金的资助，有7205人领到省的农村部分计划生育家庭每人每月80元的奖励金，30430人领到市的每人每月50元的节育奖励金。落实农村独生子女和纯二女参加全市范围内的事业单位招聘考试，在笔试成绩给予加2分的优惠和农村独生子女和纯二女结扎户子女初中毕业生升学加分优惠。2011年共有1838人享受初中升高中加分优惠。城镇独生子女父母计划生育奖励工作抓紧落实，投入1953万元，给9396人兑现奖励金，完成省政策应兑现奖励的55%。深化计划生育“三结合”（人口和计划生育同发展经济、帮助群众勤劳致富奔小康、建设文明幸福家庭相结合）工作，为实行计划生育的农户提供生产、生活、生育服务，制定优惠倾斜政策，优先为计划生育户提供资金、技术、生产资料，扶持他们发展致富项目。

【壮大充实优秀计生队伍】 2011年县（市、区）换届中，始兴县、翁源县、新丰县、浈江区等人口计生局长得到提拔，进入县级四套班子任职。乳源县从2012年起对满3周年在岗镇人口计生办主任，在职期间享受事业单位副科级工资待遇，副主任享受副科级工资待遇50%；对由县人事部门办理招录手续的46名镇自筹工资计生人员，参照县级事业单位财拨人员工资标准发放工资，使他们的月工资由原来的800元左右提高到1800~2000元，人均每年增资1万元。乐昌市在全市8间具有接生业务的医院（卫生院）妇产科配置一名计划生育协管理员接生、孕检管理；给市计生服务中心新增7个事业编制，配强配足服务站、所计生技术人员。始兴县在镇、村（居）换届当中，把优秀的计生干部、村计生专干推荐为班子成员候选人人选，村“两委”换届，有50名计生专干进入村“两委”班子。乐昌市出台《关于加强计生队伍建设的通知》，要求在镇、村两级换届选举中优先提拔优秀计生干部，在村级换届中，有67名村级计生专干被提拔选入村两委干部；在2011年的镇级换届选举中，该市有6名分管领导和9名计生办正副主任被提拔为镇党委、政府领导岗位。始兴县在简政强镇事权改革中，确保计生机构人员、编制不减，并加强人员配备，同时，在村“两委”换届，该县有50名计生专干进入村“两委”班子，并向社会公开招聘14名会操作电脑村计生专干，及时补充缺额计生专干。

【计生目标责任制年度考核】 根据市委、市政府《关于印发韶关市人口与计划生育目标管理责任制考评办法的通知》、《中共韶关市委、韶关市人民政府关于进一步完善人口计生工作领导干部层级动态管理责任制的意见》（以下简称《意见》）和市人口与计生考核办公室《关于印发韶关市2011年人口与计划生育目标管理责任制考核方案的通知》规定，市政府组织对2011年度全市人口与计划生育目标管理责任制落实情况进行综合考评。其中，省人口计生考核办对韶关市10个县（市、区）共14个乡镇（街道）进行调查，其中一类乡镇（街道）11个，二类乡镇（街道）3个。市人口计生考核办共对101个乡镇（街道）进行考核调查，其中一类乡镇（街道）68个，二类乡镇（街道）33个。省市重复考核的镇级单位共有7个。2011年度考核现场调查主要通过核查资料和入户调查等方式进行，重点对信息系统数据、镇（村）计生办资料（如社会抚养费征收、责任制、例会、查环查孕等）、户籍部门的入户信息、卫生部门的分娩、孕检、出生证明、合作医疗、防疫等资料进行核查，入户调查主要了解育龄群众生育、节育、查环查孕、奖励政策、群众政策知晓等情况，并组织村干部考试。经过综合考评，仁化县、浈江区、武江区等3个县（区）被省政府评为“广东省人口和计划生育先进单位”，受到省政府通报表彰；始兴县、翁源县年度人口与计划生育目标管理责任制考评达标，进步较大，受到省政府通报表扬。浈江区、武江区、仁化县、始兴县、翁源县，人口与计划生育目标管理责任制考评达标，成绩显著，市委、市政府授予“韶关市2011年度人口与计划生育先进单位”称号，给予通报表彰。浈江区东河街道、风采街道、车站街道、乐园镇、犁市镇，武江区新华街道、惠民街道、西联镇，曲江区乌石镇、沙溪镇、大塘镇、枫湾镇，仁化县扶溪镇、城口镇、长江镇、黄坑镇、大桥镇，乳源瑶族自治县必背镇、游溪镇，南雄市主田镇、古市镇、水口镇、百顺镇、江头镇，始兴县城南镇、深渡水瑶族乡、澄江镇、马市镇、罗坝镇，乐昌市廊田镇、北乡镇、九峰镇、两江镇、庆云镇，翁源县江尾镇、翁城镇、铁龙林场、坝仔镇，新丰县梅坑镇、沙田镇，2011年度人口与计划生育目标管理责任制考评达标，且成绩显著，市委、市政府授予“韶关市2011年度人口与计划生育先进单位”称号，给予通报表彰。市委组织部、市委宣传部、市教育局、市民政局、市财政局、市对外贸易经济合作局、市审计局、市国资委等市人口与计划生育兼职单位，人口与计划生育综合治理目标管理责任制考评达标，且成绩显著，市委、市政府授予“韶关市2011年度人口与计划生育综合治理工作先进单位”称号，给予通报表彰。市纪委（监察局）、市发展和改革局、市公安局、市人力资源和社会保障局、市住房和城乡建设局、市农业局、市文化广电新闻出版局、市卫生局、市统计局、市城市综合管理局、市中级人民法院、市妇女联合会、市工商行政管理局、市食品药品监督管理局等市人口与计划生育兼职单位，人口与计划生育综合治理目标管理责任制考评达标。一类地区曲江区小坑镇、乳源瑶族自治县洛阳镇、新丰县回龙镇。二类地区曲江区樟市镇，南雄市澜河镇、南亩镇，乐昌市坪石镇、五山镇，翁源县新江镇，新丰县马头镇，人口与计划生育目标管理责任制考评达标，且进步较大，市委、市政府给予通报表扬。其中，曲江区樟市镇，南雄市澜河镇、南亩镇，乐昌市坪石镇、五山镇，翁源县新江镇从二类地区升为一类地区管理。浈江区十里亭镇、乳源瑶族自治县乳城镇、南雄市湖口镇2011年度人口与计划生育目标管理责任制考评基本达标，但工作现状与目标管理责任制的要求有较大差距，人口与计划生育服务和管理工作存在比较突出的问题，被市委、市政府通报批评。(王　贵)

附：领导班子成员名单

局　长：邓阳秋

副局长：何高旗　植小梅

　　　　石卫芳　刘建军

纪检组长：李高龙

民　族

【概况】 韶关市是广东省少数民族主要聚居地区之一。全市现有少数民族43个，人口约5.5万人，占全市总人口的1.7%，主要分布在乳源瑶族自治县、始兴县、南雄市、曲江区、翁源县、仁化县、乐昌市、武江区等8个县（市、区）的57个乡镇、95个村委、306个村民小组，其中农村少数民族5.1万人。世居的少数民族主要是瑶族和畲族，其中瑶族3.7万人，畲族1.1万人。全市辖有一个自治县——乳源瑶族自治县，一个民族乡——始兴县深渡水瑶族乡。居住在乳源瑶族自治县的少数民族人口2.4万人，占全市少数民族总人口的43.6%；散居在其他县（市、区）的少数民族3.1万人，占全市少数民族总人口的56.4%。

【协助参加全国少数民族传统体育运动会】 第九届全国民族运动会韶关市代表省承担竞赛项目龙舟女队、押加和2个表演项目的参赛工作，取得竞赛项目3个一等奖、6个二等奖、4个三等奖，表演项目一等奖、二等奖各1个的好成绩。

【开展民族团结进步宣传月活动】 根据中共广东省委宣传部、统战部、省民族宗教委通知精神，精心制定《韶关市民族团结进步宣传月活动方案》，筹划民族团结宣传进校园活动，组织一场形式生动活泼、内容丰富多彩的大型专场演出及民族政策法规与民族知识的有奖宣传活动。

【协助做好涉及民族因素的维稳工作】 处理新疆籍商贩在步行街乱摆卖、“4·9”涉维交通事故、“5·30”涉维斗殴等事件，帮助引导新疆籍群众解决实际困难，引导他们服从当地有关部门的管理，使问题解决在萌芽状态。

【做好中央民族大学附属中学招生工作】 中央民族大学附属中学2011年广东自主招生广东考点首次设在韶关市田家炳中学（高中部），7月7日~8日，来自5个省、13个民族的52名考生参加考试。

【传承少数民族文化】 编印瑶语教材，并于2011年8月4日至21日，在乳源瑶族自治县举办一期瑶文培训班。共有来自广东、广西、湖南三省（区）的42名学员参加学习。

宗　教

【概况】 韶关有佛教、道教、天主教、基督教4个宗教。现有宗教团体9个，其中市级宗教团体4个。经2006年甄别清理及换发新登记证的宗教活动场所共53处，其中“寺观教堂”39处，

“固定宗教活动处所”14处，宗教院校2所。至2011年底，全市共有教职人员855人，其中佛教僧人673人、尼众140人，道教乾道14人、坤道1人，天主教神父1人、修女3人，基督教牧师3人、长老7人、传道13人。全市有教徒33799人，其中佛教徒21450人，道教徒1686人，天主教徒2276人，基督教徒8387人。

【加强宗教事务管理】 指导市佛教协会进行换届，并于5月21日召开代表会议，选举产生市佛教协会第六届理事会、常务理事会和领导班子；筹备成立韶关市宗教文化交流协会，于11月30日召开代表大会，选举产生第一届理事会、常务理事会和领导班子；根据国家宗教局《宗教活动场所财务监督管理办法（试行)》，举办宗教活动场所财务人员培训班，组织全市各宗教活动场所共49名会计、出纳人员于8月15日至26日到市社会主义学院参加培训；根据国家宗教局《宗教教职人员备案办法》，开展佛教、道教、天主教和基督教教职人员备案工作；经韶关市佛教协会申请，批准筹备设立武江区九归禅寺；指导南华寺举办六祖讲堂奠基仪式和2011年广东国际旅游文化节南华祈福法会，指导东华寺举办500罗汉受赠仪式，指导南雄市洞真古观举行太岁殿落成暨开光典礼。

【引导宗教界加大服务社会力度】 组织全市宗教界为省、市“广东扶贫济困日”活动捐款130万元，为乳源瑶族自治县、始兴县深渡水瑶族乡和仁化县董塘镇瑶族村抗洪救灾捐款50万元，组织宗教界开展植树护林活动，共投入资金60多万元，植树护林33.33公顷。

（林光民　龙　晖）

附：领导班子成员名单

党组书记、局　长：赵卫东

党组成员、副局长：赵才金

向志强

城镇居民收入与消费

【概况】 2011年，韶关市党委政府着力加快转变经济发展方式，推动经济社会科学发展，全市经济社会发展取得显著的进步，韶城居民分享到经济社会发展带来的实惠，城镇居民收入和消费稳步增长，生活质量不断提高。国家统计局韶关调查队对韶关市区200户城镇居民家庭抽样调查资料显示：2011年，市区城镇居民家庭人均可支配收入超过两万，达到20328.83元，同比增长12.8%，人均消费支出为14396.78元，同比增长11.5%。居民消费价格（CPI）总水平上涨5%。

【工资性收入稳步推高居民收入】 2011年，市区居民家庭人均工资性收入为16371.88元，同比增长18.4%，拉动总收入增长12个百分点。2011年是“十二五”规划开局之年，韶关市在发展经济的同时，通过增加机关、事业单位人员工资补贴，提高企业职工最低工资标准，以及不断完善四级公共就业保障服务体系，职工队伍得到稳定增长，韶关市区居民工资性收入不断提高。

【经营净收入持续增长】 2011年，韶关市为扶持中小企业发展，帮助小微企业渡过银根收紧的难关，相继推出扩大贷款对象、提高贷款额度、税费减免、小额贷款等一系列扶持政策。为鼓励自主创业，推出“创业引领计划”，打造创业交流平台，建立多个创业孵化基地。一系列措施推动韶关市中小企业健康发展，使个体私营经营净收入增长较快。2011年，市区居民家庭人均经营净收入为2317.04元，同比增长11.5%。

【房屋溢价推动财产性收入增长】 在楼市宏观调控下，二手房交易面积和成交套数虽然有所减少，但交易金额却有所增加，从而使居民投资房屋溢价收入明显增加，成为2011年财产性收入新的增长点。2011年，市区居民家庭人均财产性收入为573.29元，同比增长6.4%，其中，人均其他投资收入为198.87，同比增长39.2倍。

【社会保障民生实事力促转移性收入稳步提高】 韶关市落实广东省民生实事，继续加大转移支付力度，完善社会保障待遇标准与物价上涨挂钩的联动机制，提高社会保险待遇、失业保险金、伤残津贴等。各项社会保障标准的连续提高和生活补贴的发放促进市区城镇居民家庭转移性收入稳步增长。2011年，市区居民人均转移性收入为4852.22元，同比增长3.6%，其中，养老金或离退休金同比增长8.3%。

【食品价格推高食品消费增长】 2011年，韶关市居民消费价格(CPI)累计上涨5.0%，其中食品消费价格累计上涨12.7%，特别是食用油、白酒、肉禽、糖烟酒、饮料等商品的涨价带动市区居民家庭对食品消费支出增长。2011年，市区居民食品支出5729.12元，同比增长11.5%，其中粮油类支出同比增长21.7%，肉禽蛋水产品类支出同比增长9.3%，糖烟酒饮料类支出同比增长30.6%。

【衣着消费日趋高档】 随着市区城镇居民家庭购买力的增强，市区居民在着装上越来越追求个性化和品牌化。居民衣着的消费档次不断提高，使得居民衣着消费不断增加。2011年，市区居民家庭人均衣着消费为1005.28元，同比增长12.6%，其中服装人均消费为749.72元，同比增长16.3%。

【居住环境优化】 随着韶关市城市化进程的加快，越来越多的市区居民倾向于配套设施齐全、服务水平更高的现代住宅小区，许多人更新住宅，购买电梯洋房或花园别墅，居民购房和物业服务费支出大幅增长。到2011年末，40.5%的市区城镇居民家庭居住在商品房中，比2010年末提高11个百分点。居住类支出中，物业管理费支出增长26.1%。

【家庭设备用品及家政服务不断升级】 2011年市区居民家庭设备用品及服务消费支出939.34元，同比增长16.5%。“环保、时尚、享受”成为本年度家庭设备用品及服务的消费热点，主要表现在：一是随着市民生活水平的提高和环保意识的增强，材质环保健康、设计人性化的家具自然成为消费者的首选，使得居民家具用品支出成倍增长，2011年，市区城镇居民家庭家具人均支出为181.16元，增长5.6倍。二是享受家政服务已成为居民家庭尤其是年轻夫妇的新宠。市区居民家庭节假日雇佣钟点工清扫卫生、日常雇佣保姆进行家庭服务、搬家等家政服务越来越多。2011年，市区城镇居民家庭人均家政服务支出64.25元，同比增长16.5%。

【医保促医疗费用压力下降】 随着韶关市不断扩大城镇居民医保覆盖面，社会保障力度的加大，降低居民的医药费和医疗费的开支，减轻市民的压力。2011年，市区居民家庭人均医疗保健支出为657.78元，同比下降19.2%。其中，药品费下降29.0%，医疗费下降7.9%。

【汽车消费成消费亮点】 随着市区居民收入的不断增长，汽车节能补贴优惠政策的继续、银行对办理个人汽车消费贷款手续的简化以及市民的刚性需求等原因成为韶关市汽车消费持续发展的助推器，居民家庭的汽车及相关消费支出大幅增加。2011年，市区居民家庭人均交通和通讯支出为2366.75元，同比增长35.0%。其中，人均家用汽车支出846.86元、交通工具服务支出115.1元，同比分别同比增长97.4%、6.3%。到2011年末，市区居民家庭百户拥有家用汽车16.5台，比上年增加3.5台。

【教育文化娱乐支出稳步增长】 2011年，市区城镇居民家庭人均教育文化娱乐服务支出为1722.09元，同比增长16.4%。随着技术进步，数码相机和摄像机让市民在欢娱中留下温馨点滴，组合音响和体育用品给市民更多的娱乐选择，市民也在享受中实现文娱用品的更新换代。2011年，市区居民家庭人均文化娱乐用品支出为354.34元，同比增长36.9%。在社会高速发展、社会转型期和社会竞争激烈的新形势下，促使人们更加注重教育和接受再教育，成人教育消费支出成倍增长，教育消费多元化致使教育费随之大幅增加。2011年，市区居民家庭人均教育支出同比增长65.2%，其中成人教育支出同比增长13.7倍。

【个人用品和服务消费需求平稳】 随着市民生活水平的提高，居民对个人的装扮有更高的要求，更加重视美容美发，使用更高档的饰品装饰自己。2011年，市区居民人均美容美发用品支出同比增长1.4倍，理发洗澡费同比增长31.0%。

【家庭信息化水平提高】 随着市区城镇居民生活水平的不断提高和计算机科学与信息技术的迅速发展，居民家庭信息化水平也在不断提高，主要体现在以下几方面：一是家用电脑拥有量和联网计算机数量迅速增长。2011年底，市区每百户家庭拥有家用电脑94台，增加8.5台，其中接入互联网的计算机73.5台，增加12台。二是移动电话拥有量和联网移动电话数量不断增加，平均每百户拥有221部移动电话，增加17.5部，其中接入互联网移动电话数量79部，增加4部。在市民家庭信息化水平不断提高的条件下，网络消费呈现出高速发展的势头。2011年，市区居民人均通过互联网购买商品或服务支出达99.92元，同比增长2.7倍。

【社会保障水平提高】 近几年来，韶关市不断健全和完善社会保障体系，初步形成覆盖城乡的养老保险体系和多层次的医疗保障体系，各项社会保险新政策得到贯彻执行，社会保障覆盖面扩大，居民家庭的社会保障水平得到提高。2011年，市区居民家庭人均社会保障支出为3312.97元，同比增长22.9%，其中：个人缴纳的社会养老基金、住房公积金、社会医疗保险基金、失业金人均同比分别同比增长26.1%、20.2%、13.6%、20.1%。市区城镇居民的生活质量提高，促进和谐社会的构建。

【居民消费价格上涨幅度增大】 全年市区居民消费价格总水平上涨5.0%，涨幅比上年增大2.1个百分点。其中：消费品价格上涨5.5%，服务项目价格上涨3.4%。从居民消费价格的八大类商品和服务项目价格看，呈现为“四升四降”的格局。食品类价格上涨12.7%，居住类价格上涨4.0%，娱乐教育文化用品及服务类价格上涨2.6%，烟酒类价格上涨1.6%，家庭设备用品及维修服务类价格下降0.7%，衣着类价格下降4.2%，医疗保健和个人用品类价格下降1.1%，交通和通信类价格下降1.6%。 （陈素英 李雅惠）

附：领导班子成员名单

队　长：杨应满

副队长：刘巧玲　陈利红

农村居民收入与消费水平

【概况】 2011年，韶关市各级政府和部门围绕“农民增收、农业增效、农村繁荣”这一核心，落实各项强农惠农政策和措施，加强农业基础设施建设，加快农业产业结构调整，继续推进扶贫开发工作，全市农业农村经济平稳发展，农民收入提高，消费改善。

【农村经济持续增长】 农业结构不断调整和优化，农业主导产业产值占农业总产值近八成，特色效益农业产值超过两成。全市10个农产品被评为广东省农业名牌产品，累计通过“三品”认证的生产企业已达123家。全年粮食作物播种面积同比下降0.1%，但经济作物种植增加，甘蔗种植面积增长13.5%；油料种植面积同比增长1.6%；烟叶种植同比增长1.3%；蔬菜种植同比增长4.7%。建成省级农业标准化示范区8个，乳源、新丰还分别被评为全国和广东省创建绿色食品示范县。2011年，全市农林牧渔业总产值183.8亿元，同比增长5.1%，其中种植业同比增长6.9%、林业增长5%、渔业同比增长5.5%。

【农民收入明显提高】 继续推进扶贫开发工作，坚持把农村环境整治、配套设施建设和生态保护作为新农村建设的重要抓手，农民的生产生活条件得到改善。同时，加大农村劳动力的培训转移力度，2011年，第一产业从业人员60.29万人,减少0.91万人，农民外出务工收入增加，加上农、畜产品价格稳步上涨，农村居民家庭生产经营性收入增长较快。2011年，全市农民人均纯收入7461元，比上年同期增长18.1%。

【农民生活质量不断提高】 收入的持续增长，促进生活质量的提高，农民在吃、穿、用的消费结构上不断改善。2011年，农村居民家庭食品支出占消费支出的比重（恩格尔系数）为49.7%。农村居民人均住房面积31平方米，全年完成农房改造1.1万户，超过70%的农户住进钢筋水泥结构的楼房或红砖瓦房，农村面貌不断改善。 （钟全球）

新农村建设

【概况】 2011年，韶关市推进社会主义新农村建设，全市农村人居环境明显改善，村容村貌大为改观，农村宜居水平不断提高，农村公共民生事业快速发展。

【建设山区特色新农村】 全市完成村庄整治示范村建设126个；完成农村低收入住房困难户住房改造9784户；已动工建设名镇2个、名村20个、示范村50个；创建省级卫生村17个，市级48个；创建国家生态示范镇2个、省级生态示范村2个、市级生态示范村6个，形成一批具有山区特色的社会主义新农村。全市70%以上农户住上楼房或红砖瓦房，17.4万农户用上沼气，近1

万户安装太阳能热水器，完成1.2万座无害化卫生户厕，保护农村生态。

【推进农村公共民生事业】 各地加大对农村公共民生事业的投入力度，着力推进农村卫生医疗、文化教育、社会保障、交通通讯、健身娱乐等民生工程建设。2011年，全市完成农村公路硬化近4000公里，1205个行政村中有902个开通客运班车，并建成候车亭；建成农家书屋800多间，农民体育健身工程1112个；全市农村合作医疗实现全覆盖；解决52.7万人饮水安全问题；全市90%以上的乡镇实施乡村“清洁美”工程。（范　莹）

消费者权益保护

【消费调解概况】 2011年，全市各级消委会共接待消费者来电来访咨询8000多人次，受理消费者投诉案件340宗，成功结案334宗，调解成功率为98.2%，为消费者挽回经济损失达156.7万元。其中属商品消费类的263宗，占投诉总数的77%；属服务类的77宗，占投诉总数的23%。

【消费者权益日主题宣传】 3月11日，市消委会、工商局联合各政府职能部门、行业协会、律师机构代表等22个单位部门在西河全民健身广场举行纪念“3·15”国际消费者权益日大型宣传纪念活动，宣传“消费与民生”主题内容，市政府、市政协及各区领导出席活动。现场各部门向群众提供法律法规咨询、受理消费者投诉。活动现场派发市消委会《消费维权指南》、《消费简报“3·15”专刊》及《韶关日报》“3·15”特刊等相关宣传资料1万多份，现场共接受咨询1500多人(次)，受理各类投诉共25宗。

【开展快递服务行业的的消费评议】 7月~9月，市消委会在韶关市区范围内开展快递服务行业的消费者评议活动，结合本地的实际，将10000份邮资问卷发往市区消费者手中，由消费者填写评议内容后回邮。通过调查韶关市快递服务情况，了解韶关市各大快递服务行业中存在的普遍问题和典型问题，帮助消费者做出正确选择，促进快递服务行业自律规范和健康发展。

【促进企业诚信经营】 履行《中华人民共和国消费者权益保护法》赋予职责，依法对商品和服务进行社会监督，规范市场经济秩序，建立企业诚实信用体系，为消费者营造放心消费环境，在韶关市商业和服务行业中开展2012~2013年度争创“诚信单位”活动，号召商家积极参与，带头承诺诚信，争当企业诚信表率，经过三个月的申报、审核、评选工作，最后确定270家企业（个体户）获得2012~2013年度争创“诚信单位”入选资格。

（罗智毅）

关心下一代工作

【概况】 2011年韶关市关工委坚持围绕中心，服务大局，主动配合，积极补充，做到“急党政所急，想青少年所需，尽关工委所能”，做好关心下一代各项工作，加强和改进未成年人思想道德建设，促进韶关市青少年健康成长。11月22~24日，全省关工委山区创业青年培训工作经验交流座谈会在乳源瑶族自治县召开。会上，韶关市关工委被省关工委授予“全省关工委山区创业青年培训工作优秀奖”。

【开展建党90周年教育活动】 一是在青少年中开展一系列主题教育活动。2011年是中国共产党成立90周年，韶关市关工委组织各级关工组织配合有关部门和学校在全市青少年中开展“学党史、颂党恩、跟党走”主题教育活动，通过举办讲座、报告会、演讲、图片展览、文艺演出、唱红歌、革命故事会等活动，在广大青少年中开展共产党好、社会主义好、改革开放好、伟大祖国好和各族人民好的教育活动，使他们了解党的光荣历史，学习党的优良传统，热爱党，跟党走。韶关市关工委与市教育局联合在全市中小学生中开展以“颂歌献给党”、“党在我心中”、“光辉的旗帜”为主题的征文比赛活动，广大中小学生积极响应，踊跃参与，收到较好的效果。始兴中学卢婷同学在全国青少年“光辉的旗帜”读书征文活动中获一等奖，仁化中学邓康同学获二等奖。

二是组织关工委艺术团到学校、工厂宣传演出，寓教于乐。“七一”前夕，韶关市关工委艺术团先后到浈江区长乐中心小学、沙梨园小学、韶钢集团公司举行专场演出或联欢。韶钢集团公司职工与市关工委艺术团联合举行以“幸福生活颂党恩”为主题的庆祝中国共产党90周年文艺演出，4000多名学生和观众观看演出。韶关市关工委讲师团先后到浈江区长乐中心小学、沙梨园小学、武江区金福园小学一棉分校为2000多名师生讲授“感恩励志”教育课，师生们反映很受教育。

【关爱青少年健康成长】 年内，韶关市各级关工组织，注重发挥“五老”的作用，主动配合各职能部门开展对青少年的关爱活动，为青少年的健康成长营造良好的社会环境。全年为青少年作各类辅导报告2442次，撰写有教育意义的文章6720篇，为营造良好育人环境提建议190条，为保护青少年的合法权益共计3268件，为青少年教育问题作专题调查1518次，与青少年谈心10584次，为青少年传授科学技术2654项，帮教失足青少年1373人，为贫困学生提供资助款187.83万元、5310人，为青少年做其他好事和实事55494件。同时，利用韶关市和各县建立起来的爱国主义教育基地，对青少年进行爱国主义教育和革命传统教育，反映良好。韶关市司法局和教育局以市青少年法制教育基地为龙头，建立23个青少年法制教育基地，定期组织中小学生到基地参观法制图片展览，观看法制电教片，参与模拟法庭，为他们提供直观、感性的法制教育。全市中小学生共有2万多人次到基地接受法制教育。各级关工委主动组织“五老”近100人配合各职能部门开展净化社会文化环境的专项行动，为青少年健康成长营造良好的环境。

【举办关工委主任培训班】 2011年5月25日，韶关市举办市直、驻韶中省单位关工委主任培训班，学习探讨如何做好关心下一代工作。市直、驻韶中省单位100多位关工委领导参加培训。会上，韶关市关工委常务副主任兼秘书长肖志雄作《认清形势，明确任务，把我市关心下一代工作推向新台阶》的主题讲话，讲授关工委的发展历程、性质、任务和功能优势；做好关工委工作的基本经验；建设学习型、创新型关工委，弘扬“五老”精神，为韶关市青少年的健康成长多作贡献等几个问题。市教育局、市公安局、市政府办、韶钢集团、韶铸集团、坪石监狱6个单位关工委作经验介绍。培训班对创新关工工作方式方法，丰富思想道德教育活动的内容和载体，提高关心下一代工作的针对性和实效性，为青少年的健康成长服务起很好的作用。

【“三教”结合建设】 2011年5月18日，韶关市关工委召开县（市、区）关工委执行主任会议，强调进一步推进“三教”（学校、家庭、社会）结合体系建设，特别是建立健全校外教育辅导工作的新要求。年内，曲江区各级关工委和中小学校注意发挥学校、家庭、社会“三教”结合的作用，收到良好的效果。全区中小学校、幼儿园办起各种形式的家长学校42所，举办两场家教讲座，聘请广州、韶关等地家教专家教授和当地的知名教师授课，有16500名学生家长聆听讲座。南雄市关工组织抓好校外教育工作，坚持以学校为龙头，并向社会延伸，利用社会教育资源，创新教育载体，搭建“三教”新平台，取得较好的成效，校外教育做到“四有”：一是有辅导员队伍，二是有活动场所，三是有丰富的活动内容，四是活动有成效。年内，开展“学英雄、知荣辱、树新风”、争做“合格小公民”、“立志读书，报效祖国”等主题教育活动，并开展怎样教育子女和怎样做一名优秀家长大讨论，促进家长树立良好的身教形象。浈江区在全区中小学开展学校、家长、学生、辖区民警“四方签约”工作已有十多年，实现中小学生“违法犯罪率为零”的目标，并把“四方签约”作为学校、家庭、社会“三教”结合教育，作为加强未成年人思想道德教育和法制教育的长效机制来抓。

【基层关工组织状况调研】 年内，韶关市关工委组织各县（市、区）关工委对基层关工组织状况进行调查。调查情况表明，2006年以来，韶关市在全市各级关工组织建立长效机制，各级关工组织由在职党、政领导兼任关工委主任（关工小组长），离退休老干部担任关工委执行主任或常务副主任（副组长）。乡镇（街道）和市、县直属机关普遍实行由党政领导兼任关工委主任，老干部为常务副主任。行政村（社区）普遍由党支部（总支）书记兼任关工小组长，老干部为副组长。由于韶关市各级关工组织不断健全和巩固，工作开展也比较扎实。全市应建立关工委（关工小组）7298个，已建立6975个，占应建立总数的

95.57%。其中：乡镇应建立关工委633个，已建立623个，占应建立的98.42%；村委（社区）应建立1254个，已建立1235个，占应建立的98.48%；学校应建立579个，已全部建立；企业应建立180个，已建立174个，占应建立的96.67%。全市已建立关工组织6975个，经过评估，好的有2113个，占30.3%；比较好的有4210个，占60.35%；差的有652个，占9.35%。

【农村创业青年培训成效显著】 农村创业青年培训工作，既是省关工委的创新和品牌，也是韶关市的品牌。韶关市关工委创新形式，坚持一手抓普及、一手抓提高，抓好农村创业青年培训工作。年内，全市举办农村创业青年培训班（含提高班）11期，参加培训共1037人。农村创业青年通过培训，学到科学种养知识、党在农村的政策法规、市场信息、市场营销、经营管理、农民专业合作社法的基本原则和运营模式等，增强在农村创业的信心，在创业中取得较好的业绩。乳源、乐昌、翁源、曲江等县（市、区）农村创业青年培训工作继续摸索“一乡一品”、“一村一品”和以名优茶叶、金银花、灵芝、甜竹笋等特色农产品种植、养殖为主要内容的培训，效果很好。

2011年协助省关工委做好在韶关市召开的全省山区创业青年培训工作经验交流座谈会。由于前期工作抓得紧、抓得早，为会议的召开提供前提条件。全省关工委山区创业青年培训工作经验交流座谈会如期于11月22日~24日在乳源瑶族自治县召开。会议开得很好，达到预期的效果。

【省关工委领导到韶关考察调研】 年内，省关工委几位领导先后来韶关市调研关工工作。3月22~23日，省关工委副主任佀志广和吴泽耀到韶关市检查指导市直单位关工工作，佀志广认为韶关市的关工工作有声有色，最突出的特点是对青少年法制教育工作非常重视，体现在以下几方面：一是组织健全，韶关很有特色，体制很好。二是开展工作比较普遍，形式多样。三是韶关市委、市政府对关工工作非常重视，市委副书记、组织部长都参与关工工作，对加强关工工作指导，推进关工工作非常有利。6月13~17日，省关工委主任张帼英和副主任曾东汉一行到韶关调研基层关工工作和农村创业青年培训工作。主任张帼英对韶关市关工工作给予肯定，认为韶关市各级党委、政府和各级党组织对关工工作高度重视，基层关工组织建设确实健全，基层关工工作开展扎实。主任张帼英还强调，一定要把关工委牵头举办的农村创业青年培训抓实抓好。

【“朝阳读书”活动成绩显著】 韶关市关工委和市教育局关工委坚持抓好“朝阳读书”活动，把读书活动不断引向深入。韶关市从2002年抓19所开展“朝阳读书”活动试点学校开始，到2008年在全市中小学校全面铺开，从读书活动对象由学生到师生共读，至今已是第十个年头。全市258所中小学（含中职）340158名学生参加读书活动，成立读书小组18470个。通过开展“朝阳读书”活动，推进学校素质教育，提高学生的综合素质。2011年，南雄一中、始兴中学等6个单位和叶兆汉、阳昌机等25名先进个人受到省关工委和省教育厅关工委表彰，是全省21个地级以上市中受表彰最多的市。韶关市开展“朝阳读书”活动的经验被编入广东省“朝阳读书”活动材料汇编。

【加强扶贫助学】 2011年，全市各级关工委关注青少年中的弱势群体，继续搞好扶贫助学工作。一是市关工委与市教育基金会继续做好“爱心扶贫助学金”的发放工作。2011年由原来继续发放浈江、武江、曲江、乳源和北中、一中、田中75名贫困学生外，增加南雄中职女子成才班38名贫困生，其中市关工委、市教育基金会资助10名，市关工委常务副主任杨春芳资助5名，香港爱心人士冯剑锋先生资助23名，每人每年资助1000元，直至高中毕业。另外，冯剑锋先生还资助市一中贫困生20人，曲江中学6人，每人1000元；乳源大桥中心小学义务教育阶段贫困生学习生活补贴30人，每人500元，以上共4.1万元。二是向有关学校推荐贫困家庭初中毕业生免费就读中职学校。韶关市关工委向深圳德昌电机技术学院推荐114名贫困生，统一在韶关进行笔试面试，最后被录取76名到该学院免费就读三年。三是韶关市民政局关工委以12个关工小组为平台，开展一系列以关爱少年儿童成长为宗旨的关爱活动。近三年来，韶关市福利彩票中心已出资100万元，对贫困家庭的子女读书进行扶助。

【健全工作制度】 加强关工委自身建设是形势的要求。为此，韶关市关工委加强自身建设。一是市关工委制定会议制度、学习制度、财务管理制度、车辆使用管理办法，坚持定期召开办公会议，加强政治业务学习，定期研究工作，做到有计划、有布置、有检查，使各项工作落到实处，推动关心下一代工作向制度化、规范化发展。二是要求市、县关工委要建立健全各项制度，包括工作制度、会议制度、财务制度等。

【加大关工宣传力度】 年内，加强关工宣传工作。出版《韶关关工动态》七期，发送近4000份。并向新闻媒体供稿，韶关市关工委向《中国火炬》、《秋光·关心下一代》、《老人报》、《韶关日报》、《韶关老干》等投稿，被采用73篇。同时，做好2012年报刊征订发行工作，全市订阅《中国火炬》393份，《秋光·关心下一代》617份。市教育局、市民政局、凡口矿订阅“两刊”数量名列市直和驻韶关中省单位前茅。 （温祖娟　肖志雄）

附：领导班子成员（部分）名单

主　任：林耀明

第二主任：肖怀跃

执行主任：余喜山

第一常务副主任：李桂炎

常务副主任：肖汉谋

常务副主任兼秘书长：肖志雄

副主任兼办公室主任：曾成恩

重点企业

市属重点企业

【广东韶能集团股份有限公司】

广东韶能集团股份有限公司（下称公司）是一家以能源为主，集电力、机械加工、环保产业于一体的综合性集团企业，是韶关地区优势企业集团之一。公司于1996年8月在深圳证券交易所上市，证券代码：000601。截至2011年12月31日，公司资产总额约81.70亿元，净资产约32.51亿元。电力是公司的主导产业，现有分公司与控股企业共27家。公司在运营电力装机容量90万千瓦，其中水电装机容量66万千瓦，火电装机容量24万千瓦。

经营效益　2011年完成营业收入21.10亿元，其中：水电7.33亿元，占34.75%；火电5.01亿元，占3.74%；非电制造业7.23亿元，占34.27%；贸易及其他1.53亿元，占7.24%。

建立经营竞赛长效机制　在总结经验的基础上，公司将经营竞赛活动纳入常态化工作。2011年,开展主题鲜明的经营竞赛活动，推动公司经营成效的改观和经营质量的提高。在1月和一季度“两个开门红”活动中，由于早部署、早行动，取得较为满意的成果。1月完成月度目标的112.42%，一季度营业收入同比增长9.36%，实现良好开局。在二季度“实现双过半”的竞赛活动中，各企业认真组织，积极参与，总结经验，乘势而上，实现“时间过半任务过半”的经营目标。三、四季度进一步深化经营竞赛主题，开展形式各样、有声有色的劳动技能竞赛，调动各级人员的积极性，为年度经营目标的完成作出贡献。

水电企业应对客观不利情况　2011年，水电企业所在地区均未达到预期的水情，全年降雨量较正常年份大幅减少，且降水又过于集中，呈时间短、强度大、区域集中的特点。旱涝急转的极端天气，不但水能利用率降低，还造成有关企业受灾。面对不利的经营环境，公司积极应对，利用较大库容水电站的调节功能，强化调度工作，提高各流域水资源的综合利用效率，实现“高低水头电站调节”。还及时、快速地完成受“5·8”受灾水电企业的抢修复产工作，最大限度地降低洪灾所造成的损失。

调整经营结构，狠抓经营成效　2011年公司总结经验、突出重点、强化内部管理，非电制造企业（含贸易）和综合利用发电企业均取得较好成绩。非电制造企业生产经营形势喜人，全年完成营业收入同比增长2.54％，按可比口径，经营效益达到历史最好水平。7月底转让昌山水泥有限公司的股权，战略性退出水泥行业的经营，不仅确保国有资产的保值增值，还有效盘活存量资产，优化经营结构；贸易业务经营品种得到优化，质量和效果有较大的进步，盈利能力增强。综合利用发电企业年发电利用小时大幅增加，煤炭损耗大幅减少，取得自投产以来的最佳发电成绩，成为全年经营的一个亮点。

资本运作成效显著　面对严峻的金融形势，公司安全高效理财，综合使用各种金融工具，拓宽融资渠道，提高资金使用效益。年内成功发行6亿元年利率5.95%的短期融资券，每年可节约利息支出约120万元，降低融资成本，在一定程度上有效消化加息带来的经营压力。各种有效的融资及理财工作，确保资金链畅顺牢固。

新建项目有序推进　韶关市区生物质发电项目突破环评、土地预审、项目规划选址的“瓶颈”，进入项目核准的公示程序；经市政府常务会议同意，集团公司受让湾头水利枢纽发电资产，增加3万千瓦装机容量；宏大齿轮有限公司整体异地搬迁按计划推进，实现生产搬迁两不误。在原厂区进行的“三旧”改造项目也取得实质性进展。

CDM项目取得重大成果　经过近5年的努力，公司CDM业务已经开始进入收获期，有效补充公司水电业务经营效益。

监管工作改革稳步推进　2011

年公司按照“只保天灾不保人祸”的投保原则，进一步完善保险工作方案，对投保的范围、内容、费率、投保金额等进行优化，强化投保企业的管理责任，有效控制保费额度。完善对下属企业技术改造项目的监管方式，将技改的效果纳入对企业领导和财务负责人的考核范畴。

创新性完成各项行政管理工作 顺利完成领导班子和党委、纪委“两委”的换届工作。按财政部、中国证监会等五部委的要求，完成上市公司内控制度的修订工作。组织建设、党风廉政建设和生产经营信息、党务公开工作得到加强。按上级部门的要求完成2011年广东国际旅游文化节韶能大厦亮化工程工作。

落实“扶贫双到” 公司按省、市要求，做好“双到”扶贫工作和每年一次的“扶贫济困”活动的捐赠工作，2011年共捐得现金及物资合计200万元。

(邓 佳)

附：领导班子成员名单

董事长、党委书记：陈来泉

总经理、副董事长、党委副书记：肖南贵

监事会主席、党委副书记、纪委书记：廖树养

副总经理：刘 虹 钟跃元

邱啟华 罗德强

【广东省韶铸集团有限公司】 广东省韶铸集团有限公司（以下简称韶铸）是中国最大的铸锻件专业生产企业之一，中国机械工业500强企业，综合实力名列国内铸造行业前五名，被评为中国机械工业具影响力的品牌。始建于1969年，总资产9.45亿元。2002年由韶关市工业资产经营有限公司、中国东方资产管理公司、中国华融资产管理公司三家股东组成有限责任公司，在岗职工2283人，下设铸钢分厂、热精锻分厂、锻造分厂、韶关金宝铸造有限公司（中港合资）、韶关华德铸造有限公司（中德合资）、韶关金属回收公司等分(子)公司。

主要产品 主导产品为铸钢件、铸铁件、吊钩锻件、精锻件(轴承毛坯)、破碎机等，覆盖汽轮机发电设备、陶瓷机械、水泥矿山、桥梁、锻压机械、起重设备、汽车零部件、轴承、船舶制造业、塑料机械行业、集装箱制造等行业，“宇航”牌吊钩在行业中享有较高的声誉，“破碎机”产品被评为“广东名牌产品”，“韶铸”、“双拳”品牌被评为“广东省著名商标”，产品销往全国29个省（市）区，出口美国、英国、法国、德国、日本、韩国、马来西亚、印尼、泰国、新加坡等国。

企业效益 2011年实现销售收入14.39亿元，同比增长34.4%；出口交货值4051万美元，工业总产值12.3亿元，上缴税金4935万元。

企业管理 韶铸是中国铸造协会副理事长单位、广东省船舶工业协会理事单位、广东省铸造学会副理事长单位、全国铸造标准技术委员会副主任委员、全国锻造标准技术委员会精锻件标准工作组组长单位、铸造碳钢件国家标准起草修订单位、广东省铸造协会第一届会长单位、广东省机械行业协会和广东省中小企业发展促进会副会长单位。

公司采用国际标准规范管理。通过ISO 9001质量管理体系和中国船级社 (CCS)、美国船级社 (ABS)、德国劳氏船级社（GL)、法国船级社（BV)、英国船级社 (LR) 等船级社工厂认证。所属四个生产单位通过ISO 14001：2004环境管理体系认证和OHSAS 180001:1999职业健康安全管理体系认证。开展节能和清洁生产，被认定为“2011年韶关市第一批清洁生产企业”。

2011年公司主要经营指标创历史最好水平，入选2011年广东省制造业百强企业、广东省企业500强和中国铸造行业千家重点骨干企业。被确定为韶关市国有企业党务公开示范点。公司党委被授予韶关市“先进基层党组织”称号。公司连续五年评为广东省诚信示范企业（2006~2010)，并获得2010~2011年度韶关市“文明单位”称号。安全生产、人民武装、老干等管理工作受到市级表彰。

技术创新 2011年共申请31个专利项目。“提高3150产品检验准确率QC改进”、“改善HPF120SS机生产圆锥滚子锻件小环大档边壁厚差”两个QC小组获省级和市级表彰。“大型船用推进器支撑架产品铸造工艺开发”获韶关市科技进步一等奖，“套锻冷挤压系列产品的研究开发”和“GB/T11352—2009一般工程用铸造碳钢件的修订发布实施”获韶关市科技进步二等奖。《S155B中型圆锥破碎机的研究开发》被列入2011年韶关市传统产业高新化改造项目。“韶铸”商标通过广东省著名商标复

审并公示。同时开展技术改造，开工37项，完工18项，验收12项，实际投资6113万元。完成的主要项目有铸铁件二期扩能改造、引进5米数控立车和重型数控落地镗铣床项目，以及热处理改造和扩能项目。（朱　健）

附:领导班子成员名单

党委书记、董事长、总经理：沐清潞

党委副书记、纪委书记、副总经理：周　健

副总经理：张　静　单贺华　杨国华　张太荣

总工程师：徐尔灵

总经理助理：刘啟平

【韶关东南轴承有限公司】 韶关东南轴承有限公司（下称公司）前身为韶关轴承总厂，是国家重点轴承生产企业，是目前全国品种规格最大的汽车轮毂轴承专业生产厂家。2011年公司领导层由董事长、总经理、副总经理（2人）、总经理助理（2人）7人组成。公司下设七部（财务部、人力资源部、生产部、销售部、技术质量部、装备部，企管部）六分厂（一分厂、二分厂、四分厂、车削热处理分厂、锻造分厂、轴配分厂）。

企业生产经营管理　一是明晰企业发展战略和市场定位、产品定位。公司针对企业外部环境及企业内部条件进行分析，制订2011年至2013年发展战略以及市场定位和产品定位。通过明晰公司发展战略、市场定位及产品定位，公司上下围绕“调整市场和产品结构、技术创新、塑造质量和品牌优势、优异运营管理、培育人才和企业文化”五大战略主题进行落实，较好的实现公司生产经营利润目标。二是成本管理。改进供应商管理，执行采购物资价格审批流程和制度，通过比价、议价、审批等程序，降低采购成本。生产废料通过招标的方式，提升销售价格，增加公司收入。

人力资源管理改　突出人力资源重点，组建人力资源部。企业的竞争归根到底表现为人才的竞争，为此，公司根据企业的现状，组建人力资源部，把人力资源管理独立出来，发挥人力资源管理的优势，适应企业的长远发展要求。

利用改制契机，降低非计件人员比例。公司改制前，因受体制影响，中层干部、非计件人员冗余现象较严重。自公司2011年5月31日改制以来，公司新领导班子克服重重阻力及压力，大胆革新，根据公司岗位需要，设置中层干部岗位、非计件人员岗位及人数，对中层干部、非计件人员竞聘上岗，重新聘用中层干部及非计件人员，仅此一项就减少中层干部16人，非计件人员100人左右，降低非件计人员比例及用工成本。

制订多项政策，稳定员工队伍。公司推出“全勤奖”，增加计件人员收入；在重新聘用非计件人员的基础上采用薪酬面谈的形式调整非计件人员工资；制定《薪酬管理规定》，将年度绩效与日常表现、单位绩效及公司利润联系在一起，这一系列政策的出台，保证公司员工队伍的稳定。

组建跨职能团队。围绕公司“五大战略主题”实行跨职能实施，发挥各个职能部门的优势，优化公司的管理流程，促进职能部门之间信息交流，同时促进管理干部的成长。

职工安置工作。公司成立专门的工作组，制定详细的方案，本着解决历史遗留问题、维护企业稳定的出发点，目前基本收尾。

质量体系工作　2011年较重要的二方审核有四次：铁姆肯公司的初次审核、上汽通用五菱和柳州五菱的审核、KNOTT审核、TIMKEN第二次审核。此四次审核发现一般不符合项16个，除锻造工序需要购买超欠温度监控三路分选设备以外，其余的改进项已经全部完成，特别是KNOTT审核客户比较满意；TUV莱茵审核于9月通过；年内还进行CQI-9审核、过程审核、供应商审核。

设备方面　设备管理绩效考核正式展开，把设备管理工作量化绩效化，一切以实施结果为准。

新厂区设备设施工程选型招标评审工作开展。结合公司新厂区建设和搬迁进度，装备部先后组织新厂区设备基础设计实施，吊车工程招标评审，集中过滤系统管路施工招标评审；母线槽工程评审等10多项大项工作；并且进行升降机工程、装配间空调系统、新厂区低压配电工程方案调研，目前新厂区地基基本完成，集中过滤施工完成，母线槽工程正在安装，其他均在按搬迁进度准备中。

设备采购和改造。总共进行23大项的设备评审、采购、工程招标等工作。因周期较长，大部分都是进行中。同时，对新购设备进行效益评估，使新设备更好的服务于生产。

保障生产，外线线路改造和及时抢修。根据生产情况，装备部定时定期、不定时不定期进行外线供电状况监测检查。利用原生活区线路，在不投入资金情况下，通过改造2个车间外线，保障2个车间的供电稳定。利用不到2天时间，抢修解决一分厂埋地外线的故障。利用下午加班，抢修厂内电缆落地故障。利用周末休息，动员大队人手检修线路等等。

针对车间提出问题，提升工装质量、增强及时交付、降低配件采购周期。

精神文明建设方面　“五四”期间，公司团委表彰1个优秀团支部、4名优秀团干、5名优秀团员，并组织全厂团员青年开展集体活动。公司党委“七一”表彰2个先进党支部、20名优秀党员，吸收5名优秀分子加入党组织。组织一年一度的职工篮球赛活动，组织全体员工登韶阳楼活动，以及节假日游园晚会活动。通过以上活动，促进企业文化的开展，增强企业员工的凝聚力。参加2011年韶关市“广东扶贫济困日”活动，捐款15万元，用于扶贫开发。

工会工作　2011年用于职代会表彰、各大节日慰问及探望因病、工伤住院困难补助等共25万元，2011年公司帮扶基金会为因病、工伤住院职工帮扶14万元。

新厂区建设进展顺利　新厂区建设新厂区基本完成主体工程施工，目前正在进行附属工程及工艺安装工程施工。　(李太伦)

附：领导班子成员名单

董事长：刘文亮

总经理：黎桂华

副总经理：龙正英　彭裕国

总经理助理：张恒利　张文斌

【韶关新宇建设机械有限公司】

韶关新宇建设机械有限公司原名韶关挖掘机制造厂，主要生产混凝土建设机械设备。公司始建于1958年，1995年8月转制为股份制，2008年12月改组成为国有控股有限责任公司。占地面积44万平方米，公司领导班子成员6人，内设机构有6个部室（综合管理办公室、技术开发部、质量管理部、制造部、设备动力部、财务部)，2个分公司（安装服务公司、销售公司)，2个生产车间（机加工车间、铆焊车间)。在岗员工693人，大专以上学历110人，其中高级职称11人、中级职称68人。2011年完成工业总产值1.42亿元、销售收入1.63亿元、工业增加值3449万元。公司坚持持续高效提供用户满意的产品和服务质量方针，在全国建立18个销售服务网络，为客户提供快捷、完善的销售服务，2011年荣获韶关市人民政府授予的“争创名牌先进企业”称号。

主要产品及设备　公司拥有先进生产设备230台套，其中有从国外引进的数控多工位步进冲床、数控四辊卷板机、数控切割机、数控加工中心、数控折弯机等大型设备十余台，各种工艺装备千余套。2011年新增10吨吊车1台、高温台车炉1台，空压机2台，二氧化碳焊机6台，具备工程建设机械产品研制、开发及生产制造的下料、机加工、热处理、铆焊、装配等加工能力。

公司主要产品有混凝土搅拌机、混凝土搅拌站（楼)、混凝土搅拌运输车、稳定土厂拌设备、混凝土清洗回收设备、干粉砂浆设备等6大类70多种系列产品及工业、医疗用氧气等。产品适用于城市建设、公路、桥梁、水利水电、机场港口、高铁、码头、矿山、管桩、构件等现场施工，畅销全国20多个省市，并已远销德国、意大利、荷兰、瑞典、芬兰、新西兰、东南亚等国。公司主导产品商品混凝土成套设备性能处于国内领先地位，达到国际同类产品先进水平，在国内外享有盛誉。商品混凝土成套设备及数字化控制系统占公司销售收入的80%以上，全国市场占有率达到12%，在华南地区和广东省内占有绝对优势，占有率在50%以上。

企业管理　公司以现代治理结构和管理要求不断完善管理体系。以规范作业现场为“5S”管理重点，从提升现场“5S”管理水平、完善“5S”作业体系、营造“5S”管理文化、提升员工素养四个方面开展工作，提倡节约、环保、文明的生产方式，创建“5S”管理责任体系，提升和改善公司的环境质量。通过管理流程优化，将装配车间与安装服务公司合并，把不适宜的组织和流程整合优化，使资源得到合理配置；成立设备动力部，把各单位的维修工集中管理，鼓励一专多能，实现人力资源的合理匹配。在争取主导产品搅拌站（楼）的市场外，利用公司大型加工设备、热处理设备及铆焊能力，承接外协业务，提高设备开工率、利用率及作业能力，最大限度发挥装备优势，实现优化配置和效率最大化。做好安全环保工作，加大检查考核力度。强化质量管理，明确质量管理部的工作职责并由质量管理部归口进行质量事故分析、处理、索赔，强化工序检查，开展质量创新、产品创优等活动。2011年通过ISO 9001：2008质量管理体系、ISO 14001环境管理体系、OHSAS 18001职业健康安全管理体系的认证证书继续有效的确认，被中国质量协会工程机械分会、全国建设机械设备委员会、中国工程机械工业协会用户工作委员会授予“2011年工程机械产品质量评价调查用户满意服务”和“产品质量调查连续八次评价用户满意单位”。2011年5月被广东省企业联合会、企业家协会授予广东省诚信示范企业。

产品开发　公司秉承“建设是一种美丽，环保是一种和谐”的经营理念，致力于开发建设资源节约型和环保型产品。2011年开发污水处理设备并已推向市场，与广东省韶铸集团机修分厂共同开发矿山救生舱，完成新型HQX25混凝土回收装置、科达2M3和4M3主机、筒仓旁置式全封闭混凝土搅拌站、混凝土搅拌楼专用收尘机等项目的开发并正式交付客户使用；完成管桩JN3000型立轴行星搅拌主机的总体方案和传动部分的总体设计。

信息化网络是实现岗位价值精细化管理的平台。2011年公司通过加强信息化管理效果和系统功能优化，开发氧气站气体气瓶管理系统；建立公司网站管理体系，规范实际操作，提高全员信息化技能水平和公司信息安全管理水平。目前，全公司的生产经营情况均可在信息化系统中体现，知识在企业网络内共享，对企业的销、产、供、人、财、物等业务过程实现精细化管理，对新的市场需求和客户需求能快速应对，提升企业竞争力。

企业文化　公司持续深化企业文化建设，构建企业良好氛围。2011年公司慰问住院员工114人次、慰问离退休、特困户、长病号和孤寡老人74人次，发放困难补助及慰问金294万元；关心身边员工，为公司困难职工捐款9935元，参加市“广东扶贫济困日”活动捐款十万元；获得中共韶关市浈江区委员会、浈江区政府颁发的“广东扶贫济困日”活动铜奖；组织2011年秋季运动会，开展“乒乓球、篮球、羽毛球、拨河、接力赛跑、跳绳、钓鱼”等项目体育活动；配合公司安全生产月，举办“安全责任，重在落实”为主题的演讲比赛活动；2011年公司参加无偿献血51人；开展党务、纪检工作，吸收优秀青年加入党组织进行党课培训，组织“庆建党、学精神、促团结”为主题的户外活动，增强企业的向心力、凝聚力，营造争先创优工作局面。

(陈津华)

附：领导班子成员名单

董事长：沐清路

党委书记、总经理：张　静

党委副书记：黄　生

副总经理：甘建平

总经理助理：胡新盛

副总工程师：黄　红

【韶关市新鸿达城市投资经营有限公司】　韶关市新鸿达城市投资经营有限公司（简称韶关城投公司）是2003年9月经市政府批准成立的国有独资企业。其主要职能为基础设施建设投融资和芙蓉新城开发建设与经营的主体。公司领导班子成员6人，配备有董事长、总经理、副总经理、总会计师和总工程师,内设机构包括综合部、项目管理部、用地管理部、财务合约部等四个部门。正式人员27人，本科学历以上20人，其中博士研究生1人，硕士研究生3人，中级职称以上16人，其中高级职称6人。公司的注册资本为1.4亿元。韶关城投公司贯彻落实市委、市政府工作部署，按照“政府主导、市场化运作”的思路，推进芙蓉新城规划、土地经营、融资、项目建设等工作，加快芙蓉新城开发建设。

新城规划整合　市政府委托中规院及韶关市政规划设计院对芙蓉新城发展战略规划及控制性详规进行整合，《芙蓉新城发展战略规划》经专家组评审通过并获得市委常委会原则同意，《芙蓉新城控制性详规》需进一步完善。

拆迁安置和交地　根据市委、市政府的要求，推进新城安置区试点建设，赤水村安置区试点工作取得实质性进展：重新确定选址方案，制定总体推进时间表，论证完善赤水安置区建设实施方案。保障重点建设项目用地。先后完成中国联通韶关办公楼、中国移动韶关办公楼、芙蓉大道南、市航道局、武警韶关作战指挥中心项目、市区河堤防洪排涝二期工程等项目的交地清表工作，芙蓉生态商贸城（恒大项目）完成部分用地的交地。

筹集建设资金　争取金融机构的工作支持，确保已签订贷款合同资金的到位、使用，保障新城建设资金需求。落实市委、市政府的工作部署，筹集苗圃基地征地资金，超额完成征地资金1亿元的筹资任务。

土地经营　完成芙蓉生态商贸城（恒大项目）地块的出让，土地出让面积约56.2公顷，土地出让收入约5.07亿元。开展城市资源经营，新城范围内广告、物业等城市资源经营步入正轨。

项目建设　完成芙蓉大道（南）（未交地的100米地段除外）、韶关大道西联隧道南出口右边坡抢险工程和十四号路边坡抢险工程的施工任务；芙蓉隧道工程和滨江路工程按计划实施。市直单位便民服务所（行政第二组团）完成前期调研论证及实施方案编制工作；华师大合作办学项目处在项目选址协商阶段。配合业主单位加快推进芙蓉生态商贸城恒大项目、中国联通韶关办公楼、中国移动韶关办公楼、6.67公顷房开试盘、武警韶关支队作战指挥中心等项目建设工作，其中芙蓉生态商贸城恒大项目、联通韶关办公楼项目、武警韶关支队作战指挥中心项目已正式动工。

企业管理　公司秉承“创新、求实、高效、和谐”的发展理念，建设一支政治强、纪律严、业务精、作风实的干部队伍，坚持把廉政建设贯穿到工程建设全过程，着力打造宜居宜业充满活力的新城区，实现政治效益、社会效益、环境效益和经济效益的和谐统一，加快把韶关建设成为粤北区域中心城市的步伐。

（兰光有）

附：领导班子成员名单

董事长：李　宏

总经理：刘　波

副总经理：陈荣中　黄　勇

总会计师：丁玉美

总工程师：何　敏

【丽珠集团利民制药厂】　利民制药厂是丽珠集团的骨干企业之一。是国家高新技术企业、广东省创新型企业、广东省清洁生产企业。该制药厂建有医药研发中心，拥有国家中药现代化工程技术研究中心中试基地和注射剂研究所、广东省数字化中药工程技术研究开发中心、广东省省级企业技术中心等研发机构。是香港浸会大学、广东药学院、韶关学院等产学研基地。丽珠集团利民制药厂主要生产经营大容量注射剂、小容量注射剂、片剂、胶囊剂、颗粒剂、医药原料等40多个品种。主要品种有参芪扶正注射液、血栓通注射液、二维三七桂利嗪胶囊等。2011年，随着企业和产品核心竞争力的增强，销售收入达2.5亿元，利税达1.5亿元，呈现稳定上升势头。

实现产品的升级换代　从德国引进国际先进的非PVC袋装输液生产线，用于参芪扶正注射器液的生产。该生产线结构紧凑、操作简单、性能稳定、运行可靠、灌装精度高，可实现在线清洗和灭菌，采用非接触热熔封口，无污染且封口严密。袋装参芪扶正注射液将成为国内乃至世界上第一个非PVC袋装纯中药大输液。实现产品的升级换代，以满足临床高端的需求。目前非PVC袋装参芪扶正注射液正在国家审批中。有望2012年实现产业化生产。

实施广东省现代产业500强项目　加快“参芪扶正注射液生产全过程先进质量控制示范工程项目”建设的同时，追加“实验动物房及检验大楼”、“新针剂车间”两个工程立项。在原计划总投资1.14亿元的基础上追加投资，整个投资升至2.5亿元，实现广东省现代产业500强项目。

建设先进的数字化中药制药企业　通过加强对中药药效物质、新辅料、新剂型以及中药材、饮片、提取物、成药的技术标准研究，推进现代先进的数字技术在中药生产中的应用，建设国内高端的中药注射剂生产基地，实现产业高端化，并拥有适用不同市场特性需求的产品生产能力。产品采用先进的中药提取技术和无菌制剂生产工艺及高端的质量检验手段，确保产品质量稳定、安全可靠。

【广东鸿源众力发电设备有限公司】　该企业是生产清洁可再生能源设备的制造企业，产品属于产业链中的终端。2011年在手订单近5亿元，生产能力急需扩大。公司产品有技术优势，为广东省的龙头企业，为全国的知名企业，扩大市场占有率的空间很大。公司正在实施“三旧改造”，通过新的现代化厂房和大型数控设备的重新规划投入，提升研发和加工能力，大幅度的提高生产效率，以从根本上快速实现企业从粗放型向集约型转变，公司的水轮发电机组产品，共4个系列，上百个典型产品，特别是公司主打的7.2M转轮直径全国第二大的径流式低水头灯泡贯流式系列产品，已打入土耳其和越南等东南亚国家，均属较高附加值、无污染、无高能耗生产的产品。改造规划投入8亿~9亿元，在浈江开发区置地31.33多公顷，新建现代化厂房，升级设计和制造设备，实施后，3年内达产5亿元，5年内达产10亿元。同时并计划进一步开发和延伸产品系列，主要有以下三方面：一是微型水电，具有水泵功能的水力发电独立单元产品和风、太阳能、水能混合发电储能系统；二是海洋能发电机组设备；三是抽水蓄能机组设备。

【广东省明华机械有限公司韶关分公司】（原名广东省力拓民爆器材厂）该厂建于上世纪五十年代，地处韶关市北郊17公里，属国有中型企业，是国家民爆器材的定点生产厂。现有职工871人，含2个产品生产车间和1个机修车间、4条产品生产线。生产的炸药品种有岩石膨化硝铵炸药、3#煤矿许用膨化硝铵炸药、乳化炸药、铵油炸药等；工业雷管有8#纸壳火雷管、煤矿许用瞬发电雷管、煤矿许用毫秒延期电雷管、普通瞬发电雷管、普通毫秒延期电雷管等，其中毫秒延期电雷管有1~20个段别。2011年企业实现销售收入2.78亿元；完成利润指标4523万元。

2010年起，广业资产管理公司为提高旗下民爆企业整体竞争实力，对旗下民爆企业进行整合，将原力拓厂并入广东明华机械有限公司，2011年3月底完成企业整合。原力拓厂更名为广东明华机械有限公司韶关分公司。在全省民爆市场竞争激烈情况下，公司采取行之有效的销售政策措施，稳定和扩大省内市场份额，寻求外省的销售突破口，经多方努力，雷管销售现已进入福建市场。（朱德源　谭桃华）

中央和省驻韶关企业

【广东省韶关钢铁集团有限公司】　广东省韶关钢铁集团有限公司（简称“韶钢”）建于1966年，占地面积9.8平方公里，有在岗员工1.40万人，其中，高级职称人员451人，高级技师520人、技师1230人、教授级高级工程师17人。韶钢是集钢铁制造、物流、工贸为一体，年产钢能力650万吨规模的大型国有企业集团；是中国企业500强、广东企业50强、世界钢铁100强企业；是广东重要的钢铁生产基地、国家高新技术企业和中国重要的船板钢、工程机械和水电站用高强钢板、建筑结构用高建板、桥梁板、锅炉和压力容器用钢板生产基地。

主要产品　韶钢主要有板材、线材、棒材三大系列产品，PC钢棒、钢坯、生铁、焦炭及其化工产品达到国内或国际先进水平。韶钢船板钢通过中国、美国、德国、英国、挪威、法国、日本、韩国、意大利等九国船级社工厂认可；管线钢、国标和境外牌号锅炉压力容器钢获得国家特种设备制造许可；高建板和低合金板获得新加坡FPC认证；桥梁钢首批获中国船级社颁发的产品认证证书。船体用结构钢板、低合金高强度结构钢板、优质碳素结构钢热轧钢板、钢筋混凝土用热轧带肋钢筋和预应力混凝土钢棒用热轧盘条获得国家冶金产品实物质量金杯奖。韶钢产品主要在珠三角及广东邻近省销售，部分出口。众多高层建筑、重点工程、高速公路、地铁项目等指定使用韶钢产品。

企业效益　2011年，韶钢实现年产钢547万吨、铁540万吨、钢材523万吨，实现营业收入249亿元、经营性亏损5.3亿元、年末总资产271亿元。

2011年，原燃材料价格一直处于高位。韶钢上半年实现利润总额0.96亿元，8月中旬开始，钢材价格大幅下跌，对比上半年，螺纹跌830元/吨，线材跌800元/吨，板材跌820元/吨。韶钢快速采取措施，提前控制存货，及时准确地分析市场形势，11月，将存货资金控制在41亿元，存货资金占用控制在周边最低水平，比周边平均低约20亿元，避免损失近1亿元；向上游传导降价压力，压住所有原燃材料价格不上涨，大幅降低地方矿采购价格，取消所有原燃材料保量加价，降低采购成本3000万元；限产减亏，11月16日将6号高炉停止生产，减亏约6800万元；调整产品结构，加大毛利相对较大的棒线材生产和销售，对亏损严重的板材实施限产，减亏6460万元；抓好板材促销，在板材价格尚未完全下跌的时候，争取到4万多吨订单，避免跌价损失1000多万元；在进口矿跌至市场价格最低位时采购30

多万吨优质进口矿，降低成本3325万元；拓展境内外贸易融资渠道、争取政策性补贴等措施。合计减少亏损约5亿元。

企业管理　抓好产品销售，引领广东钢材市场。销售部门利用春节期间深入广州周边钢材市场了解情况，及时分析判断市场走势，春节后上班第一天，率先拉价销售，成为华南钢材市场的亮点。创新销售模式，成立船板钢销售一贯制项目部，组织销售、生产、技术、研究、仓储、物流等相关部门到船厂学习培训，了解造船工艺和船板使用情况，船板钢直供造船厂，全年累计销售船板80.68万吨。利用宝钢股份销售平台销售核电用钢2.5万吨；与广东富华工程机械有限公司建立板材直供渠道；发展中建四局等重点用户，为广州东塔供钢材6万吨，全年直销率达32.59%。拓展周边钢材市场，在长沙市场销售16.41万吨，赣州市场销售22.36万吨。4月20日在广东省内率先推进螺纹钢理计交货、定捆定支。实施控轧控冷技术，全年累计增效3782万元；推进三级螺纹钢销售，全年共销售63.5万吨，同比增加193%，取得较好的经济效益。

抓好资源采购，降低采购成本。主要物资采购成本对比周边平均差距进一步缩小：1~11月，进口粉矿、进口球团、进口块矿分别比周边平均低75元/吨、56元/吨、66元/吨，共取得相对效益2.8亿元；精煤采购成本与上年相比缩小差距42元/吨，取得相对效益8600万元；喷吹煤采购成本比周边平均低19元/吨，取得相对效益近1000万元。吨钢耐材消耗同比下降5元/吨，降成本2500万元。全年地方矿采购量340万吨，同比增加140万吨，增幅70%，采购价格与周边钢厂基本持平。废钢采购采取源头监装、实物取证，中型废钢比例达到50%。创新备件采购模式，取消备件中间商，直接面对生产厂家采购。

精益管理，提升管理效能。2011年共完成招标项目1099项，标的总额20.52亿元，对比预算降低3.53亿元，降幅14.69%；再议价项目456项，对比最低报价降低8636万元，降幅8.78%。焦副产品专项标卖中标总额3.8亿元，较计划的3.36亿元增加收入4392万元，增加幅度为13.06%。严把质量关，确保进厂原燃材料100%批次检验。实现螺纹钢定支包装准确率100%。全年财务费用对比预算降低1.8亿元；累计吨钢三费（财务费用、管理费用、销售费用）190元/吨，比周边平均低33元/吨。设备大中修紧贴市场进行，3号高炉、6号高炉大修，棒一线检修按要求提前安全、节约完成。做好物流在途损耗全程监管，转港物资损耗比控制目标降低2.83万吨。提高翻车机作业效率，下半年日均卸145车，环比提高57.6%，矿石进厂直卸率97%，吨钢物流仓储成本同比降低2.52元，降幅7.68%。严格控制人员增长，对比申报减少1088人。抓好与宝钢集团管理、技术、资源、采购、产品销售等方面对接工作。

技术创新　抓好技术研发，支撑产品营销。2011年新开发牌号30个，产量35.79万吨，可比品种产量同比增加24.18%；实现60毫米以内API系列海洋工程板批量生产能力；首次批量接单生产CSG610D高强钢板；拓宽高建板品种、厚度，最大交货厚度达到100毫米，产量同比增加44.01%。开发生产09MnNiDR低温压力容器钢、Q690高强度结构钢、NVD36N挪威船板钢、Q370qDN桥梁钢、10B21冷镦钢、15CrMoR合金容器钢等48个新品种。优化配煤配矿方案，提高国内矿使用比例，加强配气煤研究，配矿成本同比降低约1.1亿元，配煤成本同比降低约4470万元。

基建技改　推进技改工程建设，建成项目达产达效。新一钢第一座转炉4月29日热负荷试车一次成功、顺产达产，采用一罐制铁水运输模式，降低生产成本。棒三线比原合同计划提前1个多月投入热试。棒二线工序实施电控系统改造，全年增效1440万元。烧结余热发电4月投产，全年累计发电7418万千瓦时，增效2928万元。推进铁前MES系统建设，于2012年1月1日正式上线运行，实现铁前系统计量集中一贯管理。

2011年建成并投入使用的项目还有：①煤气柜工程。新建一座12万立方米转炉煤气柜，工程于2010年5月开工，2011年9月投入运行。②麦尔兹石灰窑工程。该工程建设2座日产500吨的麦尔兹窑，年产活性石灰34万吨。工程于2010年8月开工，2011年7月1#窑于送煤气点火，9月2#窑送煤气点火。③宽板横轧改造工程等。

重组进程　2011年8月22

日，广东省政府在广东迎宾馆举行宝钢重组韶钢、广钢签约仪式暨广东钢铁产业发展座谈会。省委常委、常务副省长朱小丹，宝钢集团董事长徐乐江、总经理何文波、副总经理赵昆、周竹平，省国资委主任温国辉、副主任张晓牧，韶钢集团董事长、党委书记余子权，总经理卢建华等出席会议。宝钢、省国资委、广州市国资委、韶关市、韶钢、广钢代表共同签署宝钢重组韶钢、广钢协议。宝钢与省国资委签订《关于广东钢铁集团有限公司减少注册资本、变更股权结构之协议》及《关于重组广东省韶关钢铁集团有限公司之框架协议》。根据协议，广东省国资委减资退出广东钢铁集团有限公司，广东省国资委将韶钢集团51%股权以无偿划转的方式划至宝钢集团，广东省国资委仍持有韶钢集团49%股权，该股权无偿划转需上报国务院国资委批准才能实施，如国务院国资委予以批准，宝钢集团将成为韶钢集团的控股股东。

（陈春华）

附：领导班子成员名单

董事长、党委书记：余子权

董事、总经理、党委副书记：卢建华

董事、党委副书记、纪委书记、工会主席：谢琮杰

董事、副总经理：张永生

董事：刘　意

副总经理：王三武　寿耀明　冯国辉

总会计师：赖晓敏

【中金岭南韶关冶炼厂】 韶关冶炼厂隶属于深圳市中金岭南有色金属股份有限公司，始建于1966年，是中国首家采用ISP工艺的大型铅锌冶炼企业。工厂现有总资产20多亿元，主产品有电铅、精锌、电银、精镉、精铟、锗锭、铅锌系列合金近30种，注册商标为“南华”牌。主产品电铅、精锌、白银已在伦敦金属交易所注册，铅锭、镉锭获国家金质奖，锌锭获国家银质奖并为国家免检产品，铅锭、锌锭获省名优产品荣誉称号。工厂先后通过ISO 9001质量管理体系认证、ISO 10012测量管理体系认证，连续十多年被广东省工商管理部门评为“重合同、守信用”单位。

2010年10月21日，因北江铊污染事件，工厂全面停产。经省政府批准，工厂二精炼系统于2011年7月20日恢复过渡性生产。2011年完成铅锌总产量3.19万吨，白银27.4吨以及铟、锗等产品，完成工业总产值6.15亿元。

企业管理　以精简机构、分流安置富余人员为重点，理顺职能，优化人力资源配置，企业管理效率得到明显提高。整合部分职能相似的车间，重新对高级主管、工段正副职人员职数进行定岗定编，车间工段、科室、高级主管以上人员得到精减。

安全环保　层层签订安全责任书，分解指标，落实责任，严格管理、严格检查、严格考核；强化各级管理人员和员工的安全教育培训，增强员工安全意识；推行安全、环保、设备、消防检查“三化”和“安环确认制”，确保人、机、物、环处于良好状态；对违反安全操作规程者，除追究其本人责任外，同时追究其直接管理人员的责任。清理生产现场的屋顶、水沟、地面，优化现场，消除环保隐患；实施精馏扒渣收尘系统、热电锅炉除尘脱硫系统、马冶锅炉除尘脱硫系统等环保技改项目，废气排放全面达标。规范固废管理。完善环保整改设施，优化雨水收集系统，增加雨水收集能力；加大现场清扫力度，降低雨水污染物含量，实现工业废水零排放。坚持“预防为主”方针，完善工厂职业健康安全规章制度，新建生产岗位员工专用洗澡堂和洗衣房，购置吸尘车，改善现场作业环境，提高职业病防治水平。工厂投资6000多万元，对废水、废气、固废环保治理设施进行改造，共完成废水零排放治理工程21项，完成废气治理工程5项，完成固废堆场改造工程4项，实现工业废水零排放，实现废气污染物达标排放，实现废渣规范化管理。

易地升级改　根据省政府有关指示精神，工厂将在2015底以前完成易地升级改造，实现整体搬迁。该项工作在省市政府、广晟公司和中金岭南公司的支持下正全力推进。2011年，韶关市、浈江区政府分别成立韶关冶炼厂易地升级改造工作领导小组；中金岭南公司成立韶关冶炼厂易地升级改造工作领导小组和工作办公室，工厂专门安排1名副厂长主抓，并抽调一批专业技术人员专门负责易地升级改造工作。做好“三旧改造”工作，摸清工厂辖区土地的权属状况，工厂符合条件的土地已全部纳入韶关市“三旧”改造笼子；完成工厂固定资产净值统计、工厂土地

使用证整理以及辖区内建筑物和工厂辖区土地面积测量。加强与省市政府和有关部门的沟通，制定项目实施计划，对项目统筹规划，会同韶关市有关部门在韶关境内完成厂址初选，并邀请有关单位的专家对拟选地进行研讨和评估。做好新厂工艺选型，组织专业技术人员到国内外学习考察；委托有关单位编写技术方案，系统论证工艺技术路线、产品规模、环保水平等，形成初步优化方案。（侯晓思）

附：领导班子成员名单

厂　长：郑金华

党委书记：饶东辉

副厂长：曾令成　王远文

　　　　龙红卫　杨立新

纪委书记、工会主席：郭福清

【中金岭南凡口铅锌矿】 2011年，中金岭南有色金属股份有限公司凡口铅锌矿按照公司的总体部署开展工作，以“做不到，没有理由”的企业文化核心价值观统领矿山全局，取得“四个文明”建设协同发展的辉煌成绩。

科学管理　围绕全年生产经营目标，加强安全生产精细化管理和作业现场管理，运行安全标准化系统，克服生产任务重、井下采掘点多面广、安全环保压力大等困难，取得安全生产、环境保护、文明建设稳步发展的成绩，再次完成年产铅锌金属量18万吨的生产任务，实现全年各项工作目标。

安全生产　贯彻执行“安全第一，预防为主”的安全生产方针，完善安全管理制度，施行各项制度。2月，被授予“广东省2010年度企业安全生产工作先进单位”；凡口铅锌矿安全标准化系统和尾矿库安全标准化系统于5月通过广东省安监局认定，均达到省三级标准；7月18日，实现安全生产五周年；8月3日，驻矿施工单位实现安全生产两周年；10月，完成矿山井下安全“避险六大系统”建设设计方案。

注重环保　以履行社会责任为己任，以建设“资源节约型、环境友好型”企业为目标，从2006年至2011年，“三废”综合排放达标率均达到100%，COD总量控制在指标以内，成为名副其实的“绿牌”生产企业。5月，被广东省授予“2006~2010年度环保诚信企业”；7月7日，ISO 14001：2004环境管理体系通过广东省中鉴认证公司的复审，同时完成《凡口铅锌矿持续清洁生产报告》；为适应国家新的《铅、锌工业污染物排放标准》，8月启动尾矿库外排水氧化处理试验研究与选矿废水综合利用深度处理规划项目。

科技进步　继续致力于科技创新、科技投入，以科技进步推动企业发展，一大批自主研发的新工艺、新技术先后应用到生产中，其中“金属矿山无底柱充填联合采矿综合技术研究与应用”荣获中国有色金属工业协会、中国有色金属学会科技进步一等奖。2月，荣获“广东省企业创新记录金奖”。

拓展和落实规划　坚持边采边探的原则，加强矿区外围、深边部的地质找矿工作，矿山接替资源探矿工作进展顺利，获得国家专项资金的支持。完成帷幕注浆截流工程第三段的计划任务，第四段工程进展顺利，整体质量及堵水效果良好，达到预期目标，10月，被国土资源部授予“全国危机矿山接替资源找矿专项先进集体”。历时两年的尾矿库扩容及并库工程顺利完工，增加有效容积570万立方米。执行国家新建、改建、扩建工程安全、环保“三同时”制度，5月，完成Φ53米浓密机建设任务，新增Φ45米浓密池也于12月开工建设。

和谐发展　以构建和谐社会为己任，着力创建和谐矿山。2011年，先后荣获“韶关市区2009~2010年度卫生标兵单位”、“2006~2010年全市法制宣传教育先进单位”、“广东省先进基层党组织”、“全国五一劳动奖状”；职工子弟学校被评为“全国青少年普法教育先进单位”、选矿厂质检科分析仪班荣获“全国五一巾帼标兵岗”。

文化创建　6月29日晚，举行庆祝建党90周年“颂歌献给党”歌咏晚会；7月，完成《凡口铅锌矿志》（第五卷）的编纂工作；10月，编印《凡口铅锌矿党群工作制度汇编》工作手册；11月10日，启动凡口铅锌矿党群网络工作平台。（张秋利）

附：领导班子成员名单

矿　长：张木毅（~2011.8）

　　　　姚　曙（2011.8~）

党委书记：骆建辉

党委副书记、纪委书记、工会主席：蔡　文

副矿长：姚　曙（~2011.8）

　　　　王　文（~2011.8）

　　　　蔡江松

　　　　邓拥军

　　　　张卫民

陈坤锐（2011.8~）
梁成石（2011.8~）

【广东韶关瑶岭矿业有限公司】
广东韶关瑶岭矿业有限公司位于韶关市曲江区境内，由原瑶岭钨矿改制组建的股份制企业。原瑶岭钨矿于1919年开始开采，1951年1月收归国有，属中央直属企业。2000年下放广东省管理，2003年经上级主管公司批准改制为股份制企业，现属广东省广晟有色资产公司控股的国有股份制企业，并于2003年3月经广东省韶关市工商行政管理局批准注册成立。

公司按照现代企业制度设置董事会、监事会、经营班子和党委、纪委、工会，下设6个部和3个分公司，分别为综合部、生产技术部、安全环保部、贸易经营部、财务部、审计部和采矿、选矿、电力分公司。公司年末员工421人，有一支素质高、专业性强的矿山管理队伍。

主要产品　公司是一个采选联合企业，生产、生活设施完善。矿山开采方式为地下开采，平窿—盲斜井联合开拓，采矿方法为浅孔留矿法，最低主平窿标高450米。现采矿最大垂深500米。设计生产规模为32.6万吨/年、选矿合格矿处理量为375吨/日。选矿工艺为手选与重选，回收黑钨矿精矿及少量白钨矿精矿、锡精矿。目前年产钨精矿能力有450吨~600吨左右。小水电装机容量为2940千瓦，具有530万千瓦时~600万千瓦时的年发电能力。主要产品有黑钨精矿、白钨精矿、铋钼矿，水电上网销售曲江供电公司。

生产经营　2011年，公司领导班子以科学发展观为指导,开拓进取,把公司的生存大计与长远发展相结合，矿业公司领导班子带领全体员工，面对各种原材料涨价、暴风雨自然灾害等因素，调整工程布局，节约成本，千方百计提高钨精矿产量。全年实现营业收入5291万元，利润总额1080万元，税后净利润808万元。全年向国家缴纳税金1154万元。年内，平均从业人数为421人。完成工业总产值5064万元，工业增加值资产总额4571万元。

安全生产　公司贯彻“安全第一、预防为主、综合治理”的安全生产方针，公司开展“安全生产月”活动，组织季度、专项、现场日常安全检查，开展安全知识竞赛活动，抓好安全生产规章制度落实，做好安全隐患整改和改善安全生产环保作业条件，抓好安全生产标准化建设，贯彻落实矿领导带班下井制度，签订安全生产环保责任书，对尾矿库等进行专项检查，提出并落实整改措施。公司为树立安全意识加强安全环保教育，为建设绿色矿山和营造安全环保矿区环境作不懈地努力。

矿山建设和资源开发　坪山尾矿库二期排洪系统工程竣工。2009年11月，坪山尾矿库二期排洪系统工程破土动工，2010年11月4#段工程已竣工，2011年9月3#段工程竣工，2011年10月整体工程已经竣工验收。竣工后，可解决今后20年的选矿排尾堆砂。2011年4月16日中班，公司北区572~450中段133线斜井顺利贯通，这是矿山工程建设史上的一件大事。该斜井于2009年11月开工，完成与450中段2号通道对接，历时一年半。是继2010年4月26日，东区406线斜井贯通之后又一重大贯通工程。标志着矿山工程建设，走出重要的、关键的一步。完成民暴器材库整改工程，此项工程于2010年12月动工，2011年6月完工，历时6个月，通过主管部门验收合格达标。精选及多金属回收流程项目，该项目于2010年1月开工，同年7月竣工，2011年上半年正常生产，对精选及多金属回收流程进行调试和部分工程完善。

党建工作和企业文化　开展创先争优活动。2011公司党委按计划完成“创先争优活动”各项任务。公司党委围绕生产经营矿山建设安全环保的中心工作开展“四个双向”工作和“四强四优”活动，为基层党组织发挥战斗堡垒作用、党员发挥先锋模范作用开辟新途径、打建新平台增加基层党组织开展工作的透明度，增强广大群众对党组织和党员的普遍认同感，推进矿山的生产经营和矿山建设。健全企业文化。公司以经济建设为中心的同时，公司注重公司文化建设。“瑶岭是我家，发展靠大家”的责任核心价值观，成为公司员工的共识，公司继承和发扬“勤奋、求实、奉献、创新”的优良传统，形成矿山岩石般坚强、厚重的品格，造就公司鲜明的矿山企业特色；公司定期出版《瑶岭矿业有限公司报》和办好宣传栏；加强公司信息收集和定期报送，提升公司在行业内的形象。优化环境，促进矿区和谐稳定。争取上级部门

和当地政府对公司发展的支持，解决公司在治安、税收、环保、电力供应等方面的许多问题。同时，公司领导常与周边村镇干部沟通，促进矿区周围的工农关系和谐发展。（陈曲安）

附：领导班子成员名单

董事长：郑揭东

党委书记、总经理：易金武

副总经理、纪委书记、工会主席：谢柏林

副总经理：梁仁建 张清伟 刘小毛

【广东省大宝山矿业有限公司】广东省大宝山矿业有限公司原名广东省大宝山矿，始建1958年，1966年10月正式形成规模投产。企业目前主营成品铁矿石、铜精矿、硫精矿三大产品及综合回收利用部分矿副产品，规模为年产成品铁矿石60万吨、铜精矿3000吨（金属量）、硫精矿20万吨，现是广东省广晟资产经营有限公司旗下的一级企业集团，系省直属驻韶国有独资大型二类企业。公司麾下拥有全资子公司广东省南方特种铜材有限公司和控股子公司韶关市广宝化工有限公司，南方特铜主营拥有自主专利工艺产权的PC铜产品及加工，广宝化工主产普通硫酸及拥有自主专利产权的高纯酸。近几年来，企业通过施行管理创新、自主创新及高新科技引进，产学研相结合，重视矿产资源综合利用，创造新的利益增长点，生产经营各方面逐步企稳向好加快发展。先后获得“广东省诚信示范企业”、“广东省企业500强”、银行“黄金客户”“核心客户”“最佳合作伙伴”、“全国模范劳动关系和谐企业”和广东省“矿产资源综合利用示范基地”等荣誉。企业位处韶关市曲江区沙溪镇境内，占地面积为9.49平方公里，有106国道、京珠高速公路沙溪出口交错毗邻于此，交通地理环境较为优越。

调结构，稳增长，扩大主要经济指标增幅　2011年，公司根据企业经济发展转型内在增长需要和资源特点，实施主业发展调整战略。通过下调铁矿石产销规模，扩大铜硫产量产值，特别是加大硫精矿产销能力等方式，进退有序对三大主业产品进行结构性调整。注重产品质量生产和执行按计划组织销售工作，实现全年矿产品销售收入同比增加1.39亿元，其中有色实现比上年增加销售收入1.7亿元，确保企业整体经济效益平稳增长。截至12月31日，企业实现工业总产值6.37亿元，增长33.77%,完成年度预算的131.29%；实现主营业务收入11.40亿元，增长21%，完成年度预算的115%；实现上交利税总额1.79亿元，利润3827万元，归属于母公司的合并净利润4004万元。

抓改革，强管理，夯实企业基础管理　2011年，企业继续推行“管理年”建设，抓改革，促管理，夯实企业基础管理工作。一是全面完成企业管理制度编制成册任务，为企业实现“以制管人，以制促管”的规范化管理奠定基础。二是施行科学合理绩效考核管理。施行生产指标、成本费用与员工月度工资、效益捆绑，提升工作积极性。三是成立预结算中心，重视项目建设管理，严格审批程序，节约投资。四是推行人力资源管理和用工方式转变。实施企业定岗定员工作，完成对企业铁路运输部养护工段的业务市场化用工改革，成效明显。五是从计划、市场、管理等环节加强设备能源和物资采购管理，全年物资采购价格涨幅基本控制在5%以下。

促转型，谋发展，拓宽企业发展空间　企业按照既定战略发展规划，继续推进330万吨/年铜硫开发项目。项目环评进入行政审批阶段。重视企业发展资源探矿工作。完成钼多金属矿详查报告编制，勘查工作成果明显。大宝山密集区深部矿产战略性勘查项目获批。两年来矿山通过详查新增钼金属量26.88万吨，钨金属量4100吨，资源潜在经济价值达2000亿元。注重提升企业资源综合利用水平。利用高硫低铁矿加工生产成品铁矿石17万吨；回收基建剥离回收矿石40多万吨和其它铜硫、铅锌付产矿石近万吨；开展低品位、共伴生、难选冶及尾矿综合利用前期基础性研究和试验工作，解决铁铜资源综合利用关键问题；铁尾矿磁选、铜硫尾矿回收钨和铜硫选矿等试验工作取得新成果；污泥资源化处理技术项目进行中试，其他获授权专利3件。继续推进矿山规划和各项建设工作。启动资源综合利用基地、矿山公园、绿色矿山和高新技术企业等一批影响重大的项目。2011年10月，公司与国土资源部、财务部于北京完成签约挂牌仪式，成为首批全国40家矿产资源综合利用示范基地单位，是省内唯一矿山企业。

稳投入，严考核，完善企业安全环保管理体系 企业注重安全环保资金稳定投入，注重落实严格的目标考核和责任追究制度，强化反“三违”管理。一是加重安全风险抵押金，扩大考核面。二是建立健全安全管理机构和制度，企业采空区防治管理走上专业化、规范化、制度化轨道。三是完成矿山安全标准化建设，成为安全标准化三级企业达标单位和全省安全示范单位。四是全年投资6000多万元，推进和完善环保重点治理项目。李屋拦泥库外排水综合治理工程实现污水处理达标排放；土地复垦工程完成矿区土壤修复面积4万多平方米，育种育苗90多万株；尾矿库在线监测建成试运行。五是与地方政府构建环保联控公共平台，加强对大宝山周边区域水环境的监控，矿区环保基础能力建设和生态保护得到进一步加强。

重民生，创和谐，提高员工利益保障 企业始终关注职工福祉，坚持将企业生产发展、效益增长与保障员工收入同步增加放在企业经营发展的优先位置。2011年，在岗员工年平均收入涨幅高达18.1%。全年投入400多万元，重视企业文化建设，加大矿区公共投入，改善生产办公、住房和社区公共文化教育医疗设施的环境建设，绿化美化矿区。依托职代会等多种民主形式，倾听职工心声，解决职工关注的待遇、就业、住房、医疗等热点问题。做好信访稳定工作，依据有关政策，做好军转干部、内退员工、职教幼教退休教师待遇问题的政策梳理和落实工作。注重加强矿区治安建设，营造企业安全和谐社区。正是由于在发展过程中坚持实现好、维护好、发展好广大员工的根本利益，2011年大宝山矿被评为“全国模范和谐劳动关系企业”。（蔡浩双）

附：领导班子组成名单

董事长、党委书记：刘瑞弟

总经理：马远传

副总经理：巫建平　黄建华

李灼超　刘　聪

李保云

【韶关发电厂】 是广东省粤电集团有限公司属下的大型骨干发电企业之一。现有两台300MW机组在运，正在申报的两台600MW“上大压小”燃煤机组工程已取得国家能源局同意开展前期工作的批文，并于2011年2月28日开工建设。

2011年，韶关发电厂继续实施“二次创业”的战略构想，将安全生产和经营减亏作为核心工作，同步推进对标管理、内控管理、节能降耗等工作，尽最大可能外创条件、内挖潜力；继续推贯NOSA五星管理体系，并顺利通过“四星”复评；全面完成全厂安全性评价复查工作，安全可靠度大幅提升；深入推进创建粤电集团公司“优秀班组”活动，全厂五星班组达30.3%，四星及以上班组达到94.6%；继续创建粤电集团公司“AAA级先进发电企业”；依法依规开展韶关发电D厂有限公司和广东省韶关九号发电机组合营有限公司清产核资工作，并开展广东省韶关粤江发电有限责任公司的股权重组工作。电厂安全生产、经营等各方面的管理水平不断提高。截至12月31日，实现连续安全生产1963天，全年完成上网电量35.48亿千瓦时。

2011年，电厂将节能降耗工作作为重点。以对标管理为手段，采取扩大多煤种适应性试验、燃煤掺烧、优化运行工况降飞灰的方法，降低煤耗。增强机组竞争力，开展两台300MW机组通流改造的可研工作。

2011年度二氧化硫实际排放量为1648.13吨，氮氧化物排放量为7312吨，均远低于环保部门下达的二氧化硫排放总量2181吨，氮氧化物排放总量15951吨的排放指标。电厂连续多年获得“环保绿牌企业”称号。

两台600MW机组建设工作方面，2011年如期完成了桩基工程、场平工程、主厂房出“零”米、220千伏GIS楼投运、220KV三回线路拆迁等工程；目前节能评估报告和核准申请报告已上报国家发改委暨国家能源局，项目正待核准。

开展企业文化建设活动。电厂开展企业文化建设活动。利用各种载体、采取各种形式，强化企业文化理念渗透，使企业文化建设塑力度不断加大。促进员工对企业文化理念的理解、认同和践行，激励广大员工“用心工作、健康生活、激情奉献、追求卓越”。

（石均才　邹海峰　范　葵）

附：领导班子成员名单

厂长、党委书记：何健康

党委副书记：黄世平

副厂长：曾令雄　高云峰

梅锦龙

【广东省第五建筑工程有限公司】 广东省第五建筑工程有限公司始建于1951年8月，具有国家房屋建筑工程施工总承包一级、建筑装修装饰工程专业承包一级资质，通过ISO 9001质量体系、ISO 14001环境管理体系和GB/T 28001职业健康安全管理体系等三大管理体系认证。企业重视智力投资，引进和培养大批专业人才，造就了一支既有理论知识又有实践经验的施工队伍。

2011年，公司签订工程施工承包合同造价总额为15.15亿元，履约率为99%；产值6.03亿元，同比增长13.3%；全员劳动生产率为120600元/人·年，同比增长6.5%；经营性收入为1695万元，同比增长24.6%；上缴税收3626万元；企业经营利润759万元，企业利润500万元。

质量安全管理　广东省五建始终按照创品牌和形象工程的要求，严把质量关和安全关。在工程施工管理中，生产技术工作围绕公司“对历史负责、对社会负责、对用户负责”的管理体系总方针，在保证创优工作的同时，把握“质量安全生命线”，组织开展生产经营活动。

提高管理水平，严把安全生产关。坚持“安全第一，预防为主，综合治理”的方针。实行严格的监督和实施工作的指导，对建筑施工安全进行有效的全过程监督管理。建立健全安全生产责任制，建立事故隐患治理长效机制，突出预防为主，从严审核施工组织设计和危险性较大的分部分项工程施工方案。对重大危险源和重大环境因素的专项管理措施，组织专家论证，按方案实施管理。消除安全隐患，确保建设平安工程，收到良好的效果。

严格质量目标管理，确保工程质量上台阶。按照公司质量目标要求，对质量管理进行策划，加强重点工程的质量控制，实现以点带面、样板引路，提高公司质量管理水平。组织定期和不定期的监督检查，特别是特殊工序和关键工序的控制，要求有措施，有交底、有监控、有记录、有验收，确保每道工序全部合格，不留下质量隐患。

企业文化建设　在搞好日常企业文化建设的基础上，公司通过组织举行“广东省五建成立60周年庆典系列活动”，利用宣传橱窗、报纸、专题学习课、座谈会、文艺演出、制作宣传片、画册和召开纪念大会等各种形式宣传企业文化，培育企业文化，弘扬和传播企业精神，以使良好的企业文化薪火相传，推动企业的全面发展。通过授予为广东省五建的发展壮大付出毕生精力和贡献的老劳模、老功臣、老领导“终生奉献奖”和授予投身广东省五建技术管理和创新、打造精品工程、提升企业竞争力作出重大贡献的员工“重大成就奖”称号，弘扬“厚德载物、自强不息”的精神，树立奋勇争先的榜样，使企业和管理者的管理思想以及文化理念得以深刻诠释，以让企业在良好的人文和生态环境中健康成长。

获得荣誉　“荣获连续24年广东省守合同重信誉企业”、连续4年荣获AAA+级中国质量信用企业、2010年度韶关市建筑企业信誉AAA级、韶关市国资系统先进基层党组织、2011年度全国“安康杯”优胜单位。

仁化县人民法院审判法庭综合大楼工程分别获得“韶关市优良样板工程”、“广东省优良样板工程”称号和“广东省建设工程金匠奖”。

韶关市住房保障中心裕得花园经济适用住房工程分别获得“韶关市建设工程安全生产文明施工优良样板工地”和“广东省建设工程安全生产文明施工优良样板工地”称号。

蒙牛广东清远低温奶项目主车间土建工程获得“清远市建设工程安全生产文明施工优良样板工地”称号。

清远分公司清新生产调度用房建安工程获得“清远市建设工程安全生产文明施工优良样板工地”称号。

韶关市曲江区人民医院新建住院大楼、急救中心工程获得“韶关市建设工程安全生产文明施工优良样板工地”称号。

(李克宇)

附：公司领导班子成员名单

董事长、总经理、党委书记：林　松

副董事长：伍小彝

董事、常务副总经理：朱新魁

董事、副总经理：彭穗平　吕清坤

董事：欧阳早榕　詹剑波

副总经理：赵道志　刘卫红

党委副书记：凌小玲

【广东省地质局七〇五地质大队】 七〇五地质大队创建于1957年，隶属广东省地质局，系以地质勘查为主业的正处级事业单位。2011年，有在职职工217

人，其中各类专业技术人员123人，高级专业技术职称人员9人，中级专业技术职称人员31人。拥有各类先进技术设备392台套。在韶关市韶南大道、曲江区大塘镇、中山、深圳等地设有基地和办事处。

七〇五地质大队持有国土资源部颁发的甲级固体矿产勘查资质证书、国家建设部颁发的甲级岩土工程（勘察、咨询、监理）资质证书、省国土资源厅颁发的乙级地质钻探、丙级地质灾害危险性评估与治理等资质证书，通过质量、环境、职业健康与安全三标一体化管理体系认证。主要开展基础地质勘查、矿产地质勘查、水文地质、环境地质、地质灾害危险性评估与治理、岩土工程勘察及施工等工作。

地质找矿　年内，承担广东XX地区特种矿远景调查和广东XX地区特种矿普查项目，开展野外工作；实施“走出去”战略，派员到国外开展地质矿产勘查工作，取得实质性成果；提交《广东省韶关市大宝山钼多金属矿接替资源勘查报告》，通过全国危机矿山接替资源找矿项目管理办公室组织的专家组终审，报告被评为优秀；完成省内30个矿区的矿产资源储量利用现状调查及数据库录入工作；承接3个矿山地质环境保护与治理恢复方案和4个商业性固体矿产勘查项目。

地质市场　完成中山市、江门市的污水处理、管网改造项目、河堤加固达标工程、水利建设工程、燃气管道工程等多项民生工程的地质技术服务工作，完成进尺48.75万米。

创先争优　开展“创先争优”活动，单位和个人获得多项奖励。大队在全国危机矿山接替资源找矿工作中获得国土资源部重大找矿突破奖“先进集体”称号；参与完成的《广东粤北地区锡铅锌多金属矿评价成果报告》获省地质局科技成果奖一等奖；获得2010~2011年度“韶关市文明单位”称号；在全省地质技术人员技能竞赛决赛活动中，被授予“优秀组织奖”；被评为浈江区计划生育先进单位；队工会获得中国能源化学工会“模范职工之家”称号。职工魏振伟的先进事迹被市电视台、电台、韶关日报社等多家媒体宣传报道；林建华同志被推选为2011年韶关好人“敬业奉献道德模范”候选人；5人分别获省地质局和市优秀共产党员、优秀党务工作者、优秀共青团员称号，1个党支部获先进党支部称号。

文化活动　参加省地质局“庆祝建党90周年文艺汇演”，由粤北联队表演的大型歌舞《再建功勋》，并获得三等奖；举办庆祝中国共产党成立90周年红歌演唱比赛；开展读书活动、“迎新春大家乐”职工嘉年华活动等，活跃职工文化生活，增强队伍的凝聚力和向心力。

（景承云）

附：领导班子成员名单

大队长、党委副书记：罗高雄
副大队长：刘绍林　荣永谦
纪委书记、工会主席：赖啸宇
总工程师：黎洲辉

【广东省地质局七〇六地质大队】　七〇六地质大队组建于1958年6月，隶属广东省地质局，正处级事业单位。2011年，在职职工399人，其中各类专业技术人员302名，注册岩土工程师7人，注册测绘师1人，高级专业技术职称人员68人，中级专业技术职称人员110人。

七〇六地质大队主要从事固体矿产勘查、液体矿产勘查、水工环地质调查、地球物理和地球化学勘查、地质灾害防治等工作，拥有国土资源部颁发的甲级固体矿产勘查和甲级地质灾害危险性评估等资质证书。下设韶关地质工程勘察院和韶关水文工程地质公司。韶关地质工程勘察院成立于1988年，是从事岩土工程勘察、水文地质勘察、工程测量的多功能甲级勘察单位。韶关水文工程地质公司成立于1990年，是从事各类地基与基础工程施工的一级单位。拥有国家住建部颁发的甲级工程勘察资质证书、地基与基础工程专业承包壹级证书等，通过ISO9001：2000质量管理和GB/T28001-2001职业健康安全管理体系认证。在韶关、广州、深圳、东莞、惠州、清远建立长期、稳定的生产生活基地。

地质找矿　承担广东1:5万隘子、坝子、翁城、翁源、连平五个图幅的区域地质调查（项目工作时间2011年~2013年），完成1:5万地质测量1000平方千米，1:5000地质剖面测量55千米，1:2000地质剖面测量15千米，1:5万遥感地质解译2340平方千米。完成广东省6个矿区资源储量核查及数据库建设、广东省矿产资源潜力评价和英德市白水寨1:1万土壤测量。开展广东省英德金门—雪山嶂铜铁铅锌矿产远景调查，完成大顶远景区 1:5万水系沉积物测量面积 400 平方千米，1:1 万土壤测量 15 平方千米，初步圈定四个异常。完成《南岭成矿带粤北地区矿产资源战略勘查》续作立项编制。完成珠江三角洲城市群东莞常平镇野外工程地质调查工作。完成固体矿产勘查 12 项、资源储量核实（检测）10 项、地质灾害危险性评估 23 项。开展乳源桂头扶贫区地灾隐患点排查工作。经省国土资源厅批准，取得“广东省乐昌市雷公塘铅锌多金属矿预查”和“广东省仁化县胡坑铜多金属矿预查”两个新立探矿权，勘查面积共 55 平方公里。

地质市场　承接勘察、检测、测量等项目 1052 项，工程勘察进尺 54 万多米；完成施工工程 47 项。

所获荣誉　参与的《广东粤北地区锡铅锌多金属矿评价成果报告》和《丹霞山世界地质公园丹霞地貌地质成因研究》分别获省地质局科技成果一等奖和二等奖。东莞万科松山湖 1 号花园和韶关南枫碧水花城等 6 个岩土工程勘察项目获奖。陈珲、张平安分别获 2011 年广东省地质勘查技术人员技能竞赛第一名和第四名，均被授予“广东省职工经济技术创新能手”荣誉称号。（江奕琴）

附：领导班子成员名单

大队长、党委副书记：王曙光

党委书记：李水林

副大队长：韦世雄　梁伟强

　　　　　石建国

【广东省有色金属地质勘查局九三二队】　广东省有色金属地质勘查局九三二队创建于 1960 年 4 月，隶属广东省有色金属地质局，正处级事业单位。2011 年，拥有职工 826 人，拥有专业技术人员 296 人，其中教授职称 1 人，注册岩土工程师 2 人，高级职称 74 人，中级职称 142 人，拥有各类先进设备仪器近 398 台套。队内设有 8 个管理科室和 6 个下属单位。在韶关市新华北路、西联小阳山、工业西路山水华府、广州、珠海、东莞等地设有基地和办事处。

九三二队以地质找矿、工程勘察、岩土施工、地质灾害治理为主业，持有固体矿产地质勘查、液体矿产地质勘查、水工环地质调查、地球物理勘查、地球化学勘查、地质钻（坑）探 6 个地质勘查甲级证书，以及地质灾害危险性评估、地质灾害治理工程设计、地质灾害治理工程勘查 3 个乙级证书和测绘丙级证书，通过 ISO 9001：2000 国际质量运行体系认证。曾多次获得中国有色金属工业总公司授予的“科技成果奖”、“地质找矿奖”等荣誉称号。

完成各类地质找矿任务　九三二队按照“大地质”“大服务”的理念，立足于找大矿、找富矿、找国家急需的紧缺矿产资源。在国家危机矿山接替资源找矿项目中，承担凡口铅锌矿井下 -455 中段生产探矿、井下 -650 中段深部铅锌矿勘查、危机矿山接替资源地质勘查及新增采矿区域水文地质勘查四项勘查施工任务。其中，2011 年，危机矿山接替资源勘查共完成 28 个钻孔，见矿钻孔 19 个，找矿效果较为显著。承担韶关市武江区梅子冲铅锌多金属矿区普查、九峰铜多金属矿区普查项目等 4 个省财政专项拨款的地勘项目。承担广东省平远县象牙矿区铅锌矿多金属矿普查、广东省始兴县石人嶂矿区钨矿资源储量核实等社会商业勘查地质项目，完成龙门上仓、上龙锑矿、乐昌铅锌矿等 14 个矿区的 2010 年度矿产资源储量年报以及广州祈福集团等企业的报告编写与提交工作。

水、工、环地质勘查取得新突破　九三二队不断拓宽服务领域，服务地方经济建设，水文地质、工程地质和环境地质取得新突破。完成丹霞冶炼厂铅冶炼环评项目水文地质勘查、乳源县西云寺铁多金属矿环境影响评价水文地质勘查等水文地质勘查项目。签订工程地质合同 66 个，其中，赣韶铁路勘察、芙蓉隧道勘察、珠海情侣北路（南段）片区市政道路工程等重点工程勘察项目 44 个，完成丹霞冶炼厂二期水渠渡槽钢管桩基础、韶关冶炼厂二系生产水管网改造勘测等岩土施工项目 12 个。承揽矿山地质环境保护与治理 2 项，地灾危险性评估 4 项。

加强队伍管理　完善公务用车管理办法、二级施工单位奖金计提暂行办法、地质项目质量管理办法等 8 项管理制度；健全人才引进管理机制，全年引进专业技术人员 10 人，11 人由待岗重新走上工作岗位；加大设备投入，购买新型钻机 8 台套，服务地质找矿；修建职工食堂，解决青年职工就餐问题；开展“职工之家”建设，队伍凝聚力不断增强。

改善地质文化生活　九三二队以改善文化民生，实现文化惠民为目标，加强文化民生工程建设，通过参加有色地质局“庆祝建党90周年文艺汇演”，开展“如何构建幸福有色”大讨论等一系列活动，把地质人“三光荣”精神和“服务、先行、求实、奉献”的广东地质人精神渗透到职工中，并逐步建设有色特色的地质文化。（黄伟娟）

附：领导班子成员名单

队长（法人代表）：蒋祖浩

党委书记：邓远生

副队长：邓新成　何万明

纪委书记、工会主席：罗　颢

【中铁五局集团第四工程有限责任公司】 2011年，中国中铁五局四公司围绕“练内功、打基础、强管理”中心，突出抓好体制机制改革、人才队伍建设、市场经营开发三项重点工作，实施“振兴图强”战略，审时度势，积极应对，实现企业平稳发展。

企业效益　2011年公司完成营业额37亿元，同比增长12%。完成新签合同额21.94亿元。

企业管理　2011年在各级领导和全体参建员工的共同努力下，通过优化施组，推进体制机制建设，取得优异成绩。杭长项目率先完成首架方向7977米的制、架梁任务，创全线第一；贵广铁路加会隧道出口连创月百米成洞“四连冠”；大思12标获全线综合考评前三名，雷西项目连夺全线“三个第一”，杭长项目被浙江省授予“青年文明号”，为公司树立良好形象，为开拓市场奠定坚实基础。

推进项目标准化管理，完善各项管理制度，狠抓施工过程控制和安全质量，项目管控能力得到提高，大思高速公路12合同段被贵州省命名为“交通建设工程平安工地施工标准化示范创建标段”，《大连地铁西功区间下穿危房段安全爆破控制》QC小组获铁道部优秀质量管理小组，杭长汤溪特大桥被股份公司评为“安全标准工地”。

公司加强人才队伍建设，引进大专以上毕业生149人，全年新增高级职称10人、工程师18人、高级技师4人，培训职工1994人次，培训各类劳务用工3521人次。企业人才结构和整体素质得到优化和提升，企业实力逐步增强。

企业文化　公司始终坚持“勇于跨越、追求卓越”的企业精神，坚持“立人本、促和谐、树新风”的发展方针和“铸魂、育人、塑形”的文化品牌，弘扬“五种风气”，增强“六种意识”，倡导“六提倡六反对”的企业文化核心内容，公司的文化构架不断充实和完善，逐步被广大员工所接受，并体现在管理实践中。

公司加强董事会、监事会、社会事业保险管理、职工教育、法律事务、综合治理、组织、宣传、纪检监察、工会、共青团等工作力度，取得精神文明和物质文明建设双丰收，企业实现稳步、和谐、健康发展。

（梁焱平）

附：领导班子成员名单

董事长、党委书记：安保成

总经理、党委副书记：李枝元

党委副书记、纪委书记：张习亭

工会主席、副总经理：廖祖华

总会计师、总法律顾问：李传鸿

副总经理、总经济师：张顺强

总工程师：耿长宝

副总经理：张海彬　钟勇奇

蒋　思　彭宇峰

左晓磊　肖琼朝

廖令军

【广东中烟工业有限责任公司韶关卷烟厂】 广东中烟工业有限责任公司韶关卷烟厂前身为成立于1950年6月1日的民生卷烟厂，1964年民生卷烟厂更名为韶关卷烟厂，2006年取消韶关卷烟厂法人资格，更名为广东卷烟总厂韶关卷烟厂，2006年更名为广东中烟工业公司韶关卷烟厂，2007年改制更名为广东中烟工业有限责任公司韶关卷烟厂。企业占地面积约15万平方米，拥有4800千克/小时的制丝线1条，拥有3000千克/小时的制丝小线1条，拥有1500千克/小时的梗丝线1条，额定生产能力570千克/小时的二氧化碳膨胀烟丝生产线一条，卷接包机组15套，其中软包机组7套，硬包机组8套，设备年生产能力为301亿支(60.21万箱)，截至2011年年底，共有从业人数756人。

7月21日，广东中烟工业有限责任公司韶关卷烟厂被中启计量认证体系认证中心授予“测量管理体系认证证书”。

8月1日，广东中烟工业有限责任公司韶关卷烟厂被广东省普及法律常识领导小组评为2006~2010年全省法制宣传教育“先进集体”。8月，广东中烟工业有限责任公司韶关卷烟厂动力车间北江河QC小组、卷接包车间高空飞翔QC小组、鹰击部落QC小组被广东省质量协会、广东省总工会、共青团广东省委员会、广东省科学技术协会评为“广东省优秀质量管理小组”。9月1日，广东中烟工业有限责任公司韶关卷烟厂被中国设备管理协会生产维护委员会评为“2011年度全国TNPM大会企业现场管理看板设计奖三等奖”。9月，广东中烟工业有限责任公司韶关卷烟厂动力车间北江河QC小组被中国质量协会、中华全国总工会、中华全国妇女联合会、中国科学技术协会命名为“2011年全国优秀质量管理小组”。

卷烟生产　全年生产卷烟200亿支（40万箱）。全年平均耗用烟叶、滤棒、盘纸平均消耗分别为7.20千克/万支、1675支/万支、624米/万支。水0.06吨/万支，电4.91千瓦时/万支，卷烟生产综合能耗为1.78千克标煤/万支。

技术改造　年内，全厂共实施基础设施、技术改造项目54项，资金投入高达1.66亿元。4月建成21600平方米的上廉冲片烟醇化仓库，6月新征地块片烟仓库及生产物流指挥中心建设项目得到国家局批复，11月完成4085平方米的动力中心封顶，气流烟丝线生产的技术改造方案也已获得公司主管部门通过。同时加大技术改造力度，实施条烟输送带、空压机、梗条处理段等技改项目，为提升烟厂工艺设备水平奠定良好的基础，企业综合实力得到进一步增强，竞争实力得到进一步提升。将VIS视觉识别系统建设、TnPM可视化和6S现场管理工作融合起来，制作、安装和完善车间、部门及厂内公共区域的可视化标识、安全标识、企业文化宣传标语，11月完成厂区路灯照明改造项目，使厂容厂貌有显著改观，提升企业的整体形象。

基础管理　2011年，围绕国家局“卷烟上水平”的行业基本方针和双喜“551”品牌发展战略目标，按照公司的统一部署，将突破高端作为企业工作的重中之重，立足自身实际，抓管理、强机制、保质量、提效能，以体系建设为抓手，以创优工作为契机，进一步夯实企业基础，进一步提高执行力，不断更新意识，不断革新技术，不断创新管理，产量再创历史新高，首次突破40万箱，为双喜300万箱下线献上一份厚礼，企业总体发展呈现良好态势。

节能降耗　根据公司创优工作现场交流会精神，烟厂工作重心下沉到生产现场，开展攻关活动，通过对标，全厂共汇总、梳理出指标类项目23项，管理类项目12项，并纳入创优活动项目。各专业小组、各部门分解创优项目，取得显著成效。2011年工厂烟叶消耗为7.2千克/万支，同比降低0.02千克/万支，累计节约烟叶172吨；盘纸单耗为624米/万支，达到公司最好水平。在创建优秀卷烟工厂的19项评价指标中，前三季度烟厂有10项指标自评得分为最高分值，6项指标接近最优水平。

质量管理　自2010年开始实施质量防差错活动以来，2011年质量防差错管理加大管控力度，结合精益质量管理理念，进一步加强生产过程质量管理，成立质量防差错管理小组和质量改进小组，建立质量防差错管理数据库和防差错装置监控管理数据库，推进质量防差错管理体系建设。识别提炼出易出现质量事故、质量问题的重点工序和关键环节由2010年的21个增至25个，过程质量控制能力明显提高，全年产品质量抽检合格率达到100%。同时将质量防差错管理理念由车间向各个部门推广，并引入咨询公司等外部力量，使防差错工作朝体系化、制度化建设方向发展，质量管理工作向精益化稳步迈进。

安全管理　烟厂作为公司开展安全文化建设工作的试点单位，牢固树立安全意识，通过安全文化建设知识培训、发放《企业安全文化建设读本》、开展“安全承诺我承担”和“安全行为规范我认可”活动等推进安全文化建设。尤其在安全生产标准化建设方面，2011年8月组建8个对标工作组，按照安全标准化文件152个要素逐项对标，至年底，已率先完成第一阶段的对标工作，获得公司高度肯定，并决定将烟厂对标工作的方式方法在全公司推广应用。

清洁生产　2010年，烟厂清洁生产工作经国家局检查验收并获得好评，2011年按照行业新标准，厂部加大对污染治理的投入，加大管理力度，实施对车间设备噪声、烟气异味进行降噪、除味治理工程。并在固废物特别是危险固废物处理方面，执行招投标制度，确定有资质的回收处理单位，执行国家有关危险废物转移联单制度，实行全过程监督，确保清洁生产工作落到实处。依据新的《卷烟企业清洁生产评价准则》评价，2011年，自评总得分为435分（总分450

分），连续第四年达到国家“AAAA级”企业。

信息化建设　加速推进信息化建设，做好MES项目实施前的准备、数据库服务器升级更换及MIS系统的迁移、信息安全技术体系二期项目的实施工作。

人力资源管理　6月，以公开选拔、竞聘上岗的方式，将内部有效监督与外部科学测评有机结合，公开竞聘出5名中层干部，推进干部队伍建设。开拓培训渠道，依托行业及公司的培训资源和平台，利用社会培训机构和设备生产厂家的资源优势，提升员工培训实效。2011年实际完成培训项目71项，培训人次为1311人次。并以竞赛为手段，组织车间员工74人参加技能竞赛，调动员工学习积极性，不断提高技能水平。

思想政治　4月15日，选举产生新一届党委会、纪委会领导班子。以“创先争优”活动为契机，开展13次理论学习，并举行“讲责任、讲奉献、讲纪律”、“争先创优”和“质量提升与攻关”等主题教育活动。通过实施“一岗双责”、开展廉政教育活动、健全和完善班子成员廉政档案等措施，落实党风廉政建设责任。开展形势教育、忧患意识教育和职业道德教育，为员工解疑释惑，加强员工思想状态调查分析，杜绝影响企业形象和社会稳定事件的发生，维护企业的和谐稳定。

文化活动　组织开展“文化故事大讲堂”、“创文在行动，我该做什么”征文比赛、“雷锋日辨别真假烟、专卖知识宣传”便民活动、“纪念建党90周年”征文活动、“总结表彰暨迎新年”座谈会、“唱出心中的喜悦”卡拉OK大赛、“庆端午、迎创文”员工文明礼仪知识竞赛、员工综合运动会等活动，展示员工乐观向上、勇于进取的精神风貌。

公益事业　扶贫济困方面，推进扶贫工作，落实扶贫资金，做好南雄市南亩镇岭下村对点扶贫工作，厂领导和职能部门人员多次到对点扶贫村进行调研，并送去扶贫物资，以实际行动推动扶贫工作。开展“党员互助金捐赠”、“捐赠1个月特殊党费”和“人人奉献爱心，共建幸福家园”等活动，共捐献善款6.4万元。参加无偿献血活动，共有91名员工献血1.89万毫升,展全厂员工关爱社会、热心助人的高尚品德。　（赵坤辉）

附：领导班子成员名单

厂长、党委书记：张卓研

副厂长、党委委员：陈绮婷

何维贵

谢乐机

党委副书记、工会主席、纪委书记：刘泉忠

【中金岭南丹霞冶炼厂】　2011年，丹霞冶炼厂围绕年度生产任务，加强生产管理，开展科技攻关，狠抓企业内部管理，推进人才队伍建设，各项工作都取得长足的进展。

企业生产成绩突出　2011年，丹霞冶炼厂克服工艺技术及设备管理不完善，原料杂质含量高，设备腐蚀严重、故障率高，硫酸根及物料不平衡等因素影响，加强生产组织管理，开展技术攻关活动，科学控制各项工艺技术参数，强化设备维护与保养，合理优化劳动组合，实现10万吨系统达产目标，全年共生产锌锭100486吨，为年计划的100.48%，实现销售收入约16.27亿元；锌电积电流效率、电解锌直流电单耗等技术经济指标较去年有大幅提升。

安全环保成效显著　2011年，丹霞冶炼厂加强安全环保知识教育，开展安全环保大检查和隐患排查治理活动，开展反事故演练，强化安全环保配套设施建设，加大对“三废”（废水、废气、废渣）的监控与管理，实现无安全、环保、职业病事故的目标并通过锌氧压浸出新工艺综合回收镓锗技改工程的环保、安全及职业病防护设施验收，完成了生产经营所需各种证件的办理。

科技进步取得突破　丹霞冶炼厂坚持以科技为先导，将科技进步工作渗透到生产经营的各个环节。硫热滤技改工程自打通全流程以来，通过总结生产经验，优化工艺技术管理，加大设备改造力度，使硫精矿的处理能力达到设计的70%左右；硫酸锌结晶系统已形成10t/d的产能，一定程度上缓解系统中硫酸根的富集；污水综合治理、稀贵金属综合回收技改项目、焙烧制酸系统处理硫化物滤饼及脱汞技改项目也全面启动。

企业管理能力提升　为提升企业的风险管控能力，丹霞冶炼厂加强内控体系建设，健全资金管理、存货管理、预算管理、合同管理、业务外包管理等多项制度，促进了企业的规范化管理。强化成本管理，加大设备自主维修力度，加快砂磨机、自动剥锌机等进口设备的部分备件国产化步伐，调整电解生产组织，审查物资采购计划，并加大经济责任制考核力度，降低了锌锭单位加工成本。强力推进班组建设，出台《2011年丹霞冶炼厂班组建设实施方案》，并将现场管理、设备管理等内容纳入班组考评机制，营造了整洁、文明的生产环境。加强人力资源管理，开展生产岗位员工操作技能、“操检合一”等培训100余项，提高了员工的岗位技能和设备维护水平；以技能人才培养与评价为中心，加强技能人才队伍建设，先后完成41个职业工种共666名技能人才的考核与鉴定，初步建立了与工人培训、考核、使用及工资分配相配套的技能等级考核制度，为技能人才的成长营造良好环境。（焦小刚）

附：领导班子组成名单

厂　长：徐　毅

党委书记：梁　铭

副厂长：周步欢　刘野平

　　　　狄国勋　关永华

纪委书记、工会主席：李良生

重点民营企业

【概况】 2011年，全市民营经济增加值累计完成384.67亿元，同比增长13.3%，民营经济增加值占全市GDP（813.95亿元）比重为47.3%。其中：第一产业完成109.05亿元，同比增长5.9%，第二产业完成126.91亿元，同比增长22.4%，第三产业完成148.71亿元，同比增长11.8%，民营经济第一二三产业结构调整为28.3:33.0:38.7。

全市民营批发零售贸易业零售额完成259亿元，同比增长16.8%，占全市消费品零售总额383.98亿元的67.45%。全市民营工业增加值累计完成105.29万元，同比增长22.2%。全市规模以上民营工业增加值累计完成57.54亿元，同比增长37.8%。

全市民营经济固定资产投资202.35亿元，同比增长52.1%，比全社会固定资产投资完成额增长速度（16.3%）快35.8个百分点，占全社会固定资产投资完成额472.2亿元的42.9%。

【乳源东阳光实业有限公司】 乳源东阳光是以铝加工、生物制药、文化旅游三大产业为主导，涵盖磁性材料和氯碱化工等多个产业，集科研、生产、销售为一体的大型高科技企业群，已建成全国最大的铝箔生产基地。公司以铝加工为主业的“东阳光铝”系A股上市公司（股票代码600673），为韶关市唯一的上市公司。公司现有资产80多亿元，员工近6000余人。2011年实现销售收入60亿多元，实现利税6亿多元。

公司经国家科技部认定为国家重点火炬计划高新技术企业，是国家发改委授予的全国100家产业化示范基地之一；连续三届蝉联广东省百强民营企业、广东省知识产权先进企业、广东省文明单位；曾获“全国团结少数民族进步奖”；HEC化成箔等4个产品为广东省名牌产品、HPC等4个注册商标系广东省著名商标；2007年，HFF铝板带获中国名牌产品，在韶关市率先获此殊荣；2008年，经国家人力资源和社会保障部批准设立“博士后科研工作站”，成为韶关首个博士后科研工作站；2009年，HEC化成箔被认定为中国驰名商标，实现韶关中国驰名商标零的突破。

2011年，乳源东阳光各产业发展态势良好，化成箔厂扩建工程进展顺利，新增8条生产线顺利投产，产品品质进一步提升；光箔厂产量达到10万吨，创历史最高水平；电化厂8万吨双氧水项目建成投产，延伸氯碱产业链，新型环保制冷剂项目成功奠基，并获得国家环保部批文，为正式建设奠定坚实的基础；制药厂合成车间建成试产，初步实现公司升级为研发型企业的变身。

2012年公司将进一步加快乳源基地的建设，加快新型制冷剂项目的建设；推进光箔厂与日本东洋铝箔的合作；适时继续扩建腐蚀箔生产线；将机械厂搬迁至太阳能工业园，并进行产业升级；着手物流园区的建设；推进制药厂软硬件的建设，尽快通过欧洲GMP和美国FDA认证，完成东阳光生物面膜和人工晶体项目建设。

【韶关液压件厂有限公司】 该厂始建于1965年，2003年改制为有限责任公司。公司的主营业务为液压油缸的制造和销售，主要产品为冶金设备、工程机械、港口水利机械、航空航天和国防等各类型液压缸，包括力士乐系列液压缸，工程系列液压缸，AGC、AWC等高端伺服液压缸，接近开关反馈液压缸，齿条摆动液压缸，美标和日标系列液压缸，旋转接头，国标和各种非标液压缸，液压系统（站）等成套装置。

公司是国内最早生产液压缸的大型骨干企业、韶关液压油缸特色产业基地的龙头企业，“冶金液压缸定点专业制造厂家”、“中国钢铁工业协会冶金设备配件服务中心成员单位”、广东省装备制造业100重点培育企业、国家高新技术企业。公司生产装备和技术工艺在中国液压缸行业一直处于领先地位，在规模、市场、质量、技术、成本、效益等方面都走在全国同行的前列，产品质量达到国际先进水平。2008年被认定为国家高新技术企业，2011年又经复评认定为高新技术企业。同时企业技术中心被评定为省级企业技术中心，公司是韶关液压缸特色产业基地龙头企业之一，带动韶关液压缸生产及配套企业近30多家，在韶关逐步形成液压油缸加工产业集群雏形。

自2003年转制以来，企业快速发展，销售产值（含税），自改制前不足2千万元，至2011年达到2.18亿元。公司作为国内冶金（非标）液压缸知名企业，近年来以科技创新，技术、工艺、产品创新为引导，推动创新产品顶替进口产品，加快企业产品升级及产业转型的步伐。完成大直径长行程液压缸，自动增益伺服液压缸，冶金结晶器振动缸，带传感器重型液压缸，旋转涨缩缸等新产品的研制，申报并获得国家专利20多项，连续三年均上报获批准一种新的高新技术产品。开发国内先进的“伺服液压缸动态检测（试验）平台”，制定出伺服液压缸技术标准和试验方法标准。当前，公司组织实施建造高端液压油缸制造基地技术改造项目，该项目被国家发改委列入2009年新增中央投资重点为产业振兴技术改造项目，项目同时入选广东省现代化产业500强项目之一，项目总投资1.9亿元，打造国内（国际）一流的液压缸生产企业，项目一期土建工程基本完成，建成厂房及配套设施近4万平方米，完成固定资产投资1.3亿元，已进入机电设备安装阶段，正实施大型重点设备搬迁。

公司现有员工269人，其中技术人员90人；2011年总资产2.56亿元，净资产5596万元；2011年总产值1.98亿元，销售收入1.59亿元，利润4023万元，税收1519万元。

【兴亚洗涤用品有限公司】 兴亚洗涤用品有限责任公司建于1988年，拥有安阳和韶关两个生产基地，下属四个公司，是国内专业生产日用化工表面活性剂的知名企业之一，生产能力可达到年产5万吨。公司机构健全，具有完善的生产、技术、管理及销售体系，采用先进的技术、设备进行规模化生产，不断开发新产品，增加技术储备，以满足顾客日益增长或变化的需求。产品有三大系列，销往全国20多省市，并出口到加拿大和非洲一些国家。安阳公司2002年1月，通过ISO 9001国际质量管理体系认证。韶关公司2004年7月，通过ISO 9001国际质量管理体系认证。

多年来，在董事长史海全先生的带领下，兴亚公司本着“以科技求发展，以质量求生存，以管理求效益“的治厂方针，建立优秀的企业文化，采用先进的管理模式和竞争机制，以人为本，以诚立事，发挥员工的积极性和创造性，在市场经济的大潮中稳步前进，树立良好的社会形象和社会信誉，取得可观的社会效益和经济效益。连续多年被市政府评为“重合同守信用单位”。韶关公司荣获“广东省民营科技企业”和“韶关市外来投资重点企业”。被广东省政府授予“广东省高新技术企业”。

2011年，兴亚洗涤用品有限责任公司实现工业总产值2.3亿元。

【韶关市正星车轮有限公司】 该公司始建于2000年，项目投资6.3亿元，是一家专业生产汽车车轮、挂车及挂车配件、精密铸造及精加工的民营科技企业。下设富迪精密铸造、金鑫物流、阿联酋迪拜分公司、广州黄埔分公司、正星国际商务酒店等机构，经营涉及先进机械制造、物流运输、国际贸易、酒店餐饮等领域。

正星公司总部地处资源丰富、交通便捷、具有南连北接区域优势的粤北名城——韶关市。厂区占地面积12万平方米，公司员工850人，拥有高工职称工程师6人，中初级职称技术人员80人。配置有1250吨液压机，自动埋弧焊机、强力旋压机等先进的加工生产设备，以及先进的检测设备仪器和全套流畅的钢车轮生产线；研发型钢、无内胎车轮等涉及多种车型100多个品种的钢车轮，积累钢车轮产品制造关键设备开发设计、试验、制造等方面丰富的经验，拥有11项发明专利，具有强大的研发实力。已发展成为广汽日野、挂车厂等多家汽车生产厂家配套的战略合作伙伴。产品销售辐射全国出口至欧美、东南亚等30多个国家和地区，形成维修、配套、外贸三大市场协调发展的营销网络体系。

正星车轮公司在2001~2006年连续五年获评为“免检重合同守信用企业”；2003年中国质量万里行获选为“质量服务双满意单位”等荣誉；2006年通过ISO 9001:2000国际质量体系认证；2006年获得广东省民营科技企业资格；2007年开始导入国际汽车行业TS 16949标准认证体系。广东省著名商标为正星公司注册自主品牌。

正星公司秉承实干精神，着眼未来，提升本土民营科技企业在世界舞台上的综合竞争实力，向合作伙伴提供基于标准的、以客户为中心的解决方案，以领先的产品和周到优质的质量跟踪服务，与合作伙伴共赢，共同致力于中国先进制造业的发展。

2011年产值为2.15亿元，销售19966万元，税后利润为68万元，资产为2.2亿元。

【韶关娃哈哈饮料有限公司】 韶关娃哈哈饮料有限公司位于韶关市曲江区曲江工业城轻工二区，占地面积6.5万平方米，建筑面积约2万平方米。公司划分为生产区和生活区。公司采用当代最先进的自动生产设备（一级反渗透水处理、美国沃克莎均质机、阿特拉斯空压机、加拿大贴标机、德鑫套标机、达意隆旋盖机、中亚灌装机）和高于国家标准的工艺配方。厂区有成片绿化带，为曲江工业城“花园式单位”，各项设施反映“健康你我他，欢乐千万家”的企业宗旨。生活区为四合院式建筑，内有员工宿舍（含夫妻房）、员工食堂、篮球场、乒乓球场、娱乐室、小卖部、幼儿园、理发室、医疗室等一应俱全的配套服务设施，丰富和方便员工生活，使公司内形成团结、互助、友爱、温馨的氛围。让员工意识到公司是“凝聚小家，发展大家，报效国家”的现代化企业。

公司现有员工900多人，70%为当地人，“能力决定岗位，贡献决定分配”是公司分配定律，设置不同的岗位，选拔不同的人才，给予不同的待遇、培养和肯定，让公司每一个成员都拥有特长，都表现特长，在这样“上下敬重，同事互信；本外相容，新老相亲”的氛围下，“员工为公司创效益，公司为员工谋发展”是公司员工的自觉行为。

公司生产的主要产品有：AD钙奶系列、铁锌钙奶系列、果奶系列、乐酸乳系列、乳酸菌、乳娃娃等共六大系列，20多个品种。产品主要供应广东省、广西壮族自治区、海南省、湖南省、江西省和福建省部分地区。

韶关娃哈哈饮料有限公司是最早在曲江工业城投资而且最快取得经济效益和社会效益的企业，被当地政府作为招商引资的对外宣传窗口，得到省、市、区党委和政府的重视和关心，得到地方上相关部门的支持，使公司各项工作得到顺利、高效进行，多次接受各级领导的考察和指导，并连续多年获得“韶关市模范纳税户”、“曲江民营企业纳税大户”、“曲江县劳动竞赛及技术创新工作先进集体”等荣誉称号。公司总经理陈达豪，多次荣获韶关市“关爱职工、贡献突出”优秀经营者，曲江县劳动模范，关爱职工“心连心”帮扶活动先进个人等，并当选曲江县政协常委、韶关市政协委员。

2011年实现工业总产值7.64亿元。

【始兴县标准微型马达有限公司】 建溢集团旗下公司标准马达有限公司是专业生产各种微型直流马达，产品主要应用于汽车、家电、玩具、文仪等行业。

公司于1997年4月正式投产，经过十多年的发展壮大，已形成占地7万多平方米，拥有3000多名员工，年产值3亿港币以上的大型现代企业。随着广大客户对标准马达产品质量的认同，对标准公司诚信务实经营方针的信赖，标准马达已进入欧洲、美洲、亚洲市场。已与佳能、飞利浦、孩之宝、美泰、博士、富士电机等跨国企业建立长期友好的客户合作关系。

2011年完成销售额1.97亿元，税收实现221万元，净利润18万元，资产投资总量1.83亿元，净资产1.28亿元。

【广东金友集团有限公司】 广东金友集团有限公司一直致力于现代农业综合开发，是粤北地区规模最大、产业链条最完整的现代化粮油生产企业。公司现有员工173人，其中本科及本科以上学历21人，大专学历22人，各类工程师、技术员36人。通过“公司+基地（合作社）+农户+市场”的经营模式，取得良好的经济效益和社会效益。

公司与华南农业大学、仲恺农业工程学院、南昌大学、韶关学院等高校科研院所建立长期的合作关系，在水稻种植与管理、品种选育及加工技术创新取得强大的科研技术力量支持。2009年省科技厅通过“科技特派员模式”选派仲恺农业工程学院的博士直接与企业对接，加强高校与企业的产学研合作，取长补短，建立产学研共赢模式。目前，公司已成立一支15人（其中博士5人、教授4人）组成的强有力专家队伍作为技术支撑，专门从事研究开发有机农业，包括开展有机稻新品种引进、试验，有机稻病虫害综合防治技术及生产规程等。

2003年、2006年公司产品“金友牌”顶级香米两次被广东省粮食行业协会授予“放心米”称号。2007年，“金友牌”优质米被评为“广东省名牌产品”。2008年，公司被评为“广东省重点农业龙头企业”，同年“金友牌”有机米通过香港有机认证中心的认证。2010年，公司被评为“广东省林业龙头企业”，同年“金友”商标被评为“广东省著名商标”。2011年，“金友牌”粤香王（米）、贡米通过中国绿色食品发展中心绿色食品认证。

截至2011年年底，公司资产总额2.37亿元（其中固定资产1.33亿元、流动资产1.04亿元），净资产1.27亿元，负债总额1.12亿元，销售（营业）收入2.09亿元，净利润664万元，税金69万元。

公司目前在韶关南雄、江西、黑龙江等地建立333.33公顷有机稻基地，1333.33公顷绿色水稻基地，3333.33公顷优质稻基地，666.69公顷茶子树基地。在此基础上，计划用三年时间将有机稻基地扩大到666.69公顷，绿色水稻基地扩大到3333.33公顷亩，优质稻基地扩大到1.33万公顷，油茶基地扩大到2000公顷。2011年，公司引导7800户农户进行优质水稻产业化种植，户均增收2200元。

公司正通过加大对农产品加工方面的投入，提高农产品综合加工率，特别是增加精深加工产品品种，提升产品附加值，延长产业链条，增强市场竞争力。在建的金友粮食物流配送中心总投资2.28亿元，其中位于始兴县城的金友粮食加工仓储基地（总投资1.49亿元）一期工程，位于南雄珠玑的金友现代农业农产品加工型园区（总投资7930万元）均于2012年下半年竣工，届时大米年加工能力将达10万吨，粮食常年保有量达8万吨。

公司将通过构建大米种植加工立体化生产体系，转变增长方式，逐步实现水稻种植区域化、大米生产标准化、企业经营产业化和社会服务专业化，将金友打造成国内一流的集稻米种植、加工、仓储、物流于一体的现代企业。

【韶关中环广场益华百货】 韶关市中环广场益华百货开业于2008年9月，经营面积近5万平方米，是中山益华广场CITYMALL经营模式在粤北地区创新发展的宏篇大作，是韶关市首家综合性购物中心之一，是韶关市重点商贸项目和重点招商引资项目。该项目集中高档百货、精品超市、时尚家电、大型酒楼、美食娱乐以及中西餐厅、数码影院于一体，是现代流通方式——城市购物中心的集中体现。

该项目具有良好的经营效益和持续发展潜力，2011年吸引近200万人流，购物中心内90%的品牌来自于港澳和珠三角地区，目前均处于良好的经营状态。2011年营业收入1.53亿元，上缴税费528万元。

该项目具有良好的社会效益，对本地扩大内需、促进消费起积极的作用，通过整合零售、餐饮、娱乐品牌商家资源，推动企业的发展和品牌的提升；通过招收当地1000多名员工，为当地政府解决就业问题作出自己的贡献；通过举办各类广场活动，丰富韶关市民的精神生活。

【韶瑞重工有限公司】 韶瑞重工有限公司是一家坐落于韶关武江科技工业园内、占地11万平方米的民营科技企业。始建于1992年，其前身是坐落于浈江区十里亭的韶瑞机械制造有限公司，于2002年10月在武江科技工业园落户并于2004年底建成正式投产。主营业务是矿山机械产品的研发、生产及销售。现有主导产品是各式破碎机、球磨机、分级机、振动筛、给料机、皮带输送机等六大系列130多个品种规格。产品主要通过分布全国各地及越南、美国的12个直属销售公司和11个代理商销往珠三角、华南、西南、中原地区，部分销往东南亚、非洲、欧美地区。产品主要应用于采石场、金属矿山对矿石、建筑石料的破碎、研磨、筛分、洗选、输送。

韶瑞重工有限公司是韶关市矿山破磨机械研发的依托企业，公司内设立韶关市矿山破磨机械工程技术研究开发中心。

公司现有生产装备能力雄厚，拥有T160数控膛洗床、直径2米×10米的重型卧式车床、5米立式车床等大小金属切削设备50余台；拥有焊接、卷板、剪板、折弯、缘翼校直机、等离子切割等铆焊制作设备50余台；拥有10吨~50吨各式起重设备40余台。固定资产总额逾亿元。

2011年完成总产值2.2亿元，主营业务销售收入2.0亿元，利润总额3000万元，税金1500余万元。现有员工330人。

【沃尔玛深国投百货有限公司韶关新华南路分店】 沃尔玛深国投百货有限公司韶关新华南路分店是沃尔玛深国投百货有限公司在韶关的分支机构，于2008年9月正式在韶关开门纳客。商场位于韶关市武江区新华南路16号世纪购物广场2~3层，营业面积达18000平方米，主营生鲜食品、服装、家电等，经营商品品种数量近2万种。沃尔玛坚持以其先进的经营管理理念，通过“天天平价”服务宗旨为顾客提供物美价廉的商品；同时通过员工的“盛情服务”致力为顾客提供独特的“一站式购物”体验。

进入韶关三年多来，零售业务持续增长，2011年韶关沃尔玛营业收达1.16亿元,纳税额417.9万元,成为武江区商贸零售业的一支生力军。公司先后获得武江区“食品流通示范店”、韶关市纳税大户等荣誉称号。

【广东省翁源县茂源糖业有限公司】 位于翁源县官渡镇六里，是粤北地区最大的农产品加工、综合利用相结合的制糖企业，县优秀民营企业、市重点农业龙头企业、省扶贫龙头企业、省民营科技企业、省级企业技术中心、省级民营企业创新产业化示范基地，省现代产业500强（现代农业100强）项目企业。有员工356人，各类专业技术人员118人，注册资本1120万元。2011年实现产值1.01亿元、利润393.3万元，上缴税收490.5万元。有日榨甘蔗3000吨制糖生产线1条，年产1万吨食用酒精生产线1条，年产5万吨复合肥生产线。主要产品有李花牌白砂糖、赤砂糖、普通级食用酒精，甘蔗专用复合肥、生物有机肥等，产品质量全部达到国家标准。白砂糖和食用酒精连续十年被国家糖业质量监督检验中心评为优良奖和优秀奖，李花牌白砂糖被认定为绿色食品、广东省名牌产品，李花牌商标评为广东省著名商标。2002年以来连续评为韶关市农业龙头企业先进单位。

公司以农民增收、镇村增财、国家增税、企业增效，构筑和谐社会，建设社会主义新农村，走共同富裕道路为理念。以制糖为龙头，以“公司+科研+基地+农户”糖蔗产业化为基础，以科技创新为动力，把企业做强做大做优。一是科技兴蔗：公司与广州甘蔗糖业研究所建立全方位的合作。在现代糖蔗产业、制糖生产和信息化管理、科学种蔗、良种培育、甘蔗绿色植保集成技术等方面进行开发，建立起初具规模的现代糖蔗科技生态园基地。二是糖蔗产业化：实施“公司+科研+基地+农户”产业化发展模式，建设现代糖蔗产业化生产基地，带动广大农民种蔗致富。三是科技创新：与华农、华工、韶大、省农科院、广州甘科所、广州能源研究所等高校和科研院所建立长期合作关系，在制糖、糖蔗、良种繁育、生物能源和生物制药等方面进行开发研究，并取得显著成果。

【韶关港华燃气有限公司】 2011年，韶关港华燃气有限公司投入5300万元进行市区管道燃气建设，完成旧管网改造8千米，新敷设地下管网20千米；配合市政道路改造和小区配套建设，抓紧工程建设，完成市区曲江桥底燃气管道改造、国道323线次高压和中压燃气管线安装、新建北路与宝盖路燃气管网的连接等大型工程，加快韶关城区燃气管道联网的步伐，提高安全稳定供气系数。全年合计发展各类用户8289户，实现产值1.1亿元，上交税费达680多万元。至2011年底，燃气管网覆盖城区面积达220多平方千米，管网总长度近310千米。

随着用户的发展，管道燃气气化率不断提升，2011年销气量达1700万立方米，通过使用洁净能源减少二氧化碳排放60956吨，减少二氧化硫排放653吨，减少废渣排放6259吨，同比上年有较大增幅增长，推进全市节能减排事业发展。

继续加强燃气安全管理。组织专业技术人员入户安全检查达4.3万次，消除安全隐患3243个；推进市区铸铁管改造工程，完善安全风险应急预案，严格控制第三方损坏；连续多年荣获“年度安全生产工作先进单位”称号，总经理丰克强荣获2011年“广东省企业安全生产工作先进个人”称号。全年实现平稳、安全供气。

推进西气东输二线对接工程全面启动。公司将投入1.2亿元进行西气东输二线对接工程，已完成项目立项、设计、场地平整、设备采购等工作。

重点港澳台资、外资企业

【韶关旭日国际有限公司】 韶关旭日国际有限公司是由香港旭日国际集团投资20亿元兴办的一家大型企业，是韶关规模最大的玩具制造企业。成立于2004年，位于韶关市西郊六公里，占地面积约260公顷。分三期工程建设，预计年总产值超20亿元，计划总用工量达5万~8万人。第一期工程于2007年2月建成投产、第二期工程也已建成试产。公司生产规模不断扩大，公司现有员工2万多人。主要生产电子、塑料、合金、毛绒玩具产品，是一个集设计、开发和生产于一体的综合型玩具工业城，产品全部出口远销欧美各地。该公司坚持以人为本的管理方式，除提供良好工作环境外，还设有医务室、图书阅览室、棋乐室、篮球场、羽毛球场、乒乓球场、网吧、台球室、卡拉OK室等生活娱乐配套设施，并不定期组织放映电影，举办球赛等各类文娱活动。

2011该公司营业收入6.75亿元，纳税1200万元。

【至卓飞高线路板（曲江）有限公司】 至卓飞高线路板（曲江）有限公司是亚太地区最大的线路板制造商——至卓飞高线路板（香港）有限公司投资兴建的大型高新技术企业，位于曲江工业城，专业生产印制线路板PCB，注册资本6200万美元。公司占地面积13.33公顷，厂房占地面积达13万平方米，总体规划5000人，有员工3200多人。公司是一家以高技术生产PCB的印制线路板厂商，主要生产2至8层线路板，将着力于生产双面及4至8层线路板，月产能将达到45.72万平方米，是韶关市电子信息产业的龙头企业。产品大部分销往欧美、日本、新加坡、马来西亚、泰国等国家和中国香港地区，国内销售份额约占30%。

2011年度营业总额5.72亿元，纳税总额972万元。

【乳源东阳光精箔有限公司】 乳源东阳光精箔有限公司是广东东阳光铝业股份有限公司控股、日本古河斯凯株式会社和三井物产(香港)有限公司参股的中外合资企业。公司成立于2002年6月，是华南地区规模较大、技术领先的铝板带箔生产企业，2009年被认定为广东省高新技术企业。公司拥有先进的热轧开坯和铸轧开坯两种方式完整的铝板带箔加工生产线，年产能达15万吨。公司主要产品包括铝电解电容器用铝箔、汽车热交换器用复合板带箔材、家用空调铝箔、印刷PS板基、3XXX和5XXX板带材等。其中铝电解电容器用铝箔和家用空调铝箔市场占有率位居国内前三甲，HFF牌铝板带于2007年荣获中国名牌产品称号，特薄空调铝箔入选国家重点新产品，低压阳极箔及5052铝板带材于2008年通过有色金属产品实物质量（金杯奖）认定。汽车复合材料自2010年合资投产后，产品批量稳定地向市场供应，供不应求，并与国内最大的汽车水箱制造厂、整车配套的知名汽车空调生产企业、国内中冷器和油冷器龙头生产企业、日系汽车配套的日本电装公司等均建立良好的战略合作关系。

2011年，公司生产各种铝板带箔材10万吨，实现产值24亿余元，缴纳各种税费7500多万元。

【建滔积层板（韶关）有限公司】 建滔积层板（韶关）有限公司是香港建滔化工集团(HK0148)下属独资企业，成立于2002年，位于始兴县。总投资为5.5亿元，主要生产电子行业所需的基础材料——纸基覆铜面板及电木板。公司拥有4条覆铜面板生产线，主要设备全部从日本、美国引进，自动化程度高。年产量可达1300万张（1.2平方/张），产值可达8亿元，有员工300多人，是现今全球最大的覆铜面板生产基地之一。公司拥有国际先进的技术和设备，加之丰富的管理经验，质量稳定、客户信赖，产品内销各知名电路板厂，外销东南亚、美国、加拿大、英国、法国、西班牙等世界各地，终端客户包括索尼、三星、高信、荣信、三洋、京写、康佳、飞利浦、长虹、夏普、LG、TCL、HP等。

2011年该公司营业收入6.23亿元，纳税1487万元。

【韶关康瑞科技有限公司】 韶关康瑞科技有限公司于2005年4月注册成立，是香港建溢集团(香港上市公司)在内地的独资子公司，位于沐溪工业园，占地面积10万平方米，总投资约3亿元港币，有员工近5000人。公司专门研发、生产制造及经营数字影音电子产品、家用电器、电子玩具等，产品主要销往美国、英国、加拿大等欧美国家。自创立以来，公司秉承科技发展的战略，不断引进专业研发技术和专业人才，建立专门的产品研发中心，不断进行工艺研发、产品改造与更新换代，提高产品技术水平。公司先后被评为“韶关市诚信纳税单位”和“韶关市出口先进企业”等荣誉称号。

2011年该公司营业收入3.2亿元，纳税150万元。

【韶关科艺创意工业有限公司】 韶关科艺创意工业有限公司为香港星光集团属下企业，致力于发展成以纸品包装、精品彩盒、儿童书籍、玩具套装为核心业务的跨国公司。公司于2006年5月正式试产，有员工2500多人，占地面积近13.33公顷，第一、二期厂房、员工楼、食堂、人工湖都已经投入使用，并有配套娱乐中心、培训中心和小超市等。厂区绿草茵茵、果树成林、鸟语花香，环境优美，2008年更被评为园林厂区，现正兴建占地面积达11440平方米的大型物流中心。员工人数由最初的300人发展至现在的2500人。2007年至今，每年均获得市开发区颁发的外贸先进企业、优秀纳税企业、先进出口创汇企业和先进生产企业等多项嘉奖。

2011年，公司全年销售收入为1.33亿元，实现利润205.9万元，缴纳各项税费317万元，出口创汇2061.5万美元。

【韶关市韶宏实业有限公司】 韶关市韶宏实业有限公司是具有一定规模和实力的皮具制品专业生产出口企业，集时尚PVC、真皮手袋，真皮钱包为主的专业制造企业，产品全部出口，主要销往美、欧等市场。公司位于韶关市沐溪工业园，注册资本1230万美元，占地7.67万平方米，拥有固定资产9800多万元。公司自成立以来，秉承“以人为本，信誉至上，客户第一”的经营理念，凭借先进的国际营销网络和完善的产品质量保证体系，赢得欧洲、美洲等国家和地区采购商的认同与信赖，与欧美各大品牌TOSCA、VALENTINO、ESPRIT、ROCCOBAROCCO、DEREON、MISS SIXTY、DISNEY、GABOR等都有良好合作关系。

2011年该公司营业收入5100万元，纳税总额近80万元。

【韶关丸仁电子有限公司】 韶关丸仁电子有限公司是由日本丸仁株式会社在韶关投资的一家独资企业。公司成立于1999年10月，投资总额为1.3亿元，注册资本358万美元，于2001年10月正式投产。公司现有厂房面积1.43万平方米，职工宿舍面积8000平方米，可容纳职工2500人，现拥有员工近1200人。公司于2003年和2007年先后通过SGS认证的质量管理体系和环境管理体系，并全面推行“9S”管理模式。公司下设接插件部、细线同轴部和一般接插件部，主要生产索尼、东芝、佳能、理光、NEC、夏普、富士通、柯尼卡美能达等客户的USB线及各种连接线。在韶关良好的投资环境下，公司产值不断递增。

2011年出口总额达2269.45万美元，纳税总额250万元人民币。在2006~2010年被评为韶关市“出口创汇先进企业”、“纳税先进企业”及“外贸出口一等奖”。

【万达工业（始兴）有限公司】 万达工业（始兴）有限公司是香港美昌集团于2001年在韶关市始兴县设立的独资生产企业，注册资本1700万美元，投资总额3500万美元。公司以集团自创品牌Maisto（美驰图），及Bburago（比美高）等系列，按照真车的内外观设计和体积大小，缩小比例生产合金模型车。公司现有职员工5000多人，园区用地面积25万多平方米，绿化面积达30%。拥有现代化花园式厂房10幢，职工宿舍7幢，楼房建筑面积合计13万多平方米。厂区内设有职工食堂，文娱康乐中心、图书馆、网吧、日用品商店、医疗室、消防队和邮政银行提款机。公司管理体系已通过国家C.

Q.C.认证中心的“ISO 9001:2000质量管理体系”证书和“CCC”证书，并取得“国际玩具业协会I.C.T.I.”的社会责任证书。企业生产管理、厂房设备、劳工福利保障，以及产品的安全质量等，均达到国家及世界行业的标准。公司自创品牌Maisto（美驰图）曾获广东省重点培育和发展出口名牌的称誉。

2011年，该公司生产总值为54423万元，出口53897万元，纳税1249万元。

【镇泰（广东）工业有限公司】
镇泰（广东）工业有限公司是香港镇泰集团在韶关独资兴建的大型玩具生产企业，成立于1997年，占地面积6.67公顷，主要生产娃娃服装和塑料、金属、毛绒、电子等玩具，产品100%外销。公司通过ISO9001:2008（质量管理体系）、OHSAS18001:2007（职业健康安全管理体系）、ICTI（国际玩具业协会商业行为守则）、C-TPAT（海关—商贸反恐怖联盟标准）等认证，确保向顾客提供高质量的产品。全体镇泰人秉承“诚信、卓越、合群”的镇泰价值观，奉行“稳中求进、以质取胜、以人为本、回报社会”的经营宗旨。

2011年该公司加工总产值7135万元，成品出口额497万美元，纳税367万元。

【金悦通电子（翁源）有限公司】 金悦通电子（翁源）有限公司是香港金悦通集团投资的一家大型港资企业，位于韶关市翁源县翁城工业园内，注册资本1672万美元，占地面积26.67公顷，有员工750多人。公司主要生产和销售高密度互联线路板（HDI）、盲埋孔线路板及树脂塞孔线路板，产品用于计算机、通讯、电子、汽车和医疗等行业。公司拥有全套先进微机自动化控制的PCB生产、检测研发设备，拥有一批高素质的管理、生产和研发团队，自2008年投产以来，已先后通过TS 16949、ISO 14001及UL等国际认证，并取得多项专利成果和获得国家级高新技术企业证书。公司生活配套设施齐全，设有网吧、医疗室、KTV室以及灯光篮球场、羽毛球场等设施。

2011年该公司营业总额为1.4亿元，纳税总额为553.7万元。

【翁源县万成塑胶制品有限公司】 金悦通电子（翁源）有限公司公司位于韶关市翁源县官渡经济开发试验区翁城鹏辉工业园，工厂总面积约1.5万平方米，总投资1500万港元。主要生产婴幼儿用品、日用塑料制品，产品远销欧美等地。公司现有各种主要设备：雅宝注塑机、国钫注吹机、青木注拉吹机、国珠吹瓶机、全立发IML机、百科硅胶机、丝印机、移印机、吸塑机、包装生产流水线等，实现从塑料配件注塑、成型到包装一条龙生产。公司组织机构完善，设有行政、品质、市场、工程、生产、注塑、图案、包装、货仓等部门，各种专业化管理人才齐全，员工素质高、质量意识强。公司基本管理制度如生产管理、行政管理、财务管理、物料管理等均已实现电脑化。建立完善的质量管理体系，并按ISO 9001:2008标准运行，已通过ISO 9001、ICTI、C-TPAT、QS等体系认证，与Tomy、Disney、Wal-Mart、Evenflo、Philips、Nuby、Melissa、Sundesa、SCJ等众多国际知名客户建立长期的友好合作关系，为公司的持续发展提供有力保障。

2011年营业收入1800万元，缴纳税款76万元。 （廖薇薇）

【韶关市大润发商业有限公司】
韶关市大润发商业有限公司（即大润发平价综合购物广场）由台资企业康成投资（中国）有限公司投资设立，位于韶关市解放路与熏风路交汇处，于2007年9月28日开店，是大润发在华南区第11家店，占地面积1.8万平方米，卖场共二层：首层以生鲜和商店街为主，生鲜经营面积4000平方米，主营新鲜蔬菜、肉类、各种熟食、冷藏食品、中西点心等，商店街经营面积3600平方米以国内知名服饰、皮具等品牌专卖一条街；第二层以百货、杂货为主，经营面积9000平方米，主营日常生活用品，服饰、家电、休闲食品等。总经营品项2.7万个，员工500多人。2011年销售总额3.3亿元，自开业以来纳税总额约4000万元。

市(县、区)概况

浈江区

【概况】 浈江区位于广东省韶关市东北部，武江、北江以东，东、南接曲江区，西临武江区、乐昌市，北连仁化县。浈江历来是韶关的政治中心。从西汉元鼎六年（前111年）在本境莲花山下设曲江县、始兴郡，后设郡置州，一直没有中断。到民国时期，先后有国民党广东省政府、南韶连道、第四行政督察区专员公署、中共粤北省委等驻于本境内。中华人民共和国成立后，又是韶关市人民政府、韶关地区行政（专员）公署以及中共韶关市委员会、韶关市人民代表大会常务委员会、中国人民政治协商会议韶关市委员会的驻地。随着韶关的行政区划调整，于1975年11月设区，1984年6月经广东省人民政府同意升格为县级市辖区。2004年6月，撤销韶关市北江区，将原北江区的行政区域和原曲江县的犁市镇、花坪镇划归浈江区管辖。2009年8月，浈江区再次区域调整，将原来的和平、南门、太平3个办事处合并为风采办事处。2011年，辖新韶、乐园、十里亭、犁市、花坪5个镇和车站、东河、风采3个街道办及曲仁、田螺冲2个办事处，45个村委会、63个社区居委会。总面积572.47平方公里，户籍人口35.69万人，其中农业人口6.83万人。2011年末常住人口39.53万人。

浈江境内以山地、丘陵、盆地地貌为主，地势周高中低。地质构造属华南褶皱带部分，火成岩分布广泛，是韶关的铁路、公路、水路交通枢纽。京广铁路贯穿全境，区内有多个铁路货运站，韶关火车东站和汽车客运总站均在该区，京珠高速公路、国道106线、国道323线、省道246线、省道248线、韶赣公路组成连接省内外便利的公路交通网络。境内沿浈江、北江建有大型集装箱货运码头，水路航运可直达广州、香港、澳门等地。

浈江境内资源十分丰富，森林覆盖率为58.3%，绿化覆盖率为35.19%。水力资源蕴藏量可供开发10万千瓦，其中大中型水库1座，蓄水量1498万立方米。小型水库66座，蓄水量890万立方米。水力发电站16座，装机容量达19.35万千瓦时。矿产资源拥有黑色金属和有色金属矿、煤、铁、锡锑、钨、萤石等，储藏量达5000万吨以上。人文资源得天独厚，有历史文物230处，已开发的旅游景点20个。主要包括国家森林公园、莲花山、帽峰公园、中山公园、文化广场、环碧岛、河滨公园、曲江园、振华亚热带农业示范场、湾头现代农业科技示范园、金沙生态园、黄浪水大自然公园、十里亭花场、韶州府学宫、风采楼、大鉴寺、太傅庙和韶州天主教、基督教以及余靖风采堂等。

浈江区先后获得广东省双拥模范区、广东省农村小康达标区、广东省人口与计划生育先进单位、农村人口享有初级卫生保健达标区、全国农村卫生厕所普及工作先进单位、全省计划生育先进集体、全国爱心献功臣行动先进区等称号。

【2011年经济社会发展状况】 2011年，全区完成地区生产总值138.9亿元，比上年增长7.3%。其中，第一产业增加值4.7亿元，增长5.4%；第二产业增加值28.6亿元，增长4.1%；第三产业增加值105.6亿元，增长8.3%。地方财政一般预算收入2.61亿元，增长23.57%。城镇居民人均可支配收入20419元，增长12.8%。农村居民人均纯收入8756元，增长19.5%。固定资产投资63.32亿元，增长12.9%；社会消费品零售总额137.07亿元，增长17.7%。

【重点项目建设扎实推进】 2011年，浈江区固定资产投资63.32亿元，项目立项27个，总投资37.55亿元。房地产项目投资取得新突破，全年完成投资21.28亿元，占全部重点项目投资的56.7%。其中，碧桂园项目完成投资9亿元，为年度计划的180%，占项目总投资的24%；莱斯豪苑、汇鸿、星河湾、天泓居等房地产项目均超额完成全年投资任务。

【城市型农业稳步发展】 2011年，浈江区农业总产值达到8.01亿元，同比增长5.5%；支农惠农资金投入加大，全年落实资金投入3216万元。其中，道路交通投入640万元，农电网改造投入1300万元，水利设施投入593万元，饮（食）用水投入683万元。产业化不断加快，犁市镇、新韶镇和花坪镇建成千亩农业产业基地，无公害蔬菜基地规范化建设面积达到2万亩，梅花香油粘米等12个农产品获得无公害农产品认证；新增韶关市乳香元乳业有限公司等市级农业龙头企业5家，各种农牧产品产量取得新突破。全年粮食产量2.53万吨，同比增长1%；花生产量0.47万吨，同比增长8.1%；蔬菜产量8.14万吨，同比增长19.5%；出栏肉猪9.6万头，同比增长5.6%；家禽出栏量125.62万只，同比增长5.1%；水产品起水量0.86万吨，同比增长1.46%；水果产量1.03万吨，同比增长15%。

【工业经济势头良好】 2011年，浈江区完成工业总产值90亿元；工业增加值16.74亿元，同比下降6.92%。铸造、机械制造、饲料等行业大幅度增长，全区铸钢件生产达5.01万吨，同比下降4.11%；锻件生产3.63万吨，同比增长26.65%；耐火材料制品产量1.37万吨，同比增长4.15%；液压元件产量1.08万件，同比增长24.34%。

【消费市场保持畅旺】 2011年，浈江区全社会消费品零售总额完成137.07亿元，总量继续领跑韶关市七县（市）三区，辖区内的大润发、苏宁、国美等知名企业不断发展壮大，推动零售消费稳定增长；南郊汽车销售一条街等大宗消费市场，成为全市高价值耐用品消费的龙头，促进浈江区消费结构的优化升级。在促进外向型企业不断开拓海外市场的同时，加大质量招商力度，全年实际引进外资2063万美元，同比下降9.91%。

【社会事业取得新进展】 2011年，浈江区科技进步成果喜人，辖区企业（个人）共向国家知识产权局申请授权专利95项。文化建设卓有成效，9个行政村广播村村通工程完成；《韶关市浈江区志》稿终审通过，《浈江年鉴》（2010·创刊号）和《浈江年鉴》（2011）按时出版；全民健身运动蓬勃开展，竞技体育水平不断提高，体育设施建设不断完善；医药卫生体制改革取得新进展，完成基层医疗机构负责人重新聘任和职工竞聘上岗工作，基层医疗机构绩效工资考核分配实施办法以及“收支两条线”制度得到全面落实；完成市下达的年度人口控制计划，全年人口自然增长率为5.77‰，人口出生率9.66‰，均实现年度控制目标；节能减排取得新突破，万元GDP能耗下降25.88%，低于控制目标5.88个百分点；生态公益林建设加快，森林覆盖率为58.3%，比上年提高0.1个百分点；就业形势保持稳定，全区新增城镇就业岗位3500个，下岗失业人员实现再就业2500人，新增农村劳动力转移培训就业5500人，城镇登记失业率为3.5%。城镇居民人均可支配收入达到20419元，同比增长12.8%。

【和谐社会建设扎实推进】 2011年，浈江区安全生产和社会治安形势平稳，在全市率先推行“大综管”网格化管理模式，得到省委政法委和省综治考评组的高度评价，年初获得“韶关市2009~2010年度社会治安综合治理考核优秀区”称号。全区建筑工矿企业事故、消防事故、道路交通事故明显减少，各类事故起数、死亡人数显著下降，刑事案件立案数呈下降，没有发生重特大刑事案件。

【韶关风度华美达广场酒店开业】 11月1日上午，以国际五星级标准建造的韶关风度华美达广场酒店开业。韶关市领导艾学峰、邓苏夏、林耀明、李石保、李飞、何伟青，市委秘书长陈波和韶关置业董事长陈钜锵等嘉宾出席庆典。该酒店占地面积3万多平方米，楼高22层，拥有320间各式高级豪华客房和7间不同规格的会议厅，还设有各具特色的中西餐厅，中餐厅有豪华包房17间，西餐厅由外籍总厨主持为顾客提供美味佳肴。酒店三楼是1200平方米的多功能宴会厅，在韶关市首屈一指，酒店六楼至八楼是环境优美的康乐休闲中心，六楼平台设有户外游泳室。

【华强电子世界进驻韶关】 12月31日，华强电子世界韶关店开业，韶关市领导郑振涛、许红、陈波、兰茵、孔云龙以及华强集团总裁梁光伟出席开业活动。韶关华强电子世界位于韶关市解放路连接风度步行街商圈地段，总建筑面积2万多平方米，涵盖电子元器件、安防产品、通讯产品、电脑、动漫、数码产品等全系列电子类产品。该项目领衔电子众商户，矢志打造韶关最大的IT连锁卖场，成为韶关地区最具盛名的IT产品集散中心。

（黄哲锋　潘　莉）

2011年浈江区各镇(街道、办事处)基本情况一览表

表29-1

乡镇（街道、办事处）	总面积（平方公里）	耕地面积（公顷）	户籍人口（人）		生产总值（万元）	地方财政收入（万元）	农村人均（元）	下辖村（居）民委员会（个）	主要领导		日常工作联系电话
			总人口	其中农业人口					党委（工委）书记	镇长（主任）	
合计	572.47	6446.7	356906	68329	1389000	26100	8756	108			
新韶镇	96.21	1194	23918	16580		792	8961	13	刘永宏（7月免） 刘伟光（7月任）	邓伟霖（7月免） 吴贤优（7月任）	8867516
乐园镇	29.18	285	54772	4800	162000	450	12584	10	吕德基	彭荣华	8293966
十里亭镇	54.49	475	53847	11200	36050	390	8920	10	谢向军	钟沛珍	6105566
犁市镇	304.93	3897	47745	29762	74800	2000	6553	16	杨　明	邹来胜	6521399
花坪镇	76.24	595.7	8243	5987		507	6487	6	卢群吉	唐孝坤	6551322
东河街道	4.2	4874	37568					6	刘子龙	余　华	8319935
车站街道	4.2		30425					8	曾泉运（8月免） 张翠萍（8月任）		8232280
风采街道	3.02		69262					19	周小明		8882081
曲仁办事处	——		26172					16	林　航	钟　荔	6556384
田螺冲	——		4954			194.13		4	曾大海	郭永绍	8925913

附：领导班子成员名单

中共韶关浈江区委员会

书　记：刘卫东（2000.2~2012.2）

副书记：张德清　彭裕殿

常　委：何永兰（女）（~2011.9）

谢阜生（~2011.8）

蓝振云

何益文

张广晖

李志雄（~2011.6）

梁　敏

邓彩虹（女）

胡克标（2011.6~）

黄德乔（女）（2011.9~）

叶东升（2011.9~）

韶关市浈江区人大常委会

主　任：刘卫东

副主任：陈植流（~2011.11）

刘　文

彭初平（~2011.11）

黄远辉

王剑兰（女）

杨岳鹏（~2011.11）

何永兰（女）（2011.11~）

马瑞华（2011.11~）

朱明远（2011.11~）

党组副书记：陈炳伦（~2011.11）

韶关市浈江区人民政府

区　长：张德清

副区长：邓彩虹（女）

麦桥悠（~2011.11）

刘　锋

黄德乔（女）（~2011.11）

庄　强

黄祖平

黄荣晓

游加慧（2011.11~）

周小明（2011.11~）

党组副书记：麦锦祥

政协韶关市浈江区委员会

主　席：何友权

副主席：杨松生

李皖豫（~2011.11）

张玉珍（女）（~2011.11）

周耀成

朱必凤
林　瑜
麦桥悠（2011.11~）
卢界群（2011.11~）

武江区

【概况】 韶关市武江区位于韶关市西北部，俗称西河。1976 年设韶关市郊区和武江区。1984 年 9 月 28 日，撤销韶关市郊区和武江区，设新武江区为市辖县级行政区。2004 年 8 月，韶关市部分行政区域调整，原曲江县的龙归、重阳、江湾 3 个镇划入武江区管辖。全区辖 5 个镇 2 个街道办事处。行政区域面积 682 平方公里。2011 年末户籍人口 26.19 万人，常住人口 29.84 万人，其中，城镇常住人口 24.12 万人。全区人口密度 437 人/平方公里。

武江区有山地 5.13 万公顷，耕地 8146.27 公顷。全区森林覆盖率达到 68.7%，林地绿化率 90.1%，活立木总蓄积 332.41 万立方米。矿产有煤矿、铁矿、铅锌矿、锡矿、钨矿、金矿、银矿、石灰石、高岭土、宝石矿等 20 多种。水力资源 5.21 万千瓦。韶关博物馆珍藏有在武江挖掘的汉代、三国、西晋、东晋出土文物。人文景观有唐朝宰相张九龄家庭墓，宋朝尚书余靖墓，芙蓉古刹，南昌起义军朱德部队旧址，八路军驻韶关办事处遗址、抗战时期中共广东省委遗址，中共南方工委交通南岸旧址等。自然景观有广东韶关芙蓉山国家矿山公园、芙蓉仙洞、沐溪水库、石背窝水库和江湾温泉等。

武江区是粤北古邑，文化底蕴深厚，孕育许多名人志士。有唐朝宰相张九龄，宋朝尚书余靖，清代文学家、诗人廖燕，组织和发动西水暴动、壮烈牺牲的革命烈士欧日章，抗日名将欧震等。

武江区先后获得全国平原绿化标准区、全国婚育新风进万家活动先进乡、全国计划生育优质服务先进区、全国婚姻登记规范化单位等称号。

【2011 年经济社会发展状况】 2011 年，全区生产总值 145.87 亿元，比上年增长 12.1%。其中，第一产业增加值 4.62 亿元，增长 3.9%；第二产业增加值 77.38 亿元，增长 14.2%；第三产业增加值 63.87 亿元，增长 10.2%。人均生产总值 48663 元，增长 8.3%。规模以上工业总产值 145.32 亿元，同比增长 16%。农林牧渔业总产值 7.68 亿元，同比增长 3.2%。全社会固定资产投资 47.31 亿元，同比负增长 9.7%。外贸出口总额 0.3 亿美元，同比负增长 29.55%。实际利用外资 0.21 亿美元，同比增长 14.7%。地方财政一般预算收入 2.43 亿元，同比增长 21.4%。社会消费品零售总额 67.95 亿元，同比增长 16.6%。城镇居民人均可支配收入 19962 元，同比增长 14.6%；农村居民人均纯收入 8996 元，同比增长 14.7%。

【园区建设取得实质性进展】 武江科技工业园、甘棠产业园、龙归产业园纳入莞韶产业转移园开发，为武江经济发展开辟新的平台。科技园各类设施不断完善，企业加速转型升级，加大自主创新，经济效益稳步增强。2011 年 3 月，与中国涂料工业协会签约，在甘棠园区共建国内首个涂料产业创新示范基地，使园区成为一个起点高、影响大的全国性示范园区。结合产业发展，高起点规划龙归园区。甘棠园区建设已成功破题，标志着武江区工业入园发展取得质的飞跃。

【重点项目全面推进】 2011 年是武江区重点项目攻坚年。该区完成芙蓉新城 1333.33 公顷、沐溪工业园 233.33 公顷、小阳山工业园 146.67 公顷、甘棠产业园 466.67 公顷和龙归工业园 236.67 公顷的征地任务。新城恒大集团开发项目、碧桂园房地产项目、武警指挥中心、中国联通以及芙蓉路、16 号路等正加紧施工，新城开发加快推进。基本完成广乐高速武江路段的征地拆迁工作，确保广乐高速正常施工。曲仁红尾坑矿棚户区改造首期工程项目已开工建设。欧浦御龙湾、南枫碧水花城等一批精品小区正在加紧建设和销售。万紫千红、蝶峦大酒店等“三旧”改造项目已完成前期工作，部分项目开始动工。韶瑞重工三期、利民制药技改等重点项目顺利实施。

【扶贫“双到”成效显著】 2011 年，武江区围绕“三年任务两年完成”的扶贫攻坚目标，按“一村一策、一户一法”抓好扶贫“双到”工作。落实帮扶资金 1215 万元，依托本地资源，推广“合作社+基地+贫困户”产业扶贫模式，在贫困村成立各类农民专业合作社，引导贫困农户发展规模化、集约化生产。该区全部贫困户都参加农村合作医疗，适龄子女普及义务教育入学率达

100%，211名贫困人口纳入最低生活保障，1个贫困村实施农房改造整村推进，65户贫困户实施危房改造，村容村貌发生较大变化。至年底，全区有288户贫困户，1171名贫困人口可脱贫，分别占贫困户数及贫困人口数的89.16%和94.1%。全区贫困户年人均纯收入4000元以上，6个省级贫困村的村集体收入均在3万元以上，平均可达5万元左右。

【林改工作通过验收】 2011年，武江区坚持有利于历史延续、有利于集约经营、有利于利益共享的“三个有利于”原则，制定“以‘均股、均利’为主，多种模式并存，既能促进林业经营发展，又能保证收益合理分配”的方案，实行“一村一策”、“一组一案”，在全区强势推进林改工作。同时，坚持“富民”原则，制定每立方木材林业规费不高于80元的收费标准，放活人工林、商品林和生态公益林的经营管理，并成立森林资产评估中心和林业产权登记交易中心，引入林权抵押贷款新业务等。全区林改工作涉及林地面积51933.33公顷，核发林地所有权证408本，发证面积51333公顷，发证率98.8%；核发林地使用权证1294本，发证面积51200公顷，发证率98.5%。12月20日至21日，省林改专家组到武江区检查验收林收工作，宣布该区林改工作全面达标。

【人口计生和卫生工作成效显著】 2011年，武江区人口自然增长率控制在6.89‰以下，计划生育率96.59%，区人口计生工作连续3年获得“广东省人口与计划生育先进单位”称号。在全市率先落实城镇独生子女父母计划生育奖励政策。医药卫生体制改革工作有序推进，连续3年新型农村合作医疗农民参合率达100%，落实农村合作医疗补偿20.4万人次，补偿金额3182.9万元。完成惠民社区卫生服务中心和重阳卫生院综合大楼建设，新华卫生服务中心建设已动工。基层医疗卫生机构综合改革全面完成。

【第三产业取得突破】 “西河商圈”营商环境不断优化。沃尔玛、益华百货、幸福广场、前进国际建材城等商贸项目相继落户武江；一批连锁经营、商务、信息等现代服务行业驻区发展；五洲汽配、光华机电城、蝶峦大酒店、长者公寓等一批新的大型项目正兴建或立项，为新一轮发展提供动力。培育和发展碧桂园太阳城、恒大地产、汇展华城等一批楼盘品牌。

【教育强区顺利推进】 2011年，武江区推进教育强区工作，先后投入1.1亿元，优化教育教学环境，改善学校办学条件。扩建校园面积4.76万平方米，新增建筑面积2.22万平方米，撤并新华小学等28所基础薄弱学校和教学点，并改善学校的教学条件和生活设施，义务教育规范化学校增至26所，达到全区总数的89.7%。12月中旬，该区西联镇、重阳镇和惠民街道通过省教育强镇（街）督导验收。至年底，该区已创建省教育强镇、街6个，占全区7个镇、街的86%，已超过70%的省教育创强指标，并已向省人民政府教育督导室申报省教育强区督导验收。

【村“两委”干部离任有补助】 2011年，武江区印发《村“两委”干部离任经济补助实施办法》，全区投入30多万元，补助累计任职10年以上的离任退休村干部。该办法补助对象包括全区5个镇的村“两委”干部；龙归、重阳、江湾3个镇的社区居委干部可参加执行。按照个人申请、村支委申报、镇党委审核、区委审批的程序，累计任期10年~20年的村干部每人每月补助100元；20年以上的每人每月补助200元。

【社保体系不断完善】 区政府关注民生，在教育、医疗卫生、社会保障和就业等民生领域加大财政投入。创建阳山失地（返乡）农民创业园、前进国际建材城创业孵化基地、乐业工作坊，促进城乡就业。2011年，全区城镇新增就业岗位3519个，城镇失业人员实现再就业2603人，其中就业困难人员再就业261人；农村劳动力转移就业3235人。城镇登记失业率控制在2.92%以内。落实就业政策，发放各类补贴490万元，惠及3305人。全区全年有18279人参加新型农村社会养老保险，全区城镇人员参加养老保险、失业保险、医疗保险、工伤保险、生育保险人数分别为12689人、7350人、30381人、35375人和4486人。2011年，全区有低保对象1613户3782人，其中城镇低保847户1901人，农村低保766户1881人，全年支付低保资金521万元。

【汇盈小额贷款有限公司揭牌成立】 8月29日上午，武江区汇盈小额贷款有限公司揭牌成立。市金融工作局副局长李功保，区委常委、公安局长贺显崇，副区长王敏，副区长孙理鸣等市、区相关单位领导参加仪式，副区长王敏主持揭牌仪式。

汇盈小额贷款有限公司是该区目前唯一的一家小额贷款公司，由韶关市旺晨洲房地产开发有限公司发起设立，主要为该区“三农”和中小企业发展提供小额信贷业务。该小额贷款公司的成立，能够在一定程度上解决农村金融机构网点覆盖率低、金融供给不足等问题，为中小企业加快发展提供资金，从而提高金融服务“三农”和经济发展的能力。

【长者公寓奠基】 7月6日，武江区重点项目全国爱心护理工程建设基地（区社会福利院改扩建工程韶关长者公寓综合服务大楼项目）奠基仪式在武江区原社会福利院所在地举行。中国老龄事业发展基金会理事长李宝库、全国老龄办副主任吴玉韶，市领导邓苏夏、张志才、林平杰等，区领导苏力、王德雄、杨应光、朱英华、陈曦等及省民政厅、省老龄办、市民政局、区民政局等单位有关负责人出席奠基仪式。

长者公寓是该区51个重点项目之一，由区民政局、西河镇负责。项目总投资10亿元，占地16.67公顷，分四期开发完成，武江区社会福利院改扩建工程为首期，预计投资2亿元。项目建成后，可容纳5000多名老人居家养老，将打造集老人衣、食、住、行、娱乐、学习、医疗、保健和康复等服务于一体的高端养老产业，让长者们老有所依、老有所养、老有所乐。

【荣获中国承接产业转移最具优势区】 5月21~22日，由中国产业集群研究院和中国发展战略学研究会经济战略专业委员会联合举办的“2011年（第二届）中国产业发展大会”在北京举行,大会组委会授予武江区中国承接产业转移最具优势县（市、区）牌匾和荣誉证书。 （何笔生）

2011年武江区乡镇（街道、办事处）基本情况一览表

表29-2

乡镇（街道、办事处）	总面积（平方公里）	耕地面积（公顷）	人口数（人）		生产总值（万元）	地方财政收入（万元）	农村人平纯收入（元）	下辖村（居）民委员会（个）	主要领导		日常工作联系电话
			总人口	其中农业人口					党委（工委）书记	镇长（主任）	
合计	682	8146.27	298400	83076	1458747	24259	8996	83			
西河镇	63	1693.13	15143	15143	317538	175	11329	14	曾文辉（8月免）杨鉴庭（8月任）	杨鉴庭（9月免）何远韶（9月任）	8738331
西联镇	68.9	220.33	13659	13659	21482	754	12122	8	黄真（8月免）聂平南（8月任）	谢荣（9月免）粟健（9月任）	8720692
龙归镇	237	4128.8	35766	32420	51832.57	762.4	7931	16	谭浩托（8月免）谢荣（8月任）	洪维陶	6451199
重阳镇	82	1329.2	17800	15830	16730	162	6470	9	李力克（8月免）刘拥军（8月任）	刘拥军（9月免）李强（9月任）	6546003
江湾镇	213	774.8	7183	6024	15025	43	7527	7	肖大清（8月免）谭木初（8月任）	谭木初（9月免）苏拥兵（9月任）	6446026

续表 29-2

乡镇（街道、办事处）	总面积（平方公里）	耕地面积（公顷）	人口数（人）		生产总值（万元）	地方财政收入（万元）	农村人平纯收入（元）	下辖村（居）民委员会（个）	主要领导		日常工作联系电话
			总人口	其中农业人口					党委（工委）书记	镇长（主任）	
新华街	12	——	146000	——	——	——	——	16	李 勇（8月免）钟 真（8月任）	钟 真（8月免）欧伟强（8月任）	6983001
惠民街	6.1	——	92368	——	——	——	——	13	陈 祎（8月免）古寿英（8月任）	汤应辉	6015300

附：领导班子成员名单

中共韶关市武江区委员会

区委书记：苏 力

副书记：王德雄 陈景辉

常 委：张 雯（女）

谭雪华（女）

贺显崇（~2011.9）

陈坤明（~2011.9）

刘光浩（~2011.9）

戴兴辉（~2011.9）

王海华 彭 波

曾清兰（2011.9~）

曹 锢（女、2011.9~）

曾文辉（2011.9~）

李 勇（2011.9~）

武江区人大常委会

主 任：苏 力

副主任：朱英华（~2011.11）

谢奕群（~2011.2）

谭承安（~2011.11）

朱 冲（~2011.11）

何 岚（~2011.11）

陈 雪（女、2011.1~）

王 敏（女、2011.11~）

戴兴辉（2011.11~）

陈 曦（2011.11~）

杨乐华（2011.11~）

王韶林（2011.11~）

武江区人民政府

区 长：王德雄

常务副区长：刘光浩（~2011.9）

曾清兰（2011.9~）

副区长：王 敏（女、~2011.11）

陈 曦（~2011.11）

李松发（~2011.11）

孙理鸣

刘安仁（~2011.12）

谢阜生（2011.9~）

薛 青（女、2011.9~）

陈岳峰（2011.11~）

黄 真（2011.11~）

政协武江区委员会

主 席：杨应光（~2011.11）

陈坤明（2011.11~）

副主席：陈宝坤（~2011.11）

陈水强（~2011.11）

高汉全（~2011.11）

李松发（2011.11~）

李学源 罗元月

刘素云（女）

何 岚（2011.11~）

谭浩托（2011.11~）

曲江区

【概况】 曲江区地处粤北中部，北江上游，韶关市区南部。因境内“江流回曲”故名。曲江历史悠久，是13万年前人类祖先“马坝人”繁衍生息之地，又是“石峡文化”的发祥地，是中华民族的摇篮之一。曲江于汉武帝元鼎六年（公元前111年）置县，距今已有2100多年的历史。孕育出盛唐名相张九龄、北宋名臣余靖、清代文学家廖燕等一批历史名人。2004年8月3日撤县设区。全区土地面积1620.77平方公里，辖9个镇。2011年末户籍人口31.63万人，常住人口30.55万人。

曲江自古有“湘粤赣交通咽喉”之称，是珠三角地区资本扩散和产业转移的连绵区、泛珠三角经济辐射内地的战略通道。京广铁路、京港澳高速公路、韶赣高速公路、106国道和北江纵贯南北，京港澳高速公路在曲江设有沙溪站和韶关南站两个出入口，韶赣高速公路在曲江设有大塘站(韶关东)、乐村坪站两个出入口。武广高速铁路通车，到广州只需45分钟。韶关新港建有专用集装箱码头，年吞吐能力50万吨，集装箱货轮可在24小时内直达港澳。

曲江自然资源丰富，有“有色金属之乡”称号，铁矿储量在1亿吨以上，占广东省总储量的1/8，钼、锑、铜矿储量名列全省第一，钨矿储量居全省第三位。曲江植被资源丰富，全区森林覆盖率达到70.1%，有桫椤、水松、南方铁杉、银钟花、深山含笑、中华锥、南岭锥等珍稀植物。

曲江旅游资源丰富，境内有供奉六祖慧能真身、被誉为佛教“禅宗祖庭”的南华禅寺，有史前古人类“马坝人”遗址和“石峡文化”遗址，有小坑国家森林公园和罗坑、沙溪两个省级自然保护区，有樟市芦溪天池、罗坑船底顶等生态旅游景点，有“广东十佳温泉”之一的曹溪温泉假日度假村以及枫湾生态温泉度假村、小坑大森林温泉度假村、沙溪高山漂流等休闲娱乐基地。

【2011年经济社会发展状况】 2011年，全区完成生产总值120.61亿元，比上年增长16.5%。其中，第一产业增加值完成12.31亿元，比上年增长7.4%；第二产业增加值完成74.5亿元，比上年增长16.4%；第三产业增加值33.79亿元，比上年增长20.8%。农林牧渔业总产值20.62亿元，比上年增长6.8%。人均生产总值39590元，比上年增长15.9%。地方财政一般预算收入4.89亿元（新口径），比上年增长18.13%，按旧口径计算突破5亿元，达到5.23亿元。“十一五”期间年均增长17.3%。出口贸易总额1.18亿美元，比上年增长15.3%。财政一般预算收入总量和外贸出口总额居全市各县（市、区）首位。

【重点项目稳步推进】 2011年，全区固定资产投资83.7亿元，比上年增长24.6%。全区实施重点项目22项，储备重点项目6项。重点项目完成投资额38.95亿元，占年度计划的93.77%。其中，农田水利、电力、交通运输、生态环境等基础设施建设投入达27.4亿元，占总投资额的70.34%。广乐高速公路、韶电“上大压小”2×60万千瓦机组、G106线改道工程、大宝山铜硫矿开发、韶钢技改、韶关锦绣南华城森林温泉世界等项目扎实推进。韶关核电、台湾水泥等项目的前期工作有序开展。

【城市建设成效显著】 2011年，全区投入城市建设资金17.8亿元。开通府前西路、南堤二路等城市道路，进一步完善城市道路交通网络。实施源河汇景、半山豪园、领秀国际、亿华明珠等优质住宅区项目，进一步提升居民住宅区整体水平。推进环境整治丽化工程，优化城市宜居品质。多力并举，改善城市居民生产、生活环境。

【农村基础设施日臻完善】 2011年，全区加大水利建设力度，推进中小型病险水库除险加固、枫湾河小流域综合治理工程和“五小”水利工程等一批水利项目建设。投入860多万元，建设农村饮水安全工程17宗，解决1.9万农村群众饮水安全问题。建成村道硬底化公路40公里，完善街镇和10个省级示范村的建设规划。建立乡村生活垃圾收运处置体系，有3个村被命名为省级卫生村。提高农村客运服务水平，在全市率先完成省市下达的3个100%目标任务。推进生态文明镇、新型工业镇和生态宜居镇建设，镇级环境整治效果显著，农村面貌发生明显变化。

【民生福利不断改善】 2011年，全区投入民生资金5.69亿元（含中央、省市下拨），占财政总支出的66.18%。新增城镇就业岗位3712个，安置下岗失业人员2605人。累计举办培训班81期（次），免费培训城乡劳动力3184人，农村劳动力转移就业7702人。发放低保资金1173.91万元，发放五保共养资金154.72万元，实现城乡低保和农村“五保”动态管理下的应保尽保。全区新农保参保人数73490人，完成省下达任务的111%。城镇居民医疗保险参保人数达47923人，农村合作医疗参保人数16.1万人，覆盖率达98.85%。建设保障性住房1370套。城镇居民可支配收入达14784元，同比增长15%，农民人均纯收入达8265元，同比增长18.2%。实现全区10个省核定贫困村有劳动能力的贫困户全部脱贫，人均收入达到6575元，比帮扶前增收4951元；10个省核定贫困村集体年收入人均超过3万元，基本实现“三年任务两年完成”的目标。

【乌石镇荣获第三批“全国文明村镇”称号】 12月20日全国精神文明建设工作表彰大会和中央精神文明建设指导委员会《关于表彰第三批全国文明城市（区）、文明村镇、文明单位的决定》上，曲江区乌石镇荣获第三批“全国文明村镇”称号，这是韶关市唯一获此殊荣的乡镇，也是全省获得这一荣誉的13个乡镇（含2个县城镇）之一。

乌石镇是曲江区南部重镇，水陆交通十分便利，工业基础雄厚。全镇行政区域面积118.66平方公里，辖6个村委会、90个自然村和2个社区居委会，总户数有6843户，人口2.1万人。近年来，乌石镇党委、政府高度重视文明村镇创建工作，创建工作成效显著。2005年、2007年被广东省委、省政府授予“文明镇”称号；2008~2009年被中央精神文明建设指导委员会办公室授予全国创建文明村镇“先进村镇”荣誉称号。

【南华禅寺举行六祖讲堂奠基法会】 6月30日，南华禅寺在寺西侧将隆重举行六祖讲堂奠基法会。参加法会的嘉宾有韶关市和曲江区领导、广东省佛教协会会长明升大和尚、副会长宏满法师、市民宗局局长赵卫东和区民宗局局长梁志勇等，以及南华禅寺和韶关僧众护法居士等500多人。

奠基法会由传正大和尚首先致词，明升大和尚、副市长兰茵和区长吴春腾也分别致词。奠基法会举行酒净仪式由传正大和尚、明向大和尚和顿林大和尚主法。

六祖讲堂是“大南华”建设中的一项重点工程，总建设面积5.33公顷，主体建筑有山门、副殿、讲堂、六祖法相殿、文化长廊、东西配房。 (陈宣佑)

2011年曲江县（市、区）乡镇（街道、办事处）基本情况一览表

表29-3

乡镇（街道、办事处）	总面积（平方公里）	耕地面积（公顷）	人口数（人）		生产总值（万元）	地方财政收入（亿元）	农村人平纯收入（元）	下辖村（居）民委员会（个）	主要领导	
			总人口	其中农业人口					党委（工委）书记	镇长（主任）
合计	1620.77	16531.1	316304	171953	120614	4.89	8265	103		
马坝镇	188.86	2301.5	107769	35704			8034	24	吴志锋	刘国强 ~2011.8 何宗成 2011.8~
大塘镇	172.81	3096.6	34098	30930			7803	16	钟秋华 ~2011.8 王爵承 2011.8~	卢建甫 ~2011.8 杨　彦 2011.8~
枫湾镇	196.91	1786.5	17729	16553			7987	10	王爵承 ~2011.8 林国雄 2011.8~	林国雄 ~2011.8 钟毓清 2011.8~
小坑镇	164.46	557.9	5944	4981			7572	6	郭长青 ~2011.8 张卫琪 2011.8~	黄得宝 ~2011..8 陈亚雪 2011.8~
沙溪镇	195.76	1178.6	13296	12282			8240	8	张卫琪 ~2011.8 杨朝阳 2011.8~	杨启明 ~2011.8 王爵凌 2011.8~
乌石镇	118.66	1359.7	19017	12895			8137	8	黄长明	谢伟强
樟市镇	225.60	3936.3	28108	25280			7859	13	邓德胜 ~2011.8 陈卫红 2011.8~	陈夏广 ~2011.8 邓会成 2011.8~
白土镇	139.05	2080	25454	23595			7649	12	张祥林 ~2011.8 成家强 2011.8~	成家强 ~2011.8 廖伟忠 2011.8~
罗坑镇	218.66	234	10220	9727			6576	6	陈卫红 ~2011.8 黄　华 2011.8~	伍伟强 ~2011.8 钟佩军 2011.8~
中省厂矿			54669	6						

(陈宣佑)

附：领导班子成员名单

区委领导名单：

书　记：胡书臣（~2011.9）
　　　　陈向新（2011.9~）
副书记：吴春腾　范国文
常　委：胡书臣（~2011.9）
　　　　陈向新（2011.9~）
　　　　吴春腾
　　　　范国文
　　　　杨绍凯（~2011.9）
　　　　李小平（~2011.9）
　　　　许永波（~2011.5）
　　　　张政殿（2011.8~）
　　　　黄健庭
　　　　陈建新（~2011.6）
　　　　伍海艳
　　　　游加慧（~2011.8）
　　　　孙江平
　　　　杨新军（2011.6~）
　　　　罗永东（2011.9~）
　　　　刘小文（2011.8~）
　　　　陈来安（2011.9~）

区人大常委会领导名单：

主　任：胡书臣（~2011.11）
　　　　陈向新（2011.11~）
副主任：邹志坚（~2011.11）
　　　　李小平（2011.11~）
　　　　谢新贤（~2011.11）
　　　　朱福昭
　　　　廖年娇
　　　　曾宪明（~2011.4）
　　　　赵玉民
　　　　陈实盟（2011.11~）
　　　　黄云波（2011.11~）

区政府领导名单：

区　长：吴春腾
常务副区长：孙江平
副区长：余庆斌（~2011.9）
　　　　卢春燕
　　　　朱裕华（~2011.9）
　　　　卜师带
　　　　罗永东（~2011.11）
　　　　沈建图（2011.9~）
　　　　钟秋华（2011.11~）
　　　　陈夏广（2011.11~）

区政协领导名单：

主　席：刘灶金（~2011.11）
　　　　杨绍凯（2011.11~）
副主席：陈业明（~2011.11）
　　　　王锡穗（2011.11~）
　　　　林　英（2011.11~）
　　　　释传正
　　　　刘求华
　　　　钟树梅
　　　　梁文华

乐昌市

【概况】 乐昌市位于广东省北部。南朝梁天监七年（公元508年）置梁化县（始建县），隋开皇十八年（公元598年）因境内有乐石、昌山两山而改称乐昌县。1994年撤县设市（县级）。辖16个镇、1个街道、2个办事处。行政区域面积2421平方公里。2011年末常住人口40.14万人，户籍人口53.04万人。

乐昌境内山高林密，山峦重叠。山地占72%，丘陵占13.5%，盆地平原占14.5%。全市有耕地面积1.9万公顷，林地17.2万公顷。森林覆盖率72.8%，是广东省林业生态县（市）和杉木速生丰产用材林基地县（市）。全市野生植物有237科，2509种，国家二类保护植物有银杏、观光木、红豆杉、楠木、桂花、榕树、樟树、兰花、乐昌含笑等；野生药材有300多种。野生动物有283种。土特产品有北乡马蹄、白毛茶、张溪香芋、梅花猪、罗家渡鲥鱼以及冬菇、笋干、松香、山苍子油等，水果以奈李、油桃、水晶梨、黑布朗等较为著名，已发展成为优质水果生产基地。金属、非金属矿有35种，锑和莹石矿的储量分别居广东省的第一、第二位，煤炭蕴藏量1.41亿吨。主要旅游景点有古佛洞天风景名胜区、龙王潭生态旅游区、金鸡岭风景名胜区、白水寨生态园、7011旅游区、后洞森林公园、十二渡水生态旅游区、九峰农家乐、龙山温泉、西石岩寺等。乐昌是“中国观赏石之乡”，主要有青花石、墨石、蜡石、彩硅石等。乐昌市先后获国家级农业综合开发县、农技推广改革示范县等称号。

乐昌文化底蕴深厚，孕育许多名人志士。有中国十大抗日名将之一的薛岳，常与乾隆皇帝吟咏对诗的诗人欧堪善，清初精通岐黄（中医）之术的“神医”曹浚来，咸丰年间南征北战，功勋显赫的一品官郑昌山，在抗法战争中战功显著，授予五品顶戴“军功状”的李楚高，被誉为“九流三教样样通，有名丑角花鼓公”的廖质彬。2011年乐昌花鼓戏被列入韶关市第三批非物质文化遗产项目，并准备申报广东省第四批非物质文化遗产项目；薛岳故居被列为广东省文物保护单位；九峰生态人文产业园中的九峰山歌列入省第二批非文化遗产保护项目；舞蹈《青蛙狮》获得广东省音乐舞蹈花会评选金奖。

【2011年经济社会发展状况】 2011年全市生产总值77.42亿元，比上年增长13.1%。其中，第一产业增加值16.07亿元，增长5.9%；第二产业增加值29.35亿元，增长15.7%；第三产业增加值32亿元，增长14.3%。地方财政一般预算收入3.82亿元，增长34.3%。城镇居民人均可支

配收入13960元，增长14.2%。农村居民人均纯收入6875元，增长18.5%。

【工业生产快速增长】 全市完成工业增加值24.6亿元，同比增长15.1%。全年引进项目88个，内联项目到位资金17亿元，同比增长6.3%，实际利用外资完成2023万美元，同比增长24%。全市外贸出口总额完成1730万美元，同比增长141.3%。产业转移工业园发展加快，累计投入基础设施建设资金达2.45亿元，有21家企业入园，建成投产7家，完成工业增加值7803万元。电力、纺织服装、建材、新型化工、机械铸造、生物保健等产业总产值占全市规模以上企业总产值比重达90%以上，支撑作用凸显。

【"三农"工作稳步推进】 全市农业增加值达到16.07亿元，同比增长5.9%，农民人均纯收入6875元，完成农村危房改造2482户。粮食总产15.2万吨，同比增产2500吨；种植烟叶1667公顷，收购烟叶7.26万担。种植香芋866公顷、马蹄1000公顷、蔬菜1.27万公顷、水果867公顷。全市有53个农产品获农业部无公害农产品认证，8个获国家绿色食品认证，14个获有机食品认证，3个获国家地理标志产品保护认证。有农业龙头企业10家，农民专业合作社111家，社员14173人。

【第三产业持续繁荣】 全市社会消费品零售总额完成37.18亿元，同比增长16.8%。首家社区星级标准酒店——乐昌碧桂园凤凰酒店竣工开业。全市共接待游客166.30万人次，实现旅游综合收入10.67亿元，同比分别增长34.47%和31.54%。

【社会保障体系不断提升】 全市城镇新增就业人数4531人，农村劳动力转移就业11252人，城镇登记失业率为2.91%始终控制在3.0%以内。全市企业参加养老保险实际缴费人数21961人，基本医疗保险实际参保缴费人数37124人，全市累计保障低保对象8873户14677人。建成廉租房736套和经济适用房840套。乐昌峡水利枢纽主体工程完工，宣告粤北"两年一小灾、四年一大灾"的历史从此结束。

【民生事业和谐发展】 实施国家和省、韶科技项目74项，获得省、韶科技进步奖34个；举办"迎国庆、展风采"、"舞动佗城、共建和谐"职工全健排舞大赛；广播电视实现首次自主现场直播，完成数字电视整体平移工作的前期筹备；政策生育率为96.99%，同比提高1.4个百分点；全市195个村、20个社区"两委"换届工作完成；水利普查完成清查数据软件录入、审核工作。

【乐昌市续获"广东省卫生城市"荣誉称号】 1月6~7日，以省爱卫会委员、省卫生厅副巡视员黄晓军为组长的省城市卫生复查组对乐昌市巩固省卫生城市工作进行复核检查，认为乐昌市各项相关工作仍然达到广东省卫生城市标准要求。根据《广东省卫生城市标准及其申报考核管理办法》，省爱卫会决定：经复核确认乐昌市继续荣获"广东省卫生城市"称号。

【薛岳故居被列为省第六批文物保护单位】 2月，广东省文化厅公布第六批文物保护单位，全省有三处涉台文物被列为省文保单位，乐昌市薛岳故居是其中之一。一同被列为省文物保护单位的还有"罗福星故居"（梅州市蕉岭县），"陈璸故居"（湛江市雷州市）。

薛岳故居位于乐昌市九峰镇小坪石村和乐城西石岩两地。占地建筑面积1771平方米。包括薛岳故居、薛岳家居、薛氏家祠、伯陵堂4处，其中薛岳故居308平方米，薛岳家居面积468平方米，薛氏家祠414平方米，伯陵堂面积889平方米。

薛岳故居，位于乐昌市九峰镇西约2公里的小坪石村。故居为歇山顶一层砖木建筑。该建筑占地面积308.95平方米，民国初年所建。2005年乐昌市人民政府公布为文物保护单位。

薛岳家居，位于薛氏家祠后右侧，相距约50米。该建筑是一幢平面呈"凸"字形的四合院式三层砖木结构楼房建筑，占地468.9平方米。具有比较典型的四合院建筑风格。2005年乐昌市人民政府公布为文物保护单位。

伯陵堂始建于民国29年（1940年），为砖木结构二层建筑，为法人设计，薛部工兵连施工兴建。建筑平面呈"工"字形，有"飞机式"之说，建筑分前楼（2层）、过道（1层）、后厢房（2层）。前楼占地面积477.18平方米，建筑结构设计新颖、独特，具有中西合璧风格。薛岳曾入住3个月，后将其捐赠县立中学。2005 年乐昌市人民政府公布为文物保护单位。

【金鸡岭风景区通过国家 AAA 级旅游景区评审验收】 4 月 13 日~14 日，省旅游局规划统计处副处长陈卫东、科长龙红玲一行在乐昌市委常委欧阳晓冬的陪同下对金鸡岭风景区申报国家 AAA 级旅游景区进行现场评审验收。韶关市旅游局、乐昌市旅游局有关领导陪同检查。评审组一行实地查看金鸡岭风景区，对景区的金鸡文化内涵和游览价值给予充分肯定。在金鸡岭创建 AAA 级旅游景区汇报会上，评审组一行查看金鸡岭创建 AAA 级旅游景区台账资料，听取关于金鸡岭开展 A 级景区创建工作的情况汇报。评审组对照 AAA 景区创建标准，一致认为景区创建工作基本符合要求，基本达到 AAA 景区标准，通过验收审核。

【乐昌茶叶扬名广东省第九届名优茶质量竞赛】 5 月 26 日，广东省茶叶学会、广东省茶业行业协会举办广东省第九届名优茶质量评比竞赛。在这次竞赛会上，乐昌茶叶夺“四金一银”，扬名竞赛会，受到与会专家的肯定。在这届名优茶质量竞赛会上，乐昌市获得金奖的茶叶有：乐昌市沿溪山茶场有限公司的“雾翔牌”沿溪山白毛尖、沿溪山红茶、乐昌市大瑶山茶叶有限公司（原广北金鸡茶厂）的“金鸡岭牌”特级原枝绿茶、特别是乐昌市大瑶山茶叶有限公司选送的“陀红牌”金毫红茶获得此次评比唯一的特别金奖。获得银奖的有：乐昌市大瑶山茶叶有限公司的“金鸡岭牌”白毛尖。

【首个“结建”防空地下室启用】 12 月 26 日，乐昌市祈福园小区防空地下室正式启用。韶关市人民防空办公室副主任谢开樟、赖顺桃及乐昌市副市长邓洪炜为该防空地下室揭幕。祈福园小区防空地下室是韶关下属各县（市）中第一个完全按国家人防工程质量标准设计建造的人员隐蔽工程，它的启用填补乐昌市人防工程建设的一项空白。

（钟　明　陈懿茜）

2011 年乐昌市各镇（街道、办事处）基本情况一览表

表 29-4

乡镇（街道、办事处）	总面积（平方公里）	耕地面积（公顷）	总人口（人）		生产总值（万元）	地方财政收入（万元）	农村人平纯收入（元）	下辖村（居）民委员会（个）	主要领导	
			总人口	其中农业人口					党委（工委）书记	镇长（主任）
合计	2421		530445	285927	774206	38200	6875	215		
乐城	187.61		124640					27	欧泽湘	李振建
长来	89.52		23540	17746				13	肖永剑	朱锋麟
北乡	93.46		15192	12095				8	李卫东	李　洋
廊田	151.52		35293	33411				18	朱长林（主持工作）	邓勇健
五山	177.49		19550	16121				11	黄志雄	马建民
九峰	186.39		21462	20468				13	彭洪胜	王洪华
大源	273.64		10102	8140				9	何毅华	连旷怡
三溪	68.73		12773	10625				8	许建武	
坪石	257.1		94647	20022				29	欧阳晓冬	赖　强
黄圃	89.17		18036	15020				11	邓宗科	欧建来
白石	78.27		15620	14833				9	刘晓林	宁芝花
庆云	89.17		12225	11493				8	曾小锋	黄常春
梅花	197.71		56148	46551				18	黎海华	邵　辉
秀水	56		19333	15859				10	欧多纯	何平良
云岩	67.49		15830	15258				9	陈世军	朱新玉
沙坪	111.82		22885	18565				7	朱普昌	彭仁学
两江	130.91		13169	9720				7	张以社	黄元勇
梅田办事处	数据统计在坪石镇								李兴军	
坪石办事处									詹彬文（主持工作）	肖仁春
其他	115									

附：领导班子成员名单

中共乐昌市委员会

书　记：李安平

副书记：陈俊林　伍福县

市委常委、市委政法委书记：李华伟

市委常委、市委办主任：陈志刚

市委常委、市纪委书记：翁良方

市委常委、市委宣传部部长：华健生

市委常委、市人民武装部部长：陈　杰

市委常委、坪石镇党委书记：欧阳晓冬

市委常委、常务副市长：陈洁平

市委常委、市委组织部部长：邹福英

乐昌市人大常委会

主　任：李安平

副主任：沈家华　肖同义　周素岚　杨剑云　孔少川　许新华

乐昌市人民政府

市　长：陈俊林

常务副市长：陈洁平

副市长：向昭晖　邓伟荣　肖　景　邱才郁　邓洪炜　陈　蕾（~2011.12）　余文光（~2011.12）

政协乐昌市委员会

主　席：马森超

副主席：邓细优　钟　祥　黎跃飞　周越成　朱作华　朱兰高

南雄市

【概况】 南雄市地处广东省东北部、大庾岭南麓，与始兴、仁化和江西省大余、信丰、全南县接壤，境内两面群山连绵，中部丘陵沿浈江伸展，形成一条长盆地，地理学家称为“南雄盆地”，属亚热带季风湿润气候。是中国黄烟之乡、中国银杏之乡、中国恐龙之乡、国家可持续发展实验区、广东省历史文化名城、广东省文明城市、广东省文化先进市、中央苏区县。全市总面积2361.4平方公里，辖17个镇1个街道办事处，2011年末常住人口32.02万人，户籍人口47.34万人。

南雄设县制始于唐光宅元年（公元684年），取名为浈昌县。北宋开宝四年（公元971年）改为南雄州，“南雄”之名由此始起。民国始（1912年）废州置县为南雄县，1996年6月撤县设市，称南雄市（县级）由韶关市代管。

南雄是古代中原与岭南交往的重要通道，史称“居五岭之首，为江广之冲”、“枕楚跨粤，为南北咽喉”，历来为兵家必争之地。是古代岭南政治、经济、文化的重要郡都，是粤赣边境的商贸重镇，古有“岭南第一州”之称。是珠三角地区居民的“七百年前桑乡”、“广府文化”的发祥地。

南雄有光荣而悠久的革命斗争历史，是广东省的重点革命老区县之一，是中国工农红军长征经过地。孙中山两次北伐，均以南雄为前哨。土地革命时期，1927年12月成立中共南雄县委，1928年2月全县农民武装暴动，建立南雄县苏维埃政府，南雄属中央苏区县之一，1929年以后，毛泽东、朱德、彭德怀等多次率领红军转战南雄，其中1932年7月，毛泽东与朱德在南雄水口指挥著名的“水口战役”。中央红军长征后，项英、陈毅等以南雄油山为中心，坚持艰苦卓绝的三年游击战争。抗日战争时期，中共广东省委机关曾驻南雄黎口瑶坑，领导全省抗日救国斗争。解放战争时期，南雄是中共五岭地委驻地和粤赣湘边区解放总队所在地。

南雄自然资源有山地面积2038.13平方公里，宜林山地1555.22平方公里，林地1507.6平方公里，耕地304.6平方公里（其中水田223.4平方公里），水域27.5平方公里。主要农作物有水稻、烟叶、花生、大豆。主要特产有黄烟、坪田银杏（白果）、板鸭、香菇、冬笋、金友米、腐竹等。南雄烟叶占广东烟叶总产量40%，被国家烟草总公司列为“国际型优质烤烟生产基地”。主要矿产有钨、铀、稀土、莹、金、瓷土、陶土、石灰石、硅砂、花岗石等。主要河流有浈江、凌江。主要蓄水库有孔江、瀑布、中坪、宝江、苍石。

主要旅游景点有梅关古道、珠玑古巷、三影古塔、古生物恐龙化石群、钟鼓岩、青嶂山、百岛湖（孔江水库）、新田古村落、鱼鲜古村落、莲开净寺、大雄禅寺以及有“小丹霞”之称的自然风景区苍石寨、帽子峰小流坑风景区、坪田古银杏群落等，有张九龄、苏东坡、陈毅等名人遗迹。

【2011年经济社会发展状况】 2011年，全市生产总值75.31亿元，比上年增长15.8%，其中第一产业增加值为19.92亿元，增长5.9%；第二产业增加值为

23.75亿元，增长30.3%；第三产业增加值为31.64亿元，增长12.6%。社会固定资产投资额62.73亿元，比上年增长21.6%，地方财政一般预算收入3.4亿元，比上年增长20.2%，全市金融机构存款余额66亿元，比上年增长16.6%，城乡居民储蓄存款余额51.26亿元，比上年增长14%。

【经济结构调整进展顺利】 2011年，经济发展质量不断提高，第一、二、三产业结构由上年的28.5∶27.3∶44.2调整为26.5∶31.5∶42，实现一二产业比重调头。工业经济增长加快。全市完成工业总产值59.58亿元，同比增长37.5%；实现工业增加值16.89亿元，同比增长38.2%。全市规模以上工业企业达到66家，新增20家，其中年产值超亿元的企业达到22家，企业实力逐步增强。特色产业进一步发展，精细化工、陶瓷建材、浆纸制造三大主导产业产值分别为30.8亿元、1.1亿元和3.1亿元，同比分别增长154.1%、1.67%、37.19%。

【园区建设扎实推进】 一期园区基础设施累计投入7.5亿元，基础设施和配套功能进一步完善。一期园区企业已进入施工建设，试投产企业达到45家，其中规模以上企业35家；税收实现1.4亿元，同比增长176.2%，园区效益逐步提高，获得“广东省中小企业创业基地”荣誉称号。二期园区规划、环评等扩园前期工作正加紧进行。

【招商引资和对外贸易质量提升】 2011年，全年签订投资项目19个，金额41.4亿元，实际利用外资2050万美元，同比增长13.7%。其中引进投资6.6亿元的康绿宝（南雄）科技园、中山大桥化工和广州阳普医疗等一批优质企业。对外贸易结构进一步改善，外贸出口达2580万美元，同比增长28.8%。

【农业产业化和新农村建设步伐加快】 2011年，全市完成农业总产值33.49亿元，同比增长5.9%。粮食总产量22.24万吨，同比增长3.3%，国家和省级“产粮大县”地位进一步巩固；完成烟叶收购15990吨，收购金额达2.89亿元，同比增长24%；禽畜养殖业健康发展，其中生猪存栏量23.15万头，出栏量39.97万头，分别同比增长3.6%和9.9%；围绕特色农业发展，成立168家农民专业合作社，新建7个现代农业精品园区。特别是金友集团投资8000万元，兴建粮食仓储和农副产品加工基地，被省经信委评为“广东省优势传统企业转型升级示范企业”,标志着特色农副产品产业化经营迈出新的步伐。完成31个村庄环境整治工作，扶贫“双到”资金投入1.36亿元。

【旅游商贸持续发展】 以打造“粤赣边际旅游休闲度假优选地”和创建广东省“旅游强县”为目标，加快珠玑古巷、梅岭景区国家AAAA级景区创建工作，梅花长廊等景观有新的变化，举办“2011年广东国际旅游文化节南雄分会场”活动。全年接待游客134.22万人次，旅游总收入9.1亿元，分别同比增长22.8%、31%。民营经济稳步发展，全市个体工商户7843户，私营企业670家，税收实现1.09亿元，同比增长59.86%。城乡居民对汽车、住房等大宗商品的购买力不断增强，餐饮、娱乐、中介、物流等服务业快速发展，全市实现社会消费品零售总额28.41亿元，同比增长15.7%。

【财税金融运行良好】 2011年，国税税收收入完成1.3亿元，同比增长18.4%。地税税收收入完成2.99亿元，同比增长1%。地方财政一般预算收入完成3.4亿元，同比增长20.2%。来源于市的财政总收入13.22亿元，同比增长35.7%，财政总支出13.21亿元，同比增长38.7%，达到收支平衡，略有结余。金融对全市经济发展的支持力度加大，年末金融机构存款余额66亿元，比年初增长16.6%；各项贷款余额18.74亿元，比年初增长25.4%；雄健担保有限公司为55家企业提供贷款担保1.5亿元，拓宽融资渠道，为企业发展提供资金保障。

【加大基础设施建设力度】 2011年，全市完成固定资产投资62.73亿元，同比增长21.6%。重点项目建设稳步推进。赣韶铁路南雄段完成投资0.86亿元，完成通自然村水泥公路建设85公里，改（新）建桥梁4座，建成13个农村客运站和一批候车亭。“西气东输”南雄段完成投资2000多万元，工程已投入使用。投资3100万元，完成农村电网配网改造工程。投资1150万元，完成水口镇646.67公顷国家农业综合开发项目。投资700多万元，完成314.67公顷农田整治。投资3364万元，完成33宗农村饮水安全工程。投资1250万元，完成孔江灌区节水配套改造一期工程。投资1048万元，完成江头镇田间工程建设。投资338万元，完成30个C网基站建设。

【城市面貌明显改观】 2011年，城区市政设施投入2500多万元。主要项目有：完成老国道323线穿城段改造一期工程；完善金叶大道与S342线交汇处、雄州大道与永康路交汇处等市区4个主要路口的交通安全设施；完成金叶大道、迎宾大道、教育路等城市美化绿化工程。雄州城市综合体征地拆迁工作正有序开展。南雄珠影文化广场完成投资1200万元，雄州公园、疾控中心大楼等城市配套功能项目进展顺利。旧城区改造和住宅小区建设加快推进。土地公开交易66.33公顷，成交金额4.45亿元，其中水西小岛项目成交价3.19亿元。房地产开发项目14个，投资1亿多元，面积12万多平方米。水西小岛大福国际名城项目已开工建设。如期完成上级下达的保障性住房建设任务，建成32套经济适用房和3套廉租房，100套廉租房已开工建设，196套危旧房改造、72套公租房建设任务已经落实。

【改善民生】 坚持以人为本，改善民生。市财政用于民生项目的支出8.47亿元，占一般预算支出的67.2%。生态环境得到有效保护，造林3000公顷，森林覆盖率达到63.43%，集体林权制度改革工作通过省政府验收并被评为优秀等级。孔江湿地公园被国家林业局批准为国家湿地公园。加强环境综合治理，完成上级下达的节能减排任务，关闭落后小型造纸企业3家，铺设老城区雨污分流管网3.95公里，完成浈江河流域1.73平方公里的红砂岭综合治理。土地资源得到合理保护利用，获得用地指标170.4公顷，通过土地整理新增耕地266.67公顷。

城乡居民收入稳步增长。城镇居民人均可支配收入1.33万元，同比增长12.5%。在岗职工年人均工资2.94万元，同比增长11.5%。农村居民人均纯收入7023元，同比增长17.9%。年末城乡居民储蓄存款余额51.26亿元，同比增长14%。

社会保障体系日益完善。就业形势持续稳定，城镇新增就业5221人，转移农村劳动力12456人，城镇登记失业率控制在2.48%以内。社会保险覆盖面进一步扩大，城镇居民医疗保险参保2.6万人，养老保险参保3.1万人；新型农村养老保险参保14.9万人，3.82万60周岁以上老人已开始按月领取基础养老金，超额完成省试点工作任务；新型农村合作医疗覆盖率达100%。社会保险五个险种征缴2.34亿元，支出1.75亿元。社会救助体系更加健全，在册低保户7511户，16559人，支出1880万元，基本实现应保尽保;1398名五保老人基本生活得到有效保障；医疗救助800人次，支出180万元。

社会事业协调发展。教育创强工作力度加大，创建水口、澜河、帽子峰3个教育强镇。投资4200万元，完成25所义务教育学校规范化建设和50个“校安工程”项目。南雄中学、市一中恢复初中办学。人才强市战略深入实施，人才队伍结构进一步优化。科技创新水平不断提升，向省申报科技项目11个。推进医药卫生体制改革，医疗卫生服务体系更加健全，医疗服务水平稳步提升。人口和计生管理水平不断提高，被省政府批准从二类地区管理晋升为一类地区管理。文化事业进一步发展，新华书店转制完成，实施广电网络改革重组。城乡公共文化服务逐步完善，文化惠民活动不断深入。《陈毅进山》、《农民工大哥》分别获省群众文艺作品一、二等奖，“香火龙”列入国家非物质文化遗产名录，《龙船歌》通过省级第三批非物质文化遗产专家组论证。举办第四届中国汽车模特大赛广东分赛区决赛。体育事业加快发展，完成40个行政村“农民体育健身工程”建设，全民健身运动和体育竞技水平不断提高。完成市、镇两级换届工作。

【加大社会管理力度】 坚持“打防管控”结合，完善市区重点部位、重点区域和重点单位的视频监控系统，持续开展各种违法犯罪专项打击行动，社会治安形势稳定；信访维稳推进，各类矛盾纠纷得到解决；加强安全生产、交通运输安全和食品药品安全监管，消除各类安全隐患；公共突发性事件得到预防和处置。建立重点项目、重要工作督查督办机制。清理精简行政审批事项，进一步简化手续，提高办事效率，加大政务公开工作力度，政务环境不断优化，政府工作更加规范透明。民主法制建设加强，廉政建设和机关作风建设不断深入，依法行政和服务水平稳步提高。

【荣膺“转型·2010中国经济十大领军县级市”】 1月15日，由新华社9家直属媒体联合中国城市发展研究会共同主办的“转型·2010中国经济十大领军人物、企业和城市”评选活动在北京举行颁奖典礼。南雄市凭借在“三次产业比重不断优化，精细化工产业初步形成，浆纸制造和建材陶瓷产业取得较大发展，城乡基础建设加快”等优势而脱颖而出，获选“转型·2010中国经济十大领军县级市”，成为广东省唯一获此殊荣的县级市。

【荣膺中国恐龙之乡】 6月20日，中国古生物化石保护基金会和中国地质调查局地层与古生物中心正式授予南雄市“中国恐龙之乡”称号，成为广东省第二个获此称号的城市。从上个世纪60年代开始，南雄在晚白垩世红层发现大量恐龙、恐龙蛋、龟鳖类脊椎动物化石，其中以恐龙蛋化石分布最广泛。作为古生物化石的富集区，南雄最早于1961年在盆地中发现骨骼化石，经专家确认为属于兽脚类的虚骨龙类。1962年，南雄首次发现恐龙蛋化石，所发现的恐龙蛋化石共计6蛋科、9蛋属16蛋种。恐龙则包括兽脚类、蜥脚类、鸟脚类类等共计4属4种，龟鳖类1属1种，已发现的恐龙蛋化石40多个不同种类，南雄就发现14个种类。

【香港南雄联谊会在港成立】 9月18日，香港南雄联谊会成立庆典在香港九龙尖沙咀帝国中心举行。中联办香港新界工作部副部长王小灵，韶关市政协副主席李飞、赵志发、何伟青、刘大济、王乙未，南雄市委书记、市人大常委会主任许志新，市政协主席何万飞，市委副书记王荣光，市领导何光明、罗战勇、周济辉、陈尚妹等，港澳政协委员、在雄港资企业老板、港澳有关社团的代表、联谊会会员和各界人士的代表共300多人共同见证香港南雄联谊会成立。

香港南雄联谊会是由在港的南雄珠玑巷后裔发起和自愿参加的联谊组织，旨在联络联谊，促进交流合作，为在港工作的珠玑巷后裔加强交流，增进乡情，共谋发展，报效桑梓搭建的一个新平台，也是广大在港珠玑巷后裔的共同愿望。经过南雄市政协和统战部几年时间的筹备，参加第一届联谊会的会员人数已达100多人，其人员来自香港各行各业的精英人才，且热衷于支持家乡的各项活动。

成立庆典大会上，选举产生联谊会第一届理、监事会成员，广高（香港）有限公司的行政总裁钟强当选为首届联谊会会长。

【《魂牵珠玑巷》在香港巡迴演出】 11月24日晚，由广东南雄珠玑巷后裔联谊会、香港广东社团总会、香港广东各级政协委员联谊会、南雄市人民政府共同组织大型粤剧《魂牵珠玑巷》香港巡演的首场演出在香港新光剧院隆重上演。拉开在香港开展为期4天的文化交流演出活动序幕。

大型粤剧《魂牵珠玑巷》是由著名剧作家、广东省文联原党组书记陈中秋和原广东省戏剧创作中心主任潘邦榛联手编写的。该剧主要讲述南宋年间胡贵妃遭奸相贾似道迫害出逃栖身珠玑巷，最后为免连累乡亲与夫殉情而死，夫妻双双云间起舞，胡妃化为石塔的故事。该剧于1990年起先后获得第二届中国戏剧节“优秀剧目奖”和“优秀演出奖”；文化部首届“文华新剧目奖”等七大奖项；1991年饰演剧中男主角的丁凡（广东粤剧院院长、国家一级演员）获第八届中国戏剧“梅花奖”；1996年获首届“广东戏剧家突出贡献奖”殊荣，饰演女主角的是国家一级演员蒋文端。蒋文端于2011年6月获第25届中国戏剧“梅花奖”。是广东粤剧届时隔10年后再次梅花奖得主。

中联办宣传文体部、特区政府有关领导，香港文化、艺术等各界社会贤达、社会知名人士，香港300多个社团领导和广州市原市长、广东南雄珠玑巷后裔联谊会会长黎子流，中联办副主任黎桂康，香港广东社团总会主席王国强，香港广东各级政协委员联谊会主席戴德丰等嘉宾及香港粤剧演艺界各有关团体、广东南雄珠玑巷后裔联谊会港区领导成员和珠玑巷后裔代表共4000多人出席当日晚会并观摩演出。

（谢　平）

2011年南雄县（市、区）各镇（街道、办事处）基本情况一览表

表29-5

乡镇（街道、办事处）	总面积（平方公里）	耕地面积（公顷）	总人口（人）		生产总值（万元）	地方财政收入（万元）	农村人平纯收入（元）	下辖村（居）民委员会（个）	主要领导	
			总人口	其中农业人口					党委（工委）书记	镇长（主任）
合计	2361.4	30406.47	473469	367187	753100	34000	7023	232		
坪田镇	132.7	1778.20	24797	24214	23600	316	5970	15	何少波	邱昌金
澜河镇	171	24.87	10032	9306	29381	280.68	6112	7	李　帆	陈　华
江头镇	164	955.60	12146	11331	16000	162	5769	10	曾昭泉	张红华
珠玑镇	222	2121.20	44440	41022	44592	1375	6252	23	吴良彬	陈志光
界址镇	58	1080.00	14512	14071	11088	293	5330	9	陈华林	雷明峰
百顺镇	187	1343.67	12686	11862	15702	281	5676	10	叶　忠	谭福志
南亩镇	110	904.47	16436	15462	17055	142	6001	12	孔建国	池宏安
湖口镇	73.7	2427.67	33698	31740	23533	327	6242	13	李新明	雷清荣
油山镇	156	3319.93	32209	30325	24600	173.9	5200	18	李世勤	蔡庆娟
黄坑镇	55.7	1898.40	25415	22446	41633	310	6106	11	沈文昌	钟祥文
主田镇	187	1030.93	13550	12004	15453	197	6682	9	刘　飞	郭才标
帽子峰镇	101	809.60	9199	8287	13175	124.5	6290	6	朱运通	沈学安
古市镇	100	1695.93	20087	19371	25200	387	6383	9	李卫兰	曾　智
乌迳镇	158	3222.33	43638	40776	55830	460	6126	22	周铁山	李泉洲
水口镇	107	1794.00	24710	23049	42100	113	5909	14	范桂全	温春花
全安镇	176	2015.33	26441	24781	36168	289	6011	14	严桂龙	徐学智
邓坊镇	106.7	1240.27	16039	14706	22328	156	5940	10	姚远华	刘小弘
雄州街道	95.6	2210.73	93434	32434	74424	425	6433	20	苏德椿	王高峰

附：南雄市四套班子领导名单

中共南雄市委员会

书　记：许志新

副书记：刘清生　王荣光

市委常委、市纪委书记：

罗勇新（~2011.9）

谢志铎（2011.9~）

市委常委、政法委书记：

刘悦明（~2011.9）

刘发龙（2011.9~）

市委常委、常务副市长：

何人平（2011.9~）

市委常委、市委办主任：

陈玉英（~2011.9）

黄德群（2011.9~）

市委常委、组织部长：丘德周

市委常委、宣传部长：

卜小燕（2011.9~）

黄德群（~2011.9）

市委常委、武装部政委：毛利群

市委常委：刘宏伟（~2011.9）

朱海兵（2011.9~）

南雄市人大常委会

主　任：许志新

副主任：罗勇新（2011.11~）

陈玉英（2011.11~）

刘宏伟（2011.11~）

李　冰

陈培兰

张宗财

肖芬先（~2011.11）

李总路（~2011.11）

涂运发（~2011.11）

南雄市人民政府

代市长：刘清生（~2011.11）

市　长：刘清生（2011.11~）

常务副市长：何人平（2011.9~）

副市长：罗战勇

何光明

麦允谦

刘悦明（2011.11~）

吕道宏（2011.11~）

马细妹（2011.11~）

刘发龙（~2011.11）

卜小燕（~2011.11）

市长助理：吕道宏（~2011.11）

政协南雄市委员会

主　席：何万飞

副主席：周济辉

刘发雄

赖华焜

刘卫忠

陈尚妹

刘光团（2011.11~）

钟道海（~2011.11）

仁化县

【概况】　仁化县位于广东省北部，是粤、湘、赣三省交界地带。东邻始兴县、南雄市，南毗曲江区，西接乐昌市、浈江区，北连湖南省汝城县，东北与江西

省崇义、大余二县接壤。全县辖10个镇1个街道，124个村(居)民委员会。总面积2223平方公里。2011年末，常住人口20.17万人，户籍人口23.46万人。有汉、瑶、畲、壮、回、满、土家等民族。县政府驻丹霞街道。

秦末汉初，赵佗据有岭南3郡，自建南越国，仁化地域属之，并在仁化北端隘口筑有“古秦城”。南越归汉，仁化为曲江县地。至南齐年间（479~502年）析曲江县地，始建仁化县，距今1500余年。南朝梁、陈时期废入曲江。唐垂拱四年（688年）复置。北宋开宝六年（973年）并入乐昌县，咸平三年（1000年）恢复建制。1949年仁化解放，设县人民政府，1958年并入韶关市，1961年从韶关市分出，恢复县建制。2004年7月，韶关市进行行政区划调整，将原曲江县的黄坑镇、周田镇、大桥镇划归仁化县管辖。2006年9月由仁化镇、丹霞镇合并组成丹霞街道。

仁化县地处南岭山脉南麓，盛行中亚热带季风气候，冬春冷，夏秋热，2011年，年平均气温19.9℃；年总降雨量1606.1毫米；无霜期328天。境内土地、森林、矿产、水力、旅游资源极为丰富。全县土地总面积2223平方公里，其中山地面积182666.01公顷，耕地面积21397.8公顷。全县森林覆盖率76.1%，活立木蓄积量959.6万立方米，竹林面积2.07万公顷。水力资源蕴藏量约16万千瓦。矿产资源主要有铅、锌、钨、铁、煤、铜、铀、硅石、花岗岩等50余种，是全国第一批100个重点产煤县之一，境内有全国最大地下开采铅锌矿产基地、东南亚最大的铅锌矿生产企业凡口铅锌矿和世界单产最大的铅锌冶炼企业丹霞冶炼厂。境内的丹霞山是世界地质公园、世界自然遗产、国家级重点风景名胜区、国家AAAAA级景区、国家级地质地貌自然保护区，是世界地理学上“丹霞地貌”的命名地。重要旅游景点还有全国重点文物保护单位、广东省中共党史教育基地双峰寨，“中国飞索第一漂”灵溪河漂流，以及城口古秦城、中国历史文化名村“石塘古村落”、唐宋古塔、地下洞群、锦江库区游江、高坪森林自然保护区、红山温泉、城口温泉等。民间文艺有“石塘月姐歌”、“梅花龙”、“闹春牛”，民间手工艺有“仁化土法造纸技艺”、“堆花米酒酿造技艺”等，其中“石塘月姐歌”、“仁化土法造纸技艺”列入省级非物质文化遗产名录，“梅花龙”、“闹春牛”列入市级非物质文化遗产名录。土特产有茶叶、沙田柚、香菇、灵芝、竹笋干、白菜干、黑木耳、贡柑、马蹄、板鸭、丹霞山茶油、“农民头”辣椒酱、丹霞铁皮石斛等，其中“丹霞天雄”红茶、“丹霞红”红茶、“丹霞天仙”白茶、“丹霞雪芽”白茶分别在第八届、九届全国名优茶评比中获得特等奖和一等奖，中华名果“长坝沙田柚”经国家质监局批准为地理标志产品。仁化是国家万亩花生创高产示范县、国家粮食生产大县、国家农业综合开发县。

仁化人杰地灵。城口恩村的蒙英昴登南宋宝祐四年丙辰进士，与文天祥同榜，官至襄阳招讨史；城口的原云南省革委会主任、昆明军区第一政治委员、中将谭甫仁是参加过二万五千里长征的红军老干部，其子少将谭一兵曾任湖南军区副司令员。

仁化县先后获中国式农村电气化试点县、全国造林绿化百佳县、第三次全国城市环境综合整治优秀县城、全国体育先进县、全国计划生育宣传先进单位、全国婚育新风进万家活动先进县、全国农村卫生厕所普及工作先进单位、全国绿化模范县、国家卫生县城、全国团建先进县、中国最佳生态休闲旅游名县、中国最具投资潜力特色示范县等称号。2011年被中国科协命名为全国科普示范县。

【2011年经济社会发展状况】 2011年，全年全县完成生产总值71.24亿元，比上年增长6.5%。其中第一、二、三产业增加值分别为13.72亿元、36.13亿元、21.39亿元，分别比上年增长6.5%、0.2%和18.7%。实现地方财政一般预算收入4.04亿元，比上年增长22.5%。其中国税收入11100万元，增长1.92%；地税收入17387万元，增长35.5%。全社会固定资产投资完成31.47亿元，比上年下降8%。全年共接待游客361.3万人次，旅游经济总收入20.45亿元，分别比上年增长16.7%和12.1%。社会消费品零售总额实现16.95亿元，比上年增长15.7%。年末全县金融机构各项存款余额52.24亿元，比上年增长14.8%；各项贷款余额15.49亿元，比上年增长26.2%。民营工业增加值9.42亿元，比上年增长3.5%。全年人均生产总值35411元，比上年增长7.6%，实现经济总量与

人均水平的协调发展。

【工业经济平稳增长】 2011年，全县完成工业总产值108亿元，比上年增长0.8%，其中规模以上工业完成产值70.94亿元，比上年下降0.02。实现工业增加值33.55亿元，比上年下降0.5%。昇洋制衣二期、兴达厂房改建、银海扩建设备安装调试已基本完成，永恒电器厂房已开始兴建。累计投入5944万元加快省市共建有色金属循环经济产业基地基础建设，新庄大桥和园区主干道已建成通车，自来水厂、3.5万伏供电线路、污水处理厂等配套设施建设已启动，广东志成冠军集团有限公司、百成粮油机械制造公司等企业已开工建设。

【“三农”工作稳步发展】 2011年，全县完成农业总产值22.34亿元，比上年增长6.6%。全年播种粮食面积1.65万公顷，总产10.3万吨，分别比上年增长0.62%和2.68%。生猪产量11989吨，家禽产量3730吨，水产养殖产量8086吨，分别比上年增长-1.3%、0.51%和5.1%。新增有机食品4个，新增农民专业合作社10家。创建国家现代农业示范园工作推进，富然农科山茶油、旭日葡萄酒厂建设进展顺利。锦江河长江段河堤工程建设步伐加快，完成农田改造项目520公顷，另有626.67公顷改造项目正在实施。

【第三产业较快发展】 2011年，仁化县跻身广东省县域旅游综合竞争力十强。丹霞山在2010年申报世界自然遗产的基础上，2011年创建国家AAAAA级景区。完成广东国际旅游文化节仁化分会场活动任务。全县接待旅游人数达361.3万人次以上，旅游经济总收入20.46亿元，分别比上年增长16.7%和12.1%。苏宁电器、肯德基、好邻居等一批连锁经营业进驻仁化。中国历史文化名村石塘村生态旅游开发项目开始实施，华南大宗农产品物流交易中心征地拆迁工作扎实推进，装饰材料城建设进展顺利。

【财税及居民收入较快增长】 2011年，县地方财政一般预算收入实现4.04亿元，比上年增长22.5%。一般预算支出8.55亿元，比上年增长26.6%。全县金融机构各项存款、贷款余额和城乡居民储蓄存款余额分别比上年增长14.8%、26.2%和12%。全县财政供给人员生活补贴人均月增累计达900元，是仁化县有史以来干部职工福利待遇涨幅最大的一年。城镇居民人均可支配收入14589元，农村居民人均纯收入8094元，分别比上年增长12.9%和19.4%。

【城乡建设加快推进】 丹霞大道北段、县城主干道改造工程已建成使用，丹霞大道卜谷岭到丹霞山段和县城至丹霞中学路段改造工程前期工作开始实施，城南森林公园二期已进场施工，十六冶棚户区改造工程开始平整土地，丹霞新城、生活垃圾填埋场已动工建设，盈锦花园、雅苑新城等房地产项目顺利推进。国库支付中心、“三中心一馆”（人才管理服务中心、行政服务中心、价格管理服务中心、档案馆）建设进展顺利。“乡村清洁美”工程扎实开展，塘联新村、田螺塘新村等一批新农村建设稳步推进。

【“双转移”工作取得新进展】 2011年，全年引进招商项目30宗，合同利用外地资金15.5亿元，实际利用外资1832万美元。新引进总投资1100万美元的波兰艾柯电子有限公司、总投资720万美元的韶关鑫绿源生物技术有限公司等一批大型项目。县首家小额贷款公司——凯恒小额贷款有限公司已开业运营。完成农村劳动力技能培训1597人，转移就业8660人，均超额完成市下达任务。全年举办各类招聘会45场，城镇新增就业人数4155人。

【“扶贫双到”工作取得新成效】 贯彻落实扶贫开发“双到”工作责任制，狠抓产业扶贫和基础设施建设，贫困村、户的生产生活环境不断改善，扶贫攻坚工作取得新成效。全年投入扶贫专项资金5028.08万元，发展集体经济项目28个，完成贫困户农房改造405户，解决饮水安全879户，改善农田灌溉面积220.8公顷，村道硬底化建设40.27公里，整治村庄13宗，整村拆旧建新或搬迁6宗，全县13个省定贫困村、1338户贫困户基本脱贫。

【社会事业发展取得新成果】 高考成绩连续四年位居全市八县（市、区）前茅，新田家炳小学建设已经启动，创建省教育强县推进。新型农村合作医疗参合率达100%，新型农村社会养老保险工作推进。人口计生综合改革试点工作开展。县城数字电视整体平移工作已完成。农家书屋实现109个行政村全覆盖。文化体制改革和产业化进程加快，成立“仁化丹霞文化传播有限公司”和“广东广播电视网络股份有限公司韶关仁化分公司”。2011年，仁化县被评为国家科普示范县、省知识产权试点县，第四次被评为广东省“双拥模范县”。

【被命名为“全国科普示范县”】 2011年，全县开展“全国科普示范县”的创建工作。成立创建“全国科普示范县”领导小组，研究制定创建工作实施意见、科普工作长期规划和年度计划，制定科普工作联席会议制度，把科普工作纳入党政工作重要议事日程，完善科普工作机制，强化保障条件，落实各项创建目标任务。坚持“政府推动、全民参与、提升素质、促进和谐”的指导方针，围绕“节约能源资源、保护生态环境、保障安全健康、促进创新创造”的工作主题，推动《科学素质纲要》各项工作任务的落实，实现科学技术教育、传播与普及的公平普惠，做好全民科学素质工作，并取得显著成效。

2011年5月，仁化县通过全国创建检查验收，被中国科协正式命名为“2011~2015年度全国科普示范县（市、区）”。

【广东省县域旅游经济综合竞争力十强县】 2011年9月，广东县域经济研究与发展促进会发布全省第一部《县域旅游综合竞争力研究报告》（2010）。该报告显示，仁化县位居2010广东县域旅游综合竞争力前十强。

该研究报告是根据公开的数据资料及实证调研，运用数学模型，通过对全省67个县（市）的旅游要素竞争力、旅游市场竞争力、旅游管理竞争力、旅游发展竞争力进行演算，得出全省县域旅游综合竞争力排名。其中，仁化县进入全省县域旅游综合竞争力十强，名列第六位，成为韶关市唯一获此殊荣的县。

【石塘双峰寨被确认为“广东省中共党史教育基地”】 石塘镇是革命老区镇，镇境内的双峰寨是大革命时期农民运动的红色战斗堡垒，著名的“双峰寨战斗”被当时的中共广东省委誉为“广东农民暴动中最伟大的战斗”。为弘扬老区精神，告慰革命先烈，推动老区建设，仁化县委、县政府成立申报“广东省中共党史教育基地”领导小组，在申报过程中，收集、整理大量的历史资料上报省委党史研究室。2011年9月，石塘双峰寨被中共广东省委党史研究室确认为“广东省中共党史教育基地”，这是省委党史研究室开展广东省党史教育基地确认活动中，韶关市唯一被确认的一个中共党史教育基地。

【首家小额贷款有限公司成立】 8月29号，仁化县凯恒小额贷款有限公司举行开业典礼。县领导吴玉环、罗海俊、彭良武、张云勃、刘建发出席活动并为凯恒小额贷款有限公司开业揭牌。

县凯恒小额贷款有限公司于2011年8月在县工商局注册登记成立，注册资本为5000万元，是该县首家小额贷款有限公司。公司主要服务对象为在本地区依法登记注册的中小企业、民营企业，个体私营企业等非公有制经济组织、个人和个体户；为“三农”企业，中小企业和个人办理各项小额贷款业务等业务。

【荣膺“中国最佳生态休闲旅游名县”称号】 1月，仁化县在北京举行的“辉煌‘十一五’”中国品牌（特色）市、县、镇、开发区颁奖盛典上荣膺“中国最佳生态休闲旅游名县”称号。

该品牌盛会由人民网、中国城市发展促进会、中国品牌建设与管理协会等单位联合举办。经过专家评审确认，仁化县以高票赢得“中国最佳生态休闲旅游名县”大奖，成为全国28个特色品牌县之一，也是广东唯一获得此奖项的县。（谭丽珍）

2011年仁化县（市、区）各镇（街道、办事处）基本情况一览表

表29-6

乡镇（街道、办事处）	总面积（平方公里）	耕地面积（公顷）	人口数（人）		生产总值（万元）	地方财政收入（万元）	农村人平纯收入（元）	下辖村（居）民委员会（个）	主要领导	
			总人口	其中农业人口					党委（工委）书记	镇长（主任）
合计	2223	21397.75	234616	179553	712468	40426	8094	124		
丹霞街道	237	2757.84	60690	27005	183495	781	8550	17	梁鈺清	黄银泰

续表 29-6

乡镇（街道、办事处）	总面积（平方公里）	耕地面积（公顷）	人口数（人）		生产总值（万元）	地方财政收入（万元）	农村人平纯收入（元）	下辖村（居）民委员会（个）	主要领导	
			总人口	其中农业人口					党委（工委）书记	镇长（主任）
扶溪镇	180	1932.87	13003	11748	20749	730	8001	10	谭建华	肖俊青 詹碧清
石塘镇	80	1637.16	13252	12330	12960	213	7910	7	洪家贵	詹碧清 江艳芬
城口镇	322	1433.19	10276	9383	19097	407	8432	8	邹有胜 李建平	刘普新
大桥镇	169	1314.68	11026	10203	20690	584	8039	7	林伟清	冯奋德
黄坑镇	175	1715.46	14476	13786	17092	405	8206	8	李建平 肖俊青	彭国强
周田镇	289	2205.32	27325	25222	40441	650	8055	16	谭浩堂 邱志坚	陈俊华 黄树明
长江镇	313	3111.95	25822	23371	56189	584	7883	17	刘世标 邹汉明	谭家琪 连辉标
董塘镇	193	3395.64	42623	31228	311465	901	8262	19	夏德文 邹有胜	梁　伟
闻韶镇	98	703.26	6175	5632	8789	400	7721	6	丘光强 陈俊华	万志明
红山镇	167	1190.39	9948	9645	21496	125	7970	9	梁伟军 谭家琪	连辉标 李汉辉

附：领导班子成员名单

中共仁化县委员会

书　记：张　平（~2011.4）
　　　　吴玉环（2011.4~）
副书记：吴玉环（~2011.4）
　　　　罗海俊（2011.3~）
　　　　廖志常（~2011.9）
　　　　林国华（2011.9~）
县委常委、组织部长：
　　林国华（~2011.9）
　　区毅明（2011.8~）
县委常委、常务副县长：
　　刘志福(~2011.8)
　　刘光浩（2011.8~）
县委常委、政法委书记：
　　陈育斌（~2011.8）
　　李秀荣（2011.9~）
县委常委：李秀荣（~2011.9）
县委常委、纪委书记：
　　张政殿（~2011.8）
　　张朝盛（2011.9~）
县委常委、宣传部长：
　　张朝盛（~2011.9）
　　赖小红（2011.9~）
县委常委、武装部长：曾光明
县委常委、县委办主任：
　　谢庆伟（2011.9~）
县委常委、开发区主任、周田镇党委书记：邱志坚（2011.9~）
县委常委：
　　梁丽芳（挂职，~2011.12）

仁化县人大常委会

主　任：张　平（~2011.4）
　　　　吴玉环（2011.5~）
副主任：张云勃　赖绍奇
　　　　张元展　邓田庭
　　　　马小荣　连福强

仁化县人民政府

县　长：吴玉环（~2011.4）
　　　　罗海俊（2011.5~）
副县长：刘志福（~2011.9）
　　　　刘光浩（2011. 9~）
　　　　黄付养
　　　　李志贞
　　　　刘建发
　　　　杨　云（2011.9~）
　　　　丘光强（2011.11~）
　　　　谢庆伟（~2011.11）
　　　　黄胜文（~2011.9）
　　　　张展基
　　　　（挂职，~2011.12）
　　　　梁丽芳
　　　　（挂职，~2011.12）

政协仁化县委员会

主　席：彭良武（~2011.11）
　　　　廖志常（2011.11~）
副主席：马志忠　曹杰权
　　　　张标兵　包伟红
　　　　邓诗勤　彭俊余

始兴县

【概况】 始兴县位于广东省北部，韶关市东部。置县于三国吴永安六年（公元263），有1700多年的历史。1958年12月，并入南雄县。1960年10月，恢复始兴县。2011年始兴县下辖9镇1乡，113个村委会，14个居委会。行政区域面积2174.12平方公里。2011年末常住人口25.48万人，户籍人口24.87万人。

始兴县有耕地面积10760.67公顷，林地面积173333公顷，森林覆盖率75.1%，活立木蓄积量1127万立方米。主要矿产资源有钨、锡、铋、铝、铜、铅、锌、黄金等8种有色金属；有石英、萤石、绿柱石、钾长石、瓷土、石灰石等6种非金属。土特产有香菇、木耳、冬笋、蜂蜜、黄烟、西瓜、马蹄、柑橘、枇杷、杨梅、茶油、茶叶、澄江黄酒、清化粉、花生饼、老朋友辣酱、腊肠、板鸭、金银干、鲮鱼干等。是广东省山区首个国家级生态示范区，广东省首个生态县建设示范县，也是全国商品粮基地县，有“粤北粮仓”之称，是广东最大的香菇生产基地，是中国枇杷之乡、杨梅之乡、生态之乡、恐龙之乡、围楼之乡、温泉之乡及“全国无公害蔬菜”生产示范基地县。主要景点有“物种宝库、岭南明珠”——车八岭世界生物圈国家级自然保护区，全国重点文物保护单位的“岭南第一大围”——满堂客家大围，“粤北民俗第一村”——东湖坪客家民俗文化村，广东省委旧址——红围，沈所铜钟寨性趣博物馆，深渡水瑶乡景区及刘张家山温泉度假村等。

始兴是明朝户部尚书谭大初、抗日名将张发奎和破解庞加莱猜想数学家朱喜平的故乡。地方主要特色文化有美术、书法、摄影、文艺创作、吹打乐、舞狮、龟蚌舞、清化《亚妹舞》、舞火龙、划龙舟、民间民俗、谚语、传说等。

始兴县先后获得全国森林资源林政管理先进单位、全国林业综合发展示范县、全国造林绿化百佳县，全国林业生态建设先进县、中国最美小城、中国绿色名县、中国优秀生态旅游县、全国“无公害蔬菜”生产示范基地县、省政府确定为“南岭山地森林生态及生物多样性国能区生态发展试点县”、中国地名文化遗产——千年古县，2011年获得中国围楼文化之乡、沈所镇获得全国特色景观旅游名镇等。

【2011年经济社会发展状况】 2011年，全县完成生产总值43.5亿元，同比增长15.7%（按可比口径，下同），增速创近年来新高，位居全市第三。其中，第一产业13.27亿元，第二产业16.05亿元，第三产业14.18亿元，分别同比增长6.0%、26.5%、14.1%，三次产业比例为30.5:36.9:32.6。固定资产投资总量为历年之最，完成36.50亿元，同比增长17.3%。外贸出口总值1.26亿美元，同比增长15.9%，总量跃居全市首位。社会消费品零售总额10.86亿元，同比增长16.6%。地方财政一般预算收入2.16亿元，同比增长29.5%，财政综合增长率排名全市第一、全省第六。金融机构存款余额49.97亿元，贷款余额14.85亿元，存贷比为29.9%，为近年来最好水平。农村人均纯收入7790元，同比增长20.4%。城镇居民人均可支配收入13785元，同比增长13%。

【生态发展试点县建设展现新风貌】 实施主体功能分区规划，推进南岭生态发展试点县示范项目建设。完成迹地更新2533公顷，封山育林6.67万公顷，义务植树12.5万株，全县自然保护区和生态公益林面积分别达到2.09万公顷、5.22万公顷，森林覆盖率高达75.1%。烟、桑、菜、果等特色产业稳步发展，马市镇建成全省最大的烟叶育苗工场，澄江镇建立93.33公顷中草药材种植和苗圃科研基地。推进旅游“创强”，共接待游客118.6万人次，旅游总收入8.1亿元，同比分别增长33.0%、35.8%，旅游知名度不断提升。

【提高招商质量】 引进凯轩金属、旭粤特种玻璃等新兴工业项目15宗，总部企业8家。东莞石龙（始兴）产业转移园入驻企业27家，其中投产13家，在建8家，初步形成以新型材料为主导产业的特色园区。始兴制笔研发制造基地入驻关联企业12家，基地发展初具规模。全县实际利用外资2023万美元，同比增长19.0%。实现规模以上工业增加值10.33亿元，同比增长38.0%，对GDP增长贡献率达47.8%，工业的主导地位进一步凸显。

【统筹城乡发展，改善宜居环境】 实施“三旧”改造项目11个，成为韶关各县（市、区）中起步最快、效果最好的县。丝绸文化产业创意园、盛世家园、九龄美景等楼盘小区加快建设，丹凤山公园、市民生态文化休闲广场、文化交流中心、城镇生活垃圾处理场等市政项目顺利推进，九龄公园、体育馆建成开放。全面开展绿城行动，加强城市管理，创建“省文明县城先进县城”。高标准启动名镇名村建设，实施乡村“清洁美”，完成村庄整治13个，创建省级卫生村3个、市级6个，无害化卫生厕所普及率达73.4%。沈所镇、顿岗镇创建国家级生态镇通过省级验收，顿岗镇、澄江镇被评为广东省生态示范镇，深渡水乡横岭村创建为广东省生态村。

【基础设施建设步伐加快】 2011年，完成农村公路改造31公里，新建9个乡镇客运站、86个农村候车亭。粤湘高速（始兴段）前期工作已经启动，始兴火车站建设推进。完成尖背灌区改造、沈所河治理、城市防洪工程和11宗农村安全饮水工程，推进田间工程、罗坝河治理工程，争取省级小型农田水利重点县建设项目。西气东输二线管道工程（始兴段）及省天然气管网一期工程（始兴段）竣工。

【保障和改善民生】 2011年，政府承诺为民办好8件实事。九龄公园改造、丹凤山公园改造、尖背灌区改造完工，困难家庭子女就学帮扶工程已经实施，市民生态文化休闲广场、文化交流中心主体工程已经完成，九龄中学已动工兴建，墨江南岸道路建设项目进展较慢。

扶贫开发“双到”工作成效明显，全县有劳动能力的贫困人口提前实现脱贫目标。新增就业岗位2504个，城镇失业人员再就业2003人，城镇登记失业率控制在2.9%以内。社会保险覆盖面不断扩大，困难群众最低生活保障实现应保尽保。兴建廉租房、公共租赁房240套，棚户区改造开工建设262套。

教育“创强”步伐加快，启动兴建九龄中学，澄江镇和城南镇通过教育强镇督导验收。实施基本药物制度，完成基层医疗卫生机构综合改革，完成乡镇10所卫生院改扩建任务。创建“全国计划生育优质服务先进单位”，马市安水村和澄江潭坑村被评为“全国人口和计划生育基层群众自治示范村”。县档案馆晋升为省一级档案馆。出版《始兴县志（1990~2000）》、《始兴年鉴》（2010）创刊号。开展岭南生态文化名县建设，完成新华书店转企改制，完成113个行政村农家书屋建设。全民健身运动蓬勃开展。

【推进民主法治建设】 自觉接受县人大、政协和社会各界的监督，人大建议和政协提案办结率达100%。加强政务公开，开展网络问政。启动“六五”普法，加强行政执法监督。开展“破除慵懒散陋习，提升勤实廉能力”学习教育活动。推进农村综合改革，深化简政强镇事权改革，将4个事业站所下放乡镇管理。落实廉政建设责任制，推进网上审批电子监察系统和农村基层党风廉政信息公开平台建设。

【韶关首家村镇银行在始兴正式开业】 6月3日，韶关市首家村镇银行——始兴大众村镇银行在始兴县隆重举行开业仪式。韶关市副市长孔云龙，内蒙古自治区乌海市副市长徐德林，内蒙古银监局和广东省金融办、人行广州分行、省银监局、人行韶关中心支行、韶关银监分局、韶关金融局等部门有关负责人，主要发起银行代表内蒙古乌海银行有关负责人，始兴县四套班子有关领导及媒体记者共200多人出席开业仪式。

始兴大众村镇银行股份有限公司是由乌海银行股份有限公司发起设立的农村中小金融机构，主要为始兴县农民、农业和农村经济、民营和个体经济发展提供金融服务。

【联合国地名组织正式认定始兴为“千年古县”】 6月，联合国地名专家组中国分部根据联合国地名标准化会议有关决议，依据《中国地名文化遗产鉴定标准体系》评审鉴定，正式发匾认定始兴县为“中国地名文化遗产——千年古县”。

史载，三国吴永安六年（公元263年）春，析南野县南乡之地设置始兴县，“始兴”一名始于此，并沿革至今，堪称粤北第一县。甘露元年（公元265年）冬，设置始兴郡，始兴县隶属始兴郡。现属广东省韶关市。2010年12月，联合国地名组织中国分部专家组在北京经过评审，始兴县申报“中国地名文化遗产——千年古县”获得初审通过。

【沈所镇获“全国特色景观旅游名镇”殊荣】 10月，始兴县沈所镇被国家住建部、国家旅游局授予第二批“全国特色景观旅游名镇”称号，成为全省10个、全市唯一获此殊荣的镇（村）。

沈所镇立足广东省委机关旧址红围、南山自然保护区、铜钟寨、古庙、瑶族风情等“红、奇、古、瑶”特色旅游资源，着力打造红色爱国主义教育基地、金色奇特山水景观区、绿色生态休闲基地、青色古香民族风情区，在探索发展特色景观旅游方面取得不俗的成绩，旅游业已成为该镇重要新兴产业，成为助推该镇经济发展的又一强大引擎。

【马市、罗坝镇荣获“全国环境优美乡镇”称号】 10月，经国家环保部审定和社会公示，国家环保部正式发布公告（2011年第73号），授予全国532个乡镇“全国环境优美乡镇”称号，其中始兴县马市镇、罗坝镇榜上有名，成为韶关市唯一入选本批全国环境优美乡镇的2个乡镇。至此，该县获“全国环境优美乡镇”正式命名的乡镇达到4个。

【始兴体育馆建成启用】 12月27日晚，始兴举行体育馆建成启用仪式。韶关市政府副秘书长陈为佳，市体育局局长何著东、副局长宋启龙，县委副书记、县长刘锋，县政协主席赖根等县四套班子领导出席启用仪式。始兴体育馆位于县城东侧，建筑面积6300平方米，有2680个座位，馆内地面木地板装饰，设有6个羽毛球场和1个标准比赛篮球场，并配置2块LED显示屏和先进智能灯光、音响控制系统，是一个能举办全民健身表演、球类比赛和舞台演唱的多功能集会场馆。

【成功创建“广东省文明县城先进县城”】 始兴县于2009年正式启动创文工作，通过以“文明始兴，和谐家园”为主题，开展“争创文明县城，争做文明市民”、“评选始兴十佳道德模范”、“市容市貌卫生整治”、“做文明有礼始兴人”、“我与文明同行”等运动。开展“全民健身热”兴起构建和谐新始兴、强化县城管理优化生态环境、专项整治倡导文明新风、创新宣传思想提升文明素养等创建广东省文明县城先进县城工作。12月29日，在广东省精神文明建设表彰大会上，始兴获“广东省文明县城先进县城”称号。（张忠信）

2011年始兴县（市、区）各镇（街道、办事处）基本情况一览表

表29-7

乡镇（街道、办事处）	总面积（平方公里）	耕地面积（公顷）	人口数（人）		生产总值（万元）	地方财政收入（万元）	农村人平纯收入（元）	下辖村（居）民委员会（个）	主要领导		日常工作联系电话
			总人口	其中农业人口					党委（工委）书记	镇长（主任）	
合计	2174.12	10760.67	254776	193774	435000	21600	7790	127			
太平镇	283.3	1322.4	76115	27634	209097	630	6512	24	张卫明	赖　雄	0751-3332334
马市镇	277.24	2883.47	38054	36362	35484	3408.4	6569	19	钟万年	钟茂柱	0751-3212138
顿岗镇	91	1207	25555	23064	29293	540	6583	12	何武强	聂金鑫	0751-3242111
城南镇	53	1057.67	20072	17191	19718	942.8	6630	11	张相高	张国华	0751-3333931
沈所镇	168	1160	18400	17632	21400	912.4	6553	12	戴礼文	阳　锐	0751-3422088
澄江镇	219	890.6	16261	15492	16202	636	6435	8	谭晓健	沈小明	0751-3272101
罗坝镇	316	564.6	19985	19158	18026	1369.9	6549	13	钟俊锋	何祺琦	0751-3452236
深渡水乡	190.4	283.87	5433	5213	6242	128	6094	4	朱慧芳	邓伟华	0751-3262136
司前镇	252.9	668.53	14304	13679	15205	155	6536	10	陈颂明	郑树生	0751-3282101
隘子镇	323.28	722.53	20597	18349	14490	160	6083	14	陈尚福	邓扬柱	0751-3202132

附：领导班子成员名单

中共始兴县委员会

书　记：许　红

副书记：刘　锋　杨思远

县委常委、纪委书记：

曹　镅（~2011.8）

高　忠（2011.9~）

县委常委、组织部长：黄勤昌

县委常委：伍　文

县委常委、武装部政委：冯广照

县委常委、宣传部部长：

高　忠（~2011.9）

黄胜文（2011.9~）

县委常委：黄寿生（~2011.8）

卢建成（2011.9~）

县委常委、政法委书记：

严石磊（~2011.9）

卢保新（2011.9~）

县委常委、县委办主任：
雷雨明（~2011.9）
夏　娟（2011.9~）

始兴县人大常委会

主　任：许　红
常务副主任：陈尚彪（~2011.11）
雷雨明（2011.11~）
副主任：刘达芬（~2011.11）
林应均
邓海清（~2011.11）
陈庚来
何兴昌（2011.11~）
谢石生（2011.11~）

始兴县人民政府

县　长：刘　锋
常务副县长：伍　文
副县长：卢建成（~2011.8）
田　毅（~2011.11）
温　鑫
刘胜春
周顺明
吕志华（挂职）
何晓域（2011.11~）
严石磊（2011.11~）

政协始兴县委员会

主　席：赖　根
副主席：廖晋雄　蔡　军
肖长安
邓海清（2011.11~）
田　毅（2011.11~）
邓炳光（2011.11~）

翁源县

【概况】 翁源县位于广东省北部、韶关市东南部，北江支流滃江上游。东与连平县相连，南与新丰县毗邻，西与英德市、曲江区交界，北与始兴县、江西省接壤。地处北纬24°07′30″至24°37′15″，东经113°30′5″至114°18′5″。总面积2183平方公里，土地面积21.8万公顷，其中耕地面积3.08万公顷。全县户籍人口39.96万人，辖7个镇1个场，156个村委会，18个社区居委会，1982个村小组。

气候特征。县域属中亚热带季风气候区，年平均气温20.6℃，最高气温39.5℃，最低气温-5.1℃，无霜期322天，年平均降雨量1778.8毫米，年平均光照1811.8小时。县内多山区丘陵地，素有“八山一水一分田”之称。

森林、水力、矿产资源。全县有林面积14.61万公顷，森林覆盖率达69.1%，活立木蓄积量803.4万立方米。滃江贯流县境，横纳6条支流。水力蕴藏量16万千瓦，可供开发7.58万千瓦。地下矿产资源丰富，已探明的矿产资源有煤、铁、锰、硫铁矿、黑铁矿、金、银、铜等25种。

人文风貌。“龙僻灵池梅岩书堂皆胜地，仙开翁水双腊如珠尽韶天”，尽可概括翁源钟灵毓秀之气象。千年古刹——东华禅寺地处县城东北东华山风景区内，原名东华院，建于明朝天顺年间（1457~1464年），嘉靖年间重修，民国年间被毁。1997年，万行法师在旧址重新扩建集禅修疗养、休闲观光、礼佛祈福于一体的东华禅寺。客家民居独具特色，有广东客家围屋中独一无二的，按周易八卦文化和客家文化融合的古建筑蒽岭“八卦围”；有明清时建造的，由59座客家围楼组成的湖心坝民居群；有仿如“罗盘”形状的罗盘围。生态资源丰富独特，有青云山省级自然保护区、半溪市级自然保护区等丰富农林资源和全国最大的兰花基地，以及三华李、九仙桃、蚕桑等特色农业产业基地。文化底蕴深厚，千百年来，孕育出不少名人志士，有晚唐诗人邵谒，明朝抗倭名将陈璘，当代旅美华人、全美油画家协会原主席、油画大师涂志伟等。

名优品牌。翁源是“中国三华李之乡”、“中国九仙桃之乡”、“中国兰花之乡”、全国最大的国兰生产基地和“国家级黎蒴丰产林标准化示范区”。三华李获地理标志产品保护。六里柑、九仙桃、黑皮蔗、马古塘莲等名优特产久负盛名，江尾米面、周陂冰花饼等客家小食别具特色，溪黄草茶、白糖、缫丝、户外家俱等名牌产品享誉国内外。

【2011年经济社会发展状况】 2011年，全县生产总值实现50.1亿元，按可比价格计算，同比增长15.1%，其中第一产业增加值15.69亿元，同比增长6.9%；第二产业增加值15.43亿元，同比增长26.5%；第三产业增加值18.99亿元，同比增长14.0%。三次产业对经济增长的贡献率分别为15.3%、48.2%和36.5%，分别拉动GDP2.3个百分点、7.3个百分点和5.5个百分点。三大产业结构由上年的33.3:27.4:39.3调整为31.3:30.8:37.9。2011年全县财政总收入8.465亿元，地方一般预算收入2.17亿元，对比上年分别增长11.04%和42.3%；完成固定资产投资28.85亿元，比上年增长43%；实现社会消费品零售总额20.84亿元，比上年增长16.5%。城镇居民人均可支配收入12955元，比上年增长11%，农村人均纯收入7668元，比上年增长17.4%；城乡居民收入差

距由2010年的1.79:1缩小至2011年的1.75:1。年末全县金融机构各项存款余额61亿元，比年初增长14.2%；各项贷款余额21.7亿元，比年初增长34.3%。多项经济指标增幅走在全市前列，其中第一产业增加值、地方一般预算收入、地方税收收入、固定资产投资、规模以下工业增加值等增速全市第一。

【以招商引资促工业总量壮大】 2011年，全年新签利用外资合同9宗，实际到位资金1941万美元，同比增长33.0%；外贸出口总额2323万美元，同比增长21.9%；签约内联招商项目20宗，合同规定引进资金8.47亿元，实际到位资金19.49亿元，同比增长159.5%。

专业工业园区初具规模，形成"一区多园"的发展格局。华彩化工涂料城已有23家企业入园，其中有化建、五羊、秀珀、欧文等国内、省内知名企业成功落户；粤北危处中心入园企业有7家，总投资超7亿元；投资15亿元的广业科技园6月动工建设。年底专业园区共有7家企业竣工试产。金悦通电子、中源水泥厂、韶钢恒然锌业、广宇金属、凯通纤维板厂、云门灯饰、泷铎时装等大项目均已建成试投产，耐普电源、金悦诚电池等项目已竣工进入生产调试。

2011年，全县完成工业增加值13.74亿元，同比增长26.7%。其中，规模以上工业增加值8.32亿元，同比增长45.0%，规模以下工业增加值5.42亿元，同比增长10.7%。全年新增源源有色、兴源有色、凯通等规上工业企业9个，新增产值7.5亿元。规模以上工业企业中，安源木业、慧园米业、泉林木业等企业增长强劲，产值分别同比增长207%、241%和109%。从经济类型看，集体企业、股份制企业、其他经济类型企业领先增长，分别比上年增长76.7%、29.7%和27.3%。从产销衔接看，生产销售快速增长，规模以上工业总产值33.16亿元，同比增长76.83%，工业产品销售率达94.6%。全县规模以上工业实现利润总额1.31亿元，同比增长2.9倍。

【农业现代化进程加快】 农业产业化程度不断提高。糖蔗、蚕桑、水果、花卉、蔬菜等农业主导产业进一步壮大，农业主导产业保持稳定发展，全年实现农业增加值15.69亿元，同比增长6.9%。其中，种植业增加值12.66亿元，同比增长7.5%；林业增加值0.99亿元，同比增长3.3%；牧业增加值1.59亿元，同比增长4%；渔业增加值0.3亿元，同比增长5.8%；农林牧渔服务业增加值0.15亿元，同比增长6.8%。全年农作物播种面积达43926.67公顷，同比增长2.7%。其中，粮食种植面积19693.33公顷，与上年持平；其他经济作物种植面积24233.33公顷，同比增长4.9%。粮食、甘蔗、蔬菜产量同比分别增长5.2%、17.3%和2.1%，优质稻种植面积达14333.33公顷，产量增长9.1%。花卉种植面积398.07公顷，栽培观赏盆景799万盆，比增119%。现代农业产值达20.87亿元，增长43.16%，现代农业产值占全县农业总产值比重达83%，比上年提高20个百分点。信达茧丝绸和茂源糖业两家民营企业入选广东省现代产业500强、现代农业100强企业。拥有市级以上农业龙头企业10家、农民专业合作组织80个，农业龙头企业和农民专业合作组织数量均居全市县（市、区）首位；获得农产品无公害食品认证11个、绿色食品7个、有机食品25个。粤台农业合作试验区成立以来，建设快步推进，基础设施不断完善，入园企业达12家，累计投入资金1亿多元。

【加快培育旅游产业】 2011年，完成东华山旅游景区、仙鹤花果生态休闲旅游区和书堂石文化生态旅游区3个景区规划，建成九曲水生态旅游度假村、东华佛宝山庄等旅游项目，东华山风景区、九曲水生态旅游度假村先后被评为广东省森林生态旅游示范基地，东华山、八卦围被评为韶关最美的旅游景区。举办三华李节、兰博会、九仙桃节、"花醉岭南"赏花节和东华寺开光典礼等一系列活动，扩大翁源的知名度。全年实现接待游客55.3万人次，比上年增长22.07%，旅游总收入3.9亿元，比上年增长21.88%。

【基础设施不断完善】 全年完成固定资产投资8665万元。完成省道S251线新江至卷头山公路21.5公里大修工程，完成县道X349线南浦至松塘、X161线陂头至贵联、X353线凉桥至铁龙等三条公路的大修工程，完成县道大修总里程50.7公里，同时，完成县城过境公路长14.5公里建设和京珠高速翁城出口至106国道6公里的连接线路面改造工程。完成农村公路建设108公里，投入资金3240万元，铁龙危物处置中心公路、X349线松塘至南浦、X161线陂头至贵东和乡道Y033线南龙至龙仙公路改造工程已列入省市公路项目建设计划。京珠高速翁城互通至106国道连接线改建工程、铁龙至水打赖公路改建工程、省道S341线翁源县城过境公路改建工程三大县重点公路建设推进，前两项工程已完工。完工投入使用的候车亭110个。全年交通运输和邮电业实现增加值33815万元，同比增长28.2%。年末公路通车里程1444.74公里，公路密度68.8公里/百平方公里。按公路等级分，高等级公路（二级以上）164.76公里，次等级公路（三级以下）1533.35公里。其中，高速公路22.4里，国道48.86公里，省道182.14公里，县道246.43公里，乡道921.24公里，村道277.04公里。年末全县民用汽车拥有量7310辆，其中私人汽车6253辆。年末电话交换机总容量10.09万门，固定电话用户5.83万户；移动电话用户19.47万户；互联网宽带用户1.74万户。按常住人口计算，全县电话普及率为每百人15部。全年接待旅游者人数45.3万人次，旅游总收入3.27亿元，分别同比增加16.1万人次和1.5亿元。

【民营经济快速发展】 2011年，全县民营经济实现增加值31.7亿元，同比增长16.7%，增速比2010年加快2个百分点，比全市快3.5个百分点以上。全年全县民营经济创税2.68亿元，同比增长16.8%。

【社会事业长足进步】 2011年，政府投入资金3400万元用于改善民生，促进社会各项事业协调发展。3个科技成果获市科技进步奖，14项科技成果通过鉴定并被评为翁源县科技进步奖，4个项目被列入省科技计划项目。教育事业取得长足进步。2011年全县已有3个镇被评为省教育强镇；高考前三批上线率居全市县域第一名。

文化翁源建设稳步推进。县图书馆、博物馆、翁山诗书画院建成投入使用，涂志伟美术馆和陈璘公园建设稳步推进，江尾湖心坝民居群被列入省第六批文物保护单位，民间民俗文化蓬勃发展。

保障体系逐步完善。基层医疗机构综合改革全面完成，新型农村合作医疗参合率达到100%；建成保障性住房128套，已供98户低收入家庭入住。

林业生态创建工作被省政府授予“广东省林业生态县”称号，林改工作被评为省先进单位。新农合参合率排列全市第一，被评为广东省农村中医药工作先进单位。扶贫“双到”工作被省评为优秀等次。创建省计划生育优质服务县目标如期实现，铁龙林场龙集村被授予全国“人口和计划生育基层群众自治示范村（居）”荣誉称号。社会综治信访维稳工作进入全市先进行列，社会大局保持和谐安定。

【自身建设不断加强】 开展“清风行动”，创新绩效考评机制，逐步形成行为规范、运转协调、廉洁高效的行政运行机制，全年受理行政审批事项近4万件，办结率100%，清理行政审批事项130项。政府决策更加科学民主。搭建和创新公众参与行政决策平台，高度重视人大代表建议和政协委员提案的办理工作，全年办理人大代表建议24件、政协委员提案49件，办复率100%。全县有59个单位编制政务公开和信息公开目录，办理“网络问政”200多宗，办复率100%。2011年承诺要办好的六项惠民工程全面完成。

【翁源县被正式授予“广东省林业生态县”称号】 3月，翁源县被省人民政府授予“广东省林业生态县”称号。翁源县是典型的林业大县，全县总面积2183平方公里，林业用地面积163930.3公顷，省级生态公益林面积35133.5公顷，县级生态公益林690.2公顷，森林覆盖率69.1%，活立木蓄积量803.4万立方米，先后建立青云山省级自然保护区、半溪市级自然保护区、青云山省级森林公园和东华山等4个县级森林公园，全县保护区体系面积19662.2公顷。

【“云雾仙子”乌龙茶获金奖】 5月26日，在广东省第九届名优茶质量竞赛中，翁源县七仙子生态茶场生产的“云雾仙子”乌龙茶以内质香气清高持久，汤色金黄，清澈明亮等特点夺得本次竞赛的金奖。

【广东广业科技产业园在翁源奠基动工】 6月28日，由广东省广业资产经营有限公司投资兴建的广东广业科技产业园在翁源县动工建设。副省长宋海为产业园奠基发来贺信。省国资委党委书记刘富才、省发改委副巡视员林喜南、市委副书记林耀明和该县四套班子领导以及省、市、县有关部门人员、社会各界人士共300多人参加庆典活动。

位于翁源县翁城工业园的广业科技产业园占地面积100多公顷，投资18亿元，是粤北地区动工建设的最大的一家以绿色环保产业为主的科技产业园，是广东省加快产业转型升级，贯彻实施“双转移”战略，提高国有企业自主创新能力的代表性项目。园区设有技术研发区、成果转化区、产品加工区、标准认证区、质量检测区、产品展示区、综合服务区等七大功能区，可以为入园企业提供技术支持、产品交易、转型升级、企业融资等全方面服务。（翁源县史志办）

2011年翁源县镇（场）基本情况一览表

表29-8

乡镇（街道、办事处）	总面积（平方公里）	耕地面积（公顷）	人口数（人）		生产总值（万元）	地方财政收入（万元）	农村人平纯收入（元）	下辖村（居）民委员会（个）	主要领导	
			总人口	其中农业人口					党委（工委）书记	镇长（场长）
合计	2183	30826.67	399600	311070	50100	21700	7668	175		
龙仙镇	427.3	5353.33	135657	66267	58961	4727	6754	40	甘志初	童纪章
江尾镇	334	4733.33	46087	40386	57486	3175	6210	27	李金桓	胡可清
官渡镇	240	4581.7	47940	44858	66850	4803	6302	21	张　洪	刘彩新
坝仔镇	384	4469.73	55717	41502	33053	2848	5060	25	李尚新	张　育
新江镇	336.57	3535.4	43816	41278	90638	2756.3	5920	20	何新平	练培新
翁城镇	146	1353.33	35888	30403	53600	2983.2	6468	18	王有龙	李芳足
周陂镇	230	4774.93	45114	41916	68883	3280.3	6659	20	涂干忠	叶米昌
铁龙林场	96.5	1493.33	5544	4460	57000	17026	7082	4	许小彪	许小彪

附：领导班子成员名单

中共翁源县委员会

书　记：朱余旺

副书记：颜　亮　温毅麟

县委常委、宣传部长：

李翠红（~2011.10）

丘雪媚（2011.11~）

县委常委、政法委书记、公安局局长：黄向阳（~2011.9）

县委常委、政法委书记：

肖伟旗（2011.9~）

县委常委、组织部部长：

黄令遥（~2011.10）

朱增志（2011.10~）

县委常委、常务副县长：

曾清兰（~2011.4）

黄令遥（2011.4~）

县委常委、武装部部长：李国荣

县委常委：肖慎达

肖伟旗（2011.8~9）

县委常委、县委办主任：

陈志峰（~2011.11）

陈建为（2011.11~）

县委常委、纪委书记：

叶　文（~2011.4）

刘祥锋（2011.4~）

翁源县人大常委会

主　任：朱余旺

副主任：廖修成（~2011.11）

刘昌勇（~2011.11）

刘国富　彭方松

陈志锋（2011.11~）

雷展发（2011.11~）

张树玉

陈福环（2011.11~）

翁源县人民政府

县　长：颜　亮

常务副县长：

曾清兰（~2011.4）

黄令遥（2011.4~）

副县长：黄向阳（~2011.11）

包玉兰

朱增志（~2011.11）

雷展发（~2011.11）

潘允标（~2011.11）

张　坚（~2011.11）

陆伟杰

张福来（~2011.11）

陈路生（2011.11~）

柯建忠（2011.11~）

政协翁源县委员会

主　席：谢寿通

副主席：余小英

刘剑辉（~2011.11）

张朝养　涂永先

曾桓有　刘少青

李翠红（2011.11~）

新丰县

【概况】 新丰县位于广东省中部偏北。南齐永明元年（483年）置县，取“物产丰富”之意而得名新丰县，属南海郡。隋开皇十八年（598年），改新丰县为休吉县，属循州总管府辖。大业三年(607年)，将休吉县并入河源县。明隆庆三年（1569年），析河源地，兼割英德、翁源两县之东南隅再复县，取“长久安宁”之意，称长宁县，属惠州府辖。清朝，长宁县一直属惠州府辖。民国3年（1914年）5月9日，因避江西、福建两省的长宁县重名，而复名新丰县，属惠州府；民国10年（1921年）至38年(1949年9月30日止）隶属于广东省第四行政督察区。1949年6月13日，新丰县解放。新中国成立初，新丰县属北江区管辖；1951年12月19日，划归东江专区；1952年6月，划归粤北区管辖；1958年12月14日，与翁源并县，属粤北区管辖；1959年11月16日，与翁源分县，恢复新丰县建制，属韶关专区管辖；1975年1月1日，划归广州市管辖；1988年1月1日，划归韶关市管辖。辖6镇1街。行政区域面积2015.2平方公里。2011年末常住人口20.79万人，户籍人口25.66万人。

新丰县有耕地930公顷，园地0.55万公顷，有林地面积15.01万公顷，森林覆盖率78.8%，活立木总蓄积量875.11万立方米。铁矿储藏量1200多万吨，离子吸附型稀土矿储量50万吨以上，瓷土矿储量在2000万吨以上，水泥用灰岩储量达2亿吨以上。水力资源蕴藏量（理论数据）14.9万千瓦，可开发量(理论数据）14.2万千瓦。土特产有香菇、木耳、灵芝、兰花、山茶叶、蜂蜜、竹笋、薯片、反季节蔬菜、木屐产品等。主要旅游景点有云髻山省级自然保护区、省级文物保护单位雁塔、以“云天海”和“新丰江源”为代表的森林温泉度假区、樱花峪、佛手瓜村、九栋十八井客家围屋等。

民间文艺有舞火龙、舞凤、舞春牛、舞狮、舞鲤鱼、舞纸马、采茶戏、客家山歌及兰花、画眉、奇石、根艺等，“新丰担丁酒”、“新丰缸瓦”、“新丰龙皇宫出行”、“新丰纸马舞”列为市级非物质文化遗产，“张田饼印”列为省级非物质文化遗产。著名人物有宋代进士、诗人、书法家古成之，红四军早期领导人李任予。

新丰县是全国第一批农村初级电气化达标县、全国生态建设示范县。先后获全国群众体育先进单位、全国封山育林先进单位等称号。

【2011年经济社会发展状况】 2011年，全县生产总值37.15亿元，同比增长14.7%。增速超过全省、全市平均水平。其中：第一产业增加值8.10亿元，同比增长3.9%；第二产业增加值15.23亿元，同比增长17.9%；第三产业增加值13.82亿元，同比增长18.1%。人均生产总值17931元，同比增长14.6%。工业总产值46.3亿元，同比增长24.6%。农林牧副渔业总产值12.92亿元，同比增长5.2%。全社会固定资产投资21亿元，同比增长42.1%。外贸出口总额664万美元，同比增长26.2%。实际利用外资2033万美元，同比增长22.8%。地方财政一般预算收入1.84亿元，同比增长29.8%。社会消费品零售总额13.19亿元，同比增长16.5%。城镇居民人均可支配收入11476元，同比增长13.3%。农村居民人均纯收入6660元，同比增长21.2%。

【工业经济取得突破】 2011年，新丰县重点加大环保涂料、高新材料、建筑材料、食品饮料“四料”产业的引导和扶持，加快推进稀土、水泥、建陶、涂料等产业项目建设，形成工业经济发展的新引擎，打造特色工业基地，增强工业经济实力。全年完成工业总产值46.3亿元，比上年增长24.6%，全部工业完成增加值13.40亿元，比上年增长19%，工业增加值对全年经济增长的直接贡献率为44.6%，拉动经济增长6.6个百分点,其中规模以上工业完成增加值10.84亿元，同比增长27.7%。2011年，规模以上工业企业42家，年产值超亿元企业6家。

【重点项目建设加快】 2011年，新丰县加快推进重点项目建设。大广高速公路新丰段完成投资6000万元，即将开工建设；稀土分离项目立项核准等前置工作获国家和省有关部门批复，上报国家发改委项目核准；越堡水泥项目完成投资6.1亿元，进厂公路关键工程回龙河大桥建成通车，正在安装调试第一条生产线设备；华夏生态建陶产业转移基地完成投资7.78亿元，完成首期、二期用地土方平整工程和日供水1200立方米的蓄水池、基地用水管线布设等供水工程、基地通电工程，已签约金丰达、金硕、嘉峰、陶索特等建陶企业，建成生产线2条，在建6条。环保涂料及产学研基地完成投资2.32亿元，签约征收土地387.07公顷，平整土地142公顷，其中马头片区完成平整，建成1700米园区主干道、3000米下水道和临时供水、供电工程，23家入园企业在建11家、待建12家；丰城片区中华制漆项目推进；S347线回龙桥至牛仔峡段改建工程建成，S347线牛仔峡至礁下公路改扩建项目进展顺利；旅游“龙头”云髻山总体开发项目取得突破性进展，新引进的投资商拟投入25亿元建设AAAAA级观光休闲度假区，并与云髻山温泉度假山庄达成整体收购协议。

【现代农业发展壮大】 2011年，新丰县围绕打造“无公害蔬菜基地、绿色食品示范县、新丰江之源生态县”三大品牌目标和要求，进一步巩固农业基础地位，农民持续增收，城乡协调发展。全年农业总产值12.92亿元，比上年增长5.2%。其中：种植业比上年增长7.1%；林业比上年增长7.5%；畜牧业比上年下降5%；渔业比上年增长5.1%。龙头企业发展到4家，农民专业合作经济组织50家，带动农户5180户，“无公害农产品”、“绿色食品”、“有机食品”认证29个达40个品种。黄磜高山茶获省第九届名优茶质量竞赛金奖。铁皮石斛、高山茶、云髻山生态香米、有机蔬菜等成为特色农产品新名片。

【旅游业繁荣发展】 2011年，新丰县着力创建“生态休闲旅游基地”，全力打造“珠三角休闲胜地”。云髻山、樱花峪、云天海、新丰江源、佛手瓜村等生态特色景点景区已成为珠三角客源休闲度假、商务会展活动最喜爱的目的地之一；新龙公路沿线农家乐聚集发展，成为驰名珠三角的美食长廊；举办2011年新丰樱花节，吸引珠三角地区自驾游客前来观赏，樱花节期间共接待游客约8000人次，比上年增长60%；举办首届新丰佛手瓜节，生态休闲旅游特色品牌进一步唱响；举办广东省国际旅游文化节系列活动新丰枫叶节，接待游客约10万人次。2011年全县接待游客79.05万人次，旅游总收入达5.68亿元，比上年分别增长36.8%和40%。

【基础设施日趋完善】 2011年，新丰县公路通车总里程达1253.39公里，公路密度每百平方公里达62.08公里，居全省山区县中上水平。全县141个行政村全部实现公路硬底化，135个行政村开通班车客运，实现省政府提出的镇有站、村有亭、有通客车条件的行政村全部通客车的三个100%目标。省道347线回龙桥至牛仔峡段改扩建工程建成通车，牛仔峡至英德青塘段改扩建工程2012年初可建成通车，西部工业重镇加快发展的交通制约将得到根本解决；国道105线县城段迁建工程、大广高速公路控制性工程启动征地拆迁工作，新丰第一条高速公路即将进入实质建设阶段。自2006年12月县十三届人大一次会议以来，完成现代标准农田建设项目23个共1133公顷，新增耕地333.33公顷；完成县城防洪工程建设，县城防洪建设标准提高到50年一遇；完成农村饮水安全工程建设25宗，小型病险水库除险加固工程11宗；投入6.03亿元，完成220千伏云峰、110千伏紫城等输变电工程建设，农村电网改造基本完成，实现城乡用电同网同价。

【扶贫开发扎实推进】 2011年，新丰县推进扶贫开发“规划到户责任到人”工作。全年投入资金1.73亿元，落实帮扶项目155个(其中农业项目84个、工业项目26个、商业旅游项目12个、招商引资项目33个)，新增通硬底化道路66.59公里，新增纳入低保734户，解决饮水安全267户，新增解决住房难1620户，新增农田水利受益面积707公顷，帮助建设文化卫生设施122宗。全县54个贫困村的6137户25806人年人均纯收入5490元，比上年人均增收3106元，增幅达130.28%；54个贫困村平均集体收入7.84万元，比上年增长4.78万元。

【社会民生全面进步】 2011年，新丰县推进廉租房、公租房、限价房等保障性住房建设400套。年初预定的九件民生实事，任予广场改造、40套廉租房建设等5件全面完成，四小筹建、残疾人康复中心建设等4件按计划推进。全年教育投入1.81亿元。普通高中阶段毛入学率91.6%，高考重点、本科、专科上线率居全市七县（市）一区第三。举办马头中学校庆活动，营造尊师重教氛围。完成行政村电视村村通工程，已建成农家书屋141家。《新丰县志（1979~2005）》、《革命烈士李任予》出版发行，启动《新丰年鉴》（创刊号）编修工作。医药卫生体制改革推进，137个行政村落实“一村一站一名乡医一万元”政策，每万人口执业医生数为17.3人。完善全民健身广场、游泳池、网球场、综合训练楼建设，全民健身运动蓬勃开展。2011年全县城镇在岗职工工资总额35481万元，比上年增长9.5%；城镇在岗年职工平均工资为21483元，比上年增长8.2%。城镇居民人均收入11476元，比上年增长13.3%；农民人均年纯收入6660元，比上年增长21.2%。落实为各种优抚对象办理城镇居民基本医疗保险和农村新型合作医疗保险，农村合作医疗参保率100%。全县低保和“五保”对象基本实现应保尽保。

【茶峒高山茶在广东省名优茶质量竞赛获奖】 5月26日，广东省茶叶学会、广东省茶业行业协会举办广东省第九届名优茶质量评比竞赛。在竞赛会上，新丰县茶峒高山茶专业合作社出产的“三叶粒牌”青心乌龙茶和金萱乌龙茶分别荣获“广东省第九届名优茶质量竞赛”金奖和优质奖。（俞志高）

2011年新丰县（市、区）乡镇（街道、办事处）基本情况一览表

表29-9

乡镇（街道、办事处）	总面积（平方公里）	耕地面积（公顷）	人口数（人）		生产总值（万元）	地方财政收入（万元）	农村人平纯收入（元）	下辖村（居）民委员会（个）	主要领导		日常工作联系电话
			总人口	其中农业人口					党委（工委）书记	镇长（主任）	
合计	2015.2	9301	256631	194961	371500	18400	6660	157			
丰城街道	329.6	1092.5	85532	33611			7148	32	潘何焦（6月离任） 李翠琼（6月任职）	陈旭日（6月离任） 潘小定（6月任职）	2252632
马头镇	530.9	1998.5	45784	43152			6475	33	黄思源	吴庆东（6月离任） 黄剑武（6月任职）	2360698 2360608
梅坑镇	310	1258.7	27383	26214			6733	22	谭雪梅（6月离任） 潘文辉（6月任职）	潘文辉（6月离任） 陈赞写（6月任职）	2382803
沙田镇	241.5	1538.3	23319	22002			6504	18	曾　伟（6月离任） 刘祥铁（7月任职）	罗育贤	2323295 2323297
遥田镇	194.9	1354.1	35064	33600			6455	20	潘光席	廖　剑（6月离任） 温巧靖（6月任职）	2212133
回龙镇	161	1057.5	20688	18312			6663	18	余文增	陈赞东（6月离任） 胡海峰（6月任职）	2392883
黄礤镇	247.3	1001.4	18861	18070			6644	14	温继兵（6月离任） 吴庆东（7月任职）	俞光明（6月离任） 潘光志（6月任职）	2423289

附：领导班子成员名单

中共新丰县委员会

书　记：范秀燎

副书记：黄庆忠　马志明

县委常委、县总工会主席：

刘冰清（女，~2011.9）

委常委、组织部部长：

马志明（~2011.4）

林小龙(2011.4~)

县委常委、县委办主任：曾　军

县委常委、常务副县长：刘文程

县委常委、纪委书记：

肖伟旗（~2011.9）

谢林茂（2011.9~）

县委常委、宣传部部长：陈小同

县委常委、政法委书记：

赖展锋（~2011.9）

曾　伟（2011.9~）

县委常委、武装部政委：

赵立忠（~2011.6）

杨名友（2011.6~）

县委常委、丰城街道党工委书记：李翠琼（女，2011.9~）

新丰县人大常委会

主　任：范秀燎

副主任：江大凡

张衍林（~2011.11）

罗衍国

李雀平（~2011.11）

欧秀娣（女，~2011.11）

刘冰清（女，2011.11~）

谭光来（2011.11~）

廖少明（2011.11~）

李国彬（2011.11~）

新丰县人民政府

县　长：黄庆忠

副县长：刘文程　潘三峰

林小龙（~2011.11）

谢林茂（~2011.11）

廖少明（~2011.11）

刘小文（女，~2011.11）

赖展锋（2011.11~）

罗志方（2011.11~）

吴武超（2011.11~）

谭雪梅（女，2011.11~）

陈能波（挂职）

江　琳（女，挂职）

政协新丰县委员会

主　席：李德彝

副主席：郭世初

谭光来（~2011.11）

潘子英

朱笋浓（~2011.11）

冯南燕（女）

罗志方（~2011.11）

潘允标（2011.11~）

郑　斌（2011.11~）

廖保青（2011.11~）

乳源瑶族自治县

【概况】 乳源瑶族自治县位于广东省北部，南宋乾道三年（1167年）置乳源县。1952年3月，乳源与曲江合并为曲江乳源县。1953年5月恢复乳源县建制，1958年12月，撤销乳源县，归入韶关市郊。1963年10月成立乳源瑶族自治县，为广东省3个少数民族自治县之一。辖9个镇，行政区域面积2299平方公里。2011年末常住人口17.87万人，户籍人口21.8万人，其中瑶族2.1万人，畲、满、回等少数民族人口共计0.12万人。

乳源瑶族自治县地处山区，资源丰富。有耕地面积9910.6公顷，森林覆盖率76.08%，活立木总蓄积641.8万立方米，水力资源理论蕴藏量达56.25万千瓦，已开发利用53万千瓦。探明的矿产28种、矿床143个。主要土特产有还原笋、瑶山熏肉、大布腐竹、山坑螺、食用菌、南水水库三角鲂和银鱼、番薯干、巴西果汁等。主要旅游景区、景点有广东大峡谷、南岭国家森林公园、天景山仙人桥、红豆杉森林公园、西京古道、云门寺、必背瑶寨、丽宫国际温泉度假区、南水湖、云门峡漂流等。

乳源瑶族自治县境内人文景观独特、历史悠久。县境有记载人类4000多年文明史的横石山新石器时代晚期人类聚居遗址，有东汉至南宋时期的古代墓葬群，有记载夏商至西周人类聚居活动的泽桥山遗址，有记载春秋战国至南朝期间人类聚居的邓屋坪遗址；有汉朝时开筑的西京古道；有南北朝陈朝名将侯安都故居；有朱德元帅第七代祖先的祖居地——朱家陇；有世界过山瑶的古老祖居地必背瑶寨。境内瑶族是世界四大瑶族支系之一——过山瑶的一支，通讲“勉”语，与旅居泰国、柬埔寨、法国、美国、加拿大的部分瑶族，有着一脉相承的历史渊源。乳源又是佛教五大禅宗之一——云门宗的发祥地，云门寺始建于后唐庄宗同光元年(923年)，有1000多年历史。

乳源瑶族自治县近年获得全国民族团结进步模范集体、中国农村水电之乡、全国文化信息资源共享工程示范县、全国民族体育先进集体、全国绿色食品示范县、中国绿色名县、全国绿化模范县、全国农村党的建设“三级联创”活动先进县、中国果菜无公害十强县、中国果菜无公害科技示范县、中国金融生态县、中国最佳民族生态旅游名县、中国瑶绣之都、中国观赏石之乡等称号。2011年获得国家绿色能源示范县、全国民族体育先进集体称号。

【2011年经济社会发展状况】 2011年，全县生产总值46.32亿元，按可比价比上年增长10.4%。其中，第一产业增加值5.37亿元，比上年增长4.6%；第二产业增加值23.97亿元，比上年增长10.08%；第三产业增加值16.98亿元，比上年增长11.6%。地方财政一般预算收入3.43亿元，比上年增长10.7%。城镇居民人均可支配收入13143元，比上年增长8.5%。农村居民人均纯收入6149元，比上年增长15.3%。

【工业经济较快发展】 2011年，乳源县完成富源、新材料产业园征地73.33公顷，新材料产业园控制性详细规划通过专家评审，承接产业转移能力明显增强。全年引进项目49个，总投资23亿元，其中实际利用外资2035万美元，比上年增长13.1%；外贸出口8856万美元，比上年增长22.4%。重点企业加快发展，宏冠管桩、宝华农科、冠华食品、双氧水正式投产，东阳光公司新增、改造生产线39条，生物制药厂试产，太阳能光伏、氟化工、大唐研磨等项目推进。落实技改、创新专项资金3000多万元，授予2家企业首届县政府质量奖。全民创业开展，新增民营企业74家，注册资金1.7亿元。全县实现工业总产值98.79亿元，按可比价，比上年增长10.9%；工业增加值21.40亿元，比上年增长11.3%。

【三农”工作成效明显】 2011年，乳源县贯彻落实各项强农惠农富农政策，发放各类补贴资金1642.8万元。建立优质水稻、玉米等生产示范点12个，建成无公害养殖示范基地1个、标准化规模养殖场2个，推广先进种养技术10项。完成中央财政小型农田水利重点县投资2200万元，改造大桥、东坪、洛阳等镇灌区11宗。解决大桥、洛阳两个镇1万多人饮水安全问题。引进农业企业5家，建成特色农业生产基地3个，组建专业合作社18个，大桥镇云兴蔬菜合作社被评为省级示范合作社。全县实现农业总产值8.68亿元、农村经济总收入11.93亿元，分别比上年增长4.8%和6.5%。202个村庄建立长效保洁机制，实施“三清五改”村庄整治工程46个，建设示范村8个，建成水源宫八一瑶族新村、方武新村等9个新农村，农村生产生活条件有效改善。

【生态旅游发展强劲】 2011年，乳源县丽宫国际旅游度假区、天井山国家森林公园分别被评为国家AAAA、AAA级景区，旅游景区规模、档次和水平全面提升。AAAA级景区的广东大峡谷、云门寺景区深度开发取得新进展。建成洛阳镇板长“旅游新村”等一批上规模、上档次的“农家乐”项目。举办第七届广东国际旅游文化节乳源分会场首届南岭登山节、穿越大峡谷等11项活动，乳源旅游知名度和美誉度进一步提升。全县接待游客196.7万人次，旅游综合收入14.6亿元，分别比上年增长23.5%和25.5%，被评为“广东省旅游综合改革示范县”。在旅游的拉动下，餐饮、住宿、商贸、运输等第三产业兴旺繁荣，全年完成社会消费品零售总额13.12亿元，比上年增长18.9%。

【城乡环境日益优化】 2011年，广乐高速公路乳源段、丽宫公路进入主体工程建设阶段，完成省道250线云门寺段改建和泉水大桥主体工程，新建、改造镇级客运站8个、农村客运候车亭46个、农村公路45公里。天井山商住小区、五彩瑶山等一批新城建设和南水花园、明珠花园等一批旧城改造项目推进。完成县城沿江西路乳源大桥至民族大桥人行道及防护栏建设，建成鹰峰路与鲜明路十字路口交通信号灯，完成县城主要街区天然气管道铺设，启用县城生活垃圾无害化填埋场。申报国家岩溶地区石漠化综合治理重点县，获得国家绿色能源示范县称号，获准建设广东省低碳示范县。建设南水湖国家湿地公园绿道6公里，完成植树造林2467公顷，全县森林覆盖率达76.08%。全年完成社会固定资产投资30.46亿元，比上年增长26.8%，其中重点项目完成投资12.4亿元，占年度计划的113.24%。

【社会事业协调推进】 2011年，乳源县开展城乡学校联校办学改革试点，新增边远山区教师特殊岗位津贴、教师培训两个“百万工程”；大布、一六镇通过省教育强镇验收，正式申报省教育强县；举办乳源中学建校70周年庆典活动。国家基本药物制度实现全覆盖，新型农村合作医疗保持100%参保率；建立城镇、农村居民健康档案26669份、90490份，建档率分别达72.16%和58.14%；县中医院搬迁工程正式动工。新建自然村文化室2

间，建成农家书屋102家；设立非物质文化遗产传习所，《瑶族刺绣》列入国家非物质文化遗产名录，“乳源瑶歌——世界过山瑶文化历史百米长卷”获“世界最长的瑶族反面刺绣”称号；《担关》、《绿色情愫》分别获得国家级、省级金奖；成立省广电网络公司韶关乳源分公司；《乳源瑶族自治县志（1990~2003）》出版发行。建成广东省龙舟训练基地和必背镇全民健身广场，县民族体育代表队代表广东省参加第九届全国民族运动会，荣获4金7银4铜的好成绩，被国家民族事务委员会、国家体育总局授予“全国民族体育先进集体”称号。承办全国民族自治县(旗)科学发展经验交流会，再次获评“广东省双拥模范县”。实行人口和计划生育流动红黄旗管理制度，全县计划生育率为97.02%。

【荣获“广东省旅游综合改革示范县”称号】 1月21日，广东省旅游工作会议上，乳源瑶族自治县荣获“广东省旅游综合改革示范县”称号，是韶关市唯一获此荣誉的县。县长邓建华代表该县接受牌匾。

【荣获首批国家绿色能源示范县称号】 7月9日至10日，全国农村能源工作会议暨国家绿色能源示范县授牌仪式在北京举行。国家能源局、财政部、农业部对首批108个国家绿色能源示范县进行授牌，乳源荣获首批“国家绿色能源示范县”称号。乳源县委常委、常务副县长黄建华出席授牌仪式。

【乳源“八一”瑶族新村落成】 11月30日上午，广东省军区援建乳源游溪镇水源宫“八一”瑶族新村交钥匙仪式隆重举行，省军区政委蔡多文代表省军区向“八一”瑶族新村村党支部书记交钥匙，并与韶关市委书记、市人大常委会主任郑振涛共同为“八一”瑶族新村揭幕。省军区副政委黄善春，市委常委、韶关军分区政委李建华，韶关军分区司令员郑佳树，市委秘书长陈波出席仪式。帮扶水源宫村是省军区参与全省扶贫开发“双到”工作的重要组成部分。4月27日，省军区捐资700多万元援建水源宫“八一”瑶族新村，经过各方的共同努力，新村于11月15日竣工落成，全村90多户农户住上崭新、宽敞、明亮的楼房，告别狭窄、阴暗的泥砖房。 （林新绘 邓元香）

2011年乳源瑶族自治县乡镇基本情况一览表

表29-10

乡镇（街道、办事处）	总面积（平方公里）	耕地面积（公顷）	人口数（人）		生产总值（万元）	地方财政收入（万元）	农村人平纯收入（元）	下辖村（居）民委员会（个）	主要领导		日常工作联系电话
			总人口	其中农业人口					党委（工委）书记	镇长（主任）	
合计	2299	9910.6	217995	178478	463202	34256	6149	115			
乳城镇	209	1405.33	66551	38379				18	龚　民	吴衍雄（~2011.8）林桥远（2011.8~）	5281895
一六镇	78	1034.73	17165	16536				8	唐保生	简连英（~2011.8）邓远林（2011.9~）	5290001
桂头镇	125	1810.33	36532	32113				15	李明华	李国洪	5393215
洛阳镇	360	969.47	9781	9438				13	许益云（~2011.8）吴衍雄（2011.8~）	华　跃	5461018
大布镇	220	984.27	13030	12399				8	林　军（~2011.8）李世华（2011.9~）	李世华（~2011.9）马新萍（2011.9~）	5458008

续表 29-10

乡镇（街道、办事处）	总面积（平方公里）	耕地面积（公顷）	人口数（人）		生产总值（万元）	地方财政收入（万元）	农村人平纯收入（元）	下辖村（居）民委员会（个）	主要领导		日常工作联系电话
			总人口	其中农业人口					党委（工委）书记	镇长（主任）	
大桥镇	320	2624.27	39906	38701				22	邹福英（~2011.8）陈毓斌（2011.9~）	陈毓斌（~2011.8）饶峻洪（2011.9~）	5238008
东坪镇	333	348.67	12562	12176				11	李加武	赵财保	5473123
游溪镇	134	465.87	11269	10886				12	秦正京	邓爱萍（~2011.8）黄燕斌（2011.8~）	5250035
必背镇	147	250.06	7499	7203				8	邓良胜（~2011.8）王　东（2011.8~）	王　东（~2011.8）赵丹丹（2011.8~）	5420123
其他	373	17.6	3700	647							

附：领导班子成员名单

中共乳源瑶族自治县委员会

书　记：梁　健

副书记：邓建华

曾风保（~2011.11）

县委常委：文建平（~2011.9）

县委常委、县委办主任：

张瑞兰（~2011.9）

许益云（2011.9~）

县委常委、常务副县长：黄建华

县委常委、纪委书记：陈天雄

县委常委、组织部部长：

钟　曦（~2011.3）

林应良（2011.4~）

县委常委、政法委书记、公安局局长：杨亮明（~2011.8）

县委常委、政法委书记：

林昌卫（2011.9~）

县委常委、宣传部部长：

林昌卫（~2011.9）

简连英（2011.9~）

县委常委、县人武部部长：

杜小平（~2011.6）

县委常委、县人武部政委：

周金满（2011.6~）

县委常委、统战部长：

赵志敏（2011.9~）

县委常委（挂职）：

饶东成（2011.12~）

乳源瑶族自治县人大常委会

主　任：梁　健

副主任：马福德

陈松海

（兼任县总工会主席，~2011.11）

黄模伙（~2011.11）

赵　靖（~2011.11）

李荣生（兼任县依法治县办主任，~2011.11）

许尔华（兼任县依法治县办主任，2011.11~）

朱均玉（2011.11~）

李荣贵（兼任县总工会主席，2011.11~）

赵　雷（2011.11~）

邱　波（兼任县人民医院副院长）

乳源瑶族自治县人民政府

县　长：邓建华

常务副县长：黄建华

副县长：赵卫东（~2011.1）

周志军（~2011.11）

朱均玉（~2011.11）

赵志敏（~2011.11）

李荣贵（~2011.11）

邓志聪（2011.1~）

李　斌

（挂职，~2011.1）

叶久根（挂职）

黄寿生（2011.9~）

连　卫（2011.9~）

林　军（2011.11~）

梁丽娟（2011.9~）

政协乳源瑶族自治县委员会

主　席：费玉海

副主席：许尔华（~2011.11）

赵　雷（兼任县委统战部部长~2011.11）

陈松海（2011.11~）

刘宏美（兼任县文体旅游局副局长）

温则精

吴巧英（兼任县卫生局副局长）

释明向（兼任云门寺方丈）

邓国雄（2011.11~）

人 物

中共韶关市第十一届委员会常委简历

郑振涛，男，汉族，1962年11月出生，广东陆丰人，研究生学历，经济学博士，1987年8月参加工作，1984年4月加入中国共产党，现任中共韶关市委书记，市人大常委会主任、党组书记。

1980年9月至1984年7月，湖北财经学院学习；1984年9月至1987年8月，财政部财政科研所研究生部硕士研究生；1987年8月至1988年10月，广东省财政厅科研所科员；1988年10月至1989年9月，广东省财政厅办公室科员；1989年9月至1990年11月，广东省财政厅办公室副科；1990年11月至1993年3月，广东省财政厅办公室正科；1993年3月至1995年3月，广东省财政厅办公室副主任；1995年3月至1998年10月，广东省财政厅文教行政处处长（其间:1996年3月至1996年7月参加省委党校县处级中青年干部培训班学习）；1998年10月至2004年3月，广东省财政厅副厅长、党组成员（其间：1998年9月至2002年7月参加财政部科研所研究生部财政学专业博士研究生班学习,2002年2月至2002年6月参加省委党校2002年第一期市厅级领导干部进修班学习,2003年4月至2003年7月参加广东省高级公务员第二期班学习）；2004年3月至2006年8月，中共韶关市委副书记；2006年8月至2006年10月，中共韶关市委副书记、市政府党组副书记；2006年10月至2007年1月，中共韶关市委副书记，副市长、代市长、市政府党组书记；2007年1月至2010年11月，中共韶关市委副书记，市长、市政府党组书记；2010年11月至2011年2月，中共韶关市委书记，市人大常委会党组书记；2011年2月起任中共韶关市委书记，市人大常委会主任、党组书记。

第十一届全国人大代表，省第十一届人大代表，第十届省委委员。

艾学峰，男，汉族，1965年8月出生，湖北安陆人，1987年7月参加工作，研究生学历,经济学硕士,1984年12月加入中国共产党，现任中共韶关市委副书记，市长、市政府党组书记。

1983年9月至1987年7月，东北工学院计算机科学与工程系计算机科学专业学习；1987年7月至1989年9月，辽宁印刷研究所助理工程师；1989年9月至1992年2月，中国人民银行研究生部货币银行学专业研究生；1992年2月至1992年5月，建设银行总行干部；1992年5月至1995年12月，国务院港澳办一司副主任科员；1995年12月至1998年10月，国务院港澳办香港经济司副处长；1998年10月至2001年12月，国务院港澳办香港经济司副司长；2001年12月至2004年3月，国务院港澳办政研司副司长；2004年3月至2010年11月，国务院港澳办政研司司长；2010年11月至2011年2月，中共韶关市委副书记，副市长、代市长、市政府党组书记；2011年2月起任中共韶关市委副书记，市长、市政府党组书记。

林耀明，男，汉族，1956年12月出生，广东兴宁人，大学学历,工商管理硕士，1975年7月参加工作，1977年12月加入中国共产党，现任中共韶关市委副书记、市社会工作委员会主任。

1975年7月至1978年10月，兴宁县城镇公社西郊大队干部；1978年10月至1982年7月，广东医药学院卫生系卫生专业学习；1982年7月至1989年12月，广东医药学院卫生系助教、系学生秘书、系党总支副书记，预防医学系专职党总支副书记（其间：1986年9月至1988年7月参加华中师范大学政治系思想政治教育专业本科班学习，攻读第二学士学位)；1989年12月至1994年6月，中共广东省委办公厅第一秘书处主任科员、科长；1994年6月至1995年8月，中共广东省委办公厅第一秘书处副处长；1995年8月至1999年12月，中共广东省委办公厅会务处副处长；1999年12月至2000年12月，中共广东省委办公厅会务处调研员兼副处长；2000年12月至2003年10月，中共广东省委办公厅会务处处长（其间:2002年9月至2002年12月参加广东省委党校第二期县处进修二班学习)；2003年10月至2009年3月，中共广东省委办公厅副主任（其间:2005年10月至2007年7月参加2005年广东省市厅级领导干部高层管理信息化工商管理硕士班学习)；2009年3月至2011年12月，任中共韶关市委副书记；2011年12月起任中共韶关市委副书记、市社会工作委员会主任。

陈向新，男，汉族，1968年11月出生，广东潮安人，研究生学历，经济学硕士，1994年7月参加工作，1995年8月加入中国共产党，现任中共韶关市委常委，常务副市长、市政府党组副书记，中共韶关市曲江区委书记，区人大常委会主任、党组书记。

1987年9月至1991年7月，中山大学计算机科学系计算数学及其应用软件专业学习；1991年7月至1994年7月，中山大学经济系数量经济学专业硕士研究生；1994年7月至1995年8月，广东省政府办公厅信访办干部；1995年8月至1998年2月，广东省政府办公厅综合一处干部、副科；1998年2月至1998年7月，广东省政府副科职秘书；1998年7月至2001年9月，广东省政府正科职秘书；2001年9月至2003年6月，广东省政府副处职秘书；2003年6月至2008年2月，广东省中小企业局副局长；2008年2月至2008年7月，广东省经贸委副主任、党组成员；2008年7月至2011年9月，中共韶关市委常委，市政府常务副市长、党组副书记；2011年9月至2011年11月，中共韶关市委常委，市政府常务副市长、党组副书记，中共韶关市曲江区委书记；2011年11月起任中共韶关市委常委，常务副市长、市政府党组副书记，中共韶关市曲江区委书记，区人大常委会主任、党组书记。

张志才，男，汉族，1957年9月出生，广东信宜人，省委党

校研究生学历,1976年10月参加工作，1981年6月加入中国共产党，现任中共韶关市委常委，副市长、市政府党组成员，市委政法委书记、市社会工作委员会副主任。

1976年10月至1978年5月，广东省连阳煤矿工人；1978年5月至1978年10月，广东省茂名建井工程处工人；1978年10月至1981年7月，韶关农校学习；1981年8月至1984年5月，乳源瑶族自治县农业局技术员；1984年5月至1984年9月，乳源瑶族自治县农业局副局长；1984年9月至1986年9月，乳源瑶族自治县龙南区委书记；1986年9月至1988年1月，乳源瑶族自治县正科长级干部（其间：1985年9月至1987年7月参加广东省委党校党政干部大专班脱产学习）；1988年1月至1991年7月，乳源瑶族自治县桂头镇党委书记；1991年7月至1993年3月，乳源瑶族自治县财政局局长；1993年3月至1995年1月，乳源瑶族自治县副县长，县财政局局长；1995年1月至1996年1月，韶关市财政局副局长、党组副书记；1996年1月至2004年5月，韶关市财政局局长、党组书记（其间:1998年9月至2001年7月参加省委党校经济学专业在职研究生班学习)；2004年5月至2004年6月，韶关市副市长，市财政局局长、党组书记；2004年6月至2007年1月，韶关市副市长、市政府党组成员；2007年1月至2011年12月，中共韶关市委常委，副市长、市政府党组成员，市委政法委副书记；2011年12月起任中共韶关市委常委，副市长、市政府党组成员，市委政法委书记、市社会工作委员会副主任。

段宇飞，男，汉族，1961年4月出生，湖南资兴人，省委党校研究生学历,工程硕士,1976年10月参加工作，1985年2月加入中国共产党,现任中共韶关市委常委，市政府党组副书记。

1976年10月至1978年10月，广东省地质局755地质队“五七”生产队知青；1978年10月至1981年10月，韶关卫生学校医疗专业大专班学习；1981年10月至1990年6月，韶关卫生学校内科教师（其间:1986年10月至1987年9月到暨南大学医学院附属医院神经内科进修,1987年9月至1989年7月参加湖南医科大学临床医学本科师资班学习）；1990年7月至1993年11月，韶关卫生学校学生科副科长（其间:1991年5月至1993年5月挂职任翁源县卫生局副局长）；1993年11月至1995年7月，韶关卫生学校副校长（正科级）；1995年7月至1997年8月，韶关卫生学校副校长（副处级）、党委副书记、工会主席；1997年8月至2000年2月，韶关卫生学校校长（正处级）、党委副书记（其间:1996年9月至1999年7月参加广东省委党校经济学专业在职研究生班学习,1999年3月至1999年7月参加广东省委党校中青班学习）；2000年2月至2000年10月，韶关卫生学校校长、党委书记；2000年10月至2001年7月，韶关市卫生局局长、党委书记，韶关卫生学校校长、党委书记；2001年7月至2002年8月，韶关市卫生局局长、市委卫生工委书记，韶关卫生学校党委书记；2002年8月至2004年6月，韶关市卫生局局长、市委卫生工委书记（其间:2003年8月至2004年8月参加省高层次管理人才培训班赴美国夏威夷大学工商行政管理学院学习）；2004年6月至2005年3月，中共乳源瑶族自治县委书记、人大常委会党组书记；2005年3月至2007年1月，中共乳源瑶族自治县委书记、人大常委会主任；2007年1月至2011年12月，中共韶关市委常委、纪委书记［其间：2007年9月至2009年7月参加武汉大学国际软件学院软件工程领域（电子政务方面）工程硕士专业学习］；2011年12月起任中共韶关市委常委，市政府党组副书记。

赖日先，男，汉族，1956年

1月出生，广东英德人，省委党校大学学历,1976年9月参加工作，1976年9月加入中国共产党,现任中共韶关市委常委、市纪委书记，市公安局局长。

1976年9月至1979年12月，英德县大镇公社雅堂大队党支部书记；1980年1月至1982年2月，英德县大镇公社党委纪检干事；1982年3月至1986年5月，中共韶关地（市）纪委干事（其间：1983年9月至1986年7月参加韶关教育学院中文专业函授大专班学习）；1986年6月至1988年10月，中共韶关市纪委纪检科、案审科副科长；1988年11月至1989年8月，中共韶关市纪委案审室副主任（副科级）；1989年8月至1991年12月，中共韶关市纪委案审室副主任（正科级）；1991年12月至1992年7月，中共韶关市纪委案审室主任（正科级）；1992年7月至1994年11月，中共韶关市纪委案审室主任（副处级）；1994年11月至1999年6月，中共韶关市纪委、市监察局案审室主任（副处级）；1999年6月至2001年12月，中共韶关市纪委常委、案审室主任(其间:1999年9月至2001年12月参加省委党校政法专业函授本科班学习)；2001年12月至2008年10月，中共韶关市纪委副书记；2008年10月至2008年11月，中共韶关市委常委，市公安局党委书记；2008年11月至2011年12月，中共韶关市委常委、市委政法委书记，市公安局局长、党委书记；2011年12月起任中共韶关市委常委、市纪委书记，市公安局局长。

肖怀跃，男，汉族，1960年3月出生，湖南邵东人，研究生学历，高级管理人员工商管理硕士，1976年8月参加工作，1979年8月加入中国共产党，现任中共韶关市委常委、市委组织部部长，市委党校（市行政学院、市社会主义学院）校（院）长。

1976年8月至1978年2月，湖南怀化县中方公社水利工程队工作；1978年2月至1980年6月，湖南省军区某团十一连战士、班长；1980年6月至1982年5月，桂林陆军学院机要训练队学员；1982年5月至1984年12月，广西梧州军分区正排职机要参谋；1984年12月至1986年3月，湖南省怀化军分区组织科副连职干事；1986年3月至1988年3月，南京政治学院政工系学员；1988年3月至1991年4月，湖南省长沙军分区政治部宣传科正连职干事；1991年4月至1994年8月，广州军区后勤某分部政治部宣传科副营职干事；1994年8月至1995年10月，广东省委组织部干部调配任免处科员；1995年10月至1997年3月，广东省委组织部干部调配任免（青年）处副主任科员；1997年3月至1998年1月，广东省委组织部地方干部处副主任科员（其间：1995年9月至1998年7月参加广东省委党校经济学专业在职研究生班学习)；1998年1月至2000年12月，广东省委组织部地方干部处主任科员；2000年12月至2004年7月，广东省委组织部干部监督处副处长；2004年7月至2008年12月，广东省委组织部干部监督处处长［其间:2008年9月16日至2008年10月19日参加广东省第1期领导干部区域经济发展专题培训班（法国班）学习］；2008年12月至2009年3月，中共韶关市委常委、市委组织部部长；2009年3月起任中共韶关市委常委、市委组织部部长，市委党校（市行政学院、市社会主义学院）校（院）长(其间：2009年3月至2011年9月参加长江商学院高级管理人员工商管理硕士研究生班学习)。

李建华，男，汉族，1963年8月出生，湖南邵东人，1980年9月参加工作，1982年11月加

入中国共产党,在职研究生学历,现任中共韶关市委常委、韶关军分区政治委员。

1980年9月至1983年7月,桂林陆军学院学员;1983年7月至1984年3月,某团二营六连排长;1984年3月至1984年11月,某团政治处书记;1984年11月至1987年11月,某师政治部组织科干事;1987年11月至1988年5月,某团二营四连指导员;1988年5月至1991年8月,某集团军政治部干部处干事;1991年8月至1996年3月,广州军区政治部干部部任免处干事;1996年3月至1999年3月,广州军区政治部干部部任免处副处长;1999年3月至2004年4月,广州军区政治部干部部科技干部处处长;2004年4月至2006年8月,广州军区后备军官选拔培训工作办公室副师职主任;2006年8月至2009年9月,广州军区政治部干部部副部长;2009年9月至2009年12月,韶关军分区政治委员;2009年12月起任中共韶关市委常委、韶关军分区政治委员。

许红,女,汉族,1968年6月出生,广东河源人,省社科院在职研究生学历,法学学士,1990年7月参加工作,1994年1月加入中国共产党,现任中共韶关市委常委、市委宣传部部长,中共始兴县委书记,县人大常委会主任、党组书记。

1986年9月至1990年7月,中山大学法律系法学专业学习;1990年7月至1992年9月,韶关市司法局调研科科员;1992年9月至1996年2月,韶关市粤北律师事务所律师;1996年2月至1996年12月,韶关市司法局公证律师科科员;1996年12月至2000年2月,韶关市司法局公证律师科副科长(其间:1997年3月至2000年7月参加广东省社科院政治经济学在职研究生班学习);2000年2月至2000年11月,韶关市司法局公证律师科科长;2000年11月至2003年3月,南雄市副市长;2003年3月至2004年9月,中共南雄市委常委、南雄市委组织部部长;2004年9月至2006年6月,中共南雄市委副书记;2006年6月至2006年12月,中共始兴县委副书记、副县长、代县长;2006年12月至2008年7月,中共始兴县委副书记、县长;2008年7月至2008年9月,中共始兴县委书记;2008年9月至2011年12月,中共始兴县委书记,始兴县人大常委会主任、党组书记;2011年12月起任中共韶关市委常委、市委宣传部部长,中共始兴县委书记,县人大常委会主任、党组书记。

陈波,男,汉族,1966年3月出生,广东新丰人,中央党校研究生学历,1985年7月参加工作,1987年6月加入中国共产党,现任中共韶关市委常委、市委秘书长、市委办公室主任、市社会工作委员会副主任。

1982年9月至1985年7月,韶州师范学校学习;1985年7月至1986年9月,韶州师范学校图书馆管理员(其间:1986年1月至1988年12月参加韶关教育学院中文专业大专班学习);1986年9月至1989年6月,韶州师范学校团委副书记、图书馆管理员;1989年6月至1992年6月,韶州师范学校办公室副主任,学校团委副书记、团委书记(其间:1989年9月至1992年7月参加华南师范大学中文专业本科班学习);1992年6月至1997年6月,韶州师范学校副校长,学校团委书记(其间:1995年11月至1997年3月借调到省教育厅师范处工作);1997年6月至1999年12月,共青团韶关市委副书记、党组成员,市青联副主席;1999年12月至2002年12月,共青团韶关市委书记、党组书记，市青联主席（其间:2000年8月至2000年12月参加省委党校中青年干部培训班学习）；2002年12月至2004年6月，中共乐昌市委副书记（正处级）；2004年6月至2005年3月，中共乐昌市委副书记、副市长、代市长（正处级）；2005年3月至2006年9月，中共乐昌市委副书记、市长；2006年9月至2007年3月，市政府副秘书长、市政府办公室党组成员；2007年3月至2009年2月，市政府副秘书长、市政府办公室党组成员，市行政服务中心主任、党组书记[其间：2008年9月至2011年7月参加中央党校经济学（经济管理）专业在职研究生班学习]；2009年2月至2009年12月，市政府副秘书长、市政府办公室党组成员；2009年12月至2011年2月，市旅游局局长、党组书记；2011年2月至2011年4月，市委秘书长、市委办公室主任，市旅游局局长；2011年4月至2011年12月，市委秘书长，市委办公室主任；2011年12月起任中共韶关市委常委、市委秘书长、市委办公室主任、市社会工作委员会副主任。

2011年全国“五一”劳动奖章获得者名单

徐　毅，男，1957年1月出生，籍贯上海，汉族，中共党员，高级工程师，深圳市中金岭南有色金属股份有限公司丹霞冶炼厂厂长。主要事迹：中金岭南丹霞冶炼厂10万吨锌氧压浸出新工艺综合回收镓锗技改工程是广东省重点技术改造项目，同时也是国内首家大规模运用锌氧压浸出工艺的清洁环保型循环经济项目，自2007年3月项目开工建设以来，作为厂长的徐毅团结带领全厂上下以“六比六赛”劳动竞赛为平台，强力推进工程建设，于2009年7月全面如期完成投资额达15.8亿元的项目建设并顺利投料生产。经过一年多的生产实践，目前10万吨生产系统全面实现达产，主要技术经济指标全面达到设计值，系统运行平稳有序高效。10万吨锌氧压浸出工程项目的快速建成投产和顺产达产引起业内同行的广泛关注和好评，在大幅提升中金岭南公司铅锌冶炼能力的同时，对中国现有锌冶炼生产工艺的改造和技术提升也起到积极的推动作用。丹霞冶炼厂也于2010年被广东省授予省“五一”劳动奖状和省十项工程劳动竞赛模范集体荣誉。

作为工厂的主要管理者和第一责任人，徐毅坚持以“新厂新模式”的管理理念和精细化的管理要求，引领全体员工更新观念，适应发展，健全完善“精简、高效、扁平化”的管理体系，全面推行劳动用工制度改革，强力推进引进和培训相结合的人力资源队伍建设，致力发展以健全保障、共享发展、人文关怀和困难帮扶为内容的和谐构建，加强民主集中、廉洁从业的班子建设。几年来，徐毅以“正直、正气、专业、敬业”的执着精神和人格魅力，团结引领全厂上下朝着建设绿色和谐、生机勃发的现代化工厂不断迈进。

黄礼伟，男，1969年11月出生，籍贯江西赣州，汉族，中共党员，工程硕士，炼钢高级工程师，为广东省韶关钢铁集团有限公司第三炼钢工段工段长。主要事迹：1992年大学本科毕业后被分配到韶钢炼钢厂从事炼钢工作，先后做过合金工、摇炉工、炉长、值班工长，现是炼钢工段工段长、炼钢高级技师、高级工程师。他是炼钢技术改造和科技攻关的排头兵，先后配合技术部门进行60多个项目的攻关，多个项目荣获韶钢科技成果一、二、三等奖，广东省科技进步二等奖，广东省冶金科技成果等奖等。他撰写的多篇论文在国内钢铁行业知名杂志和不同学术会议上的进行公开发表，先后多次获得韶钢青年刚岗位能手、十佳文明青年、技术能手、最佳职工等多项荣誉称号；2007年被中共韶关市委和韶关市政府授予“韶关市劳动模范”的光荣称号；2010年1月，被广东省人力资源和社会保障厅授予第二届“南粤技术能手”荣誉称号；2010年10月被聘为韶钢首席技能师。

科技攻关的先锋。黄礼伟作为韶钢120吨转炉炼钢的第一代“开荒牛”，炼钢工段工段长，除理论学习外，尤其注重平时的钻研和积累，凭借善学、吃苦、肯钻的精神，理论知识和操作技能不断提升，成功解决生产中的一个个难题；参加归钢拉丝用低碳热轧圆盘条钢的开发，此产品填补广东省内生产空白；参加转炉煤气回收技术的开发研究，变废为宝，实现节能降耗和负能炼钢，每年回收的煤气和蒸汽可为企业创造经济效益2000多万元；参加顶底复吹转炉在溅渣护炉下的复吹冶金效果与转炉寿命同步进行技术攻关，其中开发出具有韶钢自主知识产权的溅渣护炉技术、转炉底吹与炉龄同步技术，使韶钢转炉炉龄达到2万炉以上，每年为韶钢多产钢10万吨，创经济效益达3000多万元，为企业增创效益作出突出的贡献。

经济创新活动的标兵。黄礼伟把降成本作为日常一项重要工作来抓。他针对炼钢工序实际情况制定钢铁料消耗降低到1085公斤/吨以下、优化原材料的合理使用、完善合金及脱氧剂加入量的操作等31条详细的降成本措施。从2008年开始，钢铁料消耗呈逐月下降趋势，一直由1097.6公斤降低到1072公斤左右。该厂工序加工成本也很快实现了目标。他围绕制约工序生产顺利的难点、影响成本降低的关键点，献计献策，提出“优化转炉入炉料结构来降低钢铁料成本”、“液态铸余精炼渣回收利用”等十多条高质量的合理化建议，被厂和公司采纳，每年可为企业降低成本2000万元以上。

带徒授艺的导师。多年来，黄礼伟为炼钢厂培养一批炼钢技术人才，其中有十多位同志已经成为炼钢生产的技术骨干。他不仅自己努力钻研炼钢技能，还潜心打造多种复合新型培训平台，他首创的“点将练兵”培训方法，被韶钢在全公司范围内推广，也因此获得韶钢首届“罗东元式学习标兵”称号。多次负责组织组织炼钢工操作竞赛的考评工作；负责参与炉长及炉前人员进行理论知识和操作技能的指导考评工作；接受厂部交给的带徒授艺任务。他所带领炼钢工段的技师队伍从工段组建之初的1人发展到现有高级技师10人、技师19人，高级工比例从不足12%提高到55%；他所带的两名徒弟在2008年“太钢杯”技能大赛和2010年“武钢杯”技能大赛中都获得“全国钢铁行业技术能手”称号；他所带领的团队在2008年先后被广东省总工会、中华全国总工会授予“工人先锋号”称号。

2011年广东省“五一”劳动奖章获得者名单

李文锐，男，1954年9月出生，籍贯广东始兴，汉族，中共党员，主任医师、教授，专业技术四级，韶关市第一人民医院院长、党委副书记，主要事迹：院长李文锐是国内知名骨科专家和在学术界享有盛誉的学者。2009年荣膺国务院政府特殊津贴专家；2010年被评为“全国百姓放心优质示范医院优秀院长”；连续五期蝉联韶关市专业技术拔尖人才。

院长李文锐长期从事骨科临床、教学与科研工作。他勤于思考，才思敏捷，理论知识深厚，学术造诣颇深。他广泛涉猎医学、管理学、心理学、历史、文学等诸多领域。博览群书，积累和储存丰富的知识。他潜心钻研专业技术，其学术思维始终紧贴国际骨科医学科技前沿，学术成果丰硕，在全国骨科界有很高的知名度。在三十多年的从医生涯中，他做大量的骨科基础研究和临床实践，尤其是在骨科生物力学基础研究领域有独到的见解，创新发展骨创伤临床治疗的新途径和新技术，为中国骨科专业的发展作出积极的贡献。严谨治学，成就斐然，近五年来发表学术论文16篇，主编《医学仿真学》、《临床骨科学》等医学专著7部。

作为韶关市第一人民医院骨科专业的学科带头人，院长李文锐十分注重专业技术队伍建设，努力营造优秀人才脱颖而出的良好环境。在他的悉心指导和大力培养下，一大批骨科中青年技术骨干迅速成长起来。近五年来，骨科专业先后有4人晋升为主任医师，其中1人已提拔到副院长的领导岗位，3人晋升为副主任医师，为市一医院打造一支高素质的骨科专业技术人才队伍，形成技术水平均衡的强势专科和结构合理的优秀团队。

2003年，院长李文锐受聘为广东医学院硕士研究生导师，是韶关市首位国民教育医学硕士研究生导师，也是广东医学院首位院外硕士研究生导师；至今他已培养7名研究生，毕业后分别就业于暨南大学医学院、广州市第一人民医院、惠州市中心医院、汕头市中心医院等三级医院，目前仍有3名硕士研究生在读。

2008年受聘为第二军医大学长海医院骨科MO课题组博士研究生导师，成为韶关市首位医学博导，目前有二位在读博士。

院长李文锐是一位专家型领导干部。他精研专业技术，同时也精研管理法则，深谙医院管理工作的内涵。2005年1月他就任韶关市第一人民医院院长。面对历史的重托，时代的责任，他在压力下奋进，在探索中前行。励精图治，推陈出新，殚精竭虑，将自己的聪明才智和生命的火花熔铸在医院建设发展大业之中。由于诸多客观原因，当时韶关市第一人民医院正处于医疗市场狭小、基础设施薄弱、经济压力巨大、人才队伍不稳、士气萎靡不振的低谷。办院方针：提升管理内涵、注重工作实效、拓展技术平台、优化服务质量，构建和谐医院。改革重点：干部任用动态化，员工考核制度化，业务指标具体化，绩效工资市场化，后勤服务社会化。2010年医院各项主要业务指标与2004年比较，实现历史性跨越，门诊总人数增长68%；住院总人数增长86%；药品收入比例下降8.7个百分点；业务收入增长130.8%；医院固定资产增长120.3%。2011年医院继续保护良好的发展势头，可望实现新的更大突破。2006年医院获韶关市精神文明先进单位荣誉称号、2007年在韶关市服务行业行风评议活动中获得第一名、2008年在韶关市服务行业行风评议“回头看”活动中获得第二名、2009年韶关急救中心（挂靠在市一医院）被评为广东省先进集体、2010年医院被中华医院协会等六家社会权威组织机构评为“全国百姓放心百佳优质示范医院”、医院为韶关市首批医保定点单位和“遵守劳动保障法律法规A级守法诚信单位”、连续五年在全市医保工作年度检查中名列第一。

黄世平，男，1963年11月出生，籍贯广东清远，汉族，中共党员，高级工程师，广东省韶关市曲江区乌石镇韶关发电厂工会主席。主要事迹：近几年来，黄世平同志严格按照集团公司和厂党委确定的工作目标和党风廉政建设、廉洁自律规定，认真履行岗位职责，积极进取，奋发努力，务实创新，严格要求。坚持解放思想，更新观念，扎实工作，在推进企业和谐稳定发展和精神文明建设等方面取得很好的成绩。在党员群众中具有良好的口碑和较高威信。

一、认真实践“三个代表”重要思想，努力做好本职工作。

黄世平无论是在担任厂领导的工作中，还是在工会工作中，都体现一个共产党员的优良品质，为厂、为职工利益废寝忘食，日以继夜努力工作。为韶电的发展辛勤地描绘蓝图，工作兢兢业业，从不计较个人得失，他高度的工作责任心和显著的工作业绩得到广大职工的认可和赞许。在职工群众中有较高威望。

二、做好工会各项工作，使工会成为企业生产和发展的坚强后盾，真正成为职工温暖和谐的家。

1.在厂属部门中，率先建立起部门进行管理的企业工会网站，使工会工作进一步数字化、信息化、高效化。

2.创新开展劳动竞赛形式，促进企业安全生产和经济效益的提高，提高员工素质，通过开展劳动竞赛活动，2007年4月，燃料部皮带运行甲值主操林福兵被授予“韶关市劳动模范”光荣称号，原副厂长黄志强获得“全国五一劳动奖章”。2009年，韶关发电厂被授予“全国精神文明建设先进单位”。

3.组织部门开展“创建学习型班组、争做知识型职工”和“巾帼文明示范岗”活动，抓好基层管理。2009年，韶关发电厂被评为全国安康杯竞赛优胜企业。

4.抓好计划生育工作。韶关发电厂连年被上级评为计生工作达标单位。

5.大力开展职工文体活动，强健体魄，增强企业凝聚力。

6.做好以退休管理工作为重点的企业维稳工作，为企业创造和谐的生产经营发展环境。

总之，在工会工作中，他带领全厂员工围绕厂部安全发电中心，切实加强企业民主管理，积极建设和谐企业，加强对韶关发电厂集体合同和劳动合同法各条款的监督履行工作，切实维护好职工群众的合法权益。同时，认真组织做好职工劳动竞赛、生产现场劳动保护监督检查、女职工权益保护及离退休职工的困难和维稳工作，有效地解决各种纠纷和上访事件，严厉打击赌博等歪风邪气，为厂的生产和发展提供稳定的内外环境。

由于工作出色，黄世平曾多次获得优秀党员和先进工作者等荣誉。为厂党群工作和精神文明建设作出应有的贡献。

2008年5月，黄世平被中华全国总工会评为“全国优秀工会积极分子”。

2009年，黄世平被广东省工业工会评为“南粤女职工之友”。

潘浩，男，1965年1月出生，籍贯江西宁都，汉族，中共党员，韶关市黄岗武江监狱监狱长。主要事迹：潘浩始终以中共十七大、十七届四中和五中全会为指导，自觉践行科学发展观，认真履行工会四项社会职能，按照省局工会的工部部署，围绕监狱党委的中心工作，充分发挥监狱工会的桥梁纽带作用，克服警察年龄偏大、历史遗留问题多、设施陈旧老化等严峻形势与困难，找准突破口，团结带领广大警察职工，认真开展各项文体活动，按照“政治上关心、经济上改善、工作上支持、生活上照顾、精神上激励、健康上关爱”的总体要求，切实加强从优待警政策的落实，积极解决警察职工思想、工作、生活上的困难，为警察职工办好事、实事。

一、高度重视，不断凸显监狱工会的职能作用

潘浩能够深刻认识到监狱工会对于密切党群关系的极端重要性，把监狱工会工作摆到十分突出的地位来抓，顺应主流，准确把握形势，对监狱工会工作给予大力支持。在许多不同场合，潘浩都明确表示要大力扶持监狱工会，不断推动监狱工会工作迈上新的台阶。

二、深入推进，努力夯实监狱工会基础

一是心系群众，为警察职工排忧解难。二是举行别开生面的“春节团拜会”。三是重点做好“民心工程”，不断改善周围环境。潘浩同志通过向警察职工征求意见，总结归纳出意见和建议若干，认真检查和分析提出的意见和建议，采取切实措施改善环境。

三、以双大活动为契机，积极开展各项文体活动

潘浩全面推动监狱全民健身活动开展，以“文体兴趣小组”为载体，大力组织开展各种文体活动。“三八”妇女期间，组织全监在职女同志赴湖南、江西等地参观学习；为确保亚运期间的监狱安全工作，同时配合监狱开展的“岗位大练兵”活动，增强干警的身体素质，举办“迎亚运，强练兵”男子篮球赛。

身为监狱长，潘浩明显感觉到群众的期望值高了，肩上的担子重了，可以说是压力倍增。今后，潘浩同志将迎难而上，在上级党委的领导下，继续大力加强监狱工会工作，团结带领武江监狱全体警察职工，不断开拓进取，为武江监狱又好又快发展贡献自己应有的力量。

孔仁贵，男，1963年1月出生，籍贯广东曲江，汉族，广东省大宝山矿业有限公司凡洞铜矿维修班长。主要事迹：孔仁贵是大宝山矿业有限公司凡洞铜矿矿磨浮维修班班长。他1979年应征入伍，1981年退后分配到大宝山当了一名维修工，一干就是30多年。他爱岗敬业，以娴熟的技术，赢得了领导、职工的好评。

2009年以来，铜选厂的机械全面进入老化阶段，维修工作量大增。他带领班组人员认真检查机器，在工作中练就真工夫，能准确判断浮选机的正常运行时间，并做好记录。如出现故障及时做好新浮机替换，确保生产正常进行。

在不久前的磨浮流程改造中，面对矿浆腐蚀强、管线堵塞、腐烂漏水现象严重等困难，他忍着病痛，带领全班维修工，抓安全、保质量、抢进度，以高度的主人翁精神，顽强拼搏，连班奋战，使流程改造工程顺利完成。磨浮工艺通过改进后，工艺灵活方便，选矿指标大幅上升，硫精矿品位上新台阶，回收率创历史新高，年创效益近千万。

孔仁贵在自己平凡的岗位上为企业和国家作着贡献。

朱镜英，女，1962年12月出生，籍贯广东韶关，汉族，韶关市倚山商务酒店服务员。主要事迹：自2005年1月下岗后加入倚山酒店工作，五年来她始终如一的工作态度和工作业绩获得酒店管理层和董事及同事们的一致认可。曾在2007年度获得酒店“微笑大使”、2008年度获得酒店“优秀员工”称号，多次获得管家部“十佳员工”称号。更让酒店值得骄傲的是她曾经在2009年9月韶关市旅游协会、餐饮烹饪协会举办的“我们骄傲，绽放微笑”——全市旅游饭店和餐饮业“微笑服务之星”评选活动中被授予“爱岗敬业服务使者”荣誉称号。不仅如此，她标记性真诚的微笑及殷勤的服务态度，让到酒店消费的客人留下深刻的印象并为之动容。她乐于助人，从不计较，常常将不属于自己工作范畴的事情都会主动的去帮忙，负责大堂区域和公共卫生间的她，工作之余会热情迎接到

步的客人，礼貌问候并帮客人按启电梯；有时候大堂行李生办事去了，她看到客人拉着行李走过来，她会用自己弱小的身躯主动过去欢送客人，给客人感觉到像离开自己的家一样温馨，甚至不舍。她不只是对待客人热情，对待同事也是一样。每天来上班，很远就能听到她亲切地和同事打招呼，经常真诚地对同事嘘寒问暖。她也非常的积极参与酒店每次发起倡议献爱心的捐款活动，每一次她总是尽自己的能力大力支持酒店的号召，作为一名普通的员工，每个月的收入也不多，但是她的每一次爱心之举都会让身边的同事们不得不竖起大拇指给予衷心的赞扬。她平和的心态和乐于助人的习惯值得每一位同事去学习和敬佩。她用她那朴实的作风，勤奋的工作，任劳任怨的态度，乐观真诚的待人，主动热情的服务，几近完美地诠释了一名酒店基层工作者的优秀素养，也是整个服务行业基层人员学习的楷模。

伍志光，男，1964年1月出生，籍贯湖南新化，汉族，中共党员，中级工程师，广东中金建筑安装工程有限公司车间主任。主要事迹：伍志光，现为广东中金建筑安装工程有限公司维修一车间主任，机械工程师。20多年来，伍志光以任劳任怨、默默无闻的工作风貌坚守着设备维修这块盂。参加了中金岭南公司冶炼企业——韶关冶炼厂历年的大修、中修、抢修及重点技术改造项目，参与丹霞冶炼厂新建、试车完善及常规设备维护的实施管理工作，他从设备仪表维修工做起，不断学习，以勤恳、踏实、身先士卒、善于管理的风格受大家的认可，先后担任机修技术员、调度长、机修副厂长、厂工等职务。

2009年4月以来，伍志光任广东中金建筑安装工程有限公司维修一车间主任，按照中金岭南统一下属企业维修业务的需要，以伍志光为班长的维修车间，担负起韶关片两大冶炼企业（韶冶、丹冶）的维修技改业务、管理业务大大扩展，地域跨越50公里，安全环保维稳压力大大提高，而管理人员及技能工人大大减少。面对这些挑战，伍志光沉着思考、勇于承担、统筹安排、大力挖潜，确保各项工作顺利完成，几点体现如下：

1.以制度管人，建章立制，通过制定完善经济考核责任制、业务流程等管理制度，按照精细化管理要求推动各项工作走向制度化、程序化、规范化。明确员工的责权利，调动员工的积极性和创造力，激发员工的潜能，提高工作效率。

2.以人为本，组织好重大节日的设备保驾护航工作，每当新春佳节，为保证丹冶维修工作在节日期间顺利进行，充分调动全体员工的工作热情，伍志光主动到一线蹲点值班，亲自驾车接送驻地员工上下班，大大激发员工的工作热情。

3.以生产为中心，作为两大厂区的维修车间，日常的检修任务非常繁重，而且施工时间、紧急程度和人员组织不能确定，于是，伍志光时刻绷紧生产这根弦，随时投入突如其来的抢修中，在多次大型抢修中，伍志光都是第一时间赶往现场，积极组织现场施工。

4.以大局为重，2009年，丹冶投试产前的完善工作非常繁琐艰巨，伍志光主动承担了此项工作，在本已人手吃紧的韶冶维修力量中抽调60人常驻丹冶工作，伍志光不辞劳苦的奔走于距离50公里的两个维修点，并在人员组织、技术攻关、后勤服务等各方面给予大力支持，成为名副其实的突击队队长。

通过不懈努力，伍志光带领的维修车间战斗力大大提高，在人员减少30%的情况下，维修产值反而提高100%以上，职工队伍稳定，工作效率大幅提高，真正做到中金岭南设备维修的领军人物。

2011年“韶关好人”暨第三批“感动韶关十佳道德模范”

一、2011年“感动韶关十佳道德模范”名单

一、助人为乐模范：

张孟贤（女）：粤北人民医院退休专家、宁养院义工

肖丙凤（女）：南雄市坪田镇敬老院院长

二、见义勇为模范：

黄谭钢（男）：武警韶关市支队战士

三、诚实守信模范：

陈莲娣（女）：新丰县回龙镇食用菌专业种植能手

徐双梅（女）：乐昌市两江镇普乐村水果种植户、经销商

四、敬业奉献模范：

丘志华（男）：翁源县铁龙学校教师

付少云（男）：市公安局交警支队京港澳高速公路大队民警

刘厚太（男）：翁源县坝仔镇文化站站长

五、孝老爱亲模范：

吴开右（男）：浈江区犁市镇居民

张祥梅（女）：始兴县公安局城镇派出所副所长

二、2011年“韶关好人”名单

一、助人为乐好人（含群体）：

冯千山（男）：韶关市中等职业技术学校电子老师

池惠珠（女）：韶关发电厂内退职工

吴荣华（男）：市广播电视台电视周报记者

张亚桥（男）：武江区重阳镇计生办副主任

姜小洪（男）：韶关乐善义工会义工、无偿献血联谊会理事

群　体：韶关“小红帽”义工服务队

群　体：韶关乐善义工会

群　体：韶关民声网爱心协会

二、见义勇为好人：

徐建明（男）：始兴县城镇派出所辅警一中队长

温必勇（男）：武江区重阳镇妙联村村民

谢德基（男）：仁化县实验学校学生

盘寿伦（男）：财富广场保安队长

三、诚实守信好人：

陈景标（男）：仁化县风顺养殖农民专业合作社理事长、韶关市人大代表

罗俊英（男）：曲江区罗坑镇罗坑饭店老板

黎　悦（男）：韶关市悦俊工程建设监理有限公司董事长

四、敬业奉献好人：

孔仁贵（男）：大宝山矿凡洞铜矿磨浮维修班班长

卢德凤（女）：始兴县太平镇政府人民调解员

卢德明（男）：始兴县公安局顿岗派出所所长

叶玉英（女）：市公共汽车公司一车队驾驶员

刘林斌（男）：市公安局交警支队京港澳高速公路大队民警

沈仁德（男）：乐昌市司法局北乡司法所所长

陈朝晖（女）：武江区新华街道办事处计生办主任

林契养（男）：乳源县大桥镇大坪村党支部书记、村委主任

五、 孝老爱亲好人：

伍瑞英（女）：曲江区樟市镇南约村党支部书记

肖海群（女）：始兴县沈所镇南方村村委会妇女主任

陈理广（男）：翁源县人民法院办公室主任

骆伟明（男）：仁化二中学生

黄生梅（女）：乐昌梅田办事处坪中居民区居民

魏　阳（女）：市第九中学副校长

统计资料

2011年韶关市国民经济和社会发展统计公报

韶关市统计局　韶关调查队

（2012年3月13日）

2011年，韶关人民在市委、市政府的正确领导下，紧紧围绕加快转型升级、建设幸福广东这个核心，以科学发展为主题，以加快转变经济发展方式为主线，扎实推动韶关经济社会跨越发展，圆满完成年度经济社会发展预期目标，实现了“十二五”经济社会发展的良好开局。

一、综合

初步核算，2011年全市生产总值（GDP）813.95亿元，按可比价格计算，比上年增长12.1%。其中：第一产业增加值112.26亿元，增长5.9%，对GDP增长的贡献率为6.9%；第二产业增加值353.37亿元，增长14.2%，对GDP增长的贡献率为49.1%；第三产业增加值348.32亿元，增长12%，对GDP增长的贡献率为44%。按常住人口计算，全市人均生产总值2.87万元，比上年增长12.1%。分区域看：韶关市区生产总值403.89亿元、增长11.6%，占全市生产总值的50.1%，人均生产总值4.06万元；县域生产总值401.97亿元、增长12.9%，占全市的49.9%，人均生产总值2.18万元。三次产业结构为13.8:43.4:

11%，房地产业增长3.5%。民营经济增加值384.67亿元，增长13.3%，占全市生产总值的47.3%。

韶关市区居民消费价格总水平上涨5%。其中服务项目价格

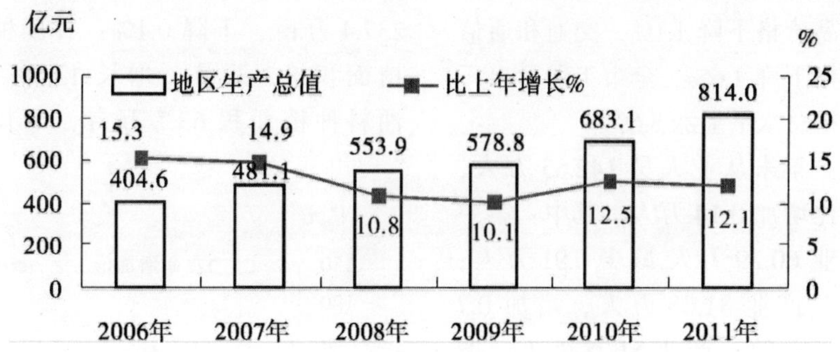

图1　2006~2011年地区生产总值及其增长速度

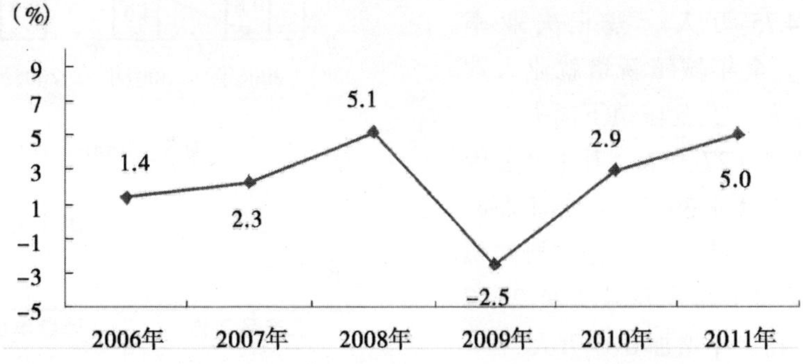

图2　2006~2011年韶关市区居民消费价格涨跌幅度

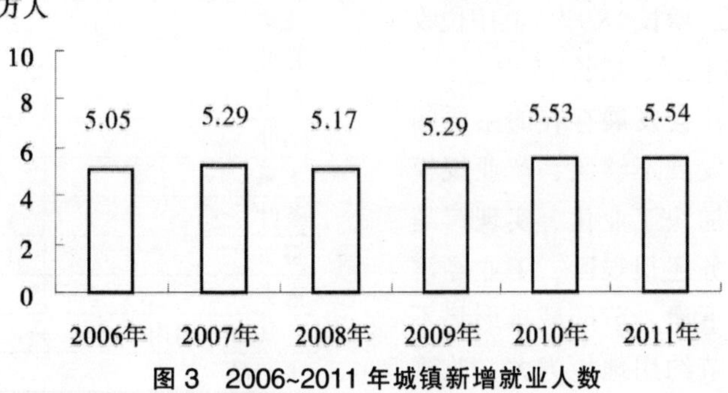

图3　2006~2011年城镇新增就业人数

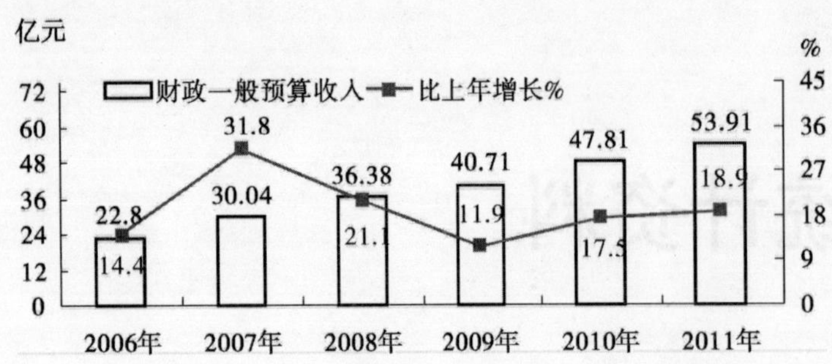

图4 2006~2011年地方财政一般预算收入及其增长速度

上涨3.4%、消费品价格上涨5.5%。在八大类消费品价格中：食品价格上涨12.7%，居住价格上涨4%，娱乐教育文化用品及服务价格上涨2.6%，烟酒及用品价格上涨1.6%，衣着价格下降4.2%，家庭设备用品及维修服务价格下降0.7%，医疗保健和个人用品价格下降1.1%，交通和通信价格下降1.6%。全市工业品出厂价格总水平上涨8.6%。

年末从业人员142.65万人，同比增加0.14万人。其中：第一产业60.29万人,减少0.91万人；第二产业31.08万人，增加0.7万人；第三产业51.28万人，增加0.34万人。年末城镇登记失业人员4.75万人，登记失业率2.86%。全年城镇新增就业人数5.54万人，安置城镇下岗失业人员再就业4.27万人，其中就业困难人员再就业3963人。据工商部门统计，年末工商登记注册的私营企业和个体户从业人员25.97万人、比上年增加0.37万人。

全年地方财政一般预算收入53.91亿元，增长18.9%。其中税收收入37.25亿元、增长15.3%。

经济社会发展存在的主要问题：经济发展不够快，产业规模不够大，加快工业化、实现跨越发展的任务还很艰巨，工业经济增长质量下滑，节能减排形势不容乐观，节约用地压力大，改善民生任务艰巨。

二、农业

全年农林牧渔业总产值183.8亿元，增长5.1%。其中：种植业增长6.9%，林业增长5%，渔业增长5.5%，畜牧业下降0.5%。

全年粮食作物播种面积237.4万亩，下降0.1%；甘蔗种植面积8.2万亩，增长13.5%；油料种植面积63.7万亩，增长1.6%；烟叶种植21.3万亩，增长1.3%；蔬菜种植114.9万亩，增长4.7%。

年末农业机械总动力131.8万千瓦，比上年增长6%；农村用电量3.5亿千瓦时，增长6.9%；化肥施用量（折纯）11.3万吨，增长1.3%；有效灌溉面积138.4万亩，与上年持平。

三、工业和建筑业

全年工业增加值304.4亿元，增长13.6%。其中规模以上工业增加值243.03亿元、增长15.5%。在规模以上工业增加值中：国有及国有控股工业140.23亿元，增长11.1%；外商及港澳台工业39.99亿元，增长11.7%；民营工业增加值50.94亿元，增长37.8%；股份制工业91.18亿元，增长20.7%。轻工业增加值

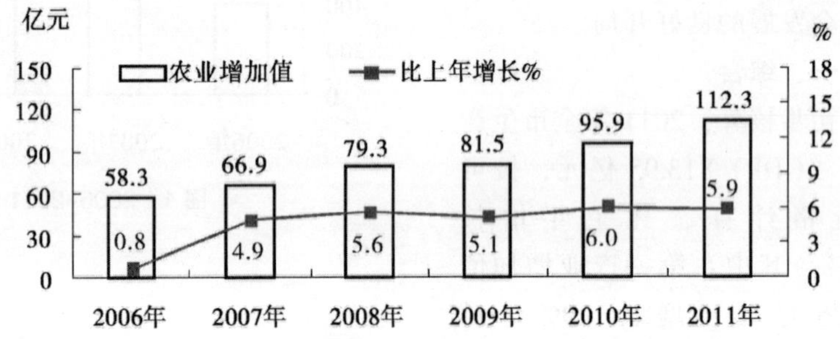

图5 2006~2011年农业增加值及其增长速度

2011年主要农产品产量

表31-1

农产品名称	计量单位	绝对数	比上年±%
粮食	万吨	89.2	3.5
其中：稻谷	万吨	76.7	3.0
蔬菜	万吨	167.4	6.7
甘蔗	万吨	54.1	17.4
花生	万吨	11.4	3.7
烟叶	万吨	3.4	0.3
水果	万吨	36.1	12.7
茶叶	吨	2955	16.9
蚕茧	吨	7726	2.3
肉类	万吨	14.7	-1.4
其中：猪肉	万吨	11.5	-1.5
水产品	万吨	7.1	3.9

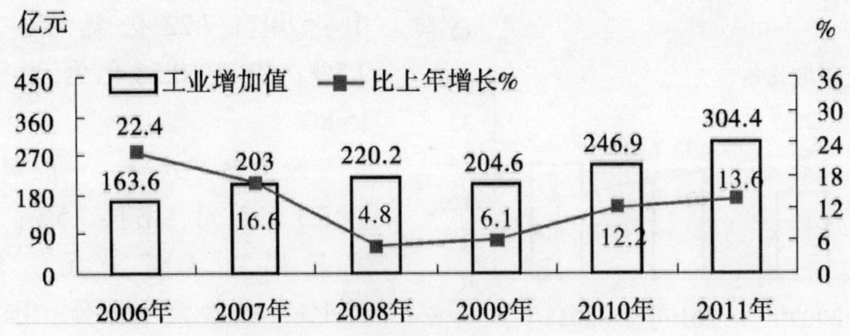

图 6　2006~2011 年工业增加值及其增长速度

2011 年规模以上工业主要产品产量

表 31-2

产品名称	计量单位	绝对数	比上年±%
成品钢材	万吨	566.79	11.4
十种有色金属	万吨	15.26	-59.3
发电量	亿千瓦小时	127.69	28.2
其中：水电	亿千瓦小时	18.58	-17.7
火电	亿千瓦小时	109.10	41.7
水泥	万吨	417.38	35.6
滚动轴承	万套	588	10.2
布	万米	2062	-32.0
糖	万吨	1.34	3.2
卷烟	亿支	200	3
其中：一、二类烟	亿支	9.19	2.3 倍
人造板	万立方米	54.09	47.5
机制纸及纸板	万吨	5.16	30.6

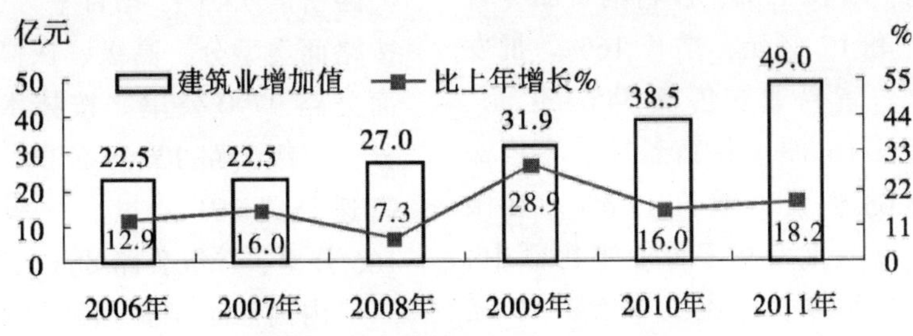

图 7　2006~2011 年建筑业增加值及其增长速度

79.85 亿元，增长 18.8%；重工业增加值 163.19 亿元，增长 13.3%。全市产业转移园完成工业投资 53.18 亿元，增长 31%。产业转移园规模以上工业企业 113 个，全年实现工业增加值 37.7 亿元，增长 54.3%。

七大支柱工业增加值 177.2 亿元，增长 12.1%。其中烟草工业增长 17.9%、玩具工业增长 12.4%、制药工业增长 16.5%、钢铁工业增长 15.6%、机械工业增长 20%、电力工业增长 13.3%、有色金属工业下降 3.4%。七大支柱工业增加值占规模以上工业增加值的 72.9%。

高技术制造业增加值 6.17 亿元，增长 5.3%。其中电子及通信设备制造业下降 5.7%、医药制造业增长 16.5%。

先进制造业增加值 79.3 亿元，增长 19.2%。其中：装备制造业增加值 20.4 亿元，增长 15.3%；钢铁冶炼及加工工业增加值 37.76 亿元，增长 12.7%；石油及化学行业增加值 21.14 亿元，增长 39.3%。

优势传统工业增加值 71.28 亿元，增长 17.6%。其中：食品饮料业增长 16.3%，建筑材料业增长 38.3%，金属制品业增长 6.4%，纺织服装业下降 5%，家具制造业下降 12%。

全年规模以上工业企业资产贡献率 11.72%，资产保值增值率 103.41%，资产负债率 68.92%，成本费用利润率 3.33%。主营业务收入 862.64 亿元，增长 16.4%；利税总额 85.92 亿元，增长 5.8%。利润总额 26.62 亿元、下降 17.2%，其中亏损企业亏损额 22.91 亿元、增长 67%。

全年建筑业增加值 48.97 亿元，增长 18.2%。全市资质等级及以上建筑企业 93 个，比上年增加 17 个。完成建筑施工产值 130.5 亿元，增长 28.1%；实现利润 3.7 亿元，增长 25.4%；利税总额 10.8 亿元，增长 62.2%。房屋施工面积 952.8 万平方米，增长 21.9%；房屋竣工面积 460.5 万平方米，增长 56.5%。

四、固定资产投资

全年完成固定资产投资 472.2 亿元，增长 16.3%。分城乡看：城镇投资 445.42 亿元，增长 17.5%；农村投资 26.78 亿元，下降 0.3%。分投资主体看：国

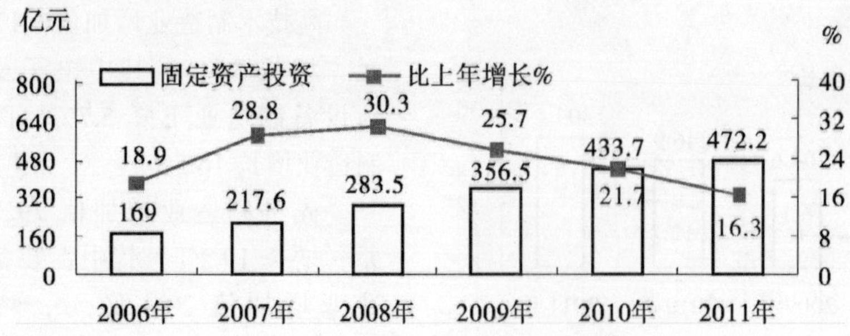

图 8　2006~2011 年全社会固定资产投资及其增长速度

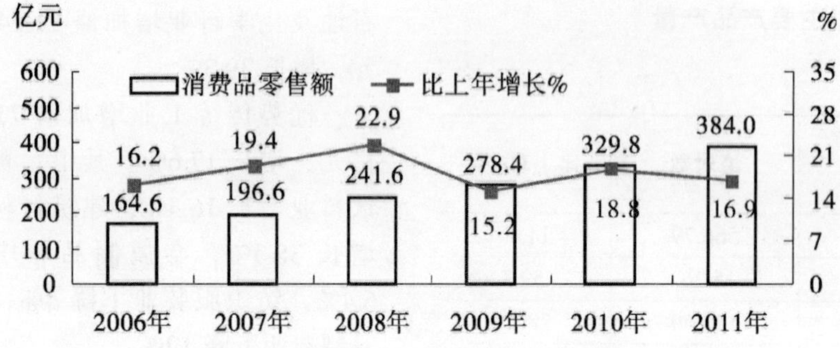

图 9　2006 年~2011 年全社人消费品零售总额及其增长速度

有及国有控股经济投资 194.56 亿元，下降 2.2%；外商及港澳台经济投资 26.58 亿元，增长 0.4%；民营经济投资 202.35 亿元，增长 52.1%。分三次产业看：第一产业完成投资 23.34 亿元，增长 49.1%；第二产业完成投资 189.3 亿元，增长 35.2%。其中制造业完成投资 144.22 亿元、增长 45.6%；第三产业完成投资 259.56 亿元，增长 3.7%。

房地产开发完成投资 81.27 亿元，增长 27.1%。商品房销售额 85.64 亿元，增长 13%；销售面积 231.12 万平方米，下降 1.2%。

2011 年，在建市以上重点项目 60 个，完成投资 235.08 亿元，增长 12.1%。广乐高速公路韶关段、乐昌峡水利枢纽工程以及越堡水泥、佛山华夏建陶（新丰）等产业转移项目正在加紧建设中。城乡防灾减灾能力显著提高，韶关市区防洪标准由 20 年一遇提高到 100 年一遇。

五、贸易和外经

全年批发零售贸易业商品销售额 589.6 亿元，增长 19.8%。其中：批发业 261.8 亿元、增长 21%；住宿餐饮业营业额 52 亿元、增长 24.2%。消费品零售额 383.98 亿元，增长 16.9%。其中：城镇消费品零售额 335.81 亿元，增长 17%；乡村消费品零售额 48.17 亿元，增长 16%。批发零售贸易业零售额 345.3 亿元，增长 16.8%。住宿餐饮业零售额 38.65 亿元，增长 17.6%。在限额以上批发和零售业零售额中，粮油类零售额比上年增长 19%，肉禽蛋类增长 12.1%，汽车类增长 43%，通讯器材类增长 21%，服装、鞋帽针纺织品类增长 24%。

全年新批外商直接投资项目 64 个、增长 52.4%。实际利用外资 2.38 亿美元，增长 12%。首次进入中国外贸 100 强城市行列。海关统计全年进出口总额 17.78 亿美元，增长 13.2%。其中：出口 7.22 亿美元，增长 9.5%；进口 10.56 亿美元，增长 15.8%。

按贸易方式分：一般贸易出口 3.3 亿美元，增长 3.5%；加工贸易出口 4 亿美元，增长 15.1%。按经营主体分：国有企业出口下降 4.8%，“三资”企业出口增长 14.5%，私营企业出口增长 4.9%。按出口商品分：玩具出口增长 10.2%，机电产品出口增长 33.2%，高新技术产品出口增长 6.8%，服装出口增长 72.5%。按出口市场分：对日本出口增长 26.3%，对美国出口增长 19%，对欧盟出口增长 22.3%。全年规模以上工业企业工业产品出口交货值 91.34 亿元，增长 13%。

六、交通邮电和旅游

全年交通运输、仓储和邮政业增加值 55.29 亿元，增长 9.3%。公路货运周转量 99.42 亿吨公里，客运周转量 48.54 亿人公里，分别增长 20.2%和 20.1%。年末公路通车里程 13750 公里，公路密度 74.5 公里/百平方公里。按路面类型分，高级、次高级路面公路 9790 公里。按技术等级分，等级公路 13248 公里，其中高速公路 291 公里、一级公路 166 公里、二级公路 884 公里。

内河航道维护通航里程 386 公里，其中等级航道 256 公里，码头 6 个，泊位 23 个，港口货物吞吐量 53.44 万吨，比上年增长 33.8%。

年末民用汽车拥有量 11.8 万辆、比上年增长 18.6%，其中私人汽车 9.54 万辆、增长 22%。民用轿车拥有量 5.91 万辆、增长 25%，其中私人轿车 5.36 万辆、增长 26.9%。

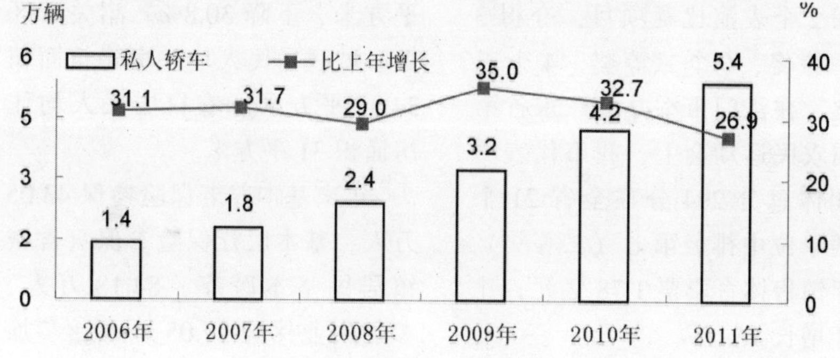

图 10 2006~2011 年私人轿车数量及其增长速度

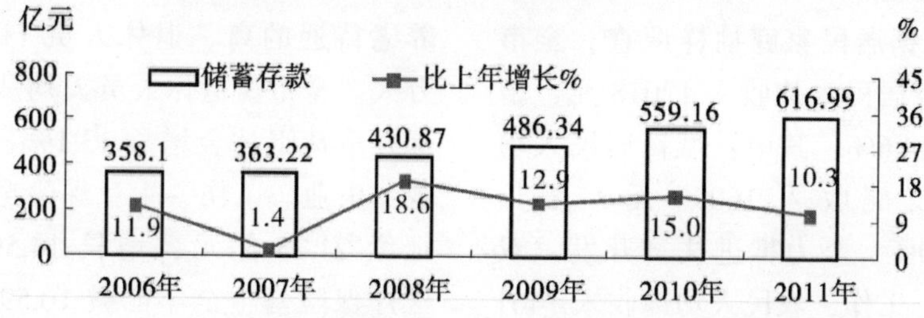

图 11 2006~2011 年城乡居民人民币储蓄存款余额及其增长速度

实有公共汽车营运车辆 517 辆，其中市区 402 辆。公共汽车客运总量 5550 万人次，其中市区 5037 万人次。

全年邮电通信业务总量 22.77 亿元，增长 13.6%。其中：邮政业务总量 1.71 亿元，增长 2.4%；电信业务总量 21.06 亿元，增长 14.6%。年末电话交换机总容量 132.76 万门，固定电话 60.23 万户，移动电话用户 169.13 万户；互联网用户 30.91 万户，增长 18.6%。按常住人口计算，电话普及率达到每百人 80.5 部。

全年接待旅游者人数 1841.33 万人次、增长 16.4%，其中入境过夜旅游者 18.5 万人次。旅游总收入 129.85 亿元，增长 21.6%。

七、金融和保险业

年末金融机构各项存款（含外币）余额 1005.35 亿元、增长 10.8%，其中城乡居民储蓄存款余额 619.79 亿元、增长 10.3%。金融机构各项贷款（含外币）余额 425.23 亿元，增长 13.1%。个人消费贷款（人民币）84.48 亿元，增长 24.9%。其中：个人中长期消费贷款 82.25 亿元，增长 24.8%；个人短期消费贷款 2.22 亿元，增长 27.6%。全年证券交易额 846.96 亿元，下降 27.9%。

全年保险机构保费收入 22.86 亿元，下降 0.5%。其中：财产保险保费收入 5.61 亿元，增长 10.6%；人寿保险保费收入 17.25 亿元，下降 3.7%。财产险赔付支出 3.33 亿元，增长 31.6%。

八、教育和科学技术

在全省欠发达地区率先普及 15 年基础教育，义务教育规范化学校覆盖率达 70%。启动省市共建粤北现代技工教育基地，技工教育培训规模居全省地级市前列。适龄儿童入学率 100%，初中学龄人口入学率 99.62%，小学毕业升学率 100%，初中毕业升学率 96.71%。年末共有幼儿园 400 所，在园幼儿 9.44 万人。韶关学院授予 44 个专业学士学位，3343 位学生获得学士学位。成人高等教育在校学生 13454 人，增长 5.2%。全年参加高等教育自学考试 6942 人、13866 科次。

年末拥有省级重点工程技术研究开发中心 4 家。国家级高新技术企业 25 家，省级民营科技企业 73 家，省级火炬计划特色产业基地 3 个。全年取得科技成果 69 项，其中 1 项获省科技进步奖、68 项获市级科技进步奖。全年实施“星火计划”10 项，其中国家级 2 项。全年专利申请量 1245 项，专利授权 668 项。其中发明专利申请 179 项、发明专利授权 29 项。

九、文化卫生和体育

各类教育发展情况

表 31-3

	学校数（所）	招生数（人）	在校学生数（人）	比上年增长（%）
全日制高等学校	2	10075	32893	5.7
技工学校	12	37376	83000	1.2
其中：市属	4	14272	32000	10.0
中等职业学校	25	13561	43775	–11.6
普通中学	164	59869	191580	–4.1
其中：高中	27	21175	62800	–1.7
初中	137	38694	128780	–5.3
小学	240	37018	205298	–1.0

《韶关市志（1988~2000）》出版发行。公共文化服务体系建设不断加强，文化惠民工程扎实推进，成功创建全国双拥模范城，获得“全国文明城市”提名资格。承办2011广东国际旅游文化节主会场等一系列重大活动取得圆满成功，先后与澳大利亚宝活市、韩国荣州市、美国旧金山市结为国际友好城市。年末有各类专业艺术团体8个，文化站104个，文化广场12个，公共图书馆9个，博物馆9个，剧场、影剧院16个，公共图书馆图书总藏量64.7万册。卫星地面接收站点528个，微波线路总长232.5公里，广播电视微波站3座，广播调频发射台10座，广播覆盖率96.9%。电视发射台11座，有线电视用户48万户，电视覆盖率97.4%。广播电视人口综合覆盖率97.1%。

年末医疗卫生机构718个。其中：医院、卫生院170个，床位11819张；疾病预防控制中心11个；妇幼保健院（站、所）9个。各类卫生技术人员15392人，其中执业（助理）医师6052人、注册护士5999人。乡镇卫生院109个，床位2153张，卫生技术人员2730人，乡村医疗点1510个。全市参加合作医疗196.86万人，农村合作医疗人口覆盖率99.9%。居民碘盐监测合格率96.9%，食品安全风险监测合格率92.96%。农村居民卫生户厕普及率87.14%，农村改水受益率98.86%，其中自来水普及率79.08%。全年无偿献血4.06万人次。

在贵阳举行的第九届全国少数民族体育运动会上，我市运动员代表广东省参加女子龙舟、押加和2个表演比赛项目，夺得3个一等奖、6个二等奖、4个三等奖。在江门市举办的广东省第二届农民运动会上，我市代表团以团体总分294分在全省21个参赛单位中排名第七（二等奖）。全年销售体育彩票1.78亿元，比上年增长15.6%。

十、人民生活、社会保障与安全生产

据居民家庭抽样调查，全市城乡居民人均收入12018元，增长14.6%。其中：城镇居民人均可支配收入16096元，增长12.9%。全力推进扶贫开发“双到”工作，农民人均纯收入7461元，增长18.1%，城乡居民收入差距继续缩小。韶关市区中心城区居民人均可支配收入20329元、增长12.8%，居民家庭人均消费性支出14397元、增长11.5%，居民家庭食品消费支出占消费总支出的比重（恩格尔系数）为39.8%。

全年商品房屋竣工面积177.02万平方米，同比下降32.5%，其中竣工住宅158.86万平方米、下降30.8%。韶关市区中心城区居民人均住房建筑面积34.85平方米。农村居民人均住房面积31平方米。

年末基本养老保险参保43.05万人，基本医疗保险参保（含城镇居民基本医疗）84.18万人，参加失业保险27.05万人，参加工伤保险31.65万人，参加生育保险14.78万人。年末享受社会养老待遇的离、退休人员11.58万人。全市离退休人员人均从社保领取离退休金增长13.1%。养老、失业、工伤、生育保险全年征缴21.25亿元，增长14.5%；医疗保险基金全年征缴10.59亿元，增长11.8%。全市新农保参保人数45.97万人，完成年度目标任务的121.3%。

年末拥有社会福利机构105所（敬老院94所、社会福利院11所），床位5279张，在院人数2973人。城乡居民享受最低生活保障人数11.66万人（其中城镇2.73万人），发放低保资金14463万元（其中城镇5188万元）。发放救灾资金1366万元，救济物

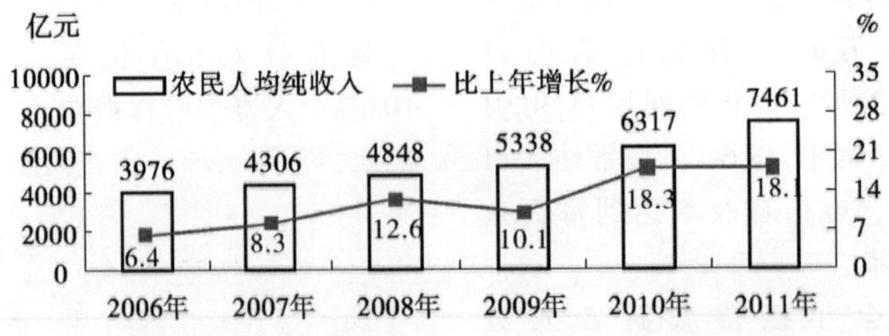

图12 2006~2011年农村居民人均纯收入及其增长速度

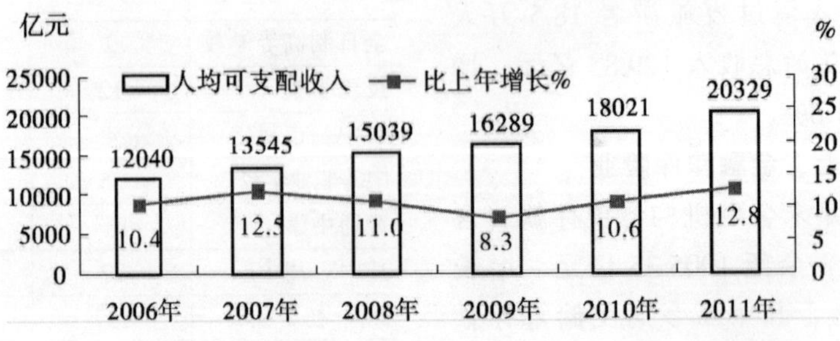

图13 2006~2011年市区居民人均可支配收入及其增长速度

资折款50万元。全年销售社会福利彩票2.41亿元，筹集社会福利基金2469万元。

全年共发生各类生产安全事故399起，死亡231人，受伤414人，同比分别下降11.7%、3.4%和11.2%，直接经济损失1848万元，下降20.2%。其中：道路交通事故340起，死亡209人，分别下降7.9%和3.2%，直接经济损失733万元，上升16.4%;工矿商贸领域发生事故12起，下降14.3%，死亡19人，上升18.8%；消防火灾事故47起，死亡3人，分别下降31.9%和57.1%。亿元地区生产总值生产安全事故死亡率0.28，工矿商贸企业就业人员10万人生产安全事故死亡率2.3，道路交通万车死亡率4.98。

十一、人口、资源与环境

年末常住人口285万人，比上年增加1.98万人。城镇人口比重52.77%，比上年提高0.24个百分点。户籍人口329.65万人，其中非农业人口121.37万人。全年出生人口4.06万人，人口出生率12.32‰；死亡人口1.63万人，死亡率4.90‰；人口自然增长率7.42‰。

已探明的矿产资源储量中：煤13115万吨，铁矿石3310万吨，锰矿石74万吨，铜矿石8561万吨，铅矿石9978万吨，锌矿石13947万吨，钨矿石18805万吨，钼矿石11503万吨，锑矿石248万吨，铋矿石12821万吨。

全年平均降雨量1457毫米，比上年减少373毫米。年平均气温19.8℃，年日照时数1642小时。年末大中型水库蓄水量11.47亿立方米，下降5.9%。

年末林业用地面积142.09万公顷，森林覆盖率72.5%，林木绿化率74.9%，活立木总蓄积量7289万立方米。全年完成荒山（沙、土）造林面积1.4万公顷。

建立省级以上自然保护区17个（其中国家级3个），自然保护区面积19.4万公顷。韶关市区建成区绿化覆盖面积3774公顷，绿化覆盖率46.1%，人均公共绿地面积11.76平方米。

全年规模以上工业综合能源消耗量710.18万吨标准煤，同比增长10.1%，34家重点耗能工业企业综合能源消费量666.42万吨标准煤，增长9.6%。全年全社会用电量95.6亿千瓦小时。其中：工业用电70.03亿千瓦小时，增长12.8%；第三产业用电11.23亿千瓦小时，增长19.6%；居民生活用电12.46亿千瓦小时，增长14.3%。

注：

1.本公报中各项统计数据为初步统计数。

2.地区生产总值、增加值、产值绝对数按当年价计算，增长速度按可比价计算。

3.从2011年起，规模以上工业统计口径由500万元调整为2000万元及以上；固定资产投资项目统计起点由计划总投资50万元提高到500万元。

4.现代服务业主要包括金融业、现代物流业、信息服务业、科技服务业、外包服务业、商务会展业、文化创意产业和总部经济八个产业。先进制造业包括装备制造业、钢铁冶炼及加工业、石油及化学制造业。高技术制造业包括核燃料加工业、信息化学品制造业、医药制造业、航空航天器制造业、电子通信设备制造业、计算机制造业、医疗仪器设备制造业。

5.接待入境过夜旅游者为旅游住宿设施的接待人数。

韶关市环境状况公报（2011 年）

根据《中华人民共和国环境保护法》第十一条、《广东省环境保护条例》第八条、环境保护部《环境信息公开办法（试行）》的规定，现发布2011年度韶关市环境状况公报。

一、环境状况

2011年，我市环境保护工作在市委、市政府的正确领导下，在省环保厅的悉心指导下，紧紧围绕推动科学发展的主题和加快转变经济发展方式的主线，全力以赴落实主要污染物总量减排各项工作。在全市经济快速增长的同时，城乡环境质量基本保持稳定，局部有所好转。

全市环境空气质量保持国家二级标准（优良）；二氧化硫、二氧化氮、可吸入颗粒物年平均浓度值有所下降，环境空气质量有所改善，酸雨污染程度有所减轻；市区及各县（市）城区集中式饮用水水源地水质达标率100%，全市地表水环境功能区水质达标率100%；声环境质量总体保持稳定。

（一）大气环境

1.空气质量

(1) 市区

市区空气质量良好，各项监测指标年平均浓度均达到国家环境空气质量二级标准（居住区标准）。全年空气质量优良（空气污染指数小于100）天数为361天，优良率98.8%

二氧化硫年平均浓度值为0.037毫克/立方米，比上年（0.050毫克/立方米）下降26.00%，达到国家环境空气质量二级标准（0.06毫克/立方米）；

二氧化氮年平均浓度值为0.029毫克/立方米，比上年（0.033毫克/立方米）下降12.12%，达到国家环境空气质量一级标准（0.04毫克/立方米）；

可吸入颗粒物年平均浓度值为0.067毫克/立方米，比上年（0.074毫克/立方米）下降9.46%，达到国家环境空气质量二级标准（0.10毫克/立方米）；

降尘年月平均值为2.50吨/平方公里·月，比上年（2.38吨/平方公里·月）上升5.04%，未超过广东省参考评价值（8吨/平方公里·月）。

(2) 各县（市）城区

各县（市）城区空气质量保持优良，二氧化硫、二氧化氮、可吸入颗粒物年平均浓度值均达到国家环境空气质量二级标准。

（二）降水

市区降水pH值范围为3.29~7.21，降水pH值年平均值为4.82，比上年（4.07）上升0.75个pH单位；酸雨频率为50.6%，比上年（71.0%）下降了20.4个百分点，酸雨污染程度有所减轻。

（三）地表水环境

1.饮用水水源地水质

集中式饮用水水源地水质保持稳定达标。监测结果表明，市区武江十里亭、曲江苍村水库、始兴花山水库、仁化赤石迳水库、翁源园洞水、乳源南水水库、新丰白水礤水库、乐昌武江铁路桥上游、南雄瀑布水库等9个饮用水水源地水质达标率均为100%，部分水源地优于水质控制目标。

市区武江十里亭、曲江苍村水库等2个饮用水源地按国家环保部要求进行了水质全分析，109项分析监测项目全部达标。

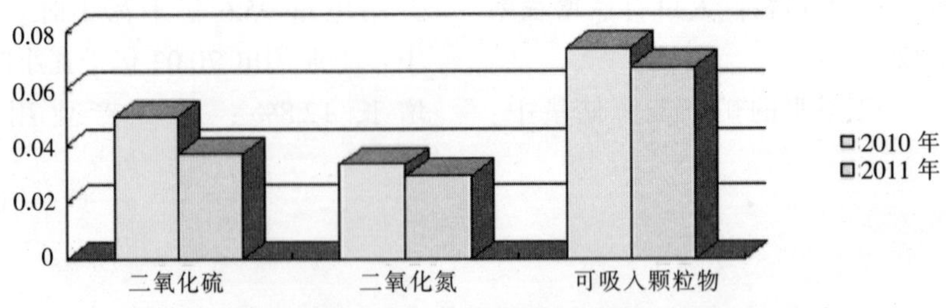

图1　空气中主要污染物浓度对比（单位：毫克/立方米）

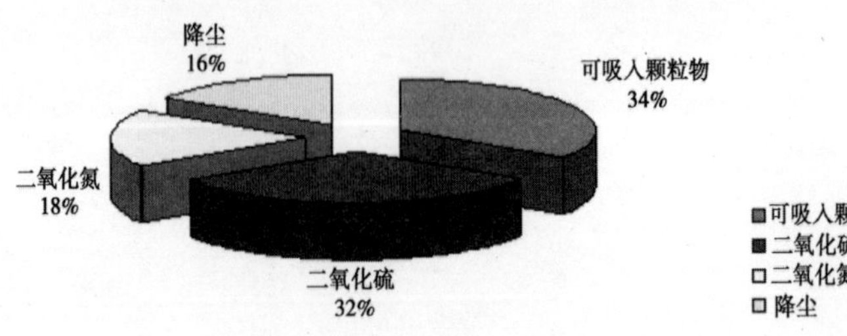

图2　空气中主要污染物污染负荷

其中，市区武江十里亭水质达到国家地表水环境质量Ⅱ类标准，曲江苍村水库水质达到国家地表水环境质量Ⅰ类标准。

2.江河水质

主要江河水质保持良好。监测结果表明，全市17个主要江河水质监测断面（2个Ⅱ类、12个Ⅲ类、3个Ⅳ类）达标率均为100%，全面达到水环境功能区划要求。

其中，11个Ⅲ~Ⅳ类断面水质达到国家地表水环境质量Ⅱ类标准，1个Ⅳ类区断面水质达到国家地表水环境质量Ⅲ类标准，优于功能区划要求。北江高桥断面（韶关至清远交接断面）水质达标率100%，达到国家地表水环境质量Ⅲ类标准。

（四）城区噪声环境

1.市区

区域环境噪声等效声级年平均值为55.1分贝，对比上年（55.0分贝）上升了0.18%，超出国家声环境质量1类限值（55分贝）。

道路交通噪声等效声级年平均值为64.5分贝，对比上年（64.3分贝）上升了0.31%，达到国家声环境质量4类限值（70分贝），其声环境质量处于好等级。

2.各县（市）城区

各县（市）城区的区域环境噪声等效声级年平均值范围在46.8（仁化）~54.9（乳源）分贝之间，达到国家声环境质量1类限值（55分贝），处于好等级。

道路交通噪声等效声级年平均值范围在63.1（乳源）~67.6（乐昌）分贝之间。均低于国家声环境质量4类限值（70分贝），处于好等级。

（五）污染物排放情况

1.废水

据初步统计，全市废水排放量为18959.87万吨，其中工业废水排放量为9812.33万吨，城镇生活污水排放量为9147.54万吨。全市化学需氧量排放量为6.26万吨（含农业源），氨氮排放量为0.74万吨（含农业源）。

2.废气

据初步统计，全市工业废气排放量为1412.64亿标立方米，二氧化硫排放量为6.22万吨，氮氧化物排放量为4.17万吨。工业烟（粉）尘排放量为1.21万吨。

3.工业固体废物

据初步统计，全市一般工业固体废物产生量为804.39万吨，综合利用量为764.89万吨（含综合利用往年贮存量174.82万吨），处置量为188.47万吨（含处置往年贮存量1.81万吨），当年贮存量为26.39万吨，倾倒丢弃量为1.28万吨。

全市危险废物产生量为15.46万吨，综合利用量为10.67万吨（含综合利用往年贮存量0.44万吨），处置量为4.79万吨（含处置往年贮存量0.0034万吨），当年贮存量为0.43万吨。

全市集中安全处置医院、诊所等医疗单位产生的医疗废物2274.10吨。

二、措施与行动

（一）推进污染减排，腾出环境容量。

市政府与10个县（市、区）政府签订了“十二五”节能减排责任书，组织编制了《韶关市“十二五”主要污染物减排规划》、《韶关市2011年主要污染物减排实施方案》、《韶关市“十二五”污染物总量分配研究报告》、《韶关市污泥处理处置技术方案》、《韶关市减排监测体系2011~2015年建设规划》，明确了年度目标与任务，重点废水、废气污染源企业均安装了在线监控设施和数采仪，开展了在线监测数据与手工实验室分析比对监测，并进行了现场验收和有效性审核。

完成污水收集管网改造29.3千米，污水处理厂入水浓度有所提高，城镇污水处理厂的实际污水处理量和生活污水处理率得到了进一步提高。全市11座城镇生活污水处理厂全年共处理污水8013万吨，对比上年增加8%。经环保部华南督查中心核定，2011年我市新增化学需氧量削减量773吨，新增二氧化硫削减量8489.08吨，新增氨氮削减量89.7吨。

（二）加大执法力度，确保环境安全。

我市加大了对环境问题的查处和现场执法力度，开展了多项专项行动，及时查处环境违法案件，有力地打击了各种环境违法行为。重点开展了化工企业的环境隐患排查、矿山尾矿库专项检查、重金属污染防治检查、高考期间噪声严管巡查、春节期间环境安全大检查、重点污染源在线监控网络检查等多项专项行动。全年共出动10668人次对3246家（次）污染源进行现场监察，对32家违法企业进行立案查处，累计处罚金额71.25万元，对2家违法企业下达停止排污通知，下达限期整改通知共28份。责令关闭、停产企业15家，限期治理整改企业73家。

全市环保部门共受理群众反映各类环境问题的信访案件1906件（含网络问政），处理率100%，结案率98.5%。

（三）加强项目管理，严格环保准入。

落实总量指标环保前置审批，不断完善环保审批制度，严格执行环评法和环保“三同时”制度，对不符合国家产业政策、有重大环境污染隐患、污染严重且治理难度大的项目坚决不予审批。开展工程建设领域突出问题专项治理工作，解决工程建设领域建设项目环境保护管理、建设项目执行环境影响评价和“三同时”制度中存在的突出问题。

2011年，市环保局共审批（含初审）各类建设项目456个，其中报告书73个（含否决6个）、报告表175个（含否决5个）、登记表208个。办理建设项目环保设施竣工“三同时”验收80个（含否决5个）；办理试生产89份（含否决16份）、排污许可证96份、建筑噪声排污许可证55份、危险废物转移审核86份、可用作原料废物进口初审20份、辐射安全许可证10份。经审批的项目全部落实了污染防治措施，有效地控制了新污染的产生。

（四）生态环境保护

1.乡村“清洁美”工程

我市以乡村“清洁美”工程为抓手，投入约3000万元，建成了50个乡村“清洁美”工程先行乡镇，通过考核巩固和督促开展工作。

目前，我市已有90%的乡镇和60%的行政村初步建立起生活垃圾收运处置体系，新丰、乳源县的生活垃圾无害化处理场建成并投入使用，其他县（市）的生活垃圾无害化处理场也正在筹建当中。全市主要道路两旁、各景区和墟镇随意堆放垃圾的现象有了改观，农村环境卫生状况得到了改善。

2.生态示范创建活动

我市以生态示范区创建作为生态环境保护的重要载体，开展了以保护生态环境，发展生态经济，弘扬生态文化为主要内容的生态建设，形成了“蚕—沼—桑”、“猪—沼—果（菜、烟）”等生态模式。同时，大力推广太阳能与沼气池建设互补，减少了薪柴的砍伐，巩固了森林资源保护成果。

目前，全市已有4个乡镇被命名为“国家级生态示范镇”，4个乡镇、1个行政村和7个自然村以及4个生态园被命名为“省级生态示范镇（村、园）”，49个自然村被命名为“市级生态示范村”。

3.自然保护区建设

我市拥有从亚热带到温带的多种森林、湿地生态系统，孕育着丰富的野生动、植物资源。其中列入国家一、二级重点保护的野生动物有75种，列入国家重点保护的野生植物有36种，列入国家二级以上保护的野生水生动物有12种。

自然保护区建设取得了显著成效，已建成省以上林业类、渔业类、地质地貌类自然保护区17个，其中国家级3个、省级14个，面积达3106平方公里，自然保护面积和各种野生动植物数量居广东之首。曲江罗坑鳄蜥省级自然保护区已申报晋升国家级自然保护区，并通过评审和公示。

4.林业生态修复工程建设

我市以创建“森林生态市”为载体，加大封山育林工作力度，加强林业重点生态工程建设。2011年，我市全面完成各项林业重点生态工程建设任务。其中：北江水源涵养林13000亩，石漠化综合治理2000亩，珠江防护林42000亩。完成了200个“万村绿”示范点建设任务。到目前为止，全市造林面积213.4万亩，雨雪冰冻灾害中受损森林基本修复，森林面积达1965.65万亩，森林覆盖率达72.5%，活立木蓄积量7289.1万立方米，均居全省前列。

附 录

韶关市第十二届人民代表大会第六次会议政府工作报告

(2011年2月22日)

艾学峰

各位代表：

我代表市人民政府，向大会作工作报告，请予审议，并请各位政协委员和其他列席人员提出意见。

“十一五”时期的工作回顾

2006年至2010年，市政府在市委的正确领导下，在市人大及其常委会和市政协的监督支持下，认真贯彻落实党中央、国务院和省委、省政府的决策部署，团结带领全市人民认真学习实践科学发展观，战胜了特大自然灾害，有效应对国际金融危机冲击，抢抓机遇加快发展，圆满实现了2010年经济社会发展主要预期目标，较好地完成了市第十一届人大三次会议通过的“十一五”规划任务，为推动经济社会跨越发展打下了良好基础。

一、过去五年，是经济持续平稳较快增长、人民生活水平不断提高的五年

据统计，2010年全市实现生产总值683.1亿元，比上年增长12.5%，连续5年经济增长率高于全国、全省；比2005年增加346亿元，五年年均增长12.7%，连跨400亿元、500亿元、600亿元三个台阶。2010年全市人均生产总值突破2万元、达2.3万元，增长12.1%，年均增长12.2%。来源于韶关的财政总收入143.3亿元，地方财政一般预算收入47.8亿元，分别增长32.4%和17.5%，年均分别增长18.2%和19.1%。年末金融机构本外币各项存款余额907.7亿元，贷款余额376.1亿元，年均分别增长14.2%和17.3%。县域生产总值和地方财政一般预算收入年均分别增长15%和24.2%，呈现加快发展的新局面。

2010年城镇居民人均可支配收入14260元，农村居民人均纯收入6317元，分别增长10.1%和18.3%，五年年均增长10.6%和11.1%。城乡居民储蓄存款余额562.1亿元，增长14.8%，年均增长15.1%。城镇居民恩格尔系数下降到39%。韶关市区居民消费价格指数涨幅为2.9%，低于全国、全省上涨水平。农村居民人均住房面积23.06平方米，市区城镇居民人均住房建筑面积33.8平方米，分别比2005年末增加4.46平方米和6.44平方米。年末市区每百户居民拥有小汽车12辆，比2005年增长11倍；移动电话用户211.4万户、家庭宽带用户21.2万户，分别比2005年增长5倍和4.5倍。

二、过去五年，是投资规模快速扩大、发展后劲明显增强的五年

2010年完成全社会固定资产投资433.7亿元，增长21.7%，五年年均增长25%。五年累计完成投资1460亿元，比“十五”时期增加923亿元。全力推进“十大工程”建设，五年累计完成投资812亿元，建成项目93个，在建项目50个。“十一五”期间，建成高速铁路118公里，高速公路125.3公里，一级公路85.3公里，发电装机容量85.5万千瓦，防洪堤232.7公里，污水处理能力26万吨/日，垃圾处理能力1200吨/日，旅游接待床位8000多张；钢铁、铅锌年生产能力分别达到600万吨和45万吨。

交通枢纽、能源、水利基础

设施和现代产业项目建设取得重大成果。交通重点项目五年累计完成投资240多亿元。武广高铁(韶关段)、韶赣高速公路(粤境段)建成通车，京港澳高速公路(韶关南段)扩建全面完成，赣韶铁路(粤境段)、广乐高速公路(韶关段)建设加快推进，新建、改建国省道210.5公里，高等级路面比例大幅提升。500千伏坪B线路工程等一批电网建设与改造工程完成，坪B电厂三期2×30万千瓦机组投产。湾头水利枢纽工程竣工运行，大中型水库除险加固工程基本完成，乐昌峡水利枢纽工程加快建设，全市防灾减灾能力明显提高。东阳光光箔系列产品扩建、丹冶技改一期、乳源氯碱化工基地一期和旭日玩具城二期、曲江至卓飞高线路板厂二期等项目建成投产，韶钢节能减排项目全面推进，比亚迪汽车零部件、东阳光生物制药等项目建设进展顺利。韶关发电厂“上大压小”2×60万千瓦机组项目获得核准，韶关核电等项目前期工作扎实推进。

三、过去五年，是经济发展方式加快转变、生态文明建设取得显著成效的五年

2010年末全市市场主体总数达9.87万户，比2005年末增加3.1万户。全市有26个项目列人省现代产业500强，居全省第6位。三次产业结构由2005年的16.4∶42.6∶41调整为13.7∶42.6∶43.7，先进制造业增加值占工业增加值的比重提高到31.7%，五年高新技术产业产值年均增长20%。2010年全市完成工业增加值252.4亿元，五年年均增长12.9%。钢铁、有色金属、烟草、机械、电力、玩具、制药等七大支柱工业不断发展壮大，实现增加值占规模以上工业的77%。2010年服务业增加值298.4亿元，年均增长14.9%。接待旅游者人数1582万人次，旅游收入106.8亿元，分别增长29%和49.7%，比2005年增长3.1倍和5倍，旅游收入年均增长速度居全省第一位。我市被评为中国旅游竞争力百强城市、2008~2009年度中国最具人气旅游城市、中国精品休闲度假旅游城市和首届广东最受欢迎自驾游目的地，丹霞山成功申报为世界自然遗产，曹溪温泉度假村、广东大峡谷、云门寺佛教文化生态保护区成为国家AAAA级景区。2010年全市社会消费品零售总额329.8亿元、增长18.8%，比2005年增长1.3倍；商品房销售额比2005年增长4.3倍。民营经济较快发展。2010年民营经济完成增加值322.1亿元，年均增长12.3%；年末全市个体工商户户数比2005年增长51.6%，私营企业户数增长93.4%、注册资本增长1.68倍。

我市在全省山区市中率先通过国家科技进步考核，率先创建科技企业创业园（孵化器)。“十一五”期间，全市专利申请量、授权量分别比“十五”期间增长2倍和3倍，连续5年居全省山区市首位。成功创建韶关（省级）高新技术产业开发区。创建省部产学研创新联盟2个，成立博士后科研工作站2个，成立工程技术研究开发中心30家。实施科技项目600多项，获国家科技进步奖1项、省科学技术奖22项。企业科技成果转化率达90%以上。创中国驰名商标1件、中国名牌产品1个，均实现零的突破。至2010年底，全市拥有省著名商标22件，注册商标总数4569件，分别比2005年增加21件和2990件。

我市成为全国首批生态文明建设试点地区。2010年末森林覆盖率达71.5%，森林资源数量和质量均居全省首位。五年累计治理水土流失面积30平方公里，建成污水处理厂11个。2010年末县以上城镇生活污水处理率达69.9%。提前一年完成集体林权制度改革，极大地调动了林农发展林业生产、维护林业生态的积极性。2010年全市地表水功能区达标率为92.3%，集中式饮用水水源地水质达标率达100%，空气质量达到国家二级标准。始兴、乳源被省委、省政府授予南岭山地森林生态及生物多样性功能区生态发展试点县称号。乳源南水湖获批建设国家湿地公园。五年完成造林作业面积189.5万亩，关停落后钢铁产能83.3万吨、小火电73.2万千瓦，淘汰落后水泥产能195万吨，建成火电脱硫工程142.5万千瓦。2010年全市万元生产总值能耗下降到1.71吨标煤，五年累计下降20.1%；二氧化硫排放量和化学需氧量累计分别下降24.1%和9.4%，全面完成“十一五”节能减排目标任务。

四、过去五年，是“双转移”工作打开新局面、对外开放取得新进展的五年

2010年全市承接产业转移项目440个，合同投资304.4亿元、增长137%，到位资金101.7亿元、增长27.5%。2008~2010年累计承接产业转移项目1206个，合同投资540.1亿元，到位资金250.8亿元。2010年全市省级产业转移工业园规模以上工业增加值增长37.5%。东莞（韶关）产业园、东莞大岭山（南雄）产业园成功竞得省专业性产业园建设扶持资金，成为区域经济重要增长极。东莞大岭山（南雄）产业园、仁化有色金属循环经济产业基地成为全省首批省市共建循环经济产业基地。省市共建粤北现代技工教育基地取得实质性进展。2010年完成农村劳动力技能培训2.84万人、转移就业9.5万人，五年累计分别达12.2万人和39.9万人。有3805名农民工积分入户城镇。在省2009年度农村劳动力技能培训转移就业和产业转移目标责任考核中，我市分别居全省第一名和东西北地区首位（全省第三名），连续两年在全省“双转移”考核中荣获“双优”。

2010年全市实际利用外资2.12亿美元、增长12.1%，五年累计8.5亿美元、年均增长14.9%；进出口总额15.7亿美元、增长31.6%，五年累计58.9亿美元、年均增长11.3%；出口总额6.6亿美元、增长13.9%，五年累计27.8亿美元、年均增长14.2%。在全省山区市率先开通铁海联运班列。2010年口岸通关货运量556万吨，五年累计1953万吨、年均增长17.2%。我市与四川宜宾市、西藏林芝地区结为旅游合作友好城市，与澳大利亚宝活市、韩国荣州市结为国际友好城市。

五、过去五年，是“三农”工作扎实推进、扶贫攻坚取得显著进展的五年

2010年农业增加值93.9亿元、增长5.6%，五年年均增长4.4%，高于同期全省平均水平。五年累计除险加固水库409宗，完成农村机电排灌工程189宗，新增节水灌溉面积8.4万亩，维修渠道1198.6公里；整治农田面积36万亩，开发耕地20万亩，连续9年实现耕地占补平衡。农业结构不断优化，粮食连续5年增产，2010年达91.5万吨。创建粤台（韶关）农业合作试验区，推进省市共建粤北农业现代化示范区。优质水稻、优质蔬菜、优质畜禽、特色精品农业等四大产业基地建设成效显著，优质稻、蔬菜、优质畜禽、烟叶、优质鱼、特色水果、竹子等七大主导产业发展壮大，园艺花卉、油茶等产业快速发展。2010年市级以上农业龙头企业达55家，农民专业合作社达497家，分别比2005年增加20家和480家；全市拥有国家地理标志保护产品12个、居全省第一（并列），广东省农业名牌产品10个，无公害农产品、绿色食品、有机食品210个，产地农产品抽检合格率达95%以上。

五年累计完成农村公路硬化4500多公里，农村客运通村率85%；解决35万人饮水安全问题；建成农家书屋694间，农民体育健身工程近1200个；帮助5万户农民改建住房、新建户用沼气池12万个，2010年末全市有63.4%的农户住上楼房或红砖瓦房，17.4万农户用上沼气。乡村“清洁美”工程和“村庄整治”工程深入开展。在全省率先开展扶贫开发“双到”小额贷款贴息工作。2010年落实“双到”工作帮扶资金3.43亿元，实施扶贫项目1071个，贫困村、贫困户的生产生活条件明显改善；355个贫困村的贫困户人均增收688.3元，78383人实现脱贫，占贫困人口的54.4%。

六、过去五年，是城市建设加快推进、城市功能明显增强的五年

2010年，韶关市区建成区面积81.83平方公里，供水、供气、排污、公交等市政基础设施明显改善。五年累计新建、改建市政道路27条共58.2公里，更新公交车223辆，新增公交线路12条，新增绿地面积569.1公顷。2010年末绿地率达43.1%，人均公共绿地面积11.75平方米。五年来，芙蓉新城武广高铁韶关站及站前广场、京港澳高速公路韶关互通、韶关大道、国道323线市区过境段、宝盖路、黄金村大桥、帽峰大桥等重大基础设施建成使用。韶州公园、芙蓉山国家矿山公园、韶阳楼、城市规划展示厅、韶州公园绿道等建成开放，林桥坑整治一期工程竣工，芙蓉大道、滨江路、东环路等项目开工建设，东堤路百年东街等“三旧”改造项目有序推进。我市荣获全国双拥模范城、国家卫生城市、国家园林城市、中国金融生态城市等称号，全面启动全国文明城市创建工作。

七、过去五年，是保障和改善民生成效显著、社会文明进步的五年

五年来，韶关人民战胜了超百年一遇的特大洪灾、历史罕见的雨雪冰冻灾害等多次严重自然灾害。全市累计投入救灾专项资金5亿多元，救济灾民289.7万人次，帮助灾民建房29144套。去年翁源等地“5·6”洪灾全倒户已全部搬进新居。五年累计城镇新增就业26.3万人、城镇失业人员再就业17.7万人，去年城镇登记失业率2.99%。建立被征地农民社会保险、城镇老年居民养老保险和城镇居民基本医疗保险等制度。新型农村养老保险试点范围扩大，新型农村合作医疗基本实现全覆盖。提高了城乡低保、企业退休人员基本养老和优抚对象等人员的生活补助标准。五年累计投入低保资金4.3亿元、惠及52.4万人次。医疗救助40.8万人次，救助各类流浪乞讨人员25348人次，办结法律援助案件4318件。建成地质灾害气象预警预报系统、地震监测网络和4个市级地震应急避难场所。五年建成保障性住房2947套，基本解决市区和县城低收入家庭住房困难问题。

2008年在全省东西北地区率先普及高中阶段教育。2009年启动创建广东省教育强市工作。五年累计有20个镇（街）通过省教育强镇督导验收，全市新增校园面积72.3万平方米，建成义务教育规范化学校217所。学前教育、特殊教育和民族教育协调发展，高等教育规模逐步扩大。教育质量和办学水平居全省东西北地区前列。城乡基层医疗卫生服务体系进一步完善，重大疾病得到有效控制，连续五年全市没有发生重大甲、乙类传染病暴发疫情和重大食物中毒事件。医药卫生体制改革稳步推进。全市以街道为单位的社区卫生服务中心实现全覆盖，村卫生站覆盖率达99.4%。每千人口拥有医院床位数居全省前列。人口与计划生育工作水平不断提高，成为全国首批人口计生综合改革示范市，人口自然增长率控制在7‰以内，低生育水平保持稳定。启动区域文化中心建设，文化事业加快发展。大批文艺精品获国家级或省级奖励，《拜盘王》、《瑶族刺绣》等16个项目入选国家级或省级非物质文化遗产名录。抗战时期中共广东省委暨粤北省委机关旧址修复保护项目和北伐战争纪念馆建成开放。仁化县石塘村荣获“中国历史文化名村”称号。我市通过了广东省二类城市语言文字工作评估。市区有线数字电视整体转换基本完成。成功承办广东省第四届少数民族传统体育运动会，我市代表团夺得团体总分第一。全民健身运动、竞技体育、体育产业协调发展。乳源成功承办第十一届中国瑶族盘王节。

社会主义核心价值体系建设扎实推进，社会和谐文明稳定局面进一步巩固。全市超过70%的社区成功创建“六好”平安和谐社区。全面完成省、市《妇女儿童发展规划（2001~2010年）》目标任务，妇女儿童教育和健康水平明显提高，保障妇女儿童生存发展的社会环境不断优化。全面完成市、县两级人民来访接待厅和县（市、区）、镇（街）、村（居）三级综治信访维稳中心建设，群众上访和矛盾纠纷逐年减少。应急管理机制进一步完善，突发事件处置能力提高。社会治安状况进一步好转，刑事案件同比前五年下降23.3%。产品质量、食品药品监管和安全生产工作加强。较好地完成了第二次全国经济普查和第六次全国人口普查在韶关范围内的普查任务。国防建设、人民防空工作取得新成绩，完成了地面应急指挥中心和机动指挥所建设，提高了战时防空能力。民族宗教、对台、外事侨务、港澳、统计、审计、物价、供销、气象、水文、新闻出版、广播电视、无线电管理、档案、史志、残疾人、老龄、移民、红十字会等各项工作都有新的进展。

八、过去五年，是民主法制建设不断加强、人民群众对政府满意度继续上升的五年

市政府自觉接受市人大及其常委会的监督，落实人大及其常委会各项决议决定，坚持向人大及其常委会报告工作，主动接受市政协的民主监督，向市政协通报工作情况，支持人大代表和政协委员履行职责。五年共组织实施人大代表议案7件。共办复人大代表建议475件、政协建议案21件、政协委员提案582件和委员来信330件，办复率和办结率均为100%，人大代表、政协委员普遍表示满意或基本满意。大力支持工会、共青团、妇联等人民团体开展工作，加强与各民主党派、工商联和无党派人士的联系。深入推进政府信息和政务、事务、厂务、村（居）务公开。顺利完成市、县两级新一轮政府机构改革，启动南雄省直管县财政改革试点和乳源深化县级行政管理体制改革试点，富县强镇和简政强镇事权改革扎实推进。开展综合行政执法体制改革试点。推进依法行政，加强执法监察，不断规范行政行为，促进依法治市。完成“五五”普法。五年共发布实施市政府规范性文件64个。行政审批事项由594项核减到159项，基本完成市行政审批电子监察系统二期项目建设。市、县两级行政服务中心管理规范，窗口服务群众满意率保持在99%以上。加大廉政监察和效能监察力度，专项整治“小金库”、商业贿赂、涉企涉农乱收费、公路“三乱”和工程建设领域突出问题，有效纠正损害群众利益的不正之风。大力推进机关作风建设，建立健全绩效考评机制。严肃查处了一批违纪违法案件。全面开展网络问政，办好市长信箱和“民声热线”，解决了大量关系群众切身利益的热点、难点问题。

坚持为民办实事，五年共办理44件。去年承办的十件实事中，除林桥坑二期整治、市中心业余体校和粤北第三人民医院住院大楼因工程较大还在抓紧实施外，其余7件已完成或基本完成。

各位代表：上述成绩来之不易，这是全市人民团结奋斗、社会各界支持配合的结果。在此，我代表市人民政府，向全市人民，向驻韶人民解放军和武警官兵，向省直部门和驻韶中省单位，向各民主党派、工商联、无党派人士和各人民团体，向所有关心、支持和参与韶关发展的各界朋友表示衷心的感谢！

在看到成绩的同时，我们也清醒认识到，前进中还面临不少困难和问题。主要有：一是经济增长方式比较粗放，总量较小，加快发展、增强实力的任务十分紧迫；二是产业投资规模不大，扩大招商引资、增强发展后劲的任务十分迫切；三是中心城市带动能力不强，农业农村基础薄弱，统筹城乡发展、推进扶贫开发的任务仍然艰巨；四是社会建设、管理和服务有待加强，改善民生、维护稳定等任务仍然艰巨；五是行政效率和服务水平还要进一步提高，投资环境需要进一步优化，思想观念也要进一步解放更新。对此，我们一定要高度重视，并采取措施切实加以解决。

“十二五”时期的主要任务和2011年工作意见

“十二五”时期是我市走生态文明发展道路、实现经济社会跨越发展、建设幸福美好韶关的关键时期，也是工业化城市化加快、信息化市场化加快和经济社会结构调整加快的重要转型期。当前，虽然国际金融危机影响仍然存在，但世界经济将在调整中逐步恢复增长，经济全球化趋势不可逆转；我国将以科学发展为主题，加快转变经济发展方式，促进经济长期平稳较快发展和社会和谐稳定；我省深入实施珠三角《规划纲要》、《东西北地区经济社会发展规划纲要》和《关于促进粤北山区跨越发展的指导意见》，加快实施提升珠三角带动东西北战略，促进区域协调发展、绿色发展、和谐共享力度进一步加大；我市经过“十一五”时期的较快发展，交通区位优势进一步凸显，“双转移”和产业建设取得重要进展，良好的发展态势已经形成。同时，国际经济形势复杂，国内宏观经济不确定因素较多，区域经济竞争激烈，我市正处在调整转型、爬坡越坎的关键阶段，面临不少困难和挑战。必须抢抓机遇，齐心协力，克服困难，真抓实干，奋力开创跨越发展新局面。

根据市委关于制定“十二五”规划的建议，市政府组织编制了《韶关市国民经济和社会发展第十二个五年规划纲要（草案）》，提出今后五年要顺应人民群众过上幸福美好生活新期待，以科学发展为主题，以加快转变经济发展方式为主线，围绕“探索一条生态文明发展路子，狠抓人力资源培训和配置、提高城市和产业集聚度这两个关键，突出大交通、大旅游、大产业三大重点，加快推进新型工业化、新型城市化、特色资源产业化和生态建设系统化”的基本工作思路举措，坚持加快发展、生态优先、城乡统筹、开放创新、改善民生的基本要求，加快建设粤北区域中心城市、广东先进制造业基地、优质农产品生产加工基地、全国生态旅游休闲重点地区、全国生态文明建设示范市，增强综合竞争力，努力实现经济社会跨越发展，建设幸福美好韶关。力争到2015年，全市生产总值达到1200亿元、年均增长12%以上，三次产业比例约为10:45:45，人均生产总值达到3.85万元、年均增长11%以上，粤北区域中心城市初步建成，现代产业体系基本形成，自主创新能力大幅提升，社会事业全面进步，民主法制日益健全，人民生活水平进一步提高，社会更加和谐稳定；力争到2015年，生态文明建设成效明显，节能减排任务全面完成，全市森林覆盖率达到72%，城乡环境质量稳步提高，初步构建生态经济体系、生态文化体系、生态人居体系，基本建成全国生态文明建设示范市，资源节约型、环境友好型社会建设取得显著成效，韶关天更蓝、山更绿、水更清，可持续发展优势更强。

为实现以上目标，突出抓好三大重点建设：

一是建设大交通，打造名副其实的粤北区域中心城市，推进新型城市化。加快构建以“六高四铁两航两站”为骨架的立体交通网络，基本建成国家公路运输枢纽和一级铁路枢纽城市。加快芙蓉新城开发建设，引导人口集聚，促进城市“一心五组团”格局形成。稳步推进城乡基本公共服务均等化，着力保障和改善民生，提高人民群众幸福指数。力争到2015年，市区常住人口达到100万人左右、建成区面积100平方公里左右，成为集交通枢纽、产业集聚、物流商贸、旅游休闲、医疗服务、文化教育六大中心于一体的粤北区域中心城市，为建设粤北山区及粤湘赣相邻地区中心城市和韶关都市区打下坚实基础。

二是建设大产业，打造广东先进制造业基地、优质农产品生产加工基地和三省边界物流中心，加快新型工业化，构建现代产业体系。在大力改造提升传统优势产业的同时，狠抓招商引资，培育发展一批战略性新兴产业，加快建设韶关高新区、省级产业转移工业园、粤北现代农业示范园区、科技企业创业园等产业载体，力争早日建成广东清洁能源生产基地、世界锌都、钢铁生产基地、汽车及零部件生产基地、装备基础零部件先进制造业基地、新型干法水泥生产基地、现代中药和生物医药产业基地。同时，充分发挥自然条件和区位交通优势，大力发展现代农业和物流等生产性服务业。

三是建设大旅游，打造全国生态旅游休闲重点地区。着力引进战略投资者，培育一批旅游龙头企业，加快旅游特色资源产业化，推动旅游产业聚集发展，推进粤北旅游圈建设，打响“丹霞山世界自然遗产地”和“禅宗文化圣地”两大品牌，初步建成生态休闲、户外运动两大基地，构建大旅游发展格局，率先实现旅游业跨越发展。

今年是中国共产党建党九十周年、“十二五”规划的开局之年。根据市委十届九次全会精神，围绕“十二五”发展目标任务，2011年政府工作的总体要求是：以党的十七届五中全会和中央经济工作会议精神为指导，按照省委十届八次全会的部署，紧紧围绕加快转型升级、建设幸福广东这个核心，以科学发展为主题，以加快转变经济发展方式为主线，充分发掘我市特有优势，力争在产业转型升级、探索生态文明发展、壮大县域经济、建设区域中心城市和创新体制机制上取得新突破，着力保障和改善民生，全面发展社会事业，筑牢跨越发展的基础，为顺利实施“十二五”规划、建设幸福美好韶关开好局起好步，以优异成绩迎接建党九十周年。

经济社会发展主要预期目标是：生产总值增长12%，人均生产总值增长11%，全社会固定资产投资增长16%以上，社会消费品零售总额增长15%，实际利用外资增长12%，外贸出口增长13%，地方财政一般预算收入增长8%（按可比口径计算增长12%），城镇居民人均可支配收入增长8%，农村居民人均纯收入增长8.5%，居民消费价格指数涨幅控制在4%左右，服务业增加值占生产总值比重达44%，研究与发展经费支出占生产总值比重提高到1.6%，人口自然增长率控制在7.6‰以下，城镇登记失业率控制在3%以内，完成省下达的节能减排任务。

围绕实现以上目标，要突出抓好以下九个方面的工作：

一、强力推进招商引资，力争大规模承接产业转移

狠抓招商引资工作。优化招商环境，强化目标管理，完善奖惩机制，落实招商责任，形成招商合力，扩大招商成效，全年引进市外境内到位资金130亿元以上，实际利用外资2.3亿美元以上。突出招商引资重点，围绕加快发展先进制造业、现代农业和现代服务业开展产业招商，进一步加强促进中央和省属企业在韶投资工作，加强与珠三角的产业对接合作，重视吸引长三角民间资本。精心办好各类招商活动，积极参与省面向大型央企、国内民企100强和世界500强企业的三场重大招商活动，大力承接国内外产业转移。加大重点产业招商工作力度，积极开展产业链招商和特色产业集群式招商，旅游、物流、文化产业招商要有新突破，其他重点产业招商要有新进展。坚定不移地走质量招商之路，突出招大引强，努力在引进优质项目上取得新成绩。尤其要大力引进工业投资特别是战略性新兴产业投资项目，力争承接产业转移工作始终走在全省前列。

狠抓项目落地工作。加强分类指导，抓好衔接工作。深入推进行政审批制度改革，研究建立行政审批事项动态评估、管理和调整制度，推行网上审批模式。推进行政审批事项集中管理，规范审批程序，在重点项目建设和企业登记注册领域开展并联审批改革。进一步创新服务方式，加强统筹协调服务。围绕落实大项目，建立“一个项目一个责任领导、一支服务队伍”机制，千方百计加快实施。加强已签约项目的跟踪服务，加强已开工项目的配套服务，提高项目履约率、资金到位率和开工投产率。

大力加强园区建设。强化规划引导和政策扶持，做好征地拆迁工作，扩大产业转移工业园开发面积，完善配套建设和服务，提高产业承载力。抓好园区项目储备和土地储备，推动产业项目向园区聚集，促进产业聚集发展，尤其是促进韶赣高速公路沿线产业聚集。重点加强东莞（韶关）、东莞大岭山（南雄）产业园建设，创新园区管理和共建机制，做大机械装备制造、精细化工等主导产业，示范带动全市工业园区发展壮大。支持县域加快产业转移园区建设，打造精细化工、环保涂料、有色金属、制笔研发、氯碱化工、纺织、钟表等产业基地，培育发展特色产业集群，加速县域工业化进程。

加快外经贸发展。进一步转变外贸发展方式，培植壮大外贸经营主体，支持企业巩固拓展市场，优化外贸进出口商品结构，推进加工贸易转型升级。启动粤北国际物流中心项目建设，打造铁海联运品牌。完善口岸功能布局，推进口岸大通关建设。加快进口我市急需的关键设备和原材料，推动经济结构优化升级。深入实施“走出去”战略，提升对外经济合作水平。

二、努力扩大投资规模，加快重点项目建设

深入实施重点项目带动战略，着力扩大投资规模，优化投资结构。加大基础设施、现代产业、民生保障和生态环保等重点领域投资力度，精心策划一批战略性、基础性项目，扩大有效投资。切实把战略性新兴产业项目投资建设摆在突出位置，确保工业投资不低于全社会固定资产投资增幅，加快构建基础设施体系和新型产业体系。发挥重点项目投资的乘数效应，抓好60个重点项目建设，努力确保完成计划投资217.6亿元，力争全社会固定资产投资超过500亿元。抢抓省委、省政府“掀起粤东西北交通建设大会战”的机遇，加快国家交通枢纽和广东清洁能源基地建设，抓好广乐高速公路（韶关段）、赣韶铁路（粤境段）等续建项目和韶关发电厂“上大压小”项目建设，推进北江航道整治和港口、客运站场、公交枢纽站建设，力争大广高速（新丰段）、昆汕高速（翁源段）、粤湘高速（韶关段）、华电（南雄）热电冷联供等项目早日开工建设。加强韶关核电、韶关机场等重大项目前期工作。汛期前基本完成城乡水利防灾减灾及病险水库除险加固工程建设，乐昌峡水利枢纽工程要形成防洪能力。加强项目开发、争取、储备和要素保障，破解土地征用、环评和报批难题。完善重点项目推进机制，强化项目督查和责任考评，努力确保项目顺利实施。

加强财税金融工作。加强税收征管和纳税服务，大力扶持培育税源型企业，确保财税收入稳步增长。稳步推进非税收入管理改革。优化财政支出结构，增强预算执行力，保障重点支出需要。切实改善公共资产和公共资源的管理工作，提高管理水平和效益。加强财务管理，严肃财经纪律。积极争取中央和省的资金，规范政府投资项目管理，发挥政府投入的带动效应，着力扩大民间投资，鼓励民间资本进入基础产业和战略性新兴产业。进一步完善银政企联席会议制度，促进银企有效对接，保持贷款较快增长。完善莞韶公司、城投公司等多元投融资平台，发挥政策性担保公司作用，扩大融资规模。力争国有控股企业、中小企业改制上市融资有实质性突破。进一步优化金融生态环境，吸引金融机构进驻，加快金融创新发展，全面提升金融服务水平。有效增加财政投入和信贷投入，多渠道扩大有效投入。

三、全力加快新型工业化，提高自主创新能力

全力以赴加快工业发展，加速新型工业化进程。继续落实市领导联系重点企业制度，做好工业经济运行监测和煤电油运等生产要素保障工作，开展“工业绿灯”行动，加强对新投产企业和在建工业项目的服务，全力稳定和扩大企业产能。加大国有企业改革工作力度。加强列入省现代产业500强项目建设，培育壮大先进制造业，着力优化工业结构。大力实施产业集聚工程，发挥大型企业的龙头作用，促进中小企业协作配套，延伸产业链，加快省市共建装备基础零部件（韶关）先进制造业基地和省级产业集群升级示范区建设，着力培育百亿元企业、百亿元产业，加快钢铁、铅锌、铝箔、汽车配件、装备制造、玩具、精细化工等产业集群化，做大做强优势特色产业。

增强自主创新能力，加快建设创新型韶关。坚持制造与创新并重，发挥企业科技创新主体作用，推进信息化与工业化融合，加强企业技改创新，运用高新技术促进钢铁、有色金属、烟草、机械、电力、玩具、制药等传统优势产业加快转型升级。加大技术改造和技术创新投入，支持企业技术进步和科研机构发展，完善区域创新体系。大力推进韶关高新区建设，加快高新技术产业发展。加强产学研合作，充分发挥省部产学研创新联盟的技术优势，支撑主导产业发展。加快建设华南理工大学韶关技术研究院和中科院广州化学所技术创新与育成中心，推进企业科技特派员工作。加强工程技术开发中心、企业技术中心、行业公共创新平台等建设，启动科技企业创业园三期工程，吸引先进技术项目入园转化和产业化。启动实施全市液压机械装备产业技术路线图。依托优势产业、特色产业，联合高校、研究院所建立公共服务平台。大力实施新兴产业倍增工程，加强战略性新兴产业项目引进和建设，加快建设乳源东阳光生物制药基地、南雄精细化工基地、莞韶生物医药科技园、曲江LED产业基地、仁化有色金属循环经济产业基地等新兴产业基地，培育生物医药、新能源、节能环保、新材料等战略性新兴产业。深入开展质量强市活动，大力实施知识产权战略、技术标准战略和名牌带动战略。抓好省级铅锌及钢材产品、粮油及制品、精细化工产品检验站、粤北玩具检测中心省级重点实验室建设，申报国家铅锌质检中心，完善公共检验检测技术服务平台。

着力扶持民营经济加快发展。认真落实国家和省、市促进中小企业、民营经济发展的政策。加强引导和服务，完善社会化服务体系，进一步优化民营经济发展环境。大力吸引民间资本进入第三产业。减轻企业负担，落实财政扶持资金投入。完善中小企业金融指导员制度，加强中小企业信用体系建设，健全中小企业融资服务体系，引导金融机构加大信贷支持力度，缓解中小企业融资难题。支持民营企业技改创新，加快转型升级步伐。大力实施民营企业上市梯度培育工程和企业家素质提升工程，深入实施中小企业成长工程，加快推进省级中小企业创业基地、民生创业园等创业载体的配套设施建设，推进民营工业聚集发展。力争民营经济增加值占生产总值的比重达到50%。

四、大力发展现代农业，深入推进扶贫开发

加快农业现代化。全面落实强农惠农政策，加大对农业农村的投入，稳定粮食生产，大力发展现代农业，促进农业增效、农民增收。加快改造提升蔬菜、畜禽、烟叶、水产、竹子、油茶、石斛等优势特色产业，积极培育休闲观光农业，加快发展高效生态农业，提高产业化、集约化、标准化和生态化水平。加快粤北现代农业示范园区、粤台（韶关）农业合作试验区和华南大宗农产品物流交易中心建设。积极引进和扶持农业龙头企业，规范发展农民专业合作组织，培育发展种养大户。加强种养基地建设，健全农产品质量安全保障、质量溯源管理和标准体系，大力发展无公害、绿色、有机农产品和地理标志保护产品，培育特色农业品牌。规范发展各类林场，大力发展园艺花卉、珍贵树种和中药材种植业，提高林分质量，推进林相改造，加快现代林业发展。推进土地开发整理和中低产田改造、现代标准农田建设等农业综合开发，加大灌渠改造力度，加快民生水利工程建设，改善农田水利基础设施。建立与完善产业技术服务平台，推动专业镇转型升级。加强基层农技推广和动植物疫病防控及病虫害防治等工作，加快农业机械化，全面提高现代农业物质技术装备水平。加强气象灾害预警应急工程建设，提高防灾减灾能力。

全力打好扶贫攻坚战。推进山水田林路综合治理，加强农村基础设施建设和社会救助等基本公共服务，进一步改善贫困村的生产生活条件。认真落实“双到”政策，突出抓好产业扶贫和技能培训，提高贫困人口自我发展能力，确保今年全市80%以上的被帮扶人口年人均纯收入2500元以上，被帮扶村的落后面貌有明显改观。加快革命老区、少数民族地区、边远山区和水库移民区发展。继续落实十项农民福祉工程，进一步改善农村生产生活环境，加快社会主义新农村建设。加强村庄整治，创建20个市级和100个县级整治示范村，建设一批具有粤北山区特色的宜居村庄。基本实现全市镇级有站、符合通客运班车条件的行政村100%通客车和100%有候车亭的目标。完成80宗农村饮水安全工程和1万户以上农村住房改造。

深化农村综合改革，激活农村发展活力。推进城市基础设施和公共服务向农村延伸，推动城乡基本公共服务一体化，促进县域经济加快发展。加强镇、村规划编制，推进城乡规划全覆盖。坚持和完善农村基本经营制度，依法推进农村土地流转。深化征地制度改革。推进农村集体土地所有权确认工作。依法加强农村宅基地管理。积极推进政策性农业保险。拓宽农民增收渠道，努力增加农民生产经营性、政策转移性、工资性、财产性等方面的收入，促进农民收入持续增长。

五、全面推进旅游“二次创业”，促进服务业加快发展

大力推动旅游业提质升级。充分利用丹霞山成功申遗效应，发挥交通区位优势，整合全市旅游资源，完善城市旅游功能，加快省市共建旅游信息化示范区建设，大力推动旅游业从观光旅游向观光、休闲、文化、健身、购物等复合型旅游发展方向转变，加快旅游“二次创业”，推进旅游产业化，发展大旅游产业。千方百计引进若干战略投资者，进一步加快以大丹霞、大南华、大南岭、大珠玑和世界过山瑶祖居地为重点的知名生态休闲旅游目的地建设。全力推动户外运动和温泉养生项目建设。承办好“2011广东国际旅游文化节”。推进丹霞山创国家5A级旅游景区、全国文明景区工作。继续推进星级饭店和A级景区创建，建设全市旅游咨询服务网络，完善旅游公共服务体系。力争创建国家4A级旅游景区3家，新增五星级标准酒店3家。抓好旅游宣传促销，大力开拓新的客源市场，努力发展入境游。加强旅游人才建设，创新旅游管理体制机制，规范壮大各类旅游企业主体。鼓励支持旅游商品开发、设计、生产和销售，大力发展旅游购物市场。

加快物流业等现代服务业发展。完善综合交通、物流信息、现代流通三大物流网络平台，加强商贸物流、商务会展、科技服务载体建设，加快建设一批物流园区。重点推进韶关雪印、乐昌粤湘、始兴交通物流中心、仁化周田大宗农产品等物流园区或项目建设。积极培育引进龙头企业，支持一批物流企业做强做大。发展新兴专业市场，完善网点布局和业态结构，加快建设粤北商贸物流大走廊和三省边界物流中心。同时，推进服务业与制造业有机融合、互动发展，做大做强生产性服务业。

促进消费结构升级。深入实施扩大内需战略，促进城乡消费繁荣。积极健全市场体系和社会信用体系，继续严厉打击制售假冒伪劣产品行为，规范市场秩序，优化消费环境。深入实施“农村消费升级行动计划”、“万村千乡市场工程”和“新网工程”，推进“农超对接”，推动现代流通方式由城市向农村延伸。加快多层次的住房保障体系建设，规范房地产开发秩序，促进住房消费健康发展。继续做好家电下乡、以旧换新工作。巩固汽车、信息、商贸、餐饮消费，扩大文化旅游休闲消费，加快发展电子商务、物流配送、网上交易等新型消费业态，推进信贷消费。认真落实“菜篮子”市长负责制，完善重要商品储备制度和主要农产品临时收储制度，加强价格调控监管，打击各种价格违法行为，着力保障市场有效供给和物价稳定。

六、加强宜居城乡建设，开创生态文明建设新局面

加快芙蓉新城建设。加快完善和实施芙蓉新城规划，做好行政第二组团规划定点及控规编制，抓好金融机构、大型企业总部进驻新城规划选址工作。完成新城的征地收尾工作，全面启动安置区建设，保障新城重点项目用地，加快基础设施和公共服务设施建设，启动芙蓉隧道等工程建设。积极开展融资工作，吸引社会资金投入新城开发建设。

改造提升城市功能。编制实施小岛片区旧城控制性详细规划，科学谋划和推进小岛片区改造。稳妥推进“三旧”改造，开展示范点项目建设。继续推进东环路建设和原曲仁矿棚户区改造，完成百年东街改造、仙桥古渡和客家源流项目。加强市政基础设施和绿道网建设，优先发展城市公交，努力解决堵车塞车问题。全面提升城市信息化管理水平，优化城市环境，有效增加市区公共休闲空间。推进市中心区通往曲江区道路建设。支持县（市）城区和中心镇加快建设，完善基本公共服务，着力打造一批宜居名镇名村，加快城镇化进程。

加强生态建设和环境保护，加快创建全国生态文明建设示范市。高度重视林地林木资源保护管理，抓好“封山育林”工程和北江水源涵养林、珠江防护林建设，加强生态公益林体系、生态修复、自然保护区、湿地保护和水土保持、石漠化治理、地质灾害防治等生态工程建设。推进始兴、乳源南岭山地森林生态及生物多样性功能区生态发展试点县工程，加快生态产业化和产业生态化。建立长效机制，深入开展乡村“清洁美”工程。建设200个“万村绿”工程示范点。实施节能减排重点工程，加快产业园区和重点镇污水处理设施建设。大力倡导低碳生活方式和消费模式。做好电动汽车示范应用工作。加强清洁生产、节能降耗管理、淘汰落后产能和废物综合利用工作，确保全面完成节能减排任务。制定并严格实施土地供应计划，加强节约集约用地，积极推进城乡建设用地增减挂钩试点工作。严厉打击各类土地违法行为和非法采矿行为，强化土地执法问责。抓好地质灾害预测预报和防治，健全环境污染事故预防和处置制度，坚决防止重大环境污染事件发生。

七、优化人力资源配置，着力保障和改善民生

加强农村劳动力技能培训转

移就业示范基地建设，开展农村劳动力转移就业示范县创建活动。落实省市共建粤北现代技工教育基地建设项目，进一步提升劳动力技能培训转移就业工作质量。加强区域劳务合作，加大劳务输出力度，大力发展劳务经济。完善城乡公共就业服务体系，构建城乡一体化的人力资源市场。积极落实各项就业补贴、小额担保贷款和创业促就业等政策。加大就业援助力度，多渠道开发就业岗位，着力做好高校毕业生、农村转移劳动力、城镇就业困难人员和退役军人的就业工作。抓好省级创业孵化基地和浈江区、仁化县创业型城市创建工作，健全创业服务体系，提高劳动者创业能力。力争今年城镇新增就业5万人，就业困难对象实现再就业3500人。积极推行企业工资集体协商制度。深化人事制度改革，进一步加强人才和智力的引进工作，加快引进创新科研团队和科技领军人物。

进一步完善社会保障体系，扩大城乡基本养老、基本医疗、失业、工伤和生育等社会保险覆盖面。落实城镇老年居民养老保险新政策，完善被征地农民养老保险试行办法。逐步提高全民医保待遇水平。完善失业保险、工伤保险制度。扩大新农保试点范围，确保到2012年实现新农保全覆盖目标。推进农村低保与农村脱贫工作同步开展，逐步将人均年收入1500元以下的困难家庭纳入低保。健全完善优抚安置保障体系，实现优抚对象参保全覆盖。继续抓好保障性安居工程建设，不断改善城镇低收入困难群众的住房条件。探索对低保边缘家庭提供临时性应急性救助办法，加强社会救助工作。重视发展残疾人事业，加强残疾人社会保障和服务体系建设。规范捐赠资金管理，大力发展慈善事业。

八、创新社会服务管理，推进区域文化中心建设

坚持教育优先，加快教育改革发展，推进教育强市建设。加大教育投入，实施义务教育规范化学校建设工程和学校卫生安全工程，推进义务教育均衡发展。巩固提高高中阶段教育成果。推进粤北区域职（技）教中心建设。实施学前教育三年行动计划，鼓励多元投资，加快学前教育发展，提高发展质量。加强特殊教育、老年教育和民族教育，大力发展民办教育，支持高等院校提升办学水平，促进各类教育协调发展。全面实施素质教育。完善教师培养培训体系，建设高素质教师队伍。深化医药卫生体制改革，确保完成三年医改任务，初步建立国家基本药物制度，稳妥推进公立医院改革试点，进一步完善新农合管理，提高保障水平。加强乡镇卫生院和社区卫生服务机构建设，完善城乡基层医疗卫生服务体系，继续实施以建立城乡居民健康档案为切入点的医疗卫生信息化工程，大力落实基本公共卫生服务均等化项目，推进基本公共卫生服务逐步均等化。加强疾病预防控制、妇幼保健、卫生监督等工作，加强艾滋病等重大传染病防控，提高食品安全保障水平。实施“名院、名科、名医”和中医药强市战略，大力推进爱国卫生运动，积极推进省市共建粤北区域医疗服务中心工作。推进全国人口计生综合改革示范市建设工作，提升人口计生服务水平，促进人口均衡发展。做好《妇女儿童发展规划（2001—2010年)》终期评估验收工作，编制妇女儿童发展新规划。完善城乡体育基础设施，大力开展全民健身运动，协调发展群众体育、竞技体育和学校体育。加强国防教育、国防动员、民兵预备役和优抚安置工作，争创第九届全国双拥模范城。

加快建设区域文化中心。加强精神文明建设，深入推进群众性精神文明创建活动，争创全国文明城市工作先进市。加强公民思想道德建设，深入开展爱国主义教育，倡导感恩奉献精神。深化文化体制改革，推进报纸、广播电视资源整合，组建市传媒集团；完成全市新华书店重组、县级电影公司改制和市县两级文艺院团改革任务，完成县、区广播电视网络改革重组工作，积极推进“三网融合”试点。推进重点文化惠民工程，加快市、县两级图书馆、文化馆、博物馆和乡镇(街道）综合文化站、行政村（社区）文化室等公共文化基础设施建设，完善公共文化服务体系。启动创建国家历史文化名城工作，加大对外文化交流力度，提高韶关文化的影响力。加强文化遗产保护和利用。鼓励支持创作文艺精品。大力发展特色文化产业，加快培育文化创意产业集群，推进市生态文化创意园、大南华文化创意产业园等项目建设。扶持文化企业和文化产业加快发展，促进文化行业健康发展。

深化社会管理体制改革。创新社会管理方式，推动管理重心下移，构建党委领导、政府负责、社会协调、公众参与的新型社会管理体制。深入推进城乡基层民主建设，完善乡镇治理机制和城乡群众自治机制。推进社区居委会规范化和社区服务专业化，规范社区物业管理。开展深化城市基层管理体制改革试点。建立政府购买服务机制。深化户籍制度改革，完善流动人口服务管理居住证“一证通”制度，加快推进农民工积分制入户城镇、子女积分入学工作。创新虚拟社会管理，规范发展社会组织。进一步加强安全生产监管和食品药品监管，完善应急管理体制，提高安全保障水平。用群众工作统揽信访工作全局，畅通民意表达渠道，积极排查调处化解矛盾纠纷，加大调解工作力度，提高基层综治信访维稳中心工作水平。加强社会治安综合治理，加大群防群治力度，整治社会治安重点地区和突出治安问题，健全社会治安防控体系，加大打击刑事犯罪力度，提高群众安全感，促进社会和谐稳定。继续做好民族宗教、外事侨务、新闻出版、对台、港澳、统计、人防、供销、水文、防震减灾、无线电管理、档案、史志、红十字会、老龄等各项工作。

九、着力提升政府效能，打造一流政务环境

坚持向市人大及其常委会报告工作，向市政协通报工作情况，自觉接受人大及其常委会、人民政协和社会各界的监督。认真听取各民主党派、工商联、无党派人士、人民团体和人民群众的意见建议。努力办好人大议案、人大代表建议、政协建议案和政协委员提案。推进政务公开和政府信息公开，创新公开方式，保障人民群众的知情权、参与权、表达权和监督权。深入调查研究，坚持并健全重大决策公众参与、专家论证、风险评估、合法性审查和集体讨论决定制度，加强政府层级监督，接受人民群众和新闻舆论监督，提高民主、科学、依法决策水平。加快创建法治城市和法治县（市、区），推进法治政府建设，全面提高各级政府依法行政能力。强化行政问责，严肃追究失职、渎职、不作为和乱作为的责任。切实加强督查督办，着力确保令行禁止，提高政府执行力和公信力。稳步推进事业单位分类改革。深化县级行政管理体制改革，在乳源深化大部门制改革。继续推进富县强镇和简政强镇事权改革，增强基层活力。启动“六五”普法教育。进一步办好政风行风热线、市长信箱和“民声热线”，完善网络问政，着力解决人民群众反映强烈的突出问题。

全面正确履行政府职能，更加重视公共服务和社会管理，增强基本公共服务能力。精简会议和文件，严格控制各类评比和庆典活动。加强行政服务中心建设，进一步推动“窗口”单位服务向规范有序、公开透明、便民高效转变。加大审计监督力度，强化经济责任审计和绩效审计。加强行政监察工作，继续开展专项治理，坚决纠正损害群众利益的不正之风。加强政府廉政建设，推进反腐倡廉制度建设，加大从源头上预防和治理腐败的力度，强化对权力运行的制约和监督，严厉查处和惩治腐败。加强公务员培训，深入开展创先争优活动和廉洁从政教育，提高公务员综合素质，努力建设政治坚定、业务精湛、作风过硬、人民满意的公务员队伍。

今年还要办好八件关系民生的实事：1.抓好农村电网升级改造；2.完成通自然村公路硬化400公里；3.实施韶南大道改造工程；4.实施天子岭廉租住房二期工程；5.健全完善我市四级公共就业保障服务体系；6.建设“中华健康快车白内障治疗中心”；7.推进教育创强工作，建成20个教育强镇（街）；8.继续更新公交车（含购进新能源汽车）80辆，建设候车亭一批。

各位代表！回顾过去，韶关人民艰苦奋斗，迎难而上，各项建设加快推进，改革发展开创了崭新局面。展望未来，我们实现科学发展蓝图的信心更加坚定。让我们更加紧密地团结在以胡锦涛同志为总书记的党中央周围，在市委的正确领导下，深入贯彻落实科学发展观，紧紧依靠全市人民，实事求是、解放思想、与时俱进，为推动经济社会跨越发展、建设幸福美好韶关而努力奋斗！

2011年韶关市十大新闻

1. 韶关市召开第十一次党代会，选出新一届中共韶关市委领导班子。

2011年12月3日至6日韶关市召开第十一次党代会，会议选举产生了新一届中共韶关市委员会、韶关市纪律检查委员会，提出坚持绿色发展，振兴工业经济，加快建设粤北区域中心城市，大力实施“绿色发展、工业强市、文化名城、人才优先、城乡统筹”五大战略。

2. 韶关市制定通过《关于韶关市国民经济和社会发展第十二个五年规划的决议》。

2011年1月14日至15日，韶关市召开市委十届九次全会，审议通过《中共韶关市委关于制定韶关市国民经济和社会发展第十二个五年规划的建议》；2011年2月25日市第十二届人大六次会议经过审议，决定批准《韶关市国民经济和社会发展第十二个五年规划纲要》。

3. 韶关获“全国文明城市提名资格”。

在2011年12月20日召开的全国精神文明建设工作表彰会议上，韶关被中央文明办授予“全国文明城市提名资格”城市。韶关市2010年正式启动“创文”工作，提出用两年时间拿下“全国创建文明城市工作先进市”，再用3年的时间在2014年向全国文明城市迈进。此次取得“全国文明城市提名资格”荣誉，标志着我市正式取得2014年冲刺全国文明城市的“入场券”。

4. 乐昌峡水利枢纽主体工程顺利完工。

韶关市乐昌峡水利枢纽工程2008年1月9日在乐昌市奠基，主体工程2011年10月10日完工。工程总投资约34.1亿元，建成实施后，可将乐昌市区防洪标准由10年一遇提高到50年一遇，与浈江湾头水利枢纽联合调度，可将韶关市区防洪标准由20年一遇提高到100年一遇。

5. 韶关市成功承办2011广东国际旅游文化节主会场活动，韶城人民享受旅游文化大餐。

这是一届“突出特色、注重实效、全民共享”的旅游文化盛会。本届广东国际旅游文化节盛况空前，吸引人数之众、场面之大、项目之多、时间之长超过了历届。11至12月，韶关主会场活动多达32项，其中11月4日至8日，市区有12项活动；出席的人员来自100多个国家和地区，出席的领导、外宾是历届旅游文化节规格最高的一次，参加表演的群众演员达2000多人。

6. 韶关市创作大型交响声乐套曲《中国之路》等一批纪念建党90周年文艺精品。

《中国之路》是我国首次以大型交响声乐套曲的形式反映中国共产党90年的风雨历程，热情讴歌党的伟大成就的音乐作品。《中国之路》于6月12日在韶关首演，6月16日在广州公演，8月在中央电视台音乐频道播出，之后陆续在我市各地巡演，观看人数达1万人次，受到社会各界的广泛赞誉。此外，电影《战时省委》2011年4月在我市拍摄，6月在我市首映。“七一”前夕，韶关市作家接连出版具有粤北地方特色的红色文学作品《潜流——南方地下党血色纪实》等。这些红色文艺精品营造了浓郁的红色文化气息和积极向上的氛围。

7. 韶关市扶贫开发“双到”工作取得成效，三年任务两年基本完成。

2010年以来，韶关市扎实推进扶贫开发“双到”工作，3.3万户贫困户、12.9万贫困人口人均纯收入达到2500元以上的脱贫标准，分别占总数的87.9%和89.6%，352个贫困村集体经济收入达到3万元以上。贫困地区生产生活条件明显改善，“造血”功能显著增强。

8. 韶关市第二批廉租房建设完工，最后一批水上居民上岸定居。

2011年12月28日，韶关市举办原曲仁矿棚户区改造示范安置房暨水上居民入住交钥匙仪式，原曲仁矿棚户区改造一期工程完工，首批安置户入住。随着第四批38户水上居民的搬迁入住，154户水上人家上岸定居。去年，市区先后建成了天子岭二期廉租住房、十里亭保障性住房小区和裕得花园经济适用住房小区，建成保障性住房746套，超额完成了省政府下达的住房保障任务。

9. 韶关市乳源少数民族工作受到肯定。

2011年6月21日至22日，全国民族自治县（旗）科学发展经验交流会在韶关市乳源瑶族自治县召开，“乳源现象”、“乳源模式”受到与会者推崇。2011年11月18日，在贯彻落实中央民族工作会议精神经验交流会上，中共中央政治局常委、全国政协主席贾庆林高度赞扬和评价了乳源瑶族自治县。2011年4月，中共中央政治局委员、广东省委书记汪洋在乳源经济社会发展情况汇报材料上批示：乳源的经验值得总结，努力值得肯定。

10. 京港澳、韶赣高速马坝互通立交工程发生坍塌事故。

2011年5月26日，韶赣高速马坝互通立交收尾工程发生坍塌事故，共造成7人死亡1人轻伤。事故发生后，韶关市立即启动预案，积极做好现场抢救和善后处理工作。

2011年韶关市人民政府规范性文件目录

表 32-1

序号	文件名	发文号	发文时间
1	韶关市民营科技企业管理办法	韶府令第79号	2011年1月14日
2	韶关市区市政设施管理规定	韶关市人民政府令（第80号）	2011年1月18日
3	韶关市城市污水处理费征收管理办法	韶关市人民政府令（第81号）	2011年1月18日
4	韶关市建设领域施工企业工人工资支付保证金管理办法	韶关市人民政府令（第82号）	2011年1月27日
5	关于调整我市企业职工最低工资标准的通知	（韶府〔2011〕7号）	2011年2月22日
6	关于调整我市失业保险金标准的通知	（韶府〔2011〕8号）	2011年2月23日
7	韶关市开展全民义务植树运动的若干规定	韶关市人民政府令（第83号）	2011年4月21日
8	韶关市行政机关规范性文件管理规定	韶关市人民政府令（第84号）	2011年4月25日
9	关于进一步完善韶关市市区“三旧”改造若干政策的通知	(韶府〔2011〕30号)	2011年4月29日
10	关于更新韶关市市区“三旧”改造中涉及协议出让补缴土地出让金标准的通知	(韶府办〔2011〕72号)	2011年4月29日
11	关于印发韶关市总部企业认定办法（试行）的通知	（韶府办〔2011〕105号）	2011年6月9日
12	韶关市人民政府关于报废液化石油气螺丝瓶的通告	（韶府〔2011〕51号）	2011年8月2日
13	韶关市城市景观亮化与道路照明设施管理办法	（韶府令第85号）	2011年8月3日
14	韶关市人民政府关于规范市区小街小巷、人行道停车行为的通告	（韶府〔2011〕53号）	2011年8月12日
15	韶关市社会抚养费征收使用管理试行办法	（韶府令第86号）	2011年8月15日
16	韶关市封山育林实施办法	（韶府令第88号）	2011年8月19日
17	韶关市土地储备管理暂行办法	（韶府令第87号）	2011年8月20日
18	韶关市市区井盖设施管理规定	（韶府令第89号）	2011年8月24日
19	韶关市人民政府关于加强市区建筑工地泥头车管理的通告	（韶府〔2011〕71号）	2011年10月24日
20	韶关市人民政府关于清理北江韶关市区河段所有水上餐饮船舶无证无照经营餐饮业的通告	韶府〔2011〕70号）	2011年10月24日
21	关于提高我市城乡居（村）民最低生活保障标准的通知	（韶府〔2011〕72号）	2011年11月2日
22	韶关市困难群众殡葬基本服务保障实施办法	（韶府令第90号）	2011年11月10日
23	韶关市落实企业安全生产主体责任规定	（韶府令第91号）	2011年11月24日
24	印发韶关市城镇居民社会养老保险试点实施办法的通知	（韶府〔2011〕78号）	2011年12月17日
25	韶关市政府委派财务总监管理办法（试行）	（韶府办〔2011〕218号）	2011年12月25日

索　引

主题索引

说明：

1、本索引按照主题词首字汉语拼音字母顺序排列。

2、索引条目后的数字表示本书的页码；数字后的拉丁字母(a、b、c)分别表示该页码的左栏、中栏、右栏。

3、本期的特载、大事记、人物、统计资料和附录等内容未作索引。

A

B

C

E

F

G

H

J

K

L

M

N

P

Q

R

S

T

W

X

Y

Z

表格索引

图照索引